Reichsamt des Inneren

Amtliche Liste der Schiffe der deutschen Kriegs- und Handelsmarine mit ihren Unterscheidungssignalen

Reichsamt des Inneren

Amtliche Liste der Schiffe der deutschen Kriegs- und Handelsmarine mit ihren Unterscheidungssignalen

ISBN/EAN: 9783741193200

Hergestellt in Europa, USA, Kanada, Australien, Japan

Cover: Foto ©knipser5 / pixelio.de

Manufactured and distributed by brebook publishing software (www.brebook.com)

Reichsamt des Inneren

Amtliche Liste der Schiffe der deutschen Kriegs- und Handelsmarine mit ihren Unterscheidungssignalen

Amtliche Liste

der

Schiffe
der Deutschen Kriegs- und Handels-Marine

mit ihren

Unterscheidungs-Signalen,

als

Anhang

zum internationalen Signalbuch.

Abgeschlossen im Desember 1879

Herausgegeben

im

Reichsamt des Innern.

Berlin.
Druck und Verlag von G. Reimer.
1880.

Vorwort.

Die nachstehende Schiffsliste bildet den Anhang zum internationalen Signalbuche, welches unter dem Titel „Signalbuch für die Kauffahrteischiffe aller Nationen" im Juni 1870 vom Reichskanzler-Amt herausgegeben ist.

Das Signalbuch gewährt den Schiffen die Möglichkeit, durch Signale sich zu erkennen zu geben und sonstige Mittheilungen unter einander, sowie mit Signalstationen, auch dann auszutauschen, wenn die signalisirenden Theile verschiedener Sprachen sich bedienen.

Zu diesem Zwecke enthält das Signalbuch eine grosse Anzahl sowohl vollständiger Sätze, als auch zur Verbindung mit einander geeigneter Satztheile, einzelner Wörter, Namen, Sylben, Buchstaben und Zahlen, welche durch Gruppen von je 2, 3 oder 4 der 18 Signalbuchstaben B, C, D, F, G, H, J, K, L, M, N, P, Q, R, S, T, V und W bezeichnet sind. Solcher Gruppen, deren jede andere geordnete oder andere Buchstaben enthält, als alle übrigen, giebt es 306 von je 2 Signalbuchstaben (BC, BD, BF, BG u. s. w. bis WV), 4896 von je 3 Signalbuchstaben (BCD, BCF, BCG, BCH u. s. w. bis WVT) und 73440 von je 4 Signalbuchstaben (BCDF, BCDG, BCDH, BCDJ u. s. w. bis WVTS).

Alle 306 Gruppen von 2 Signalbuchstaben, alle 4896 Gruppen von 3 Signalbuchstaben und von den Gruppen von 4 Signalbuchstaben die ersten 18960 (BCDF bis GPWV) dienen zur Bezeichnung der in das Signalbuch aufgenommenen Sätze, Satztheile, Wörter u. s. w.

Von den übrigen Gruppen von 4 Signalbuchstaben sind die 1440 Gruppen von GQDC bis GWVT zur Bezeichnung der Schiffe der Kriegs-Marinen und die letzten 53040 Gruppen von HBCD bis WVTS zur Bezeichnung der Schiffe der Handels-Marinen in der Art bestimmt, dass jedem Kriegs- und bezichungsweise Kauffahrtei-Schiffe eins dieser (1440 + 53040 =) 54480 Signale als Unterscheidungs-Signal zuzutheilen ist.

Jedem Staate stehen alle Unterscheidungs-Signale behufs Vertheilung auf die Schiffe seiner Flagge zur freien Verfügung. Schiffe von verschiedenen Flaggen führen daher vielfach dasselbe Unterscheidungs-Signal, Schiffe unter derselben Flagge niemals.

Die Vertheilung der Unterscheidungs-Signale auf die einzelnen Schiffe wird durch die zuständigen Behörden der verschiedenen Staaten bewirkt. Jedem Deutschen Kauffahrteischiffe wird gleich bei der Eintragung in das Schiffsregister ein solches Unterscheidungs-Signal zugetheilt und in seinem Schiffs-Certifikate vermerkt. So lange das Schiff unter Deutscher Flagge fährt, behält es dieses Unterscheidungs-Signal auch beim Wechsel seines Heimathshafens oder seiner Registerbehörde unverändert bei.

Die nachstehende nach der systematischen Reihefolge der Unterscheidungs-Signale geordnete Liste ergiebt, welche Unterscheidungs-Signale den einzelnen Schiffen der Deutschen Kriegs- und Handels-Marine beigelegt worden sind.

Für die Schiffe anderer Staaten, welche das Signalbuch ebenfalls angenommen haben, sind ähnliche Listen vorhanden.

Die Art und Weise, wie die Unterscheidungs-Signale zu signalisiren sind, ergiebt sich aus dem in dem Signalbuche enthaltenen Abschnitte über „Einrichtung und Gebrauch des Signalbuches"; hier wird nur darauf aufmerksam gemacht, dass, wenn ein Schiff sich einem andern Schiffe, einer Signalstation u. s. w. zu erkennen geben will, es ausser seinem Unterscheidungs-Signale stets auch seine National-Flagge zu zeigen hat, da, wie oben erwähnt, Schiffe verschiedener Flaggen vielfach dasselbe Unterscheidungs-Signal führen.

Ein Schiff, welches das Unterscheidungs-Signal eines andern Schiffes wahrnimmt, kann dessen Namen, Heimathshafen, Ladungsfähigkeit und Dampfkraft aus der betreffenden Liste sofort ersehen. Besitzt es die Liste nicht, so wird es sich behufs späterer Feststellung oder Weitermeldung die Nationalität und das Unterscheidungs-Signal zu merken haben.

Alljährlich werden neue Ausgaben dieser Schiffsliste und im Laufe jedes Jahres drei bis vier Nachträge zu derselben erscheinen.

Berlin, im Dezember 1879.

Die Schiffe

der

Deutschen Kriegs-Marine.

GQBC — GRSD

Die Schiffe
der
Deutschen Kriegs-Marine.

Alle Schiffe, bei denen etwas Anderes nicht bemerkt ist, sind Schrauben-Dampfschiffe.

Unter-scheidungs-Signale.	Namen der Schiffe.	Art
GQBC	Arcona	Gedeckte Korvette.
GQBD	Ariadne	Glattdecks-Korvette.
GQBF	Arminius	Panzer-Fahrzeug.
GQBH	Augusta	Glattdecks-Korvette.
GQBK	Albatross	Aviso (Kanonenboot).
GQBL	Aeolus	Schlepper.
GQBM		
GQHC	Blitz	Kanonenboot.
GQHD	Boreas	Schlepper (Räder-Dampfschiff).
GQHF	Biene	Panzer-Kanonenboot.
GQHJ	Bismarck	Gedeckte Korvette.
GQHK	Blücher	Gedeckte Korvette.
GQHL	Bahrn	Panzer-Korvette.
GQHM	Basilisk	Panzer-Kanonenboot.
GQHN		
GQMC	Comet	Kanonenboot.
GQMD	Cyclop	Kanonenboot.
GQMF	Camaeleon	Panzer-Kanonenboot.
GQMH		
GQSB	Delphin	Kanonenboot.
GQSC	Drache	Kanonenboot.
GQSD	Deutschland	Panzer-Fregatte.
GQSF		
GRBC	Elisabeth	Gedeckte Korvette.
GRBD	Eider	Transport-Fahrzeug.
GRBF	Elbe	Segelschiff.
GRBH		
GRHB	Friedrich Carl	Panzer-Fregatte.
GRHC	Fuchs	Kanonenboot.
GRHD	Falke	Aviso (Räder-Dampfschiff).
GRHF	Freya	Glattdecks-Korvette.
GRHJ	Friedrich der Grosse	Panzer-Fregatte.
GRHK		
GRHL		
GRMB	Gazelle	Gedeckte Korvette.
GRMD	Greif	Schlepper (Räder-Dampfschiff).
GRMF	Grille	Aviso (Kaiserliche Jacht).
GRMH	Grosser Kurfürst	Panzer-Fregatte.
GRMJ	Gneisenau	Gedeckte Korvette.
GRMK		
GRSC	Hansa	Panzer-Korvette.
GRSD	Hay	Kanonenboot.

GRSH — GVFP

Unter-scheidungs-Signale.	Namen der Schiffe.	Art
GRSH	Hertha	Gedeckte Korvette.
GRSK	Hohenzollern	Aviso (Kaiserliche Jacht).
GRSL	Heppens	Tonnenleger.
GRSM	Hyäne	Kanonenboot.
GRSN	Habicht	Aviso.
GRSP		
GSBC	Jade	Schlepper (Räder-Dampfschiff).
GSBH	Ilis	Kanonenboot.
GSBJ		
GSHB	König Wilhelm	Panzer-Fregatte.
GSHC	Kronprinz	Panzer-Fregatte.
GSHD	Kaiser	Panzer-Fregatte.
GSHF	Krokodil	Panzer-Kanonenboot.
GSHJ		
GSMC	Loreley	Aviso (Räder-Dampfschiff).
GSMD	Luise	Glattdecks-Korvette.
GSMF	Leipzig	Gedeckte Korvette.
GSMH		
GSRB	Medusa	Glattdecks-Korvette.
GSRD	Mosquito	Brigg (Segelschiff).
GSRF	Motlan	Schlepper (Räder-Dampfschiff).
GSRH	Mücke	Panzer-Kanonenboot.
GSRJ	Moltke	Gedeckte Korvette.
GSRK	Möwe	Aviso.
GSRL	Mars	Artillerieschiff.
GSRM		
GSRN		
GTBC	Natter	Kanonenboot.
GTBD	Niobe	Fregatte (Segelschiff).
GTBF	Nymphe	Glattdecks-Korvette.
GTBH	Nautilus	Aviso (Kanonenboot).
GTBJ	Notus	Schlepper (Räder-Dampfschiff).
GTBK		
GTHB	Otter	Kanonenboot.
GTHC		
GTMF	Pommerania	Aviso (Räder-Dampfschiff).
GTMH	Preussen	Panzer-Fregatte.
GTMJ	Prinz Adalbert	Gedeckte Korvette.
GTMK		
GTWB	Rhein	Transport-Fahrzeug.
GTWC	Rover	Brigg (Segelschiff).
GTWD	Renown	Linienschiff.
GTWH	Rival	Schlepper (Räder-Dampfschiff).
GTWJ		
GVFJ	Swine	Schlepper.
GVFL	Skorpion	Panzer-Kanonenboot.
GVFM	Sachsen	Panzer-Korvette.
GVFN	Stosch	Gedeckte Korvette.
GVFP	Stein	Gedeckte Korvette.

GVFQ — GWRD

Unter-scheidungs-Signale.	Namen der Schiffe.	Art
GVFQ	Schüllig	Segelfahrzeug.
GVFR		
GVFS		
GVQB	Undine	Brigg (Segelschiff).
GVQC	Ulan	Torpedoboot.
GVQD		
GVTB	Victoria	Glattdecks-Korvette.
GVTC	Vineta	Gedeckte Korvette.
GVTD	Viper	Panzer-Kanonenboot.
GVTF		
GWDB	Wangerooge	Schooner (Segelschiff).
GWDII	Wilhelmshaven	Lootsendampfer.
GWDJ	Wespe	Panzer-Kanonenboot.
GWDK	Wolf	Kanonenboot.
GWDL	Württemberg	Panzer-Korvette.
GWDM		
GWRB	Zephir	Schlepper (Räder-Dampfschiff).
GWRC	Zieten	Torpedoboot.
GWRD		

Die Schiffe

der

Deutschen Handels-Marine.

HBCD — HBJW

Die Schiffe

der

Deutschen Handels-Marine.

Die Dampfschiffe sind mit † bezeichnet; ihre Maschinenkraft ist, wo etwas Anderes nicht bemerkt ist, in effektiven Pferdekräften ausgedrückt.

Unter- scheidungs- Signale.	Namen der Schiffe.	Heimathshafen	Kubik- meter Netto-Raumgehalt.	Register- Tons	Pferde- kräfte.
HBCD	Othello	Memel	991,₁	849,₆₄	
HBCG	Mary Jane	Memel	1028,₈	868,₁₇	
HBCL	Ariadne	Memel	909,₉	321,₁₅	
HBCM	Arethusa	Memel	914,₁	322,₆₉	
HBCP	Melea	Memel	832,₆	293,₉₉	
HBCR	Najade	Memel	1063,₂	375,₃₁	
HBCT	Eleonora	Memel	824,₆	291,₆₅	
HBDC	Thusnelde	Memel	860,₉	303,₈₉	
HBDF	Satisfaction	Memel	1209,₀	420,₇₉	
HBDQ	Elisabeth	Memel	935,₄	830,₉₉	
HBDR	Emma & Johanna	Memel	980,₈	346,₁₃	
HBDT	Maria	Memel	959,₇	338,₇₉	
HBDV	†Terra	Stettin	. . .	46"	55
HBDW	Calypso	Memel	940,₁	331,₃₄	
HBFD	Freundschaft	Memel	971,₆	842,₆₄	
HBFG	Der Adler	Memel	775,₃	278,₆₅	
HBFJ	Johann Benjamin	Memel	1195,₆	422,₆₁	
HBFN	Marianne Bertha	Memel	1029,₆	863,₄₃	
HBFP	Margarethe	Memel	1844,₄	474,₃₇	
HBFR	Amalira	Memel	530,₂	187,₁₆	
HBFT	Pomona	Memel	1228,₄	468,₅₃	
HBGJ	Louise Auguste	Memel	569,₆	200,₆₄	
HBGK	Fortuna	Memel	919,₄	324,₆₄	
HBGL	Amalthea	Memel	1009,₆	356,₁₆	
HBGM	Hercules	Memel	1320,₃	466,₀₆	
HBGN	Johanna	Danzig	965,₀	337,₁₁	
HBGP	Adelheid & Bertha	Memel	1221,₆	481,₃₁	
HBGQ	Rhea	Memel	1242,₄	438,₉₁	
HBGV	Achilles	Memel	1225,₁	432,₄₃	
HBJC	Aeolus	Memel	1310,₃	462,₆₄	
HBJD	Alexandrine	Memel	1204,₇	425,₃₉	
HBJG	A. Klockmann	Memel	1454,₂	513,₆₃	
HBJL	Behrend	Memel	1324,₃	467,₄₄	
HBJM	Wilhelm I.	Memel	1219,₄	480,₄₄	
HBJN	Amphitrite	Memel	1349,₆	476,₄₃	
HBJT	Juno	Memel	1157,₇	408,₆₇	
HBJW	Asia	Memel	896,₆	317,₃₁	

* Lasten zu 4000 ℔.

HBKC — HBQF

Unter-scheidungs-Signale.	Namen der Schiffe.	Heimathshafen	Kubik-meter Netto-Raumgehalt	Register-Tons	Pferde-kräfte.
HBKC	Condor	Memel	679,5	239,89	
HBKD	Express	Memel	708,7	250,17	
HBKF	Loreley	Memel	1216,9	429,37	
HBKJ	Canada	Memel	1324,8	467,49	
HBKL	Astraea	Memel	1224,0	432,33	
HBKM	Witch	Memel	675,3	238,33	
HBKQ	Orion	Memel	1471,8	519,44	
HBKR	Othello	Memel	1306,4	461,17	
HBKS	Demetra	Memel	1214,0	428,34	
HBKT	Storm-Bird	Stralsund	994,8	351,06	
HBLJ	Atlantic	Memel	1450,0	512,17	
HBLP	Ceres	Memel	1088,9	384.09	
HBLQ	†Terranova	Memel	230,1	81,22	45
HBLS	Criminal-Rath Braud	Memel	1282,4	452,60	
HBLT	Norma	Memel	1459,3	515,18	
HBLW	†Adler	Memel	100,4	85,31	40
HBMK	Aboma	Memel	739,3	260,94	
HBML	Füsilier Kutschke	Memel	292,1	103,92	
HBMN	Star of Hope	Memel	810,1	286,16	
HBMP	Vesta	Memel	1385,4	489,08	
HBMS	Germania	Memel	506,9	178,89	
HBMV	Hestia	Memel	1558,1	550,01	
HBNC	Meteor	Memel	508,0	179,38	
HBND	Alma	Memel	93,3	32,04	
HBNF	Meta	Rügenwalde	1302,4	459,18	
HBNJ	†Mocwe	Memel	274,0	96,13	18
HBNK	Alexander	Memel	872,9	131,63	
HBNL	Heinrich von Schröder	Memel	1544,1	545,91	
HBNM	Dorothea	Memel	706.3	249,33	
HBNS	Violette	Memel	—	881,98*	
HBNT	†Schwarzort	Memel	118,1	69,98	25
HBNV	Medusa	Memel	1085,8	866,44	
HBPC	Cherokee	Memel	801,6	283,04	
HBPD	†Einigkeit	Memel	104,3	36,79	50
HBPF	Hoffnung	Memel	929,4	828,09	
HBPG	†Agamemnon	Memel	115,7	40,84	70
HBPJ	Adriana Petronella	Memel	1666,1	588,13	
HBPK	Ernst	Memel	522,8	184,44	
HBPN	Gitana	Memel	968,1	339,67	
HBPQ	Minna Helene	Memel	964,6	340,79	
HBPR	Copernicus	Memel	230,1	81,38	
HBPS	Gazelle	Memel	1141,8	402,94	
HBPT	Lloyds	Memel	—	1069,39	
HBPV	Louise Wilhelmine	Memel	386,5	186,43	
HBPW	Jew Le	Memel	—	175,07	
HBQC	Bulldog	Memel	7,1	2,44	
HBQD	Erwartung	Memel	656,1	231,89	
HBQF	Memel	Memel	1128,1	397,81	

* Register-Tons Brutto-Raumgehalt.

IIBQG — HFDB

Unter-scheidungs-Signale.	Namen der Schiffe.	Heimathshafen	Kubik-meter Netto-Raumgehalt.	Register-Tons	Pferde-kräfte.
IIBQG	Delphin	Memel	98,4	82,91	
HBQJ					
IIBQK					
HBQL					
HBQM					
HBQN					
HBQP					
HBRC	Jane & Marya	Memel	864,4	128,03	
HDBF	Gazelle	Stettin	520,9	183,91	
HDBG	Reinhold	Pillau	880,2	310,76	
IIDBN	Pillau	Pillau	1331,5	470,13	
HDBP	Nepton	Pillau	1375,7	485,49	
IIDBQ	Anna	Pillau	989,4	349,23	
HDBR	Fortona	Pillau	1213,7	428,03	
IIDBV	Koenigin Elisabeth	Pillau	623,9	219,92	
HDCF	†Delphin	Pillau	54,2	19,34	50
IIDCJ	Farewell	Pillau	1519,4	536,14	
IIDCK	Kronprinz von Preussen	Pillau	676,9	238,34	
IIDCM	Hebe	Pillau	1347,2	475,34	
IIDCQ	Jupiter	Pillau	1252,6	442,10	
HDCR	†Saladin	Königsberg i. Pr.	1184,0	417,83	60
IIDCT	Competitor	Pillau	1920,1	677,19	
HDCV	Alpina	Pillau	1553,0	548,40	
IIDCW	Marie	Pillau	89,9	81,m	
HDFB	Clara	Pillau	97,1	34,39	
IIDFC	Auguste Reimers	Königsberg i. Pr.	—	207	
IIDFG	Carl August	Pillau	2607,6	920,45	
HDFJ					
IIDFK					
HDFL					
HFBC	Victoria	Danzig	1005,2	354,97	
IIFBG	India	Danzig	1625,0	578,44	
IIFBM	Caroline Susanne	Danzig	1351,4	477,01	
IIFBP	Simon	Danzig	1437,4	507,49	
IIFBR	Mathilde	Danzig	421,1	148,45	
IIFBS	Concordia	Danzig	1237,1	436,91	
IIFBV	Sphinx	Danzig	740,2	201,39	
IIFCG	Kennet Kingsford	Danzig	448,2	158,24	
IIFCJ	Vorwärts	Danzig	1400,1	494,45	
IIFCK	Marianna	Danzig	1414,0	499,14	
IIFCL	Danzig	Danzig	1372,3	484,42	
IIFCN	Peter Roli	Danzig	1670,6	483,61	
IIFCP	Friedrich der Grosse	Danzig	1792,2	632,03	
IIFCT	George	Danzig	1850,1	653,90	
IIFCV	Praesident von Blumenthal	Rügenwalde	1486,3	524,81	
IIFCW	Otto Linck	Danzig	1893,6	668,13	
IIFDB	Libertas	Danzig	1186,6	418,90	

HFDG — HFMR

Unter-scheidungs-Signale.	Namen der Schiffe.	Heimathshafen	Kubik-meter Netto-Raumgehalt.	Register-Tons	Pferde-kräfte.
HFDG	Friedrich Wilhelm Jebens	Danzig	1205,4	425,49	
HFDJ	Friedrich Gelpke	Danzig	1986,7	683,96	
HFDM	Soli Deo Gloria	Danzig	1207,1	426,16	
HFDT	Johann Wilhelm	Danzig	2206,7	778,96	
HFDW	Agnes Linck	Danzig	1904,6	672,39	
HFGD	British Merchant	Danzig	1340,2	473,99	
HFGJ	Maria	Danzig	1366,4	482,34	
HFGL	Königin Elisabeth Louise	Danzig	1374,1	485,96	
HFGM	Arthur	Danzig	1434,7	506,44	
HFGN	Courier	Danzig	518,6	183,94	
HFGP	Eintracht	Danzig	1068,9	377,63	
HFGQ	Paul Gerhard	Danzig	709,1	247,14	
HFGR	Breslau	Rügenwalde	897,9	316,99	
HFGS	Industrie	Rostock	942,8	332,61	
HFGW	Nepton	Danzig	622,7	219,11	
HFJB	†Ida	Danzig	758,3	267,43	120
HFJD	Berlin	Danzig	894,9	315,88	
HFJM	Ferdinand	Danzig	1086.0	388,36	
HFJN	Henriette	Danzig	947,8	334,97	
HFJP	Professor Baum	Danzig	1062,3	374,98	
HFJQ	Anna & Bertha	Danzig	958,9	338,49	
HFJT	Maria Adelaide	Danzig	1103,6	389,67	
HFJW	Queen Victoria	Danzig	1847,3	652,19	
HFKC	Juno	Danzig	1177,4	415,66	
HFKD	Der Wanderer	Danzig	1700,9	600,41	
HFKL	Titania	Danzig	610,9	215,44	
HFKN	Freiherr Otto v. Manteuffel	Danzig	1044,3	368,63	
HFKP	Theodor Behrend	Danzig	1911,4	674,73	
HFKV	Martha	Danzig	2211,3	780,45	
HFKW	Trabant	Danzig	1077,3	380,28	
HFLB	Hevellus	Danzig	1059,3	873,96	
HFLC	Jacob Arendt	Danzig	1236,1	436,84	
HFLN	Zufriedenheit	Danzig	1262,4	445,63	
HFLP	Preusse	Danzig	1089,6	884,49	
HFLT	Jessie & Heinrich	Danzig	1241,4	438,31	
HFLW	Admiral Prinz Adalbert	Danzig	2424,4	855,63	
HFMC	Alsen	Danzig	1666,1	588,12	
HFMD	Wodan	Danzig	1357,6	479,20	
HFMJ	Margarethe Blanca	Danzig	1493,9	527,34	
HFMK	Düppel	Danzig	1384,6	488,63	
HFML	Borussia	Danzig	787,7	278,97	
HFMP	†Julianne Renate	Danzig	1155,1	407,98	190
HFMQ	Gustav Friedrich Focking	Danzig	1417,7	500,43	
HFMR	Prinz Friedrich Carl	Rügenwalde	1256,4	443,81	

HFMS — HFRT

Unter-scheidungs-Signale.	Namen der Schiffe.	Heimathshafen	Kubik-meter Netto-Raumgehalt.	Register-Tons	Pferde-kräfte.
HFMS	St. Johannes . . .	Danzig	1916,s	676 as	
HFMV	Oberbürgermeister v.				
	Winter	Danzig	1563,s	551.se	
HFMW	St. Christopher . .	Danzig	1729,e	610.se	
HFNB	Theodosia Christian	Danzig	1372,t	484,se	
HFND	Shanghai	Danzig	1169,s	412,se	
HFNJ	Charlotte & Anna .	Danzig	1228,t	433,rt	
HFNK	Germania	Danzig	1019,e	359,rs	
HFNL	St. Petrus	Danzig	1874,e	661,ss	
HFNP	Wilhelm	Rügenwalde . . .	146,s	51,ss	
HFNQ	Toni	Rügenwalde . . .	1326,e	468.ss	
HFNR	Fortuna	Danzig	1467,t	518.te	
HFNS	Laura Maria . . .	Danzig	1375,s	485,se	
HFNT	St. Paulus . . .	Danzig	1902,e	671,se	
HFNV	Belle Alliance . . .	Danzig	1141,t	403,rs	
HFPB	Bertha	Danzig	1109,s	391.se	
HFPC	Anna Dorothea . .	Danzig	1481,t	523,se	
HFPD	Albertine	Danzig	72,e	25,se	
HFPG	†Love Bird	Danzig	1242,s	439,se	188
HFPJ	Verein	Rostock	1327,t	468,st	
HFPL	†Drache	Danzig	119,s	42.tt	159
HFPM	Tommy	Danzig	1115,s	393,rt	
HFPN	St. Mathaeus . . .	Danzig	1436,s	507,ts	
HFPQ	Gebrüder	Danzig	96,s	34,se	
HFPS	George Linck . . .	Danzig	1924,s	679,se	
HFPV	Anna	Danzig	44,s	15,se	
HFPW	Sommer	Danzig	91,s	32,se	
HFQB	Falke	Danzig	93,t	32,st	
HFQC	Marie Mathilde . .	Danzig	67,s	23,st	
HFQD	Angustine	Danzig	49,s	17,st	
HFQK	†Blonde	Danzig	1310,s	462,ts	164
HFQL	Hebe	Danzig	882,s	311,ts	
HFQM	Jupiter	Danzig	1882,s	664,se	
HFQN	Freundschaft . . .	Flensborg	108,s	38,se	
HFQR	William Bateman .	Danzig	1428,s	504,rt	
HFQS	Herrmann	Danzig	528,t	166,se	
HFQT	Johannes	Danzig	482,s	170,ss	
HFQV	Carl Linck	Danzig	1879,s	663,se	
HFQW	†Artushof	Danzig	1472,s	519,se	228
HFRC	Hermann	Danzig	142,t	50,st	
HFRG	Rival	Danzig	1023,s	361,se	
HFRJ	Hoffnung	Danzig	1461,s	515,se	
HFRK	†Minister Achenbach	Danzig	2182,s	752,st	442
HFRL	Wilhelm Linck . .	Danzig	1892,s	668,se	
HFRN	Der kleine Friedrich	Danzig	44,s	15,se	
HFRP	Anna Amalie . . .	Danzig	63,s	22,ss	
HFRQ	Betty	Danzig	757,s	267,st	
HFRS	†Jenny	Danzig	1541,s	544,se	90*
HFRT	†Fink	Danzig	51,s	18,ss	—

* Nominelle Pferdekräfte.

2*

HFRV — JBGK

Unter-scheidungs-Signale.	Namen der Schiffe.	Heimatbshafen	Kubik-meter Netto-Raumgehalt	Register-Tons	Pferde-kräfte.
HFRV	Jansjen	Danzig	229,ı	80,ᵤ	
HFRW	Mary C. Bohm . .	Danzig	145,ı	51,ᵤ	
HFSB	Elise Linck	Danzig	1454,ı	613,ᵤ	
HFSC					
HFSD					
HFSG					
HFSJ					
HFSK					
HFSL					
HJBF	Michael	Elbing	1075,ı	379,ᵤ	
HJBG	Nummer Fünf . . .	Memel	1039,ı	366,ᵤ	
HJBL	†Nordstern	Elbing	312,ᵤ	110,ᵤ	36
HJBM	†Ceres	Elbing	302,ı	106,ᵤ	36
HJBN	Otto	Elbing	464,ı	163,ᵤ	
HJBP	Einigkeit	Elbing	1124,ı	396,ᵤ	
HJBQ	†Ajax	Pillau	1862,ı	657,ᵤ	110
HJBS	†Sirios	Königsberg L Pr. . .	732,ı	258,ᵤ	60
HJBV	Sirene	Stettin	1419,ı	600,ᵤ	
HJCB					
HJCD					
JBCD	Carl	Stettin	404,ı	142,ᵤ	
JBCN	Die Ostsee	Stettin	481,ı	170,ᵤ	
JBCP	Bravo	Stettin	464,ı	163,ᵤ	
JBCR	Carl Friedrich . .	Stettin	365,ı	129,ᵤ	
JBCS	Leopoldine	Stettin	497,ᵤ	175,ᵤ	
JBCV	Julie Heyn . . .	Stettin	941,ı	339,ᵤ	
JBDC	Otillie	Stettin	475,ı	167,ᵤ	
JBDF	Patriot	Swinemünde . . .	668,ᵤ	234,ᵤ	
JBDG	Arcona	Swinemünde . . .	528,ᵤ	186,ᵤ	
JBDH	†Tilsit	Stettin	499,ı	176,ᵤ	45
JBDK	Elwine & Friedericke	Stettin	404,ı	142,ᵤ	
JBDN	†Memel-Packet . .	Stettin	373,ı	131,ᵤ	40
JBDS	Anna & Gustav . .	Stralsund	417,ı	147,ᵤ	
JBDV	Allegro	Stettin	891,ı	314,ᵤ	
JBFD	Felix	Stettin	662,ı	233,ᵤ	
JBFG	Minerva	Stettin	778,ı	274,ᵤ	
JBFH	Hertha	Stettin	557,ı	196,ᵤ	
JBFK	Bertha	Swinemünde . . .	583,ı	205,ᵤ	
JBFL	Reform	Stettin	712,ı	251,ᵤ	
JBFM	Baltic	Stettin	1261,ı	445,ᵤ	
JBFN	Louise	Ueckermünde . . .	877,ᵤ	309,ᵤ	
JBFP	Paul	Stettin	481,ı	169,ᵤ	
JBFQ	Amaranth	Ueckermünde . . .	689,ı	243,ᵤ	
JBFR	Aries	Swinemünde . . .	140,ı	49,ᵤ	
JBFT	Emilie	Stettin	636,ı	224,ᵤ	
JBFV	Dienstag	Ueckermünde . . .	829,ı	292,ᵤ	
JBFW	Der Pommer . . .	Swinemünde . . .	660,ı	233,ᵤ	
JBGH	Richard	Anklam	575,ı	202,ᵤ	
JBGK	Verein	Stralsund	455,ı	160,ᵤ	

JBGN — JBPH

Unter-scheidungs-Signale.	Namen der Schiffe.	Heimathshafen	Kubik-meter Netto-Raumgehalt.	Register-Tons	Pferde-kräfte.
JBGN	Gustav & Adelheid	Stettin	444,1	156,67	
JBGQ	Louise	Stolpmünde	541,3	191,09	
JBGR	Anna	Ueckermünde	762,4	269,13	
JBGV	Der zehnte Juni	Ueckermünde	951,6	335,99	
JBHK	Leucothea	Stettin	533,3	188,23	
JBHN	Anna	Stettin	942,6	332,53	
JBHQ	Alma	Stettin	221,2	78.80	
JBHT	William	Stettin	698,1	246,48	
JBHV	Gloria	Stettin	625,6	220,61	
JBHW	Louise	Rügenwalde	380,9	134.47	
JBKC	Oceanide	Stettin	578,9	204,33	
JBKD	Comet	Stettin	628.8	221,91	
JBKF	Paladin	Swinemünde	847.7	299,23	
JBKG	Martha	Rügenwalde	422,6	149,18	
JBKL	Thetis	Stettin	670,2	236,46	
JBKM	Helmath	Ueckermünde	655,7	231,44	
JBKN	Marie Heyn	Stettin	916,5	323,53	
JBLC	Amielia	Ueckermünde	658,9	232,39	
JBLD	Wilhelm Kisker	Stettin	1125,1	397,16	
JBLF	L'esperance	Ueckermünde	599,3	211,45	
JBLG	Emilie	Swinemünde	1185,6	418,59	
JBLK	Hoffnung	Swinemünde	117.2	41,3*	
JBLN	Talismann	Stettin	763,6	269,54	
JBLP	Adelheid	Stettin	603.6	212,66	
JBLR	Ernestine	Ueckermünde	456,3	161,03	
JBLV	Carl Friedrich	Demmin	1095,6	386,73	
JBMD	Bertha	Stettin	570,8	201,49	
JBMF	Elise	Stettin	496,9	175,41	
JBMG	Albert	Stettin	625,8	220,91	
JBMH	Orient	Stettin	641,9	226,59	
JBML	Rosa	Stettin	756,1	266,91	
JBMP	Gustav	Ueckermünde	633,7	223,69	
JBMQ	Die Peene	Anklam	710,4	250,77	
JBMS	Nestor	Stettin	1269,6	447,90	
JBMT	Marie Emilie	Demmin	1156,2	408,13	
JBMW	Familie	Ueckermünde	580,4	204,88	
JBNF	Schnellpost	Anklam	329,0	116,13	
JBNG	Orion	Rügenwalde	234,6	82,80	
JBNL	Hermann	Ueckermünde	528,3	186,45	
JBNM	Amalia & Hedwig	Stettin	932.7	329,31	
JBNP	†Miadroy	Stettin		21*	50
JBNR	Minister von Schlei-nitz	Ueckermünde		122,3*	
JBNS	Anna Catharina	Stettin	591.4	208,36	
JBNV	Henriette Wilhelmine	Barth	475.9	167,99	
JBNW	Henriette Dora	Stettin	475.0	167,67	
JBPC	Emma Louise	Ziegenort	199.4	70,42	
JBPF	Amanda	Ueckermünde	879,7	310,33	
JBPH	†Die Dievenow	Stettin		15*	50

* Lasten zu 1000 ℔.

JBPK — JBWD

Unter-scheidungs-Signale.	Namen der Schiffe.	Heimathshafen der Schiffe.	Kubik-meter Netto-Raumgehalt.	Register-Tons	Pferde-kräfte.
JBPK	†Prinzess Royal Victoria . . .	Stettin	21*		65
JBPR	Prinz Regent . . .	Stettin	1344,2	474,44	
JBPS	Rudolph	Stettin	528,9	186,70	
JBPV	Veritas	Ueckermünde . . .	1395,8	492,73	
JBPW	Carl	Stettin	678,5	239,61	
JBQC	Mentor	Stettin	690,1	243,46	
JBQD	Presto	Stettin	672,1	237,23	
JBQF	†Alexandra . . .	Stettin	1057,3	373,23	148
JBQG	†Emilie	Stettin	978,7	345,31	80
JBQH	Pauline	Stettin	955,4	337,23	
JBQK	Hulda	Ziegenort	152,4	53,30	
JBQM	Ernst	Stettin	786,2	277,21	
JBQP	Claudia	Stettin	1097,7	387,43	
JBQR	Alma	Stettin	593,9	209,64	
JBQS	Hugo Georg . .	Stettin	550,3	194,44	
JBQT	Donnerstag . . .	Ueckermünde . . .	620,9	219,16	
JBQV	Duisburg	Geestemünde . . .	- -	691,11*	
JBQW	Lucia	Stettin	769,3	271,74	
JBRG	Johanna Emilie .	Kolberg	607,3	214,40	
JBRH	Ludwig Heyn . .	Stettin	1657,2	584,72	
JBRM	Martin	Stettin	465,5	164,13	
JBRN	Else	Stettin	639,2	225,03	
JBRS	†Der Preusse . .	Stettin	625,1	220,43	60
JBRT	†Archimedes . . .	Stettin	681,9	240,29	60
JBRV	†Vineta	Stettin	556,5	196,44	60
JBSH	Ferdinand	Stolpmünde	139,2	49,11	
JBSK	Der Nord	Stettin	1413,1	498,03	
JBSN	Martin	Stolpmünde	132,7	46,21	
JBSP	Ida	Kolberg	91,6	32,12	
JBSR	Iphigenia	Rügenwalde . . .	722,3	255,03	
JBTC	Pomerania . . .	Stolpmünde	995,9	351,24	
JBTD	Lupus	Swinemünde . . .	133,3	47,03	
JBTF	Der Adler	Rügenwalde	845,9	298,30	
JBTH	Hertha	Rügenwalde	1128,4	398,23	
JBTL	Die zwei Geschwister	Rügenwalde	118,3	41,71	
JBTN	Eduard	Bremen	1706,4	602,30	
JBTQ	†Neptun	Swinemünde	154,5	54,44	60
JBTR	†Der Verein . . .	Swinemünde	155,1	54,39	201
JBTW	Friedrich	Kolberg	1003,3	354,54	
JBVG	Laura	Kolberg	881,9	311,23	
JBVL	†St. Petersburg . .	Stettin	720,3	254,39	60
JBVM	Leo	Rügenwalde	125,9	44,43	
JBVQ	Ostsee	Kolberg	1022,5	360,39	
JBVR	Carl Friedrich . . .	Kolberg	305,4	107,34	
JBVS	Emma	Stettin	565,3	199,43	
JBVT	Carl Johannes . .	Kolberg	338,4	119,34	
JBWC	Severus	Stettin	1264,6	446,41	
JBWD	Friedrich Wilhelm .	Swinemünde	438,4	158,00	

* Lasten zu 4000 ℔.

JBWF — JCHR

Unterscheidungs-Signale.	Namen der Schiffe.	Heimathshafen	Kubik-meter Netto-Raumgehalt.	Register-Tons	Pferde-kräfte.
JBWF	Felix	Ueckermünde . . .	1004,7	354,44	
JBWG	Elisabeth	Stralsund	. . .	19°	
JBWK	Ida	Stolpmünde	135,0	47,44	
JBWP	Elise	Swinemünde . . .	126,4	44,78	
JBWR	Ernst Friedrich . .	Kolberg	708,4	250,31	
JBWS	†Arcona	Stettin	1059,4	374,13	80
JCBD	Perle	Kolberg	768,1	271,14	
JCBF	Oberon	Rügenwalde . . .	745,4	263,16	
JCBH	Bellona	Rügenwalde . . .	1288,2	454,84	
JCBK	August Friedrich .	Anklam	668,2	235,77	
JCBM	Carl August . . .	Stettin	681,9	240,71	
JCBN	August.	Swinemünde . . .	983,4	347,10	
JCBP	Leopoldine Frande	Stettin	925,4	326,41	
JCBQ	Eintracht	Stettin	769,4	271,82	
JCBS	Friederieke & Marie	Swinemünde . . .	871,1	307,18	
JCBV	Martha & Hedwig .	Stettin	435,7	153,50	
JCBW	Navigator	Kolberg	432,4	152,84	
JCDF	Richard	Stettin	1311,9	462,79	
JCDH	†Der Blitz	Kolberg	316,4	111,88	40
JCDK	†Orpheus	Stettin	655,4	231,48	50
JCDM	Hermann	Rügenwalde . . .	109,2	38,34	
JCDN	Der Süd	Stettin	1366,1	482,24	
JCDT	Der Freischütz . .	Stettin	501,9	177,14	
JCDV	Alby	Stettin	531,6	187,42	
JCDW	William	Anklam	135,9	47,99	
JCFG	Mittwoch	Ueckermünde . . .	793,4	280,11	
JCFH	Freitag	Ueckermünde . . .	880,4	310,44	
JCFL	Bruno	Stettin	644,2	227,41	
JCFM	Berthold	Stettin	769,0	271,47	
JCFN	Norma	Stettin	1012,4	357,44	
JCFP	Willibald	Stettin	744,9	262,94	
JCFQ	†Die Erndte . . .	Stettin	309,4	109,24	40
JCFR	Meta	Stettin	108,4	38,37	
JCFS	Willkommen . . .	Kolberg	1109,1	891,14	
JCFV	Charles	Stettin	867,4	306,20	
JCFW	Idalia	Stralsund	459,7	162,20	
JCGB	Rudolph Ebel . . .	Stettin	1107,1	390,60	
JCGF	Genüff	Stettin	. . .	118°	
JCGH	Nordstern	Stettin	618,4	218,37	
JCGK	Louise Wichards	Stettin	992,0	350,14	
JCGL	Leda	Stettin	914,9	322,94	
JCGR	Concordia	Rügenwalde	1050,9	370,34	
JCGS	Ceres	Stettin	725,2	256,43	
JCGT	Carl	Ziegenort	143,7	50,73	
JCGW	Prinz Adalbert . .	Stettin	840,4	296,67	
JCHB	Auguste Jeanette .	Danzig	1037,2	366,17	
JCHF	Lessing	Swinemünde . . .	900,7	317,34	
JCHQ	Fortuna	Stettin	82,9	29,45	
JCHR	Minna	Stettin	92,9	82,47	

° Lasten zu 4000 ℔.

JCHS — JCRD

Unterscheidungs-Signale.	Namen der Schiffe.	Heimathshafen.	Kubikmeter Netto-Raumgehalt.	Register-Tons	Pferdekräfte.
JCHS	Georg Weiss . . .	Ziegenort	137,4	48,30	
JCHT	Emilie	Stettin . . . . . \ . .	131,9	46,31	
JCHV	Marie	Stettin	63,7	22,81	
JCKB	Molly	Stettin	823,6	290,14	
JCKD	Ernestine Wilhelmine	Ziegenort	88,3	31,34	
JCKG	Concordia	Stettin	94,6	33,18	
JCKN	Anna	Stolpmünde	159,7	56,87	
JCKQ	Heinrich	Wollin	103,1	36,60	
JCKR	Gustav	Stralsund	74,4	26,30	
JCKS	Marie	Osternothhafen . .	77,6	27,17	
JCKT	Bertha	Wollin	60,3	21,37	
JCKW	Minna	Stettin	84,9	29,97	
JCLB	Anna	Stralsund	97,3	34,83	
JCLD	Amanda	Anklam	78,6	27,03	
JCLF	Gustav	Swinemünde . . .	84,4	29,79	
JCLG	Johann	Stettin	129,6	45,30	
JCLR	Elise	Stralsund	71,4	25,83	
JCLS	Otto Robert	Ziegenort	178,4	83,91	
JCLV	Johanne Louise . .	Swinemünde . . .	56,3	19,97	
JCMB	Marie	Stolpmünde	102,3	36,30	
JCMF	Ida	Stettin	812,4	296,63	
JCMK	Louise Poll	Stettin . . . : . .	1241,9	438,66	
JCMP	Auguste	Stettin	238,1	84,66	
JCMS	Hulda	Swinemünde . . .	113,6	40,97	
JCMT	†Stolp	Stettin	383,9	135,83	40
JCNB	Waldemar	Stettin	777,3	274,35	
JCND	Maria	Anklam	137,4	48,87	
JCNG	Johanne	Swinemünde . . .	609,4	214,73	
JCNH	Albert	Stettin	502,9	177,83	
JCNK	Ceres	Rügenwalde	865,1	305,63	
JCNV	Helene	Stralsund	169,4	59,64	
JCNW	Auguste Teltge . .	Stettin	1013,9	357,69	
JCPB	Bertha Maria . . .	Anklam	95,4	33,71	
JCPD	Juno	Stolpmünde	108,9	38,45	
JCPG	Maria	Rügenwalde	100,9	35,41	
JCPH	Cito	Rügenwalde	77,7	27,43	
JCPM	J. F. Mann	Stettin	1022,4	360,60	
JCPN	Königin Augusta .	Stettin	1303,3	460,34	
JCPQ	C. F. Ivers	Stettin	858,4	303,61	
JCPR	Elise	Rügenwalde	108,5	38,60	
JCPT	†Wolliner Greif . .	Wollin	. . .	14"	50
JCQB	Gerdina	Kolberg	75,6	26,60	
JCQD	Caroline	Rügenwalde	85,6	30,33	
JCQK	Gute Hoffnung . .	Kolberg	87,3	80,60	
JCQP	Maria	Neuwarp	65,1	22,30	
JCQT	Cito	Kammin in Pommern .	68,3	24,30	
JCQV	Alfred	Wollin	171,9	60,61	
JCQW	Julius	Kolberg	77,3	27,79	
JCRD	Ottilie	Stettin	914,7	322,60	

* Lasten zu 4000 ℔.

JCRF — JDCF

Unter-scheidungs-Signale	Namen der Schiffe.	Heimathshafen	Kubik-meter Netto-Raumgehalt	Register-Tons	Pferde-kräfte.
JCRF	Ludwig	Stettin	1043,1	368,21	
JCRH	Wilhelm	Stettin	. . .	19"	
JCBL	Fidelio	Stettin	1064,6	375,78	
JCRS	Liberty	Kolberg	83,9	29,02	
JCRV	Auguste	Stettin	126,2	44,84	
JCRW	Gustav	Kolberg	176,6	62,41	
JCSD	von Heyden-Cartlow	Stralsund	755,6	266,74	
JCSG	Graf von Wrangel	Kolberg	846,6	298,66	
JCSH	Nordsee	Rügenwalde	980,6	328,47	
JCSK	Atlantic	Rügenwalde	1318,6	465,84	
JCSM	Sonnabend	Ueckermünde	967,9	341,67	
JCSN	†Die Sonne	Swinemünde	150,4	53,06	40
JCSR	Hermine	Ueckermünde	689,9	243,51	
JCSV	Rhea	Stettin	1261,6	445,16	
JCTB	von der Heydt	Stettin	1308,2	462,84	
JCTD	Baltic	Rügenwalde	878,4	810,87	
JCTG	Anna	Stolpmünde	158,6	55,97	
JCTL	Anna	Anklam	163,1	57,47	
JCTN	Elise	Anklam	332,0	117,19	
JCTP	Gustav	Stolpmünde	257,2	90,77	
JCTS	Brünnow	Rügenwaldermünde	1364,7	481,74	
JCVB	Albatros	Stettin	902,1	318,44	
JCVD	Louise	Anklam	691,6	244,62	
JCVF	Carl Johann	Stettin	850,2	300,17	
JCVG	Sonntag	Ueckermünde	938,7	331,36	
JCVK	Schwalbe	Rügenwalde	163,6	57,78	
JCVM	Friedrich Scalla	Stettin	1196,1	421,83	
JCVN	†Das Haff	Stettin	. . .	7,76°	40
JCVT	Bürgermeister Kirstein	Anklam	1007,4	356,74	
JCVW	Der dritte Juli	Kolberg	852,2	300,64	
JCWD	Anna	Stralsund	81,5	28,77	
JCWF	Ernst & Benno	Stettin	1042,4	367,97	
JCWG	Aureline	Barth	799,9	282,86	
JCWM	Heinrich Albert	Neuwarp	81,4	28,74	
JCWP	Carl Franz	Swinemünde	504,0	177,39	
JCWQ	Hedwig	Stettin	84,4	29,93	
JCWR	Ferdinand Bromm	Stettin	2027,4	715,66	
JCWS	Laura	Kolberg	397,6	140,56	
JCWT	Christoph	Stralsund	178,6	61,34	
JDBC	Paul	Stralsund	131,7	46,49	
JDBG	Mynheer	Anklam	983,6	347,54	
JDBK	Carl Heinrich	Anklam	634,1	223,84	
JDBM	Marie	Stettin	1318,6	465,83	
JDBN	Auguste	Geestemünde	940,1	331,66	
JDBQ	†Hertha	Stettin	1182,4	417,39	80
JDBW	Emma Zühlke	Gollnow	457,6	161,23	
JDCB	Herrmann Becker	Stettin	1092,7	385,71	
JDCF	Sophia	Stettin	180,4	63,78	

* Lasten zu 4000 ℔.

JDCG — JDLF

Unter-scheidungs-Signale.	Namen der Schiffe.	Heimathshafen	Kubik-meter Netto-Raumgehalt.	Register-Tons	Pferde-kräfte.
JDCG	Maria	Rügenwaldermünde	88,3	29,20	
JDCL	Ottilie	Danzig	1607,4	567,40	
JDCN	Antares	Rügenwalde	1319,4	465,14	
JDCQ	Melisse	Rügenwaldermünde	124,0	48,77	
JDCR	Maria	Barth	1190,3	420,14	
JDCS	Bernhard	Stettin		419°	
JDCW	Ida	Altwarp	178,4	62,97	
JDFC	Arcturus	Rügenwalde	1508,4	532,47	
JDFG	Martha	Ziegenort	149,0	62,20	
JDFH	Olga	Rügenwalde	987,4	848,69	
JDFK	Leopold II.	Rügenwalde	1210,5	427,41	
JDFL	†Arthur	Stettin	347,5	122,44	20
JDFR	†Titania	Stettin	835,7	295,01	120
JDFV	Victoria	Anklam	1221,0	431,39	
JDFW	†Marietta	Stettin	798,2	281,10	64
JDGF	†Martha	Stettin	786,3	277,64	65
JDGK	†Der Kaiser	Stettin		181°°	80
JDGM	†Alma	Swinemünde	129,3	45,01	148
JDGN	Wega	Rügenwalde	975,0	844.18	
JDGP	Martha	Kolberg	141,3	49,80	
JDGQ	Walter	Wolgast	193,1	68,16	
JDGR	Minna	Swinemünde	1328,3	467,15	
JDGS	Catharina	Rügenwalde	95,0	32,93	
JDGT	Madora	Ueckermünde	1260,3	441,44	
JDGV	Lucie Radmann	Ueckermünde	1266,0	446,00	
JDGW	Amalie	Stettin	789,4	278,74	
JDHC	Bertha	Kolberg	191,0	67,70	
JDHG	Ida	Kolberg	205,4	72,00	
JDHM	Hedwig	Stralsund	576,0	203,01	
JDHN	†Commercial	Stettin	345,0	121,70	85
JDHR	†Susanne	Stettin	744,4	262,77	50
JDHS	†Moskau	Stettin	1421,1	501,68	85
JDHT	Martha	Swinemünde	95,0	83,30	
JDKB	Louise	Hamburg	1946,4	687,00	
JDKC	Christoph Columbus	Ueckermünde	1118,1	894,00	
JDKF	Freiheit	Rügenwalde	751,3	265,39	
JDKG	Else Eschricht	Swinemünde	870,3	307,31	
JDKH	Marie & Helene	Altwarp	793,3	280,03	
JDKL	Genitore	Rügenwalde	1201,3	424,03	
JDKM	Empress	Rügenwalde	1801,3	459,44	
JDKQ	Argo	Stettin	179,1	63,32	
JDKR	Johanna	Neuwarp	58,1	20,40	
JDKS	Elise Metzler	Stettin	1056,9	373,06	
JDKT	Vera	Rügenwalde	1031,0	364,04	
JDKV	Johanna	Stettin	1952,7	689,31	
JDKW	†Melida	Stettin	820,9	289,70	75
JDLB	Humber	Danzig	1281,3	434,03	
JDLC	Geertruida	Stolpmünde	161,4	56,97	
JDLF	†Princess	Swinemünde	26,4	9,40	40

* Lasten zu 4000 ℔.   ** Tonnen zu 1000 Kilogramm.

JDLG — JDPV

Unter-schoidungs-Signale.	Namen der Schiffe.	Heimathshafen	Kubik-meter Netto-Raumgehalt.	Register-Tons.	Pferde-kräfte.
JDLG	Albert	Wolgast	90,4	31,94	
JDLH	†KronprinzFriedrich Wilhelm	Stettin	344,9	121,43	96
JDLK	Wilhelmine	Altwarp	73,9	26,34	
JDLM	Anna Maria . . .	Altwarp	58,7	20,79	
JDLN	Ella	Stolpmünde	180,3	63,40	
JDLP	Ridderkerk	Stettin	1864,3	658,10	
JDLR	†Heval	Stettin	1492,4	526,43	85
JDLS	†Agent	Swinemünde . . .	34,9	12,91	64
JDLT	†Orion	Swinemünde . . .	431,6	152,34	16
JDLV	Maria	Ueckermünde . . .	64,1	22,63	
JDLW	Friedrich	Anklam	62,9	22,89	
JDMB	Johanna	Stolpmünde	60,9	21,99	
JDMC	Otto	Swinemünde . . .	1703,9	601,10	
JDMG	†Rügenwalde . . .	Rügenwalde . . .	1079,5	381,10	300
JDMH	†Vesuv	Stettin	43,1	16,33	35
JDMK	Wilhelmine . . .	Altwarp	69,1	24,44	
JDML	Caroline Wilhelmine	Stralsund	63,6	22,44	
JDMN	Louise	Swinemünde . . .	79,9	28,01	
JDMP	†Kressmann . . .	Stettin	1174,3	414,55	75
JDMQ	Alice Starrett . . .	Swinemünde . . .	1043,3	368,53	
JDMR	†Die Blume	Stettin	81,3	28,50	36
JDMS	Wilhelmine . . .	Neuwarp	68,1	20,79	
JDMT	Julius	Altwarp	56,4	19,07	
JDMW	Alice	Flensborg	280,6	99,13	
JDNB	†Castor	Swinemünde	55,7	19,44	20
JDNC	†Pollux	Ellerbeck bei Kiel .	56,4	19,91	20
JDNG	†Russia	Stettin	1584,9	562,96	90
JDNH	Fortuna	Altwarp	60,3	21,35	
JDNL	†Heinrich	Stettin	148,3	52,41	65
JDNM	Johanna Maria . .	Stolpmünde	176,6	62,63	
JDNQ	Julie	Anklam	1104,7	389,96	
JDNR	Marie	Swinemünde . . .	82,7	29,19	
JDNS	Paul	Anklam	79,5	28,18	
JDNT	Adler	Rügenwalde . . .	92,1	32,54	
JDNV	†Haswell	Stettin	12,1	4,27	14
JDNW	Concordia	Stettin	133,3	47,99	
JDPB	Carl & Erich . . .	Stettin	233,7	82,69	
JDPC	†Anclam Packet .	Anklam	151,5	53,46	20
JDPF	Emma	Anklam	206,3	72,94	
JDPG	Fritz	Swinemünde	108,3	38,16	
JDPH	†Teutonia	Lübeck	679,6	239,87	150
JDPL	Auguste	Swinemünde	211,7	74,73	
JDPM	Bertha	Anklam	203,9	71,97	
JDPQ	Wilhelm	Stettin	327,4	115,43	
JDPR	Friederich	Stettin	108,1	36,49	
JDPS	Elise	Ziegenort	209,9	74,07	
JDPT	Auguste	Ziegenort	201,9	71,37	
JDPV	Georg	Stettin	201,9	71,39	

JDPW — JHCD

Unter-scheidungs-Signale.	Namen der Schiffe.	Heimathshafen	Kubik-meter Netto-Raumgehalt.	Register-Tons	Pferde-kräfte.
JDPW	Martha	Stolpmünde	105,3	87,34	
JDQB	Friedericke	Stettin	1267,6	454,43	
JDQC	Betty Storrer	Danzig	1389,2	490,39	
JDQF	Modesta	Kammin in Pommern	91,1	82,17	
JDQG	Anna	Stettin	210,9	74,44	
JDQH	†Stockholm	Stettin	1627,3	574,49	60
JDQK	Wilhelmine	Usedom	108,7	38,59	
JDQL	Libertas	Pölitz, Kreis Randow	173,8	61,17	
JDQM	Hedwig	Nenwarp	202,6	71,69	
JDQN	Alma	Swinemünde	211,0	74,43	
JDQP	†Hochfeld	Stettin	1844,3	650,79	400
JDQR	†Riga	Stettin	778,9	274,78	60
JDQS	Don Ricardo	Stolpmünde	780,6	275,44	
JDQV	Marie	Swinemünde	147,4	52,11	
JDQW	Ella	Swinemünde	211,0	74,43	
JDRB	Union	Swinemünde	1080,5	363,77	
JDRC	†Else	Stettin	81,4	11,72	30
JDRF	Ida	Ziegenort	207,7	73,53	
JDRG	Ernst	Ziegenort	207,4	73,34	
JDRH	Fritz	Swinemünde	979,8	845,70	
JDRK	Hans	Kolberg	209,3	78,56	
JDRN	†Liban	Stettin	1686,9	577,53	180
JDRP	†Renata	Stettin	1609,4	568,19	280
JDRQ	Minna	Swinemünde	152,4	53,60	
JDRS	Helene	Nenwarp	ca.473	ca.167	
JDRT					
JDRV					
JDRW					
JDSB					
JDSC					
JDSF					
JDSG					
JDSH					
JDSK					
JDSL					
JDSM					
JDSN					
JDSP					
JDSQ					
JHBG	Anton	Wolgast	478,1	167,00	
JHBN	Therese	Wolgast	244,1	86,17	
JHBP	Gustav	Wolgast	539,1	190,31	
JHBQ	Friedrich	Wolgast	881,3	311,07	
JHBR	Gustava	Wolgast	599,4	211,17	
JHBS	Victor	Greifswald	501,1	176,99	
JHBT	Wolgast	Wolgast	554,1	195,60	
JHBV	Herzog Bogislaw	Wolgast	621,4	219,43	
JHBW	Julie & Auguste	Wolgast	561,6	198,53	
JHCD	Agnes	Greifswald	1158,7	409,43	

Unter-scheidungs-Signale.	Namen der Schiffe.	Heimathshafen	Kubik-meter Netto-Raumgehalt.	Register-Tons	Pferde-kräfte.
JHCF	Carl Gustav . . .	Wolgast . .	521,1	183,84	
JHCK	Clara & Herrmann	Greifswald . . .	701,0	247,44	
JHCL	Anna	Greifswald . .	609,9	296,67	
JHCM	Carl Richard . . .	Greifswald . . .	521,9	185,29	
JHCN	Nestor	Greifswald . .	995,3	851,24	
JHCR	Anna	Wolgast	605,9	213,88	
JHCV	Jupiter	Wolgast . . .	493,6	174,34	
JHDB	Auguste	Greifswald .	773,9	272,77	
JHDC	Dolly	Greifswald . .	794,0	280,24	
JHDF	Julie	Stralsund . . .	445,6	157,79	
JHDK	Gräfin Maria Lottum	Wolgast .	460,6	162,37	
JHDL	Marie	Greifswald	902,4	318,33	
JHDM	Minerva	Barth . . .	1180,8	416,43	
JHDN	Hohenzollern . . .	Greifswald .	1054,4	372,33	
JHDQ	Satisfaction	Wolgast . .	498,3	176,13	
JHDR	Vesta	Greifswald . .	728,3	257,03	
JHDV	Julie	Greifswald .	793,8	280,31	
JHFB	Schmückert . . .	Greifswald .	993,3	350,59	
JHFD	Emma	Greifswald .	690,0	243,37	
JHFO	Johanna von Schubert	Wolgast .	471,3	166,31	
JHFK	Pauline	Wolgast	436,8	154,04	
JHFL	Albert Perca . . .	Wolgast . . .	858,3	302,99	
JHFM	Garibaldi	Stettin . .	159,4	56,21	
JHFP	Der Friede	Greifswald . .	931,3	328,96	
JHFQ	Johann Friedrich .	Wolgast . .	694,3	245,04	
JHFR	Doctor von Graefe .	Wolgast . . .	667,3	235,56	
JHFT	August	Wolgast . . .	546,3	192,84	
JHFV	Hellas	Greifswald	623,6	219,91	
JHGB	Hermann & Maria .	Greifswald .	118,7	41,53	
JHGC	Cassandra	Greifswald . .	816,4	288,26	
JHGD	Mercur	Greifswald .	483,1	170,62	
JHGK	Martha	Greifswald .	704,4	248,62	
JHGM	Johannes	Wolgast .	721,3	254,44	
JHGP	Elise	Wolgast . .	454,0	160,26	
JHGW	Alwine	Greifswald .	134,2	47,37	
JHKB	Friedrich	Wolgast . . .	94,7	33,13	
JHKD	Albert & Anna . .	Wolgast .	486,3	171,86	
JHKF	Emil Devrient . . .	Wolgast .	691,9	244,34	
JHKL	Elisabeth . . .	Greifswald .	767,8	270,97	
JHKM	Freude	Greifswald	767,7	271,00	
JHKN	†Marie	Wolgast .	966,8	341,2-	1:20
JHKP	Anna & Maria . .	Wolgast .	1251,1	441,63	
JHKR	Prinz Adalbert . .	Wolgast .	687,7	242,43	
JHLB	Einigkeit . . .	Greifswald .	1245,1	439,53	
JHLF	Mathilde . . .	Greifswald .	1247,3	440,14	
JHLG	Johannes	Stettin . .	731,4	258,18	
JHLM	Graf von Arnim .	Wolgast . .	753,5	266,07	
JHLN	Therese	Greifswald .	902,3	318,51	

JHLQ — JLBM

Unter-scheidungs-Signale.	Namen der Schiffe.	Heimathshafen	Kubik-meter Netto-Raumgehalt.	Register-Tons	Pferde-kräfte.
JHLQ	Victoria	Greifswald	800,o	282,ss	
JHLS	Regina Friederike	Greifswald	122,s	43,ss	
JHLV	Paul	Greifswald	80,4	28,ss	
JHLW	Johanna & Lina	Wolgast	731,s	258,18	
JHMD	Max & Robert	Kolberg	181,s	63,ss	
JHMF	Charlotte	Greifswald	1097,1	887,ss	
JHMG	Hanna	Greifswald	880,o	293,so	
JHMN	Dritte Joll	Wolgast	615,7	217,ss	
JHMP	Die Eiche	Wolgast	. . .	100*	
JHMR	Camilla	Greifswald	1265,s	446,ss	
JHMT	Eintracht	Greifswald	1130,7	399,14	
JHNC	Georg, Freiherr von Vincke	Stralsund	798,s	280,ss	
JHND	Marie Elise	Wolgast	185,s	65,ss	
JHNF	Wilhelm	Barth	92,4	32,o	
JHNL	Anna	Altwarp	186,o	65,ss	
JHNM	Lina	Greifswald	141,7	50,ss	
JHNR	Willy	Neuwarp	181,s	64,ss	
JHNS	Heßmann	Greifswald	80,s	28,ss	
JHNT	Auguste	Altwarp	174,s	61,74	
JHPB	Albert	Ziegenort	201,s	71,ss	
JHPC	Einigkeit	Greifswald	178,s	62,ss	
JHPD	†Fritz	Wolgast	202,1	71,ss	16
JHPF	Emma	Wolgast	421,s	148,s1	
JHPG	Providentia	Greifswald	665,s	234,ss	
JHPL	August	Greifswald	76,s	27,ss	
JHPM	Willy	Greifswald	154,1	54,ss	
JHPN	Wilhelm Homeyer	Wolgast	1461,o	512,ss	
JHPS	Bertha	Greifswald	87,7	30,ss	
JHPT	Emilie	Wolgast	804,1	283,ss	
JHPV	Elwine	Wolgast	88,s	31,ss	
JHPW	Marie	Wolgast	94,4	38,ss	
JHQB	Ada	Wolgast	ca.1507	ca.533	
JHQC	Marie	Greifswald	94,o	33,ss	
JHQD	Laura	Greifswald	89,s	81,ss	
JHQF	Susanna	Greifswald	97,4	34,s7	
JHQG	†Elisabeth	Wolgast	119,o	42,s1	16
JHQK	Caroline	Wolgast	98,s	54,7s	
JHQL	Wilhelmine	Wolgast	104,s	86,ss	
JHQM	†Pommern	Greifswald	158,o	56,ss	50
JHQN					
JHQP					
JHQR					
JHQS					
JHQT					
JHQV					
JHQW					
JLBK	Jean Paul	Barth	641,s	226,ss	
JLBM	Ernst	Barth	915,o	323,s1	

* Lasten zu 4000 ℔.

JLBP — JLKP

Unterscheidungs-Signale.	Namen der Schiffe.	Heimathshafen	Kubikmeter Netto-Raumgehalt	Register-Tons	Pferdekräfte.
JLBP	Albert Wilhelm ..	Barth	578,9	204,30	
JLBS	Johanna	Barth	251,6	88,01	
JLBT	Anna	Stralsund	537,1	189,39	
JLBW	Pius IX	Stralsund	721,3	254,63	
JLCB	Peter	Stralsund	315,3	111,37	
JLCD	Heinrich	Barth	644,7	227,44	
JLCF	Wilhelmine	Stralsund	219,0	77,39	
JLCG	Ernst	Barth	459,1	162,04	
JLCM	Othello	Barth	665,3	234,85	
JLCN	Gloria	Stralsund	432,6	152,71	
JLCQ	Bertha	Stralsund	425,3	150,19	
JLCR	August	Barth	645,9	228,90	
JLCV	Marie	Stralsund		40,37°	
JLDB	Therese	Barth	305,2	107,74	
JLDF	Immanuel	Barth	623,5	220,19	
JLDG	Bernhard	Barth	776,6	274,14	
JLDH	Albert	Barth		19,06°	
JLDK	Wilhelmine	Barth		19,21°	
JLDM	Wilhelm August ..	Barth	826,4	291,73	
JLDN	Richard	Barth	455,6	160,36	
JLDQ	Die Krone	Barth	957,6	338,07	
JLDR	Bertha	Barth	336,2	118,63	
JLDT	Marta	Barth	126,3	44,57	
JLDV	Helene	Stralsund	1016,6	358,36	
JLFC	Peter	Barth	853,3	301,39	
JLFH	Friedrich Wilhelm IV.	Barth	1046,9	369,34	
JLFK	Carl	Stralsund	260,6	91,98	
JLFN	Mobil	Stralsund	441,3	155,94	
JLFP	Achilles	Stralsund	451,1	159,33	
JLFQ	Hellas	Stralsund	1028,6	363,17	
JLFR	von Pommer-Esche	Stralsund	556,4	196,41	
JLFV	Ida Mathilde	Stettin	1088,4	384,41	
JLGB	Vorwärts	Stralsund	393,3	138,30	
JLGC	Auguste	Stralsund	440,5	155,60	
JLGF	Oberon	Stralsund		87,1°	
JLGM	Gustav Friedrich	Stralsund	1003,4	354,30	
JLGN	Johann Friedrich	Barth	567,2	200,23	
JLGQ	Gottfried	Stralsund	480,3	169,54	
JLGS	Activ	Barth	898,4	317,14	
JLHB	Bertha	Stralsund	1137,5	401,03	
JLHG	Condor	Barth	907,3	320,24	
JLHN	Christine	Barth	105,4	37,91	
JLHS	Christian	Stralsund	132,5	46,53	
JLHV	Courier	Barth	985,3	347,91	
JLKB	Therese	Barth	119,6	42,71	
JLKD	Therese	Stralsund	426,9	150,09	
JLKF	Hellmuth & Marie	Barth	119,3	42,11	
JLKM	Concordia	Stralsund	284,3	100,37	
JLKP	Vorwärts	Barth	429,9	151,72	

* Lasten zu 4000 ℔.

JLKR — JLVD

Unterscheidungs-Signale.	Namen der Schiffe.	Heimathshafen	Kubikmeter Netto-Raumgehalt	Register-Tons	Pferdekräfte.
JLKR	Friedericke	Stettin	—	33,16	
JLKS	Landrath von Hagemeister	Stralsund	512,9	181,03	
JLKT	Sophie	Stralsund.....	103,3	36,43	
JLKV	Franz Böttcher ..	Stralsund.....	487,9	171,90	
JLKW	Preciosa	Barth......	1025,7	362,97	
JLMB	Elwine Kreplin ..	Barth.......	1098,7	387,04	
JLMC	Emma Maria ...	Barth.......	112,9	89,03	
JLMF	Anna Sophia ...	Barth.......	518,5	183,03	
JLMK	Carl	Barth......	174,1	61,45	
JLMN	Malvina Wendt ..	Barth......	1027,9	362,84	
JLMS	Pansewitz	Barth......	948,7	283,13	
JLMV	Caecilie......	Stralsund.....	634,9	188,03	
JLMW	Otto	Barth.......	468,9	165,13	
JLNG	Cito	Stralsund.....	288,3	101,74	
JLNQ	Die Sonne	Stralsund.....	305,4	107,95	
JLNV	Henriette Steinorth	Barth	908,1	320,95	
JLPG	Harmonie....	Barth	602,4	212,75	
JLPH	Anna	Stralsund.....	122,1	43,09	
JLPQ	Diogenes	Barth	910,9	321,31	
JLQB	Irene	Barth	731,3	256,10	
JLQF	Emma	Barth	608,4	214,74	
JLQK	Johann	Stralsund.....	131,5	46,43	
JLQN	Heinrich	Barth	126,5	44,76	
JLQW	Heinrich Christoph .	Barth.....	242,9	85,75	
JLRB	Alexander v. Humboldt	Stralsund.....	149,3	52,60	
JLRF	Reinhold	Stralsund.....	182,9	64,35	
JLRH	Commandeur ...	Stralsund.....	187,4	66,16	
JLRK	Arnold Ruge ...	Barth	88,9	31,34	
JLRM	Julius	Barth	665,6	284,94	
JLRQ	Marie	Barth	89,4	31,94	
JLRS	Johanna & Emma .	Stralsund.....	165,9	58,55	
JLRW	Alwin & Fritz ...	Barth	211,4	74,42	
JLSB	Heinrich Rodbertus	Barth	981,4	346,87	
JLSC	Maria	Stralsund.....	...	35,4°	
JLSF	Maria Wohlfahrt .	Stralsund.....	160,6	56,71	
JLSH	Hermine	Stralsund.....	99,9	34,95	
JLSK	Johanna Sophie ..	Flensburg	112,1	39,97	
JLSP	Neptunus	Stralsund.....	166,9	58,91	
JLST	Vorwärts	Anklam.....	84,7	29,99	
JLTB	Robert	Greifswald	86,4	30,48	
JLTF	Sophie	Stralsund.....	172,8	61,80	
JLTH	Australia	Stralsund.....	163,4	57,87	
JLTM	Bertha	Stettin	79,3	28,84	
JLTR	Louise	Stralsund.....	989,3	849,13	
JLTV	Albert	Barth	479,4	151,30	
JLVB	Germania	Stralsund.....	152,3	53,75	
JLVD	Friederike	Barth	82,3	29,08	

* Lasten zu 4000 ℔.

JLVF — JMHG

Unterscheidungs-Signale.	Namen der Schiffe.	Heimathshafen	Kubikmeter Netto-Raumgehalt.	Register-Tons	Pferdekräfte.
JLVF	Carl Albert....	Altwarp......	129,4	45,48	
JLYG	Vittloe......	Stralsund.....	141,4	49,91	
JLVH	Ferdinand.....	Barth........	. . .	17,3*	
JLVK	Schwerek.....	Barth........	124,9	44,10	
JLVM	Vorwärts.....	Barth........	125,0	44,13	
JLVQ	Ernst Julius....	Ziegenort......	176,4	62,26	
JLVR	Henriette.....	Barth........	80,4	28,39	
JLWC	Henriette.....	Barth........	554,3	195,71	
JLWF	Maria.......	Stralsund.....	198,6	70,12	
JLWG	Louis.......	Stralsund.....	546,2	192,91	
JLWH	Sophia......	Barth........	596,3	210,44	
JLWK	Activ.......	Stettin.......	96,3	33,93	
JLWM	Bürgermeister Oom	Barth........	427,3	150,84	
JLWP	Friedrich Wilhelm.	Stralsund.....	683,4	241,13	
JLWQ	Hermine......	Neustadt in Holstein	149,4	52,73	
JLWR	Carnot......	Barth........	136,6	48,32	
JLWV	Marie......	Barth........	89,4	31,56	
JMBD	Die zwei Brüder.	Barth........	88,3	31,13	
JMBG	Alwine......	Stralsund.....	168,4	59,44	
JMBK	Maria.......	Barth........	88,3	31,17	
JMBL	Maria.......	Stralsund.....	86,4	30,50	
JMBP	Wilhelm.....	Barth........	100,3	35,37	
JMBQ	Sirene......	Barth........	122,0	43,05	
JMBS	Emanuel.....	Stralsund.....	169,4	59,73	
JMCB	Louise......	Barth........	101,7	35,90	
JMCD	Johanna Sophie..	Stralsund.....	. . .	15*	
JMCF	Struensee.....	Barth........	107,3	37,86	
JMCH	Elise.......	Stralsund.....	74,3	26,19	
JMCL	Louise......	Barth........	. . .	27,3*	
JMCV	Flora.......	Stralsund.....	423,0		
JMDB	Emma Auguste..	Barth........	249,5	88,04	
JMDC	Alwine......	Stralsund.....	103,7	36,61	
JMDG	Christian.....	Stralsund.....	484,7	171,10	
JMDH	Einigkeit.....	Barth........	553,4	195,33	
JMDL	König Ernst August	Stralsund.....	663,3	234,41	
JMDP	Undine......	Barth........	541,3	191,14	
JMDS	Bürgermeister Müller	Barth........	965,3	340,75	
JMFH	Sebaldus.....	Stralsund.....	190,3	67,22	
JMFP	Brutus......	Stralsund.....	120,6	42,57	
JMFQ	Alwine......	Wolgast......	67,3	23,72	
JMFS	August......	Barth........	92,3	32,79	
JMGB	Vorwärts.....	Barth........	65,3	23,02	
JMGD	Maria Wohlfahrt.	Stralsund.....	256,0	90,36	
JMGK	Courier......	Stralsund.....	1185,6	418,31	
JMGQ	Robert & Paul..	Stralsund.....	418,6	147,76	
JMGS	Auguste Mathilde.	Stralsund...	639,8	225,53	
JMGV	Friederike....	Stralsund.....	514,0	181,44	
JMHC	Emma......	Barth........	79,0	27,88	
JMHG	Franz......	Barth........	522,7	184,31	

* Lasten zu 4000 ℔.   3

JMHL — JMQG

Unter-scheidungs-Signale.	Namen der Schiffe.	Heimathshafen	Kubik-meter / Register-Tons Netto-Raumgehalt.		Pferde-kräfte.
JMHL	Clara Diekelmann	Stralsund	425,4	150,18	
JMHN	Die Erwartung . .	Barth	519,4	183,23	
JMHR	Arthur	Barth	474,0	167,32	
JMHS	Caroline Marie . .	Stralsund	95,6	33,54	
JMHV	C. L. Weyer . . .	Greifswald	1185,9	418,41	
JMHW	Hoche	Barth	128,9	45,51	
JMKB	Bertha	Barth	89,6	31,60	
JMKF	Caroline	Barth	113,5	39,99	
JMKH	Matador	Stralsund	1191,7	420,68	
JMKP	Julius	Barth	915,6	323,10	
JMKQ	Der Adler	Barth	975,2	344,73	
JMKS	Adolph Friedrich .	Stralsund	557,3	196,91	
JMKT	Adolph & Emma .	Stralsund	454,3	160,19	
JMKW	Moritz	Stralsund	. . .	18,3*	
JMLB	Heinrich	Barth	85,0	80,01	
JMLC	Ernst Wilhelm . .	Barth	977,6	345,10	
JMLD	Moe	Stralsund	88,7	31,31	
JMLF	Hermann	Stralsund	160,6	58,69	
JMLG	Wittow	Stralsund	. . .	13,3*	
JMLH	Ata Bertha . . .	Stralsund	68,9	24,31	
JMLN	Carl	Barth	857,9	302,84	
JMLR	Hermann	Barth	359,4	126,87	
JMLT	Alwine	Stralsund	741,7	261,81	
JMLV	Wodan	Stralsund	. . .	ca.213*	
JMNB	Julius Heinrich . .	Barth	837,3	295,33	
JMNC	Bürgermeister Schwing	Stralsund	1078,3	380,60	
JMND	Emilie	Barth	431,4	152,33	
JMNF	Bertha	Stralsund	685,6	241,81	
JMNG	Die Heimath . .	*Stralsund	903,4	840,11	
JMNH	Der Nordpol . . .	Barth	1039,3	366,34	
JMNK	Minna	Barth	487,5	172,00	
JMNP	Professor Schulze .	Stralsund	171,6	60,13	
JMNS	Mazzini	Barth	108,5	38,40	
JMNT	Aennchen Lorenz .	Barth	537,9	189,54	
JMNW	Tiger	Barth	1185,1	418,47	
JMPG	Superbe	Stralsund	979,5	345,70	
JMPK	Adolph	Stralsund	609,3	215,10	
JMPL	Vorwärts	Stralsund	84,1	29,81	
JMPN	Bertha	Stralsund	432,3	152,63	
JMPQ	Hugo	Stralsund	315,1	111,37	
JMPT	Johanna	Stralsund	173,1	61,11	
JMPV	Ottilie	Stralsund	581,1	205,13	
JMPW	Peter Kraft	Barth	948,7	338,13	
JMQB	Friedrich Wilhelm .	Stralsund	669,1	236,19	
JMQC	Alwine	Stralsund	161,0	56,82	
JMQD	Einigkeit	Königstein a. d. Schlei	140,9	49,73	
JMQF	Friederike Weyer .	Stralsund	1033,4	364,78	
JMQG	Clara	Stralsund	810,3	288,18	

* Lasten zu 4000 ℔.

JMQH — JNBL

Unter-scheidungs-Signale.	Namen der Schiffe.	Heimathshafen	Kubik-meter Netto-Raumgehalt.	Register-Tons	Pferde-kräfte.
JMQH	Carl	Stralsund	492,4	178,67	
JMQK	Loreley	Barth	718,5	258,63	
JMQL	Fortuna	Stralsund	648,4	229,80	
JMQN	Wilhelm	Stralsund	94,7	83,28	
JMQR	August	Barth	539,4	190,40	
JMQS	Johanna Emilie	Barth	568,6	200,73	
JMQV	Apotheker Diesing	Stralsund	1099,1	887,30	
JMRF	Henriette	Barth	121,8	42,63	
JMRH	Laura	Stralsund	119,1	42,04	
JMRL	Alfred	Barth	. . .	289,6*	
JMRP	Philipp Weyergang	Stralsund	550,6	194,38	
JMRS	Australia	Stralsund	1688,7	576,70	
JMRT	Bertha	Barth	126,8	44,84	
JMSB	Paul	Stralsund	1078,6	878,39	
JMSD	Emma	Stralsund	618,9	216,67	
JMSH	Meta	Barth	1212,9	428,14	
JMSK	Sirene	Barth	603,4	218,08	
JMSL	Johann Gustav	Barth	455,8	160,69	
JMSP	Diana	Stralsund	699,2	246,67	
JMSQ	R. W. Parry	Barth	558,6	195,81	
JMSR	Clara	Stralsund	657,2	231,79	
JMST	Maria Catharine	Stralsund	166,8	59,45	
JMSW	Marie	Barth	156,8	55,10	
JMTB	Gustav	Stralsund	156,6	55,06	
JMTD	Anna	Barth	125,7	44,54	
JMTK	Friedchen	Stralsund	1009,6	356,23	
JMTL	Martha	Stralsund	178,8	63,11	
JMTQ	Georgine	Stralsund	104,9	37,03	
JMTV	Carl	Stralsund	188,8	66,44	
JMVB	Uokel Braesig	Stralsund	841,0	296,03	
JMVD	Laura	Stralsund	104,8	86,69	
JMVF	Alwine	Stralsund	886,8	119,78	
JMVH	Helmath	Barth	155,8	65,00	
JMVS	Bertha Augusta	Barth	. . .	20*	
JMVT	Wittow	Stralsund	581,1	205,13	
JMVW	Marie	Barth	586,9	139,23	
JMWB	Bertha	Barth	1290,7	455,61	
JMWC	Friederike	Stralsund	110,9	39,14	
JMWD	S. Suppicich	Stralsund	984,0	829,98	
JMWF	August Zäncker	Stettin	887,1	136,46	
JMWK	Hoffnung	Barth	. . .	221,8*	
JMWN	Gustava	Stralsund	473,1	168,76	
JMWR	Bernhardine	Stralsund	349,9	123,81	
JMWS	Lina	Barth	1274,8	450,01	
JNBC	Wilhelm	Stralsund	145,3	51,47	
JNBF	Marie	Stralsund	846,0	298,64	
JNBQ	Consul Platen	Stralsund	913,3	322,39	
JNBH	Jowina	Stralsund	876,8	182,90	
JNBL	Professor Cautzler	Stralsund	718,0	253,40	

* Lasten zu 4000 ℔.   8 *

JNBP — JNHT

Unter-scheidungs-Signale.	Namen der Schiffe.	Heimathshafen	Kubik-meter Netto-Raumgehalt.	Register-Tons	Pferde-kräfte.
JNBP	Franz August . . .	Barth	878,1	181,70	
JNBQ	Bertha Bahlrübe . .	Barth	1491,1	526,30	
JNBR	Caroline	Stralsund	402,6	141,90	
JNBT	Eduard Pens . . .	Stralsund	1011,6	357,11	
JNCB	Copernicus	Ziegenort	178,6	68,11	
JNCF	Friedrich II. . . .	Stralsund	364,3	128,48	
JNCK	Hoiurich Dircks . .	Barth	1000,6	858,31	
JNCP	Arcona	Stralsund	169,7	59,90	
JNCQ	C. A. Boug	Stralsund	441,3	155,94	
JNCV	J. P. Juhl	Stralsund	1247,1	440,03	
JNCW	August	Stralsund	1058,3	378,65	
JNDC	Hedwig Siebe . . .	Stralsund	1008,3	356,90	
JNDG	Caroline	Stralsund	446,3	157,10	
JNDK	C. von Platen . . .	Barth	576,6	208,63	
JNDP	Fritz	Barth	647,3	228,67	
JNDQ	Wilhelm	Stralsund	386,7	136,81	
JNDS	Martha	Stralsund	169,3	69,70	
JNDV	Pauline David . . .	Stralsund	2581,4	911,31	
JNFB	August	Greifswald	450,3	159,03	
JNFC	Richard Eichstedt .	Stralsund	392,4	138,34	
JNFD	Carl Friedrich . .	Barth	1301,3	459,30	
JNFG	Johann Holzerland .	Barth	977,3	344,99	
JNFH	Mathilde	Swinemünde . . .	143,3	50,63	
JNFK	Hoffnung	Barth	805,3	316,00	
JNFL	Henrlette	Barth	88,7	31,30	
JNFM	Hermann	Barth	912,3	322,04	
JNFQ	Charles Kahl . . .	Stralsund	971,3	842,94	
JNFR	Hongkong	Stralsund	. . .	180,3*	
JNFW	Georg Holtz . . .	Barth	881,7	298,90	
JNGB	Robert	Barth	98,3	82,94	
JNGD	Auguste Sophie . .	Stralsund	186,6	65,67	
JNGF	A. M. Lotinga . . .	Barth	794,3	290,49	
JNGH	Hoffnung	Stralsund	117,7	41,63	
JNGK	August	Barth	1099.1	887,39	
JNGL	Minna	Barth	1106,6	890,64	
JNGM	Wilhelmine	Stralsund	07,9	84,34	
JNGS	Johann Hermann .	Stralsund	90,9	34,30	
JNGT	Meerkönig	Barth	717,4	258,32	
JNGV	Graf Behr-Negen-dank	Barth	860,3	303,63	
JNGW	Louis Romler . . .	Barth	820,0	289,43	
JNHB	Johann Carl . . .	Stralsund	176,0	62,13	
JNHC	Der Versuch . . .	Stralsund	1068,9	876,34	
JNHF	Ariel	Barth	477,3	168,36	
JNHK	Wilhelm	Barth	175,1	61,31	
JNHL	Robert Wendt . . .	Stralsund	1112,1	892,03	
JNHM	Graf Otto zu Solms	Stralsund	666,3	235,11	
JNHP	T. C. Berg	Barth	1356,7	478,93	
JNHT	Dr. Stroussberg . .	Barth	829,6	292,99	

* Lasten zu 4000 ℔.

JNHV — JNPL

Unter-scheidungs-Signale.	Namen der Schiffe.	Heimathshafen	Kubik-meter Netto-Raumgehalt.	Register-Tons	Pferde-kräfte.
JNHV	Maria	Stralsund	202,a	71,ss	
JNKD	Caroline	Stralsund	367,s	129,ss	
JNKF	Wilhelm Schütt	Stralsund	232,0	81,ss	
JNKG	Krönnewitz	Barth	. .	201ᵃ	
JNKH	Emma	Stralsund	229,0	80,87	
JNKL	Gazelle	Stralsund	258,s	91,ss	
JNKP	Emma Ilcng	Stralsund	881,s	311,so	
JNKR	Gustava	Stralsund	123,4	43,ss	
JNKS	Oscar Wendt	Barth	1350,s	476,ss	
JNKT	†Oscar	Stralsund	819,s	280,ss	260
JNKV	Leda	Stettin	448,s	158,ss	
JNKW	Anna Alida	Barth	161,s	57,01	
JNLB	Freundschaft	Barth	515,s	181,so	
JNLD	Anna	Stralsund	88,s	81,os	
JNLF	Hermine	Stralsund	290,s	102,ss	
JNLG	Johanna	Stettin	100,0	35,so	
JNLH	Charlotte	Stralsund	238,s	84,os	
JNLK	Heinrich	Stralsund	317,s	112,01	
JNLM	Carl August	Stralsund	640,s	226,os	
JNLP	Auguste	Barth	186,0	65,ss	
JNLQ	Maria	Stralsund	147,s	52,os	
JNLR	Wilhelm Weyer	Stralsund	. . .	386,ss**	
JNLS	Atlantic	Stralsund	490,s	178,os	
JNLT	Marie	Stralsund	67,s	23,ss	
JNLV	Marie	Barth	210,s	74,ss	
JNLW	Wallis & Sohn	Barth	. . .	608,s**	
JNMB	Franz Ludwig	Stralsund	111,s	39,ss	
JNMC	Louise	Barth	1104,s	889,ss	
JNMD	Die Gartenlaube	Stralsund	. . .	559,ss**	
JNMF	Marie Riebeck	Stralsund	1427,s	503,ss	
JNMH	Friedchen	Barth	. . .	89,ss**	
JNMK	Emilie Kahl	Stralsund	. . .	350,ss**	
JNML	Wilhelmine	Stralsund	424,4	148,ss	
JNMP	Theodor	Stralsund	449,s	158,ss	
JNMQ	Wilhelm Robert	Barth	110,s	38,so	
JNMR	Emma	Barth	96,s	34,os	
JNMS	Lonise	Barth	161,0	56,ss	
JNMT	Marie	Stralsund	238,0	83,ss	
JNMV	Minna	Stralsund	260,0	91,ss	
JNMW	Hermine	Stralsund	235,4	83,10	
JNPB	Minna Deutsch-mann	Stralsund	465,s	164,ss	
JNPC	Commissionrath Dienstbach	Hamburg	1130,s	899,ss	
JNPD	Adolph	Barth	647,s	228,so	
JNPF	A. C. Meyer	Barth	1473,s	520,10	
JNPG	Anna	Barth	74,s	26,ss	
JNPH	Erlkönig	Stralsund	1294,s	456,ss	
JNPL	Falke	Stralsund	892,s	815,07	

* Lasten zu 4000 ℔.   ** Tonnen zu 1000 Kilogramm.

JNPM — JNTK

Unter-scheidungs-Signale.	Namen der Schiffe.	Heimathshafen	Kubik-meter Netto-Raumgehalt.	Register-Tons	Pferde-kräfte.
JNPM	Anna	Stralsund	61,4	21,74	
JNPQ	Johanna	Stralsund	150,1	52,99	
JNPR	Hermine	Stralsund	59,7	21,65	
JNPS	Louise Dorothea	Barth	643,9	227,84	
JNPT	Graf Klot-Trant-vetter	Barth	726,3	256,60	
JNPV	Trene	Barth	1301,9	459,65	
JNPW	Trusty	Barth	693,6	244,76	
JNQB	Emma Müller	Barth	1431,6	505,13	
JNQC	Eduard Waenerlund	Barth	1100,7	388,64	
JNQF	W. Röhl	Stralsund	1331,9	470,15	
JNQG	Mathilde	Stralsund	768,6	271,43	
JNQH	Hedwig	Barth	895,1	315,97	
JNQK	Germania	Stralsund	777,3	274,34	
JNQL	Albatross	Stralsund	891,3	314,43	
JNQM	Elise	Barth	836,3	295,20	
JNQT	Christoph Kasten	Barth	499,6	176,33	
JNQV	Hermine	Stralsund	192,3	67,94	
JNQW	Emma	Stralsund	121,7	42,94	
JNRB	Hermine	Stralsund	197,7	69,60	
JNRC	Wilhelmine	Barth	128,4	45,38	
JNRD	Anna	Stralsund	173,3	61,14	
JNRF	Lisette	Barth	98,6	34,63	
JNRG	Maria	Stralsund	51,5	18,17	
JNRH	Ernst	Stralsund	282,6	99,73	
JNRM	Hermine	Stralsund	81,6	28,69	
JNRP	Patria	Stralsund	473,3	167,04	
JNRS	Gertrud	Barth	484,5	171,89	
JNRW	Louise	Barth	617,6	218,03	
JNSB	Die Hoffnung	Stralsund	96,7	34,13	
JNSC	Aequator	Stralsund	1550,3	547,34	
JNSD	Sophie	Stralsund	359,5	126,80	
JNSF	Hans & Minna	Stralsund	231,3	81,61	
JNSG	Stabswache	Stralsund	282,1	81,64	
JNSH	Johanna	Stralsund	296,0	104,13	
JNSM	Minna	Barth	67,1	23,66	
JNSP	Carl August	Barth	1001,6	353,64	
JNSQ	Sophie	Barth	716,1	252,73	
JNSR	Carl August	Stralsund	826,6	292,40	
JNST	Glück auf	Stralsund	601,3	212,77	
JNSV	Wilhelmine	Barth	180,4	63,60	
JNSW	Jeannette	Barth	478,6	169,73	
JNTB	Stralsund	Stralsund	1645,1	580,73	
JNTC	Express	Stralsund	79,7	28,13	
JNTD	Hedwig	Barth	223,6	78,84	
JNTF	Ernst	Stralsund	66,9	28,43	
JNTG	Hedwig	Barth	408,5	144,30	
JNTH	Gebrüder	Stettin	147,6	51,37	
JNTK	Minna	Stralsund	131,5	46,41	

JNTL — JPCG

Unter-scheidungs-Signale.	Namen der Schiffe.	Heimathshafen	Kubik-meter Netto-Raumgehalt.	Register-Tons	Pferde-kräfte.
JNTL	Hermann & Lina . .	Stralsund	218,4	77,69	
JNTM	Carl Theodor . . .	Stralsund	208,9	73,11	
JNTP	Georg	Stralsund	346,9	122,52	
JNTQ	Emma	Barth	187,4	66,14	
JNTR	Ernst	Stralsund	439,3	155,14	
JNTS	Heimath	Stralsund	303,9	106,96	
JNTV	Anna Ottilie . . .	Barth	215,6	76,17	
JNVB	Clara	Barth	628,9	221,70	
JNVD	Minna	Barth	105,8	37,13	
JNVF	Wilhelm	Stralsund	88,9	32,82	
JNVH	Germania	Stralsund	80,9	31,73	
JNVK	Hellmuth	Stralsund	253,2	89,25	
JNVL	Maria	Stralsund	78,9	27,94	
JNVM	Graefin Behr-Negen-dank	Stralsund	710,2	250,72	
JNVP	Adelgunde	Stralsund	268,4	94,61	
JNVQ	Meta	Stralsund	77,0	27,13	
JNVR	Betty Wendt . . .	Barth	1347,4	475,43	
JNVW	Emilie	Stralsund	610,1	215,30	
JNWB	Capella	Barth	202,1	71,33	
JNWC	F. H. Drews . . .	Stralsund	1766,6	628,11	
JNWD	Bertha	Barth	92,8	32,11	
JNWF	Bertha	Barth	189,4	49,20	
JNWH	Wilhelmine	Stralsund	76,2	26,00	
JNWK	Albert	Stralsund	280,0	98,42	
JNWL	Johann Friedrich .	Barth	210,4	74,34	
JNWM	Hoffnung	Barth	726,9	256,60	
JNWP	Johanna Kraeft . .	Stralsund	683,9	223,13	
JNWQ	Mercur	Barth	1363,7	481,30	
JNWR	Caroline	Stralsund	427,4	150,94	
JNWV	Johanna	Stralsund	197,4	69,43	
JPBC	Arnold	Barth	206,2	72,73	
JPBD	Theodor	Barth	212,7	75,06	
JPBF	Hermann	Stralsund	1283,1	452,95	
JPBG	Wilhelmine	Barth	129,8	45,58	
JPBH	Auguste	Barth	195,2	68,91	
JPBK	Triton	Barth	644,4	227,38	
JPBL	Lina	Stralsund	188,7	48,54	
JPBM	Minna	Stralsund	201,5	71,14	
JPBN	Otto & Ella . . .	Stralsund	212,5	75,91	
JPBQ	Johanna	Stralsund	212,3	74,93	
JPBR	Sophia	Barth	283,1	82,50	
JPBS	Fortuna	Stralsund	133,3	47,06	
JPBT	Emilie	Stralsund	226,1	79,36	
JPBV	Johann Heinrich . .	Barth	195,7	69,60	
JPCB	Eugen	Stralsund	2068,2	730,60	
JPCD	Louise	Barth	79,1	27,92	
JPCF	Alwine	Barth	208,3	78,33	
JPCG	Johanna	Barth	236,1	83,35	

40

JPCH — JPGR

Unter-scheidungs-Signale.	Namen der Schiffe.	Heimathshafen	Kubik-meter Netto-Raumgehalt	Register-Tons	Pferde-kräfte.
JPCH	Maria	Barth	67,3	23,71	
JPCK	Adele	Barth	89,7	31,67	
JPCL	Hulda	Stralsund	508,7	179,44	
JPCM	Director Barrow	Stralsund	924,0	326,17	
JPCQ	Maria	Barth	89,3	31,49	
JPCR	Albert Reimann	Barth	630,1	224,53	
JPCS	Marie	Barth	81,8	28,77	
JPCT	Carl & Maria	Barth	79,3	28,17	
JPCV	J. M. Donck	Barth	508,6	179,34	
JPCW	Bertha	Barth	75,9	26,50	
JPDB	Johanna	Stralsund	64,9	22,60	
JPDC	Ida	Stralsund	813,6	286,99	
JPDF	August	Stralsund	75,3	26,44	
JPDG	Ester	Stralsund	107,9	38,69	
JPDH	Johanna	Stralsund	128,8	45,40	
JPDK	Auguste	Barth	78,1	27,87	
JPDL	Bertha	Barth	70,3	24,78	
JPDM	Johann	Stralsund	127,8	45,01	
JPDN	Marie	Stralsund	127,3	45,01	
JPDQ	Niederhof	Stralsund	557,1	196,93	
JPDR	Rapid	Stralsund	125,6	44,31	
JPDS	Robert	Barth	73,1	25,81	
JPDT	Courier	Barth	379,4	133,94	
JPDV	Johanna	Stralsund	417,3	147,33	
JPDW	Anna Louise	Barth	201,3	71,06	
JPFB	Johanna	Barth	293,8	103,73	
JPFC	Auguste	Stralsund	121,6	43,63	
JPFG	Carl	Stralsund	127,7	45,06	
JPFH	Helene	Stralsund	211,9	74,83	
JPFK	Henriette	Stralsund	113,3	39,96	
JPFL	Hermann	Stralsund	211,9	74,81	
JPFM	Vorwärts	Barth	195,6	69,13	
JPFQ	Lucia Maria	Barth	429,3	151,61	
JPFR	Edward Waugh	Barth	483,6	170,71	
JPFS	Bertha	Barth	213,8	75,47	
JPFT	Thetis	Barth	314,3	111,14	
JPFV	Ida	Stralsund	507,0	178,96	
JPFW	Ariou	Stettin	215,7	76,14	
JPGB	Natur	Stralsund	513,6	181,30	
JPGC	Louise	Barth	89,9	31,74	
JPGD	Maria Sarah	Barth	ca.1165	ca.412	
JPGF	Moritz	Stralsund	57,4	20,40	
JPGH	Wilhelm	Barth	135,7	47,91	
JPGK	Gustav	Barth	254,6	89,94	
JPGL	Peter	Barth	123,7	43,67	
JPGM	Fanö	Stralsund	829,9	292,96	
JPGN	Emilie	Stralsund	143,6	50,67	
JPGQ	Baron von Veltheim	Barth	438,5	154,73	
JPGR	Johann Heinrich	Stralsund	57,1	20,37	

JPGS — JPLW

Unter-scheidungs-Signale.	Namen der Schiffe.	Heimathshafen	Kubik-meter Netto-Raumgehalt.	Register-Tons.	Pferde-kräfte.
JPGS	Wilhelmine	Barth	68,9	24,01	
JPGT	Fritz von der Laucken	Stralsund	915,8	323,25	
JPGV	Hoffnung	Stralsund	62,1	21,72	
JPGW	Lina	Stralsund	402,9	142,22	
JPHB	Minna	Barth	332,6	113,86	
JPHC	Otto	Barth	458,4	161,61	
JPHD	Caroline	Stralsund	212,3	74,84	
JPHF	Wilhelmine	Barth	87,6	30,82	
JPHG	August & Marie . .	Barth	205,3	72,11	
JPHK	Bertha Auguste . .	Stralsund	83,1	29,84	
JPHL	Der Wanderer . .	Barth	650,1	229,70	
JPHM	Wanderer	Stralsund	135,9	47,98	
JPHN	† Barth	Barth	81,0	28,09	50
JPHQ	Sara	Barth	123,3	43,64	
JPHR	Ernst	Stralsund	169,8	59,77	
JPHS	Commerzienrath Rodbertus . . .	Barth	1605,0	566,44	
JPHT	Sophie	Barth	64,4	22,80	
JPKB	Heinrich & Anna .	Barth	208,3	73,55	
JPKC	Emma	Barth	222,9	78,62	
JPKD	Altefaehr	Stralsund	105,2	37,11	
JPKF	Caroline	Stralsund	167,9	59,37	
JPKG	Franz Gottfried . .	Stralsund	203,3	71,77	
JPKH	Nellie	Stralsund	—	330,63*	
JPKL	Johanne	Stralsund	125,4	44,37	
JPKM	Carl	Stralsund	111,3	39,24	
JPKN	Maria Wilhelmine .	Barth	930,0	326,29	
JPKQ	Zwei Gebrüder . .	Barth.	206,4	72,83	
JPKH	Emilie	Barth.	1475,3	521,00	
JPKS	† Itelbefahrer . .	Stralsund	138,5	49,00	67
JPKT	Friedrich Ludwig .	Barth	219,3	77,41	
JPKV	Hoffnung	Barth	171,4	60,50	
JPKW	Emma	Stralsund	328,3	115,49	
JPLB	Emma	Stralsund	208,6	71,87	
JPLC	Gustava	Stralsund	127,0	44,62	
JPLD	Hecht	Stralsund	1013,3	357,67	
JPLF	Alwine	Stralsund	205,3	72,41	
JPLG	Saturn	Stralsund	1369,3	483,55	
JPLH	L. Hagen	Barth.	1426,1	503,13	
JPLK	Mathilde	Stralsund	1091,3	385,37	
JPLM	Martha	Barth	254,6	89,67	
JPLN	Gräfin Krassow . .	Stralsund	336,9	118,63	
JPLQ	Gustava Eguer . .	Barth.	357,7	126,31	
JPLR	Wilhelmine . . .	Stralsund	155,7	51,96	
JPLS	Maria.	Stralsund	112,3	39,67	
JPLT	Wilhelmine	Barth.	164,1	58,11	
JPLV	Marie Berg	Stralsund	1516,3	536,00	
JPLW	Fritz von Gadow .	Barth.	491,4	173,63	

* Brutto-Raumgehalt.

JPMB — KBGM

Unter-scheidungs-Signale.	Namen der Schiffe.	Heimathshafen der Schiffe.	Kubik-meter Netto-Raumgehalt.	Register-Tons	Pferde-kräfte.
JPMB	Mentor	Stralsund	ca.1220	ca. 431	
JPMC	Cardinal	Stralsund	1014,s	858,1s	
JPMD					
JPMF					
JPMG					
JPMII					
JPMK					
JPML					
JPMN					
JPMQ					
JPMR					
JPMS					
JPMT					
JPMV					
JPMW					
JRBC					
JRBD					
JRBF					
JRBG					
JRBII					
JRBK					
JRBL					
JRBM					
JRBN					
JRBP					
KBCD	Berentjedina . . .	West-Ihauderfehn .	73,s	25,ss	
KBCJ	Maria Catharina .	Westeraccnmersiel .	68,t	24.ss	
KBCQ	Heinrich	Barssel	72.s	26,ss	
KBCR	Sechs Gebrüder . .	Emden	104,s	87.ss	
KBCS	Jantjedina	West-Ihauderfehn .	114,o	40,ss	
KBCW	Lina	West-Rhanderfehn .	79,s	28,ss	
KBDG	Taika Catharina . .	Emden	107,s	87,ss	
KBDN	Hoffnnng	Emden	110,t	89,ss	
KBDP	Sjoukelina	Töaning	117,s	41,ss	
KBDQ	Illike Katt	Blumenthal, Amts Blumenthal	132,o	46,ss	
KBDS	Vader Katt	Emden	. . . .	81,s"	
KBDT	Gesina	Emden	103,o	86,ss	
KBDV	Fido	Rhandermoor . . .	60,s	21,ss	
KBDW	Margaretha	Ost-Rhanderfehn .	78,s	27,st	
KBFG	Catharina	Oldersum	282,s	82,ss	
KBFM	Johanna	Karolinensiel . . .	159,o	56,ss	
KBFP	Friederike	Karolinensiel . . .	265,s	98,ss	
KBFQ	Gut Heil	Emden	237,s	68,ss	
KBGC	Phönix	Jemgum	853,t	124,ss	
KBGD	Joseph	Papenburg	408,s	142,ss	
KBGF	Antoni	Weener	147,s	52,ss	
KBGJ	Jeannette	Leer	310,s	109,ss	
KBGM	Hinrika	Boekzeteler Fehn .	218,s	77,ss	

* Lasten zu 4000 ℔.

KBGN — KBPG

Unter-scheidungs-Signale.	Namen der Schiffe.	Heimathshafen	Kubik-meter Netto-Raumgehalt.	Register-Tons	Pferde-kräfte.
KBGN	Nordstern	Emden	382,6	135,04	
KBGP	Margaretha	Warsingsfehn	170,8	60,29	
KBGQ	Grenette	Leer	194,8	68,76	
KBGR	Gerline	Grossefehn	216,6	76,47	
KBGS	Bertha	Leer	253,7	89,56	
KBHF	Metta	Pahlhude	109,6	38,63	
KBHP	Trientje	Varelerhafen	111,5	39,36	
KBHR	AnUna	West-Rhanderfehn	122,0	43,06	
KBHS	Otto	Karolinensiel	324,4	114,53	
KBHT	Hesperus	Neu-Harrlinger Siel	297,6	105,13	
KBHV	Anna	Karolinensiel	196,1	69,22	
KBHW	Anna Catharina	Karolinensiel	139,0	49,35	
KHJC	Fünf Gebrüder	Karolinensiel	143,0	50,46	
KBJF	Maria Elisabeth	Oldersum	325,4	114,84	
KBJH	Gertrude	Papenburg	179,6	63,11	
KBJL	Wilhelmine	Papenburg	399,1	140,89	
KBJM	Aunchen	Papenburg	473,2	167,04	
KBJN	Rudolph	Papenburg	401,3	141,73	
KBJP	Hermann	Papenburg	220,0	77,68	
KBJT	Etje	Karolinensiel	179,0	63,11	
KBJW	Rosalie	Stickelkamper Fehn	126,5	44,34	
KBLH	Johannes	Westeraccumersiel	169,1	59,59	
KBLJ	Gesina	Neuemersiel	202,7	71,53	
KBLN	Maria	Papenburg	497,0	175,63	
KBLP	Hilkea	Papenburg	475,6	167,88	
KBLS	Cappelen	Papenburg	318,6	112,47	
KBLV	Caspar	Papenburg	307,7	108,61	
KBMC	Ida	Papenburg	456,7	161,21	
KBMF	Hinrika	Iheringsfehn	301,3	106,43	
KBMH	Bernard	Papenburg	461,4	162,46	
KBMJ	Trientje	Leer	292,3	103,15	
KBML	Enno	Grossefehn	256,3	90,44	
KBMN	Anna Catharina	Neuefehn	194,3	68,50	
KBMQ	Marie & Friederike	Karolinensiel	110,8	39,10	
KBMT	Adelheid	Papenburg	267,9	94,37	
KBMW	Maria	Papenburg	425,7	150,24	
KBND	Joseph	Papenburg	310,6	109,64	
KBNF	Amandus	Papenburg	324,8	114,45	
KBNJ	Heribertus	Papenburg	426,1	150,43	
KBNM	Maria	Papenburg	242,3	85,60	
KBNP	Alpha	Papenburg	317,8	112,06	
KBNQ	Elise	Papenburg	232,7	82,14	
KBNT	Harmina	Spetzerfehn	162,0	57,15	
KBNV	Janna	Ost-Grossefehn	240,3	98,98	
KBNW	Antoinette & Elise	Grossefehn	239,7	84,81	
KBPC	Iconia	Leer	642,6	226,80	
KBPD	Hinrika	Iheringsfehn	238,3	84,03	
KBPF	Erute	Grossefehn	215,0	75,90	
KBPG	Hermann	Boekzeteler Fehn	225,3	79,72	

KBPH — KBWH

Unter-scheidungs-Signale.	Namen	Heimathshafen der Schiffe.	Kubik-meter Netto-Raumgehalt.	Register-Tons.	Pferde-kräfte.
KBPH	Active	Boekzeteler Fehn	186,9	65,4	
KBPJ	Gretina	Rorichmoor	206,3	72,90	
KBPM	Gesina	Grossefehn	197,9	69,4	
KDPN	Etta	Emden	300,6	106,11	
KBPQ	Hermann	Papenburg	533,1	188,70	
KBPR	Meta	Dornumer Siel	200,4	73,96	
KBPT	Anna Geslon	Karolinensiel	84,6	31,37	
KBPW	Hilkeline Gerhardine	Neu-Harrlinger Siel	217,6	76,81	
KBQG	Ludewig	Weener	184,3	66,34	
KBQJ	Gesine Caroline	Norden	178,9	63,18	
KBQL	Gebrüder ten Doorn-kaat	Norden	207,3	78,14	
KBQT	Jason	Papenburg	337,1	118,97	
KBQV	Wopke	Emden	362,9	127,74	
KBRC	Joseph	Papenburg	511,3	180,49	
KBRD	Penna	Warsingsfehn	159,6	56,84	
KBRN	Johanna	Papenburg	254,5	89,54	
KBRP	Johann	Grossefehn	261,9	92,43	
KBRQ	Bürgermeister Stüve	Papenburg	657,4	232,67	
KBRS	Catharina	Papenburg	244,5	86,41	
KBSG	Gretina	Iheringsfehn	208,3	73,34	
KBSJ	Louise Sophie	Emden	161,4	56,37	
KBSL	Alagunda	Iheringsfehn	194,9	68,90	
KBSM	Alpha	Grossefehn	183,9	64,73	
KBSN	Agnetha	Grossefehn	162,9	57,39	
KBSP	Vertrauen	Karolinensiel	232,9	82,31	
KBSR	Maria	Grossefehn		83,70*	
KBSW	Union	Grossefehn	282,3	99,64	
KBTC	Gesina	Grossefehn	243,4	85,93	
KBTD	Gretchen	Papenburg	351,4	124,11	
KBTF	Hermes	Papenburg	451,9	159,81	
KBTH	Maria	Papenburg	378,4	133,61	
KBTJ	Arisus	Wolgast	128,1	45,45	
KBTL	Gesina	Papenburg	138,5	48,90	
KBTM	Bernardina	Papenburg	554,9	195,67	
KBTN	Leo	Papenburg	288,9	101,66	
KBTR	Charlotte	Ost-Rhauderfehn	225,2	79,49	
KBTS	Biltino	Ost-Rhauderfehn	215,3	76,07	
KBTW	Zwei Gebrüder	Emden	417,7	147,44	
KBVC	Wilhelmine	Westeraccumersiel	145,6	51,41	
KBVD	Wendeline Cristiane	Grossefehn	341,9	120,32	
KBVH	Anna	Papenburg	392,7	138,61	
KBVJ	Biene	Leer	245,1	88,33	
KBVL	Harmonie	Grossefehn	191,4	67,53	
KBVN	Reinhard	Weener	367,4	129,76	
KBVP	Einigkeit	Boekzeteler Fehn	149,1	52,63	
KBVR	Gesina	Petkum	295,4	104,37	
KBWC	Elsina	Warsingsfehn	219,3	77,63	
KBWH	Wilhelm & Joseph	Papenburg	533,4	188,33	

* Lasten zu 4000 ♔.

KBWP — KCJP

Unterscheidungs-Signale.	Namen der Schiffe.	Heimathshafen	Kubik-meter / Register-Tons / Netto-Raumgehalt.		Pferde-kräfte.
KBWP	Sophia	Emden	178,4	62,90	
KBWT	Catharina	Iheringsfehn	266,3	94,00	
KCBD	Vigilantia	Grossefehn	114,9	51,11	
KCBF	Hinrich	Grossefehn	227,3	80,29	
KCBG	Johann	Leer	181,0	64,96	
KCBH	Gesina	Warsingsfehn	208,3	73,50	
KCBJ	Sieverine	Grossefehn	224,9	70,16	
KCBM	Fraukea	Iheringsfehn	167,3	59,03	
KCBN	Marianne	Boekzeteler Fehn	189,4	66,96	
KCBQ	Gesina	Bockzeteler Fehn	185,3	65,42	
KCBR	Anna Gesina	Warsingsfehn	209,9	74,69	
KCBS	Johanna	Emden	201,1	71,00	
KCBT	Franz	Papenburg	211,4	86,31	
KCBW	Alwine	Papenburg	335,6	118,67	
KCDB	Hermann	Papenburg	417,0	147,30	
KCDF	Marie	Papenburg	659,1	232,66	
KCDL	Elisabeth	Dornumer Siel	153,3	54,43	
KCDM	Ente	Leer	181,6	61,10	
KCDP	Helene Christine	Emden	301,6	105,67	
KCDQ	Harmina	Neermoor	245,0	86,49	
KCDR	Motta Heilkelina	West-Rhauderfehn	221,4	78,13	
KCDT	Mario	Iheringsfehn	165,4	58,41	
KCFD	Talina	Spetzerfehn	223,3	78,91	
KCFH	Aline	Karolinensiel	266,9	91,73	
KCFJ	Flora	Iheringsfehn	192,9	68,05	
KCFM	Thetis	Emden	176,9	62,65	
KCFP	Wanderer	Leer	179,8	169,79	
KCFQ	Catharina	Grossefehn	222,0	78,37	
KCFV	Concordia	Ditzum	209,7	74,04	
KCFW	Gebrüder	Norden	173,3	61,17	
KCGH	Maria	Neu-Harrlinger Siel	287,1	101,33	
KCGJ	Andreas	Emden	156,9	55,08	
KCGP	Emanuel	Emden	208,6	73,64	
KCGT	Elisabeth	Papenburg	381,3	135,64	
KCGV	Rose	Grossefehn	314,5	110,53	
KCGW	Annette	Bockzeteler Fehn	309,0	109,09	
KCHF	Engelina	Warsingsfehn	186,3	65,72	
KCHJ	Margaretha	Varel	165,7	58,69	
KCHM	Bine	Papenburg	189,1	66,86	
KCHN	Maria	Geestemünde	169,4	59,89	
KCHQ	Perle	Ditzum	167,0	58,95	
KCHR	Johanne	Neu-Harrlinger Siel	213,1	75,32	
KCHS	Antje	Leer	99,7	35,19	
KCHT	Maria	Papenburg	73,0	25,57	
KCHW	Lützborg	Norden	625,6	220,4	
KCJB	Hero	Bockzeteler Fehn	195,3	68,91	
KCJF	Aurora	Grossefehn	257,4	90,55	
KCJN	Arion	Papenburg	158,3	161,83	
KCJP	Aurora	Karolinensiel	173,4	61,11	

Unterscheidungs-Signale.	Namen der Schiffe.	Heimathshafen	Kubik-meter Netto-Raumgehalt.	Register-Tons	Pferde-kräfte.
KCJQ	Ceres	Karolinensiel	215,2	76,97	
KCJR	Margaretha	Neu-Harrlinger Siel	198,3	70,09	
KCJS	Alide & Henriette	Emden	286,6	101,94	
KCJV	Johann	Bensersiel	540,9	190,94	
KCJW	Anna	Emden	303,9	107,22	
KCLB	Lucia	Insel Baltrum	143,3	50,64	
KCLD	Catharina	Jemgum	195,3	68,94	
KCLG	Theodore	Emden	437,9	154,57	
KCLH	Marie	Leer	268,6	94,99	
KCLJ	Heinrich	Papenburg	399,9	141,16	
KCLM	Hermann	Oldersum	244,4	86,29	
KCLN	Friederike	Weener	216,3	76,43	
KCLP	Friede	Papenburg	544,7	192,22	
KCLQ	Wopke	Neu-Harrlinger Siel	290,4	102,20	
KCLR	Gesine Brons	Emden	. . .	267,71*	
KCLT	Hermann Hinrich	Grossefehn	318,6	112,25	
KCMB	Johann	Grossefehn	. . .	82,22*	
KCMD	Goesina	Grossefehn	190,1	67,11	
KCMF	Marie	Papenburg	466,	164,78	
KCMR	Catharina	West-Rhauderfehn	144,3	50,91	
KCMT	Agie	Greetsiel	141,7	50,01	
KCMW	Hoffnung	Papenburg	348,9	123,15	
KCNB	Stephenson	Papenburg	496,9	175,41	
KCNF	Jacobine	Papenburg	463,3	163,63	
KCNH	Rendelina	Leer	168,6	59,51	
KCNJ	Ettina	Warsingsfehn	337,0	118,96	
KCNL	Wiemkea	West-Rhauderfehn	90,3	31,72	
KCNP	Gretjelina	West-Rhauderfehn	153,3	54,09	
KCNQ	Minerva	Westeraccumersiel	142,1	50,16	
KCNR	Fenna	Oldersum	389,6	137,43	
KCNS	Agnethe	Boekzeteler Fehn	184,1	64,99	
KCNT	Greetina	Jemgum	203,0	71,69	
KCNV	Jan & Andreas	Delve	139,6	49,26	
KCPB	Iliskelina	West-Rhauderfehn	220,9	77,93	
KCPD	Dorothea	Warsingsfehn	237,4	83,68	
KCPG	Anna	Bensersiel	195,6	69,04	
KCPH	Johanna Margaretha	Neu-Harrlinger Siel	143,9	50,66	
KCPL	Neptun	Leer	190,9	67,22	
KCPQ	Neptun	Grossefehn	170,3	60,07	
KCPR	Almuth Catharina	Papenburg	298,9	105,31	
KCPS	Schenke	Papenburg	579,3	204,45	
KCPW	Schwalbe	Grossefehn	265,0	93,53	
KCQB	Margaretha	Nessmersiel	170,9	60,61	
KCQF	Elise	Weener	533,1	188,19	
KCQG	Renska	Grossefehn	280,0	98,84	
KCQM	Freundschaft	Mitte-Grossefehn	180,6	63,63	
KCQN	Johanns	Warsingsfehn	227,4	80,37	
KCQP	Petlua	Insel Baltrum	104,3	36,89	
KCQT	Geskea	Emden	216,6	76,46	

* Lasten zu 4000 ℔.

KCRB — KDBW

Unter-scheidungs-Signale.	Namen der Schiffe.	Heimathshafen	Kubik-meter Netto-Raumgehalt.	Register-Tons	Pferde-kräfte.
KCRB	Remda	Oldersum	213,4	75,33	
KCRD	Gerhardine	Emden	699,3	211,77	
KCRF	Elise	Insel Baltrum	166,9	58,91	
KCRP	Frisia	Timmel	165,8	58,33	
KCRS	Amicitia	Petkum	274,3	96,03	
KCRT	Gesine	Iheringsfehn	202,9	71,03	
KCSB	Catharina	Papenburg	546,7	192,39	
KCSF	Gerhard	Papenburg	396,3	139,33	
KCSH	Rabel Amalie	Leer	342,4	120,86	
KCSJ	Eduard	Papenburg	418,0	147,46	
KCSR	Schlump zu Lulle	Papenburg	506,4	178,76	
KCSW	Helene	Greetsiel	148,7	52,49	
KCTB	Emma	Emden	803,3	107,11	
KCTD	Trientje	Wewelsfleth	213,0	75,19	
KCTH	Maria	Papenburg	431,9	152,43	
KCTL	Alida Ikea	Greetsiel	143,4	50,61	
KCTN	Hoffnung	Papenburg	249,0	88,16	
KCTP	Bonheur	Iheringsfehn	168,3	59,41	
KCTQ	Pauline	Oldersum	216,3	76,31	
KCTR	Klio	Papenburg	518,6	183,04	
KCTV	Schwalbe	Geestemünde	248,4	87,76	
KCTW	Catharina	Hemmersiel	121,9	43,05	
KCVB	Anna Wieman	Papenburg	473,3	167,07	
KCVD	Anna	Emden	235,1	83,00	
KCVG	Annette	Weener	176,3	61,93	
KCVJ	Johannes	Grossefehn	516,3	182,33	
KCVM	Ceres	Papenburg	382,3	134,93	
KCVS	Lucas	Papenburg	449,7	158,74	
KCVT	Caecilia	Papenburg	403,3	142,34	
KCWD	Concordia	Insel Spiekeroog	177,8	62,71	
KCWF	Heinrich	Neu-Harrlinger Siel	229,4	80,91	
KCWH	Töukea	Iheringsfehn	259,3	91,40	
KCWL	Friede	Weener	483,3	170,71	
KCWM	Amicitia	Emden	582,3	205,03	
KCWN	Alida	West-Rhauderfehn	248,3	87,33	
KCWP	Immanuel	Grossefehn	167,4	59,30	
KCWQ	Renskea	Rorichmoor	135,	47,86	
KCWR	Martha	Iheringsfehn	164,0	57,30	
KCWT	Hermann	Papenburg	373,3	132,00	
KCWV	Thedea	Emden	304,3	107,39	
KDBH	Lina	Papenburg	673,4	237,76	
KDBJ	Reintjedina	West-Rhauderfehn	207,4	73,33	
KDBL	Hinderika Grietje Almina	Emden	392,1	138,40	
KDBM	Fenna	Iheringsfehn	103,9	36,68	
KDBQ	Adelheid	Papenburg	472,3	166,73	
KDBR	Gesina	Neuefehn	101,8	35,86	
KDBV	Essea	Rendsburg	140,4	49,56	
KDBW	Maria	Papenburg	468,1	165,11	

KDCB — KDLP

Unter-scheidungs-Signale.	Namen der Schiffe.	Heimathshafen	Kubik-meter Netto-Raumgehalt.	Register-Tons	Pferde-kräfte.
KDCB	Anna Margaretha .	Papenburg	295,9	104,41	
KDCF	Hinderika	Boekzeteler Fehn .	187,7	66,84	
KDCQ	Antina	Leer	190,6	67,67	
KDCS	Anna & Johanne .	Grossefehn	224,9	79,39	
KDCT	Drei Gebrüder . .	Grossefehn	324,8	116,48	
KDCV	Garreltdina	Leer	279,1	98,53	
KDCW	Bernhard	Papenburg	598,1	211,19	
KDFB	Johann	Iheringsfehn . . .	183,6	64,91	
KDFC	Antine	Grossefehn	231,6	81,82	
KDFG	Helen	Papenburg	477,6	168,32	
KDFH	Deo gloria	Iheringsfehn . . .	181,3	64,99	
KDFJ	Martha	Emden	99,6	84,96	
KDFM	Johannes	Papenburg	352,4	124,40	
KDFR	Elise	Papenburg	527,3	186,10	
KDFS	Elisabeth	Leer	100,8	35,50	
KDFT	Willem	Emden	283,7	100,14	
KDFV	Jakobus	Emden	249,0	87,30	
KDGF	Alfred	Papenburg	451,9	160,47	
KDGH	Heribert	Papenburg	576,5	203,43	
KDGJ	Anneben	Grossefehn	431,2	152,23	
KDGL	Friedrich	Papenburg	412,4	145,46	
KDGN	Hensche	Karolinensiel . . .	228,3	80,46	
KDGR	Anna	Papenburg	259,9	91,71	
KDGW	Elise	Hamburg	418,6	147,73	
KDHB	Immanuel	Grossefehn	260,4	92,68	
KDHC	Hilken	Iheringsfehn . . .	253,3	89,50	
KDHG	Helene	Papenburg	299,1	105,30	
KDHJ	Anna	Westeraccomersiel .	261,6	92,13	
KDHL	Louis	Papenburg	622,3	219,94	
KDHM	Kenna	Emden	303,0	106,96	
KDHP	Helene	Weener	801,6	106,81	
KDHQ	Einigkeit	Oldersum	186,0	65,48	
KDHR	Insel	Papenburg	544,1	192,29	
KDHV	Antina	Grossefehn	800,1	105,71	
KDJG	Fortuna	Grossefehn	187,2	66,08	
KDJL	Elsa	Greetsiel	305,9	107,96	
KDJM	Rixtine	Dornumer Siel . .	120,4	42,56	
KDJP	Bernard	Papenburg	376,4	132,77	
KDJQ	Amor	Karolinensiel . . .	158,1	55,81	
KDJS	Maria	Papenburg	310,8	109,71	
KDJW	Bertha	Emden	204,6	72,79	
KDLB	Rina	Westeraccomersiel .	138,9	49,64	
KDLC	Frau Hilken . . .	Iheringsfehn . . .	94,5	33,35	
KDLF	Anna	Dornumer Siel . .	182,6	64,45	
KDLH	Johannes	Papenburg	258,4	91,37	
KDLJ	Marie	Emden	246,1	86,94	
KDLM	Ernst & Georg . .	Papenburg	319,8	112,90	
KDLN	Sophia	Timmel	184,4	65,10	
KDLP	Geslua	Boekzeteler Fehn .	237,6	83,94	

KDLQ — KDTC

Unter-scheidungs-Signale.	Namen der Schiffe.	Heimathshafen	Kubik-meter Netto-Raumgehalt.	Register-Tons	Pferde-kräfte.
KDLQ	Wara	Papenburg	300,s	106,10	
KDLR	Töona	Dornumer Siel	282,s	99,40	
KDLS	Pax	Emden	295,4	104,29	
KDLT	Aphrodite	Emden	390,9	118,92	
KDMC	Aurora	Emden	198,s	09,97	
KDMF	Wilhelm	Papenburg	391,s	138,31	
KDMG	Freundschaft	Leer	368,4	130,04	
KDMH	Heinrich	Leer	298,s	108,61	
KDML	Berendina	Karolineusiel	250,0	90,36	
KDMP	Elisabeth	Papenburg	442,0	150,04	
KDMR	Anna	Petkum	304,1	107,35	
KDMT	Focke & Dieke	Grossefehn	899,s	141,18	
KDMV	Industrie	Grossefehn	282,t	90,49	
KDMW	Johanna	Westeraccumersiel	234,s	82,70	
KDNC	Leonore	Papenburg	554,s	195,44	
KDNF	Josefine	Iheringsfehn	220,0	77,90	
KDNH	Annette	Neermoor	271,s	96,97	
KDNL	Osnabrück	Papenburg	450,9	150,10	
KDNM	Arnold	Papenburg	500,s	100,84	
KDPB	Ida	Weener	529,s	186,44	
KDPG	Catharina	Leer	844,0	121,44	
KDPH	Sophia Catharina	Oldersom	240,6	84,72	
KDPJ	Helene	Leer	399,s	140,80	
KDPL	Juno	Papenburg	541,9	191,9	
KDPQ	Cornelia	Emden	300,s	100,91	
KDQC	Dirkje	Emden	104,s	54,98	
KDQF	Tetta Margaretha	Wyk auf Föhr	150,s	58,70	
KDQG	Harmkea	Ihlowerfehn	169,1	59,40	
KDQP	Anna Rebecca	Papenburg	189,7	66,97	
KDQR	Lili	Papenburg	427,7	150,90	
KDQT	Johannes	Papenburg	484,s	171,13	
KDRB	Houwina	Emden	491,1	178,36	
KDRG	Rikstina	Papenburg	487,7	172,16	
KDRL	Anna	Emden	501,s	170,85	
KDRM	Tidofeld	Papenburg	209,7	74,02	
KDRP	Margaretha	Papenburg	681,7	240,64	
KDRT	Olympias	Karolineusiel	263,4	02,91	
KDRW	Gesine	Jemgum	819,s	110,30	
KDSC	Gesina	Halte	541,s	191,39	
KDSH	Catharina	Insel Baltrum	155,7	54,97	
KDSJ	Elise	Emden	479,4	100,73	
KDSL	Harmine	Warsingsfehn	187,t	66,03	
KDSM	Elisabeth	Oldersom	323,9	114,33	
KDSN	Anna	Emden	111,s	39,10	
KDSP	Elisabeth Wiemann	Emden	540,7	190,97	
KDSQ	Elwche Maria	Insel Baltrum	161,s	56,94	
KDST	Nicolaus	Papenburg	422,1	149,31	
KDSV	Angela	Papenburg	457,7	161,31	
KDTC	Johann	Iheringsfehn	219,s	77,34	

4

KDTF — KFDB

Unter-scheidungs-Signale.	Namen der Schiffe.	Heimathshafen	Kubik-meter Netto-Raumgehalt.	Register-Tons	Pferde-kräfte.
KDTF	Valentin	Papenburg	350,7	123,59	
KDTG	Hoffnung	West-Rhauderfehn	195,3	68,91	
KDTH	Gerbardine	Leer	208,1	73,81	
KDTJ	Henriette	Karolinensiel	130,1	45,93	
KDTL	Geredina	Insel Spiekeroog	208,4	71,80	
KDTP	Mein	Neu-Harrlinger Siel	320,6	113,17	
KDTS	Foelken	West-Rhauderfehn	191,6	67,64	
KDTV	Joseph	Papenburg	534,8	188,79	
KDVB	Louise	Papenburg	401,7	102,98	
KDVC	Elise	Ost-Rhauderfehn	70,7	24,96	
KDVF	Neptun	Wismar	311,8	110,67	
KDVH	Perle	Grossefehn	454,6	100,47	
KDVJ	Gretina	Lübbertsfehn	365,7	129,00	
KDVL	Sara	Weener	511,0	180,39	
KDVM	Anna	Karolinensiel	283,6	99,90	
KDVN	Drei Gebrüder	Warsingsfehn	211,9	74,77	
KDVQ	Sieverine	Leer	355,9	125,44	
KDVS	Jantje	West-Rhauderfehn	203,7	71,90	
KDVW	Catharina	Emden	176,3	62,23	
KDWC	Anna	Leer	473,7	167,31	
KDWF	Maria	Emden	260,6	92,06	
KDWH	Hoffnung	Insel Baltrum	212,6	75,43	
KDWJ	Norddeutsche See-warte.	Papenburg	549,3	193,30	
KDWM	Metta	Warsingsfehn	177.3	62,40	
KDWQ	Alpha	Emden	196,8	69,67	
KDWS	Falke	West-Rhauderfehn	250,6	88,44	
KDWV	Clara	Papenburg		90*	
KFBC	Nanny	Leer	280,4	91,91	
KFBD	Gesine	Nordgeorgsfehn	103,3	36,44	
KFBG	Hinrich	Leer	231,3	81,63	
KFBM	Fido	Papenburg	541,0	191,79	
KFBQ	Ubbina	Petkum	742.4	262,67	
KFBR	Jeßa	Grossefehn	211,1	74,23	
KFBT	Peter	Leer	359,1	120,40	
KFBV	Schwanette	Papenburg	312,6	110,41	
KFBW	Marie	Karolinensiel	204,3	72,00	
KFCB	Hermann Anton	Papenburg	519,4	183,35	
KFCD	Horizont	Papenburg	402,5	163,38	
KFCL	Otto Graf zu Stolberg	Papenburg	516,0	182,15	
KFCM	Mettine	Papenburg	466,3	164,40	
KFCN	Albert	Papenburg	494,1	174,49	
KFCP	Papenburg	Weener	699,6	247,00	
KFCQ	Gottfried	Papenburg	563,4	198,90	
KFCR	Harlingen	Papenburg	376,1	133,73	
KFCT	Renache	Papenburg	303,7	107,31	
KFCV	Almuth	Barssel	310,6	109,57	
KFCW	Anna	Papenburg	391,4	138,00	
KFDB	Ida	Norden	218,3	77,07	

* Lasten zu 4000 ℔.

KFDC — KFLH

Unter-scheidungs-Signale.	Namen der Schiffe.	Heimathshafen	Kubik-meter Netto-Raumgehalt.	Register-Tons	Pferde-kräfte.
KFDC	Hinrich Elise . . .	Greetsiel	278,a	90,as	
KFDG	W. Brügmann & Sohn No. 2 . . .	Papenborg	529,a	187,oz	
KFDJ	Hinderika	Boekzeteler Fehn .	239,7	84,6o	
KFDL	Eyrene . . . , . .	Grossefehn . . .	309,8	109,se	
KFDM	Gesina	Warsingsfehn . . .	827,7	115,s1	
KFDP	Alberta Sosanna .	Leer	191,s	87,7o	
KFDQ	Gretina	Papenburg	225,s	79,71	
KFDS	Sosanna & Henriette	Emden	. . .	89°	
KFDT	Mary & Jenny . .	Emden	. .	40.1°	
KFDV	Anna & Emma . .	Emden	. . .	40,2°	
KFGB	Henri & Marous . .	Emden	172,s	60,so	
KFGC	Catharina Christina	Emden	172,1	60,sz	
KFGD	Marie	Karolinenslel . . .	218,o	77,37	
KFGL	Almoth	Boekzeteler Fehn .	279,7	98,7s	
KFGN	Philothea	Papenborg	602,a	198,as	
KFGP	Möwe	Ost-Rhauderfehn .	83,s	29,se	
KFGS	Clementine	Papenborg	587,a	207,se	
KFGW	Elsina	Warsingsfehn . . .	270,1	95,ss	
KFHB	Catharina	Papenburg	332,e	117,so	
KFHC	Elise Margaretha .	Westernoccamersiel .	160,o	56,so	
KFHD	Marie	Leer	129,s	45,s1	
KFHG	Antje Dirks	Emden	265,s	93,7s	
KFHJ	Maria Golne . . .	Iosel Baltrum . . .	199,7	70,ss	
KFHL	Minister Camphausen	Grossefehn	337,s	119,cs	
KFHM	Ehe	Leer	294,o	103,7s	
KFHP	Heilke Boekhoff .	Oldersum	145,s	51,so	
KFHQ	W. Brügmann & Sohn No. III . .	Papenborg	667,s	235,as	
KFHR	Johann	Grossefehn	361,o	127,as	
KFHS	Alma	Boekzeteler Fehn .	397,o	140,se	
KFHT	Almoth Catharine .	Leer	248,s	87,cs	
KFHV	Stadt Emden . . .	Emden	181,o	84,s1	
KFHW	Stadt Leer . . .	Emden	187,o	66,ss	
KFJB	Stadt Norden . . .	Emden	189,e	66,7s	
KFJC	Hinderika	Emden	467,s	165,1e	
KFJD	Harmonie	West-Rhauderfehn .	235.7	83,so	
KFJN	Bruno	Leer	298,s	105,s7	
KFJP	†Liban Packet . .	Stettin	282,e	99,7e	85
KFJQ	Deo	West-Rhaanderfehn .	106,1	87,s7	
KFJS	München	Papenborg . . .	578,s	204,1s	
KFJV	Antina	Ost-Rhanderfehn .	85,s	30,o1	
KFJW	Reina Talkea . . .	West-Rhanderfehn .	77,s	27,4s	
KFLB	Greeta	Emden	163,e	57,7s	
KFLC	Anna	Weener	157,s	65,7s	
KFLD	Ettjes	Ditzum	262,s	92,3e	
KFLG	Alida	Oldersum	244,7	88,so	
KFLH	Geertje Elisabeth .	Papenborg	352,s	124,s4	

KFLM — KFQM					
Unter-scheidungs-Signale.	Namen der Schiffe.	Heimathshafen	Kubik-meter Netto-Raumgehalt.	Register-Tons	Pferde-kräfte.
KFLM	Theda Catharina	Insel Spiekeroog	56,7	20,01	
KFLP	Christina	Timmel	301,1	106,29	
KFLQ	Harmina	Iheringsfehn	230,9	83,43	
KFLR	Catharina	Boekzeteler Fehn	250,8	88,43	
KFLS	Helene	Grossefehn	404,4	142,76	
KFLT	Harmine	Grossefehn	364,4	128,53	
KFLV	Aaltje	Oldersum	77,4	27,32	
KFLW	Oldenburg	Emden	187,6	66,10	
KFMB	Ostfriesland	Emden	195,1	68,81	
KFMC	Arion	Leer	400,0	141,19	
KFMD	Frau Siever	Ost-Rhauderfehn	92,1	32,90	
KFMG	Delphin	West-Rhauderfehn	170,9	60,63	
KFMJ	Antina	Warsingsfehn	259,0	91,43	
KFMN	Anna	Ost-Rhauderfehn	81,0	28,59	
KFMP	De Zwano	Leer	448,7	158,39	
KFMQ	Anna	Emden	58,5	18,99	
KFMS	Gesina	Iheringsfehn	304,0	107,31	
KFMT	Westfalen	Emden	190,7	69,44	
KFMV	Gerhard	Insel Spiekeroog	235,7	83,10	
KFNB	Catrina	West-Rhauderfehn	06,3	23,40	
KFNC	Anna	West-Rhauderfehn	. . .	23,8*	
KFNG	Hoffnung	West-Rhauderfehn	52,3	18,46	
KFNH	Frau Anna	West-Rhauderfehn	79,1	27,98	
KFNJ	Catharina	Neu-Harrlinger Siel	50,5	17,53	
KFNL	Anna Hinderika	Emden	109,4	88,63	
KFNM	Ubbina	Ost-Rhauderfehn	72,3	25,49	
KFNP	Talena	Holtermoor	53,7	18,96	
KFNQ	Heinrich	Emden	376,6	132,64	
KFNS	Hoffnung	Rhauderwyk	43,6	15,29	
KFNT	Elisabeth	Rhauderwyk	49,3	17,46	
KFPB	Alida	Ost-Rhauderfehn	76,1	26,87	
KFPG	Constantia	Emden	81,7	28,84	
KFPH	Eben Ezer	Emden	112,6	89,78	
KFPJ	Johann	Karolinensiel	101,3	35,73	
KFPL	Catharina Elisabeth	Am Norddeich, Kreis Emden	61,7	21,18	
KFPM	Gesina	Emden	98,4	34,89	
KFPN	de twe Süsters	West-Rhauderfehn	58,7	18,91	
KFPR	Otto	Insel Baltrum	80,1	31,43	
KFPS	Stadt Emden	Emden	93,0	32,83	
KFPT	Nieper	Am Norddeich, Kreis Emden	. . .	12**	
KFPW	Johann	Karolinensiel	56,9	20,09	
KFQB	Maria	Rhaudermoor	76,7	27,77	
KFQC	Hoffnung	Rhandermoor	79,7	28,13	
KFQG	de vrouw Fenna	Emden	76,6	27,71	
KFQH	Harmina	Holterfehn	53,9	18,81	
KFQJ	Franziska	Emden	52,3	18,43	
KFQM	Zwei Gebrüder	Iheringsfehn	40,3	14,10	

* Tonnen zu 1000 Kilogramm.   ** Lasten zu 4000 ℔.

KFQN — KFVJ

UnterscheidungsSignale.	Namen der Schiffe.	Heimathshafen	Kubikmeter Netto-Raumgehalt.	RegisterTons	Pferdekräfte.
KFQN	Margaretha	Ost-Rhauderfehn	71,9	25,38	
KFQP	Frau Helene	Leer	89,5	31,53	
KFQR	Freundschaft	Karolinenslel	55,9	19,74	
KFQS	Vrouw Sjouko	Emden	105,4	37,20	
KFQT	Sophie	Neu-Harrloger Siel	96,9	34,21	
KFQV	Albea	Ost-Rhauderfehn	71,3	25,13	
KFRB	†Kronprinz	Leer	111,0	89,19	25
KFRC	Drie Zuesters	Papenburg	813,3	110,50	
KFRD	Frau Gesina	West-Rhauderfehn	66,8	23,87	
KFRH	Zwei Gebrüder	Iheringsfehn	84,8	29,95	
KFRJ	Anna Dorothea	Emden	291,0	102,73	
KFRL	Dorothea Susanna	Norden	84,8	29,93	
KFRM	Gesina	Ost-Rhauderfehn	69,5	24,83	
KFHN	Becka	Norden	86,7	30,61	
KFRP	Zwei Gebrüder	Karolinenslel	78,9	27,83	
KFRQ	Hiskea	West-Rhauderfehn	64,9	22,91	
KFRS	Adler	Grossefehn	407,7	143,92	
KFRT	Anna	Südgeorgafehn	75,5	26,64	
KFRV	Voltea	Karolinenslel	65,7	23,19	
KFRW	Drei Gebrüder	Ost-Grossefehn	54,7	19,31	
KFSB	Frau Minna	West-Rhauderfehn	70,8	28,17	
KFSC	†Norderney	Emden	99,4	35,00	80
KFSD	Emmanuel	Grossefehn	75,6	26,69	
KFSG	Gesina	Oldersum	88,0	31,07	
KFSH	Johanne Illurika	Warsingsfehn	71,7	25,31	
KFSJ	Hoffnung	Ost-Grossefehn	82,6	29,16	
KFSL	Concordia	West-Rhauderfehn	52,3	18,64	
KFSN	Taube	Grossefehn	433,7	158,09	
KFSQ	Antje	Grossefehn	401,5	141,74	
KFSR	Vorwärts	Karolinenslel	73,9	26,05	
KFST	Johanna	Warsingsfehn	90,6	32,06	
KFSV	Harmkea	Rorichmoor	54,3	19,17	
KFSW	Anna Regina	Ost-Rhauderfehn	63,3	22,53	
KFTC	Frau Greetje	Insel Spiekeroog	71,5	25,71	
KFTD	Gretjelina	Karolinenslel	97,3	34,42	
KFTG	Helene	Leer	285,6	100,62	
KFTH	Maria Clara	Weener	186,3	65,76	
KFTJ	Amor	Papenburg	644,6	227,51	
KFTL	Aurora	Ost-Rhauderfehn	302,3	106,06	
KFTM	Wobkea	Mitte-Grossefehn	95,2	33,60	
KFTN	Martha	Ost-Rhauderfehn	61,3	21,84	
KFTP	Frau Trientje	West-Rhauderfehn	70,0	24,11	
KFTR	Maria	Greetsiel	48,9	17,28	
KFTV	Magretha	Ost-Rhauderfehn	51,6	18,73	
KFTW	Renskea	Warsingsfehn	312,0	110,13	
KFVB	Gesina	Greetsiel	57,5	20,30	
KFVD	Leonore	Leer	350,0	126,74	
KFVG	Catharina	Insel Spiekeroog	61,3	21,71	
KFVJ	Jacob Synes	Papenburg	242,4	85,57	

KFVL — KGCW

Unter-scheidungs-Signale.	Namen der Schiffe.	Heimathshafen	Kubik-meter Netto-Raumgehalt	Register-Tons	Pferde-kräfte.
KFVL	Gretina	Stickelkamper Fehn	58,s	20,₉	
KFVM	Franziska	Koroliuensiel	267,₄	94,₄₅	
KFVN	Foelke	Itbandermoor	73,₃	25,₇₇	
KFVP	Gertrude	Ost-Rhanderfehn	54,₄	19,₂₁	
KFVQ	Anna	Insel Spiekeroog	221,₆	78,₁₉	
KFVS	Elskea	Ost-Rhanderfehn	62,₁	21,₅₃	
KFVT	Sophie	Timmel	848,₄	122,₉₉	
KFWC	Christina	West-Rhanderfehn	82,₆	29,₁₅	
KFWD	Fran Maria	Karolinensiel	106,₆	37,₅₉	
KFWG	Hermine	Holterfehn	61,₆	21,₇₃	
KFWH	Stadt Esens	West-Ithanderfehn	58,₄	20,₈₃	
KFWJ	Catharina	Dornumer Siel	450,₉	150,₁₇	
KFWL	Industrie	Iheringsfehn	82,₅	29,₁₅	
KFWM	Johanna Geziena	Weener	201,₂	71,₀₃	
KFWN	Mina	Ost-Rhanderfehn	52,₅	18,₅₇	
KFWP	Renstina	Ost-Rhanderfehn	94,₉	83,₄₉	
KFWQ	Emannel	Rhaudermoor	70,₄	24,₇₉	
KFWR	Johanna	Papenborg	271,₃	95,₄₄	
KFWS	Antje	West-Rhanderfehn	63,₀	22,₂₄	
KFWT	Ankelina	Holterfehn	59,₅	20,₅₄	
KFWV	Eltje	Emden	332,₃	117,₃₇	
KGBC	Catharina	West-Rhauderfehn	102,₄	36,₆₃	
KGBD	Fran Geeske	West-Rhanderfehn	70,₃	24,₄₁	
KGBF	Agina	West-Ithanderfehn	48,₃	17,₁₄	
KGBH	Josephine	Papenburg	475,₉	168,₆₁	
KGBJ	Freiheit	Grossefehn	467,₁	164,₈₀	
KGBL	Gesina	West-Rhanderfehn	73,₀	25,₇₇	
KGBM	Johanna Anguste	Westeraccumersiel	212,₃	75,₀₉	
KGBP	Maria	Grossefehn	404,₃	142,₇₀	
KGBQ	Hoffnung	Borkum	56,₁	19,₇₆	
KGBR	Ettine	Ost-Rhanderfehn	121,₃	42,₇₃	
KGBS	Aurora	Borkum	57,₅	20,₃₉	
KGBT	Eta	Emden	183,₃	64,₇₁	
KGBV	Marie	West-Rhauderfehn	52,₅	18,₅₇	
KGBW	Sieverdina	West-Ithauderfehn	52,₆	18,₅₇	
KGCB	John	Papenburg	411,₇	145,₃₃	
KGCD	Fran Johanna	Emden	69,₃	24,₄₄	
KGCF	Illikea	Iheringsfehn	48,₀	16,₉₄	
KGCH	Pollux	Emden	682,₄	240,₉₀	
KGCM	Areodina	Borkum	53,₄	18,₉₉	
KGCN	Bertha	Greetsiel	48,₂	17,₀₁	
KGCP	Nordstern	Am Norddeich, Kreis Emden	51,₄	18,₁₉	
KGCQ	Peter	Leer	1084,₆	382,₉₃	
KGCR	Hosianna	Borkum	54,₀	19,₅₃	
KGCS	Da Capo	Papenburg	882,₆	293,₉₀	
KGCT	Gesche Elida	Dornumer Siel	59,₇	21,₀₄	
KGCV	Pax	West-Rhauderfehn	147,₄	52,₁₀	
KGCW	Lina	West-Rhanderfehn	56,₀	19,₇₇	

KGDB — KGJH

Unter-scheidungs-Signale.	Namen der Schiffe.	Heimathshafen	Kubik-meter Netto-Raumgehalt.	Register-Tons	Pferde-kräfte.
KGDB	Familie	Karolinensiel	226,4	79,93	
KGDC	Harmine	Leer	320,8	113,24	
KGDF	Sara	Oldersom	865,4	128,79	
KGDH	Gesina	West-Rhauderfehn	85,0	22,48	
KGDJ	Maria	West-Rhauderfehn	47,4	16,71	
KGDL	Johann	Insel Spiekeroog	88,0	31,08	
KGDM	Ekelius	Iheringsfehn	54,4	19,16	
KGDN	Aurora	Boekzeteler Fehn	251,3	88,10	
KGDP	Aunl	Papenburg	256,3	90,17	
KGDQ	Belle Pronk	Papenburg	885,0	185,90	
KGDR	Alwill	Boekzeteler Fehn	260,1	94,39	
KGDS	Catharina	Ost-Rhauderfehn	111,4	30,68	
KGDT	Antje	Ost-Rhanderfehn	105,0	37,86	
KGDV	Johanne Antine	Karollnensiel	188,4	66,60	
KGDW	Fenna Henderika	Warsingsfehn	273,4	96,49	
KGFB	Hempkedina	West-Rhauderfehn	51,4	18,16	
KGFC	Freya	Karolinensiel	329,8	116,33	
KGFD	Elise	Leer	359,0	126,72	
KGFH	Hinrika	Boekzeteler Fehn	352,8	124,44	
KGFJ	Anna	Grossefehn	442,1	156,07	
KGFL	Anton	Papenburg	507,4	179,11	
KGFM	Hoffnung	Ost-Rhauderfehn	68,4	24,14	
KGFN	Eclipse	Papenburg	300,1	105,94	
KGFP	Venus	West-Rhauderfehn	54,1	19,16	
KGFQ	Antina	West-Rhauderfehn	58,4	10,91	
KGFR	Zwei Gebrüder	Ost-Rhauderfehn	81,1	28,03	
KGFS	Kronprinzessin Victoria	Norderney	69,3	24,03	
KGFT	Henriette	Boekzeteler Fehn	289,5	102,11	
KGFW	Gretine	Ost-Grossefehn	100,3	35,77	
KGHB	Wopke	Borkum	63,0	22,24	
KGHC	Greetjeline	Nenefehn	125,4	44,10	
KGHD	Hinnerika	Rorichmoor	121,9	43,99	
KGHF	Greetjeline	West-Rhauderfehn	75,0	26,47	
KGHJ	Hedwig	Leer	671,6	237,01	
KGHL	Rose	Emden	877,4	309,70	
KGHN	Antrina	Insel Baltrum	57,4	20,03	
KGHP	Drei Gebrüder	Greetsiel	54,1	19,11	
KGHQ	Christian Wilhelm	Neu-Harrlinger Siel	65,9	23,76	
KGHR	Fekeline	Neermoor	339,0	110,32	
KGHS	Gebkea	Rhanderwyk	48,3	17,88	
KGHT	Wübkea	Collinghorstermoor	47,3	16,84	
KGHV	Adelheid	Leer	287,4	101,03	
KGHW	Anna Maria	Rhandermoor	51,0	18,01	
KGJB	Immanuel	West-Rhauderfehn	277,7	08,03	
KGJC	Martha	Borkum	105,3	37,31	
KGJD	Gesina	Papenburg	822,7	113,73	
KGJF	Anna	West-Rhauderfehn	207,3	73,31	
KGJH	Foelkea	Ost-Rhauderfehn	78,9	27,93	

KGJL — KGNP

Unter-scheidungs-Signale.	Namen der Schiffe.	Heimathshafen	Kubik-meter Netto-Raumgehalt.	Register-Tons Netto-Raumgehalt.	Pferde-kräfte.
KGJL	Janna	Warsingsfehn . . .	49,3	17,40	
KGJM	Gesine	Papenborg	316,1	111,39	
KGJN	Urania	Grossefehn	898,6	140,78	
KGJP	Albrecht	Grossefehn	426,7	150,63	
KGJQ	Cathrine	Leer	279,4	98,49	
KGJR	Magreta	Holtermoor	65,9	23,34	
KGJS	Graf Eulenborg . .	Jemgum	768,9	271,13	
KGJT	Margaretha	Borkum	56,6	19,94	
KGJV	Arnold	Rhandermoor . . .	197,0	69,14	
KGJW	Einigkeit	Greetsiel	62,1	22,00	
KGLB	Diligentia	Emden	—	321,90	
KGLC	Fides	West-Rhauderfehn .	310,9	109,74	
KGLD	Johanna	Papenborg	833,3	294,11	
KGLF	Fünf Gebrüder . .	West-Rhauderfehn .	74,3	26,30	
KGLH	Freundschaft . . .	Borkum	53,6	18,93	
KGLJ	Hiskelina	West-Rhauderfehn .	204,3	72,13	
KGLM	Voelkea	Holterfehn	70,6	24,99	
KGLN	Johann	Warsingsfehn . . .	174,9	61,74	
KGLP	Hoffnung	West-Rhauderfehn .	67,3	23,73	
KGLQ	Hemkelina	West-Rhauderfehn .	76,0	26,43	
KGLR	Catharina	Jemgum	368,1	129,73	
KGLS	†Stadt Norden . .	Norden	159,4	56,34	25*
KGLT	Paul	Leer	381,3	134,57	
KGLV	†Stadt Leer	Leer	868.6	306,03	120
KGLW	Anna	Holtermoor	87,1	30,73	
KGMB	Germania	Grossefehn	388,1	136,79	
KGMC	Aden	Grossefehn	382,4	135,90	
KGMD	Alma	Grossefehn . . .	416,3	147,03	
KGMF	Hermann	Ost-Rhauderfehn .	319,1	112,44	
KGMH	Ernst	Bockzeteler Fehn .	321,1	113,34	
KGMJ	Hoffnung	Ost-Rhauderfehn . .	75,1	26,31	
KGML	Johanne	Emden	818,0	288,76	
KGMN	Elise	West-Rhauderfehn .	75,7	26,73	
KGMP	Aeolo	Papenburg	566.1	199,34	
KGMQ	Hoffnung	Ost-Rhauderfehn . .	55,6	19,43	
KGMR	†Delphin	Emden	25,4	8,97	14*
KGMS	Lina	Karolinensiel . . .	274,7	96,97	
KGMT	Deborah	Karolinensiel . . .	405,4	143,40	
KGMV					
KGMW					
KGNB					
KGNC					
KGND					
KGNF					
KGNH					
KGNJ					
KGNL					
KGNM					
KGNP					

* Nominelle Pferdekräfte.

KGNQ — KLHM

Unter-scheidungs-Signale.	Namen der Schiffe.		Heimathshafen der Schiffe.	Kubik-meter Netto-Raumgehalt.	Register-Tons	Pferde-kräfte.
KGNQ						
KGNR						
KGNS						
KGNT						
KGNV						
KGNW						
KLBG	Wanderer		Geestemuude	458,9	161,99	
KLBH	Anna		Meldorf	189,0	68,72	
KLBJ	Amos		Lühe, Amts Jork	37,5	13,31	
KLBM	Fido		Krautsand	194,0	68,45	
KLBN	Adelheid		Weener	253,1	89,34	
KLBT	Maria		Estebrügge	108,4	38,77	
KLBW	Gloria		Twielenfleth, Amts Jork	85,6	30,22	
KLCD	Maria		Cranz, Amts Jork	110,0	38,61	
KLCG	Nikolaus		Bützfleth	84,9	29,97	
KLCJ	Johannes		Estebrügge	91,3	32,73	
KLCN	Gesina		Lühe, Amts Jork	37,3	13,13	
KLCQ	Fortuua		Este-Flues	85,8	30,29	
KLCS	Elisabeth		Lühe, Amts Jork	38,9	13,73	
KLCT	Gloria		Bützfleth	108,9	38,41	
KLCW	Hinrich		Cranz, Amts Jork	107,1	38,03	
KLDB	Ceres		Borstel, Amts Jork	112,5	39,70	
KLDC	Johannes		Twielenfleth, Amts Jork	103,7	36,62	
KLDJ	Elise		West-Ltheuderfehn	135,3	47,72	
KLDQ	Hosianua		Borstel, Amts Jork	112,6	39,73	
KLDR	Catrine		Neuenfelde, Amts Jork	112,4	39,61	
KLDT	Robert		Husum im Schleswig	229,3	80,94	
KLDW	Selene		Twielenfleth, Amts Jork	95,4	33,64	
KLFC	Uranus		Spitzerdorf, Kreis Pinneberg	141,4	49,99	
KLFG	Johannes		Borstel, Amts Jork	66,3	23,44	
KLFH	Immanuel		Borstel, Amts Jork	83,4	29,43	
KLFM	Adele		Gaueusiek	251,4	88,89	
KLFP	Diederiens		Twielenfleth, Amts Jork	104,3	36,72	
KLFR	Emanuel		Twielenfleth, Amts Jork	76,7	27,06	
KLFS	Eduard		Hamburg	313,3	110,34	
KLFT	Victoria		Krautsand	216,9	76,51	
KLFV	Anna Sophia		Hamburg	122,1	43,31	
KLGD	Pansewitz		Stade	581,3	205,13	
KLGH	Hertha		Hetllugen, Kreis Pinneberg	211,9	74,81	
KLGJ	Nimrod		Neuland, Amts Freiburg	209,4	73,93	
KLGN	Matthias		Gaueusiek	162,3	57,14	
KLGQ	Anna Maria		Gaueusiek	185,0	65,63	
KLGS	Union		Bremen	151,8	53,89	
KLGT	Johannes		Dorubusch, Amts Freiburg	179,3	63,28	
KLHF	Aline		Borstel, Amts Jork	94,3	33,34	
KLHM	Palme		Geestemünde	492,6	173,99	

KLHS — KLSQ

Unter-scheidungs-Signale.	Namen der Schiffe.	Heimathshafen	Kubik-meter Netto-Raumgehalt.	Register-Tons	Pferde-kräfte.
KLHS	Adeline	Wischhafen	164,8	58,16	
KLHV	Wesselina	Blumenthal, Amts Blu-menthal	317,1	112,16	
KLJD	Emanuel	Estebrügge	94,4	33,39	
KLJM	Balduin	Neuenfelde, Amts Jork	86,3	30,66	
KLJP	Johanna Maria . .	Twielenfleth, Amts Jork	114,1	40,22	
KLJR	Georg	Wischhafen	214.6	75,63	
KLJT	Emanuel	Schwarzenhütten, Amts Osten	81,6	28,40	
KLMH	Albertus	Estebrügge	89,5	31,60	
KLMJ	Maria	Hamburg	148,3	52,42	
KLMN	Achilles	Dornbusch, Amts Frei-burg	186,1	65,89	
KLMT	Robert	Dornbusch, Amts Frei-burg	199,8	70,43	
KLMV	Ora	Cranz, Amts Jork . .	91,4	32,78	
KLND	Beata	Hamburg	190,3	67,16	
KLNF	Hoffnung	Dornbusch, Amts Frei-berg	167,9	60,37	
KLNG	Regina	Borstel, Amts Jork	59,4	21,84	
KLNH	Amalia	Borstel, Amts Jork .	363,8	128,44	
KLNQ	Antoinette	Bremen	2129,3	749,60	
KLNT	Achilles	Abbenfleth	123,1	43,43	
KLNW	Ernte	Cranz, Amts Jork . .	92,1	32,31	
KLPD	Sophie	Bentwisch, Amts Neu-haus a. d. Oste . .	183,1	64,62	
KLPJ	Betty	Hamburg	445,5	157,36	
KLPM	Catharina	Neuenfelde, Amts Jork	444,7	156,96	
KLPN	Antelope	Hamburg	481,3	169,90	
KLPV	August	Cranz, Amts Jork . .	693,5	244,61	
KLPW	Catharina	Twielenfleth, Amts Jork	128,3	45,31	
KLQB	August	Itekum	132,6	46,61	
KLQG	Louise	Barth	508,4	179,41	
KLQJ	Anna	Cranz, Amts Jork . .	258,5	91,16	
KLQM	Bertha	Geestemünde . . .	380,1	134,17	
KLQN	Alwine	Hamburg	608,1	214,96	
KLQR	Levinus	Cranz, Amts Jork . .	328,1	116,03	
KLQS	Amoenitas	Cranz, Amts Jork . .	439,0	154,34	
KLQT	Wremen	Wremer Tief . . .	79,3	27,97	
KLQV	Laguna	Spitzerdorf, Kreis Pinneberg	100,8	35,39	
KLRJ	Margaretha . . .	Twielenfleth, Amts Jork	123,3	43,43	
KLRM	Rebecca	Elsfleth	782,9	276,37	
KLRN	Emil	Itzehoe	203,1	98,03	
KLSC	Ellen Rückmers . .	Elsfleth	870,3	307,91	
KLSM	Courier	Cranz, Amts Jork . .	112,7	39,77	
KLSN	Kosmopolit	Elsfleth	692,6	244,46	
KLSP	Miranda	Neuenfelde, Amts Jork	470,1	166,89	
KLSQ	Nicolaus	Hamburg	ca.445	ca.157	

69

KLSR — KMDT

Unter-scheidungs-Signale.	Namen der Schiffe.	Heimathshafen.	Kubik-meter Netto-Raumgehalt.	Register-Tons.	Pferde-kräfte.
KLSR	Emanuel	Twielenfleth, Amts Jork	98,7	34,84	
KLST	Helmine	Hamburg	274,9	97,98	
KLTB	Jason	Geestemünde	2688,4	949,91	
KLTH	Johannes	Neuenfelde, Amts Jork	124,8	48,89	
KLTM	Johannes	Hamburg	509,8	179,83	
KLTP	Theodor	Krautsand	411,4	145,22	
KLTR	Germania	Geestemünde	2315,7	817,44	
KLVH	Orion	Brake a. d. Weser	617,4	217,84	
KLVR	J. G. Fichte	Estebrügge	653,8	280,83	
KLWD	Maja	Emden	388,7	185,48	
KLWG	Albertus	Huasm in Schleswig	253,3	89,96	
KLWH	Minna	Geversdorf	256,3	90,47	
KLWN	Maria	Lühe, Amts Jork	28,4	8,36	
KLWR	Helene	Geestemünde	258,3	91,14	
KLWS	Gondel	Lühe, Amts Jork	65,8	23,97	
KLWV	Maria	Grünendeich, Amts Jork	34,3	12,11	
KMBC	Helios	Hamburg	327,3	115,61	
KMBG	R. C. Rickmers	Geestemünde	3270,3	1157,64	
KMBH	Auguste	Blankenese	620,1	218,80	
KMBN	Diana	Osten	102,9	36,23	
KMBQ	Aurora	Dornbusch, Amts Freiburg	102,7	36,23	
KMBS	†Mercur	Bremen	934,3	350,24	180
KMBT	†Neptun	Bremen	514,3	181,42	95
KMBW	Maria	Bramhausen, Amts Himmelpforten	195,7	69,94	
KMCB	Johanna	Blumenthal, Amts Blumenthal	164,6	59,10	
KMCD	Anna Adelheid	Blumenthal, Amts Blumenthal	160,9	56,54	
KMCH	Margaretha	Harburg	426,7	150,63	
KMCJ	Pallas	Neuenschleuse, Amts Jork	96,2	33,95	
KMCL	Regine	Cranz, Amts Jork	124,8	44,03	
KMCN	†Diana	Bremen	800,7	282,65	120
KMCP	Amanda	Cranz, Amts Jork	141,3	49,97	
KMCS	Atalante	Estebrügge	68,8	24,20	
KMCV	†Jupiter	Bremen	877,5	309,73	120
KMCW	†Delbrück	Geestemünde	816,6	288,28	150
KMDB	Gloriosa	Twielenfleth, Amts Jork	148,3	52,41	
KMDC	Woerth	Geestemünde	114,9	40,84	
KMDG	Emanuel	Estebrügge	54,1	19,95	
KMDL	Bremerhaven	Geestemünde	2952,3	1042,11	
KMDN	Miranda	Cranz, Amts Jork	97,3	34,41	
KMDP	Metha	Cranz, Amts Jork	97,3	34,40	
KMDQ	Elisabeth	Twielenfleth, Amts Jork	105,6	37,31	
KMDR	Derby	Geestemünde	3080,6	1087,43	
KMDS	Cadet	Estebrügge	149,9	52,91	
KMDT	Irene	Estebrügge	79,1	28,14	

KMDV — KMHN

Unterscheidungs-Signale.	Namen der Schiffe.	Heimathshafen	Kubikmeter Netto-Raumgehalt.	Register-Tons	Pferdekräfte.
KMDV	Johannes	Hamburg	90,1	82.œ	
KMDW	Anna	Dornbusch, Amts Freiburg	70,5	27,14	
KMFB	Germania	Wischhafen	84,1	20,83	
KMFC	Hesperos	Dornbusch, Amts Freiburg	77,0	27,10	
KMFD	Catharina	Dornbusch, Amts Freiburg	87,1	80,43	
KMFG	Selene	Dornbusch, Amts Freiburg	78,5	27,71	
KMFH	Achilles	Dornbusch, Amts Freiburg	92,9	32,70	
KMFJ	Gesine	Twielenfleth, Amts Jork	77,0	27,18	
KMFL	Eridanus	Basbeck	107,3	87,43	
KMFN	Meta Maria	Dornbusch, Amts Freiburg	70,0	27,90	
KMFR	Zwei Gebrüder	Stade	59,0	20,99	
KMFS	Friedrich	Oberndorf, Amts Neuhaus a. d. Oste	285,1	100,90	
KMFT	Arion	Bremen	572,1	202,14	120
KMFV	Catharina	Stade	62,9	21,98	
KMFW	Active	Oberndorf, Amts Neuhaus a. d. Oste	97,3	84,98	
KMGB	Henriette Lisette	Oberndorf, Amts Neuhaus a. d. Oste	99,9	85,98	
KMGC	Johanne	Basbeck	86,4	80,87	
KMGD	Hinrich	Warstade	87,4	30,92	
KMGF	Margaretha	Oberndorf, Amts Neuhaus a. d. Oste	87,1	30,70	
KMGJ	Ouruet	Hamburg	97,4	84,43	
KMGL	Amandus	Geversdorf	92,5	82,76	
KMGN	Margaretha Dorothea	Oberndorf, Amts Neuhaus o. d. Oste	91,1	82,87	
KMGP	Irene	Krautsand	61,1	21,71	
KMGQ	Hoffnung	Neuhaus a. d. Oste	70,4	24,91	
KMGR	Maria	Neuhaus a. d. Oste	77,1	27,98	
KMGS	Erndte	Oberndorf, Amts Neuhaus a. d. Oste	82,9	29,73	
KMGV	Zwei Gebrüder	Estebrügge	75,1	26,66	
KMGW	Hoffnung	Oberndorf, Amts Neuhaus a. d. Oste	60,6	24,57	
KMHB	Catharina Maria	Geversdorf	78,9	27,99	
KMHC	Blume	Neuhaus a. d. Oste	73,4	25,93	
KMHD	Stade	Stade	67,4	23,93	
KMHF	Palma	Freiburg	83,c	29,41	
KMHJ	Die Schwinge	Assel	91,4	32,30	
KMHL	Franklin	Oberndorf, Amts Neuhaus a. d. Oste	78,9	27,64	
KMHN	Charlotte	Belam	71,5	25,34	

KMHP — KMNJ

Unter-scheidungs-Signale.	Namen der Schiffe.	Heimathshafen	Kubik-meter Netto-Raumgehalt.	Register-Tons	Pferde-kräfte.
KMHP	Margaretha	Stade	57,7	20,37	
KMHQ	Rebecca	Mühlenhafen . . .	52,6	18,57	
KMHR	Geslue	Bassenfleth	98,0	32,64	
KMHS	Emanuel	Ostendorf, Amts Bre-merrörde	67,2	23,74	
KMHT	Rebecca	Klint, Amts Osten . .	84,9	29,97	
KMHV	Die Drei Gebrüder	Warstade	83,9	29,19	
KMHW	Anna	Bützfleth	95,6	33,73	
KMJB	Rose	Neuhaus a. d. Oste .	102,3	36,05	
KMJC	Fortuna	Neuhaus a. d. Oste .	73,3	25,84	
KMJF	Petrus	Cranz, Amts Jork . .	83,2	29,37	
KMJG	Catharina	Iselersheim	78,5	27,71	
KMJH	Dankbarkeit . . .	Neuhaus a. d. Oste .	102,7	36,25	
KMJL	Anna Catharina . .	Gräpel	72,6	25,67	
KMJN	Catharina Sophia .	Cranz, Amts Jork . .	82,6	29,10	
KMJP	Amalia	Barnkrug	70,3	24,61	
KMJQ	Marine	Gauensiek	92,9	82,50	
KMJR	Anna Sophia . . .	Basbeck	88,7	31,22	
KMJS	Auguste	Cuxhaven	82,1	28,99	
KMJV	Magaretha	Oberndorf, Amts Neu-haus a. d. Oste . .	78,3	25,84	
KMJW	Doctor Lasker . .	Geestemünde . . .	754,1	266,39	
KMLB	Ernte	Neuendamm, Amts Bremerrörde	88,5	31,24	
KMLC	Emanuel	Maasholm	67,6	23,57	
KMLD	Marta	Estebrügge	68,9	24,25	
KMLF	Johannes	Neuenfelde, Amts Jork	71,4	25,22	
KMLG	Emanuel	Grünendeich, Amts Jork	56,5	19,39	
KMLH	Delke Rickmers . .	Geestemünde . . .	4886,4	1724,89	
KMLJ	Albertus	Cranz, Amts Jork . .	72,2	25,49	
KMLN	Miranda	Borstel, Amts Jork .	62,9	22,20	
KMLP	Johannes	Wischhafen	67,4	23,70	
KMLQ	Die zwei Gebrüder .	Lübe, Amts Jork . .	56,3	19,83	
KMLR	Emanuel	Moorende, Amts Jork .	59,4	20,96	
KMLS	Hinrich	Cranz, Amts Jork . .	60,7	21,43	
KMLT	Sophia Catharina .	Basbeck	112,4	39,69	
KMLW	Johannes	Dornbusch, Amts Frei-burg	79,1	27,92	
KMNB	Catharina	Wischhafen	69,3	24,47	
KMNC	Johanna	Warstade	80,9	28,36	
KMND	Johanne Elise . . .	Grossenwörden, Amts Osten	97,0	34,24	
KMNF	Maria	Borstel, Amts Jork . .	78,3	27,63	
KMNG	Marie Lucie . . .	Blumenthal, Amts Blumenthal	136,4	48,23	
KMNH	Minerva	Neuenschleuse, Amts Jork	45,3	15,93	
KMNJ	Gloria	Neuenschleuse, Amts Jork	53,7	18,93	

KMNL — KMRP

Unter- scheidungs- Signale.	Namen der Schiffe.	Heimathshafen	Kubik- meter Netto-Raumgehalt.	Register- Tons	Pferde- kräfte.
KMNL	Anna Eleonore . .	Geestemünde . . .	165,8	68,93	
KMNP	Emanuel	Wisch, Amts Osten .	70,6	24,99	
KMNQ	Hinrich	Cranz, Amts Jork . .	64,9	22,81	
KMNR	Johann Hinrich . .	Borstel, Amts Jork . .	54,6	19,38	
KMNS	Ernte	Neuenschleuse, Amts Jork	62,1	21,93	
KMNT	Adelheit	Wischhafen	40,3	17,60	
KMNV	†Concordia	Stade	215,0	75,91	60
KMNW	Margretha	Höhen, Amts Jork . .	54.1	19,10	
KMPB	Möwe	Geestemünde . . .	502,3	177,28	
KMPC	Petrus	Cranz, Amts Jork . .	80,7	28,49	
KMPD	†Stade	Stade	280.7	81,14	70
KMPF	Charlotte	Osten	100,3	35,45	
KMPG	Charis	Borstel, Amts Jork .	64,1	22,63	
KMPH	Germania	Neuenfelde, Amts Jork	68,9	24,32	
KMPJ	Gesine	Borstel, Amts Jork .	62,8	22,97	
KMPL	Betti	Rekum	150.3	53,19	
KMPN	Johanna	Rönnebeck	208.3	78,53	
KMPQ	Adeline	Borstel, Amts Jork . .	50.3	17,70	
KMPR	Johannes	Leswig a. d. Este . .	64,3	22,67	
KMPS	Diana	Estebrügge	67.4	23,51	
KMPT	Emanuel	Estebrügge	55,4	19,62	
KMPV	Minerva	Borstel, Amts Jork . .	65,0	22,63	
KMPW	Diederiens	Neuenfelde, Amts Jork	57,3	20,19	
KMQB	Elbe	Lühe, Amts Jork . .	74,1	26,16	
KMQC	Hoffnung	Twielenfleth, Amts Jork	55,9	19,73	
KMQD	Mercur	Estebrügge	66,0	19,73	
KMQF	Fortuna	Moorende, Amts Jork	65,4	23,17	
KMQG	Fortuna	Cranz, Amts Jork . .	78,0	27,33	
KMQH	Magreta	Gauensiek	88,5	31,38	
KMQJ	Immanuel	Borstel, Amts Jork .	58,3	18,81	
KMQL	Catharina	Insel Langeoog . .	129,7	43,67	
KMQN	Immanuel	Finkenreich	60,4	21,31	
KMQP	Aurora	Hove a. d. Este, Amts Jork	60,1	23,33	
KMQR	Minerva	Leswig a. d. Este . .	60.6	21,46	
KMQS	Maria	Borstel, Amts Jork .	71,3	25,38	
KMQT	Johanna	Borstel, Amts Jork .	52.3	18,43	
KMQV	Anna Sophia . . .	Bützfleth	77.4	27,31	
KMQW	Hosianna	Abbenfleth	65,0	23,27	
KMRB	Helene	Buxtehude	68,5	24,11	
KMRC	Delphin	Borstel, Amts Jork .	55,4	19,35	
KMRD	Immanuel	Borstel, Amts Jork .	48,3	17,01	
KMRF	Emanuel	Neuenfelde, Amts Jork	60,3	21,71	
KMRG	Henriette	Lühe, Amts Jork . .	41,1	14,30	
KMRH	Johannes	Ritsch, Amts Freiburg	74,3	26,33	
KMRJ	Maria	Borstel, Amts Jork .	46,3	16,39	
KMRL	Hinrich	Cranz, Amts Jork . .	82,3	29,06	
KMRN	Charis	Borstel, Amts Jork .	58,0	20,48	
KMRP	Germania	Grünendeich, Amts Jork	68,7	24,67	

KMRQ — KMVJ

Unterscheidungs-Signale.	Namen der Schiffe.	Heimathshafen	Kubikmeter Netto-Raumgehalt.	Register-Tons	Pferdekräfte.
KMRQ	Erndte	Abbenfleth	85,9	30,22	
KMRS	Fortuna	Königreich, Amts Jork	57,6	20,30	
KMRV	Diana	Cranz, Amts Jork . .	59,2	20,92	
KMRW	Einigkeit	Grünendeich, Amts Jork	61,3	21,64	
KMSB	Fortuna	Viersielen	61,3	21,72	
KMSC	Emanuel	Ostendorf, Amts Bremervörde	66,9	23,42	
KMSD	Zwei Gebrüder . .	Lanmühlen	75,0	26,44	
KMSF	Catharina Christina	Freiburg	69,9	24,61	
KMSG	Dorothea	Dorobusch, Amts Freiburg	52,4	18,50	
KMSH	Johanna Metta . .	Osten	69,6	31,36	
KMSJ	Anna Sophia . . .	Hasbeck	69,9	24,81	
KMSL	Flora	Hove a. d. Este, Amts Jork	63,6	22,41	
KMSN	Catharina	Estebrügge	68,6	22,32	
KMSP	Gloria Deo . . .	Estebrügge	64,1	22,63	
KMSQ	Eumonia	Stade	67,9	23,91	
KMSR	Flora	Leswig a. d. Este . .	50,9	17,90	
KMST	Emanuel	Cranz, Amts Jork . .	65,4	23,14	
KMSV	Orpheus	Geestemünde . . .	2579,1	910,41	
KMSW	Germania	Steinkirchen, Amts Jork	61,4	21,76	
KMTB	Johannis	Cranz, Amts Jork . .	78,9	27,54	
KMTC	Diodor	Borstel, Amts Jork . .	61,8	21,61	
KMTD	Immanuel	Geversdorf	65,9	23,12	
KMTF	Johannes	Moorende, Amts Jork .	67,6	23,97	
KMTG	Anna Dorothea . .	Rönnebeck	142,2	50,30	
KMTH	Aurora	Estebrügge	58,4	20,62	
KMTJ	Juno	Steinkirchen, Amts Jork	56,3	19,67	
KMTL	Emanuel	Cranz, Amts Jork . .	67,8	23,93	
KMTN	Germania	Höhen, Amts Jork . .	59,4	20,97	
KMTP	Adeline	Neuenkirchen, Amts Jork	49,4	17,44	
KMTQ	Anna	Rekum	145,9	51,30	
KMTR	Gloria	Ostendorf, Amts Bremervörde	68,9	24,39	
KMTS	Emanuel	Ostendorf, Amts Bremervörde	70,3	24,61	
KMTV	Miranda	Borstel, Amts Jork . .	62,4	22,04	
KMTW	Gloriadea	Ostendorf, Amts Bremervörde	50,1	17,67	
KMVH	Hinrich	Geestemünde . . .	163,0	57,63	
KMVC	Charlotte Auguste .	Otterndorf	58,1	20,51	
KMVD	Fortuna	Osten	64,6	22,30	
KMVF	Metta	Dorobusch, Amts Freiburg	74,7	26,31	
KMVG	Helene	Rönnebeck	78,4	27,13	
KMVH	Beta	Rönnebeck . . .	140,6	52,41	
KMVJ	Meta	Neu-Rönnebeck . .	149,4	52,74	

KMVL — KNCP

Unter- scheidungs- Signale.	Namen der Schiffe.	Heimathshafen	Kubik- meter Netto-Raumgehalt.	Register- Tons	Pferde- kräfte.
KMVL	Catharina	Ostendorf, Amts Bre- mervörde	49,1	17,54	
KMVQ	Hedwig	Geestemünde	81,8	28,71	
KMVR	Fortuna	Abbenfleth	85,4	30,14	
KMVS	Carl	Neuhaus a. d. Oste	60,0	24,36	
KMVT	Genius	Steinkirchen, Amts Jork	62,8	22,16	
KMVW	Zwei Gebrüder	Rönnebeck	161,4	57,12	
KMWB	Die zwei Gebrüder	Rönnebeck	138,1	48,73	
KMWC	Gesina	Blumenthal, Amts Blumenthal	170,7	60,23	
KMWD	Heinrich	Rönnebeck	141,3	49,44	
KMWF	Elise	Rönnebeck	132,8	46,47	
KMWG	Adelheid	Rönnebeck	153,9	54,33	
KMWH	Maria	Abbenseth	74,3	26,29	
KMWJ	Johannes	Wischhafen	78,6	27,73	
KMWL	Apollo	Osten	64,8	22,77	
KMWN	Johanna	Kliat, Amts Osten	67,2	23,73	
KMWP	Hansa	Borstel, Amts Jork	63,3	22,36	
KMWQ	Johanna Catharina	Oberndorf, Amts Neu- haus a. d. Oste	113,4	40,04	
KMWR	Catharina	Ganensiek	49,4	17,44	
KMWS	Sophia Dorothea	Barbeck	87,1	30,96	
KMWT	Wilhelm	Warstade	78,9	27,73	
KMWV	Maria Elise	Barbeck	83,9	29,67	
KNBC	Petrus	Cranz, Amts Jork	156,4	55,31	
KNBD	Maria	Estebrügge	57,9	20,44	
KNBF	Margaretha	Ganensiek	67,0	23,65	
KNBG	Wilhelmine	Lobbendorf	67,2	23,93	
KNBH	Johanna	West-Mooreude, Amts Jork	155,3	54,92	
KNBJ	Venus	Borstel, Amts Jork	59,9	21,16	
KNBL	Fortuna	Warstade	82,4	29,09	
KNBM	Hoslanna	Borstel, Amts Jork	57,4	20,38	
KNBP	Vesta	Warstade	83,4	29,44	
KNBQ	Gesina	Rönnebeck	154,7	54,60	
KNBR	Anna Maria	Lübedelch, Amts Jork	59,8	21,11	
KNBS	Hinnerike Lucie	Brake a. d. Weser	149,3	52,70	
KNBT	Fortuna	Dornbusch, Amts Frei- berg	86,8	30,64	
KNBW	Hera	Geestemünde	2936,8	1036,34	
KNCB	Julius	Neuenfelde, Amts Jork	139,3	49,17	
KNCD	Anna Margaretha	Neuhaus a. d. Oste	84,3	29,76	
KNCF	Catharine	Farge	140,1	49,61	
KNCH	Johannes	Neuenfelde, Amts Jork	95,4	33,69	
KNCJ	Catharina	Ganensiek	95,4	33,64	
KNCL	Catharina	Ganensiek	62,1	21,92	
KNCM	Catharina Marga- retha	Reknm	127,4	44,71	
KNCP	Margaretha	Farge	143,4	50,60	

KNCQ — KNGC

Unter-scheidungs-Signale.	Namen der Schiffe.	Heimathshafen der Schiffe.	Kubik-meter Netto-Raumgehalt.	Register-Tons	Pferde-kräfte.
KNCQ	Othello	Freiburg	90,s	31,ss	
KNCR	Hoffnung	Rönnebeck	139,9	49,ss	
KNCS	Vineta	Borstel, Amts Jork	80,s	28,ss	
KNCT	Elbe	Neuenfelde, Amts Jork	80,t	28,n	
KNCV	Gesine	Rönnebeck	159,i	56,is	
KNCW	Maria	Hrobergen	83,i	22,n	
KNDB	Sophie	Oberndorf, Amts Neu-haus a. d. Oste	85,4	30,is	
KNDC	Anna Catharina	Wisch, Amts Osten	72,s	25,so	
KNDF	Marie	Hasbeck	115,s	40,n	
KNDG	Adelheid	Ostendorf, Amts Bre-merförde	56,s	10,m	
KNDH	Catharina Marga-retha	Gröpel	65,s	23,ot	
KNDJ	Alice Rickmers	Geestemünde	3422,s	1208,s	
KNDL	Dorothea	Otterndorf	56,s	19,si	
KNDM	Heinrich Wilhelm	Otterndorf	54,s	19,n	
KNDP	Anna Margaretha	Otterndorf	93,s	33,ot	
KNDQ	Immanuel	Grünendeich, Amts Jork	56,1	20,os	
KNDR	Johannes	Grünendeich, Amts Jork	56,o	19,n	
KNDT	Anna	Blumenthal, Amts Blumenthal	194,9	68,so	
KNDV	Adele	Hamelwörden, Amts Freiburg	72,s	25,ss	
KNFB	Lydia Peschau	Geestemünde	1042,s	367,ss	
KNFC	Maria	Dornmer Tief, Amts Dorom	54,s	19,si	
KNFD	Mathilde	Ganensiek	51,s	18,u	
KNFG	Claudius	Harburg	107,s	37,ss	
KNFH	Elbe	Gröpel	61,s	21,ss	
KNFJ	Anna	Blumenthal, Amts Blumenthal	174,1	61,st	
KNFL	Hinrich	Neuenfelde, Amts Jork	88,o	31,ss	
KNFM	Anna Rebecka	Twielenfleth, Amts Jork	92,1	82,n	
KNFP	Bremerlehe	Geestemünde	2808,s	1012,ss	
KNFQ	Margaretha Friede-rike	Blumenthal, Amts Blumenthal	205,o	72,n	
KNFR	Dorothea	Geversdorf	65,o	22,ss	
KNFS	Immanuel	Oberndorf, Amts Neu-haus a. d. Oste	60,9	21,ss	
KNFT	Adelheid	Ostendorf, Amts Bremerförde	51,1	18,ss	
KNFV	Drei Gebrüder	Iselersheim	82,s	20,u	
KNFW	Emanuel	Ostendorf, Amts Bremerförde	69,s	24,ss	
KNGB	Emanuel	Cranz, Amts Jork	88,s	31,ss	
KNGC	Gloria	Oberndorf, Amts Neu-haus a. d. Oste	78,s	27,n	

KNGD — KNJR

Unter-scheidungs-Signale.	Namen der Schiffe.	Heimathshafen	Kubik-meter Netto-Raumgehalt.	Register-Tons	Pferde-kräfte.
KNGD	Johanne	Geestemünde . . .	86,7	30,01	
KNGF	Catharine	Osten	66,8	23,50	
KNGH	Heinrich Wilhelm .	Otterndorf	57,6	20,91	
KNGJ	†Guttenberg . . .	Stade	260,0	92,00	70
KNGL	Meta Sophia . . .	Oberndorf, Amts Neu-haus a. d. Oste . .	99,4	85,50	
KNGM	Anna	Bassenfleth . . .	151,0	53,61	
KNGP	Gloriosa	Oberndorf, Amts Neu-haus a. d. Oste . .	92,6	32,70	
KNGQ	Amandos	Steinkirchen, Amts Jork	66,0	19,71	
KNGR	Albert	Cranz, Amts Jork . .	152,6	58,84	
KNGS	Maria	Neu-Rönnebeck . .	208,0	73,43	
KNGT	Sirene	Cranz - Neuenfelde, Amts Jork	158,9	54,53	
KNGV	Elisabeth	Hamburg	125,6	44,34	
KNGW	Ordnung	Blumenthal, Amts Blumenthal	176,1	62,16	
KNHB	Eleonore	Mühlenhafen . . .	54,3	19,17	
KNHC	Magaretha	Wischhafen	80,1	28,90	
KNHD	Gerine	Borstel, Amts Jork .	54,6	19,34	
KNHF	Adler	Blumenthal, Amts Blumenthal	134,7	47,48	
KNHG	Anna Maria . . .	Altendorf, Amts Osten	89,1	31,43	
KNHJ	Citadelle	Borstel, Amts Jork .	144,6	51,11	
KNHL	Tamerlane	Geestemünde . . .	2691,6	914,60	
KNHM	Paul Rickmers . .	Geestemünde . . .	3873,3	1190,98	
KNHP	Rebecca	Gancnsiek	57,0	20,13	
KNHQ	Christine	Blumenthal, Amts Blumenthal	112,3	39,61	
KNHR	Genius	Freiburg	71,7	25,31	
KNHS	Henriette	Dorumer Tief, Amts Dorum	89,3	13,87	
KNHT	Anna Maria	Warstade	71,1	25,16	
KNHV	Andreas	Warstade	85,6	30,83	
KNHW	Sechs Gebrüder . .	Blumenthal, Amts Blumenthal	172,6	61,00	
KNJB	Germania	Otterndorf	57,6	20,13	
KNJC	Lina	Geestemünde . . .	2814,3	993,53	
KNJD	Maria	Dorumer Tief, Amts Dorum	55,6	19,71	
KNJF	Catharina Elisabeth	Altendorf, Amts Osten	110,6	39,84	
KNJG	Johann Gustav . .	Rönnebeck	144,3	50,90	
KNJH	Immannel	Neuenfelde, Amts Jork	64,3	22,70	
KNJL	Frau Mathilde . .	Wremer Tief . . .	59,6	20,63	
KNJM	Adelheid	Rönnebeck	126,6	44,70	
KNJP	Therese	Geversdorf	78,7	27,78	
KNJQ	Helene	Steinkirchen, Amts Jork	58,7	20,73	
KNJR	Anna	Dornbusch, Amts Frei-burg	98,7	34,84	

KNJS — KNPQ

Unter-scheidungs-signale.	Namen der Schiffe.	Heimathshafen	Kubik-meter Netto-Raumgehalt.	Register-Tons	Pferde-kräfte.
KNJS	Elisabeth	Blumenthal, Amts Blumenthal	168,7	59,51	
KNJT	Wilhelm Anton	Geestemünde	2830,7	999,03	
KNJV	Deo Gloria	Krautsand	63,1	22,71	
KNJW	Courier	Krautsand	73,2	25,84	
KNLB	Die Hoffnung	Mehedorf, Amts Bremervörde	67,0	23,63	
KNLC	Sophie	Geestemünde	3560,9	1256,86	
KNLD	Rebecka	Oberndorf, Amts Neuhaus a. d. Oste	67,1	23,91	
KNLF	Amelia	Geestemünde	2650,0	938,63	
KNLG	Margaretha	Twielenfleth, Amts Jork	55,5	19,49	
KNLH	Amalia	Bützfleth	102,9	36,72	
KNLJ	Maria	Lühe, Amts Jork	75,1	26,51	
KNLM	Geestemünde	Geestemünde	3110,1	1097,97	
KNLQ	Metta Maria	Schwarzenhütten, Amts Oste	98,1	34,63	
KNLR	Maria	Oberndorf, Amts Neuhaus a. d. Oste	91,7	32,71	
KNLS	Johannes	Cranz, Amts Jork	79,1	28,19	
KNLT	Preciosa	Warstade	98,3	84,70	
KNLV	Anna	Ganenslek	67,9	23,97	
KNLW	Gesine	Abbenfleth	82,3	29,08	
KNMB	Adeline	Rekum	141,0	49,71	
KNMC	Leda	Geestemünde	3565,7	1258,49	
KNMD	Nordstern	Lühe, Amts Jork	76,5	27,00	
KNMF	Favorita	Geestemünde	3429,1	1210,88	
KNMG	Albiona	Borstel, Amts Jork	66,5	23,51	
KNMH	Aurora	Laumühlen	76,4	26,97	
KNMJ	Seenymphe	Borstel, Amts Jork	111,7	39,43	
KNML	Emanuel	Wischhafen	65,4	23,06	
KNMP	Emanuel	Laumühlen	58,3	20,49	
KNMQ	Minna	Twielenfleth, Amts Jork	50,0	17,66	
KNMR	Maria Helene	Brobergen	78,3	27,60	
KNMS	Cuba	Geestemünde	3196,3	1128,29	
KNMT	Florentine	Oberndorf, Amts Neuhaus a. d. Oste	79,3	28,08	
KNMV	Deo Gloria	Steinkirchen, Amts Jork	69,0	21,14	
KNMW	Christine	Warstade	104,9	37,03	
KNPB	Anna Maria	Warstade	67,3	23,97	
KNPC	Lucinde	Geversdorf	96,3	33,94	
KNPD	Achilles	Basbeck	83,5	29,64	
KNPF	Eruute	Grüpel	80,3	30,43	
KNPG	Adelheide	Grüpel	79,6	28,10	
KNPH	Hertha	Borstel, Amts Jork	73,6	26,63	
KNPJ	Adeline	Stade	101,6	35,53	
KNPL	Diana	Geestemünde	1048,9	370,14	
KNPM	Anna Friederike	Geestemünde	101,1	35,69	
KNPQ	Martha	Geestemünde	179,6	63,57	

5*

KNPR — KNSJ

Unter-scheidungs-Signale.	Namen der Schiffe.	Heimathshafen	Kubik-meter Netto-Raumgehalt.	Register-Tons	Pferde-kräfte.
KNPR	Meta	Geestemünde	3773,8	1331,87	
KNPS	Regina	Neuenschleuse, Amts Jork	60,1	21,91	
KNPT	Adele	Oberndorf, Amts Neuhaus a. d. Oste	78,9	27,13	
KNPV	Immanuel	Warstade	74,9	26,12	
KNPW	Anna	Bützfleth	53,4	18,91	
KNQB	Leda	Neuenfelde, Amts Jork	92,5	32,16	
KNQC	Immanuel	Wisch, Amts Jork	53,1	18,14	
KNQD	Catharina	Ostendorf, Amts Bremervörde	71,1	25,89	
KNQF	Peter	Twielenfleth, Amts Jork	160,9	56,47	
KNQG	Rebecka	Kleinwörden, Amts Osten	80,4	28,38	
KNQH	Anna Helene	Geestemünde	106,9	37,13	
KNQJ	Betty	Darnkrug	45,1	15,93	
KNQL	Catbrina Maria	Hechthausen, Amts Osten	83,7	29,16	
KNQM	Maria Anna	Geestemünde	3587,4	1266,28	
KNQP	Catharina	Geversdorf	82,1	29,84	
KNQR	Christine	Basbeck	96,3	33,99	
KNQS	Germania	Geversdorf	51,1	18,81	
KNQT	Madeleine Rickmers	Geestemünde	8616,4	1276,64	
KNQV	Helorich & Tonio	Geestemünde	3090,4	1094,91	
KNQW	Katharina	Dorumer Tief, Amts Dorum	59,4	21,84	
KNRB	Johannes	Neuenfelde, Amts Jork	50,3	17,77	
KNRC	Minna	Farge	144,3	50,94	
KNRD					
KNRF					
KNRG					
KNRH					
KNRJ					
KNRL					
KNRM					
KNRP					
KNRQ					
KNRS					
KNRT					
KNRV					
KNRW					
KNSB					
KNSC					
KNSD					
KNSF					
KNSG					
KNSH					
KNSJ					

KPBD — LBJH

Unter- scheidungs- Signale.	Namen der Schiffe.	Heimathshafen	Kubik- meter Netto-Raumgehalt.	Register- Tons	Pferde- kräfte.
KPBD	Marianne	Grünendeich, Amts Jork	228,2	78,79	
KPBN	Gesine	Hamburg	82,7	29,21	
KPBR	Lina	Harburg	252,8	89,57	
KPBS	Adonis	Harburg	55,1	19,46	
KPBT	Adeline	Harburg	76,2	26,90	
KPBV	Ann	Spetzerfehn	240,0	84,72	
KPCD	H. Peters	Harburg	1107,4	412,10	
KQBC	Christine Engelline	Haren, Amts Meppen	140,3	51,41	
KQBD	Maria	Haren, Amts Meppen	137,7	48,61	
KQBF	Alide	Haren, Amts Meppen	126,8	44,69	
KQBG	Virgo Maria	Haren, Amts Meppen	129,4	45,57	
KQBH	Maria Regina	Haren, Amts Meppen	172,9	61,00	
LBCF	Gustav & Marie	Kiel	1005,0	354,77	
LBCG	Jürgen	Altona	889,8	296,42	
LBCJ	Wilhelm	Kiel	164,0	57,90	
LBCK	Caroline	Burg a. F.	311,1	109,82	
LBCQ	Helene	Heiligenhafen	169,1	59,90	
LBCS	Die zwei Gebrüder	Burgstaaken a. F.	. . .	4,18*	
LBCW	Catharine	Kiel	148,6	52,63	
LBDF	Neptunus	Kiel	347,3	122,64	
LBDK	Mathilde	Kiel	658,2	230,96	
LBDN	Christiane	Kiel	884,3	185,62	
LBDQ	Anna	Burg a. F.	208,1	94,63	
LBDT	Marie	Burg a. F.	294,3	108.99	
LBFH	Christine	Burgstaaken a. F.	257,1	90,57	
LBFK	Maria	Eckernförde	224,8	79,72	
LBFM	Emmeline	Heiligenhafen	164,3	58,67	
LBFN	Union	Heiligenhafen	383,4	135,33	
LBFP	Bertha	Heiligenhafen	261,1	92,18	
LBFR	Anton	Burg a. F.	171,3	60,42	
LBFS	Delphin	Burg a. F.	982,8	185,13	
LBFV	Caroline	Burgstaaken a. F.	. . .	8°	
LBGC	Ernestine	Lübeck	445,5	157,33	
LBGD	Metha	Arnis	113,2	40,01	
LBGK	Pauline	Heiligenhafen	268,4	94,93	
LBGR	Diana	Burg a. F.	261,9	92,44	
LBGV	Carl Emil	Kiel	98,3	34,61	
LBGW	Maria Magdalena	Stein bei Laboe	67,7	23,91	
LBHC	Adler	Burg a. F.	588,1	207,40	
LBHD	Wilhelmine Maria	Heiligenhafen	50,4	17,54	
LBHJ	Christine	Heiligenhafen	63,1	22,14	
LBHK	Emmeline	Neustadt in Holstein	68,6	24,03	
LBHP	Dorothea	Kiel	61,4	21,61	
LBHQ	Bertha	Hadersleben	49,8	17,39	
LBHS	Abeline	Kiel	70,7	24,93	
LBHT	Pretiose	Wismar	49,3	17,40	
LBHW	Wilhelmine	Burg a. F.	52,4	18,61	
LBJF	†Fehmarn	Burg a. F.	131,8	46,38	85
LBJH	Theodora	Heiligenhafen	100,3	35,61	

* Lasten zu 5200 W.

Unter-scheidungs-Signale.	Namen der Schiffe.	Heimathshafen	Kubik-meter Netto-Raumgehalt	Register-Tons	Pferde-kräfte.
LBJK	Dora	Arnis	88,s	31,10	
LBJN	Malwine	Eckernförde . . .	63,s	22,so	
LBJS	Amazone	Burgstaaken a. F. .	83,1	29,s	
LBKC	Margaretha Christine	Möltenort	80,9	10,90	
LBKD	Sylphe	Neumühlen bei Kiel	48,4	17,07	
LBKG	Margaretha	Kiel	65,s	23,17	
LBKN	Margaretha	Burg a. F.	238,s	84,s	
LBKS	Catharina	Möltenort	. . .	2,11*	
LBMC	Silke	Burgstaaken a. F. .	61,s	21,ss	
LBMF	Sophie	Kiel	. . .	107,1*	
LBMG	Hermann	Kiel	. . .	107,s*	
LBMH	†Vorwärts	Kiel	186,s	65,so	80
LBMJ	Paul Emil	Kiel	452,s	159,s4	
LBMQ	Sophie	Neustadt in Holstein.	107,s	37,ss	
LBMV	Doris	Heiligenhafen . . .	334,s	118,s4	
LBMW	Constantia	Kiel	452,s	150,70	
LBNF	Heinrich	Burg a. F.	70,s	24,ss	
LBNG	Friederike	Burg a. F.	73,s	25,ss	
LBNR	Neptun	Burg a. F.	373,s	131,77	
LBNT	Auguste	Wewelsfleth	67,s	23,7s	
LBPF	Helene	Insel Fehmarn . .	318,s	110,s7	
LBPG	Adolph	Labö	60,s	21,s4	
LBPJ	Eben-Ezar	Burg a. F.	69,7	24,s1	
LBPQ	†Holsatia	Kiel	597,1	210,7s	80
LBPT	Holsatia	Heiligenhafen . . .	535,s	188,s4	
LBPW	Activ	Kiel	324,9	114,ss	
LBQJ	Gloria Deo	Heiligenhafen . . .	82,s	29,ss	
LBQM	Courier	Barth	719,7	254,0s	
LBQR	Louise	Neustadt in Holstein	48,s	17,1s	
LBQT	†Schwentine	Neumühlen bei Kiel	28,s	10,0s	10
LBQV	†Concurrent	Kiel	69,s	18,s7	10**
LBQW	Karens Minde . . .	Sonderburg	62,7	22,1s	
LBRC	De tre Brödre . .	Möltenort	. . .	7,7s*	
LBRF	Marie Amalie . . .	Wismar	47,s	16,17	
LBRK	Christine	Neustadt in Holstein	68,s	22,ss	
LBRT	Sophia	Neustadt in Holstein	17,s	6,s7	
LBRV	Petrea	Kiel	136,7	48,s4	
LBSK	Anna Maria . . .	Wismar	54,1	19,ss	
LBSM	Catharina	Grossenbrode . . .	48,4	17,ss	
LBSP	Emma	Burg a. F.	368,s	130,ss	
LBST	Dorothea	Neustadt in Holstein	306,0	108,s1	
LBTC	Mercur	Neustadt in Holstein	504,s	178,s4	
LBTD	Agnes	Lemkenhafen . . .	777,s	274,ss	
LBTN	Anna Sophia . . .	Kiel	271,s	95,74	
LBTP	Neptunus	Borgwedel a. d. Schlei	125,s	44,ss	
LBTQ	Probstei	Kiel	369,4	130,ss	
LBTV	Carl	Lübeck	556,s	196,s4	
LBTW	Halnan	Kiel	745,1	263,ss	
LBVC	Flora	Neumühlen bei Kiel	165,s	58,ss	

* Lasten zu 6200 ℔.   ** Nominelle Pferdekräfte.

LBVF — LCFT

Unter-scheidungs-Signale.	Namen der Schiffe.	Heimathshafen	Kubik-meter Netto-Raumgehalt.	Register-Tons	Pferde-kräfte.
LBVF	Dorothea	Arnis	127,2	44,60	
LBVQ	Ida	Kiel	253,6	89,10	
LBVR	August	Kiel	254,6	89,61	
LBVS	Johann Carl	Heiligenhafen	409,2	144,45	
LBVT	Die Einigkeit	Prinzenmoor a. d. Eider	48,4	17,08	
LBWD	Leonore & Marie	Kiel	251,2	88,85	
LBWF	Byka	Burg a. F.	133,1	46,84	
LBWH	Kiel	Kiel	658,2	232,34	
LBWK	Emma	Heiligenhafen	491,3	173,43	
LBWM	†Sedan	Neumühlen bei Kiel	249,7	88,16	75*
LBWN	†Amalia	Rügenwalde	485,7	158,79	93
LBWP	Agnes	Kiel	382,7	135,08	
LBWR	†Thusnelda	Neumühlen bei Kiel	80,6	10,91	6
LBWS	Toni	Kiel	288,6	101,82	
LBWV	Anna Maria	Arnis	78,8	27,81	
LCBD	Solid	Heiligenhafen	458,6	161,79	
LCBF	Wilhelm I.	Kiel	1010,1	356,62	
LCBG	Anna	Hamburg	1267,9	447,34	
LCBH	†Meta	Kiel	315,1	111,22	25
LCBK	Fürst Bismarck	Kiel	957,7	338,08	
LCBM	Franziska	Kiel	800,6	100,16	
LCBP	†Heinrich Adolph	Kiel	98,1	32,61	15
LCBQ	†Courier	Kiel	74,4	26,28	10**
LCBR	†Meta	Neumühlen bei Kiel	774,1	273,58	50
LCBT	Mary	Hadersleben	63,3	22,43	
LCBW	Heinrich Lohmann	Kiel	772,9	272,93	
LCDF	Emil	Neustadt in Holstein	73,1	25,79	
LCDG	Clara	Kiel	243,7	86,03	
LCDH	Paul	Kiel	439,6	155,10	
LCDJ	Wagrien	Heiligenhafen	608,6	170,33	
LCDM	Louise	Kiel	120,1	44,50	
LCDN	†Essen	Kiel	2621,0	925,27	125
LCDP	Ideabalde	Burgstaaken a. F.	596.4	210,53	
LCDQ	Tiger	Kiel	279,7	98,73	
LCDS	†Bayn	Kiel	2601,6	918,91	125
LCDT	Helene	Kiel	423,6	149,53	
LCDV	†Orconera	Kiel	2516,1	888,39	120
LCDW	Germania	Kiel	249,9	88,24	
LCFB	Nicoline	Burg a. F.	234,3	82,16	
LCFD	Johanna	Burg a. F.	50,9	17,91	
LCFG	Martin	Kiel	152.9	53,96	
LCFH	Altha	Neustadt in Holstein	—	250,14	
LCFJ	Victor	Neustadt in Holstein	461,1	162,78	
LCFM	†Klaus Groth	Kiel	85,2	30,06	18
LCFN	†Fried. Krupp	Kiel	2604,1	919,29	120
LCFP	Thora Maria	Neustadt in Holstein	76,8	27,09	
LCFQ	†Express	Kiel	68,7	24,25	15
LCFS	Helene	Kiel	1054,1	372,21	
LCFT	†Verein	Kiel	85,1	30,13	12

* Indicirte Pferdekräfte.   ** Nominelle Pferdekräfte.

LCFV — LDFH

Unterscheidungs-Signale.	Namen der Schiffe.	Heimathshafen	Kubik-meter Netto-Raumgehalt.	Register-Tons	Pferde-kräfte.
LCFV	Schwentine	Neumühlen bei Kiel .	128,2	45,27	
LCFW	Hermann	Heiligenhafen . . .	1259,1	444,14	
LCGB	Leopard	Kiel	85,8	30,18	
LCGD	Dora Sophia . . .	Neustadt in Holstein	127,8	45,80	
LCGH	Maria	Neumühlen bei Kiel .	128,1	45,21	
LCGK	Olonega	Hamburg	ca. 168	ca. 58	
LCGM	Marie	Heiligenhafen . . .	441,5	155,92	
LCGN	†Brutus	Kiel	1303,8	460,30	450**
LCGP	Elisabeth	Kiel	1267,4	447,40	
LCGQ	Margaretha	Heiligenhafen . . .	80,1	28,27	
LCGR	J. C. W. Thon . .	Kiel	538,6	190,10	
LCGT	Dora	Heiligenhafen . . .	117,8	41,67	
LCGW	†Verein II.	Kiel	99,7	35,19	16***
LCHB	†Express	Kiel	97,9	84,25	45**
LCHD	†Wilhelm	Kiel	880,4	184,38	25
LCHG	†Antonie	Kiel	878,9	181,98	80**
LCHJ	†Burg	Burg a. F.	226,8	79,89	120
LCHK	†Adele	Kiel	416,6	147,13	95***
LCHM	†Heiligenhafen . .	Heiligenhafen . . .	61,3	21,44	12
LCHN					
LCHP					
LCHQ					
LCHR					
LCHS					
LCHT					
LCHV					
LCHW					
LCJB					
LCJD					
LCJF					
LCJG					
LDBC	Meta	Hamburg	470,2	165,89	
LDBJ	Hermann	Hamburg	540,9	190,23	
LDBK	La Plata	Blankenese	458,4	160,68	
LDBW	Cito	Dornbusch, Amts Freiburg	243,4	85,73	
LDCG	Pepita	Altona	. . .	104*	
LDCN	Die drei Gebrüder	Hamburg	66,1	28,23	
LDCQ	Erndte	Spitzerdorf, Kreis Pinneberg	111,9	89,41	
LDCS	Roland	Rostock	87,8	30,99	
LDCT	Adonis	Spitzerdorf, Kreis Pinneberg	121,8	42,89	
LDCV	Rose	Spitzerdorf, Kreis Pinneberg	99,9	85,24	
LDCW	Diana	Pahlhude	88,8	29,81	
LDFC	Ilente	Wedel, Kreis Pinneberg	94,1	88,34	
LDFG	Mary	Blankenese	560,1	197,96	
LDFH	Alerte	Blankenese	590,1	208,30	

* Lasten zu 6200 ℔.   ** Indicirte Pferdekräfte.   *** Nominelle Pferdekräfte.

LDFM — LDNM

Unter-scheidungs-Signale.	Namen der Schiffe.	Heimathshafen	Kubik-meter Netto-Raumgehalt.	Register-Tons	Pferde-kräfte.
LDFM	Europa	Grünendeich, Amts Jork	123,7	43,57	
LDFN	Hosianna	Haseldorf	105,8	37,34	
LDFP	Heinrich	Blankenese	194,3	68,48	
LDFR	Doris	Uetersen	153,7	54,78	
LDFT	Anna & Gesine . .	Hamburg	374,6	132,63	
LDFV	Palme	Haseldorf	106,4	37,84	
LDFW	Maria	Elmshorn	334,3	118,63	
LDGF	Hoffnung	Blankenese	97,3	34,34	
LDGJ	Erndte	Seestermühe . . .	94,6	33,47	
LDGK	Eiche	Elmshorn	117,3	41,44	
LDGM	Johannes	Altona	141,1	49,90	
LDGR	Maria Elisabeth . .	Blankenese	436,8	154,16	
LDGT	Diedrich	Krautsand	86,7	30,81	
LDGV	Magnet	Blankenese	442,8	156,31	
LDHF	Johannes	Blankenese	224,6	79,34	
LDHJ	Hoffnung	Kollmar, Kreis Steinburg	116,3	41,63	
LDHN	Eunomia	Elmshorn	104,8	36,89	
LDHR	Georgine	Flensburg	448,4	158,22	
LDJC	Metta Sophia . . .	Grossenwörden, Amts Osten	77,7	27,43	
LDJF	Familie	Boekzeteler Fehn .	272.1	96,43	
LDJG	Juliane	Blankenese	532,1	187,92	
LDJM	Lisette	Blankenese	425,4	150,17	
LDJS	Elegant	Blankenese	516,9	182,47	
LDJT	Elise	Itzehoe	274,7	96,97	
LDKB	Horizont	Itzehoe	70,6	24,91	
LDKC	Ta-Lée	Hamburg	ca.969	ca.842	
LDKF	Louise	Blankenese	. . .	30*	
LDKH	Brillant	Blankenese . . . , . .	416,1	146,99	
LDKQ	Maria	Tönning	183,3	64,73	
LDKR	Levante	Mühlenberg, Kreis Pinneberg	582,8	205,78	
LDKS	Jan Peter	Stralsund	952,3	336,11	
LDKV	Diamant	Blankenese	486,6	171,34	
LDMB	Martin	Extebrügge	117,9	41,61	
LDMC	Nadir	Grünendeich, Amts Jork	114,9	40,57	
LDMF	Moria	Glückstadt	83,7	29,34	
LDMG	Der junge Hinrich .	Wedel, Kreis Pinneberg	128,3	45,34	
LDMH	Rodolph	Elmshorn	121,6	42,03	
LDMK	Immanuel	Seestermühe . . .	115,1	40,03	
LDMT	Mary	Hamburg	482,3	170,28	
LDNC	Johannes	Twielenfleth, Amts Jork	190,9	67.39	
LDNF	Courier	Blankenese	. . .	58*	
LDNH	Flora	Elmshorn	123,3	43,34	
LDNJ	Mariane	Wewelsfleth	219,4	77,43	
LDNK	Joachim Christian .	Altona	1295,6	457,13	
LDNM	Elisabeth Schade .	Blankenese	407,9	144,04	

* Lasten zu 5200 ℔.

LDNP — LDVS

Unter-scheidungs-Signale.	Namen der Schiffe.	Heimathshafen	Kubik-meter	Register-Tons	Pferde-kräfte.
			Netto-Raumgehalt.		
LDNP	Genius	Kleinwörden, Amts Osten	85,7	30,34	
LDNS	Margaretha	Krautsand	78,2	25,83	
LDNV	Catharina	Hechthausen, Amts Osten	113,3	40,06	
LDPC	Venus	Uetersen	70.0	24,11	
LDPF	Elisabeth	Hamburg	127,0	44,84	
LDPH	Amazone	Elmshorn	81,7	28,63	
LDPJ	Heinrich	Freiburg	854,3	125,07	
LDPM	Alert	Blankenese	454,3	160.31	
LDPS	Victoria II.	Dornbusch, Amts Freiburg	289,8	102,30	
LDPW	Georg Nicolaus . .	Altona	996,4	852,44	
LDQC	Catharina	Blankenese	362,9	128,10	
LDQG	Parthenope	Blankenese	522,7	184,83	
LDQJ	Hermann	Blankenese	1101,0	888,84	
LDQK	Magdalena von Heili-genhafen	Heiligenhafen . . .	73,8	26,08	
LDQM	Emanuel	Dorum, Amts Dorum .	63,4	22,77	
LDQT	Ernte	Hamburg	94,4	38,34	
LDQV	Helene	Elmshorn	107,3	37,60	
LDQW	Gloria	Brunsbüttel	80,3	28,33	
LDRB	Donau	Glückstadt	92.1	32,81	
LDRC	Gretha	Haseldorf	61,0	21,84	
LDRG	Elbe	Basbeck·	84,3	29,73	
LDRH	Lorenz	Blankenese	357,0	128,03	
LDRM	Esperance	Blankenese	854,3	125,04	
LDRQ	Maria	Tönning	99,4	85,00	
LDRS	Dora	Uetersen	69,4	24,81	
LDRV	Veritas	Blankenese	284,8	100,43	
LDSB	Helios	Blankenese	585,4	208,03	
LDSG	J. H. Jessen . . .	Blankenese	858,3	802,34	
LDSN	Margaretha	Blankenese	440,7	158,74	
LDSP	Peter.	Blankenese	885,3	130,61	
LDST	Eunomia	Elmshorn	420,8	148,39	
LDTB	Dora	Wedel, Kreis Pinneberg	75,3	28,83	
LDTC	Ida	Stralsund	858,4	124,61	
LDTH	Paul	Hamburg	872,5	807,79	
LDTM	Avance	Blankenese	556,7	198,83	
LDTP	Elise	Wedel, Kreis Pinneberg	112,0	80,84	
LDTQ	Iduna	Blankenese	472,7	166,37	
LDTR	Flora	Elmshorn	. . .	125,5*	
LDTS	Adonis	Blankenese	520.4	188,70	
LDVB	Alwine	Altona	77,3	27,39	
LDVC	Aurora	Ostedeich, Amts Osten	98,8	84,37	
LDVF	Solid	Blankenese	544,1	192,06	
LDVQ	Tiger.	Blankenese	561,8	198,31	
LDVR	Zodiacus	Blankenese	75,8	26,30	
LDVS	Emanuel	Elmshorn	66,4	28,30	

* Lasten zu 5200 ℔.

LDVT — LFHD

Unterscheidungs-Signale.	Namen der Schiffe.	Heimathshafen	Kubik-meter Netto-Raumgehalt.	Register-Tons	Pferde-kräfte.
LDVT	Paradies	Elmshorn	68,6	24,22	
LDVW	Margaretha Elsabe .	Blankenese	77,4	27,32	
LDWC	Elbe	Hamburg	116,6	41,12	
LDWG	Frau Anna . . .	Uetersen	64,6	22,96	
LDWM	Hinrich	Elmshorn	81,3	28,63	
LDWN	König Wilhelm I. .	Blankenese	640,9	229,20	
LDWP	Maria.	Blankenese	541,7	191,22	
LDWQ	Rogate	Elmshorn	125,4	44,22	
LDWS	Hans	Blankenese	646,6	228,72	
LFBC	Union	Wedel, Kreis Pinneberg	97,8	84,62	
LFBG	Johannes	Haseldorf . . .	191,4	46,99	
LFBH	Flora.	Altona	519,5	183,31	
LFBK	Albatros	Hamburg	612,4	216,16	
LFBM	Amor	Nenenfelde, Amts Jork	75,9	26,79	
LFBR	Catrina	Cranz, Amts Jork . .	813,4	110,62	
LFBT	Neptun	Altona	1229,9	434,16	
LFCB	Ernst Dreyer . .	Blankenese	642,3	226,90	
LFCG	Formosa	Altona . . .	797,4	281,62	
LFCM	Margaretha . . .	Elmshorn	134,4	47,46	
LFCP	Arche	Blankenese	177,6	62,90	
LFCQ	Alfred	Blankenese	643,8	227,22	
LFCR	Alwine	Blankenese	592,6	209,77	
LFCS	Ellee	Glückstadt . . .	279,7	98,73	
LFCW	Magretha	Blankenese	280,7	99,00	
LFDB	Primus	Blankenese	540,8	190,73	
LFDH	Fides.	Blankenese	689,3	243,20	
LFDJ	Helios	Stralsund	2416,6	853,10	
LFDK	Auguste	Rostock	848,8	299,22	
LFDN	Johannes	Oberndorf, Amts Neuhaus a. d. Oste . . .	96,6	84,00	
LFDQ	Johannes	Hamburg	97,6	34,51	
LFDR	Perle	Blankenese	419,6	148,11	
LFDS	Europa	Altona	597,9	211,06	
LFDT	Erndte	Haseldorf	127,9	45,16	
LFDV	Valparaiso . . .	Altona	1375,9	485,29	
LFDW	Penguin	Blankenese	605,8	213,61	
LFGD	Elisabeth	Boekseteler Fehn	328,6	115,94	
LFGH	Erndte	Drochtersen. . .	73,1	25,52	
LFGJ	Elise	Spitzerdorf, Kreis Pinneberg . . .	140,9	49,74	
LFGK	Nicolai	Blankenese	818,1	288,70	
LFGM	Meta	Blankenese	637,1	225,11	
LFGN	Emanuel	Haseldorf	139,3	49,16	
LFGP	Helene	Elmshorn	141,3	49,34	
LFGR	Eckhorst	Hamburg . . .	174,1	61,64	
LFGS	Maria	Schulau	81,3	29,66	
LFGT	Neptun	Assel	82,1	28,98	
LFGW	Delphin	Blankenese	674,1	237,96	
LFHD	Walter Siegfried .	Altona	1181,6	416,79	

LFHG — LFMW					
Unter-scheidungs-Signale.	Namen der Schiffe.		Heimathshafen	Kubik-meter Netto-Raumgehalt.	Register-Tons	Pferde-kräfte.
LFHG	Elbe	Blankenese	682,3	240,45	
LFHM	Chang An	Altona	. . .	ca.62*	
LFHN	Blitz	Blankenese	542,4	191,43	
LFHP	Pellkan	Hamburg	930,3	328,39	
LFHQ	Brigitta	Blankenese	720,5	254,34	
LFHR	Presto	Teufelsbrücke	84,7	29,91	
LFHT	Johann Heinrich	Altona	1397,3	493,33	
LFHV	Metta Margretha	Barnkrug	83,7	29,63	
LFHW	Catharina	Elmshorn	143,7	50,74	
LFJD	Germania	Schulau	77.4	27,33	
LFJG	Astrea	Blankenese	626.3	221,79	
LFJH	Themis	Altona	691,3	244,02	
LFJK	Frau Cecilla	Elmshorn	. . .	10*	
LFJN	Frau Anna Magda-lena	Klostersande	63,6	22,48	
LFJP	Claudine	Blankenese	681,4	240,44	
LFJQ	Strassburg	Altona	1205,6	425,37	
LFJS	Blankenese	Blankenese	730,3	257,79	
LFJT	Immanuel	Haseldorf	148,4	52,53	
LFJV	Oriental	Blankenese	605.1	213,69	
LFJW	Holstein	Blankenese	795,6	280,78	
LFKB	Möwe	Elmshorn	700,8	247,35	
LFKC	†Altona	Hamburg	ca.9341	ca.1179	260
LFKD	Activ	Blankenese	753,4	266,00	
LFKG	Caroline	Wedel, Kreis Pinneberg	66,8	23,59	
LFKH	Die junge Margaretha	Altona	63,9	22,44	
LFKJ	Albis	Blankenese	679,4	239,73	
LFKN	Golconda	Blankenese	816,3	288,16	
LFKP	Aurora	Spitzerdorf, Kreis Pinneberg	142,4	50,77	
LFKQ	Argillis	Stelnkirchen, Amts Jork	49,6	17,51	
LFKS	Margaretha Caecille	Altona	85,1	30,14	
LFKT	Zobrab	Hamburg	1230,0	434,39	
LFKV	Johannes	Beidenfleth, Kreis Steinborg	61,4	21,78	
LFKW	Apoll	Blankenese	867,3	306,34	
LFMB	Flora	Blankenese	1097.3	387,33	
LFMC	Bodild	Altona	1500,0	504,41	
LFMD	Iwar	Karolinensiel	326,1	115,11	
LFMH	Bertha	Elmshorn	68,3	23,41	
LFMJ	Nautik	Blankenese	915.1	323,02	
LFMK	Immanuel	Haseldorf	54,4	19,33	
LFMN	Anna Hauswedell	Blankenese	1025.3	362,00	
LFMP	Maria	Elmshorn	48.9	17,38	
LFMQ	Diana	Uetersen	57,4	20,48	
LFMR	Ventilla	Blankenese	860,3	303,90	
LFMS	Catharloe	Uetersen	55,3	19,48	
LFMV	Hellos	Schulau	51,4	18,01	
LFMW	Frau Anna	Schulau	62,3	18,46	

* Lasten zu 5200 ℔.

LFNB — LFRG

Unterscheidungs-Signale.	Namen der Schiffe.	Heimathshafen	Kubik-meter Netto-Raumgehalt.	Register-Tons	Pferde-kräfte.
LFNB	Hoffnung	Elmshorn	74,1	26,16	
LFNC	Johannes	Blankenese	73,1	26,02	
LFND	Gloria	Elmshorn	83,8	29,41	
LFNG	Maria	Blankenese	912,3	322,04	
LFNH	Die Elbe	Uetersen	53,7	18,88	
LFNJ	Margaretha	Haseldorf	163,8	67,02	
LFNK	Anna	Elmshorn	886,1	312,79	
LFNM	Agathe	Mühlenberg, Kreis Pinneberg	141,3	49,85	
LFNP	Fortuna	Uetersen	54,4	19,71	
LFNQ	Bonita	Blankenese	960,0	341,00	
LFNR	Mohll	Blankenese	998,7	352,44	
LFNS	Conrad Hinrich	Altona	1773,6	625,84	
LFNT	Catharina	Elmshorn	156,6	55,35	
LFNV	Anna	Elmshorn	160,1	58,84	
LFNW	Galant	Blankenese	1000,4	853,14	
LFPB	H. Bremer	Blankenese	939,4	831,61	
LFPC	Meta Breckwoldt	Blankenese	986,8	848,24	
LFPD	Christina Maria	Elmshorn	53,8	18,82	
LFPG	Rebecca	Uetersen	53,4	18,84	
LFPH	Gloria	Klostersande	77,0	27,18	
LFPJ	Martha	Haseldorf	67,0	23,45	
LFPK	Cato	Blankenese	453,9	160,22	
LFPM	Albinga	Uetersen	47,3	16,77	
LFPN	Martin	Schulau	63,8	22,43	
LFPQ	Gazelle	Blankenese	1025,1	861,94	
LFPR	Balthasar	Altona	779,8	275,88	
LFPS	Margretha	Haseldorf	146,1	51,57	
LFPT	Niagara	Altona	1959,3	691,40	
LFPV	Amazone	Schulau	97,0	34,24	
LFPW	Heinrich	Schulau	183,0	64,40	
LFQB	Amor	Blankenese	889,3	318,88	
LFQC	Nicolline	Blankenese	937,4	380,80	
LFQD	Perle	Wedel, Kreis Pinneberg	55,4	19,53	
LFQG	Hindo	Altona	—	185,10	
LFQH	Shantung	Altona	—	93,00	
LFQJ	Presto	Elmshorn	107,7	38,02	
LFQM	Marx	Elmshorn	201,9	71,71	
LFQN	Okela	Altona	1950,4	688,48	
LFQP	Rebecca	Uetersen	54,6	19,23	
LFQR	Neptun	Blankenese	1098,3	386,08	
LFQS	Anna Wichhorst	Blankenese	1090,1	884,81	
LFQT	Island	Elmshorn	207,4	73,29	
LFQV	Brilhante	Blankenese	659,1	232,61	
LFQW	Uranus	Haseldorf	57,3	20,30	
LFRB	Dagmar	Altona	ca. 671	ca. 237	
LFRC	Emilia	Altona	ca. 508	ca. 178	
LFRD					
LFRG					

LFRH — LHFP

Unter-scheidungs-Signale.	Namen der Schiffe.	Heimathshafen	Kubik-meter Netto-Raumgehalt.	Register-Tons	Pferde-kräfte.
LFRII					
LFRJ					
LFRK					
LFRM					
LFRN					
LFRP					
LFRQ					
LFRS					
LFRT					
LIIBD	Thetis	Bielenberg	95,3	83,89	
LIIBF	Max	Hamburg	130,1	45,91	
LIIBG	Der kleine Heinrich	Glückstadt	698,5	246,87	
LIIBJ	Jungfran Lucia	Glückstadt	529,1	186,91	
LIIBM	Ernst	Rendsburg	297,9	83,93	
LIIBP	Mary	Tönning	359,7	126,97	
LIIBQ	Alice	Rendsburg	122,8	43,19	
LHBS	Ernts	Pahlhude	84,3	29,48	
LIIBV	Nicolaus Heinrich	Wewelsfleth	117,4	41,46	
LHBW	Catrina	Wewelsfleth	113,4	40,09	
LHCD	Nicolaus	Rendsburg	371,1	131,91	
LIICF	Johanna	Rendsburg	254,9	89,48	
LHCK	Helene	Arnis	142,1	50,31	
LHCM	Anna	Pahlhude	106,6	37,31	
LHCN	Themis	Pahlhude	120,3	42,41	
LHCP	Gloria	Delve	86,9	30,67	
LHCR	Nymphe	Pahlhude	124,9	44,99	
LHCS	Frau Anna	Rendsburg	70,9	24,73	
LHCT	Thea	Rendsburg	106,9	37,74	
LIICV	Christine	Labö	112,3	39,91	
LHCW	Christina	Delve	113,6	40,19	
LHDB	Dorothea	Delve	95,9	33,69	
LHDF	Johannes	Krautsand	109,3	38,64	
LHDJ	Die gute Hoffnung	Pahlhude	86,9	30,66	
LHDM	Margaretha	Friedrichstadt		cu.26*	
LHDN	Marie	Rendsburg	104,9	37,64	
LIIDP	Ora et labora	Delve	145,4	61,33	
LHDR	Die Blume	Rendsburg	96,9	34,31	
LHDS	Frau Elsabe	Rendsburg	82,6	29,17	
LHDT	Die Eider	Bretholz	83,3	29,41	
LHDV	Die Rose	Thielen	83,6	29,30	
LHDW	Margaretha	Rendsburg	77,4	27,33	
LHFB	Catharina	Pahlhude	64,3	22,54	
LHFC	Maria	Pahlhude	98,3	34,46	
LHFG	Anna Sophia	Rendsburg	82,4	29,80	
LHFJ	Margaretha	Rendsburg	123,4	43,51	
LHFK	Anna Margaretha	Heiligenhafen	71,9	25,34	
LHFM	Christine	Delve	95,7	33,71	
LHFN	Johanne	Neuenfelde, Amts Jork	89,9	31,30	
LHFP	Frau Anna	Wrohm	65,9	22,99	

* Lasten zu 5200 ℔.

LHFQ — LHND

Unterscheidungs-Signale.	Namen der Schiffe.	Heimathshafen der Schiffe.	Kubik-meter Netto-Raumgehalt.	Register-Tons Netto-Raumgehalt.	Pferde-kräfte.
LHFQ	Die Liebe	Pahlhude	88,0	81,05	
LHFR	Elder	Prinzenmoor a. d. Eider	73,2	25,84	
LHFS	Johanna	Altona	243,6	85,35	
LHFT	Ernte	Rendsburg	109,6	38,45	
LHFV	Beauté	Breiholz	109,9	38,39	
LHFW	Veronica	Rendsburg	118,6	41,51	
LHGB	Die Hoffnung . . .	Kiel	71,4	25,20	
LHGD	Collmar	Neuenfelde, Amts Jork	630,4	222,55	
LHGF	Magdalena	Delve	114,6	40,48	
LHGJ	Die Einigkeit . . .	Kollmar, Kreis Steinburg	76,8	26,71	
LHGK	Libelle	Baabeck	113,1	39,93	
LHGM	Thetis	Rendsburg	340.6	120,39	
LHGN	Ludwig	Rendsburg	430,6	152,86	
LHGP	Apollo	Rendsburg	141,6	50,09	
LHGV	Der junge Hinrich .	Glückstadt	. . .	6,1*	
LHGW	Julius	Brunsbüttel	104,9	37,63	
LHJC	Arche	Elmshorn	143,4	50,89	
LHJD	Die zwei Gebrüder .	Kollmar, Kreis Steinburg	92,1	32,72	
LHJG	Edel	Geversdorf	92,9	32,47	
LHJK	Ernte	Kollmar, Kreis Steinburg	99,1	35,15	
LHJM	Anna Emilie . . .	Kollmar, Kreis Steinburg	88,0	29,63	
LHJR	Christina	Altona	72,5	25,10	
LHJS	Die Frau Catharina	Insel Pellworm . .	. . .	10,60*	
LHJT	Margaretha	Pahlhude	84,2	29,71	
LHJW	Kleinod	Delve	89,0	31,73	
LHKC	Pellwormer Packet .	Estebrügge	67,3	23,71	
LHKF	Emil & Helene . .	Itzehoe	. . .	9,5*	
LHKJ	Bertha	Hamburg	593,2	209,40	
LHKN	Blume	Rendsburg	94,6	33,15	
LHKQ	Fortuna	Büsum	62,9	22,31	
LHKS	Comet	Borgwedel a. d. Schlei	87,4	30,53	
LHKT	Helene	Rendsburg	79,0	27,83	
LHKV	Iris	Rendsburg	80,7	28,48	
LHKW	Olympia	Rendsburg	94,0	33,15	
LHMB	Wiederkunft	Pahlhude	67,7	23,90	
LHMD	Marie	Rendsburg	135,7	47,99	
LHMF	Amanda	Rendsburg	197,7	69,79	
LHMJ	†Pilot	Rendsburg	45,4	16,62	40
LHMK	Die Hoffnung . . .	Oberndorf, Amts Neuhaus a. d. Orte . .	81,1	28,63	
LHMN	Bellona	Büsum	71,6	25,36	
LHMP	Ora et labora . . .	Büsum	50,1	17,72	
LHMQ	Christina Helene .	Friedrichstadt . . .	94,9	33,30	
LHMS	Anna Margaretha .	Rendsburg	69,5	24,54	
LHMV	Neptun	Wöhrdener Hafen .	82,9	29,16	
LHMW	Beauté	Delve	90,4	31,98	
LHNB	Catharina	St. Margarethen . .	68,1	22,93	
LHNC	Anna Maria	Rendsburg	81,6	28,77	
LHND	Elsabe	Rendsburg	94,6	33,15	

* Lasten zu 6200 ℔.

LHNG — LHSC

Unter-scheidungs-Signale.	Namen der Schiffe.	Heimathshafen	Kubikmeter Netto-Raumgehalt.	Register-Tons	Pferde-kräfte.
LHNG	Magdalena	Neufeld, Kreis Süder-dithmarschen . . .	62,4	22,00	
LHNM	Erndte	Neufeld, Kreis Süder-dithmarschen . . .	31,5	11,12	
LHNP	Perle	Neufeld, Kreis Süder-dithmarschen . . .	55,3	19,12	
LHNR	Wilhelmine Maria .	Neufeld, Kreis Süder-dithmarschen . . .	35,6	12,48	
LHPB	Roslanna	Neufeld, Kreis Süder-dithmarschen . . .	55,0	19,41	
LHPD	Die Hoffnung . . .	Büsum	61,9	21,70	
LHPF	Margaretha Magda-lena	Büsum	53,0	18,70	
LHPJ	Harry	Rendsburg	211,5	74,66	
LHPK	Ennomie	Rendsburg	155,6	54,92	
LHPN	Frau Margaretha .	Lübeck	85,3	30,11	
LHPQ	Ditmarsia	Borg, Kreis Süderdith-marschen	. . .	6,21*	
LHPV	Emanuel	Borg, Kreis Süderdith-marschen	. . .	4,70*	
LHPW	Margretha . . .	Büsum	49,1	17,44	
LHQC	Rosianna	Büsum	. . .	2,73*	
LHQG	Zufriedenheit . .	Büsum	64,5	22,71	
LHQJ	Catharina	Rendsburg	161,4	56,96	
LHQN	Catharina	Glückstadt	75,5	26,83	
LHQP	Anna	Delve	71,0	25,06	
LHQR	Anna Maria . . .	Rendsburg	94,7	33,47	
LHQS	Die Gebrüder . . .	Vorwerk bei Rends-burg	88,1	31,11	
LHQV	Marie	Rendsburg	86,1	30,89	
LHQW	Amanda	Brelholz	85,9	30,22	
LHRB	Dorothea	Brelholz	97,3	34,31	
LHRD	Maria	Lunden	145,9	51,47	
LHRF	Anna	Rendsburg	51,1	18,04	
LHRG	Irene	Tielenhemme, Kreis Norderdithmarschen .	94,9	33,40	
LHRJ	Neptun	Rendsburg	118,3	39,90	
LHRK	Maria	Rendsburg	36,9	12,51	
LHRM	Helene	Wewelsfleth . . .	76,6	27,06	
LHRN	Christine	Pahlen	69,9	24,63	
LHRP	Sophia . . . . _ .	Nübbel a. d. Elder . .	189,9	66,83	
LHRQ	Bertha	Rendsburg	188,9	66,54	
LHRS	†Ditmarsia II. . .	Kappeln a. d. Schlei .	250,7	88,54	60**
LHRT	Catharina	Brunsbüttelerhafen .	51,6	18,28	
LHRV	Margaretha . . .	Altona	75,3	26,59	
LHRW	Die zwei Gebrüder	Rendsburg	75,7	26,72	
LHSB	Margaretha	Frederik VII. Koog, Kreis Süderdithmarschen	57,4	20,33	
LHSC	Anna	Delve	66,9	23,71	

* Lasten zu 6200 ℔.   ** Nominelle Pferdekräfte.

LHSD — LHWB

Unterscheidungs-Signale.	Namen der Schiffe.	Heimathshafen	Kubik-meter Netto-Raumgehalt.	Register-Tons	Pferde-kräfte.
LHSD	Catharina	Itzehoe	48,2	17,00	
LHSF	Catharina	Pahlbude	77,2	27,29	
LHSG	Gloria	Neufeld, Kreis Süderdithmarschen	53,0	18,71	
LHSJ	Erndte	Rendsburg	77,9	27,40	
LHSK	Die Blume	Delve	69,9	21,86	
LHSM	Anna	Hamdorf, Kreis Eckernförde	89,7	31,86	
LHSN	Theodora	Rendsburg	90,3	31,87	
LHSP	Thomas	Rendsburg	211,8	74,70	
LHSQ	Sirena	Delve	176,5	62,91	
LHSR	Anna Catharina	Prinzenmoor a. d. Eider	85,6	30,23	
LHST	Emma Catharina	Rendsburg	97,8	34,43	
LHSV	Alwine	Rendsburg	99,1	34,98	
LHSW	Minna	Meldorf	—	105,00	
LHTB	Preciosa	Burg, Kreis Süderdithmarschen	50,7	17,89	
LHTC	Therese	Büsum	69,3	24,48	
LHTD	Der junge Wilhelm	Frederik VII. Koog, Kreis Süderdithmarschen	54,7	19,81	
LHTF	Hinrich	Wittenbergen a. d. Eider	207,3	73,17	
LHTJ	Die Liebe	Prinzenmoor a. d. Eider	90,4	31,90	
LHTK	Erndte	Rendsburg	178,6	63,11	
LHTN	Adolph	Rendsburg	217,5	76,77	
LHTP	Else	Neufeld, Kreis Süderdithmarschen	62,4	22,08	
LHTQ	Erndte	Neufeld, Kreis Süderdithmarschen	57,9	20,44	
LHTR	Heimath	Rendsburg	96,6	34,07	
LHTS	Antjena	Kollmar, Kreis Steinburg	160,6	56,44	
LHTV	Agatha	Rendsburg	195,7	69,07	
LHTW	Gezinea	Rendsburg	187,9	66,33	
LHVB	Dora	Rendsburg	99,0	84,96	
LHVC	Catharina	Rendsburg	86,9	30,46	
LHVD	Catharina	Breiholz	67,4	23,86	
LHVF	Catharina	Rendsburg	77,6	27,39	
LHVG	Arche	Büsum	59,1	20,93	
LHVJ	Elche	Rendsburg	94,8	33,36	
LHVK	Alagonda	Prinzenmoor a. d. Eider	74,6	26,34	
LHVM	Germania	Rendsburg	89,1	81,60	
LHVN	Odin	Rendsburg	166,7	58,44	
LHVP	Margaretha	Christiansholm, Kreis Rendsburg	80,6	28,11	
LHVQ	Catharina	Rendsburg	96,9	34,30	
LHVR	Theils	Rendsburg	78,5	27,71	
LHVS	Clio	Rendsburg	89,8	31,44	
LHVT	Anna Maria	Rendsburg	72,3	25,48	
LHVW	Activ	Rendsburg	108,6	38,43	
LHWB	Rose	Pahlbude	92,1	32,51	

LHWC — LJHD

Unter-scheidungs-Signale.	Namen der Schiffe.	Heimathshafen	Kubik-meter Netto-Raumgehalt.	Register-Tons	Pferde-kräfte.
LHWC	Eva	Rendsburg	63,6	22,0	
LHWD	Drei Geschwister	Hedewigenkoog, Kreis Norderdithmarschen	58,3	20,05	
LHWF	Fortuna	Rendsborg	74,0	26,11	
LHWG	Georg	Wewelsfleth	94,1	83,41	
LHWJ	Ernte	Rendsburg	75,4	26,63	
LHWK	Catharina	Pahlhude	65,5	23,32	
LHWM	Wilhelm	Rendsburg	145,1	51,89	
LHWN	Dora	Pahlhude	126,1	44,44	
LHWP	Rosina	Breiholz	65,1	22,96	
LHWQ	Frau Margaretha	Rendsburg	66,1	28,23	
LHWR	Lena	Rendsburg	57,1	20,16	
LHWS	Margaretha	Breibols	62,4	22,09	
LHWT	Minna	Pahlhude	99,3	36,68	
LHWV	Glaube	Kollmar, Kreis Steinburg	83,6	29,49	
LJBC	Otto	Apenrade		118°	
LJBH	Peter	Apenrade		123°	
LJBN	21ster März	Hoyer	111,4	39,30	
LJBQ	Die Frau Engeline	Insel Amrum		5,8"	
LJBR	Friede	Steenodde auf Amrum		5,71"	
LJCF	Therese	Wyk auf Föhr	58,2	20,16	
LJCG	Justice	Wyk auf Föhr		5°	
LJCN	Die gute Erwartung	Wyk auf Föhr	152,5	53,93	
LJCQ	Emanuel	Wyk auf Föhr		6°	
LJCS	Emanuel	Flensburg	206,3	72,44	
LJCW	Christine Sophie	Aarösund	59,3	20,96	
LJDC	Carl Wilhelm	Flensburg		159,61°°	
LJDF	Elise	Wyk auf Föhr		5,71"	
LJDH	Aurora	Wyk auf Föhr	87,6	30,93	
LJDR	Martha Catharina	Wyk auf Föhr		4°	
LJDS	Die zwei Schwestern	Kraisand	54,3	19,26	
LJFC	Union	Flensburg	309,7	109,59	
LJFG	August Friedrich	Apenrade		191°	
LJFH	Rebecca	Apenrade		212°	
LJFK	Christian	Flensburg	253,6	89,43	
LJFN	Anna	Munkmarsch	20,7	7,31	
LJFS	Sophie Lucie	Ekensund	631,1	222,18	
LJFT	Cigoth	Gravenstein	121,3	42,81	
LJFV	Havfraen	Holnis	62,7	24,33	
LJFW	Die Hoffnung	Ekensund	64,2	22,71	
LJGD	Margaretha	Maasholm	24,6	8,59	
LJGF	Fortuna	Maasholm	33,9	11,71	
LJGH	Einigkeit	Maasholm	32,3	11,49	
LJGQ	Helene	Maasholm		8,5°	
LJGR	Sara Johanna	Apenrade	169,1	59,70	
LJHH	Frau Caroline	Insel Amrum		5°	
LJHD	Carl	Sonderburg		115,3°	

* Lasten zu 5200 W.   ** Lasten zu 4000 W.

LJHF — LJRN

Unter-scheidungs-Signale.	Namen der Schiffe.	Heimathshafen	Kubik-meter Netto-Raumgehalt.	Register-Tons	Pferde-kräfte.
LJHF	Union	Maasholm	51,5	18,10	
LJHG	Anna Cathrina . .	Insel Amrum . . .	. . .	2,75*	
LJHP	Thorhild	Sonderborg . . .	. . .	103,5**	
LJHT	Hortensia	Maasholm	26,8	9,29	
LJHW	Therese	Insel Amrum . . .	42,1	14,04	
LJKB	Ceres	Maasholm	24,7	8,79	
LJKD	Caroline Heymann .	Wyk auf Föhr . . .	341,7	120,61	
LJKF	Einigkeit	Maasholm	22,3	7,65	
LJKH	Christina Dorothea .	Maasholm	44,3	15,50	
LJKM	Helene	Nebel auf Amrum . .	11,8	4,90	
LJKQ	Catharina	Ekensund	42,9	15,15	
LJKR	Sirene	Apenrade	29,1	10,71	
LJKS	Johanna	Maasholm	32,0	11,39	
LJKT	Alphea	Ekensund	490,9	173,29	
LJKV	Die drei Geschwister	Maasholm	. . .	4,70*	
LJMB	Henriette	Maasholm	. . .	7,6*	
LJMC	Allianz	Hadersleben . . .	605,6	234,82	
LJMD	Magdalena Dorothea	Maasholm	. .	3,75*	
LJMH	Anna Christina . .	Gjenner bei Apenrade	27,1	9,61	
LJMK	Charlotte Maria . .	Maasholm	23,8	8,11	
LJMN	Christina Sophia .	Steinberghaff . . .	. . .	2,75*	
LJMP	Göntje	Insel Amrum . . .	. . .	2"	
LJMQ	Diana	Insel Amrum . . .	. . .	5.21"	
LJMS	Anna Christiana . .	Insel Amrum . . .	. . .	4"	
LJMT	Androklos	Apenrade	1134,3	400,61	
LJMV	Christian	Insel Oland . . .	47,6	16,90	
LJMW	Maria	Maasholm	36,4	12,63	
LJNC	Die junge Christina	Insel Amrum . . .	. . .	4,5*	
LJND	Luna	Wyk auf Föhr . . .	77,6	27,39	
LJNG	Maria Dorothea . .	Maasholm	. . .	1,75*	
LJNH	Aurora	Wyk auf Föhr . . .	. . .	4"	
LJNK	Cecilie Margarethe .	Ekensund	67,9	23,65	
LJNM	Najaden	Ekensund	773,9	273,19	
LJNP	†Neumühlen . . .	Kiel	51,9	18,62	12
LJNS	Emanuel	Insel Sylt	. . .	3,73*	
LJNW	No. 11.	Wyk auf Föhr . . .	. . .	2,1*	
LJPB	Maria	Ekensund	52,3	18,43	
LJPD	Margaretha	Steinberghaff . . .	. . .	2,29*	
LJPH	Hotspor	Insel Amrum . . .	. . .	4,70*	
LJPK	Christina	Steinberghaff . . .	13,6	4,80	
LJPN	Mathilde	Hamburg	922,0	325,47	
LJPR	Christine	Hamburg	523,5	184.60	
LJQH	Enrique	Hamburg	586,0	207,16	
LJQP	August	Apenrade	841,9	296,81	
LJQS	†Heinrich Adolph .	Flensburg . . .	88,3	31,17	15***
LJQW	†Seeadler	Flensburg . . .	66,3	23,41	18***
LJRC	†Seemöve	Ellerbeck bei Kiel .	62,1	22,14	8
LJRK	Caroline	Apenrade	. . .	140*	
LJRN	Catharina Maria . .	Insel Aarö	113,1	39,84	

* Lasten zu 6200 ℔. ** Lasten zu 4000 ℔. *** Nominelle Pferdekräfte.

LJRP — LKCH

Unter-scheidungs-Signale.	Namen der Schiffe.	Heimathshafen der Schiffe.	Kubik-meter Netto-Raumgehalt.	Register-Tons	Pferde-kräfte.
LJRP	Caroline Maria	Haseldorf	88.a	81,es	
LJRT	Die Stadt Tondern	Wyk auf Föhr	53.4	18,os	
LJRV	Hector	Rottebüll	. . .	4,m*	
LJSC	†Sylt	Insel Sylt	02.1	21,91	30
LJSD	Theodor	Wyk auf Föhr	162.9	57,s1	
LJSF	Christine & Dore	Hoyer	61.4	21,m	
LJSG	Christian	Blankenese	801,o	282,7o	
LJSK	Anna	Apenrade	. .	169*	
LJSN	Maren Johanne	Flensburg	81.4	28,91	
LJSR	Margot	Apenrade	. . .	102,1*	
LJSV	Anna Margaretha	Hadersleben	42.a	15.64	
LJTB	Idae Kirstine	Hadersleben	31.a	11,m	
LJTD	Peter	Apenrade	1141.s	403,m	
LJTF	†Prima	Flensburg	1141,s	402,so	80**
LJTG	Anna Magdalena	Flensburg	92.1	32,m	
LJTH	Elisabeth	Flensburg	116.9	41,m	
LJTP	Johanne Christine	Hadersleben	109.s	38,s4	
LJTW	Einigkeit	Maasholm	271,a	95,ss	
LJVD	Chloris	Sonderburg	947,s	334,sr	
LJVG	Ceres	Flensburg	. .	5,m*	
LJVH	†Secunda	Flensburg	1418.1	500,sa	90
LJVK	Anna Dorothea	Apenrade	. . .	178*	
LJVP	Christine Marie	Keitum auf Sylt	. .	8*	
LJVQ	Maria Omina	Keitum auf Sylt	19,s	6,rr	
LJVS	Jens & Maria	Keitum auf Sylt	. .	4,1*	
LJVT	Jette Christine	Insel Amrum	38,1	18,is	
LJVW	Cathrina	Insel Sylt	41,s	14,as	
LJWB	Sophie Dorothea	Keitum auf Sylt	. .	4*	
LJWC	Marie	Insel Sylt	. .	2,s*	
LJWD	Wilhelm Carl	Keitum auf Sylt	. .	3*	
LJWF	Maria Catharina	Hoyer	120,4	42.m	
LJWG	Anna Catharina	Keitum auf Sylt	. .	2,ts*	
LJWH	Die Freiheit	Keitum auf Sylt	. .	8*	
LJWK	Die Hoffnung	Sonderburg	67,s	23,7s	
LJWM	Bergitta	Sonderburg	54,1	19,s1	
LJWN	Friederike Amalie	Insel Sylt	87,4	13,7o	
LJWR	Anna Maria	Insel Sylt	44,o	15,ss	
LJWT	Flensburg	Flensburg	89,s	31,ss	
LKBD	Ingeburg	Apenrade	. .	197*	
LKBM	Anna Maria	Flensburg	36,1	12,74	
LKBN	Anna Maria	Flensburg	29,s	10,s1	
LKBP	Caroline	Flensburg	26,7	9,es	
LKBS	Diedrich	Flensburg	47,s	16,s1	
LKBW	Maria Christina	Gjenner bei Apenrade	. .	4,ss*	
LKCB	Maagen	Gjennerbucht bei Apenrade	25,4	8,so	
LKCG	Anna Maria	Lollt bei Apenrade	21,s	7,7o	
LKCH	Christina	Gjenner bei Apenrade	24,o	8,ss	

* Lasten zu 5200 ℔.   ** Nominelle Pferdekräfte.

LKCM — LKHC

Unterscheidungs-Signale.	Namen der Schiffe.	Heimathshafen.	Kubikmeter Netto-Raumgehalt.	Register-Tons	Pferdekräfte.
LKCM	Pröven	Gjennerbucht bei Apenrade		5ª	
LKCN	Maria Lucia	Sonderburg		8,13ª	
LKCP	Fisken	Lolt bei Apenrade	30,0	13,71	
LKCQ	De tvende Brödre	Gjenner bei Apenrade		7,72ª	
LKCS	Emanuel	Gjennerbucht bei Apenrade	27,0	9,81	
LKCT	Louise	Gjennerbucht bei Apenrade		3,16ª	
LKCV	Anna Maria	Augustenburg		8ª	
LKCW	Bellevue	Ekensand	30,7	10,63	
LKDB	Haabet	Flensburg	74,1	26,17	
LKDC	Johanne Margarethe	Gjennerbucht bei Apenrade	39,8	13,81	
LKDF	†Fortuna	Flensburg	473,9	187.29	50**
LKDG	Caravane	Gjenner bei Apenrade		4ª	
LKDJ	Den gode Lykke	Sandacker bei Ekensund		4,35ª	
LKDM	Catharine Maria	Alnoor bei Gravenstein	86,6	12,91	
LKDN	Botilla Maria	Apenrade	85,0	12,23	
LKDP	Die fünf Schwestern	Alnoor bei Gravenstein	42,1	14,66	
LKDQ	Anna Catharina	Haderleben	49,0	17,32	
LKDW	Die zwei Gebrüder	Hadersleben	42,6	15,11	
LKFC	Landwirthschaft	Ekensund		2,5ª	
LKFD	Magdalena	Maasholm	19,7	6,96	
LKFG	Helene Cecilia	Sonderburg		6,76ª	
LKFH	Dannevllle	Sonderburg	56,1	19,81	
LKFJ	Tre Venner	Aarösund	70,1	24,76	
LKFM	Emanuel	Hadersleben	42,3	14.92	
LKFN	Emanoel	Hellewinde	41,7	14,73	
LKFP	Elisabeth	Sonderburg		7,5ª	
LKFS	Metta Elisabeth	Norburg	24,4	8,61	
LKFT	Aurora	Sonderburg	70,4	24,65	
LKFV	Anna	Norborg		5,4ª	
LKFW	Cecilie Marie	Ekensund	32.1	11,23	
LKGB	Johanna	Apenrade	14,6	5,03	
LKGC	Maria Lucia	Wismar	28,3	9,96	
LKGD	Eben Ezer	Sonderburg	40,6	14,60	
LKGH	De fem Söskende	Insel Aarö	45.7	16,18	
LKGM	Margrethe	Orbyhage	38,2	11,72	
LKGN	Californien	Aarösund	71,7	25,31	
LKGP	Anna Margaretha Sophia	Orbyhage	82.5	11,47	
LKGQ	Pröven	Apenrade	28.0	8,12	
LKGT	Anna Maria	Ekensund		2,5ª	
LKGV	Anna Margaretha	Gjenner bei Apenrade	18,6	6,47	
LKGW	Christine Maria	Ekensund		6ª	
LKHB	Carl Ladwig	Flensburg		119,4ª	
LKHC	Catrine Marie	Orbyhage	46,7	16,63	

* Lasten zu 5200 ℔.   ** Nominelle Pferdekräfte.

LKHG — LKPH

Unter-scheidungs-Signale.	Namen der Schiffe.	Heimathshafen	Kubik-meter Netto-Raumgehalt.	Register-Tons	Pferde-kräfte.
LKHG	Frau Elsabe . . .	Südwesthörn . . .	. . .	7,13°	
LKHN	Catharina Maria . .	Maasholm	23,1	8,14	
LKHP	Tobias	Ekensund	16,9	5,97	
LKHQ	Söriferen	Ekensund	22,6	8,86	
LKHR	Aunette	Sonderburg	. . .	8,13°	
LKHS	Anna Catharina . .	Twedterholz . . .	11,6	3,88	
LKHT	†Tertia	Flensburg	2057,0	726,13	98
LKHV	Catharina	Insel Sylt	. . .	7,13°	
LKHW	Anna Dorothea . .	Flensburg	48,3	17,00	
LKJB	Die Hoffnung . . .	Hadersleben . . .	85,9	30,30	
LKJC	Friedrich	Apenrade	835,6	294,38	
LKJF	San Francisco . .	Aarösund	43,8	15,30	
LKJG	Delphinen	Norburg	. . .	7,13°	
LKJH	Gustav	Flensburg	. . .	121°	
LKJN	Maria	Gjenner bei Apenrade	. . .	4°	
LKJQ	Cecilie	Apenrade	. . .	137,1°°	
LKJR	Anna Margaretha .	Sonderburg	41,1	14,90	
LKJT	Lykkens Pröve . .	Sonderburg	59,4	20,97	
LKJW	Haabet	Sonderburg	. . .	7,13°	
LKMB	Providentia	Sonderburg	143,1	50,61	
LKMC	Emanuel	Apenrade	. . .	104°°	
LKMF	†Quarta	Flensburg	2287,1	807,34	110
LKMG	Minerva	Sonderburg	61,4	21,75	
LKMH	†Condor	Flensburg	160,8	56,86	58
LKMJ	De syv Brödre . .	Sonderburg	41,3	14,37	
LKMN	Africa	Sonderburg	. . .	8°	
LKMP	Maria Catharina . .	Hörnphaff	. . .	6,23°	
LKMQ	Juno	Sonderburg	754,3	266,30	
LKMR	China	Sonderburg	499,1	176,30	
LKMS	†Quinta	Flensburg	2565,3	905,61	120
LKMW	Reunberg	Ekensund	87,9	31,00	
LKNB	†Grille	Flensburg	104,4	36,60	50
LKND	Maria Dorothea . .	Hadersleben . . .	108,3	36,48	
LKNF	Hansine Marie . .	Hadersleben . . .	105,3	37,17	
LKNG	Johanna	Flensburg	136,9	48,53	
LKNJ	Jacobine	Apenrade	1183,3	417,67	
LKNM	Lydia	Flensburg	611,9	215,90	
LKNP	†Skjold	Sonderburg	104,7	36,90	80
LKNQ	Anna Magdalena .	Hollnis	178,6	62,84	
LKNR	Ernst	Neustadt in Holstein	88,9	31,38	
LKNS	†Falke	Flensburg	89,1	31,48	25
LKNT	Hans Heinrich . .	Ekensund	88,3	31,13	
LKNV	Herrmann	Apenrade	1371,7	484,31	
LKNW	Benedicta	Apenrade	700,4	247,31	
LKPB	†Germania	Munkmarsch . . .	109,9	38,40	15
LKPC	Biene	Flensburg	116,4	41,30	
LKPD	Römö	Insel Röm	788,1	260,64	
LKPG	†Sexta	Flensburg	346,3	122,30	30
LKPH	Gustav	Apenrade	1859,4	656,31	

* Lasten zu 5200 ℔.   ** Tonnen zu 1000 Kilogramm.

LKPJ — LKSV

Unterscheidungs-Signale.	Namen der Schiffe.	Heimathshafen	Kubikmeter Netto-Raumgehalt.	Register-Tons	Pferdekräfte.
LKPJ	Kathinka	Renuberg	256,2	101,73	
LKPM	Amilhujo	Wyk auf Föhr	414,8	146,43	
LKPN	Minna	Flensburg	233,8	82,46	
LKPQ	Oberon	Sonderburg	1074,7	370,37	
LKPR	Pelho	Sonderburg	710,0	250,64	
LKPS	Centaur	Apenrade	1327,4	468,87	
LKPT	Margrethe	Apenrade	ca.1012	ca 357	
LKPV	Wodan	Apenrade	1245,8	439,77	
LKPW	Christine	Apenrade	1535,4	541,99	
LKQB	Taiwan	Souderburg	1057,7	373,18	
LKQC	Julie	Apenrade	322,0	113,45	
LKQF	Henriette	Wyk auf Föhr	269,9	95,37	
LKQG	†Conatio	Flensburg	2077,3	733,30	110
LKQH	Hieronymus	Apenrade	1204,3	425,19	
LKQJ	Triton	Sonderburg	1583,3	558,97	
LKQN	Catharina	Apenrade	91,8	32,41	
LKQR	Hydra	Apenrade	865,4	128,40	
LKQS	†Septima	Flensburg	2644,8	933,53	540**
LKQT	Amanda	Hollnis	184,7	65,20	
LKQV	Anna Catharine	Ekensund	64,5	22,77	
LKQW	Aurora	Orbyhage	70,8	27,90	
LKRB	Friedrich	Apenrade	1904,3	672,18	
LKRC	A. T. Stallknecht	Apenrade	1528,8	530,66	
LKRD	Marie Louise	Apenrade	ca.1250	ca.442	
LKRF	Anna Petrea	Flensburg	67,0	23,64	
LKRG	†Octava	Flensburg	2650,1	935,70	120*
LKRH	Salome Catharine	Flensburg	127,4	45,00	
LKRJ	Occident	Apenrade	ca. 702	ca.248	
LKRM	Marie	Apenrade	1214,4	428,68	
LKRN	†Nona	Flensburg	1895,3	669,00	100*
LKRP	†Hertha	Sonderburg	238,1	84,63	50*
LKRQ	Elisebeth	Wyk auf Föhr	73,0	25,77	
LKRS	Mathilde	Apenrade	1007,2	355,31	
LKRT	Ida	Maasholm	48,4	17,00	
LKRV	Anna Sieben	Apenrade	1710.8	603,91	
LKRW	Christian	Apenrade	708,1	249,97	
LKSB	Schiffswerft	Flensburg	2457,1	867,43	
LKSC	Einigkeit	Wyk auf Föhr	87,4	30,43	
LKSD	†Wyk — Föhr	Wyk auf Föhr	143,2	50,54	30*
LKSF	†Freia	Sonderburg	155,2	54,70	40*
LKSH	Ellse	Apenrade	1454,1	513,30	
LKSJ	Hindoo	Apenrade	1532,3	540,87	*
LKSM	Orient	Flensburg	1305,7	460,81	
LKSN	Thalis	Hamburg	3003,7	1060,31	
LKSP	Margarethe	Apenrade	233,7	82,50	
LKSQ	†Decima	Flensburg	3261,8	1151,42	600
LKSR	†Signal	Apenrade	1127,6	397,-3	70*
LKST	Catharina	Apenrade	930,2	328,33	
LKSV	†Idana	Flensburg	820,8	289,73	60*

* Nominelle Pferdekräfte.   ** Indicirte Pferdekräfte.

LKSW — LQDR

Unter-scheidungs-Signale.	Namen der Schiffe.	Heimathshafen	Kubik-meter Netto-Raumgehalt.	Register-Tons	Pferde-kräfte.
LKSW	Rosalie	Norburg	286,7	101,23	
LKTB	Christine	Apenrade	280,7	99,08	
LKTC	Rio-Negro	Ekensund	158,4	55,92	
LKTD	† Vorwärts	Apenrade	1732,4	611,44	320**
LKTF					
LKTG					
LKTH					
LKTJ					
LKTM					
LKTN					
LKTP					
LKTQ					
LKTR					
LKTS					
LKTV					
LKTW					
LQBC	Maria	Neuwarp	40,8	14,30	
LQBD	Medusa	Kappeln a. d. Schlei		4,23°	
LQBF	Feronia	Kappeln a. d. Schlei		5,18°	
LQBH	Wilhelmine	Arnis	112,0	39,83	
LQBJ	Pegasus	Arnis	120,0	42,38	
LQBK	Elbe	Cranz, Amts Jork	74,1	26,38	
LQBM	Anna Louise	Kappeln a. d. Schlei	78,6	27,71	
LQBR	Julie	Friedrichstadt	219,2	77,38	
LQBT	Wilhelmine	Geversdorf	80,4	28,39	
LQBV	Zwei Gebrüder	Friedrichstadt		5,8°	
LQCB	Sophia	Thielen	115,2	40,47	
LQCD	Die vier Geschwister	Sandschleuse a. d. Eider		5,71°	
LQCF	Heimath	Arnis	145,8	51,44	
LQCH	Najade	Friedrichstadt	321,6	113,82	
LQCJ	Adagio	Friedrichstadt	194,5	68,44	
LQCK	Helene	Bentwisch, Amts Neubaus a. d. Oste	75,9	26,79	
LQCN	Bona fide	Rendsburg	82,6	29,14	
LQCP	Eunomia	Pahlhude	89,6	31,48	
LQCS	Catharina	Rendsburg	110,1	88,84	
LQCT	Die gute Hoffnung	Friedrichstadt		5°	
LQCV	Wilhelmine Friedericke	Hamburg	87,6	30,72	
LQCW	Hoffnung	Krautsand	62,9	22,39	
LQDC	Catharina	Insel Pellworm	75,4	26,61	
LQDF	Catharina	Thielen	170,1	60,03	
LQDG	Die Frau Christina	Brelholz		12°	
LQDJ	Die Hoffnung	Friedrichstadt		4,71°	
LQDK	Eros	Vorwerk bei Heudsburg	258,9	89,64	
LQDN	Rayah	Friedrichstadt	357,6	126,23	
LQDP	Elsabe Margaretha	Friedrichstadt		5,23°	
LQDR	Dorothea	Friedrichstadt		6,3°	

* Lasten zu 5200 ℔.   ** Indicirte Pferdekräfte.

LQDS — LQMR

Unter-scheidungs-Signale.	Namen der Schiffe.	Heimathshafen	Kubik-meter Netto-Raumgehalt.	Register-Tons	Pferde-kräfte.
LQDS	Eider	Friedrichstadt	244,1	80,16	
LQDT	Helnrich Wilhelm	Husum in Schleswig	98.3	34,78	
LQFB	Wiebke	Friedrichstadt	. . .	44°	
LQFC	Anna Regina	Arnis	107,3	37,47	
LQFD	Aßnitaa	Arnis	148.3	52,43	
LQFG	Hebe	Friedrichstadt	. . .	15,8°	
LQFJ	Anna	Friedrichstadt	. . . .	5,8°	
LQFM	Marie	Friedrichstadt	. . .	5°	
LQFN	Anna	Friedrichstadt	74.6	26,83	
LQFP	Die zwei Gebrüder	Rendsburg	59,6	21,16	
LQFS	Tellus	Burg a. F.	126,8	44,78	
LQFT	Union	Friedrichstadt	. . .	5,8°	
LQGB	Wiebke Catharina	Pahlhude	69,3	24,84	
LQGK	Frau Christina	Rendsburg	65,6	23,16	
LQGM	Adolph	Delve	97,7	34,45	
LQGP	Reclam	Wyk auf Föhr	211,1	74,31	
LQGS	Dorothea	Schleswig	60,3	21,38	
LQGT	Henriette	Kappeln a. d. Schlei	68,3	24,06	
LQGV	Anna	Arnis	83,3	29,41	
LQHF	Frau Margaretha	Büsum	55,4	10,63	
LQHJ	Bernhard	Husum in Schleswig	76,5	26,80	
LQHM	Veritas	Kappeln a. d. Schlei	275,3	97,38	
LQHN	Louise	Kappeln a. d. Schlei	259,5	91,62	
LQHR	Ernte	Insel Pellworm	87,1	30,73	
LQHT	Philadelphia	Arnis	47,3	16,63	
LQHV	†Prinzess Louise	Schleswig	83,6	29,84	20
LQHW	†Marie	Schleswig	63,9	22,64	15
LQJF	Ans Christine	Arnis	83,4	29,62	
LQJK	Activ	Borgwedel a. d. Schlei	101,9	35,77	
LQJM	Zufriedenheit	Insel Nordstrand	. . .	2°	
LQJN	Flora	Arnis	86,6	30,40	
LQJV	Die Hoffnung	Wyk auf Föhr	48,9	17,29	
LQKC	Anna Catharina	Sandschleuse a. d. Eider	91,3	32,23	
LQKF	Caecilia Maria	Arnis	190,4	67,31	
LQKH	Speculant	Kappeln a. d. Schlei	282,9	99,34	
LQKJ	Providentia	Arnis	124.1	43,61	
LQKN	Alliance	Arnis	103,0	36,83	
LQKP	Emanuel	Heiligenhafen	80.7	28,48	
LQKR	Heimath	Arnis	91,3	32,30	
LQKV	Maria	Arnis	37,1	13,11	
LQMB	Hoffnung	Arnis	169.3	59,74	
LQMD	Maria	Arnis	41.6	14,70	
LQMF	Emilie	Arnis	171,9	60,47	
LQMG	Anna	Arnis	47,3	16,46	
LQMK	Catharina	Kappeln a. d. Schlei	. . .	7°	
LQMN	Pegasus	Arnis	87,5	30,83	
LQMP	Preciosa	Insel Pellworm	. . .	5,3°	
LQMR	Mathilde	Kappeln a. d. Schlei	. . .	6,8°	

* Lasten zu 5200 ℔.

LQMS — LQVT

Unter-schaldungs-Signale.	Namen der Schiffe.	Heimathshafen	Kubik-meter Netto-Raumgehalt.	Register-Tons	Pferde-kräfte.
LQMS	Emanuel	Arnis	32,4	11,47	
LQMT	Adonis	Arnis	72,9	25,70	
LQMV	Caroline	Sonderburg	. . .	7,1*	
LQMW	Elise	Arnis	73,0	26,99	
LQNC	Fortuna	Kappeln a. d. Schlei .	. . .	6,23*	
LQND	Providentia	Kappeln a. d. Schlei .	. . .	8*	
LQNG	Triton	Sonderburg	42,3	14,75	
LQNM	Anna Christine . .	Kappeln a. d. Schlei .	32,0	11,30	
LQNV	Doris	Kiel	108,6	36,49	
LQNW	Sophia	Arnis	80,1	80,61	
LQPB	Elida	Kappeln a. d. Schlei .	. . .	7,23*	
LQPC	Fortuna	Arnis	98,9	84,91	
LQPD	Dorothea Wilhelmine	Arnis	. . .	8*	
LQPJ	Elise	Dywig bei Norburg	23,4	8,30	
LQPK	Sophie	Kappeln a. d. Schlei .	95,3	38,60	
LQPN	Nordstrand No. 1. .	Insel Nordstrand .	. . .	5*	
LQPR	†Nordstrand . . .	Insel Nordstrand .	60,3	21,33	20
LQPS	Emanuel	Kappeln a. d. Schlei .	. . .	0,23*	
LQPV	Elise	Kappeln a. d. Schlei .	41,6	14,99	
LQRD	Ingeborg	Kappeln a. d. Schlei .	. . .	2,3*	
LQRF	Galathea	Arnis	61,3	21,90	
LQRH	Maria Dorothea . .	Arnis	. . .	4*	
LQRK	Maria Dorothea . .	Arnis	46,3	15,49	
LQRP	Emma	Kappeln a. d. Schlei .	20,9	7,30	
LQRS	Frau Anna	Wyk auf Föhr . . .	. . .	7*	
LQRW	Emanuel	Sonderburg	78,7	27,77	
LQSC	Maria	Kappeln a. d. Schlei .	. . .	6*	
LQSD	Thyrise	Kappeln a. d. Schlei .	. . .	4.1*	
LQSF	Christina	Rendsburg	197,7	69,70	
LQSH	Fido	Vorwerk bei Rendsburg	104,4	86,49	
LQSM	Albertine	Kappeln a. d. Schlei .	68,9	81,31	
LQSR	Elisabeth Dorothea	Insel Nordstrand .	. . .	4*	
LQSV	Dorothea	Cranz, Amts Jork . .	89,6	31,69	
LQSW	Clio	Rendsburg	. . .	14*	
LQTB	Helene	Insel Nordstrand .	24,8	8,66	
LQTC	Catharina	Delve	117.4	41,49	
LQTH	†Pellworm	Kiel	. . .	13*	20
LQTM	Eunomia	Insel Pellworm . . .	. . .	5,23*	
LQTN	Diamant	Arnis	279,1	98,33	
LQTP	Mentor	Möltenort	59,5	21,60	
LQTS	Magnet	Kiel	257,4	00,43	
LQVB	Louise Auguste . .	Arnis	125,0	44,13	
LQVC	Maria	Husum in Schleswig .	220,5	77,34	
LQVG	Ludwig	Rendsburg	169,7	59,91	
LQVH	Eva	Wittenbergen a. d. Elder	263,4	92,99	
LQVJ	Attalante	Arnis	76,4	26,91	
LQVM	Zwei Gebrüder . .	Rendsburg	110,3	88,99	
LQVT	Flora	Insel Nordstrand .	. . .	4,0*	

* Lasten zu 5200 ℔.

LQWC — LRDQ

UnterscheidungsSignale.	Namen der Schiffe.	Heimathshafen	Kubikmeter Netto-Raumgehalt.	Register-Tons	Pferdekräfte.
LQWC	Die Gebrüder . . .	Vorwerk bei Rendsburg	58,1	20,44	
LQWD	Frau Catharina . .	Prinzenmoor a. d. Eider	63,2	22,24	
LQWF	Johanne	Rendsburg	76,5	27,04	
LQWJ	Wilhelm I.	Friedrichstadt . . .	98,4	84,74	
LQWN	Die Hoffnung . . .	Arnis	. . .	4,76*	
LQWP	Friede	Rendsburg	93,2	32,90	
LQWR	Anna	Friedrichsholm a. d. Eider	76,2	26,49	
LQWT	Die Hoffnung . . .	Garding	57,8	20,40	
LQWV	Taube	Rendsburg	213,4	75,33	
LRBC	Otto	Friedrichstadt . . .	92,6	32,16	
LRBD	Die Hoffnung . . .	Arnis	71,0	25,33	
LRBF	Esperance	Delve	149,6	52,73	
LRBG	Catharina	Hamdorf, Kreis Eckernförde	91,1	32,15	
LRBH	Irene	Delve	75,5	26,45	
LRBJ	Die Hoffnung . . .	Friedrichstadt . . .	. . .	11*	
LRBK	Johannes	Elmshorn	73,1	25,70	
LRBN	Die junge Elise . .	Insel Oland	. . .	8,76*	
LRBP	Magdalena	Kappeln a. d. Schlei .	. . .	3,33*	
LRBQ	Carl	Kappeln a. d. Schlei .	30,1	10,63	
LRBS	Johanna Friedericke	Kappeln a. d. Schlei .	63,4	22,33	
LRBT	Margaretha	Delve	70,5	24,81	
LRCB	Die Eiche	Kappeln a. d. Schlei .	95,5	33,71	
LRCD	Vorwärts	Arnis	152,5	53,93	
LRCF	Margaretha Christine	Süderstapel	80,3	28,33	
LRCG	†Dithmarschen . .	Tönning	1563,3	551,61	250
LRCH	Fortuna	Monkmarsch . . .	64.3	.22,69	
LRCJ	Fortuna	Arnis	17.3	6,01	
LRCK	Anna	Arnis	197,0	60,66	
LRCM	Activ	Scheppern	180,1	68,90	
LRCN	Christine Elisabeth	Borgwedel a. d. Schlei	. . .	8*	
LRCP	Flora	Erfde	136,5	48,33	
LRCQ	Johanna	Friedrichstadt . . .	62,9	22,30	.
LRCT	†Schleswig	Tönning	2125,3	750,23	210
LRCV	†Valparaiso	Schleswig	105,5	87,35	20
LRCW	Australia	Insel Pellworm . .	36,1	12,71	
LRDB	†Triton	Tönning	151,6	53,61	348**
LRDC	Die Wohlfahrt . .	Friedrichstadt . . .	58,0	20,61	
LRDF	Geduld	Kappeln a. d. Schlei .	134,7	47,36	
LRDG	Christine	Husum in Schleswig .	112,0	39,34	
LRDH	Louise	Insel Pellworm . .	90,8	32,03	
LRDJ	Anna Christina . .	Friedrichstadt . . .	62,9	22,30	
LRDK	Die vier Gebrüder .	Sandschleuse a.d. Eider	59,2	20,88	
LRDM	Ingeborg von Halebüll	Husum in Schleswig .	64,0	22,60	
LRDN	Maria	Husum in Schleswig .	59,1	20,86	
LRDP	†Pellworm	Insel Pellworm . .	104,3	36,73	60**
LRDQ	Amoy	Arnis	139,0	49,04	

* Lasten zu 5200 ℔.   ** Indicirte Pferdekräfte.

LRDS — MBFN

Unter-scheidungs-Signale.	Namen der Schiffe.	Heimathshafen	Kubik-meter Netto-Raumgehalt.	Register-Tons	Pferde-kräfte.
LRDS	Friederike	Friedrichstadt . . .	83,0	29,23	
LRDT	Ark	Tönning	376,3	132,03	
LRDV	†Mols	Tönning	94.3	33,34	30
LRDW	Hansine Margaretha	Arnis	55,8	19.30	
LRFB					
LRFC					
LRFD					
LRFG					
LRFH					
LRFJ					
LRFK					
LRFM					
LRFN					
LRFP					
LVBC	Hans	Rendsburg	236.3	83,49	
LVBD	Margaretha	Breiholz	151,4	53,43	
LVBF	Die zwei Gebrüder	Rendsburg . . .	60,9	21,50	
LVBG	Catharina	Pahlhude	64,3	22,64	
LVBH	Arche	Büsum	91,4	32,37	
LVBJ	Caroline	Breiholz	68.3	24,10	
LVBK					
LVBM					
LVBN					
LVBP					
LVBQ					
LVBR					
LVBS					
LVBT					
LVBW					
MBCF	Louise Alwardt . .	Rostock	719,3	253,90	
MBCG	Grossherzogin Anna	Rostock	889,4	314,03	
MBCH	Caroline Helbing .	Rostock	686,6	242,23	
MBCL	Schnelle	Rostock	826,3	291,64	
MBCN	Brandenburg . . .	Rostock	609,9	215,39	
MBCP	Franz von Mathles	Rostock	638,9	224,91	
MBCR	Othello	Rostock	400,1	141,34	
MBCV	†Wilhelm Tell . .	Rostock	415,9	146,61	50
MBDC	Güstrow	Rostock	690,3	243,79	
MBDG	Aristides	Rostock	729,4	257,13	
MBDH	Eduard	Rostock	609,6	215,30	
MBDJ	Helmuth Mentz . .	Rostock	504.6	178,13	
MBDK	Rosalie Ahrens . .	Rostock	749,3	264,93	
MBDN	Der junge Prinz .	Rostock	182,4	64,39	
MBDP	Carl & Otto . .	Rostock	174,0	61,41	
MBDQ	Mecklenburg . . .	Rostock	534,1	188,34	
MBDS	Hans Georg . . .	Rostock	1215,1	428,94	
MBDT	Amazone	Rostock	919,3	324,49	
MBDV	Najade	Rostock	549,1	193,93	
MBFN	Hobsien-Kaegsdorf.	Rostock	982,3	346,61	

MBFP — MBNH

Unter-scheidungs-Signale.	Namen der Schiffe.	Heimathshafen	Kubik-meter Netto-Raumgehalt.	Register-Tons	Pferde-kräfte.
MBFP	C. M. von Behr . .	Rostock	999,1	852,90	
MBFT	Wilhelmine	Rostock	732,9	258,40	
MBFW	Wilhelmine Waitz von Eschen . . .	Rostock	1037,6	366,04	
MBGH	C. E. Stolterfoht .	Rostock	1080,3	381,31	
MBGK	Martha	Rostock	772,9	272,53	
MBGL	Herzog Georg . .	Rostock	847,3	299,69	
MBGR	Erbgrossherzog Friedrich Franz .	Rostock	712,3	251,41	
MBGW	Mozart	Rostock	765,4	270,19	
MBHC	Bürgermeister Bauer	Rostock	930,1	328,82	
MBHF	Armin	Rostock	681,9	240,39	
MBHK	Nicolaus Heinrich .	Rostock	868,3	306,63	
MBHL	Rebecca	Rostock	1186,1	418,79	
MBHQ	Hedwig	Rostock	784,3	276,91	
MBHR	Margaretha	Rostock	1111,3	392,38	
MBHW	Martha & Clara . .	Rostock	742,3	262,90	
MBJC	Franz de Paul Amer-slu	Rostock	732,1	258,64	
MBJG	Fritz Reuter . . .	Rostock	844,5	298,10	
MBJK	Ernst Brockelmann	Rostock	991,6	350,6	
MBJQ	Fides	Rostock	906,9	320,18	
MBJR	Agnes	Rostock	794,3	280,43	
MBJT	Georg & Louise . .	Rostock	698,4	244,77	
MBJW	Greif	Rostock	895,3	316,39	
MBKC	Ernst & Christine .	Rostock	626,3	221,00	
MBKD	Auguste Sophie . .	Rostock	780,1	275,39	
MBKF	M. B. Cohn . . .	Rostock	656,9	281,95	
MBKJ	Sophie	Rostock	158,1	56,69	
MBKL	Sophie	Rostock	119,1	42,65	
MBKN	Elise & Henny . .	Rostock	169,3	59,73	
MBKP	Landrath von Stra-lendorf	Rostock	1173,4	414,39	
MBKQ	Woizlava	Rostock	776,4	274,60	
MBKT	Emanuel	Kappeln a. d. Schlei	164,7	58,14	
MBLC	Sirius	Rostock	1051,9	371,39	
MBLD	Max	Rostock	831,1	293,38	
MBLH	China	Rostock	808,6	289,74	
MBLJ	Theodor Voss . .	Rostock	872,5	808,04	
MBLK	Prospero	Rostock	1096,1	886,91	
MBLP	Amanda	Rostock	742,1	261,99	
MBLQ	Wolfgang	Rostock	681,4	240,33	
MBLR	Olympe Kuyper . .	Rostock	775,3	278,94	
MBLT	Emma & Robert . .	Rostock	1265,9	446,66	
MBNC	Antonie von Cleve	Rostock	1344,4	474,37	
MBND	Presto	Rostock	807,3	284,34	
MBNF	Posthalter J. C. Wahl	Rostock	848,9	299,39	
MBNH	Heinrich Moll . . .	Rostock	772,6	272,75	

MBNJ — MBVJ

Unter-scheidungs-Signale.	Namen der Schiffe.	Heimathshafen	Kubik-meter Netto-Raumgehalt.	Register-Tons	Pferde-kräfte.
MBNJ	Atlantic	Stralsund	1130,1	398,91	
MBNK	Victoria	Rostock		176*	
MBNQ	Emma	Rostock	717,3	253,31	
MBNW	Albatros	Rostock	878,8	310,02	
MBPC	Lohengrin	Rostock	1291,4	455,84	
MBPF	Die Krone	Rostock	782,1	276,68	
MBPG	Agnes	Rostock	586,8	207,14	
MBPJ	Ariel	Rostock	735,1	259,62	
MBPN	Hertha	Rostock	662,3	233,01	
MBPR	Louise Hillmann	Rostock	648,4	228,98	
MBPT	Adolphine	Rostock	551,8	194,71	
MBPV	Marie	Rostock	816,8	288,53	
MBQC	Prometheus	Rostock	1147,2	405,17	
MBQG	Louise Otto-Warbelow	Rostock	698,3	246,80	
MBQH	Auguste & Agnes	Rostock	660,3	233,10	
MBQK	Die Hoffnung	Rostock	475,9	167,89	
MBQN	Die Zwillinge	Rostock	591,1	208,62	
MBQT	Norma	Rostock	558,3	196,44	
MBQW	Christiane	Rostock	567,1	200,26	
MBRC	Wilhelm	Rostock	586,5	207,07	
MBRD	Herodot	Rostock	706,8	219,68	
MBRH	Paul	Rostock	619,8	218,71	
MBRK	Auguste	Rostock	433,3	152,91	
MBRN	Auguste	Rostock	523,8	184,90	
MBRP	Oberon	Rostock	686,2	242,44	
MBRQ	Isis	Rostock	454,1	160,39	
MBRS	Doris Mentz	Rostock	503,4	177,78	
MBRW	Richard & Adolph	Rostock	415,1	146,81	
MBSD	Wustrow	Rostock	853,3	301,71	
MBSH	Pandora	Rostock	572,3	201,99	
MBSL	Cassandra	Rostock	686,7	242,41	
MBSN	Friedrich & Louise	Rostock	829,4	292,03	
MBSP	Wendola	Rostock	617,6	218,01	
MBSR	Adolph Michels	Rostock	820,7	289,70	
MBST	Leda	Rostock	486,1	171,89	
MBTC	Henriette	Rostock	579,0	204,29	
MBTG	Johannes	Rostock	561,3	198,10	
MBTK	Nautilus	Rostock	594,8	210,00	
MBTL	Tugend	Rostock	672,8	237,31	
MBTN	August & Eduard	Rostock	703,6	248,37	
MBTQ	von Restorff-Rosenhagen	Rostock	775,3	273,64	
MBTS	Niclot	Rostock	661,4	233,17	
MBTV	Balance	Rostock	546,6	193,03	
MBTW	Martin	Rostock	622,8	219,74	
MBVF	Courier	Rostock	480,3	169,84	
MBVH	Richard	Rostock	824,1	290,91	
MBVJ	Der Obotrit	Rostock	513,0	181,00	

* Lasten zu 6000 ℔.

MBVK — MCGT

Unter-scheidungs-Signale.	Namen der Schiffe.	Heimathshafen	Kubik-meter Netto-Raumgehalt.	Register-Tons	Pferde-kräfte.
MBVK	Warnow	Rostock	528,6	186,30	
MBVL	Fortschritt	Rostock	644,6	227,51	
MBVN	Hans	Norden	483,3	170,89	
MBVR	Sophie Elise . . .	Rostock	453,7	160,18	
MBVS	Iduna	Rostock	632,1	223,13	
MBVT	Johanna	Rostock	683,5	241,33	
MBWF	Franziska.	Rostock	621,6	219,41	
MBWJ	Der Schwaan . . .	Rostock	619,6	218,72	
MBWK	Staatsrath von Brock	Rostock	670,3	239,16	
MBWP	Paul Jones	Rostock	859,4	303,37	
MBWQ	Archimedes	Rostock	702,9	248,12	
MBWS	Major Schumacher .	Rostock	821,9	290,13	
MBWT	Krey-Woggersin . .	Rostock	1004,7	375,43	
MCBD	Frau Marie	Rostock	732,0	268,40	
MCBG	Balance	Rostock	852,3	300,94	
MCBH	Galilei	Rostock	783,1	276,43	
MCBN	Nordstern	Rostock	624,0	220,28	
MCBP	Copernicus	Rostock	647,3	228,30	
MCBW	Louise Broekelmann	Rostock	680,7	240,06	
MCDK	Ariadne	Rostock	567,4	200,36	
MCDL	Bürgermeister Peter-sen	Rostock . . .	807,6	285,04	
MCDN	Jupiter	Rostock	690,6	243,75	
MCDP	Sophia Maria . . .	Rostock	598,4	211,24	
MCDQ	Eleonore von Flotow	Rostock	864,3	305,10	•
MCDR	Hercules	Rostock	931,4	828,79	
MCDS	Theodor Reimers .	Rostock	672,4	237,38	
MCDW	Hermann Friedrich	Rostock	815,4	287,59	
MCFB	Anna & Meta . . .	Rostock	703,8	248,44	
MCFD	Pallas	Rostock	751,9	205,11	
MCFG	Argus	Rostock	891,7	314,77	
MCFH	Actif	Rostock	688,5	243,04	
MCFL	Emma Baner . . .	Rostock	689,6	243,43	
MCFN	Clara & Mathilde .	Rostock	614,7	216,99	
MCFP	Sirene	Rostock	626,6	221,30	
MCFQ	Deutschland . . .	Rostock	819,3	289,32	
MCFS	P. J. F. Burchard .	Rostock	1373,1	484,70	
MCFT	J. F. Past	Rostock . . . :	1134,8	400,38	
MCFV	J. H. Epping . . .	Rostock	733,0	258,75	
MCGB	Maria	Rostock	663,8	234,22	
MCGF	Johann Friedrich .	Rostock	955,9	337,43	
MCGJ	C. F. Maass . . .	Rostock	757,5	207,43	
MCGL	Heinrich Gerdes .	Rostock	680,1	242,23	
MCGN	Fanny von Schack .	Rostock	665,5	234,91	
MCGQ	H. A. Walter . . .	Rostock	1114,9	393,34	
MCGR	Gloria	Rostock	665,3	234,46	
MCGS	J. F. Heydtmann .	Rostock	701,3	247,33	
MCGT	Constantin von Rehncke	Rostock	915,3	323,24	

Unter-scheidungs-Signale.	Namen der Schiffe.	Heimathshafen	Kubik-meter Netto-Raumgehalt.	Register-Tons	Pferde-kräfte.
MCGV	Loreley	Rostock	948.7	834,90	
MCGW	Christian Stüdemann	Rostock	690,6	243,70	
MCHB	Baumeister Wilken .	Rostock	699,8	247,09	
MCHD	Ludwig Burchard .	Rostock	739,2	260,94	
MCHF	Prinz von Preussen	Rostock	683,0	241,09	
MCHJ	von Buch-Wendorf	Rostock	679,3	240,00	
MCHL	Paul Friedrich Pogge	Rostock	1054.8	872,34	
MCHN	Goethe	Rostock	676,9	238.63	
MCHP	Christian Heinrich .	Rostock	734,8	259,11	
MCHQ	Freundschaft . . .	Rostock	806,6	284,78	
MCHR	Franz & Ernst . .	Rostock	649,4	229,34	
MCHS	Venus	Rostock	879,4	810,62	
MCHT	Johann Daniel . .	Rostock	994,3	350,99	
MCJB	Vorwärts	Rostock	1004,6	375,86	
MCJD	Louise Bachmann .	Rostock	806,8	284,01	
MCJF	Nordsee	Rostock	525,6	185,84	
MCJG	Heinrich & Emil .	Rostock	580,9	205,63	
MCJK	Nordstern	Rostock	914,3	822,16	
MCJP	Germania	Rostock	993,0	352,81	
MCJS	Ribnitz	Rostock	704,0	269,70	
MCJV	Ernst & Elise . .	Rostock	1058,2	373,54	
MCJW	Amaranth	Rostock	581,4	198,17	
MCKB	Mathilde	Rostock	1340,2	473,09	
MCKD	A. F. Nordmann . .	Rostock	977,1	345,13	
MCKG	Ludwig Capobussen.	Rostock	686,0	242,16	
MCKH	August & Marie.	Rostock	725,6	258,14	
MCKJ	G. C. Michels . . .	Rostock	941,4	332,33	
MCKL	Ocean	Rostock	806,6	284,70	
MCKN	B. C. Peters . . .	Rostock	. . . .	106,67*	
MCKQ	Matthias Evers . .	Rostock	773,6	273,16	
MCKT	Drei Geschwister .	Rostock	662,6	283,73	
MCKV	Favorite	Rostock	936,6	830,69	
MCKW	Erwin	Rostock	1029,6	363,63	
MCLB	C. H. Knitschky . .	Rostock	738,0	260,31	
MCLH	Thomas Small . . .	Rostock	1136,9	401,71	
MCLJ	Graf Bismarck . .	Rostock	702,7	248,66	
MCLK	Frau Amalie . . .	Rostock	646,6	228,31	
MCLN	Aurora	Rostock	738,9	260,70	
MCLQ	Hannibal	Rostock	1088,6	884,19	
MCLR	Hermann Behrent .	Rostock	1010,6	856,34	
MCLT	Hellas	Rostock	1179,6	416,41	
MCLV	H. A. Helmrich .	Rostock	661,2	233,43	
MCLW	Fanny Suppicich .	Rostock	791,3	279,23	
MCNB	Atlantic	Rostock	869,6	307,90	
MCND	Ernest Kuyper . .	Rostock	821,9	290,12	
MCNH	Swantewit	Rostock	761,0	268,63	
MCNP	Metz	Altona	644,6	227,81	
MCNQ	Mathilde	Rostock	841,1	296,91	

* Lasten zu 6000 ℔.

MCNR — MCTL

Unter-scheidungs-Signale.	Namen der Schiffe.	Heimathshafen	Kubik-meter Netto-Raumgehalt.	Register-Tons	Pferde-kräfte.
MCNR	Luna	Rostock	· 581,9	205,37	
MCNT	Marie Kayper	Rostock	1025.3	361,72	
MCNV	von Schack-Rey	Rostock	1134,7	400,13	
MCNW	Albertine Meyer	Rostock	753,5	266,03	
MCPD	Justitia	Rostock	1293,9	456,11	
MCPG	Hoffnung	Rostock	1055,3	372,33	
MCPK	Theodor Bernlcke	Rostock	1070,6	377,72	
MCPL	Express	Rostock	780.7	275,33	
MCPQ	Lisette	Rostock	255.2	90,09	
MCPR	C. Neumann-Oaede-behn	Rostock	971,3	342,91	
MCPT	Hellos	Rostock	1008,8	356,11	
MCPV	Paladin	Rostock	954,1	336,51	
MCPW	Diana	Rostock	890,4	314,31	
MCQB	Anna Howitz	Rostock	1110,4	391,74	
MCQD	Georg	Rostock	. . .	15,1*	
MCQF	Max	Barth	110,0	38,43	
MCQG	Möwe	Rostock	961,6	339,43	
MCQH	Peter Suppleleb	Rostock	1252,3	442,03	
MCQJ	H. Oemig-Ivendorf	Rostock	1123,7	396,51	
MCQL	W. W. Harvey	Rostock	. . .	167,3*	
MCQN	Rostock	Rostock	99,4	35,23	
MCQP	Medea	Rostock	877,3	309,15	
MCQR	M. D. Rucker	Rostock	1125,7	397,31	
MCQT	Herzogin Anna	Rostock	1349,4	470,34	
MCQW	†Concurrent	Rostock	741,9	261,89	45
MCRB	Albert Neumann-Berlin	Rostock	1460,0	515,39	
MCRD	Gerhard & Adolph	Rostock	. . .	142*	
MCRJ	Sophie Görbitz	Rostock	963,9	340,33	
MCRK	Constantin	Greifswald	1521,0	536,92	
MCRL	Frisch	Rostock	1166,1	411,54	
MCRQ	Ellse Both	Rostock	1130,3	399,00	
MCRS	Dora Ahrens	Rostock	1216,0	429,36	
MCRV	Matthaeus Rickert	Rostock	323,3	114,36	
MCRW	Georg Becker	Rostock	840,5	296,90	
MCSB	Marie	Rostock	1606,6	567,15	
MCSD	Elisabeth Mentz	Rostock	1282,5	452,11	
MCSF	Go Ahead	Rostock	1108,2	391,19	
MCSG	Capella	Rostock	1420,5	501,11	
MCSJ	Heinrich Beckmann	Rostock	1082,8	382,32	
MCSN	Mecklenburg's Haus-wirthe	Rostock	888,7	313,11	
MCSW	Elsa	Rostock	1365,9	482,19	
MCTB	Lucy & Paul	Rostock	1067,1	376,04	
MCTF	†Helene Burchard	Rostock	1304,9	492,30	80**
MCTJ	Carl Both	Rostock	1496,0	528,11	
MCTK	Die Schwalbe	Rostock	869.2	306,03	
MCTL	Gazelle	Rostock	640,3	226,10	

* Lasten zu 6000 ℔.   ** Nominelle Pferdekräfte.   7

MCTN — MDCF

Unter-scheidungs-Signale.	Namen der Schiffe.	Heimathshafen	Kubik-meter Netto-Raumgehalt.	Register-Tons	Pferde-kräfte.
MCTN	J. Borgwardt . . .	Rostock	600,4	212,01	
MCTP	Lorenz Hansen . .	Rostock	1125,6	897,14	
MCTQ	†Rostock	Rostock	861,2	127,10	08*
MCTR	Richard Porter . .	Rostock	356,0	125,67	
MCTS	Rudolphine Bur-chard	Rostock	784,1	276,90	
MCTV	Georg Suppicich .	Rostock	1258,9	442,82	
MCTW	Carl Max	Rostock	832,0	298,11	
MCVB	Colombine	Rostock	1808,4	491,90	
MCVD	Fritz	Rostock	1165,9	411,40	
MCVG	O. Kohan	Rostock	1109,5	428,13	
MCVII	David Möller . . .	Rostock	168,4	59,81	
MCVK	Isabella . . : . .	Rostock	617,4	218,03	
MCVL	Beatrice Suppicich	Rostock	958,2	888,29	
MCVN	F. W. Fischer . .	Rostock	608,4	213,04	
MCVP	Martha Brockelmann	Rostock	1888,2	488,30	
MCVQ	†Deutscher Kaiser	Rostock	2674,7	944,16	110*
MCVR	Wilhelmine Post .	Rostock	1248,6	440,63	
MCVS	†Daschy König . .	Rostock	2122,4	749,30	100*
MCVT	Juanita	Rostock	380,4	184,30	
MCVW	Anna von Klein . .	Rostock	995,7	851,10	
MCWD	Emma Malam . . .	Rostock	725,0	255,92	
MCWF	Undine	Rostock	657,2	231,70	
MCWG	Gustav Metzler . .	Rostock	998,4	852,43	
MCWH	Marianne	Rostock	1160,5	409,63	
MCWJ	Dr. Witte	Rostock	798,3	280,68	
MCWK	Margaretha Dethloff	Rostock	888,9	119,91	
MCWL	Ferdinand Holding-hausen	Rostock	652,4	280,30	
MCWN	Charlotte Lange . .	Rostock	1151,4	408,14	
MCWQ	Samuel Berner . .	Rostock	1932,4	470,63	
MCWR	Huntress	Rostock	2010,4	709,34	
MCWT	Fritz Schmidt . . .	Rostock	1124,7	397,01	
MCWV	Carl	Rostock	234,4	82,44	
MDBC	†Riga	Rostock	1281,4	452,39	200
MDBF	Marie Spatz . . .	Rostock	891,7	298,39	
MDBG	Elisabeth Ahrens .	Rostock	1121,9	896,03	
MDBH	Marie	Rostock	287,1	83,91	
MDBJ	Frida Lehment . .	Rostock	1186,2	400,08	
MDBK	†H. von Witt . . .	Rostock	1778,6	627,63	285
MDBL	Emilie	Rostock	272,6	96,24	
MDBN	Elfriede Mumm . .	Rostock	253,4	89,31	
MDBP	Polly Stott	Rostock	1224,4	482,11	
MDBQ	Elodie	Rostock	742,9	262,21	
MDBR	Franz Fischer . .	Rostock	458,7	161,95	
MDBT	Ernst Ludwig Holtz	Rostock	1380,9	409,87	
MDBV	Ceres	Rostock	1489,9	627,63	
MDBW	Semmy Cohn . . .	Rostock	1231,4	434,87	
MDCF	Präsident Trotsche	Rostock	1428,7	504,22	

* Nominelle Pferdekräfte.

MDCG — MDHV

Unterscheidungssignale.	Namen der Schiffe.	Heimathshafen	Kubikmeter Netto-Raumgehalt.	Register-Tons	Pferdekräfte.
MDCG	Elise	Rostock	227,4	80,23	
MDCH	H. Printzenberg	Rostock	1567,3	553,23	
MDCL	Clara Peters	Rostock	268,0	92,94	
MDCN	W. Schulz	Rostock	132,7	46,44	
MDCP	†Vorwärts	Rostock	83,7	29,55	14°
MDCQ	Sophie	Rostock	239,4	84.31	
MDCR	Cohnheim	Hamburg	1238,1	435,21	
MDCS	Vandalia	Rostock	434,3	153,21	
MDCT	Annie Berner	Rostock	1127,8	398,10	
MDCV	Julie Knitschky	Rostock	320,3	113.04	
MDCW	Heinrich Sellschopp	Rostock	736,7	260,93	
MDFB	Isabel	Rostock	947,3	334,34	
MDFC	Anna Precht	Rostock	1215,3	428,97	
MDFG	Carl Martins	Rostock	351,0	123,90	
MDFH	Emma Römer	Rostock	1202,4	424.45	
MDFJ	Van den Bergh	Rostock	1234,9	435,91	
MDFK	August Burchard	Rostock	1343,4	474,23	
MDFL	Clerus	Rostock	211,7	74,13	
MDFN	Louise Meyer	Rostock	840,8	290,51	
MDFP	Ada Stott	Rostock	1481,0	505,15	
MDFQ	Maria & Käthe	Rostock	1185,3	418,77	
MDFR	Louise Scheller	Rostock	1154,9	407,67	
MDFS	Atlas	Rostock	799,1	282,09	
MDFT	Marie Stahl	Rostock	765,1	270,04	
MDFV	Fritz von Arenstorff	Rostock	450,0	158,43	
MDFW	Vier Brüder	Rostock	2193,9	774,42	
MDGB	Arnold von Bippen	Rostock	1262,9	445,91	
MDGC	Carl W. Homan	Rostock	1359,3	479,90	
MDGF	Emilie	Rostock	207,4	73,23	
MDGH	Paul Grampp	Rostock	978,4	131,91	
MDGL	Arthur Huntley	Rostock	663,9	234,10	
MDGP	Henry Reed	Rostock	—	375,79	
MDGQ	Marie Thun	Rostock	485,1	171.24	
MDGR	Baltic	Rostock	785,4	277,23	
MDGS	Wilhelm Maack	Rostock	1193,9	421,43	
MDGT	Ceylon	Rostock	—	590	
MDGV	Elisabeth	Rostock	314,1	111,99	
MDGW	Osbert	Rostock	981,8	346,31	
MDHB	Unison	Rostock		965	
MDHF	Hannah Rahtkens	Rostock	1147,0	401,83	
MDHG	†Henriette Schlüsser	Rostock	1771,2	626,79	80°
MDHJ	Cromarty	Rostock	—	214,00	
MDHK	Maria	Rostock	805,3	107,73	
MDHL	Mermaid	Rostock	—	467,31	
MDHN	†Neptun	Rostock	89,4	31,76	28
MDHR	Max Flscher	Rostock	1752,9	618,43	
MDHS	Mary Louisa	Rostock	—	321,30	
MDHT	J. Schoentjes	Rostock	1029,3	363,23	
MDHV	Falke	Rostock	423,4	149,59	

MDHW — MSDK

Unter-scheidungs-Signale.	Namen der Schiffe.	Heimathshafen	Kubik-meter Netto-Raumgehalt.	Register-Tons	Pferde-kräfte.
MDHW	Beatrice	Rostock	—	251,ss	
MDJB	Friedrich Maass . .	Rostock	1128,7	398,a	
MDJC	Frieda Grampp . .	Rostock	1413,7	499,u	
MDJF	Mathilde Hennings .	Rostock	1481,0	522,re	
MDJG	Aline	Rostock	1651,a	683,sa	
MDJH	Bernhard Carl . . .	Rostock	1221,a	431,as	
MDJK					
MDJL					
MDJN					
MDJP					
MDJQ					
MDJR					
MDJS					
MDJT					
MDJV					
MDJW					
MDKB					
MDKC					
MDKF					
MDKG					
MDKH					
MDKJ					
MDKL					
MDKN					
MSBC	Mercur	Wismar	480,s	169,rs	
MSBD	Paul Marty	Wismar	290,s	102,es	
MSBH	Auguste, Grossher-zogin von Meck-lenburg	Wismar	828,a	115,so	
MSBK	Aeolus	Wismar	845,s	122,or	
MSBQ	Generallieutenant v. Witzleben . . .	Wismar	501,t	178,so	
MSBR	Doctor Kniep . . .	Wismar	529,t	186,rs	
MSBT	Auguste	Wismar	531,a	187,sa	
MSBV	Dorette	Wismar	545,s	192,re	
MSBW	Ihn & Sohn . . .	Wismar	791,t	279,ss	
MSCD	Amalie	Wismar	563,a	198,ss	
MSCK	Steinhagen-Neuhof	Wismar	867,s	806,ss	
MSCP	Heinrich der Pilger	Wismar	698,a	246,se	
MSCQ	von der Lühe-Rohl-storf	Wismar	997,s	852,ss	
MSCT	Erwartung	Rostock	896,a	140,st	
MSCV	Henckendorff-Kras-sow	Wismar	847,a	299,ts	
MSCW	Elise	Wismar	788,s	278,es	
MSDB	Paul & Marie . .	Wismar	592,s	209,ss	
MSDC	Georg & Adolf . .	Wismar	843,a	297,ss	
MSDH	Mathilde	Wismar	676,t	238,se	
MSDK	Anna	Wismar	651,a	229,se	

MSDL — NBFR

Unter-scheidungs-Signale.	Namen der Schiffe.	Heimathshafen	Kubik-meter Netto-Raumgehalt.	Register-Tons	Pferde-kräfte.
MSDL	Commerzienräthin Haupt	Wismar	798,3	281,40	
MSDN	Die Moewe	Wismar	888,6	813,40	
MSDV	Maria Wilhelmine	Wismar	397,7	140,83	
MSDW	Hedwig	Wismar	816,4	288,10	
MSFB	Titan	Wismar	999,9	352,17	
MSFC	Anna & Caroline	Wismar	513,6	181,83	
MSFD	Wodan	Wismar	. . .	341°	
MSFG	Oberstlieutenant von Sülstorff	Wismar	681,6	240,62	
MSFH	Justizrath von Paepke	Wismar	910,5	824,89	
MSFL	Elise & Anna	Wismar	200,0	70,34	
MSFN	Triton	Wismar	1332,9	470,83	
MSFP	Kaap Hoorn	Rostock	1192,3	420,90	
MSFQ	Maria Dorothea	Stettin	82,7	29,80	
MSFR	Gazelle	Stralsund	97,3	34,35	
MSFT	Wismar	Wismar	808,5	285,39	
MSFV	Carl	Wismar	209,1	73,91	
MSGC	Germania	Wismar	448,6	158,33	
MSGD	Paul Thormann	Wismar	1359,7	479,97	
MSGF	Anna Thormann	Wismar	1147,6	405,11	
MSGH	Gustav Wilhelm	Wismar	383,3	135,31	
MSGK	Georg	Burg a. F.	82,6	29,17	
MSGL	Hoffnung	Wismar	48,0	16,83	
MSGN	Louise Lübeke	Wismar	897,1	316,40	
MSGP	Carl & Marie	Wismar	97,3	84,19	
MSGT	Frühling	Wismar	1064,6	375,99	
MSGV	Lydia	Wismar	197,9	69,83	
MSGW					
MSHB					
MSHC					
MSHD					
MSHF					
MSHG					
NBCF	Diedrich	West-Rhauderfehn	58,7	20,73	
NBCH	Luna	Horumersiel	198,1	68,17	
NBCK	Helene	Fedderwardersiel	63,0	22,34	
NBCR	Sophie Catharine	Rüstersiel	51,3	18,10	
NBCS	Steinhausen	Wilhelmshaven	193,6	68,34	
NBDP	Hosianna	Varelerhafen	144,7	51,80	
NBDR	Immanuel	Hookstel	122,3	43,17	
NBDV	Hoffnung	Bremerhaven	94,7	33,43	
NBDW	Hermann	Insel Langeoog	118,5	40,07	
NBFD	Johanne Auguste	Oldenburg a. d. Hunte	91,9	32,45	
NBFM	Anna Maria	Oldenburg a. d. Hunte	91,6	32,34	
NBFP	Margarethe	Elsfleth	146,0	51,84	
NBFQ	Meta	Fedderwardersiel	102,6	86,11	
NBFR	Hoffnung	Oldenburg a. d. Hunte	76,9	26,83	

* Tonnen zu 1000 Kilogramm.

NBFS — NCGT

Unter-scheidungs-Signale.	Namen der Schiffe.	Heimathshafen	Kubik-meter Netto-Raumgehalt.	Register-Tons .	Pferde-kräfte.
NBFS	Christina	Horumersiel	167,3	59,63	
NBFT	Frau Beta	Rekum	130,7	46,13	
NBFW	Frau Margarethe	Brake a. d. Weser	121,6	42,97	
NBGM	Courier	Fedderwardersiel	42,3	14,93	
NBHW	Maria	Fedderwardersiel	67,6	23,94	
NBJH	Marie	Barssel	54,3	19,24	
NBJM	Meta	Fedderwardersiel	64,3	22,66	
NBJT	Catharine	Geestemünde	99,4	85,09	
NBKC	Friedrich Georg	Waddensersiel	102,7	36,23	
NBKF	Anna Hinrike	Eekwardersiel	64,1	22,63	
NBLC	Hinderike Helene	Brake a. d. Weser	61,1	21,64	
NBLD	Sophie	Barssel	93,9	38,14	
NBLG	Frau Catharina	Brake a. d. Weser	112,7	39,76	
NBLK	Catharina	Ellenserdammersiel	74,9	26,14	
NBLS	Zwei Gebrüder	Weserdeich, Amts Berne	87,9	31,03	
NBMD	Familie	Barssel	210,6	76,34	
NBMQ	Johanna	Ellenserdammersiel	58,1	20,61	
NBMR	Elise Catharine	Ellenserdammersiel	60,3	21,38	
NBMT	Catharina	Brake a. d. Weser	136,9	48,39	
NBPC	Caroline	Iheringsfehn	44,6	15,64	
NBPD	Die drei Gebrüder	Weserdeich, Amts Berne	88,4	31,23	
NBPF	Catharina	Dedesdorf	78,1	27,37	
NBPW	Maria	Barssel	61,7	21,76	
NBQD	Anna Christine	Brake a. d. Weser	151,3	53,34	
NBQG	Gesina	West-Rhaoderfehn	45,9	16,30	
NBQL	Johann Georg	Weserdeich, Amts Berne	79,1	27,93	
NBRG	Frau Margarethe	Hammelwarden	90,0	31,77	
NBRK	Zwei Gebrüder	Oldenburg a. d. Hunte	87,1	30,90	
NBRM	Gesine	Barssel	71,7	25,61	
NBSH	Hoffnung	Oldenburg a. d. Hunte	121,6	42,93	
NBSJ	Zwei Gebrüder	Oldenburg a. d. Hunte	91,7	82,37	
NBSK	Zwei Gebrüder	Oldenburg a. d. Hunte	87,0	30,71	
NBTH	Frau Ida	Horumersiel	68,4	24,10	
NBVL	Nicolaus Heinrich	Elsfleth	112,4	89,60	
NBWH	Georg	Fedderwardersiel	42,7	15,09	
NBWL	Drei Gebrüder	Grossefehn	119,3	42,11	
NCBW	Christine	Oldenburg a. d. Hunte	98,4	32,79	
NCDG	Anna Friederike	Elsfleth	124,6	48,99	
NCDH	Frau Beta	Brake a. d. Weser	165,7	58,60	
NCDK	Zwei Gebrüder	Oldenburg a. d. Hunte	120,0	42,63	
NCDQ	Wilhelmine	Oldenburg a. d. Hunte	94,1	33,31	
NCFR	Georg	Elsfleth	148,7	50,73	
NCGB	Gesine	Weener	234,3	82,74	
NCGM	Margarethe	Brake a. d. Weser	189,4	66,96	
NCGR	Frau Maria	Barssel	57,9	20,60	
NCGT	Olympia	Varelerhafen	111,4	89,33	

NCHB — NCVS

Unter-scheidungs-Signale.	Namen der Schiffe.	Heimathshafen	Kubik-meter Netto-Raumgehalt.	Register-Tons	Pferde-kräfte.
NCHB	Christine	Brake a. d. Weser	387,s	136,n	
NCHD	W. Brügmann & Sohn No. IV.	Papenburg	465,s	164,n	
NCHV	Frau Margarethe	Drake a. d. Weser	63,s	22,ss	
NCJB	Catharina	Brake a. d. Weser	113,s	40,ss	
NCJD	Drei Gebrüder	Elsfleth	393,0	138,n	
NCJV	Hercules	Brake a. d. Weser	603,s	213,n	
NCKQ	Pax	Blumenthal, Amts Blumenthal	417,s	147,m	
NCKR	Beta	Brake a. d. Weser	208,s	73,ss	
NCKT	Henrike	Brake a. d. Weser	204,0	72,0r	
NCKW	Maria	Oldenburg a. d. Hunte	108,0	88,ss	
NCLB	Seelust	Ellenserdammersiel	325,s	114,ss	
NCLD	Helene	Brake a. d. Weser	187,s	66,ss	
NCLF	Frau Margarethe	Forge	173,0	61,ss	
NCLG	Heinrich & Wilhelm	Ost - Rhauderfehn	60,s	21,ss	
NCLH	Agnete	Insel Wangeroog	50,s	17,ss	
NCLJ	Ernte	Brake a. d. Weser	194,s	68,ss	
NCLQ	Henriette	Hooksiel	134,s	47,ss	
NCMB	Carl	Oldenburg a. d. Hunte	122,s	43,n	
NCMD	Gesine	Brake a. d. Weser	352,s	124,ss	
NCMH	Gesine Bernhardine	Jemgum	187,s	66,ss	
NCPG	Margaretha	Fedderwardersiel	77,s	27,ss	
NCPH	Georg Wilhelm	Lienen, Amts Elsfleth	125,s	44,ss	
NCPL	Gerhardine	Papenburg	93,s	83,0s	
NCPQ	Catharina	Brake a. d. Weser	77,s	27,ss	
NCQD	Sophia	Barssel	67,s	23,ss	
NCQG	Christine	Brake a. d. Weser	104,s	58,0r	
NCQH	Margaretha	Varelerhafen	185,s	65,ss	
NCQK	Iris	Brake a. d. Weser	320,s	113,ss	
NCQR	Friedrich	Oldenburg a. d. Hunte	117,s	41,sr	
NCQW	Catharina	Barssel	67,s	23,ss	
NCRB	Margarethe	Oldenburg a. d. Hunte	154,s	54,ss	
NCRK	Lienen	Blankenese	371,0	130,ss	
NCRM	Elise	Barssel	60,s	21,ss	
NCRV	Margaretha	Barssel	216,s	76,sr	
NCRW	Anna	Stralsund	505,s	178,ss	
NCSK	Anna	Elsfleth	572,s	202,ss	
NCSQ	Concordia	Elsfleth	538,s	190,0r	
NCST	Christine	Brake a. d. Weser	110,s	38,sr	
NCSV	Eduard	Hamburg	615,s	217,ss	
NCTD	Anna	Brake a. d. Weser	154,s	54,ss	
NCTS	Johanne	Brake a. d. Weser	182,s	64,ss	
NCVB	Meta	Brake a. d. Weser	208,s	73,ss	
NCVF	Elisabeth	Barssel	211,0	74,ss	
NCVG	Flora	Barssel	213,s	75,ss	
NCVH	Anna	Elsfleth	550,0	194,ss	
NCVK	Johanna	Elsfleth	585,s	206,ss	
NCVS	Anna Catharina	Tettensersiel	61,s	21,ss	

NCWB — NDKP

UnterscheidungsSignale.	Namen der Schiffe.	Heimathshafen	Kubikmeter Netto-Raumgehalt.	Register-Tons	Pferdekräfte.
NCWB	Sagitta	Brake a. d. Weser	611,6	215,86	
NCWJ	Margaretha Johanna	Barssel	240,0	84,73	
NCWL	Maria Lucia	Barssel	245,1	86,31	
NCWV	Sirene	Brake a. d. Weser	982,6	346,84	
NDBC	Castor	Emden	633,3	223,71	
NDBM	Mimi	Grossefehn	522,3	184,36	
NDBQ	Hellos	Hamburg	720,0	257,34	
NDBR	Martin	Hamburg	187,6	66,23	
NDBS	Heinrich	Barssel	272,4	96,16	
NDBW	Lisette	Barssel	202,3	92,49	
NDCB	Inca	Elsfleth	589,6	208,16	
NDCF	Japan	Neuenfelde, Amts Jork	594,7	209,93	
NDCG	Erndte	Elsfleth	529,3	186,90	
NDCK	Johannes	Elsfleth	604,6	213,60	
NDCP	Doris	Elsfleth	537,1	189,71	
NDCS	Mirjam	Hooksiel	61.3	21,64	
NDCV	Catharine	Barth	494,9	174,66	
NDCW	Argo	Elsfleth	707.4	249,11	
NDFB	Wanderer	Brake a. d. Weser	680,9	222,10	
NDFG	Annchen	Elsfleth	609,3	215,03	
NDFH	Delphin	Brake a. d. Weser	620,3	218,71	
NDFJ	Johann	Elsfleth	590,4	208,23	
NDFT	Meta	Brake a. d. Weser	105,8	38,64	
NDFW	Clara	Brake a. d. Weser	231,6	81,72	
NDGC	Lucie	Elsfleth	685.3	241,65	
NDGH	Maria Gesina	Barssel	271,6	95,en	
NDGK	Neptun	Elsfleth	696.4	245,71	
NDGP	Wangerland	Geestemünde	610,9	215,63	
NDGQ	Marie	Hooksiel	152.8	58,94	
NDGV	Asträa	Hamburg	633,7	223,90	
NDHB	Adeone	Elsfleth	609,9	215,23	
NDHC	Aradus	Elsfleth	707.6	249,70	
NDHF	Gesine	Elsfleth	701,9	247,17	
NDHJ	Palme	Brake a. d. Weser	632,1	223,13	
NDHT	Harmonie	Geestemünde	683.4	241,77	
NDJC	W. Brügmann & Sohn No. V	Papenburg	422,3	149,18	
NDJF	Industrie	Brake a. d. Weser	702.3	247,91	
NDJH	B. H. Steenken	Brake a. d. Weser	664.3	234,71	
NDJK	Gebrüder	Barssel	353.4	124,79	
NDJL	Sophia	Hooksiel	48.6	17,16	
NDJM	Catharine	Hooksiel	189,6	67,00	
NDJQ	Bessel	Elsfleth	722,7	255,13	
NDJT	Juno	Elsfleth	718,3	251,77	
NDJV	Thetis	Elsfleth	669,3	236,26	
NDJW	Leonore	Brake a. d. Weser	594,4	209,65	
NDKH	Friedrich	West-Rhauderfehn	306,9	108,33	
NDKJ	Magnet	Hamburg	802,7	283,23	
NDKP	Henny	Elsfleth	682,4	240,77	

NDKQ — NDRQ

Unter-scheidungs-Signale.	Namen der Schiffe.	Heimathshafen	Kubik-meter Netto-Raumgehalt.	Register-Tons	Pferde-kräfte.
NDKQ	Falke	Elsfleth	475,7	167,91	
NDKR	Hertha	Brake a. d. Weser	635,6	224,23	
NDKS	Ino	Brake a. d. Weser	608,4	214,77	
NDKT	Genius	Elsfleth	747,3	203,76	
NDLB	Metis	Karolinensiel	414,6	146,23	
NDLF	Der junge Prinz	Varelerhafen	297,1	104,68	
NDLH	Helene Maria	Brake a. d. Weser	274,4	96,67	
NDLJ	Genins	Elsfleth	694,6	245,13	
NDLP	Bolke	Geestemünde	723,9	255,54	
NDLQ	Friedrich	Brake a. d. Weser	651,7	280,08	
NDLR	Luna	Elsfleth	629,3	222,11	
NDLT	Lisette	Barssel	201,8	71,24	
NDLV	Lina	Karolinensiel	124,7	44,01	
NDMB	Hero	Brake a. d. Weser	748,4	264,18	
NDMF	Gemma	Elsfleth	866,4	305,84	
NDMG	Beta	Brake a. d. Weser	717,6	253,31	
NDMH	Gazelle	Elsfleth	883,3	311,79	
NDMJ	Diana	Elsfleth	800,1	282,44	
NDMK	Franz	Brake a. d. Weser	648,6	228,88	
NDML	Catharine	Elsfleth	797.7	281,41	
NDMQ	Leander	Brake a. d. Weser	731,3	258,13	
NDMR	Graf Wedel	Elsfleth	822,6	290,35	
NDMS	Elise	Elsfleth	866,6	305,91	
NDMT	Orpheus	Elsfleth	738,1	260,55	
NDMV	Biene	Elsfleth	716,7	252,89	
NDPC	Lienen	Elsfleth	719,3	253,96	
NDPH	Catharine	Barssel	207,0	73,07	
NDPJ	Anna Margaretha	Barssel	264,3	93,30	
NDPK	Formika	Elsfleth	891,7	314,76	
NDPL	Dankbarkeit	Eckwardersiel	58,5	20,76	
NDPQ	Johann Friedrich	Neuhaus a. d. Oste	685,1	241,97	
NDPR	Johanne Catharine	Brake a. d. Weser	177,4	62,83	
NDPS	Jantje	Emden	209,9	74,10	
NDPW	Gerhard Erdwin	Brake a. d. Weser	617,3	217,90	
NDQB	Etzborn	Elsfleth	752,8	265,74	
NDQC	Minerva	Elsfleth	902,7	318,42	
NDQF	Amor	Brake a. d. Weser	693,7	244,45	
NDQH	Jason	Elsfleth	1026,4	362,32	
NDQJ	Albatros	Bremen	872,4	307,96	
NDQL	Humboldt	Elsfleth	939,1	329,39	
NDQP	Emil	Elsfleth	902,0	318,44	
NDQR	Felix	Elsfleth	739,3	260,97	
NDQS	Meta	Brake a. d. Weser	696,3	245,79	
NDRF	Carl Gerhard	Brake a. d. Weser	937,6	331,04	
NDRG	Johanne	Brake a. d. Weser	124,4	43,81	
NDRH	Elisa	Barssel	212,4	74,96	
NDRL	Union	Barssel	66,8	23,34	
NDRM	Wilhelmine	Varelerhafen	174,9	61,67	
NDRQ	Specnlant	Blankenese	792,9	279,90	

NDRT — NFBS

Unter-scheidungs-Signale.	Namen der Schiffe.	Heimathshafen	Kubik-meter Netto-Raumgehalt.	Register-Tons	Pferde-kräfte.
NDRT	W. v. Frecden	Elsflcth		220,5*
NDRW	Columbus	Drake a. d. Weser	729,3	257,43
NDSB	Betty & Marie	Horumersiel	244,3	86,31
NDSG	Adolph	Elsfleth	724,4	255,19
NDSK	Bellona	Elsfleth	880,5	813,03
NDSL	Blumenthal	Geestemünde	566,9	200,12
NDSP	F. H. Lolllug	Elsfleth	991,8	850,11
NDSQ	Vorwärts	Elsfleth	1021,0	362,53
NDSR	Frank Wilson	Elsfleth	955,6	337,23
NDST	Emml & Otto	Blankenese	754,9	266,05
NDSV	Bernhard	Drake a. d. Weser	122,4	43,31
NDSW	Flora	Elsflcth	695,3	245,71
NDTB	Marianne	Geestemünde	274,3	96,79
NDTC	Atlantic	Drake a. d. Weser	828,3	290,63
NDTF	Helene	Elsfleth		256,5*
NDTG	Emma	Elsfleth	088,6	848,90
NDTH	Moltke	Drake a. d. Weser	758,1	267,62
NDTJ	Cathrina	Drake a. d. Weser	549,8	194,11
NDTK	v. Roon	Drake a. d. Weser	763,7	269,59
NDTM	Nordstern	Varelerhafen	200,4	70,03
NDTP	Margarethe	Stettin	814,2	110,62
NDTS	Vesta	Elsfleth	643,6	227,19
NDTV	Hinrich	Barssel	394,1	139,12
NDTW	Alida	Elsfleth	1094,1	986,31
NDVF	Anna	Elsfleth	631,3	228,98
NDVG	Adelhue Margarethe	Drake a. d. Weser	194,9	68,96
NDVH	Marie Beeker	Elsfleth	1464,0	516,79
NDVM	Hinrike	Drake s. d. Weser	742,1	262,16
NDVP	Auguste Margarethe	Ellenserdammersiel	58,6	18,92
NDVQ	Rappahannock	Drake s. d. Weser	241,3	85,36
NDVS	Cathrina	Barssel	60,0	28,34
NDWB	Zwei Geschwister	Hooksiel	21,3	7,76
NDWC	Aeolus	Elsfleth	1181,4	417,63
NDWF	J. H. Lübeken	Elsfleth	962,3	389,44
NDWM	Christine	Elsfleth	652,7	280,46
NDWP	Hinrich	Hamburg	745,9	268,31
NDWR	Charlotte	Elsfleth	1004,1	854,44
NDWT	Johanne	Drake s. d. Weser	848,1	121,13
NDWV	Iudia	Drake a. d. Weser	805,5	284,03
NFBC	Friedrich	Barssel	264,3	93,35
NFBD	Maria	Barssel	272,1	96,03
NFBG	Schiller	Elsfleth	1120,5	395,64
NFBH	Helene Hermine	Eckwardersiel	56,4	19,91
NFBK	Marie	Elsfleth	1219,0	430,30
NFBL	Mercur	Elsfleth	803,1	283,10
NFBP	Jürgen Friedrich	Eckwardersiel	59,5	21,11
NFBQ	Zwei Gebrüder	Drake s. d. Weser	195,5	69,01
NFBS	Catharine	Drake s. d. Weser	176,6	62,54

* Lasten an 4000 ℔.

Unter-scheidungs-Signale.	Namen der Schiffe.	Heimathshafen	Kubik-meter Netto-Raumgehalt.	Register-Tons	Pferde-kräfte.
NFBT	Friederike	Elsfleth	770,3	271,91	
NFBW	Ceres	Elsfleth	816,0	288,23	
NFCD	Johann	Elsfleth	1325,4	467,50	
NFCG	Anna Margaretha	Iheringsfehn	49,4	17,44	
NFCJ	Adler	Brake a. d. Weser	710,3	250,73	
NFCP	Gesine	Weserdeich, Amts Berne	187,1	66,98	
NFCQ	Anna	Elsfleth	711,1	251,92	
NFCS	Allda	Brake a. d. Weser	130,3	49,11	
NFCT	Ida	Elsfleth	1051,8	371,18	
NFCV	Margaretha	Elsfleth	1621,4	572,38	
NFCW	Catharine	Elsfleth	1217,3	429,66	
NFDK	Gesina Lucia	Barssel	232,1	82,13	
NFDM	Mathilde	Elsfleth	959,3	336,46	
NFDP	Christine	Brake a. d. Weser	777,1	274,91	
NFDR	Auguste Helene	Ellenserdammersiel	63,9	22,23	
NFDS	Eduard König	Brake a. d. Weser	629,1	222,67	
NFDT	†Vegesack	Bremen	74,6	26,34	40*
NFDV	Magdalene	Eckwardersiel	57,9	20,44	
NFDW	Taube	Brake a. d. Weser	618,0	218,15	
NFGB	Delphine	Brake a. d. Weser	065,4	234,90	
NFGC	Wilhelm	Brake a. d. Weser	235,4	83,10	
NFGD	Fortuna	Eckwardersiel	61,9	21,75	
NFGH	Dora	Brake a. d. Weser	1093,8	386,91	
NFGJ	Harmonie	Elsfleth	290,6	102,63	
NFGP	Catharina	Barssel	76,9	26,93	
NFGQ	Artillerist	Elsfleth	1407,9	496,99	
NFGR	Themis	Brake a. d. Weser	848,9	299,83	
NFGV	C. Thorade	Brake a. d. Weser	418,4	147,99	
NFHB	Gesine	Karolinensiel	169,1	59,70	
NFHC	Fiducia	Hooksiel	34,4	12,14	
NFHG	Gerhard	Brake a. d. Weser	468,8	165,42	
NFHJ	Adeline	Elsfleth	1500,4	529,63	
NFHK	Friederike	Weserdeich, Amts Berne	117,4	41,43	
NFHM	Nicolaus	Brake a. d. Weser	867,1	300,10	
NFHP	Annio	Elsfleth	1431,1	505,19	
NFHQ	Margaretbe	Nordloh	372.8	131,23	
NFHR	Hermann	Barssel	282.1	99,89	
NFHS	Deutschland	Elsfleth	1683,8	594,23	
NFHT	Lina	Elsfleth	1337,6	472,14	
NFHV	Bertha	Brake a. d. Weser	848,8	299,83	
NFHW	J. H. Ramien	Elsfleth	1786,9	630,11	
NFJB	Heinrich Wilhelm	Eckwardersiel	82,4	29,33	
NFJD	Catharine	Brake a. d. Weser	101,1	35,90	
NFJH	Catharina	Weserdeich, Amts Berne	77,0	27,14	
NFJL	Ingo	Elsfleth	973.1	343,54	
NFJM	Porto Plata	Brake a. d. Weser	763.9	269,56	

* Nominelle Pferdekräfte.

NFJP — NFPD

Unter-scheidungs-Signale.	Namen der Schiffe.	Heimathshafen	Kubik-meter Netto-Raumgehalt.	Register-Tons	Pferde-kräfte.
NFJP	Ocean	Brake a. d. Weser	1317,0	464,80	
NFJQ	Paulßo	Brake a. d. Weser	1304,8	460,80	
NFJR	Otto	Elsfleth	658,8	232,81	
NFJT	Hermes	Elsfleth	1832,4	470,43	
NFJV	Wilhelmine	Eckwarderslel	148,3	50,84	
NFKB	Gesine	Strohausersiel	92,4	32,61	
NFKC	Vesta	Brake a. d. Weser	364,1	128,43	
NFKD	Gesine Johanne	Strohausersiel	143,8	50,76	
NFKG	Paola	Elsfleth	1400,8	515,40	
NFKH	Fortuna	Elsfleth	1369,6	490,63	
NFKJ	Lina	Elsfleth	894,4	139,30	•
NFKL	Adule	Elsfleth	394,9	139,41	
NFKM	Fluenna	Barssel	82,8	29,12	
NFKP	Priscilla	Brake a. d. Weser	2004,9	930,13	
NFKQ	Lina	Brake a. d. Weser	586,6	207,67	
NFKR	Meta	Brake a. d. Weser	730,8	257,94	
NFKS	Felix II.	Elsfleth	1048,2	870,69	
NFKT	Atlantic	Elsfleth	1793,8	683,03	
NFKV	Louise	Elsfleth	1850,4	653,30	
NFKW	Astraea	Brake a. d. Weser	845,1	298,91	
NFLB	Johanne	Elsfleth	1076,3	591,78	
NFLC	Amazone	Brake a. d. Weser	895.0	315,30	
NFLG	Friederike	Hooksiel	209,9	74,10	
NFLJ	Speeulant	Elsfleth	1778.4	627,77	
NFLK	Union	Elsfleth	752,7	265,76	
NFLM	Christine	Brake a. d. Weser	189,8	66,34	
NFLP	Hansa	Brake a. d. Weser	711,9	251,30	
NFLQ	Peter	Fedderwardersiel	203,1	71,80	
NFLR	Louise	Brake a. d. Weser	131,9	46,33	
NFLS	Elisabeth	Brake a. d. Wrerr	39,1	14,83	
NFLT	Gesine	Brake a. d. Weser	130,9	49,14	
NFLV	Johanne Margarethe	Brake a. d. Weser	114,8	40,43	
NFLW	Helene	Brake a. d. Weser	129,8	45,40	
NFMB	Anna	Brake a. d. Weser	69,1	24,30	
NFMD	Radamanthus	Brake a. d. Weser	245,8	80,77	
NFMG	Catharina	Brake a. d. Weser	118,4	41,83	
NFMJ	Helene	Brake a. d. Weser	83,6	29,30	
NFMK	Sagterland	Barssel	358,1	126,41	
NFML	Helene	Barssel	317,9	112,30	
NFMP	Perle	Barssel	304,3	107,41	
NFMQ	Hebe	Brake a. d. Weser	655,9	231,43	
NFMR	Admiral	Elsfleth	2140,0	755,43	
NFMS	Frau Catharina	Brake a. d. Weser	106,0	37,43	
NFMT	Catharina	Brake a. d. Weser	138,3	48,40	
NFMV	Alinnee	Elsfleth	893,4	311,83	
NFMW	Drake	Brake a. d. Weser	118,3	41,16	
NFPB	Meta	Brake a. d. Weser	105,7	37,31	
NFPC	Romeo	Brake a. d. Weser	848,1	299,30	
NFPD	Sophia	Ohlenburg a. d. Hunte	115,0	40,90	

NFPG — NFSJ

Unter-scheidungs-Signale.	Namen der Schiffe.	Heimathshafen	Kubik-meter Netto-Raumgehalt.	Register-Tons	Pferde-kräfte.
NFPG	Eelke	Brake a. d. Weser	101,4	35,90	
NFPH	Gerhardine	Hooksiel	96,0	38,99	
NFPJ	Minna	Brake a. d. Weser	179,1	62,91	
NFPK	Sirius	Elsfleth	878,1	309,91	
NFPL	Vineta	Elsfleth	1885,3	665,47	
NFPM	Johanne	Brake a. d. Weser	64,0	22,59	
NFPQ	Anna	Steinkirchen, Amts Jork	35,9	12,67	
NFPR	Elise	Brake a. d. Weser	114,7	40,49	
NFPS	Anna	Brake a. d. Weser	74,4	26,13	
NFPT	Margarethe Catharine	Absersiel	60,3	21,16	
NFPV	Anna	Absersiel	61,4	21,14	
NFPW	Solide	Elsfleth	1079,4	592,47	
NFQB	Johann Carl	Elsfleth	1416,7	499,74	
NFQC	José Ginebra	Brake a. d. Weser	1022,0	860,17	
NFQD	Dorothea	Eckwardersiel	61,0	21,34	
NFQG	Anna	Absersiel	65,0	22,91	
NFQH	Gebrüder	Barssel	287,4	101,45	
NFQJ	Adonis	Brake a. d. Weser	1163,7	410,79	
NFQK	Anna	Brake a. d. Weser	114,6	40,41	
NFQL	Anna	Eckwardersiel	62,4	21,93	
NFQM	Meta	Elsfleth	812,6	286,84	
NFQP	Mensen Ernst	Varel	61,1	21,34	
NFQR	Musca	Elsfleth	1082,7	699,90	
NFQS	Emanuel	Elsfleth	1031,3	365,19	
NFQT	Ernte	Barssel	58,4	20,61	
NFQV	Pallas	Elsfleth	1705,3	601,93	
NFQW	Pamela	Brake a. d. Weser	28,3	10,06	
NFRB	Triton	Elsfleth	-	736,71	
NFRC	Oberon	Elsfleth	—	740,49	
NFRD	Don Guillermo	Elsfleth	—'	598,51	
NFRG	Walkyre	Elsfleth	2276,9	808,77	
NFRH	Immanuel	Varel	126,9	44,70	
NFRJ	Margarethe	Waddensersiel	73,3	25,88	
NFRK	Angela	Barssel	334,6	118,13	
NFRL	Adeline	Brake a. d. Weser	150,1	56,34	
NFRM	Jacobine	Brake a. d. Weser	814,1	297,91	
NFRP	Border Chief	Elsfleth	—	1010,91	
NFRQ	Marie	Elsfleth	875,4	309,09	
NFRS	Therese	Brake a. d. Weser	902,3	318,47	
NFRT					
NFRV					
NFRW					
NFSB					
NFSC					
NFSD					
NFSG					
NFSH					
NFSJ					

Unter-scheidungs-Signale.	Namen der Schiffe.	Heimathshafen	Kubik-meter Netto-Raumgehalt	Register-Tons	Pferde-kräfte.
NFSK					
NFSL					
NFSM					
NFSP					
NFSQ					
NFSR					
NFST					
NFSV					
NFSW					
PBCF	Industrie	Lemkenhafen	581,s	187,œ	
PBCG	Triton	Rostock	482,s	170,ss	
PBCJ	Elisabeth	Lübeck	529,1	186,77	
PBCN	Christine	Lübeck	258,7	91,ss	
PBCQ	Nautilus	Lübeck	760,7	268,ss	
PBCR	Norma	Lübeck	418,1	147,ss	
PBCV	Marie	Lübeck	519,s	183,ss	
PBCW	†Henriette	Lübeck	902,s	818,ss	80
PBDF	†Germania	Lübeck	580,1	204,78	80
PBDK	†Hansa	Lübeck	709,s	250,37	80
PBDL	†Helix	Lübeck	901,0	818,œ	80
PBDR	Beethoven	Lübeck	683,4	241,24	
PBDS	Bürgermeister Roeck	Lübeck	513,s	181,61	
PBDV	†Mercur	Lübeck	308,s	109,ss	25
PBFC	Lübeck	Lübeck	546,s	198,œ	
PBFD	Neptun	Lübeck	672,o	201,91	
PBFH	Mozart	Lübeck	662,4	283,ss	
PBFJ	Julie	Heiligenhafen	630,4	222,ss	
PBFL	†Nautilus	Lübeck	778,7	274,97	70
PBFM	†Alfred	Stettin	874,1	182,ss	55
PBFN	†Livonia	Lübeck	631,7	228,01	44
PHFR	†Finland	Lübeck	464,9	164,ss	40
PBFS	†Sirius	Lübeck	868,s	804,œ	50
PBFV	Teutonia	Wischhafen	648,o	229,ss	
PBFW	†Lübeck	Lübeck	608,s	214,ss	60
PBGC	Pallas	Lübeck	926,s	827,ss	
PBGD	†Nord	Lübeck	558,9	197,ss	40
PBGH	†Süd	Lübeck	568,s	198,ss	40
PBGJ	†Alpha	Lübeck	691,o	243,ss	60
PBGK	†Riga & Lübeck	Lübeck	550,4	194,ss	60
PBGM	†Novgorod	Lübeck	116,s	41,01	60
PBGQ	†Ostsee	Lübeck	829,s	292,ss	60
PBGS	†Strassburg	Lübeck	969,s	342,17	60
PBGT	†Newa	Lübeck	1316,1	464,sf	80
PBGW	†Trave	Lübeck	1243,s	438,97	80
PBHD	†Tiger	Bremen	427,s	150,ss	65
PBHJ	†Phoenix	Lübeck	2795,s	986,ss	130
PBHK	Catharina Juliane	Lübeck	521,s	188,ss	
PBHN	Alexander	Lübeck	573,1	202,ss	
PBHQ	†Pioneer	Lübeck	181,4	64,œ	25*

* Nominelle Pferdekräfte.

PBHR — QBKD

Unter-scheidungs-Signale.	Namen der Schiffe.	Heimathshafen	Kubik-meter Netto-Raumgehalt.	Register-Tons	Pferde-kräfte.
PBHR	†Alert	Lübeck	92,0	32,44	25**
PBHS	†Jona	Lübeck	92,0	32,44	25**
PBIT	†Luba	Lübeck	63,1	22,49	15**
PBHV	†Thekla	Lübeck	46,1	10,49	15**
PBHW	†Flora	Lübeck	619,1	218,71	60**
PBJC					
PBJD					
PBJF					
PBJG					
QBCD	Smidt	Bremen	4738,0	1672,73	
QBCF	Ellida	Bremen	1573,0	555,37	
QBCG	Hermine	Bremen	1682,6	593,94	
QBCH	Jupiter	Bremen	1926,3	679,91	
QBCK	Betty	Bremen	2721,3	961,37	
QBCN	†Baltimore	Bremen	4488,0	1584,33	730
QBCR	San Francisco	Bremen	. . . .	117,4*	
QBCS	Delphin	Weener	654,3	231,46	
QBCT	Anton Günther	Bremen	1219,1	440,93	
QBDW	Erna	Bremen	1618,4	682,03	
QBFH	Gessner	Bremen	2016,3	711,73	
QBFL	Brazileira	Bremen	866,0	805,70	
QBFN	Vesta	Bremen	893,6	315,43	
QBFP	Johannes	Bremen	2771,7	979,44	
QBFR	America	Bremen	1210,6	427,33	
QBFV	Johann Carl	Bremen	1097,4	387,44	
QBFW	Norma	Bremen	1827,4	645,44	
QBGC	Caroline	Bremen	2481,1	875,43	
QBGD	Inca	Bremen	1839,3	649,37	
QBGP	Cardenes	Hamburg	1129,3	388,46	
QBGR	Admiral	Bremen	2107,9	744,10	
QBGS	Marie	Stettin	796,8	281,37	
QBGT	Adolf	Bremen	2998,1	1058,84	
QBGV	Leopoldine	Hamburg	611,9	210,00	
QBHD	Atalanta	Bremen	1601,3	605,33	
QBHF	Brema	Bremen	. . . .	177,4*	
QBHG	Argonaut	Bremen	2120,1	750,63	
QBHJ	Republik	Bremen	1666,7	588,33	
QBHK	Leocadia	Bremen	2211,9	791,33	
QBHL	Lanrita	Elsfleth	606,3	285,37	
QBHM	†Rhein	Bremen	4995,3	1769,11	1715
QBHN	Constantia	Bremen	3279,6	1157,44	
QBHR	Johann Smidt	Bremen	1927,3	733,31	
QBHT	Willy Rickmers	Bremerhaven	2272,0	802,03	
QBJC	China	Bremen	2517,3	888,67	
QBJH	Athena	Geestemünde	2881,8	1018,33	
QBJP	Stephanie	Elsfleth	856,8	302,43	
QBJT	†Main	Bremen	5006,3	1767,23	1745
QBJV	E. v. Beaulieu	Bremen	950,8	335,63	
QBKD	Felix Mendelssohn	Bremen	2611,9	923,03	

* Lasten zu 6000 ℔.   ** Nominelle Pferdekräfte.

QBKF — QBTK

Unter-scheidungs-Signale.	Namen der Schiffe.	Heimathshafen	Kubik-meter Netto-Raumgehalt.	Register-Tons	Pferde-kräfte.
QBKF	Sebastian Bach . .	Bremen	2300,1	811,94	
QBKG	Marie Louise . . .	Bremen	2503,0	915,63	
QBKH	†Donau	Bremen	5017,7	1771,94	1745
QBKJ	Europa	Bremen	2446,7	863,48	
QBKM	Juno	Bremen	871,9	307,76	
QBKN	Wilhelmine	Elsfleth	706,9	249,54	
QBKP	Tolsko	Bremen	1939,1	681,80	
QBKT	†Ohio	Bremen	4562,0	1610,39	1014
QBKW	Galveston	Bremen	1753,1	618,94	
QBLC	Hongkong	Rügenwalde . . .	1091,9	385,44	
QBLH	Onkel	Geestemünde . . .	1258,6	444,13	
QBLK	Louise	Barth	1239,3	437,43	
QBLR	Iris . . . . . . ı .	Bremen	1488,1	526,19	
QBLT	Auguste	Bremen	2125,3	750,90	
QBLW	Henry	Bremen	2248,3	793,41	
QBMK	Shakspere	Bremen	3350,1	1182,33	
QBMP	Elena	Bremen	2240,3	790,67	
QBMR	Kosmos	Bremerhaven . . .	1103,0	389,36	
QBMW	Casilda	Elsfleth	1275,4	450,31	
QBND	Sirius	Bremen	2398,3	846,34	
QBNF	Wilhelmine	Rügenwalde . . .	829,3	292,73	
QBNJ	Asia	Bremen	2431,3	858,23	
QBNK	Everhard Delius .	Bremen	1728,1	610,03	
QBNL	Dahomey	Karolinensiel . . .	443,1	156,43	
QBNS	Carl	Bremen	3113,6	1099,18	
QBNT	Evan Dumas . . .	Bremen	360,1	127,13	
QBNW	Bremen	Pillau	2687,9	948,82	
QBPG	Göthe	Bremen	1495,3	527,91	
QBPJ	Senator Iken . . .	Bremen	3532,0	1246,60	
QBPK	St. Bernhard . . .	Bremen	2268,3	800,71	
QBPM	Helene	Bremen	2268,0	800,03	
QBPN	Richard	Bremen	2045,4	722,03	
QBPR	Bernhard	Stralsund	663,1	234,07	
QBPT	Clara	Bremen	1187,9	419,33	
QBPV	Columbus	Bremen	1674,3	591,00	
QBRF	Schiller	Bremen	1672,0	590,39	
QBRG	Emilie	Bremen	2469,7	871,81	
QBRJ	Johann Kepler . .	Bremen	2058,1	720,41	
QBRS	Columbia	Bremen	2398,3	846,36	
QBRV	Agnes	Bremen	2381,5	840,76	
QBSD	Harzburg	Bremen	1820,1	642,60	
QBSF	Salier	Geestemünde . . .	718,3	253,43	
QBSG	Johanne Marie . .	Bremen	1888,4	666,61	
QBSL	Olbers	Bremen	2406,3	849,39	
QBSN	Marco Polo . . .	Bremen	1695,3	598,11	
QBSP	Astronom	Bremen	2490,3	879,11	
QBSR	Scharnhorst . . .	Rostock	1162,4	410,37	
QBTJ	Peru	Bremen	1223,3	432,04	
QBTK	Batavia	Hamburg	1047,8	369,68	

QBTL — QCHF

Unter-scheidungs-Signale.	Namen der Schiffe.	Heimathshafen	Kubikmeter Netto-Raumgehalt.	Register-Tons	Pferde-kräfte.
QBTL	Arion	Geestemünde	606,2	213,79	
QBTR	Japan	Papenburg	826,5	291,67	
QBTS	Johanne	Bremen	2148,6	758,15	
QBVD	Blitz	Hamburg	583,7	206,15	
QBVH	†Schwalbe	Bremen	1480,6	522,43	203**
QBVK	†Schwan	Bremen	1372,3	484,43	203**
QBVL	Gutenberg	Bremen	1852,4	654,04	
QBVM	†Condor	Bremen	1490,1	526,00	203**
QBVP	†America	Bremen	4990,1	1763,62	1694
QBVR	†Möwe	Bremen	1525,3	538,40	203**
QBVT	Amaranth	Bremen	2543,4	897,62	
QBVW	Adelina & Marianne	Hamborg	851,1	300,43	
QBWG	†Adler	Bremen	1470,1	518,94	203**
QBWH	Meteor	Bremen	1684,3	594,43	
QBWJ	Clara	Rostock	1030,1	363,73	
QBWK	Ocean	Bremen	1971,1	695,90	
QBWN	Christel	Bremen	2490,2	879,64	
QBWS	Agnes	Bremen	701,2	248,39	
QBWV	Mercur	Bremen	1874,9	661,33	
QCBL	Alamo	Bremen	1733,4	611,59	
QCBM	Arracan	Bremen	2180,3	769,63	
QCBR	Freihandel	Bremen	2076,4	732,94	
QCBV	Wieland	Bremen	1704,3	601,03	
QCBW	Mozart	Bremen	2402,6	848,12	
QCDB	Laura & Gertrude	Bremen	2807,3	991,08	
QCDF	Falk	Stralsund	678,1	238,61	
QCDG	Coriolan	Bremen	2737,3	966,23	
QCDL	†Hermann	Bremen	4812,9	1698,72	1429
QCDN	Dr. Petermann	Bremen	2088,4	787,31	
QCDP	Anna	Elsfleth	1056,9	373,09	
QCDR	Dora	Bremen	1309,0	462,01	
QCDT	Ceder	Bremen	2035,3	718,43	
QCFG	H. Upmann	Bremen	1200,1	426,81	
QCFH	Dorette	Papenburg	226,6	80,00	
QCFJ	Friedrich Hartwig	Brake a. d. Weser	915,3	333,69	
QCFK	La Plata	Altona	820,1	289,13	
QCFL	†Falke	Bremen	1611,9	570,06	213**
QCFN	Drei Gebrüder	Flensborg	212,3	75,01	
QCGB	Gesine	Grossefehn	310,6	109,63	
QCGF	Neptun	Hamburg	1955,6	690,40	
QCGH	D. H. Wätjen	Bremen	3112,2	1215,10	
QCGJ	Friedrich & Adolph	Rostock	729,9	257,34	
QCGK	†Weser	Bremen	4919,2	1736,49	1561
QCGL	Beethoven	Bremen		160,0*	
QCGP	Texas	Bremen	1673,3	590,75	
QCGR	Charles Lüling	Bremen	3487,5	1231,10	
QCGT	Preciosa	Bremen	2069,3	730,46	
QCGW	Niagara	Bremen	2606,0	919,91	
QCHF	Maria Rickmers	Bremen	1554,3	548,84	

* Lasten zu 6000 ℔.   ** Nominelle Pferdekräfte.   8

QCHJ — QCMV

Unter-scheidungs-Signale.	Namen der Schiffe.	Heimathshafen der Schiffe.	Kubik-meter Netto-Raumgehalt.	Register-Tons	Pferde-kräfte.
QCHJ	†Berlin	Bremen	4198,7	1588,04	752
QCHK	Eben Ezer	Geestemünde	237,0	83,64	
QCHL	†Leipzig	Bremen	4557,3	1008,73	1033
QCHM	Christel	Hamburg	1884,0	605,06	
QCHN	von Berg	Bremen	1884,2	665,17	
QCHR	Germania	Geestemünde	387,4	119,69	
QCHS	Anina	Bremen	753,8	266,09	
QCHT	Diamant	Hamburg	839,0	296,19	
QCHV	Armin	Bremen	2385,3	812,90	
QCHW	†Frankfurt	Bremen	5062,4	1787,63	739
QCJB	Rio	Bremen	655,9	231,33	
QCJD	†Hannover	Bremen	5082,1	1793,90	830
QCJF	Detmar	Bremen	740,7	261,44	
QCJG	G. F. Haendel	Bremen	2511,5	886,66	
QCJH	Malvina	Bremen	1356,4	478,94	
QCKB	Moltke	Bremen	2314,3	827,43	
QCKD	Wilhelmine	Wolgast	764,1	269,73	
QCKH	†Köln	Bremen	4916,7	1736,89	784
QCKL	Canopus	Bremen	2456,4	867,11	
QCKN	Bremen	Bremen	2086,3	736,41	
QCKP	Göschen	Bremen	3221,7	1137,28	
QCKR	Louis	Bremen	1721,0	607,82	
QCKS	†Reiher	Bremen	2041,3	720,63	155**
QCKT	†Sperber	Bremen	2046,6	722,45	155**
QCKV	Virginia	Bremen	2415,9	852,81	
QCLB	Lima	Bremen	2355,3	831,41	
QCLD	†Kronprinz Friedrich Wilhelm	Bremen	4410,7	1556,97	762
QCLF	Etha Rickmers	Bremen	2885,6	1018,44	
QCLG	†Graf Bismarck	Bremen	4988,4	1761,06	788
QCLH	Jenny	Bremen	1925,1	679,34	
QCLJ	Hilke	Bremen	159,1	56,16	
QCLK	Alma	Bremen	2058,0	938,77	
QCLM	Peter Rickmers	Bremerhaven	1891,6	667,74	
QCLN	Admiral Tegetthoff	Bremen	2528,9	892,71	
QCLP	Magdalene	Bremen	3640,0	1219,62	
QCLS	Anna	Bremen	2385,0	841,73	
QCLT	C. R. Bishop	Bremen	. . .	408,0*	
QCLW	†Albatross	Bremen	2312,4	816,28	239**
QCMB	Josefa	Bremen	2308,9	815,63	
QCMG	Hedwig	Bremen	2289,6	808,23	
QCMH	†Strassburg	Bremen	6318,0	2230,28	960
QCMK	†Stranss	Bremen	1693,1	697,67	239**
QCML	George	Bremen	2178,0	768,63	
QCMN	†Mosel	Bremen	5314,6	1876,66	1816
QCMP	Eendragt	Bremen	134,8	47,43	
QCMR	Savannah	Bremen	3962,8	1398,76	
QCMV	Pauline	Bremen	1655,6	584,30	

* Lasten zu 6000 ℔. ** Nominelle Pferdekräfte.

QCNB — QCST

Unterscheidungs-Signale.	Namen der Schiffe.	Heimathshafen	Kubikmeter Netto-Raumgehalt.	Register-Tons	Pferdekräfte.
QCNB	Henriette	Bremen	2684,8	947,44	
QCNF	†Braunschweig . .	Bremen	6091,3	2150,34	1372
QCNG	Gerhard	Bremen	2574,8	908,91	
QCNK	Lina Schwoon . .	Hamburg	2425,8	856,34	
QCNL	†Hohenzollern . .	Bremen	5381,1	1899,83	1302
QCNM	†Nürnberg	Bremen	6117,1	2160,34	1817
QCNP	Germania	Bremen	2194,8	882,83	
QCNR	†H. F. Ulrichs . .	Bremen	1259,3	444,34	190
QCNW	Charlotte	Bremen	2323,9	820,84	
QCPB	†Neckar	Bremen	5296,4	1869,43	1679
QCPD	No. 13	Bremen	607,9	214,69	
QCPF	No. 15	Bremen	605,1	213,82	
QCPG	No. 17	Bremen	603,8	213,14	
QCPH	No. 19	Bremen	611,1	216,73	
QCPJ	No. 21	Bremen	608,3	215,18	
QCPK	No. 23	Bremen	607,4	211,11	
QCPL	†Cyclop	Bremen	211,3	74,03	41*
QCPM	†Paul Friedrich August	Bremen	159,1	56,16	48*
QCPN	†Roland	Bremen	328,1	114,33	72*
QCPR	†Simson	Bremen	185,3	65,43	139*
QCPS	†Pilot	Bremen	124,3	43,84	73*
QCPT	†Comet	Bremen	186,7	65,91	73*
QCPV	†Nordsee	Bremen	300,1	105,84	83*
QCPW	No. 18	Bremen	396,3	139,83	
QCRB	No. 20	Bremen	396,3	139,84	
QCRD	†Oder	Bremen	5359,1	1891,80	1865
QCRF	Lasker	Bremen	1984,7	700,60	
QCRG	Germania	Bremen	ca 2520	ca.890	
QCRH	Joseph Haydn . .	Bremen	2292,8	800,38	
QCRJ	Therese	Bremen	3085,3	1089,08	
QCRK	Auguste	Bremerhaven . .	2604,9	919,34	
QCRM	Elisabeth	Bremen	3313,3	1160,80	
QCRP	†Hohenstaufen . .	Bremen	5397,3	1905,34	1254
QCRS	Britannia	Bremen	2383,3	811,89	
QCRV	†General Werder .	Bremen	5155,3	1819,79	1461
QCRW	Theodor Körner .	Bremen	3091,9	1091,43	
QCSD	†Ceres	Bremen	1441,3	500,91	140
QCSF	Johann Ludwig . .	Bremen	2121,6	748,93	
QCSG	Caroline	Bremen	120,1	42,55	
QCSH	No. 33	Bremen	641,4	226,43	
QCSJ	Pallas	Bremen	ca.1103	ca.421	
QCSK	†Tell	Bremen	182,4	64,14	328
QCSL	†Hercules	Bremen	81,9	28,81	143
QCSM	†Biene	Bremen	64,3	22,67	165
QCSN	†Assecuradeur . .	Bremen	187,3	66,09	328
QCSP	†Reform	Bremen	110,9	89,14	178
QCSR	†Solide	Bremen	100,4	35,44	206
QCST	†Strom	Bremen	28,1	10,14	70

* Nominelle Pferdekräfte.

8*

QCSV — QDBJ

Unter-scheidungs-Signale.	Namen der Schiffe.	Heimathshafen	Kubik-meter Netto-Raumgehalt.	Register-Tons	Pferde-kräfte.
QCSV	†Diana	Bremen	117,1	41,34	235
QCSW	Baltimore	Bremen	3063,4	1081,43	
QCTB	Wilhelmine	Bremen	2396,3	845,86	
QCTD	†Triton	Bremen	179,6	63,40	76*
QCTF	G. F. Muntz	Bremen	2620,1	924,69	
QCTG	Agra	Bremen	2617,0	923,40	
QCTH	Maryland	Bremen	3151,3	1112,48	
QCTJ	Marie	Bremerhaven	2964,8	1046,30	
QCTK	Joe Raners	Bremen	2519,3	889,31	
QCTL	†Salier	Bremen	5361,3	1893,70	1481
QCTM	Hermann	Bremen	2404,8	848,19	
QCTN	†Neptun	Bremerhaven	68,3	24,11	48
QCTP	Victoria	Bremerhaven	2277,0	803,99	
QCTR	Capella	Bremen	2591,9	914,94	
QCTS	Humboldt	Bremerhaven	3620,0	1280,29	
QCTV	†Habsborg	Bremen	5411,4	1910,30	1369
QCTW	†Biene	Bremen	473,1	167,33	48
QCVB	Werra	Bremen	ca 2611	ca 932	
QCVD	Melusine	Bremen	2656,1	937,60	
QCVF	Spica	Bremen	2593,4	915,47	
QCVG	Fulda	Bremen	2504,9	884,23	
QCVH	George Washington	Bremen	3355,6	1184,40	
QCVJ	Assante	Bremen	857,6	802,74	
QCVK	India	Bremen	2657,0	937,93	
QCVL	Friedrich	Bremerhaven	4201,3	1483,03	
QCVM	Hampton Court	Bremen	2707,0	955,38	
QCVP	Stella	Bremen	3377,1	1192,11	
QCVR	Kathinka	Bremen	3386,4	1177,81	
QCVS	Schwan	Bremen	884,1	312,10	
QCVT	Gustav & Oscar	Bremen	3831,0	1352,33	
QCVW	Melchior	Bremerhaven	2726,3	962,44	
QCWB	Friedrich Perthes	Bremen	ca.1264	ca.446	
QCWD	Galatea	Bremen	3593,2	1268,40	
QCWF	Weser	Bremerhaven	2594,4	915,90	
QCWG	Frau Rebecca	Bremerhaven	106,7	37,04	
QCWH	Ida	Bremen	3675,8	1297,84	
QCWJ	Cleopatra	Bremerhaven	3493,0	1233,23	
QCWK	Undine	Bremen	2742,3	968,09	
QCWM	Regulus	Bremen	3158,2	1114,84	
QCWN	Johanna Gesina	Bremen	132,7	46,83	
QCWP	†Pionier	Bremen	196,8	69,80	100
QCWR	Cornelius	Bremen	2984,4	1053,46	
QCWS	Hohenzollern	Bremerhaven	2590,7	914,87	
QCWT	Fürst Bismarck	Bremen	2743,1	968,81	
QCWV	Diamant	Bremen	3343,0	1180,07	
QDBF	Kaiser	Bremen	3514,3	1240,81	
QDBG	Elisabeth Rickmers	Bremerhaven	3528,4	1245,53	
QDBH	Wega	Bremen	3159,3	1115,33	
QDBJ	†Pei-Ho	Bremen	1226,8	433,00	

* Nominelle Pferdekräfte.

QDBK — QDGP

Unter-scheidungs-Signale.	Namen der Schiffe.	Heimathshafen	Kubik-meter Netto-Raumgehalt.	Register-Tons	Pferde-kräfte.
QDBK	Kepler	Bremen	2146,6	757,34	
QDBL	Deutschland	Bremen	3515,1	1251,12	
QDBM	Charlotte	Bremen	3883,3	1370,81	
QDBN	Jessonda	Bremen	2500,1	882,93	
QDBP	Kaiser Wilhelm	Bremen	2742,6	968,14	
QDBR	Doris	Bremen	3286,8	1160,14	
QDBS	Christine	Bremen	1391,3	491,13	
QDBT	Elisabeth	Bremen	3509,1	1238,70	
QDBW	Visurgis	Bremen	c.3231*	cs.1141*	
QDCB	Anna	Bremerhaven	3262,3	1151,36	
QDCF	Lesmona	Bremen	c.3237*	cs.1141*	
QDCG	Sine	Bremen	ca.1319	cs.466	
QDCH	Marie Siedenburg	Bremen	3238,3	1143,11	
QDCJ	Dorothea	Bremen	199,0	70,33	
QDCK	Hedwig	Bremen	3189,4	1125,90	
QDCL	Arcturus	Bremen	3162,3	1116,30	
QDCM	Annie	Bremen	cs.076	cs.315	
QDCN	Bremen	Bremen	3624,4	1279,41	
QDCP	Atlantic	Bremerhaven	3576,7	1262,39	
QDCR	†J. H. Niemann	Bremen	2101,2	741,73	150
QDCS	No. 10	Bremen	618,0	218,13	
QDCT	Barbarossa	Bremerhaven	3719,7	1313,06	
QDCV	Goethe	Bremen	3285,9	1159,91	
QDCW	Antares	Bremen	3163,0	1116,43	
QDFB	Palme	Bremen	3083,4	1081,35	
QDFC	Pauline	Bremerhaven	3113,0	1098,90	
QDFG	Rossini	Bremen	2842,4	1003,41	
QDFH	†Bremen	Bremen	1905,3	672,64	100
QDFJ	Matthias	Bremen	3183,0	1123,60	
QDFK	Neptun	Bremen	3169,5	1118,47	
QDFL	Comet	Bremen	3068,6	1083,73	
QDFM	Heinrich	Bremerhaven	1208,3	1185,67	
QDFN	Anna	Bremen	3284,7	1159,09	
QDFP	†Vorwärts	Bremen	164,3	58,61	190
QDFR	Elise	Bremen	2788,3	981,41	
QDFS	Ida & Emma	Bremen	4006,0	1411,13	
QDFT	Fides	Bremen	751,4	265,59	
QDFV	Friedländer	Bremen	1187,6	1541,05	
QDFW	Betty	Bremerhaven	2246,6	793,04	
QDGB	No. 16	Bremen	395,7	139,64	
QDGC	No. 24	Bremen	398,3	110,36	
QDGF	No. 22	Bremen	394,8	139,38	
QDGH	Roland	Bremen	3803,4	1342,60	
QDGJ	Auguste	Bremerhaven	3955,2	1396,11	
QDGK	Clara	Bremen	2995,1	1057,77	
QDGL	Agnes	Bremen	2611,1	922,77	
QDGM	Western Chief	Bremen	2106,6	713,63	
QDGN	Julius	Bremen	2569,1	906,64	
QDGP	Hermann	Bremen	cs.3865	cs.1364	

* Brutto-Raumgehalt.

QDGR — RBFH

Unter-scheidungs-Signale.	Namen der Schiffe.	Heimathshafen	Kubik-meter Netto-Raumgehalt	Register-Tons	Pferde-kräfte.
QDGR	Señora Quintana	Bremen	911,1	382,43	
QDGS	Margarethe	Bremen	3177,9	1227,70	
QDGT	No. 14	Bremen	398,1	140,60	
QDGV	No. 42	Bremen	653,1	230,63	
QDGW	Schiller	Bremen	3475,1	1220,70	
QDHB	Wilhelm	Bremen	3726,4	1815,42	
QDHC	Johann Friedrich	Bremen	3501,1	1235,80	
QDHF	†Roland	Bremen	1144,4	403,47	200
QDHG	Donald Mackay	Bremerhaven	6270,4	2213,41	
QDHJ	Hansa	Bremen	3621,4	1279,18	
QDHK	Helene	Bremen	3515,4	1241,08	
QDHL	Mimi	Bremen	3592,1	1268,18	
QDHM	Don Quixote	Bremen	3308,1	1167,47	
QDHN	†Hansa	Bremen	5007,2	1788,07	1250
QDHP	Rudolph	Bremen	ca 3227	ca.1130	
QDHR					
QDHS					
QDHT					
QDHV					
QDHW					
QDJB					
QDJC					
QDJF					
QDJG					
QDJH					
QDJK					
QDJL					
QDJM					
QDJN					
QDJP					
QDJR					
QDJS					
QDJT					
RBCF	Sophie	Heiligenhafen	891,1	314,13	
RBCG	Pudel	Pillau	1247,9	440,80	
RBCJ	Washington	Stralsund	1280,1	452,09	
RBCM	†Plauet	Neumühlen bei Kiel	896,3	316,37	80
RBCQ	†Britannia	Hamburg	1257,1	443,48	100**
RBCS	†Roland	Hamburg	1297,4	458,00	96**
RBDH	Palmerston	Hamburg		586*	
RBDK	†Minerva	Hamburg	1521,4	537,13	100**
RBDL	†Germania	Hamburg	1501,1	530,12	110**
RBDP	†Cuxhaven	Hamburg	721,1	255,60	600
RBDT	Picolet	Hamburg	671,9	237,18	
RBDV	Hans	Hamburg	886,6	312,91	
RBFC	Canton	Bremen	1056,1	372,80	
RBFD	Pallas	Hamburg	1397,2	493,21	
RBFG	Sophie	Hamburg	690,4	243,71	
RBFH	Cap Horn	Hamburg		173*	

* Lasten zu 6000 ℔.   ** Nominelle Pferdekräfte.

RBFK — RBQK

Unter-scheidungs-Signale.	Namen der Schiffe.	Heimathshafen	Kubik-meter Netto-Raumgehalt	Register-Tons	Pferde-kräfte.
RBFK	San Luis	Hamburg	795,6	280,64	
RBFL	Amphitrite	Hamburg	680,0	240,04	
RBFV	Esther & Sophie	Hamburg	817,2	288,68	
RBGK	Rosa y Isabel	Hamburg	1152,0	406,68	
RBGL	Mercedes	Hamburg	1002,0	353,70	
RBGM	†Allemannia	Hamburg	5001,1	1765,84	1500
RBGN	Francisca	Hamburg	1041,9	367,79	
RBGV	Ann & Lizzy	Hamburg	958,1	388,31	
RBHD	Pyrmont	Hamburg	1142,3	403,19	
RBHG	Delphin	Hamburg	750,5	264,93	
RBHK	Florentine II.	Hamburg	212,2	74,91	
RBHM	†Astronom	Hamburg	1434,1	506,23	60**
RBHS	W. Brügmann & Sohn No. 1	Papenburg	467,0	164,86	
RBJF	Jalapa	Hamburg	618,9	218,47	
RBJG	Schwan	Hamburg	782,9	276,56	
RBKC	Impérieuse	Hamburg	1002,4	353,86	
RBKF	Anna Margaretha	Hamburg	229,0	80,84	
RBKJ	Tartar	Bremen	726,3	256,53	
RBKN	Palma	Hamburg	847,6	299,90	
RBKQ	Phönix	Hamburg	758,5	267,82	
RBKS	Zanzibar	Hamburg	954,7	337,01	
RBKT	Amanda & Elisabeth	Hamburg	1081,4	364,10	
RBLC	Deutschland	Hamburg	2375,1	838,43	
RBLH	Bruno & Marie	Hamburg	841,4	297,03	
RBLJ	Hamburg	Altona	989,4	340,23	
RBLK	Helene	Hamburg	870,6	130,64	
RBLQ	John & Gustav	Glückstadt	559,5	197,30	
RBMF	Toluca	Hamburg	677,7	239,23	
RBMG	†Uhlenhorst	Hamburg	1677,1	592,03	80**
RBMJ	Seenymphe	Hamburg	830,3	293,10	
RBMK	Eugénie	Hamburg	1974,1	696,80	
RBML	New-Orleans	Hamburg	868,3	818,57	
RBMS	Papa	Hamburg	1110,3	391,94	
RBMV	Merck	Hamburg	792,4	279,71	
RBND	Catharina	Hamburg	995,7	351,68	
RBNH	Mercurius	Stettin	912,9	822,39	
RBNJ	Herschel	Hamburg	2228,2	786,68	
RBNW	Maria	Hamburg	618,9	218,16	
RBPC	Norma	Hamburg	960,4	339,03	
RBPD	Marco Polo	Hamburg	1015,8	858,45	
RBPF	Fröhlich	Hamburg		160*	
RBPG	Clara	Hamburg	767,1	270,79	
RBPH	Gine	Mühlenberg, Kreis Pinneberg	750,2	264,83	
RBPV	Neptun	Hamburg	3369,6	1189,23	
RBPW	Carl & Auguste	Hamburg	1531,1	540,69	
RBQG	Elze	Hamburg	1007,8	355,66	
RBQK	Wandrahm	Hamburg	1912,1	674,97	

* Lasten zu 6000 g.   ** Nominelle Pferdekräfte.

RBQM — RCKN

Unter-scheidungs-Signale.	Namen der Schiffe.	Heimathshafen	Kubik-meter Netto-Raumgehalt.	Register-Tons	Pferde-kräfte.
RBQM	Elise	Blankenese	600,8	211,79	
RBQW	Laura	Altona	939,8	331,78	
RBSD	Heros	Hamburg	1200,8	423,66	
RBSK	Tai-Lee	Hamburg	724,8	255,85	
RBTF	La Rochelle	Hamburg	2090,7	738,81	
RBTG	Adolph	Hamburg	786,7	277,78	
RBTW	Fetisch	Hamburg	1251,3	441,47	
RBVF	Willink	Hamburg	530,4	187,33	
RBVK	Hermann	Barth	169,7	59,91	
RBVS	†Cimbria	Hamburg	5261,3	1857,17	2000
RBVT	†Hansa	Hamburg	1456,9	514,28	120**
RBWC	Wega	Hamburg	1117,9	894,83	
RBWF	†Alster	Hamburg	1633,8	576,73	80**
RBWH	Ida Maria	Hamburg	910,4	321,37	
RBWQ	Oscar Mooyer	Flensburg		170ᵃ	
RBWS	Nubia	Hamburg	810,5	314,34	
RBWV	Edmund & Louise	Hamburg	997,9	352,36	
RCBG	Professor	Hamburg	1450,4	512,92	
RCBM	Deutschland	Blankenese	790,9	278,96	
RCBN	Shakespeare	Hamburg	2485,9	877,83	
RCBT	Orion	Eckernförde		150ᵃ	
RCDB	Paradies	Hamburg	980,7	346,19	
RCDF	Jupiter	Hamburg	850,9	800,87	
RCDG	Manila II.	Hamburg	1448,6	511,37	
RCDH	Mikado	Hamburg	935,9	830,34	
RCDJ	Nicoline	Hamburg	939,4	381,69	
RCDK	Georg Kolberg	Wolgast	1118,3	394,76	
RCDS	Maria Sophia	Hamburg	928,7	327,42	
RCDV	Ernst	Hamburg	959,4	838,81	
RCFG	Johan Cesar	Hamburg	1103,6	389,64	
RCFP	Georg Blohm	Hamburg	1319,4	465,79	
RCFQ	Hammonia	Hamburg	1155,8	408,60	
RCFS	Undine	Hamburg	2153,7	760,77	
RCGB	Lagos	Hamburg	992,9	350,19	
RCGF	Amelie	Hamburg	669,9	236,19	
RCGK	Batavia	Hamburg	1011,4	367,61	
RCGV	Mathilde	Hamburg	827,3	291,44	
RCGW	Henrique Teodoro	Hamburg	1156,4	408,77	
RCHF	Victoria	Hamburg	577,8	203,96	
RCHG	Alardus	Hamburg	2262,2	798,53	
RCHJ	Aeolus	Brake a. d. Weser	431,6	152,84	
RCHL	†Capella	Hamburg	1663,8	587,31	360
RCJG	Gutenberg	Hamburg	2012,7	710,47	
RCJH	Atalanta	Hamburg	3260,7	1151,84	
RCJK	Irene	Hamburg	755,4	266,79	
RCJL	Adolph	Hamburg	1508,4	581,14	
RCJP	Maria Lucie	Hamburg	1055,7	372,67	
RCJV	Wohldorf	Kiel	717,4	253,36	
RCKN	Perle	Hamburg	1150,4	405,98	

* Lasten zu 6000 ℔.   ** Nominelle Pferdekräfte.

RCKW — RDBF

Unter-scheidungs-Signale.	Namen der Schiffe.	Heimathshafen	Kubik-meter Netto-Raumgehalt.	Register-Tons	Pferde-kräfte.
RCKW	Figaro	Hamburg	912,6	322,15	
RCLD	Therese	Eckernförde . . .	1107,2	390,33	
RCLH	Coquette	Hamburg	797,1	281,30	
RCLP	Ocean	Memel	1224,7	432,70	
RCLV	Martha	Hamburg	1176,6	415,33	
RCMB	Ferdinand	Hamburg	1176,5	416,14	
RCMG	Content	Heiligen, Kreis Pinne-berg	99,4	85,09	
RCMT	San Francisco . .	Hamburg	1277,6	450,97	
RCNB	Ilonito	Hamburg	1485,6	524,41	
RCNG	Therese Behn . .	Hamburg	1372,4	484,83	
RCNJ	Pfeil	Blankenese	536,4	189,36	
RCNK	A. E. Vidal . . .	Altona	942,4	332,67	
RCNL	† Westphalia . . .	Hamburg	5838,7	2061,04	2500
RCNS	Carolina	Hamburg	1189,1	402,99	
RCNT	Andreas	Hamburg	1200,0	423,41	
RCPD	Ino	Altona	976,5	341,17	
RCPJ	Bertha	Hamburg	1254,7	442,73	
RCPK	Iphigenia	Hamburg	1314,3	463,93	
RCPM	Civiale	Hamburg	1073,9	379,60	
RCPT	Eduard	Hamburg	1667,5	588,54	
RCQG	Taikun	Hamburg	925,4	326,67	
RCQL	† China	Hamburg	. . .	288*	450
RCQM	Guaymas	Hamburg	867,3	306,23	
RCQW	Alice	Hamburg	511,1	180,43	
RCSD	Alcides	Hamburg	811,6	288,46	
RCSJ	Mercur	Barssel	329,4	116,41	
RCSM	Albert	Hamburg	821,3	289,91	
RCSW	Venezuela	Neuhaus a. d. Oste	880,9	310,95	
RCTF	A. H. Wille . . .	Hamburg	2963,5	1046,23	
RCTH	Albatros	Hamburg	1113,3	393,00	
RCTJ	Berend	Hamburg	925,9	326,33	
RCTQ	Hansa	Stettin	732,9	258,66	
RCTV	Patria	Hamburg	1109,0	391,19	
RCVB	† Tender	Hamburg	. . .	85*	80
RCVD	Tek-Li	Hamburg	. . .	160*	
RCVJ	Carmelita & Ida	Hamburg	1241,9	438,40	
RCVK	Hilda Maria . . .	Hamburg	781,1	275,71	
RCVM	Daniel	Hamburg	1179,4	416,34	
RCVW	Susanne Godeffroy .	Hamburg	3169,3	1118,76	
RCWF	Varuna	Hamburg	1376,3	486,69	
RCWJ	Hansa	Hamburg	1412,4	498,63	
RCWK	Friedeburg	Hamburg	2177,4	768,43	
RCWN	Moorburg	Hamburg	644,9	227,33	
RCWP	† Silesia	Hamburg	6203,6	2189,01	2500
RCWQ	Amelie	Hamburg	1420,6	501,68	
RCWS	Panama	Hamburg	1165,6	411,46	
RCWV	Carl Graf Attems .	Hamburg	964,3	340,10	
RDBF	Peter Godeffroy . .	Hamburg	1309,9	462,23	

* Lasten zu 6000 ℔.

RDBG — RDKQ

Unter-scheidungs-Signale.	Namen der Schiffe.	Heimathshafen	Kubik-meter Netto-Raumgehalt.	Register-Tons	Pferde-kräfte.
RDBG	Lammersbagen . .	Hamburg	2417,s	853,ss	
RDBH	Allegro	Hamburg	370,s	130,ro	
RDBL	Favorito	Hamburg	734,o	259,io	
RDBV	Fortuna	Hamburg	2693,7	950,ss	
RDCF	America	Hamburg	3455,4	1219,78	
RDCG	Angostura . . .	Hamburg		187"	
RDCL	Upoln	Hamburg	. . .	56°	
RDCQ	Gustav Adolph . .	Hamburg	877,s	309,ss	
RDCT	Tarquin	Hamburg	1921,7	678,ss	
RDCW	Allemannia . . .	Hamburg	559,s	197,u	
RDFG	Dorothea	Hamburg	2877,s	1015,ss	
RDFK	Terpsichore . . .	Hamburg . . .	3400,s	1200,ss	
RDFL	Magellan	Hamburg	1283,s	435,us	
RDFM	Fanny	Rostock	1214,7	428,rs	
RDFN	Prinz Albert . . .	Hamburg	1675,s	591,ss	
RDFP	†Alert	Hamburg	1639,s	578,ss	420
RDFQ	†Schmidborn . . .	Hamburg	735,s	259,rs	260
RDFS	Europa	Hamburg	2835,s	1000,ss	
RDFT	Johann	Hamburg	567,s	200,ss	
RDGC	Francis Wölber . .	Hamburg	217,s	76,rs	
RDGH	†Vandalia	Hamburg	5510,s	1945,ss	1500
RDGJ	G. H. Wappäus . .	Hamburg	1524,s	538,oo	
RDGK	Amanda	Hamburg	637,s	224,ss	
RDGM	Minna	Hamburg	1294,s	456,ss	
RDGN	Hercules	Elsseth	1590,s	561,ss	
RDGT	†Africa	Lübeck	772,7	272,rs	40
RDHB	Edith Mary	Hamburg	733,s	259,oo	
RDHC	Euterpe	Hamburg	1765,s	623,ss	
RDHF	†Hamburg	Hamburg	1219,s	430,ss	320
RDHJ	Evelina	Hamburg	1548,s	544,ss	
RDHL	Louise & Georgine .	Hamburg	969,s	342,rr	
RDHM	Republik	Hamburg	479,s	169,ss	
RDHP	Humboldt	Hamburg	2035,s	718,ss	
RDHQ	†Rio	Hamburg	2834,s	1000,ss	640
RDHW	Saturnus	Hamburg	1723,s	608,ss	
RDJC	Elizabeth Emily . .	Hamburg	930,s	328,ss	
RDJH	Thormählen	Hamburg	. . . .	891**	
RDJL	Comet	Hamburg	109,s	38,sr	
RDJM	Uranus	Hamburg	2745,s	969,is	
RDJP	Johannes	Hamburg	96,s	34,io	
RDJQ	Dorothea	Hamburg	1755,s	619,ss	
RDJT	†Bahia	Hamburg	4002,s	1413,ss	1000
RDJW	†Atalanta	Hamburg	2217,s	782,ss	450
RDKG	Suaheli	Hamburg	1034,s	365,ss	
RDKL	†Olympia	Hamburg	2217,s	782,rs	450
RDKM	Seelent	Heiligenhafen . .	402,s	142,ss	
RDKN	Richard	Hamburg	1294,o	456,rs	
RDKP	†Frisia	Hamburg	5613,s	1981,ss	2800
RDKQ	†Hamburg	Hamburg	1544,7	545,ss	110***

* Lasten zu 6000 ℔   ** Tonnen zu 1000 Kilogramm.   *** Nominelle Pferdekräfte.

RDKS — RDQK

Unter-scheidungs-Signale.	Namen der Schiffe.	Heimathshafen	Kubik-meter Netto-Raumgehalt.	Register-Tons	Pferde-kräfte.
RDKS	Nilo	Hamburg	876,2	309,34	
RDLC	†Bellona	Hamburg	2286,7	769,83	450
RDLF	Henriette Behn	Hamburg	1769,8	624,73	
RDLJ	†Neapel	Hamburg	1804,9	637,14	440
RDLK	†Lissabon	Hamburg	2125,1	750,16	480
RDLM	†Hansa	Hamburg	. . .	185"	160
RDLN	†Pfeil	Hamburg	1784,5	629,93	90**
RDLQ	†Messina	Hamburg	2044,8	721,93	480
RDLS	†Sakkarah	Hamburg	3182,1	1122,28	630
RDLV	†Madagascar	Hamburg	2500,0	882,61	480
RDLW	Godeffroy	Hamburg	1507,3	582,07	
RDMB	†Wega	Hamburg	1989,6	702,42	640
RDMC	†Buenos Aires	Hamburg	4130,2	1663,86	1200
RDMF	†Memphis	Hamburg	3136,4	1107,16	675
RDMG	Vesta	Hamburg	1980,5	699,16	
RDMH	Iris	Hamburg	1435,3	506,86	
RDMJ	Carl Ritter	Hamburg	1688,3	595,99	
RDMK	Helene	Hamburg	149,9	52.89	
RDML	Adolph	Hamburg	1645,1	580,71	
RDMN	†Denderah	Hamburg	3117,4	1100,44	675
RDMP	Maria	Hamburg	84,7	29,69	
RDMQ	†Argentina	Hamburg	4005,1	1413,61	1000
RDMS	Margaretha	Rendsburg	162,4	57,34	
RDNB	Schwan	Hamburg	36,9	13,01	
RDNC	†Luxor	Hamburg	2835,9	1001,67	585
RDNF	†Kronprinz	Hamburg	2399,6	846,34	98**
RDNG	†Cassandra	Hamburg	2987,4	1086,90	560
RDNJ	Elisabeth	Hamburg	1568,3	553,39	
RDNK	Cesar Godeffroy	Hamburg	1905,8	672,17	
RDNL	†Ibis	Hamburg	3104,6	1095,93	675
RDNM	Fanny	Hamburg	987,1	348,43	
RDNS	Patagonia	Hamburg	1390,2	490,66	
RDNV	†Montevideo	Hamburg	4182,6	1476,41	1000
RDNW	Helorieh	Estebrügge	136,7	48,38	
RDPB	Ida	Hamburg	305,4	107,97	
RDPG	Marie	Hamburg	1317,9	404,91	
RDPH	†Gemma	Hamburg	1782,6	629,23	100**
RDPJ	Louisa	Hamburg	ca 694	ca. 245	
RDPK	Karl	Hamburg	1082,4	382,22	
RDPN	Sophie Helene	Hamburg	1509,4	532,71	
RDPQ	†Vulcan	Hamburg	2304,1	813,34	500
RDPS	Gustav	Hamburg	513,7	181,33	
RDPT	†Cyclop	Hamburg	2075,4	732,62	500
RDPV	†Valparaiso	Hamburg	4372,7	1543,39	1160
RDPW	Erato	Hamburg	1816,1	641,96	
RDQC	†Lotharingia	Hamburg	2024,7	714,71	1000
RDQH	†Herder	Hamburg	6553,3	2313,33	3000
RDQJ	Peter	Hamburg	881,9	311,31	
RDQK	Hansa	Hamburg	674,9	288,23	

* Tonnes zu 1000 Kilogramm. ** Nominelle Pferdekräfte.

RDQM — RFBT

Unter-scheidungs-Signale.	Namen der Schiffe.	Heimathshafen	Kubik-meter Netto-Raumgehalt.	Register Tons	Pferde-kräfte.
RDQM	West Nord West .	Hamburg	293,0	103,63	
RDQV	Levuka	Hamburg	214,0	75,83	
RDQW	†Graf Moltke . . .	Hamburg	62,3	21,38	80°
RDSB	Johann	Hamburg	101,6	35,54	
RDSF	†Etna	Hamburg	30,6	13,90	25°
RDSG	†Helgoland	Kiel	1221,8	432,38	200°
RDSJ	†Blankenese . . .	Hamburg	656,8	231,39	800
RDSM	Fraucn & Amanda	Hamburg	1019,4	370,83	
RDSN	†Enak	Hamburg	104,4	36,54	75°
RDSP	†Magnet	Hamburg	48,6	17,16	70°
RDSQ	†Goliath	Hamburg	104,6	36,90	70*
RDST	†Germania	Hamburg	31,6	11,77	35°
RDSV	†Vorwärts	Hamburg	67,1	23,88	35°
RDSW	†Martin Pöpelan	Hamburg	54,4	19,86	85°
RDTB	†Roland	Hamburg	54,3	19,17	45°
RDTC	†Hercules	Hamburg	53,3	18,90	45°
RDTG	†Vulcan	Hamburg	81,0	29,64	60°
RDTJ	†Pionier	Königsberg i. Pr. . .	857,3	302,63	65°
RDTL	†Sequens	Swinemünde . . .	143,1	50,64	112
RDTM	Vater Gerhard . .	Hamburg	1082,4	382,98	
RDTS	Tellus	Hamburg	1219,3	430,13	
RDTW	General von Werder	Hamburg	988,0	348,16	
RDVF	Nicolaus	Hamburg	93,6	33,10	
RDVJ	Ida	Hamburg	ca.67	ca.24	
RDVK	†Altona	Hamburg	52,3	18,84	30°
RDVL	Bertha	Hamburg	1681,8	593,64	
RDVN	Caroline Hehn . .	Hamburg	1907,4	673,11	
RDVP	†Lessing	Hamburg	6401,0	2269,84	3000
RDVQ	Confucutia	Hamburg	1014,7	358,10	
RDVS	Alster	Hamburg	1636,3	577,38	
RDVW	Faugh Balaugh . .	Hamburg	ca.787	ca.278	
RDWF	Hugo	Hamburg	2680,8	949,70	
RDWG	Mathilde	Hamburg	738,8	260,70	
RDWH	Juno	Hamburg	1165,3	517,84	
RDWJ	†Suevia	Hamburg	6090,6	2153,63	2250
RDWK	Livingstone	Hamburg	1503,9	530,84	
RDWL	Margaret Blohm . .	Hamburg	856,1	302,31	
RDWM	Papa	Hamburg	2119,4	748,40	
RDWQ	Fritz Reuter . . .	Hamburg	4178,8	1475,13	
RDWT	Polynesia	Hamburg	2790,8	985,16	
RFBC	†Uranos	Hamburg	1970,4	695,67	100°
RFBG	Friedrich Hasselmann	Hamburg	ca.3125	ca.1200	
RFBK	Franz Uthemann .	Hamburg	ca.2180	ca.879	
RFBL	Venus	Hamburg	71,1	25,13	
RFBM	†Gellert	Hamburg	6407,3	2261,77	8000
RFBN	Klio	Hamburg	2323,5	820,49	
RFBP	Gloria	Hamburg	129,0	45,53	
RFBS	Charles Dickens .	Hamburg	3765,0	1329,34	
RFBT	Doña Zoyla	Hamburg	441,8	155,97	

* Nominelle Pferdekräfte.

RFBW — RFJB

Unter-scheidungs-Signale.	Namen der Schiffe.	Heimathshafen	Kubik-meter Netto-Raumgehalt.	Register-Tons	Pferde-kräfte.
RFBW	Pedraza	Hamburg	1925,3	679,73	
RFCB	Wilhelmine	Hamburg	150,3	53,03	
RFCD	Montana	Hamburg	1362,8	481,07	
RFCG	Welle	Hamburg	52,9	18,47	
RFCH	Emaouel	Hamburg	102,8	36,24	
RFCJ	†Feronia	Hamburg	3159,3	1115,29	640
RFCK	†Wieland	Hamburg	6423,4	2267,34	3000
RFCL	Adele	Hamburg	1964,0	693,30	
RFCM	†Stromboli	Hamburg	69,7	24,60	225
RFCQ	Jupiter	Hamburg	2551,0	900,30	
RFCS	Argo	Hamburg	2788,3	984,13	
RFCT	Anna Bertha	Hamburg	1327,6	468,64	
RFCV	Esmeralda	Hamburg	2232,3	787,97	
RFCW	Mercur	Hamburg	289,6	102,23	
RFDC	Stella	Hamburg	1419,4	500,94	
RFDG	Irma	Hamburg	1303,3	460,04	
RFDH	Ella	Hamburg	1311,7	464,09	
RFDJ	Orion	Hamburg	2714,5	958,23	
RFDL	Margaretha Gaiser	Hamburg	1096,3	386,96	
RFDM	†Vesuv	Hamburg	67,7	23,90	225
RFDQ	Tongatabu	Hamburg	ca. 406	ca. 143	
RFDT	Thalassa	Hamburg	1832,8	646,96	
RFDW	Johanna Kremer	Hamburg	793,3	279,77	
RFGC	Lion	Hamburg	95,6	33,73	
RFGD	Hermann	Hamburg	291,5	103,01	
RFGH	Elisabeth	Hamburg	316,3	111,62	
RFGK	Gesine	Hamburg	230,9	81,13	
RFGL	Hermine	Hamburg	992,9	350,18	
RFGM	Kalliope	Hamburg	3089,7	1090,33	
RFGN	Elise	Hamburg	776,3	274,18	
RFGP	†Taucher	Hamburg	28,9	10,21	8*
RFGQ	†Hesperia	Hamburg	3218,5	1136,14	640
RFGV	Gloria	Hamburg	105,5	37,24	
RFGW	Ellnora	Hamburg	628,3	221,23	
RFHB	Melpomene	Hamburg	2917,3	1029,49	
RFHC	Oscar	Hamburg	2082,3	735,40	
RFHD	Va-vao	Hamburg	ca. 207	ca.73	
RFHG	Friederich	Hamburg	1684,3	594,42	
RFHJ	Durango	Hamburg	820,9	289,74	
RFHL	Hydra	Hamburg	2226,3	785,29	
RFHM	Anna	Hamburg	1408,3	496,30	
RFHN	†Betty Sauber	Hamburg	2136,3	754,10	99*
RFHP	Elisabeth	Hamburg	106,7	37,41	
RFHQ	Cunra	Hamburg	1953,7	689,69	
RFHS	†Matador	Hamburg	35,6	12,38	25*
RFHT	Tutuila	Hamburg	ca 148	ca.52	
RFHV	Paladin	Hamburg	1549,3	546,47	
RFHW	†Palermo	Hamburg	2393,6	844,73	125*
RFJB	Franziska	Hamburg	ca 209	ca.74	

* Nominelle Pferdekräfte.

RFJC — RFMS

Unter-scheidungs-Signale.	Namen der Schiffe.	Heimathshafen	Kubik-meter Netto-Raumgehalt.	Register-Tons	Pferde-kräfte.
RFJC	†Ramses	Hamburg	3303,4	1166,11	160*
RFJD	Regina	Hamburg	72,6	25,63	
RFJG	Gottlieb	Hamburg	598,5	210,58	
RFJH	†Kronprinz	Hamburg	71,0	25,06	90*
RFJK	Adolph	Hamburg	2456,5	867,17	
RFJL	Johann Wichhorst	Hamburg	1221,1	431,03	
RFJM	Margaretha	Hamburg	205,9	72,44	
RFJQ	Constanze	Hamburg	2769,5	977,62	
RFJS	Emil Julius	Hamburg	1362,5	480,97	
RFJT	Excelsior	Hamburg	1838,5	648,59	
RFJW	Tialok	Hamburg	420,6	148,47	
RFKB	Atalante	Hamburg	ca.185	ca.46	
RFKC	†Hero	Hamburg	19,9	7,63	80
RFKD	Stella	Hamburg	548,4	193,50	
RFKG	†Santos	Hamburg	4561,9	1610,14	1170
RFKH	Sophie	Hamburg	1364,3	481,65	
RFKJ	†Teutoola	Hamburg	16,3	5,73	12*
RFKL	†Mobil	Hamburg	27,2	9,60	20*
RFKM	†Lagos	Hamburg	208,3	73,49	100
RFKQ	†Peter	Hamburg	24,4	8,60	18*
RFKS	Matauta	Hamburg	ca.302	ca.107	
RFKT	Dione	Hamburg	1819,4	642,39	
RFKV	Plejaden	Hamburg	1009,4	356,31	
RFKW	†Prinz FriedrichCarl	Hamburg	3621,3	1278,52	160*
RFLB	Pandor	Hamburg	1685,5	594,90	
RFLC	Angelus	Hamburg	1665,6	587,95	
RFLD	†M' Pongwe	Hamburg	322,7	113,91	20*
RFLG	Indra	Hamburg	1960,6	695,27	
RFLH	Johann Illnrich	Hamburg	1163,7	410,79	
RFLJ	Cathrine	Hamburg	421,3	148,72	
RFLK	La Gironde	Hamburg	ca.210	ca.74	
RFLM	Achilles	Hamburg	108,6	38,12	
RFLN	†Bismarck	Hamburg	66,7	23,54	60*
RFLQ	Amalia	Hamburg	958,6	338,59	
RFLS	Paradox	Hamburg	1933,5	682,33	
RFLT	Fogoloa	Hamburg	ca.86	ca.30	
RFLV	Loreley	Hamburg	ca.258	ca.91	
RFLW	Louslanna	Hamburg	ca.101	ca.36	
RFMB	Phönix	Hamburg	1936,3	683,46	
RFMC	Louisa & Augusta	Hamburg	3121,5	1101,00	
RFMD	Orinoco	Hamburg	640,3	193,90	
RFMG	Hesperus	Hamburg	2740,5	967,39	
RFMH	Mazatlan	Hamburg	1480,5	522,63	
RFMJ	Copernicus	Hamburg	3434,3	1212,61	
RFMK	A. C. de Freitas	Hamburg	ca.2871	ca.1014	
RFMN	Hylgia	Hamburg	943,7	333,13	
RFMP	†Pacific	Hamburg	ca.198	ca.70	65*
RFMQ	†Prinz Wilhelm	Hamburg	2878,6	1015,98	130*
RFMS	Paul	Hamburg	2107,7	743,60	

* Nominelle Pferdekräfte.

RFMT — RFSG

Unter-scheidungs-Signale.	Namen der Schiffe.	Heimathshafen	Kubik-meter Netto-Raumgehalt.	Register-Tons	Pferde-kräfte.
RFMT	Urania	Hamburg	8092,2	1091,84	
RFMV	†Prinz Heinrich . .	Hamburg	2835,7	1001,01	130°
RFMW	Hermann	Hamburg	155,3	54,82	
RFNC	†Augustus	Hamburg	2322,6	819,84	110°
RFND	†Titus	Hamburg	1574,3	555,71	80°
RFNG	Kepler	Hamburg	3379,4	1192,93	
RFNH	Ernst	Hamburg	1039,9	357,08	
RFNJ	Nautilus	Hamburg	2053,0	724,71	
RFNK	†Hamburg	Hamburg	3638,4	1284,40	200°
RFNL	Parnass	Hamburg	1783,0	629,40	
RFNM	†Bodsee	Hamburg	ca. 250	ca. 88	35°
RFNP	Catharina	Hamburg	148,2	52,81	
RFNQ	Sisal	Hamburg	849,3	299,81	
RFNT	†Paranagua	Hamburg	3657,3	1291,31	200°
RFNV	Levuka	Hamburg	1237,9	430,97	
RFPB	Marion Godeffroy .	Hamburg	ca. 211	ca. 74	
RFPC	†Gaiser	Hamburg	507,4	179,28	50°
RFPD	Maid Marian . . .	Hamburg	ca. 845	ca. 298	
RFPG	Clarius	Hamburg	63,1	22,44	
RFPH	†Borussia	Hamburg	3698,9	1305,11	180°
RFPJ	†Felicia	Hamburg	2446,1	863,61	110°
RFPK	†Bavaria	Hamburg	3520,1	1242,61	180°
RFPL	Mangareva	Hamburg	ca. 53	ca. 19	
RFPM	Montlara	Hamburg	ca. 212	ca. 75	
RFPN	†Electra	Hamburg	3291,3	1161,83	100°
RFPQ	†Pinnas	Hamburg	2404,7	848,83	99°
RFPS	†Theben	Hamburg	3444,9	1216,84	160°
RFPT	†Lydia	Hamburg	3314,4	1109,94	160°
RFPV	Harmodius	Hamburg	ca. 1300	ca. 491	
RFPW	†Alice	Hamburg	ca. 88	ca. 31	15°
RFQB	†Saxonia	Hamburg	3581,5	1264,26	180°
RFQC	Tarmow	Hamburg	450,3	158,93	
RFQD	†Vesta	Hamburg	2150,9	759,83	180°
RFQG	Juliana	Hamburg	80,3	28,35	
RFQH	Wilhelm	Hamburg	4210,0	1480,12	
RFQJ	Cadet	Hamburg	134,6	47,34	
RFQK	†Teutonia	Hamburg	3627,4	1280,44	180°
RFQL	Gesine	Hamburg	76,3	27,01	
RFQM	Orion	Hamburg	1020,7	360,13	
RFQN	Jaluit	Hamburg	ca. 74	ca. 26	
RFQP	Adolfo	Hamburg	ca. 1101	ca. 389	
RFQS	Federica	Hamburg	ca. 1414	ca. 499	
RFQT	†Hammonia	Hamburg	150,3	53,13	40°
RFQV	Maria Magdalena . .	Hamburg	1651,7	583,04	
RFQW	Telegraphe	Hamburg	ca. 1275	ca. 450	
RFSB	Leonor	Hamburg	2268,3	800,44	
RFSC	Victoria	Hamburg	ca. 2476	ca. 874	
RFSD	Kent	Hamburg	ca. 1261	ca. 445	
RFSG	Union	Hamburg	ca. 1194	ca. 422	

* Nominelle Pferdekräfte.

RFSH — RWJL

Unter-scheidungs-Signale.	Namen der Schiffe.	Heimathshafen	Kubik-meter Netto-Raumgehalt.	Register-Tons	Pferde-kräfte.
RFSH	†Viola	Hamburg	1657,4	585,44	90°
RFSJ	Bolten	Hamburg	1581,0	558,40	
RFSK	†Carlos	Hamburg	1838,2	648,80	90°
RFSL	Freya	Hamburg	ca. 996	ca 352	
RFSM	Justine Helene	Hamburg	ca. 1026	ca. 362	
RFSN	†Portia	Hamburg	1659,4	585,70	90°
RFSP	†Ophelia	Hamburg	1732,1	611,13	90"
RFSQ	Robert Pulsford	Hamburg	ca 1561	ca.651	
RFST	Valtapu-le-Mele	Hamburg	ca 57	ca 20	
RFSV	Niuafoou	Hamburg	ca. 173	ca 61	
RFSW	Agnes	Hamburg	ca.900	ca.341	
RFTB					
RFTC					
RFTD					
RFTG					
RFTH					
RFTJ					
RFTK					
RFTL					
RFTM					
RFTN					
RFTP					
RFTQ					
RFTS					
RFTV					
RFTW					
RFVB					
RFVC					
RFVD					
RFVG					
RFVH					
RFVJ					
RFVK					
RFVL					
RFVM					
RFVN					
RFVP					
RFVQ					
RFVS					
RFVT					
RFVW					
RWJG	†Patriot	Cuxhaven	247,6	87,10	55°
RWJH	Amandos	Cuxhaven	58,1	18,14	
RWJK	Elise	Cuxhaven	74,2	26,10	
RWJL					

* Nominelle Pferdekräfte.

Amtliche Liste

der

Schiffe

der deutschen Kriegs- und Handels-Marine

mit ihren

Unterscheidungs-Signalen.

Amtliche Liste

der

Schiffe
der deutschen Kriegs- und Handels-Marine

mit ihren

Unterscheidungs-Signalen,

als

Anhang

zum internationalen Signalbuch.

Abgeschlossen im Dezember 1880.

Herausgegeben

im

Reichsamt des Innern.

Berlin.

Druck und Verlag von G. Reimer.

1881.

Vorwort.

Die nachstehende Schiffsliste bildet den Anhang zum internationalen Signalbuche, welches unter dem Titel „Signalbuch für die Kauffahrteischiffe aller Nationen" im Juni 1870 vom Reichskanzler-Amt herausgegeben ist.

Das Signalbuch gewährt den Schiffen die Möglichkeit, durch Signale sich zu erkennen zu geben und sonstige Mittheilungen unter einander, sowie mit Signalstationen, auch dann auszutauschen, wenn die signalisirenden Theile verschiedener Sprachen sich bedienen.

Zu diesem Zwecke enthält das Signalbuch eine grosse Anzahl sowohl vollständiger Sätze, als auch zur Verbindung mit einander geeigneter Satztheile, einzelner Wörter, Namen, Sylben, Buchstaben und Zahlen, welche durch Gruppen von je 2, 3 oder 4 der 18 Signalbuchstaben B, C, D, F, G, H, J, K. L, M, N, P, Q, R, S, T, V und W bezeichnet sind. Solcher Gruppen, deren jede anders geordnete oder andere Buchstaben enthält, als alle übrigen, giebt es 306 von je 2 Signalbuchstaben (BC, BD, BF, BG u. s. w. bis WV), 4896 von je 3 Signalbuchstaben (BCD, BCF, BCG, BCH u. s. w. bis WVT) und 73440 von je 4 Signalbuchstaben (BCDF, BCDG, BCDH, BCDJ u. s. w. bis WVTS).

Alle 306 Gruppen von 2 Signalbuchstaben, alle 4896 Gruppen von 3 Signalbuchstaben und von den Gruppen von 4 Signalbuchstaben die ersten 18960 (BCDF bis GPWV) dienen zur Bezeichnung der in das Signalbuch aufgenommenen Sätze, Satztheile, Wörter u. s. w.

Von den übrigen Gruppen von 4 Signalbuchstaben sind die 1440 Gruppen von GQBC bis GWVT zur Bezeichnung der Schiffe der Kriegs-Marinen und die letzten 53040 Gruppen von HBCD bis WVTS zur Bezeichnung der Schiffe der Handels-Marinen in der Art bestimmt, dass jedem Kriegs- und beziehungsweise Kauffahrtei-Schiffe eins dieser (1440 + 53040 =) 54480 Signale als Unterscheidungs-Signal zuzutheilen ist.

Jedem Staate stehen alle Unterscheidungs-Signale behufs Vertheilung auf die Schiffe seiner Flagge zur freien Verfügung. Schiffe von verschiedenen Flaggen führen daher vielfach dasselbe Unterscheidungs-Signal, Schiffe unter derselben Flagge niemals.

Die Vertheilung der Unterscheidungs-Signale auf die einzelnen Schiffe wird durch die zuständigen Behörden der verschiedenen Staaten bewirkt. Jedem deutschen Kauffahrteischiffe wird gleich bei der Eintragung in das Schiffsregister ein solches Unterscheidungs-Signal zugetheilt und in seinem Schiffs-Certifikate vermerkt. So lange das Schiff unter deutscher Flagge führt, behält es dieses Unterscheidungs-Signal auch beim Wechsel seines Heimathshafens oder seiner Registerbehörde unverändert bei.

Die nachstehende nach der systematischen Reihefolge der Unterscheidungs-Signale geordnete Liste ergiebt, welche Unterscheidungs-Signale den einzelnen Schiffen der deutschen Kriegs- und Handels-Marine beigelegt worden sind.

Für die Schiffe anderer Staaten, welche das Signalbuch ebenfalls angenommen haben, sind ähnliche Listen vorhanden.

Die Art und Weise, wie die Unterscheidungs-Signale zu signalisiren sind, ergiebt sich aus dem in dem Signalbuche enthaltenen Abschnitte über „Einrichtung und Gebrauch des Signalbuches"; hier wird nur darauf aufmerksam gemacht, dass, wenn ein Schiff sich einem andern Schiffe, einer Signalstation u. s. w. zu erkennen geben will, es ausser seinem Unterscheidungs-Signale stets auch seine National-Flagge zu zeigen hat, da, wie oben erwähnt, Schiffe verschiedener Flaggen vielfach dasselbe Unterscheidungs-Signal führen.

Ein Schiff, welches das Unterscheidungs-Signal eines andern Schiffes wahrnimmt, kann dessen Namen, Heimathshafen, Ladungsfähigkeit und Dampfkraft aus der betreffenden Liste sofort ersehen. Besitzt es die Liste nicht, so wird es sich behufs späterer Feststellung oder Weitermeldung die Nationalität und das Unterscheidungs-Signal zu merken haben.

Alljährlich werden neue Ausgaben dieser Schiffsliste und im Laufe jedes Jahres drei bis vier Nachträge zu derselben erscheinen.

Berlin, im Dezember 1880.

Die Schiffe

der

deutschen Kriegs-Marine.

GQBC — GRSC

Die Schiffe
der
deutschen Kriegs-Marine.

Alle Schiffe, bei denen etwas Anderes nicht bemerkt ist, sind Schrauben-Dampfschiffe.

Unter-scheidungs-Signale.	Namen der Schiffe.	Art
GQBC	Arcona	Gedeckte Korvette.
GQBD	Ariadne	Glattdecks-Korvette.
GQBF	Arminius	Panzer-Fahrzeug.
GQBH	Augusta	Glattdecks-Korvette.
GQBK	Albatross	Aviso (Kanonenboot).
GQBL	Aeolus	Schlepper.
GQBM		
GQHC	Blitz	Kanonenboot.
GQHD	Boreas	Schlepper (Räder-Dampfschiff).
GQHF	Biene	Panzer-Kanonenboot.
GQHJ	Bismarck	Gedeckte Korvette.
GQHK	Blücher	Gedeckte Korvette.
GQHL	Baiern	Panzer-Korvette.
GQHM	Basilisk	Panzer-Kanonenboot.
GQHN	Baden	Panzer-Korvette.
GQHP		
GQMC	Comet	Kanonenboot.
GQMD	Cyclop	Kanonenboot.
GQMF	Camaeleon	Panzer-Kanonenboot.
GQMH	Crocodill	Panzer-Kanonenboot.
GQMJ		
GQSB	Delphin	Kanonenboot.
GQSC	Drache	Kanonenboot.
GQSD	Deutschland	Panzer-Fregatte.
GQSF		
GRBC	Elisabeth	Gedeckte Korvette.
GRBD	Eider	Transport-Fahrzeug.
GRBF	Elbe	Segelschiff.
GRBH		
GRHB	Friedrich Carl	Panzer-Fregatte.
GRHC	Fuchs	Kanonenboot.
GRHD	Falke	Aviso (Räder-Dampfschiff).
GRHF	Freya	Glattdecks-Korvette.
GRHJ	Friedrich der Grosse	Panzer-Fregatte.
GRHK		
GRHL		
GRMB	Gazelle	Gedeckte Korvette.
GRMD	Greif	Schlepper (Räder-Dampfschiff).
GRMF	Grille	Aviso (Kaiserliche Jacht).
GRMJ	Gneisenan	Gedeckte Korvette.
GRMK		
GRSC	Hansa	Panzer-Korvette.

GRSH — GVFQ

Unter-scheidungs-Signale.	Namen der Schiffe.	Art
GRSH	Hertha	Gedeckte Korvette.
GRSK	Hohenzollern	Aviso (Kaiserliche Jacht).
GRSL	Heppens	Tonnenleger.
GRSM	Hyäne	Kanonenboot.
GRSN	Habicht	Aviso.
GRSP		
GSBC	Jade	Schlepper (Räder-Dampfschiff).
GSBH	Iltis	Kanonenboot.
GSDJ		
GSHB	König Wilhelm	Panzer-Fregatte.
GSHC	Kronprinz	Panzer-Fregatte.
GSHD	Kaiser	Panzer-Fregatte.
GSLJ		
GSMC	Loreley	Aviso (Räder-Dampfschiff).
GSMD	Luise	Glattdecks-Korvette.
GSMF	Leipzig	Gedeckte Korvette.
GSMH		
GSRB	Medusa	Glattdecks-Korvette.
GSRD	Musquito	Brigg (Segelschiff).
GSRF	Motlan	Schlepper (Räder-Dampfschiff).
GSRH	Mücke	Panzer-Kanonenboot.
GSRJ	Moltke	Gedeckte Korvette.
GSHK	Möwe	Aviso.
GSHL	Mars . . . . , .	Artillerieschiff.
GSRM		
GSRN		
GTBD	Niobe	Fregatte (Segelschiff).
GTBF	Nymphe	Glattdecks-Korvette.
GTBH	Nautilus	Aviso (Kanonenboot).
GTBJ	Notus	Schlepper (Räder-Dampfschiff).
GTBK	Natter	Panzer-Kanonenboot.
GTBL		
GTHB	Otter	Kanonenboot.
GTHC		
GTMF	Pommerania	Aviso (Räder-Dampfschiff).
GTMH	Preussen	Panzer-Fregatte.
GTMJ	Prinz Adalbert	Gedeckte Korvette.
GTMK		
GTWB	Rhein	Transport-Fahrzeug.
GTWC	Rover	Brigg (Segelschiff).
GTWD	Renown	Linienschiff.
GTWH	Rival	Schlepper (Räder-Dampfschiff).
GTWJ		
GVFJ	Swine	Schlepper.
GVFL	Skorpion	Panzer-Kanonenboot.
GVFM	Sachsen	Panzer-Korvette.
GVFN	Stosch	Gedeckte Korvette.
GVFP	Stein	Gedeckte Korvette.
GVFQ	Schillig	Segelfahrzeug.

GVFR — GWRD

Unter-scheidunge-Signale.	Namen der Schiffe.		Art
GVFR	Salamander		Panzer-Kanonenboot.
GVFS			
GVFT			
GVQB	Undine		Brigg (Segelschiff).
GVQC	Ulan		Torpedoboot.
GVQD			
GVTB	Victoria		Glattdecks-Korvette.
GVTC	Vineta		Gedeckte Korvette.
GVTD	Viper		Panzer-Kanonenboot.
GVTF			
GWDB	Wangerooge		Schooner (Segelschiff).
GWDH	Wilhelmshaven		Lootsendampfer.
GWDJ	Wespe		Panzer-Kanonenboot.
GWDK	Wolf		Kanonenboot.
GWDL	Württemberg		Panzer-Korvette.
GWDM			
GWRB	Zephir		Schlepper (Räder-Dampfschiff).
GWRC	Zieten		Torpedoboot.
GWRD			

Die Schiffe

der

deutschen Handels-Marine.

HBCD — HBKJ

Die Schiffe

der

deutschen Handels - Marine.

Die Dampfschiffe sind mit † bezeichnet; ihre Maschinenkraft ist, wo
etwas Anderes nicht bemerkt ist, in effektiven Pferdekräften ausgedrückt.

Unter-scheidungs-Signale.	Namen der Schiffe.	Heimathshafen	Kubik-meter Netto-Raumgehalt.	Register-Tons	Pferde-kräfte.
HBCD	Othello	Memel	991,1	349,84	
HBCG	Mary Jane	Memel	1029,5	863,17	
HBCL	Ariadne	Memel	909,5	321,16	
HBCM	Arethusa	Memel	914,1	322,69	
HBCT	Eleonora	Memel	824,5	291,84	
HBDC	Thusnelde	Memel	860,0	303,90	
HBDF	Satisfaction	Memel	1209,0	426,10	
HBDQ	Elizabeth	Memel	935,4	330,20	
HBDR	Emma & Johanna	Memel	980,5	346,13	
HBDT	Maria	Memel	959,1	338,70	
HBDV	†Terra	Stettin	204,3	72,11	56
HBDW	Calypso	Memel	940,1	331,98	
HBFD	Freundschaft	Memel	971,5	342,84	
HBFG	Der Adler	Memel	776,5	273,66	
HBFJ	Johann Benjamin	Memel	1195,3	422,91	
HBFN	Marianne Bertha	Memel	1029,0	863,43	
HBFP	Margarethe	Memel	1344,4	474,87	
HBFR	Amalina	Memel	530,1	187,16	
HBFT	Pomona	Memel	1228,4	433,83	
HBGK	Fortuna	Memel	919,4	324,86	
HBGL	Amalthea	Memel	1009,6	356,19	
HBGM	Hercules	Memel	1320,5	466,66	
HBGN	Johanna	Danzig	955,0	887,11	
HBGP	Adelheid & Bertha	Memel	1221,5	431,23	
HBGQ	Rhea	Memel	1242,4	438,87	
HBGV	Achilles	Memel	1225,1	432,45	
HBJC	Aeolus	Memel	1310,3	462,84	
HBJD	Alexandrine	Memel	1204,1	425,96	
HBJG	A. Klockmann	Memel	1454,3	513,83	
HBJL	Behrend	Memel	1324,3	467,44	
HBJM	Wilhelm I	Memel	1219,4	430,46	
HBJN	Amphitrite	Memel	1349,6	476,63	
HBJT	Juno	Memel	1157,7	408,67	
HBJW	Asia	Memel	898,6	317,31	
HBKD	Express	Memel	706,7	250,11	
HBKF	Loreley	Memel	1216,9	429,87	
HBKJ	Canada	Memel	1324,3	467,49	

HBKL — HBRC

Unter-scheidungs-Signale.	Namen der Schiffe.	Heimathshafen	Kubik-meter Netto-Raumgehalt.	Register-Tons	Pferde-kräfte.
HBKL	Astraea	Memel	1224,9	432,38	
HBKM	Witch	Memel	675,2	238,93	
HBKQ	Orion	Memel	1471,5	519,44	
HBKR	Othello	Memel	1306,4	461,11	
HBKS	Demetra	Memel	1214,0	428,84	
HBKT	Storm - Bird	Stralsund	994,5	351,06	
HBLJ	Atlantic	Memel	1450,0	512,11	
HBLP	Ceres	Memel	1088,9	884,28	
HBLS	Criminal-Rath Brand	Memel	1282,4	452,49	
HBLT	Norma	Memel	1459,5	515,13	
HBLW	†Adler	Memel	100,4	35,51	40
HBMK	Aboma	Memel	739,2	260,84	
HBMN	Star of Hope	Memel	810,1	286,19	
HBMP	Vesta	Memel	1385,4	489,95	
HBMS	Germania	Memel	506,9	178,79	
HBMV	Hestia	Memel	1558,1	550,01	
HBNC	Meteor	Memel	508,0	179,35	
HBND	Alma	Memel	93,2	82,84	
HBNF	Meta	Rügenwalde	1302,4	459,78	
HBNJ	†Moewe	Memel	274,0	96,77	18
HBNK	Alexander	Memel	372,1	131,63	
HBNL	Heinrich von Schröder.	Memel	1544,9	545,21	
HBNM	Dorothea	Memel	706,5	249,53	
HBNS	Violette	Memel	967,1	341,39	
HBNT	†Schwarzort.	Memel	113,2	89,96	25
HBNV	Medusa	Memel	1035,6	365,64	
HBPC	Cherokee	Memel	801,6	283,04	
HBPD	†Einigkeit	Memel	104,2	36,79	50
HBPF	Hoffnung	Memel	929,4	328,06	
HBPG	†Agamemnon	Memel	115,7	40,84	70
HBPJ	Adriana Petronella	Memel	1666,1	588,13	
HBPN	Oltana	Memel	963,1	339,97	
HBPQ	Minna Helene	Memel	964,0	340,39	
HBPR	Copernicus	Memel	230,2	81,78	
HBPS	Gazelle	Memel	1141,5	402,84	
HBPV	Louise Wilhelmine	Memel	386,5	136,44	
HBPW	Jew Le	Memel	—	175,57	
HBQC	†Bulldog	Memel	7,2	2,54	6
HBQD	Erwartung	Memel	637,0	224,66	
HBQF	Memel	Memel	1066,1	876,63	
HBQG	Delphin	Memel	88,7	81,81	
HBQJ					
HBQK					
HBQL					
HBQM					
HBQN					
HBQP					
HBRC	Jane & Mary	Memel	367,6	129,78	

IIDBF — HFGJ

Unter-scheidungs-Signale.	Namen der Schiffe.	Heimathshafen	Kubik-meter Netto-Raumgehalt.	Register-Tons	Pferde-kräfte.
HDBF	Gazelle	Stettin	520,9	188,57	
HDBG	Reinhold	Pillau	880,3	810,13	
HDBN	Pillan	Pillau	1881,9	470,18	
HDBP	Neptun	Pillau	1875.7	485,67	
HDBQ	Anna	Pillau	989,6	849,3	
HDBR	Fortuna	Pillau	1218.7	428,43	
HDBV	Koenigin Elisabeth	Pillau	623,0	219,73	
HDCF	†Delphin	Pillau	54,4	19,34	50
HDCJ	Farewell	Pillau	1519,4	586,34	
HDCK	Kronprinz von Preussen.	Pillau	676,9	238,84	
HDCM	Hebe	Pillau	1347,3	475,58	
HDCQ	Jupiter	Pillau	1252,6	442,18	
HDCR	†Saladin	Königsberg i. Pr.	1184,0	417,83	60
HDCT	Competitor	Pillau	1920,4	677,77	
HDCV	Alpine	Pillau	1558,8	548,49	
HDCW	Marie	Pillau	89,9	81,73	
HDFB	Clara	Pillau	97,1	34,38	
HDFC	Auguste Reimers	Königsberg i. Pr.	—	207	
HDFG	Carl August	Pillau	2607,4	920,43	
HDFJ					
HDFK					
HDFL					
HFBC	Victoria	Danzig	1005,3	354,77	
HFBG	India	Danzig	1625,6	573,84	
HFBM	Caroline Susanne	Danzig	1351,4	477,64	
HFBP	Simon	Danzig	1437,4	507,49	
HFBR	Mathilde	Danzig	421,1	148,43	
HFBS	Concordia	Danzig	1237,7	486,91	
HFBV	Sphinx	Danzig	740,3	261,39	
HFCG	Kennet Kingsford	Danzig	448,3	158,33	
HFCJ	Vorwärts	Danzig	1400,1	494,48	
HFCK	Marianne	Danzig	1414.6	400,14	
HFCL	Danzig	Danzig	1372,3	484,48	
HFCN	Peter Rolt	Danzig	1370,0	483,61	
HFCP	Friedrich der Grosse	Danzig	1702,3	632,43	
HFCT	George	Danzig	1850,1	653,09	
HFCV	Praesident von Blumenthal.	Rügenwalde	1486,3	524,67	
HFCW	Otto Linck	Danzig	1898,0	808,33	
HFDB	Libertas	Danzig	1186,0	418,43	
HFDG	Friedrich Wilhelm Jebens.	Danzig	1205,4	425,49	
HFDJ	Friedrich Gelpke	Danzig	1986,7	683,84	
HFDM	Soli Deo Gloria	Stettin	1207,1	420,18	
HFDT	Johann Wilhelm	Danzig	2206,1	778,84	
HFDW	Agnes Linck	Danzig	1904,6	672,39	
HFGD	Britlach Merchant	Danzig	1340,3	478,57	
HFGJ	Maria	Danzig	1366,4	482,34	

HFGL — HFNK

Unter-scheidungs-Signale.	Namen der Schiffe.	Heimathshafen	Kubik-meter Netto-Raumgehalt.	Register-Tons	Pferde-kräfte.
HFGL	Königin Elisabeth Louise.	Danzig	1374,1	486,86	
HFGM	Arthur	Danzig	1434,1	506,44	
HFGN	Courier	Danzig	518,4	183,04	
HFGP	Eintracht	Danzig	1068,9	877,93	
HFGQ	Paul Gerhard . . .	Danzig	700,1	247,14	
HFGR	Breslau	Rügenwalde	897,9	316,99	
HFGS	Industrie	Rostock	942,6	332,91	
HFGW	Neptun	Danzig	622,1	219,91	
HFJB	†Ida	Danzig	758,3	267,02	120
HFJD	Berlin	Danzig	894,0	816,16	
HFJM	Ferdinand	Danzig	1086,0	883,34	
HFJN	Henriette	Danzig	947,8	334,87	
HFJP	Professor Danm .	Danzig	1062,3	874,98	
HFJQ	Anna & Bertha . .	Danzig	958,9	886,69	
HFJT	Maria Adelaide . .	Danzig	1108,6	389,57	
HFJW	Queen Victoria . .	Danzig	1847,3	652,10	
HFKC	Juno	Danzig	1177,4	416,63	
HFKD	Der Wanderer . .	Danzig	1700,9	600,41	
HFKL	Titania	Danzig	610,9	215,64	
HFKN	Freiherr Otto v. Mantenffel.	Danzig	1044,3	368,63	
HFKP	Theodor Behrend .	Danzig	1911,4	674,11	
HFKV	Martha	Danzig	2211,3	780,11	
HFKW	Trabant	Danzig	1077,9	880,26	
HFLB	Hevelius	Danzig	1059,3	873,90	
HFLC	Jacob Arendt . . .	Danzig	1236,1	436,84	
HFLN	Zufriedenheit . . .	Danzig	1262,4	445,42	
HFLP	Preusse	Danzig	1089,1	384,90	
HFLT	Jesale & Heinrich .	Danzig	1241,4	488,91	
HFLW	Admiral Prinz Adalbert.	Danzig	2424,4	855,87	
HFMC	Alsen	Danzig	1666,1	588,11	
HFMD	Wodan	Danzig	1357,3	479,30	
HFMJ	Margarethe Bianca .	Danzig	1499,9	527,34	
HFMK	Düppel	Danzig	1384,9	486,30	
HFML	Borussia	Danzig	787,7	278,91	
HFMP	†Julianne Renate .	Danzig	1155,1	407,96	190
HFMQ	Gustav Friedrich Focking.	Danzig	1417,7	500,45	
HFMR	Prinz Friedrich Carl	Rügenwalde . . .	1256,4	443,51	
HFMS	St. Johannes . . .	Danzig	1916,1	676,33	
HFMV	Oberbürgermeister v. Winter.	Danzig	1563,3	551,14	
HFMW	St. Christopher . .	Danzig	1729,6	610,34	
HFNB	Theodosius Christian	Danzig	1372,1	484,33	
HFND	Shanghai	Danzig	1169,6	412,97	
HFNJ	Charlotte & Anna .	Danzig	1228,7	433,70	
HFNK	Germania	Danzig	1019,6	859,92	

HFNL — HFSL

Unter-scheidungs-Signale.	Namen der Schiffe.	Heimathshafen	Kubik-meter Netto-Raumgehalt.	Register-Tons	Pferde-kräfte.
HFNL	St. Petrus	Danzig	1674,0	661,43	
HFNP	Wilhelm	Rügenwalde	146,9	51,78	
HFNQ	Toni	Rügenwalde	1826,0	468,96	
HFNR	Fortuna	Danzig	1467,7	518,10	
HFNS	Laura Maria	Danzig	1375,8	485,84	
HFNT	St. Paulus	Danzig	1902,0	671,41	
HFNV	Belle Alliance	Danzig	1141,7	403,03	
HFPB	Bertha	Danzig	1100,8	391,49	
HFPC	Anna Dorothea	Danzig	1481,7	523,04	
HFPD	Albertine	Danzig	72,0	25,43	
HFPG	†Love Bird	Danzig	1242,5	438,60	188
HFPJ	Verein	Rostock	1327,1	468,17	
HFPL	†Drache	Danzig	119,6	42,17	159
HFPM	Tommy	Danzig	1115,3	393,77	
HFPN	St. Mathaeus	Danzig	1436,8	507,12	
HFPQ	Gebrüder	Danzig	96,4	34,04	
HFPS	George Linck	Danzig	1924,3	670,34	
HFPV	Anna	Danzig	44,3	15,50	
HFPW	Sommer	Danzig	91,9	32,44	
HFQB	Falke	Danzig	93,1	32,67	
HFQC	Marie Mathilde	Danzig	67,9	23,77	
HFQD	Augustine	Danzig	49,8	17,61	
HFQK	†Blonde	Danzig	1310,8	462,43	164
HFQL	Hebe	Danzig	882,3	311,8	
HFQM	Jupiter	Danzig	1882,3	664,00	
HFQR	William Bateman	Danzig	1428,5	504,31	
HFQS	Herrmann	Danzig	528,1	186,42	
HFQT	Johannes	Danzig	482,4	170,33	
HFQV	Carl Linck	Danzig	1879,0	663,23	
HFQW	†Artushof	Danzig	1472,4	519,40	228
HFRC	Hermann	Danzig	142,1	50,31	
HFRG	Rival	Danzig	1023,3	361,80	
HFRJ	Hoffnung	Danzig	1461,3	515,44	
HFRK	†Minister Achenbach	Danzig	2182,3	752,61	442
HFRL	Wilhelm Linck	Danzig	1802,4	608,90	
HFRN	Der kleine Friedrich	Danzig	44,9	15,84	
HFRP	Anna Amalie	Danzig	70,1	24,74	
HFRQ	Betty	Danzig	757,0	267,31	
HFRS	†Jenny	Danzig	1541,8	544,39	90°
HFRT	†Fink	Danzig	51,8	18,23	—
HFRV	Janslen	Danzig	229,1	80,57	
HFRW	Mary C. Bohm	Danzig	145,3	51,33	
HFSB	Elise Linck	Danzig	1454,4	513,34	
HFSC	†Arion	Danzig	27,4	9,60	—
HFSD	†Mlawka	Danzig	1207,0	457,04	95°
HFSG	Walter	Danzig	98,0	34,49	
HFSJ	Black Diamond	Danzig	1653,0	583,4	
HFSK	†Bravo	Danzig	56,0	19,77	—
HFSL	†Danzig	Danzig	1566,3	552,37	90°

* Nominelle Pferdekräfte.   2 *

HFSM — JBGR					
Unter-scheidungs-Signale.	Namen der Schiffe.	Heimathshafen	Kubik-meter Netto-Raumgehalt.	Register-Tons	Pferde-kräfte.
HFSM					
HFSN					
HFSP					
HFSQ					
HFSR					
HFST					
HJBF	Michael	Elbing	1075,4	379,78	
HJBG	Nummer Fünf	Memel	1039,6	366,88	
HJBL	†Nordstern	Elbing	312,7	110,80	36
HJBM	†Ceres	Elbing	302,1	106,44	36
HJBN	Cito	Elbing	464,4	163,91	
HJBP	Einigkeit	Elbing	1124,4	396,91	
HJBQ	†Ajax	Pillau	1862,8	657,32	110
HJBS	†Sirius	Königsberg i. Pr.	732,6	258,88	50
HJBV	Sirene	Stettin	1419,1	500,73	
HJCB	†Pinus	Elbing	279,9	98,41	80*
HJCD					
HJCF					
JBCD	Carl	Stettin	404,6	142,73	
JBCN	Die Ostsee	Stettin	481,4	170,91	
JBCP	Bravo	Stettin	464,1	163,84	
JBCR	Carl Friedrich	Stettin	365,5	129,96	
JBCV	Julie Heyn	Stettin	941,8	332,45	
JBDC	Ottilie	Stettin	475,6	167,83	
JBDF	Patriot	Swinemünde	663,7	234,90	
JBDG	Arcona	Swinemünde	528,7	186,63	
JBDH	†Tilsit	Stettin	499,1	176,19	45
JBDK	Elwine & Friedericke	Stettin	404,4	142,74	
JBDN	†Memel Packet	Stettin	373,8	131,96	40
JBDS	Anna & Gustav	Stralsund	417,5	147,37	
JBDV	Allegro	Memel	891,6	314,79	
JBFD	Felix	Stettin	662,5	233,97	
JBFG	Minerva	Stettin	778,4	274,03	
JBFH	Hertha	Stettin	557,1	196,63	
JBFK	Bertha	Swinemünde	583,4	205,94	
JBFL	Reform	Stettin	712,9	251,68	
JBFM	Baltic	Stettin	1261,4	445,38	
JBFN	Louise	Ueckermünde	877,9	309,89	
JBFP	Paul	Stettin	481,4	169,90	
JBFQ	Amaranth	Ueckermünde	689,5	243,37	
JBFR	Aries	Swinemünde	140,8	49,49	
JBFT	Emilie	Stettin	636,1	224,38	
JBFV	Dienstag	Ueckermünde	829,1	292,83	
JBFW	Der Pommer	Swinemünde	660,7	233,63	
JBGH	Richard	Anklam	575,0	202,98	
JBGK	Verein	Stralsund	455,4	160,74	
JBGN	Gustav & Adelbeld	Stettin	444,4	156,97	
JBGQ	Louise	Stolpmünde	541,3	191,08	
JBGR	Anna	Ueckermünde	762,4	269,13	

* Indicirte Pferdekräfte.

JBGV — JBQC

Unter-scheidungs-Signale.	Namen der Schiffe.	Heimathshafen	Kubik-meter Netto-Raumgehalt.	Register-Tons	Pferde-kräfte.
JBGV	Der zehnte Juni	Ueckermünde	951,4	335,99	
JBHK	Leucothea	Stettin	539,3	188,23	
JBHN	Anna	Stettin	942,0	332,43	
JBHQ	Alma	Stettin	221,3	78,00	
JHHT	William	Stettin	698,3	246,46	
JBHV	Gloria	Stettin	625,5	220,74	
JBKC	Oceanide	Stettin	578,9	204,33	
JBKD	Comet	Stettin	628,6	221,97	
JBKF	Paladin	Swinemünde	847,7	200,33	
JBKG	Martha	Rügenwalde	422,4	140,16	
JBKL	Thetis	Stettin	670,3	236,86	
JBKM	Heimath	Ueckermünde	655,7	231,46	
JBKN	Marie Heyn	Stettin	916,6	323,53	
JBLC	Amicitia	Ueckermünde	658,9	232,29	
JBLD	Wilhelm Kisker	Stettin	1125,1	397,16	
JBLF	L'esperance	Ueckermünde	509,3	211,43	
JBLG	Emilie	Swinemünde	1185,9	418,29	
JBLK	Hoffnung	Swinemünde	117,3	41,39	
JBLN	Talismann	Stettin	763,6	269,64	
JBLP	Adelheid	Stettin	603,0	212,64	
JBLR	Ernestine	Anklam	456,3	161,03	
JBLV	Carl Friedrich	Demmin	1095,6	386,78	
JBMF	Elise	Stettin	496,9	175,41	
JBMG	Albert	Stettin	625,9	220,91	
JBMH	Orient	Stettin	641,9	226,89	
JBMP	Gustav	Ueckermünde	633,7	223,69	
JBMQ	Die Peene	Anklam	710,4	250,77	
JBMS	Nestor	Stettin	1269,6	447,96	
JBMT	Marie Emilie	Demmin	1156,1	408,13	
JBMW	Familie	Ueckermünde	580,4	204,83	
JBNF	Schnellpost	Anklam	329,4	116,10	
JHNG	Orion	Rügenwalde	234,6	82,86	
JBNL	Hermann	Ueckermünde	528,5	186,43	
JBNM	Amalia & Hedwig	Stettin	932,7	329,24	
JBNP	†Misdroy	Stettin	217,3	76,73	50
JBNR	Minister von Schleinitz.	Ueckermünde	567,5	200,95	
JBNS	Anna Catharina	Stettin	591,4	208,76	
JBNV	Henriette Wilhelmine	Barth	475,9	167,99	
JBPC	Emma Louise	Ziegenort	199,5	70,48	
JBPF	Amanda	Ueckermünde	879,7	310,43	
JBPH	†Die Dievenow	Stettin	193,9	68,46	50
JBPK	†Prinzess Royal Victoria.	Stettin	282,9	99,83	65
JBPR	Prinz Regent	Stettin	1344,1	474,64	
JBPS	Rudolph	Stettin	528,9	186,70	
JBPV	Veritas	Ueckermünde	1395,5	492,73	
JBPW	Carl	Stettin	678,5	239,63	
JBQC	Mentor	Stettin	690,1	243,46	

JBQD — JCBK

Unter- scheidungs- Signale.	Namen der Schiffe.	Heimathshafen	Kubik- meter Netto-Raumgehalt.	Register- Tons	Pferde- kräfte.
JBQD	Presto	Stettin	672,₁	237,₂₃	
JBQF	†Alexandra	Stettin	1057,₃	373,₂₂	148
JBQG	†Emilie	Stettin	978,₃	345,₃₁	80
JBQH	Pauline	Stettin	955,₄	337,₂₀	
JBQK	Hulda	Ziegenort	152,₁	58,₀₀	
JBQP	Claudia	Stettin	1097,₇	387,₄₀	
JBQR	Alma	Stettin	593,₀	209,₆₄	
JBQS	Hugo Georg	Stettin	550,₆	194,₄₄	
JBQT	Donnerstag	Ueckermünde	620,₅	219,₁₈	
JBQV	Duisburg	Geestemünde		691,₁₁°	
JBQW	Lucia	Stettin	769,₅	271,₇₄	
JBRG	Johanna Emilie	Kolberg	607,₆	214,₄₈	
JBRH	Ludwig Heyn	Stettin	1657,₀	584,₇₂	
JBRM	Martin	Stettin	405,₆	164,₂₀	
JBRN	Else	Stettin	639,₂	225,₆₃	
JBRS	†Der Preusse	Stettin	625,₁	220,₄₄	60
JBRT	†Archimedes	Stettin	681,₀	240,₃₉	60
JBRV	†Vineta	Stettin	558,₄	196,₄₄	60
JBSH	Ferdinand	Stolpmünde	139,₃	49,₁₃	
JBSK	Der Nord	Stettin	1413,₁	498,₀₀	
JBSP	Ida	Kolberg	91,₄	32,₂₀	
JBSH	Iphigenia	Rügenwalde	722,₄	255,₆₀	
JBTC	Pomerania	Stolpmünde	995,₀	351,₂₄	
JBTD	Lupus	Swinemünde	133,₂	47,₆₆	
JBTF	Der Adler	Rügenwalde	845,₀	298,₈₀	
JBTH	Hertha	Rügenwalde	1128,₄	398,₂₀	
JBTL	Die zwei Geschwister	Rügenwalde	118,₃	41,₇₃	
JBTN	Eduard	Bremen	1706,₄	602,₂₈	
JBTQ	†Neptun	Swinemünde	154,₄	54,₄₄	60
JBTR	†Der Verein	Swinemünde	155,₅	54,₆₉	201
JBTW	Friedrich	Kolberg	1003,₆	354,₃₁	
JBVG	Laura	Kolberg	881,₀	311,₆₃	
JBVL	†St. Petersburg	Stettin	720,₆	254,₆₃	60
JBVM	Leo	Rügenwalde	125,₃	44,₄₃	
JBVQ	Ostsee	Kolberg	1022,₆	360,₉₄	
JBVR	Carl Friedrich	Kolberg	305,₃	107,₈₄	
JBVS	Emma	Stettin	565,₃	199,₄₃	
JBVT	Carl Johannes	Kolberg	338,₆	119,₄₄	
JBWC	Severus	Stettin	1264,₆	446,₄₁	
JBWD	Friedrich Wilhelm	Swinemünde	433,₄	153,₀₀	
JBWF	Felix	Ueckermünde	1004,₇	354,₆₄	
JBWK	Ida	Stolpmünde	135,₀	47,₆₆	
JBWP	Elise	Swinemünde	126,₃	44,₇₆	
JBWR	Ernst Friedrich	Kolberg	708,₀	250,₃₁	
JBWS	†Arcona	Stettin	1059,₃	374,₁₃	80
JCBD	Perle	Kolberg	768,₁	271,₁₄	
JCBF	Oberon	Rügenwalde	745,₃	263,₁₆	
JCBH	Bellona	Rügenwalde	1288,₄	454,₄₄	
JCBK	August Friedrich	Anklam	668,₃	235,₂₇	

° Lasten zu 4000 ℔.

JCBM — JCLB

Unter-scheidungs-Signale.	Namen der Schiffe.	Heimathshafen	Kubik-meter Netto-Raumgehalt.	Register-Tons	Pferde-kräfte.
JCBM	Carl August	Stettin	681,9	240,71	
JCBN	August	Swinemünde	983,6	347,16	
JCBP	Leopoldine Fraude	Stettin	925,3	326,63	
JCBQ	Eintracht	Stettin	769,4	271,64	
JCBS	Friederieke & Marie	Swinemünde	871,1	307,50	
JCBV	Martha & Hedwig .	Stettin	435,7	153,50	
JCBW	Navigator	Kolberg	432,4	152,61	
JCDF	Richard	Stettin	1311,6	462,79	
JCDH	†Der Blitz	Kolberg	316,6	111,96	40
JCDK	†Orpheus	Stettin	655,4	231,42	50
JCDM	Hermann	Rügenwalde . . .	109,3	38,46	
JCDN	Der Süd	Stettin	1366,1	482,24	
JCDT	Der Freischütz . .	Stettin . . .	501,6	177,16	
JCDV	Alby	Stettin	531,6	187,63	
JCDW	William	Anklam	135,9	47,99	
JCFG	Mittwoch	Ueckermünde . .	793,5	280,11	
JCFH	Freitag	Ueckermünde . .	880,6	310,64	
JCFL	Bruno	Stettin . . .	644,3	227,63	
JCFM	Berthold	Stettin	769,0	271,47	
JCFN	Norma	Stettin	1012,4	357,44	
JCFP	Willibald	Stettin	744,5	262,95	
JCFQ	†Die Erndte . . .	Stettin	309,1	109,36	40
JCFS	Willkommen . . .	Kolberg	1109,1	391,51	
JCFV	Charles	Stettin	867,4	306,29	
JCGB	Rudolph Ebel . .	Stettin	1107,1	390,86	
JCGH	Nordstern	Stettin	618,6	218,57	
JCGK	Louise Wichards .	Stettin	992,6	350,18	
JCGL	Leda	Stettin	914,3	322,96	
JCGR	Concordia	Rügenwalde . . .	1050,5	370,96	
JCGS	Ceres	Stettin	725,5	256,63	
JCGT	Carl	Ziegenort	143,7	50,13	
JCGW	Prinz Adalbert . .	Stettin	840,4	296,47	
JCHB	Auguste Jeanette .	Danzig	1037,3	366,17	
JCHF	Lessing	Swinemünde . .	900,7	317,35	
JCHQ	Portuna	Stettin	82,0	29,08	
JCHR	Minna	Stettin . . .	92,0	32,47	
JCHS	Georg Weise . . .	Ziegenort . . .	137,4	48,50	
JCHT	Emilie	Stettin	131,1	46,31	
JCHV	Maria	Stettin	63,7	22,61	
JCKB	Molly	Stettin	823,6	290,14	
JCKD	Ernestine Wilhelmine	Ziegenort	88,3	31,21	
JCKG	Concordia	Stettin	94,0	33,18	
JCKN	Anna	Stolpmünde . . .	159,7	56,37	
JCKQ	Heinrich	Wollin	103,1	36,40	
JCKR	Gustav	Stralsund . . .	74,4	26,26	
JCKS	Maria	Osternothhafen . .	77,0	27,17	
JCKT	Bertha	Wollin	60,5	21,37	
JCKW	Minna	Stettin	84,9	29,97	
JCLB	Anna	Stralsund	97,6	34,43	

JCLD — JCTD

Unter-scheidungs-Signale.	Namen der Schiffe.	Heimathshafen	Kubik-meter Netto-Raumgehalt.	Register-Tons.	Pferde-kräfte.
JCLD	Amanda	Anklam	78,6	27,71	
JCLF	Gustav	Swinemünde	81,4	29,79	
JCLR	Elise	Stralsund	71,4	25,52	
JCLS	Otto Robert	Ziegenort	178,3	63,01	
JCLV	Johanne Louise	Swinemünde	56,1	19,37	
JCMB	Marie	Stolpmünde	102,9	36,19	
JCMP	Auguste	Stettin	238,2	84,49	
JCMS	Hulda	Swinemünde	113,6	40,07	
JCMT	†Stolp	Stettin	383,6	135,13	40
JCNB	Waldemar	Stettin	777,3	274,35	
JCND	Maria	Anklam	137,4	48,17	
JCNG	Johanna	Swinemünde	608,9	214,70	
JCNII	Albert	Stettin	502,9	177,61	
JCNK	Ceres	Rügenwalde	865,5	305,43	
JCNV	Helene	Stralsund	169,4	59,54	
JCNW	Auguste Teitge	Stettin	1013,6	357,39	
JCPB	Bertha Maria	Anklam	95,5	33,71	
JCPD	Juno	Stolpmünde	109,9	38,43	
JCPG	Maria	Rügenwalde	100,3	35,41	
JCPII	Otto	Rügenwalde	77,1	27,13	
JCPM	J. F. Mann	Stettin	1022,4	360,99	
JCPN	Königin Auguste	Stettin	1300,0	460,11	
JCPQ	C. F. Ivers	Stettin	858,1	303,01	
JCPR	Elise	Rügenwalde	108,6	38,40	
JCPT	†Wolliner Greif	Wollin	177,2	62,56	50
JCQB	Gerdina	Kolberg	75,6	26,49	
JCQD	Caroline	Rügenwalde	85,4	30,52	
JCQK	Gute Hoffnung	Kolberg	87,3	30,99	
JCQP	Maria	Neuwarp	65,1	22,99	
JCQT	Otto	Kammin in Pommern	68,9	24,13	
JCQV	Alfred	Wollin	171,9	60,64	
JCQW	Julius	Kolberg	77,2	27,19	
JCRD	Ottilie	Stettin	914,7	322,79	
JCRF	Ludwig	Stettin	1043,1	368,31	
JCRII	Wilhelm	Stettin	. . . .	19*	
JCRL	Fidelio	Stettin	1064,3	375,74	
JCRS	Liberty	Kolberg	83,9	29,63	
JCRV	Auguste	Stettin	126,3	44,14	
JCRW	Gustav	Kolberg	176,6	62,11	
JCSD	von Heyden Cartlow	Stralsund	765,5	266,79	
JCSG	Graf von Wrangel	Kolberg	846,4	298,49	
JCSII	Nordsee	Rügenwalde	930,5	328,17	
JCSK	Atlantic	Rügenwalde	1319,4	465,44	
JCSM	Sonnabend	Ueckermünde	967,9	341,52	
JCSN	†Die Sonne	Swinemünde	150,4	53,56	40
JCSR	Hermine	Ueckermünde	689,9	243,53	
JCSV	Rhea	Stettin	1261,6	445,13	
JCTB	von der Heydt	Stettin	1308,9	462,64	
JCTD	Baltic	Rügenwalde	878,4	310,67	

* Lasten zu 1000 ℔.

JCTG — JDGK

Unter-scheidungs-Signale.	Namen der Schiffe.	Heimathshafen	Kubik-meter Netto-Raumgehalt.	Register-Tons	Pferde-kräfte.
JCTG	Anna	Stolpmünde	158,4	55,97	
JCTL	Anna	Anklam	163,1	57,47	
JCTN	Elise	Anklam	332,0	117,19	
JCTP	Gustav	Stolpmünde	257,3	90,77	
JCTS	Brünnow	Rügenwaldermünde	1364,7	481,74	
JCVB	Albatros	Stettin	902,1	318,11	
JCVD	Louise	Anklam	691,3	244,92	
JCVF	Carl Johann	Stettin	850,3	300,17	
JCVG	Sonntag	Ueckermünde	939,7	331,34	
JCVK	Schwalbe	Rügenwalde	163,4	57,71	
JCVM	Friedrich Scalla	Stettin	1195,1	421,94	
JCVN	†Das Haf	Stettin	153,6	54,49	40
JCVT	Bürgermeister Kirstein.	Anklam	1007,1	355,63	
JCVW	Der dritte Juli	Kolberg	824,3	291,06	
JCWD	Anna	Stralsund	81,5	28,77	
JCWF	Ernst & Benno	Stettin	1042,4	367,97	
JCWG	Aurelios	Barth	799,9	282,34	
JCWM	Heinrich Albert	Neuwarp	81,1	28,14	
JCWP	Carl Fraas	Swinemünde	504,0	177,49	
JCWQ	Hedwig	Stettin	84,4	29,92	
JCWR	Ferdinand Brumm	Stettin	2027,1	715,44	
JCWS	Laura	Kolberg	397,6	140,34	
JCWT	Christoph	Stralsund	173,3	61,14	
JDBC	Paul	Stralsund	131,7	46,49	
JDBG	Mynheer	Anklam	981,5	347,14	
JDBK	Carl Heinrich	Anklam	634,1	223,44	
JDBM	Marie	Stettin	1318,6	465,33	
JDBN	Auguste	Geestemünde	940,1	331,44	
JDBQ	†Hertha	Stettin	1182,4	417,39	80
JDBW	Emma Zühlke	Gollnow	457,4	161,63	
JDCB	Herrmann Decker	Stettin	1092,7	385,71	
JDCF	Sophia	Stettin	180,6	63,79	
JDCG	Maria	Rügenwaldermünde	83,3	29,38	
JDCL	Ottilie	Danzig	1607,4	567,49	
JDCN	Antares	Rügenwalde	1319,4	465,74	
JDCQ	Melisse	Rügenwaldermünde	124,0	43,77	
JDCR	Maria	Barth	1190,3	420,14	
JDCS	Bernhard	Stettin	1863,4	657,71	
JDCW	Ida	Altwarp	178,4	62,97	
JDFC	Arcturus	Rügenwalde	1508,4	532,47	
JDFG	Martha	Ziegenort	149,6	52,80	
JDFH	Olga	Danzig	987,4	348,49	
JDFK	Leopold II.	Rügenwalde	1210,4	427,41	
JDFL	†Arthur	Stettin	347,3	122,46	20
JDFR	†Titania	Stettin	835,7	•295,01	120
JDFV	Victoria	Anklam	1221,4	431,39	
JDFW	†Marietta	Stettin	798,3	281,74	64
JDGK	†Der Kaiser	Stettin	344,6	121,44	80

JDGM — JDMS

Unter-scheidungs-Signale.	Namen der Schiffe.	Heimathshafen	Kubik-meter	Register-Tons	Pferde-kräfte.
			Netto-Raumgehalt.		
JDGM	†Alma	Swinemünde	129,3	45,61	148
JDGN	Wega	Rügenwalde	975,0	344,18	
JDGP	Martha	Kolberg	141,3	49,84	
JDGQ	Walter	Wolgast	108,1	68,16	
JDGR	Minna	Swinemünde	1321,8	467,13	
JDGS	Catharina	Rügenwalde	93,0	32,93	
JDGT	Madora	Ueckermünde	1250,5	441,88	
JDGV	Lucie Radmann	Ueckermünde	1266,0	446,39	
JDHC	Bertha	Kolberg	191,8	67,70	
JDHG	Ida	Kolberg	205,6	72,81	
JDHM	Hedwig	Stralsund	576,6	203,81	
JDHN	†Commercial	Stettin	345,0	121,70	35
JDHR	†Susanne	Stettin	744,1	262,77	50
JDHS	†Moskau	Stettin	1421,1	501,88	85
JDHT	Martha	Swinemünde	95,8	33,82	
JDKB	Louise	Hamburg	1946,6	687,89	
JDKF	Freiheit	Rügenwalde	751,8	265,39	
JDKL	Genitore	Rügenwalde	1201,1	424,02	
JDKM	Empress	Rügenwalde	1301,8	450,84	
JDKQ	Argo	Stettin	179,1	63,33	
JDKR	Johanna	Neuwarp	58,3	20,49	
JDKS	Elise Metzler	Stettin	1056,4	373,08	
JDKT	Vera	Rügenwalde	1031,8	364,61	
JDKV	Johanna	Stettin	1952,7	689,31	
JDKW	†Melida	Stettin	820,0	289,76	75
JDLB	Humber	Danzig	1231,8	434,02	
JDLC	Geertruida	Stolpmünde	161,4	56,97	
JDLF	†Princess	Swinemünde	26,6	9,40	40
JDLG	Albert	Wolgast	90,8	31,99	
JDLH	†KronprinzFriedrich Wilhelm.	Stettin	344,0	121,63	96
JDLK	Wilhelmine	Altwarp	73,3	26,99	
JDLM	Anna Maria	Altwarp	58,7	20,73	
JDLN	Ella	Stolpmünde	180,3	63,60	
JDLR	†Reval	Stettin	1492,4	526,02	85
JDLS	†Agent	Swinemünde	34,9	12,31	64
JDLT	†Orion	Swinemünde	431,6	152,34	16
JDLV	Maria	Ueckermünde	64,1	22,63	
JDLW	Friedrich	Stralsund	62,6	22,18	
JDMB	Johanna	Rügenwaldermünde	60,6	21,38	
JDMG	†Rügenwalde	Rügenwalde	1079,6	381,10	300
JDMH	†Vesuv	Stettin	43,5	15,33	35
JDMK	Wilhelmine	Altwarp	69,1	24,44	
JDML	Caroline Wilhelmine	Stralsund	63,5	22,44	
JDMN	Louise	Swinemünde	79,3	28,01	
JDMP	†Kressmann	Stettin	1174,4	414,45	75
JDMQ	Alice Starrett	Swinemünde	1043,3	368,39	
JDMR	†Die Blume	Stettin	81,6	28,86	36
JDMS	Wilhelmine	Neuwarp	58,7	20,71	

JDMW — JDRT

Unter-scheidungs-Signale.	Namen der Schiffe.	Heimathshafen	Kubik-meter Netto-Raumgehalt.	Register-Tons	Pferde-kräfte.
JDMW	Alice	Flensburg	280,6	99,13	
JDNB	†Castor	Swinemünde	55,7	19,44	20
JDNC	†Pollux	Ellerbeck bei Kiel	56,4	19,91	20
JDNG	†Russia	Stettin	1564,6	552,34	90
JDNH	Fortuna	Altwarp	60,3	21,30	
JDNL	†Heinrich	Stettin	148,5	52,41	65
JDNM	Johanna Maria	Stolpmünde	175,5	62,35	
JDNQ	Julie	Anklam	1104,7	389,04	
JDNR	Marie	Swinemünde	82,7	29,10	
JDNS	Paul	Anklam	70,6	28,16	
JDNT	Adler	Rügenwalde	92,3	32,54	
JDNW	Concordia	Stettin	133,3	47,60	
JDPB	Carl & Erich	Stettin	233,7	82,6	
JDPC	†Anclam Packet	Anklam	151,5	53,14	20
JDPF	Emma	Anklam	206,4	72,64	
JDPG	Fritz	Swinemünde	108,3	88,20	
JDPH	†Teutonia	Lübeck	670,5	239,67	150
JDPL	Auguste	Swinemünde	211,7	74,73	
JDPM	Bertha	Anklam	203,5	71,97	
JDPQ	Wilhelm	Stettin	327,4	115,53	
JDPR	Friederich	Stettin	103,1	36,39	
JDPS	Elise	Ziegenort	209,6	74,07	
JDPT	Auguste	Ziegenort	201,9	71,37	
JDPV	Georg	Stettin	201,3	71,33	
JDPW	Martha	Stolpmünde	105,3	37,34	
JDQB	Friedericke	Stettin	1287,6	454,63	
JDQC	Betty Storrer	Danzig	1389,3	490,39	
JDQF	Modesta	Kammin in Pommern	91,1	32,17	
JDQG	Anna	Stettin	210,6	74,43	
JDQH	†Stockholm	Stettin	1627,3	574,46	80
JDQK	Wilhelmine	Usedom	108,6	38,33	
JDQL	Libertas	Pölitz, Kreis Randow	173,3	61,17	
JDQM	Hedwig	Neuwarp	202,6	71,56	
JDQN	Alma	Swinemünde	211,6	74,65	
JDQP	†Hochfeld	Stettin	1844,6	650,93	400
JDQR	†Riga	Stettin	799,1	282,06	60
JDQS	Don Ricardo	Stolpmünde	780,6	275,64	
JDQV	Marie	Swinemünde	147,6	52,11	
JDQW	Ella	Swinemünde	211,6	74,44	
JDRB	Union	Swinemünde	1030,3	363,77	
JDRC	†Elise	Stettin	81,5	11,73	30
JDRF	Ida	Ziegenort	207,7	73,33	
JDRG	Ernst	Ziegenort	207,5	73,34	
JDRH	Fritz	Swinemünde	979,5	345,76	
JDRK	Hans	Kolberg	209,3	73,93	
JDRN	†Libau	Stettin	1636,9	577,93	80
JDRP	†Renata	Stettin	1600,3	568,13	80
JDRS	Helene	Neuwarp	ca.473	ca.167	
JDRT	†Lebbin	Stettin	143,6	50,60	—

JDRV — JHDR

Unter-scheidungs-Signale.	Namen der Schiffe.	Heimathshafen	Kubik-meter Netto-Raumgehalt.	Register-Tons.	Pferde-kräfte.
JDRV	Inverallan	Stettin	ca.1867	ca.660	
JDSF	†Stettin	Stettin	1649,ı	582,ıз	180
JDSG	†Olga	Stettin	1547,ı	546,зı	200
JDSL	†Kurland	Stettin	1189,ı	402,зо	120
JDSM	Albertine	Wollin	208,з	78,зо	
JDSN	†Wipper	Rügenwalde	1091,т	385,зт	240
JDSP	†Martha	Stettin	54,з	19,зз	40
JDSQ	†Lina	Stettin	1424,з	502,зз	300
JDSR	†Schweden	Stettin	1120,з	395,зз	240
JDST	Anna Johanna	Swinemünde	274,з	96,зз	
JDSV	†Kätie	Stettin	—	1858,зт	240*
JDSW					
JDTB					
JDTC					
JDTF					
JDTG					
JDTH					
JDTK					
JDTL					
JDTM					
JDTN					
JDTP					
JDTQ					
JDTR					
JHBG	Anton	Wolgast	473,ı	167,зз	
JHBN	Therese	Wolgast	244,ı	86,ıт	
JHBP	Gustav	Wolgast	539,ı	190,ıı	
JHBQ	Friedrich	Wolgast	881,з	311,от	
JHBR	Gustava	Wolgast	599,з	211,зт	
JHBS	Victor	Greifswald	501,з	176,зо	
JHBT	Wolgast	Wolgast	554,ı	195,зо	
JHBV	Herzog Bogislaw	Wolgast	621,з	219,зз	
JHBW	Julie & Auguste	Wolgast	561,з	198,ıз	
JHCD	Agnes	Greifswald	1158,т	409,зз	
JHCF	Carl Gustav	Wolgast	521,ı	183,зз	
JHCK	Clara & Hermann	Greifswald	701,о	247,зз	
JHCL	Anna	Greifswald	669,зз	236,зт	
JHCM	Carl Richard	Greifswald	524,з	185,зо	
JHCN	Nestor	Greifswald	995,з	351,зз	
JHCR	Anna	Wolgast	605,з	213,зз	
JHCV	Jupiter	Wolgast	498,з	174,зı	
JHDB	Auguste	Greifswald	773,з	272,зт	
JHDC	Dolly	Greifswald	794,з	280,зо	
JHDK	Gräfin Maria Lottum	Rostock	460,з	162,зт	
JHDL	Marie	Greifswald	902,з	318,зз	
JHDM	Minerva	Barth	1180,з	416,зо	
JHDN	Hohenzollern	Greifswald	1054,з	372,зз	
JHDQ	Satisfaction	Wolgast	498,з	176,ıз	
JHDR	Vesta	Greifswald	728,з	257,зз	

* Nominelle Pferdekräfte.

JHDV — JHNR

Unter-scheidungs-Signale.	Namen der Schiffe.	Heimathshafen	Kubik-meter Netto-Raumgehalt.	Register-Tons	Pferde-kräfte.
JHDV	Julie	Greifswald	798,9	280,21	
JHFB	Schmückert	Greifswald	993,3	350,89	
JHFD	Emma	Greifswald	690,6	243,17	
JHFG	Johanna von Schubert.	Wolgast	471,3	166,77	
JHFK	Pauline	Wolgast	436,1	154,96	
JHFM	Garibaldi	Stettin	159,4	56,37	
JHFP	Der Friede	Greifswald	981,9	328,94	
JHFQ	Johann Friedrich	Wolgast	694,3	245,99	
JHFR	Doctor von Graefe	Wolgast	667,3	235,44	
JHFT	August	Wolgast	546,3	192,44	
JHFV	Hellas	Greifswald	623,6	219,91	
JHGB	Hermann & Maria	Greifswald	118,7	41,80	
JHGC	Cassandra	Greifswald	816,6	288,83	
JHGD	Mercur	Greifswald	488,1	170,02	
JHGK	Martha	Greifswald	704,4	248,03	
JHGM	Johannes	Wolgast	721,3	254,44	
JHGP	Elise	Wolgast	454,0	160,34	
JHGW	Alwine	Greifswald	134,3	47,37	
JHKB	Friedrich	Wolgast	94,7	38,43	
JHKD	Albert & Anna	Wolgast	486,3	171,84	
JHKF	Emil Devrient	Wolgast	691,3	244,34	
JHKL	Elisabeth	Greifswald	767,8	270,97	
JHKM	Freude	Greifswald	767,7	271,00	
JHKN	†Marie	Wolgast	966,9	341,03	120
JHKP	Anna & Marie	Wolgast	1251,1	441,03	
JHKR	Prinz Adalbert	Wolgast	687,9	242,63	
JHLB	Einigkeit	Greifswald	1245,6	439,43	
JHLF	Mathilde	Greifswald	1247,9	440,43	
JHLG	Johannes	Stettin	781,4	258,16	
JHLM	Graf von Arnim	Wolgast	753,0	266,99	
JHLN	Therese	Greifswald	902,8	318,31	
JHLQ	Victoria	Greifswald	800,0	282,40	
JHLS	Regina Friederike	Greifswald	122,9	43,34	
JHLV	Paul	Greifswald	80,4	28,34	
JHLW	Johanna & Lina	Wolgast	731,3	258,11	
JHMD	Max & Robert	Kolberg	181,3	68,34	
JHMF	Charlotte	Greifswald	1097,1	387,34	
JHMG	Hanna	Greifswald	880,8	293,30	
JHMN	Dritte Juli	Wolgast	615,3	217,44	
JHMP	Die Elche	Wolgast	422,8	149,13	
JHMR	Camilla	Greifswald	1265,4	446,64	
JHMT	Eintracht	Greifswald	1130,3	399,14	
JHNC	Georg, Freiherr von Vincke.	Stralsund	795,3	280,94	
JHNF	Wilhelm	Barth	92,4	32,63	
JHNL	Anna	Altwarp	186,0	65,44	
JHNM	Lina	Greifswald	141,7	50,67	
JHNR	Willy	Neuwarp	181,3	64,00	

JHNS — JLDQ

Unter-scheidungs-Signale.	Namen der Schiffe.	Heimathshafen	Kubik-meter Netto-Raumgehalt.	Register-Tons	Pferde-kräfte.
JHNS	Heilmann	Greifswald	80,2	28,40	
JHNT	Auguste	Altwarp	174,9	61,74	
JHPB	Albert	Ziegenort	201,9	71,03	
JHPC	Einigkeit	Greifswald	178,9	62,35	
JHPD	†Fritz	Wolgast	202,1	71,32	16
JHPF	Emma	Wolgast	421,3	148,71	
JHPG	Providentia	Greifswald	665,3	284,91	
JHPL	August	Greifswald	78,5	27,19	
JHPM	Willy	Greifswald	154,1	54,39	
JHPN	Wilhelm Homeyer	Wolgast	1451,6	512,41	
JHPS	Bertha	Greifswald	87,7	30,36	
JHPT	Emilie	Wolgast	804,1	283,63	
JHPV	Elwine	Wolgast	88,6	31,34	
JHPW	Maria	Wolgast	94,4	33,32	
JHQB	Ada	Wolgast	ca.1507	ca.538	
JHQC	Marie	Greifswald	94,9	83,16	
JHQD	Laura	Greifswald	89,3	31,41	
JHQF	Susanna	Stettin	97,4	34,51	
JHQG	†Elisabeth	Wolgast	119,3	42,91	16
JHQK	Caroline	Wolgast	98,3	34,79	
JHQL	Wilhelmine	Wolgast	104,3	86,43	
JHQM	†Pommern	Greifswald	158,9	56,19	50
JHQN	Emilie	Greifswald	565,3	199,41	
JHQP					
JHQR					
JHQS					
JHQT					
JHQV					
JHQW					
JLBM	Ernst	Barth	915,9	823,91	
JLBP	Albert Wilhelm	Barth	578,9	204,35	
JLBS	Johanna	Barth	251,6	88,51	
JLBT	Anna	Stralsund	537,1	189,49	
JLBW	Pius IX.	Stralsund	721,3	254,63	
JLCB	Peter	Stralsund	815,4	111,97	
JLCD	Heinrich	Barth	644,7	227,43	
JLCF	Wilhelmine	Stralsund	219,9	77,39	
JLCG	Ernst	Barth	459,1	162,99	
JLCM	Othello	Barth	665,3	234,03	
JLCN	Gloria	Stralsund	432,6	152,71	
JLCR	August	Barth	645,9	228,99	
JLDB	Therese	Barth	305,3	107,74	
JLDF	Immanuel	Barth	623,3	220,19	
JLDG	Bernhard	Barth	776,6	274,14	
JLDH	Albert	Barth		19,49*	
JLDK	Wilhelmine	Barth		19,31*	
JLDM	Wilhelm August	Barth	826,4	291,78	
JLDN	Richard	Barth	455,1	160,90	
JLDQ	Die Krone	Barth	957,3	338,63	

* Lasten zu 4000 ℔.

JLDR — JLQK

Unter-scheidungs-Signale.	Namen der Schiffe.	Heimathshafen	Kubik-meter	Register-Tons	Pferde-kräfte.
			Netto-Raumgehalt.		
JLDR	Bertha	Barth	336,2	118,64	
JLDT	Marta	Barth	126,3	44,51	
JLDV	Helene	Stralsund	1016,6	358,64	
JLFC	Peter	Barth	853,8	301,39	
JLFH	Friedrich Wilhelm IV.	Barth	1040,9	869,34	
JLFK	Carl	Stralsund	260,5	91,95	
JLFN	Mobil	Stralsund	441,5	155,94	
JLFP	Achilles	Stralsund	451,1	159,23	
JLFQ	Hellas	Stralsund	1028,6	363,17	
JLFR	von Pommer-Esche	Stralsund	556,4	196,41	
JLFV	Ida Mathilde	Stettin	1088,4	384,21	
JLGB	Vorwärts	Stralsund	393,2	138,46	
JLGC	Auguste	Stralsund	440,6	155,60	
JLGF	Oberon	Stralsund	. . .	87,3 *	
JLGM	Gustav Friedrich	Stralsund	1003,4	354,39	
JLGN	Johann Friedrich	Barth	567,2	200,22	
JLGQ	Gottfried	Stralsund	480,3	169,55	
JLGS	Activ	Barth	898,4	317,14	
JLHB	Bertha	Stralsund	1137,9	401,45	
JLHG	Condor	Barth	907,3	320,34	
JLHN	Christine	Barth	105,1	37,31	
JLHS	Christian	Stralsund	132,6	46,39	
JLHV	Courier	Barth	985,6	347,91	
JLKB	Therese	Barth	119,6	42,22	
JLKD	Therese	Stralsund	426,9	150,69	
JLKF	Hellmuth & Marie	Barth	119,3	42,11	
JLKP	Vorwärts	Barth	429,5	151,72	
JLKR	Friedericke	Stettin	—	33,10	
JLKS	Landrath von Hage-meister.	Stralsund	512,3	181,02	
JLKT	Sophie	Stralsund	103,2	36,43	
JLKV	Franz Böttcher	Stralsund	487,0	171,30	
JLKW	Preciosa	Barth	1025,7	362,07	
JLMB	Elwine Kreplin	Barth	1098,7	387,66	
JLMC	Emma Maria	Barth	112,9	30,93	
JLMF	Anna Sophia	Barth	518,3	183,08	
JLMK	Carl	Bremen	174,1	61,46	
JLMN	Malvina Wendt	Barth	1027,9	362,44	
JLMS	Pansewitz	Barth	943,7	333,13	
JLMV	Caecilie	Stralsund	534,9	188,82	
JLMW	Otto	Barth	468,9	165,32	
JLNG	Cito	Stralsund	288,3	101,71	
JLNV	Henriette Steinorth	Barth	908,1	320,36	
JLPG	Harmonie	Barth	602,3	212,73	
JLPH	Anna	Stralsund	122,1	43,09	
JLPQ	Diogenes	Barth	910,6	321,11	
JLQB	Treue	Barth	731,3	258,10	
JLQF	Emma	Barth	606,4	214,70	
JLQK	Johann	Stralsund	131,3	46,42	

* Lasten zu 4000 ℔.

JLQW — JMCB

Unter-scheidungs-Signale.	Namen der Schiffe.	Heimathshafen	Kubik-meter Netto-Raumgehalt.	Register-Tons	Pferde-kräfte.
JLQW	Heinrich Christoph .	Barth.	242,9	85,76	
JLRB	Alexander v. Humboldt.	Stralsund	149,9	52,44	
JLRF	Reinhold	Stralsund	182,0	64,30	
JLRH	Commandeur . . .	Stralsund	187,4	66,14	
JLRK	Arnold Ruge . . .	Barth	88,9	31,84	
JLRM	Julius	Barth	665,6	234,94	
JLRQ	Marie	Barth	89,4	31,84	
JLRS	Johanna & Emma .	Stralsund	165,9	58,46	
JLRW	Alwin & Fritz . . .	Barth	211,1	74,42	
JLSB	Heinrich Rodbertus	Barth	981,6	346,81	
JLSC	Maria	Stralsund	. . .	35,9*	
JLSF	Maria Wohlfahrt .	Stralsund	160,4	56,71	
JLSH	Hermine	Stralsund	99,9	34,96	
JLSK	Johanna Sophie . .	Flensburg	112,1	39,57	
JLSP	Neptunus	Stralsund	166,9	58,91	
JLST	Vorwärts	Anklam.	84,7	29,90	
JLTB	Robert	Greifswald	86,4	60,0	
JLTH	Australia	Stralsund	163,4	57,57	
JLTM	Bertha	Stettin	79,9	29,04	
JLTR	Louise	Stralsund	989,9	349,10	
JLTV	Albert	Barth	429,4	151,39	
JLVB	Germania	Stralsund	152,9	53,76	
JLVD	Friederike	Barth	82,9	29,36	
JLVF	Carl Albert	Altwarp	129,4	45,46	
JLVG	Vitilue	Stralsund	141,4	49,91	
JLVH	Ferdinand	Barth	. . .	17,9*	
JLVK	Schwarck	Barth	124,9	44,10	
JLVM	Vorwärts	Barth	125,6	44,12	
JLVQ	Ernst Julius . . .	Ziegenort	176,4	62,96	
JLVR	Henriette	Barth	80,4	28,90	
JLWC	Henriette	Barth	554,9	195,76	
JLWF	Maria	Stralsund	198,6	70,12	
JLWG	Louis	Stralsund	546,9	192,91	
JLWH	Sophia	Barth	596,9	210,48	
JLWK	Activ	Stettin	101,1	35,69	
JLWM	Bürgermeister Oom	Barth	427,9	150,94	
JLWP	Friedrich Wilhelm .	Stralsund	688,1	241,15	
JLWQ	Hermine	Neustadt in Holstein.	149,4	52,76	
JLWR	Carnot	Barth	136,4	48,20	
JLWV	Marie	Barth	89,4	31,36	
JMBD	Die zwei Brüder .	Barth	88,9	31,13	
JMBG	Alwine	Stralsund	168,4	59,44	
JMBK	Maria	Barth	88,9	31,17	
JMBL	Maria	Stralsund	86,4	30,80	
JMBP	Wilhelm	Wolgast	100,9	35,77	
JMBQ	Sirene	Barth	122,9	43,90	
JMBS	Emanuel	Stralsund	169,9	59,73	
JMCB	Louise	Barth	101,7	35,90	

* Lasten zu 4000 ℳ.

JMCF — JMND

Unter-scheidungs-Signale.	Namen der Schiffe.	Heimathshafen	Kubik-meter Netto-Raumgehalt.	Register-Tons	Pferde-kräfte.
JMCF	Stroensee	Barth	107,3	37,88	
JMCH	Elise	Stralsund	74,3	26,19	
JMCL	Louise	Barth	. . .	27,5*	
JNCV	Flora	Stralsund	423,0	149,03	
JMDB	Emma Auguste	Barth	249,6	88,00	
JMDC	Alwine	Stralsund	108,7	36,61	
JMDG	Christian	Stralsund	484,7	171,10	
JMDH	Einigkeit	Barth	553,4	195,33	
JMDP	Undine	Barth	541,5	191,11	
JMDS	Bürgermeister Müller	Barth	965,3	340,75	
JMFP	Brutus	Stralsund	120,3	42,57	
JMFQ	Alwina	Wolgast	67,3	23,72	
JMFS	August	Barth	02,9	82,79	
JMGD	Vorwärts	Barth	65,3	23,03	
JMGD	Maria Wohlfahrt	Stralsund	256,0	90,36	
JMGK	Courier	Stralsund	1185,8	418,01	
JMGQ	Robert & Paul	Stralsund	418,3	147,76	
JMGS	Auguste Mathilde	Stralsund	639,1	225,38	
JMGV	Friederike	Stralsund	514,0	181,41	
JMHC	Emma	Barth	79,0	27,68	
JMHG	Franz	Barth	522,7	184,61	
JMHL	Clara Dickelmann	Stralsund	425,4	150,16	
JMHN	Die Erwartung	Barth	519,4	183,35	
JMHR	Arthur	Barth	474,0	167,70	
JMHS	Caroline Marie	Stralsund	95,0	33,64	
JMHV	C. L. Weyer	Greifswald	1185,9	418,41	
JMHW	Hoche	Barth	128,9	45,51	
JMKB	Bertha	Barth	89,6	31,60	
JMKF	Caroline	Barth	113,3	39,30	
JMKH	Matador	Stralsund	1101,7	420,50	
JMKP	Julius	Barth	915,3	323,39	
JMKQ	Der Adler	Barth	975,2	344,34	
JMKS	Adolph Friedrich	Stralsund	557,6	196,91	
JMKT	Adolph & Emma	Stralsund	454,3	160,43	
JMKW	Moritz	Stralsund	57,3	20,19	
JMLB	Heinrich	Barth	85,0	30,81	
JMLC	Ernst Wilhelm	Barth	977,4	346,10	
JMLD	Mine	Stralsund	88,7	31,31	
JMLF	Hermann	Stralsund	166,6	58,31	
JMLG	Wittow	Stralsund	. . .	13,5*	
JMLH	Ata Bertha	Stralsund	68,9	24,31	
JMLN	Carl	Barth	857,9	302,41	
JMLR	Hermann	Barth	359,4	126,97	
JMLT	Alwine	Stralsund	741,7	261,51	
JMLV	Wodan	Stralsund	. . .	ca 213*	
JMNB	Julius Heinrich	Barth	837,3	295,53	
JMNC	Bürgermeister Sobwing	Stralsund	1078,3	380,60	
JMND	Emilie	Barth	431,8	152,33	

* Lasten zu 4000 ℔.

JMNF — JMTQ

Unterscheidungs-Signale.	Namen der Schiffe.	Heimathshafen	Kubikmeter	Register-Tons Netto-Raumgehalt.	Pferdekräfte.
JMNF	Bertha	Stralsund	685,0	241,81	
JMNG	Die Heimath	Stralsund	063,8	340,13	
JMNH	Der Nordpol	Barth	1038,3	366,43	
JMNK	Minna	Barth	487,6	172,09	
JMNP	Professor Schulze	Stralsund	171,6	60,83	
JMNS	Mazzini	Barth	108,8	38,40	
JMNT	Annchen Lorenz	Barth	537,9	189,48	
JMNW	Tiger	Barth	1185,8	418,47	
JMPG	Superbe	Stralsund	979,8	845,76	
JMPK	Adolph	Stralsund	609,8	215,10	
JMPL	Vorwärts	Stralsund	84,3	29,83	
JMPN	Bertha	Stralsund	432,3	152,68	
JMPQ	Hugo	Stralsund	315,3	111,77	
JMPT	Johanna	Stralsund	173,1	61,11	
JMPV	Ottilie	Stralsund	581,1	205,18	
JMPW	Peter Kräft	Barth	043,7	333,18	
JMQB	Friedrich Wilhelm	Stralsund	669,1	236,09	
JMQC	Alwine	Stralsund	161,0	56,83	
JMQD	Einigkeit	Königstein a. d. Schlei	140,9	49,73	
JMQF	Friederike Weyer	Stralsund	1033,4	364,76	
JMQG	Clara	Stralsund	816,3	284,16	
JMQH	Carl	Stralsund	402,4	173,89	
JMQK	Loreley	Barth	718,5	253,03	
JMQL	Fortuna	Stralsund	648,4	228,89	
JMQN	Wilhelm	Stralsund	94,3	33,33	
JMQR	August	Barth	539,6	190,48	
JMQS	Johanna Emilie	Barth	568,6	200,72	
JMQV	Apotheker Diesing	Stralsund	1009,1	887,96	
JMRF	Henriette	Barth	121,3	42,88	
JMRH	Laura	Stralsund	119,1	42,04	
JMRL	Alfred	Barth	1312,4	463,29	
JMRP	Philipp Weyergang	Stralsund	550,6	194,33	
JMRS	Australia	Stralsund	1633,7	576,79	
JMRT	Bertha	Barth	120,3	44,54	
JMSH	Paul	Stralsund	1079,6	378,99	
JMSD	Emma	Stralsund	613,6	216,67	
JMSH	Meta	Barth	1212,9	428,14	
JMSK	Sirene	Barth	603,6	213,06	
JMSL	Johann Gustav	Barth	455,3	160,89	
JMSP	Diana	Stralsund	699,3	246,93	
JMSQ	R. W. Parry	Barth	553,0	195,31	
JMSR	Clara	Stralsund	657,3	231,99	
JMST	Maria Catharina	Stralsund	108,6	59,48	
JMSW	Marie	Barth	156,3	55,13	
JMTB	Gustav	Stralsund	156,0	55,06	
JMTD	Anna	Barth	125,7	44,33	
JMTK	Friedchen	Stralsund	1009,6	356,83	
JMTL	Martha	Stralsund	178,9	63,11	
JMTQ	Georgine	Stralsund	104,9	37,03	

JMTV — JNGF

Unter-scheidungs-Signale.	Namen der Schiffe.	Heimathshafen	Kubik-meter Netto-Raumgehalt.	Register-Tons	Pferde-kräfte.
JMTV	Carl	Stralsund	188,3	66,46	
JMVB	Unkel Braesig . .	Stralsund	841,0	296,83	
JMVD	Laora	Stralsund . . .	104,3	36,99	
JMVH	Helmuth . . .	Barth	155,8	55,60	
JMVS	Bertha Augusta . .	Barth	. . .	20"	
JMVT	Wittow	Stralsund	581,1	205,12	
JMVW	Marie	Barth	580,9	189,42	
JMWB	Bertha	Barth	1290,7	455,61	
JMWC	Friederike. . . .	Stralsund . . .	110,9	39,14	
JMWD	S. Soppleich . . .	Stralsund . . .	934,6	329,90	
JMWF	August Zäncker . .	Stettin	387,1	136,63	
JMWK	Hoffnung	Barth	. . .	221,8"	
JMWN	Gostava.	Stralsund . . .	478,1	168,76	
JMWR	Bernhardine . . .	Stralsund . . .	349,9	123,51	
JMWS	Lina	Barth	1274,8	450,01	
JNBC	Wilhelm	Stralsund	145,6	51,41	
JNBF	Marie	Stralsund . . .	846,6	298,64	
JNBG	Consul Platen . . .	Stralsund	913,3	322,59	
JNBH	Jowina	Stralsund . . .	376,8	132,90	
JNBL	Professor Cantsler	Stralsund	718,4	253,46	
JNBP	Franz August . . .	Barth	373,1	131,70	
JNBQ	Bertha Bahlrühs . .	Barth	1491,1	520,84	
JNBT	Eduard Pens . . .	Stralsund	1011,6	357,11	
JNCB	Copernicus	Ziegenort	178,8	63,11	
JNCF	Friedrich II.	Stralsund . . .	364,8	128,69	
JNCK	Heinrich Dircks . .	Barth	1000,6	358,31	
JNCP	Arcona	Stralsund . . .	169,7	59,90	
JNCQ	C. A. Berg . . .	Stralsund . . .	441,6	155,39	
JNCV	J. P. Jahl	Stralsund	1247,6	440,23	
JNCW	August	Stralsund	1058,3	373,46	
JNDC	Hedwig Siebe . . .	Stralsund	1008,6	356,80	
JNDG	Caroline	Stralsund	445,3	157,19	
JNDK	C. von Platen . .	Barth	576,6	203,13	
JNDP	Fritz	Barth	647,1	228,61	
JNDQ	Wilhelm	Stralsund	886,7	130,81	
JNDS	Martha	Stralsund	169,3	59,73	
JNDV	Pauline David . . .	Stralsund	2581,6	911,31	
JNFB	August	Greifswald	450,3	169,30	
JNFC	Richard Eichstedt .	Stralsund	392,6	138,84	
JNFD	Carl Friedrich . .	Barth	1301,9	459,32	
JNFK	Hoffnung	Barth	895,3	316,90	
JNFL	Henriette	Barth	88,7	31,36	
JNFM	Hermann	Barth	912,3	322,34	
JNFQ	Charles Kahl . . .	Stralsund	971,5	342,34	
JNFR	Hongkong	Stralsund	. . .	139,3"	
JNFW	Georg Holtz . . .	Barth	831,7	293,39	
JNGB	Robert	Barth	93,9	82,34	
JNGD	Auguste Sophie . .	Stralsund . . .	186,9	65,61	
JNGF	A. M. Lolinga . .	Barth	794,6	280,49	

* Lasten zu 4000 ℔.

8*

JNGH — JNMP

Unter-scheidungs-Signale.	Namen der Schiffe.	Heimathshafen	Kubik-meter Netto-Raumgehalt.	Register-Tons	Pferde-kräfte.
JNGH	Hoffnung	Stralsund	117,7	41,3	
JNGK	August	Barth	1009,1	357,79	
JNGM	Wilhelmine	Stralsund	97,9	34,34	
JNGS	Johann Hermann .	Stralsund	96,9	34,20	
JNGT	Meerkönig	Barth	717,4	253,22	
JNGV	Graf Behr-Negendank.	Barth	860,3	308,63	
JNGW	Louis Romler . . .	Barth	820,6	289,49	
JNHB	Johann Carl . . .	Stralsund	176,0	62,13	
JNHC	Der Versuch . . .	Stralsund	1068,3	375,64	
JNHF	Ariel	Barth	477,6	168,64	
JNHK	Wilhelm	Barth	176,1	61,91	
JNHL	Robert Wendt . . .	Stralsund	1112,1	392,59	
JNHM	Graf Otto zu Solms	Stralsund	666,9	235,21	
JNHP	T. C. Berg	Barth	1350,7	476,92	
JNHT	Dr. Stroussberg . .	Barth	829,9	292,93	
JNHV	Maria	Stralsund	202,9	71,59	
JNKD	Caroline	Stralsund	367,5	129,40	
JNKF	Wilhelm Schütt . .	Stralsund	232,0	81,97	
JNKG	Krönnewitz	Barth	. . .	201*	
JNKH	Emma	Stralsund	229,6	80,07	
JNKL	Gazelle	Stralsund	258,9	91,30	
JNKP	Emma Beug . . .	Stralsund	881,9	311,30	
JNKR	Gustava	Stralsund	123,4	43,54	
JNKS	Oscar Wendt . . .	Barth	1350,3	476,64	
JNKT	†Oscar	Stralsund	819,3	289,36	260
JNKV	Leda	Stettin	448,8	158,85	
JNKW	Anna Alida	Barth	161,6	57,01	
JNLB	Freundschaft . . .	Barth	515,6	181,90	
JNLD	Anna	Stralsund	88,1	31,06	
JNLF	Hermine	Stralsund	290,9	102,43	
JNLG	Johanna	Stettin	106,0	85,30	
JNLH	Charlotte	Stralsund	238,2	84,36	
JNLK	Heinrich	Stralsund	317,2	112,01	
JNLM	Carl August . . .	Stralsund	640,4	226,06	
JNLP	Augustie	Barth	186,9	65,49	
JNLQ	Maria	Stralsund	147,4	52,00	
JNLR	Wilhelm Weyer . .	Stralsund	. . .	386,54**	
JNLS	Atlantic	Stralsund	490,3	173,03	
JNLT	Marie	Stralsund	67,3	23,71	
JNLV	Marie	Barth	210,9	74,11	
JNLW	Wallis & Sohn . .	Barth	. . .	603,5**	
JNMB	Franz Ludwig . .	Stralsund	111,7	39,43	
JNMC	Louise	Barth	1104,6	389,93	
JNMD	Die Gartenlaube . .	Stralsund	. . .	559,17**	
JNMF	Marie Riebeck . .	Stralsund	1427,1	508,74	
JNMH	Friedchen	Barth	. . .	89,67**	
JNMK	Emilie Kahl . . .	Barth	821,7	290,03	
JNMP	Theodor	Stralsund	449,7	158,73	

* Lasten zu 4000 ℔.   ** Tonnen zu 1000 Kilogramm.

	mann.		
JNPC	Commissionerath	Hamburg	1130,s
	Dienstbach.		
JNPD	Adolph	Barth	647,o
JNPF	A. C. Meyer	Barth	1478,s
JNPG	Anna	Barth	74,7
JNPH	Erlkönig	Stralsund	1294,s
JNPL	Falke	Stralsund	892,s
JNPM	Anna	Stralsund	61,4
JNPQ	Johanna	Stralsund	150,s
JNPS	Louise Dorothea	Barth	643,s
JNPT	Graf Klot-Trant-	Barth	726,s
	vetter.		
JNPV	Treue	Barth	1301,s
JNQB	Emma Müller	Barth	1431,6
JNQC	Eduard Waenerlund	Barth	1100,7
JNQF	W. Röhl	Stralsund	1331,s
JNQG	Mathilde	Stralsund	768,o
JNQH	Hedwig	Barth	895,s
JNQK	Germania	Stralsund	777,s
JNQL	Albatross	Stralsund	891,s
JNQM	Elise	Barth	836,s
JNQT	Christoph Kasten	Barth	499,s
JNQV	Hermine	Stralsund	192,s
JNQW	Emma	Stralsund	121,7
JNRB	Hermine	Stralsund	197,7
JNRC	Wilhelmine	Barth	128,s
JNRD	Anna	Stralsund	168,4
JNRF	Lisette	Barth	98,4
JNRG	Maria	Stralsund	51,s
JNRH	Ernst	Stralsund	282,s
JNRM	Hermine	Stralsund	61,o
JNRS	Gertrud	Barth	484,s
JNRW	Louise	Barth	617,s
JNSB	Die Hoffnung	Stralsund	96,7
JNSC	Aequator	Stralsund	1550,s
JNSD	Sophie	Stralsund	359,s
JNSF	Hans & Minna	Stralsund	231,s
JNSG	Stabswache	Stralsund	232,s
JNSH	Johanna	Stralsund	296,o
JNSM	Minna	Barth	67,s
JNSP	Carl August	Barth	1001,s

JNSQ — JPBQ

Unter-scheidungs-Signale.	Namen der Schiffe.	Heimathshafen	Kubik-meter Netto-Raumgehalt.	Register-Tons	Pferde-kräfte.
JNSQ	Sophie	Barth	716,1	252,70	
JNSR	Carl August	Stralsund	828,1	292,90	
JNST	Glück auf	Stralsund	601,1	212,77	
JNSV	Wilhelmine	Barth	180,4	63,69	
JNSW	Jeannette	Barth	478,1	169,90	
JNTB	Stralsund	Stralsund	1645,1	580,70	
JNTC	Express	Stralsund	79,7	28,18	
JNTD	Hedwig	Barth	228,6	78,94	
JNTF	Ernst	Stralsund	66,9	23,63	
JNTG	Hedwig	Barth	408,1	144,30	
JNTH	Gebrüder	Stettin	147,0	51,67	
JNTK	Minna	Stralsund	131,1	46,41	
JNTL	Hermann & Lina	Stralsund	218,4	77,09	
JNTM	Carl Theodor	Stralsund	208,0	73,41	
JNTQ	Emma	Barth	187,1	66,14	
JNTR	Ernst	Stralsund	439,4	155,14	
JNTS	Heimath	Stralsund	303,0	106,96	
JNTV	Anna Ottilie	Barth	215,1	76,17	
JNVD	Minna	Barth	105,9	37,13	
JNVF	Wilhelm	Stralsund	93,0	32,63	
JNVH	Germania	Stralsund	89,9	31,70	
JNVK	Hellmuth	Stralsund	253,1	89,24	
JNVL	Maria	Stralsund	78,9	27,86	
JNVM	Graefin Behr-Negen-dank	Stralsund	710,1	250,70	
JNVP	Adelgunde	Stralsund	268,6	94,63	
JNVQ	Meta	Stralsund	77,0	27,14	
JNVR	Betty Wendt	Barth	1347,6	475,63	
JNVW	Emilie	Stralsund	610,1	215,90	
JNWC	F. H. Drews	Stralsund	1766,1	623,61	
JNWD	Bertha	Barth	92,6	32,74	
JNWF	Bertha	Barth	139,6	49,30	
JNWH	Wilhelmine	Stralsund	70,1	26,90	
JNWK	Albert	Stralsund	280,0	98,73	
JNWL	Johann Friedrich	Barth	210,6	74,24	
JNWM	Hoffnung	Barth	726,9	256,60	
JNWP	Johanna Kraeft	Stralsund	633,0	223,44	
JNWQ	Mercur	Barth	1363,7	481,30	
JNWR	Caroline	Stralsund	427,6	150,94	
JNWV	Johanna	Stralsund	197,6	69,69	
JPBC	Arnold	Barth	206,3	72,70	
JPBD	Theodor	Elmshorn	212,7	75,60	
JPBF	Hermann	Stralsund	1283,1	452,94	
JPBG	Wilhelmine	Barth	129,3	45,63	
JPBK	Triton	Stettin	644,1	227,34	
JPBL	Lina	Stralsund	138,1	48,94	
JPBM	Minna	Stralsund	201,6	71,16	
JPBN	Otto & Ella	Stralsund	212,6	75,01	
JPBQ	Johanna	Stralsund	212,3	74,90	

JPBR — JPGF

Unter- scheidungs- Signale.	Namen der Schiffe.	Heimathshafen	Kubik- meter Netto-Raumgehalt.	Register- Tons	Pferde- kräfte.
JPBR	Sophia	Barth	233,1	82,59	
JPBS	Fortuna	Stralsund	188,2	47,06	
JPBT	Emilie	Stralsund	226,1	79,20	
JPBV	Johann Heinrich	Barth	195,7	69,66	
JPCB	Eugen	Stralsund	2068,2	730,59	
JPCD	Louise	Barth	79,1	27,91	
JPCF	Alwine	Barth	209,6	78,13	
JPCG	Johanna	Barth	236,1	83,33	
JPCH	Maria	Barth	67,3	23,79	
JPCK	Adele	Barth	89,7	81,67	
JPCL	Hulda	Stralsund	508,7	179,33	
JPCM	Director Barrow	Stralsund	924,6	326,17	
JPCQ	Maria	Barth	89,3	81,46	
JPCR	Albert Reimann	Barth	636,1	224,53	
JPCS	Marie	Barth	81,6	28,77	
JPCT	Carl & Maria	Barth	79,5	28,17	
JPCV	J. M. Bnock	Barth	508,6	179,34	
JPCW	Bertha	Barth	75,9	26,88	
JPDB	Johanna	Stralsund	64,6	22,60	
JPDC	Ida	Stralsund	813,6	286,99	
JPDF	August	Stralsund	75,3	26,53	
JPDG	Ester	Stralsund	107,3	38,09	
JPDH	Johanna	Stralsund	128,9	45,50	
JPDK	Auguste	Barth	78,1	27,57	
JPDL	Bertha	Barth	70,3	24,78	
JPDM	Johann	Stralsund	127,5	45,01	
JPDN	Marie	Stralsund	127,3	45,01	
JPDQ	Niederhof	Stralsund	557,6	196,99	
JPDR	Rapid	Stralsund	125,6	44,34	
JPDS	Robert	Barth	73,3	25,84	
JPDV	Johanna	Stralsund	417,5	147,33	
JPDW	Anna Louise	Barth	201,3	71,06	
JPFB	Johanna	Barth	298,9	103,75	
JPFC	Auguste	Stralsund	123,6	43,63	
JPFG	Carl	Stralsund	127,7	45,06	
JPFH	Helene	Stralsund	211,9	74,82	
JPFK	Henriette	Stralsund	113,3	39,98	
JPFL	Hermann	Stralsund	211,9	74,81	
JPFM	Vorwärts	Barth	105,8	69,13	
JPFQ	Lucia Maria	Barth	420,3	151,81	
JPFR	Edward Waugh	Barth	488,6	170,71	
JPFS	Bertha	Barth	213,3	75,47	
JPFT	Thetis	Barth	814,6	111,14	
JPFV	Ida	Stralsund	507,6	178,96	
JPFW	Arion	Stettin	208,9	78,74	
JPGB	Natur	Stralsund	513,6	181,39	
JPGC	Louise	Barth	89,9	81,74	
JPGD	Maria Sarah	Barth	ca.1165	ca.412	
JPGF	Moritz	Stralsund	57,3	20,40	

JPGH — JPLS

Unter-scheidungs-Signale.	Namen der Schiffe.	Heimathshafen	Kubik-meter Netto-Raumgehalt.	Register-Tons	Pferde-kräfte.
JPGH	Wilhelm	Barth	135,7	47,91	
JPGK	Gustav	Barth	254,9	89,94	
JPGL	Peter	Barth	123,7	43,61	
JPGM	Fanö	Stralsund	829,9	292,98	
JPGN	Emilie	Stralsund	143,5	50,67	
JPGQ	Baron von Veltheim	Barth	488,6	154,79	
JPGR	Johann Heinrich	Stralsund	57,7	20,37	
JPGS	Wilhelmine	Barth	68,9	24,01	
JPGT	Fritz von der Lancken.	Stralsund	915,9	323,28	
JPGV	Hoffnung	Stralsund	62,1	21,92	
JPGW	Lina	Stralsund	402,9	142,23	
JPHC	Otto	Barth	458,4	161,61	
JPHD	Caroline	Stralsund	212,3	74,94	
JPHF	Wilhelmine	Barth	87,6	30,92	
JPHG	August & Marie	Barth	206,3	72,14	
JPHK	Bertha Auguste	Stralsund	83,1	29,34	
JPHL	Der Wanderer	Barth	650,7	229,76	
JPHM	Wanderer	Stralsund	135,9	47,99	
JPHN	†Barth	Barth	81,0	28,59	50
JPHQ	Sara	Barth	123,5	43,60	
JPHR	Ernst	Stralsund	169,9	59,97	
JPHS	Commercienrath Rodbertus.	Barth	1605,4	566,44	
JPHT	Sophie	Barth	64,4	22,80	
JPKB	Heinrich & Anna	Barth	208,3	73,55	
JPKC	Emma	Barth	222,5	78,69	
JPKD	Altefaehr	Stralsund	105,3	37,13	
JPKF	Caroline	Stralsund	167,9	59,27	
JPKG	Franz Gottfried	Stralsund	203,3	71,77	
JPKH	Nellie	Stralsund	—	330,44*	
JPKL	Johannis	Stralsund	125,4	44,37	
JPKM	Carl	Stralsund	111,3	39,26	
JPKQ	Zwei Gebrüder	Barth	206,4	72,85	
JPKR	Emilie	Barth	1475,9	521,90	
JPKS	†Reihefahrer	Stralsund	138,5	49,00	67
JPKT	Friedrich Ludwig	Barth	219,5	77,41	
JPKV	Hoffnung	Barth	171,4	60,50	
JPKW	Emma	Stralsund	328,5	115,89	
JPLB	Emma	Stralsund	203,4	71,87	
JPLC	Gustava	Stralsund	127,0	41,85	
JPLD	Hecht	Stralsund	1013,3	357,67	
JPLG	Saturn	Stralsund	1369,3	483,53	
JPLH	L. Hagen	Barth	1426,1	503,43	
JPLM	Martha	Barth	254,6	89,97	
JPLN	Gräfin Krassow	Stralsund	336,9	118,93	
JPLQ	Gustava Egner	Barth	357,7	126,37	
JPLR	Wilhelmine	Stralsund	155,7	54,94	
JPLS	Maria	Stralsund	112,1	39,57	

* Brutto-Raumgehalt.

JPLT — KBGF

Unter-scheidungs-Signale.	Namen der Schiffe.	Heimathshafen	Kubik-meter Netto-Raumgehalt.	Register-Tons	Pferde-kräfte.
JPLT	Wilhelmine	Barth	164,7	58,12	
JPLV	Marie Borg	Barth	1518,3	536,00	
JPLW	Fritz von Gadow	Barth	491,6	178,33	
JPMB	Mentor	Stralsund	ca. 1220	ca. 431	
JPMC	Cardinal	Stralsund	1014,6	358,16	
JPMD	Altair	Stralsund	197,2	69,02	
JPMF	Johannes Köster	Stralsund	1043,0	368,18	
JPMG	Betti	Stralsund	86,2	30,48	
JPMH	Emma	Stralsund	77,4	27,33	
JPMK					
JPML					
JPMN					
JPMQ					
JPMR					
JPMS					
JPMT					
JPMV					
JPMW					
JRBC	Wilhelmine	Barth	95,4	33,67	
JRBD					
JRBF					
JRBG					
JRBH					
JRBK					
JRBL					
JRBM					
JRBN					
JRBP					
KBCD	Berentjedina . . .	West-Rhauderfehn .	73,4	25,94	
KBCJ	Maria Catharina	Westeraccumersiel .	68,7	24,24	
KBCQ	Reinrich	Barssel	72,1	25,46	
KBCR	Sechs Gebrüder . .	Emden	104,9	37,03	
KBCS	Jantjedina	West-Rhauderfehn .	114,0	40,24	
KBCW	Lina	West-Rhauderfehn .	79,9	28,21	
KBDG	Talka Catharina . .	Emden	107,3	37,63	
KBDN	Hoffnung	Emden	110,7	39,07	
KBDP	Sjonkelina	Tönning	117,4	41,45	
KBDQ	Hilke Katt	Blumenthal, Amts Blumenthal.	132,0	46,64	
KBDS	Vader Katt	Emden	119,4	42,29	
KBDT	Gesina	Emden	108,0	36,34	
KBDV	Fido	Rhaudermoor . . .	60,4	21,39	
KBDW	Margaretha	Ost-Rhauderfehn .	78,1	27,97	
KBFG	Catharina	Oldersum	232,3	82,00	
KBFM	Johanna	Karolinensiel . . .	159,0	56,13	
KBFP	Friederike	Karolinensiel . . .	265,4	93,69	
KBFQ	Gut Heil	Emden	237,3	83,95	
KBGC	Phönix	Jemgum	353,7	124,4	
KBGF	Antoni	Weener	147,3	52,00	

KBGJ — KBPJ

Unter-scheidungs-Signale.	Namen der Schiffe.	Heimathshafen	Kubik-meter Netto-Raumgehalt.	Register-Tons	Pferde-kräfte.
KBGJ	Jeannette	Leer	310,6	109,64	
KBGM	Hinrika	Iheringsfehn	218,6	77,10	
KDGN	Nordstern	Emden	382,6	135,06	
KBGP	Margaretha	Warsingsfehn	170,8	60,39	
KBGQ	Grenette	Leer	194,6	68,76	
KBGR	Gerlina	Grossefehn	216,6	76,47	
KBGS	Bertha	Leer	253,7	89,34	
KBHF	Metta	Pahlhnde	109,6	38,69	
KBHP	Trientje	Varelerhafen	111,5	39,34	
KBHS	Otto	Karolinensiel	324,4	114,32	
KBHT	Hesperus	Neu-Harrlinger Siel	297,6	105,15	
KBHV	Anna	Karolinensiel	196,1	69,30	
KBHW	Anna Catharina	Karolinensiel	139,6	49,33	
KBJC	Fünf Gebrüder	Karolinensiel	143,6	50,43	
KDJF	Maria Elisabeth	Oldersum	325,4	114,96	
KBJH	Gertrude	Papenburg	179,6	68,41	
KBJL	Wilhelmine	Papenburg	399,1	140,69	
KBJM	Anncben	Papenburg	473,3	167,06	
KBJN	Rudolph	Papenburg	401,6	141,73	
KBJP	Hermann	Papenburg	220,4	77,43	
KBLH	Johannes	Westeraccumersiel	169,1	59,69	
KBLJ	Gesina	Neussmersiel	202,7	71,55	
KBLN	Maria	Papenburg	497,6	175,63	
KBLP	Illikea	Papenburg	475,6	167,76	
KBLS	Cappelen	Papenburg	318,6	112,47	
KBLV	Caspar	Papenburg	307,7	108,61	
KBMC	Ida	Papenburg	456,7	161,31	
KBMF	Hinrika	Iheringsfehn	301,6	106,49	
KBMH	Bernard	Papenburg	461,4	162,46	
KBMJ	Trientje	Leer	292,8	103,16	
KBML	Enno	Grossefehn	256,2	90,44	
KBMN	Anna Catharina	Neuefehn	194,3	68,59	
KBMQ	Marie & Friederike	Karolinensiel	110,8	39,10	
KBMT	Adelheid	Papenburg	267,9	94,57	
KBMW	Maria	Papenburg	425,7	150,26	
KBND	Joseph	Papenburg	310,6	109,64	
KBNF	Amandus	Papenburg	324,3	114,46	
KBNJ	Heribertus	Papenburg	426,1	150,62	
KBNM	Maria	Papenburg	242,8	85,60	
KBNP	Alpha	Papenburg	317,3	112,69	
KBNQ	Elise	Papenburg	232,7	82,16	
KBNT	Harmina	Spetzerfehn	162,6	57,19	
KBNV	Janus	Ost-Grossefehn	280,3	98,94	
KBNW	Antoinette & Ellise	Grossefehn	239,7	84,61	
KBPC	Leonis	Leer	642,3	226,96	
KBPD	Hinrika	Iheringsfehn	238,3	84,09	
KBPG	Hermann	Boekzeteler Fehn	226,5	79,70	
KBPH	Active	Boekzeteler Fehn	186,9	65,96	
KBPJ	Gretina	Roriehmoor	206,4	72,90	

KBPM — KCBM

Unter-scheidungs-signale.	Namen der Schiffe.	Heimathshafen	Kubik-meter Netto-Raumgehalt.	Register-Tons	Pferde-kräfte.
KBPM	Gesina	Grossefehn	197,9	69,86	
KBPN	Etta	Emden	300,4	106,11	
KBPQ	Hermann	Papenburg	533,4	188,29	
KBPR	Meta	Dornumer Siel	209,4	73,80	
KBPT	Anna Gesina	Karolinensiel	88,6	31,77	
KBQG	Ludewig	Weener	188,4	66,44	
KBQJ	Gesine Caroline	Norden	176,9	63,15	
KBQL	Gebrüder ten Doorn-kaat	Norden	207,5	73,34	
KBQV	Wopke	Emden	362,0	127,16	
KBRC	Joseph	Papenburg	511,8	180,19	
KBRD	Fenna	Warsingsfehn	159,6	56,34	
KBRN	Johanna	Papenburg	254,4	89,84	
KBRP	Johann	Grossefehn	261,9	92,44	
KBRQ	Bürgermeister Stüve	Papenburg	657,4	232,97	
KBRS	Catharina	Papenburg	244,4	86,41	
KBSG	Gretina	Iheringsfehn	209,4	73,54	
KBSL	Alegunda	Papenburg	194,9	68,90	
KBSM	Alpha	Grossefehn	183,9	64,72	
KBSN	Agnetha	Grossefehn	162,9	57,19	
KBSP	Vertrauen	Karolinensiel	232,5	82,21	
KBSR	Maria	Grossefehn		33,78	
KBTC	Gesina	Grossefehn	243,4	85,92	
KBTD	Gretchen	Papenburg	351,4	124,12	
KBTF	Hermes	Papenburg	451,9	159,51	
KBTH	Maria	Grossefehn	378,4	133,69	
KBTJ	Ariana	Wolgast	128,7	45,48	
KBTL	Gesina	Papenburg	138,4	48,69	
KBTM	Bernardina	Papenburg	554,9	195,67	
KBTN	Leo	Papenburg	288,0	101,46	
KBTR	Charlotte	Ost-Rhauderfehn	225,3	79,43	
KBTS	Billine	Ost-Rhauderfehn	215,3	76,07	
KBVC	Wilhelmine	Westeraccumersiel	145,6	61,46	
KBVD	Wendeline Cristiane	Grossefehn	341,9	120,80	
KBVH	Anna	Papenburg	392,7	138,62	
KBVJ	Biene	Leer	245,1	86,83	
KBVL	Harmonie	Grossefehn	191,4	67,52	
KBVN	Reinhard	Weener	367,4	129,70	
KBVP	Einigkeit	Boekzeteler Fehn	149,1	52,63	
KBVR	Gesina	Petkom	295,4	104,27	
KBWC	Elsina	Warsingsfehn	219,9	77,63	
KBWH	Wilhelm & Joseph	Papenburg	533,3	188,33	
KBWP	Sophia	Emden	178,4	62,94	
KCBD	Vigilantia	Grossefehn	144,9	51,11	
KCBF	Hinrich	Grossefehn	227,9	80,23	
KCBG	Johann	Leer	184,0	64,90	
KCBH	Gesina	Warsingsfehn	208,2	73,50	
KCBJ	Sieverine	Grossefehn	224,3	79,13	
KCBM	Franken	Iheringsfehn	167,9	59,03	

* Lasten zu 4000 ℔.

KCBN — KCLP

Unter-scheidungs-Signale.	Namen der Schiffe.	Heimathshafen	Kubik-meter Netto-Raumgehalt.	Register-Tons	Pferde-kräfte.
KCBN	Marianne	Boekzeteler Fehn	189,4	66,86	
KCBQ	Gesina	Boekzeteler Fehn	185,6	65,43	
KCBR	Anna Gesina	Warsingsfehn	209,3	74,00	
KCBS	Johanna	Emden	201,1	71,60	
KCBT	Franz	Papenborg	244,1	86,38	
KCBW	Alwine	Papenburg	335,6	118,47	
KCDB	Hermann	Papenburg	417,0	117,50	
KCDF	Marie	Papenburg	659,1	232,64	
KCDL	Elisabeth	Dornumer Siel	153,3	54,12	
KCDM	Ente	Leer	181,6	64,10	
KCDP	Helene Christiane	Brake a. d. Weser	301,6	106,47	
KCDQ	Harmina	Neermoor	245,6	86,49	
KCDR	Metta Heilkeline	West-Rhauderfehn	221,6	78,16	
KCDT	Marie	Iberlugsfehn	165,3	58,49	
KCFH	Aline	Karolinensiel	266,5	94,39	
KCFJ	Flora	Iheringsfehn	192,2	68,06	
KCFM	Thetis	Emden	176,3	62,43	
KCFP	Wanderer	Leer	479,6	169,39	
KCFQ	Catharina	Grossefehn	222,0	78,87	
KCFW	Gebrüder	Norden	173,3	61,17	
KCGH	Maria	Neu-Harrlinger Siel	287,1	101,33	
KCGT	Elisabeth	Papenburg	384,3	135,66	
KCGV	Rose	Grossefehn	314,6	110,98	
KCGW	Annette	Boekzeteler Fehn	309,4	109,00	
KCHF	Engelina	Warsingsfehn	186,3	65,71	
KCHJ	Margaretha	Varel	165,7	66,44	
KCHM	Uline	Papenburg	189,1	66,64	
KCHN	Maria	Geestemünde	160,1	50,69	
KCHQ	Perle	Ditzum	167,3	58,38	
KCHR	Johanne	Neu-Harrlinger Siel	213,1	75,23	
KCHS	Antje	Leer	99,1	35,19	
KCHT	Maria	Papenburg	73,0	25,77	
KCHW	Lützborg	Norden	625,4	230,44	
KCJB	Hero	Boekzeteler Fehn	195,3	68,54	
KCJF	Aurora	Grossefehn	257,1	90,76	
KCJN	Arion	Papenborg	458,3	161,68	
KCJP	Aurora	Karolinensiel	173,1	61,11	
KCJQ	Ceres	Karolinensiel	215,3	75,97	
KCJR	Margaretha	Neu-Harrlinger Siel	198,3	70,00	
KCJS	Alide & Henriette	Emden	286,6	101,34	
KCJV	Johann	Deusersiel	540,3	190,94	
KCLB	Lucia	Insel Daltrum	143,3	60,66	
KCLD	Catharina	Jemgum	195,3	68,90	
KCLG	Theodore	Emden	437,9	154,57	
KCLH	Marie	Leer	268,6	94,49	
KCLJ	Heinrich	Papenburg	390,5	111,14	
KCLM	Hermann	Oldersum	244,6	86,38	
KCLN	Friederike	Weener	218,6	76,42	
KCLP	Friede	Papenburg	541,3	192,30	

KCLQ — KCTL

Unter-scheidungs-Signale.	Namen der Schiffe.	Heimathshafen	Kubik-meter Netto-Raumgehalt.	Register-Tons.	Pferde-kräfte.
KCLQ	Wopke	Neu-Harrlinger Siel	290,1	102,51	
KCLR	Gesine Brons . . .	Emden	267,73*		
KCLT	Hermann Hinrich .	Grossefehn	318,0	112,25	
KCMB	Johann	Grossefehn		32,25*	
KCMD	Goesina	Grossefehn	190,1	67,11	
KCMR	Catharina	West-Rhauderfehn .	114,3	50,94	
KCMT	Agie	Greetsiel	141,7	50,01	
KCMW	Hoffnung	Papenburg	318,9	123,11	
KCND	Stephenson	Papenburg	496,9	175,41	
KCNF	Jacobine	Papenburg	463,2	163,32	
KCNH	Rendeline	Hooksiel	168,4	59,83	
KCNJ	Ettine	Warsingsfehn . . .	337,0	118,98	
KCNL	Wiemkea	West-Rhauderfehn .	90,3	31,82	
KCNP	Gretjelina	West-Rhauderfehn .	153,3	54,09	
KCNQ	Minerva	Norden	142,1	50,14	
KCNR	Fenna	Oldersum	389,6	137,33	
KCNS	Agnethe	Boekzeteler Fehn .	184,1	64,99	
KCNT	Greetina	Jemgum	209,0	71,66	
KCNV	Jan & Andreas . .	Delve	139,6	49,33	
KCPB	Hiskelina	West-Rhauderfehn .	220,5	77,93	
KCPD	Dorothea	Warsingsfehn . . .	237,4	83,80	
KCPG	Anna	Bensersiel	195,4	69,03	
KCPH	Johanna Margaretha	Neu-Harrlinger Siel	118,9	50,80	
KCPL	Neptun	Leer	190,9	67,36	
KCPQ	Neptun	Grossefehn	170,7	60,07	
KCPR	Almuth Catharina .	Papenburg	298,9	106,51	
KCPS	Schenke	Papenburg	579,2	204,43	
KCPW	Schwalbe	Grossefehn	265,0	98,33	
KCQB	Margaretha	Nessmersiel . . .	170,0	60,01	
KCQF	Elise	Weener	533,1	188,19	
KCQG	Renska	Grossefehn	280,0	99,81	
KCQM	Freundschaft . . .	Mitte-Grossefehn .	180,8	65,83	
KCQN	Johanna	Warsingsfehn . . .	227,4	80,31	
KCQP	Petina	Insel Baltrum . .	101,3	36,89	
KCRB	Remda	Oldersum	213,4	75,33	
KCRD	Gerhardina	Emden	599,9	211,11	
KCRF	Elise	Insel Baltrum . .	166,2	58,92	
KCRP	Frisia	Timmel	165,4	58,83	
KCRS	Amicitia	Petkum	271,3	96,89	
KCRT	Gesine	Iberingsfehn . . .	202,9	71,63	
KCSB	Catharina	Papenburg	546,7	192,99	
KCSF	Gerhard	Papenburg	396,3	139,83	
KCSH	Rabel Amalie . . .	Leer	342,4	120,44	
KCSJ	Edoard	Papenburg	418,0	147,36	
KCSR	Schlump zu Lalle .	Papenburg	506,1	178,36	
KCTB	Emma	Emden	303,3	107,14	
KCTD	Trientje	Wewelfleth	213,0	75,19	
KCTH	Maria	Papenburg	431,9	152,63	
KCTL	Allda Ikea	Greetsiel	143,4	50,63	

* Lasten zu 4000 ℔.

46

KCTN — KDGF

Unter-scheidungs-Signale.	Namen der Schiffe.	Heimathshafen	Kubik-meter Netto-Raumgehalt.	Register-Tons	Pferde-kräfte.
KCTN	Hoffnung	Papenburg	249,»	88,13	
KCTP	Bonbeur	Iheringsfehn	168,2	59,41	
KCTQ	Pauline	Oldersom	216,3	76,22	
KCTR	Klio	Papenburg	518,6	183,86	
KCTV	Schwalbe	Larrelt	249,8	87,74	
KCTW	Catharina	Benserslel	121,»	43,03	
KCVB	Anna Wiemann	Papenburg	473,2	167,07	
KCVG	Annette	Weener	175,3	61,93	
KCVM	Ceres	Papenburg	382,2	134,98	
KCVS	Lucas	Papenburg	449,7	158,74	
KCVT	Caecilia	Papenburg	408,2	142,34	
KCWD	Concordia	Insel Splekeroog	177,4	62,11	
KCWF	Heinrich	Neu-Harringer Siel	229,4	80,99	
KCWH	Tönkea	Iheringsfehn	259,2	91,50	
KCWL	Friede	Weener	483,6	170,71	
KCWM	Amicitia	Emden	582,3	205,33	
KCWN	Alida	West-Ithauderfehn	248,0	87,53	
KCWP	Immanuel	Grossefehn	187,4	69,00	
KCWQ	Henskea	Roriehmoor	135,6	47,84	
KCWR	Martha	Wyk auf Föhr	164,0	57,00	
KCWT	Hermann	Papenburg	373,9	132,00	
KCWV	Thedea	Emden	304,3	107,29	
KDBH	Lina	Papenburg	678,6	237,74	
KDBJ	Reintjedina	West-Rhauderfehn	207,4	73,33	
KDBL	Hinderika Grietje Almina.	Emden	392,1	138,40	
KDHM	Fenus	Iheringsfehn	103,»	36,64	
KDHQ	Adelheid	Papenburg	472,2	166,73	
KDHR	Gesina	Neuefehn	101,0	35,09	
KDHV	Essea	Rendsburg	140,4	49,56	
KDBW	Maria	Papenburg	468,4	165,34	
KDCB	Anna Margaretha	Papenburg	295,»	104,48	
KDCF	Hinderika	Boekzeteler Fehn	187,7	66,84	
KDCQ	Antina	Leer	190,6	67,07	
KDCS	Anna & Johanne	Grossefehn	224,»	79,50	
KDCT	Drei Gebrüder	Grossefehn	328,6	116,08	
KDCV	Garreltdina	Leer	279,1	98,33	
KDCW	Bernhard	Papenburg	698,1	211,13	
KDFB	Johann	Iheringsfehn	183,6	64,59	
KDFC	Antine	Grossefehn	231,6	81,59	
KDFG	Helen	Papenburg	477,0	168,39	
KDFH	Deo gloria	Iheringsfehn	184,1	64,99	
KDFJ	Martha	Emden	99,6	31,98	
KDFM	Johannes	Papenburg	352,4	124,40	
KDFR	Elise	Papenburg	527,3	186,13	
KDFS	Elisabeth	Leer	100,2	35,88	
KDFT	Willem	Emden	283,7	100,14	
KDFV	Jakobus	Emden	249,6	87,99	
KDGF	Alfred	Papenburg	454,9	160,57	

KDGH — KDPB

Unter-scheidungs-Signale.	Namen der Schiffe.	Heimathshafen	Kubik-meter Netto-Raumgehalt.	Register-Tons	Pferde-kräfte.
KDGH	Heribert	Papenborg	576,3	203,49	
KDGJ	Annchen	Grossefehn	481,3	152,23	
KDGL	Friedrich	Papenborg	412,4	145,48	
KDGN	Rensobe	Karollocnsiel	228,3	80,45	
KDGR	Anna	Papenborg	259,9	91,74	
KDGW	Else	Hamburg	418,6	147,71	
KDHC	Hilkea	Iheringsfehn	253,6	89,50	
KDHG	Helene	Papenburg	299,1	106,50	
KDHJ	Anna	Westeraccumersiel	261,9	92,13	
KDHL	Louis	Papenburg	622,9	219,88	
KDHM	Kenna	Emden	303,6	106,96	
KDHP	Helene	Weener	301,6	106,31	
KDHQ	Einigkeit	Oldersum	186,0	65,43	
KDHR	Iusel	Papenburg	544,1	192,29	
KDHV	Antlna	Grossefehn	800,3	105,97	
KDJG	Fortuna	Grossefehn	187,3	66,65	
KDJL	Elsa	Greetsiel	305,9	107,50	
KDJM	Rixtine	Dornumer Siel	120,4	42,50	
KDJQ	Amor	Karolinensiel	158,1	56,91	
KDJS	Maria	Papenborg	310,8	109,11	
KDJW	Hertha	Emden	204,8	72,39	
KDLB	Ilna	Westeraccumersiel	139,6	49,91	
KDLC	Fran Hilkea	Iherlugsfehn	94,5	83,23	
KDLF	Anna	Dornumer Siel	182,6	64,43	
KDLH	Johannes	Papenborg	258,4	91,21	
KDLJ	Marie	Emden	248,3	86,94	
KDLM	Ernst & Georg	Papenborg	310,6	112,49	
KDLN	Sophia	Timmel	184,4	65,10	
KDLP	Gesina	Boekzeteler Fehn	237,6	83,94	
KDLQ	Wara	Papenburg	300,8	106,18	
KDLR	Tönna	Dornumer Siel	262,9	90,86	
KDLS	Pax	Emden	295,4	104,29	
KDLT	Aphrodite	Emden	836,9	118,92	
KDMC	Aurora	Emden	198,3	69,71	
KDMF	Wilhelm	Papenborg	391,9	138,31	
KDMG	Freundschaft	Leer	808,4	130,64	
KDMH	Helnrich	Leer	293,5	103,61	
KDML	Berendina	Karolinensiel	250,0	90,89	
KDMP	Elisabeth	Papenburg	442,0	160,64	
KDMR	Anna	Petkum	304,1	107,29	
KDMT	Focke & Dieke	Grossefehn	390,9	141,16	
KDMV	Industrie	Grossefehn	292,1	99,59	
KDMW	Johanna	Westeraccumersiel	234,9	82,71	
KDNC	Leonore	Papenborg	554,8	195,84	
KDNF	Josefine	Iherlugsfehn	220,9	77,98	
KDNH	Annetle	Neermoor	271,4	95,87	
KDNL	Osnabrück	Papenborg	450,9	159,16	
KDNM	Arnold	Papenborg	560,4	199,94	
KDPB	Ida	Weener	529,3	186,64	

Namen der Schiffe.	Heimathshafen	Kubikmeter Netto-Raumgehalt	Register-Tons	Pferde-kräfte.
rina	Leer	344,0	121,44	
a Catharina .	Oldersum	240,8	84,72	
e	Leer	399,2	140,83	
. . . .	Papenborg	541,9	191,29	
lia	Emden	300,8	106,08	
. . . .	Emden	164,8	68,08	
Margaretha .	Wyk auf Föhr . . .	150,8	58,23	
kea	Ihlowerfehn	169,1	59,49	
Rebecca . .	Papenborg	189,7	66,97	
. . . .	Papenborg	427,7	150,99	
nea	Papenborg	484,8	171,13	
Ina	Hamborg	491,1	173,94	
na	Papenborg	487,7	172,16	
. . . .	Emden	601,8	176,23	
ild	Papenborg	209,7	74,73	
retha	Papenborg	681,7	240,44	

KDWF — KFHJ

Unter-scheidungs-Signale.	Namen der Schiffe.	Heimathshafen	Kubik-meter Netto-Raumgehalt.	Register-Tons	Pferde-kräfte.
KDWF	Maria	Emden	260,6	92,08	
KDWH	Hoffnung	Insel Baltrum . .	212,6	75,05	
KDWJ	Norddeutsche See-warte.	Papenburg	549,3	193,90	
KDWM	Metta	Warsingsfehn . . .	177,3	62,60	
KDWQ	Alpha	Emden	196,8	69,47	
KDWS	Falke	West-Rhauderfehn .	250,6	88,54	
KDWV	Clara	Papenburg		90*	
KFBD	Gesine	Nordgeorgsfehn . .	103,3	36,44	
KFBG	Hinrich	Leer	231,3	81,63	
KFBM	Fido	Papenburg	541,9	191,29	
KFBQ	Ubbina	Peikum	742,4	262,87	
KFBR	Jefta	Grossefehn . . .	211,6	74,33	
KFBT	Peter	Leer	358,1	126,44	
KFBV	Schwanette . . .	Papenburg	312,5	110,41	
KFBW	Marie	Karolinensiel . . .	204,3	72,00	
KFCB	Hermann Anton . .	Papenburg	519,4	183,34	
KFCD	Horizont	Papenburg	462,5	163,30	
KFCL	Otto Graf zu Stolberg	Papenburg	516,0	182,16	
KFCN	Albert	Papenburg	494,3	174,49	
KFCP	Papenburg	Weener	699,3	247,03	
KFCQ	Gottfried	Papenburg	568,4	198,89	
KFCR	Harlingen	Danzig	412,5	145,49	
KFCT	Rensche	Papenburg	303,7	107,21	
KFCV	Almuth	Harssel	310,4	109,57	
KFCW	Anna	Papenburg	391,6	138,01	
KFDB	Ida	Norden	218,3	77,07	
KFDC	Hinrich Elise . . .	West-Rhauderfehn .	278,6	96,65	
KFDG	W. Brügmann & Sohn No. 2.	Papenburg	529,6	187,02	
KFDJ	Hinderika	Boekzeteler Fehn .	239,7	84,40	
KFDL	Eyrene	Grossefehn	309,8	109,84	
KFDM	Gesina	Warsingsfehn . . .	327,7	115,47	
KFDP	Alberta Susanna . .	Leer	191,6	67,70	
KFDQ	Gretina	Papenburg	225,6	79,71	
KFDS	Sosanna & Henriette	Emden		80*	
KFDT	Mary & Jenny . .	Emden		40,2*	
KFDV	Anna & Emma . .	Emden		40,2*	
KFGB	Henri & Marcus . .	Emden	172,3	60,69	
KFGC	Catharina Christina	Emden	172,1	60,67	
KFGD	Marie	Karolinensiel . . .	218,9	77,37	
KFGL	Almuth	Boekzeteler Fehn .	279,1	98,73	
KFGN	Philothea	Papenburg	562,4	198,53	
KFGP	Möwe	Ost-Rhauderfehn .	88,6	29,85	
KFGS	Clementine	Papenburg	587,4	207,34	
KFHB	Catharina	Papenburg	332,4	117,46	
KFHD	Marie	Leer	129,3	45,81	
KFHG	Antje Dirks . . .	Emden	265,3	93,73	
KFHJ	Maria Goine . . .	Insel Baltrum . . .	199,7	70,49	

* Lasten zu 4000 ℔.

KFHL — KFNQ

Unter-scheidungs-Signale.	Namen der Schiffe.	Heimathshafen	Kubik-meter Netto-Raumgehalt.	Register-Tons Netto-Raumgehalt.	Pferde-kräfte.
K FHL	Minister Camphausen	Grossefehn	337,2	119,89	
K FHM	Ehe	Leer	294,0	103,79	
K FHQ	W. Brügmann & Sohn No. III.	Papenburg	667,1	235,15	
K FHR	Johann	Grossefehn . . .	361,0	127,43	
K FHS	Alma	Hockseteler Fehn .	397,9	140,44	
K FHV	Stadt Emden . . .	Emden	181,9	64,31	
K FHW	Stadt Leer	Emden	187,9	66,23	
K FJB	Stadt Norden . . .	Emden	189,4	66,83	
K FJC	Hinderika	Emden	467,9	165,14	
K FJD	Harmonie	West-Rhauderfehn .	235,1	83,30	
K FJN	Bruno	Leer	298,2	105,37	
K FJP	†Libau Packet . .	Stettin	282,0	99,76	85
K FJQ	Deo	West-Rhauderfehn .	106,1	37,61	
K FJS	Minchen	Papenburg	578,3	204,14	
K FJV	Antina	Ost-Rhauderfehn .	85,2	30,81	
K FJW	Reina Talkea . . .	West-Rhauderfehn .	77,4	27,46	
K FLB	Grecia	Emden	103,6	57,73	
K FLC	Anna	Weener	157,6	65,30	
K FLD	Eujea	Ditzum	262,2	92,64	
K FLG	Alida	Oldersum	244,7	80,89	
K FLH	Geertje Elisabeth .	Papenburg	352,6	124,34	
K FLM	Theda Catharina .	Insel Spiekeroog .	58,7	20,81	
K FLP	Christina	Timmel	301,1	106,23	
K FLQ	Harmina	Iheringsfehn . . .	236,9	83,89	
K FLR	Catharina	Boekzeteler Fehn .	250,1	88,83	
K FLS	Helene	Grossefehn . .	404,4	142,70	
K FLT	Harmine	Grossefehn . . .	364,4	128,83	
K FLV	Aaltje	Oldersum . . .	77,4	27,33	
K FLW	Oldenburg	Emden	187,5	66,19	
K FMB	Ostfriesland	Emden	195,1	68,87	
K FMC	Arion	Leer	400,0	141,16	
K FMD	Frau Siever	Ost-Rhauderfehn .	92,1	32,68	
K FMG	Delphin	West-Rhauderfehn .	170,9	60,23	
K FMJ	Antina	Warsingsfehn . . .	259,6	91,43	
K FMN	Anna	Ost-Rhauderfehn .	81,6	28,70	
K FMP	De Zwaan	Leer	448,7	158,80	
K FMQ	Anna	Emden	53,81	18,99	
K FMS	Gesine	Iheringsfehn . . .	304,0	107,31	
K FMT	Westfalen	Emden	196,7	69,44	
K FMV	Gerhard	Insel Spiekeroog .	235,1	83,30	
K FNB	Catrina	West-Rhauderfehn .	66,8	23,40	
K FNC	Anna	West-Rhauderfehn .	. . .	23,4*	
K FNG	Hoffnung	West-Rhauderfehn .	52,8	18,44	
K FNH	Frau Anna	West-Rhauderfehn .	79,9	27,98	
K FNJ	Catharina	Neu-Harrlinger Siel	50,5	17,83	
K FNL	Anna Hinderika . .	Emden	109,6	38,60	
K FNP	Talena	Holtermoor	53,7	18,98	
K FNQ	Heinrich	Timmel	376,0	132,84	

* Tonnen zu 1000 Kilogramm.

KFNS — KFSQ

Unter-scheidungs-Signale.	Namen der Schiffe.	Heimathshafen	Kubik-meter Netto-Raumgehalt.	Register-Tons	Pferde-kräfte.
KFNS	Hoffnung	Rhauderwyk . . .	43,6	15,29	
KFNT	Elisabeth	Rhanderwyk . . .	49,8	17,46	
KFPB	Alida	Ost-Rhauderfehn .	76,1	26,87	
KFPG	Constantia	Emden	81,7	28,84	
KFPH	Eben Ezer	Emden	112,4	39,74	
KFPJ	Johann	Karolinensiel . . .	101,2	35,75	
KFPL	Catharina Elisabeth	Am Norddeich, Kreis Emden.	61,7	21,16	
KFPM	Gesina	Emden	08,0	84,09	
KFPN	de twe Süstern . .	West-Rhaaderfehn .	53,7	18,96	
KFPR	Otto	Insel Baltrum . .	89,1	81,43	
KFPT	Nieper	Am Norddeich, Kreis Emden.	. . .	12*	
KFPW	Johann	Karolinensiel . . .	66,9	20,69	
KFQB	Maria	Rhandermoor . . .	78,7	27,77	
KFQC	Hoffnung	Rhandermoor . . .	79,7	28,13	
KFQG	de vrouw Fenna . .	Emden	78,6	27,81	
KFQH	Harmina	Holterfehn	53,6	18,82	
KFQJ	Franziska	Emden	52,1	18,43	
KFQM	Zwei Gebrüder . .	Iberingsfehn . . .	40,2	14,19	
KFQN	Margaretha	Ost-Rhanderfehn .	71,9	25,38	
KFQP	Frau Helene . . .	Leer	89,1	31,13	
KFQR	Freundschaft . . .	Karolinensiel . . .	55,9	19,74	
KFQS	Vrouw Sjouke . .	Emden	105,4	37,29	
KFQT	Sophie	Neu-Harrlinger Siel	96,9	84,31	
KFQV	Albea	Ost-Rhanderfehn .	71,2	25,13	
KFRB	†Kronprinz	Leer	111,0	39,16	25
KFRC	Drie Zoesters . . .	Papenburg	313,2	110,69	
KFRD	Frau Gesina . . .	West-Rhaaderfehn .	66,8	23,87	
KFRH	Zwei Gebrüder . .	Iberingsfehn . . .	84,0	29,92	
KFRJ	Anna Dorothea . .	Emden	291,0	102,70	
KFRL	Dorothea Susanna .	Norden	64,6	29,93	
KFRM	Gesina	Ost-Rhanderfehn .	69,5	24,63	
KFRN	Becka	Norden	86,7	30,61	
KFRP	Zwei Gebrüder . .	Karolinensiel . . .	78,9	27,83	
KFRQ	Illskea	West-Rhaaderfehn .	64,9	22,91	
KFRS	Adler	Grossefehn	407,7	148,73	
KFRT	Anna	Südgeorgsfehn . .	75,6	26,64	
KFRV	Volkea	Karolinensiel . . .	65,7	23,19	
KFRW	Drei Gebrüder . .	West-Rhanderfehn .	54,7	19,81	
KFSB	Frau Minna . . .	West-Rhaaderfehn .	79,6	28,17	
KFSC	†Norderney	Emden	99,6	35,29	30
KFSD	Emmanuel	Grossefehn	75,6	26,69	
KFSG	Gesina	Oldersum	88,0	31,67	
KFSH	Johanna Ilorika . .	Warsingsfehn . . .	71,7	25,31	
KFSJ	Hoffnung	Ost-Grossefehn . .	82,4	29,16	
KFSL	Concordia	West-Rhanderfehn .	52,0	18,44	
KFSN	Taube	Grossefehn	433,7	153,29	
KFSQ	Antje	Grossefehn	401,6	141,71	

KFSR — KGBP

Unter-scheidungs-Signale.	Namen der Schiffe.	Heimathshafen	Kubik-meter Netto-Raumgehalt.	Register-Tons	Pferde-kräfte.
KFSR	Vorwärts	Karolinensiel	73,9	26,08	
KFST	Johanna	Warsingsfehn	90,8	32,06	
KFSV	Harmkea	Roriehmoor	54,3	19,17	
KFSW	Anna Regina	Ost-Rhauderfehn	63,3	22,38	
KFTC	Frau Greetje	Insel Spiekeroog	71,6	25,31	
KFTD	Gretjelina	Karolinensiel	97,6	34,62	
KFTG	Helene	Leer	285,6	100,93	
KFTH	Maria Clara	Weener	186,3	65,76	
KFTJ	Amor	Papenburg	644,6	227,34	
KFTL	Aurora	Ost-Rhauderfehn	302,2	106,68	
KFTM	Wobkea	Mitte-Grossefehn	95,3	33,49	
KFTN	Martha	Ost-Rhauderfehn	61,3	21,64	
KFTP	Frau Trientje	West-Rhauderfehn	70.0	24,71	
KFTR	Maria	Greetsiel	48,9	17,28	
KFTV	Magretha	Ost-Rhauderfehn	51,6	18,22	
KFTW	Renskea	Warsingsfehn	312,6	110,18	
KFVB	Gesina	Greetsiel	57,6	20,30	
KFVD	Leonore	Leer	359,6	126,74	
KFVG	Catharina	Insel Spiekeroog	61,8	21,71	
KFVJ	Jacob Synes	Papenburg	242,1	85,57	
KFVL	Gretlna	Stickelkamper Fehn	58,3	20,63	
KFVM	Franziska	Karolinensiel	267,6	94,46	
KFVN	Foelke	Rhaudermoor	73,3	25,87	
KFVP	Gertrude	Ost-Rhauderfehn	54,6	19,21	
KFVQ	Anna	Insel Spiekeroog	221,6	78,19	
KFVS	Elskea	Ost-Rhauderfehn	62,6	21,93	
KFVT	Sophie	Timmel	348,4	122,89	
KFWC	Christina	West-Rhauderfehn	82,6	29,16	
KFWD	Frau Maria	Karolinensiel	106,8	37,80	
KFWG	Harmina	Holterfehn	61,9	21,83	
KFWH	Stadt Escas	West-Rhauderfehn	58,4	20,62	
KFWJ	Catharina	Dornumer Siel	450,9	159,17	
KFWL	Industrie	Iheringsfehn	82,6	29,16	
KFWM	Johanna Geziena	Weener	201,2	71,09	
KFWN	Mina	Ost-Rhauderfehn	52,6	18,57	
KFWP	Renstina	Ost-Rhauderfehn	94,9	33,49	
KFWQ	Emanuel	Rhaudermoor	70,4	24,90	
KFWR	Johanna	Papenburg	271,3	95,84	
KFWS	Antje	West-Rhauderfehn	63,6	22,24	
KFWT	Aukelina	Holterfehn	59,3	20,94	
KFWV	Eltje	Emden	332,3	117,77	
KGBC	Catharina	West-Rhauderfehn	102,6	36,15	
KGBD	Frau Geske	West-Rhauderfehn	70,9	24,81	
KGBF	Agina	West-Rhauderfehn	48,6	17,18	
KGBH	Josephine	Papenburg	475,9	168,01	
KGBJ	Freiheit	Grossefehn	467,1	164,90	
KGBL	Gesina	West-Rhauderfehn	73,6	25,37	
KGBM	Johanna Auguste	Westeraccumersiel	212,6	75,08	
KGBP	Maria	Grossefehn	404,6	142,73	

KGBQ — KGFW

Unterscheidungs-Signale.	Namen der Schiffe.	Heimathshafen der Schiffe.	Kubikmeter Netto-Raumgehalt.	Register-Tons	Pferdekräfte.
KGBQ	Hoffnung	Borkum	56,1	19,90	
KGBR	Etiline	Ost-Rhauderfehn	121,3	42,92	
KGBS	Aurora	Borkum	57,5	20,29	
KGBT	Eta	Emden	188,3	64,71	
KGBV	Maria	West-Rhauderfehn	52,6	18,57	
KGBW	Sieverdine	West-Rhauderfehn	52,6	18,51	
KGCB	Johan	Papenburg	411,7	145,32	
KGCD	Frau Johanna	Emden	69,3	24,46	
KGCF	Hilkea	Iheringsfehn	48,6	16,96	
KGCH	Pollux	Emden	682,4	240,80	
KGCM	Arendina	Borkum	53,8	18,95	
KGCN	Bertha	Greetsiel	48,2	17,63	
KGCP	Nordstern	Am Norddeich, Kreis Emden.	51,3	18,19	
KGCQ	Peter	Leer	1084,8	382,53	
KGCR	Hosianna	Borkum	54,8	19,35	
KGCS	Da Capo	Papenburg	882,6	293,70	
KGCT	Gesche Elida	Dornumer Siel	59,7	21,08	
KGCV	Pax	West-Rhauderfehn	147,2	52,10	
KGCW	Lina	West-Rhauderfehn	56,6	19,77	
KGDB	Familie	Karolinensiel	226,4	79,92	
KGDC	Harmine	Leer	320,1	113,24	
KGDF	Sara	Oldersum	365,1	128,92	
KGDH	Gesina	West-Rhauderfehn	65,6	22,83	
KGDJ	Maria	West-Rhauderfehn	47,4	16,71	
KGDL	Johann	Insel Spiekeroog	88,6	31,86	
KGDM	Ekellns	Iheringsfehn	54,3	19,10	
KGDN	Aurora	Boekzeteler Fehn	251,5	88,33	
KGDP	Auni	Papenburg	256,3	90,41	
KGDR	Alwill	Boekzeteler Fehn	269,1	94,99	
KGDS	Catharina	Ost-Rhauderfehn	111,3	39,38	
KGDT	Antje	Ost-Rhauderfehn	105,6	87,06	
KGDV	Johanne Antine	Karolinensiel	188,4	66,30	
KGDW	Fenna Henderika	Warsingsfehn	278,4	96,49	
KGFB	Hempkedine	West-Rhauderfehn	51,6	18,16	
KGFC	Freya	Karolinensiel	329,6	116,33	
KGFD	Elise	Leer	359,0	126,77	
KGFH	Hinrika	Boekzeteler Fehn	352,5	124,54	
KGFJ	Anna	Grossefehn	442,1	156,67	
KGFL	Anton	Papenburg	507,4	179,11	
KGFM	Hoffnung	Ost-Rhauderfehn	68,4	24,14	
KGFN	Eclipse	Papenburg	300,1	105,24	
KGFP	Venus	West-Rhauderfehn	54,1	19,10	
KGFQ	Antina	West-Rhauderfehn	56,4	19,91	
KGFR	Zwei Gebrüder	Ost-Rhauderfehn	81,1	28,83	
KGFS	Kronprinzessin Victoria	Norderney	69,3	24,43	
KGFT	Henriette	Boekzeteler Fehn	289,3	102,18	
KGFW	Gretine	Rhaudermoor	100,3	35,57	

KGHB — KGMP

Unterscheidungs-Signale.	Namen der Schiffe.	Heimathshafen	Kubik-meter Netto-Raumgehalt	Register-Tons	Pferde-kräfte.
KGHB	Wopke	Borkom	63,8	22,34	
KGHC	Greetjelina	Neuefehn	125,5	44,38	
KGHD	Minnerika	Rorichmoor	121,9	43,05	
KGHF	Greetjelina	West-Rhanderfehn	75,0	26,47	
KGHJ	Hedwig	Leer	671,6	237,07	
KGHL	Rose	Emden	877,6	300,79	
KGHN	Antrina	Insel Baltrum	57,6	20,53	
KGHP	Drei Gebrüder	Greetsiel	54,1	19,11	
KGHQ	Christian Wilhelm	Neu-Harrlinger Siel	65,9	23,08	
KGHR	Fekoline	Neermoor	388,0	119,02	
KGHS	Gebkea	Rhanderwyk	48,3	17,08	
KGHT	Wübkea	Collinghorstermoor	47,6	16,94	
KGHW	Anna Maria	Rhanderwoor	51,6	18,01	
KGJB	Immanuel	West-Rhanderfehn	277,7	98,05	
KGJC	Martha	Borkom	105,8	37,34	
KGJD	Gesina	Papenburg	322,3	113,75	
KGJF	Anna	West-Rhanderfehn	207,8	73,24	
KGJH	Foelkea	Ost-Rhanderfehn	78,8	27,02	
KGJL	Janna	Warsingsfehn	49,8	17,46	
KGJM	Gesine	Papenborg	316,1	111,39	
KGJN	Urania	Grossefehn	398,0	140,75	
KGJP	Albrecht	Grossefehn	426,7	150,03	
KGJQ	Cathrine	Leer	279,4	98,03	
KGJR	Magreta	Holtermoor	65,9	23,34	
KGJS	Graf Eulenburg	Jemgum	768,9	271,02	
KGJT	Margaretha	Borkom	56,8	19,34	
KGJV	Arnold	Ithandermoor	107,0	69,54	
KGJW	Einigkeit	Greetsiel	62,3	22,46	
KGLB	Diligentia	Emden	—	821,08	
KGLC	Fides	West-Rhanderfehn	310,9	109,76	
KGLD	Johanna	Papenborg	833,7	294,11	
KGLF	Fünf Gebrüder	West-Rhanderfehn	74,3	26,89	
KGLH	Freundschaft	Borkom	53,6	18,73	
KGLJ	Hiskelina	West-Rhanderfehn	204,3	72,13	
KGLM	Voelkea	Holterfehn	70,8	24,99	
KGLP	Hoffnung	West-Rhanderfehn	67,3	23,71	
KGLQ	Hemkelina	West-Ithanderfehn	76,0	26,03	
KGLR	Catharina	Jemgum	368,0	120,93	
KGLS	†Stadt Norden	Norden	169,3	56,34	25*
KGLT	Paul	Leer	381,3	134,47	
KGLV	†Stadt Leer	Leer	868,8	306,03	120
KGLW	Anna	Holtermoor	87,1	30,76	
KGMB	Germania	Grossefehn	388,1	136,97	
KGMC	Aden	Grossefehn	382,4	135,00	
KGMD	Alma	Grossefehn	416,6	147,00	
KGMF	Hermann	Ost-Rhanderfehn	319,1	112,64	
KGMJ	Hoffnung	Ost-Rhanderfehn	75,1	26,51	
KGMN	Elise	West-Ithanderfehn	75,7	26,73	
KGMP	Aetio	Papenborg	508,1	199,61	

* Nominelle Pferdekräfte.

KGMQ — KLBH

Unterscheidungs-Signale.	Namen der Schiffe.	Heimathshafen	Kubikmeter Netto-Raumgehalt.	Register-Tons	Pferde-kräfte.
KGMQ	Hoffnung	Ost-Rhauderfehn . .	55,6	19,63	
KGMR	†Delphin	Emden	25,4	8,97	14°
KGMS	Lina	Karolinensiel . . .	274,7	96,91	
KGMT	Deborah	Karolinensiel . . .	405,4	143,18	
KGMV	Gesina	West-Rhauderfehn .	79,9	28,30	
KGMW	Catharina	Ost-Rhauderfehn . .	55,6	19,62	
KGNB	Menna	Papenburg . . .	354,3	125,07	
KGNC	Geskea	Warsingsfehn . . .	343,3	121,19	
KGND	Hilkea	Emden	357,4	126,16	
KGNF	Harmonie	Emden	366,8	129,32	
KGNH	Arde	Warsingsfehn . . .	59,1	20,86	
KGNJ	Beauport	Papenburg . . .	663,9	234,39	
KGNL	Geerdina	Emden	330,2	116,36	
KGNM	Greetjelina	Leer	132,6	46,91	
KGNP	Frau Lina	Ost-Rhauderfehn . .	72,9	25,74	
KGNQ	Jantina	West-Rhauderfehn .	59,9	21,14	
KGNR	Almuth	Leer	344,0	121,42	
KGNS	Neptun	Papenburg . . .	286,0	100,93	
KGNT	Rudolph	Papenburg . . .	261,6	92,34	
KGNV	Jantje	Holterfehn . . .	51,4	18,15	
KGNW	Anna	Karolinensiel . . .	83,4	29,44	
KGPB	Hermann	West-Rhauderfehn .	63,6	22,45	
KGPC	Elise	Boekzeteler Fehn .	380,1	134,3•	
KGPD	Johann	Grossefehn	1009,0	356,16	
KGPF	Charlotte	Papenborg . . .	288,3	101,77	
KGPH	Helene	Greetsiel	273,2	96,44	
KGPJ	Drei Gebrüder . .	Emden	66,4	23,31	
KGPL					
KGPM					
KGPN					
KGPQ					
KGPR					
KGPS					
KGPT					
KGPV					
KGPW					
KGQB					
KGQC					
KGQD					
KGQF					
KGQH					
KGQJ					
KGQL					
KGQM					
KGQN					
KGQP					
KGQR					
KLBO	Wanderer	Geestemünde . .	458,9	161,99	
KLBH	Anna	Meldorf	189,0	66,70	

* Nominelle Pferdekräfte.

KLBJ — KLJR

Unter-scheidungs-Signale.	Namen der Schiffe.	Heimathshafen	Kubik-meter Netto-Raumgehalt.	Register-Tons	Pferde-kräfte.
KLBJ	Amos	Lühe, Amts Jork	87,6	18,31	
KLBM	Fido	Krautsand	194,6	68,43	
KLBN	Adelheid	Weener	253,1	89,36	
KLBT	Maria	Estebrügge	108,4	38,97	
KLBW	Gloria	Twielenfleth, Amts Jork	86,6	30,71	
KLCD	Maria	Estebrügge	110,0	38,44	
KLCG	Nikolaus	Ritsch, Amts Freiburg	84,9	29,91	
KLCJ	Johannes	Estebrügge	91,3	82,23	
KLCN	Gesina	Lühe, Amts Jork	37,3	13,13	
KLCQ	Fortuna	Este-Floss	86,3	80,33	
KLCS	Elisabeth	Lühe, Amts Jork	32,9	18,73	
KLCT	Gloria	Bützfleth	108,8	38,41	
KLCW	Hinrich	Cranz, Amts Jork	107,7	88,60	
KLDB	Cerea	Borstel, Amts Jork	112,6	89,70	
KLDC	Johannes	Twielenfleth, Amts Jork	103,7	36,43	
KLDJ	Elise	West-Rhauderfehn	135,3	47,71	
KLDQ	Hosianna	Spitzerdorf, Kreis Pinneberg.	112,6	89,70	
KLDR	Catrina	Neuenfelde, Amts Jork	112,6	89,97	
KLDT	Robert	Husum in Schleswig.	229,3	80,94	
KLDW	Selene	Twielenfleth, Amts Jork	95,6	88,63	
KLFC	Urania	Spitzerdorf, Kreis Pinneberg.	141,6	49,99	
KLFG	Johannes	Borstel, Amts Jork	66,4	28,44	
KLFH	Immanuel	Borstel, Amts Jork	83,4	29,43	
KLFM	Adele	Gauensiek	251,3	88,99	
KLFP	Diedericus	Twielenfleth, Amts Jork	104,3	86,61	
KLFR	Emanuel	Twielenfleth, Amts Jork	76,7	27,00	
KLFS	Eduard	Hamburg	318,2	110,60	
KLFT	Victoria	Krautsand	216,9	76,57	
KLFV	Anna Sophia	Hamburg	122,7	43,91	
KLGD	Pausewitz	Stade	581,1	205,18	
KLGH	Hertha	Hetlingen, Kreis Pinneberg.	211,9	74,81	
KLGJ	Nimrod	Neuland, Amts Freiburg	209,4	78,33	
KLGN	Matthias	Gauensiek	162,3	57,34	
KLGQ	Anna Maria	Gauensiek	185,3	65,63	
KLGS	Union	Bremen	151,8	53,33	
KLGT	Johannes	Dornbusch, Amts Freiburg.	179,2	63,36	
KLHF	Aline	Borstel, Amts Jork	94,3	33,34	
KLHM	Palme	Geestemünde	492,6	173,99	
KLHS	Adeline	Wischhafen	164,3	58,13	
KLHV	Wesselina	Oldersum	317,7	112,13	
KLJD	Emanuel	Estebrügge	94,6	33,39	
KLJM	Hülpein	Neuenfelde, Amts Jork	86,3	30,34	
KLJP	Johanna Maria	Twielenfleth, Amts Jork	114,1	40,36	
KLJR	Georg	Wischhafen	214,3	75,93	

KLJT — KLWH

Unterscheidungs-Signale.	Namen der Schiffe.	Heimathshafen	Kubik-meter Netto-Raumgehalt.	Register-Tons	Pferde-kräfte.
KLJT	Emanuel	Schwarzenbütten, Amts Osten.	81,6	28,44	
KLMH	Albertus	Estebrügge	89,1	31,44	
KLMJ	Maria	Hamburg	148,5	52,11	
KLMN	Achilles	Dornbusch, Amts Freiburg	186,1	66,30	
KLMT	Robert	Dornbusch, Amts Freiburg	109,3	70,11	
KLMV	Ora	Cranz, Amts Jork	91,4	32,36	
KLND	Beata	Hamburg	190,3	67,10	
KLNF	Hoffnung	Dornbusch, Amts Freiburg	167,1	69,37	
KLNG	Regina	Borstel, Amts Jork	59,6	21,04	
KLNH	Amalla	Borstel, Amts Jork	363,8	128,44	
KLNQ	Antoinette	Bremen	2123,8	749,60	
KLNT	Achilles	Abbenfleth	123,1	43,44	
KLNW	Ernte	Cranz, Amts Jork	92,1	82,11	
KLPD	Sophie	Bentwisch, Amts Nanhusen a. d. Oste	183,1	64,62	
KLPJ	Betty	Hamburg	445,6	157,36	
KLPM	Catharina	Hamburg	444,7	156,73	
KLPN	Antelope	Hamburg	481,8	169,90	
KLPV	August	Cranz, Amts Jork	693,3	244,31	
KLPW	Catharina	Twielenfleth, Amts Jork	129,8	45,31	
KLQB	August	Rekom	132,6	46,81	
KLQG	Louise	Barth	508,4	179,47	
KLQJ	Anna	Cranz, Amts Jork	258,8	91,18	
KLQM	Bertha	Geestemünde	380,1	134,11	
KLQN	Alwine	Hamburg	608,1	214,43	
KLQS	Amoenitas	Cranz, Amts Jork	439,6	164,86	
KLQT	Wremen	Wremer Tief	79,5	27,90	
KLQV	Laguna	Spitzerdorf, Kreis Pinneberg.	100,6	35,38	
KLRJ	Margaretha	Twielenfleth, Amts Jork	123,8	43,33	
KLRM	Rebecca	Elsfleth	782,3	276,71	
KLRN	Emil	Itzehoe	263,7	93,00	
KLSC	Ellen Rickmers	Elsfleth	870,8	807,31	
KLSM	Conrier	Hamburg	112,7	39,77	
KLSP	Miranda	Neuenfelde, Amts Jork	470,3	165,73	
KLSR	Emanuel	Twielenfleth, Amts Jork	98,7	34,44	
KLTH	Johannes	Neuenfelde, Amts Jork	124,6	43,90	
KLTM	Johannes	Hamburg	509,8	179,83	
KLTP	Theodor	Krautsand	411,4	145,23	
KLTR	Germania	Geestemünde	2315,7	817,44	
KLVH	Orion	Drake a. d. Weser	617,1	217,44	
KLVR	J. G. Fichte	Estebrügge	653,6	230,83	
KLWD	Maja	Emden	893,7	135,44	
KLWG	Albertus	Unsum in Schleswig	253,3	80,38	
KLWH	Minna	Geveradorf	256,3	90,47	

KLWN — KMFJ

Unter-scheidungs-Signale.	Namen der Schiffe.	Heimathshafen	Kubik-meter Netto-Raumgehalt	Register-Tons	Pferde-kräfte.
KLWN	Maria	Lühe, Amts Jork	28,4	8,59	
KLWR	Helene	Geestemünde	258,9	91,14	
KLWS	Gondel	Lühe, Amts Jork	65,9	23,31	
KLWV	Maria	Grünendeich,Amts Jork	34,3	12,11	
KMBC	Helios	Hamburg	327,4	115,41	
KMBG	R. C. Rickmers	Geestemünde	3279,9	1157,54	
KMBH	Augusto	Blankenese	620,1	218,50	
KMBN	Diana	Osten	102,9	36,31	
KMBQ	Aurora	Dornbusch, Amts Freiburg.	102,7	36,31	
KMHS	†Mercur	Bremen	975,4	344,46	180
KMHT	†Neptun	Bremen	514,5	181,63	95
KMBW	Maria	Bronshausen, Amts Himmelpforten.	195,7	69,69	
KMCB	Johanna	Blumenthal, Amts Blumenthal.	164,6	58,10	
KMCH	Margaretha	Harburg	426,7	150,63	
KMCJ	Pallos	Neuenschleuse, Amts Jork.	96,9	33,83	
KMCL	Regine	Cranz, Amts Jork	124,6	44,61	
KMCN	†Diana	Bremen	800,7	282,63	120
KMCP	Amanda	Hamburg	141,3	49,87	
KMCS	Atalanta	Estebrügge	68,8	24,30	
KMCV	†Jupiter	Bremen	877,5	309,73	120
KMCW	†Delbrück	Geestemünde	816,8	288,58	150
KMDB	Gloriosa	Twielenfleth, Amts Jork	148,3	52,41	
KMDC	Woerth	Geestemünde	114,0	40,34	
KMDG	Emanuel	Estebrügge	54,1	19,09	
KMDL	Bremerhaven	Geestemünde	2952,3	1042,13	
KMDN	Miranda	Cranz, Amts Jork	97,3	34,41	
KMDP	Metha	Cranz, Amts Jork	97,8	34,40	
KMDQ	Elisabeth	Grossenwörden, Amts Osten.	105,6	37,38	
KMDR	Derby	Geestemünde	3080,6	1087,45	
KMDS	Cadet	Estebrügge	149,9	52,91	
KMDT	Irene	Estebrügge	79,7	28,14	
KMDV	Johannes	Hamburg	90,7	32,01	
KMDW	Anna	Dornbusch, Amts Freiburg.	76,9	27,14	
KMFB	Germania	Wischhafen	84,3	29,83	
KMFC	Hesperus	Dornbusch, Amts Freiburg.	77,0	27,16	
KMFD	Catharina	Dornbusch, Amts Freiburg.	87,3	30,87	
KMFG	Selene	Dornbusch, Amts Freiburg.	78,3	27,71	
KMFH	Achilles	Dornbusch, Amts Freiburg.	92,9	32,79	
KMFJ	Gesine	Twielenfleth, Amts Jork	77,9	27,18	

KMFL — KMJH

Unter-scheidungs-Signale.	Namen der Schiffe.	Heimathshafen	Kubik-meter Netto-Raumgehalt.	Register-Tons	Pferde-kräfte.
KMFL	Eridanus	Basbeck	107,3	37,00	
KMFN	Meta Maria	Steinhausersiel . .	79,6	27,90	
KMFR	Zwei Gebrüder . .	Stade	59,8	20,83	
KMFS	Friedrich	Oberndorf, Amts Neu-haus a. d. Oste.	285,8	100,00	
KMFT	†Arion	Bremen	572,7	202,16	120
KMFV	Catharina	Stade	62,3	21,86	
KMFW	Active	Oberndorf, Amts Neu-haus a. d. Oste.	97,3	84,85	
KMGB	Henriette Lisette .	Oberndorf, Amts Neu-haus a. d. Oste.	99,9	85,32	
KMGC	Johanne	Basbeck	86,6	30,67	
KMGD	Hinrich	Warstade	87,4	30,91	
KMGF	Margaretha	Oberndorf, Amts Neu-haus a. d. Oste.	87,3	30,75	
KMGJ	Ourust	Hamburg	97,8	34,83	
KMGL	Amandus	Geversdorf	92,8	32,76	
KMGN	MargarethaDorothea	Oberndorf, Amts Neu-haus a. d. Oste.	91,7	32,37	
KMGP	Ireue	Krautsand	61,8	21,71	
KMGQ	Hoffnung	Neuhaus a. d. Oste .	70,6	24,91	
KMGR	Maria	Neuhaus a. d. Oste .	77,3	27,33	
KMGS	Eindte	Oberndorf, Amts Neu-haus a. d. Oste.	82,8	29,23	
KMGV	Zwei Gebrüder . .	Estebrügge	75,8	26,44	
KMGW	Hoffnung	Oberndorf, Amts Neu-haus a. d. Oste.	69,4	24,51	
KMHB	Catharina Maria . .	Geversdorf	79,3	27,99	
KMHC	Blume	Neuhaus a. d. Oste .	78,4	25,92	
KMHD	Stade	Stade	67,8	23,93	
KMHF	Palme	Freiburg	83,6	29,83	
KMHJ	Die Schwinge . . .	Assel	91,8	32,30	
KMHL	Franklin	Oberndorf, Amts Neu-haus a. d. Oste.	78,9	27,86	
KMHN	Charlotte	Belum	71,8	25,31	
KMHP	Margaretha	Stade	57,7	20,17	
KMHQ	Rebecca	Mühlenhafen . . .	52,6	18,57	
KMHR	Gesine	Bassenfleth	93,6	32,64	
KMHS	Emanoel	Ostendorf, Amts Bre-mervörde.	67,3	23,71	
KMHT	Rebecca	Hechthausen, Amts Oste.	84,9	29,97	
KMHV	Die Drei Gebrüder	Warstade	83,8	29,39	
KMHW	Anna	Bützfleth	95,6	33,75	
KMJB	Rose	Neuhaus a. d. Oste .	102,2	86,86	
KMJC	Fortuna	Neuhaus a. d. Oste .	73,3	25,84	
KMJF	Petrus	Cranz, Amts Jork .	83,3	29,37	
KMJG	Catharina	Iselersheim . . .	78,3	27,71	
KMJH	Dankbarkeit . . .	Neuhaus a. d. Oste .	102,7	36,25	

KMJL — KMPF

Unter-scheidungs-Signale.	Namen der Schiffe.	Heimathshafen	Kubik-meter Netto-Raumgehalt.	Register-Tons	Pferde-kräfte.
KMJL	Anna Catharina . .	Gräpel	72,6	25,63	
KMJN	Catharina Sophia .	Cranz, Amts Jork .	82,6	29,16	
KMJP	Amalia	Barnkrug	70,3	24,81	
KMJQ	Marine	Gauensiek	92,9	32,80	
KMJR	Anna Sophia . . .	Basbeck	88,7	31,63	
KMJS	Augusto	Cuxhaven	82,1	28,99	
KMJV	Magaretha	Oberndorf, Amts Neu-haus a. d. Oste.	73,3	25,94	
KMJW	Doctor Lasker . .	Geestemünde . .	754,1	266,30	
KMLB	Ernte	Neuendamm, Amts Bremervörde.	88,5	31,31	
KMLC	Emanuel	Maasholm	67,6	23,87	
KMLD	Marta	Estebrügge	68,9	24,33	
KMLF	Johannes	Neuenfelde, Amts Jork	71,4	25,33	
KMLG	Emanuel	Grünendeich, Amts Jork	55,5	19,60	
KMLH	Deike Rickmers . .	Geestemünde . . .	4886,4	1724,99	
KMLJ	Albertus	Cranz, Amts Jork .	72,3	25,49	
KMLN	Miranda	Borstel, Amts Jork .	62,9	22,29	
KMLP	Johannes	Wischhafen	67,4	23,79	
KMLQ	Die zwei Gebrüder .	Lühe, Amts Jork .	55,3	19,63	
KMLR	Emanuel	Moorende, Amts Jork .	59,4	20,96	
KMLS	Hinrich	Cranz, Amts Jork . .	60,7	21,03	
KMLT	Sophia Catharina .	Basbeck	112,4	39,60	
KMLW	Johannes	Dornbusch, Amts Frei-burg.	79,1	27,93	
KMNB	Catharina	Wischhafen	69,3	24,47	
KMNC	Johanna	Warstade	80,9	28,54	
KMND	Johanne Elise . . .	Grossenwörden, Amts Osten.	97,0	34,24	
KMNF	Maria	Borstel, Amts Jork . .	78,3	27,63	
KMNG	Marie Lucie . . .	Blumenthal, Amts Blu-menthal.	136,9	48,33	
KMNH	Minerva	Neuenschleuse, Amts Jork.	45,3	15,94	
KMNJ	Gloria	Neuenschleuse, Amts Jork.	53,7	18,91	
KMNL	Anna Eleonore . .	Geestemünde . . .	165,6	58,43	
KMNP	Emanuel	Wisch, Amts Osten .	70,5	24,89	
KMNQ	Hinrich	Cranz, Amts Jork . .	64,3	22,81	
KMNR	Johann Hinrich . .	Borstel, Amts Jork . .	54,6	19,33	
KMNS	Ernte	Neuenschleuse, Amts Jork.	62,1	21,93	
KMNT	Adelheit	Wischhafen	49,3	17,40	
KMNV	†Concordia	Stade	215,6	75,91	60
KMNW	Margretha	Höhen, Amts Jork . .	54,1	19,16	
KMPB	Möwe	Geestemünde . . .	502,3	177,38	
KMPC	Petrus	Cranz, Amts Jork .	80,1	28,49	
KMPD	†Stade	Stade	230,1	81,44	70
KMPF	Charlotte	Osten	100,3	35,48	

Namen der Schiffe.	Heimathshafen	Kubikmeter Netto-l
i	Borstel, Amts Jork .	64,i
unia	Neuenfelde, Amts Jork	84,9
e	Borstel, Amts Jork .	62,5
. . . . .	Rekum	150,3
na	Rönnebeck	208,3
oe	Borstel, Amts Jork .	50,3
nes	Königreich, Amts Jork	64,3
. . . .	Estebrügge . . .	67,4
nel	Estebrügge . . .	55,6
va	Borstel, Amts Jork .	85,9
riena . . .	Neuenfelde, Amts Jork	57,2
. . . . .	Lühe, Amts Jork . .	74,i
ing	Twielenfleth, Amts Jork	65,9
ir	Estebrügge	58,9
ua	Moorende, Amts Jork	65,6
ia	Cranz, Amts Jork . .	78,9
ita . . .	Gauensiek . . .	88,3
nuel	Borstel, Amts Jork .	53,i
rina	Insel Langeoog . .	123,i
uel	Finkenreich	60,6
a	Hore a. d. Este, Amts Jork	66,i
va	Leswig u. d. Este . .	60,8
. . . . .	Borstel, Amts Jork .	71,9
a	Borstel, Amts Jork .	52,9
Sophia . . .	Bützfleth	77,4
nna	Abbenfleth	65,9
e	Buxtehude	88,3
ln	Borstel, Amts Jork .	55,4
nnel	Borstel, Amts Jork .	48,3
nel	Neuenfelde, Amts Jork	60,9
ette	Lühe, Amts Jork . .	41,i
nes	Ritsch, Amts Freiburg	74,9
. . . . .	Borstel, Amts Jork .	46,3
th	Cranz, Amts Jork . .	82,3
s	Borstel, Amts Jork .	58,9
nia	Grünendeich, Amts Jork	88,3
e	Abbenfleth	85,9
na	Cranz, Amts Jork . .	57,8
. . . . .	Cranz, Amts Jork . .	59,2
keit	Grünendeich, Amts Jork	61,3
na	Viersielen	81,6
nel	Ostendorf, Amts Bremer-	66,9

KMSL — KMWG

Unter-scheidungs-Signale.	Namen der Schiffe.	Heimathshafen	Kubik-meter Netto-Raumgehalt.	Register-Tons	Pferde-kräfte.
KMSL	Flora	Hove a. d. Este, Amts Jork.	03,8	22,47	
KMSN	Catharina	Estebrügge	63,8	22,83	
KMSP	Gloria Deo	Estebrügge	64,1	22,52	
KMSQ	Eumonin	Stade	67,8	23,97	
KMSR	Flora	Leswig a. d. Este	50,5	17,86	
KMST	Emanuel	Cranz, Amts Jork	65,8	23,14	
KMSV	Orpheus	Bremen	2579,1	910,41	
KMSW	Germania	Steinkirchen, Amts Jork	61,6	21,74	
KMTB	Johannis	Cranz, Amts Jork	78,9	27,84	
KMTC	Diodor	Borstel, Amts Jork	61,8	21,81	
KMTD	Immanuel	Geversdorf	65,8	23,13	
KMTF	Johannes	Moorende, Amts Jork	67,4	23,97	
KMTG	Anna Dorothea	Rönnebeck	142,8	50,39	
KMTH	Aurora	Estebrügge	58,4	20,82	
KMTJ	Juno	Steinkirchen, Amts Jork	58,3	19,67	
KMTL	Emanuel	Cranz, Amts Jork	67,4	23,53	
KMTN	Germania	Höben, Amts Jork	59,5	20,91	
KMTP	Adeline	Neuenkirchen, Amts Jork.	49,1	17,44	
KMTQ	Anna	Rekum	145,8	51,50	
KMTR	Gloria	Ostendorf, Amts Bre-mervörde.	68,8	24,29	
KMTS	Emanuel	Ostendorf, Amts Bre-mervörde.	70,0	24,81	
KMTV	Miranda	Borstel, Amts Jork	62,4	22,84	
KMTW	Gloriadea	Ostendorf, Amts Bre-mervörde.	50,1	17,57	
KMVB	Hinrich	Geestemünde	163,8	57,43	
KMVC	Charlotte Auguste	Otterndorf	58,1	20,81	
KMVD	Fortuna	Osten	64,4	22,89	
KMVF	Metta	Dornbusch, Amts Frei-burg.	74,1	20,37	
KMVG	Helene	Rönnebeck	78,6	27,70	
KMVH	Beta	Rönnebeck	149,6	52,41	
KMVJ	Meta	Neu-Rönnebeck	149,4	52,14	
KMVL	Catharina	Ostendorf, Amts Bre-mervörde.	49,1	17,84	
KMVQ	Hedwig	Geestemünde	81,8	28,51	
KMVR	Fortuna	Abbenfleth	85,8	30,10	
KMVS	Carl	Neuhaus a. d. Oste	60,8	24,34	
KMVT	Genius	Steinkirchen, Amts Jork	62,5	22,16	
KMVW	Zwei Gebrüder	Rönnebeck	161,8	57,13	
KMWB	Die zwei Gebrüder	Rönnebeck	138,1	48,73	
KMWC	Gesina	Blumenthal, Amts Blumenthal.	170,7	60,28	
KMWD	Heinrich	Rönnebeck	141,3	49,90	
KMWF	Else	Rönnebeck	132,8	46,81	
KMWG	Adelheid	Rönnebeck	153,9	54,23	

KMWH — KNDG

Unter-scheidungs-Signale.	Namen der Schiffe.	Heimathshafen	Kubik-meter Netto-Raumgehalt.	Register-Tons	Pferde-kräfte.
KMWH	Maria	Abbenseth	74,3	26,29	
KMWJ	Johannes	Wischhafen	78,6	27,78	
KMWL	Apollo	Osten	64,6	22,81	
KMWN	Johann	Klint, Amts Osten	67,2	23,72	
KMWP	Hansa	Borstel, Amts Jork	63,3	22,33	
KMWQ	Johanna Catharina	Oberndorf, Amts Neuhaus a. d. Oste.	113,4	40,04	
KMWR	Catharina	Gauensiek	49,4	17,44	
KMWS	Sophia Dorothea	Basbeck	87,7	30,96	
KMWT	Wilhelm	Warstade	78,9	27,85	
KMWV	Maria Elise	Basbeck	83,9	29,62	
KNBC	Petrus	Cranz, Amts Jork	156,4	55,31	
KNBD	Maria	Estebrügge	57,9	20,44	
KNBF	Margaretha	Gauensiek	67,0	23,85	
KNBG	Wilhelmine	Lobbendorf	67,5	23,73	
KNBH	Johanna	West-Moorende, Amts Jork.	155,3	54,73	
KNBJ	Venus	Borstel, Amts Jork	59,9	21,14	
KNBL	Fortuna	Warstade	82,4	29,06	
KNBM	Hosianna	Borstel, Amts Jork	57,4	20,26	
KNBP	Vesta	Warstade	83,4	29,44	
KNBQ	Gesina	Rönnebeck	154,1	54,60	
KNBR	Anna Maria	Lübedeich, Amts Jork	50,4	21,11	
KNBS	Hinnerike Lucie	Brake a. d. Weser	149,3	52,70	
KNBT	Fortuna	Dornbusch, Amts Freiburg.	86,4	30,84	
KNBW	Hera	Bremen	2836,5	1036,54	
KNCB	Julius	Neuenfelde, Amts Jork	139,3	49,11	
KNCD	Anna Margaretha	Neuhaus a. d. Oste	84,3	29,76	
KNCF	Catharine	Farge	140,7	49,67	
KNCH	Johannes	Neuenfelde, Amts Jork	95,4	33,64	
KNCJ	Catharina	Schulau	95,4	33,65	
KNCL	Catharina	Gauensiek	62,1	21,92	
KNCM	Catharina Margaretha	Rekum	127,4	44,91	
KNCP	Margaretha	Farge	143,6	50,69	
KNCQ	Othello	Freiburg	90,5	31,95	
KNCR	Hoffnung	Rönnebeck	139,9	49,3-	
KNCS	Vineta	Borstel, Amts Jork	80,8	28,52	
KNCT	Elbe	Neuenfelde, Amts Jork	80,1	28,21	
KNCV	Gesine	Rönnebeck	159,1	56,11	
KNCW	Maria	Brobergen	63,1	22,27	
KNDB	Sophie	Oberndorf, Amts Neuhaus a. d. Oste	85,4	30,13	
KNDC	Anna Catharina	Wisch, Amts Osten	72,4	25,70	
KNDF	Marie	Basbeck	113,3	40,11	
KNDG	Adelheid	Ostendorf, Amts Bremervörde.	56,3	19,-9	

KNDH — KNGT

Unterscheidungs-Signale.	Namen der Schiffe.	Heimathshafen	Kubikmeter Netto-Raumgehalt.	Register-Tons	Pferdekräfte.
KNDH	Catharina Margaretha.	Gräpel	65,3	23,01	
KNDJ	Alice Rickmers . .	Geestemünde . . .	3422,3	1208,25	
KNDL	Dorothea	Otterndorf	50,3	19,34	
KNDM	Heinrich Wilhelm .	Otterndorf	54,8	19,37	
KNDP	Anna Margaretha .	Otterndorf	93,4	33,04	
KNDQ	Immanuel	Grünendeich, Amts Jork	56,7	20,67	
KNDR	Johannes	Grünendeich, Amts Jork	56,5	19,71	
KNDT	Anna.	Blomenthal, Amts Blomenthal.	194,9	68,60	
KNDV	Adele	Hamelwörden, Amts Freiburg.	72,3	25,13	
KNFB	Lydia Peschau . .	Geestemünde . . .	1042,3	367,33	
KNFC	Maria	Dornmer Tief, Amts Dornm.	54,3	19,34	
KNFD	Mathilde	Gauensiek	51,3	18,11	
KNFG	Claudius	Harburg	107,4	37,90	
KNFH	Elbe	Gräpel	61,3	21,54	
KNFJ	Anna.	Blomenthal, Amts Blomenthal.	174,7	61,67	
KNFL	Hinrich	Neuenfelde, Amts Jork	88,3	31,97	
KNFM	Anna Rebecka . .	Twielenfleth, Amts Jork	92,7	32,72	
KNFQ	Margaretha Friederike.	Blomenthal, Amts Blomenthal.	205,6	72,71	
KNFR	Dorothea	Geversdorf	65,6	22,84	
KNFS	Immanuel	Oberndorf, Amts Neuhaus a. d. Oste.	60,3	21,48	
KNFT	Adelheid	Ostendorf, Amts Bremervörde.	51,1	18,04	
KNFV	Drei Gebrüder . .	Iselersheim	82,4	29,11	
KNFW	Emanuel	Ostendorf, Amts Bremervörde.	69,3	24,46	
KNGB	Emanuel	Cranz, Amts Jork . .	83,3	31,24	
KNGC	Gloria	Oberndorf, Amts Neuhaus a. d. Oste.	78,5	27,87	
KNGD	Johanne	Geestemünde . . .	86,7	30,61	
KNGF	Catharina	Osten	66,4	23,50	
KNGH	Heinrich Wilhelm .	Otterndorf	57,3	20,38	
KNGJ	†Gutenberg . . .	Stade	260,3	92,03	70
KNGL	Meta Sophia . . .	Oberndorf, Amts Neuhaus a. d. Oste.	99,4	85,09	
KNGM	Anna.	Bassenfleth	151,4	58,81	
KNGP	Gloriosa	Oberndorf, Amts Neuhaus a. d. Oste.	92,5	32,10	
KNGQ	Amandus	Steinkirchen, Amts Jork	56,3	19,71	
KNGR	Albert	Cranz, Amts Jork . .	152,3	58,84	
KNGS	Maria	Neu-Rönnebeck . .	203,6	78,42	
KNGT	Sirene	Cranz - Neuenfelde, Amts Jork.	153,9	54,33	

KNGV — KNLJ

Unter-scheidungs-Signale.	Namen der Schiffe.	Heimathshafen	Kubik-meter Netto-Raumgehalt.	Register-Tons	Pferde-kräfte.
KNGV	Elisabeth	Hamburg	125,6	44,38	
KNGW	Ordnung	Blumenthal, Amts Blumenthal.	176,1	62,16	
KNHB	Eleonore	Mühlenhafen . . .	54,3	19,17	
KNHC	Magaretha	Wischhafen	80,1	28,23	
KNHD	Genine	Borstel, Amts Jork .	54,3	19,24	
KNHF	Adler	Blumenthal, Amts Blumenthal.	134,7	47,35	
KNHG	Anna Maria . . .	Altendorf, Amts Osten	89,1	31,45	
KNHJ	Citadelle	Borstel, Amts Jork .	144,8	51,11	
KNHL	Tamerlane	Geestemünde . . .	2591,6	914,88	
KNHM	Paul Rickmers . .	Geestemünde . . .	3378,6	1190,91	
KNHP	Rebecca	Ganenslak	57,0	20,11	
KNHQ	Christine	Blumenthal, Amts Blumenthal.	112,3	39,61	
KNHR	Genius	Freiburg	71,7	25,31	
KNHS	Henriette	Dorumer Tief, Amts Dorum.	39,3	13,71	
KNHT	Anna Maria	Warstade	71,1	25,19	
KNHV	Andreas	Warstade	85,6	30,33	
KNHW	Sechs Gebrüder . .	Blumenthal, Amts Blumenthal.	172,8	61,90	
KNJB	Germania	Otterndorf	57,0	20,13	
KNJC	Lina	Geestemünde . . .	2814,8	993,33	
KNJD	Maria	Dorumer Tief, Amts Dorum.	55,3	19,71	
KNJF	Catharina Elisabeth	Altendorf, Amts Osten	110,6	39,04	
KNJG	Johann Gustav . .	Rönnebeck	144,3	60,80	
KNJH	Immanuel	Neuenfelde, Amts Jork	64,9	22,90	
KNJL	Frau Mathilde . . .	Wremer Tief . . .	59,0	20,88	
KNJM	Adelheid	Rönnebeck	126,8	44,38	
KNJP	Therese	Geversdorf	78,7	27,78	
KNJQ	Helene	Steinkirchen, Amts Jork	58,1	20,73	
KNJR	Anna	Dornbusch, Amts Freiburg.	98,7	34,84	
KNJS	Elisabeth	Blumenthal, Amts Blumenthal.	168,1	59,33	
KNJT	Wilhelm Anton . .	Geestemünde . . .	2830,7	999,33	
KNJV	Deo Gloria	Krautsand	63,1	22,77	
KNJW	Courier	Krautsand	73,3	25,84	
KNLB	Die Hoffnung . . .	Mehedorf, Amts Bremervörde.	67,0	23,61	
KNLC	Sophie	Geestemünde . . .	3560,8	1256,93	
KNLD	Rebecka	Oberndorf, Amts Neuhaus a. d. Oste.	67,9	23,91	
KNLF	Amelia	Geestemünde . . .	2659,0	938,63	
KNLG	Margaretha	Twielenfleth, Amts Jork	55,3	19,49	
KNLH	Amalia	Bützfleth	102,9	36,33	
KNLJ	Maria	Lühe, Amts Jork . .	75,1	26,31	

KNLM — KNQF

Unter-scheidungs-Signale.	Namen der Schiffe.	Heimathshafen	Kubik-meter	Register-Tons Netto-Raumgehalt.	Pferde-kräfte.
KNLM	Geestemünde . . .	Geestemünde . . .	3110,1	1097,81	
KNLQ	Metta Maria . . .	Schwarzenhütten, Amts Oste.	98,1	34,03	
KNLR	Maria	Oberndorf, Amts Neuhaus a. d. Oste.	91,7	82,57	
KNLS	Johannes	Cranz, Amts Jork	79,1	28,13	
KNLT	Preclosa	Warstade	98,3	34,76	
KNLV	Anna	Ganensiek . . .	67,0	23,97	
KNLW	Gesine	Abbenfleth . . .	82,8	29,06	
KNMB	Adeline	Rekum	141,0	49,73	
KNMC	Leda	Geestemünde . . .	3565,7	1258,49	
KNMD	Nordstern	Lühe, Amts Jork	76,1	27,88	
KNMF	Favorita	Geestemünde . . .	3429,7	1210,86	
KNMG	Albinus	Borstel, Amts Jork	66,2	28,61	
KNMH	Aurora	Lanmühlen . . .	76,4	26,97	
KNMJ	Seenymphe . . .	Borstel, Amts Jork	111,7	39,43	
KNML	Emanuel	Wischhafen . . .	65,4	23,99	
KNMP	Emanuel	Lanmühlen . . .	68,3	20,38	
KNMQ	Minoa	Twielenfleth, Amts Jork	50,9	17,48	
KNMR	Maria Helene . . .	Brobergen	78,7	27,80	
KNMS	Cuba	Geestemünde . . .	3196,3	1128,80	
KNMT	Florentine	Oberndorf, Amts Neuhaus a. d. Oste.	79,6	28,61	
KNMV	Deo Gloria	Steinkirchen, Amts Jork	69,9	21,14	
KNMW	Christine	Warstade	104,9	37,03	
KNPB	Anna Maria . . .	Warstade	67,9	23,97	
KNPC	Lucinde	Geversdorf	96,7	33,98	
KNPD	Achilles	Basbeck	83,6	29,65	
KNPF	Erndte	Gräpel	86,9	30,43	
KNPG	Adelheide	Gräpel	79,6	28,16	
KNPH	Hertha	Borstel, Amts Jork	78,9	26,03	
KNPJ	Adeline	Stade	101,6	85,81	
KNPL	Diana	Geestemünde . . .	1048,9	370,21	
KNPM	Anna Friederike .	Geestemünde . . .	101,1	35,69	
KNPQ	Martha	Geestemünde . . .	179,5	63,81	
KNPR	Meta	Geestemünde . . .	3778,0	1331,81	
KNPS	Regina	Neuenschleuse, Amts Jork.	60,1	21,31	
KNPT	Adele	Oberndorf, Amts Neuhaus a. d. Oste.	76,9	27,18	
KNPV	Immanuel	Warstade	74,6	26,12	
KNPW	Anna	Bützfleth	53,6	18,91	
KNQB	Leda	Neuenfelde, Amts Jork	92,6	32,16	
KNQC	Immanuel	Wisch, Amts Jork . .	53,1	18,71	
KNQD	Catharina	Ostendorf, Amts Bremervörde.	71,1	25,09	
KNQF	Peter	Twielenfleth, Amts Jork.	180,0	66,47	

KNQG — KNST

Unter-scheidungs-Signale.	Namen der Schiffe.	Heimathshafen	Kubik-meter Netto-Raumgehalt	Register-Tons	Pferde-kräfte.
KNQG	Rebecka	Kleinwörden, Amts Osten.	80,4	28,39	
KNQH	Anna Helene . . .	Geestemünde . . .	106,9	87,73	
KNQJ	Betty	Barnkrug	45,1	15,93	
KNQL	Cathrina Maria . .	Hechthausen, Amts Osten.	88,7	29,56	
KNQM	Maria Anna	Geestemünde . . .	3587,4	1266,39	
KNQP	Catharina	Geversdorf	82,3	29,65	
KNQR	Christine	Basbeck	96,3	83,99	
KNQS	Germania	Geversdorf	51,1	18,44	
KNQT	Madeleine Rickmers	Geestemünde . . .	3616,4	1276,65	
KNQV	Heinrich & Tonio .	Geestemünde . . .	3090,4	1090,91	
KNQW	Katharina	Dorumer Tief, Amts Dorum.	59,4	21,04	
KNRB	Johannes	Nenenfelde, Amts Jork	50,4	17,77	
KNRC	Minna	Farge	144,3	50,94	
KNRD	Harmonia	Geestemünde . . .	4120,0	1454,20	
KNRF	Catharina	Hechthausen, Amts Osten.	58,3	20,70	
KNRG	Preciosa	Osten	90,7	32,02	
KNRH	Lucie	Twielenfleth, Amts Jork.	256,3	90,43	
KNRJ	Hosianna	Grünendelch, Amts Jork.	58,4	20,64	
KNRL	Dorothea	Basbeck	106,5	37,39	
KNRM	Mathilde	Blumenthal, Amts Blumenthal.	194,4	68,63	
KNRP	Andromeda	Geestemünde . . .	5300,4	1871,19	
KNRQ	Aurora	Oberndorf, Amts Neu-haus a. d. Oste.	116,9	41,66	
KNRS	Anna Sophia . . .	Basbeck	76,3	27,11	
KNRT	Padilla	Borstel, Amts Jork .	73,3	26,95	
KNRV	Margaretha	Laumühlen	80,1	28,37	
KNRW	Anna Louise . . .	Oberndorf, Amts Neu-haus a. d. Oste.	68,6	24,00	
KNSB	Adorna	Geestemünde . . .	3994,3	1409,93	
KNSC	†Geestemünde . . .	Geestemünde . . .	25,5	9,10	36
KNSD	Johannes	Ostendorf, Amts Bre-mervörde.	74,1	26,23	
KNSF	†Elbe	Stade	243,9	86,19	70
KNSG					
KNSH					
KNSJ					
KNSL					
KNSM					
KNSP					
KNSQ					
KNSR					
KNST					

KNSV — LBHQ

Unter-scheidungs-Signale.	Namen der Schiffe.	Heimathshafen	Kubik-meter Netto-Raumgehalt.	Register-Tons	Pferde-kräfte.
KNSV					
KNSW					
KNTB					
KNTC					
KNTD					
KNTF					
KNTG					
KNTH					
KNTJ					
KPBD	Marianne	Grünendeich, Amts Jork	223,9	78,70	
KPBN	Gesine	Hamburg	82,1	29,31	
KPBR	Lina	Harburg	252,9	89,37	
KPBS	Adonis	Harburg	55,1	19,43	
KPBT	Adeline	Harburg	76,2	26,90	
KPBV	Ann	Spetzerfehn	240,0	84,73	
KPCB	H. Peters	Harburg	1167,4	412,10	
KQBC	Christine Eugeline	Haren, Amts Meppen	146,3	51,41	
KQBD	Maria	Haren, Amts Meppen	187,7	48,41	
KQBF	Alida	Haren, Amts Meppen	126,6	44,69	
KQBG	Virgo Maria	Haren, Amts Meppen	129,4	45,71	
KQBH	Maria Regina	Haren, Amts Meppen	172,2	61,08	
LBCF	Gustav & Marie	Kiel	1005,0	354,77	
LBCG	Jürgen	Altona	839,5	296,42	
LBCJ	Wilhelm	Kiel	164,0	57,89	
LBCK	Caroline	Burg a. F.	311,1	109,52	
LBCQ	Helene	Heiligenhafen	169,1	59,30	
LBCW	Catharina	Kiel	148,9	52,53	
LBDF	Neptunus	Kiel	347,2	122,41	
LBDK	Mathilde	Kiel	658,2	280,16	
LBDN	Christiane	Kiel	384,0	135,62	
LBDQ	Anna	Burg a. F.	268,1	94,03	
LBDT	Marie	Burg a. F.	294,3	103,34	
LBFH	Christine	Burgstaaken a. F.	257,1	90,71	
LBFM	Emmeline	Heiligenhafen	164,5	58,07	
LBFN	Union	Heiligenhafen	388,4	135,33	
LBFP	Bertha	Heiligenhafen	261,1	92,16	
LBFR	Anton	Burg a. F.	171,2	60,42	
LBFS	Delphin	Burg a. F.	382,5	135,18	
LBGC	Ernestine	Lübeck	445,8	157,90	
LBGD	Metha	Arnis	113,2	40,07	
LBGK	Pauline	Heiligenhafen	268,5	94,73	
LBGR	Diana	Burg a. F.	261,9	92,44	
LBGV	Carl Emil	Kiel	98,5	34,67	
LBHC	Adler	Burg a. F.	588,1	207,60	
LBHD	Wilhelmine Maria	Heiligenhafen	50,6	17,84	
LBHJ	Christine	Heiligenhafen	63,1	22,16	
LBHK	Emmeline	Neustadt in Holstein	68,0	24,69	
LBHP	Dorothea	Kiel	61,4	21,62	
LBHQ	Bertha	Hadersleben	49,2	17,30	

LBHS — LBVF

Unter-scheidungs-Signale.	Namen der Schiffe.	Heimathshafen	Kubik-meter Netto-Raumgehalt.	Register-Tons	Pferde-kräfte.
LBHS	Abeline	Kiel	70,1	24,03	
LBHT	Pretiose	Wismar	49,3	17,10	
LBHW	Wilhelmine	Burg a. F.	52,6	18,51	
LBJF	†Fehmarn	Burg a. F.	131,3	46,30	85
LBJH	Theodora	Heiligenhafen	100,3	35,41	
LBJK	Dora	Arnis	88,3	31,19	
LBJN	Malwine	Eckernförde	63,3	22,30	
LBJS	Amazone	Burgstaaken a. F.	83,1	29,34	
LBKC	Margaretha Christine	Mölteuort	30,9	10,90	
LBKD	Sylphe	Neumühlen bei Kiel	48,4	17,01	
LBKN	Margaretha	Burg a. F.	238,9	84,39	
LBMC	Silke	Burgstaaken a. F.	61,8	21,43	
LBMF	Sophie	Kiel	658,1	230,11	
LBMG	Hermann	Kiel	. .	107,8*	
LBMH	†Vorwärts	Kiel	186,4	65,40	30
LBMJ	Paul Emil	Kiel	452,8	159,41	
LBMQ	Sophie	Neustadt in Holstein	107,3	37,43	
LBMV	Doris	Heiligenhafen	384,4	118,01	
LBMW	Constantia	Kiel	452,4	159,70	
LBNF	Heinrich	Burg a. F.	70,8	24,94	
LBNG	Friederike	Burg a. F.	73,3	25,43	
LBNR	Neptun	Burg a. F.	373,3	131,17	
LBNT	Auguste	Wewelsfleth	67,3	23,73	
LBPF	Helene	Insel Fehmarn	313,8	110,67	
LBPG	Adolph	Lahö	60,3	21,30	
LBPJ	Eben-Ezar	Burg a. F.	69,7	24,41	
LBPQ	†Holsatia	Kiel	597,1	210,14	80
LBPT	Holsatia	Heiligenhafen	535,6	188,10	
LBPW	Activ	Kiel	324,8	114,10	
LBQM	Courier	Barth	719,7	254,08	
LBQR	Louise	Neustadt in Holstein	48,8	17,18	
LBQT	†Schwentine	Neumühlen bei Kiel	28,8	10,08	10
LBQV	†Concurrent	Kiel	39,3	13,87	10**
LBQW	Karens Minde	Sonderburg	62,7	22,13	
LBRC	De tre Brödre	Mölteuort	. .	7,70*	
LBRF	Marie Amalie	Wismar	47,8	16,71	
LBRK	Christine	Neustadt in Holstein	68,3	22,38	
LBRT	Sophia	Neustadt in Holstein	17,3	6,07	
LBRV	Petrea	Kiel	136,7	48,38	
LBSM	Catharine	Grossenbrode	48,4	17,06	
LBSP	Emma	Burg a. F.	868,8	180,08	
LBST	Dorothea	Neustadt in Holstein	306,8	109,01	
LBTC	Mercur	Neustadt in Holstein	504,3	178,34	
LBTD	Agnes	Lemkenhafen	777,9	274,40	
LBTN	Anna Sophia	Stettin	271,2	95,74	
LBTV	Carl	Lübeck	556,8	196,44	
LBTW	Helnas	Kiel	745,1	263,08	
LBVC	Flora	Neumühlen bei Kiel	165,3	58,33	
LBVF	Dorothea	Arnis	127,7	44,90	

* Lasten zu 5900 ℔.   ** Nominelle Pferdekräfte.

LBVR — LCGH

Unterscheidungs-Signale.	Namen der Schiffe.	Heimathshafen.	Kubikmeter Netto-Raumgehalt.	Register-Tons	Pferdekräfte.
LBVR	August	Kiel	254,0	89,47	
LBVS	Johann Carl	Heiligenhafen	409,3	144,43	
LBVT	Die Einigkeit	Prinzenmoor a. d. Eider	48,4	17,60	
LBWD	Leonore & Marie	Kiel	251,7	88,53	
LBWF	Byka	Burg a. F.	133,1	46,90	
LBWH	Klei	Kiel	658,9	282,31	
LBWK	Emma	Heiligenhafen	491,3	178,43	
LBWM	†Sedan	Neumühlen bei Kiel	249,7	88,16	75*
LBWN	†Amalia	Rügenwalde	435,1	153,70	98
LBWP	Agnes	Kiel	382,1	185,60	
LBWR	†Thusnelda	Neumühlen bei Kiel	30,6	10,67	6
LBWS	Tool	Kiel	288,4	101,88	
LBWV	Anna Maria	Arnis	78,5	27,41	
LCBD	Solid	Heiligenhafen	458,3	161,70	
LCBF	Wilhelm I.	Kiel	1010,1	356,54	
LCBG	Anna	Hamburg	1267,9	447,46	
LCBH	†Meta	Kiel	332,9	117,51	25
LCBK	Fürst Bismarck	Hamburg	957,1	888,06	
LCBM	Franziska	Kiel	300,6	106,16	
LCBP	†Heinrich Adolph	Kiel	93,1	32,87	15
LCBQ	†Courier	Kiel	74,4	26,31	10
LCBR	†Metz	Neumühlen bei Kiel	774,1	273,38	50
LCBT	Mary	Hadersleben	68,1	22,43	
LCBW	Heinrich Lohmann	Kiel	772,9	272,53	
LCDF	Emil	Neustadt in Holstein	73,1	25,70	
LCDH	Paul	Kiel	439,4	155,16	
LCDJ	Wagrien	Heiligenhafen	508,6	179,53	
LCDM	Louise	Kiel	126,1	44,50	
LCDN	†Essen	Kiel	2621,9	925,53	125
LCDP	Idesbalde	Burgstaaken a. F.	596,6	210,60	
LCDQ	Tiger	Kiel	279,1	98,73	
LCDS	†Sayn	Kiel	2601,6	918,71	125
LCDT	Helene	Kiel	423,6	149,53	
LCDV	†Orconera	Kiel	2516,1	888,39	120
LCDW	Germania	Kiel	249,9	88,34	
LCFB	Nicoline	Burg a. F.	234,1	82,76	
LCFD	Johanna	Burg a. F.	50,9	17,97	
LCFG	Martin	Kiel	152,9	53,53	
LCFJ	Victor	Neustadt in Holstein	461,1	162,70	
LCFM	†Klaus Groth	Kiel	85,3	30,06	18
LCFN	†Fried. Krupp	Kiel	2604,3	910,59	120
LCFP	Thora Maria	Neustadt in Holstein	76,9	27,60	
LCFS	Helene	Emden	1054,4	372,31	
LCFT	†Verein	Kiel	85,1	80,13	12
LCFV	Schwentine	Neumühlen bei Kiel	128,3	45,71	
LCFW	Hermann	Heiligenhafen	1259,1	444,44	
LCGB	Leopard	Kiel	85,3	30,15	
LCGD	Dora Sophia	Neustadt in Holstein	127,8	45,60	
LCGH	Maria	Neumühlen bei Kiel	128,1	45,31	

* Indicirte Pferdekräfte.

LCGK — LDFM

Unter-scheidungs-Signale.	Namen der Schiffe.	Heimathshafen	Kubik-meter Netto-Raumgehalt.	Register-Tons	Pferde-kräfte.
LCGK	Oloacga	Hamburg	ca. 163	ca. 58	
LCGM	Marie	Heiligenhafen	441,9	155,94	
LCGN	†Brutus	Kiel	1303,9	460,23	450**
LCGP	Elisabeth	Kiel	1267,4	447,44	
LCGQ	Margaretha	Heiligenhafen	80,1	28,77	
LCGT	Dora	Heiligenhafen	117,3	41,17	
LCGW	†Verein II.	Kiel	99,7	35,19	16***
LCHB	†Express	Kiel	97,0	34,23	45**
LCHD	†Wilhelm	Kiel	380,4	134,78	25
LCHG	†Antonie	Kiel	373,9	131,94	80**
LCHJ	†Borg	Burg a. F.	226,5	79,79	120
LCHK	†Adele	Kiel	416,8	147,13	25***
LCHM	†Heiligenhafen	Heiligenhafen	61,3	21,64	12
LCHN	Henriette	Borg a. F.	37,1	13,11	
LCHP	†Auguste	Kiel	1028,1	363,64	60***
LCHQ	†Andreas	Kiel	67,6	23,84	10***
LCHR	†Reserve	Hamburg	37,2	13,12	25***
LCHS	†Welle	Heiligenhafen	1112,1	392,88	60***
LCHT	†Auguste Victoria	Kiel	852,2	124,20	115***
LCHV	†Stormarn	Neumühlen bei Kiel	1170,6	413,23	70***
LCHW	†Wagrien	Neumühlen bei Kiel	1174,0	414,74	70***
LCJB					
LCJD					
LCJF					
LCJG					
LCJH					
LCJK					
LCJM					
LCJN					
LDBC	Meta	Hamburg	470,3	165,94	
LDBJ	Hermann	Hamburg	540,0	190,93	
LDBK	La Plata	Blankenese	453,4	160,08	
LDBW	Cito	Dornbusch, Amts Freiberg.	243,4	85,77	
LDCG	Pepita	Altona		104*	
LDCN	Die drei Gebrüder	Hamburg	66,1	23,23	
LDCQ	Erndte	Spitzerdorf, Kreis Pinneberg.	111,0	39,11	
LDCS	Roland	Rostock	87,2	30,99	
LDCT	Adonis	Spitzerdorf, Kreis Pinneberg.	121,8	42,99	
LDCV	Rose	Spitzerdorf, Kreis Pinneberg.	99,9	35,24	
LDCW	Diana	Pahlhude	83,4	29,31	
LDFC	Heate	Wedel, Kreis Pinneberg	94,1	33,21	
LDFG	Mary	Blankenese	560,8	197,44	
LDFH	Alerte	Blankenese	590,3	208,33	
LDFM	Europa	Grünendeich, Amts Jork.	123,7	43,67	

* Lasten zu 5200 ℔. ** Indicirte Pferdekräfte. *** Nominelle Pferdekräfte.

LDFN — LDNS

Unter-scheidungs-Signale.	Namen der Schiffe.	Heimathshafen.	Kubik-meter Netto-Raumgehalt.	Register-Tons	Pferde-kräfte.
LDFN	Hoxiauna	Haseldorf	105,2	37,21	
LDFP	Heinrich	Blankenese	194,2	68,45	
LDFR	Doris	Mühlenberg, Kreis Pinneberg.	153,7	54,23	
LDFT	Anna & Gesine	Hamburg	374,6	182,20	
LDFV	Palme	Haseldorf	106,4	37,64	
LDFW	Maria	Elmshoru	334,2	118,03	
LDGF	Hoffnung	Blankenese	97,3	34,34	
LDGJ	Erndte	Seestermühe	94,6	33,43	
LDGK	Elobe	Elmshoro	117,2	41,60	
LDGM	Johannes	Altona	141,1	49,70	
LDGT	Diedrich	Krautsand	86,7	30,61	
LDGV	Magnet	Blankenese	442,3	156,31	
LDHF	Johannes	Blankenese	224,7	79,34	
LDHJ	Hoffnung	Kollmar, Kreis Steinburg	116,8	41,66	
LDHN	Eunomia	Elmshorn	104,6	36,70	
LDHR	Georgine	Flensburg	448,4	158,74	
LDJC	Metta Sophia	Grosseuwörden, Amts Osten.	77,7	27,43	
LDJF	Familie	Hoekzeteler Febn	272,1	96,03	
LDJG	Juliane	Blankenese	532,1	187,72	
LDJM	Lisette	Blankenese	425,4	150,17	
LDJS	Elegant	Blankenese	516,8	182,71	
LDJT	Elise	Itzehoe	274,7	96,87	
LDKB	Horizont	Itzehoe	70,6	24,91	
LDKC	Ta-Léo	Hamburg	ca.069	ca.342	
LDKF	Louise	Blankenese	. . .	30*	
LDKQ	Maria	Tönning	183,8	64,70	
LDKR	Levaute	Mühlenberg, Kreis Pinneberg.	582,4	205,73	
LDKS	Jan Peter	Stralsund	952,3	336,11	
LDKV	Diamant	Blankenese	486,0	171,46	
LDMB	Martin	Estebrügge	117,3	41,61	
LDMC	Nadir	Grünendeich, Amts Jork.	114,9	40,17	
LDMF	Moria	Glückstadt	83,7	29,64	
LDMG	Der Junge Hinrich	Wedel, Kreis Pinneberg	128,2	45,34	
LDMH	Rudolph	Elmshorn	121,6	42,93	
LDMK	Immannel	Seestermühe	115,1	40,43	
LDMT	Mary	Hamburg	482,8	170,20	
LDNC	Johannes	Twielenfleth, Amts Jork	190,9	67,20	
LDNF	Courier	Blankenese	. . .	58*	
LDNH	Flora	Elmshorn	123,6	43,64	
LDNJ	Mariane	Hamburg	219,4	77,43	
LDNK	Joachim Christian	Altona	1295,0	457,16	
LDNP	Genius	Kleinwörden, Amts Osten.	85,7	80,34	
LDNS	Margaretha	Krautsand	73,8	25,93	

* Lasten zu 5200 ℔.

LDNV — LDWQ

Unter-scheidungs-Signale.	Namen der Schiffe.	Heimathshafen	Kubik-meter Netto-Raumgehalt.	Register-Tons	Pferde-kräfte.
LDNV	Catharina	Hechthausen, Amts Osten.	118,5	40,99	
LDPC	Venus	Uetersen	70,6	24,71	
LDPF	Elisabeth	Hamburg	127,9	44,54	
LDPH	Amazone	Elmshorn	81,1	28,53	
LDPJ	Heinrich	Freiburg	354,3	125,61	
LDPM	Alert	Blankenese	454,2	160,31	
LDPS	Victoria II.	Dornbusch, Amts Freiburg.	280,8	102,30	
LDPW	Georg Nicolaus	Altona	900,6	352,44	
LDQG	Parthenope	Blankenese	522,1	184,33	
LDQJ	Hermann	Blankenese	1101,5	888,63	
LDQM	Emanuel	Dorum, Amts Dorum	63,4	22,57	
LDQT	Ernte	Hamburg	94,4	33,34	
LDQV	Helene	Elmshorn	107,3	87,55	
LDQW	Gloria	Bransbüttel	80,3	28,53	
LDRB	Donau	Glückstadt	92,1	82,81	
LDRC	Gretha	Haseldorf	61,0	21,54	
LDRG	Elbe	Basbeck	84,2	29,73	
LDRH	Lorenz	Blankenese	357,9	126,63	
LDRQ	Maria	Tönning	99,4	35,09	
LDRS	Dora	Uetersen	69,4	24,81	
LDRV	Veritas	Hamburg	284,3	100,43	
LDSB	Helios	Blankenese	585,4	206,83	
LDSG	J. H. Jensen	Blankenese	858,2	302,94	
LDSN	Margaretha	Blankenese	449,1	168,14	
LDST	Eunomia	Elmshorn	420,0	148,39	
LDTB	Dora	Schulau	75,3	26,45	
LDTC	Ida	Stralsund	358,6	124,61	
LDTH	Paul	Hamburg	872,3	307,99	
LDTM	Avance	Blankenese	556,1	196,53	
LDTP	Elise	Wedel, Kreis Pinneberg	112,0	89,54	
LDTQ	Iduna	Blankenese	472,1	166,61	
LDTS	Adonis	Blankenese	520,4	188,70	
LDVB	Alwine	Altona	77,3	27,79	
LDVC	Aurora	Ostedeich, Amts Osten	98,6	34,81	
LDVF	Solid	Blankenese	544,1	192,06	
LDVQ	Tiger	Blankenese	561,6	108,31	
LDVR	Zodiacus	Blankenese	75,3	26,61	
LDVS	Emanuel	Elmshorn	66,4	23,50	
LDVT	Paradies	Elmshorn	68,6	24,73	
LDVW	Margaretha Elsabe	Blankenese	77,4	27,53	
LDWC	Elbe	Dornbusch, Amts Freiburg.	116,4	41,12	
LDWG	Frau Anna	Uetersen	64,5	22,76	
LDWM	Hinrich	Basbeck	81,3	29,69	
LDWN	König Wilhelm I.	Blankenese	649,3	229,50	
LDWP	Maria	Blankenese	541,1	191,13	
LDWQ	Rogate	Elmshorn	125,4	44,38	

LDWS — LFJD

Unter-scheidungs-Signale.	Namen der Schiffe.	Heimathshafen	Kubik-meter Netto-Raumgehalt.	Register-Tons	Pferde-kräfte.
LDWS	Hann	Blankenese	646,4	228,93	
LFBC	Union	Wedel, Kreis Pinneberg	97,3	34,67	
LFBG	Johannes	Haseldorf	131,4	46,39	
LFBH	Flora	Altona	519,3	183,91	
LFBK	Albatros	Hamburg	612,4	216,13	
LFBM	Amor	Neuenfelde, Amts York	75,9	26,70	
LFBR	Catrina	Hamburg	318,4	110,62	
LFBT	Neptun	Altona	1229,9	434,13	
LFCB	Ernst Dreyer	Blankenese	642,3	226,89	
LFCG	Formosa	Altona	797,6	281,67	
LFCM	Margaretha	Elmshorn	134,6	47,44	
LFCP	Arche	Blankenese	177,4	62,81	
LFCQ	Alfred	Blankenese	643,8	227,23	
LFCR	Alwine	Blankenese	592,6	209,91	
LFCS	Elise	Glückstadt	270,7	98,13	
LFCW	Magretha	Blankenese	280,7	99,09	
LFDB	Primus	Blankenese	540,3	190,12	
LFDH	Fides	Blankenese	689,1	243,29	
LFDJ	Helios	Stralsund	2416,6	853,13	
LFDK	Auguste	Rostock	848,5	299,83	
LFDN	Johannes	Oberndorf, Amts Neu-haus a. d. Oste.	96,4	34,08	
LFDQ	Johannes	Hamburg	97,6	34,33	
LFDR	Perle	Blankenese	419,6	148,11	
LFDS	Europa	Altona	597,9	211,28	
LFDT	Erndte	Haseldorf	127,9	45,14	
LFDV	Valparaiso	Altona	1375,9	485,60	
LFDW	Penguin	Blankenese	605,3	213,61	
LFGH	Erndte	Drochtersen	73,1	25,97	
LFGJ	Elise	Spitzerdorf, Kreis Pinneberg.	140,9	49,74	
LFGK	Nicolai	Blankenese	818,1	288,10	
LFGN	Emanuel	Haseldorf	139,3	49,14	
LFGP	Helene	Elmshorn	141,3	49,84	
LFGR	Eckhorst	Hamburg	174,7	61,66	
LFGS	Maria	Bremervörde	81,3	28,66	
LFGT	Neptun	Assel	82,1	28,94	
LFGW	Delphin	Blankenese	674,1	237,93	
LFHD	Walter Siegfried	Altona	1181,0	416,49	
LFHG	Elbe	Blankenese	682,3	240,63	
LFHM	Chang An	Altona	—	149,74	
LFHN	Blitz	Blankenese	542,1	191,45	
LFHP	Pelikan	Hamburg	930,3	328,29	
LFHQ	Brigitta	Blankenese	720,6	254,84	
LFHR	Presto	Teufelsbrücke	84,7	29,92	
LFHT	Johann Heinrich	Altona	1397,4	493,22	
LFHV	Metta Margretha	Barnkrug	83,1	29,43	
LFHW	Catharina	Elmshorn	143,7	50,74	
LFJD	Germania	Schulau	77,4	27,33	

LFJG — LFNQ

Unterscheidungs-Signale.	Namen der Schiffe.	Heimathshafen	Kubikmeter Netto-Raumgehalt.	Register-Tons	Pferdekräfte.
LFJG	Astroa	Blankenese	628,8	221,79	
LFJH	Themis	Altona	691,3	244,07	
LFJN	Frau Anna Magdalena.	Elmshorn	63,6	22,41	
LFJP	Claudine	Blankenese	681,6	240,64	
LFJQ	Strassburg	Altona	1205,6	425,33	
LFJS	Blankenese	Blankenese	730,3	257,79	
LFJT	Immanuel	Haseldorf	148,4	52,53	
LFJV	Oriental	Blankenese	605,1	213,50	
LFJW	Holstein	Blankenese	795,4	280,73	
LFKB	Möve	Elmshorn	700,9	247,32	
LFKC	†Altona	Hamburg	ca 8341	ca.1179	260
LFKD	Activ	Blankenese	753,1	266,09	
LFKG	Caroline	Wedel, Kreis Pinneberg	60,4	21,53	
LFKH	Die junge Margaretha	Altona	63,9	22,56	
LFKJ	Albis	Blankenese	679,4	239,03	
LFKN	Golconda	Blankenese	816,5	288,16	
LFKP	Aurora	Spitzerdorf, Kreis Pinneberg.	142,1	50,27	
LFKQ	Argillia	Steinkirchen, Amts Jork	49,4	17,57	
LFKS	Margaretha Caecilie	Altona	85,1	30,13	
LFKT	Zohrab	Hamburg	1230,0	434,30	
LFKV	Johannes	Deidenßeth, Kreis Stieoberg.	61,4	21,73	
LFKW	Apoll	Blankenese	867,3	306,24	
LFMB	Flora	Blankenese	1097,3	387,30	
LFMC	Bodild	Altona	1599,3	564,81	
LFMD	Iwar	Karolloeuslel	326,1	115,11	
LFMH	Bertha	Elmshorn	66,3	23,41	
LFMJ	Nautik	Blankenese	915,1	323,40	
LFMK	Immanuel	Haseldorf	54,9	19,33	
LFMN	Anna Hauswedell	Blankenese	1025,3	362,40	
LFMP	Maria	Elmshorn	48,9	17,26	
LFMQ	Diana	Uetersen	57,4	20,40	
LFMR	Ventilia	Blankenese	860,9	303,90	
LFMS	Catharina	Uetersen	55,3	19,54	
LFMV	Helios	Schulau	51,6	18,04	
LFMW	Frau Anna	Schulau	52,3	18,46	
LFNB	Hoffnung	Elmshorn	74,1	26,16	
LFNC	Johannes	Blankenese	73,7	26,00	
LFND	Gloria	Elmshorn	83,9	29,61	
LFNG	Maria	Blankenese	912,3	322,04	
LFNH	Die Elbe	Uetersen	53,7	18,89	
LFNJ	Margaretha	Haseldorf	163,4	57,72	
LFNK	Anna	Elmshorn	886,1	312,79	
LFNM	Agathe	Mühlenberg, Kreis Pinneberg.	141,3	49,84	
LFNP	Fortuna	Uetersen	54,6	19,27	
LFNQ	Boolta	Blankenese	966,0	341,00	

LFNR — LFRW

Unterscheidungs-Signale.	Namen der Schiffe.	Heimathshafen.	Kubikmeter Netto-Raumgehalt.	Register-Tons	Pferdekräfte.
LFNR	Mobil	Blankenese	898,7	852,u	
LFNS	Conrad Hinrich . .	Altona	1778,6	625,sa	
LFNT	Catharina	Elmshorn	156,6	55,za	
LFNV	Anna	Elmshorn	160,1	58,44	
LFNW	Galant	Blankenese	1000,4	863,11	
LFPB	H. Bremer	Blankenese	930,4	881,61	
LFPC	Meta Breckwoldt .	Blankenese	988,5	848,24	
LFPD	Christina Maria . .	Elmshorn	53,3	18,sa	
LFPG	Rebecca	Uetersen	53,4	18,sa	
LFPH	Gloria	Elmshorn	77,9	27,1a	
LFPJ	Martha	Haseldorf	67,0	23,a3	
LFPK	Cato	Blankenese	453,9	160,ss	
LFPM	Albinga	Uetersen	47,1	16,71	
LFPN	Martin	Schulau	63,6	22,a3	
LFPQ	Gazelle	Blankenese	1025,4	861,sa	
LFPR	Balthasar	Altona	779,9	275,za	
LFPS	Margretha	Haseldorf	146,1	51,a7	
LFPT	Niagara	Altona	1959,a	601,ao	
LFPV	Amazone	Schulau	97,0	34,za	
LFPW	Heinrich	Schulau	163,0	64,so	
LFQB	Amoy	Blankenese	889,6	818,so	
LFQC	Nicoline	Blankenese	937,4	380,so	
LFQD	Perle	Wedel, Kreis Pinneberg	55,4	10,sa	
LFQG	Ilindo	Altona	—	185,1a	
LFQH	Shautung	Altona	—	98,sa	
LFQJ	Presto	Elmshorn	107,7	38,sa	
LFQM	Marx	Elmshorn	201,0	71,71	
LFQN	Okeia	Altona	1950,4	688,45	
LFQP	Rebecca	Uetersen	54,6	19,sa	
LFQR	Neptun	Blankenese	1098,7	886,so	
LFQS	Anna Wichhorst . .	Blankenese	1000,4	884,61	
LFQT	Island	Elmshorn	207,4	73,sa	
LFQV	Brilliante	Blankenese	650,7	282,87	
LFQW	Uranus	Haseldorf	57,4	20,sa	
LFRB	Dagmar	Altona	ca. 671	ca. 287	
LFRC	Emilia	Altona	ca. 503	ca. 178	
LFRD	Paulus	Schulau	65,a	28,za	
LFRG	Anita Delfina . . .	Altona	ca. 1761	ca. 622	
LFRH	Clara	Altona	ca. 819	ca. 280	
LFRJ	Wilhelm	Elmshorn	162,1	57,za	
LFRK	Anna	Blankenese	983,1	347,sa	
LFRM	Woosung	Blankenese	ca. 1962	ca. 698	
LFRN					
LFRP					
LFRQ					
LFRS					
LFRT					
LFRV					
LFRW					

LHBD — LHGJ

Unter-scheidungs-Signale.	Namen der Schiffe.	Heimathshafen	Kubik-meter Netto-Raumgehalt.	Register-Tons	Pferde-kräfte.
LHBD	Thetis	Bielenberg	95,8	33,69	
LHBG	Der kleine Heinrich	Glückstadt	698,6	246,51	
LHBJ	Jungfrau Lucia	Glückstadt	529,3	186,91	
LHBM	Ernst	Rendsburg	287,9	83,88	
LHBP	Mary	Tönning	359,7	126,97	
LHBQ	Alice	Rendsburg	122,8	48,16	
LHBS	Ernte	Pahlhude	84,9	29,62	
LHBV	Nicolaus Heinrich	Wewelsfleth	117,4	41,45	
LHBW	Catrina	Wewelsfleth	113,4	40,03	
LHCD	Nicolaus	Rendsburg	871,1	181,01	
LHCF	Johanna	Rendsburg	254,9	89,46	
LHCK	Helene	Arnis	142,4	50,27	
LHCM	Anna	Pahlhude	105,4	37,21	
LHCN	Themis	Pahlhude	120,3	42,47	
LHCP	Gloria	Delve	86,9	30,87	
LHCR	Nymphe	Pahlhude	124,9	44,09	
LHCS	Frau Anna	Rendsburg	70,9	24,73	
LHCT	Thea	Rendsburg	106,9	37,14	
LHCV	Christine	Lehö	112,3	39,41	
LHCW	Christina	Delve	113,9	40,10	
LHDB	Dorothea	Delve	95,3	33,60	
LHDF	Johannes	Krautsand	109,3	38,54	
LHDJ	Die gute Hoffnung	Pahlhude	86,9	30,62	
LHDM	Margaretha	Friedrichstadt		ca.26*	
LHDN	Marie	Rendsburg	104,9	37,04	
LHDP	Ora et labora	Delve	145,4	51,33	
LHDR	Die Blume	Rendsburg	96,9	84,21	
LHDS	Frau Elsabe	Rendsburg	82,6	29,17	
LHDT	Die Elder	Brelholz	83,3	29,41	
LHDV	Die Rose	Tielen	83,0	29,30	
LHDW	Margaretha	Rendsburg	77,4	27,23	
LHFB	Catharina	Pahlhude	64,7	22,84	
LHFC	Maria	Pahlhude	98,3	34,64	
LHFG	Anna Sophia	Rendsburg	82,4	29,09	
LHFJ	Margaretha	Rendsburg	123,4	43,61	
LHFK	Anna Margaretha	Hellgenhafen	71,9	25,38	
LHFM	Christine	Delve	95,1	33,77	
LHFN	Johanne	Neuenfelde, Amts Jork	89,3	31,70	
LHFP	Frau Anna	Wrohm	65,0	22,96	
LHFQ	Die Liebe	Pahlhude	88,0	31,04	
LHFR	Eider	Prinzenmoor a. d. Elder	73,2	25,84	
LHFS	Johanna	Altona	243,4	85,80	
LHFT	Ernte	Rendsburg	109,9	38,46	
LHFV	Beauté	Hanerau	109,9	38,60	
LHFW	Veronica	Rendsburg	118,9	41,81	
LHGB	Die Hoffnung	Kiel	71,4	25,33	
LHGD	Collmar	Neuenfelde, Amts Jork	630,1	222,66	
LHGF	Magdalena	Delve	114,8	40,53	
LHGJ	Die Einigkeit	Kollmar, Kreis Steinburg	75,8	26,77	

* Lastet zu 6200 ℔.

LHGM — LHPF

Unter-scheidunge-Signale.	Namen der Schiffe.	Heimathshafen	Kubik-meter Netto-Raumgehalt.	Register-Tons	Pferde-kräfte.
LHGM	Thetis	Rendsburg . . .	340,8	120,30	
LHGN	Ludwig	Rendsburg . . .	430,6	162,90	
LHGP	Apollo	Rendsburg . . .	141,9	60,90	
LHGV	Der junge Ellerich .	Glückstadt	. . .	6,1*	
LHGW	Julius	Brunsbüttel . . .	104,9	37,80	
LHJC	Aroha	Elmshorn	148,4	50,63	
LHJD	Die zwei Gebrüder .	Kollmar, Kreis Steinburg	92,1	32,72	
LHJG	Edel	Geversdorf	92,0	32,67	
LHJK	Ernte	Kollmar, Kreis Steinburg	99,7	35,19	
LHJM	Anna Emilie . . .	Kollmar, Kreis Steinburg	83,9	29,63	
LHJR	Christina	Altona	72,6	25,30	
LHJT	Margaretha	Pahlhude	84,3	29,72	
LHJW	Kleinod	Delve	89,9	31,73	
LHKC	Pellwormer Packet .	Wischhafen	67,3	23,71	
LHKJ	Bertha	Hamburg	598,3	209,46	
LHKN	Blume	Rendsburg	94,0	38,18	
LHKQ	Fortuna	Büsum	62,9	22,31	
LHKS	Comet	Borgwedel a. d. Schlei	87,4	30,38	
LHKT	Helene	Rendsburg	79,9	27,96	
LHKV	Iris	Breiholz	80,7	28,41	
LHKW	Olympia	Rendsburg	94,0	33,18	
LHMB	Wiederkunft	Pahlhude	67,7	23,96	
LHMD	Marie	Rendsburg	135,7	47,30	
LHMF	Amanda	Rendsburg	197,1	69,79·	
LHMJ	†Pilot	Rendsburg	45,4	16,30	40
LHMK	Die Hoffnung . . .	Oberndorf, Amts Neu-haus a. d. Oste.	81,1	28,63	
LHMN	Bellona	Büsum	71,3	25,34	
LHMP	Ora et labora . . .	Büsum	50,1	17,73	
LHMQ	Christina Helene .	Friedrichstadt . . .	94,9	33,50	
LHMS	Anna Margaretha .	Rendsburg	69,1	24,64	
LHMV	Neptun	Wöhrdener Hafen .	82,6	29,10	
LHMW	Beanté	Delve	90,1	31,90	
LHNB	Catharina	St. Margarethen . .	63,1	22,85	
LHNC	Anna Maria	Rendsburg	81,6	28,77	
LHND	Elsabe	Rendsburg	94,6	33,18	
LHNG	Magdalena	Neofeld, Kreis Süder-dithmarschen.	62,6	22,49	
LHNM	Erndte	Neofeld, Kreis Süder-dithmarschen.	31,3	11,12	
LHNP	Perle	Neofeld, Kreis Süder-dithmarschen.	55,1	19,33	
LHNR	Wilhelmine Maria .	Neofeld, Kreis Süder-dithmarschen.	35,5	12,39	
LHPB	Hosanna	Neofeld, Kreis Süder-dithmarschen.	55,0	19,43	
LHPD	Die Hoffnung . . .	Büsum	61,9	21,73	
LHPF	Margaretha Magda-lena.	Büsum	53,6	18,71	

* Lasten zu 5200 ℔.

LHPJ — LHSV

Unter-scheidungs-Signale.	Namen der Schiffe.	Heimathshafen	Kubik-meter Netto-Raumgehalt.	Register-Tons	Pferde-kräfte.
LHPJ	Harry	Rendsburg . . .	211,5	74,66	
LHPK	Eunomia	Rendsburg . . .	155,0	54,85	
LHPN	Frau Margaretha	Lübeck	85,3	30,11	
LHPQ	Ditmarsia	Burg, Kreis Süderdith-marschen.	. . .	6,21*	
LHPV	Emanuel	Burg, Kreis Süderdith-marschen.	. . .	4,75*	
LHPW	Margretha	Büsum	49,7	17,64	
LHQC	Hosianna	Büsum	. . .	2,75*	
LHQG	Zufriedenheit . .	Büsum	64,5	22,71	
LHQJ	Catharina	Rendsburg . . .	161,4	56,88	
LHQN	Catharina	Glückstadt . . .	75,6	26,85	
LHQP	Anna	Prinzenmoor a. d. Eider	71,6	25,08	
LHQR	Anna Maria . . .	Rendsburg . . .	94,7	38,42	
LHQS	Die Gebrüder . .	Vorwerk bei Rends-burg.	88,4	31,11	
LHQV	Marie	Rendsburg . . .	86,1	30,20	
LHQW	Amanda	Rendsburg . . .	85,8	30,85	
LHRB	Dorothea	Breiholz	97,8	34,31	
LHRD	Maria	Lunden	145,6	51,47	
LHRF	Anna	Rendsburg . . .	51,1	18,04	
LHRG	Irene	Tielenhemme, Kreis Norderdithmarschen.	94,9	33,50	
LHRJ	Neptun	Rendsburg . . .	113,3	39,90	
LHRK	Maria	Rendsburg . . .	36,3	12,81	
LHRM	Helene	Wewelsfleth . . .	76,6	27,98	
LHRN	Christine	Pahlen	69,5	24,83	
LHRP	Sophia	Nübbel a. d. Eider .	189,3	66,89	
LHRS	†Ditmarsia II. . .	Kappeln a. d. Schlei.	250,7	88,50	60**
LHRT	Catharina	Brunsbüttelerhafen .	51,5	18,25	
LHRV	Margaretha . . .	Altona	75,3	26,30	
LHRW	Die zwei Gebrüder	Rendsburg . . .	75,7	26,71	
LHSB	Margaretha . . .	Frederik VII. Koog, Kreis Süderdithmarschen	57,4	20,30	
LHSC	Anna	Delve	66,6	23,31	
LHSD	Catharina	Itzehoe	48,1	17,90	
LHSF	Catharina	Pahlbude	77,3	27,39	
LHSG	Gloria	Neufeld, Kreis Süder-dithmarschen.	53,6	18,71	
LHSJ	Erndte	Rendsburg . . .	77,6	27,98	
LHSK	Die Blume . . .	Delve	69,9	21,64	
LHSM	Anna.	Hamdorf, Kreis Rends-burg.	89,7	31,64	
LHSN	Theodora	Rendsburg . . .	90,2	31,97	
LHSP	Thomas	Rendsburg . . .	211,3	74,15	
LHSQ	Sirene	Delve	176,5	62,31	
LHSR	Anna Catharina . .	Prinzenmoor a. d. Eider	85,6	30,30	
LHST	Emma Catharina .	Rendsburg . . .	97,3	31,43	
LHSV	Alwine	Rendsburg . . .	99,1	34,90	

* Lasten zu 6200 ℔.   ** Nominelle Pferdekräfte.

LHSW — LHWT

Unter-scheidungs-Signale.	Namen der Schiffe.	Heimathshafen	Kubik-meter Netto-Raumgehalt.	Register-Tons	Pferde-kräfte.
LHSW	Minna	Meldorf	—	105,ss	
LHTB	Preciosa	Burg, Kreis Süderdith-marschen.	50,7	17,ss	
LHTC	Therese	Büsum	69,s	24,44	
LHTD	Der junge Wilhelm	Frederik VII. Koog, Kreis Süderdithmarschen	54,7	19,si	
LHTF	Hinrich	Wittenbergen a.d.Eider	207,s	73,17	
LHTJ	Die Liebe	Prinzenmoor a. d. Elder	90,4	31,ss	
LHTK	Erndte	Rendsburg	178,s	63,12	
LHTN	Adolph	Rendsburg	217,s	76,77	
LHTP	Elise	Neufeld, Kreis Süder-dithmarschen.	62,4	22,ss	
LHTQ	Erndte	Neufeld, Kreis Süder-dithmarschen.	57,9	20,44	
LHTR	Helmath	Rendsburg	98,s	34,sr	
LHTS	Antleus	Kollmar, Kreis Steinburg	160,s	56,ss	
LHTV	Agatha	Rendsburg	195,s	69,07	
LHTW	Geziena	Rendsburg	187,s	66,ss	
LHVB	Dora	Rendsburg	99,s	34,ss	
LHVC	Catharina	Rendsburg	86,s	30,44	
LHVD	Catharina	Breiholz	67,s	23,s4	
LHVF	Catharina	Rendsburg	77,4	27,ss	
LHVG	Arche	Büsum	59,s	20,ss	
LHVJ	Elche	Rendsburg	94,s	33,ss	
LHVK	Alagonda	Prinzenmoor a. d. Eider	74,s	26,s4	
LHVM	Germania	Rendsburg	89,s	31,ss	
LHVN	Odin	Rendsburg	166,s	58,s4	
LHVP	Margaretha	Christiansholm, Kreis Rendsburg.	80,s	28,ss	
LHVQ	Catharina	Rendsburg	96,s	84,20	
LHVR	Thetis	Rendsburg	78,s	27,sr	
LHVS	Cito	Rendsburg	89,s	31,s4	
LHVT	Anna Maria	Rendsburg	72,s	25,4s	
LHVW	Activ	Rendsburg	108,s	38,4s	
LHWB	Rose	Pahlhude	92,s	32,ss	
LHWC	Eva	Rendsburg	63,s	22,ss	
LHWD	Drei Geschwister	Hedewigenkoog, Kreis Norderdithmarschen.	58,s	20,ss	
LHWF	Fortuna	Rendsburg	74,s	26,s2	
LHWJ	Ernte	Rendsburg	75,s	26,ss	
LHWK	Catharina	Pahlhude	65,s	23,ss	
LHWM	Wilhelm	Rendsburg	145,s	51,ss	
LHWN	Dora	Pahlhude	126,s	44,ss	
LHWP	Rosina	Breiholz	65,s	22,ss	
LHWQ	Frau Margaretha	Rendsburg	65,s	23,ss	
LHWR	Lena	Rendsburg	57,s	20,s4	
LHWS	Margaretha	Breiholz	62,4	22,ss	
LHWT	Minna	Pahlhude	99,s	35,ss	

LHWV — LJMC

Unter-scheidungs-Signale.	Numen der Schiffe.	Heimathshafen	Kubik-meter Netto-Raumgehalt.	Register-Tons	Pferde-kräfte.
LHWV	Glaube	Kollmar, Kreis Steinberg.	83,4	29,44	
LJBH	Peter	Apenrade		123°	
LJBN	21ster Marz	Hoyer	111,1	39,32	
LJBQ	Die Frau Engeline	Insel Amrom		5,4°	
LJBR	Friede	Steenodde auf Amrom		6,71°	
LJCF	Therese	Wyk auf Föhr	58,4	20,34	
LJCG	Justice	Wyk auf Föhr		5°	
LJCN	Die gute Erwartung.	Wyk auf Föhr	162,5	53,33	
LJCQ	Emanuel	Wyk auf Föhr		6°	
LJCS	Emanuel	Flensburg	206,3	72,04	
LJCW	Christine Sophie	Aarösund	59,2	20,89	
LJDC	Carl Wilhelm	Flensburg		159,67°°	
LJDF	Elise	Wyk auf Föhr		5,70°	
LJDH	Aurora	Wyk auf Föhr	87,4	30,93	
LJDR	Martha Catharina	Wyk auf Föhr		4°	
LJDS	Die zwei Schwestern	Krautsand	54,6	19,34	
LJFC	Union	Flensburg	309,1	109,33	
LJFG	August Friedrich	Apenrade	1086,2	383,69	
LJFH	Rebecca	Apenrade		212°	
LJFK	Christian	Flensburg	253,4	89,30	
LJFN	Anna	Munkmarsch	20,7	7,31	
LJFS	Sophie Locie	Ekensund	631,1	222,33	
LJFT	Cigoth	Gravenstein	121,3	42,91	
LJFV	Havfruen	Holnis	68,1	24,33	
LJFW	Die Hoffnung	Ekensund	64,4	22,77	
LJGD	Margaretha	Maasholm	24,6	8,43	
LJGF	Fortuna	Maasholm	33,9	11,97	
LJGH	Einigkeit	Maasholm	82,3	11,69	
LJGQ	Helene	Maasholm		3,5°	
LJGR	Sara Johanna	Apenrade	169,1	59,70	
LJHB	Frau Caroline	Insel Amrom		6°	
LJHD	Carl	Sonderburg		115,8°	
LJHF	Union	Maasholm	51,4	18,16	
LJHG	Anna Catbrina	Insel Amrum		2,74°	
LJHT	Hortensia	Maasholm	26,1	9,29	
LJHW	Therese	Insel Amrum	42,1	14,64	
LJKB	Ceres	Maasholm	24,9	8,77	
LJKD	Caroline Heymann	Wyk auf Föhr	341,7	120,00	
LJKF	Einigkeit	Maasholm	22,3	7,63	
LJKH	Christine Dorothea	Maasholm	44,3	15,39	
LJKM	Helene	Nebel auf Amrom	11,4	4,94	
LJKQ	Catharine	Ekensund	42,9	15,14	
LJKR	Sirene	Apenrade	29,1	10,77	
LJKS	Johanna	Maasholm	32,6	11,39	
LJKV	Die drei Geschwister	Maasholm		4,11°	
LJMB	Henriette	Maasholm		7,4°	
LJMC	Allianz	Hadersleben	665,6	234,33	

* Lasten zu 5200 ₰. ** Lasten zu 4000 ₰. 6

| LJMD — LJVG ||||||
Unter- scheidungs- Signale.	Namen der Schiffe.	Heimathshafen	Kubik- meter Netto-Raumgehalt.	Register- Tons	Pferde- kräfte.
LJMD	Magdalena Dorothea	Maasholm	. . .	3,73*	
LJMH	Anna Christina . .	Gjenner bei Apenrade	27,1	9,61	
LJMK	Charlotte Maria . .	Maasholm	23,9	8,31	
LJMN	Christina Sophia .	Steinberghaff . . .	. . .	2,78*	
LJMP	Göntje	Insel Amrum . . .	. . .	2*	
LJMQ	Diana	Insel Amrum . . .	. . .	5,21*	
LJMS	Anna Christiana . .	Insel Amrum . . .	. . .	4*	
LJMT	Androklos	Apenrade	1134,8	400,41	
LJMV	Christian	Insel Oland . . .	47,3	16,60	
LJMW	Maria	Maasholm	36,4	12,88	
LJNC	Die Junge Christina	Insel Amrum . . .	. . .	4,8*	
LJND	Luna	Wyk auf Föhr . .	77,9	27,39	
LJNG	Maria Dorothea .	Maasholm	. . .	1,73*	
LJNH	Aurora	Wyk auf Föhr . .	. . .	4*	
LJNK	Cecilie Margarethe .	Ekensund	67,9	23,63	
LJNM	Najaden	Ekensund	773,9	273,10	
LJNP	†Neumühlen . . .	Kiel	61,9	16,32	12
LJNS	Emanuel	Insel Sylt	. . .	3,73*	
LJNW	No. 11.	Wyk auf Föhr . .	. . .	2,1*	
LJPB	Maria	Ekensund	52,2	18,43	
LJPD	Margaretha . . .	Steinberghaff . . .	. . .	2,33*	
LJPH	Hotspur	Insel Amrum . . .	. . .	4,13*	
LJPK	Christina	Steinberghaff . . .	13,6	4,80	
LJPN	Mathilde	Hamburg	922,4	325,41	
LJPR	Christine	Hamburg	523,6	184,60	
LJQH	Enrique	Hamburg	586,2	207,13	
LJQP	August	Apenrade	841,6	296,67	
LJQS	†Heinrich Adolph .	Flensburg	95,3	31,17	15**
LJQW	†Seeadler	Flensburg	66,3	23,41	16**
LJRC	†Seemöve	Ellerbeck bei Kiel .	62,7	22,14	8
LJRK	Caroline	Apenrade	. . .	140*	
LJRN	Catharina Maria . .	Insel Aarö . . .	118,1	39,34	
LJRP	Caroline Maria . .	Haxeldorf	88,6	31,06	
LJRT	Die Stadt Tondern	Wyk auf Föhr . .	58,4	18,43	
LJRV	Hector	Rottebüll	26,3	9,21	
LJSD	Theodor	Wyk auf Föhr . .	162,9	57,31	
LJSF	Christine & Dore .	Hoyer	61,6	21,73	
LJSK	Anna	Apenrade	993,2	350,63	
LJSN	Maren Johanne . .	Flensburg	81,6	28,31	
LJSR	Margot	Apenrade	. . .	102,3*	
LJSV	Anna Margaretha .	Hadersleben . . .	42,6	15,04	
LJTB	Line Kirstine . . .	Hadersleben . . .	31,6	11,33	
LJTD	Peter	Apenrade	1141,9	403,66	
LJTF	†Prima	Flensburg	1141,8	402,90	80**
LJTG	Anna Magdalena .	Flensburg	92,7	32,73	
LJTH	Elisabeth	Flensburg	116,9	41,28	
LJTP	Johanne Christine .	Hadersleben . . .	109,3	38,14	
LJVD	Chloris	Sonderburg . . .	947,2	334,71	
LJVG	Ceres	Flensburg	31,4	11,10	

* Lasten zu 5200 ℔.   ** Nominelle Pferdekräfte.

LJVH — LKDQ

Unter-scheidungs-Signale.	Namen der Schiffe.	Heimathshafen	Kubik-meter Netto-Raumgehalt.	Register-Tons	Pferde-kräfte.
LJVH	†Seconda	Flensburg . . .	1418,i	500,s*	90
LJVK	Anna Dorothea . .	Apenrade	. . .	176°	
LJVP	Christine Marie . .	Keitum auf Sylt	14,7	5,io	
LJVQ	Maria Omina . . .	Keitum auf Sylt . .	19,s	6,r7	
LJVS	Jens & Marin . .	Keitum auf Sylt . . .	. . .	4,s°	
LJVT	Jette Christine . .	Insel Amrom . .	38,i	13,4s	
LJVW	Cathrina	Insel Sylt . . .	41,s	14,ss	
LJWB	Sophie Dorathea .	Keitum auf Sylt	. . .	4°	
LJWC	Marie	Insel Sylt . . .	. . .	2,s°	
LJWD	Wilhelm Carl . . .	Keitum auf Sylt	. . .	3°	
LJWF	Maria Catharina .	Hoyer	120,o	42.ss	
LJWG	Anna Catharina . .	Keitum auf Sylt . .	. . .	2,7s°	
LJWH	Die Freiheit . . .	Keitum auf Sylt	. . .	3°	
LJWK	Die Hoffnung . . .	Sonderburg . . .	67,s	23,7s	
LJWM	Bergitta	Sonderburg . . .	54,7	19,si	
LJWN	Friederike Amalie .	Insel Sylt . . .	87,i	18,so	
LJWR	Anna Maria . . .	Insel Sylt . . .	44,s	15,s4	
LJWT	Flensburg	Flensburg . . .	89,s	31,so	
LKBD	Ingeborg	Apenrade	. . .	197°	
LKBM	Anna Maria . . .	Flensburg . . .	36,i	12,ie	
LKBN	Anna Maria . . .	Flensburg . . .	29,s	10,si	
LKBP	Caroline	Flensburg . . .	26,i	9,4s	
LKBS	Diedrich	Flensburg . . .	47,4	10,ei	
LKBW	Maria Christina . .	Gjenner bei Apenrade	. . .	4,ss°	
LKCB	Maagen	Gjennerbucht bei Apenrade.	25,4	8,so	
LKCG	Anna Maria . . .	Loit bei Apenrade . .	21,s	7,70	
LKCH	Christina	Gjenner bei Apenrade	24,s	8,ss	
LKCM	Pröven	Gjennerbucht bei Apenrade.	. . .	5"	
LKCN	Maria Lucia . . .	Sonderburg . . .	. . .	8,7s°	
LKCP	Fisken	Loit bei Apenrade . .	89,6	13,n	
LKCQ	De tvende Brödre .	Gjenner bei Apenrade	. . .	7,16°	
LKCS	Emanuel	Gjennerbucht bei Apenrade.	27,8	9,si	
LKCT	Louise	Gjennerbucht bei Apenrade.	. . .	8,7s°	
LKCV	Anna Maria	Augustenburg . . .	. . .	3°	
LKCW	Bellevue	Ekensund	30,7	10,ss	
LKDB	Haabet	Flensburg . . .	74,i	26,i7	
LKDC	Johanne Margarethe	Heilsminde . . .	89,s	18,n7	
LKDF	†Fortuna	Flensburg . . .	473,s	167,ss	50**
LKDG	Caravane	Gjenner bei Apenrade	. . .	4°	
LKDJ	Den gode Lykke . .	Sandacker bei Ekensund.	. . .	4,ss°	
LKDM	Catharine Maria . .	Alnoor bei Gravenstein	36,4	12,si	
LKDN	Botilla Maria . . .	Apenrade . . .	85,4	12,ss	
LKDP	Die fünf Schwestern	Alnoor bei Gravenstein	42,i	14,s4	
LKDQ	Anna Catharina . .	Hadersleben . . .	49,o	17,ss	

LKDW — LKMH

Unter-scheidungs-Signale.	Namen der Schiffe.	Heimathshafen	Kubik-meter Netto-Raumgehalt.	Register-Tons	Pferde-kräfte.
LKDW	Die zwei Gebrüder	Hadersleben	42,8	15,11	
LKFC	Landwirthschaft	Ekensund		2,5°	
LKFD	Magdalena	Maasholm	19,1	6,94	
LKFG	Helene Cecilia	Sonderburg		6,71°	
LKFH	Danneville	Sonderburg	56,1	19,81	
LKFJ	Tre Venner	Aarösund	70,1	24,78	
LKFM	Emanuel	Hadersleben	42,3	14,69	
LKFN	Emanuel	Heilsminde	41,3	14,73	
LKFP	Elisabeth	Sonderburg		7,5°	
LKFS	Metta Elisabeth	Norburg	24,4	8,41	
LKFT	Aurora	Sonderburg	70,4	24,83	
LKFV	Anna	Norburg		5,5°	
LKFW	Cecilie Marie	Ekensund	32,1	11,20	
LKGB	Johanna	Apenrade	14,3	5,98	
LKGC	Maria Lucia	Wismar	28,3	9,84	
LKGD	Eben Ezer	Sonderburg	40,8	14,60	
LKGH	De sem Söskende	Insel Aarö	45,7	16,13	
LKGM	Margrethe	Orbyhage	33,2	11,72	
LKGN	Californien	Aarösund	71,7	25,31	
LKGP	Anna Margaretha Sophia.	Orbyhage	32,5	11,63	
LKGQ	Pröven	Sonderburg	23,6	8,12	
LKGT	Anna Maria	Ekensund		2,5°	
LKGV	Anna Margaretha	Gjenner bei Apenrade	18,6	6,57	
LKGW	Christine Maria	Ekensund		6°	
LKHG	Frau Elsabe	Südwestbörn		7,73°	
LKHN	Catharina Maria	Maasholm	23,1	8,15	
LKHP	Tobias	Ekensund	16,9	5,97	
LKHQ	Sörideren	Ekensund	22,6	8,64	
LKHR	Annette	Sonderburg		3,73°	
LKHS	Anna Catharina	Twedterholz	11,6	8,48	
LKHT	†Tertia	Flensburg	2057,6	726,13	98
LKHV	Catharina	Insel Sylt		7,73°	
LKHW	Anna Dorothea	Flensburg	48,3	17,06	
LKJB	Die Hoffnung	Hadersleben	85,9	30,29	
LKJC	Friedrich	Apenrade	885,4	294,90	
LKJF	San Francisco	Aarösund	43,3	15,29	
LKJG	Delphinen	Norburg		7,18°	
LKJH	Gustav	Flensburg		121°	
LKJN	Maria	Gjenner bei Apenrade		4°	
LKJQ	Cecilie	Apenrade		187,5°°	
LKJR	Anna Margaretha	Sonderburg	41,8	14,84	
LKJT	Lykkens Pröve	Arnis	59,4	20,97	
LKJW	Haabet	Sonderburg		7,18°	
LKMB	Providentia	Sonderburg	143,1	50,31	
LKMC	Emanuel	Apenrade		104°°	
LKMF	†Quarta	Flensburg	2287,7	807,88	110
LKMG	Minerva	Sonderburg	61,3	21,61	
LKMH	†Condor	Flensburg	160,3	56,88	58

° Lasten zu 5200 ℔.   °° Tonnen zu 1000 Kilogramm.

LKMJ — LKRF

Unter-scheidungs-Signale.	Namen der Schiffe.	Heimathshafen	Kubik-meter Netto-Raumgehalt.	Register-Tons	Pferde-kräfte.
LKMJ	De syv Brödre	Sonderburg	41,3	14,37	
LKMN	Africa	Sonderburg		6"	
LKMP	Maria Catharina	Höruphaff		0,33"	
LKMQ	Juno	Sonderburg	754,3	266,23	
LKMR	China	Sonderburg	499,3	176,23	
LKMS	†Quinta	Flensburg	2565,3	905,31	120
LKMW	Ronnberg	Ekensund	87,3	31,07	
LKNB	†Grille	Flensburg	104,6	36,93	50
LKND	Maria Dorothea	Hadersleben	103,3	30,43	
LKNF	Hansine Marie	Hadersleben	105,3	37,11	
LKNG	Johanna	Flensburg	136,9	48,33	
LKNJ	Jacobine	Apenrade	1183,3	417,61	
LKNM	Lydia	Flensburg	611,3	215,04	
LKNP	†Skjold	Sonderburg	104,7	86,94	30
LKNQ	Anna Magdalena	Holnis	178,6	62,91	
LKNR	Ernst	Neustadt in Holstein	88,9	31,34	
LKNS	†Falke	Flensburg	89,1	31,41	25
LKNT	Hans Heinrich	Ekensund	88,2	31,13	
LKNV	Herrmann	Apenrade	1371,7	484,10	
LKNW	Benedicta	Apenrade	700,6	247,31	
LKPB	†Germania	Munkmarsch	109,9	38,84	15
LKPC	Biene	Flensburg	116,8	41,23	
LKPD	Römö	Insel Röm	738,1	260,31	
LKPG	†Sexta	Flensburg	346,3	122,23	30
LKPH	Gustav	Apenrade	1859,4	656,31	
LKPJ	Kathinka	Rensberg	288,3	101,30	
LKPM	Amilhajo	Wyk auf Föhr	414,3	146,41	
LKPN	Minna	Flensburg	233,4	82,44	
LKPQ	Oberon	Sonderburg	1074,7	379,31	
LKPR	Pelbo	Sonderburg	710,0	250,64	
LKPS	Centaur	Apenrade	1327,4	468,31	
LKPT	Margrethe	Apenrade	ca. 1012	ca 358	
LKPV	Wodan	Apenrade	1245,3	480,77	
LKPW	Christine	Apenrade	1535,4	541,39	
LKQB	Taiwan	Sonderburg	1057,7	373,31	
LKQC	Julie	Apenrade	322,9	113,34	
LKQF	Henriette	Wyk auf Föhr	269,9	95,31	
LKQG	†Conatio	Flensburg	2077,8	733,30	110
LKQH	Hieronymus	Apenrade	1204,5	425,19	
LKQJ	Triton	Sonderburg	1583,5	558,31	
LKQN	Catharina	Apenrade	91,3	32,41	
LKQR	Hydra	Apenrade	363,4	128,69	
LKQS	†Septima	Flensburg	2644,6	933,31	540**
LKQV	Anna Catharine	Ekensund	64,3	22,71	
LKQW	Aurora	Orbyhage	79,3	27,99	
LKRB	Friedrich	Apenrade	1904,3	672,16	
LKRC	A. T. Stallknecht	Apenrade	1528,6	539,08	
LKRD	Marie Louise	Apenrade	ca 1250	ca 442	
LKRF	Anna Petrea	Flensburg	67,0	23,61	

* Lasten zu 5200 ℔   ** Indicirte Pferdekräfte.

LKRG — LKVP

Unter-scheidungs-Signale	Namen der Schiffe	Heimathshafen	Kubik-meter Netto-Raumgehalt	Register-Tons	Pferde-kräfte.
LKRG	†Octava	Flensburg	2650,7	935,70	120*
LKRH	Salome Catharine	Flensburg	127,6	45,00	
LKRJ	Occident	Apenrade	ca. 702	ca.248	
LKRM	Marie	Apenrade	1214,4	428,58	
LKRN	†Nuna	Flensburg	1805,2	669,60	100*
LKRP	†Ilertha	Sonderborg	238,1	84,05	50*
LKRQ	Elisebeth	Wyk auf Föhr	73,8	25,77	
LKRS	Mathilde	Apenrade	1007,3	355,55	
LKRT	Ida	Maasholm	48,6	17,08	
LKRV	Anna Sieben	Apenrade	1710,5	603,01	
LKRW	Christian	Apenrade	706,1	249,07	
LKSB	Schiffswerft	Flensburg	2457,3	867,43	
LKSC	Einigkeit	Wyk auf Föhr	87,4	30,85	
LKSD	†Wyk — Föhr	Wyk auf Föhr	143,3	50,54	30*
LKSF	†Freia	Sonderburg	165,3	54,70	40*
LKSH	Elise	Apenrade	1454,1	513,30	
LKSJ	Illodoo	Apenrade	1532,3	540,07	
LKSM	Orient	Flensburg	1305,7	460,91	
LKSN	Thalia	Hamburg	3003,3	1060,11	
LKSQ	†Decima	Flensborg	3261,6	1151,43	600
LKSR	†Signal	Apenrade	1165,4	411,30	70*
LKST	Catharina	Neuhaus a. d. Oste	930,3	328,23	
LKSV	†Iduna	Flensburg	820,6	289,75	60*
LKSW	Rosalie	Norburg	286,7	101,30	
LKTB	Christine	Apenrade	280,7	99,00	
LKTC	Rio-Negro	Ekensund	158,1	55,92	
LKTD	†Vorwärts	Apenrade	1782,6	611,55	320**
LKTF	Concordia	Apenrade	294,6	104,17	
LKTG	†Fiducia	Flensburg	1145,3	404,80	50*
LKTH	†Protos	Flensborg	3257,7	1149,90	140*
LKTJ	†Minerva	Flensburg	539,3	190,43	40*
LKTM	Maria	Hadersleben	96,1	33,93	
LKTN	Apenrade	Apenrade	—	545,55	
LKTP	Arab	Apenrade	1533,1	541,18	
LKTQ	†Diana	Flensburg	539,6	190,19	40*
LKTR	F. C. Sieben	Apenrade	1817,9	641,40	
LKTS	†Peritia	Flensburg	1146,3	404,70	50*
LKTV					
LKTW					
LKVB					
LKVC					
LKVD					
LKVF					
LKVG					
LKVH					
LKVJ					
LKVM					
LKVN					
LKVP					

* Nominelle Pferdekräfte.　** Indicirte Pferdekräfte.

LQBC — LQHT

Unter-scheidungs-Signale.	Namen der Schiffe.	Heimathshafen	Kubik-meter Netto-Raumgehalt.	Register-Tons	Pferde-kräfte.
LQBC	Maria	Neuwarp	40,8	14,70	
LQBH	Wilhelmine	Arnis	112,6	39,13	
LQBJ	Pegasus	Arnis	120,6	42,34	
LQBK	Elbe	Cranz, Amts Jork	74,7	26,33	
LQBM	Anna Louise	Kappeln a. d. Schlei	78,6	27,73	
LQBR	Julie	Friedrichstadt	219,3	77,30	
LQBT	Wilhelmine	Geversdorf	80,4	29,39	
LQCB	Sophia	Tielen	115,3	40,67	
LQCF	Heimath	Arnis	145,8	51,46	
LQCH	Najade	Friedrichstadt	321,6	113,23	
LQCJ	Adagio	Friedrichstadt	194,3	68,63	
LQCK	Helena	Beutwisch, Amts Neu-haus a. d. Oste.	75,9	26,79	
LQCN	Bona fide	Rendsburg	82,6	29,13	
LQCP	Eunomia	Pahlhude	80,3	31,43	
LQCS	Catharina	Rendsburg	110,5	38,64	
LQCT	Die gute Hoffnung	Friedrichstadt	. . .	5°	
LQCV	Wilhelmine Friede-ricke.	Hamburg	87,6	30,72	
LQCW	Hoffnung	Krautsand	62,9	22,20	
LQDC	Catharina	Insel Pellworm	75,1	26,63	
LQDG	Die Frau Christina	Breiholz		12°	
LQDJ	Die Hoffnung	Friedrichstadt	. . .	4,75°	
LQDK	Eros	Vorwerk bei Rendsburg	253,9	89,64	
LQDN	Rayah	Friedrichstadt	357,1	126,10	
LQDP	Elsabe Margaretha	Friedrichstadt	. . .	5,23°	
LQDS	Eider	Friedrichstadt	244,1	86,16	
LQDT	Heinrich Wilhelm	Husum in Schleswig	98,3	34,78	
LQFB	Wiebke	Friedrichstadt	. . .	44°	
LQFC	Anna Regina	Arnis	107,3	37,87	
LQFD	Affinitas	Arnis	148,8	52,43	
LQFG	Hebe	Friedrichstadt	. . .	15,8°	
LQFJ	Anna	Friedrichstadt	. . .	5,3°	
LQFN	Anna	Friedrichstadt	74,6	26,33	
LQFP	Die zwei Gebrüder	Rendsburg	59,3	21,14	
LQFS	Tellus	Burg a. F.	126,8	44,78	
LQFT	Union	Friedrichstadt	. . .	5,3°	
LQGB	Wiebke Catharina	Pahlhude	69,8	24,55	
LQGK	Frau Christina	Rendsburg	65,6	23,16	
LQGM	Adolph	Delve	97,7	34,46	
LQGP	Reclam	Wyk auf Föhr	211,1	74,61	
LQGS	Dorothea	Kappeln a. d. Schlei	60,3	21,34	
LQGT	Henriette	Kappeln a. d. Schlei	68,2	24,09	
LQGV	Anna	Arnis	83,3	29,41	
LQHJ	Bernhard	Husum in Schleswig	76,5	26,99	
LQHM	Veritas	Kappeln a. d. Schlei	275,5	97,30	
LQHN	Louise	Kappeln a. d. Schlei	259,5	91,62	
LQHR	Erato	Insel Pellworm	87,1	30,73	
LQHT	Philadelphia	Arnis	47,3	16,66	

* Lasten zu 5200 ℔.

LQHV — LQTC					
Unter-scheidungs-Signale.	Namen der Schiffe.	Heimathshafen	Kubik-meter Netto-Raumgehalt.	Register-Tons	Pferde-kräfte.
LQHV	†Prinzess Louise	Schleswig	83,6	20,45	20
LQHW	†Marie	Schleswig	63,5	22,54	15
LQJF	Ane Christine	Arnis	83,4	20,82	
LQJK	Activ	Borgwedel a. d. Schlei	101,9	35,97	
LQJN	Flora	Arnis	86,1	80,50	
LQJV	Die Hoffnung	Wyk auf Föhr	48,9	17,38	
LQKC	Anna Catharina	Sandschleuse a. d. Eider.	91,1	82,53	
LQKF	Caecilia Maria	Arnis	190,4	67,21	
LQKH	Speculant	Kappeln a. d. Schlei	282,9	99,94	
LQKJ	Providentia	Arnis	124,1	48,51	
LQKN	Alliance	Arnis	103,0	36,53	
LQKP	Emanuel	Heiligenhafen	80,7	28,63	
LQKR	Heimath	Arnis	91,8	82,50	
LQKV	Maria	Arnis	37,1	13,11	
LQMB	Hoffnung	Arnis	169,3	59,74	
LQMD	Maria	Arnis	41,6	14,74	
LQMF	Emilie	Arnis	171,6	60,81	
LQMG	Anna	Arnis	47,3	16,66	
LQMN	Pegasus	Arnis	87,3	30,60	
LQMP	Preciosa	Insel Pellworm	. .	5,5°	
LQMS	Emanuel	Arnis	32,6	11,47	
LQMT	Adonis	Arnis	72,6	25,70	
LQMV	Caroline	Sonderburg	. .	7,5°	
LQMW	Elise	Arnis	78,9	26,96	
LQNG	Triton	Sonderburg	42,1	14,30	
LQNM	Anna Christina	Kappeln a. d. Schlei	32,6	11,50	
LQNV	Doris	Kiel	103,4	86,83	
LQNW	Sophia	Arnis	86,1	30,56	
LQPB	Elida	Kappeln a. d. Schlei	. .	7,33°	
LQPC	Fortuna	Arnis	98,1	84,91	
LQPJ	Elise	Düwig bei Norburg	28,5	8,50	
LQPK	Sophie	Kappeln a. d. Schlei	95,7	33,60	
LQPN	Nordstrand No. 1.	Insel Nordstrand	. .	5°	
LQPR	†Nordstrand	Insel Nordstrand	60,1	21,53	20
LQPV	Elise	Kappeln a. d. Schlei	41,6	14,69	
LQRD	Ingeborg	Kappeln a. d. Schlei	. .	2,5°	
LQRF	Galathea	Arnis	61,3	21,19	
LQRK	Maria Dorothea	Arnis	45,3	15,90	
LQRP	Emma	Kappeln a. d. Schlei	20,9	7,50	
LQRS	Frau Anna	Wyk auf Föhr	. .	7°	
LQRW	Emanuel	Schleswig	78,1	27,71	
LQSF	Christina	Rendsburg	197,1	60,70	
LQSH	Fido	Vorwerk bei Rendsburg	104,4	36,60	
LQSM	Albertine	Kappeln a. d. Schlei	86,4	31,34	
LQSV	Dorothea	Cranz, Amts Jork	89,6	81,60	
LQSW	Cito	Rendsburg	. .	14°	
LQTB	Helene	Insel Nordstrand	24,6	8,46	
LQTC	Catharina	Delve	117,3	41,46	

* Lasten zu 5200 ℔.

LQTH — LRDF

Unter-scheidungs-Signale.	Namen der Schiffe.	Heimathshafen	Kubik-meter Netto-Raumgehalt.	Register-Tons	Pferde-kräfte.
LQTH	†Pellworm	Kiel	. . .	13*	20
LQTM	Eunomia	Insel Pellworm . .	. . .	5,33*	
LQTN	Diamant	Arnis	279,1	98.87	
LQTP	Mentor	Möltenort	59,3	21,00	
LQVB	Louise Auguste . .	Arnis	125,0	44,13	
LQVC	Maria	Husum in Schleswig .	220,6	77,44	
LQVG	Ludwig	Rendsburg	169,7	59,91	
LQVH	Eva	Wittenbergen a. d. Elder.	263,4	92,99	
LQVJ	Atalante	Arnis	76,4	26,91	
LQVM	Zwei Gebrüder .	Rendsburg	110,7	38,90	
LQWC	Die Gebrüder . .	Vorwerk bei Rendsburg	58,4	20,64	
LQWD	Frau Catharina . .	Prinzenmoor a.d. Elder	63,3	22,34	
LQWF	Johanne	Rendsburg	76,4	27,04	
LQWJ	Wilhelm I. . . .	Friedrichstadt . . .	98,1	34,74	
LQWP	Friede	Rendsburg	93,3	32,90	
LQWR	Anna	Friedrichsholm a. d. Elder.	76,2	26,99	
LQWT	Die Hoffnung . .	Garding	57,8	20,40	
LQWV	Taube	Rendsburg	213,4	75,33	
LRBC	Otto	Friedrichstadt . . .	92,6	32,74	
LRBD	Die Hoffnung . .	Arnis	71,3	25,34	
LRBF	Esperance	Delve	149,3	52,74	
LRBG	Catharina	Hamdorf, Kreis Rendsburg.	91,1	32,15	
LRBH	Irene	Delve	75,3	26,44	
LRBJ	Die Hoffnung . . .	Friedrichstadt . . .	. . .	11*	
LRBK	Johannes	Elmshorn	73,1	25,79	
LRBP	Magdalena	Kappeln a. d. Schlei.	. . .	3,33*	
LRBQ	Carl	Kappeln a. d. Schlei.	30,1	10,63	
LRHS	Johanna Friedericke	Kappeln a. d. Schlei.	63,4	22,39	
LRBT	Margaretha	Delve	70,3	24,91	
LRCB	Die Elebe	Kappeln a. d. Schlei.	95,4	33,71	
LRCD	Vorwärts	Arnis	152,8	53,73	
LRCF	Margaretha Christine	Süderstapel	80,3	28,88	
LRCG	†Dithmarschen . .	Tönning	1563,3	551,81	250
LRCH	Fortuna	Monkmarsch	64,3	22,66	
LRCJ	Fortuna	Arnis	17,3	6,71	
LRCK	Anna	Arnis	197,0	60,68	
LRCM	Activ	Scheppern	180,7	63,80	
LRCN	Christine Elisabeth	Borgwedel a. d Schlei	. . .	8*	
LRCP	Flora	Erfde	136,5	48,58	
LRCQ	Johanna	Friedrichstadt . . .	62,9	22,79	
LRCT	†Schleswig	Tönning	2125,3	750,33	210
LRCV	†Valparaiso	Schleswig	105,6	37,33	20
LRCW	Australia	Insel Pellworm . .	36,1	12,74	
LRDB	†Triton	Tönning	151,8	53,61	340**
LRDC	Die Wohlfahrt . .	Friedrichstadt . . .	58,0	20,67	
LRDF	Geduld	Kappeln a. d. Schlei.	134,7	47,84	

* Lasten zu 6200 ℔.   ** Indicirte Pferdekräfte.

LRDG — MBCV

Unter-scheidungs-Signale.	Namen der Schiffe.	Heimathshafen.	Kubik-meter Netto-Raumgehalt	Register-Tons	Pferde-kräfte.
LRDG	Christine	Husum in Schleswig .	112,0	80,81	
LRDH	Louise	Insel Pellworm . .	90,8	32,08	
LRDJ	Anna Christina . .	Friedrichstadt . . .	62,9	22,20	
LRDK	Die vier Gebrüder .	Sandschleuse a. d. Eider	59,2	20,50	
LRDM	Ingeborg von Hale-büll.	Husum in Schleswig .	64,0	22,60	
LRDN	Maria	Husum in Schleswig .	59,1	20,54	
LRDP	†Pellworm	Insel Pellworm . .	104,3	36,78	60*
LRDQ	Amov	Hamburg	139,0	49,08	
LRDS	Friederike	Friedrichstadt . . .	83,0	20,33	
LRDT	Ark	Tönning	376,3	132,03	
LRDV	†Moln	Tönning	94,5	38,65	80
LRDW	Hansine Margarethe	Arnis	55,5	19,49	
LRFB	Maria	Insel Pellworm . .	89,3	31,63	
LRFC	Sibirien	Arnis	1030,9	367,09	
LRFD	†Concordia	Kappeln a. d. Schlei	111,3	39,33	16**
LRFG	Glück	Tönning	164,3	58,00	
LRFH					
LRFJ					
LRFK					
LRFM					
LRFN					
LRFP					
LVBC	Hans	Rendsburg	236,5	83,49	
LVBD	Margaretha	Breiholz	151,1	53,11	
LVBF	Die zwei Gebrüder	Rendsburg	60,9	21,50	
LVBG	Cathaina	Pahlbude	64,3	22,66	
LVBH	Arche	Büsum	91,4	32,71	
LVBJ	Caroline	Breiholz	68,3	24,18	
LVBK	Anna	Rendsburg	87,6	30,91	
LVBM	Anna	Rendsburg	75,1	26,33	
LVBN	Johanna	Breiholz	89,3	31,50	
LVBP	Maria	Rendsburg	249,6	88,11	
LVBQ	Fortuna	Delve	124,6	43,90	
LVBR					
LVBS					
LVBT					
LVBW					
LVCB					
LVCD					
LVCF					
MBCF	Louise Alwardt . .	Rostock	719,3	253,90	
MBCG	Grossherzogin Anna	Rostock	869,6	314,40	
MBCH	Caroline Helbing .	Rostock	686,5	242,13	
MBCL	Schnelle	Rostock	828,2	291,66	
MBCN	Brandenburg . . .	Rostock	609,9	215,30	
MBCP	Franz von Mathies	Rostock	636,9	224,81	
MBCR	Othello	Rostock	400,1	141,34	
MBCV	†Wilhelm Tell . .	Rostock	415,9	146,81	50

* Indicirte Pferdekräfte. ** Nominelle Pferdekräfte.

MBDC — MBNC

Unterscheidungs-Signale.	Namen der Schiffe.	Heimathshafen	Kubik-meter Netto-Raumgehalt.	Register-Tons	Pferde-kräfte.
MBDC	Güstrow	Rostock	690,6	243,70	
MBDG	Aristides	Rostock	728,4	257,13	
MBDH	Eduard	Rostock	609,8	215,28	
MBDJ	Helmuth Meatz . .	Rostock	504,6	178,15	
MBDK	Rosalie Ahrens . .	Rostock	749,6	264,54	
MBDP	Carl & Otto . . .	Rostock	174,0	61,11	
MBDQ	Mecklenburg . . .	Rostock	534,1	188,54	
MBDS	Hans Georg . . .	Rostock	1215,1	428,94	
MBDT	Amazone	Rostock	919,3	324,69	
MBFN	Bobsien-Kaegsdorf.	Rostock	982,8	346,82	
MBFT	Wilhelmine	Rostock	732,0	258,40	
MBFW	Wilhelmine Waitz von Eschen.	Rostock	1087,0	868,06	
MBGH	C. E. Stolterfoht .	Rostock	1080,3	381,91	
MBGK	Martha	Rostock	772,9	272,42	
MBGL	Herzog Georg . .	Rostock	847,3	299,06	
MBGR	Erbgrossherzog Friedrich Franz.	Rostock	712,3	251,41	
MBGW	Mozart	Rostock	765,4	270,19	
MBHC	Bürgermeister Bauer	Rostock	930,1	328,53	
MBHF	Armin	Rostock	681,0	240,70	
MBHK	Nicolaus Heinrich .	Rostock	868,7	806,63	
MBHL	Rebecca	Rostock	1186,1	418,70	
MBHQ	Hedwig	Rostock	784,3	276,87	
MBHR	Margaretha	Rostock	1111,4	392,36	
MBHW	Martha & Clara . .	Rostock	742,3	262,00	
MBJG	Fritz Reuter . . .	Rostock	844,5	298,10	
MBJK	Ernst Brockelmann	Rostock	991,5	350,03	
MBJQ	Fides	Rostock	906,9	320,13	
MBJR	Agnes	Rostock	794,8	280,45	
MBJT	Georg & Louise .	Rostock	698,4	244,71	
MBJW	Greif	Rostock	895,5	816,30	
MBKC	Ernst & Christine .	Rostock	626,3	221,60	
MBKD	Auguste Sophie . .	Rostock	780,1	275,52	
MBKF	M. B. Cohn . . .	Rostock	656,5	231,94	
MBKJ	Sophia	Rostock	158,1	56,03	
MBKL	Sophie	Rostock	119,1	42,08	
MBKN	Elise & Henny . .	Rostock	169,3	59,70	
MBKQ	Wolzlava	Rostock	776,4	274,06	
MBLC	Sirius	Rostock	1051,9	871,39	
MBLD	Max	Rostock	881,1	298,98	
MBLH	China	Rostock	803,8	286,14	
MBLJ	Theodor Voss . .	Rostock	872,6	808,94	
MBLK	Prospero	Rostock	1096,1	386,99	
MBLP	Amanda	Rostock	742,1	261,94	
MBLQ	Wolfgang	Rostock	681,4	240,53	
MBLR	Olympe Kuyper . .	Rostock	775,3	273,63	
MBLT	Emma & Robert .	Rostock	1265,0	446,44	
MBNC	Antonie von Cleve	Rostock	1344,4	474,57	

MBND — MBVJ

Unter-scheidungs-Signale.	Namen der Schiffe.	Heimathshafen.	Kubik-meter Netto-Raumgehalt.	Register-Tons	Pferde-kräfte.
MBND	Presto	Rostock	807,7	284,94	
MBNF	Posthalter J. C. Wahl.	Rostock	848,0	290,23	
MBNH	Heinrich Moll	Rostock	772,6	272,73	
MBNJ	Atlantic	Stralsund	1130,1	398,93	
MBNK	Victoria	Rostock	1156,6	408,23	
MBNQ	Emma	Rostock	717,3	253,21	
MBNW	Albatros	Rostock	878,8	310,71	
MBPC	Lohengrin	Rostock	1291,4	455,84	
MBPF	Die Krone	Rostock	782,1	276,00	
MBPG	Agnes	Rostock	586,6	207,14	
MBPJ	Ariel	Rostock	735,8	259,43	
MBPR	Louise Hillmann	Rostock	618,6	223,98	
MBPT	Adolphine	Rostock	551,4	194,71	
MBPV	Marie	Rostock	816,2	288,33	
NBQC	Prometheus	Rostock	1117,8	405,17	
NBQG	Louise Otto-Warbelow.	Rostock	698,2	246,80	
MBQK	Die Hoffnung	Rostock	475,9	167,99	
MBQN	Die Zwillinge	Rostock	591,1	208,44	
MBQT	Norma	Rostock	556,3	196,44	
MBQW	Christiane	Rostock	567,8	200,24	
MBRC	Wilhelm	Rostock	586,4	207,07	
MBRD	Herodot	Rostock	706,3	249,80	
MBRH	Paul	Rostock	619,6	218,71	
MBRK	Auguste	Rostock	433,3	152,91	
MBRN	Auguste	Rostock	523,3	184,90	
MBRP	Oberon	Rostock	686,6	242,14	
MBRQ	Isis	Rostock	451,1	160,39	
MBRS	Doris Mentz	Rostock	503,6	177,18	
MBRW	Richard & Adolph	Rostock	415,1	146,31	
MBSD	Wustrow	Rostock	853,3	301,31	
MBSH	Pandora	Rostock	572,3	201,99	
MBSL	Cassandra	Rostock	686,7	242,41	
MBSN	Friedrich & Louise	Rostock	829,6	292,83	
MBSP	Wendola	Rostock	617,6	218,01	
MBSR	Adolph Michels	Rostock	820,7	280,10	
MBST	Leda	Rostock	505,7	178,31	
MBTC	Henriette	Rostock	579,0	204,39	
MBTG	Johannes	Rostock	561,3	198,10	
MBTK	Nautilus	Rostock	594,9	210,00	
MBTL	Tugend	Rostock	672,6	237,57	
MBTN	August & Eduard	Rostock	703,4	248,37	
MBTS	Niclot	Rostock	661,4	233,47	
MBTV	Balance	Rostock	546,6	193,02	
MBTW	Martin	Rostock	822,3	219,74	
MBVF	Courier	Rostock	480,3	169,44	
MBVH	Richard	Rostock	824,1	290,91	
MBVJ	Der Obotrit	Rostock	513,0	181,00	

MBVK — MCGW

Unter- scheidungs- Signale.	Namen der Schiffe.	Heimathshafen	Kubik- meter Netto-Raumgehalt	Register- Tons	Pferde- kräfte.
MBVK	Warnow	Rostock	528,s	186,so	
MBVL	Fortschritt	Rostock	644,s	227,s1	
MBVN	Hans	Norden	483,3	170,ss	
MBVR	Sophie Elise	Rostock	453,1	100,1s	
MBVS	Iduna	Rostock	632,1	223,13	
MBVT	Johanna	Rostock	683,s	241,ss	
MBWF	Franziska	Rostock	621,s	219,ss	
MBWJ	Der Schwaan	Rostock	619,s	218,71	
MBWK	Staatsrath von Brock	Rostock	679,s	289,ss	
MBWP	Paul Jones	Rostock	859,s	303,s7	
MBWQ	Archimedes	Rostock	702,s	248,12	
MBWS	Major Schumacher	Rostock	821,s	290,13	
MBWT	Krey-Woggersin	Rostock	1064,7	375,ss	
MCBD	Frau Marie	Rostock	782,o	258,so	
MCBG	Balance	Rostock	852,s	300,94	
MCBH	Galilei	Rostock	783,1	276,13	
MCBN	Nordstern	Rostock	624,o	220,ss	
MCBP	Copernicus	Rostock	647,3	228,so	
MCBW	Louise Brockelmann	Rostock	680,1	240,ss	
MCDL	Bürgermeister Peter- sen.	Rostock	807,s	285,s4	
MCDN	Jupiter	Rostock	690,s	243,73	
MCDP	Sophia Maria	Rostock	598,s	211,24	
MCDR	Hercules	Rostock	965,s	340,ss	
MCDS	Theodor Reimers	Rostock	672,s	237,ss	
MCDW	Hermann Friedrich	Rostock	815,s	287,ss	
MCFB	Anna & Meta	Rostock	708,s	248,ss	
MCFD	Pallas	Rostock	751,o	265,11	
MCFG	Argus	Rostock	891,1	314,71	
MCFH	Actif	Rostock	668,s	243,ss	
MCFL	Emma Bauer	Rostock	689,s	243,ss	
MCFN	Clara & Mathilde	Rostock	614,7	210,ss	
MCFP	Sirene	Rostock	626,s	221,ss	
MCFQ	Deutschland	Rostock	819,s	289,ss	
MCFS	P. J. F. Burchard	Rostock	1373,1	484,7o	
MCFT	J. F. Past	Rostock	1134,s	400,ss	
MCFV	J. H. Epping	Rostock	733,o	258,7s	
MCGB	Maria	Rostock	663,s	234,ss	
MCGF	Johann Friedrich	Rostock	955,s	337,s3	
MCGJ	C. F. Maass	Rostock	757,o	267,s3	
MCGL	Heinrich Gerdes	Rostock	680,s	242,ss	
MCGN	Fanny von Schack	Rostock	665,s	234,91	
MCGQ	H. A. Walter	Rostock	1114,s	398,ss	
MCGR	Gloria	Rostock	665,3	234,ss	
MCGS	J. F. Heydtmann	Rostock	701,s	247,s3	
MCGT	Constantin von Reinecke.	Rostock	915,7	328,ss	
MCGV	Loreley	Rostock	648,7	334,ss	
MCGW	Christian Stüdemann	Rostock	690,s	243,7s	

MCHB — MCNW

Unter-scheidungs-Signale.	Namen der Schiffe.	Heimathshafen	Kubik-meter Netto-Raumgehalt	Register-Tons	Pferde-kräfte.
MCHB	Baumeister Wilken	Rostock	699,a	247,es	
MCHD	Ludwig Burchard	Rostock	739,s	260,bs	
MCHF	Prinz von Preussen	Rostock	688,s	241,os	
MCHJ	von Buch-Wendorf	Rostock	679,s	240,oo	
MCHL	Paul Friedrich Pogge.	Rostock	1054,s	872,ss	
MCHN	Goethe	Rostock	676,o	238.ss	
MCHP	Christian Heinrich	Rostock	784,s	259,sr	
MCHQ	Freundschaft	Rostock	806,s	284,rs	
MCHR	Franz & Ernst	Rostock	649,s	229,ss	
MCHS	Venus	Rostock	898,s	317,ss	
MCHT	Johann Daniel	Rostock	694,s	350,ss	
MCJB	Vorwärts	Rostock	1064,s	375,os	
MCJD	Louise Bachmann	Rostock	806,s	284,ss	
MCJF	Nordsee	Rostock	525,s	185,ss	
MCJG	Heinrich & Emil	Rostock	580,s	205,os	
MCJK	Nordstern	Rostock	914,s	322,rs	
MCJP	Germania	Rostock	898,s	352,ss	
MCJS	Ribnitz	Rostock	764,s	269,rs	
MCJV	Ernst & Elise	Rostock	1058,s	373,ss	
MCJW	Amaranth	Rostock	561,s	196,ss	
MCKB	Mathilde	Rostock	1840,s	473,ss	
MCKG	Ludwig Capobas sen.	Rostock	686,s	242,ss	
MCKH	August & Marie	Rostock	725,s	256,ss	
MCKJ	G. C. Michels	Rostock	941,s	832,ss	
MCKL	Ocean	Rostock	806,s	284,rs	
MCKN	B. C. Peters	Rostock	. . .	106,ss*	
MCKQ	Matthias Evers	Rostock	773,s	273,ss	
MCKT	Drei Geschwister	Rostock	662,s	288,rs	
MCKV	Favorite	Rostock	964,r	840,ss	
MCKW	Erwin	Rostock	1029,s	663,ss	
MCLB	C. H. Kultschky	Rostock	738,s	260,ss	
MCLH	Thomas Small	Rostock	1136,s	401,ss	
MCLJ	Graf Bismarck	Rostock	702,s	248,ss	
MCLK	Frau Amalie	Rostock	646,s	228,ss	
MCLQ	Hannibal	Rostock	1088,o	884,ss	
MCLR	Hermann Behrent	Rostock	1010,s	856,ss	
MCLT	Hellas	Rostock	1179,s	416,sr	
MCLV	H. A. Heimrich	Rostock	661,s	233,ss	
MCLW	Fanny Suppleich	Rostock	791,s	279,ss	
MCNB	Atlantic	Rostock	869,s	807,os	
MCND	Ernest Kuyper	Rostock	821,s	290,ss	
MCNH	Swantewit	Rostock	761,s	268,ss	
MCNP	Metz	Altona	644,o	227,ss	
MCNQ	Mathilde	Rostock	841,s	296,ss	
MCNR	Luna	Rostock	592,s	209,ss	
MCNT	Marie Kuyper	Rostock	1025,s	861,rs	
MCNV	von Schack-Rey	Rostock	1134,s	400,ss	
MCNW	Albertine Meyer	Rostock	753,s	206,ss	

* Lasten zu 6000 ℔.

MCPD — MCTS

Unter-scheidungs-Signale.	Namen der Schiffe.	Heimathshafen	Kubik-meter Netto-Raumgehalt.	Regi.ter-Tons	Pferde-kräfte.
MCPD	Justitia	Rostock	1293,9	456,11	
MCPG	Hoffnung	Rostock	1055,3	372,83	
MCPK	Theodor Bernicke .	Rostock	1070,6	377,73	
MCPL	Express	Rostock	780,7	275,29	
MCPR	C. Neumann·Gaede-behn.	Rostock	971,3	342,34	
MCPT	Hellos	Rostock	1009,9	356,11	
MCPV	Paladin	Rostock	954.1	336,91	
MCPW	Diana	Rostock	890,4	314,31	
MCQB	Anna Howltz . . .	Rostock	1110,1	391,44	
MCQD	Georg	Rostock	. . .	15,6*	
MCQF	Max	Barth	110,0	38,33	
MCQG	Möwe	Rostock	961,6	339,43	
MCQH	Peter Suppicich . .	Rostock	1252,3	442,09	
MCQJ	H. Oemig-Ivendorf	Rostock	1123,7	390,67	
MCQL	W. W. Harvey . .	Rostock	. . .	167,4*	
MCQN	Rostock	Rostock	99,5	35,33	
MCQP	Medea	Rostock	877,6	300,73	
MCQR	M. D. Rucker . . .	Rostock	1125,1	397,57	
MCQT	Herzogin Anna . .	Rostock	1349.4	476,34	
MCQW	†Concurrent	Rostock	741,9	261,39	45
MCRB	Albert Neumann-Berlin.	Rostock	1460,0	515,39	
MCRD	Gerhard & Adolph	Rostock	. . .	142*	
MCRJ	Sophie Görbits . .	Hamburg	963,9	340,39	
MCRK	Constantin	Greifswald . . .	1521,0	536,59	
MCRL	Frisch	Rostock	1166,1	411,44	
MCRQ	Elise Roth	Rostock	1130,1	399,60	
MCRS	Dora Ahrens . . .	Rostock	1215,0	429,33	
MCRV	Matthaeus Rickert .	Rostock	323,1	114,39	
MCRW	Georg Becker . . .	Rostock	840,5	296,90	
MCSB	Marie	Rostock	1606,9	567,13	
MCSD	Elisabeth Mentz . .	Rostock	1282.6	452,11	
MCSF	Go Ahead	Rostock	1108,3	391,19	
MCSG	Capella	Rostock	1420,5	601,44	
MCSJ	Heinrich Beckmann	Rostock	1082,4	382,93	
MCSN	Mecklenburg's Hans-wirthe.	Rostock	888,7	313,71	
MCSW	Elsa	Rostock	1365,9	482,13	
MCTB	Lucy & Paul . . .	Rostock	1067,1	376,64	
MCTF	†Helene Burchard .	Rostock	1394,9	492,39	80**
MCTJ	Carl Both	Rostock	1496,0	528,11	
MCTL	Gazelle	Rostock	640,1	226,10	
MCTN	J. Borgwardt . . .	Rostock	600,6	212,01	
MCTP	Lorenz Hansen . .	Rostock	1125,9	397,14	
MCTQ	†Rostock	Rostock	361,3	127,49	68**
MCTR	Richard Porter . .	Rostock	356,0	125,67	
MCTS	Radolphine Bur-chard.	Rostock	784,4	276,90	

* Lasten zu 6000 ℔.   ** Nominelle Pferdekräfte.

Unter-scheidungs-Signale.	Namen der Schiffe.	Heimathshafen	Kubik-meter Netto-Raumgehalt	Register-Tons	Pferde-kräfte.
MCTV	Georg Suppicich	Rostock	1253,9	442,63	
MCTW	Carl Max	Rostock	832,6	293,11	
MCVD	Fritz	Rostock	1165,9	411,56	
MCVG	O. Kobau	Rostock	1199,3	423,03	
MCVH	David Möller	Rostock	168,6	59,61	
MCVK	Isabella	Rostock	617,5	218,62	
MCVL	Beatrice Suppicich	Rostock	958,3	338,29	
MCVN	F. W. Fischer	Rostock	603,6	213,04	
MCVP	Martha Brockelmann	Rostock	1383,3	488,79	
MCVQ	†Deutscher Kaiser	Rostock	2674,7	944,16	110*
MCVR	Wilhelmine Pust	Rostock	1248,6	440,03	
MCVS	†Daschy König	Rostock	2122,4	749,39	100*
MCVT	Juanita	Rostock	380,4	134,36	
MCVW	Anna von Klein	Rostock	995,1	351,49	
MCWD	Emma Malsm	Rostock	726,9	255,97	
MCWF	Undine	Rostock	657,3	231,99	
MCWG	Gustav Metzler	Rostock	998,4	352,43	
MCWH	Marianne	Rostock	1160,4	409,66	
MCWJ	Dr. Witte	Rostock	793,3	280,03	
MCWK	Margaretha Dethloff	Rostock	338,9	119,54	
MCWN	Charlotte Lange	Rostock	1151,4	406,44	
MCWQ	Samuel Berner	Rostock	1332,1	470,22	
MCWR	Huntress	Rostock	2010,1	709,64	
MCWT	Fritz Schmidt	Rostock	1124,1	397,61	
MCWV	Carl	Rostock	234,1	82,64	
MDBC	†Riga	Rostock	1281,4	452,73	200
MDBF	Marie Spatz	Rostock	831,1	293,64	
MDBG	Elisabeth Ahrens	Rostock	1121,9	396,63	
MDBJ	Frida Lehment	Rostock	1133,3	400,66	
MDBK	†H. von Witt	Rostock	1778,6	627,63	285
MDBL	Emilie	Rostock	272,6	96,34	
MDBN	Elfriede Mumm	Rostock	253,1	89,34	
MDBP	Polly Stott	Rostock	1224,1	432,11	
MDBQ	Elodie	Rostock	742,9	262,34	
MDBR	Franz Fischer	Rostock	458,6	161,96	
MDBT	Ernst Ludwig Holtz	Rostock	1330,6	469,67	
MDBV	Ceres	Rostock	1488,9	525,39	
MDBW	Semmy Cohn	Rostock	1231,1	434,61	
MDCF	Präsident Trotsche	Rostock	1428,7	504,32	
MDCG	Elise	Rostock	227,6	80,75	
MDCH	H. Prinzenberg	Rostock	1567,6	553,38	
MDCL	Clara Peters	Rostock	263,0	92,54	
MDCN	W. Schulz	Rostock	132,1	46,64	
MDCP	†Vorwärts	Rostock	83,7	29,53	14*
MDCQ	Sophie	Rostock	239,4	84,41	
MDCR	Cohnheim	Hamburg	1233,1	435,38	
MDCT	Annie Berner	Rostock	1127,6	398,10	
MDCW	Heinrich Sellschopp	Rostock	736,7	260,63	
MDFB	Isabel	Rostock	947,3	384,38	

* Nominelle Pferdekräfte.

MDFC — MDJW

Unter-scheidungs-Signale.	Namen der Schiffe.	Heimathshafen	Kubik-meter Netto-Raumgehalt.	Register-Tons	Pferde-kräfte.
MDFC	Anna Precht . . .	Rostock	1215,1	428,97	
MDFH	Emma Römer . . .	Rostock	1202,4	424,43	
MDFJ	Van den Bergh . .	Rostock	1234,9	435,91	
MDFK	August Burchard .	Rostock	1343,5	474,22	
MDFN	Louise Meyer . . .	Rostock	840,8	296,81	
MDFP	Ada Stott	Rostock	1481,9	505,13	
MDFQ	Maria & Käthe . .	Rostock	1186,3	418,77	
MDFR	Louise Scheller . .	Rostock	1154,9	407,67	
MDFS	Atlas.	Rostock	709,1	262,09	
MDFT	Marie Stahl	Rostock	765,1	270,08	
MDFV	Fritz von Arenstorff	Rostock	450,4	158,85	
MDFW	Vier Brüder . . .	Rostock	2193,8	774,43	
MDGB	Arnold von Bippen	Rostock	1262,9	445,91	
MDGC	Carl W. Bomau . .	Rostock	1859,8	479,90	
MDGF	Emilie	Rostock	207,8	78,23	
MDGH	Paul Grampp . . .	Rostock	873,4	131,91	
MDGL	Arthur Huntley . .	Rostock	668,3	234,16	
MDGP	Henry Reed . . .	Rostock	1079,3	380,94	
MDGQ	Marie Thon	Rostock	485,1	171,24	
MDGR	Baltic	Rostock	785,4	277,22	
MDGS	Wilhelm Maack . . .	Rostock	1198,9	421,13	
MDGT	Ceylon	Rostock	1689,3	661,08	
MDGV	Elisabeth	Rostock	814,7	111,08	
MDGW	Osbert	Rostock	981,9	346,47	
MDHB	Unison	Rostock	—	865	
MDHF	Hannah Rahtkens .	Rostock	1147,9	404,89	
MDHG	†Henriette Schlüsser	Rostock	1774,3	626,29	80*
MDHJ	Cromarty	Rostock	779,9	275,59	
MDHK	Marie	Rostock	305,3	107,73	
MDHL	Mermaid	Rostock	—	407,24	
MDHN	†Neptun.	Rostock	89,3	31,70	28
MDHR	Max Fischer . . .	Rostock	1752,0	618,43	
MDHS	Mary Louisa . . .	Rostock	—	321,90	
MDHT	J. Schoentjes . . .	Rostock	1029,3	363,36	
MDHV	Falke	Rostock	423,6	149,40	
MDHW	Beatrice	Rostock	—	251,79	
MDJB	Friedrich Maass . .	Rostock	1126,7	398,43	
MDJC	Frieda Grampp . . .	Rostock	1418,7	499,04	
MDJF	Mathilde Hennings .	Rostock	1481,9	522,70	
MDJG	Agnes	Rostock	989,4	342,30	
MDJH	Bernhard Carl	Rostock	1221,6	431,23	
MDJK	Helene	Rostock	—	274,53	
MDJL	Parana	Rostock	—	399,29	
MDJQ	Anna.	Rostock	—	337,00	
MDJR					
MDJS					
MDJT			. . .		
MDJV			. . .		
MDJW			. . .		

* Nominelle Pferdekräfte.   7

MDKB — MSFV

Unter-scheidungs-Signale.	Namen der Schiffe.	Heimathshafen	Kubik-meter Netto-Raumgehalt.	Register-Tons	Pferde-kräfte.
MDKB					
MDKC					
MDKF					
MDKG					
MDKH					
MDKJ					
MDKL					
MDKN					
MSBC	Mercur	Wismar	480,9	169,78	
MSBD	Paul Marty	Wismar	290,6	102,85	
MSBH	Auguste, Grossher-zogin von Meck-lenburg.	Wismar	328,6	115,60	
MSBK	Aeolus	Wismar	345,8	122,07	
MSBQ	Generallieutenant v. Witzleben.	Wismar	501,1	176,90	
MSBR	Doctor Kniep	Wismar	547,3	193,21	
MSBT	Auguste	Wismar	531,3	187,58	
MSBW	Ihn & Sohn	Wismar	791,1	279,28	
MSCD	Amalie	Wismar	563,4	198,96	
MSCK	Steinhagen-Neuhof	Wismar	867,6	306,23	
MSCP	Heinrich der Pilger	Wismar	698,4	246,81	
MSCQ	von der Lühe-Rohl-storf.	Wismar	997,9	352,23	
MSCT	Erwartung	Rostock	396,6	140,01	
MSCV	Henckendorff-Kras-sow.	Wismar	847,4	299,19	
MSCW	Elise	Wismar	788,9	278,48	
MSDC	Georg & Adolf	Wismar	843,9	297,83	
MSDH	Mathilde	Wismar	676,7	238,85	
MSDK	Anna	Wismar	651,4	220,93	
MSDL	Commerzienräthin Haupt.	Wismar	798,3	281,60	
MSDN	Die Moewe	Wismar	888,4	313,69	
MSDW	Hedwig	Wismar	816,4	288,19	
MSFB	Titan	Wismar	999,9	352,97	
MSFC	Anna & Caroline	Wismar	513,9	181,39	
MSFD	Wodan	Wismar		341*	
MSFG	Oberstlieutenant von Sülstorff.	Wismar	681,9	240,62	
MSFH	Justizrath von Paepke.	Wismar	919,8	324,69	
MSFL	Elise & Anna	Wismar	200,0	70,13	
MSFN	Triton	Wismar	1332,9	470,31	
MSFP	Kaap Hoorn	Rostock	1192,3	420,90	
MSFQ	Maria Dorothea	Stettin	82,7	29,30	
MSFR	Gazelle	Stralsund	97,3	34,38	
MSFT	Wismar	Wismar	808,8	285,39	
MSFV	Carl	Wismar	209,1	73,81	

* Tonnen zu 1000 Kilogramm.

Namen der Schiffe.	Heimathshafen	Kubik-meter Netto-Raumgehalt.	Register-Tons	Pferde-kräfte.
anſa	Wismar	448,8	158,03	
Thormann . .	Wismar	1359,7	479,97	
Thormann . .	Wismar	1147,6	405,11	
w Wilhelm . .	Wismar	883,2	135,31	
ç	Burg a. F.	82,6	29,17	
nng	Wismar	48,0	16,03	
e Lübcke . .	Wismar	897,1	316,60	
& Marie . . .	Wismar	97,3	34,90	
Ing	Wismar	1064,8	375,88	
. . . . .	Wismar	197,8	69,52	
& Emma . . .	Wismar	229,1	80,99	
ich	West-Rhanderfehn	58,7	20,73	
. . . . . .	Horumersiel . . .	193,1	68,17	
e	Fedderwardersiel .	63,0	22,34	
e Catharine .	Rüstersiel	51,3	18,10	
anſen	Neneſehn	193,6	68,34	
nna	Varelerhafen . . .	144,7	51,00	
nuel	Hooksiel	122,8	43,17	
nng	Bremerhaven . . .	94,7	33,43	
ann	Insel Langeoog . .	113,8	40,07	
ine Auguste .	Oldenburg a. d. Hunte	91,9	32,43	
Maria . . .	Oldenburg a. d. Hunte	91,6	32,34	
arethe	Elsfleth	146,0	51,44	
. . . . . .	Fedderwardersiel .	102,4	86,14	
nng	Oldenburg a. d. Hunte	76,0	26,63	
tina	Horumersiel	167,1	59,28	
Beta	Rekum	130,7	46,13	
Margarethe .	Brake a. d. Weser . .	121,6	42,93	
er	Fedderwardersiel .	42,8	14,93	
. . . . . .	Fedderwardersiel .	67,6	23,86	
. . . . . .	Barssel	54,8	19,31	
. . . . . .	Fedderwardersiel .	64,3	22,64	
rich Georg . .	Waddensersiel . .	102,7	86,23	
Hinrike . . .	Eckwardersiel . . .	64,1	22,63	
ie	Barssel	93,9	83,14	
Catharina . .	Brake a. d. Weser . .	112,7	89,70	
arina	Ellenserdammersiel .	74,0	26,44	
Gebrüder . .	Weserdeich, Amts Berne.	87,0	61,63	
ana	Ellenserdammersiel .	58,1	20,31	
Catharine . .	Ellenserdammersiel .	60,2	21,33	
arina	Brake a. d. Weser . .	136,0	48,39	
ine	Iheringsfehn . . .	44,3	15,60	

NBPD — NCMH

Unter-scheidungs-Signale.	Namen der Schiffe.	Heimathshafen	Kubik-meter Netto-Raumgehalt.	Register-Tons	Pferde-kräfte.
NBPD	Die drei Gebrüder .	Weserdeich, Amts Berne.	88,6	31,26	
NBPF	Catharina	Dedesdorf	78,1	27,61	
NBPW	Maria	Barssel	61,7	21,79	
NBQD	Anna Christine . .	Brake a. d. Weser . .	151,1	53,34	
NBQG	Gesina	West-Rhauderfehn .	45,9	16,20	
NBQL	Johann Georg. . .	Weserdeich, Amts Berne.	79,1	27,73	
NBRG	Frau Margarethe . .	Hammelwarden . .	90,6	31,77	
NBRM	Gesine	Barssel	71,7	25,31	
NBSH	Hoffnung	Oldenburg a. d. Hunte	121,6	42,92	
NBSJ	Zwei Gebrüder . .	Oldenburg a. d. Hunte	91,7	32,31	
NBSK	Zwei Gebrüder . .	Oldenburg a. d. Hunte	87,6	30,71	
NBTH	Frau Ida	Horumersiel	68,3	24,19	
NBVL	Nicolaus Heinrich .	Elsfleth	112,4	39,69	
NBWH	Georg	Fedderwardersiel .	42,7	15,67	
NBWL	Drei Gebrüder . .	Grossefehn	119,1	42,11	
NCBW	Christine	Oldenburg a. d. Hunte	93,6	32,95	
NCDG	Anna Friederike . .	Elsfleth	124,6	43,79	
NCDH	Frau Beta	Brake a. d. Weser . .	165,7	58,60	
NCDK	Zwei Gebrüder . . .	Oldenburg a. d. Hunte	120,0	42,62	
NCDQ	Wilhelmine	Oldenburg a. d. Hunte	94,1	33,21	
NCFH	Georg	Elsfleth	143,7	50,73	
NCGB	Gesine	Weener	234,6	82,79	
NCGM	Margarethe	Brake a. d. Weser. . .	189,4	66,96	
NCGR	Frau Maria	Barssel	57,6	20,40	
NCGT	Olympia	Varelerhafen . . .	111,4	39,22	
NCHB	Christine	Brake a. d. Weser. . .	387,6	136,73	
NCHD	W. Brügmann & Sohn No. IV.	Papenburg	465,4	164,20	
NCHV	Frau Margarethe . .	Brake a. d. Weser . .	63,3	22,35	
NCJB	Catharina	Brake a. d. Weser. . .	113,6	40,16	
NCJD	Drei Gebrüder . . .	Elsfleth	898,6	188,79	
NCJV	Hercules	Brake a. d. Weser. . .	603,4	218,14	
NCKQ	Pax	Blumenthal, Amts Blumenthal.	417,3	147,37	
NCKR	Beta	Brake a. d. Weser. . .	209,4	78,61	
NCKT	Henrike	Brake a. d. Weser. .	204,6	72,91	
NCKW	Maria	Oldenburg a. d. Hunte	108,6	38,19	
NCLB	Seelust	Ellenserdammersiel	325,3	114,55	
NCLD	Helene	Brake a. d. Weser. . .	187,3	66,12	
NCLF	Frau Margarethe .	Farge	173,3	61,20	
NCLG	Heinrich & Wilhelm	Ost-Rhauderfehn .	60,3	21,28	
NCLH	Agnete	Insel Wangeroog .	50,3	17,63	
NCLJ	Ernte	Brake a. d. Weser. .	194,5	68,64	
NCLQ	Henriette	Hooksiel	134,5	47,46	
NCMB	Carl	Oldenburg a. d. Hunte	122,3	43,17	
NCMD	Gesine	Brake a. d. Weser. . .	352,3	124,28	
NCMH	Gesine Bernhardine	Jemgum	187,1	66,62	

Unter-scheidungs-Signale.	Namen der Schiffe.		Heimathshafen	Kubik-meter Netto-Raumgehalt.	Register-Tons	Pferde-kräfte.

NCPG — NDFW

Unter-scheidungs-Signale.	Namen der Schiffe.	Heimathshafen	Kubik-meter Netto-Raumgehalt.	Register-Tons	Pferde-kräfte.
NCPG	Margaretha	Fedderwardersiel .	77,7	27,43	
NCPH	Georg Wilhelm . .	Lienen, Amts Elsfleth	125,9	44,44	
NCPL	Gerhardine	Papenburg	93,6	33,01	
NCPQ	Catharina	Brake a. d. Weser . .	77,3	27,23	
NCQD	Sophia	Barssel	67,9	23,96	
NCQG	Christine	Brake a. d. Weser . .	164,6	58,07	
NCQH	Margaretha . . .	Oldersum	185,3	65,41	
NCQK	Iris	Brake a. d. Weser . .	320,9	113,23	
NCQR	Friedrich	Oldenburg a. d. Hunte	117,9	41,87	
NCQW	Catharina	Barssel	67,0	23,45	
NCRB	Margarethe	Oldenburg a. d. Hunte	154,4	54,30	
NCRK	Lienen	Blankenese	379,9	134,11	
NCRM	Elise	Barssel	60,6	21,19	
NCRV	Margaretha	Barssel	216,9	76,37	
NCRW	Anna	Stralsund	505,5	178,43	
NCSK	Anna	Elsfleth	572,9	202,22	
NCSQ	Concordia	Elsfleth	538,3	190,02	
NCST	Christine	Brake a. d. Weser . .	110,1	38,87	
NCSV	Eduard	Hamburg	615,9	217,38	
NCTD	Anna	Brake a. d. Weser . .	154,5	54,44	
NCTS	Johanne	Brake a. d. Weser . .	182,5	64,41	
NCVB	Meta	Brake a. d. Weser . .	208,3	73,43	
NCVF	Elisabeth	Barssel	211,0	74,47	
NCVG	Flora	Barssel	213,8	75,47	
NCVH	Anna	Elsfleth	550,0	194,15	
NCVK	Johanna	Elsfleth	585,4	206,43	
NCVS	Anna Catharina . .	Tettonsersiel . . .	61,6	21,74	
NCWB	Sagitta	Brake a. d. Weser . .	611,6	215,94	
NCWJ	Margaretha Johanna	Barssel	240,0	84,71	
NCWL	Maria Lueia . . .	Barssel	245,1	86,51	
NCWV	Sirene	Brake a. d. Weser . .	982,6	346,94	
NDBC	Castor	Emden	633,9	223,71	
NDBM	Mimi	Grossefehn	522,5	184,36	
NDBQ	Hellos	Hamburg	729,0	257,34	
NDBR	Martin	Hamburg	187,6	66,22	
NDBS	Heinrich	Barssel	272,4	96,14	
NDBW	Lisette	Barssel	262,6	92,51	
NDCF	Japan	Neuenfelde, Amts Jork	594,7	209,03	
NDCG	Erndte	Elsfleth	529,3	180,64	
NDCP	Doris	Elsfleth	537,9	189,87	
NDCS	Mirjam	Hooksiel	61,1	21,64	
NDCV	Catharine	Barth	494,3	174,66	
NDCW	Argo	Elsfleth	707,4	240,71	
NDFB	Wanderer	Brake a. d. Weser . .	630,9	222,70	
NDFG	Annchen	Elsfleth	609,3	215,01	
NDFH	Delphin	Brake a. d. Weser . .	620,3	218,91	
NDFJ	Johann	Elsfleth	590,3	208,33	
NDFT	Meta	Brake a. d. Weser . .	95,9	38,54	
NDFW	Clara	Brake a. d. Weser . .	231,3	81,72	

NDGC — NDMV					
Unterscheidungs-Signale.	Namen der Schiffe.	Heimathshafen	Kubikmeter Netto-Raumgehalt.	Register-Tons	Pferdekräfte.
NDGC	Lucie	Elsfleth	685,2	241,88	
NDGH	Maria Gesina	Barssel	271,6	96,57	
NDGK	Neptun	Elsfleth	690,1	245,87	
NDGP	Wangerland	Geestemünde	610,9	215,86	
NDGQ	Marie	Hooksiel	152,9	53,98	
NDGV	Asträa	Hamburg	633,7	223,89	
NDHB	Adeone	Elsfleth	609,9	215,33	
NDHC	Aradus	Elsfleth	707,4	249,70	
NDHF	Gesine	Elsfleth	701,9	247,77	
NDHJ	Palme	Brake a. d. Weser	632,1	223,15	
NDHT	Harmonie	Geestemünde	683,8	241,77	
NDJC	W. Brügmann & Sohn No. V.	Papenburg	422,8	149,15	
NDJF	Industrie	Brake a. d. Weser	702,9	247,91	
NDJH	B. H. Steenken	Brake a. d. Weser	664,9	234,71	
NDJK	Gebrüder	Barssel	353,3	124,70	
NDJL	Sophia	Hooksiel	48,5	17,15	
NDJM	Catharine	Hooksiel	189,8	67,00	
NDJQ	Hessel	Elsfleth	722,7	255,12	
NDJT	Juno	Elsfleth	713,3	251,77	
NDJW	Leonore	Brake a. d. Weser	594,4	209,53	
NDKH	Friedrich	West-Rhanderfehn	806,9	108,23	
NDKJ	Magnet	Hamburg	802,7	283,20	
NDKP	Henny	Elsfleth	682,1	240,77	
NDKQ	Falke	Elsfleth	475,7	167,91	
NDKR	Bertha	Brake a. d. Weser	635,4	224,58	
NDKS	Ino	Brake a. d. Weser	608,4	214,77	
NDKT	Genius	Elsfleth	747,3	263,70	
NDLB	Metis	Karolinensiel	414,5	146,20	
NDLF	Der junge Prinz	Varelerhafen	297,1	104,68	
NDLH	Helene Maria	Brake a. d. Weser	274,4	96,87	
NDLJ	Genius	Elsfleth	694,4	245,12	
NDLP	Holke	Geestemünde	723,9	255,84	
NDLQ	Friedrich	Brake a. d. Weser	651,7	230,88	
NDLR	Luna	Elsfleth	629,3	222,11	
NDLT	Lisette	Barssel	201,8	71,34	
NDLV	Lina	Karolinensiel	124,7	44,01	
NDMB	Hero	Brake a. d. Weser	748,4	264,10	
NDMF	Gemma	Elsfleth	866,4	305,84	
NDMG	Beta	Brake a. d. Weser	717,6	258,31	
NDMH	Gazelle	Elsfleth	883,3	311,70	
NDMJ	Diana	Elsfleth	800,1	282,44	
NDMK	Franz	Brake a. d. Weser	648,4	228,90	
NDML	Catharine	Elsfleth	797,3	281,61	
NDMQ	Leander	Brake a. d. Weser	781,3	269,12	
NDMR	Graf Wedel	Elsfleth	822,6	290,83	
NDMS	Else	Elsfleth	866,6	305,61	
NDMT	Orpheus	Elsfleth	788,1	260,55	
NDMV	Biene	Elsfleth	716,7	252,99	

NDPC — NDVH

Unter-scheidungs-Signale.	Namen der Schiffe.	Heimathshafen	Kubik-meter Netto-Raumgehalt.	Register-Tons	Pferde-kräfte.
NDPC	Lienen	Elsfleth	719,1	253,96	
NDPH	Catharine	Barssel	207,0	73,91	
NDPJ	Anna Margaretha	Barssel	264,5	93,30	
NDPK	Formika	Elsfleth	891,7	314,16	
NDPL	Dankbarkeit	Eckwarderstel	58,8	20,16	
NDPR	Johanne Catharine	Brake a. d. Weser	177,4	62,63	
NDPS	Jantje	Emden	209,9	74,10	
NDPW	Gerhard Erdwin	Brake a. d. Weser	617,2	217,90	
NDQB	Etzhorn	Elsfleth	752,8	265,74	
NDQC	Minerva	Elsfleth	902,7	318,63	
NDQF	Amor	Brake a. d. Weser	693,7	244,48	
NDQH	Jason	Elsfleth	1026,4	362,72	
NDQJ	Albatros	Bremen	872,4	307,06	
NDQL	Humboldt	Elsfleth	933,1	329,29	
NDQP	Emil	Elsfleth	902,0	318,40	
NDQR	Felix	Elsfleth	739,8	260,97	
NDQS	Meta	Brake a. d. Weser	696,8	245,79	
NDRF	Carl Gerhard	Brake a. d. Weser	937,3	331,04	
NDRG	Johanne	Brake a. d. Weser	124,1	43,81	
NDRH	Elisa	Barssel	212,4	74,96	
NDRL	Union	Barssel	66,5	23,36	
NDRM	Wilhelmine	Varelerhafen	174,7	61,67	
NDRQ	Speculant	Blankenese	792,9	270,90	
NDRT	W. v. Freeden	Elsfleth	. . .	220,1*	
NDRW	Columbus	Brake a. d. Weser	729,3	257,43	
NDSB	Betty & Marie	Horumersiel	244,1	86,31	
NDSG	Adolph	Elsfleth	724,4	255,79	
NDSK	Hellona	Elsfleth	886,3	313,03	
NDSL	Blumenthal	Geestemünde	568,9	200,19	
NDSP	F. H. Lolling	Elsfleth	991,8	350,11	
NDSQ	Vorwärts	Elsfleth	1027,6	362,43	
NDSR	Frank Wilson	Elsfleth	955,6	337,33	
NDST	Emmi & Otto	Blankenese	754,9	266,48	
NDSV	Bernhard	Brake a. d. Weser	122,4	43,31	
NDSW	Flora	Elsfleth	696,3	245,87	
NDTB	Marianne	Leer	274,3	96,79	
NDTC	Atlantic	Brake a. d. Weser	823,6	290,63	
NDTF	Helene	Elsfleth	1015,3	358,37	
NDTG	Emma	Elsfleth	988,6	348,88	
NDTH	Moltke	Brake a. d. Weser	759,1	267,63	
NDTJ	Cathrina	Brake a. d. Weser	549,9	194,11	
NDTK	v. Roon	Brake a. d. Weser	763,7	269,30	
NDTM	Nordstern	Varelerhafen	200,6	70,63	
NDTP	Margarethe	Stettin	314,2	110,92	
NDTV	Hinrich	Barssel	394,1	139,13	
NDTW	Alida	Elsfleth	1094,1	386,31	
NDVF	Anna	Elsfleth	684,5	228,90	
NDVG	Adeline Margarethe	Brake a. d. Weser	194,9	68,60	
NDVH	Marie Becker	Elsfleth	1464,0	516,79	

* Lasten zu 4000 ℔.

NDVM — NFHG					
Unterscheidungs-Signale.	Namen der Schiffe.	Heimathshafen	Kubik-meter Netto-Raumgehalt.	Register-Tons	Pferde-kräfte.
NDVM	Hinrike	Hamburg	742,7	262,18	
NDVP	Auguste Margarethe	Ellenserdammersiel	53,6	18,92	
NDVQ	Rappahannock . .	Brake a. d. Weser .	241,6	85,84	
NDVS	Catharina	Barssel	80,0	28,84	
NDWB	Zwei Geschwister .	Hooksiel	21,6	7,70	
NDWC	Aeolus	Elsfleth	1181,4	417,03	
NDWF	J. H. Lübcken . .	Elsfleth	962,8	339,63	
NDWM	Christine	Elsfleth	652,7	230,40	
NDWP	Hinrich	Hamburg	745,9	263,31	
NDWR	Charlotte	Elsfleth	1004,1	354,44	
NDWT	Johanne	Brake a. d. Weser	343,1	121,13	
NDWV	India	Brake a. d. Weser	805,3	284,33	
NFBC	Friedrich	Barssel	264,6	93,34	
NFBD	Maria	Barssel	272,1	96,05	
NFBH	Helene Hermine .	Eckwardersiel . .	56,4	19,91	
NFBK	Marie	Elsfleth	1219,0	430,90	
NFBL	Mercur	Elsfleth	803,1	283,19	
NFBP	Jürgen Friedrich .	Eckwardersiel . . .	59,8	21,11	
NFBQ	Zwei Gebrüder . .	Brake a. d. Weser	195,8	69,01	
NFBS	Catharine	Brake a. d. Weser	176,6	62,84	
NFBT	Friederike	Elsfleth	770,3	271,91	
NFBW	Ceres	Elsfleth	816,4	289,28	
NFCD	Johann	Elsfleth	1325,4	467,86	
NFCG	Anna Margaretha .	Iheringsfehn . . .	49,4	17,44	
NFCJ	Adler	Brake a. d. Weser .	710,3	250,73	
NFCP	Gesine	Weserdeich, Amts Berne.	187,7	66,38	
NFCQ	Anna	Elsfleth	711,1	251,63	
NFCS	Alida	Brake a. d. Weser .	139,3	49,11	
NFCT	Ida	Elsfleth	1051,6	371,13	
NFCV	Margaretha	Elsfleth	1621,4	572,36	
NFCW	Catharine	Elsfleth	1217,3	429,06	
NFDK	Gesina Lucia . . .	Barssel	232,7	82,13	
NFDM	Mathilde	Elsfleth	953,7	336,43	
NFDP	Christine	Brake a. d. Weser .	777,1	274,81	
NFDR	Auguste Helene .	Ellenserdammersiel	63,0	22,33	
NFDS	Eduard König . .	Brake a. d. Weser .	629,1	222,07	
NFDT	†Vegesack	Bremen	74,6	26,34	40*
NFDV	Magdalene	Eckwardersiel . .	57,9	20,44	
NFDW	Taube	Brake a. d. Weser .	618,0	218,13	
NFGB	Delphine	Brake a. d. Weser .	665,4	234,79	
NFGC	Wilhelm	Brake a. d. Weser .	235,4	83,10	
NFGD	Fortuna	Eckwardersiel . .	61,6	21,18	
NFGJ	Harmonie	Elsfleth	290,8	102,63	
NFGP	Catharina	Barssel	76,0	26,93	
NFGR	Themis	Brake a. d. Weser .	848,6	209,13	
NFGV	C. Thorade	Brake a. d. Weser .	419,4	147,69	
NFHC	Fiducia	Hooksiel	34,4	12,14	
NFHG	Gerhard	Brake a. d. Weser .	468,6	165,43	

* Nominelle Pferdekräfte.

NFHJ — NFLV

Unter-scheidungs-Signale.	Namen der Schiffe.	Heimathshafen	Kubik-meter Netto-Raumgehalt.	Register-Tons	Pferde-kräfte.
NFHJ	Adeline	Elsfleth.	1500,1	529,43	
NFHK	Friederike	Weserdeich, Amts Berne.	117,4	41,45	
NFHM	Nicolaus	Brake a. d. Weser .	867,1	306,10	
NFHP	Annie	Elsfleth	1481,1	505,10	
NFHQ	Margarethe . . .	Nordloh	372,4	131,22	
NFHR	Hermann	Barssel	282,1	99,39	
NFHS	Deutschland . .	Elsfleth	1683,6	594,22	
NFHT	Lina	Elsfleth	1337,6	472,15	
NFHV	Bertha	Brake a. d. Weser .	848,1	299,82	
NFHW	J. H. Ramien ; . .	Elsfleth	1786,9	630,77	
NFJB	Heinrich Wilhelm .	Eckwardersiel . . .	82,6	29,25	
NFJD	Catharine . . . :	Brake a. d. Weser .	101,7	85,00	
NFJH	Catharina . . : .	Weserdeich, Amts Berne.	77,0	27,15	
NFJL	Ingo	Elsfleth	973,1	343,21	
NFJM	Porto Plata. . . .	Brake a. d. Weser . .	768,9	200,64	
NFJP	Ocean	Brake a. d. Weser .	1317,0	464,59	
NFJQ	Pacific	Brake a. d. Weser .	1304,6	460,52	
NFJR	Otto	Elsfleth	658,6	232,50	
NFJT	Hermes.	Elsfleth	1359,3	470,63	
NFJV	Wilhelmine	Eckwardersiel . . .	143,3	50,58	
NFKB	Gesine	Strohausersiel . . .	92,6	32,64	
NFKC	Vesta	Brake a. d. Weser . .	364,1	129,22	
NFKD	Gesine Johanne .	Strohausersiel . . .	148,5	50,76	
NFKG	Paula . . . . . :	Elsfleth	1460,5	515,54	
NFKH	Fortuna . . . . :	Elsfleth	1389,6	490,55	
NFKJ	Lina	Elsfleth	394,6	139,38	
NFKL	Adele	Elsfleth	394,9	189,41	
NFKM	Finenne	Barssel	82,5	29,12	
NFKP	Priscilla	Brake a. d. Weser .	2634,9	930,13	
NFKQ	Lina	Brake a. d. Weser .	586,5	207,87	
NFKR	Meta	Brake a. d. Weser .	780,5	257,96	
NFKS	Felix II.	Elsfleth . . . . :	1048,3	370,42	
NFKT	Atlantic	Elsfleth . . . . :	1793,3	633,69	
NFKV	Louise	Elsfleth	1850,6	653,39	
NFKW	Astraea.	Brake a. d. Weser . .	845,1	298,91	
NFLB	Johanne	Elsfleth	1676,1	591,73	
NFLC	Amazone	Brake a. d. Weser . .	895,6	315,49	
NFLG	Friederike	Hooksiel	209,9	74,10	
NFLJ	Speculant	Elsfleth	1776,4	627,77	
NFLK	Union	Elsfleth	752,1	205,70	
NFLM	Christine	Brake a. d. Weser .	189,6	66,94	
NFLP	Hansa	Brake a. d. Weser .	711,0	251,22	
NFLQ	Peter.	Fedderwardersiel .	203,1	71,89	
NFLR	Louise	Brake a. d. Weser . .	131,6	40,35	
NFLS	Elisabeth	Brake a. d. Weser .	39,5	14,03	
NFLT	Gesine	Brake a. d. Weser . .	130,3	49,14	
NFLV	Johanne Margarethe	Brake a. d. Weser . .	114,6	40,45	

NFLW — NFRH

Unter-scheidungs-Signale.	Namen der Schiffe.	Heimathshafen	Kubik-meter Netto-Raumgehalt.	Register-Tons	Pferde-kräfte.
NFLW	Helene	Brake a. d. Weser	129,3	45,63	
NFMB	Anna	Brake a. d. Weser	69,1	24,39	
NFMD	Radamanthus	Brake a. d. Weser	245,6	86,77	
NFMG	Catharina	Brake a. d. Weser	116,3	41,63	
NFMJ	Helene	Brake a. d. Weser	88,4	20,33	
NFMK	Sagterland	Barssel	358,1	126,41	
NFML	Helene	Barssel	317,9	112,22	
NFMP	Perle	Barssel	304,2	107,42	
NFMQ	Hebe	Brake a. d. Weser	655,9	281,63	
NFMR	Admiral	Elsfleth	2140,0	755,42	
NFMS	Frau Catharina	Brake a. d. Weser	106,0	37,42	
NFMT	Catharina	Brake a. d. Weser	138,3	48,69	
NFMV	Alliance	Elsfleth	883,4	311,63	
NFMW	Brake	Brake a. d. Weser	118,3	41,74	
NFPB	Meta	Brake a. d. Weser	105,7	37,31	
NFPC	Romeo	Brake a. d. Weser	848,1	299,35	
NFPD	Sophia	Oldenburg a. d. Hunte	115,0	40,60	
NFPG	Eelke	Brake a. d. Weser	101,4	35,90	
NFPH	Gerhardine	Hooksiel	96,0	33,59	
NFPJ	Minna	Brake a. d. Weser	178,3	62,94	
NFPK	Sirius	Elsfleth	878,1	309,97	
NFPL	Vineta	Elsfleth	1885,2	665,47	
NFPM	Johanne	Brake a. d. Weser	64,0	22,68	
NFPQ	Anna	Steinkirchen, Amts Jork	35,9	12,67	
NFPR	Elise	Brake a. d. Weser	114,7	40,6	
NFPS	Anna	Brake a. d. Weser	74,3	26,33	
NFPT	Margarethe Catharine.	Absersiel	60,3	21,33	
NFPV	Anna	Absersiel	61,6	21,14	
NFPW	Solide	Elsfleth	1679,4	592,67	
NFQB	Johann Carl	Elsfleth	1415,7	409,14	
NFQC	José Ginebra	Brake a. d. Weser	1022,0	360,77	
NFQD	Dorothea	Eckwardersiel	61,0	21,54	
NFQG	Anna	Absersiel	65,9	22,96	
NFQH	Gebrüder	Barssel	287,4	101,65	
NFQJ	Adonis	Brake a. d. Weser	1163,7	410,79	
NFQK	Anna	Brake a. d. Weser	114,3	40,43	
NFQL	Anna	Eckwardersiel	62,1	21,93	
NFQM	Meta	Elsfleth	812,4	286,84	
NFQP	Mensen Ernst	Varel	61,1	21,43	
NFQR	Musca	Elsfleth	1082,7	690,98	
NFQS	Emanuel	Elsfleth	1031,3	365,19	
NFQT	Ernte	Barssel	58,4	20,61	
NFQV	Pallas	Elsfleth	1705,2	601,93	
NFRB	Triton	Elsfleth	—	736,71	
NFRC	Oberon	Elsfleth	2069,6	730,44	
NFRD	Don Guillermo	Elsfleth	—	598,41	
NFRG	Walkyre	Elsfleth	2276,8	803,71	
NFRH	Immanuel	Varel	126,9	44,79	

NFRJ — PBDK

Unter-scheidungs-Signale.	Namen der Schiffe.	Heimathshafen	Kubik-meter Netto-Raumgehalt.	Register-Tons	Pferde-kräfte.
NFRJ	Margarethe	Waddenserslel	73,3	25,68	
NFRK	Angela	Barssel	334,3	118,13	
NFRL	Adeline	Brake a. d. Weser	159,3	56,54	
NFRM	Jacobine	Brake a. d. Weser	844,1	297,77	
NFRP	Border Chief	Elsfleth	—	1010,71	
NFRQ	Marie	Elsfleth	875,4	809,90	
NFRS	Therese	Brake a. d. Weser	902,1	318,17	
NFRT	Pax	Elsfleth	—	689,23	
NFRV	Anna Catharine	Brake a. d. Weser	72,7	25,67	
NFRW	Ora	Barssel	338,0	119,03	
NFSB	Theodore	Brake a. d. Weser	725,1	255,97	
NFSC	Johann	Brake a. d. Weser	182,3	04,34	
NFSD	Helene	Elsfleth	1091,3	702,90	
NFSG	Friedrich	Brake a. d. Weser	235,1	88,38	
NFSH	Johanne	Brake a. d. Weser	115,4	40,14	
NFSJ	Khorasan	Elsfleth	—	1038,63	
NFSK	Weser	Brake a. d. Weser	—	698,47	
NFSL	Ariadne	Elsfleth	1595,4	563,16	
NFSM	Lorelei	Elsfleth	2087,8	737,04	
NFSP	Heinrich Ramlen	Elsfleth	1752,9	618,71	
NFSQ	Ida	Brake a. d. Weser	614,4	216,98	
NFSR	Zeus	Brake a. d. Weser	718,1	253,43	
NFST	Atalanta	Brake a. d. Weser	1160,9	409,62	
NFSV	Highflyer	Elsfleth	—	1011,75	
NFSW					
NFTB					
NFTC					
NFTD					
NFTG					
NFTH					
NFTJ					
NFTK					
NFTL					
NFTM					
NFTP					
NFTQ					
NFTR					
NFTS					
NFTV					
NFTW					
PBCF	Industrie	Lemkenhafen	531,4	187,43	
PBCG	Triton	Rostock	482,3	170,38	
PBCJ	Elisabeth	Lübeck	529,1	186,17	
PBCN	Christine	Lübeck	256,7	91,89	
PBCQ	Nautilus	Lübeck	760,1	268,33	
PBCR	Norma	Lübeck	418,1	147,39	
PBCW	†Henriette	Lübeck	902,4	318,64	80
PBDF	†Germania	Lübeck	580,1	204,78	30
PBDK	†Hansa	Lübeck	745,9	263,27	80

PBDL — QBCT

Unterscheidungs-Signale.	Namen der Schiffe.	Heimathshafen	Kubikmeter Netto-Raumgehalt.	Register-Tons	Pferdekräfte.
PBDL	†Hella	Lübeck	901,0	318,os	80
PBDR	Beethoven	Lübeck	683,4	241,34	
PBDS	Bürgermeister Roeck	Lübeck	513,9	181,41	
PBDV	†Mercur	Lübeck	308,8	108,os	25
PBFC	Lübeck	Lübeck	546,6	193,os	
PBFD	Neptun	Lübeck	572,0	201,91	
PBFH	Mozart	Lübeck	662,4	233,m	
PBFJ	Julie	Heiligenhafen	630,4	222,48	
PBFL	†Nautilus	Lübeck	778,7	274,87	70
PBFM	†Alfred	Stettin	386,9	136,45	55
PBFN	†Livonia	Lübeck	631,7	223,01	44
PBFR	†Finland	Lübeck	464,7	164,os	40
PBFS	†Sirius	Lübeck	863,6	304,m	50
PBFV	Teutonia	Wischhafen	648,9	229,os	
PBFW	†Lübeck	Lübeck	608,3	214,so	60
PBGC	Pallas	Lübeck	926,8	327,os	
PBGD	†Nord	Lübeck	558,6	197,m	40
PBGH	†Süd	Lübeck	563,3	198,sn	40
PBGJ	†Alpha	Lübeck	601,0	243,m	60
PBGK	†Riga & Lübeck	Lübeck	550,4	194,so	50
PBGQ	†Ostsee	Lübeck	829,8	292,as	60
PBGS	†Strassburg	Lübeck	969,8	342,17	60
PBGT	†Newa	Lübeck	1316,1	464,57	80
PBGW	†Trave	Lübeck	1243,6	438,97	80
PBHD	†Tiger	Bremen	427,1	150,78	65
PBHJ	†Phoenix	Lübeck	2795,4	986,79	130
PBHK	Catharina Juliane	Lübeck	521,1	183,os	
PBHN	Alexander	Lübeck	573,1	202,so	
PBHQ	†Pioneer	Lübeck	181,4	64,os	25*
PBHR	†Alert	Lübeck	92,0	32,48	25*
PBHS	†Jona	Lübeck	92,0	32,48	25*
PBHT	†Luha	Lübeck	63,7	22,49	15*
PBHV	†Thekla	Lübeck	10,7	16,49	15*
PBHW	†Flora	Lübeck	664,6	234,67	60*
PBJC	†George	Lübeck	646,3	228,m	25*
PBJD	†Livland	Lübeck	1096,6	387,01	85*
PBJF					
PBJG					
PBJH					
PBJK					
QBCD	Smidt	Bremen	1738,4	1072,71	
QBCF	Ellida	Bremen	1573,0	555,77	
QBCG	Hermine	Bremen	1682,8	593,96	
QBCH	Jupiter	Bremen	1926,3	679,97	
QBCK	Betty	Bremen	2723,3	961,m	
QBCN	†Baltimore	Bremen	4188,0	1584,as	780
QBCR	San Francisco	Bremen	712,3	251,44	
QBCS	Delphin	Weener	654,3	231,os	
QBCT	Anton Günther	Bremen	1249,1	440,93	

* Nominelle Pferdekräfte.

QBDW — QBMR

Unterscheidungs-Signale.	Namen der Schiffe.	Heimathshafen	Kubikmeter Netto-Raumgehalt.	Register-Tons	Pferdekräfte.
QBDW	Erna	Rostock	1648,5	582,03	
QBFH	Gessner	Bremen	2016,3	711,71	
QBFL	Brazileira	Bremen	866,0	805,10	
QBFN	Vesta	Bremen	893,6	315,03	
QBFP	Johannes	Bremen	2771,7	979,16	
QBFR	America	Bremen	1210,6	127,25	
QBFV	Johann Carl	Bremen	1097,3	387,42	
QBFW	Norma	Bremen	1827,6	645,63	
QBGC	Caroline	Bremen	2481,1	875,53	
QBGD	Inca	Bremen	1839,3	649,21	
QBGP	Cardenas	Hamburg	1120,2	308,60	
QBGR	Admiral	Bremen	2107,0	744,10	
QBGS	Marie	Stettin	796,5	281,81	
QBGT	Adolf	Bremen	2998,7	1058,84	
QBGV	Leopoldine	Hamburg	611,3	216,90	
QBHD	Atalanta	Bremen	1601,3	565,33	
QBHF	Brema	Bremen	1019,0	359,71	
QBHG	Argonaut	Bremen	2126,1	750,63	
QBHJ	Republik	Bremen	1666,1	588,23	
QBHK	Leocadia	Bremen	2241,9	791,39	
QBHL	Laurita	Elsfleth	666,5	235,77	
QBHM	†Rhein	Bremen	1995,3	1763,11	1715
QBHN	Constantia	Bremen	3279,0	1157,45	
QBHR	Johann Smidt	Bremen	1227,3	433,31	
QBHT	Willy Rickmers	Bremerhaven	2272,0	802,02	
QBJC	China	Bremen	2517,3	888,67	
QBJH	Athena	Bremen	2884,0	1018,23	
QBJP	Stephanie	Elsfleth	856,0	302,63	
QBJT	†Main	Bremen	5006,3	1767,23	1745
QBJV	E. v. Beaulieu	Bremen	950,8	335,63	
QBKD	Felix Mendelssohn	Bremen	2614,9	923,03	
QBKF	Sebastian Bach	Bremen	2300,1	811,91	
QBKG	Marie Louise	Bremen	2593,9	915,63	
QBKH	†Donau	Bremen	5017,1	1771,31	1745
QBKJ	Europa	Bremen	2446,1	863,60	
QBKM	Juno	Bremen	871,9	307,75	
QBKN	Wilhelmine	Elsfleth	706,9	249,51	
QBKP	Tuisko	Bremen	1939,1	684,30	
QBKT	†Ohio	Bremen	4562,0	1610,75	1011
QBKW	Galveston	Bremen	1753,1	618,54	
QBLC	Hongkong	Rügenwalde	1091,9	385,11	
QBLH	Onkel	Geestemünde	1258,5	444,23	
QBLK	Louise	Barth	1239,3	437,13	
QBLR	Iris	Barth	1488,1	525,39	
QBLT	Auguste	Bremen	2125,3	750,20	
QBLW	Henry	Bremen	2248,3	793,61	
QBMK	Shakspere	Bremen	3350,1	1182,52	
QBMP	Elena	Bremen	2240,3	790,67	
QBMR	Kosmos	Bremerhaven	1103,0	389,85	

QBMW — QCBV

Unter-scheidungs-Signale.	Namen der Schiffe.	Heimathshafen	Kubik-meter Netto-Raumgehalt	Register-Tons	Pferde-kräfte.
QBMW	Casilda	Elsfleth	1275,4	450,21	
QBND	Sirius	Bremen	2398,3	816,84	
QBNF	Wilhelmine	Rügenwalde	829,3	292,73	
QBNL	Dahomey	Karolinensiel	448,1	156,43	
QBNS	Carl	Bremen	3113,6	1099,16	
QBNT	Evan Dumas	Bremen	360,1	127,18	
QBNW	Bremen	Pillau	2687,9	948,82	
QBPG	Göthe	Bremen	1528,4	539,82	
QBPJ	Senator Iken	Bremen	3532,0	1246,80	
QBPK	St. Bernhard	Bremen	2268,3	800,71	
QBPM	Helene	Bremen	2268,6	800,28	
QBPN	Richard	Bremen	2045,4	722,03	
QBPR	Bernhard	Stralsund	663,1	234,07	
QBPT	Clara	Bremen	1187,9	419,23	
QBPV	Columbus	Bremen	1674,3	591,00	
QBRF	Schiller	Bremen	1672,0	590,23	
QBRG	Emilie	Bremen	2469,7	871,61	
QBRJ	Johann Kepler	Bremen	2058,4	726,61	
QBRS	Columbia	Bremen	2398,3	846,84	
QBRV	Agnes	Bremen	2381,0	840,78	
QBSD	Harzburg	Bremen	1820,4	642,00	
QBSF	Saller	Geestemünde	718,2	258,33	
QBSG	Johanne Marie	Bremen	1888,4	666,61	
QBSL	Olbers	Bremen	2406,3	849,38	
QBSN	Marco Polo	Bremen	1695,3	598,51	
QBSP	Astronom	Bremen	2490,4	879,11	
QBSR	Scharnhorst	Rostock	1162,1	410,23	
QBTJ	Peru	Bremen	1223,9	432,04	
QBTK	Batavia	Hamburg	1047,0	369,44	
QBTL	Arion	Geestemünde	606,2	213,99	
QBTR	Japan	Papenburg	826,0	291,87	
QBTS	Johanne	Bremen	2148,6	758,44	
QBVD	Blitz	Hamburg	583,9	206,13	
QBVH	†Schwalbe	Bremen	1480,0	522,43	208*
QBVK	†Schwan	Bremen	1372,3	484,43	208*
QBVL	Gutenberg	Bremen	1852,8	654,04	
QBVP	†Amerika	Bremen	4996,1	1768,03	1694
QBVR	†Möwe	Bremen	1525,3	538,40	208*
QBVT	Amarauth	Bremen	2543,4	897,82	
QBWG	†Adler	Bremen	1470,1	518,84	208*
QBWH	Meteor	Bremen	1084,6	694,03	
QBWJ	Clara	Rostock	1080,4	368,13	
QBWK	Ocean	Bremen	1971,1	695,80	
QBWN	Christel	Bremen	2490,3	879,84	
QBWS	Agnes	Bremen	704,3	248,80	
QBWV	Mercur	Barth	1874,0	661,83	
QCBL	Alamo	Bremen	1739,4	611,89	
QCBR	Freihandel	Bremen	2076,4	732,34	
QCBV	Wieland	Bremen	1704,3	601,63	

* Nominelle Pferdekräfte.

QCBW — QCLB

Unterscheidungs-Signale	Namen der Schiffe	Heimathshafen	Kubikmeter Netto-Raumgehalt	Register-Tons	Pferdekräfte
QCBW	Mozart	Bremen	2402,6	848,13	
QCDB	Laura & Gertrude	Bremen	2807,6	991,03	
QCDF	Falk	Stralsund	076,1	238,67	
QCDG	Coriolan	Bremen	2787,8	900,20	
QCDL	†Hermann	Bremen	4812,6	1698,72	1429
QCDN	Dr. Petermann	Bremen	2088,6	737,31	
QCDR	Dora	Bremen	1309,0	462,07	
QCDT	Ceder	Bremen	2036,8	718,43	
QCFG	H. Upmann	Bremen	1209,1	426,41	
QCFH	Dorette	Papenburg	226,6	80,00	
QCFJ	Friedrich Hartwig	Brake s. d. Weser	945,3	333,69	
QCFK	La Plata	Altona	820,3	280,63	
QCFL	†Falke	Bremen	1611,9	570,06	213*
QCFN	Drei Gebrüder	Flensburg	212,3	75,04	
QCGD	Gesine	Grossefehn	310,6	109,63	
QCGF	Neptun	Hamburg	1955,8	690,40	
QCGH	D. H. Wätjen	Bremen	8442,3	1215,10	
QCGJ	Friedrich & Adolph	Rostock	729,0	257,34	
QCGK	†Weser	Bremen	4919,3	1736,48	1561
QCGL	Beethoven	Bremen	927,5	327,40	
QCGP	Texas	Bremen	1673,3	590,13	
QCGR	Charles Lüling	Bremen	3187,5	1291,10	
QCGT	Preciosa	Bremen	2069,3	730,46	
QCGW	Niagara	Bremen	2606,6	919,91	
QCHF	Maria Riekmers	Bremen	1551,6	548,94	
QCHJ	†Berlin	Bremen	4498,1	1588,04	752
QCHK	Eben Ezer	Geestemünde	237,0	81,66	
QCHL	†Leipzig	Bremen	4557,3	1608,73	1033
QCHM	Christel	Hamburg	1884,0	665,08	
QCHN	von Berg	Bremen	1884,3	665,17	
QCHR	Germania	Geestemünde	337,4	119,00	
QCHS	Anna	Bremen	753,8	266,07	
QCHT	Diamant	Hamburg	839,0	296,19	
QCHV	Armin	Bremen	2305,3	812,00	
QCHW	†Frankfurt	Bremen	5605,3	1978,61	739
QCJD	†Hannover	Bremen	5082,1	1793,98	836
QCJF	Delmar	Bremen	710,7	261,46	
QCJG	G. F. Haendel	Bremen	2511,6	886,03	
QCJH	Malvina	Bremen	1250,8	178,04	
QCKB	Moltke	Bremen	2344,3	827,43	
QCKD	Wilhelmine	Wolgast	761,1	269,13	
QCKH	†Köln	Bremen	4916,7	1735,39	781
QCKL	Canopus	Bremen	2156,4	867,11	
QCKP	Göscben	Bremen	3221,7	1137,33	
QCKR	Louis	Bremen	1721,0	607,51	
QCKS	†Reiher	Bremen	2041,5	720,63	155*
QCRT	†Sperber	Bremen	2040,6	722,45	155*
QCKV	Virginia	Bremen	2415,9	852,61	
QCLB	Lima	Bremen	2355,3	981,43	

* Nominelle Pferdekräfte.

QCLD — QCRF

Unter-scheidungs-Signale.	Namen der Schiffe.	Heimathshafen	Kubik-meter Netto-Raumgehalt.	Register-Tons	Pferde-kräfte.
QCLD	†Kronprinz Friedrich Wilhelm	Bremen	4410,7	1556,91	702
QCLF	Etha Rickmers	Bremen	285,1	1018,44	
QCLG	†Graf Bismarck	Bremen	4984,9	1761,04	788
QCLH	Jenny	Bremen	1925,1	679,50	
QCLJ	Hilke	Bremen	159,1	50,16	
QCLK	Alma	Bremen	2638,0	938,71	
QCLM	Peter Rickmers	Bremerhaven	1891,6	667,34	
QCLN	Admiral Tegetthoff	Bremen	2528,9	892,11	
QCLP	Magdalene	Bremen	3540,0	1249,62	
QCLS	Anna	Bremen	2385,0	841,92	
QCLT	C. R. Bishop	Bremen		408,0*	
QCLW	†Albatross	Bremen	2312,4	816,35	289**
QCMD	Josefa	Bremen	2304,9	815,60	
QCMG	Hedwig	Bremen	2289,6	808,22	
QCMH	†Strassburg	Bremen	6316,0	2230,22	960
QCMK	†Strauss	Bremen	1693,1	597,67	239**
QCML	George	Bremen	2178,0	768,43	
QCMN	†Mosel	Bremen	5314,4	1876,88	1816
QCMP	Eendragt	Bremen	134,5	47,48	
QCMR	Savannah	Bremen	3962,4	1398,76	
QCMV	Pauline	Bremen	1635,0	584,50	
QCNB	Henriette	Bremen	2681,0	917,45	
QCNF	†Braunschweig	Bremen	6091,5	2150,34	1372
QCNG	Gerhard	Bremen	2571,9	908,91	
QCNK	Lina Schwoon	Hamburg	2425,4	856,54	
QCNL	†Hohenzollern	Bremen	5381,1	1899,33	1302
QCNM	†Nürnberg	Bremen	6117,1	2159,34	1817
QCNP	Germania	Bremen	2498,5	882,60	
QCNW	Charlotte	Bremen	2323,9	820,34	
QCPB	†Neckar	Bremen	5296,4	1869,43	1879
QCPD	No. 13	Bremen	607,9	214,49	
QCPF	No. 15	Bremen	605,7	213,82	
QCPG	No. 17	Bremen	608,4	213,14	
QCPH	No. 19	Bremen	611,1	215,72	
QCPJ	No. 21	Bremen	609,5	215,10	
QCPK	No. 23	Bremen	607,1	214,41	
QCPL	†Cyclop	Bremen	211,3	74,62	41**
QCPM	†Paul Friedrich August	Bremen	159,1	56,14	48**
QCPN	†Roland	Bremen	828,1	114,33	72**
QCPR	†Simson	Bremen	185,3	65,49	189**
QCPS	†Pilot	Bremen	121,3	48,14	73**
QCPT	†Comet	Bremen	186,3	65,71	73**
QCPV	†Nordsee	Bremen	800,1	105,34	82**
QCPW	No. 18	Bremen	896,3	139,68	
QCRB	No. 20	Bremen	396,3	139,80	
QCRD	†Oder	Bremen	5359,3	1891,30	1865
QCRF	Lasker	Bremen	1984,7	700,60	

* Lasten zu 6000 ℔. ** Nominelle Pferdekräfte.

QCRG — QCVS

Unterscheidungs-Signale.	Namen der Schiffe.	Heimathshafen	Kubikmeter Netto-Raumgehalt.	Register-Tons	Pferdekräfte.
QCRG	Germania	Bremen	2340,9	826,23	
QCRH	Joseph Haydn . .	Bremen	2392,5	809,23	
QCRJ	Therese . . .	Bremen	3045,3	1089,08	
QCRK	Auguste	Bremerhaven	2604,9	919,34	
QCRM	Elisabeth . . .	Bremen	3313,3	1169,60	
QCRP	†Hohenstaufen . .	Bremen	5397,5	1905,23	1254
QCRS	Britannia	Bremen	2383,3	811,29	
QCRV	†General Werder .	Bremen	5155,3	1819,79	1461
QCRW	Theodor Körner .	Bremen	3091,9	1091,13	
QCSD	†Ceres	Bremen	1111,5	500,91	140
QCSF	Johann Ludwig . .	Bremen	2121,6	718,93	
QCSG	Carolina	Bremen	120,3	12,35	
QCSH	No. 33	Bremen	611,4	226,42	
QCSJ	Pallas	Bremen	1280,3	451,98	
QCSK	†Tell	Bremen	182,6	61,16	326
QCSL	†Hercules . . .	Bremen	81,9	24,91	143
QCSM	†Biene	Bremen	64,1	22,67	155
QCSN	†Assecuradeur .	Bremen	187,3	66,09	326
QCSP	†Reform . . .	Bremen	110,5	39,14	178
QCSR	†Solide	Bremen	100,4	35,11	206
QCST	†Strom	Bremen	28,7	10,14	70
QCSV	†Diana	Bremen	117,1	41,34	235
QCSW	Baltimore . . .	Bremen	3063,6	1081,61	
QCTB	Wilhelmine . . .	Bremen	2386,3	815,96	
QCTD	†Triton	Bremen	179,6	63,60	70*
QCTF	G. F. Muntz . .	Bremen	2620,1	921,68	
QCTG	Agra	Bremen	2617,0	923,80	
QCTH	Maryland	Bremen	3151,1	1112,41	
QCTJ	Marie	Bremerhaven	2961,6	1016,30	
QCTK	Joe Raners . . .	Bremen	2519,1	889,33	
QCTL	†Salier	Bremen	5364,6	1893,70	1481
QCTM	Hermann	Bremen	2401,2	818,72	
QCTN	†Neptun . . .	Bremen	68,3	21,11	48
QCTP	Victoria	Bremerhaven	2277,3	803,89	
QCTR	Capella	Bremen	2591,9	914,91	
QCTV	†Habsburg . . .	Bremen	5111,6	1910,30	1300
QCTW	†Biene	Bremen	473,1	167,73	48
QCVB	Werra	Bremen	ca.2612	ca.932	
QCVD	Melusine	Bremen	2656,1	937,60	
QCVF	Spica	Bremen	2593,4	915,47	
QCVG	Fulda	Bremen	2501,6	884,23	
QCVH	George Washington	Bremen	3355,9	1181,60	
QCVJ	Asante	Bremen	857,6	302,74	
QCVK	India	Bremen	2657,0	937,97	
QCVL	Friedrich	Bremerhaven	4201,2	1483,03	
QCVM	Hampton Court . .	Bremen	2707,0	955,34	
QCVP	Stella	Bremen	3377,1	1192,13	
QCVR	Kathinka	Bremen	3336,6	1177,61	
QCVS	Schwan	Bremen	884,1	312,19	

* Nominelle Pferdekräfte.

8

QCVT — QDFM

Unter-scheidungs-Signale	Namen der Schiffe	Heimathshafen	Kubik-meter Netto-Raumgehalt	Register-Tons	Pferde-kräfte.
QCVT	Gustav & Oscar	Bremen	3881,6	1352,11	
QCVW	Melchior	Bremerhaven	2726,5	962,46	
QCWB	Friedrich Perthes	Bremen	1348,2	475,57	
QCWD	Galatea	Bremen	3593,2	1268,46	
QCWF	Weser	Bremerhaven	2504,6	915,90	
QCWG	Frau Rebecca	Bremerhaven	106,7	37,58	
QCWH	Ida	Bremen	3675,6	1297,81	
QCWJ	Cleopatra	Bremerhaven	3498,4	1233,25	
QCWK	Undine	Bremen	2742,5	968,60	
QCWM	Regulus	Bremen	3158,2	1114,41	
QCWN	Johanna Gesina	Bremerhaven	132,7	46,45	
QCWP	†Pionier	Bremen	196,5	69,90	100
QCWR	Cornelius	Bremen	2984,4	1053,46	
QCWS	Hohenzollern	Bremerhaven	2590,7	914,52	
QCWT	Fürst Bismarck	Bremen	2743,1	968,81	
QCWV	Diamant	Bremen	3343,6	1180,07	
QDBF	Kaiser	Bremen	3514,2	1240,81	
QDBG	Elisabeth Rickmers	Bremerhaven	3528,4	1245,43	
QDBH	Wega	Bremen	3159,2	1115,23	
QDBJ	Pei-Ho	Bremen	1226,4	433,60	
QDBK	Kepler	Bremen	2146,6	757,84	
QDBL	Deutschland	Bremen	3546,1	1251,41	
QDBM	Charlotte	Bremen	3883,2	1370,91	
QDBN	Jessonda	Bremen	2500,1	882,43	
QDBR	Doris	Bremen	3286,4	1160,16	
QDBT	Elisabeth	Bremen	3509,1	1238,70	
QDBW	Vieurgis	Bremen	c.3231*	c.1141*	
QDCB	Anna	Bremerhaven	3262,2	1151,50	
QDCF	Lemnos	Bremen	c.3237*	c.1144*	
QDCH	Marie Siedenburg	Bremen	3238,2	1143,11	
QDCJ	Dorothea	Bremen	199,6	70,13	
QDCK	Hedwig	Bremen	3169,4	1125,93	
QDCL	Arcturus	Bremen	3162,3	1116,39	
QDCM	Annie	Bremen	ca.976	ca.345	
QDCN	Bremen	Bremen	3624,4	1279,41	
QDCP	Atlantic	Bremerhaven	3576,7	1262,89	
QDCR	†J. H. Niemann	Bremen	2101,2	741,72	450
QDCS	No. 10	Bremen	618,6	218,13	
QDCT	Barbarossa	Bremerhaven	3719,7	1313,06	
QDCV	Goethe	Bremen	3285,9	1159,91	
QDCW	Antares	Bremen	3163,9	1116,43	
QDFB	Palme	Bremen	3063,3	1081,13	
QDFC	Pauline	Bremerhaven	3118,6	1098,99	
QDFG	Rossini	Bremen	2842,5	1003,81	
QDFH	†Bremen	Bremen	1905,5	672,44	400
QDFJ	Matthias	Bremen	3183,6	1123,60	
QDFK	Neptun	Bremen	3169,6	1118,47	
QDFL	Comet	Bremen	3068,6	1083,73	
QDFM	Heinrich	Bremerhaven	4208,7	1485,67	

* Brutto-Raumgehalt.

QDFN — QDJV

Unter-scheidungs-Signale.	Namen der Schiffe.		Heimathshafen	Kubik-meter Netto-Raumgehalt.	Register-Tons	Pferde-kräfte.
QDFN	Anna		Bremen	3284,₁	1159,₄₈	
QDFP	†Vorwärts		Bremen	164,₃	58,₆₇	100
QDFR	Elise		Bremen	2788,₇	984,₄₁	
QDFS	Ida & Emma		Bremen	4006,₀	1414,₁₈	
QDFT	Fides		Bremen	751,₆	265,₃₉	
QDFV	Friedländer		Bremen	4487,₄	1584,₉₄	
QDFW	Betty		Bremerhaven	2246,₆	793,₀₄	
QDGB	No. 16		Bremen	395,₇	139,₆₅	
QDGC	No. 24		Bremen	396,₄	140,₄₀	
QDGF	No. 22		Bremen	391,₆	139,₃₀	
QDGH	Roland		Bremen	3403,₄	1842,₆₀	
QDGJ	Auguste		Bremerhaven	3955,₂	1396,₁₉	
QDGK	Clara		Bremen	2995,₁	1057,₃₇	
QDGL	Agnes		Bremen	2614,₁	922,₇₇	
QDGM	Western Chief		Bremen	2106,₆	743,₀₃	
QDGN	Julius		Bremen	2569,₁	906,₆₉	
QDGP	Hermann		Bremen	3734,₁	1318,₃₃	
QDGR	Señora Quintana		Bremen	941,₇	832,₄₃	
QDGS	Margarethe		Bremen	3477,₉	1227,₇₆	
QDGT	No. 14		Bremen	398,₄	140,₄₆	
QDGV	No. 42		Bremen	653,₄	230,₆₃	
QDGW	Schiller		Bremen	3475,₅	1226,₇₆	
QDHB	Wilhelm		Bremen	3726,₄	1315,₄₉	
QDHC	Johann Friedrich		Bremen	3501,₁	1235,₉₀	
QDHF	†Roland		Bremen	1144,₆	403,₈₃	200
QDHG	Donald Mackay		Bremerhaven	6270,₂	2213,₆₁	
QDHJ	Hansa		Bremen	3624,₆	1279,₄₅	
QDHK	Helene		Bremen	3515,₆	1241,₀₄	
QDHL	Mimi		Bremen	3592,₆	1268,₁₁	
QDHM	Don Quixote		Bremen	3308,₄	1167,₆₁	
QDHP	Rudolph		Bremen	ca.3227	ca.1189	
QDHR	Figaro		Bremen	2851,₆	1006,₆₃	
QDHS	Salisbury		Bremen	ca.3099	ca.1094	
QDHT	Blücher		Bremerhaven	3426,₁	1209,₄₉	
QDHW	Dora		Bremen	3567,₃	1259,₃₃	
QDJB	Elise		Bremerhaven	3818,₄	1347,₉₇	
QDJC	†Olbers		Bremen	1139,₅	402,₂₃	200
QDJF	Christine		Bremen	2961,₃	1045,₃₃	
QDJG	†Bessel		Bremen	1148,₁	405,₃₃	200
QDJH	Bertha		Bremerhaven	3301,₂	1105,₃₁	
QDJK	J. W. Wendt		Bremen	6480,₁	2287,₄₃	
QDJL	Fidelio		Bremen	3499,₄	1235,₃₃	
QDJM	Präsident Simson		Bremerhaven	ca.3413	ca.1205	
QDJN	Frau Bela		Bremen	168,₉	59,₆₃	
QDJP	Robert		Bremen	4343,₄	1533,₃₉	
QDJR	Marie		Bremen	3450,₆	1218,₁₃	
QDJS	Friederike		Bremerhaven	3961,₄	1398,₄₄	
QDJT	Johanne		Bremen	3175,₁	1120,₄₁	
QDJV	Henry		Bremen	3586,₆	1266,₄₃	

	QDJW — RBJF				
Unter-scheidungs-Signale.	Namen der Schiffe.	Heimathshafen	Kubik-meter Netto-Raumgehalt.	Register-Tons	Pferde-kräfte.
QDJW	Johann	Bremen	264,1	93,ω	
QDKD					
QDKC					
QDKF					
QDKG					
QDKH					
QDKJ					
QDKL					
QDKM					
QDKN					
QDKP					
QDKR					
QDKS					
QDKT					
QDKV					
QDKW					
QDLB					
QDLC					
QDLF					
RBCF	Sophie	Heiligenhafen	891,1	314,ω	
RBCG	Pudel	Pillau	1247,ω	440,ω	
RBCJ	Washington	Stralsund	1280,7	452,ω	
RDCM	†Planet	Neumühlen bei Kiel	896,ω	816,ω	80
RBCQ	†Britannia	Hamburg	1257,ω	443,ω	100**
RBCS	†Roland	Hamburg	1297,ω	458,ω	95**
RBDH	Palmerston	Hamburg		556"	
RBDK	†Minerva	Hamburg	1521,ω	537,ω	100**
RBDL	†Germania	Hamburg	1501,ω	530,ω	110**
RBDP	†Cuxhaven	Hamburg	724,ω	255,ω	600
RBDT	Picolet	Hamburg	671,ω	237,ω	
RBDV	Hans	Hamburg	886,ω	312,ω	
RBFC	Canton	Bremen	1056,ω	372,ω	
RBFD	Pallas	Hamburg	1397,ω	498,ω	
RBFG	Sophie	Hamburg	690,ω	243,ω	
RBFH	Cap Horn	Hamburg	1084,ω	882,ω	
RBFK	San Luis	Hamburg	795,ω	280,ω	
RBFV	Esther & Sophie	Hamburg	817,ω	288,ω	
RBGK	Rosa y Isabel	Hamburg	1152,ω	406,ω	
RDGL	Mercedes	Hamburg	1002,ω	355,ω	
RBGM	†Allemannia	Hamburg	5001,ω	1785,ω	1500
RDGN	Francisca	Hamburg	1041,ω	367,ω	
RDGV	Ann & Lizzy	Hamburg	958,ω	838,ω	
RBHD	Pyrmont	Hamburg	1142,ω	405,ω	
RBHG	Delphin	Hamburg	750,ω	264,ω	
RBHK	Florentine II.	Hamburg	212,ω	74,ω	
RBHM	†Astronom	Hamburg	1434,ω	506,ω	80"
RBHS	W. Brügmann & Sohn No. 1.	Papenburg	467,ω	164,ω	
RBJF	Jalapa	Hamburg	618,ω	218,ω	

* Lasten zu 6000 g.   " Nominelle Pferdekräfte.

RBJG — RCDF

Unter-scheidungs-Signale.	Namen der Schiffe.	Heimathshafen	Kubik-meter	Register-Tons	Pferde-kräfte.
			Netto-Raumgehalt.		
RBJG	Schwan	Hamburg	783,0	276,os	
RBKC	Impérieuse	Hamburg	1002,4	353,40	
RBKF	Anna Margaretha .	Hamburg	229,8	80,44	
RBKJ	Tartar	Bremen	726,8	256,20	
RBKN	Palma	Hamburg	817,0	298,90	
RBKQ	Phönix	Hamburg	768,0	267,67	
RBKS	Zanzibar	Hamburg	954,7	337,01	
RBKT	Amanda & Elisabeth	Hamburg	1031,7	364,19	
RBLC	Deutschland . . .	Hamburg	2375,1	838,41	
RBLH	Bruno & Marie . .	Rostock	841,4	297,co	
RBLJ	Hamburg	Altona	989,4	849,20	
RDLK	Helene	Hamburg	370,0	130,43	
RBLQ	John & Gustav . .	Glückstadt	569,6	197,34	
RBMG	†Uhlenhorst	Hamburg	1677,1	592,07	80**
RBMJ	Seenymphe	Hamburg	830,3	293,10	
RBMK	Eugénie	Hamburg	1974,1	696,se	
RBML	New-Orleans . . .	Hamburg	898,3	313,17	
RBMS	Papa	Hamburg	1110,3	391,94	
RBNH	Mercurius	Stettin	912,9	322,20	
RBNJ	Herschel	Hamburg	2228,3	786,34	
RBPF	Fröhlich	Hamburg	. . .	160*	
RBPG	Clara	Hamburg	767,1	270,79	
RBPH	Gine	Mühlenberg, Kreis Pinneberg.	750,3	264,co	
RBPV	Neptun	Hamburg	3369,0	1189,33	
RBPW	Carl & Auguste .	Rostock	1477,3	521,ao	
RBQG	Elze	Hamburg	1007,8	355,cs	
RBQK	Wandrahm	Hamburg	1912,1	674,97	
RBQM	Elise	Blankenese	600,3	211,73	
RBQW	Laura	Altona	939,9	331,78	
RBSD	Heros	Hamburg	1200,0	423,co	
RBSK	Tai-Lee	Hamburg	724,8	255,44	
RBTF	La Rochelle . . .	Hamburg	2090,7	738,01	
RBTG	Adolph	Hamburg	786,7	277,79	
RBTW	Fetisch	Hamburg	1251,3	441,67	
RBVF	Willink	Hamburg	530,4	187,33	
RBVK	Hermann	Barth	169,7	59,91	
RBVS	†Cimbria	Hamburg	6139,3	2167,16	2000
RBVT	†Hansa	Hamburg	1456,3	514,ss	120**
RBWC	Wega	Rostock	1117,9	394,co	
RBWF	†Alster	Hamburg	1633,6	576,73	80**
RBWH	Ida Maria . . .	Hamburg	910,4	321,57	
RBWQ	Oscar Mooyer . .	Flensburg	. . .	170*	
RBWS	Nubia	Hamburg	890,5	314,34	
RBWV	Edmund & Louise .	Hamburg	997,9	352,25	
RCBG	Professor	Hamburg	1450,5	512,67	
RCBN	Shakespeare . . .	Hamburg	2485,9	877,53	
RCBT	Orion	Eckernförde . . .	. . .	150*	
RCDF	Jupiter	Hamburg	850,3	300,77	

* Lasten zu 6000 ℔.   ** Nominelle Pferdekräfte.

Handels-Marine.

118

RCDG — RCTF

Unter-scheidungs-Signale.	Namen der Schiffe.	Heimathshafen	Kubik-meter Netto-Raumgehalt	Register-Tons	Pferde-kräfte.
RCDG	Manila II.	Hamburg	1448,6	511,77	
RCDH	Mikado	Hamburg	935,6	330,54	
RCDJ	Nicolise	Hamburg	939,4	331,66	
RCDK	Georg Kolberg	Wolgast	1118,3	304,78	
RCDS	Maria Sophia	Hamburg	928,7	327,62	
RCDV	Ernst	Hamburg	968,9	838,91	
RCFH	Aline	Rostock	1654,3	583,33	
RCFP	Georg Blohm	Hamburg	1319,6	465,79	
RCFQ	Hammonia	Hamburg	1155,3	408,00	
RCFS	Undine	Hamburg	2153,7	760,77	
RCGB	Lagos	Hamburg	992,0	350,10	
RCGV	Mathilde	Hamburg	627,3	221,44	
RCGW	Henrique Teodoro	Hamburg	1156,6	408,37	
RCHG	Alardus	Hamburg	2262,3	798,53	
RCHJ	Aeolus	Brake a. d. Weser	431,6	152,33	
RCHL	†Capella	Hamburg	1663,6	587,34	360
RCJG	Gutenberg	Hamburg	2012,7	710,67	
RCJH	Atalanta	Hamburg	3260,7	1151,93	
RCJK	Irene	Hamburg	755,6	266,79	
RCJL	Adolph	Hamburg	1506,4	531,76	
RCJP	Maria Lucie	Hamburg	1055,7	372,47	
RCJV	Wohldorf	Kiel	717,4	253,36	
RCKN	Perle	Hamburg	1150,1	405,86	
RCKW	Figaro	Hamburg	912,4	322,13	
RCLD	Therese	Eckernförde	1107,3	390,43	
RCLP	Ocean	Memel	1224,7	432,50	
RCLV	Martha	Hamburg	1176,6	415,38	
RCMB	Ferdinand	Hamburg	1178,9	416,14	
RCNB	Bonito	Hamburg	1485,6	524,41	
RCNG	Therese Behn	Hamburg	1372,6	484,89	
RCNJ	Pfeil	Blankenese	536,4	189,86	
RCNK	A. E. Vidal	Altona	942,6	332,67	
RCNL	†Westphalia	Hamburg	5838,7	2061,06	2500
RCNS	Carolina	Hamburg	1139,1	402,99	
RCNT	Andreas	Hamburg	1200,9	423,91	
RCPD	Ino	Altona	975,0	844,17	
RCPJ	Bertha	Hamburg	1254,7	443,93	
RCPK	Iphigenia	Hamburg	1314,3	463,88	
RCPM	Civiale	Hamburg	1073,3	379,69	
RCPT	Eduard	Hamburg	1667,3	588,66	
RCQG	Talkon	Hamburg	925,4	328,67	
RCQL	†China	Hamburg	. . .	2880*	450
RCQM	Guaymas	Hamburg	867,3	308,23	
RCQW	Alice	Hamburg	511,1	180,41	
RCSD	Alcides	Hamburg	811,3	286,46	
RCSJ	Mercur	Barssel	329,6	116,13	
RCSM	Albert	Hamburg	821,3	289,91	
RCSW	Venezuela	Neuhaus a. d. Oste	880,9	310,93	
RCTF	A. H. Wille	Hamburg	2963,6	1046,23	

* Lasten zu 6000 ℔.

RCTH — RDHM

Unterscheidungs-Signale.	Namen der Schiffe.	Heimathshafen	Kubik-meter Netto-Raumgehalt.	Register-Tons	Pferde-kräfte.
RCTH	Albatros	Hamburg	1118,1	393,60	
RCTJ	Berend	Hamburg	925,0	326,41	
RCTQ	Hansa	Stettin	732,8	258,44	
RCTV	Patria	Hamburg	1109,0	391,49	
RCVB	†Tender	Hamburg	. . .	85°	80
RCVD	Tek-Li	Hamburg	998,8	850,71	
RCVJ	Carmelita & Ida	Hamburg	1241,9	438,40	
RCVK	Hilda Maria	Hamburg	781,1	275,73	
RCVM	Daniel	Hamburg	1179,4	416,34	
RCWF	Varuna	Hamburg	1376,1	486,12	
RCWJ	Hansa	Hamburg	1412,8	499,61	
RCWK	Friedeburg	Hamburg	2177,4	768,40	
RCWN	Moorburg	Hamburg	644,0	227,20	
RCWP	†Silesia	Hamburg	6203,4	2189,61	2500
RCWQ	Amelie	Hamburg	1420,6	501,43	
RCWS	Panama	Hamburg	1165,8	411,44	
RCWV	Carl Graf Attems	Hamburg	964,5	340,40	
RDBF	Peter Godeffroy	Hamburg	1309,5	462,28	
RDBG	Lammershagen	Hamburg	2417,5	853,84	
RDBH	Allegro	Hamburg	370,6	130,90	
RDBL	Favorite	Hamburg	731,0	259,10	
RDBV	Fortuna	Hamburg	2693,7	950,69	
RDCG	Angostura	Hamburg	. . .	187°	
RDCL	Upolu	Hamburg	. . .	56°	
RDCQ	Gustav Adolph	Hamburg	877,3	309,69	
RDCT	Tarquin	Hamburg	1921,7	678,20	
RDCW	Allemannia	Hamburg	559,3	197,44	
RDFG	Dorothea	Hamburg	2877,2	1015,69	
RDFK	Terpsichore	Hamburg	3100,9	1200,83	
RDFL	Magellan	Hamburg	1233,6	485,46	
RDFM	Fanny	Rostock	1214,7	428,70	
RDFN	Prinz Albert	Hamburg	1675,3	591,38	
RDFP	†Alert	Hamburg	1639,1	578,64	420
RDFQ	†Schmidborn	Hamburg	735,3	259,70	260
RDFS	Europa	Hamburg	2835,3	1000,83	
RDFT	Johann	Hamburg	567,4	200,36	
RDGC	Francis Wölber	Hamburg	217,4	76,73	
RDGH	†Vandalia	Hamburg	5510,6	1945,23	1500
RDGJ	G. H. Wappäus	Hamburg	1524,3	538,09	
RDGK	Amanda	Hamburg	637,5	224,39	
RDGM	Minna	Hamburg	1294,3	456,90	
RDGN	Hercules	Elsfleth	1590,2	561,34	
RDGT	†Africa	Lübeck	772,7	272,34	40
RDHB	Edith Mary	Hamburg	733,7	259,46	
RDHC	Euterpe	Hamburg	1765,3	623,15	
RDHF	†Hamburg	Hamburg	1219,4	430,14	320
RDHJ	Evelina	Hamburg	1543,1	544,31	
RDHL	Louise & Georgine	Hamburg	969,9	342,37	
RDHM	Republik	Hamburg	479,9	169,40	

* Lasten zu 6000 ℔.

RDHP — RDPH

Unter-scheidungs-Signale	Namen der Schiffe.	Heimathshafen	Kubik-meter Netto-Raumgehalt	Register-Tons	Pferde-kräfte.
RDHP	Humboldt	Hamburg	2035,9	718,67	
RDHQ	†Rio	Hamburg	2834,6	1000,62	640
RDHW	Saturnus	Hamburg	1723,1	606,24	
RDJII	Thormählen	Hamburg	. . .	891*	
RDJL	Comet	Hamburg	109,9	38,47	
RDJM	Uranus	Hamburg	2745,1	969,10	
RDJP	Johannes	Hamburg	96,6	34,10	
RDJQ	Dorothea	Hamburg	1755,1	619,61	
RDJT	†Bahia	Hamburg	4002,9	1413,m	1000
RDJW	†Atalanta	Hamburg	2231,7	787,99	450
RDKG	Suahell	Hamburg	1034,9	365,91	
RDKL	†Olympia	Hamburg	2217,1	782,76	450
RDKM	Seelent	Heiligenhafen	402,9	142,20	
RDKN	Richard	Hamburg	1294,9	456,79	
RDKP	†Frisia	Hamburg	5618,1	1981,64	2800
RDKQ	†Hamburg	Hamburg	1544,7	545,21	110**
RDLC	†Bellona	Hamburg	2236,7	789,55	450
RDLF	Henriette Beba	Hamburg	1769,6	624,79	
RDLJ	†Neapel	Hamburg	1804,9	637,14	440
RDLK	†Lissabon	Hamburg	2125,1	750,16	480
RDLN	†Pfeil	Hamburg	1764,9	629,93	90**
RDLQ	†Messina	Hamburg	2044,9	721,93	480
RDLS	†Sakkarah	Hamburg	3182,1	1123,29	630
RDLW	Godeffroy	Hamburg	1507,9	532,67	
RDMB	†Wega	Hamburg	1989,6	702,11	640
RDMC	†Buenos Aires	Hamburg	4430,1	1563,94	1200
RDMF	†Memphis	Hamburg	3136,6	1107,16	675
RDMG	Vesta	Hamburg	1980,9	699,16	
RDMH	Iris	Hamburg	1435,9	506,44	
RDMJ	Carl Ritter	Hamburg	1888,3	695,90	
RDMK	Helene	Hamburg	149,9	52,49	
RDML	Adolph	Hamburg	1645,1	580,71	
RDMN	†Denderah	Hamburg	3117,6	1100,44	675
RDMP	Maria	Hamburg	84,7	29,99	
RDMQ	†Argentina	Hamburg	4005,1	1413,81	1000
RDMS	Margaretha	Rendsburg	162,6	57,34	
RDNB	Schwan	Hamburg	36,3	13,91	
RDNC	†Luxor	Hamburg	2835,9	1001,97	585
RDNF	†Kronprinz	Hamburg	2399,9	846,44	98**
RDNG	†Cassandra	Hamburg	2937,1	1036,90	560
RDNK	Cesar Godeffroy	Hamburg	1905,1	672,17	
RDNL	†Ibis	Hamburg	3104,1	1095,91	675
RDNM	Fanny	Hamburg	987,1	348,43	
RDNS	Patagonia	Hamburg	1390,9	490,96	
RDNV	†Montevideo	Hamburg	4182,6	1476,47	1000
RDNW	Heinrich	Estebrügge	136,7	48,33	
RDPB	Ida	Hamburg	305,6	107,62	
RDPG	Marie	Apenrade	1317,9	464,91	
RDPH	†Gemma	Hamburg	1782,6	629,33	100**

* Tonnen zu 1000 Kilogramm. ** Nominelle Pferdekräfte.

RDPJ — RDWL

Unter-scheidungs-Signale.	Namen der Schiffe.	Heimathshafen	Kubik-meter Netto-Raumgehalt.	Register-Tons	Pferde-kräfte.
RDPJ	Louisa	Hamburg	ca. 1794	ca. 245	
RDPK	Karl	Hamburg	1082,6	382,23	
RDPN	Sophie Helene . .	Hamburg	1509,1	532,71	
RDPQ	†Vulcan	Hamburg	2304,1	813,54	500
RDPS	Gustav	Hamburg	513,7	181,23	
RDPT	†Cyclop	Hamburg	2075,6	732,03	500
RDPV	†Valparaiso	Hamburg	4372,7	1643,66	1160
RDPW	Erato	Hamburg	1810,1	641,08	
RDQC	†Lotharingia . . .	Hamburg	2024,7	714,71	1000
RDQH	†Herder	Hamburg	6558,9	2813,97	3000
RDQJ	Peter	Hamburg	881,9	311,71	
RDQK	Hansa	Hamburg	674,9	238,23	
RDQM	West Nord West .	Hamburg	293,0	103,13	
RDQV	Levuka	Hamburg	214,6	75,43	
RDQW	†Graf Moltke . . .	Hamburg	62,6	21,39	80°
RDSB	Johann	Hamburg	101,6	35,23	
RDSF	†Etna	Hamburg	39,6	13,97	25°
RDSG	†Helgoland	Kiel	1221,3	482,15	200°
RDSJ	†Blankenese . . .	Hamburg	656,9	231,67	800
RDSM	Frances & Amanda	Hamburg	1049,1	370,13	
RDSN	†Enak	Hamburg	104,6	36,84	75°
RDSP	†Magnet	Hamburg	48,6	17,13	70°
RDSQ	†Goliath	Hamburg	104,6	36,99	70°
RDST	†Germania	Hamburg	31,9	11,71	85°
RDSV	†Vorwärts	Hamburg	67,1	23,99	85°
RDSW	†Martin Pöpelau .	Hamburg	54,6	19,38	85°
RDTB	†Roland	Hamburg	54,3	19,17	45°
RDTC	†Hercules	Hamburg	53,9	18,84	45°
RDTG	†Vulcan	Hamburg	84,6	29,44	60°
RDTJ	†Pionier	Königsberg i. Pr.	857,3	802,83	65
RDTL	†Sequens	Swinemünde . . .	143,5	50,44	112
RDTM	Vater Gerhard . .	Hamburg	1082,4	382,99	
RDTS	Tellus	Hamburg	1219,3	430,43	
RDTW	General von Werder	Hamburg	988,0	348,76	
RDVF	Nicolaus	Hamburg	93,9	33,16	
RDVJ	Ida	Hamburg	ca. 67	ca. 24	
RDVK	†Altona	Hamburg	52,5	18,44	80°
RDVL	Bertha	Hamburg	1681,3	593,46	
RDVN	Caroline Behn . .	Hamburg	1907,4	673,11	
RDVP	†Lessing	Hamburg	6608,6	2332,97	3000
RDVQ	Confluentia	Hamburg	1014,7	358,19	
RDVS	Alster	Hamburg	1636,7	577,76	
RDVW	Faugh Balaugh . .	Hamburg	ca. 787	ca. 278	
RDWF	Hugo	Elsfleth	2690,6	949,74	
RDWG	Mathilde	Hamburg	738,6	260,79	
RDWH	Juno	Hamburg	1465,3	517,33	
RDWJ	†Suevia	Hamburg	6950,6	2453,63	2250
RDWK	Livingstone	Hamburg	1503,9	530,44	
RDWL	Margaret Blohm . .	Hamburg	856,1	302,31	

* Nominelle Pferdekräfte.

RDWM — RFHD

Unter-scheidungs-Signale.	Namen der Schiffe.	Heimathshafen	Kubik-meter Netto-Raumgehalt.	Register-Tons	Pferde-kräfte.
RDWM	Papa	Hamburg	2119,6	748,30	
RDWQ	Fritz Reuter	Hamburg	4178,6	1475,13	
RDWT	Polynesia	Hamburg	2790,0	985,18	
RFBC	†Uranus	Hamburg	1970,5	695,97	100"
RFBG	FriedriebHasselmann	Hamburg	ca.3426	ca 1209	
RFBK	Franz Uthemann	Hamburg	ca.2489	ca.879	
RFBL	Venus	Hamburg	71,2	25,15	
RFBM	†Gellert	Hamburg	6407,8	2261,77	3000
RFBN	Klio	Hamburg	2323,1	820,19	
RFBP	Gloria	Hamburg	129,0	45,16	
RFBS	Charles Dickens	Hamburg	3766,9	1329,38	
RFBW	Pedraza	Hamburg	1926,9	670,49	
RFCB	Wilhelmine	Hamburg	150,2	53,62	
RFCD	Montana	Hamburg	1362,0	481,97	
RFCG	Welle	Hamburg	52,9	18,97	
RFCH	Emanuel	Hamburg	102,9	36,30	
RFCJ	†Feronia	Hamburg	3160,5	1115,29	640
RFCK	†Wieland	Hamburg	6423,1	2267,98	3000
RFCL	Adele	Hamburg	1964,0	693,30	
RFCM	†Stromboll	Hamburg	60,7	24,60	225
RFCN	Hermann	Elsfleth	2615,0	923,10	
RFCQ	Jupiter	Hamburg	2551,0	900,30	
RFCS	Argo	Hamburg	2788,3	984,39	
RFCT	Anna Bertha	Hamburg	1327,6	468,44	
RFCV	Esmeralda	Hamburg	2232,3	787,97	
RFCW	Mercur	Hamburg	290,6	102,33	
RFDC	Stella	Hamburg	1419,1	500,94	
RFDG	Irma	Hamburg	1303,2	460,94	
RFDH	Ella	Hamburg	1314,1	464,79	
RFDJ	Orion	Hamburg	2714,3	958,33	
RFDL	Margaretha Gaiser	Hamburg	1096,2	386,96	
RFDM	†Vesuv	Hamburg	67,7	23,70	225
RFDQ	Tongatabu	Hamburg	ca.406	ca.143	
RFDT	Thalassa	Hamburg	1832,4	646,86	
RFDW	Johanna Kremer	Hamburg	793,3	270,99	
RFGC	Lion	Hamburg	95,4	33,71	
RFGD	Hermann	Hamburg	291,9	103,01	
RFGH	Elisabeth	Hamburg	316,3	111,62	
RFGK	Gesine	Hamburg	230,0	81,19	
RFGL	Hermine	Hamburg	992,0	350,16	
RFGM	Kalliope	Hamburg	3088,7	1090,97	
RFGN	Elise	Hamburg	776,7	274,15	
RFGP	†Taucher	Hamburg	28,9	10,31	8"
RFGQ	†Hesperia	Hamburg	3218,5	1136,14	640
RFGV	Gloria	Hamburg	106,9	37,34	
RFGW	Elinora	Hamburg	628,3	221,73	
RFHB	Melpomene	Hamburg	2917,3	1029,04	
RFHC	Oscar	Hamburg	2083,3	735,40	
RFHD	Va-rao	Hamburg	ca 207	ca 73	

* Nominelle Pferdekräfte.

RFHG — RFMC

Unter-scheidungs-Signale.	Namen der Schiffe.	Heimathshafen	Kubik-meter Netto-Raumgehalt.	Register-Tons	Pferde-kräfte.
RFHG	Friederieb	Hamburg	1684,3	594,63	
RFHJ	Durango	Hamburg	820,9	289,14	
RFHL	Hydro	Hamburg	2226,3	785,93	
RFHM	Anna	Hamburg	1406,3	406,30	
RFHN	†Betty Sauber . .	Hamburg	2136,3	754,10	90°
RFHP	Elisabeth	Hamburg	106,7	37,47	
RFHQ	Caura	Hamburg	1953,8	689,69	
RFHS	†Matador	Hamburg	35,6	12,36	25°
RFHV	Paladin	Hamburg	1540,3	546,67	
RFHW	†Palermo	Hamburg	2393,6	844,94	125°
RFJB	Franziska	Hamburg	ca.209	ca.74	
RFJC	†Ramses	Hamburg	3303,4	1160,11	160°
RFJD	Regina	Hamburg	72,6	25,63	
RFJG	Gottlieb	Hamburg	590,3	210,38	
RFJH	†Kronprinz	Hamburg	71,0	25,08	90°
RFJK	Adolph	Hamburg	2456,6	867,17	
RFJM	Margaretha . . .	Hamburg	205,3	72,41	
RFJQ	Constanze	Hamburg	2769,3	977,63	
RFJS	Emil Julius . . .	Hamburg	1362,3	480,97	
RFJT	Excelsior	Hamburg	1838,3	648,93	
RFJW	Tlalok	Hamburg	420,6	148,47	
RFKB	Atalante	Hamburg	ca.135	ca.48	
RFKD	Stella	Hamburg	548,1	193,60	
RFKG	†Santos	Hamburg	4561,3	1610,14	1170
RFKH	Sophie	Hamburg	1364,3	481,66	
RFKJ	†Teutonia	Hamburg	16,2	5,73	12°
RFKL	†Mobil	Hamburg	27,2	9,60	20°
RFKM	†Lagos	Hamburg	208,3	73,43	100
RFKQ	†Peter	Hamburg	24,4	8,60	18°
RFKS	Matanto	Hamburg	ca.302	ca.107	
RFKT	Dione	Hamburg	1819,9	642,30	
RFKV	Plejadon	Hamburg	1009,4	356,63	
RFKW	†Prinz FriedrichCarl	Hamburg	3621,3	1278,33	100°
RFLB	Pandur	Hamburg	1695,3	594,99	
RFLC	Angelus	Hamburg	1665,3	587,93	
RFLD	†M' Pongwe . . .	Hamburg	322,7	113,91	20°
RFLG	Indra	Hamburg	1960,6	695,27	
RFLH	Johann Hinrich . .	Hamburg	1163,7	410,19	
RFLJ	Cathrine	Hamburg	421,3	148,71	
RFLK	La Gironde	Hamburg	ca.210	ca.74	
RFLM	Achilles	Hamburg	108,0	38,13	
RFLN	†Bismarck	Hamburg	66,7	23,51	60°
RFLQ	Amalia	Hamburg	958,6	338,30	
RFLS	Paradox	Hamburg	1933,3	682,63	
RFLT	Fogolos	Hamburg	ca.86	ca.30	
RFLV	Loreley	Hamburg	ca.258	ca.91	
RFLW	Louisanna	Hamburg	ca.101	ca.36	
RFMB	Phönix	Hamburg	1936,3	683,14	
RFMC	Louisa & Auguste	Hamburg	3121,4	1101,60	

* Nominelle Pferdekräfte.

RFMG — RFQT

Unter-scheidungs-Signale.	Namen der Schiffe.	Heimathshafen	Kubik-meter Netto-Raumgehalt.	Register-Tons	Pferde-kräfte.
RFMG	Hesperus	Hamburg	2740,4	967,20	
RFMH	Mazatlan	Hamburg	1480,6	522,40	
RFMJ	Copernicus	Hamburg	8434,3	1212,31	
RFMK	A. C. de Freitas .	Hamburg	ca.2871	ca.1014	
RFMN	Bylgia	Hamburg	943,7	333,13	
RFMP	†Pacifio	Hamburg	ca.198	ca.70	55*
RFMQ	†Prinz Wilhelm . .	Hamburg	2878,9	1015,26	130*
RFMS	Paul	Hamburg	2107,1	748,30	
RFMT	Urania	Hamburg	3092,3	1091,44	
RFMV	†Prinz Heinrich . .	Hamburg	2835,7	1001,01	130*
RFMW	Hermann	Hamburg	155,3	54,02	
RFNC	†Augustus	Hamburg	2322,5	819,69	110*
RFND	†Titus	Hamburg	1574,5	555,71	80*
RFNG	Kepler	Hamburg	3379,6	1192,93	
RFNH	Ernst	Hamburg	1089,3	367,08	
RFNJ	Nautilus	Hamburg	2053,0	724,11	
RFNK	†Hamburg	Hamburg	3638,5	1284,40	200*
RFNL	Parnass	Hamburg	1783,0	629,40	
RFNM	†Südsee	Hamburg	ca.250	ca.88	85*
RFNP	Catharina	Hamburg	148,4	52,33	
RFNQ	Sisal	Hamburg	849,3	299,91	
RFNT	†Paranagua . . .	Hamburg	3657,9	1291,31	200*
RFNV	Levuka	Hamburg	1237,3	436,97	
RFPB	Marion Godeffroy .	Hamburg	ca.211	ca.74	
RFPC	†Gaiser	Hamburg	507,4	179,26	50*
RFPD	Mald Marian. . . .	Hamburg	ca.845	ca.298	
RFPH	†Borussia	Hamburg	3698,9	1305,71	180*
RFPJ	†Felicia.	Hamburg	2446,5	863,61	110*
RFPK	†Bavaria	Hamburg	3520,1	1242,61	180*
RFPM	Moullara	Hamburg	ca.212	ca.75	
RFPN	†Electra	Hamburg	3291,5	1161,63	160*
RFPQ	†Pinnas	Hamburg	2404,7	848,66	99*
RFPS	†Thebea	Hamburg	3444,9	1216,64	160*
RFPT	†Lydia	Hamburg	3314,4	1169,90	160*
RFPV	Harmodius	Hamburg	ca.1390	ca.491	
RFPW	†Alice	Hamburg	ca.88	ca.31	15*
RFQB	†Saxonia	Hamburg	3581,1	1264,26	180*
RFQC	Tarmow.	Hamburg	450,3	158,33	
RFQD	†Vesta	Hamburg	2150,9	759,37	180*
RFQG	Juliana	Hamburg	80,3	28,35	
RFQH	Wilhelm	Hamburg	4210,0	1486,16	
RFQJ	Cadet	Hamburg	134,5	47,58	
RFQK	†Teutonia	Hamburg	3627,4	1280,63	180*
RFQL	Gesine	Hamburg	76,2	27,01	
RFQM	Orion	Hamburg	1020,3	360,13	
RFQN	Jalnit	Hamburg	ca.74	ca.26	
RFQP	Adolfo	Hamburg	ca.2167	ca.765	
RFQS	Federica	Hamburg	ca.2054	ca.725	
RFQT	†Hammonia	Hamburg	150,5	53,13	40*

* Nominelle Pferdekräfte.

RFQV — RFWH

Unter-scheidungs-Signale.	Namen der Schiffe	Heimathshafen	Kubik-meter Netto-Raumgehalt	Register-Tons	Pferde-kräfte.
RFQV	Maria Magdalena	Hamburg	1051,7	583,04	
RFQW	Telegrapho	Hamburg	ca.1275	ca.450	
RFSB	Leonor	Hamburg	2208,3	800,65	
RFSD	Kent	Hamburg	ca.1261	ca.445	
RFSG	Union	Hamburg	ca.1104	ca.422	
RFSH	†Viola	Hamburg	1657,4	585,56	90°
RFSJ	Bolten	Hamburg	1581,9	558,09	
RFSK	†Carlos	Hamburg	1838,3	648,79	90°
RFSL	Freya	Hamburg	ca.990	ca.352	
RFSM	Justine Helene	Hamburg	ca.1020	ca.302	
RFSN	†Portia	Hamburg	1659,4	585,79	90°
RFSP	†Ophelia	Hamburg	1732,1	611,43	90°
RFSQ	Robert Pulsford	Hamburg	ca.1561	ca.551	
RFST	Valtupu-le-Mele	Hamburg	ca.57	ca.20	
RFSV	Niuafo'ou	Hamburg	ca.173	ca.61	
RFSW	Agnes	Hamburg	ca.966	ca.341	
RFTB	†Otto Eichmann	Hamburg	2795,4	966,77	130°
RFTD	†Africa	Hamburg	ca.2728	ca.963	165°
RFTG	†Europa	Hamburg	3306,3	1189,39	150°
RFTH	†Holsatia	Hamburg	3959,4	1397,78	180°
RFTJ	†Jessica	Hamburg	1650,7	585,89	90°
RFTK	†Malaga	Hamburg	2962,4	1045,73	150°
RFTL	Ceres	Hamburg	ca.3037	ca.1072	
RFTM	Doña Zoyla	Hamburg	520,4	185,81	
RFTP	Courir	Hamburg	127.8	45,11	
RFTQ	Lautaro	Hamburg	ca.938	ca.331	
RFTS	Stranger	Hamburg	ca.623	ca.220	
RFTV	Elena	Hamburg	ca.592	ca.209	
RFTW	Daphne	Hamburg	ca.144	ca.51	
RFVB	Fakaofo	Hamburg	ca.68	ca.24	
RFVC	†Aline Woermann	Hamburg	2599,4	917,57	120°
RFVD	†Chile	Hamburg	34,3	12,16	5°
RFVG	†Claudius	Hamburg	ca.2802	ca.989	150°
RFVH	†Asia	Hamburg	3300,3	1186.26	150°
RFVJ	Canopus	Hamburg	ca.1308	ca.400	
RFVK	Johanna	Hamburg	2393,3	844,80	
RFVL	†Tonquin	Hamburg	ca.122	ca.43	20°
RFVM	Eisbär	Hamburg	109,9	70,38	
RFVN	Kolga	Hamburg	1531,7	540,69	
RFVP	Olive	Hamburg	2412,7	851,54	
RFVQ	Nimrod	Hamburg	ca.232	ca.82	
RFVS	Eliza	Hamburg	ca.320	ca.113	
RFVT	Emblem	Hamburg	ca.1377	ca.486	
RFVW	Poncho	Hamburg	2287,4	807,30	
RFWB	Agnes Edgell	Hamburg	ca.813	ca.287	
RFWC	Herbert	Hamburg	ca.3872	ca.1367	
RFWD	†Barcelona	Hamburg	2960,3	1044,96	150°
RFWG	†Uarda	Hamburg	3084,3	1088,94	140°
RFWH	†Athlet	Hamburg	82,9	29,24	75°

* Nominelle Pferdekräfte.

RFWJ — RWJL

Unter-scheidungs-Signale.	Namen der Schiffe.		Heimathshafen	Kubik-meter Netto-Raumgehalt.	Register-Tons	Pferde-kräfte.
RFWJ	†Thuringia	. . . .	Hamburg	4190,6	1479,20	200*
RFWK	†Julia	. . . . .	Hamburg	ca.1916	ca.676	120*
RFWL	Benga	. . . . . .	Hamburg	28,0	9,65	
RFWM	†Livorno	. . . . .	Hamburg	3062,0	1087,34	140*
RFWN	†Tommy	. . . . .	Hamburg	18,4	6,03	18*
RFWP						
RFWQ						
RFWS						
RFWT						
RFWV						
RGBC						
RGBD						
RGBF						
RGBH						
RGBJ						
RGBK						
RGBL						
RGBM						
RGBN						
RGBP						
RGBQ						
RGBS						
RGBT						
RGBV						
RGBW						
RGCB						
RGCD						
RGCF						
RGCH						
RGCJ						
RGCK						
RGCL						
RGCM						
RGCN						
RGCP						
RGCQ						
RGCS						
RGCT						
RGCV						
RGCW						
RWJG	†Patriot	. . . . .	Cuxhaven	. . . .	247,0	87,19	55*
RWJH	Amandus	. . . . .	Cuxhaven	. . . .	53,1	18,74	
RWJK	Elise	. . . .	Cuxhaven	. . . .	74,2	26,19	
RWJL						

* Nominelle Pferdekräfte.

Amtliche Liste

der

Schiffe

der deutschen Kriegs- und Handels-Marine

mit ihren

Unterscheidungs-Signalen.

Amtliche Liste

der

Schiffe
der deutschen Kriegs- und Handels-Marine

mit ihren

Unterscheidungs-Signalen,

als

Anhang

zum internationalen Signalbuch.

Abgeschlossen im Dezember 1881.

Herausgegeben

im

Reichsamt des Innern.

Berlin.
Druck und Verlag von G. Reimer.
1882.

Vorwort.

Die nachstehende Schiffsliste bildet den Anhang zum internationalen Signalbuche, welches unter dem Titel „Signalbuch für die Kauffahrteischiffe aller Nationen" im Juni 1870 vom Reichskanzler-Amt herausgegeben ist.

Das Signalbuch gewährt den Schiffen die Möglichkeit, durch Signale sich zu erkennen zu geben und sonstige Mittheilungen unter einander, sowie mit Signalstationen, auch dann auszutauschen, wenn die signalisirenden Theile verschiedener Sprachen sich bedienen.

Zu diesem Zwecke enthält das Signalbuch eine grosse Anzahl sowohl vollständiger Sätze, als auch zur Verbindung mit einander geeigneter Satztheile, einzelner Wörter, Namen, Sylben, Buchstaben und Zahlen, welche durch Gruppen von je 2, 3 oder 4 der 18 Signalbuchstaben B, C, D, F, G, H, J, K, L, M, N, P, Q, R, S, T, V und W bezeichnet sind. Solcher Gruppen, deren jede andere geordnete oder andere Buchstaben enthält, als alle übrigen, giebt es 306 von je 2 Signalbuchstaben (BC, BD, BF, BG u. s. w. bis WV), 4896 von je 3 Signalbuchstaben (BCD, BCF, BCG, BCH u. s. w. bis WVT) und 73440 von je 4 Signalbuchstaben (BCDF, BCDG, BCDH, BCDJ u. s. w. bis WVTS).

Alle 306 Gruppen von 2 Signalbuchstaben, alle 4896 Gruppen von 3 Signalbuchstaben und von den Gruppen von 4 Signalbuchstaben die ersten 18960 (BCDF bis GPWV) dienen zur Bezeichnung der in das Signalbuch aufgenommenen Sätze, Satztheile, Wörter u. s. w.

Von den übrigen Gruppen von 4 Signalbuchstaben sind die 1440 Gruppen von GQBC bis GWVT zur Bezeichnung der Schiffe der Kriegs-Marinen und die letzten 53040 Gruppen von HBCD bis WVTS zur Bezeichnung der Schiffe der Handels-Marinen in der Art bestimmt, dass jedem Kriegs- und beziehungsweise Kauffahrtei-Schiffe eins dieser (1440 + 53040 =) 54480 Signale als Unterscheidungs-Signal zuzutheilen ist.

Jedem Staate stehen alle Unterscheidungs-Signale behufs Vertheilung auf die Schiffe seiner Flagge zur freien Verfügung. Schiffe von verschiedenen Flaggen führen daher vielfach dasselbe Unterscheidungs-Signal, Schiffe unter derselben Flagge niemals.

6

Die Vertheilung der Unterscheidungs-Signale auf die einzelnen Schiffe wird durch die zuständigen Behörden der verschiedenen Staaten bewirkt. Jedem deutschen Kauffahrteischiffe wird gleich bei der Eintragung in das Schiffsregister ein solches Unterscheidungs-Signal zugetheilt und in seinem Schiffs-Certifikate vermerkt. So lange das Schiff unter deutscher Flagge fährt, behält es dieses Unterscheidungs-Signal auch beim Wechsel seines Heimathshafens oder seiner Registerbehörde unverändert bei.

Die nachstehende nach der systematischen Reihefolge der Unterscheidungs-Signale geordnete Liste ergiebt, welche Unterscheidungs-Signale den einzelnen Schiffen der deutschen Kriegs- und Handels-Marine beigelegt worden sind.

Für die Schiffe anderer Staaten, welche das Signalbuch ebenfalls angenommen haben, sind ähnliche Listen vorhanden.

Die Art und Weise, wie die Unterscheidungs-Signale zu signalisiren sind, ergiebt sich aus dem in dem Signalbuche enthaltenen Abschnitte über „Einrichtung und Gebrauch des Signalbuches"; hier wird nur darauf aufmerksam gemacht, dass, wenn ein Schiff sich einem andern Schiffe, einer Signalstation u. s. w. zu erkennen geben will, es ausser seinem Unterscheidungs-Signale stets auch seine National-Flagge zu zeigen hat, da, wie oben erwähnt, Schiffe verschiedener Flaggen vielfach dasselbe Unterscheidungs-Signal führen.

Ein Schiff, welches das Unterscheidungs-Signal eines andern Schiffes wahrnimmt, kann dessen Namen, Heimathshafen, Ladungsfähigkeit und Dampfkraft aus der betreffenden Liste sofort ersehen. Besitzt es die Liste nicht, so wird es sich behufs späterer Feststellung oder Weitermeldung die Nationalität und das Unterscheidungs-Signal zu merken haben.

Alljährlich werden neue Ausgaben dieser Schiffsliste und im Laufe jedes Jahres drei bis vier Nachträge zu derselben erscheinen.

Berlin, im Dezember 1881.

Die Schiffe

der

deutschen Kriegs-Marine.

GQBC — GRSK

Die Schiffe
der
deutschen Kriegs-Marine.

Alle Schiffe, bei denen etwas Anderes nicht bemerkt ist, sind Schrauben-Dampfschiffe.

Unter-scheidungs-Signale.	Namen der Schiffe.	Art.
GQBC	Arcona	Gedeckte Korvette.
GQBD	Ariadne	Glattdecks-Korvette.
GQBF	Arminius	Panzer-Fahrzeug.
GQBH	Augusta	Glattdecks-Korvette.
GQBK	Albatross	Kanonenboot.
GQBL	Aeolus	Schlepper.
GQBM		
GQHD	Boreas	Schlepper (Räder-Dampfschiff).
GQHF	Biene	Panzer-Kanonenboot.
GQHJ	Bismarck	Gedeckte Korvette.
GQHK	Blücher	Gedeckte Korvette.
GQHL	Baiern	Panzer-Korvette.
GQHM	Basilisk	Panzer-Kanonenboot.
GQHN	Baden	Panzer-Korvette.
GQHP		
GQMD	Cyclop	Kanonenboot.
GQMF	Camaeleon	Panzer-Kanonenboot.
GQMH	Crocodill	Panzer-Kanonenboot.
GQMJ	Carola	Glattdecks-Korvette.
GQMK		
GQSC	Drache	Kanonenboot.
GQSD	Deutschland	Panzer-Fregatte.
GQSF		
GRBC	Elisabeth	Gedeckte Korvette.
GRBD	Elder	Transport-Fahrzeug.
GRBH		
GRHB	Friedrich Carl	Panzer-Fregatte.
GRHC	Fuchs	Kanonenboot.
GRHD	Falke	Aviso (Räder-Dampfschiff).
GRHF	Freya	Glattdecks-Korvette.
GRHJ	Friedrich der Grosse	Panzer-Fregatte.
GRHK	Friedrichsort	Transport-Fahrzeug.
GRHL		
GRMB	Gazelle	Gedeckte Korvette.
GRMD	Greif	Schlepper (Räder-Dampfschiff).
GRMF	Grille	Aviso.
GRMJ	Gneisenau	Gedeckte Korvette.
GRMK		
GRSC	Hansa	Panzer-Korvette.
GRSH	Hertha	Gedeckte Korvette.
GRSK	Hohenzollern	Aviso (Kaiserliche Jacht).

GRSL — GVFQ

UnterscheidungsSignale.	Namen der Schiffe.	Art
GRSL	Heppens	Tonnenleger (Segel-Schooner).
GRSM	Hyäne	Kanonenboot.
GRSN	Habicht	Kanonenboot (Albatross-Klasse).
GRSP	Hummel	Panzer-Kanonenboot.
GRSQ	Hay	Kanonenboot.
GRST		
GSBC	Jade	Schlepper (Räder-Dampfschiff).
GSBH	Iltis	Kanonenboot.
GSBJ		
GSHB	König Wilhelm	Panzer-Fregatte.
GSHC	Kronprinz	Panzer-Fregatte.
GSHD	Kaiser	Panzer-Fregatte.
GSHJ		
GSMC	Loreley	Aviso (Räder-Dampfschiff).
GSMD	Luise	Glattdecks-Korvette.
GSMF	Leipzig	Gedeckte Korvette.
GSMH		
GSRD	Musquito	Brigg (Segelschiff).
GSRF	Motlau	Schlepper (Räder-Dampfschiff).
GSRH	Mücke	Panzer-Kanonenboot.
GSRJ	Moltke	Gedeckte Korvette.
GSRK	Möwe	Kanonenboot (Albatross-Klasse).
GSRL	Mars	Artillerieschiff (Gedeckte Korvette).
GSRM	Marie	Glattdecks-Korvette.
GSRN		
GTBD	Niobe	Fregatte (Segelschiff).
GTBF	Nymphe	Glattdecks-Korvette.
GTBH	Nautilus	Kanonenboot (Albatross-Klasse).
GTBJ	Notus	Schlepper (Räder-Dampfschiff).
GTBK	Natter	Panzer-Kanonenboot.
GTBL		
GTHB	Otter	Kanonenboot.
GTHC	Olga	Glattdecks-Korvette.
GTHD		
GTMF	Pommerania	Aviso (Räder-Dampfschiff).
GTMH	Preussen	Panzer-Fregatte.
GTMJ	Prinz Adalbert	Gedeckte Korvette.
GTMK		
GTWB	Rhein	Transport-Fahrzeug.
GTWC	Rover	Brigg (Segelschiff).
GTWH	Rival	Schlepper (Räder-Dampfschiff).
GTWJ		
GVFJ	Swine	Schlepper.
GVFL	Skorpion	Panzer-Kanonenboot.
GVFM	Sachsen	Panzer-Korvette.
GVFN	Stosch	Gedeckte Korvette.
GVFP	Stein	Gedeckte Korvette.
GVFQ	Schlütig	Segelfahrzeug.

GVFR — GWRD

Unter-scheidungs-Signale.	Namen der Schiffe.	Art
GVFR	Salamander	Panzer-Kanonenboot.
GVFS	Sophie	Glattdecks-Korvette.
GVFT		
GVQB	Undine	Brigg (Segelschiff).
GVQC	Ulan	Torpedoboot.
GVQD		
GVTB	Victoria.	Glattdecks-Korvette.
GVTC	Vineta	Gedeckte Korvette.
GVTD	Viper	Panzer-Kanonenboot.
GVTF		
GWDB	Wangerooge	Schooner (Segelschiff).
GWDH	Wilhelmshaven	Lootsendampfer.
GWDJ	Wespe	Panzer-Kanonenboot.
GWDK	Wolf	Kanonenboot.
GWDL	Württemberg	Panzer-Korvette.
GWDM		
GWRB	Zephir	Schlepper (Räder-Dampfschiff).
GWRC	Zieten	Aviso.
GWRD		

Die Schiffe

der

deutschen Handels-Marine.

HBCD — HBKL

Die Schiffe

der

deutschen Handels-Marine.

Die Dampfschiffe sind mit † bezeichnet; ihre Maschinenkraft ist, wo etwas Anderes nicht bemerkt ist, in effektiven Pferdekräften ausgedrückt.

Unterscheidungs-Signale.	Namen der Schiffe.	Heimathshafen	Kubikmeter Netto-Raumgehalt.	Register-Tons	Pferdekräfte.
HBCD	Othello	Memel	991,1	349,66	
HBCG	Mary Jane	Memel	1028,8	868,11	
HBCL	Ariadne	Memel	909,8	821,10	
HBCM	Arethusa	Memel	914,7	322,90	
HBCT	Eleonora	Memel	824,4	291,05	
HBDC	Thusnelde	Memel	860,0	808,90	
HBDF	Satisfaction	Memel	1209,0	426,73	
HBDQ	Elisabeth	Memel	935,4	330,30	
HBDR	Emma et Johanna	Memel	980,4	846,13	
HBDT	Maria	Memel	959,7	338,11	
HBDV	†Terra	Stettin	204,3	72,11	55
HBDW	Calypso	Memel	940,1	331,09	
HBFD	Freundschaft	Memel	971,5	342,94	
HBFG	Der Adler	Memel	775,2	273,65	
HBFJ	Johann Benjamin	Memel	1195,1	422,91	
HBFN	Marianne Bertha	Memel	1029,6	863,63	
HBFP	Margarethe	Memel	1344,4	474,51	
HBFT	Pomona	Memel	1228,4	483,63	
HBGK	Fortuna	Memel	919,4	324,85	
HBGL	Amalthea	Memel	1009,0	356,15	
HBGM	Hercules	Memel	1320,3	466,06	
HBGN	Johanna	Danzig	955,0	387,11	
HBGP	Adelheid et Bertha	Memel	1221,6	431,23	
HBGQ	Rhea	Memel	1242,4	438,67	
HBGV	Achilles	Memel	1225,1	432,43	
HBJC	Aeolus	Memel	1310,3	462,64	
HBJD	Alexandrine	Memel	1204,7	425,26	
HBJG	A. Klockmann	Memel	1454,1	518,33	
HBJL	Behrend	Memel	1324,3	467,44	
HBJM	Wilhelm I.	Memel	1219,4	430,43	
HBJN	Amphitrite	Memel	1349,5	476,49	
HBJT	Juno	Memel	1157,1	408,67	
HBJW	Asia	Memel	898,4	317,21	
HBKD	Express	Memel	706,7	250,11	
HBKF	Loreley	Memel	1216,0	429,67	
HBKJ	Canada	Memel	1324,3	467,46	
HBKL	Astraea	Memel	1224,3	432,13	

HBKM — HDBQ

Unter-scheidungs-Signale.	Namen der Schiffe.	Heimathshafen	Kubik-meter Netto-Raumgehalt.	Register-Tons	Pferde-kräfte.
HBKM	Witch	Memel	675,2	238,33	
HBKQ	Orion	Memel	1471,3	519,44	
HBKR	Othello	Memel	1306,4	461,11	
HBKS	Demetra	Memel	1214,0	428,34	
HBKT	Storm - Bird . . .	Stralsund	994,1	351,86	
HBLJ	Atlantic	Memel	1450,9	512,11	
HBLP	Ceres	Memel	1088,9	384,33	
HBLS	Criminal-Rath Brand	Memel	1282,4	452,89	
HBLW	†Adler	Memel	100,6	35,44	50
HBMK	Aboma	Memel	789,2	260,84	
HBMN	Star of Hope . . .	Memel	810,7	286,19	
HBMP	Vesta	Memel	1385,4	489,63	
HBMS	Germania	Memel	506,9	178,93	
HBMV	Hestia	Memel	1558,1	550,91	
HBNC	Meteor	Memel	506,0	179,84	
HBND	Alma	Memel	93,3	82,94	
HBNF	Meta	Rügenwalde . . .	1302,4	459,75	
HBNJ	†Moewe	Memel	274,9	96,23	16
HBNK	Alexander	Memel	372,9	131,63	
HBNL	Heinrich von Schröder.	Memel	1544,3	545,31	
HBNM	Dorothea	Memel	706,5	249,53	
HBNS	Violette	Memel	967,4	341,39	
HBNT	†Schwarzort . . .	Memel	113,2	89,96	25
HBNV	Medusa	Memel	1085,5	365,44	
HBPC	Cherokee	Memel	801,4	283,04	
HBPD	†Einigkeit	Memel	104,2	36,79	50
HBPF	Hoffnung	Memel	929,4	328,06	
HBPG	†Agamemnon . . .	Memel	115,7	40,64	70
HBPN	Gitana	Memel	963,1	339,97	
HBPQ	Minna Helene . . .	Memel	964,9	840,29	
HBPR	Copernicus	Swinemünde . . .	210,5	74,51	
HBPS	Gazelle	Memel	1141,3	402,34	
HBPV	Jew Le	Memel	—	175,97	
HBPW	Louise Wilhelmine .	Memel	386,5	186,43	
HBQD	Erwartung	Memel	637,0	224,89	
HBQF	Memel	Memel	1066,1	376,63	
HBQG	Delphin	Memel	88,7	81,31	
HBQJ					
HBQK	†Agathe	Memel	1136,6	401,80	50*
HBQL	Moss-Glen	Memel	ca.1555	ca. 549	
HBQM	†Anita	Memel	34,2	13,59	--
HBQN					
HBQP					
HBRC	Jane & Marys . .	Memel	367,4	129,73	
HDBG	Reinhold	Pillau	880,4	310,75	
HDBN	Pillau	Pillau	1331,6	470,16	
HDBP	Neptun	Pillau	1375,7	485,63	
HDBQ	Anna	Pillau	989,6	349,33	

* Nominelle Pferdekräfte.

IIDBR — HFGS

Unter-scheidungs-Signale.	Namen der Schiffe.	Heimathshafen	Kubik-meter Netto-Raumgehalt.	Register-Tons	Pferde-kräfte.
HDBR	Fortuna	Pillau	1213,1	429,41	
HDBV	Koenigin Elisabeth	Pillau	623,8	219,91	
HDCJ	Farewell	Pillau	1519,1	536,84	
HDCK	Kronprinz von Preussen.	Pitlau	676,9	238,84	
HDCQ	Jupiter	Pillau	1252,8	442,14	
HDCR	†Saladin	Königsberg i. Pr. . .	1184.0	417,9	60
HDCT	Competitor	Pillau	1920,1	677,11	
HDCV	Alpina	Pillau	1553,6	548,41	
HDCW	Marie	Pillau	89,9	31,73	
HDFB	Clara	Pillau	97.1	34,23	
HDFG	Carl August . . .	Pillau	2607,5	920,43	
HDFJ	†Komet	Königsberg i. Pr. . .	1287,3	454,30	—
HDFK					
HDFL					
HFBC	Victoria	Danzig	1005.3	354,37	
HFBG	India	Danzig	1625,6	573,84	
HFBM	Caroline Susanne .	Danzig	1351,6	477,64	
HFBP	Simon	Danzig	1437,4	507,40	
HFBR	Mathilde	Danzig	421,1	148,43	
HFBS	Concordia	Danzig	1237,1	436,91	
HFBV	Sphinx	Danzig	740,3	261,33	
HFCG	Kennet Kingsford .	Danzig	448,3	158,33	
HFCJ	Vorwärts	Danzig	1400,7	494,43	
HFCK	Marianna	Danzig	1414,0	499,14	
HFCL	Danzig	Danzig	1372,3	484,43	
HFCN	Peter Rolt	Danzig	1370,0	483,41	
HFCP	Friedrich der Grosse	Danzig	1792,3	632,43	
HFCT	George	Danzig	1850,1	653,07	
HFCV	Praesident von Blumenthal.	Rügenwalde	1486,3	524,47	
HFCW	Otto Linck	Danzig	1893,0	668,33	
HFDB	Libertas	Danzig	1186,9	418,63	
HFDG	Friedrich Wilhelm Jebens.	Danzig	1205,4	425,40	
HFDJ	Friedrich Gelpke .	Danzig	1936,1	688,64	
HFDM	Soli Deo Gloria . .	Stettin	1207,1	420,10	
HFDT	Johann Wilhelm .	Danzig	2206,7	778,96	
HFDW	Agnes Linck . . .	Danzig	1904,4	672,37	
HFGD	Britisch Merchant .	Danzig	1340,3	473,63	
HFGJ	Maria	Danzig	1366,4	482,84	
HFGL	Königin Elisabeth Louise.	Danzig	1374,1	485,06	
HFGM	Arthur	Danzig	1434,7	506,44	
HFGN	Courier	Danzig	518,6	183,03	
HFGP	Eintracht	Danzig	1068,6	377,37	
HFGQ	Paul Gerhard . . .	Danzig	700,1	247,14	
HFGR	Breslau	Rügenwalde	897.9	316,49	
HFGS	Industrie	Rostock	942,3	332,91	

HFGW — HFPL

Unter-scheidungs-Signale.	Namen der Schiffe.	Heimathshafen	Kubik-meter	Register-Tons	Pferde-kräfte.
			Netto-Raumgehalt		
HFGW	Neptun	Danzig	622,7	219,81	
HFJB	†Ida	Danzig	758,3	267,63	120
HFJD	Berlin	Danzig	894,6	815,81	
HFJM	Ferdinand	Danzig	1086,6	888,36	
HFJN	Henriette	Danzig	947,9	334,51	
HFJP	Professor Baum	Danzig	1062,3	374,96	
HFJQ	Anna & Bertha	Danzig	958,3	388,48	
HFJT	Maria Adelaide	Danzig	1103,6	399,57	
HFJW	Queen Victoria	Danzig	1847,3	652,10	
HFKD	Der Wanderer	Danzig	1700,6	600,43	
HFKL	Titania	Danzig	610,3	215,64	
HFKN	Freiherr Otto v. Manteuffel.	Danzig	1044,3	388,61	
HFKP	Theodor Behrend	Danzig	1911,4	674,73	
HFKV	Martha	Danzig	2211,3	780,54	
HFKW	Trabant	Danzig	1077,3	380,79	
HFLB	Hevelius	Danzig	1059,3	873,86	
HFLC	Jacob Arendt	Danzig	1230,6	486,34	
HFLN	Zufriedenheit	Danzig	1202,4	445,63	
HFLW	Admiral Prinz Adalbert.	Danzig	2424,4	855,97	
HFMC	Alsen	Danzig	1666,1	588,13	
HFMD	Wodan	Danzig	1357,6	479,30	
HFMJ	Margarethe Blanca.	Danzig	1498,3	527,34	
HFMK	Düppel	Danzig	1384,9	488,86	
HFML	Dorussla	Danzig	787,1	278,91	
HFMP	†Julianne Renate	Danzig	1155,6	407,16	100
HFMQ	Gustav Friedrich Focking.	Danzig	1417,7	500,63	
HFMR	Prinz Friedrich Carl	Rügenwalde	1256,4	448,81	
HFMS	St. Johannes	Danzig	1916,8	676,63	
HFMV	Oberbürgermeister v. Winter.	Danzig	1563,6	551,84	
HFMW	St. Christopher	Danzig	1729,6	610,34	
HFNB	Theodosius Christian	Danzig	1372,1	484,38	
HFNJ	Charlotte & Anna	Danzig	1228,7	433,73	
HFNK	Germania	Danzig	1019,6	359,97	
HFNL	St. Petrus	Danzig	1874,6	661,63	
HFNP	Wilhelm	Rügenwalde	146,3	51,81	
HFNQ	Tool	Rügenwalde	1326,6	468,68	
HFNR	Fortuna	Danzig	1467,7	518,16	
HFNS	Laura Maria	Danzig	1375,5	485,63	
HFNT	St. Paulus	Danzig	1902,6	671,41	
HFNV	Belle Alliance	Danzig	1141,7	403,09	
HFPB	Bertha	Danzig	1109,6	391,66	
HFPC	Anna Dorothea	Danzig	1481,7	523,64	
HFPD	Albertine	Danzig	72,6	25,43	
HFPJ	Verein	Rostock	1327,1	468,41	
HFPL	†Drache	Danzig	119,3	42,11	159

HFPN — HJBN

Unter-scheidungs-Signale	Namen der Schiffe	Heimathshafen	Kubik-meter Netto-Raumgehalt	Register-Tons	Pferde-kräfte.
HFPN	St. Mathaeus	Danzig	1436,8	507,12	
HFPQ	Gebrüder	Danzig	96,1	34,61	
HFPS	George Linck	Danzig	1924,3	679,34	
HFPV	Anna	Danzig	44,7	15,89	
HFPW	Sommer	Danzig	91,9	32,44	
HFQB	Falke	Danzig	93,1	32,81	
HFQC	Marie Mathildo	Danzig	67,9	23,91	
HFQD	Augustine	Danzig	49,6	17,31	
HFQK	†Blonde	Danzig	1310,0	462,13	104
HFQL	Hebe	Danzig	882,5	311,32	
HFQM	Jupiter	Danzig	1882,1	664,12	
HFQR	William Bateman	Danzig	1428,9	504,37	
HFQS	Herrmann	Danzig	528,1	186,42	
HFQT	Johannes	Danzig	482,6	170,33	
HFQV	Carl Linck	Danzig	1879,0	663,79	
HFQW	†Artushof	Danzig	1472,3	519,90	228
HFRC	Hermann	Danzig	142,7	50,37	
HFRJ	Hoffnong	Danzig	1461,3	515,80	
HFRK	†Minister Achenbach	Danzig	2132,8	752,47	120*
HFRL	Wilhelm Linck	Danzig	1892,6	668,09	
HFRN	Der kleine Friedrich	Danzig	44,9	15,83	
HFRP	Anna Amalie	Danzig	70,1	24,74	
HFRQ	Betty	Danzig	757,0	267,21	
HFRS	†Jenny	Danzig	1541,9	544,29	90*
HFRT	†Fink	Danzig	51,8	18,29	—
HFRV	Jansjen	Danzig	229,1	80,81	
HFRW	Mary C. Bohm	Danzig	ca. 145	ca. 51	
HFSB	Elise Linck	Danzig	1454,1	513,30	
HFSC	†Arion	Danzig	27,4	9,64	—
HFSD	†Mlawka	Danzig	1207,0	457,84	95*
HFSG	Walter	Danzig	98,0	34,39	
HFSJ	Black Diamond	Danzig	ca 1653	ca. 583	
HFSK	†Bravo	Danzig	56,0	19,37	—
HFSL	†Danzig	Danzig	1566,5	552,91	90*
HFSM	Oswald	Danzig	1260,5	444,93	
HFSN	†Annie	Danzig	1631,4	575,81	99*
HFSP	†Putzig	Danzig	230,3	81,30	25*
HFSQ	Else	Danzig	ca 813	ca. 287	
HFSR	Helene	Danzig	ca. 746	ca. 263	
HFST	†Brunette	Danzig	1619,7	571,77	99*
HFSV					
HFSW					
HFTB					
HFTC					
HJBF	Michael	Stettin	1075,8	379,16	
HJBG	Nommer Fünf	Memel	1039,6	366,99	
HJBL	†Nordstern	Elbing	312,1	110,38	36
HJBM	†Ceres	Elbing	802,1	106,44	36
HJBN	Cito	Elbing	464,4	163,97	

* Nominelle Pferdekräfte.   2*

HJBP — JBLG

Unter-scheidungs-Signale.	Namen der Schiffe.	Heimathshafen	Kubik-meter Netto-Raumgehalt.	Register-Tons	Pferde-kräfte.
HJBP	Einigkeit	Elbing	1124,4	396,91	
HJBQ	†Ajax	Pillau	1862,6	657,86	110
HJBS	†Sirius	Königsberg i. Pr.	732,6	258,66	50
HJBV	Sirene	Stettin	1419,1	500,93	
HJCB	†Pinus	Elbing	279,9	98,81	80*
HJCD					
HJCF					
JBCD	Carl	Stettin	404,6	142,73	
JBCN	Die Ostsee	Stettin	481,9	170,07	
JBCP	Bravo	Stettin	464,1	163,44	
JBCR	Carl Friedrich	Stettin	365,6	129,06	
JBDC	Ottilie	Stettin	475,6	167,69	
JBDF	Patriot	Swinemünde	663,7	234,29	
JBDG	Arcona	Swinemünde	528,7	186,62	
JBDH	†Tilsit	Stettin	499,1	176,10	45
JBDK	Elwine & Friedericke	Stettin	404,4	142,74	
JBDN	†Memel Packet	Stettin	373,8	131,90	40
JBDV	Allegro	Memel	891,9	314,79	
JBFD	Felix	Stettin	662,5	233,97	
JBFG	Minerva	Stettin	778,6	274,61	
JBFH	Hertha	Stettin	557,1	196,63	
JBFK	Bertha	Swinemünde	583,6	205,94	
JBFL	Reform	Stettin	712,9	251,63	
JBFN	Louise	Ueckermünde	877,9	309,49	
JBFP	Paul	Stettin	481,6	169,93	
JBFQ	Amaranth	Ueckermünde	689,3	243,37	
JBFR	Aries	Swinemünde	140,8	49,6	
JDFT	Emilie	Stettin	636,3	224,46	
JBFV	Dienstag	Ueckermünde	829,8	292,61	
JBFW	Der Pommer	Swinemünde	660,3	233,63	
JBGH	Richard	Anklam	575,0	202,96	
JBGK	Verein	Stralsund	455,6	160,76	
JBGN	Gustav et Adelheid	Stettin	444,4	150,87	
JBGQ	Louise	Stolpmünde	541,8	191,66	
JBGR	Anna	Ueckermünde	762,6	269,13	
JBGV	Der zehnte Juni	Ueckermünde	951,6	335,99	
JBHK	Leucothea	Stettin	533,3	188,33	
JBHN	Anna	Stettin	942,8	332,33	
JBHT	William	Stettin	698,9	246,16	
JBKC	Oceanide	Stettin	578,9	204,33	
JBKD	Comet	Stettin	628,6	221,97	
JBKF	Paladin	Swinemünde	817,7	299,33	
JBKG	Martha	Rügenwalde	422,6	149,15	
JBKL	Thetis	Stettin	670,3	236,36	
JBKM	Heimath	Ueckermünde	655,7	231,43	
JBKN	Marie Heyn	Stettin	916,6	323,33	
JBLC	Amleitia	Ueckermünde	658,9	232,33	
JBLF	L'esperance	Ueckermünde	599,3	211,36	
JBLG	Emilie	Swinemünde	1185,8	418,19	

* Indicirte Pferdekräfte.

JBLN — JBSP

Unter-scheidungs-Signale.	Namen der Schiffe.	Heimathshafen	Kubik-meter Netto-Raumgehalt.	Register-Tons	Pferde-kräfte.
JBLN	Talismann	Stettin	763,6	269,34	
JBLP	Adelheid	Stettin	603,0	212,84	
JBLR	Ernestine	Anklam	456,2	161,04	
JBLV	Carl Friedrich	Demmin	1095,6	386,71	
JBMF	Elise	Stettin	406,9	175,41	
JBMG	Albert	Stettin	625,8	220,91	
JBMH	Orient	Stettin	641,9	220,43	
JBMP	Gustav	Ueckermünde	633,7	223,69	
JBMQ	Die Peene	Wolgast	710,4	250,77	
JBMS	Nestor	Stettin	1269,0	447,34	
JBMT	Marie Emilie	Demmin	1156,2	408,13	
JBMW	Familie	Ueckermünde	580,6	204,84	
JBNF	Schnellpost	Anklam	329,0	116,13	
JBNG	Orion	Rügenwalde	234.8	82,84	
JBNL	Hermann	Ueckermünde	528,2	186,14	
JBNM	Amalia & Hedwig	Stettin	932,7	329,34	
JBNP	†Miedroy	Stettin	217,3	76,71	50
JBNR	Minister von Schlei-nitz.	Ueckermünde	567,0	200,24	
JBNV	Henriette Wilhelmine	Barth	475,9	167,91	
JBPC	Emma Louise	Ziegenort	199,3	70,41	
JBPF	Amanda	Ueckermünde	879,7	310,43	
JBPH	†Die Dievenow	Stettin	193,9	68,46	50
JBPK	†Prinzess Royal Victoria.	Stettin	282,9	99,86	65
JBPR	Prinz Regent	Stettin	1344,7	474,62	
JBPV	Veritas	Ueckermünde	1395,8	492,73	
JBPW	Carl	Stettin	678,9	239,62	
JBQC	Mentor	Stettin	690,1	243,62	
JBQF	†Alexandra	Stettin	1057,8	373,34	148
JBQG	†Emilie	Stettin	978,2	345,31	80
JBQH	Pauline	Stettin	955,6	337,33	
JBQK	Hulda	Ziegenort	152,4	53,86	
JBQP	Claudia	Stettin	1097,7	387,46	
JBQR	Alma	Stettin	593,9	209,74	
JBQS	Hugo Georg	Stettin	550,6	194,41	
JBQT	Donnerstag	Ueckermünde	620,9	219,13	
JBQV	Doisburg	Geestemünde		691,11*	
JBQW	Lucia	Stettin	769,8	271,74	
JBRG	Johanna Emilie	Kolberg	607,6	214,44	
JBRH	Ludwig Heyn	Stettin	1657,0	584,77	
JBRM	Martin	Stettin	465,3	164,63	
JBRN	Else	Stettin	639,3	225,63	
JBRS	†Der Preusse	Stettin	625,1	220,43	60
JBRT	†Archimedes	Stettin	681,0	240,33	60
JBRV	†Vineta	Stettin	556,3	196,16	60
JBSH	Ferdinand	Stolpmünde	139,2	49,13	
JBSK	Der Nord	Stettin	1413,1	498,63	
JBSP	Ida	Kolberg	91,6	32,31	

* Lasten zu 4000 ℔.

Unter-scheidungs-Signale.	Namen der Schiffe.	Heimathshafen	Kubik-meter Netto-Raumgehalt.	Register-Tons	Pferde-kräfte.
JBSR	Iphigenia	Rügenwalde	722,6	255,68	
JBTC	Pomerania	Stolpmünde	995,6	351,24	
JBTD	Lupus	Swinemünde	126,2	44,59	
JBTH	Hertha	Rügenwalde	1123,4	398,23	
JBTL	Die zwei Geschwister	Rügenwalde	118,3	41,73	
JBTN	Eduard	Bremen	1706,6	602,36	
JBTQ	†Neptun	Swinemünde	154,3	54,64	60
JBTR	†Der Verein	Swinemünde	155,5	54,69	201
JBTW	Friedrich	Kolberg	1003,8	354,21	
JBVG	Laura	Kolberg	881,9	311,22	
JBVL	†St. Petersburg	Stettin	720,6	254,39	60
JBVM	Leo	Rügenwalde	125,9	44,43	
JBVQ	Ostsee	Kolberg	1022,6	360,98	
JBVR	Carl Friedrich	Kolberg	305,6	107,84	
JBVS	Emma	Stettin	565,2	199,63	
JBVT	Carl Johannes	Kolberg	338,6	119,34	
JBWC	Severus	Stettin	1264,6	446,44	
JBWD	Friedrich Wilhelm	Swinemünde	433,4	153,00	
JBWF	Felix	Ueckermünde	1004,7	354,84	
JBWP	Elise	Swinemünde	126,9	44,76	
JBWR	Ernst Friedrich	Kolberg	708,8	250,31	
JBWS	†Arcona	Stettin	1059,4	374,11	80
JCBD	Perle	Kolberg	768,1	271,14	
JCDF	Oberon	Rügenwalde	745,3	263,16	
JCBH	Bellona	Rügenwalde	1288,6	454,85	
JCBK	August Friedrich	Anklam	668,3	235,67	
JCBM	Carl August	Stettin	681,9	240,71	
JCBN	August	Swinemünde	983,6	347,16	
JCBP	Leopoldine Fraude	Stettin	925,3	326,69	
JCBQ	Eintracht	Stettin	769,8	271,56	
JCBS	Friederike & Marie	Swinemünde	871,1	307,10	
JCBV	Martha et Hedwig	Stettin	435,7	153,80	
JCBW	Navigator	Kolberg	432,4	152,64	
JCDF	Richard	Stettin	1311,0	462,79	
JCDK	†Orpheus	Stettin	655,6	281,41	50
JCDM	Hermann	Rügenwalde	109,3	38,56	
JCDN	Der Süd	Stettin	1366,1	482,74	
JCDT	Der Freischütz	Stettin	501,-	177,14	
JCDV	Alby	Stettin	531,6	187,63	
JCDW	William	Anklam	135,9	47,79	
JCFG	Mittwoch	Ueckermünde	793,3	280,11	
JCFH	Freitag	Ueckermünde	880,6	310,44	
JCFL	Bruno	Stettin	644,3	227,63	
JCFM	Berthold	Stettin	769,6	271,67	
JCFN	Norma	Stettin	1012,6	357,44	
JCFP	Willibald	Stettin	744,9	262,95	
JCFQ	†Die Eracht	Stettin	309,6	109,36	40
JCFS	Willkommen	Kolberg	1109,1	391,41	
JCFV	Charles	Stettin	867,4	306,29	

Unter-scheidungs-Signale.	Namen der Schiffe.	Heimathshafen	Kubik-meter Netto-Raumgehalt.	Register-Tons	Pferde-kräfte.
JCGB	Rudolph Ebel. . .	Stettin	1107,1	890,00	
JCGH	Nordstern.	Stettin	618,6	218,37	
JCGK	Louise Wichards .	Stettin	992,0	350,13	
JCGL	Leda.	Stettin	914,9	322,94	
JCGR	Concordia	Rügenwalde . .	1050,9	370,94	
JCGS	Ceres	Stettin	725,3	256,00	
JCGW	Prinz Adalbert . .	Stettin	840,6	296,67	
JCHB	Auguste Jeanette .	Danzig	1097,3	866,11	
JCHQ	Fortuna	Stettin	82,3	29,00	
JCHR	Minna	Stettin	92,6	32,47	
JCHT	Emilie	Stettin	131,3	46,33	
JCHV	Maria	Stettin	63,7	22,81	
JCKB	Molly	Stettin	823,6	290,71	
JCKD	Ernestine Wilhelmine	Ziegenort.	89,3	31,23	
JCKG	Concordia	Stettin	94,0	33,19	
JCKN	Anna.	Stolpmünde. . . .	159,7	56,37	
JCKQ	Heinrich	Wollin	103,1	36,49	
JCKR	Gustav.	Stralsund. . . .	74,6	26,39	
JCKS	Maria	Osternothhafen . .	77,9	27,0	
JCKW	Minna	Stettin	84,9	29,97	
JCLB	Anna.	Stralsund.	97,3	34,00	
JCLD	Amanda	Anklam	78,6	27,83	
JCLF	Gustav	Swinemünde . . .	84,4	29,79	
JCLR	Elise.	Stralsund. . . .	71,6	25,33	
JCLS	Otto Robert. . . .	Ziegenort.	176,6	63,04	
JCLV	Johanne Louise . .	Swinemünde . .	56,3	19,87	
JCMB	Marie	Stolpmünde. . . .	102,6	36,39	
JCMP	Auguste	Stettin	238,3	84,00	
JCMS	Hulda	Swinemünde . . .	113,3	40,07	
JCMT	†Stolp	Stettin	383,9	135,53	40
JCNB	Waldemar	Stettin	777,3	274,85	
JCND	Maria	Anklam	133,3	47,82	
JCNK	Ceres	Rügenwalde . . .	865,6	305,63	
JCNV	Helene	Stralsund	169,6	69,95	
JCNW	Auguste Teitge . .	Stettin	1013,6	357,33	
JCPD	Juno	Stolpmünde. . . .	108,9	38,45	
JCPG	Maria	Rügenwalde . . .	100,3	35,41	
JCPH	Cito	Rügenwalde . . .	77,7	27,43	
JCPN	Königin Auguste .	Stettin	1303,9	460,31	
JCPQ	C. F. Ivers	Stettin	858,4	303,91	
JCPR	Elise	Rügenwalde . . .	108,6	38,44	
JCPT	†Wolliner Greif . .	Wollin	177,2	62,34	50
JCQB	Gerdina	Kolberg	75,6	26,49	
JCQD	Caroline	Rügenwalde . . .	85,6	30,33	
JCQK	Gute Hoffnung . .	Kolberg	87,5	80,83	
JCQP	Maria	Neuwarp	65,1	22,93	
JCQT	Cito	Kammin in Pommern .	68,3	24,30	
JCQV	Alfred	Wollin	171,9	60,00	
JCQW	Julius	Kolberg	77,3	27,33	

JCRD — JDCG

Unter-scheidungs-Signale.	Namen der Schiffe.	Heimathshafen	Kubik-meter Netto-Raumgehalt	Register-Tons	Pferde-kräfte.
JCRD	Otilie	Stettin	914,7	322,20	
JCRF	Ludwig	Stettin	1042,1	368,31	
JCRII	Wilhelm	Stettin	. . .	19*	
JCRL	Fidelio	Stettin	1064,8	375,18	
JCRS	Liberty	Kolberg	88,9	20,61	
JCRV	Auguste	Stettin	126,2	44,34	
JCRW	Gustav	Kolberg	176,9	62,41	
JCSG	Graf von Wrangel	Kolberg	846,3	298,90	
JCSII	Nordsee	Rügenwalde	930,3	328,47	
JCSK	Atlantic	Rügenwalde	1318,4	465,84	
JCSM	Sonnabend	Ueckermünde	967,9	341,67	
JCSN	†Die Sonne	Swinemünde	150,4	53,00	40
JCSR	Hermine	Ueckermünde	689,3	243,43	
JCSV	Ilben	Stettin	1261,9	445,18	
JCTB	von der Heydt	Stettin	1308,9	462,64	
JCTD	Baltic	Rügenwalde	878,6	310,07	
JCTG	Anna	Stolpmünde	158,6	65,57	
JCTL	Anna	Anklam	163,1	57,57	
JCTP	Gustav	Stolpmünde	257,9	90,77	
JCTS	Brünnow	Rügenwaldermünde	1364,7	481,74	
JCVB	Albatros	Stettin	902,7	318,44	
JCVD	Louise	Anklam	691,3	244,89	
JCVF	Carl Johann	Stettin	850,3	300,17	
JCVG	Sonntag	Ueckermünde	938,7	331,39	
JCVK	Schwalbe	Rügenwalde	168,6	57,71	
JCVM	Friedrich Scalla	Stettin	1195,1	421,64	
JCVN	†Das Haff	Stettin	153,2	54,69	40
JCVT	Bürgermeister Kirstein.	Anklam	1007,4	355,63	
JCVW	Der dritte Juli	Kolberg	824,5	291,89	
JCWD	Anna	Stralsund	81,3	28,77	
JCWF	Ernst et Benno	Stettin	1042,6	367,97	
JCWG	Aurelius	Barth	709,9	282,90	
JCWM	Heinrich Albert	Neuwarp	81,4	28,74	
JCWP	Carl Fraus	Swinemünde	504,0	177,90	
JCWQ	Hedwig	Stettin	84,9	29,93	
JCWR	Ferdinand Drumm	Stettin	2027,6	715,64	
JCWS	Laura	Kolberg	397,6	140,84	
JCWT	Christoph	Stralsund	175,3	61,84	
JDBC	Paul	Stralsund	131,7	46,49	
JDBG	Mynheer	Anklam	984,3	347,34	
JDBK	Carl Heinrich	Anklam	634,1	228,34	
JDBM	Marie	Stettin	1318,4	465,63	
JDBN	Auguste	Geestemünde	940,1	331,69	
JDBQ	†Hertha	Stettin	1182,6	417,30	80
JDBW	Emma Zühlke	Gollnow	457,6	161,83	
JDCB	Herrmann Becker	Stettin	1092,7	385,73	
JDCF	Sophia	Stettin	180,6	63,76	
JDCG	Maria	Rügenwaldermünde	83,2	29,39	

* Lasten zu 4000 ℔.

JDCL — JDLW

Unter-scheidungs-Signale.	Namen der Schiffe.	Heimathshafen	Kubik-meter Netto-Raumgehalt.	Register-Tons	Pferde-kräfte.
JDCL	Ottilie	Danzig	1607,6	567,49	
JDCN	Antares	Rügenwalde	1819,4	465,74	
JDCQ	Melisse	Rügenwaldermünde	124,0	48,77	
JDCR	Maria	Barth	1190,3	420,16	
JDCS	Bernhard	Stettin	1863,4	657,76	
JDCW	Ida	Altwarp	178,4	62,97	
JDFG	Martha	Ziegenort	149,0	52,50	
JDFH	Olga	Danzig	987,8	848,00	
JDFK	Leopold II.	Rügenwalde	1210,6	427,41	
JDFL	†Arthur	Stettin	347,3	122,04	20
JDFR	†Titania	Stettin	835,7	295,01	120
JDFV	Victoria	Anklam	1221,6	431,73	
JDFW	†Mariette	Stettin	798,3	281,76	64
JDGK	†Der Kaiser	Stettin	344,6	121,64	80
JDGM	†Alma	Swinemünde	129,3	45,61	148
JDGN	Wega	Rügenwalde	975,0	344,16	
JDGP	Martha	Kolberg	141,3	49,88	
JDGR	Minna	Swinemünde	1823,3	467,11	
JDGS	Catharina	Rügenwalde	98,0	32,68	
JDGT	Madura	Ueckermünde	1250,4	441,44	
JDGV	Lucie Radmann	Ueckermünde	1266,0	446,04	
JDHC	Bertha	Kolberg	191,6	67,76	
JDHQ	Ida	Kolberg	205,8	72,04	
JDHM	Hedwig	Stralsund	576,6	203,41	
JDHN	†Commercial	Stettin	345,0	121,76	85
JDHR	†Susanne	Stettin	744,4	262,77	60
JDHS	†Moskau	Stettin	1421,1	501,08	85
JDKB	Louise	Hamburg	1946,4	687,00	
JDKF	Freiheit	Rügenwalde	751,6	265,30	
JDKL	Genltore	Rügenwalde	1201,3	424,03	
JDKM	Empress	Rügenwalde	1301,4	459,44	
JDKQ	Argo	Ziegenort	179,1	63,03	
JDKS	Elise Metzler	Stettin	1056,6	873,46	
JDKT	Vera	Rügenwalde	1081,3	364,84	
JDKV	Johanna	Stettin	1952,7	689,31	
JDLB	Humber	Danzig	1281,3	484,43	
JDLC	Geertruida	Swinemünde	161,6	56,97	
JDLF	†Princess	Swinemünde	26,6	9,40	40
JDLG	Albert	Wolgast	90,3	81,94	
JDLH	†KronprinzFriedrich Wilhelm.	Stettin	844,0	121,43	96
JDLK	Wilhelmine	Altwarp	78,9	26,06	
JDLM	Anna Maria	Altwarp	58,7	20,73	
JDLN	Ella	Stolpmünde	180,3	68,40	
JDLR	†Reval	Stettin	1492,4	526,63	85
JDLS	†Agent	Swinemünde	84,0	12,31	64
JDLT	†Orion	Swinemünde	431,6	152,34	16
JDLV	Maria	Ueckermünde	64,1	22,43	
JDLW	Friedrich	Stralsund	62,6	23,40	

JDMB — JDRC

Unterscheidungs-Signale.	Namen der Schiffe.	Heimathshafen	Kubik-meter Netto-Raumgehalt.	Register-Tons	Pferde-kräfte.
JDMB	Johanna	Rügenwaldermünde	60,8	21,23	
JDMG	†Rügenwalde	Rügenwalde	1079,6	361,10	300
JDMH	†Vesuv	Stettin	43,8	15,23	85
JDMK	Wilhelmine	Altwarp	60,1	24,40	
JDMN	Loolse	Swinemünde	79,8	28,01	
JDMP	†Kressmann	Stettin	1174,4	414,65	75
JDMQ	Alice Starrett	Swinemünde	1043,3	388,37	
JDMR	†Die Blume	Stettin	81,6	28,90	36
JDMS	Wilhelmine	Neuwarp	58,7	20,73	
JDMW	Alice	Flensburg	280,8	90,19	
JDNB	†Castor	Swinemünde	55,7	19,46	20
JDNC	†Pollux	Ellerbeck bei Kiel	56,4	19,91	20
JDNG	†Russia	Stettin	1564,8	652,35	90
JDNH	Fortuna	Altwarp	60,8	21,33	
JDNL	†Heinrich	Stettin	148,8	52,41	65
JDNM	Johanna Maria	Stolpmünde	176,6	62,33	
JDNQ	Jolie	Wolgast	1104,7	889,96	
JDNR	Marie	Swinemünde	82,7	29,19	
JDNS	Paul	Anklam	79,8	28,16	
JDNT	Adler	Rügenwalde	92,3	32,83	
JDNW	Concordia	Stettin	133,3	47,80	
JDPB	Carl & Erich	Stettin	233,7	82,07	
JDPC	†Anclam Packet	Anklam	151,6	53,44	20
JDPF	Emma	Anklam	206,4	72,84	
JDPG	Fritz	Swinemünde	108,3	38,39	
JDPH	†Teutonia	Lübeck	679,8	239,67	150
JDPL	Auguste	Swinemünde	211,7	74,13	
JDPM	Bertha	Anklam	203,9	71,97	
JDPQ	Wilhelm	Stettin	627,4	115,46	
JDPR	Friederich	Stettin	103,1	86,30	
JDPS	Elise	Ziegenort	209,9	74,07	
JDPT	Auguste	Ziegenort	201,9	71,57	
JDPV	Georg	Stettin	201,9	71,33	
JDPW	Martha	Stolpmünde	105,6	87,33	
JDQB	Friedericke	Stettin	1287,8	454,43	
JDQF	Modesta	Kammin in Pommern	91,1	82,17	
JDQG	Anna	Stettin	210,9	74,48	
JDQH	†Stockholm	Stettin	1627,3	574,80	80
JDQK	Wilhelmine	Usedom	108,7	38,34	
JDQL	Libertas	Pölitz, Kreis Randow	173,3	61,17	
JDQM	Hedwig	Neuwarp	202,6	71,80	
JDQN	Alma	Swinemünde	211,0	74,03	
JDQP	†Hochfeld	Stettin	1844,3	650,99	400
JDQR	†Riga	Stettin	799,1	282,04	60
JDQS	Don Ricardo	Stolpmünde	780,6	275,44	
JDQV	Marie	Swinemünde	147,6	52,11	
JDQW	Ella	Swinemünde	211,6	74,40	
JDRB	Union	Swinemünde	1030,8	363,77	
JDRC	†Else	Stettin	31,8	11,23	30

JDRF — JHDN

Unter-scheidungs-Signale.	Namen der Schiffe.	Heimathshafen.	Kubik-meter Netto-Raumgehalt.	Register-Tons	Pferde-kräfte.
JDRF	Ida	Ziegenort	207,7	73,2	
JDRG	Ernst	Ziegenort	207,3	73,21	
JDRN	†Liban	Stettin	1636,9	577,8	80
JDRP	†Renata	Stettin	1600,4	568,13	80
JDRS	Helene	Neuwarp	ca.473	ca. 167	
JDRT	†Lebbin	Stettin	143,4	50,8	—
JDRV	Inverallan	Stettin	1862,0	657,70	
JDSF	†Stettin	Stettin	1640,1	582,19	96
JDSG	†Olga	Stettin	1547,7	546,2	100
JDSL	†Kurland	Stettin	1130,4	402,22	60
JDSM	Albertine	Wollin	208,3	73,60	
JDSN	†Wipper	Rügenwalde	1091,7	385,37	240
JDSP	†Martha	Stettin	54,8	19,39	40
JDSQ	†Lina	Stettin	1424,6	502,66	300
JDSR	†Schweden	Stettin	1120,6	395,86	75
JDST	Anna Johanna	Swinemünde	274,3	96,81	
JDSV	†Kätie	Stettin	5838,3	2060,99	240*
JDSW	Wilhelm	Usedom	139,2	49,13	
JDTB	†Ostsee	Stettin	1658,4	585,46	440
JDTC	†Swinemünde	Swinemünde	23,3	8,72	20
JDTF	†Colberg	Kolberg	438,3	154,61	100
JDTG	†Clara	Kolberg	570,1	201,38	90
JDTK	†Melida	Stettin	1479,0	522,01	200
JDTL	†Italia	Stettin	1964,3	693,23	280
JDTM	†Berlin	Stettin	2091,2	738,16	320
JDTN	†Königsberg	Stettin	2054,6	725,34	320
JDTP					
JDTQ					
JDTR					
JHBG	Anton	Wolgast	473,7	167,00	
JHBN	Therese	Wolgast	244,1	86,17	
JHBP	Gustav	Wolgast	539,1	190,31	
JHBR	Gustavo	Wolgast	590,4	211,37	
JHBS	Victor	Greifswald	501,1	176,49	
JHBT	Wolgast	Wolgast	554,1	195,66	
JHBW	Julie und Auguste	Wolgast	561,5	198,20	
JHCD	Agnes	Greifswald	1158,7	409,01	
JHCF	Carl Gustav	Wolgast	521,1	183,95	
JHCK	Clara und Hermann	Greifswald	701,0	247,44	
JHCL	Anna	Greifswald	669,9	236,42	
JHCM	Carl Richard	Greifswald	524,9	185,27	
JHCN	Nestor	Greifswald	995,3	351,31	
JHCR	Anna	Wolgast	605,9	213,44	
JHDB	Auguste	Greifswald	773,0	272,47	
JHDC	Dolly	Greifswald	794,0	280,20	
JHDK	Gräfin Maria Lottum	Rostock	460,6	162,31	
JHDL	Marie	Stralsund	902,4	318,33	
JHDM	Minerva	Barth	1180,6	416,43	
JHDN	Hohenzollern	Greifswald	1054,4	372,23	

* Nominelle Pferdekräfte.

JHDQ — JIIPF

Unter- scheidungs- Signale.	Namen der Schiffe.	Heimathshafen	Kubik- meter Netto-Raumgehalt.	Register- Tons	Pferde- kräfte.
JHDQ	Satisfaction	Wolgast	498,9	176,18	
JHDR	Vesta	Greifswald	729,2	257,89	
JHDV	Julie	Greifswald	793,8	280,21	
JHFB	Schmückert	Greifswald	993,2	350,80	
JHFD	Emma	Greifswald	690,0	243,57	
JHFG	Johanna von Schu- bert.	Wolgast	471,8	166,97	
JHFK	Pauline	Wolgast	436,8	154,08	
JHFP	Der Friede	Greifswald	931,9	328,36	
JHFQ	Johann Friedrich	Wolgast	694,8	245,09	
JHFR	Doctor von Graefe .	Wolgast	667,8	235,24	
JHFT	August	Wolgast	546,2	192,84	
JHFV	Hellas	Greifswald	623,0	219,31	
JHGB	Hermann und Maria	Greifswald	118,7	41,69	
JHGC	Cassandra	Greifswald	816,4	288,28	
JHGD	Mercur	Greifswald	483,1	170,62	
JHGP	Elise	Wolgast	454,0	160,23	
JHKB	Friedrich	Wolgast	94,7	33,43	
JHKD	Albert und Anna	Wolgast	486,8	171,86	
JHKF	Emil Devrient . . .	Wolgast	691,9	244,24	
JHKL	Elisabeth	Greifswald	767,9	270,97	
JHKM	Freude	Greifswald	767,7	271,20	
JHKN	†Marie	Wolgast	966,6	341,80	120
JHKP	Anna und Marie	Wolgast	1251,1	441,63	
JHKR	Prinz Adalbert . .	Wolgast	687,9	242,79	
JHLB	Einigkeit	Greifswald	1245,1	439,31	
JHLF	Mathilde	Greifswald	1247,8	440,48	
JHLG	Johannes	Stettin	731,4	258,18	
JHLM	Graf von Arnim .	Wolgast	753,6	266,89	
JHLN	Therese	Greifswald	902,7	318,81	
JHLQ	Victoria	Greifswald	800,0	282,10	
JHLV	Paul	Greifswald	80,4	28,38	
JHLW	Johanna und Lina .	Wolgast	731,8	258,11	
JHMD	Max und Robert .	Kolberg	181,2	63,96	
JHMF	Charlotte	Greifswald	1097,1	387,33	
JHMG	Hanna	Greifswald	830,6	293,28	
JHMN	Dritte Juli . . .	Wolgast	615,7	217,34	
JHMP	Die Elche	Wolgast	422,6	149,13	
JHMR	Camilla	Greifswald	1265,4	446,63	
JHMT	Eintracht	Greifswald	1130,7	399,14	
JHNF	Wilhelm	Barth	92,4	32,63	
JHNM	Lion	Greifswald	141,7	50,91	
JHNR	Willy	Neuwarp	181,3	64,89	
JHNS	Heilmann	Greifswald	80,8	28,40	
JHNT	Auguste	Altwarp	174,9	61,74	
JHPB	Albert	Ziegenort	201,3	71,82	
JHPC	Einigkeit	Greifswald	178,0	62,85	
JHPD	†Fritz	Wolgast	202,1	71,33	16
JHPF	Emma	Wolgast	421,2	148,71	

JHPG — JLFQ

Unter-scheidungs-Signale.	Namen der Schiffe.	Heimathshafen	Kubik-meter Netto-Raumgehalt.	Register-Tons	Pferde-kräfte.
JHPG	Providentia	Greifswald	665,3	234,91	
JHPL	August	Greifswald	78,6	27,70	
JHPM	Willy	Greifswald	154,4	54,30	
JHPN	Wilhelm Homeyer .	Wolgast	1451,6	512,41	
JHPS	Bertha	Greifswald	87,7	80,99	
JHPT	Emilie	Wolgast	804,1	283,83	
JHPV	Elwine	Wolgast	88,6	81,14	
JHQB	Ada	Wolgast	ca.1507	ca.588	
JHQC	Marie	Greifswald	94,9	88,16	
JHQD	Laura	Greifswald	89,3	81,31	
JHQF	Susanna	Stettin	97,4	34,51	
JHQG	†Elisabeth	Wolgast	119,0	42,41	16
JHQK	Caroline	Wolgast	98,1	34,70	
JHQL	Wilhelmine	Wolgast	104,3	36,83	
JHQM	†Pommern	Greifswald	168,9	56,10	50
JHQN	Emilie	Stralsund	565,2	199,34	
JHQP					
JHQR					
JHQS					
JHQT					
JHQV					
JHQW					
JLBM	Ernst.	Barth	915,9	323,81	
JLBP	Albert Wilhelm . .	Barth.	578,9	204,38	
JLBT	Anna.	Stralsund	587,1	189,46	
JLBW	Pius IX.	Stralsund	721,3	254,53	
JLCB	Peter	Stralsund	315,6	111,37	
JLCD	Heinrich	Barth.	644,7	227,59	
JLCF	Wilhelmine	Stralsund	219,0	77,39	
JLCG	Ernst	Barth.	459,1	162,96	
JLCM	Othello	Barth.	665,9	234,86	
JLCN	Gloria	Stralsund	432,6	152,71	
JLCR	August	Barth.	645,9	228,00	
JLDB	Therese.	Barth.	305,3	107,14	
JLDF	Immanuel	Barth.	628,3	220,19	
JLDG	Bernhard	Barth.	776,6	274,14	
JLDH	Albert	Barth.	. . .	19,03*	
JLDM	Wilhelm August . .	Barth.	826,4	291,71	
JLDN	Richard.	Barth.	455,3	160,39	
JLDQ	Die Krone	Barth.	957,6	338,03	
JLDR	Bertha	Barth.	336,3	118,63	
JLDT	Marta	Barth.	126,3	44,57	
JLDV	Helene	Stralsund	1016,4	358,96	
JLFC	Peter.	Barth.	853,3	301,39	
JLFH	Friedrich Wilhelm IV.	Barth.	1046,9	369,34	
JLFK	Carl	Stralsund	260,6	91,34	
JLFN	Mobil	Stralsund	441,6	155,94	
JLFP	Achilles	Stralsund	451,1	159,33	
JLFQ	Hellas	Stralsund	1028,6	363,17	

* Lasten zu 4000 ℔.

JLFR — JLSK

Unterscheidungs-Signale.	Namen der Schiffe.	Heimathshafen	Kubik-meter Netto-Raumgehalt.	Register-Tons	Pferde-kräfte.
JLFR	von Pommer-Esche	Stralsund	656,4	196,41	
JLFV	Ida Mathilde . . .	Stettin	1088,4	384,31	
JLGB	Vorwärts	Stralsund	398,2	138,80	
JLGC	Auguste	Stralsund	440,2	155,40	
JLGM	Gustav Friedrich .	Stralsund	1003,4	354,80	
JLGN	Johann Friedrich .	Barth	567,3	200,22	
JLGQ	Gottfried	Stralsund	480,3	109,44	
JLGS	Activ	Barth	898,4	317,14	
JLHB	Bertha	Stralsund	1137,2	401,06	
JLHG	Condor	Barth	907,1	320,84	
JLHN	Christine	Barth	105,4	87,31	
JLHV	Courier	Barth	1023,1	361,10	
JLKB	Therese	Barth	119,6	42,22	
JLKD	Therese	Stralsund	426,9	150,40	
JLKF	Hellmuth und Marie	Barth	119,9	42,11	
JLKP	Vorwärts	Barth	429,6	151,17	
JLKR	Friederike	Stettin	93,4	83,10	
JLKS	Landrath von Hage-meister.	Stralsund	512,2	181,63	
JLKT	Sophie	Stralsund	103,3	36,43	
JLKV	Franz Böttcher . .	Stralsund	487,0	171,50	
JLKW	Preciosa	Barth	1025,7	362,87	
JLMB	Elwine Krepllo . .	Barth	1098,7	387,40	
JLMC	Emma Maria . . .	Barth	112,9	39,83	
JLMF	Anna Sophia . . .	Barth	518,2	183,60	
JLMK	Carl	Bremen	174,3	61,46	
JLMN	Malvina Wendt . .	Barth	1027,9	362,64	
JLMS	Pansevitz	Barth	972,5	243,40	
JLMV	Caecilie	Stralsund	534,9	188,93	
JLMW	Otto	Barth	468,9	165,33	
JLNG	Cito	Stralsund	286,2	101,14	
JLNV	Henriette Steinorth	Barth	908,1	320,54	
JLPG	Harmonie	Barth	602,4	212,73	
JLPH	Anna	Stralsund	122,1	43,00	
JLPQ	Diogenes	Barth	910,4	821,31	
JLQB	Treue	Barth	731,3	256,10	
JLQF	Emma	Barth	608,4	214,74	
JLQK	Johann	Stralsund	131,5	46,41	
JLRB	Alexander v. Hum-boldt.	Stralsund	149,2	52,66	
JLRF	Reinhold	Stralsund	182,9	64,26	
JLRH	Commandeur . . .	Stralsund	187,4	66,16	
JLRK	Arnold Ruge . . .	Barth	88,9	31,38	
JLRM	Julius	Barth	665,5	234,34	
JLRQ	Marie	Barth	89,4	31,40	
JLRW	Alwin el Fritz . .	Barth	211,4	74,53	
JLSB	Heinrich Rodbertus	Barth	981,2	346,31	
JLSH	Hermine	Stralsund	99,9	34,71	
JLSK	Johanna Sophie . .	Flensburg	112,1	39,31	

JLST — JMHL

Unter-scheidungs-Signale.	Namen der Schiffe.	Heimathshafen	Kubik-meter Netto-Raumgehalt.	Register-Tons	Pferde-kräfte.
JLST	Vorwärts	Anklam	84,7	29,90	
JLTB	Robert	Greifswald	86,4	30,49	
JLTH	Australia	Stralsund	163,4	57,57	
JLTR	Louise	Stralsund	989,3	349,10	
JLTV	Albert	Barth	429,4	161,43	
JLVD	Germania	Stralsund	152,3	53,74	
JLVD	Friederike	Barth	82,3	29,66	
JLVF	Carl Albert	Altwarp	129,4	46,63	
JLVH	Ferdinand	Barth	. . .	17,8°	
JLVK	Schwarck	Barth	124,9	44,10	
JLVM	Vorwärts	Barth	125,9	44,13	
JLVQ	Ernst Julius	Ziegenort	170,4	02,30	
JLVR	Henriette	Barth	80,4	28,29	
JLWF	Maria	Stralsund	198,4	70,12	
JLWG	Louis	Stralsund	546,9	192,91	
JLWH	Sophia	Barth	590,3	210,44	
JLWK	Activ	Stettin	101,1	35,69	
JLWM	Bürgermeister Oom	Barth	427,3	150,84	
JLWP	Friedrich Wilhelm	Stralsund	683,1	241,13	
JLWR	Carnot	Barth	136,6	48,22	
JLWV	Marie	Barth	89,4	31,63	
JMBD	Die zwei Brüder	Barth	88,2	31,18	
JMBG	Alwine	Stralsund	168,4	59,44	
JMBK	Maria	Barth	88,5	31,11	
JMBL	Maria	Stralsund	86,4	30,39	
JMBP	Wilhelm	Wolgast	100,3	35,51	
JMBQ	Sirene	Barth	122,6	43,66	
JMBS	Emanuel	Stralsund	169,3	59,73	
JMCB	Louise	Barth	101,7	35,90	
JMCF	Struensee	Barth	107,3	87,84	
JMCH	Elise	Stralsund	74,3	26,17	
JMCL	Louise	Barth	. . .	27,3°	
JMCV	Flora	Stralsund	423,9	149,23	
JMDB	Emma Auguste	Barth	249,4	88,68	
JMDC	Alwine	Stralsund	103,7	36,61	
JMDG	Christian	Stralsund	484,7	171,10	
JMDH	Einigkeit	Barth	553,4	195,23	
JMDP	Undine	Barth	541,6	191,14	
JMDS	Bürgermeister Müller	Barth	965,3	340,73	
JMFP	Brutus	Stralsund	120,6	42,57	
JMFQ	Alwina	Wolgast	67,3	23,73	
JMFS	August	Barth	92,9	32,79	
JMGB	Vorwärts	Barth	65,7	23,03	
JMGQ	Robert & Paul	Stralsund	418,4	147,74	
JMGS	Auguste Mathilde	Stralsund	639,6	225,90	
JMGV	Friederike	Stralsund	514,9	181,44	
JMHC	Emma	Barth	79,6	27,44	
JMHG	Franz	Barth	522,7	184,91	
JMHL	Clara Dickelmann	Stralsund	425,4	150,18	

° Lasten zu 4000 ℔.

JMHN — JMRH

Unter-scheidungs-Signale.	Namen der Schiffe.	Heimathshafen	Kubik-meter Netto-Raumgehalt.	Register-Tons	Pferde-kräfte.
JMHN	Die Erwartung	Barth	519,4	183,93	
JMHR	Arthur	Barth	474,0	167,59	
JMHS	Caroline Marie	Stralsund	95,6	33,54	
JMHV	C. L. Weyer	Barth	1185,3	418,41	
JMHW	Hoche	Barth	128,9	45,32	
JMKD	Bertha	Barth	89,5	31,60	
JMKH	Matador	Stralsund	1191,7	420,68	
JMKP	Julius	Barth	915,8	323,22	
JMKQ	Der Adler	Barth	975,1	344,25	
JMKS	Adolph Friedrich	Stralsund	557,8	196,91	
JMKT	Adolph et Emma	Stralsund	454,5	160,63	
JMKW	Moritz	Stralsund	57,3	20,16	
JMLC	Ernst Wilhelm	Barth	977,6	345,10	
JMLD	Mine	Stralsund	88,7	31,31	
JMLF	Hermann	Stralsund	166,6	58,77	
JMLG	Wittow	Stralsund	59,7	21,67	
JMLH	Ata Bertha	Stralsund	68,9	24,31	
JMLN	Carl	Barth	857,9	802,91	
JMLR	Hermann	Barth	359,4	126,07	
JMLT	Alwine	Stralsund	741,7	201,91	
JMNB	Julius Heinrich	Barth	837,2	295,53	
JMND	Emilie	Barth	431,4	152,80	
JMNF	Bertha	Stralsund	685,6	241,91	
JMNH	Der Nordpol	Barth	1038,3	366,63	
JMNK	Minna	Barth	487,4	172,89	
JMNP	Professor Schulze	Stralsund	171,6	60,48	
JMNS	Mazzini	Barth	108,6	38,46	
JMNT	Annchen Lorenz	Barth	537,9	189,48	
JMNW	Tiger	Barth	1185,5	418,67	
JMPG	Superbe	Stralsund	979,5	345,76	
JMPK	Adolph	Stralsund	609,3	215,10	
JMPL	Vorwärts	Stralsund	84,5	29,33	
JMPN	Bertha	Stralsund	432,5	152,64	
JMPQ	Hugo	Stralsund	315,3	111,37	
JMPT	Johanna	Stralsund	173,1	61,11	
JMPW	Peter Kraeft	Barth	943,7	333,13	
JMQB	Friedrich Wilhelm	Stralsund	669,1	236,10	
JMQC	Alwine	Stralsund	161,6	56,73	
JMQD	Einigkeit	Königstein a. d. Schlei	140,9	49,71	
JMQF	Friederike Weyer	Stralsund	1033,4	364,76	
JMQG	Clara	Stralsund	816,3	288,13	
JMQH	Carl	Stralsund	492,4	173,91	
JMQK	Loreley	Barth	718,5	253,60	
JMQL	Fortuna	Stralsund	648,4	228,60	
JMQN	Wilhelm	Stralsund	94,2	33,23	
JMQS	Johanna Emilie	Barth	568,4	200,71	
JMQV	Apotheker Diesing	Stralsund	1099,1	387,91	
JMRF	Henriette	Barth	121,3	42,97	
JMRH	Laura	Stralsund	119,1	42,64	

JMRP — JNFB

Unter-scheidungs-Signale.	Namen der Schiffe.	Heimathshafen	Kubik-meter Netto-Raumgehalt.	Register-Tons	Pferde-kräfte.
JMRP	Philipp Weyergang	Stralsund	550,8	194,93	
JMRS	Australia	Stralsund	1683,7	576,70	
JMRT	Bertha	Barth	126,2	44,54	
JMSB	Paul	Stralsund	1073,6	378,79	
JMSD	Emma	Stralsund	613,8	216,67	
JMSH	Meta	Barth	1212,9	428,14	
JMSK	Sirene	Barth	603,6	218,09	
JMSL	Johann Gustav . .	Barth	455,3	160,60	
JMSP	Diana	Stralsund	699,3	246,71	
JMSQ	R. W. Parry. . . .	Barth	553,0	195,31	
JMSR	Clara	Stralsund	657,3	231,99	
JMSW	Marie	Barth	156,8	55,19	
JMTD	Anna	Barth	125,7	44,29	
JMTK	Friedchen	Stralsund	1009,6	356,23	
JMTL	Martha	Stralsund	178,8	68,11	
JMTQ	Georgine	Stralsund	104,9	37,03	
JMTV	Carl	Stralsund	188,3	66,46	
JMVB	Onkel Bracsig. . .	Stralsund	841,0	296,95	
JMVD	Laura	Stralsund	104,8	36,99	
JMVS	Bertha Augusta . .	Barth		20°	
JMVT	Wittow	Stralsund	581,1	205,13	
JMVW	Marie	Barth	536,9	189,83	
JMWB	Bertha	Barth	1290,7	455,81	
JMWC	Friederike	Stralsund	110,9	39,14	
JMWD	S. Suppicich . . .	Stralsund	934,8	329,90	
JMWF	August Zäncker . .	Stettin	887,1	186,49	
JMWK	Hoffnung	Barth		221,1°	
JMWR	Bernhardine. . . .	Stralsund	349,9	123,61	
JMWS	Lina	Barth	1274,8	450,01	
JNBC	Wilhelm	Stralsund	145,8	51,47	
JNBF	Marie	Stralsund	846,6	298,64	
JNBG	Consul Platen . . .	Stralsund	913,3	322,93	
JNBH	Jowica	Stralsund	376,5	132,96	
JNBL	Professor Cantzler	Stralsund	718,0	253,46	
JNBP	Franz August . . .	Barth	373,1	181,70	
JNBQ	Bertha Bahlrühs . .	Barth	1491,1	526,34	
JNBT	Eduard Peus . . .	Stralsund	1011,3	357,11	
JNCF	Friedrich II.	Stralsund	864,3	128,40	
JNCK	Heinrich Dircks . .	Barth	1000,8	358,11	
JNCP	Arcona	Stralsund	169,7	59,90	
JNCQ	C. A. Beug	Stralsund	441,6	155,94	
JNDC	Hedwig Siebe . . .	Stralsund	1008,3	356,00	
JNDG	Caroline	Stralsund	445,3	157,19	
JNDK	C. von Platen . . .	Barth	576,0	203,13	
JNDP	Fritz	Barth	647,3	228,67	
JNDQ	Wilhelm	Stralsund	386,7	136,61	
JNDS	Martha	Stralsund	169,3	59,73	
JNDV	Pauline David . . .	Stralsund	2581,6	911,31	
JNFB	August	Greifswald	450,1	159,63	

° Lasten an 4000 S.   3

JNFC — JNMB

Unter-scheidungs-Signale.	Namen der Schiffe.	Heimathshafen	Kubik-meter Netto-Raumgehalt	Register-Tons	Pferde-kräfte.
JNFC	Richard Eichstedt .	Stralsund	892,4	138,34	
JNFD	Carl Friedrich . .	Barth	1301,9	459,88	
JNFK	Hoffnung	Barth	895,2	316,90	
JNFL	Henriette	Barth	88,7	31,30	
JNFM	Hermann	Barth	912,3	322,84	
JNFQ	Charles Kahl . . .	Stralsund	971,8	342,34	
JNFR	Hongkong . . .	Stralsund	. . .	139,3*	
JNFW	Georg Holtz . .	Barth	831,7	293,30	
JNGB	Robert	Barth	93,2	32,34	
JNGD	Auguste Sophie . .	Stralsund	186,9	65,67	
JNGF	A. M. Lottnga . .	Barth	794,8	280,49	
JNGH	Hoffnung	Stralsund	117,7	41,80	
JNGK	August	Barth	1099,1	387,80	
JNGS	Johann Hermann .	Stralsund	96,9	34,30	
JNGT	Meerkönig . . .	Barth	717,1	258,76	
JNGV	Graf Behr-Negen-dank.	Rostock	860,1	303,61	
JNHB	Johann Carl . . .	Stralsund	176,9	62,13	
JNHC	Der Versuch . . .	Stralsund	1063,2	375,34	
JNHF	Ariel	Barth	477,3	108,86	
JNHK	Wilhelm	Barth	175,1	61,61	
JNHM	Graf Otto zu Solms	Stralsund	666,3	235,71	
JNHP	T. C. Berg	Barth	1356,7	478,91	
JNHV	Maria	Stralsund	202,8	71,89	
JNKD	Caroline	Stralsund	367,3	129,43	
JNKF	Wilhelm Schütt . .	Stralsund	232,6	81,90	
JNKH	Emma	Stralsund	229,0	80,97	
JNKL	Gazelle	Stralsund	258,9	91,35	
JNKP	Emma Beng . . .	Stralsund	881,9	311,90	
JNKR	Gustava	Stralsund	123,4	43,46	
JNKS	Oscar Wendt . . .	Barth	1350,3	476,66	
JNKT	†Oscar	Stralsund	819,6	289,28	175
JNKV	Leda	Stettin	448,3	158,23	
JNKW	Anna Alida . . .	Barth	161,8	57,01	
JNLD	Anna	Stralsund	88,1	81,06	
JNLF	Hermine	Stralsund	290,3	102,43	
JNLG	Johanna	Stettin	100,6	35,30	
JNLH	Charlotte	Stralsund	238,2	84,69	
JNLK	Heinrich	Stralsund	317,8	112,01	
JNLM	Carl August . . .	Stralsund	640,4	226,06	
JNLP	Auguste	Barth	180,6	65,44	
JNLQ	Maria	Stralsund	147,4	52,61	
JNLR	Wilhelm Weyer . .	Stralsund	835,1	294,79	
JNLS	Atlantic	Stralsund	490,3	173,63	
JNLT	Marie	Stralsund	67,8	23,76	
JNLV	Marie	Barth	210,3	74,41	
JNLW	Wallis & Sohn . .	Barth	. . .	603,3**	
JNMB	Franz Ludwig . .	Stralsund	111,7	39,43	

* Lasten zu 4000 ℔. ** Tonnen zu 1000 Kilogramm.

JNMC — JNSM

Unter-scheidungs-Signale.	Namen der Schiffe.	Heimathshafen	Kubik-meter Netto-Raumgehalt.	Register-Tons	Pferde-kräfte.
JNMC	Louise	Barth	1104,₆	389,₉₃	
JNMD	Die Gartenlaube. .	Stralsund	. . .	559,₇₇*	
JNMF	Marie Riebeck . .	Stralsund	1427,₁	503,₇₆	
JNMH	Friedchen	Barth	. . .	89,₈₃*	
JNMK	Emilie Kahl . . .	Barth	821,₇	290,₇₈	
JNMP	Theodor	Stralsund	449,₇	158,₇₅	
JNMQ	Wilhelm Robert . .	Barth	110,₂	36,₉₀	
JNMR	Emma	Barth	96,₆	34,₉₆	
JNMS	Louise	Barth	161,₀	56,₄₃	
JNMT	Marie	Stralsund	238,₆	83,₉₇	
JNMV	Minna	Stralsund	260,₆	91,₇₅	
JNMW	Hermine	Stralsund	235,₄	83,₁₀	
JNPB	Minna Deutsch-mann.	Stralsund	465,₂	164,₂₃	
JNPF	A. C. Meyer . . .	Barth	1478,₃	520,₁₆	
JNPG	Anna	Barth	74,₇	26,₉₆	
JNPH	Erikönig	Stralsund	1294,₅	456,₉₆	
JNPL	Falke	Stralsund	892,₅	315,₆₇	
JNPM	Anna	Stralsund	61,₆	21,₇₄	
JNPQ	Johanna	Stralsund	149,₃	52,₇₀	
JNPS	Louise Dorothea .	Barth	643,₉	227,₃₁	
JNPT	Graf Klot-Traut-vetter.	Barth	726,₂	256,₃₈	
JNPV	Treue	Barth	1301,₉	459,₄₃	
JNQB	Emma Müller . . .	Barth	1431,₆	505,₄₃	
JNQC	Eduard Waegerland	Barth	1100,₇	388,₄₄	
JNQF	W. Roll	Stralsund	1331,₉	470,₁₄	
JNQG	Mathilde	Stralsund	768,₉	271,₄₃	
JNQH	Hedwig	Barth	895,₁	315,₉₇	
JNQK	Germania	Stralsund	777,₃	274,₃₆	
JNQL	Aurora	Stralsund	891,₂	314,₄₃	
JNQM	Elise	Barth	836,₁	295,₇₀	
JNQT	Christoph Kasten .	Barth	499,₃	176,₂₂	
JNQV	Hermine	Stralsund	192,₅	07,₉₄	
JNQW	Emma	Stralsund	121,₇	42,₉₆	
JNRB	Hermine	Stralsund	197,₇	69,₆₆	
JNRC	Wilhelmine	Barth	128,₅	45,₃₈	
JNRF	Lisette	Barth	98,₆	34,₆₁	
JNRG	Maria	Stralsund	51,₅	18,₁₇	
JNRH	Ernst	Stralsund	282,₆	99,₇₅	
JNRM	Hermine	Stralsund	81,₆	28,₈₉	
JNRS	Gertrud	Barth	484,₆	171,₆₀	
JNRW	Louise	Barth	617,₃	218,₀₀	
JNSB	Die Hoffnung . .	Stralsund	96,₇	34,₁₂	
JNSC	Aequator	Stralsund	1550,₂	647,₂₄	
JNSD	Sophie	Stralsund	359,₅	126,₆₆	
JNSF	Hans & Minna . .	Barth	231,₃	81,₆₁	
JNSG	Stabswache	Stralsund	282,₁	81,₂₄	
JNSM	Minna	Barth	67,₁	23,₄₃	

* Tonnes zu 1000 Kilogramm.

3*

JNSQ — JPCG

Unterscheidungs-Signale.	Namen der Schiffe.	Heimathshafen	Kubikmeter Netto-Raumgehalt.	Register-Tons	Pferdekräfte.
JNSQ	Sophie	Barth	716,1	252,79	
JNSR	Carl August	Stralsund	828,0	292,88	
JNST	Glück auf	Stralsund	601,3	212,77	
JNSW	Jeannette	Barth	478,0	168,02	
JNTD	Stralsund	Stralsund	1645,1	580,72	
JNTF	Ernst	Stralsund	66,0	23,63	
JNTG	Hedwig	Barth	408,0	144,30	
JNTH	Gebrüder	Stettin	147,0	51,87	
JNTK	Minoa	Stralsund	181,1	40,41	
JNTL	Hermann et Lina	Stralsund	210,4	74,28	
JNTM	Carl Theodor	Stralsund	208,0	73,41	
JNTQ	Emma	Barth	187,3	66,14	
JNTR	Ernst	Stralsund	439,1	155,14	
JNTS	Heimath	Stralsund	303,0	106,96	
JNVF	Wilhelm	Stralsund	98,0	32,87	
JNVH	Germania	Stralsund	89,9	31,73	
JNVK	Hellmuth	Stralsund	253,2	89,38	
JNVL	Maria	Stralsund	78,3	27,66	
JNVM	Graefin Behr-Negendank.	Stralsund	710,3	250,73	
JNVP	Adelgunde	Stralsund	268,6	94,92	
JNVQ	Mota	Stralsund	77,0	27,16	
JNVR	Betty Wendt	Barth	1347,1	475,43	
JNVW	Emilie	Stralsund	610,1	215,36	
JNWC	F. H. Drews	Stralsund	1766,3	628,61	
JNWF	Bertha	Barth	139,6	49,30	
JNWH	Wilhelmine	Stralsund	70,2	20,90	
JNWK	Albert	Stralsund	280,0	98,01	
JNWL	Johann Friedrich	Barth	210,6	74,34	
JNWM	Hoffnung	Barth	726,9	256,60	
JNWP	Johanna Kraeft	Stralsund	633,0	223,43	
JNWQ	Mercur	Barth	1368,7	481,38	
JNWR	Caroline	Stralsund	427,4	150,94	
JNWV	Johanna	Stralsund	197,4	69,64	
JPBC	Arnold	Barth	206,2	72,79	
JPBD	Theodor	Elmshorn	212,7	75,06	
JPBF	Hermann	Stralsund	1289,1	452,93	
JPBK	Triton	Stettin	644,1	227,30	
JPBL	Lina	Stralsund	138,4	48,34	
JPBM	Minna	Stralsund	201,5	71,14	
JPBN	Otto et Ella	Stralsund	212,0	75,01	
JPBQ	Johanna	Stralsund	212,0	74,93	
JPBR	Sophia	Barth	233,1	82,30	
JPBS	Fortuna	Stralsund	133,3	47,36	
JPBT	Emilie	Stralsund	226,1	79,49	
JPBV	Johann Heinrich	Barth	195,7	69,28	
JPCB	Eugen	Stralsund	2068,3	730,99	
JPCD	Louise	Barth	79,1	27,93	
JPCG	Johanna	Barth	230,1	83,38	

JPCH — JPGW

Unter-scheidungs-Signale.	Namen der Schiffe.	Heimathshafen	Kubik-meter Netto-Raumgehalt.	Register-Tons	Pferde-kräfte.
JPCH	Maria	Barth	67,3	23,73	
JPCK	Adele	Barth	89,7	31,67	
JPCL	Hulda	Stralsund	508,7	179,14	
JPCM	Director Darrow	Stralsund	924,0	326,17	
JPCQ	Maria	Barth	89,2	81,49	
JPCR	Albert Reimann	Barth	686,1	224,13	
JPCS	Marie	Barth	81,3	23,77	
JPCT	Carl et Maria	Barth	79,6	28,17	
JPCV	J. M. Buock	Barth	508,6	179,14	
JPCW	Bertha	Barth	75,3	26,69	
JPDB	Johanna	Stralsund	64,0	22,69	
JPDC	Ida	Swinemünde	813,0	286,99	
JPDF	August	Stralsund	75,3	26,33	
JPDG	Ester	Stralsund	107,9	38,69	
JPDH	Johanna	Stralsund	128,3	45,30	
JPDK	Auguste	Barth	78,1	27,87	
JPDL	Bertha	Barth	70,1	24,76	
JPDM	Johann	Stralsund	127,1	45,01	
JPDN	Marie	Stralsund	127,3	45,01	
JPDQ	Niederhof	Stralsund	557,6	196,92	
JPDR	Rapid	Stralsund	125,6	44,34	
JPDS	Robert	Barth	73,1	25,64	
JPDV	Johanna	Stralsund	417,5	147,36	
JPDW	Anna Louise	Barth	201,3	71,64	
JPFB	Johanna	Barth	299,9	103,73	
JPFG	Carl	Stralsund	127,7	45,06	
JPFH	Helene	Stralsund	211,9	74,32	
JPFK	Henriette	Stralsund	113,3	89,94	
JPFL	Hermann	Stralsund	211,9	74,91	
JPFM	Vorwärts	Barth	195,3	69,13	
JPFQ	Lucia Maria	Barth	429,6	151,91	
JPFR	Edward Waugh	Barth	463,6	170,11	
JPFS	Bertha	Barth	213,3	75,67	
JPFT	Thetis	Barth	314,4	111,14	
JPFV	Ida	Stralsund	507,0	178,94	
JPGC	Louise	Barth	89,9	31,74	
JPGF	Moritz	Stralsund	57,4	20,40	
JPGH	Wilhelm	Barth	135,7	47,91	
JPGK	Gustav	Barth	254,6	89,94	
JPGL	Peter	Barth	123,7	43,67	
JPGM	Fanö	Stralsund	829,5	292,96	
JPGN	Emilie	Stralsund	143,3	50,07	
JPGQ	Baron von Veltheim	Barth	438,3	154,79	
JPGR	Johann Heinrich	Stralsund	57,7	20,37	
JPGS	Wilhelmine	Barth	68,0	24,01	
JPGT	Fritz von der Lancken.	Stralsund	915,9	323,25	
JPGV	Hoffnung	Stralsund	62,1	21,93	
JPGW	Lina	Stralsund	402,9	142,73	

JPHC — JPMQ

Unter-scheidungs-Signale.	Namen der Schiffe.	Heimathshafen	Kubik-meter Netto-Raumgehalt.	Register-Tons	Pferde-kräfte.
JPHC	Otto	Barth	458,4	161,81	
JPHD	Caroline	Stralsund	212,3	74,34	
JPHF	Wilhelmina	Barth	87,4	30,93	
JPHK	Bertha Auguste	Stralsund	88,1	29,34	
JPHL	Der Wanderer	Barth	650,7	229,70	
JPHM	Wanderer	Stralsund	185,9	47,99	
JPHN	†Barth	Barth	81,0	28,29	50
JPHQ	Sara	Barth	128,3	48,40	
JPHR	Ernst	Stralsund	169,9	59,97	
JPHS	Commerzienrath Rodbertus.	Barth	1605,9	560,34	
JPHT	Sophia	Barth	64,4	22,20	
JPKB	Heinrich & Anna	Barth	208,9	73,44	
JPKC	Emma	Barth	222,9	78,62	
JPKD	Altefaehr	Stralsund	105,1	87,13	
JPKF	Caroline	Stralsund	167,9	59,77	
JPKG	Franz Gottfried	Stralsund	203,9	71,77	
JPKH	Nellie	Stralsund	—	830,33°	
JPKL	Johannis	Stralsund	125,4	44,37	
JPKM	Carl	Stralsund	111,3	39,34	
JPKQ	Zwei Gebrüder	Barth	205,4	72,03	
JPKR	Emilie	Barth	1476,9	521,00	
JPKS	†Reibefahrer	Stralsund	138,4	49,00	67
JPKT	Friedrich Ludwig	Barth	219,3	77,44	
JPKV	Hoffnung	Barth	171,4	60,44	
JPKW	Emma	Stralsund	328,3	116,09	
JPLB	Emma	Stralsund	203,9	71,67	
JPLC	Gustava	Stralsund	127,9	44,03	
JPLD	Hecht	Stralsund	1013,1	357,67	
JPLG	Saturn	Stralsund	1369,8	483,34	
JPLH	L. Hagen	Barth	1426,1	503,12	
JPLM	Martha	Barth	254,4	89,87	
JPLN	Gräfin Krassow	Stralsund	886,9	118,92	
JPLQ	Gustava Egner	Barth	857,7	126,77	
JPLR	Wilhelmine	Stralsund	155,7	54,94	
JPLS	Maria	Stralsund	112,1	39,37	
JPLT	Wilhelmine	Barth	164,7	58,11	
JPLV	Marie Berg	Barth	1518,3	586,03	
JPLW	Fritz von Gadow	Barth	491,6	178,33	
JPMB	Mentor	Stralsund	1328,7	469,03	
JPMC	Cardinal	Stralsund	1014,6	858,16	
JPMD	Altair	Stralsund	197,3	69,03	
JPMF	Johannes Köster	Stralsund	1043,16	308,18	
JPMG	Hetti	Stralsund	86,3	30,12	
JPMH	Emma	Stralsund	77,4	27,03	
JPMK	Amazone	Stralsund	ca.1008	ca. 356	
JPML	Johanna	Stralsund	1725,7	609,10	
JPMN					
JPMQ					

* Brutto-Raumgehalt.

JPMR — KBJH

Unter-scheidungs-Signale.	Namen der Schiffe.	Heimathshafen	Kubik-meter Netto-Raumgehalt.	Register-Tons	Pferde-kräfte.
JPMR					
JPMS					
JPMT					
JPMV					
JPMW					
JRBC	Wilhelmine	Barth	96,4	33,67	
JRBD	Lisbeth	Barth	175,2	61,84	
JRBF	Caroline	Barth	82,0	29,03	
JRBG	California	Barth	620,0	220,94	
JRBH	Marie	Barth	83,1	29,33	
JRBK	Anna	Barth	89,3	81,03	
JRBL					
JRBM					
JRBN					
JRBP					
KBCD	Herentjedina ...	West-Rhauderfehn .	78,6	26,90	
KBCJ	Maria Catharina .	Westeraccumersiel .	68,7	21,34	
KBCR	Sechs Gebrüder . .	Emdon	104,9	37,63	
KBCS	Jantjedina	West-Rhauderfehn .	114,9	40,34	
KBCW	Lina	West-Rhauderfehn .	79,9	28,31	
KBDG	Talka Catharina . .	Emden	107,3	37,83	
KBDN	Hoffnung	Emden	110,7	39,87	
KBDP	Sjonkelina	Tönning	117,4	41,43	
KBDQ	Hilke Katt	Blumenthal, Amts Blumenthal.	132,0	46,36	
KBDS	Vader Katt	Emden	119,6	42,33	
KBDT	Gesina	Emden	103,0	36,38	
KBDV	Fido	Rhaudermoor . . .	60,6	21,39	
KBDW	Margaretha	Ost-Rhauderfehn .	78,1	27,57	
KBFG	Catharina	Oldersum	232,3	82,90	
KBFM	Johanna	Karolinensiel . . .	150,0	56,13	
KBFP	Friederike	Karollnensiel . . .	265,4	93,00	
KBFQ	Gut Heil	Emden	237,0	83,94	
KBGC	Phönix	Jemgum	858,7	124,05	
KBGF	Antoni	Weener	147,3	52,90	
KBGJ	Jeannette	Leer	310,6	109,84	
KBGM	Hinrika	Iheringsfehn . . .	218,4	77,10	
KBGN	Nordstern	Emden	882,4	135,90	
KBGP	Margaretha . . .	Warsingsfehn . . .	170,6	60,13	
KBGQ	Grenette	Leer	194,5	68,76	
KBGR	Gerlina	Grossefehn	216,6	76,47	
KBGS	Bertha	Leer	253,7	89,34	
KBHF	Metta	Pahlhude	109,6	38,40	
KBHS	Otto	Karolinensiel . .	824,4	114,33	
KBHT	Hesperus	Neu-Harrlinger Siel	207,3	106,13	
KBHV	Anna	Karolinensiel : . .	196,1	69,33	
KBHW	Anna Catharina . .	Karolinensiel . . .	139,4	49,03	
KBJF	Maria Elisabeth . .	Oldersum	325,4	114,04	
KBJH	Gertrude	Papenburg	179,6	63,41	

KBJL — KBSL

Unter- scheidungs- Signale.	Namen der Schiffe.	Heimathshafen	Kubik- meter Netto-Raumgehalt.	Register- Tons	Pferde- kräfte.
KBJL	Wilhelmine	Papenburg . . .	399,1	140,69	
KBJM	Annchen	Papenburg . . .	473,2	167,04	
KBJN	Rudolph	Papenburg . . .	401,8	141,73	
KBJP	Hermann	Papenburg . . .	220,6	77,86	
KBLH	Johannes	Westeraccumersiel.	169,1	59,69	
KBLJ	Gesina	Neusmersiel . . .	202,7	71,45	
KBLN	Maria	Papenburg . . .	497,6	175,83	
KBLP	Hilkea	Papenburg . . .	475,6	167,86	
KBLS	Cappelen	Papenburg . . .	318,0	112,47	
KBLV	Caspar	Papenburg . . .	307,7	108,61	
KBMC	Ida	Papenburg . . .	456,7	161,21	
KBMF	Hinrika	Iberlogsfehn . . .	301,3	106,43	
KBMH	Bernard	Papenburg . . .	461,4	162,68	
KBMJ	Trientje	Leer	292,3	103,19	
KBML	Enno	Grossefehn . . .	256,1	90,44	
KBMN	Anna Catharina . .	Neuefehn	194,3	68,39	
KBMQ	Marie & Friederike	Karolinensiel . . .	110,3	39,10	
KBMW	Maria	Papenburg . . .	425,7	150,26	
KBND	Joseph	Papenburg . . .	810,6	109,64	
KBNF	Amandus	Papenburg . . .	824,3	114,40	
KBNJ	Heribertos	Papenburg . . .	426,1	150,43	
KBNM	Maria	Papenburg . . .	242,6	85,60	
KBNP	Alpha	Papenburg . . .	317,6	112,06	
KBNQ	Elise	Papenburg . . .	232,7	82,14	
KBNT	Hermina	Spetzerfehn . . .	162,0	57,19	
KBNV	Janus	Ost-Grossefehn . .	280,3	98,96	
KBNW	Autoluette und Elise	Grossefehn . . .	239,7	84,61	
KBPC	Iconia	Leer	642,3	226,80	
KBPD	Hinrika	Iberlogsfehn . . .	238,3	84,09	
KBPG	Hermann	Boekzeteler Fehn .	225,6	79,72	
KBPH	Active	Boekzeteler Fehn .	186,0	65,66	
KBPJ	Gretina	Horichmoor . . .	206,3	72,90	
KBPM	Gesina	Grossefehn . . .	197,9	69,86	
KBPN	Etta	Emden	300,6	106,11	
KBPR	Meta	Dornumer Siel . .	209,6	73,95	
KBPT	Anna Gesina . . .	Karolinensiel . . .	88,6	31,37	
KBQG	Ludewig	Weener	188,6	66,54	
KBQJ	Gesine Caroline . .	Norden	178,9	63,15	
KBQL	Gebrüder ten Doorn- kaat .	Norden	207,3	73,21	
KBQV	Wopke	Emden	362,0	127,76	
KBRC	Joseph	Papenburg . . .	511,3	180,49	
KBRD	Fenna	Warsingsfehn . . .	159,6	56,34	
KBRN	Johanna	Papenburg . . .	254,3	89,81	
KBRP	Johann	Grossefehn . . .	261,9	92,43	
KBRQ	Bürgermeister Stüve	Papenburg . . .	657,4	232,01	
KBRS	Catharina	Papenburg . . .	244,5	86,41	
KBSG	Gretina	Iheringsfehn . . .	208,3	73,54	
KBSL	Alagunde	Papenburg . . .	194,3	68,60	

KBSM — KCFW

Unter-scheidungs-Signale.	Namen der Schiffe.	Heimathshafen	Kubik-meter Netto-Raumgehalt.	Register Tons	Pferde-kräfte.
KBSM	Alpha	Grossefehn	183,9	64,93	
KBSN	Agnetha	Grossefehn	162,0	57,19	
KBSP	Vertrauen	Karolinensiel	232,9	82,31	
KBSR	Maria	Grossefehn	. . .	33,78*	
KBTC	Gesina	Grossefehn	243,4	85,93	
KBTD	Gretchen	Papenburg	351,6	124,13	
KBTF	Hermes	Papenburg	451,9	159,31	
KBTH	Maria	Grossefehn	378,5	133,63	
KBTJ	Ariana	Wolgast	128,7	45,48	
KBTL	Gesine	Papenburg	138,6	48,59	
KBTM	Bernardine	Papenburg	554,3	195,47	
KBTN	Leo	Papenburg	288,0	101,64	
KBTR	Charlotte	Ost-Rhauderfehn	225,3	79,49	
KBTS	Biltine	Ost-Rhanderfehn	215,4	76,97	
KBVC	Wilhelmine	Westeraccumersiel	145,6	51,10	
KBVD	Wendeline Cristiane	Grossefehn	341,0	120,34	
KBVH	Anna	Papenburg	392,7	188,41	
KBVJ	Biene	Leer	245,1	86,59	
KBVL	Harmonie	Grossefehn	191,4	67,86	
KBVN	Reinhard	Weener	367,4	129,70	
KBVP	Einigkeit	Hoekzeteler Fehn	149,1	52,69	
KBVR	Gesine	Petkum	295,4	104,37	
KBWC	Elsina	Warsingsfehn	219,9	77,63	
KBWH	Wilhelm & Joseph	Papenburg	533,5	188,92	
KBWP	Sophia	Emden	178,4	62,99	
KCBD	Vigilantia	Grossefehn	144,3	51,11	
KCBF	Hinrich	Grossefehn	227,3	80,23	
KCBG	Johann	Leer	184,0	64,94	
KCBH	Gesina	Warsingsfehn	206,3	73,50	
KCBJ	Sieverine	Grossefehn	224,5	79,18	
KCBM	Frankea	Iheringsfehn	167,3	59,63	
KCBN	Marianne	Boekzeteler Fehn	189,4	66,66	
KCBQ	Gesina	Boekzeteler Fehn	185,3	65,13	
KCBR	Anna Gesina	Warsingsfehn	209,9	74,73	
KCBT	Franz	Papenburg	244,1	86,36	
KCBW	Alwine	Papenburg	335,4	116,47	
KCDB	Hermann	Papenburg	417,0	147,20	
KCDF	Marie	Papenburg	659,1	232,66	
KCDL	Elisabeth	Dornumer Siel	153,3	54,13	
KCDM	Ente	Leer	181,6	64,10	
KCDP	Helene Christiane	Brake a. d. Weser	301,6	106,47	
KCDQ	Harmina	Neermoor	245,0	86,49	
KCDR	Metta Heilkelina	West-Rhanderfehn	221,4	78,18	
KCFH	Aline	Karolinensiel	266,9	94,21	
KCFJ	Flora	Iheringsfehn	192,3	68,05	
KCFM	Thetis	Emden	176,9	62,43	
KCFP	Wanderer	Leer	479,6	169,39	
KCFQ	Catharina	Grossefehn	222,0	78,31	
KCFW	Gebrüder	Norden	173,3	61,17	

* Lasten zu 4000 K.

KCGH — KCPL

Unter-scheidungs-Signale.	Namen der Schiffe.	Heimathshafen	Kubik-meter Netto-Raumgehalt.	Register-Tons	Pferde-kräfte.
KCGH	Maria	Neu-Harrlinger Siel	287,1	101,25	
KCGT	Elisabeth	Papenburg	384,2	135,66	
KCGV	Rose	Grossefehn	314,9	110,48	
KCGW	Annette	Boekzeteler Fehn	309,0	109,06	
KCHF	Engelina	Warsingsfehn	186,3	65,72	
KCHM	Dine	Papenburg	189,4	66,86	
KCHN	Maria	Geestemünde	169,1	59,69	
KCHQ	Perle	Ditzum	167,0	58,95	
KCHS	Antje	Leer	99,7	35,10	
KCHW	Lützburg	Norden	625,6	220,84	
KCJB	Hero	Boekzeteler Fehn	195,3	68,54	
KCJF	Aurora	Grossefehn	257,1	90,76	
KCJN	Arion	Papenburg	458,5	161,83	
KCJP	Aurora	Karolinensiel	173,1	61,11	
KCJQ	Ceres	Karolinensiel	215,3	75,37	
KCJR	Margaretha	Neu-Harrlinger Siel	198,3	70,00	
KCJS	Alide & Henriette	Emden	286,5	101,21	
KCJV	Johann	Bensersiel	540,0	190,04	
KCLB	Lucia	Insel Baltrum	143,5	50,45	
KCLD	Catharina	Jemgum	195,3	68,54	
KCLG	Theodore	Emden	437,9	154,57	
KCLH	Marie	Leer	268,6	94,49	
KCLJ	Heinrich	Papenburg	399,9	141,10	
KCLM	Hermann	Oldersum	244,4	86,24	
KCLN	Friederike	Weener	216,4	76,13	
KCLP	Friede	Papenburg	541,7	192,20	
KCLQ	Wopke	Neu-Harrlinger Siel	290,4	102,51	
KCLR	Gesine Drons	Emden		267,75*	
KCLT	Hermann Hinrich	Grossefehn	318,0	112,25	
KCMB	Johann	Grossefehn		32,2*	
KCMD	Goesina	Grossefehn	190,1	67,11	
KCMR	Catharina	West-Rhauderfehn	144,8	50,91	
KCMT	Agle	Greetsiel	141,7	50,01	
KCMW	Hoffnung	Papenburg	348,9	123,13	
KCNB	Stephenson	Papenburg	496,3	175,41	
KCNF	Jacobine	Papenburg	463,2	163,53	
KCNH	Rendeline	Hooksiel	168,6	59,50	
KCNJ	Ettine	Warsingsfehn	337,0	118,96	
KCNL	Wlemkea	West-Rhauderfehn	90,3	31,82	
KCNP	Gretjelina	West-Rhauderfehn	153,3	54,09	
KCNQ	Minerva	Norden	142,1	50,13	
KCNR	Fenna	Oldersum	389,6	137,83	
KCNS	Agnethe	Boekzeteler Fehn	184,1	64,77	
KCNV	Jan & Andreas	Delve	139,3	49,28	
KCPB	Hiskelina	West-Rhauderfehn	220,5	77,96	
KCPD	Dorothea	Warsingsfehn	237,4	86,84	
KCPG	Anna	Bensersiel	195,3	69,05	
KCPH	Johanna Margaretha	Neu-Harrlinger Siel	143,5	50,80	
KCPL	Neptun	Leer	190,9	67,86	

* Lasten zu 4000 ℔.

KCPQ — KDBL

Unter-scheidungs-Signale.	Namen der Schiffe.	Heimathshafen	Kubik-meter Netto-Raumgehalt	Register-Tons	Pferde-kräfte.
KCPQ	Neptun	Grossefehn	170,1	60,07	
KCPR	Almuth Catharina	Papenburg	298,9	105,81	
KCPS	Schenke	Papenborg	579,2	204,41	
KCPW	Schwalbe	Grossefehn	265,0	93,43	
KCQB	Margaretha	Neussmersiel	170,0	60,01	
KCQF	Elise	Weener	533,1	188,13	
KCQG	Renska	Grossefehn	260,0	96,84	
KCQM	Freundschaft	Mitte-Grossefehn	180,5	63,83	
KCQN	Johanna	Warsingsfehn	227,4	80,37	
KCQP	Petlna	Insel Baltrum	104,5	36,69	
KCRB	Remda	Oldersum	218,4	75,33	
KCRD	Gerbardina	Emden	599,9	211,77	
KCRF	Ellse	Insel Baltrum	166,9	58,92	
KCRP	Frisia	Timmel	165,9	58,53	
KCRT	Gesine	Iheringsfehn	202,3	71,62	
KCSB	Catharina	Papenburg	546,1	192,90	
KCSF	Gerhard	Papenborg	396,5	139,53	
KCSH	Rabel Amalie	Leer	342,4	120,66	
KCSJ	Edoard	Papenborg	418,0	147,56	
KCSR	Schlump an Lalle	Papenburg	506,1	178,76	
KCTB	Emma	Emden	303,3	107,11	
KCTD	Trientje	Wewelsfleth	213,0	75,19	
KCTH	Maria	Papenburg	431,9	152,96	
KCTL	Alida Ikea	Greetsiel	143,4	50,61	
KCTN	Hoffnung	Papenburg	249,2	88,13	
KCTP	Bonheur	Iheringsfehn	168,9	59,41	
KCTQ	Pauline	Oldersum	216,3	76,33	
KCTR	Klio	Papenburg	518,6	183,06	
KCTV	Schwalbe	Larrelt	248,4	87,78	
KCTW	Catharina	Bensersiel	121,9	43,03	
KCVB	Anna Wieman	Papenburg	473,4	167,07	
KCVG	Annette	Weener	175,3	61,93	
KCVM	Ceres	Papenburg	382,3	134,93	
KCVS	Locas	Papenborg	449,7	158,71	
KCVT	Caecilia	Papenburg	403,9	142,34	
KCWD	Concordia	Insel Spiekeroog	177,5	62,71	
KCWF	Heinrich	Neu-Harrlinger Siel	229,4	80,99	
KCWH	Tönkes	Iheringsfehn	259,3	91,50	
KCWL	Friede	Weener	483,4	170,71	
KCWM	Amicitia	Emden	582,3	205,53	
KCWP	Immanuel	Grossefehn	167,4	59,09	
KCWQ	Rensken	Rorichmoor	135,5	47,94	
KCWR	Martha	Wyk auf Föhr	164,0	57,80	
KCWT	Hermann	Papenburg	373,9	132,00	
KCWV	Thedea	Emden	304,1	107,39	
KDBH	Lina	Papenburg	673,6	237,78	
KDBJ	Reintjedina	West-Rhauderfehn	207,3	78,58	
KDBL	Hinderika Grietje Almina	Emden	392,1	138,40	

KDBM — KDLQ

Unter-scheidungs-Signale.	Namen der Schiffe.	Heimathshafen.	Kubik-meter Netto-Raumgehalt.	Register-Tons	Pferde-kräfte.
KDBM	Fenna	Iheringsfehn	103,9	36,61	
KDBQ	Adelheid	Papenburg	472,6	166,71	
KDBR	Gesina	Neuefehn	101,6	85,66	
KDBV	Essen	Readsburg	140,4	49,64	
KDBW	Maria	Papenburg	468,1	165,34	
KDCB	Anna Margaretha	Papenburg	295,9	104,65	
KDCF	Hinderika	Boekzeteler Fehn	187,7	66,34	
KDCQ	Antina	Leer	190,6	67,07	
KDCS	Anna & Johanne	Grossefehn	224,9	79,39	
KDCT	Drei Gebrüder	Grossefehn	328,6	116,63	
KDCV	Garreltdina	Leer	279,1	98,61	
KDCW	Bernhard	Papenburg	598,1	211,12	
KDFB	Johann	Iheringsfehn	183,4	64,61	
KDFC	Antine	Grossefehn	231,8	81,73	
KDFG	Helen	Papenburg	477,6	168,61	
KDFH	Deo gloria	Iheringsfehn	184,1	64,99	
KDFJ	Martha	Emden	99,6	34,65	
KDFM	Johannes	Papenburg	352,4	124,40	
KDFR	Elise	Papenburg	527,1	186,11	
KDFT	Willem	Emden	283,7	100,14	
KDFV	Jakobus	Emden	249,6	87,90	
KDGF	Alfred	Papenburg	454,9	160,51	
KDGJ	Annchen	Grossefehn	431,1	152,20	
KDGL	Friedrich	Papenburg	112,4	145,41	
KDGN	Rensche	Karolinensiel	228,5	80,64	
KDGW	Elise	Hamburg	418,3	147,71	
KDHC	Hilkea	Iheringsfehn	253,5	89,46	
KDHG	Helene	Papenburg	299,1	105,60	
KDHJ	Anna	Westeraccumersiel	261,6	92,11	
KDHL	Louis	Papenburg	622,0	219,66	
KDHM	Kenna	Emden	303,6	108,94	
KDHP	Helene	Weener	301,6	106,34	
KDHQ	Einigkeit	Oldersum	186,0	65,63	
KDHR	Insel	Papenburg	544,7	192,35	
KDHV	Antina	Grossefehn	300,2	105,97	
KDJG	Fortuna	Grossefehn	187,3	66,64	
KDJL	Elsa	Brake a. d. Weser	305,9	107,59	
KDJM	Rixtine	Dornumer Siel	120,4	42,36	
KDJQ	Amor	Karolinensiel	158,1	55,61	
KDJS	Maria	Papenburg	310,4	109,91	
KDJW	Bertha	Emden	204,1	72,29	
KDLB	Rina	Westeraccumersiel	138,9	49,04	
KDLC	Frau Hilkea	Iheringsfehn	94,6	33,33	
KDLF	Anna	Dornumer Siel	182,6	64,11	
KDLH	Johannes	Papenburg	258,4	91,23	
KDLM	Ernst & Georg	West-Rhauderfehn	319,4	112,44	
KDLN	Sophia	West-Rhauderfehn	184,4	65,16	
KDLP	Gesiua	Boekzeteler Fehn	237,5	83,84	
KDLQ	Wara	Papenburg	300,4	106,19	

KDLR — KDTG

Unter-scheidungs-Signale.	Namen der Schiffe.	Heimathshafen	Kubik-meter Netto-Raumgehalt.	Register-Tons	Pferde-kräfte.
KDLR	Tönne	Dornumer Siel	282,0	99,66	
KDLS	Pax	Emden	295,4	104,20	
KDLT	Aphrodite	Emden	336,9	118,92	
KDMC	Aurora	Emden	108,3	69,97	
KDMF	Wilhelm	Papenborg	391,9	138,31	
KDMG	Freundschaft	Leer	368,4	130,64	
KDMH	Heinrich	Leer	293,3	103,61	
KDML	Berendina	Karolinensiel	256,0	90,96	
KDMP	Elisabeth	Papenburg	442,0	156,64	
KDMR	Anna	Petkum	304,1	107,33	
KDMT	Focke und Dieke	Grossefehn	398,9	141,16	
KDMV	Industrie	Grossefehn	282,1	99,59	
KDMW	Johanna	Westoraceenmersiel	234,3	82,71	
KDNC	Leonore	Papenborg	554,6	195,64	
KDNF	Josefine	Iheringsfehn	220,9	77,96	
KDNH	Annette	Neermoor	271,6	95,87	
KDNM	Arnold	Papenborg	566,4	199,94	
KDPB	Ida	Weener	529,3	186,64	
KDPG	Catharina	Leer	344,0	121,44	
KDPH	Sophia Catharina	Oldersum	240,0	84,73	
KDPJ	Helene	Leer	399,3	140,93	
KDPL	Juno	Papenburg	541,9	191,29	
KDPQ	Cornelia	Emden	300,3	106,08	
KDQC	Dirkje	Emden	164,6	58,06	
KDQF	Tetta Margaretha	Wyk auf Föhr	150,0	53,22	
KDQG	Harmkea	Warsingsfehn	169,1	59,60	
KDQP	Anna Rebecca	Papenburg	189,7	66,97	
KDQR	Lill	Papenborg	427,7	150,90	
KDQT	Johannes	Papenborg	484,6	171,13	
KDRB	Honwina	Hamburg	491,1	173,30	
KDRG	Rikstina	Papenburg	487,7	172,16	
KDRL	Anna	Emden	501,3	176,93	
KDRM	Tidofeld	Papenburg	209,7	74,03	
KDRP	Margaretha	Papenburg	681,7	240,64	
KDRT	Olympius	Karolinensiel	263,4	92,98	
KDRW	Gesine	Jemgum	313,3	110,68	
KDSC	Gesina	Halte	541,6	191,29	
KDSH	Catharina	Insel Baltrum	155,1	54,97	
KDSJ	Elise	Emden	470,4	169,23	
KDSL	Harmine	Warsingsfehn	187,1	66,08	
KDSM	Elisabeth	Oldersum	323,9	114,33	
KDSN	Anna	Emden	111,0	39,18	
KDSP	Elisabeth Wiemann	Emden	540,1	190,07	
KDSQ	Elsche Maria	Insel Baltrum	161,3	56,94	
KDST	Nicolaus	Papenborg	422,1	149,31	
KDSV	Angela	Papenburg	457,7	161,71	
KDTC	Johann	Iheringsfehn	219,1	77,34	
KDTF	Valentin	Papenborg	350,7	123,66	
KDTG	Hoffnung	West-Rhauderfehn	195,3	68,91	

KDTH — KFDQ

Unter-scheidungs-Signale.	Namen der Schiffe.	Heimathshafen	Kubik-meter Netto-Raumgehalt.	Register-Tons	Pferde-kräfte.
KDTH	Gerhardine	Leer	208,4	73,57	
KDTJ	Henriette	Karolinensiel	130,1	45,92	
KDTL	Geredina	West-Rhauderfehn	203,4	71,79	
KDTP	Meta	Grossefehn	320,6	113,17	
KDTS	Foelken	West-Rhauderfehn	191,6	67,64	
KDVB	Louise	Papenburg	461,7	162,98	
KDVC	Elise	Ost-Rhauderfehn	70,7	24,96	
KDVF	Neptun	Wismar	311,4	110,97	
KDVH	Perle	Grossefehn	454,6	160,47	
KDVJ	Gretina	Lübbertsfehn	365,7	129,09	
KDVL	Sara	Weener	511,6	180,99	
KDVM	Anna	Karolinensiel	283,6	99,96	
KDVN	Drei Gebrüder	Warsingsfehn	211,6	74,77	
KDVQ	Sieverine	Leer	355,9	125,84	
KDVS	Jautje	West-Rhauderfehn	208,7	71,96	
KDVW	Catharina	Emden	176,3	62,33	
KDWC	Anna	Leer	473,7	167,21	
KDWF	Maria	Emden	260,6	92,65	
KDWH	Hoffnung	Insel Daltrum	212,6	75,36	
KDWJ	Norddeutsche See-warte.	Papenburg	649,3	193,30	
KDWM	Metta	Warsingsfehn	177,3	62,40	
KDWQ	Alpha	Emden	196,6	69,47	
KDWS	Falke	West-Rhauderfehn	250,9	88,64	
KDWV	Clara	Papenburg	. . .	90*	
KFBD	Oesine	Nordgeorgsfehn	103,3	36,6	
KFBG	Hinrich	Leer	231,3	81,63	
KFBM	Fido	Papenburg	541,9	191,39	
KFBQ	Ubbina	Petkum	742,4	262,97	
KFBR	Jelta	Grossefehn	211,1	74,82	
KFBT	Peter	Leer	358,4	126,16	
KFBV	Schwanette	Papenburg	312,8	110,61	
KFBW	Marie	Karolinensiel	204,3	72,90	
KFCB	Hermann Anton	Papenburg	519,6	183,36	
KFCD	Horizont	Papenburg	462,6	168,30	
KFCL	Otto Graf zu Stolberg	Papenburg	516,6	182,16	
KFCN	Albert	Papenburg	494,9	174,49	
KFCP	Papenburg	Weener	699,8	247,39	
KFCR	Hartingen	Danzig	412,6	145,63	
KFCT	Rensche	Papenburg	303,7	107,31	
KFCV	Almuth	Bursel	310,4	109,61	
KFDB	Ida	Norden	218,3	77,07	
KFBG	W. Brügmann & Sohn No. 2.	Papenburg	529,9	187,07	
KFDJ	Hinderika	Boekzeteler Fehn	239,3	84,80	
KFDL	Eyreue	Grossefehn	309,6	109,36	
KFDM	Gesina	Warsingsfehn	327,1	115,67	
KFDP	Alberta Susanna	Leer	191,6	67,79	
KFDQ	Gretina	Papenburg	225,6	79,71	

* Lasten zu 4000 ℔.

KFDS — KFMP

Unter-scheidungs-Signale.	Namen der Schiffe.	Heimathshafen	Kubik-meter Netto-Raumgehalt.	Register-Tons	Pferde-kräfte.
KFDS	Susanna & Henriette	Emden	. . .	89*	
KFDT	Mary & Jenny	Emden	. . .	40,1*	
KFDV	Anna & Emma	Emden	. . .	40,1*	
KFGB	Henri & Marens	Emden	172,6	60,99	
KFGC	Catharina Christina	Emden	172,3	60,93	
KFGD	Marie	Hooksiel	218,9	77,71	
KFGL	Almuth	Hoekzeteler Fehn	279,7	98,71	
KFGN	Philothea	Papenburg	562,4	198,63	
KFGP	Möwe	Ost-Rhauderfehn	83,6	29,61	
KFGS	Clementine	Papenburg	587,4	207,36	
KFHB	Catharina	Papenburg	332,6	117,40	
KFHD	Marie	Leer	129,3	45,61	
KFHG	Antje Dirks	Emden	265,6	93,73	
KFHJ	Maria Goine	Insel Baltrum	199,7	70,49	
KFHL	MinisterCamphausen	Grossefehn	337,3	119,63	
KFHM	Ebe	Leer	294,0	103,78	
KFHQ	W. Brügmann & Sohn No. III.	Papenburg	667,9	235,58	
KFHR	Johann	Grossefehn	361,0	127,43	
KFHS	Alma	Hoekzeteler Fehn	397,9	140,46	
KFHV	Stadt Emden	Emden	181,9	64,21	
KFHW	Stadt Leer	Emden	187,9	66,33	
KFJB	Stadt Norden	Emden	189,6	66,93	
KFJC	Hinderika	Emden	467,3	165,14	
KFJD	Harmonie	West-Rhauderfehn	235,7	83,30	
KFJN	Bruno	Leer	298,3	105,71	
KFJP	†Libau Packet	Stettin	282,6	99,70	35
KFJQ	Deo	West-Rhanderfehn	106,7	37,61	
KFJS	München	Papenburg	578,3	204,14	
KFJV	Antina	Ost-Rhauderfehn	80,7	28,43	
KFJW	Reina Talkea	West-Rhauderfehn	77,5	27,44	
KFLB	Greeta	Emden	163,6	57,73	
KFLC	Anna	Weener	157,6	55,70	
KFLD	Ettjea	Ditzum	262,3	92,56	
KFLM	Theda Catharina	Bensersiel	56,7	20,01	
KFLP	Christina	Timmel	301,4	106,39	
KFLQ	Harmina	Iheringsfehn	236,9	83,64	
KFLR	Catharina	Hoekzeteler Fehn	250,5	88,63	
KFLS	Helene	Grossefehn	404.4	142,78	
KFLT	Harmine	Grossefehn	364.4	128,63	
KFLV	Aaltje	Oldersum	77,4	27,33	
KFLW	Oldenburg	Emden	187,6	66,19	
KFMB	Ostfriesland	Emden	195,1	68,61	
KFMC	Arion	Leer	400,0	141,19	
KFMD	Frau Siever	Ost-Rhanderfehn	92,4	82,50	
KFMG	Delphin	West-Rhanderfehn	170,9	60,73	
KFMJ	Antina	Warsingsfehn	259,0	91,43	
KFMN	Anna	Ost-Rhanderfehn	81,4	28,50	
KFMP	De Zwaan	Leer	448,7	158,33	

* Lasten zu 4000 ℔.

KFMQ — KFSB

Unter-scheidungs-Signale.	Namen der Schiffe.	Heimathshafen	Kubik-meter Netto-Raumgehalt	Register-Tons	Pferde-kräfte.
KFMQ	Anna	Emden	53,9	18,9	
KFMS	Gesine	Iheringsfehn	304,0	107,31	
KFMT	Westfalen	Emden	190,7	69,44	
KFNB	Catrina	West-Rhauderfehn.	66,8	23,46	
KFNC	Anna	West-Rhauderfehn.	43,4	15,20	
KFNG	Hoffnung	West-Rhauderfehn.	52,3	18,44	
KFNJ	Catharina	Neu-Harrlinger Siel	50,8	17,82	
KFNP	Talent	Holtermoor	53,7	18,8	
KFNQ	Heinrich	Timmel	376,6	132,94	
KFNS	Hoffnung	Rhauderwieke	43,6	15,20	
KFNT	Elisabeth	Rhauderwieke	49,8	17,46	
KFPB	Alida	Ost-Rhauderfehn	76,1	26,87	
KFPG	Constantia	Emden	81,7	28,84	
KFPH	Eben Ezer	Emden	112,0	39,71	
KFPJ	Johann	Karolinensiel	101,3	35,71	
KFPL	Catharina Elisabeth	Norderney	61,7	21,76	
KFPM	Gesina	Emden	98,0	34,50	
KFPN	de twe Süsters	West-Rhauderfehn.	53,7	18,96	
KFPR	Otto	Insel Baltrum	89,1	31,43	
KFPT	Nieper	Am Norddeich, Kreis Emden.		12*	
KFPW	Johann	Karolinensiel	56,9	20,09	
KFQB	Maria	Rhaudermoor	78,7	27,77	
KFQC	Hoffnung	Rhaudermoor	79,7	28,11	
KFQG	de vrouw Fenna	Emden	78,6	27,71	
KFQH	Harmina	Holterfehn	53,3	18,82	
KFQJ	Franziska	Emden	52,3	18,43	
KFQM	Zwei Gebrüder	Iheringsfehn	40,8	14,19	
KFQN	Margaretha	Ost-Rhauderfehn	71,9	25,31	
KFQP	Frau Helene	Leer	89,3	31,53	
KFQR	Freundschaft	Karolinensiel	55,9	19,76	
KFQS	Vrouw Sjonke	Emden	106,4	37,50	
KFQT	Sophie	Neu-Harrlinger Siel	96,9	34,31	
KFQV	Althea	Ost-Rhauderfehn	71,8	25,11	
KFRB	†Kronprinz	Leer	111,0	39,11	25
KFRC	Drie Zuesters	Papenburg	313,3	110,0	
KFRD	Frau Gesina	West-Rhauderfehn.	66,8	23,42	
KFRH	Zwei Gebrüder	Iheringsfehn	84,9	29,95	
KFRJ	Anna Dorothea	Emden	291,0	102,72	
KFRL	Dorothea Susanna	Norden	84,6	29,80	
KFRM	Gesina	Barssel	69,6	24,50	
KFRN	Becka	Norden	86,7	30,61	
KFRP	Zwei Gebrüder	Karolinensiel	78,9	27,80	
KFRQ	Hiskea	West-Rhauderfehn.	64,9	22,91	
KFRS	Adler	Groß-Sehn	407,7	143,91	
KFRT	Anna	Südgeorgsfehn	75,8	26,84	
KFRV	Volken	Karolinensiel	65,7	23,19	
KFRW	Drel Gebrüder	West-Rhauderfehn	54,7	19,31	
KFSB	Frau Minna	West-Rhauderfehn	79,9	28,11	

* Lasten zu 4000 ℔.

KFSC — KGBC

Unter- scheidungs- Signale.	Namen	Heimathshafen der Schiffe.	Kubik- meter Netto-Raumgehalt.	Register- Tons	Pferde- kräfte.
KFSC	†Norderney	Emden	99,4	85,89	80*
KFSD	Emanuel	Grossefehn . . .	75,6	26,69	
KFSG	Gesina	Oldersum	88,0	31,67	
KFSH	Johanna Illorika	Warsingsfehn . . .	71,7	25,31	
KFSJ	Hoffnung	Ost-Grossefehn . .	82,6	29,16	
KFSL	Concordia . . .	West-Rhanderfehn .	52,5	18,44	
KFSN	Taube	Grossefehn	483,7	153,09	
KFSQ	Antje	Grossefehn . . .	401,6	141,74	
KFSR	Vorwärts	Karolinensiel . . .	78,9	26,61	
KFST	Johanna	Warsingsfehn . . .	90,6	82,06	
KFSV	Harmkea	Rorichmoor	54,3	19,41	
KFSW	Anna Regina . . .	Ost-Rhanderfehn .	68,3	22,33	
KFTC	Frau Grectje . . .	Insel Spiekeroog .	71,4	25,31	
KFTD	Gretjelina	Karolinensiel . .	97,0	34,63	
KFTG	Helene	Leer	285,6	100,82	
KFTH	Maria Clara . . .	Weener	186,8	65,16	
KFTJ	Amor	Papenburg . . .	644,6	227,84	
KFTL	Aurora	Ost-Rhanderfehn .	302,3	106,60	
KFTM	Wobkea	Mitte-Grossefehn .	95,3	88,64	
KFTN	Martha	Ost-Rhanderfehn .	61,8	21,64	
KFTP	Frau Trientje . .	West-Rhauderfehn .	70,6	24,76	
KFTR	Maria	Greetsiel	48,9	17,28	
KFTV	Magretha	Ost-Rhanderfehn .	51,6	18,62	
KFTW	Renskea	Warsingsfehn . . .	312,0	110,13	
KFVD	Gesina	Greetsiel	57,6	20,30	
KFVD	Leonore	Leer	359,0	126,74	
KFVG	Catharina	Insel Spiekeroog .	61,5	21,71	
KFVJ	Jacob Synes . . .	Papenburg . . .	242,4	85,57	
KFVL	Gretina	Sückelkamper Fehn	58,5	20,63	
KFVM	Franziska	Karolinensiel . . .	267,6	94,16	
KFVN	Foelke	Rhaudermoor . . .	73,3	25,47	
KFVP	Gertrude	Ost-Rhanderfehn .	54,4	19,31	
KFVQ	Anna	Insel Spiekeroog .	221,5	78,10	
KFVS	Elskea	Ost-Rhanderfehn .	62,1	21,93	
KFVT	Sophie	Timmel	348,4	122,99	
KFWC	Christina	West-Rhanderfehn .	82,6	29,16	
KFWD	Frau Maria	Karolinensiel . . .	106,6	37,60	
KFWG	Harmina	Holterfehn	61,6	21,83	
KFWH	Stadt Esens . . .	West-Rhanderfehn .	58,4	20,61	
KFWJ	Catharina	Dornumer Siel . .	450,9	159,11	
KFWM	Johanna Geziena .	Weener	201,2	71,03	
KFWN	Mina	Ost-Rhanderfehn .	52,6	18,51	
KFWP	Renstina	Ost-Rhanderfehn .	94,9	33,49	
KFWQ	Emanuel	Rhaudermoor . . .	70,8	24,99	
KFWR	Johanna	Papenburg . . .	271,5	95,64	
KFWS	Antje	West-Rhanderfehn .	63,0	22,34	
KFWT	Ankelina	Holterfehn	59,3	20,94	
KFWV	Eltje	Emden	332,3	117,37	
KGBC	Catharina	West-Rhanderfehn .	102,4	86,16	

* Nominelle Pferdekräfte.

KGBD — KGFQ

Unterscheidungs-Signale.	Namen der Schiffe.	Heimathshafen	Kubikmeter Netto-Raumgehalt.	Register-Tons	Pferde-kräfte.
KGBD	Frau Geske	West-Rhanderfehn	70,9	24,81	
KGBF	Agina	West-Rhanderfehn	48,9	17,16	
KGBH	Josephine	Papenburg	475,9	168,91	
KGBJ	Freiheit	Grossefehn	467,1	164,90	
KGBL	Gesina	West-Rhauderfehn	73,9	25,77	
KGBM	Johanna Auguste	Westeraccumersiel	212,4	75,58	
KGBP	Maria	Grossefehn	404,8	142,78	
KGBQ	Hoffnung	Borkum	56,1	19,68	
KGBR	Ettina	Ost-Rhanderfehn	121,5	42,82	
KGBS	Aurora	Borkum	57,1	20,89	
KGBT	Eta	Emden	183,8	64,10	
KGBV	Maria	West-Rhanderfehn	52,6	18,51	
KGBW	Sieverdina	West-Rhanderfehn	52,9	18,51	
KGCB	Johan	Papenburg	411,7	145,22	
KGCD	Frau Johanna	Emden	69,3	24,44	
KGCF	Hilkea	Iheringsfehn	48,9	16,33	
KGCH	Pollux	Emden	682,4	240,88	
KGCM	Arendina	Borkum	53,8	18,99	
KGCN	Bertha	Greetsiel	48,9	17,68	
KGCP	Nordstern	Am Norddeich, Kreis Emden.	51,8	18,19	
KGCQ	Peter	Leer	1084,8	382,99	
KGCR	Hosianna	Borkum	54,8	19,32	
KGCS	da Capo	Papenburg	832,9	298,78	
KGCT	Gesebe Elida	Bensersiel	59,7	21,69	
KGCV	Pax	West-Rhauderfehn	147,8	52,16	
KGCW	Lina	West-Rhanderfehn	56,9	19,77	
KGDB	Familie	Karolinensiel	226,4	79,81	
KGDC	Harmina	Warsingsfehn	327,1	115,47	
KGDF	Sara	Oldersum	365,4	128,60	
KGDH	Gesina	West-Rhanderfehn	65,9	22,99	
KGDJ	Maria	West-Rhanderfehn	47,8	16,77	
KGDL	Johann	Insel Spiekeroog	88,9	31,99	
KGDM	Ekelina	Iheringsfehn	54,8	19,16	
KGDN	Aurora	Boekzeteler Fehn	251,8	88,78	
KGDP	Anni	Papenburg	256,9	90,47	
KGDS	Catharina	Ost-Rhanderfehn	111,3	39,38	
KGDT	Antje	Ost-Rhanderfehn	105,8	87,48	
KGDV	Johanne Antine	Karolinensiel	188,4	66,80	
KGDW	Fenna Henderika	Warsingsfehn	273,4	96,49	
KGFB	Hempkedina	West-Rhauderfehn	51,8	18,10	
KGFC	Freya	Karolinensiel	329,8	116,33	
KGFD	Elise	Leer	359,6	126,77	
KGFH	Hinrika	Boekzeteler Fehn	352,8	124,54	
KGFJ	Anna	Grossefehn	442,1	156,07	
KGFL	Anton	Papenburg	507,1	179,11	
KGFM	Hoffnung	Ost-Rhauderfehn	68,4	24,14	
KGFN	Eclipse	Papenburg	300,1	105,94	
KGFQ	Antina	West-Rhanderfehn	56,4	19,91	

KGFR — KGMF

Unter-scheidungs-Signale.	Namen der Schiffe.	Heimathshafen	Kubik-meter Netto-Raumgehalt	Register-Tons	Pferde-kräfte.
KGFR	Zwei Gebrüder . .	Ost-Rhauderfehn .	81,1	28,63	
KGFS	Kronprinzessin Victoria.	Norderney	69,9	24,43	
KGFT	Henriette	Boekzeteler Fehn .	289,9	102,19	
KGFW	Gretine	Rhaudermoor . . .	100,3	35,87	
KGHB	Wopke	Borkum	63,6	22,24	
KGHC	Greetjelina	Neuefehn	125,5	44,80	
KGHD	Illonerika	Rorichmoor	121,9	43,63	
KGHF	Greetjelina . . .	West-Rhauderfehn .	75,6	26,41	
KGHJ	Hedwig	Leer	671,6	237,67	
KGHL	Rose	Emden	877,6	809,71	
KGHN	Antrina	Insel Baltrum . .	57,6	20,83	
KGHP	Drei Gebrüder . .	Greetsiel	54,1	19,11	
KGHQ	Christian Wilhelm .	Neu-Harringer Siel	65,9	23,24	
KGHR	Fekelino	Neermoor	338,6	119,23	
KGHS	Gebkea	Rhanderwieke . . .	48,9	17,64	
KGHT	Wübkea	Collingborstermoor .	47,6	16,66	
KGHW	Anna Maria . . .	Rhaudermoor . . .	51,6	18,61	
KGJB	Immanuel	West-Rhauderfehn .	277,7	98,63	
KGJC	Martha	Borkum	105,5	37,24	
KGJD	Gesina	Papenburg	322,3	113,71	
KGJF	Anna	West-Rhauderfehn .	207,5	73,24	
KGJH	Foelkea	Ost-Rhauderfehn .	78,6	27,63	
KGJL	Janna	Warsingsfehn . . .	49,8	17,46	
KGJM	Gesine	Papenburg	316,1	111,89	
KGJN	Ursula	Grossefehn	398,9	140,79	
KGJP	Albrecht	Grossefehn	426,7	150,63	
KGJQ	Cathrine	Leer	279,6	98,69	
KGJR	Magreta	Holtermoor	65,9	23,83	
KGJS	Graf Eulenborg . .	Jemgum	768,9	271,03	
KGJT	Margaretha	Borkum	56,1	19,94	
KGJV	Arnold	Rhaudermoor . . .	197,6	69,84	
KGJW	Einigkeit	Greetsiel	62,3	22,00	
KGLB	Dillgentia	Emden	991,6	860,68	
KGLC	Fides	West-Rhauderfehn .	310,9	109,74	
KGLD	Johanna	Papenburg	833,3	294,11	
KGLF	Fünf Gebrüder . .	West-Rhauderfehn .	74,6	26,90	
KGLH	Freundschaft . . .	Borkum	53,6	18,91	
KGLJ	Hiskelina	West-Rhauderfehn .	204,5	72,11	
KGLM	Voelkea	Holterfehn	70,9	24,99	
KGLP	Hoffnung	West-Rhauderfehn .	67,3	23,11	
KGLQ	Hemkedina	West-Rhauderfehn .	76,6	26,63	
KGLR	Catharina	Jemgum	366,1	129,63	
KGLS	†Stadt Norden . .	Norden	159,3	56,34	25*
KGLT	Paul	Barssel	381,3	134,67	
KGLV	†Stadt Leer	Leer	868,9	806,49	120
KGLW	Anna	West-Rhauderfehn .	87,1	30,76	
KGMC	Gesina	Grossefehn	382,4	135,00	
KGMF	Hermann	Ost-Rhauderfehn .	319,1	112,44	

* Nominelle Pferdekräfte.

4 *

KGMJ — KGQR

Unter-scheidungs-Signale.	Namen der Schiffe.	Heimathshafen	Kubik-meter Netto-Raumgehalt.	Register-Tons	Pferde-kräfte.
KGMJ	Hoffnung	Ost-Rhauderfehn .	75,₁	26,₈₁	
KGMN	Elise	West-Rhauderfehn .	75,₇	26,₇₃	
KGMP	Actio	Papenburg	566,₁	199,₃₄	
KGMQ	Hoffnung	Ost-Rhauderfehn .	55,₆	19,₆₃	
KGMR	†Delphin	Emden	25,₄	8,₉₇	14°
KGMS	Lina	Karolinensiel . . .	274,₇	96,₉₇	
KGMT	Deborah	Karolinensiel . . .	405,₆	143,₁₁	
KGMV	Gesina	West-Rhauderfehn .	79,₉	28,₃₀	
KGMW	Catharina	Ost-Rhauderfehn .	55,₆	19,₆₃	
KGNB	Menna	Papenburg	854,₃	125,₉₇	
KGNC	Geeska	Warsingsfehn . . .	343,₃	121,₁₉	
KGNF	Harmonie	Emden	366,₉	129 ₅₃	
KGNH	Arde	Warsingsfehn . . .	69,₁	20,₉₆	
KGNJ	Beauport	Papenburg	662,₉	234,₅₉	
KGNL	Geerdina	Emden	330,₃	116,₄₄	
KGNM	Greetjelina	Leer	132,₆	46,₉₁	
KGNP	Frau Lina	Ost-Rhauderfehn .	72,₉	25,₇₄	
KGNQ	Jantina	West-Rhauderfehn .	59,₉	21,₁₄	
KGNR	Almuth	Leer	344,₀	121,₄₂	
KGNS	Neptun	Papenburg	286,₀	100,₉₆	
KGNT	Rudolph	Papenburg	261,₆	92,₃₉	
KGNV	Jantje	Holterfehn	51,₄	18,₁₆	
KGNW	Anna	Karolinensiel . . .	83,₄	29,₄₄	
KGPB	Hermann	West-Rhauderfehn .	63,₆	22,₄₆	
KGPC	Elise	Boekzeteler Fehn .	380,₇	134,₃₀	
KGPD	Johann	Groesefehn	1009,₀	356,₁₃	
KGPF	Charlotte	Papenburg	288,₃	101,₇₇	
KGPH	Helene	Greetsiel	273,₃	96,₄₄	
KGPJ	Drei Gebrüder . .	Emden	66,₇	23,₃₄	
KGPL	Engeline	West-Rhauderfehn .	73,₃	25,₈₄	
KGPM	Gesina	Ost-Rhauderfehn .	78,₆	27,₇₄	
KGPN	Gerhardine	West-Rhauderfehn .	54,₀	19,₀₄	
KGPQ	Vier Gebrüder . .	West-Rhauderfehn .	78,₆	27,₆₃	
KGPR	Trientje	West-Rhauderfehn .	49,₃	17,₄₀	
KGPS	Bilda	Oldersum	307,₁	108,₄₃	
KGPT	Allina	Jemgum	350,₃	123,₆₃	
KGPV	Anna	West-Rhauderfehn .	59,₃	20,₉₄	
KGPW	Jacoba	Papenburg	843,₄	121,₃₁	
KGQB	Etta M. Jacobs . .	Karolinensiel . . .	208,₆	73,₆₀	
KGQC	Vier Gebrüder . .	Ost-Rhauderfehn .	75,₂	26,₄₄	
KGQD	Foelkea	West-Rhauderfehn .	69,₄	24,₃₀	
KGQF	Zleverdine	West-Rhauderfehn .	70,₆	24,₉₃	
KGQH	Anna	Groesefehn	207,₇	73,₃₃	
KGQJ	Anton	Groesefehn	435,₇	153,₉₀	
KGQL	Maria	Papenburg	—	324,₆₅	
KGQM	Marie von Oldendorp	Weener	461,₉	163,₅₈	
KGQN	Berendina	Leer	102,₆	57,₃₉	
KGQP					
KGQR					

* Nominelle Pferdekräfte.

KGQS — KLFV

Unter-scheidungs-Signale.	Namen der Schiffe.	Heimathshafen	Kubik-meter Netto-Raumgehalt	Register-Tons	Pferda-kräfte.
KGQS					
KGQT					
KGQV					
KGQW					
KGRB					
KGRC					
KGRD					
KGRF					
KGRJI					
KGRJ					
KGRL					
KGRM					
KGRN					
KGRP					
KGRQ					
KGRS					
KGRT					
KLBG	Wanderer	Lübeck	458,2	161,99	
KLBH	Anna	Meldorf	189,0	66,72	
KLBJ	Amos	Lühe, Amts Jork	37,2	13,24	
KLBM	Fido	Dornbusch, Amts Freiburg	194,0	68,45	
KLBN	Adelheid	Weener	253,1	89,32	
KLBT	Maria	Estebrügge	108,4	88,27	
KLCD	Maria	Estebrügge	110,0	38,64	
KLCG	Nikolaus	Ritseb, Amts Freiborg	84,2	29,57	
KLCJ	Johannes	Estebrügge	91,2	32,23	
KLCN	Gesina	Lühe, Amts Jork	37,2	13,13	
KLCQ	Fortuna	Este-Fluss	85,2	30,23	
KLCS	Elisabeth	Lühe, Amts Jork	38,2	13,72	
KLCT	Gloria	Bützfleth	108,3	38,41	
KLCW	Illarich	Cranz, Amts Jork	107,7	38,33	
KLDB	Ceres	Borstel, Amts Jork	112,1	39,10	
KLDC	Johannes	Twielenfloth, Amts Jork	108,7	36,42	
KLDJ	Elise	West-Rhsuderfehn	185,2	47,72	
KLDQ	Hosianna	Spitzerdorf, Kreis Pinneberg.	112,6	30,75	
KLDR	Cäcilus	Neuenfelde, Amts Jork	112,6	39,97	
KLDT	Robert	Unsom in Schleswig	229,3	80,94	
KLDW	Selene	Twielenfleth, Amts Jork	95,4	33,90	
KLFC	Uranus	Spitzerdorf, Kreis Pinneberg.	141,3	49,90	
KLFG	Johannes	Borstel, Amts Jork	66,4	23,44	
KLFH	Immanuel	Borstel, Amts Jork	83,4	29,45	
KLFM	Adele	Ganensiek	251,9	86,20	
KLFR	Emanuel	Twielenfleth, Amts Jork	76,7	27,90	
KLFS	Eduard	Emden	818,3	110,64	
KLFT	Victoria	Krautsand	216,0	76,47	
KLFV	Anna Sophia	Hamburg	122,7	43,81	

KLGD — KLTP

Unter-scheidungs-Signale.	Namen der Schiffe.	Heimathshafen	Kubik-meter Netto-Raumgehalt.	Register-Tons	Pferde-kräfte.
KLGD	Pansewitz	Stade	581,1	205,11	
KLGH	Hertha	Hetlingen, Kreis Pinneberg.	211,9	74,81	
KLGJ	Nimrod	Neuland, Amts Freiburg	209,4	73,10	
KLGN	Matthias	Hamburg	155,7	54,10	
KLGQ	Anna Maria . . .	Ganensick	185,9	65,10	
KLHF	Aline	Borstel, Amts Jork .	94,8	33,10	
KLHM	Palme	Geestemünde . . . -	492,6	173,10	
KLHS	Adeline	Wischhafen	164,1	58,19	
KLJD	Emanuel	Estebrügge	94,6	33,10	
KLJP	Johanna Maria . .	Neustadt in Holstein .	114,1	40,10	
KLJR	Georg	Wischhafen	214,1	75,10	
KLJT	Emanuel	Schwarzenhütten, Amts Osten.	81,6	28,10	
KLMJ	Maria	Hamburg	148,6	52,10	
KLMT	Robert	Dornbusch, Amts Freiburg.	190,5	70,10	
KLMV	Ora	Cranz, Amts Jork . .	91,1	82,10	
KLND	Beata	Hamburg	190.2	67,15	
KLNF	Hoffnung	Dornbusch, Amts Freiburg.	167,9	50,77	
KLNG	Regina	Borstel, Amts Jork	50.6	21,14	
KLNH	Amalia	Borstel, Amts Jork .	363,5	128,44	
KLNQ	Antoinette . . .	Bremen	2123,5	749,10	
KLNT	Achilles	Abbenfleth	123,1	43,10	
KLNW	Ernte	Cranz, Amts Jork . .	92,1	32,41	
KLPD	Sophie	Bentwisch, Amts Neuhaus a. d. Oste.	183,1	64,10	
KLPJ	Betty	Hamburg	445,1	157,10	
KLPM	Catharina	Hamburg	444,1	156,10	
KLPN	Antelope	Hamburg	481,1	169,10	
KLPV	August	Cranz, Amts Jork . .	693,6	244,01	
KLPW	Catharina	Twielenfleth, Amts Jork	128,1	45,10	
KLQB	August	Rekom	132,6	48,01	
KLQG	Louise	Barth	508,4	179,10	
KLQJ	Anna	Cranz, Amts Jork . .	258,1	91,11	
KLQN	Alwine	Hamburg	608,1	214,10	
KLQT	Wremen	Wremer Tief . . .	70,1	27,10	
KLQV	Laguna	Spitzerdorf, Kreis Pinneberg.	100,6	35,10	
KLRJ	Margaretha	Twielenfleth, Amts Jork	123,1	43,10	
KLRM	Rebecca	Elsfleth	782,9	276,01	
KLRN	Emil	Itzehoe	263,7	93,10	
KLSC	Ellen Rickmers . . .	Elsfleth	870,1	307,11	
KLSP	Miranda	Neuenfelde, Amts Jork	470,1	165,10	
KLSR	Emanuel	Twielenfleth, Amts Jork	98,1	34,11	
KLTH	Johannes	Neuenfelde, Amts Jork	124,6	43,10	
KLTM	Johannes	Hamburg	509,6	170,10	
KLTP	Theodor	Krautsand	411,1	145,11	

KLTR — KMFD

Unter-scheidungs-Signale.	Namen der Schiffe.	Heimathshafen	Kubik-meter Netto-Raumgehalt.	Register-Tons	Pferde-kräfte.
KLTR	Germania	Geestemünde . . .	2315,1	817,44	
KLVII	Orion	Brake a. d. Weser .	617,1	217,84	
KLVR	J. G. Fichte . . .	Buxtehude	653,9	230,83	
KLWH	Minna	Geversdorf	256,1	90,47	
KLWN	Maria	Lühe, Amts Jork . .	23,4	8,28	
KLWR	Helene	Geestemünde . . .	258,3	91,14	
KLWS	Gondel	Lühe, Amts Jork . .	65,9	28,31	
KLWV	Maria	Grünendeich,Amts Jork	34,3	12,11	
KMBC	Helios	Hamburg	327,5	115,41	
KMBG	R. C. Rickmers . .	Geestemünde . . .	3279,2	1157,34	
KMBII	Auguste	Blankenese	620,1	218,69	
KMBN	Diana	Osten	102,6	86,31	
KMBQ	Aurora	Dornbusch, Amts Freiburg.	102,1	36,23	
KMBS	†Mercur	Bremen	975,6	844,44	180
KMBT	†Neptun	Bremen	514,6	181,41	95
KMBW	Maria	Brunshausen, Amts Himmelpforten.	195,7	69,26	
KMCB	Johanna	Blumenthal, Amts Blumenthal.	164,6	58,16	
KMCH	Margaretha	Harburg	426,1	150,52	
KMCJ	Pallas	Neuenschleuse, Amts Jork.	96,2	83,34	
KMCL	Regine	Cranz, Amts Jork . .	124,6	44,03	
KMCN	†Diana	Bremen	800,7	282,43	120
KMCP	Amanda	Hamburg	141,3	49,81	
KMCS	Atalanta	Estebrügge	68,8	24,39	
KMCV	†Jupiter	Bremen	877,5	309,73	120
KMCW	†Delbrück	Geestemünde . . .	816,4	288,24	150
KMDB	Gloriosa	Twielenfleth,Amts Jork	148,6	52,41	
KMDC	Woerth	Geestemünde . . .	114,0	40,34	
KMDG	Emanuel	Estebrügge	54,1	19,09	
KMDL	Bremerhaven . . .	Geestemünde . . .	2952,3	1042,16	
KMDN	Miranda	Cranz, Amts Jork . .	97,5	34,41	
KMDP	Metha	Cranz, Amts Jork . .	97,6	34,40	
KMDQ	Elisabeth	Grossenwörden, Amts Osten.	105,6	37,23	
KMDR	Derby	Geestemünde . . .	3080,4	1087,43	
KMDS	Cadet	Estebrügge	149,0	52,81	
KMDT	Irene	Estebrügge	79,1	26,14	
KMDV	Johannes	Hamburg	90,1	32,81	
KMDW	Anna	Dornbusch, Amts Freiburg.	76,9	27,11	
KMFB	Germania	Wischhafen	84,6	29,23	
KMFC	Hesperus	Dornbusch, Amts Freiburg.	77,0	27,16	
KMFD	Catharina	Dornbusch, Amts Freiburg.	87,3	30,23	

KMFG — KMHW

Unter- scheidungs- Signale.	Namen der Schiffe.	Heimathshafen	Kubik- meter Netto-Raumgehalt	Register- Tons	Pferde- kräfte.
KMFG	Selene	Dornbusch, Amts Freiburg.	78,6	27,11	
KMFH	Achilles	Dornbusch, Amts Freiburg.	92,9	32,16	
KMFJ	Gesine	Twielenfleth, Amts Jork	77,6	27,18	
KMFL	Eridanus	Basbeck	107,5	37,68	
KMFN	Meta Maria	Steinhausersiel	79,6	27,96	
KMFR	Zwei Gebrüder	Granerort, Amts Freiburg	59,6	20,63	
KMFS	Friedrich	Oberndorf, Amts Neuhaus a. d. Oste.	285,6	100,69	
KMFT	†Arion	Bremen	572,7	202,16	120
KMFV	Catharina	Stade	62,9	21,86	
KMFW	Active	Oberndorf, Amts Neuhaus a. d. Oste.	97,9	34,81	
KMGB	Henriette Lisette	Oberndorf, Amts Neuhaus a. d. Oste.	99,9	35,38	
KMGC	Johanna	Basbeck	86,6	30,67	
KMGD	Hinrich	Warstade	87,6	30,71	
KMGF	Margaretha	Oberndorf, Amts Neuhaus a. d. Oste.	87,3	30,76	
KMGJ	Onrust	Hamburg	97,5	34,60	
KMGL	Amandus	Geversdorf	92,6	32,76	
KMGN	MargarethaDorothea	Oberndorf, Amts Neuhaus a. d. Oste.	91,7	32,97	
KMGP	Irene	Krautsand	61,6	21,11	
KMGQ	Hoffnung	Neuhaus a. d. Oste	70,6	24,41	
KMGR	Maria	Neuhaus v. d. Oste	77,3	27,38	
KMGS	Erndte	Oberndorf, Amts Neuhaus a. d. Oste.	82,6	29,03	
KMGV	Zwei Gebrüder	Estebrügge	75,6	26,44	
KMGW	Hoffnung	Oberndorf, Amts Neuhaus a. d. Oste.	69,6	24,67	
KMHB	Catharina Maria	Geversdorf	79,3	27,39	
KMHC	Blume	Neuhaus a. d. Oste	73,4	25,63	
KMHD	Stade	Stade	67,3	23,63	
KMHF	Palma	Freiburg	83,6	29,61	
KMHJ	Die Schwinge	Assel	91,3	32,30	
KMHL	Franklin	Oberndorf, Amts Neuhaus a. d. Oste.	78,9	27,66	
KMHN	Charlotte	Belum	71,1	25,54	
KMHP	Margaretha	Stade	57,7	20,37	
KMHQ	Rebecca	Mühlenhafen	52,6	18,67	
KMHR	Gesine	Bassenfleth	93,6	32,64	
KMHS	Emanuel	Ostendorf, Amts Bremervörde.	67,3	23,74	
KMHT	Rebecca	Hechthausen, Amts Oste.	84,9	29,87	
KMHV	Die Drei Gebrüder	Warstade	83,6	29,69	
KMHW	Anna	Bützfleth	96,6	33,73	

KMJB — KMPB

Unter-scheidungs-Signale.	Namen der Schiffe.	Heimathshafen.	Kubik-meter Netto-Raumgehalt.	Register-Tons	Pferde-kräfte.
KMJB	Rose	Neuhaus a. d. Oste	102,2	86,08	
KMJC	Fortuna	Neuhaus a. d. Oste	78,3	25,94	
KMJF	Petrus	Klint, Amts Osten	88,3	29,37	
KMJG	Catharina	Iselersheim	78,5	27,71	
KMJH	Dankbarkeit	Neuhaus a. d. Oste	102,7	86,13	
KMJL	Anna Catharina	Gräpel	72,6	25,62	
KMJN	Catharina Sophia	Cranz, Amts Jork	82,6	29,16	
KMJP	Amelia	Barnkrug	70,3	24,91	
KMJQ	Marine	Ganensiek	92,9	82,99	
KMJR	Anna Sophia	Basbeck	88,7	31,13	
KMJS	Auguste	Cuxhaven	82,1	28,93	
KMJV	Magaretha	Oberndorf, Amts Neu-haus a. d. Oste.	73,3	25,84	
KMJW	Doctor Lasker	Geestemünde	754,1	266,99	
KMLB	Ernte	Neuendamm, Amts Bremervörde.	88,3	81,94	
KMLC	Emanuel	Maasholm	67,6	23,67	
KMLD	Marta	Estebrügge	69,9	24,11	
KMLF	Johannes	Neuenfelde, Amts Jork	71,1	25,13	
KMLG	Emanuel	Grünendeich, Amts Jork	55,6	19,19	
KMLH	Delke Rickmers	Geestemünde	4886,4	1724,09	
KMLN	Miranda	Borstel, Amts Jork	62,9	22,19	
KMLP	Johannes	Wischhafen	67,4	23,79	
KMLQ	Die zwei Gebrüder	Lühe, Amts Jork	55,9	19,42	
KMLR	Emanuel	Moorende, Amts Jork	59,4	21,96	
KMLS	Hinrich	Cranz, Amts Jork	60,7	21,13	
KMLT	Sophia Catharina	Basbeck	112,4	89,63	
KMLW	Johannes	Dornbusch, Amts Frei-burg.	79,1	27,13	
KMNB	Catharina	Wischhafen	69,3	24,47	
KMNC	Johanna	Warstade	80,9	28,16	
KMND	Johanne Elise	Grossenwörden, Amts Osten.	97,9	84,94	
KMNF	Maria	Borstel, Amts Jork	78,2	27,63	
KMNG	Marie Lucie	Blumenthal, Amts Blu-menthal.	136,9	48,83	
KMNH	Minerva	Neuenschleuse, Amts Jork.	45,3	15,99	
KMNJ	Gloria	Neuenschleuse, Amts Jork.	53,7	18,99	
KMNL	Anna Eleonore	Geestemünde	165,6	58,43	
KMNP	Emanuel	Wisch, Amts Osten	70,3	24,99	
KMNQ	Hinrich	Cranz, Amts Jork	64,3	22,67	
KMNR	Johann Hinrich	Borstel, Amts Jork	54,5	10,33	
KMNS	Ernte	Lühe, Amts Jork	62,1	21,79	
KMNT	Adelheit	Wischhafen	49,3	17,03	
KMNV	†Concordia	Stade	215,6	75,94	60
KMNW	Margretha	Lühe, Amts Jork	54,1	19,10	
KMPB	Möwe	Geestemünde	502,3	177,39	

KMPC — KMSG

Unter-scheidungs-Signale.	Namen der Schiffe.	Heimathshafen	Kubik-meter Netto-Raumgehalt.	Register-Tons	Pferde-kräfte.
KMPC	Petrus	Cranz, Amts Jork	80,7	28,40	
KMPD	†Stade	Stade	280,7	81,44	70
KMPF	Charlotte	Osten	100,8	85,44	
KMPG	Charis	Borstel, Amts Jork	64,1	22,48	
KMPH	Germania	Neuenfelde, Amts Jork	68,0	24,81	
KMPJ	Gesine	Borstel, Amts Jork	62,8	22,07	
KMPL	Dettl	Bekum	150,8	53,11	
KMPN	Johanna	Rönnebeck	208,1	78,43	
KMPQ	Adeline	Borstel, Amts Jork	50,8	17,71	
KMPR	Johannes	Königreich, Amts Jork	64,2	22,67	
KMPS	Diana	Estebrügge	67,4	23,41	
KMPT	Emanuel	Estebrügge	55,6	19,81	
KMPV	Minerva	Borstel, Amts Jork	65,9	22,81	
KMPW	Diederichs	Neuenfelde, Amts Jork	57,2	20,10	
KMQB	Elbe	Lühe, Amts Jork	74,1	26,18	
KMQC	Hoffnung	Twielenfleth, Amts Jork	55,9	19,73	
KMQD	Meteor	Estebrügge	56,0	19,71	
KMQF	Fortuna	Moorende, Amts Jork	65,8	23,11	
KMQG	Fortuna	Cranz, Amts Jork	78,0	27,48	
KMQH	Magreta	Gauensiek	88,1	81,28	
KMQJ	Immanuel	Borstel, Amts Jork	53,9	18,81	
KMQL	Catharina	Insel Langeoog	128,7	43,57	
KMQP	Aurora	Hove, a. d. Este, Amts Jork	66,1	26,08	
KMQR	Minerva	Leswig a. d. Este	60,9	21,44	
KMQS	Maria	Borstel, Amts Jork	71,9	25,38	
KMQT	Juliana	Borstel, Amts Jork	52,8	18,48	
KMQV	Anna Sophia	Bützfleth	77,4	27,81	
KMQW	Hosianna	Abbenfleth	65,9	23,71	
KMRB	Helene	Buxtehude	68,3	24,11	
KMRC	Delphin	Borstel, Amts Jork	55,4	19,48	
KMRD	Immanuel	Borstel, Amts Jork	48,2	17,01	
KMRF	Emanuel	Neuenfelde, Amts Jork	60,2	21,37	
KMRG	Henriette	Lübe, Amts Jork	41,1	14,38	
KMRH	Johannes	Ritsch, Amts Freiburg	74,5	26,29	
KMRJ	Maria	Borstel, Amts Jork	46,7	16,39	
KMRL	Hinrich	Cranz, Amts Jork	82,1	29,04	
KMRN	Charis	Borstel, Amts Jork	58,6	20,46	
KMRP	Germania	Grünendelch, Amts Jork	68,2	24,07	
KMRQ	Erndte	Abbenfleth	85,9	30,29	
KMRS	Fortuna	Cranz, Amts Jork	57,6	20,39	
KMRV	Diana	Cranz, Amts Jork	59,3	20,39	
KMRW	Einigkeit	Grünendelch, Amts Jork	61,3	21,44	
KMSB	Fortuna	Viersielen	61,8	21,71	
KMSC	Emanuel	Ostendorf, Amts Bremer-vörde.	66,9	23,42	
KMSD	Zwei Gebrüder	Laumühlen	75,0	26,44	
KMSF	Catharina Christina	Freiburg	69,9	24,87	
KMSG	Dorothea	Dornbusch, Amts Freiburg.	52,1	18,48	

KMSH — KMWD

Unter-scheidungs-Signale.	Namen der Schiffe.	Heimathshafen	Kubik-meter Netto-Raumgehalt	Register-Tons	Pferde-kräfte.
KMSH	Johanna Metta	Osten	89,1	31,48	
KMSJ	Anna Sophia	Basbeck	69,9	24,80	
KMSL	Flora	Hove a. d. Este, Amts Jork.	63,6	22,57	
KMSN	Catharina	Estebrügge	68,9	22,83	
KMSP	Gloria Deo	Estebrügge	64,1	22,53	
KMSQ	Enmonia	Stade	67,9	28,97	
KMSR	Flora	Leswig a. d. Este	60,6	17,88	
KMST	Emanuel	Cranz, Amts Jork	65,6	23,14	
KMSV	Orpheus	Bremen	2579,1	910,41	
KMSW	Germania	Steinkirchen, Amts Jork	61,6	21,74	
KMTB	Johannis	Cranz, Amts Jork	78,9	27,48	
KMTC	Diodor	Borstel, Amts Jork	61,3	21,81	
KMTD	Immanuel	Geversdorf	65,6	28,13	
KMTF	Johannes	Moorende, Amts Jork	67,6	23,87	
KMTG	Anna Dorothea	Rönnebeck	142,6	50,98	
KMTH	Aurora	Estebrügge	58,4	20,63	
KMTJ	Jno	Steinkirchen, Amts Jork	56,3	19,87	
KMTL	Emanuel	Cranz, Amts Jork	67,6	23,99	
KMTN	Germania	Höhen, Amts Jork	59,4	20,97	
KMTP	Adeline	Neuenkirchen, Amts Jork.	49,4	17,44	
KMTQ	Anna	Rekom	145,9	51,40	
KMTR	Gloria	Ostendorf, Amts Bremervörde.	68,6	24,30	
KMTS	Emanuel	Ostendorf, Amts Bremervörde.	70,9	24,81	
KMTV	Miranda	Borstel, Amts Jork	62,4	22,84	
KMTW	Gloriadea	Ostendorf, Amts Bremervörde.	50,1	17,57	
KMVB	Hinrich	Geestemünde	168,9	57,83	
KMVC	Charlotte Auguste	Otterndorf	58,1	20,81	
KMVD	Fortuna	Osten	64,9	22,99	
KMVF	Metta	Dornbusch, Amts Freiburg.	74,7	26,73	
KMVG	Helene	Rönnebeck	78,6	27,73	
KMVH	Beta	Rönnebeck	149,6	52,81	
KMVJ	Meta	Bremen	149,4	52,74	
KMVL	Catharina	Ostendorf, Amts Bremervörde.	49,1	17,84	
KMVQ	Hedwig	Geestemünde	81,6	28,87	
KMVR	Fortuna	Abbenfleth	85,6	30,18	
KMVS	Carl	Neuhaus a. d. Oste	69,6	24,36	
KMVT	Genius	Steinkirchen, Amts Jork	62,9	22,16	
KMVW	Zwei Gebrüder	Rönnebeck	161,5	57,14	
KMWB	Die zwei Gebrüder	Rönnebeck	138,1	48,73	
KMWC	Genius	Blumenthal, Amts Blumenthal	170,7	60,32	
KMWD	Heinrich	Rönnebeck	141,3	49,80	

KMWF — KNDF

Unter-scheidungs-Signale.	Namen der Schiffe.	Heimathshafen der Schiffe.	Kubik-meter Netto-Raumgehalt.	Register-Tons	Pferde-kräfte.
KMWF	Elise	Rönnebeck	132,8	46,01	
KMWG	Adelheid	Rönnebeck	153,8	54,40	
KMWH	Maria	Abbensoth	74,8	26,30	
KMWJ	Johannes	Wischhafen	78,8	27,02	
KMWL	Apollo	Osten	64,8	22,07	
KMWN	Johanna	Kling, Amts Osten	67,1	23,07	
KMWP	Hanna	Borstel, Amts Jork	63,0	22,50	
KMWQ	Johanna Catharina	Oberndorf, Amts Neu-haus a. d. Oste.	113,4	40,64	
KMWR	Catharina	Gauensiek	49,4	17,44	
KMWS	Sophia Dorothea	Basbeck	87,1	30,50	
KMWT	Wilhelm	Warstade	78,8	27,05	
KMWV	Maria Elise	Basbeck	83,9	29,01	
KNBC	Petrus	Cranz, Amts Jork	150,4	56,21	
KNBD	Maria	Estebrügge	57,9	20,44	
KNBF	Margaretha	Gauensiek	67,0	23,60	
KNBG	Wilhelmine	Lobbeudorf	07,3	23,01	
KNBH	Johanna	West-Mooronde, Amts Jork.	155,3	54,02	
KNBJ	Venus	Borstel, Amts Jork	59,9	21,14	
KNBL	Fortuna	Warstade	82,1	29,69	
KNBM	Hosianna	Borstel, Amts Jork	57,4	20,56	
KNBP	Vesta	Warstade	83,4	29,64	
KNBQ	Gesina	Rönnebeck	154,7	54,40	
KNBR	Anna Maria	Lühedeleh, Amts Jork	59,6	21,11	
KNBS	Illunerike Lucie	Brake a. d. Weser	149,3	52,10	
KNBT	Fortuna	Dornbusch, Amts Frei-burg.	86,8	30,41	
KNBW	Hera	Bremen	2936.4	1036,07	
KNCB	Julius	Neuenfelde, Amts Jork	139,3	49,77	
KNCD	Anna Margaretha	Neuhaus a. d. Oste	84,3	29,05	
KNCF	Catharine	Farge	140,1	49,01	
KNCH	Johannes	Neuenfelde, Amts Jork	95,4	33,45	
KNCJ	Catharina	Schulau	95,4	83,54	
KNCL	Catharina	Gauensiek	62,1	21,50	
KNCM	Catharina Marga-retha.	Itekum	127,4	44,01	
KNCP	Margaretha	Farge	143,8	50,50	
KNCQ	Othello	Freiburg	90,8	31,56	
KNCR	Hoffnung	Rönnebeck	139,9	49,30	
KNCS	Vineta	Borstel, Amts Jork	80,8	28,12	
KNCT	Elbe	Neuenfelde, Amts Jork	80,1	28,07	
KNCV	Gesine	Rönnebeck	159,1	56,17	
KNCW	Maria	Brobergen	63,1	22,77	
KNDB	Sophie	Oberndorf, Amts Neu-haus a. d. Oste.	85,4	30,16	
KNDC	Anna Catharina	Wisch, Amts Osten	72,8	25,70	
KNDF	Marie	Basbeck	115,3	40,77	

KNDG — KNGS

Unter-scheidungs-Signale.	Namen der Schiffe.	Heimathshafen	Kubik-meter Netto-Raumgehalt.	Register-Tons	Pferde-kräfte.
KNDG	Adelheid	Ostendorf, Amts Bremervörde.	56,3	19,80	
KNDH	Catharina Marga-retha.	Gräpel	65,3	23,01	
KNDJ	Alice Rickmers . .	Geestemünde . . .	3422,0	1208,23	
KNDL	Dorothea	Otterndorf	56,6	19,94	
KNDM	Heinrich Wilhelm .	Otterndorf	54,6	19,77	
KNDP	Anna Margaretha .	Otterndorf	93,4	33,04	
KNDQ	Immanuel	Grünendeich, Amts Jork	50,7	20,02	
KNDR	Johannes	Grünendeich, Amts Jork	56,0	19,77	
KNDT	Anna	Blumenthal, Amts Blumenthal.	194,9	68,90	
KNDV	Adele	Hamelwörden, Amts Freiburg.	72,3	25,62	
KNFB	Lydia Peschan . .	Geestemünde . . .	1042,3	367,89	
KNFC	Maria	Dornmer Tief, Amts Dorum.	54,3	19,34	
KNFD	Mathilde	Gahnesiek	51,3	18,11	
KNFG	Claudine	Harburg	107,6	37,96	
KNFH	Elbe	Gräpel	61,6	21,84	
KNFJ	Anna	Blumenthal, Amts Blumenthal.	174,7	61,61	
KNFL	Hinrich	Neuenfelde, Amts Jork	88,0	81,07	
KNFM	Anna Rebecka . .	Twielenfleth, Amts Jork	92,7	32,73	
KNFQ	Margaretha Friede-rike.	Blumenthal, Amts Blumenthal.	205,0	72,77	
KNFR	Dorothea	Geversdorf	65,0	22,84	
KNFS	Immanuel	Oberndorf, Amts Neuhaus a. d. Oste.	60,6	21,46	
KNFT	Adelheid	Ostendorf, Amts Bremervörde.	51,1	18,64	
KNFV	Drei Gebrüder . .	Iselersheim	82,6	29,11	
KNFW	Emanuel	Ostendorf, Amts Bremervörde.	69,3	24,46	
KNGB	Emanuel	Cranz, Amts Jork . .	88,6	31,24	
KNGC	Gloria	Oberndorf, Amts Neuhaus a. d. Oste.	79,9	27,83	
KNGD	Johanne	Geestemünde . . .	86,7	80,61	
KNGF	Catharina	Osten	60,6	23,56	
KNGH	Heinrich Wilhelm .	Otterndorf	57,5	20,20	
KNGJ	†Guttenberg . . .	Stade	260,9	92,09	70
KNGL	Meta Sophia . . .	Oberndorf, Amts Neuhaus a. d. Oste.	99,4	85,09	
KNGM	Anna	Bassenfleth	151,6	53,81	
KNGP	Gloriosa	Oberndorf, Amts Neuhaus a. d. Oste.	92,6	32,10	
KNGQ	Amandus	Steinkirchen, Amts Jork	56,0	19,77	
KNGR	Albert	Cranz, Amts Jork . .	152,6	53,94	
KNGS	Maria	Neu-Rönnebeck . .	208,9	73,42	

KNGT — KNLM

Unter-scheidungs-Signale.	Namen der Schiffe.	Heimathshafen	Kubik-meter Netto-Raumgehalt.	Register-Tons	Pferde-kräfte.
KNGT	Sirene	Crane, Amts Jork	153,9	54,23	
KNGV	Elisabeth	Hamburg	125,6	44,34	
KNGW	Ordnung	Blumenthal, Amts Blumenthal.	176,0	62,10	
KNHB	Eleonore	Mühlenhafen	54,9	19,17	
KNHC	Magaretha	Wischhafen	80,1	28,38	
KNHD	Gesine	Borstel, Amts Jork	54,5	19,34	
KNHF	Adler	Blumenthal, Amts Blumenthal.	184,7	47,16	
KNHG	Anna Maria	Altendorf, Amts Osten	89,1	81,43	
KNHJ	Citadelle	Borstel, Amts Jork	144,6	51,11	
KNHL	Tamerlane	Geestemünde	2591,6	914,23	
KNHM	Paul Rickmers	Geestemünde	3373,5	1190,85	
KNHP	Rebecca	Gauensiek	57,9	20,12	
KNHQ	Christine	Blumenthal, Amts Blumenthal.	112,2	89,41	
KNHR	Genius	Freiburg	71,7	25,31	
KNHS	Henriette	Dorumer Tief, Amts Dorum.	89,5	18,91	
KNHT	Anna Maria	Warstade	71,1	25,10	
KNHV	Andreas	Warstade	85,6	30,23	
KNHW	Sechs Gebrüder	Blumenthal, Amts Blumenthal.	172,9	61,62	
KNJB	Germania	Otterndorf	57,9	20,12	
KNJC	Lina	Geestemünde	2814,8	997,63	
KNJD	Maria	Dorumer Tief, Amts Dorum.	55,8	19,11	
KNJF	Catharina Elisabeth	Altendorf, Amts Osten	110,6	89,64	
KNJG	Johann Gustav	Rönnebeck	144,9	50,90	
KNJH	Immanuel	Neuenfelde, Amts Jork	64,3	22,70	
KNJL	Frau Mathilde	Wremer Tief	69,9	20,93	
KNJM	Adelheid	Rönnebeck	126,8	44,71	
KNJP	Therese	Geversdorf	78,7	27,70	
KNJQ	Helene	Steinkirchen, Amts Jork	58,1	20,73	
KNJR	Anna	Dornbusch, Amts Freiburg.	98,7	34,64	
KNJT	Wilhelm Anton	Geestemünde	2880,7	999,23	
KNJV	Deo Gloria	Krautsand	68,1	22,37	
KNJW	Courier	Krautsand	73,9	25,64	
KNLB	Die Hoffnung	Mehedorf, Amts Bremervörde.	67,9	23,93	
KNLC	Sophie	Geestemünde	3660,9	1256,96	
KNLD	Rebecka	Oberndorf, Amts Neuhaus a. d. Oste.	67,9	28,97	
KNLF	Amelia	Geestemünde	2659,9	938,63	
KNLG	Margaretha	Twielenfleth, Amts Jork	55,2	19,40	
KNLH	Amalia	Hützfleth	102,9	86,73	
KNLJ	Maria	Lühe, Amts Jork	75,1	26,41	
KNLM	Geestemünde	Geestemünde	3110,1	1097,97	

KNLQ — KNQH

Unter-scheidungs-Signale.	Namen der Schiffe.	Heimathshafen	Kubik-meter Netto-Raumgehalt.	Register-Tons	Pferde-kräfte.
KNLQ	Metta Maria . . .	Schwarzenhütten, Amts Osten.	98,1	34,81	
KNLR	Maria	Oberndorf, Amts Neuhaus a. d. Oste.	91,7	32,97	
KNLS	Johannes	Cranz, Amts Jork . .	79,7	28,13	
KNLT	Preciosa	Warstade	98,3	34,70	
KNLV	Anna	Ganensiek	67,9	23,97	
KNLW	Gesine	Abbenfloth	82,8	29,04	
KNMB	Adeline	Rekom	141,0	49,77	
KNMD	Nordstern	Lühe, Amts Jork . .	76,8	27,89	
KNMF	Favorita	Geestemünde . . .	3429,1	1210,69	
KNMG	Albinus	Borstel, Amts Jork .	66,4	23,81	
KNMH	Aurora	Laumühlen	76,4	26,97	
KNMJ	Seenymphe . . .	Borstel, Amts Jork .	111,1	39,13	
KNML	Emanuel	Wischhafen	65,4	23,89	
KNMP	Emanuel	Laumühlen	58,3	20,89	
KNMQ	Minna	Twielenfleth, Amts Jork	50,0	17,89	
KNMR	Maria Helene . . .	Brobargen	78,2	27,89	
KNMS	Cuba	Geestemünde . . .	3196,9	1128,59	
KNMT	Florentine	Oberndorf, Amts Neuhaus a. d. Oste.	79,8	28,69	
KNMV	Deo Gloria	Steinkirchen, Amts Jork	59,9	21,14	
KNMW	Christine	Warstade	104,9	37,83	
KNPB	Anna Maria	Warstade	67,9	23,97	
KNPC	Lucinde	Basbeck	96,3	33,96	
KNPD	Achilles	Basbeck	83,5	29,18	
KNPF	Erndte	Gräpel	86,3	30,03	
KNPG	Adelheide	Gräpel	79,6	28,10	
KNPH	Hertha	Borstel, Amts Jork .	73,9	26,8	
KNPJ	Adeline	Stade	101,6	35,63	
KNPL	Diana	Geestemünde . . .	1048,3	370,34	
KNPM	Anna Friederike . .	Geestemünde . . .	101,1	35,69	
KNPQ	Martha	Geestemünde . . .	179,5	63,97	
KNPR	Meta	Geestemünde . . .	3773,0	1331,97	
KNPS	Regina	Nonnenschleuse, Amts Jork.	60,1	21,31	
KNPT	Adele	Oberndorf, Amts Neuhaus a. d. Oste.	76,9	27,16	
KNPV	Immanuel	Warstade	74,0	26,19	
KNPW	Anna	Bützfleth	53,4	18,91	
KNQB	Leda	Neuenfelde, Amts Jork	92,3	82,14	
KNQC	Immanuel	Wisch, Amts Jork . .	53,1	18,14	
KNQD	Catharina	Ostendorf, Amts Bremervörde.	71,1	25,69	
KNQF	Peter	Twielenfleth, Amts Jork.	160,0	56,77	
KNQG	Rebecka	Kleinwörden, Amts Osten.	80,4	28,89	
KNQH	Anna Helene . . .	Geestemünde . . .	106,9	37,73	

KNQJ — KNSV

Unter-rebeldungs-Signale.	Namen der Schiffe.	Heimathshafen	Kubik-meter Netto-Raumgehalt.	Register-Tons	Pferde-kräfte.
KNQJ	Hetty	Barnkrog	46,1	15,93	
KNQL	Catbrina Maria	Hechthausen, Amts Osten.	83,7	29,54	
KNQM	Maria Anna	Geestemünde	8587,4	1260,35	
KNQP	Catharina	Geversdorf	82,3	29,06	
KNQR	Christine	Basbeck	96,3	33,99	
KNQS	Germania	Geversdorf	51,1	18,64	
KNQT	Madcleine Rickmers	Geestemünde	3010,4	1270,66	
KNQV	Helnrieh & Tonio	Geestemünde	3090,4	1090,91	
KNQW	Katharina	Durumer Tief, Amts Dorum.	59,6	21,04	
KNRB	Johannes	Nenenfelde, Amts Jork	50,3	17,77	
KNRC	Minna	Fargo	144,3	50,94	
KNRD	Harmonia	Geestemünde	4120,9	1454,35	
KNRF	Catharina	Hechthausen, Amts Osten.	58,4	20,78	
KNRG	Preciosa	Osten	90,7	32,62	
KNRH	Lucie	Twielenfleth, Amts Jork.	256,2	90,63	
KNRJ	Hosianna	Grünendeich, Amts Jork.	58,8	20,64	
KNRL	Dorothea	Basbeck	108,4	87,30	
KNRM	Mathilde	Blumenthal, Amts Blumenthal.	194,4	68,62	
KNRP	Andromeda	Geestemünde	5300,6	1871,16	
KNRQ	Aurora	Oberndorf, Amts Neuhaus a. d. Oste.	118,9	41,44	
KNRS	Anna Sophia	Basbeck	70,3	27,11	
KNRT	Padilla	Borstel, Amts Jork	73,6	20,64	
KNRV	Margaretha	Laumühlen	80,1	28,37	
KNRW	Anna Louise	Oberndorf, Amts Neuhaus a. d. Oste.	64,0	24,73	
KNSB	Adorna	Geestemünde	3994,3	1409,96	
KNSC	†Geestemünde	Geestemünde	25,3	9,10	36
KNSD	Johannes	Ostendorf, Amts Bremervörde.	74,4	20,35	
KNSF	†Elbe	Stade	243,9	80,10	70
KNSG	Gesine	Bassenfleth	98,3	34,69	
KNSH	Die zwei Geschwister	Warstade	63,4	24,33	
KNSJ	Wilhelm	Geversdorf	94,4	83,29	
KNSL	Hugo	Geestemünde	3603,3	1272,61	
KNSM	John Byers	Geestemünde	971,7	343,81	
KNSP	Anna Rebecca	Stade	99,7	35,20	
KNSQ	Preciosa	Wischhafen	97,9	34,34	
KNSR	Rebeeka	Kleinwörden, Amts Osten.	77,4	27,40	
KNST	Richard Rickmers	Geestemünde	3810,9	1345,15	
KNSV	Catharina	Oberndorf, Amts Neuhaus a. d. Oste.	85,3	30,69	

KN8W — LBHD

Unterscheidungs-Signale.	Namen der Schiffe.	Heimathshafen	Kubik-meter Netto-Raumgehalt.	Register-Tons	Pferde-kräfte.
KNSW	Hoffnung	Cranz, Amts Jork . .	60,4	20,56	
KNTB					
KNTC					
KNTD					
KNTF					
KNTG					
KNTH					
KNTJ					
KNTL					
KNTM					
KNTP					
KNTQ					
KNTR					
KPBD	Marianne	Grünendeich, Amts Jork	228,3	78,70	
KPBN	Gesine	Hamburg	82,7	29,61	
KPBR	Lina	Harburg	252,9	89,59	
KPBS	Adonis	Oberndorf, Amts Neuhaus a. d. Oste.	55,1	19,45	
KPBT	Adeline	Harburg	76,2	26,98	
KPBV	Ann	Spetzerfehn	240,0	84,73	
KPCB	H. Peters	Harburg	1167,4	412,10	
KQBC	Christine Engeline	Haren, Amts Meppen .	146,3	51,64	
KQBD	Maria	Haren, Amts Meppen .	137,7	48,61	
KQBF	Alida	Haren, Amts Meppen .	126,6	44,40	
KQBG	Virgo Maria . . .	Haren, Amts Meppen .	129,4	45,67	
KQBH	Maria Regina . . .	Haren, Amts Meppen .	172,5	61,69	
LBCF	Gustav & Marie . .	Kiel	1005,6	354,77	
LBCG	Jürgen	Altona	839,9	296,49	
LBCJ	Wilhelm	Flensburg	164,0	57,64	
LBCK	Caroline	Burg a. F.	311,1	109,50	
LBCQ	Helene	Heiligenhafen . . .	169,7	59,90	
LBCW	Catharina	Kiel	148,0	52,64	
LBDK	Mathilde	Kiel	658,3	280,08	
LBDN	Christiane	Kiel	384,3	185,63	
LBDQ	Anna	Burg a. F.	268,3	94,63	
LBDT	Marie	Burg a. F.	294,6	108,99	
LBFH	Christine	Burgstaaken a. F. .	257,7	90,71	
LBFM	Emmeline	Heiligenhafen . . .	164,5	58,07	
LBFN	Union	Heiligenhafen . . .	358,4	185,33	
LBFP	Bertha	Heiligenhafen . . .	261,1	92,16	
LBFR	Anton	Burg a. F.	171,3	60,42	
LBFS	Delphin	Burg a. F.	382,6	185,13	
LBGC	Ernestine	Lübeck	445,4	157,36	
LBGD	Metha	Arnis.	118,6	40,07	
LBGK	Pauline	Heiligenhafen . . .	268,6	94,78	
LBGR	Diana	Burg a. F.	261,0	92,44	
LBGV	Carl Emil . . .	Kiel	98,2	34,67	
LBHC	Adler	Burg a. F.	588,1	207,60	
LBHD	Wilhelmine Maria .	Heiligenhafen . . .	50,4	17,84	

6

LBHJ — LBVF

Unterscheidungs-Signale.	Namen der Schiffe	Heimathshafen der Schiffe	Kubikmeter	Register-Tons Netto-Raumgehalt.	Pferdekräfte.
LBHJ	Christine	Heiligenhafen	03,i	22,io	
LBHK	Emmeline	Neustadt in Holstein	08,o	24,os	
LBHP	Dorothea	Kiel	61,i	21,ss	
LBHQ	Bertha	Hadersleben	49,s	17,ss	
LBHS	Abeline	Kiel	70,i	24,ss	
LBHT	Pretiose	Wismar	49,s	17,ss	
LBHW	Wilhelmine	Burg a. F.	52,s	18,si	
LBJF	†Fehmarn	Burg a. F.	131,s	46,ss	85
LBJH	Theodora	Heiligenhafen	100,s	35,si	
LBJK	Dora	Arnis	88,s	31,is	
LBJN	Malwine	Eckernförde	03,s	22,ss	
LBJS	Amazone	Burgstaaken a. F.	83,i	29,si	
LBKC	Margaretha Christine	Möltenort	30,s	10,ss	
LBKD	Sylphe	Kiel	48,s	17,sr	
LBKN	Margaretha	Burg a. F.	238,s	84,ss	
LBMC	Silke	Burgstaaken a. F.	61,s	21,ss	
LBMF	Sophie	Kiel	653,s	230,si	
LBMG	Hermann	Kiel	. . .	107,s*	
LBMH	†Vorwärts	Kiel	186,s	65,ss	80
LBMQ	Sophie	Neustadt in Holstein	107,s	37,ss	
LBMV	Doris	Heiligenhafen	334,s	118,ss	
LBMW	Constantia	Kiel	452,s	159,io	
LBNF	Heinrich	Burg a. F.	70,s	24,ss	
LBNG	Friederike	Burg a. F.	73,s	25,ss	
LBNH	Neptun	Burg a. F.	373,s	131,sr	
LBNT	Auguste	Wewelsfleth	67,s	23,ss	
LBPF	Helene	Insel Fehmarn	313,s	110,sr	
LBPG	Adolph	Labö	60,s	21,ss	
LBPJ	Eben-Ezar	Burg a F.	69,r	24,si	
LBPQ	†Holsatia	Kiel	597,s	210,ss	80
LBPT	Holsatia	Heiligenhafen	535,s	188,ss	
LBPW	Activ	Kiel	324,s	114,ss	
LBQM	Courier	Barth	719,r	254,ss	
LBQR	Louise	Neustadt in Holstein	48,s	17,ss	
LBQT	†Schwentine	Neumühlen bei Kiel	28,s	10,ss	10
LBQV	†Concurrent	Kiel	39,s	13,sr	10**
LBQW	Karens Minde	Sonderburg	02,s	22,is	
LBRC	De tre Brödre	Möltenort	. . .	7,rs*	
LBRF	Marie Amalle	Wismar	47,s	16,sr	
LBRK	Christine	Neustadt in Holstein	63,s	22,ss	
LBRV	Petrea	Kiel	130,r	48,ss	
LBSM	Catharina	Grossenbrode	48,s	17,ss	
LBSP	Emma	Burg a. F.	368,s	130,ss	
LBTC	Mercur	Neustadt in Holstein	504,s	178,si	
LBTD	Agnes	Lemkenhafen	777,s	274,ss	
LBTN	Anna Sophia	Stettin	271,s	95,ss	
LBTV	Carl	Lübeck	550,s	196,si	
LBVC	Flora	Neumühlen bei Kiel	105,s	58,ss	
LBVF	Dorothea	Arnis	127,s	44,ss	

* Lasten zu 5200 ℔.　　** Nominelle Pferdekräfte.

Unter-scheidungs-Signale.	Namen der Schiffe.	Heimathshafen	Kubik-meter Netto-Raumgehalt.	Register-Tons	Pferde-kräfte.
		LBVR — LCGP			
LBVR	Augnst	Kiel	254,0	89,61	
LBVS	Johann Carl . . .	Heiligenhafen . .	409,2	144,48	
LBVT	Die Einigkeit . . .	Prinzenmoor a. d. Elder	48,4	17,09	
LBWF	Byka	Kiel	133,1	46,99	
LBWM	†Sedan	Neumühlen bei Kiel	249,7	88,16	75*
LBWN	†Amalia	Rügenwalde . . .	435,7	153,79	98
LBWP	Agnes	Kiel	882,7	135,09	
LBWR	†Thusnelda . . .	Neumühlen bei Kiel	30,8	10,87	6
LBWS	Toni	Kiel	288,6	101,88	
LBWV	Anna Maria . . .	Arnis	78,6	27,81	
LCBD	Solid	Heiligenhafen . . .	458,3	161,79	
LCBF	Wilhelm I.	Kiel	1010,1	356,66	
LCBG	Anna	Hamburg	1267,9	447,56	
LCBH	†Meta	Kiel	332,9	117,81	25
LCBK	Fürst Bismarck . .	Hamburg	957,7	338,06	
LCBM	Franziska	Burg a. F. . . .	800,6	106,16	
LCBP	†Heinrich Adolph .	Kiel	98,1	82,87	15
LCBQ	†Courier	Kiel	74,4	26,39	10
LCBR	†Metz	Neumühlen bei Kiel	774,1	273,36	50
LCBT	Mary	Hadersleben . . .	68,4	22,43	
LCBW	Heinrich Lohmann	Blankenese . . .	772,9	272,81	
LCDF	Emil	Neustadt in Holstein	73,1	25,79	
LCDH	Paul	Kiel	439,4	155,10	
LCDJ	Wagrien	Heiligenhafen . . .	508,5	179,63	
LCDM	Louise	Stettin	126,4	44,50	
LCDN	†Essen	Kiel	2621,0	925,31	125
LCDP	Idesbalde	Burgstaaken a. F.	596,4	210,83	
LCDQ	Tiger	Kiel	279,7	98,79	
LCDS	†Sayn	Kiel	2601,0	918,87	125
LCDT	Helene	Kiel	423,6	149,13	
LCDV	†Orconera	Kiel	2516,7	888,99	120
LCDW	Germania	Hamburg	249,9	88,34	
LCFB	Nicoline	Burg a. F. . . .	234,8	82,76	
LCFD	Johanna	Burg a. F. . . .	50,0	17,87	
LCFG	Martin	Kiel	152,0	53,96	
LCFJ	Victor	Neustadt in Holstein	401,4	162,78	
LCFM	†Klaus Groth . . .	Kiel	85,3	30,06	18
LCFN	†Fried. Krupp . . .	Kiel	2604,3	919,29	120
LCFP	Thora Maria . . .	Neustadt in Holstein	76,6	27,00	
LCFS	Helene	Emden	1054,4	372,31	
LCFT	†Verein	Kiel	85,4	30,15	12
LCFV	Schwentine	Neumühlen bei Kiel	128,3	45,77	
LCFW	Hermann	Heiligenhafen . . .	1259,0	444,48	
LCGB	Leopard	Kiel	85,6	30,16	
LCGH	Maria	Neumühlen bei Kiel	128,1	45,31	
LCGK	Olosega	Hamburg	ca.163	ca.58	
LCGM	Marie	Heiligenhafen . . .	441,0	155,90	
LCGN	†Brutus	Kiel	1303,0	460,30	450*
LCGP	Elisabeth	Kiel	1267,4	447,40	

LCGQ — LDCS

Unterscheidungs-Signale.	Namen der Schiffe.	Heimathshafen	Kubik-meter Netto-Raumgehalt.	Register-Tons	Pferde-kräfte.
LCGQ	Margaretha	Heiligenhafen . . .	80,1	28,37	
LCGT	Dora	Heiligenhafen . . .	117,8	41,47	
LCGW	†Verein II. . . .	Kiel	99,7	85,19	10*
LCHB	†Express	Kiel	97,8	84,21	45**
LCHD	†Wilhelm	Kiel	380,4	134,23	25
LCHG	†Antonio	Kiel	878,9	181,30	80**
LCHJ	†Burg	Lübeck	278,3	96,44	120
LCHN	Henriette	Burg a. F. . . .	37,1	13,11	
LCHP	†Auguste	Kiel	1028,4	868,64	60*
LCHQ	†Andreas	Kiel	67,8	23,36	10*
LCHR	†Reserve	Hamburg	37,3	18,18	25*
LCHS	†Welle	Heiligenhafen . . .	1112,1	892,36	60*
LCHT	†Auguste Victoria .	Kiel	490,7	178,23	444**
LCHV	†Stormarn	Neumühlen bei Kiel	1170,6	418,23	70*
LCHW	†Wagrien	Neumühlen bei Kiel	1174,0	414,74	70*
LCJB	†Adler	Kiel	471,3	166,48	100*
LCJD	†Prinz Heinrich . .	Kiel	572,3	201,30	160**
LCJF	†Adele	Kiel	429,8	151,61	80**
LCJG	†Franz	Kiel	1862,1	657,81	320**
LCJH	†Hydromotor . . .	Kiel	196,6	69,49	150**
LCJK	†Helene	Kiel	427,4	150,71	80**
LCJM	†Stephan	Kiel	841,7	120,63	70*
LCJN	†Helene	Kiel	90,8	31,34	15*
LCJP	†Kiel	Kiel	88,3	31,18	10*
LCJQ	†August	Kiel	1040,4	867,34	60*·
LCJR	†Itzehoe	Kiel	108,1	88,30	80**
LCJS	Leichter No. 1 . .	Kiel	86,8	30,64	
LCJT	Leichter No. 2 . .	Kiel	86,8	30,47	
LCJV	Leichter No. 3 . .	Kiel	86,8	30,64	
LCJW	†Angeln	Neumühlen bei Kiel	1197,9	422,06	280**
LCKB	Louise Augusta .	Kiel	178,3	62,96	
LCKD					
LCKF					
LCKG					
LCKH					
LCKJ					
LCKM					
LCKN					
LCKP					
LCKQ					
LCKR					
LDBC	Meta	Hamburg	470,3	166,30	
LDBK	Hermann	Hamburg	640,9	190,33	
LDBW	Cito	Dornbusch, Amts Freiburg.	248,4	95,77	
LDCN	Die drei Gebrüder	Hamburg	66,1	28,33	
LDCQ	Erndte	Spitzerdorf, Kreis Pinneberg.	111,6	39,41	
LDCS	Roland	Rostock	87,9	30,39	

* Nominelle Pferdekräfte.   ** Indicirte Pferdekräfte.

LDCT — LDNH

Unter-scheidungs-Signale.	Namen der Schiffe.		Heimathshafen	Kubik-meter Netto-Raumgehalt.	Register-Tons	Pferde-kräfte.
LDCT	Adonis		Spitzerdorf, Kreis Pinneberg.	121,s	42,oo	
LDCV	Rose		Spitzerdorf, Kreis Pinneberg.	99,s	35,24	
LDCW	Diana		Pahlhude	83.6	29,31	
LDFC	Beate		Wedel, Kreis Pinneberg	94,1	33,24	
LDFG	Mary		Blankenese	560,s	197,44	
LDFH	Alerto		Blankenese	590,7	208,33	
LDFM	Europa		Grünendeich, Amts Jork.	123,7	43,61	
LDFN	Hosianna		Uetersen	105,s	37,24	
LDFP	Heinrich		Blankenese	194,2	68,43	
LDFR	Doris		Mühlenberg, Kreis Pinneberg.	153,7	54,23	
LDFT	Anna & Gesine		Hamburg	374,0	132,63	
LDFV	Palme		Haseldorf	106,i	37,54	
LDFW	Maria		Elmshorn	334,s	118,02	
LDGF	Hoffnung		Blankenese	97.3	34,31	
LDGJ	Erndte		Seestermühe	94.s	33,47	
LDGK	Elehe		Elmshorn	117,2	41,so	
LDGM	Johannes		Altona	141,t	49,so	
LDGT	Diedrich		Krautsand	80,1	30,61	
LDGV	Magnet		Blankenese	442,3	156,31	
LDHJ	Hoffnung		Kollmar, Kreis Steinburg	110,3	41,os	
LDHN	Eunomia		Elmshorn	104,s	36,99	
LDHR	Georgine		Flensburg	448,4	158,so	
LDJC	Metta Sophia		Grossenwörden, Amts Osten.	77,t	27,42	
LDJF	Familie		Boekzeteler Fehn	272,1	96,os	
LDJM	Lisetta		Blankenese	425,4	150,17	
LDJS	Elegant		Blankenese	516,0	182,47	
LDJT	Elise		Itzehoe	274,7	96,97	
LDKB	Horizont		Itzehoe	70,6	24,91	
LDKC	Ta-Lée		Hamburg	ca.989	ca.842	
LDKF	Louise		Blankenese	. . .	30*	
LDKQ	Maria		Tönning	183,0	64,70	
LDKR	Levanto		Mühlenberg, Kreis Pinneberg.	582,s	205,70	
LDKS	Jan Peter		Stralsund	952,3	334,11	
LDKV	Diamant		Blankenese	486,s	171,36	
LDMB	Martin		Estebrügge	117,9	41,61	
LDMF	Moria		Glückstadt	83,7	29,54	
LDMG	Der junge Hinrich		Wedel, Kreis Pinneberg	123,3	45,34	
LDMH	Rudolph		Elmshorn	121,s	42,93	
LDMK	Immanuel		Seestermühe	115,1	40,93	
LDMT	Mary		Hamburg	482,s	170,72	
LDNC	Johannes		Twielenfleth, Amts Jork	190,0	67,29	
LDNF	Courier		Blankenese	. . .	58*	
LDNH	Flora		Elmshorn	123,s	43,54	

* Lasten zu 5200 ℔.

LDNJ — LDWQ

Unter-scheidungs-Signale.	Namen der Schiffe.	Heimathshafen	Kubik-meter Netto-Raumgehalt	Register-Tons	Pferde-kräfte.
LDNJ	Mariane	Hamburg	219,4	77,63	
LDNK	Joachim Christian . .	Altona	1295,6	457,13	
LDNP	Genius	Kleinwörden, Amts Osten.	85,1	80,24	
LDNQ	Bernhard Carl . .	Rostock	1221,6	431,73	
LDNS	Margaretha	Krautsand	73,1	25,62	
LDNV	Catharina	Hechthausen, Amts Osten.	113,6	40,66	
LDPC	Venus	Uetersen	70,0	24,71	
LDPF	Elisabeth	Hamburg	127,0	44,84	
LDPH	Amazone	Elmshorn	81,7	28,73	
LDPJ	Heinrich	Freiburg	854,3	125,07	
LDPM	Alert	Blankenese	454,3	160,57	
LDPS	Victoria II.	Dornbusch, Amts Freiburg.	289,8	102,90	
LDQG	Parthenope	Blankenese	522,7	184,13	
LDQM	Emanuel	Dorum, Amts Dorum .	63,4	22,37	
LDQT	Erato	Hamburg	94,4	83,34	
LDQV	Helene	Elmshorn	107,3	37,88	
LDQW	Gloria	Brunsbüttel	80,3	28,36	
LDRB	Donau	Glückstadt	92,1	32,61	
LDRC	Gretha	Haseldorf	61,0	21,84	
LDRG	Elbe	Basbeck	84,3	29,73	
LDRH	Lorenz	Blankenese	357,6	126,63	
LDRQ	Maria	Wollersum a. d. Eider	99,4	85,90	
LDRS	Dora	Uetersen	69,4	24,81	
LDSB	Helios	Blankenese	585,4	206,45	
LDSG	J. H. Jessen	Blankenese	858,2	302,94	
LDSN	Margaretha	Blankenese	449,7	158,74	
LDST	Eunomia	Elmshorn	420,9	148,46	
LDTB	Dora	Schulau	75,3	26,56	
LDTC	Ida	Stralsund	353,6	124,91	
LDTH	Paul	Hamburg	872,1	307,70	
LDTM	Avance	Blankenese	556,7	196,43	
LDTP	Elise	Wedel, Kreis Pinneberg	112,0	39,34	
LDTQ	Idana	Blankenese	472,7	166,87	
LDVB	Alwine	Altona	77,1	27,36	
LDVC	Aurora	Ostedeich, Amts Osten	98,6	34,87	
LDVF	Solid	Blankenese	544,1	192,66	
LDVQ	Tiger	Blankenese	561,6	198,31	
LDVR	Zodiacus	Blankenese	75,5	26,44	
LDVS	Emanuel	Elmshorn	66,6	23,64	
LDVT	Paradies	Elmshorn	68,6	24,33	
LDWC	Elbe	Dornbusch, Amts Freiburg.	116,6	41,13	
LDWM	Hinrich	Basbeck	81,3	28,43	
LDWN	König Wilhelm I. . .	Blankenese	649,3	220,30	
LDWP	Maria	Blankenese	541,7	191,72	
LDWQ	Rogate	Elmshorn	125,4	44,36	

LFBC — LFJT

Unter-scheidungs-Signale.	Namen der Schiffe.	Heimathshafen.	Kubik-meter Netto-Raumgehalt.	Register-Tons	Pferde-kräfte.
LFBC	Union	Wedel, Kreis Pinneberg	97,8	84,43	
LFBG	Johannes	Haseldorf	131,6	46,39	
LFBH	Flora	Altona	519,2	183,91	
LFBK	Albatros	Hamburg	612,4	216,11	
LFBM	Amor	Neuenfelde, Amts Jork	75,9	26,79	
LFBR	Catrina	Hamburg	313,4	110,63	
LFBT	Neptun	Altona	1229,9	434,14	
LFCH	Ernst Dreyer	Blankenese	642,3	226,89	
LFCG	Formosa	Altona	797,9	281,62	
LFCM	Margaretha	Elmshorn	134,5	47,49	
LFCP	Arche	Blankenese	177,6	62,90	
LFCQ	Alfred	Blankenese	648,8	227,34	
LFCR	Alwine	Blankenese	592,8	209,37	
LFCS	Elise	Glückstadt	279,7	98,73	
LFDJ	Helios	Stralsund	2416,9	853,13	
LFDK	Angusie	Rostock	848,1	290,63	
LFDN	Johannes	Oberndorf, Amts Neuhaus a. d. Oste.	96,1	34,68	
LFDQ	Johannes	Hamburg	97,6	34,63	
LFDS	Europa	Altona	597,9	211,64	
LFDT	Erndte	Haseldorf	127,9	45,14	
LFDV	Valparaiso	Altona	1375,9	485,99	
LFDW	Penguin	Blankenese	605,9	213,57	
LFGH	Erndte	Drochtersen	73,1	25,83	
LFGJ	Elise	Spitzerdorf, Kreis Pinneberg	140,9	49,14	
LFGK	Nicolai	Blankenese	818,1	288,79	
LFGN	Emanuel	Haseldorf	139,3	49,14	
LFGP	Helene	Elmshorn	141,3	49,74	
LFGR	Eckhorst	Hamburg	174,7	61,68	
LFGS	Maria	Bremervörde	81,3	28,66	
LFGT	Neptun	Assel	82,1	28,39	
LFGW	Delphin	Blankenese	674,1	287,96	
LFHG	Elbe	Blankenese	682,3	240,85	
LFHM	Chang An	Altona	—	149,74	
LFHN	Bilta	Blankenese	542,1	191,48	
LFHP	Pelikan	Hamburg	930,3	828,99	
LFHQ	Brigitta	Blankenese	720,6	254,81	
LFHR	Presto	Teufelsbrücke	84,7	29,93	
LFHV	Metta Margretha	Barnkrug	83,7	29,83	
LFJD	Germania	Schulau	77,1	27,63	
LFJG	Astrea	Blankenese	628,9	221,79	
LFJN	Frau Anna Magdalena.	Elmshorn	63,9	22,48	
LFJP	Claudine	Blankenese	681,4	240,34	
LFJQ	Strassburg	Altona	1205,8	425,47	
LFJS	Blankenese	Blankenese	780,9	257,79	
LFJT	Immanuel	Haseldorf	148,8	52,83	

LFJV — LFPH

Unterscheidungs-Signale.	Namen der Schiffe.	Heimathshafen	Kubik-meter Netto-Raumgehalt.	Register-Tons	Pferde-kräfte.
LFJV	Oriental	Blankenese	605,1	213,40	
LFJW	Holstein	Blankenese	705,4	280,78	
LFKB	Möve	Elmshorn	700,8	247,83	
LFKD	Aelly	Blankenese	753,8	266,00	
LFKQ	Caroline	Wedel, Kreis Pinneberg	66,8	23,40	
LFKH	Die Junge Margaretha	Altona	60,9	22,54	
LFKJ	Albis	Blankenese	670,4	230,63	
LFKN	Golconda	Blankenese	816,3	288,16	
LFKP	Aurora	Spitzerdorf, Kreis Pinneberg.	142,4	60,91	
LFKQ	Argillis	Steinkirchen, Amts Jork	40,9	17,87	
LFKS	Margaretha Caecilie	Altona	85,4	30,14	
LFKV	Johannes	Deidenfleth, Kreis Steinburg.	61,6	21,78	
LFKW	Apoll	Blankenese	807,3	300,54	
LFMB	Flora	Blankenese	1097,3	387,83	
LFMC	Bodild	Altona	1599,8	564,61	
LFMD	Iwar	Karolinensiel . . .	326,1	115,11	
LFMH	Bertha	Elmshorn	66,3	23,41	
LFMJ	Nautik	Blankenese	915,1	323,03	
LFMK	Immanuel	Haseldorf	54,8	19,33	
LFMN	Anna Hanswedell .	Blankenese	1025,8	362,00	
LFMP	Maria	Elmshorn	48,8	17,28	
LFMQ	Diana	Uetersen	57,6	20,48	
LFMR	Veaullia	Blankenese	860,3	303,90	
LFMS	Catharina	Uetersen	55,3	19,56	
LFMV	Helios	Schulau	51,6	18,01	
LFMW	Frau Anna . . .	Schulau	52,3	18,46	
LFNB	Hoffnung	Elmshorn	74,1	26,18	
LFNC	Johannes	Blankenese	73,1	26,03	
LFND	Gloria	Elmshorn	83,9	29,61	
LFNG	Maria	Blankenese	912,8	322,04	
LFNH	Die Elbe	Uetersen	53,7	18,66	
LFNJ	Margaretha	Haseldorf	163,4	57,72	
LFNK	Anna	Elmshorn	886,1	312,79	
LFNM	Agathe	Mühlenberg, Kreis Pinneberg.	141,1	49,88	
LFNP	Fortuna	Uetersen	54,6	19,21	
LFNQ	Bonita	Blankenese	966,8	341,66	
LFNR	Mobil	Blankenese	998,7	352,63	
LFNS	Conrad Hinrich . .	Altona	1773,6	625,84	
LFNT	Catharina	Elmshorn	156,6	55,28	
LFNV	Anna	Elmshorn	166,1	58,44	
LFNW	Galant	Blankenese	1000,4	353,14	
LFPB	H. Bremer	Blankenese	939,4	331,61	
LFPC	Meta Breckwoldt .	Blankenese	986,3	348,34	
LFPD	Christina Maria . .	Elmshorn	53,3	18,67	
LFPG	Rebecca	Uetersen	53,4	18,84	
LFPH	Gloria	Elmshorn	77,9	27,16	

LFPJ — LFSV

Unter-scheidungs-Signale.	Namen der Schiffe.	Heimathshafen der Schiffe.	Kubik-meter Netto-Raumgehalt.	Register-Tons	Pferde-kräfte.
LFPJ	Martha	Haseldorf	67,0	23,64	
LFPK	Cato	Blankenese	453,9	160,23	
LFPM	Albinga	Uetersen	47,8	16,71	
LFPN	Martin	Glückstadt	68,5	22,43	
LFPQ	Gazelle	Blankenese	1025,1	361,84	
LFPR	Balthasar	Altona	779,8	275,39	
LFPS	Margretha	Haseldorf	146,1	51,87	
LFPT	Niagara	Altona	1059,2	601,60	
LFPV	Amazone	Schulau	97,0	34,34	
LFQB	Amoy	Blankenese	869,6	813,96	
LFQC	Nicoline	Blankenese	937,4	330,69	
LFQD	Perle	Haseldorf	55,4	19,56	
LFQG	Hindu	Altona	—	135,16	
LFQJ	Presto	Elmshorn	107,1	38,63	
LFQM	Marx	Elmshorn	201,9	71,77	
LFQN	Okeia	Altona	1950,6	688,43	
LFQP	Rebecca	Uetersen	54,6	19,34	
LFQR	Neptun	Blankenese	1098,7	386,68	
LFQS	Anna Wichhorst	Blankenese	1090,1	384,81	
LFQT	Island	Elmshorn	207,6	78,59	
LFQV	Brilhante	Blankenese	659,7	232,87	
LFQW	Uranus	Haseldorf	57,6	20,30	
LFRB	Dagmar	Altona	ca. 671	ca. 237	
LFRD	Paulus	Schulau	65,0	23,22	
LFRG	Anita Delfina	Altona	ca.1761	ca. 622	
LFRH	Clara	Altona	ca. 820	ca. 280	
LFRJ	Wilhelm	Elmshorn	162,1	57,22	
LFRK	Anna	Blankenese	983,1	347,63	
LFRM	Woosung	Blankenese	ca.1962	ca. 693	
LFRN	Louise	Altona	87,8	30,90	
LFRP	Deutschland	Blankenese	1080,5	381,43	
LFRQ	Helene	Blankenese	1210,1	430,34	
LFRS	Balcarry	Blankenese	1391,7	491,71	
LFRV	Asia	Blankenese	1077,1	380,91	
LFRW	Margaretha	Uetersen	44,7	15,71	
LFSB	Don Enrique	Altona	ca.1518	ca. 536	
LFSC	Elisabeth	Altona	540,8	190,91	
LFSD					
LFSG					
LFSH					
LFSJ					
LFSK					
LFSM					
LFSN					
LFSP					
LFSQ					
LFSR					
LFST					
LFSV					

LHBD — LHJC

Unter-scheidungs-Signale.	Namen der Schiffe.	Heimathshafen	Kubik-meter Netto-Raumgehalt.	Register-Tons	Pferde-kräfte.
LHBD	Thetis	Bielenberg	95,1	38,68	
LHBG	Der kleine Heinrich	Glückstadt	698,6	246,81	
LHBM	Ernst	Rendsburg	287,6	88,69	
LHBQ	Alice	Rendsburg	122,3	43,18	
LHBS	Ernte	Pahlhude	84,0	29,85	
LHBV	Nicolaus Heinrich	Wewelsfleth	117,4	41,48	
LHBW	Catrina	Wewelsfleth	109,8	38,16	
LHCD	Nicolaus	Rendsburg	371,1	181,01	
LHCF	Johanna	Rendsburg	254,0	89,69	
LHCK	Helene	Arnis	142,4	50,77	
LHCM	Anna	Pahlhude	105,4	37,31	
LHCN	Themis	Pahlhude	120,1	42,47	
LHCP	Gloria	Delve	86,0	80,67	
LHCR	Nymphe	Pahlhude	124,3	44,09	
LHCS	Frau Anna	Rendsborg	70,0	24,73	
LHCT	Thea	Rendsburg	106,0	37,74	
LHCW	Christina	Delve	118,6	40,10	
LHDB	Dorothea	Delve	95,1	88,69	
LHDF	Johannes	Krautsand	109,3	38,44	
LHDJ	Die gute Hoffnung	Breiholz	86,0	30,69	
LHDM	Margretha	Friedrichstadt	145,0	51,81	
LHDN	Marie	Rendsborg	104,0	37,04	
LHDP	Ora et labora	Delve	145,4	51,70	
LHDR	Die Blume	Rendsburg	96,0	34,31	
LHDS	Frau Elsabe	Rendsburg	82,6	29,11	
LHDT	Die Elder	Breiholz	88,3	29,41	
LHDV	Die Rose	Tielen	83,0	29,70	
LHDW	Margaretha	Breiholz	77,4	27,73	
LHFB	Catharina	Pahlhude	64,7	22,84	
LHFC	Maria	Pahlhude	98,3	84,68	
LHFG	Anna Sophia	Rendsburg	82,4	29,69	
LHFJ	Margaretha	Seester	123,4	43,81	
LHFK	Anna Margaretha	Heiligenhafen	71,0	25,39	
LHFM	Christine	Delve	95,7	83,77	
LHFP	Frau Anna	Wrohm	65,0	22,68	
LHFQ	Die Liebe	Pahlhude	88,0	31,68	
LHFR	Elder	Prinzenmoor a. d. Elder	78,3	25,84	
LHFS	Johanna	Altona	243,6	85,90	
LHFV	Beanté	Haneran	109,0	38,80	
LHFW	Veronica	Rendsburg	118,6	41,87	
LHGB	Die Hoffnung	Kiel	71,4	25,70	
LHGD	Collmar	Neuenfelde, Amts Jork	680,6	272,33	
LHGF	Magdalena	Delve	114,6	40,58	
LHGJ	Die Einigkeit	Kollmar, Kreis Steinburg	75,6	26,77	
LHGM	Thetis	Rendsburg	340,6	120,70	
LHGN	Ludwig	Rendsburg	430,6	152,00	
LHGP	Apollo	Rendsburg	141,9	50,69	
LHGW	Julius	Brunsbüttel	104,9	87,73	
LHJC	Arche	Elmshorn	148,4	50,63	

LHJD — LHQN

Unter-scheidungs-Signale.	Namen der Schiffe.	Heimathshafen	Kubik-meter Netto-Raumgehalt.	Register-Tons	Pferde-kräfte.
LHJD	Die zwei Gebrüder	Kollmar, Kreis Steinburg	92,1	32,71	
LHJG	Edel	Geversdorf	92,0	82,47	
LHJK	Ernte	Kollmar, Kreis Steinburg	99,1	35,46	
LHJM	Anna Emilie	Kollmar, Kreis Steinburg	83,9	29,63	
LHJR	Christine	Altona	72,6	25,36	
LHJT	Margaretha	Pahlhude	84,3	29,71	
LHJW	Kleinod	Delve	89,9	81,71	
LHKC	Pellwormer Packet	Wischhafen	67,3	23,71	
LHKJ	Bertha	Hamburg	593,3	209,40	
LHKN	Blume	Rendsburg	94,0	38,10	
LHKQ	Fortuna	Büsum	62,9	22,31	
LHKS	Comet	Borgwedel a. d. Schlei	87,4	80,63	
LHKV	Iris	Brelholz	80,7	28,46	
LHKW	Olympia	Rendsburg	94,0	33,10	
LHMB	Wiederkunft	Pahlhude	67,7	23,94	
LHMD	Marie	Rendsburg	135,7	47,30	
LHMF	Amanda	Rendsburg	197,7	69,70	
LHMJ	†Pilot	Rendsburg	45,4	16,63	40
LHMK	Die Hoffnung	Oberndorf, Amts Neu-haus a. d. Oste.	81,4	28,63	
LHMN	Bellona	Büsum	71,6	25,33	
LHMP	Ora et labora	Büsum	50,3	17,71	
LHMQ	Christina Helene	Friedrichstadt	94,9	38,30	
LHMS	Anna Margaretha	Rendsburg	69,1	24,34	
LHMV	Neptun	Wöhrdener Hafen	82,5	29,16	
LHNB	Catharina	St. Margarethen	63,1	22,30	
LHNC	Anne Marie	Rendsburg	81,6	28,71	
LHND	Elsabe	Rendsburg	94,0	33,16	
LHNG	Magdalena	Neufeld, Kreis Süder-dithmarschen.	62,3	22,60	
LHNM	Eendte	Neufeld, Kreis Süder-dithmarschen.	31,6	11,43	
LHNP	Perle	Neufeld, Kreis Süder-dithmarschen.	55,3	19,33	
LHNR	Wilhelmine Maria	Neufeld, Kreis Süder-dithmarschen.	35,6	12,53	
LHPB	Hosianna	Neufeld, Kreis Süder-dithmarschen.	55,0	19,43	
LHPD	Die Hoffnung	Büsum	61,6	21,33	
LHPF	Margaretha Magda-lena.	Büsum	53,0	18,71	
LHPJ	Harry	Rendsburg	211,6	74,63	
LHPK	Eunomia	Rendsburg	155,4	54,33	
LHPN	Frau Margaretha	Lübeck	85,3	80,11	
LHPW	Margretha	Büsum	49,7	17,34	
LHQC	Hosianna	Büsum	20,6	7,34	
LHQG	Zufriedenheit	Büsum	64,5	22,71	
LHQJ	Catharina	Rendsburg	101,4	50,38	
LHQN	Catharina	Glückstadt	75,6	26,63	

LHQP — LHTQ

Unter-scheidungs-Signale.	Namen der Schiffe.	Heimathshafen	Kubik-meter Netto-Raumgehalt.	Register-Tons	Pferde-kräfte.
LHQP	Anna	Prinzenmoor a. d. Eider	71,6	26,46	
LHQR	Anna Maria	Rendsburg	94,7	33,42	
LHQS	Die Gebrüder	Vorwerk bei Rends-burg.	88,1	31,11	
LHQV	Marie	Rendsburg	86,4	30,39	
LHQW	Amanda	Rendsburg	85,6	30,78	
LHRB	Dorothea	Brelholz	97,3	34,31	
LHRD	Maria	Londen	146,6	51,41	
LHRF	Anna	Rendsburg	51,1	18,04	
LHRG	Irene	Tielenhemme, Kreis Norderdithmarschen.	94,2	33,50	
LHRJ	Neptan	Rendsburg	113,3	39,99	
LHRM	Helene	Wewelsfleth	78,4	27,04	
LHRN	Christine	Pohlen	69,3	24,43	
LHRP	Sophie	Nübbel a. d. Eider	189,6	66,63	
LHRS	†Ditmarsia II.	Kappeln a. d. Schlei.	250,7	88,40	60*
LHRT	Catharina	Brunsbüttelerhafen	51,6	18,75	
LHRV	Margaretha	Altona	75,3	26,59	
LHRW	Die zwei Gebrüder	Rendsburg	75,7	20,73	
LHSB	Margaretha	Frederik VII. Koog, Kreis Süderdithmarschen	57,4	20,33	
LHSC	Anna	Delve	66,6	23,51	
LHSD	Catharina	Itzehoe	48,3	17,00	
LHSF	Catharina	Pahlhode	77,3	27,39	
LHSG	Gloria	Neufeld, Kreis Süder-dithmarschen.	53,0	18,71	
LHSJ	Erndte	Rendsburg	77,9	27,50	
LHSK	Die Blume	Delve	69,9	24,63	
LHSM	Anna	Hamdorf, Kreis Rends-burg.	89,7	31,66	
LHSN	Theodora	Rendsburg	90,3	31,87	
LHSP	Thomas	Rendsburg	211,6	74,18	
LHSQ	Sirene	Delve	170,8	62,31	
LHSR	Anna Catharina	Prinzenmoor a. d. Eider	85,6	30,22	
LHST	Emma Catharina	Rendsburg	97,8	34,42	
LHSV	Alwine	Rendsburg	99,1	34,96	
LHTB	Preciosa	Burg, Kreis Süderdith-marschen.	50,7	17,91	
LHTC	Therese	Dümm	69,3	24,46	
LHTD	Der junge Wilhelm	Frederik VII. Koog, Kreis Süderdithmarschen	54,7	19,31	
LHTF	Hinrich	Wittenbergen a.d.Eider	207,3	73,17	
LHTJ	Die Liebe	Prinzenmoor a. d. Eider	90,4	31,96	
LHTK	Erndte	Rendsburg	178,8	63,13	
LHTN	Adolph	Rendsburg	217,6	76,77	
LHTP	Elise	Neufeld, Kreis Süder-dithmarschen.	62,4	22,03	
LHTQ	Erndte	Neufeld, Kreis Süder-dithmarschen.	57,9	20,44	

* Nominelle Pferdekräfte.

LHTR — LJDC

Unter-scheidungs-Signale.	Namen der Schiffe.	Heimathshafen	Kubik-meter Netto-Raumgehalt	Register-Tons	Pferde-kräfte.
LHTR	Heimath	Rendsburg	98,5	34,57	
LHTS	Antiena	Kollmar, Kreis Steinburg	160,5	56,64	
LHTV	Agatha	Rendsburg	195,7	69,97	
LHTW	Gezlena	Anklam	187,9	66,23	
LHVB	Dora	Rendsburg	99,0	84,95	
LHVC	Catharina	Rendsburg	86,3	80,46	
LHVD	Catharina	Breiholz	67,6	23,44	
LHVF	Catharina	Rendsburg	77,6	27,59	
LHVG	Arche	Büsum	59,9	20,97	
LHVJ	Elche	Rendsburg	94,5	33,36	
LHVK	Alagonda	Prinzenmoor r. d. Elder	74,6	26,34	
LHVM	Germania	Rendsburg	89,5	31,00	
LHVN	Odin	Rendsburg	166,7	58,44	
LHVP	Margaretha	Christiansholm, Kreis Rendsburg.	80,6	28,43	
LHVQ	Catharina	Rendsburg	96,3	34,80	
LHVR	Thetis	Rendsburg	78,5	27,71	
LHVS	Cito	Rendsburg	89,6	31,44	
LHVT	Anna Maria . . .	Rendsburg	72,2	25,46	
LHVW	Activ	Rendsburg	108,9	38,43	
LHWB	Rose	Pahlhude	92,1	82,51	
LHWC	Eva	Rendsburg	68,6	22,46	
LHWD	Drei Geschwister .	Hedewigenkoog, Kreis Norderdithmarschen.	58,5	20,86	
LHWF	Fortuna	Rendsburg	74,0	26,19	
LHWJ	Ernte	Rendsburg	75,4	26,62	
LHWK	Catharina	Pahlhude	65,5	28,22	
LHWM	Wilhelm	Rendsburg	145,3	51,39	
LHWN	Dora	Pahlhude	120,3	44,45	
LHWP	Rosina	Breiholz	65,1	22,96	
LHWQ	Fran Margaretha .	Rendsburg	65,8	28,20	
LHWR	Leos	Rendsburg	57,1	20,16	
LHWS	Margaretha	Breiholz	62,4	22,60	
LHWT	Minna	Pahlhude	99,3	85,05	
LHWV	Glaube	Kollmar, Kreis Steinburg.	88,6	29,89	
LJBH	Peter	Apenrade	. . .	129*	
LJBN	2Ister März	Hoyer	111,1	39,36	
LJBQ	Die Frau Engeline	Insel Amrum . . .	. . .	5,6*	
LJBR	Friede	Steenodde auf Amrum	. . .	5,78*	
LJCF	Therese	Wyk auf Föhr . . .	58,9	20,76	
LJCG	Justice	Wyk auf Föhr . . .	29,4	10,39	
LJCN	Die gute Erwartung.	Wyk auf Föhr . . .	152,5	58,53	
LJCQ	Emanuel	Wyk auf Föhr . . .	34,3	12,11	
LJCS	Emanuel	Flensburg	206,3	72,84	
LJCW	Christine Sophie . .	Aarösund	59,5	20,90	
LJDC	Carl Wilhelm . . .	Flensburg	. . .	159,67**	

* Lasten zu 6200 ℔.   ** Lasten zu 4000 ℔.

LJDF — LJNW

Unter-scheidungs-Signale.	Namen der Schiffe.	Heimathshafen	Kubik-meter Netto-Raumgehalt.	Register-Tons	Pferde-kräfte.
LJDF	Elise	Wyk auf Föhr	32,6	11,38	
LJDH	Aurora	Wyk auf Föhr	87,6	30,97	
LJDR	Martha Catharina	Wyk auf Föhr		4°	
LJDS	Die zwei Schwestern	Krautsand	64,8	19,53	
LJFG	August Friedrich	Apenrade	1086,8	383,43	
LJFH	Rebecca	Apenrade		212°	
LJFK	Christian	Flensburg	253,6	89,53	
LJFN	Anna	Munkmarsch	20,7	7,31	
LJFS	Sophie Lucie	Ekensund	631,1	222,79	
LJFT	Cigoth	Gravenstein	121,8	42,81	
LJFV	Havfruen	Holnis	68,1	24,28	
LJFW	Die Hoffnung	Ekensund	64,8	22,71	
LJGD	Margaretha	Maasholm	24,6	8,69	
LJGF	Fortuna	Maasholm	33,9	11,91	
LJGH	Einigkeit	Maasholm	32,3	11,44	
LJGQ	Helene	Maasholm	23,8	8,11	
LJGR	Sara Johanna	Apenrade	169,1	59,10	
LJHB	Frau Caroline	Insel Amrum		6°	
LJHD	Carl	Sonderburg		115,3°	
LJHF	Union	Maasholm	51,8	18,16	
LJHT	Hortensia	Maasholm	26,3	9,29	
LJHW	Therese	Insel Amrum	42,1	14,86	
LJKB	Ceres	Maasholm	24,9	8,70	
LJKD	Caroline Heymann	Wyk auf Föhr	341,1	120,63	
LJKF	Einigkeit	Maasholm	22,3	7,88	
LJKH	Christina Dorothea	Maasholm	44,3	15,60	
LJKM	Helene	Nebel auf Amrum	11,5	4,06	
LJKQ	Catharina	Ekensund	42,9	15,15	
LJKR	Sirene	Apenrade	29,1	10,27	
LJKS	Johanna	Maasholm	32,6	11,30	
LJKV	Die drei Geschwister	Maasholm		4,13°	
LJMB	Henriette	Maasholm	40,8	14,29	
LJMC	Allianz	Hadersleben	665,6	234,96	
LJMD	Magdalena Dorothea	Maasholm	21,9	7,73	
LJMH	Anna Christina	Gjenner bei Apenrade	27,1	9,31	
LJMP	Göntje	Insel Amrum		2°	
LJMQ	Diana	Insel Amrum		5,32°	
LJMT	Androklos	Apenrade	1134,3	400,41	
LJMV	Christian	Insel Oland	47,8	16,86	
LJMW	Maria	Maasholm	36,4	12,88	
LJNC	Die junge Christina	Insel Amrum		4,2°	
LJND	Luna	Wyk auf Föhr	77,6	27,39	
LJNG	Maria Dorothea	Maasholm	14,7	4,19	
LJNH	Aurora	Wyk auf Föhr	23,1	8,15	
LJNK	Cecilie Margarethe	Ekensund	67,8	23,68	
LJNM	Najaden	Ekensund	773,9	273,10	
LJNP	†Neumühlen	Kiel	51,9	18,31	12
LJNS	Emanuel	Insel Sylt	21,1	7,44	
LJNW	No. 11.	Wyk auf Föhr	14,1	5,19	

* Lasten zu 6200 ℔.

LJPB — LKBP

Unter-scheidungs-Signale.	Namen der Schiffe.	Heimathshafen	Kubik-meter Netto-Raumgehalt.	Register-Tons	Pferde-kräfte.
LJPB	Maria	Ekensund	52,2	18,43	
LJPD	Margaretha . . .	Steinberghaff . . .	. . .	2,73 *	
LJPH	Hotspor	Insel Amrum . . .	. . .	4,72 *	
LJPK	Christina	Steinberghaff . . .	18,6	4,90	
LJPN	Mathilde	Hamburg	922,9	825,41	
LJPR	Christine	Hamburg	523,5	184,90	
LJQH	Enrique	Hamburg	586,8	207,13	
LJQP	August	Apenrade	841,0	296,61	
LJQS	†Heinrich Adolph .	Flensburg	88,3	81,11	15**
LJQW	†Seeadler	Flensburg	66,9	28,41	16**
LJRC	†Seemöve	Ellerbeck bei Kiel .	62,1	22,14	8
LJRK	Caroline	Apenrade	. . .	140*	
LJRN	Catharina Maria .	Insel Aarö	113,1	39,84	
LJRP	Caroline Maria . .	Haseldorf	88,0	81,06	
LJRT	Die Stadt Tondern	Wyk auf Föhr . .	53,4	18,84	
LJRV	Hector	Rüttebüll	25,8	9,03	
LJSD	Theodor	Wyk auf Föhr . .	162,9	57,31	
LJSF	Christine & Dore .	Hoyer	61,6	21,73	
LJSK	Anna.	Apenrade	993,3	350,43	
LJSR	Margot	Apenrade	. . .	102,4 *	
LJSV	Anna Margaretha .	Hadersleben . . .	42,6	15,04	
LJTB	Line Kirstine . . .	Hadersleben . . .	31,6	11,23	
LJTF	†Prima	Flensburg	1141,1	402,99	80**
LJTG	Anna Magdalena .	Flensburg	92,1	32,79	
LJTH	Elisabeth	Flensburg	116,4	41,70	
LJTP	Johanne Christine .	Hadersleben . . .	109,3	38,84	
LJVD	Chloris	Sonderburg	947,3	334,61	
LJVH	†Secunda	Flensburg	1418,1	500,56	90
LJVK	Anna Dorothea . .	Apenrade	. . .	176*	
LJVP	Christine Marie . .	Keitum auf Sylt . .	14,7	5,19	
LJVQ	Maria Omina . . .	Keitum auf Sylt . .	19,3	6,17	
LJVS	Jens & Maria . .	Keitum auf Sylt . .	29,1	10,71	
LJVT	Jette Christine . .	Insel Amrum . . .	38,1	13,45	
LJVW	Cathrina	Insel Sylt	41,6	14,63	
LJWB	Sophie Dorothea .	Keitum auf Sylt . .	23,6	8,33	
LJWC	Marie	Insel Sylt	14,4	5,08	
LJWD	Wilhelm Carl . . .	Keitum auf Sylt . .	19,5	7,03	
LJWF	Maria Catharina . .	Hoyer	120,6	42,33	
LJWG	Anna Catharina . .	Keitum auf Sylt . .	18,6	6,31	
LJWH	Die Freiheit . . .	Keitum auf Sylt . .	16,9	5,91	
LJWK	Die Hoffnung . . .	Sonderburg	67,1	28,76	
LJWM	Bergitta	Sonderburg	54,1	19,21	
LJWN	Friederike Amalie .	Insel Sylt	37,4	13,30	
LJWR	Anna Maria . . .	Insel Sylt	44,5	15,86	
LJWT	Flensburg	Flensburg	89,3	31,56	
LKBD	Ingeburg	Apenrade	. . .	197*	
LKBM	Anna Maria . . .	Flensburg	86,1	12,74	
LKBN	Anna Maria . . .	Flensburg	29,6	10,31	
LKBP	Caroline	Flensburg	26,1	9,43	

* Lasten zu 5200 ℔.   ** Nominelle Pferdekräfte.

LKBS — LKHN

Unter-scheidungs-Signale.	Namen der Schiffe.	Heimathshafen	Kubik-meter Netto-Raumgehalt.	Register-Tons	Pferde-kräfte.
LKBS	Diedrich	Flensburg	41,8	16,61	
LKBW	Maria Christina . .	Gjenner bei Apenrade	. . .	4,23*	
LKCB	Maagen	Gjennerbucht bei Apen-rade.	25,4	8,99	
LKCG	Anna Maria . . .	Loit bei Apenrade . .	21,0	7,78	
LKCII	Christina	Gjenner bei Apenrade	24,3	8,55	
LKCM	Pröven	Gjennerbucht bei Apen-rade.	27,3	9,81	
LKCN	Maria Lucia . . .	Sonderburg	. . .	3,73*	
LKCS	Emanuel	Gjennerbucht bei Apen-rade.	27,8	9,81	
LKCT	Louise	Gjennerbucht bei Apen-rade.	. . .	3,76*	
LKCV	Anna Maria	Augustenborg . . .		3*	
LKCW	Bellevue	Ekensund	30,7	10,83	
LKDB	Hanbet	Flensburg	74,1	26,11	
LKDC	Johanne Margarethe	Hellsminde	39,3	18,07	
LKDG	Caravane	Gjenner bei Apenrade	. . .	4*	
LKDJ	Den gode Lykke .	Sandacker bei Eken-sund.	. . .	4,23*	
LKDM	Catharine Maria . .	Alnoor bei Gravenstein	86,3	12,91	
LKDN	Botilla Maria . . .	Apenrade	35,6	12,33	
LKDP	Die fünf Schwestern	Alnoor bei Gravenstein	42,1	14,40	
LKDQ	Anna Catharina . .	Hadersleben . . .	49,0	17,79	
LKDW	Die zwei Gebrüder	Hadersleben . . .	42,8	15,11	
LKFC	Landwirthschaft . .	Ekensund	. . .	2,5*	
LKFD	Magdalena	Maasholm	19,7	6,96	
LKFG	Helene Cecilia . .	Sonderburg	. . .	6,3*	
LKFII	Danneville	Sonderburg	56,1	19,81	
LKFJ	Tre Venner . . .	Aarösund	70,1	24,15	
LKFM	Emanuel	Hadersleben . . .	42,3	14,93	
LKFN	Emanuel	Hellsminde	41,7	14,18	
LKFP	Elisabeth	Sonderburg	. . .	7,4*	
LKFS	Metta Elisabeth . .	Norburg	24,4	8,61	
LKFT	Aurora	Sonderburg	70,4	24,85	
LKFV	Anna	Norburg	29,0	10,24	
LKFW	Cecilie Marie . . .	Ekensund	32,1	11,33	
LKGB	Johanna	Apenrade	14,3	5,05	
LKGC	Maria Lucia . . .	Wismar	28,4	9,95	
LKGD	Eben Ezer	Sonderburg	40,6	14,40	
LKGH	De fem Söskende .	Insel Aarö	45,7	16,19	
LKGM	Margrethe	Orbyhage	33,3	11,73	
LKGN	Californien	Aarösund	71,7	25,31	
LKGP	Anna Margaretha Sophia.	Orbyhage	32,6	11,47	
LKGT	Anna Maria	Ekensund		2,3*	
LKGV	Anna Margaretha .	Gjenner bei Apenrade .	18,6	6,61	
LKGW	Christine Maria . .	Ekensund		6*	
LKHN	Catharina Maria . .	Maasholm	23,7	8,13	

* Lasten zu 6:200 ℔.

LKHP — LKPN

Unter-scheidungs-Signale.	Namen der Schiffe.	Heimathshafen	Kubik-meter Netto-Raumgehalt.	Register-Tons	Pferde-kräfte.
LKHP	Tobias	Ekensund	16,9	5,97	
LKHQ	Sörideren	Ekensund	22,8	8,08	
LKHR	Annette	Sonderborg	. . .	8,76*	
LKHS	Anna Catharina	Steinberghaff	11,0	3,53	
LKHT	†Tertia	Flensborg	2057,9	726,18	98
LKHV	Catharina	Insel Sylt	. . . .	7,78*	
LKHW	Anna Dorothea	Flensborg	48,2	17,04	
LKJB	Die Hoffnung	Hadersleben	85,8	30,29	
LKJC	Friedrich	Apenrade	835,8	294,90	
LKJF	San Francisco	Aarösund	43,8	15,39	
LKJG	Delphinen	Norborg	38,2	13,61	
LKJN	Maria	Gjenner bei Aprsrade	. . .	4*	
LKJQ	Cecilie	Apenrade	. . . .	187,6**	
LKJR	Anna Margaretha	Sonderborg	41,8	14,66	
LKJT	Lykkens Pröve	Arnis	59,1	20,97	
LKJW	Haabet	Sonderborg	. . .	7,76*	
LKMB	Providentia	Sonderborg	143,1	50,61	
LKMC	Emanuel	Apenrade	. . .	104**	
LKMF	†Quarta	Flensborg	2287,7	807,36	110
LKMG	Minerva	Sonderborg	61,2	21,41	
LKMH	†Condor	Flensborg	160,8	56,80	68
LKMJ	De syv Brödre	Sonderborg	41,2	14,57	
LKMN	Africa	Sonderborg	. . . .	6*	
LKMP	Maria Catharina	Höruphaff	. . .	6,23*	
LKMQ	Juno	Sonderborg	754,2	266,22	
LKMR	China	Sonderborg	499,2	176,28	
LKMS	†Quinta	Flensborg	2565,2	905,11	120
LKMW	Rennberg	Ekensund	87,9	31,09	
LKNB	†Grille	Flensborg	104,4	36,80	50
LKND	Maria Dorothea	Hadersleben	108,8	86,40	
LKNF	Hansine Marie	Hadersleben	105,3	37,17	
LKNG	Johanna	Flensborg	136,9	48,33	
LKNJ	Jacobine	Apenrade	1183,2	417,67	
LKNM	Lydia	Flensborg	611,8	215,90	
LKNP	†Skjold	Sonderborg	104,7	36,96	30
LKNQ	Anna Magdalena	Holnis	178,0	62,84	
LKNR	Ernst	Neustadt in Holstein	88,9	31,38	
LKNS	†Falke	Flensborg	89,1	31,43	25
LKNT	Hans Heinrich	Ekensund	88,2	31,16	
LKNV	Herrmann	Apenrade	1871,7	484,21	
LKNW	Benedicta	Apenrade	700,4	247,84	
LKPB	†Germania	Munkmarsch	109,9	38,60	15
LKPC	Biene	Flensborg	116,3	41,23	
LKPD	Römö	Insel Röm	736,1	260,86	
LKPG	†Sexta	Flensborg	346,2	122,23	80
LKPH	Gustav	Apenrade	1859,4	656,97	
LKPJ	Kathinka	Rennberg	288,2	101,73	
LKPM	Amilhnjo	Wyk auf Föhr	414,6	146,43	
LKPN	Minna	Flensborg	233,6	82,43	

* Lasten zn 5200 ℔.   ** Tonnen zn 1000 Kilogramm.   6

LKPQ — LKTG

Unter-scheidungs-Signale	Namen der Schiffe.	Heimathshafen	Kubik-meter Netto-Raumgehalt.	Register-Tons	Pferde-kräfte.
LKPQ	Oberon	Sonderburg	1074,7	879,57	
LKPS	Centaur	Apenrade	1327,4	468,51	
LKPT	Margrethe	Apenrade	ca.1012	ca 358	
LKPV	Wodan	Apenrade	1245,3	439,77	
LKPW	Christine	Apenrade	1535,4	541,59	
LKQB	Taiwan	Sonderburg	1057,7	873,98	
LKQC	Julie	Apenrade	322,9	113,63	
LKQF	Henriette	Wyk auf Föhr	269,9	95,77	
LKQG	†Conatio	Flensburg	2077,8	738,39	110
LKQH	Hieronymus	Apenrade	1204,5	425,19	
LKQJ	Triton	Sonderburg	1583,6	558,97	
LKQN	Catharina	Apenrade	91,9	82,41	
LKQR	Hydra	Apenrade	863,4	128,60	
LKQS	†Septima	Flensburg	2644,6	933,33	540*
LKQV	Anna Catharine	Ekensund	64,5	22,77	
LKQW	Aurora	Orbyhage	79,3	27,59	
LKRB	Friedrich	Apenrade	1904,9	672,15	
LKRC	A. T. Stallknecht	Apenrade	1528,5	539,99	
LKRD	Marie Louise	Apenrade	ca.1250	ca.442	
LKRF	Anna Petrea	Flensburg	67,9	23,41	
LKRG	†Octava	Flensburg	2650,1	985,20	120**
LKRH	Salome Catharine	Flensburg	127,5	45,60	
LKRJ	Occident	Apenrade	ca.702	ca.248	
LKRM	Marie	Apenrade	1214,4	428,65	
LKRN	†Nona	Flensburg	1895,3	669,00	100**
LKRP	†Hertha	Sonderburg	238,1	84,65	50**
LKRQ	Elisebeth	Wyk auf Föhr	73,0	25,77	
LKRS	Mathilde	Apenrade	1007,1	355,54	
LKRT	Ida	Maasholm	48,4	17,59	
LKRV	Anna Sieben	Apenrade	1710,5	608,91	
LKRW	Christian	Apenrade	708,1	249,97	
LKSB	Schiffswerft	Flensburg	2457,9	867,43	
LKSC	Einigkeit	Wyk auf Föhr	97,4	80,66	
LKSD	†Wyk — Föhr	Wyk auf Föhr	143,9	50,54	30**
LKSF	†Freia	Sonderburg	155,3	54,70	40**
LKSH	Elise	Apenrade	1454,1	513,20	
LKSJ	Hindoo	Apenrade	1532,8	540,07	
LKSM	Orient	Flensburg	1305,7	460,81	
LKSN	Thalia	Hamburg	3008,7	1060,31	
LKSQ	†Decima	Flensburg	3261,6	1151,42	600
LKSR	†Signal	Apenrade	1165,4	411,29	70**
LKST	Catharina	Neuhaus a. d. Oste	930,2	828,33	
LKSV	†Iduna	Flensburg	820,8	289,73	60**
LKSW	Rosalie	Norburg	266,7	101,39	
LKTB	Christine	Apenrade	280,7	99,80	
LKTC	Rio-Negro	Ekensund	158,4	55,92	
LKTD	†Vorwärts	Apenrade	1732,6	611,43	320*
LKTF	Concordia	Apenrade	294,9	104,11	
LKTG	†Fidacia	Flensburg	1145,3	404,29	50**

* Indicirte Pferdekräfte.   ** Nominelle Pferdekräfte.

LKTH — LQFD

Unter-scheidungs-Signale.	Namen der Schiffe.	Heimathshafen	Kubik-meter Netto-Raumgehalt.	Register-Tons	Pferde-kräfte.
LKTH	†Protos	Flensborg	3257,7	1149,96	140*
LKTJ	†Minerva	Flensburg	539,3	190,13	40"
LKTM	Maria	Hadersleben	90,1	33,91	
LKTN	Apenrade	Apenrade	—	545,41	
LKTP	Arub	Apenrade	1533,1	541,19	
LKTQ	†Diana	Flensburg	588,4	190,19	40*
LKTR	F. C. Siebou	Apenrade	1817,0	641,19	
LKTS	†Peritia	Flensburg	1140.3	404,70	50"
LKTV	Jonas und Jenny	Keltum auf Sylt	52,2	18,93	
LKTW	†Triumph	Apenrade	1910,7	674,48	320**
LKVB	†Pylla	Sonderburg	315,4	111,71	40*
LKVC	†Fortuna	Flensburg	1085.0	882,90	50"
LKVD	Emma	Apenrade	622,9	219,90	
LKVF	†Thyra	Flensburg	2210,3	782,13	100*
LKVG	Johann	Flensburg	136,9	48,23	
LKVII					
LKVJ					
LKVM					
LKVN					
LKVP					
LKVQ					
LKVR					
LKVS					
LKVT					
LQBC	Maria	Neuwarp	40.9	14,10	
LQBH	Wilhelmine	Arnis	112,0	89,43	
LQBJ	Pegasus	Arnis	120,6	42,34	
LQBK	Elbe	Estebrügge, Amts Lork	74,7	26,94	
LQBM	Anna Louise	Kappeln a. d. Schlei	78,6	27,73	
LQBR	Julie	Friedrichstadt	219,2	77,38	
LQBT	Wilhelmine	Geversdorf	80,1	28,39	
LQCB	Sophia	Tielen	115,3	40,67	
LQCF	Heimath	Arnis	145,8	51,94	
LQCH	Najade	Friedrichstadt	321,6	113,42	
LQCJ	Adagio	Friedrichstadt	194,3	68,63	
LQCK	Helene	Bentwisch, Amts Neu-hau a. d. Oste.	75,9	20,70	
LQCN	Bona fide	Rendsburg	82,6	29,13	
LQCS	Catharina	Rendsburg	110,1	38,46	
LQCT	Die gute Hoffnung	Friedrichstadt		6***	
LQCW	Hoffnung	Krautsand	62,9	22,39	
LQDJ	Die Hoffnung	Friedrichstadt		4,31***	
LQDK	Eros	Vorwerk bei Rendsburg	253,9	89,84	
LQDP	Elsabe Margaretha	Friedrichstadt	26,1	9,23	
LQDS	Elder	Friedrichstadt	244,1	86,14	
LQDT	Heinrich Wilhelm	Husum in Schleswig	98,3	34,38	
LQFB	Wiebke	Friedrichstadt		44***	
LQFC	Anna Regina	Arnis	107,3	37,47	
LQFD	Affinitas	Arnis	148,3	52,43	

* Nominelle Pferdekräfte. ** Indicirte Pferdekräfte. *** Lasten zu 5200 ℔.

LQFG — LQPK

Unter-scheidungs-Signale.	Namen der Schiffe.	Heimathshafen	Kubik-meter Netto-Raumgehalt.	Register-Tons	Pferde-kräfte.
LQFG	Hebe	Friedrichstadt	. .	15,4*	
LQFJ	Anna	Friedrichstadt	25,4	8,91	
LQFN	Anna	Friedrichstadt	74,6	26,0	
LQFP	Die zwei Gebrüder	Rendsburg	59,9	21,11	
LQFS	Telina	Kiel	126,9	44,74	
LQFT	Union	Friedrichstadt	. .	5,3*	
LQGB	Wiebke Catharina	Pablhude	69,8	24,84	
LQGK	Frau Christina	Rendsburg	65,6	23,10	
LQGM	Adolph	Delve	97,1	84,41	
LQGP	Reclam	Wyk auf Föhr	211,1	74,41	
LQGS	Dorothea	Ekensund	60,3	21,38	
LQGT	Henriette	Kappeln a. d. Schlei.	68,3	24,06	
LQGV	Anna	Arnis	83,4	29,41	
LQHJ	Bernhard	Husum in Schleswig	76,1	26,99	
LQHM	Veritas	Kappeln a. d. Schlei.	275,9	97,33	
LQHR	Ernte	Insel Pellworm	87,1	30,78	
LQHT	Philadelphia	Arnis	47,3	16,48	
LQHV	†Prinzess Louise	Schleswig	83,5	29,83	20
LQHW	†Marie	Schleswig	63,9	22,58	15
LQJF	Ane Christine	Arnis	83,8	29,03	
LQJK	Activ	Borgwedel a.d.Schlei	101,9	35,97	
LQJN	Flora	Arnis	86,4	80,30	
LQJV	Die Hoffnung	Wyk auf Föhr	48,9	17,34	
LQKC	Anna Catharina	Sandschleuse a. d. Eider.	91,3	32,73	
LQKF	Coecilia Maria	Arnis	190,4	67,73	
LQKH	Speculant	Kappeln a. d. Schlei.	282,9	99,98	
LQKJ	Providentia	Arnis	124,1	43,30	
LQKN	Alliance	Arnis	103,0	36,38	
LQKP	Emanuel	Heiligenhafen	80,1	28,41	
LQKR	Helmath	Ekensund	91,3	32,30	
LQKV	Maria	Arnis	37,1	13,11	
LQMB	Hoffnung	Arnis	169,3	59,74	
LQMD	Maria	Arnis	41,8	14,73	
LQMF	Emilie	Arnis	171,9	60,97	
LQMG	Anna	Arnis	47,3	16,58	
LQMN	Pegasus	Arnis	87,3	30,38	
LQMP	Preciosa	Insel Pellworm	. .	5,3*	
LQMS	Emanuel	Arnis	32,3	11,41	
LQMT	Adonis	Arnis	72,9	25,79	
LQMV	Caroline	Calloe	. .	7,5*	
LQMW	Else	Arnis	73,9	20,58	
LQNG	Triton	Sonderburg	42,3	14,98	
LQNM	Anna Christina	Kappeln a. d. Schlei.	32,0	11,30	
LQNV	Doris	Kiel	103,6	36,30	
LQNW	Sophia	Arnis	86,7	30,58	
LQPC	Fortuna	Arnis	98,3	84,91	
LQPJ	Elise	Düwig bei Norburg	23,1	8,30	
LQPK	Sophie	Kappeln a. d. Schlei.	95,3	35,60	

* Lasten zu 5200 ℔.

LQPN — LRCF

Unter-scheidungs-Signale.	Namen der Schiffe.	Heimathshafen	Kubik-meter Netto-Raumgehalt	Register-Tons	Pferde-kräfte.
LQPN	Nordstrand No. 1..	Insel Nordstrand .	. . .	5°	
LQPR	†Nordstrand . . .	Insel Nordstrand .	60,1	21,23	20
LQPV	Elise	Kappeln a. d. Schlei .	41,8	14,49	
LQRD	Ingeborg	Kappeln a. d. Schlei .	. . .	2,8°	
LQRF	Galathea	Arnis	61,3	21,39	
LQRK	Maria Dorothea . .	Arnis	45,1	15,39	
LQRP	Emma	Kappeln a. d. Schlei .	20,9	7,33	
LQRS	Frau Anna . . .	Wyk auf Föhr . . .	45,0	15,39	
LQRW	Emannel	Schleswig	78,7	27,71	
LQSF	Christina	Rendsburg	197,1	69,79	
LQSH	Fido	Vorwerk bei Rendsburg	104,6	36,94	
LQSM	Albertine	Kappeln a. d. Schlei .	88,6	31,34	
LQSV	Dorothea	Cranz, Amts Jork . .	89,8	31,69	
LQSW	Cito	Moorack a. d. Elder .	68,3	24,11	
LQTB	Helene	Insel Nordstrand .	24,6	9,35	
LQTC	Catharina	Delve	117,1	41,48	
LQTH	†Pellworm	Kiel	. . .	13°	20
LQTM	Eunomia	Insel Pellworm . . .	. . .	6,33°	
LQTN	Diamant	Arnis	279,1	98,43	
LQTP	Mentor	Möltenort	59,3	21,09	
LQVB	Louise Auguste . .	Arnis	125,0	44,33	
LQVC	Maria	Unsum in Schleswig .	220,5	77,84	
LQVG	Ludwig	Rendsburg	169,7	59,81	
LQVH	Eva	Wittenbergen a. d. Elder.	263,4	92,99	
LQVJ	Atlalante	Arnis	76,4	26,91	
LQVM	Zwei Gebrüder . .	Rendsburg	110,3	38,90	
LQWC	Die Gebrüder . . .	Vorwerk bei Rendsburg	58,5	20,94	
LQWD	Frau Catharina . .	Prinzenmoor a. d. Elder	63,3	22,34	
LQWJ	Wilhelm I.	Friedrichstadt . . .	98,6	34,14	
LQWP	Friede	Rendsburg	98,3	32,90	
LQWR	Anna	Friedrichsholm a. d. Elder.	76,3	26,90	
LQWT	Die Hoffnung . . .	Garding	57,4	20,49	
LQWV	Taube	Rendsburg . . .	213,4	75,33	
LRBC	Otto	Friedrichstadt . . .	92,6	32,74	
LRBD	Die Hoffnung . . .	Arnis	71,9	25,38	
LRBG	Catharina	Hamdorf, Kreis Rendsburg.	91,1	32,14	
LRBH	Irene	Delve	75,8	26,43	
LRBJ	Die Hoffnung . . .	Friedrichstadt . . .	. . .	11°	
LRBK	Johannes	Elmshorn	78,1	25,79	
LRBP	Magdalena	Kappeln a. d. Schlei .	. . .	3,33°	
LRBQ	Carl	Kappeln a. d. Schlei .	80,1	10,43	
LRBS	Johanna Friedericke	Kappeln a. d. Schlei .	68,4	22,38	
LRBT	Margaretha	Delve	70,3	24,91	
LRCB	Die Eiche	Kappeln a. d. Schlei .	95,3	83,11	
LRCD	Vorwärts	Arnis	152,5	53,63	
LRCF	Margaretha Christine	Süderstapel	80,3	28,33	

* Lasten zu 5200 ℔.

LRCG — LVBR

Unter-scheidungs-Signale.	Namen der Schiffe.	Heimathshafen	Kubik-meter Netto-Raumgehalt.	Register-Tons	Pferde-kräfte.
LRCG	†Dithmarschen . . .	Tönning	1563,3	551,81	250
LRCH	Fortuna	Munkmarsch . . .	64,2	22,54	
LRCJ	Fortuna	Arnis	17,3	6,07	
LRCK	Anna	Arnis	197,9	69,94	
LRCM	Activ	Scheppern . . .	180,7	63,80	
LRCN	Christine Elisabeth	Borgwedel a. d. Schlei	. . .	8*	
LRCP	Flora	Erfde	136,4	48,33	
LRCQ	Johanna	Friedrichstadt . . .	62,9	22,30	
LRCT	†Schleswig	Tönning	2125,3	750,73	210
LRCV	†Valparaiso	Schleswig	105,0	37,66	20
LRCW	Australia	Insel Pellworm . .	36,1	12,14	
LRDB	†Triton	Tönning	151,9	53,41	348**
LRDC	Die Wohlfahrt . .	Friedrichstadt . . .	58,0	20,63	
LRDF	Geduld	Kappeln a. d. Schlei.	134,3	47,33	
LRDG	Christine	Husum in Schleswig.	112,0	39,54	
LRDH	Louise	Insel Pellworm . .	90,3	32,08	
LRDJ	Anna Christina . .	Friedrichstadt . . .	62,0	22,30	
LRDK	Die vier Gebrüder .	Sandschleuse a d. Elder	59,3	20,09	
LRDM	Ingeborg von Hale-büll.	Husum in Schleswig .	64,0	22,60	
LRDN	Maria	Husum in Schleswig .	59,1	20,8	
LRDP	†Pellworm	Insel Pellworm . .	104,3	36,34	60**
LRDQ	Amoy	Hamburg	139,0	49,46	
LRDS	Friederike	Friedrichstadt . . .	83,0	29,23	
LRDT	Ark	Tönning	376,3	132,93	
LRDV	†Mols	Tönning	94,5	83,35	30
LRDW	Hansine Margarethe	Arnis	55,3	19,80	
LRFB	Maria	Insel Pellworm . .	89,3	31,73	
LRFC	Sibirien	Arnis	1039,9	367,09	
LRFD	†Concordia	Kappeln a. d. Schlei	111,3	39,33	10***
LRFH	Anna Catharina . .	Arnis	44,3	15,44	
LRFJ					
LRFK					
LRFM					
LRFN					
LRFP					
LVBC	Hans	Rendsburg	236,5	83,40	
LVBD	Margaretha	Breiholz	151,4	53,83	
LVBF	Die zwei Gebrüder	Rendsburg	60,9	21,33	
LVBG	Catharina	Pahlhude	64,3	22,68	
LVBH	Arche	Büsum	91,4	32,71	
LVBJ	Caroline	Breiholz	68,4	24,11	
LVBK	Anna	Rendsburg	87,4	30,97	
LVBM	Anna	Rendsburg	75,1	26,15	
LVBN	Johanna	Breiholz	89,3	31,39	
LVBP	Maria	Rendsburg	249,4	88,11	
LVBQ	Fortuna	Delve	124,4	43,73	
LVBR	Anna Catharina . .	Delve	60,4	21,33	

LVBS — MBKL

Unter-scheidungs-Signale.	Namen der Schiffe.	Heimathshafen	Kubik-meter Netto-Raumgehalt	Register-Tons	Pferde-kräfte.
LVBS	Anna	Friedrichsholm a. d. Elder.	76,0	26,47	
LVBT	Johannes	Rendsburg	169,1	59,00	
LVBW	Hermann	Itzehoe	35,1	12,53	
LVCB					
LVCD					
LVCF					
LVCG					
LVCH					
LVCJ					
MBCF	Louise Allwardt . .	Rostock	719,1	253,90	
MBCG	Grossherzogin Anna	Rostock	889,6	314,03	
MBCH	Caroline Helbing .	Rostock	686,1	242,53	
MBCL	Schnelle	Rostock	826,3	291,66	
MBCP	Franz von Mathica	Rostock	636,9	224,53	
MBDG	Aristides	Rostock	728,4	257,13	
MBDH	Eduard	Rostock	609,8	215,28	
MBDJ	Helmuth Mentz . .	Rostock	504,8	178,12	
MBDK	Rosalie Ahrens . .	Rostock	776,7	274,16	
MBDP	Carl und Otto . .	Barth	174,0	61,41	
MBDQ	Mecklenburg . . .	Rostock	534,1	188,31	
MBDS	Hans Georg . . .	Rostock	1215,1	429,34	
MBDT	Amazone	Rostock	919,2	324,49	
MBFN	Bobsien-Kaegsdorf.	Rostock	982,8	346,53	
MBFT	Wilhelmine	Rostock	732,0	258,40	
MBFW	Wilhelmine Waitz von Eschen.	Rostock	1037,0	366,60	
MBGK	Martha	Rostock	772,9	272,53	
MBGL	Herzog Georg . .	Rostock	847,2	299,04	
MBGR	Erbgrossherzog Friedrich Franz.	Rostock	712,2	251,41	
MBGW	Mozart	Rostock	796,1	281,02	
MBHC	Bürgermeister Bauer	Rostock	980,1	328,33	
MBHF	Armin	Rostock	681,0	240,39	
MBHK	Nicolaus Heinrich .	Rostock	868,7	306,63	
MBHL	Rebecca	Rostock	1186,1	418,70	
MBHQ	Hedwig.	Rostock	784,3	276,82	
MBHW	Martha & Clara . .	Rostock	742,1	262,00	
MBJG	Fritz Reuter . . .	Rostock	844,1	298,10	
MBJK	Ernst Brockelmann	Rostock	991,6	350,63	
MBJQ	Fides	Rostock	900,9	320,13	
MBJR	Agnes	Rostock	794,3	280,43	
MBJT	Georg & Louise .	Rostock	693,4	244,77	
MBJW	Greif	Rostock	895,8	316,70	
MBKC	Ernst & Christine .	Rostock	628,2	221,61	
MBKD	Auguste Sophie . .	Rostock	780,1	275,38	
MBKF	M. B. Cohn . . .	Rostock	656,8	231,83	
MBKJ	Sophia	Rostock	158,7	56,02	
MBKL	Sophie	Rostock	119,1	42,56	

MBKN — MBTG

Unter-scheidungs-Signale.	Namen der Schiffe.	Heimathshafen	Kubik-meter Netto-Raumgehalt.	Register-Tons	Pferde-kräfte.
MBKN	Elise & Henny . .	Rostock	169,3	59,73	
MBKQ	Woizlava	Rostock . .	776,4	274,68	
MBLC	Sirius	Rostock . .	1051,8	371,29	
MBLD	Max	Rostock . . .	831,1	298,59	
MBLH	China	Rostock . .	808,8	283,14	
MBLJ	Theodor Voss . .	Rostock . .	872,6	308,04	
MBLK	Prospero	Rostock . . .	1096,1	386,72	
MBLQ	Wolfgang	Rostock . .	681,1	240,23	
MBLR	Olympe Kuyper . .	Rostock . .	775,2	273,03	
MBLT	Emma & Robert .	Rostock . . .	1265,3	446,26	
MBNC	Antonie von Cleve	Rostock . .	1344,1	474,31	
MBND	Presto	Rostock . .	807,3	284,94	
MBNF	Posthalter J. C. Wahl.	Rostock . .	848,6	299,23	
MBNH	Heinrich Moll . . .	Rostock . . .	772,5	272,11	
MBNJ	Atlantic	Stralsund . . .	1130,1	808,99	
MBNK	Victoria	Rostock . .	1150,6	406,23	
MBNQ	Emma	Rostock . .	717,3	253,31	
MBNW	Albatros	Rostock . .	878,8	310,22	
MBPC	Lohengrin	Rostock . .	1291,4	455,84	
MBPF	Die Krone	Rostock . .	782,1	276,66	
MBPG	Agnes	Rostock . .	586,6	207,14	
MBPJ	Ariel	Rostock . .	735,4	250,63	
MBPR	Louise Hillmann .	Rostock . .	648,4	228,96	
MBPT	Adolphine	Rostock . .	651,8	104,71	
MBPV	Marie	Rostock . .	816,3	288,33	
MBQC	Prometheus	Rostock . .	1147,3	405,17	
MBQG	Louise Otto-Warbe-low.	Rostock . .	698,3	246,50	
MBQK	Die Hoffnung . . .	Rostock . .	475,3	167,99	
MBQN	Die Zwillinge . . .	Rostock . .	591,4	208,63	
MBQT	Norma	Rostock . .	556,5	196,44	
MBQW	Christiane	Rostock . .	567,3	200,36	
MBRC	Wilhelm	Rostock . .	586,6	207,67	
MBRD	Herodot	Rostock . .	705,3	249,50	
MBRH	Paul	Rostock . .	619,6	218,71	
MBRK	Auguste	Rostock . .	433,3	152,91	
MBRN	Auguste	Rostock . .	523,4	184,90	
MBRP	Oberon	Rostock . .	686,8	242,41	
MBRS	Doris Mentz . . .	Rostock . .	503,6	177,76	
MBSD	Wustrow	Rostock . .	853,3	301,31	
MBSH	Pandora	Rostock . .	572,3	201,99	
MBSL	Cassandra	Rostock . .	686,7	242,41	
MBSN	Friedrich & Louise	Rostock . .	829,6	292,43	
MBSP	Wendula	Rostock . .	617,6	218,61	
MBSR	Adolph Michels . .	Rostock . .	820,2	289,70	
MBST	Leda	Rostock . .	505,1	178,61	
MBTC	Henriette	Rostock . .	579,6	204,39	
MBTG	Johannes	Rostock . .	561,3	198,10	

MBTK — MCGS

Unter-scheidungs-Signale.	Namen der Schiffe.	Heimathshafen	Kubik-meter Netto-Raumgehalt.	Register-Tons	Pferde-kräfte.
MBTK	Nautilus	Rostock	594,9	210,00	
MBTL	Tugend	Rostock	672,6	287,81	
MBTN	August & Eduard	Rostock	703,6	248,77	
MBTS	Niclot	Rostock	661,4	283,41	
MBTW	Martin	Rostock	622,5	219,74	
MBVH	Richard	Rostock	824,1	290,81	
MBVJ	Der Obotrit	Rostock	513,4	181,09	
MBVK	Warnow	Rostock	528,6	186,89	
MBVL	Fortschritt	Rostock	644,5	227,81	
MBVS	Iduna	Rostock	682,1	228,13	
MBVT	Johanna	Rostock	688,8	241,86	
MBWF	Franziska	Rostock	621,8	219,43	
MBWJ	Der Schwaan	Rostock	619,0	218,71	
MBWK	Staatsrath von Brock	Rostock	679,2	239,74	
MBWP	Paul Jones	Rostock	859,4	303,77	
MBWQ	Archimedes	Rostock	702,9	248,13	
MBWS	Major Schumacher	Rostock	821,0	290,15	
MBWT	Krey-Woggersin	Rostock	1064,7	375,85	
MCBD	Frau Marie	Rostock	732,0	258,40	
MCBG	Balance	Rostock	852,1	300,94	
MCBH	Galilei	Rostock	783,1	276,43	
MCBN	Nordstern	Rostock	624,0	220,38	
MCBP	Copernicus	Rostock	647,3	228,90	
MCBW	Louise Brockelmann	Rostock	680,1	240,69	
MCDL	Bürgermeister Peter-sen.	Rostock	807,8	285,04	
MCDN	Jupiter	Rostock	690,8	243,73	
MCDP	Sophia Maria	Rostock	598,4	211,31	
MCDR	Hercules	Rostock	965,9	340,86	
MCDS	Theodor Reimers	Rostock	675,7	288,63	
MCDW	Hermann Friedrich	Rostock	815,1	287,83	
MCFB	Anna & Meta	Rostock	703,6	248,44	
MCFD	Pallas	Rostock	751,9	265,11	
MCFG	Argus	Rostock	891,7	314,77	
MCFH	Actif	Rostock	688,8	243,04	
MCFL	Emma Bauer	Rostock	689,6	243,43	
MCFN	Clara & Mathilde	Rostock	614,7	216,99	
MCFP	Sirene	Rostock	626,6	221,30	
MCFQ	Deutschland	Rostock	819,3	289,23	
MCFT	J. F. Past	Rostock	1134,8	400,30	
MCFV	J. H. Epping	Rostock	733,0	258,13	
MCGB	Maria	Rostock	663,8	234,22	
MCGF	Johann Friedrich	Rostock	955,0	337,43	
MCGJ	C. F. Maass	Rostock	757,6	267,43	
MCGL	Heinrich Gerdes	Rostock	686,8	242,33	
MCGN	Fanny von Schack	Rostock	666,8	284,91	
MCGQ	H. A. Walter	Rostock	1114,9	393,23	
MCGR	Gloria	Rostock	665,8	284,40	
MCGS	J. F. Heydtmann	Rostock	701,9	247,33	

MCGT — MCPL

Unter-scheidungs-Signale.	Namen der Schiffe.	Heimathshafen	Kubik-meter Netto-Raumgehalt	Register-Tons	Pferde-kräfte.
MCGT	Constantin von Reinecke.	Rostock	915,1	323,24	
MCGV	Loreley	Rostock	948,1	334,80	
MCHB	Baumeister Wilken .	Rostock	690,6	247,03	
MCHD	Ludwig Borchard .	Rostock	739,3	260,24	
MCHF	Prinz von Preussen	Rostock	688,0	241,69	
MCHJ	von Buch-Wendorf	Rostock	704,4	248,71	
MCHL	Paul Friedrich Pogge.	Rostock	1054,6	372,34	
MCHN	Goethe	Rostock	676,0	238,63	
MCHP	Christian Heinrich .	Rostock	734,3	259,37	
MCHQ	Freundschaft . . .	Rostock	806,6	284,70	
MCHR	Franz & Ernst . . .	Rostock	649,6	229,24	
MCHS	Venus	Rostock	898,3	317,09	
MCHT	Johann Daniel . .	Rostock	994,3	350,76	
MCJH	Vorwärts	Rostock	1064,8	375,86	
MCJD	Louise Bachmann .	Rostock	806,6	284,81	
MCJF	Nordsee	Rostock	525.6	185,54	
MCJK	Nordstern	Rostock	914,3	322,74	
MCJP	Germania	Rostock	998,9	352,61	
MCJS	Ribnitz	Rostock	764,6	269,70	
MCJV	Ernst & Elise . .	Rostock	1058,3	373,54	
MCJW	Amaranth	Rostock	561,4	198,71	
MCKB	Mathilde	Rostock	1340,1	478,09	
MCKG	Ludwig Capobus sen.	Rostock	686,6	242,16	
MCKH	August & Marie . .	Rostock	725,6	256,14	
MCKL	Ocean	Rostock	800,3	284,70	
MCKN	B. C. Peters . . .	Rostock	. . .	106,67	
MCKT	Drei Geschwister .	Rostock	662.1	233,72	
MCKV	Favorite	Rostock	964,1	340,54	
MCKW	Erwin	Rostock	1044,3	368,71	
MCLH	Thomas Small . . .	Rostock	1136,6	401,32	
MCLJ	Graf Bismark . . .	Rostock	702,1	248,66	
MCLQ	Hannibal	Rostock	1088,6	384,29	
MCLR	Hermann Debreut .	Rostock	1010,3	356,84	
MCLT	Hellas	Rostock	1179,3	416,47	
MCLV	H. A. Helmrich . .	Rostock	661,3	233,44	
MCLW	Fanny Suppicich .	Rostock	791,3	279,20	
MCNB	Atlantic	Rostock	869,3	307,06	
MCND	Ernest Kuyper . .	Rostock	821,3	290,13	
MCNH	Swantewit	Rostock	761,0	268,63	
MCNP	Metz	Altona	644,6	227,61	
MCNQ	Mathilde	Rostock	841,1	296,91	
MCNT	Marie Kuyper . . .	Rostock	1025.3	361,91	
MCNV	von Schack-Rey .	Rostock	1134,1	400,44	
MCNW	Albertine Meyer . .	Rostock	753,9	266,09	
MCPG	Hoffnung	Rostock	1055,3	372,40	
MCPK	Theodor Bernicke .	Rostock	1070,6	377,92	
MCPL	Express	Rostock	780,1	275,49	

* Lasten zu 6000 ℔.

MCPR — MCVP

Unter-scheidungs-Signale.	Namen der Schiffe.	Heimathshafen	Kubik-meter Netto-Raumgehalt.	Register-Tons	Pferde-kräfte.
MCPR	C. Neumann-Gaede-bohn.	Rostock	971,2	342,08	
MCPT	Hellos	Rostock	1008,4	358,11	
MCPV	Paladin	Rostock	954,1	336,81	
MCPW	Diana	Rostock	890,4	314,21	
MCQB	Anna Howltz	Rostock	1110,1	391,14	
MCQF	Max	Barth	110,0	38,53	
MCQG	Moewe	Rostock	961,0	339,13	
MCQH	Peter Suppicich	Rostock	1252,3	442,83	
MCQN	Rostock	Rostock	99,8	35,23	
MCQP	Medea	Rostock	877,3	309,78	
MCQR	M. D. Rucker	Rostock	1125,3	397,81	
MCQT	Herzogin Anna	Rostock	1349,4	476,34	
MCRB	Albert Neumann-Berlin.	Rostock	1400,0	615,33	
MCRD	Gerhard & Adolph	Rostock	. . .	142*	
MCRJ	Sophie Görbitz	Hamburg	963,8	340,28	
MCRK	Constantin	Greifswald	1521,0	536,82	
MCRL	Frisch	Rostock	1166,1	411,44	
MCRQ	Elise Roth	Rostock	1130,3	399,00	
MCRS	Dora Ahrens	Rostock	1216,0	429,36	
MCRV	Matthaeus Rickert	Rostock	323,7	114,26	
MCRW	Georg Becker	Rostock	810,8	286,80	
MCSB	Marie	Rostock	1606,6	567,13	
MCSD	Elisabeth Meutz	Rostock	1282,3	452,31	
MCSF	Go Ahead	Rostock	1108,2	391,10	
MCSG	Capella	Rostock	1420,4	601,44	
MCSJ	Heinrich Beekmann	Rostock	1082,5	382,22	
MCSN	Mecklenburg's Haus-wirthe.	Rostock	888,7	313,11	
MCSW	Elsa	Rostock	1365,8	482,10	
MCTD	Lucy & Paul	Rostock	1067,1	376,85	
MCTF	†Helene Durchard	Rostock	1394,8	492,39	75**
MCTJ	Carl Both	Rostock	1496,0	628,11	
MCTL	Gazelle	Rostock	640,5	226,10	
MCTN	J. Borgwardt	Rostock	600,6	212,01	
MCTP	Lorenz Hansen	Rostock	1125,0	397,11	
MCTQ	†Rostock	Rostock	361,2	127,10	68**
MCTR	Richard Porter	Rostock	356,8	125,61	
MCTS	Rudolphine Dur-chard.	Rostock	784,4	276,30	
MCTY	Georg Suppicich	Rostock	1253,9	442,61	
MCTW	Carl Max	Rostock	832,0	293,71	
MCVD	Fritz	Rostock	1165,9	411,32	
MCVG	O. Koban	Rostock	1199,3	423,01	
MCVK	Isabella	Rostock	617,3	218,02	
MCVL	Beatrice Suppicich	Rostock	958,3	339,25	
MCVN	F. W. Fischer	Rostock	603,3	213,04	
MCVP	Martha Brockelmann	Rostock	1393,3	488,28	

* Lasten zu 6000 ℔.   ** Nominelle Pferdekräfte.

MCVQ — MDFT					
Unter-scheidungs-Signale.	Namen der Schiffe.	Heimathshafen	Kubik-meter Netto-Raumgehalt.	Register-Tons	Pferde-kräfte.
MCVQ	†Deutscher Kaiser	Rostock	2674,7	944,16	110*
MCVR	Wilhelmine Pust .	Rostock	1248,8	440,53	
MCVS	†Daschy König . .	Rostock	2122,4	749,29	100*
MCVT	Juanita	Rostock	380,4	134,29	
MCVW	Anna von Klein . .	Rostock	995,7	351,49	
MCWD	Emma Malam . . .	Rostock	725,9	255,71	
MCWF	Undine	Rostock	657,2	281,99	
MCWG	Gustav Metzler . .	Rostock	998,4	352,43	
MCWH	Marianne	Rostock	1160,3	409,61	
MCWJ	Dr. Witte	Rostock	793,8	280,06	
MCWK	Margaretha Dethloff	Rostock	338,3	119,64	
MCWN	Charlotte Lange . .	Rostock	1151,4	406,44	
MCWQ	Samuel Berner . .	Rostock	1332,4	470,23	
MCWR	Huntress	Rostock	2010,1	709,46	
MCWT	Fritz Schmidt . . .	Rostock	1124,7	397,01	
MCWV	Carl	Rostock	234,1	82,44	
MDBC	†Riga	Rostock	1281,4	452,23	200
MDBF	Marie Spatz . . .	Rostock	981,7	299,39	
MDBG	Elisabeth Ahrens .	Rostock	1121,9	396,46	
MDBJ	Frida Lehment . .	Rostock	1138,3	400,36	
MDBK	†H. von Witt . . .	Rostock	1778,0	627,23	285
MDBL	Emilie	Rostock	272,6	96,34	
MDBN	Elfriede Mumm . .	Rostock	253,1	89,34	
MDBP	Polly Stott	Rostock	1224,1	432,11	
MDBQ	Elodie	Rostock	742,9	262,34	
MDBR	Franz Fischer . .	Rostock	458,3	161,36	
MDBT	Ernst Ludwig Holtz	Rostock	1380,8	469,67	
MDBV	Ceres	Rostock	1488,9	525,49	
MDBW	Semmy Cohn . . .	Rostock	1231,4	434,37	
MDCF	Präsident Trotsche	Rostock	1428,7	504,37	
MDCG	Elise	Rostock	227,6	80,23	
MDCH	H. Printzenberg . .	Rostock	1567,8	553,23	
MDCL	Clara Peters . . .	Rostock	263,9	92,84	
MDCN	W. Schulz	Rostock	132,7	46,84	
MDCP	†Vorwärts	Rostock	88,7	29,43	14*
MDCQ	Sophie	Rostock	239,4	84,51	
MDCR	Cohnhelm	Hamburg	1233,4	435,23	
MDCT	Annie Derner . . .	Rostock	1127,8	398,10	
MDFB	Isabel	Rostock	947,3	334,39	
MDFC	Anna Precht . . .	Rostock	1215,3	428,97	
MDFH	Emma Römer . . .	Rostock	1202,4	424,43	
MDFJ	Van den Bergh . .	Rostock	1234,5	435,91	
MDFK	August Burchard .	Rostock	1348,6	474,39	
MDFN	Louise Meyer . . .	Rostock	840,8	296,91	
MDFP	Ada Stott	Rostock	1431,0	505,18	
MDFQ	Maria & Käthe . .	Rostock	1186,3	418,77	
MDFR	Louise Scheller . .	Rostock	1154,9	407,67	
MDFS	Atlas	Rostock	799,1	282,99	
MDFT	Marie Stahl	Rostock	765,1	270,69	

* Nominelle Pferdekräfte.

MDFV — MSBH

Unter-scheidungs-Signale.	Namen der Schiffe.	Heimathshafen	Kubik-meter Netto-Raumgehalt.	Register-Tons	Pferde-kräfte.
MDFV	Fritz von Arenstorff	Rostock	450,o	158,os	
MDFW	Vier Brüder	Rostock	2193,s	774,as	
MDGB	Arnold von Bippen	Rostock	1262,s	445,s1	
MDGC	Carl W. Boman	Rostock	1359,s	479,so	
MDGF	Emilie	Rostock	207,s	73,ss	
MDGH	Paul Grampp	Rostock	373,s	131,s1	
MDGL	Arthur Huntley	Rostock	663,s	234,10	
MDGP	Henry Reed	Rostock	1079,s	380,ss	
MDGQ	Marie Thun	Rostock	485,t	171,ss	
MDGR	Baltic	Rostock	785,s	277,ss	
MDGS	Wilhelm Maack	Rostock	1193,s	421,ss	
MDGT	Ceylon	Rostock	1589,s	561,so	
MDGV	Elisabeth	Rostock	314,1	111,os	
MDGW	Osbert	Rostock	981,s	346,s1	
MDHB	Unison	Rostock	1033,s	364,so	
MDHG	†Henriette Schlüsser	Rostock	1771,s	626,ss	80*
MDHJ	Cromarty	Rostock	779,s	275,ss	
MDHK	Maria	Rostock	305,s	107,ts	
MDHL	Mermaid	Rostock	1144,s	403,ss	
MDHN	†Neptun	Rostock	89,s	31,to	28
MDHR	Max Fischer	Rostock	1752,o	618,ss	
MDHS	Mary Louisa	Rostock	—	321,so	
MDHT	J. Schoentjes	Rostock	1029,s	363,ss	
MDHV	Falke	Rostock	423,s	149,ss	
MDHW	Beatrice	Rostock	714,s	252,ss	
MDJB	Friedrich Maass	Rostock	1183,1	417,ss	
MDJC	Frieda Grampp	Rostock	1413,t	499,ss	
MDJF	Mathilde Hennings	Rostock	1481,o	522,ts	
MDJG	Agnes	Rostock	969,s	342,to	
MDJK	Helene	Rostock	—	274,ss	
MDJL	Parana	Rostock	—	399,ss	
MDJQ	Anna	Rostock	—	337,oo	
MDJR	†Elise Petersen	Rostock	1651,s	583,ss	800**
MDJS	Elisabeth	Rostock	1123,t	390,s1	
MDJT					
MDJV					
MDJW					
MDKB					
MDKC					
MDKF					
MDKG					
MDKH					
MDKJ					
MDKL					
MSBC	Mercur	Wismar	460,s	169,ts	
MSBD	Paul Marty	Wismar	290,s	102,ss	
MSBH	Auguste, Grossher-zogin von Meck-lenburg.	Wismar	828,o	115,so	

* Nominelle Pferdekräfte. ** Indicirte Pferdekräfte.

MSBQ — MSHD

Unter-scheidungs-Signale.	Namen der Schiffe.	Heimathshafen	Kubik-meter Netto-Raumgehalt.	Register-Tons	Pferde-kräfte.
MSBQ	Generallieutenant v. Witzleben.	Wismar	501,1	176,0	
MSBR	Doctor Knlep . . .	Wismar	547,3	193,3	
MSBT	Auguste	Wismar	531,3	187,5	
MSBW	Ihn & Sohn . . .	Rostock	791,1	278,3	
MSCD	Amalie	Wismar	563,4	198,8	
MSCK	Stelnhagen-Neuhof	Wismar	867,3	306,3	
MSCP	Helnrich der Pilger	Wismar	698,4	246,54	
MSCQ	von der Lühe - Rohl-storf.	Wismar	997,9	352,3	
MSCT	Erwartung	Rostock	396,6	140,01	
MSCV	Heuckendorff-Kras-sow.	Wismar	847,6	299,19	
MSCW	Elise	Wismar	788,9	278,6	
MSDC	Georg & Adolf . .	Wismar	843,3	297,6	
MSDH	Mathilde	Wismar	676,7	238,93	
MSDK	Anna	Wismar	651,4	229,51	
MSDL	Commerzienräthin Haupt.	Wismar	798,3	281,9	
MSDN	Die Möwe	Wismar	888,6	313,3	
MSDW	Hedwig	Wismar	816,4	288,19	
MSFB	Titan	Wismar	999,9	352,87	
MSFC	Anna & Caroline .	Wismar	513,9	181,3	
MSFD	Wodan	Wismar	722,0	254,87	
MSFG	Oberstlieutenant von Sülstorff.	Wismar	681,6	240,03	
MSFH	Justizrath von Paepke.	Wismar	919,6	324,9	
MSFL	Elise & Anna . . .	Wismar	200,9	70,3	
MSFN	Triton	Wismar	1332,1	470,3	
MSFP	Kaap Hooru . . .	Rostock	1192,3	420,99	
MSFQ	Marla Dorothea . .	Stettin	82,7	29,90	
MSFR	Gazelle.	Stralsund	97,3	34,3	
MSFT	Wismar	Wismar	808,1	285,9	
MSFV	Carl	Wismar	209,1	73,91	
MSGC	Germania	Wismar	448,3	158,33	
MSGD	Paul Thormann . .	Wismar	1359,7	479,87	
MSGF	Anna Thormann . .	Wismar	1147,6	405,11	
MSGH	Gustav Wilhelm . .	Wismar	383,3	135,81	
MSGK	Georg	Burg a. F.	82,6	29,77	
MSGL	Hoffnung	Wismar	49,0	16,3	
MSGN	Louise Lübeke . .	Wismar	897,1	316,9	
MSGP	Carl & Marle . .	Wismar	97,3	34,3	
MSGT	Frühling	Wismar	1064,3	375,4	
MSGV	Lydia	Wismar	197,4	69,0	
MSGW	Carl & Emma . . .	Wismar	229,3	80,9	
MSHB					
MSHC					
MSHD					

MSHF — NBSK

Unter-scheidungs-Signale.	Namen der Schiffe.	Heimathshafen	Kubik-meter Netto-Raumgehalt.	Register-Tons	Pferde-kräfte.
MSHF					
MSHG					
MSHJ					
MSHK					
MSHL					
NBCF	Diedrich	West-Rhauderfehn	56,7	20,73	
NBCH	Lena	Horumersiel . . .	198,1	68,17	
NBCK	Helene	Fedderwardersiel .	63,0	22,24	
NBCR	Sophie Catharine .	Rüstersiel	51,0	18,10	
NBCS	Stelnhausen	Neuefehn	193,6	68,24	
NBDP	Hosianna	Varelerhafen . . .	144,7	51,96	
NBDR	Immanuel	Hooksiel	122,3	43,17	
NBDV	Hoffnung	Bremerhaven . . .	94,7	88,47	
NBDW	Hermann	Insel Langeoog . .	113,5	40,07	
NBFD	Johanne Auguste .	Oldenburg a. d. Hunte	91,6	32,63	
NBFM	Anna Maria . . .	Oldenburg a. d. Hunte	91,6	82,84	
NBFP	Margarethe	Elsfleth	146,6	51,54	
NBFQ	Meta	Fedderwardersiel .	102,4	36,14	
NBFR	Hoffnung	Oldenburg a. d. Hunte	70,5	26,59	
NBFS	Christina	Horumersiel	167,3	69,66	
NBFT	Frau Beta	Rekum	130,7	46,13	
NBFW	Frau Margarethe .	Brake a. d. Weser .	121,6	42,93	
NBGM	Courier	Fedderwardersiel .	42,3	14,56	
NBHW	Maria	Fedderwardersiel .	67,6	23,96	
NBJH	Marie	Barssel	54,6	19,24	
NBJM	Meta	Fedderwardersiel .	64,3	22,88	•
NBKC	Friedrich Georg .	Waddensersiel . .	102,1	36,35	
NBKF	Anna Hinrike . .	Eckwardersiel . .	64,1	22,63	
NBLD	Sophie	Barssel	93,6	88,14	
NBLG	Frau Catharina . .	Brake a. d. Weser .	112,7	39,79	
NBLK	Catharina	Ellenserdammersiel .	74,5	26,44	
NBLS	Zwei Gebrüder . .	Weserdeich, Amts Berne.	87,9	31,63	
NBMQ	Johanna	Ellenserdammersiel .	56,1	20,31	
NBMR	Elise Catharine . .	Ellenserdammersiel .	60,3	21,38	
NBMT	Catharina	Brake a. d. Weser .	136,6	48,30	
NBPC	Caroline	Iheringsfehn . . .	44,3	15,40	
NBPD	Die drei Gebrüder .	Weserdeich, Amts Berne.	88,4	31,35	
NBPF	Catharina	Dedesdorf	78,1	27,47	
NBPW	Maria	Barssel	61,7	21,18	
NBQD	Anna Christine .	Brake a. d. Weser .	151,1	63,34	
NBQL	Johann Georg . . .	Weserdeich, Amts Berne.	79,1	27,83	
NBRG	Frau Margarethe .	Hammelwarden . .	90,6	81,77	
NBRM	Gesine	Barssel	71,7	25,31	
NBSH	Hoffnung	Oldenburg a. d. Hunte	121,6	42,93	
NBSJ	Zwei Gebrüder . .	Oldenburg a. d. Hunte	91,7	32,71	
NBSK	Zwei Gebrüder . .	Oldenburg a. d. Hunte	87,6	80,71	

NBTH — NCTD

Unter-scheidungs-Signale.	Namen der Schiffe.	Heimathshafen	Kubik-meter Netto-Raumgehalt.	Register-Tons	Pferde-kraft.
NBTH	Frau Ida	Hornmersiel	68,1	24,19	
NBVL	Nicolaus Heinrich	Elsfleth	112,4	39,68	
NBWH	Georg	Fedderwardersiel	42,7	15,07	
NBWL	Drei Gebrüder	Grossefehn	119,2	42,11	
NCBW	Christine	Oldenburg a. d. Hunte	93,4	32,98	
NCDG	Anna Friederike	Elsfleth	124,6	43,99	
NCDH	Frau Beta	Brake a. d. Weser	165,7	58,29	
NCDK	Zwei Gebrüder	Oldenburg a. d. Hunte	120,6	42,63	
NCDQ	Wilhelmino	Oldenburg a. d. Hunte	94,1	33,21	
NCFR	Georg	Elsfleth	143,7	50,73	
NCGB	Gesine	Weener	234,6	82,73	
NCGM	Margarethe	Brake a. d. Weser	189,4	64,84	
NCGR	Frau Maria	Barssel	57,2	20,40	
NCGT	Olympia	Varelerhafen	111,4	39,22	
NCHB	Christine	Brake a. d. Weser	887,2	136,73	
NCHD	W. Brügmann & Sohn No. IV.	Papenburg	465,6	164,29	
NCHV	Frau Margarethe	Brake a. d. Weser	63,2	22,58	
NCJD	Drei Gebrüder	Elsfleth	393,0	138,72	
NCJV	Hereules	Brake a. d. Weser	603,9	213,14	
NCKQ	Pax	Blumenthal, Amts Blumenthal.	417,3	147,21	
NCKR	Beta	Brake a. d. Weser	208,4	73,57	
NCKT	Henrike	Brake a. d. Weser	204,0	72,01	
NCKW	Maria	Oldenburg a. d. Hunte	108,0	88,19	
NCLD	Helene	Brake a. d. Weser	187,3	66,13	
NCLF	Frau Margarethe	Fargo	173,9	61,39	
NCLG	Heinrich & Wilhelm	Ost-Rhauderfehn	60,2	21,33	
NCLH	Agnete	Insel Wangeroog	50,4	17,83	
NCLJ	Ernte	Brake a. d. Weser	194,5	68,48	
NCLQ	Henriette	Hooksiel	134,3	47,49	
NCMB	Carl	Oldenburg a. d. Hunte	122,3	43,17	
NCMD	Gesine	Brake a. d. Weser	352,3	124,23	
NCPG	Margaretha	Fedderwardersiel	77,7	27,43	
NCPH	Georg Wilhelm	Brake a. d. Weser	125,9	44,41	
NCPL	Gerhardine	Papenburg	93,4	33,01	
NCQG	Christine	Brake a. d. Weser	164,8	68,07	
NCQH	Margaretha	Oldersum	185,3	65,41	
NCQK	Iris	Brake a. d. Weser	320,9	113,28	
NCQR	Friedrich	Oldenburg a. d. Hunte	117,3	41,71	
NCRB	Margarethe	Oldenburg a. d. Hunte	154,1	54,50	
NCRK	Lienen	Blankenese	379,9	134,11	
NCHM	Elise	Barssel	60,4	21,79	
NCRV	Margaretha	Barssel	216,9	76,91	
NCRW	Anna	Stralsund	506,4	178,48	
NCSQ	Concordia	Elsfleth	538,9	190,02	
NCST	Christine	Brake a. d. Weser	110,1	38,91	
NCSV	Eduard	Hamburg	615,4	217,93	
NCTD	Anna	Brake a. d. Weser	154,8	54,64	

NCTS — NDKR

Unter-scheidungs-Signale.	Namen der Schiffe.	Heimathshafen	Kubik-meter Netto-Raumgehalt.	Register-Tons	Pferde-kräfte.
NCTS	Johanne	Brake a. d. Weser . .	182,s	64,41	
NCVB	Meta	Brake a. d. Weser . .	208,s	78,s3	
NCVF	Elisabeth	Barssel	211,s	74,47	
NCVG	Flora	Barssel	213,s	76,47	
NCVH	Anna	Elsfleth	550,s	194,15	
NCVK	Johanna	Elsfleth	585,s	206,ss	
NCVS	Anna Catharina	Tettensersiel . . .	61,s	21,14	
NCWD	Sagitta	Brake a. d. Weser . .	611,s	215,ss	
NCWJ	Margaretha Johanna	Barssel	240,s	84,73	
NCWL	Maria Lucia . . .	Barssel	245,1	86,41	
NCWV	Sirene	Brake a. d. Weser . .	982,s	346,ss	
NDBC	Castor	Emden	633,s	223,77	
NDBM	Mimi	Grossefehn	522,s	184,ss	
NDBQ	Hellos	Hamburg	729,s	257,s4	
NDBR	Martin	Hamburg	187,s	66,s2	
NDBW	Lisette	Barssel	262,s	92,ss	
NDCF	Japan	Neuenfelde, Amts Jork	594,7	209,ss	
NDCG	Erndte	Elsfleth	529,s	186,ss	
NDCP	Doris	Elsfleth	537,s	189,s1	
NDCS	Mirjam	Hooksiel	61,s	21,44	
NDCV	Catharine	Barth	494,s	174,ss	
NDFB	Wanderer	Brake a. d. Weser . .	630,s	222,10	
NDFG	Annchen	Elsfleth	609,s	215,ss	
NDFH	Delphin	Brake a. d. Weser . .	620,s	218,s7	
NDFJ	Johann	Elsfleth	580,s	208,ss	
NDFT	Meta	Brake a. d. Weser . .	95,s	88,ss	
NDFW	Clara	Brake a. d. Weser . .	231,s	81,73	
NDGC	Lucie	Elsfleth	685,s	241,ss	
NDGH	Maria Gesina . . .	Barssel	271,s	95,s1	
NDGK	Neptun	Elsfleth	696,s	245,s1	
NDGP	Wangerland	Geestemünde . . .	610,s	215,ss	
NDGQ	Marie	Hookslel	152,s	58,ss	
NDHC	Aradus	Elsfleth	707,s	249,73	
NDHF	Gesine	Elsfleth	701,s	247,77	
NDHJ	Palme	Brake a. d. Weser . .	682,1	223,15	
NDJC	W. Brügmann & Sohn No. V.	Papenburg	422,s	149,15	
NDJF	Industrie	Brake a. d. Weser . .	702,s	247,s1	
NDJH	B. H. Steenken . .	Brake a. d. Weser . .	604,s	234,71	
NDJK	Gebrüder	Barssel	353,s	124,73	
NDJL	Sophia	Hooksiel	48,s	17,11	
NDJM	Catharine	Hooksiel	189,s	67,ss	
NDJQ	Bessel	Elsfleth	722,7	255,11	
NDJT	Juno	Elsfleth	713,s	251,77	
NDJW	Leonore	Brake a. d. Weser . .	594,4	200,s2	
NDKJ	Magnet	Hamburg	802,s	293,ss	
NDKP	Henny	Elsfleth	682,1	240,77	
NDKQ	Falke	Elsfleth	475,s	167,s1	
NDKR	Bertha	Brake a. d. Weser . .	635,s	224,ss	

NDKS — NDSQ

Unter-scheidungs-Signale.	Namen der Schiffe.	Heimathshafen	Kubik-meter Netto-Raumgehalt.	Register-Tons	Pferde-kräfte.
NDKS	Ino	Brake a. d. Weser	608,4	214,77	
NDKT	Genins	Elsfleth	747,2	268,73	
NDLD	Metis	Karolinensiel	414,8	146,83	
NDLF	Der junge Prinz	Varelerhafen	297,1	104,59	
NDLH	Helene Maria	Brake a. d. Weser	274,4	96,87	
NDLJ	Genius	Elsfleth	694,4	245,12	
NDLP	Bolke	Geestemünde	723,9	255,84	
NDLQ	Friedrich	Brake a. d. Weser	651,7	230,01	
NDLT	Lisette	Barssel	201,8	71,14	
NDLV	Lina	Karolinensiel	124,7	44,61	
NDMD	Hero	Brake a. d. Weser	748,4	264,16	
NDMF	Gemma	Elsfleth	866,4	305,54	
NDMG	Beta	Brake a. d. Weser	717,5	253,51	
NDMH	Gazelle	Elsfleth	883,2	311,79	
NDMJ	Diana	Elsfleth	800,1	282,44	
NDMK	Franz	Brake a. d. Weser	648,4	228,94	
NDML	Catharine	Elsfleth	797,2	281,41	
NDMQ	Leander	Brake a. d. Weser	731,2	258,12	
NDMT	Orpheus	Elsfleth	738,1	260,23	
NDMV	Dieno	Elsfleth	716,7	252,99	
NDPC	Lienen	Elsfleth	719,3	253,99	
NDPJ	Anna Margaretha	Barssel	264,2	93,39	
NDPK	Formika	Elsfleth	891,7	314,76	
NDPL	Dankbarkeit	Eckwarderniel	58,6	20,76	
NDPR	Johanne Catharine	Brake a. d. Weser	177,4	62,62	
NDPS	Jantje	Emden	209,9	74,10	
NDPW	Gerhard Erdwin	Brake a. d. Weser	617,3	217,99	
NDQB	Etzhorn	Elsfleth	752,6	265,14	
NDQC	Minerva	Elsfleth	902,7	318,69	
NDQF	Amor	Brake a. d. Weser	693,1	244,99	
NDQH	Jason	Elsfleth	1020,4	362,73	
NDQJ	Albatros	Bremen	872,4	307,99	
NDQL	Humboldt	Elsfleth	933,1	329,99	
NDQP	Emil	Elsfleth	902,9	318,49	
NDQR	Felix	Elsfleth	739,8	260,01	
NDQS	Meta	Papenburg	696,3	245,79	
NDQV	Gerhardine	Hamburg	857,2	302,70	
NDRF	Carl Gerhard	Brake a. d. Weser	937,3	331,81	
NDRG	Johanne	Brake a. d. Weser	124,1	43,81	
NDRH	Elisa	Barssel	212,4	74,99	
NDRL	Union	Barssel	66,8	23,33	
NDRM	Wilhelmine	Varelerhafen	174,1	61,41	
NDRT	W. v. Freeden	Elsfleth		220,3*	
NDRW	Columbus	Brake a. d. Weser	729,3	257,43	
NDSB	Betty & Marie	Horumersiel	244,3	86,31	
NDSG	Adolph	Elsfleth	724,6	255,79	
NDSK	Bellona	Elsfleth	886,9	313,93	
NDSP	F. H. Lolling	Elsfleth	991,8	350,11	
NDSQ	Vorwärts	Elsfleth	1027,9	362,93	

* Lasten zu 4000 ℔.

NDSR — NFDK

Unter-scheidungs-Signale	Namen der Schiffe.	Heimathshafen	Kubik-meter Netto-Raumgehalt.	Register-Tons	Pferde-kräfte.
NDSR	Frank Wilson . . .	Elsfleth	955,6	337,73	
NDST	Emmi & Otto . . .	Blankenese	754,9	266,48	
NDSV	Bernhard	Brake a. d. Weser .	122,4	43,31	
NDSW	Flora	Elsfleth	696,5	245,97	
NDTB	Marianne	Leer	274,3	96,70	
NDTC	Atlantic	Brake a. d. Weser .	823,3	290,61	
NDTF	Helene	Elsfleth	1015,2	358,57	
NDTG	Emma	Elsfleth	988,6	348,96	
NDTH	Moltke	Brake a. d. Weser .	758,1	267,61	
NDTJ	Cathrina	Brake a. d. Weser .	549,9	194,11	
NDTK	v. Roon	Brake a. d. Weser .	763,7	269,99	
NDTM	Nordstern	Varelerhafen . . .	200,2	70,71	
NDTV	Hinrich	Barssel	394,1	189,11	
NDTW	Alida	Elsfleth	1094,1	386,31	
NDVF	Anna	Elsfleth	634,4	223,68	
NDVG	Adeline Margarethe	Brake a. d. Weser .	194,5	68,90	
NDVH	Marie Becker . . .	Elsfleth	1464,0	516,79	
NDVM	Hinrike	Hamburg	742,7	262,18	
NDVP	Auguste Margarethe	Ellenserdammersiel	53,6	18,62	
NDVQ	Rappahannock . .	Brake a. d. Weser .	241,3	85,34	
NDVS	Catharina	Barssel	80,0	28,34	
NDWB	Zwei Geschwister .	Hooksiel	21,8	7,70	
NDWC	Aeolus	Elsfleth	1181,4	417,63	
NDWF	J. H. Lübeken . .	Elsfleth	962,3	389,65	
NDWM	Christine	Elsfleth	652,7	280,48	
NDWP	Hinrich	Hamburg	745,9	263,31	
NDWR	Charlotte	Elsfleth	1004,1	354,44	
NDWT	Johanne	Brake a. d. Weser .	343,1	121,18	
NDWV	India	Brake a. d. Weser .	805,5	284,34	
NFBC	Friedrich	Barssel	264,5	93,69	
NFBD	Maria	Barssel	272,1	96,66	
NFBH	Helene Hermine . .	Eckwardersiel . . .	56,4	19,91	
NFBK	Marie	Elsfleth	1219,6	430,99	
NFBL	Mercur	Elsfleth	803,1	283,49	
NFBP	Jürgen Friedrich .	Eckwardersiel . . .	59,9	21,11	
NFBQ	Zwei Gebrüder . .	Brake a. d. Weser .	195,3	69,01	
NFBS	Catharine	Brake a. d. Weser .	176,6	62,34	
NFBT	Friederike	Elsfleth	770,3	271,91	
NFBW	Ceres	Elsfleth	816,5	288,33	
NFCD	Johann	Elsfleth	1325,4	467,92	
NFCG	Anna Margarethe .	Iheringsfehn . . .	40,4	17,44	
NFCJ	Adler	Brake a. d. Weser .	710,3	250,73	
NFCP	Gesine	Weserdeich, Amts Berne.	187,7	66,29	
NFCQ	Anna	Elsfleth	711,1	251,09	
NFCS	Alida	Brake a. d. Weser .	139,3	49,17	
NFCT	Ida	Elsfleth	1051,3	371,10	
NFCW	Catharine	Elsfleth	1217,3	429,86	
NFDK	Gesina Lucia . . .	Barssel	232,7	82,13	

NFDM — NFKT

Unter-scheidungs-Signale.	Namen der Schiffe.	Heimathshafen	Kubik-meter Netto-Raumgehalt.	Register-Tons	Pferde-kräfte.
NFDM	Mathilde	Elsfleth	953,₃	336,₄₉	
NFDP	Christine	Brake a. d. Weser . .	777,₄	274,₂₁	
NFDR	Auguste Helene . .	Ellenserdammersiel	63,₀	22,₂₃	
NFDS	Eduard König . .	Brake a. d. Weser . .	629,₁	222,₉₇	
NFDT	†Vegesack	Bremen	74,₀	26,₃₄	40"
NFDV	Magdalene	Eckwardersiel . . .	57,₃	20,₄₄	
NFDW	Taube	Brake a. d. Weser . .	618,₀	218,₁₆	
NFGC	Wilhelm	Brake a. d. Weser .	235,₄	83,₁₀	
NFGD	Fortuna	Eckwardersiel . . .	61,₈	21,₇₅	
NFGJ	Harmonie	Elsfleth	290,₄	102,₉₀	
NFGP	Catharina	Barssel	76,₉	26,₆₃	
NFGR	Themis	Brake a. d. Weser .	848,₈	299,₀₂	
NFGV	C. Thorade	Brake a. d. Weser .	418,₄	147,₃₀	
NFHC	Fiducia	Hooksiel	34,₄	12,₁₄	
NFHG	Gerhard	Brake a. d. Weser .	468,₆	165,₀₂	
NFHJ	Adeline	Elsfleth	1500,₄	529,₂₃	
NFHK	Friederike	Weserdeich, Amts Berne.	117,₄	41,₆₃	
NFHM	Nicolans	Brake a. d. Weser .	867,₁	306,₁₀	
NFHP	Annie	Elsfleth	1431,₁	505,₃₀	
NFHQ	Margarethe	Nordloh	372,₀	131,₃₂	
NFHR	Hermann	Barssel	282,₁	99,₃₀	
NFHS	Deutschland	Elsfleth	1683,₆	594,₂₂	
NFHT	Lina	Elsfleth	1337,₀	472,₁₅	
NFHV	Bertha	Brake a. d. Weser .	848,₅	299,₄₁	
NFHW	J. H. Ramlen . . .	Elsfleth	1786,₉	630,₇₇	
NFJB	Heinrich Wilhelm .	Eckwardersiel . . .	82,₉	29,₂₃	
NFJD	Catharine	Brake a. d. Weser . .	101,₇	85,₃₀	
NFJH	Catharina	Weserdeich, Amts Berne.	77,₀	27,₁₃	
NFJL	Ingo	Elsfleth	973,₃	343,₃₄	
NFJM	Porto Plata	Brake a. d. Weser . .	768,₉	269,₆₄	
NFJP	Ocean	Brake a. d. Weser . .	1317,₀	464,₃₀	
NFJQ	Pacific	Brake a. d. Weser .	1304,₆	460,₉₀	
NFJR	Otto	Elsfleth	658,₆	232,₃₄	
NFJT	Hermes	Elsfleth	1359,₃	479,₉₀	
NFJV	Wilhelmine	Eckwardersiel . . .	143,₃	50,₆₃	
NFKB	Gesine	Brake a. d. Weser . .	92,₄	32,₆₁	
NFKC	Vesta	Brake a. d. Weser .	364,₄	128,₃₂	
NFKD	Gesine Johanne . .	Strohausersiel . . .	143,₀	50,₇₆	
NFKG	Paula	Elsfleth	1460,₅	515,₃₄	
NFKH	Fortuna	Elsfleth	1389,₄	490,₂₃	
NFKJ	Lina	Elsfleth	894,₀	189,₈₀	
NFKL	Adele	Elsfleth	894,₃	139,₄₁	
NFKM	Finenna	Barssel	82,₀	29,₁₁	
NFKP	Priscilla	Brake a. d. Weser . .	2634,₉	930,₁₃	
NFKQ	Lina	Brake a. d. Weser . .	586,₆	207,₀₁	
NFKS	Felix II.	Elsfleth	1048,₇	370,₀₂	
NFKT	Atlantic	Elsfleth	1793,₃	633,₄₂	

* Nominelle Pferdekräfte.

NFKV — NFQM

Unter- scheidungs- Signale.	Namen der Schiffe.	Heimathshafen	Kubik- meter Netto-Raumgehalt.	Register- Tons	Pferde- kräfte.
NFKV	Louise	Elsfleth	1850,0	658,57	
NFKW	Astraea	Brake a. d. Weser	845,1	298,31	
NFLB	Johanna	Elsfleth	1676,1	591,73	
NFLC	Amazone	Brake a. d. Weser	895,0	315,93	
NFLG	Friederike	Hooksiel	209,9	74,10	
NFLJ	Speculant	Elsfleth	1778,1	627,77	
NFLM	Christine	Brake a. d. Weser	189,6	66,94	
NFLP	Hansa	Brake a. d. Weser	711,9	251,29	
NFLQ	Peter	Fedderwardersiel	203,1	71,89	
NFLR	Louise	Brake a. d. Weser	131,3	46,93	
NFLT	Gesine	Brake a. d. Weser	139,3	49,14	
NFLV	Johanne Margarethe	Brake a. d. Weser	114,3	40,44	
NFLW	Helene	Brake a. d. Weser	129,3	45,03	
NFMB	Anna	Brake a. d. Weser	69,1	24,39	
NFMD	Radamanthus	Brake a. d. Weser	245,6	86,77	
NFMG	Catharina	Brake a. d. Weser	118,5	41,83	
NFMJ	Helene	Brake a. d. Weser	88,6	29,44	
NFMK	Sagterland	Barssel	358,1	126,41	
NFML	Helene	Barssel	317,9	112,23	
NFMQ	Hebe	Brake a. d. Weser	655,9	231,33	
NFMS	Frau Catharina	Brake a. d. Weser	106,0	37,43	
NFMT	Catharina	Brake a. d. Weser	138,1	48,64	
NFMV	Alliance	Elsfleth	883,4	311,63	
NFMW	Drake	Brake a. d. Weser	118,2	41,76	
NFPB	Meta	Brake a. d. Weser	105,7	37,31	
NFPC	Romeo	Brake a. d. Weser	848,1	299,32	
NFPD	Sophia	Oldenburg a. d. Hunte	115,0	40,80	
NFPG	Eeke	Brake a. d. Weser	101,4	35,90	
NFPH	Gerhardine	Hooksiel	96,0	33,69	
NFPJ	Minna	Brake a. d. Weser	178,5	62,94	
NFPK	Sirius	Elsfleth	878,1	309,97	
NFPL	Vineta	Elsfleth	1885,2	665,47	
NFPM	Johanne	Brake a. d. Weser	64,0	22,59	
NFPQ	Anna	Steinkirchen, Amts Jork	35,9	12,67	
NFPR	Elise	Brake a. d. Weser	114,7	40,40	
NFPS	Anna	Brake a. d. Weser	74,6	26,33	
NFPT	Margarethe Catha- rine	Abersiel	60,2	21,23	
NFPV	Anna	Abersiel	61,6	21,74	
NFPW	Solide	Elsfleth	1679,4	592,63	
NFQB	Johann Carl	Elsfleth	1415,7	499,74	
NFQC	José Ginebra	Brake a. d. Weser	1022,0	360,77	
NFQD	Dorothea	Eckwardersiel	61,0	21,54	
NFQG	Anna	Abersiel	65,0	22,94	
NFQH	Gebrüder	Barssel	287,4	101,43	
NFQJ	Adonis	Brake a. d. Weser	1163,7	410,73	
NFQK	Anna	Brake a. d. Weser	114,6	40,44	
NFQL	Anna	Eckwardersiel	62,1	21,93	
NFQM	Meta	Elsfleth	812,6	286,84	

NFQP — NFTW					
Unter-scheidungs-Signale.	Namen der Schiffe.	Heimathshafen	Kubik-meter Netto-Raumgehalt.	Register-Tons	Pferde-kräfte.
NFQP	Mensen Ernst	Varel	61,1	21,3	
NFQR	Musca	Elsfleth	1062,7	699,90	
NFQS	Emanuel	Elsfleth	1031,6	365,9	
NFQT	Ernte	Barssel	58,4	20,6	
NFQV	Pallas	Elsfleth	1705,3	601,53	
NFRB	Triton	Elsfleth		736,71	
NFRC	Oberon	Elsfleth	2049,8	730,64	
NFRD	Don Guillermo	Elsfleth	—	698,n*	
NFRG	Walkyre	Elsfleth	2276,8	803,73	
NFRH	Immanuel	Varel	126,1	44,79	
NFRJ	Margarethe	Waddensersiel	73,3	25,46	
NFRK	Angela	Barssel	334,4	118,11	
NFRL	Adeline	Brake a. d. Weser	159,3	56,34	
NFRM	Jacobine	Brake a. d. Weser	841,1	297,91	
NFRP	Border Chief	Elsfleth	—	1010,97	
NFRQ	Marie	Elsfleth	875,4	309,69	
NFRS	Therese	Brake a. d. Weser	902,3	318,61	
NFRT	Pax	Elsfleth	..	689,23*	
NFRV	Anna Catharine	Brake a. d. Weser	72,7	25,67	
NFRW	Ora	Barssel	388,0	119,33	
NFSB	Theodore	Brake a. d. Weser	725,1	255,71	
NFSC	Johann	Brake a. d. Weser	182,3	64,36	
NFSD	Helene	Elsfleth	1901,3	702,90	
NFSG	Friedrich	Brake a. d. Weser	285,7	83,30	
NFSH	Johanne	Brake a. d. Weser	115,4	40,34	
NFSJ	Khorasan	Elsfleth	—	1088,0	
NFSK	Weser	Brake a. d. Weser	—	698,61	
NFSL	Ariadne	Elsfleth	1595,4	563,13	
NFSM	Lorelei	Elsfleth	2087,9	737,04	
NFSP	Heinrich Ramien	Elsfleth	1752,9	618,71	
NFSR	Zeus	Brake a. d. Weser	718,1	258,66	
NFST	Atalanta	Brake a. d. Weser	1160,9	409,90	
NFSV	Highflyer	Elsfleth	—	1011,63*	
NFSW	Freiheit	Brake a. d. Weser	1456,0	513,36	
NFTB	Beatrice	Elsfleth	1185,2	418,39	
NFTC	Heinrich	Oldenburg a. d. Hunte	237,5	83,34	
NFTD	Teutonia	Elsfleth	1789,3	631,71	
NFTG	Ernst	Brake a. d. Weser	1881,9	664,33	
NFTH	Elise	Brake a. d. Weser	2722,9	961,30	
NFTJ	†Oldenburg	Oldenburg a. d. Hunte	1312,3	463,45	225
NFTK	Gerd Heye	Elsfleth	1631,8	576,09	
NFTL	Industrie	Elsfleth	4517,1	1594,43	
NFTM	Pauline	Fedderwardersiel	60,8	21,39	
NFTP	Christine	Elsfleth	269,7	95,39	
NFTQ	Gesine	Elsfleth	262,0	92,41	
NFTR	Athene	Elsfleth	1782,6	629,41	
NFTS	†Otto	Elsfleth	233,1	82,60	85
NFTV	Catharina	Brake a. d. Weser	113,8	40,10	
NFTW	Arcona	Elsfleth	2584,4	912,39	

* Brutto-Raumgehalt.

NFVB — PBHN

Unter-scheidungs-Signale.	Namen der Schiffe.	Heimathshafen	Kubik-meter Netto-Raumgehalt.	Register-Tons	Pferde-kräfte.
NFVB					
NFVC					
NFVD					
NFVG					
NFVH					
NFVJ					
NFVK					
NFVL					
NFVM					
NFVP					
NFVQ					
NFVR					
NFVS					
NFVT					
NFVW					
NFWB					
NFWC					
PBCF	Industrie	Lemkenhafen	531,5	187,61	
PBCG	Triton	Rostock	482,8	170,28	
PBCN	Christine	Lübeck	258,7	91,70	
PBCQ	Nautilus	Lübeck	760,7	268,52	
PBCR	Norma	Lübeck	418,1	147,39	
PBCW	†Henriette	Lübeck	902,8	818,46	80
PBDF	†Germania	Lübeck	580,1	204,76	30
PBDK	†Hansa	Lübeck	835,1	294,79	80
PBDL	†Helix	Lübeck	924,3	326,38	80
PBDR	Beethoven	Lübeck	688,4	241,34	
PBDS	Bürgermeister Roeck	Lübeck	513,9	181,41	
PBFC	Lübeck	Lübeck	546,6	193,03	
PBFH	Mozart	Lübeck	662,4	233,63	
PBFJ	Jnlle	Heiligenhafen	630,4	222,88	
PBFL	†Nautilus	Lübeck	1015,9	358,60	70
PBFM	†Alfred	Stettin	422,6	149,28	55
PBFN	†Adonis	Lübeck	631,7	223,01	44
PBFR	†Finland	Lübeck	464,9	164,09	40
PBFS	†Sirius	Lübeck	863,5	304,63	50
PBFW	†Lübeck	Lübeck	608,5	214,86	60
PBGC	Pallas	Lübeck	926,3	327,95	
PBGD	†Nord	Lübeck	558,6	197,34	40
PBGH	†Süd	Lübeck	563,7	198,63	40
PBGJ	†Alpha	Lübeck	691,0	243,92	60
PBGK	†Riga & Lübeck	Lübeck	550,4	194,39	50
PBGQ	†Ostsee	Lübeck	829,4	292,68	60
PBGS	†Strassburg	Lübeck	969,3	342,17	60
PBGT	†Nowa	Lübeck	1316,1	464,87	80
PBGW	†Trave	Lübeck	1243,5	438,97	80
PBHD	†Tiger	Bremen	427,1	150,79	65
PBHJ	†Phoenix	Lübeck	2795,4	986,73	130
PBHN	Alexander	Lübeck	578,1	202,03	

PBHQ — QBKD

Unter-scheidungs-Signale.	Namen der Schiffe.	Heimathshafen	Kubik-meter Netto-Raumgehalt.	Register-Tons	Pferde-kräfte.
PBHQ	†Pioneer	Lübeck	181,6	64,63	25°
PBHR	†Alert	Lübeck	92,0	32,40	25°
PBHS	†Jona	Lübeck	92,0	32,46	25°
PBHT	†Luba	Lübeck	63,1	22,49	15°
PBHV	†Thekla	Lübeck	46,7	16,63	15°
PBHW	†Flora	Lübeck	664,8	234,67	60°
PBJD	†Livland	Lübeck	1096,8	887,67	85°
PBJF	†Livadia	Lübeck	381,2	134,84	30°
PBJG					
PDJH					
PDJK					
PBJL					
PBJM					
QBCD	Smidt	Bremen	4738,6	1672,78	
QBCF	Ellida	Bremen	1575,0	555,77	
QBCG	Hermine	Lübeck	1682.6	593,96	
QBCH	Jupiter	Bremen	1920,3	679,91	
QBCK	Betty	Bremen	2723,3	961,31	
QBCN	†Baltimore	Bremen	4748,6	1676,19	1276**
QBCR	San Francisco	Bremen	712,3	251,44	
QBCS	Delphin	Weener	651,3	231,66	
QBCT	Anton Günther	Bremen	1219,1	440,93	
QBDW	Erna	Rostock	1618,8	582,03	
QBFH	Gessner	Bremen	2016,3	711,72	
QBFL	Brazileira	Bremen	866,0	305,76	
QBFP	Johannes	Bremen	2771,1	979,48	
QBFR	America	Bremen	1210,6	427,33	
QBFW	Norma	Bremen	1827,6	645,16	
QBGC	Caroline	Bremen	2481,1	875,93	
QBGD	Inca	Bremen	1839,3	649,71	
QBGP	Cardenas	Hamburg	1129,3	398,60	
QBGR	Admiral	Bremen	2107,6	744,10	
QBGS	Marie	Stettin	796,8	281,37	
QBGT	Adolf	Bremen	2998,7	1058,84	
QBHD	Atalanta	Bremen	1601,8	565,33	
QBHF	Brema	Bremen	1019,0	359,71	
QBHG	Argonaut	Bremen	2126,6	750,63	
QBHJ	Republik	Bremen	1666,7	588,33	
QBHK	Leocadia	Bremen	2241,9	791,33	
QBHL	Laurita	El-Beth	668,3	235,37	
QBHM	†Rhein	Bremen	4995,3	1763,41	1745
QBHN	Constantia	Bremen	3279,0	1157,48	
QBHT	Willy Rickmers	Bremerhaven	2272,0	802,03	
QBJC	China	Bremen	2517,3	888,61	
QBJH	Athena	Bremen	2884,6	1018,33	
QBJP	Stephanie	Brake a. d. Weser	856,6	302,63	
QBJT	†Main	Bremen	5006,3	1767,33	1745
QBJV	E. v. Beaulieu	Bremen	950,6	335,63	
QBKD	Felix Mendelssohn	Bremen	2614,9	923,68	

* Nominelle Pferdekräfte.   ** Indicirte Pferdekräfte.

QBKF — QBVD

Unter-scheidungs-Signale.	Namen der Schiffe.	Heimathshafen.	Kubik-meter Netto-Raumgehalt.	Register-Tons	Pferde-kräfte.
QBKF	Sebastian Bach . .	Bremen	2500,1	811,91	
QBKG	Marie Louise . . .	Bremen	2593,9	915,63	
QBKH	†Donau	Bremen	5017,7	1771,34	1745
QBKJ	Europa	Bremen	2116,7	863,69	
QBKM	Juno	Rostock	871,9	307,33	
QBKN	Wilhelmine . . .	Elsfleth	706,9	219,34	
QBKP	Tolsko	Bremen	1939,1	681,30	
QBKT	†Ohio	Bremen	4880,1	1722,39	1210*
QBKW	Galveston	Bremen	1753,1	618,84	
QBLC	Hongkong	Rügenwalde . . .	1091,9	385,11	
QDLH	Onkel	Geestemünde . . .	1258,41	111,35	
QHLK	Louise	Barth	1239,2	137,43	
QBLR	Iris	Barth	1488,1	525,29	
QBLT	Angusto	Bremen	2125,1	750,20	
QBMK	Shakspere	Bremen	3350,1	1182,39	
QBMP	Elena	Bremen	2240,3	790,82	
QDMR	Kosmos	Bremerhaven . . .	1103,0	389,34	
QHMW	Casilda	Elsfleth	1275,4	450,21	
QBND	Sirius	Bremen	2308,2	816,56	
QBNF	Wilhelmine	Rügenwalde . . .	829,3	292,13	
QBNL	Dahomey	Karolinenstel . . .	443,1	156,42	
QBNS	Carl	Bremen	3113,8	1099,08	
QBNT	Evan Dumas . . .	Bremen	360,1	127,13	
QBNW	Bremen	Pillau	2687,9	948,82	
QBPG	Göthe	Bremen	1528,1	539,32	
QBPJ	Senator Iken . . .	Bremen	3532,9	1216,40	
QBPK	St. Bernhard . . .	Bremen	2268,3	800,71	
QBPM	Helene	Bremen	2268,6	800,82	
QBPN	Richard	Bremen	2045,1	722,02	
QBPR	Bernhard	Stralsund	663,1	234,01	
QBPT	Clara	Bremen	1187,9	419,72	
QBPV	Columbus	Bremen	1674,3	591,00	
QBRF	Sebiller	Bremen	1672,9	590,23	
QDRG	Emilie	Bremen	2469,7	871,51	
QBRJ	Johann Kepler . . .	Bremen	2058,4	726,61	
QBRS	Colmbis	Bremen	2308,2	840,53	
QDRV	Agnes	Bremen	2381,9	840 74	
QBSD	Harzburg	Bremen	1820,1	642,60	
QBSF	Säller	Geestemünde . . .	718,1	253,33	
QBSG	Johanne Marie . .	Bremen	1888,1	666,61	
QBSL	Olbers	Bremen	2406,2	849,39	
QBSN	Marco Polo . . .	Barth	1695,3	598,51	
QBSP	Astronom	Bremen	2490,4	879,11	
QBSR	Scharnhorst . . .	Rostock	1162,4	410,32	
QBTJ	Peru	Bremen	1223,9	432,01	
QBTL	Arion	Geestemünde . . .	606,2	213,99	
QBTR	Japan	Papenburg	826,4	291,47	
QBTS	Johanne	Bremen	2148,6	758,45	
QBVD	Blitz	Hamburg	583,9	206,13	

* Indicirte Pferdekräfte.

QBVH — QCHV

Unter-scheidungs-Signale.	Namen der Schiffe.	Heimathshafen	Kubik-meter Netto-Raumgehalt.	Register-Tons	Pferde-kräfte.
QBVH	†Schwalbe	Bremen	1480,0	522,45	203*
QBVK	†Schwan	Bremen	1372,3	484,01	208*
QBVL	Gutenberg	Bremen	1852,6	654,64	
QBVP	†America	Bremen	4996,1	1763,63	1694
QBVR	†Möwe	Bremen	1525,3	538,40	203*
QBVT	Amaranth	Bremen	2543,4	897,72	
QBWG	†Adler	Bremen	1470,1	518,94	203*
QBWH	Meteor	Bremen	1684,5	594,63	
QBWJ	Clara	Rostock	1030,4	363,71	
QBWK	Ocean	Bremen	1071,1	695,40	
QBWN	Christel	Bremen	2490,3	879,54	
QBWS	Agnes	Stralsund	704,3	248,63	
QBWV	Mercur	Barth	1874,6	661,53	
QCBL	Alamo	Bremen	1733,4	611,39	
QCBR	Freihandel	Bremen	2076,6	732,94	
QCBV	Wieland	Bremen	1704,3	601,63	
QCBW	Mozart	Bremen	2402,6	848,03	
QCDB	Laura & Gertrude	Bremen	2807,5	901,63	
QCDF	Falk	Stralsund	676,1	238,67	
QCDG	Coriolan	Bremen	2737,3	966,33	
QCDL	†Hermann	Bremen	4812,9	1698,71	1429
QCDN	Dr. Petermann	Bremen	2088,4	737,31	
QCDR	Dora	Bremen	1309,0	462,61	
QCDT	Ceder	Bremen	2035,3	718,43	
QCFG	H. Upmann	Bremen	1209,1	426,11	
QCFH	Dorette	Papenburg	226,5	80,80	
QCFJ	Friedrich Hartwig	Brake a. d. Weser	945,3	333,63	
QCFL	†Falke	Bremen	1611,3	570,64	213*
QCFN	Drei Gebrüder	Flensburg	212,3	75,01	
QCGB	Gesine	Grossefehn	310,6	100,63	
QCGF	Neptun	Hamburg	1955,6	690,40	
QCGH	D. H. Watjen	Bremen	3442,3	1215,10	
QCGJ	Friedrich & Adolph	Rostock	729,0	257,34	
QCGK	†Weser	Bremen	4919,3	1736,49	1561
QCGL	Beethoven	Bremen	927,3	327,40	
QCGP	Texas	Bremen	1673,5	590,73	
QCGR	Charles Lüling	Bremen	3487,3	1231,10	
QCGT	Preciosa	Bremen	2069,3	730,46	
QCGW	Niagara	Bremen	2606,0	919,51	
QCHF	Maria Rickmers	Bremen	1551,3	548,84	
QCHJ	†Berlin	Bremen	4498,7	1588,64	759
QCHK	Eben Ezer	Geestemünde	237,0	83,45	
QCHL	†Leipzig	Bremen	4557,3	1608,73	1033
QCHM	Christel	Hamburg	1884,0	665,16	
QCHN	von Berg	Bremen	1884,3	665,17	
QCHR	Germania	Bremen	337,4	119,63	
QCHS	Anna	Bremen	753,3	266,43	
QCHT	Diamant	Hamburg	830,0	296,19	
QCHV	Armin	Bremen	2385,3	842,60	

* Nominelle Pferdekräfte.

QCHW — QCPK

Unter- scheidungs- Signale.	Namen der Schiffe.	Heimathshafen.	Kubik- meter Netto-Raumgehalt.	Register- Tons	Pferde- kräfte.
QCHW	†Frankfurt	Bremen	5695,2	1973,64	739
QCJD	†Hannover	Bremen	5175,0	1932,68	1315*
QCJF	Detmar	Bremen	740,r	261,68	
QCJH	Malvina	Bremen	1356,6	478,96	
QCKB	Moltke	Bremen	2311,3	827,33	
QCKD	Wilhelmine . . .	Wolgast	761,0	269,13	
QCKH	†Köln	Bremen	4918,7	1735,89	781
QCKL	Canopus	Bremen	2156,1	867,11	
QCKP	Göschen	Bremen	3221,7	1137,33	
QCKR	Loule	Bremen	1721,0	607,33	
QCKS	†Reiher	Bremen	2011,3	720,63	155**
QCKT	†Sperber	Bremen	2016,6	723,11	155**
QCLB	Lima	Bremen	2355,3	831,12	
QCLD	†Kronprinz Fried- rich Wilhelm.	Bremen	4110,7	1556,97	762
QCLF	Etha Rickmers .	Bremen	2885,1	1018,41	
QCLG	†Graf Bismarck .	Bremen	1988,4	1701,64	783
QCLH	Jenny	Bremen	1925,1	679,36	
QCLJ	Hilke	Bremen	159,0	56,16	
QCLK	Alma	Bremen	2658,9	938,77	
QCLM	Peter Rickmers .	Bremerhaven	1894,6	667,74	
QCLN	Admiral Tegetthoff	Bremen	2529,6	892,91	
QCLP	Magdalene . . .	Bremen	3510,0	1249,63	
QCLS	Anna	Bremen	2985,0	811,92	
QCLT	C. R. Bishop . .	Bremen	2191,7	879,57	
QCLW	†Albatross . . .	Bremen	2312,6	816,13	239**
QCMB	Josefa	Bremen	2308,9	815,05	
QCMG	Hedwig	Bremen	2289,6	808,23	
QCMH	†Strassburg . . .	Bremen	6316,0	2230,23	960
QCMK	†Strauss	Bremen	1693,1	597,67	239**
QCML	George	Bremen	2178,6	768,63	
QCMN	†Mosel	Bremen	5801,7	2017,63	3500*
QCMP	Eendragt	Bremen	734,5	17,18	
QCMR	Savannah	Bremen	3962,5	1398,76	
QCMV	Pauline	Bremen	1655,8	581,30	
QCNB	Henriette	Bremen	2684,6	947,43	
QCNF	†Braunschweig . .	Bremen	6091,3	2150,22	1372
QCNG	Gerhard	Bremen	2571,5	908,91	
QCNK	Lina Schwoon . .	Hamburg	2125,6	856,21	
QCNL	†Hohenzollern . .	Bremen	5351,1	1890,33	1302
QCNM	†Nürnberg . . .	Bremen	6117,6	2159,31	1317
QCNW	Charlotte	Bremen	2323,9	820,34	
QCPB	†Neckar	Bremen	5296,3	1869,63	1679
QCPD	No. 13	Bremen	607,9	214,39	
QCPF	No. 15	Bremen	605,1	213,82	
QCPG	No. 17	Bremen	603,8	213,15	
QCPH	No. 19	Bremen	611,3	215,52	
QCPJ	No. 21	Bremen	609,3	215,13	
QCPK	No. 23	Bremen	607,1	214,11	

* Indicirte Pferdekräfte.   ** Nominelle Pferdekräfte.

QCPL — QCVD

Unter-scheidungs-Signale.	Namen der Schiffe.	Heimathshafen	Kubik-meter Netto-Raumgehalt.	Register-Tons	Pferde-kräfte.
QCPL	†Cyelop	Bremen	211,3	74,63	41°
QCPM	†Paul Friedrich August	Bremen . . .	159,6	56,16	48°
QCPN	†Roland	Bremen . . .	323,7	114,33	72°
QCPR	†Simson	Bremen . . .	185,4	65,43	139°
QCPS	†Pilot	Bremen . . .	124,3	43,56	73°
QCPT	†Comet	Bremen	186,7	65,91	73°
QCPV	†Nordsee	Bremen . . .	300,1	105,34	88°
QCPW	No. 18	Bremen . . .	396,3	138,11	
QCRD	No. 20	Bremen . . .	396,3	139,10	
QCRD	†Oder	Bremen . . .	5159,1	1801,90	1865
QCRG	Germania . . .	Bremen . . .	2340,3	826,33	
QCRH	Joseph Haydn . .	Bremen . . .	2292,1	809,15	
QCRJ	Therese	Bremen . . .	3095,1	1089,60	
QCRM	Elisabeth	Bremen . . .	3318,3	1169,60	
QCRP	†Hohenstaufen . .	Bremen . . .	5397,3	1905,23	1254
QCRS	Britannia . . .	Bremen . . .	2383,3	841,90	
QCRV	†General Werder .	Bremen . . .	5155,3	1819,73	1461
QCRW	Theodor Körner .	Bremen . . .	3091,9	1091,45	
QCSD	†Ceres	Bremen . . .	1444,3	509,91	140
QCSF	Johann Ludwig . .	Bremen . . .	2121,6	748,33	
QCSG	Caroline	Bremen . . .	120,4	42,45	
QCSH	No. 83	Bremen . . .	644,1	226,43	
QCSJ	Pallas	Bremen . . .	1280,3	451,32	
QCSK	†Tell	Bremen . . .	182,6	64,46	826
QCSL	†Hercules . . .	Bremen . . .	81,3	28,51	143
QCSM	†Illene	Bremen . . .	64,3	22,07	155
QCSN	†Assecuradeur . .	Bremen . . .	187,1	66,49	826
QCSP	†Reform	Bremen . . .	110,9	39,11	178
QCSR	†Solide	Bremen . . .	100,4	35,44	206
QCST	†Strom	Bremen . . .	28,7	10,16	70
QCSV	†Diana	Bremen . . .	117,1	41,34	235
QCSW	Baltimore	Bremen . . .	3058,6	1081,11	
QCTB	Wilhelmine	Bremen . . .	2396,5	845,34	
QCTD	†Triton	Bremen . . .	179,6	63,10	76°
QCTF	G. F. Muntz . . .	Bremen . . .	2620,1	921,73	
QCTG	Agra	Bremen . . .	2617,0	928,40	
QCTH	Maryland . . .	Bremen . . .	3151,4	1112,43	
QCTJ	Marie	Bremerhaven . . .	2961,4	1016,50	
QCTK	Joe Raners	Bremen . . .	2519,3	889,73	
QCTL	†Saller	Bremen . . .	5361,4	1893,70	1481
QCTM	Hermann	Bremen . . .	2401,3	818,73	
QCTN	†Neptun	Bremen . . .	69,3	24,11	48
QCTP	Victoria	Bremerhaven . . .	2277,3	808,70	
QCTR	Capella	Bremen . . .	2591,5	911,34	
QCTV	†Habsburg	Bremen . . .	5411,4	1910,90	1369
QCTW	†Illene	Bremen . . .	473,7	167,71	48
QCVB	Werra	Bremen . . .	ca. 2642	ca 932	
QCVD	Meinsine	Bremen . . .	2656,1	937,63	

* Nominelle Pferdekräfte.

QCVF — QDFG

Unter-scheidungs-Signale.	Namen der Schiffe.	Heimathshafen	Kubik-meter Netto-Raumgehalt.	Register-Tons.	Pferde-kräfte.
QCVF	Spica	Bremen	2593,4	915,47	
QCVG	Fulda	Bremen	2501,9	884,23	
QCVII	George Washington	Bremen	3355,0	1181,40	
QCVJ	Asante	Bremen	857,8	302,54	
QCVK	India	Bremen	2657,0	937,92	
QCVL	Friedrich	Bremerhaven	4201,2	1483,63	
QCVM	Hampton Court	Bremen	2707,0	955,28	
QCVP	Stella	Bremen	3377,1	1192,13	
QCVR	Kathinka	Bremen	3334,6	1177,94	
QCVS	Schwan	Bremen	884,4	312,19	
QCVT	Gustav & Oscar	Bremen	3831,0	1352,38	
QCWD	Galatea	Bremen	3593,2	1268,40	
QCWF	Weser	Bremerhaven	2591,6	915,80	
QCWG	Frau Rebecca	Bremerhaven	106,7	37,48	
QCWH	Ida	Bremen	3675,8	1297,33	
QCWJ	Cleopatra	Bremerhaven	3493,6	1233,73	
QCWK	Undine	Bremen	2712,4	958,60	
QCWM	Regulus	Bremen	3158,2	1114,83	
QCWN	Johanna Gesina	Bremerhaven	132,7	46,63	
QCWP	†Pionier	Bremen	196,3	69,30	100
QCWR	Cornelius	Bremen	3131,4	1105,46	
QCWS	Hohenzollern	Bremerhaven	2590,7	914,32	
QCWT	Fürst Bismarck	Bremen	2743,4	968,31	
QCWV	Diamant	Bremen	3343,6	1180,07	
QDBF	Kaiser	Bremen	3511,3	1240,31	
QDBG	Elisabeth Rickmers	Bremerhaven	3528,4	1215,53	
QDBH	Wega	Bremen	3159,3	1115,23	
QDBJ	Pel-Ho	Bremen	1220,4	433,60	
QDBK	Kepler	Bremen	2146,5	757,34	
QDBL	Deutschland	Bremen	3545,4	1251,62	
QDBM	Charlotte	Bremen	3883,3	1370,31	
QDBN	Jessonda	Bremen	2500,4	882,23	
QDBR	Doris	Bremen	3286,3	1160,46	
QDBT	Elisabeth	Bremen	3509,1	1238,70	
QDBW	Visurgis	Bremen	3046,8	1089,34	
QDCB	Anna	Bremerhaven	3262,3	1151,86	
QDCH	Marie Siedenburg	Bremen	3238,3	1113,41	
QDCJ	Dorothea	Bremen	199,0	70,35	
QDCK	Hedwig	Bremen	3189,3	1125,30	
QDCL	Arcturus	Bremen	3162,4	1116,20	
QDCM	Annie	Bremen	ca.976	ca 345	
QDCP	Atlantic	Bremerhaven	3576,7	1262,20	
QDCR	†J. H. Niemann	Bremen	2101,2	741,52	450
QDCS	No. 10	Bremen	618,0	218,63	
QDCT	Barbarossa	Bremerhaven	3719,7	1313,03	
QDCW	Antares	Bremen	3163,4	1116,55	
QDFB	Palme	Bremen	3063,3	1081,35	
QDFC	Pauline	Bremerhaven	3113,6	1098,90	
QDFG	Rossini	Bremen	2842,8	1003,31	

QDFH — QDJS

Unter-scheidungs-Signale.	Namen der Schiffe.	Heimathshafen	Kubik-meter Netto-Raumgehalt.	Register-Tons	Pferde-kräfte.
QDFH	†Bremen	Bremen	1905,1	672,64	400
QDFJ	Matthias	Bremen	3183,3	1123,40	
QDFK	Neptun	Bremen	3169,6	1116,97	
QDFL	Comet	Bremen	3068,4	1083,60	
QDFM	Heinrich	Bremerhaven . .	4208,7	1485,67	
QDFN	Anna	Bremen	3281,7	1159,49	
QDFP	†Vorwärts	Bremen	164,5	58,67	190
QDFR	Elise	Bremen	2788,7	981,41	
QDFV	Friedländer . . .	Bremen	4487,4	1584,03	
QDFW	Betty	Bremerhaven . .	2246,4	793,04	
QDGB	No. 16	Bremen	395,7	139,63	
QDGC	No. 24	Bremen	398,2	140,64	
QDGF	No. 22	Bremen	391,4	139,56	
QDGH	Roland	Bremen	3803,4	1342,60	
QDGJ	Auguste	Bremerhaven . .	3955,7	1396,10	
QDGK	Clara	Bremen	2995,5	1057,87	
QDGL	Agnes	Bremen	2614,1	922,77	
QDGM	Western Chief. . .	Bremen	2106,6	743,63	
QDGN	Julius.	Bremen	2569,1	906,39	
QDGP	Hermann	Bremen	3731,3	1318,39	
QDGR	Señora Quintana .	Bremen	941,7	332,45	
QDGS	Margarethe	Bremen	3477,9	1227,70	
QDGT	No. 14	Bremen	398,4	140,60	
QDGV	No. 42	Bremen	653,4	230,06	
QDGW	Schiller	Bremen	3475,3	1226,78	
QDHB	Wilhelm	Bremen	3726,6	1315,49	
QDHC	Johann Friedrich .	Bremen	3501,4	1235,90	
QDHF	†Roland	Bremen	1144,9	403,83	200
QDHG	Donald Mackay . .	Bremerhaven . .	6270,3	2213,81	
QDHK	Helene	Bremen	3515,3	1241,86	
QDHL	Mimi	Bremen	3592,3	1268,15	
QDHM	Don Quixote . . .	Bremen	3308,4	1167,87	
QDHP	Rudolph	Bremen	ca.3227	ca 1139	
QDHR	Figaro	Bremen	2851,6	1006,69	
QDHS	Salisbury	Bremen	ca.3099	ca.1094	
QDHT	Blücher	Bremerhaven . .	3426,3	1209,42	
QDHW	Dora	Bremen	3567,3	1259,83	
QDJB	Elise	Bremerhaven . .	3818,3	1347,97	
QDJC	†Olbers	Bremen	1139,5	403,23	200
QDJF	Christine	Bremen	2961,2	1045,53	
QDJG	†Hessel	Bremen	1118,4	405,33	200
QDJH	Bertha	Bremerhaven . .	3301,2	1165,31	
QDJK	J. W. Wendt . . .	Bremen	6480,1	2287,48	
QDJL	Fidelio	Bremen	3490,4	1235,59	
QDJM	Präsident Simson .	Bremerhaven . .	ca.3413	ca.1205	
QDJN	Frau Beta	Bremen	168,9	59,63	
QDJP	Robert	Bremen	4349,5	1533,29	
QDJR	Marie	Bremen	3450,7	1216,13	
QDJS	Friederike	Bremerhaven . .	3961,6	1398,44	

Unter-scheidungs-Signale.	Namen der Schiffe.	Heimathshafen	Kubik-meter Netto-Raumgehalt.	Register-Tons	Pferde-kräfte.
QDJT — RBCM					
QDJT	Johanne	Bremen	3175,1	1120,61	
QDJV	Henry	Bremen	3586,9	1266,20	
QDJW	Johann	Bremen	264,1	93,20	
QDKB	Ellida	Bremen	3617,3	1276,66	
QDKC	Johanne Auguste .	Bremen	2535,6	895,96	
QDKF	Camelia	Bremen	3685,3	1301,13	
QDKG	Ferdinand	Bremen	ca. 1996	ca. 705	
QDKJ	Adelaide	Bremen	3629,6	1281,60	
QDKL	†Forelle	Bremen	510,3	180,09	700*
QDKM	Adele	Bremerhaven . .	3209,3	1132,84	
QDKN	Meta	Bremerhaven . . .	4863,6	1710,90	
QDKP	†Elsass	Bremen	116,6	41,16	80*
QDKR	†Elbe	Bremen	7959,3	2809,83	6115*
QDKS	Anni	Bremen	ca. 4055	ca. 1431	
QDKT	Rajah	Bremen	ca. 3563	ca. 1258	
QDKV	Singapore	Bremen	ca. 2619	ca. 925	
QDKW	J. W. Gildemeister	Bremen	ca. 2903	ca. 1025	
QDLB	Fritz	Bremen	4225,9	1491,73	
QDLC	†Planet	Bremen	1497,3	528,61	220*
QDLF	No. 31	Bremen	654,3	230,80	
QDLG	No. 35	Bremen	658,7	232,33	
QDLH	No. 37	Bremen	653,4	230,63	
QDLJ	Margaretha	Bremerhaven . . .	4183,1	1476,64	
QDLK	Georg	Bremen	ca. 3380	ca. 1193	
QDLM	Susanne	Bremen	4059,9	1438,16	
QDLN					
QDLP					
QDLR					
QDLS					
QDLT					
QDLV					
QDLW					
QDMB					
QDMC					
QDMF					
QDMG					
QDMH					
QDMJ					
QDMK					
QDML					
QDMN					
QDMP					
QDMR					
QDMS					
QDMT					
RBCF	Sophie	Heiligenhafen . . .	891,1	314,66	
RBCG	Pudel	Pillau	1247,9	440,80	
RBCJ	Washington	Stralsund	1280,7	452,99	
RBCM	†Planet	Neumühlen bei Kiel .	896,3	316,37	80

* Indicirte Pferdekräfte.

RBCS — RBPW

Unterscheidungs-Signale.	Namen der Schiffe.	Heimathshafen	Kubikmeter Netto-Raumgehalt.	Register-Tons	Pferdekräfte.
RBCS	†Roland	Hamburg	1297,4	458,99	96*
RBDH	Palmerston	Hamburg	. . .	656**	
RBDK	†Minerva	Hamburg	1521,6	537,12	100*
RBDL	†Germania	Hamburg	1501,8	530,12	110*
RBDP	†Cuxhaven	Hamburg	724,3	255,44	150*
RBDT	Picolet	Hamburg	671,9	237,16	
RBDV	Hans	Hamburg	886,6	312,71	
RBFC	Canton	Bremen	1056,1	372,44	
RBFD	Pallas	Hamburg	1397,3	493,21	
RBFG	Sophie	Hamburg	690,4	243,71	
RBFH	Cap Horn	Hamburg	1084,9	382,99	
RBFK	San Luis	Hamburg	795,6	280,44	
RBFV	Esther & Sophie	Hamburg	817,2	288,44	
RBGK	Rosa y Isabel	Hamburg	1152,0	406,44	
RBGN	Francisca	Hamburg	1041,9	367,79	
RBGV	Ann & Lizzy	Hamburg	958,1	338,21	
RBHD	Pyrmont	Hamburg	1142,3	403,19	
RBHG	Delphin	Hamburg	750,3	264,93	
RBHK	Florentine II.	Hamburg	212,3	74,91	
RBHM	†Astronom	Hamburg	1434,1	506,29	80*
RBHS	W. Brügmann & Sohn No. 1.	Papenburg	467,0	164,90	
RBJF	Jalapa	Hamburg	618,9	218,07	
RBJG	Schwan	Hamburg	782,0	276,44	
RBKC	Impérieuse	Hamburg	1002,4	353,44	
RBKF	Anna Margaretha	Hamburg	229,0	80,41	
RBKJ	Tartar	Bremen	726,3	256,33	
RBKN	Palma	Hamburg	847,4	298,99	
RBKQ	Phönix	Hamburg	758,0	267,57	
RBKS	Zanzibar	Hamburg	954,7	337,41	
RBKT	Amanda & Elisabeth	Hamburg	1051,7	364,19	
RBLC	Deutschland	Hamburg	2375,1	838,12	
RBLH	Bruno & Marie	Rostock	841,4	297,29	
RBLJ	Hamburg	Altona	989,4	349,15	
RBLK	Helene	Hamburg	370,6	130,63	
RBLQ	John & Gustav	Glückstadt	559,6	197,30	
RBMG	†Uhlenhorst	Hamburg	1677,1	592,49	80*
RBMJ	Seenymphe	Hamburg	830,4	293,10	
RBMK	Eugénie	Hamburg	1974,1	696,44	
RBML	New-Orleans	Hamburg	888,3	313,47	
RBMS	Papa	Hamburg	1110,3	391,34	
RBNH	Mercurius	Stettin	912,9	322,23	
RBNJ	Herschel	Hamburg	2228,3	786,44	
RBPF	Fröhlich	Hamburg	. . .	160**	
RBPG	Clara	Hamburg	767,4	270,79	
RBPH	Gise	Mühlenberg, Kreis Pinneberg.	750,3	264,63	
RBPV	Neptun	Hamburg	3369,6	1189,23	
RBPW	Carl & Auguste	Rostock	1477,8	521,50	

* Nominelle Pferdekräfte.   ** Lasten zu 6000 ℔.

RBQG — RCPJ

Unter-scheidungs-Signale.	Namen der Schiffe.	Heimathshafen	Kubik-meter Netto-Raumgehalt.	Register-Tons	Pferde-kräfte.
RBQG	Elze	Hamburg	1007,2	355,43	
RBQM	Ellse	Blankenese	609,0	211,79	
RBQW	Laura	Altona	989,9	331,78	
RBSD	Heros	Hamburg	1200,0	423,66	
RBSK	Tai-Lee	Hamburg	721,9	255,83	
RBTG	Adolph	Hamburg	786,7	277,70	
RBVF	Willok	Hamburg	530,4	187,23	
RBVK	Hermann	Barth	169,1	59,91	
RBVS	†Cimbria	Hamburg	6139,3	2167,18	500*
RBVT	†Hansa	Hamburg	1567,1	553,16	120*
RBWC	Wega	Blankenese	1117,9	304,81	
RBWH	Ida Maria	Hamburg	910,4	321,97	
RBWQ	Oscar Mooyer	Flensburg		170**	
RBWS	Nubia	Hamburg	890,3	314,34	
RBWV	Edmund & Louise	Hamburg	997,9	353,26	
RCBG	Professor	Hamburg	1430,3	512,02	
RCBN	Shakespeare	Hamburg	2485,9	877,33	
RCBT	Orion	Eckernförde		150**	
RCDF	Jupiter	Hamburg	850,9	300,31	
RCDH	Mikado	Hamburg	935,4	330,34	
RCDJ	Nicollue	Hamburg	929,6	331,64	
RCDS	Maria Sophia	Hamburg	928,7	327,82	
RCDV	Ernst	Hamburg	959,0	338,-1	
RCFH	Aline	Rostock	1654,3	583,93	
RCFP	Georg Blohm	Hamburg	1319,3	465,70	
RCFQ	Hammonia	Hamburg	1155,8	408,60	
RCFS	Uudine	Hamburg	2153,7	760,37	
RCGB	Lagos	Hamburg	992,0	350,19	
RCGW	Henrique Teodoro	Hamburg	1156,4	408,27	
RCHG	Alardus	Hamburg	2262,3	798,83	
RCHJ	Aeolus	Brake a. d. Weser	431,4	152,35	
RCHL	†Capella	Hamburg	1663,6	587,21	120*
RCJG	Guteuberg	Hamburg	2012,7	710,41	
RCJH	Atalanta	Hamburg	3260,7	1151,63	
RCJK	Irene	Hamburg	755,6	266,72	
RCJL	Adolph	Hamburg	1506,4	531,76	
RCJV	Wohldorf	Kiel	717,4	253,20	
RCKN	Perle	Hamburg	1150,1	405,98	
RCKW	Figaro	Hamburg	912,4	322,13	
RCLD	Therese	Eckernförde	1107,3	390,43	
RCLP	Ocean	Memel	1221,7	432,32	
RCLV	Martha	Hamburg	1176,6	415,33	
RCMB	Ferdinand	Hamburg	1178,9	416,14	
RCND	Bonito	Hamburg	1485,6	524,41	
RCNK	A. E. Vidal	Altona	912,4	332,07	
RCNL	†Westphalia	Hamburg	5838,7	2061,06	600*
RCNT	Andreas	Hamburg	1200,0	423,81	
RCPD	Ino	Altona	975,0	344,17	
RCPJ	Bertha	Hamburg	1254,7	442,97	

* Nominelle Pferdekräfte.   ** Lasten zu 6000 ℔.   8

RCPK — RDGT					
Unterscheidungs-Signale.	Namen der Schiffe.	Heimathshafen	Kubikmeter Netto-Raumgehalt.	Register-Tons	Pferdekräfte.
RCPK	Iphigenia	Hamburg	1314,3	463,93	
RCPT	Eduard	Brake a. d. Weser	1667,3	688,30	
RCQG	Taikuu	Hamburg	825,4	326,67	
RCQL	†China	Hamburg		288*	150**
RCQM	Guaymas	Hamburg	867,3	306,25	
RCQW	Alice	Hamburg	511,1	190,42	
RCSJ	Mercur	Barssel	329,8	116,42	
RCSM	Albert	Hamburg	821,3	289,91	
RCSW	Venezuela	Neuhaus a. d. Oste	880,9	310,95	
RCTF	A. H. Wille	Hamburg	2903,4	1010,53	
RCTH	Albatros	Hamburg	1113,3	398,00	
RCTJ	Berend	Hamburg	925,0	326,43	
RCTQ	Hansa	Stettin	732,6	258,66	
RCTV	Patria	Hamburg	1109,6	391,49	
RCVJ	Carmelita & Ida	Hamburg	1241,3	438,40	
RCVK	Hilda Maria	Hamburg	781,1	275,71	
RCVM	Daniel	Hamburg	1179,4	416,34	
RCWF	Varuna	Hamburg	1376,3	486,53	
RCWJ	Hansa	Hamburg	1412,6	498,43	
RCWK	Friedeburg	Hamburg	2177,4	768,53	
RCWP	†Silesia	Hamburg	6209,4	2189,91	600**
RCWQ	Amelie	Hamburg	1420,6	501,44	
RCWS	Panama	Hamburg	1165,6	411,46	
RCWV	Carl Graf Attems	Hamburg	964,3	340,49	
RDBF	Peter Godeffroy	Hamburg	1309,3	462,25	
RDBG	Lammershagen	Hamburg	2417,8	853,39	
RDBH	Allegro	Hamburg	370,9	130,99	
RDBV	Fortuna	Hamburg	2698,7	950,49	
RDCG	Angostura	Hamburg	1180,3	416,44	
RDCL	Upolu	Hamburg		50*	
RDCQ	Gustav Adolph	Hamburg	901,9	318,37	
RDCT	Tarqula	Hamburg	1921,r	678,38	
RDCW	Allemannia	Hamburg	559,3	197,44	
RDFG	Dorothea	Hamburg	2877,3	1015,49	
RDFK	Terpsichore	Hamburg	3400,9	1200,43	
RDFL	Magellan	Hamburg	1233,6	435,44	
RDFM	Fanny	Rostock	1214,7	428,19	
RDFN	Prinz Albert	Hamburg	1675,3	591,38	
RDFP	†Alert	Hamburg	1639,1	578,64	110**
RDFQ	†Schmidborn	Hamburg	735,9	259,79	75**
RDFS	Europa	Hamburg	2835,3	1000,43	
RDFT	Johann	Hamburg	567,9	200,34	
RDGC	Francis Wölber	Hamburg	217,4	76,73	
RDGH	†Vandalia	Hamburg	5510,6	1945,33	360**
RDGJ	G. H. Wappäus	Hamburg	1524,3	538,04	
RDGK	Amanda	Hamburg	637,3	224,96	
RDGM	Minna	Hamburg	1294,3	454,34	
RDGN	Hercules	Elsfleth	1590,3	561,34	
RDGT	†Africa	Lübeck	772,7	272,78	40

* Lasten zu 6000 W.   ** Nominelle Pferdekräfte.

RDHB — RDPB

Unterscheidungs-Signale.	Namen der Schiffe.	Heimathshafen	Kubik-meter Netto-Raumgehalt.	Register-Tons	Pferde-kräfte.
RDHB	Edith Mary	Hamburg	733,7	259,60	
RDHC	Euterpe	Hamburg	1765,3	623,13	
RDHF	†Hamburg	Hamburg	1219,4	430,46	80*
RDHJ	Evelina	Hamburg	1543,1	544,93	
RDHL	Louise & Georgine .	Hamburg	969,9	342,37	
RDHM	Republik	Grossefehn	479,9	169,40	
RDHP	Humboldt	Hamburg	2085,9	718,67	
RDHQ	†Rio	Hamburg	3010,9	1271,84	160*
RDHW	Saturnus	Hamburg	1723,3	608,23	
RDJH	Thormählen	Hamburg		891**	
RDJL	Comet	Hamburg	109,o	38,47	
RDJM	Uranus	Hamburg	2745,4	969,19	
RDJP	Johannes	Hamburg	96,6	34,10	
RDJQ	Dorothea	Hamburg	1755,8	619,91	
RDJT	†Bahia	Hamburg	4002,9	1113,03	250*
RDJW	†Atalanta	Hamburg	2211,7	787,90	110*
RDKG	Sunhell	Hamburg	1031,9	365,31	
RDKL	†Olympia	Hamburg	2216,6	782,16	450
RDKM	Seelent	Heiligenhafen	402,9	112,72	
RDKP	†Frisia	Hamburg	5613,8	1981,56	600*
RDKQ	†Hamburg	Hamburg	1544,7	545,28	110*
RDKS	Nilo	Brake a. d. Weser	870,9	309,34	
RDLC	†Bellona	Hamburg	2236,7	789,33	110*
RDLF	Henriette Beba . .	Hamburg	1769,4	624,13	
RDLK	†Lissabon	Hamburg	2125,1	750,16	110*
RDLN	†Pfeil	Hamburg	1781,3	629,93	90*
RDLQ	†Messina	Hamburg	2011,6	721,82	110*
RDLS	†Sakkarab	Hamburg	3182,1	1128,28	140*
RDLW	Godeffroy	Rostock	1507,3	532,07	
RDMB	†Wega	Hamburg	1989,6	702,33	160*
RDMC	†Buenos Aires . .	Hamburg	4430,3	1563,84	800*
RDMF	†Memphis	Hamburg	3136,4	1107,16	150*
RDMG	Vesta	Hamburg	1980,6	699,13	
RDMH	Iris	Hamburg	1435,9	506,86	
RDMJ	Carl Ritter	Hamburg	1688,3	595,99	
RDML	Adolph	Hamburg	1645,1	580,71	
RDMN	†Deuderah	Hamburg	3117,4	1100,61	150*
RDMP	Maria	Hamburg	81,7	29,59	
RDMQ	†Argentina	Hamburg	4005,1	1413,81	250*
RDMS	Margaretha . .	Rendsburg	162,4	57,34	
RDNB	Schwan	Hamburg	36,9	13,01	
RDNC	†Luxor	Hamburg	2835,9	1001,07	130*
RDNG	†Cassandra	Hamburg	3108,6	1097,13	140*
RDNL	†Ibis	Hamburg	3101,6	1095,93	150*
RDNM	Fanny	Hamburg	987,1	348,19	
RDNS	Patagonia	Hamburg	1390,5	190,56	
RDNV	†Montevideo . . .	Hamburg	4182,4	1476,17	250*
RDNW	Heinrich	Estebrügge	136,7	48,31	
RDPB	Ida	Hamburg	305,1	107,62	

* Nominelle Pferdekräfte.   ** Tonnen zu 1000 Kilogramm.   8 *

RDPG — RDWM

Unter- scheidungs- Signale.	Namen der Schiffe.	Heimathshafen	Kubik- meter Netto-Raumgehalt.	Register- Tons	Pferde- kräfte.
RDPG	Marie	Apenrade	1317,o	461,91	
RDPH	†Gemma	Hamburg	1782,s	629,zs	100°
RDPJ	Louisa	Hamburg	ca. 694	ca. 245	
RDPK	Karl	Barth	1082,e	382,zs	
RDPN	Sophie Helene	Hamburg	1509,s	532,71	
RDPQ	†Vulcan	Hamburg	2304,1	813,s4	120°
RDPS	Gustav	Hamburg	513,7	181,zs	
RDPT	†Cyclop	Hamburg	2075.4	732,os	120°
RDPV	†Valparaiso	Hamburg	4372,7	1545,s4	300°
RDPW	Erato	Hamburg	1816,1	641,os	
RDQC	†Lothringia	Hamburg	2324,1	820,41	200°
RDQH	†Herder	Hamburg	6553,z	2313,z	600°
RDQJ	Peter	Hamburg	881,s	311,z1	
RDQK	Hansa	Hamburg	674,9	238,os	
RDQM	West Nord West	Hamburg	293.o	103,41	
RDQV	Levuka	Hamburg	214,9	75,s3	
RDQW	†Graf Moltke	Hamburg	62,s	21,9s	80°
RDSB	Johann	Hamburg	101.4	35,s3	
RDSF	†Etna	Hamburg	39,s	13,99	25°
RDSG	†Helgoland	Kiel	1224,s	432,10	200°
RDSJ	†Blankenese	Hamburg	656,s	231,os	200°
RDSM	Frances & Amanda	Hamburg	1049,1	370,zs	
RDSN	†Enak	Hamburg	104,s	36,s4	75°
RDSP	†Magnet	Hamburg	63,s	22,os	200°*
RDSQ	†Goliath	Hamburg	104,s	36,90	70°
RDST	†Germania	Hamburg	31,9	11,71	85°
RDSV	†Vorwärts	Hamburg	67,1	23,os	85°
RDSW	†Martin Pöpelau	Hamburg	54,s	19,9s	85°
RDTB	†Roland	Hamburg	54,s	19,17	45°
RDTC	†Hercules	Hamburg	53,1	18,90	45°
RDTG	†Vulcan	Hamburg	84,s	29,s4	60°
RDTJ	†Pionier	Königsberg i. Pr.	857,s	302,os	65
RDTL	†Sequens	Swinemünde	143,1	50,s4	112
RDTS	Tellus	Hamburg	1219,s	430,13	
RDTW	General von Werder	Hamburg	988,9	318,7s	
RDVF	Nicolaus	Hamburg	93,s	38,10	
RDVJ	Ida	Hamburg	ca. 67	ca. 24	
RDVK	†Altona	Hamburg	52,1	18,s4	30°
RDVL	Bertha	Hamburg	1681,1	593,4s	
RDVN	Caroline Behn	Hamburg	1907,4	673,31	
RDVP	†Lessing	Hamburg	6608,s	2332,9z	600°
RDVQ	Confluentia	Hamburg	1014,7	358,10	
RDVS	Alster	Hamburg	1630,7	577,74	
RDVW	Faugh Balaugh	Hamburg	ca 787	ca.278	
RDWF	Hugo	Elsfleth	2690,4	949,7s	
RDWH	Juno	Hamburg	1465,4	517,zs	
RDWJ	†Suevia	Hamburg	6950,4	2453,os	450°
RDWK	Livingstone	Hamburg	1503,s	530,s4	
RDWM	Papa	Hamburg	2119,4	748,zs	

* Nominelle Pferdekräfte.   ** Indicirte Pferdekräfte.

RDWQ — RFHN

Unter-scheidungs-Signale.	Namen der Schiffe.	Heimathshafen	Kubik-meter Netto-Raumgehalt.	Register-Tons	Pferde-kräfte.
RDWQ	Fritz Reuter	Hamburg	4178,9	1175,13	
RDWT	Polynesia	Hamburg	2790,6	985,13	
RFBC	†Uranus	Hamburg	1970.5	695.87	100*
RFBG	Friedrich Hasselmann	Hamburg	ca.3425	ca 1209	
RFBL	Venus	Hamburg	71,3	25,15	
RFBM	†Gellert	Hamburg	6021,9	2337,71	600*
RFBN	Kilo	Hamburg	2323,3	820,19	
RFBP	Gloria	Hamburg	129,0	45,55	
RFBS	Charles Dickens	Hamburg	3765,9	1329,45	
RFBW	Pedrazo	Hamburg	1925,3	679,69	
RFCB	Wilhelmine	Hamburg	150,2	53,71	
RFCD	Montana	Hamburg	1302,6	481,07	
RFCG	Welle	Hamburg	52.9	18,47	
RFCH	Emanuel	Hamburg	102,4	36,28	
RFCJ	†Feronia	Hamburg	3159,3	1115,79	160*
RFCK	†Wieland	Hamburg	6423,1	2267,34	600*
RFCL	Adele	Hamburg	1961.0	693,50	
RFCM	†Stromboli	Hamburg	69,7	24,40	225
RFCN	Hermann	Elsfleth	2615,0	928,10	
RFCQ	Jupiter	Hamburg	2551,0	900,50	
RFCS	Argo	Hamburg	2788,1	984,21	
RFCT	Anna Bertha	Hamburg	1327.4	468,44	
RFCV	Esmeralda	Hamburg	2232,3	787,41	
RFCW	Mercor	Hamburg	289,6	102,93	
RFDC	Stella	Hamburg	1419,1	500,51	
RFDH	Ella	Hamburg	1314,7	464,69	
RFDJ	Orion	Hamburg	2711,3	958,39	
RFDL	Margaretha Gaiser	Hamburg	1096,2	386,98	
RFDM	†Vesuv	Hamburg	67,7	23,90	225
RFDQ	Tongataba	Hamburg	ca. 406	ca 143	
RFDT	Thalassa	Hamburg	1832,6	646,95	
RFDW	Johanna Kremer	Hamburg	793,3	279,90	
RFGC	Lisa	Hamburg	95,6	33,71	
RFGD	Hermann	Hamburg	291,9	103,04	
RFGH	Elisabeth	Hamburg	316,2	111,67	
RFGK	Gesine	Hamburg	230,0	81,19	
RFGL	Hermine	Hamburg	992,0	350,14	
RFGM	Kalliope	Hamburg	3088,7	1090,31	
RFGP	†Taucher	Hamburg	28,9	10,21	8*
RFGQ	†Hesperia	Hamburg	3218,6	1136,11	640
RFGV	Gloria	Hamburg	105,2	37,31	
RFHB	Melpomene	Hamburg	2917,3	1029,44	
RFHC	Oscar	Hamburg	2083,3	735,40	
RFHD	Va-vao	Hamburg	ca. 207	ca.73	
RFHG	Friederich	Hamburg	1681,3	594,62	
RFHJ	Durango	Hamburg	820,9	289,74	
RFHL	Hydra	Hamburg	2220,3	785,95	
RFHM	Anna	Hamburg	1406,3	496,30	
RFHN	†Betty Sanber	Hamburg	2130,3	754,10	99*

* Nominelle Pferdekräfte.

RFHP — RFMQ

Unter-scheidungs-Signale.	Namen der Schiffe.	Heimathshafen.	Kubik-meter Netto-Raumgehalt.	Register-Tons	Pferde-kräfte.
RFHP	Elisabeth	Hamburg	106,7	37,67	
RFHQ	Ceora	Hamburg	1958,6	689,69	
RFHS	†Matador	Hamburg	35,6	12,89	25°
RFHV	Paladin	Hamburg	1649,3	646,77	
RFHW	†Palermo	Hamburg	2393,1	844,94	125°
RFJB	Franziska	Hamburg	ca 209	ca.74	
RFJC	†Ramses	Hamburg	3303,4	1166,11	160°
RFJD	Regina	Hamburg	72,6	25,67	
RFJG	Gottlieb	Hamburg	596,6	210,34	
RFJH	†Kronprinz	Hamburg	71,9	25,68	90°
RFJK	Adolph	Hamburg	2456,6	967,17	
RFJM	Margaretha	Hamburg	205,3	72,44	
RFJQ	Constanze	Hamburg	2769,8	977,60	
RFJS	Emil Julius	Hamburg	1362,3	480,97	
RFJT	Excelsior	Hamburg	1838,3	648,93	
RFJW	Tlalok	Hamburg	420,4	148,07	
RFKB	Atalante	Hamburg	ca 135	ca.48	
RFKD	Stella	Hamburg	548,4	193,60	
RFKG	†Santos	Hamburg	4561,3	1010,14	1170
RFKH	Sophie	Hamburg	1364,4	481,64	
RFKJ	†Teutonia	Hamburg	16,3	5,73	12°
RFKL	†Mobil	Hamburg	27,3	9,67	20°
RFKM	†Lagos	Hamburg	208,3	73,69	100
RFKQ	†Peter	Hamburg	24,6	8,49	18°
RFKS	Matnotu	Hamburg	ca.302	ca. 107	
RFKT	Dione	Hamburg	1819,3	642,33	
RFKV	Plejaden	Hamburg	1009,6	856,33	
RFKW	†Prinz Friedrich Carl	Hamburg	3621,3	1278,33	160°
RFLB	Pandur	Hamburg	1685,3	594,96	
RFLC	Angelus	Hamburg	1665,3	587,30	
RFLD	†M' Pongwe	Hamburg	322,7	113,31	20°
RFLG	Indra	Hamburg	1960,6	695,37	
RFLH	Johann Hinrich	Hamburg	1103,7	410,19	
RFLJ	Cathrine	Hamburg	421,3	148,71	
RFLK	La Gironde	Hamburg	ca.210	ca.74	
RFLM	Achilles	Hamburg	108,3	38,63	
RFLN	†Bismarck	Hamburg	60,7	21,44	60°
RFLQ	Amalia	Hamburg	958,6	338,39	
RFLS	Paradox	Hamburg	1933,3	682,93	
RFLT	Fogolon	Hamburg	ca.86	ca 30	
RFLV	Loreley	Hamburg	ca.258	ca.91	
RFMB	Phönix	Hamburg	1936,3	683,64	
RFMC	Louisa & Augusta	Hamburg	3121,4	1101,97	
RFMG	Hesperus	Hamburg	2740,3	967,30	
RFMH	Mazatlan	Hamburg	1480,6	522,63	
RFMJ	Copernicus	Hamburg	3434,3	1212,31	
RFMN	Bylgia	Hamburg	943,7	833,13	
RFMP	†Pacific	Hamburg	ca.198	ca.70	55°
RFMQ	†Prinz Wilhelm	Hamburg	2878,6	1015,98	130°

* Nominelle Pferdekräfte.

RFMS — RFSV

Unter-scheidungs-Signale.	Namen der Schiffe.	Heimathshafen	Kubikmeter Netto-Raumgehalt	Register-Tons	Pferde-kräfte.
RFMS	Paul	Hamburg	2107,t	743,ss	
RFMT	Urania	Hamburg	3092,s	1001,si	
RFMV	†Prinz Heinrich	Hamburg	2835,7	1001,si	130*
RFMW	Hermann	Hamburg	155,s	54,ss	
RFNC	†Augustus	Hamburg	2322,s	819,ss	110*
RFND	†Titus	Hamburg	1574,s	555,7i	80*
RFNG	Kepler	Hamburg	3379,t	1192,si	
RFNH	Ernst	Hamburg	1039,s	367,os	
RFNJ	Nautilus	Hamburg	2053,s	724,7i	
RFNK	†Hamburg	Hamburg	3638,s	1284,ss	200*
RFNL	Parnass	Hamburg	1783,s	629,ss	
RFNM	†Südsee	Hamburg	ca.250	ca.88	35*
RFNP	Catharina	Hamburg	148,s	52,ss	
RFNQ	Sisal	Hamburg	849,s	299,si	
RFNT	†Paranagua	Hamburg	3657,s	1291,si	200*
RFNV	Levuka	Hamburg	1237,s	436,97	
RFPC	†Gaiser	Hamburg	507,s	179,ss	50*
RFPD	Maid Marian	Hamburg	ca 845	ca.298	
RFPH	†Borussia	Hamburg	3698,s	1305,7i	180*
RFPJ	†Felicia	Hamburg	2440,s	863,si	110*
RFPK	†Bavaria	Hamburg	3520,s	1242,si	180*
RFPM	Montiara	Hamburg	ca.212	ca.75	
RFPN	†Electra	Hamburg	3291,s	1161,ss	160*
RFPQ	†Pinnas	Hamburg	2404,7	848,ss	99*
RFPS	†Theben	Hamburg	3444,7	1216,ss	160*
RFPT	†Lydia	Hamburg	3314,s	1169,ss	160*
RFPV	Harmodius	Hamburg	ca.1390	ca 491	
RFQB	†Saxonia	Hamburg	3581,s	1264,ss	180*
RFQC	Tarmow	Hamburg	450,s	158,ss	
RFQD	†Vesta	Hamburg	2150,s	759,s7	180*
RFQG	Juliane	Hamburg	80,s	28,ss	
RFQJ	Cadet	Hamburg	134,s	47,ss	
RFQK	†Teutonia	Hamburg	3627,s	1280,ss	180*
RFQL	Gesine	Hamburg	76,s	27,si	
RFQM	Orion	Hamburg	1020,s	360,ss	
RFQP	Adolfo	Hamburg	ca.2167	ca.765	
RFQS	Federica	Hamburg	ca.2054	ca.725	
RFQT	†Hammonia	Hamburg	150,s	53,ss	40*
RFQV	Maria Magdalena	Hamburg	1651,7	583,ss	
RFQW	Telegraphe	Hamburg	ca 1275	ca.450	
RFSB	Leonor	Hamburg	2268,s	800,ss	
RFSG	Union	Hamburg	ca.1194	ca 422	
RFSH	†Viola	Hamburg	1657,s	585,os	90*
RFSJ	Bolten	Hamburg	1581,o	558,ss	
RFSM	Justine Helene	Hamburg	ca.1026	ca.362	
RFSN	†Portia	Hamburg	1659,s	585,ss	90*
RFSP	†Ophelia	Hamburg	1782,s	611,ss	90*
RFST	Vatapn-le-Mele	Hamburg	ca 55	ca.20	
RFSV	Nisafo'on	Hamburg	ca.173	ca 61	

* Nominelle Pferdekräfte.

RFSW — RGBP

Unter-scheidungs-Signale.	Namen der Schiffe.	Heimathshafen	Kubik-meter Netto-Raumgehalt.	Register-Tons	Pferde-kräfte.
RFSW	Agnes	Hamburg	ca.966	ca.341	
RFTH	†Otto Eichmann . .	Hamburg	2795,4	986,87	130°
RFTD	†Africa	Hamburg	3301,4	1165,25	185°
RFTG	†Europa	Hamburg	3366,8	1186,20	150°
RFTH	†Holsatia	Hamburg	5959,4	1897,78	160°
RFTJ	†Jessica	Hamburg	1659,7	585,69	90°
RFTK	†Malaga	Hamburg	3195,8	1128,11	150°
RFTL	Ceres	Hamburg	2955,9	1043,43	
RFTM	Doña Zoyla . . .	Hamburg	526,4	185,81	
RFTP	Courir	Hamburg	127,9	45,11	
RFTQ	Lautaro	Hamburg	ca.938	ca.331	
RFTS	Stranger	Hamburg	ca.623	ca.220	
RFTV	Elena	Hamburg	ca.592	ca.209	
RFTW	Daphne	Hamburg	ca.144	ca.51	
RFVC	†Aline Woermann .	Hamburg	2599,8	917,67	120°
RFVD	†Chile	Hamburg	34,3	12,14	6°
RFVG	†Claudius	Hamburg	ca.2602	ca.949	150°
RFVJ	Canopus	Hamburg	1275,6	450,34	
RFVK	Johanna	Hamburg	2393,4	844,96	
RFVL	†Tonquin	Hamburg	ca.122	ca.43	20°
RFVM	Elsbär	Hamburg	199,9	70,34	
RFVN	Kolga	Hamburg	1531,7	540,60	
RFVP	Olive	Hamburg	2412,7	851,44	
RFVQ	Nimrod	Hamburg	ca.232	ca.82	
RFVS	Eliza	Hamburg	ca.820	ca.113	
RFVW	Poncho	Hamburg	2287,4	807,34	
RFWB	Agnes Edgell . . .	Hamburg	ca.818	ca.287	
RFWC	Herbert	Hamburg	ca.3872	ca.1367	
RFWD	†Barcelona	Hamburg	3224,6	1188,08	150°
RFWG	†Uarda	Hamburg	3084,4	1088,44	140°
RFWH	†Athlet	Hamburg	82,4	29,31	75°
RFWJ	†Thuringia	Hamburg	4190,3	1479,78	200°
RFWK	†Julia	Hamburg	2172,5	766,40	120°
RFWL	Benga	Hamburg	26,0	9,60	
RFWM	†Livorno	Hamburg	3082,4	1087,34	140°
RFWN	†Tommy	Hamburg	18,2	0,43	18°
RFWP	†Helgoland	Hamburg	42,9	15,10	35°
RFWQ	Flora	Hamburg	2748,8	970,33	
RFWT	Black Watch . . .	Hamburg	ca.1391	ca.491	
RFWV	†Marseille	Hamburg	3004,3	1060,33	160°
RGBC	Plato	Hamburg	ca.3144	ca.1110	
RGBD	†St. Pauli	Hamburg	3187,6	1125,01	200°
RGBF	Prudencia	Hamburg	2449,0	864,44	
RGBJ	Teifun	Hamburg	16,4	5,76	
RGBK	†Wodan	Hamburg	4232,4	1494,67	190°
RGBL	Seenymphe . . .	Hamburg	540,4	190,63	
RGBM	Maol	Hamburg	44,3	15,81	
RGBN	†Albingia	Hamburg	3867,4	1365,33	180°
RGBP	Anale	Hamburg	ca.1241	ca.438	

* Nominelle Pferdekräfte.

RGBQ — RGHB					
Unter-scheidungs-Signale.	Namen der Schiffe.	Heimathshafen	Kubik-meter Netto-Raumgehalt.	Register-Tons	Pferde-kräfte.
RGBQ	Dido	Hamburg	1968,s	604,w	
RGBS	Mexico	Hamburg	ca 1371	ca. 484	
RGBT	Lenita	Hamburg	572,s	202,a	
RGBV	†Capri	Hamburg	2518,s	888,ao	110°
RGBW	†Menes	Hamburg	3504,s	1287,a	160°
RGCB	Frecia	Hamburg	ca.1428	ca.504	
RGCF	†Catania	Hamburg	5046,s	1781,so	200°
RGCH	†Freya	Hamburg	ca.148	ca.52	20°
RGCJ	Minoa	Hamburg	ca.2165	ca.870	
RGCK	Iquique	Hamburg	ca.2517	ca.899	
RGCM	Nestor	ca 3874	ca.1368	
RGCN	†Amalfi	Hamburg	5169,s	1980,a	250°
RGCP	Nautilus	Hamburg	ca.476	ca.168	
RGCQ	Magecia	Hamburg	188,s	47,a	
RGCS	†Australia	Hamburg	4672,s	1649,a	250°
RGCT	†Allemannia . . .	Hamburg	3896,s	1875,a	105°
RGCV	Paquita	Hamburg	1803,s	460,ao	
RGCW	†Danmwall	Hamburg	3573,s	1201,a	160°
RGDB	†America	Hamburg	4659,s	1641,a	250°
RGDC	†Rosario	Hamburg	8899,s	1376,a	200°
RGDF	Havilah	Hamburg	1354,s	478,a	
RGDH	Paposo	Hamburg	ca.3079	ca 1087	
RGDJ	Mootezuma	Hamburg	1251,s	441,a	
RGDK	Alona	Hamburg	1072,s	378,a	
RGDL	†Libelle	Hamburg	2915,s	1029,a	150°
RGDM	†Carl Woermann .	Hamburg	4111,s	1451,a	190°
RGDN	Feto lele	Hamburg	ca.62	ca 22	
RGDP	Malinche	Hamburg	808,s	285,a	
RGDQ	†Rhenania	Hamburg	3849,s	1358,a	180°
RGDS	†Cassius	Hamburg	5074,s	1791,a	290°
RGDT	Emilie Hessenmüller	Hamburg	903,s	318,a	
RGDV	†Picciola	Hamburg	2178,s	874,a	90°
RGDW	†Carlos	Hamburg	2100,s	762,a	110°
RGFB	†Oriental	Hamburg	ca.111	ca.39	15°
RGFC	†Waudrahm . . .	Hamburg	3557,s	1255,a	160°
RGFD	Margretha	Hamburg	128,s	45,a	
RGFH					
RGFJ					
RGFK					
RGFL					
RGFM					
RGFN					
RGFP					
RGFQ					
RGFS					
RGFT					
RGFV					
RGFW					
RGHB					

* Nominelle Pferdekräfte.   9

RGHC — RWJL

Unter- scheidungs- Signale.	Namen der Schiffe.	Heimathshafen	Kubik- meter Netto-Raumgehalt.	Register- Tons	Pferde- kräfte.
RGHC					
RGHD					
RGHF					
RGHJ					
RGHK					
RGHL					
RGHM					
RGHN					
RGHP					
RGHQ					
RGHS					
RGHT					
RGHV					
RGHW					
RGJB					
RGJC					
RGJD					
RGJF					
RGJH					
RGJK					
RGJL					
RGJM					
RGJN					
RWJG	†Patriot	Cuxhaven	247,0	87,19	55*
RWJH	Amandus	Cuxhaven	53,1	18,74	
RWJK	Elise	Cuxhaven	74,3	26,19	
RWJL					

* Nominelle Pferdekräfte.

Amtliche Liste

der

Schiffe

der deutschen Kriegs- und Handels-Marine

mit ihren

Unterscheidungs-Signalen.

Amtliche Liste

der

Schiffe
der deutschen Kriegs- und Handels-Marine

mit ihren

Unterscheidungs-Signalen,

als

Anhang

zum internationalen Signalbuch.

Abgeschlossen im Dezember 1882.

Herausgegeben

im

Reichsamt des Innern.

Berlin.

Druck und Verlag von G. Reimer.

1883.

Vorwort.

Die nachstehende Schiffsliste bildet den Anhang zum internationalen Signalbuche, welches unter dem Titel „Signalbuch für die Kauffahrteischiffe aller Nationen" im Juni 1870 vom Reichskanzler-Amt herausgegeben ist. Das Signalbuch gewährt den Schiffen die Möglichkeit, durch Signale sich zu erkennen zu geben und sonstige Mittheilungen unter einander, sowie mit Signalstationen, auch dann auszutauschen, wenn die signalisirenden Theile verschiedener Sprachen sich bedienen.

Zu diesem Zwecke enthält das Signalbuch eine grosse Anzahl sowohl vollständiger Sätze, als auch zur Verbindung mit einander geeigneter Satztheile, einzelner Wörter, Namen, Silben, Buchstaben und Zahlen, welche durch Gruppen von je 2, 3 oder 4 der 18 Signalbuchstaben B, C, D, F, G, H, J, K, L, M, N, P, Q, R, S, T, V und W bezeichnet sind. Solcher Gruppen, deren jede anders geordnete oder andere Buchstaben enthält als alle übrigen, giebt es 306 von je 2 Signalbuchstaben (BC, BD, BF, BG u. s. w. bis WV), 4896 von je 3 Signalbuchstaben (BCD, BCF, BCG, BCH u. s. w. bis WVT) und 73440 von je 4 Signalbuchstaben (BCDF, BCDG, BCDH, BCDJ u. s. w. bis WVTS).

Alle 306 Gruppen von 2 Signalbuchstaben, alle 4896 Gruppen von 3 Signalbuchstaben und von den Gruppen von 4 Signalbuchstaben die ersten 18960 (BCDF bis GPWV) dienen zur Bezeichnung der in das Signalbuch aufgenommenen Sätze, Satztheile, Wörter u. s. w.

Von den übrigen Gruppen von 4 Signalbuchstaben sind die 1440 Gruppen von GQBC bis GWVT zur Bezeichnung der Schiffe der Kriegs-Marinen und die letzten 53040 Gruppen von HBCD bis WVTS zur Bezeichnung der Schiffe der Handels-Marinen in der Art bestimmt, dass jedem Kriegs- und beziehungsweise Kauffahrtei-Schiffe eins dieser (1440 + 53040 =) 54480 Signale als Unterscheidungs-Signal zuzutheilen ist.

Jedem Staate stehen alle Unterscheidungs-Signale behufs Vertheilung auf die Schiffe seiner Flagge zur freien Verfügung. Schiffe von verschiedenen Flaggen führen daher vielfach dasselbe Unterscheidungs-Signal, Schiffe unter derselben Flagge niemals.

Die Vertheilung der Unterscheidungs-Signale auf die einzelnen Schiffe wird durch die zuständigen Behörden der verschiedenen Staaten bewirkt. Jedem deutschen Kauffahrteischiffe wird gleich bei der Eintragung in das Schiffsregister ein solches Unterscheidungs-Signal zugetheilt und in seinem Schiffs-Certifikate vermerkt. So lange das Schiff unter deutscher Flagge führt, behält es dieses Unterscheidungs-Signal auch beim Wechsel seines Heimathshafens oder seiner Registerbehörde unverändert bei.

Die nachstehende nach der systematischen Reihenfolge der Unterscheidungs-Signale geordnete Liste ergiebt, welche Unterscheidungs-Signale den einzelnen Schiffen der deutschen Kriegs- und Handels-Marine beigelegt worden sind.

Für die Schiffe anderer Staaten, welche das Signalbuch ebenfalls angenommen haben, sind ähnliche Listen vorhanden.

Die Art und Weise, wie die Unterscheidungs-Signale zu signalisiren sind, ergiebt sich aus dem in dem Signalbuche enthaltenen Abschnitte über „Einrichtung und Gebrauch des Signalbuches"; hier wird nur darauf aufmerksam gemacht, dass, wenn ein Schiff sich einem andern Schiffe, einer Signalstation u. s. w. zu erkennen geben will, es ausser seinem Unterscheidungs-Signale stets auch seine National-Flagge zu zeigen hat, da, wie oben erwähnt, Schiffe verschiedener Flaggen vielfach dasselbe Unterscheidungs-Signal führen.

Ein Schiff, welches das Unterscheidungs-Signal eines andern Schiffes wahrnimmt, kann dessen Namen, Heimathshafen, Ladungsfähigkeit und Dampfkraft aus der betreffenden Liste sofort ersehen. Besitzt es die Liste nicht, so wird es sich behufs späterer Feststellung oder Weitermeldung die Nationalität und das Unterscheidungs-Signal zu merken haben.

Alljährlich werden neue Ausgaben dieser Schiffsliste und im Laufe jedes Jahres drei bis vier Nachträge zu derselben erscheinen.

Berlin, im Dezember 1882.

Die Schiffe

der

deutschen Kriegs-Marine.

GQBC — GRSH

Die Schiffe
der
deutschen Kriegs'-Marine.

Alle Schiffe, bei denen etwas Anderes nicht bemerkt ist, sind Schrauben-Dampfschiffe.

Unter-scheidungs-Signale.	Namen der Schiffe.	Art
GQBC	Arcona	Gedeckte Korvette.
GQBD	Ariadne	Glattdecks-Korvette.
GQBF	Arminius	Panzer-Fahrzeug.
GQBH	Augusta	Glattdecks-Korvette.
GQBK	Albatross	Kanonenboot.
GQBL	Aeolus	Schlepper.
GQBM		
GQHD	Boreas	Schlepper (Räder-Dampfschiff).
GQHF	Biene	Panzer-Kanonenboot.
GQHJ	Bismarck	Gedeckte Korvette.
GQHK	Blücher	Gedeckte Korvette.
GQHL	Baiern	Panzer-Korvette.
GQHM	Basilisk	Panzer-Kanonenboot.
GQHN	Baden	Panzer-Korvette.
GQHP	Blitz	Aviso.
GQHR		
GQMD	Cyclop	Kanonenboot.
GQMF	Camaeleon	Panzer-Kanonenboot.
GQMH	Crocodill	Panzer-Kanonenboot.
GQMJ	Carola	Glattdecks-Korvette.
GQMK		
GQSC	Drache	Kanonenboot.
GQSD	Deutschland	Panzer-Fregatte.
GQSF		
GRBC	Elisabeth	Gedeckte Korvette.
GRBD	Eider	Transport-Fahrzeug.
GRBH		
GRHB	Friedrich Carl	Panzer-Fregatte.
GRHD	Falke	Aviso (Räder-Dampfschiff).
GRHF	Freya	Glattdecks-Korvette.
GRHJ	Friedrich der Grosse	Panzer-Fregatte.
GRHK	Friedrichsort	Transport-Fahrzeug.
GRHL	Flink	Torpedoboot.
GRHM		
GRMB	Gazelle	Gedeckte Korvette.
GRMD	Greif	Schlepper (Räder-Dampfschiff).
GRMF	Grille	Aviso.
GRMJ	Gneisenau	Gedeckte Korvette.
GRMK		
GRSC	Hansa	Panzer-Korvette.
GRSH	Hertha	Gedeckte Korvette.

GRSK — GVFL		

Unter-scheidungs-Signale.	Namen der Schiffe.	Art
GRSK	Hohenzollern	Aviso (Kaiserliche Jacht).
GRSL	Heppens	Tonnenleger (Segel-Schooner).
GRSM	Hyäne	Kanonenboot.
GRSN	Habicht	Kanonenboot (Albatross-Klasse).
GRSP	Hommel	Panzer-Kanonenboot.
GRSQ	Hay	Kanonenboot.
GRST		
GSBC	Jade	Schlepper (Räder-Dampfschiff).
GSBH	Iltis	Kanonenboot.
GSBJ		
GSHB	König Wilhelm	Panzer-Fregatte.
GSHC	Kronprinz	Panzer-Fregatte.
GSHD	Kaiser	Panzer-Fregatte.
GSHJ	Kühn	Torpedoboot.
GSHK		
GSMC	Loreley	Aviso (Räder-Dampfschiff).
GSMD	Luise	Glattdecks-Korvette.
GSMF	Leipzig	Gedeckte Korvette.
GSMH		
GSRD	Mosquito	Brigg (Segelschiff).
GSRF	Motlau	Schlepper (Räder-Dampfschiff).
GSRH	Mücke	Panzer-Kanonenboot.
GSRJ	Moltke	Gedeckte Korvette.
GSRK	Möwe	Kanonenboot (Albatross-Klasse).
GSRL	Mars	Artillerieschiff (Gedeckte Korvette).
GSRM	Marie	Glattdecks-Korvette
GSRN		
GTDD	Niobe	Fregatte (Segelschiff).
GTDF	Nymphe	Glattdecks-Korvette.
GTBH	Nautilus	Kanonenboot (Albatross-Klasse).
GTBJ	Notus	Schlepper (Räder-Dampfschiff).
GTBK	Natter	Panzer-Kanonenboot.
GTBL	Norder	Schlepp- und Pumpendampfer.
GTBM		
GTHB	Otter	Kanonenboot.
GTHC	Olga	Glattdecks-Korvette.
GTHD		
GTMF	Pommerania	Aviso (Räder-Dampfschiff).
GTMH	Preussen	Panzer-Fregatte.
GTMJ	Prinz Adalbert	Gedeckte Korvette.
GTMK	Pfeil	Aviso.
GTML		
GTWB	Rhein	Transport-Fahrzeug.
GTWC	Rover	Brigg (Segelschiff).
GTWH	Rival	Schlepper (Räder-Dampfschiff).
GTWJ		
GVFJ	Swine	Schlepper.
GVFL	Skorpion	Panzer-Kanonenboot.

GVFM — GWRD

Unter- scheidungs- Signale.	Namen der Schiffe.	Art
GVFM	Sachsen	Panzer-Korvette.
GVFN	Stosch	Gedeckte Korvette.
GVFP	Stein	Gedeckte Korvette.
GVFQ	Schillig	Segelfahrzeug.
GVFR	Salamander	Panzer-Kanonenboot.
GVFS	Sophie	Glattdecks-Korvette.
GVFT	Schütze	Torpedoboot.
GVFW	Scharf	Torpedoboot.
GVHB	Sicher	Torpedoboot.
GVHC		
GVLD	Tapfer	Torpedoboot.
GVLF		
GVQB	Undine	Brigg (Segelschiff).
GVQC	Ulan	Torpedoboot.
GVQD		
GVTB	Victoria	Glattdecks-Korvette.
GVTC	Vineta	Gedeckte Korvette.
GVTD	Viper	Panzer-Kanonenboot.
GVTF	Vorwärts	Torpedoboot.
GVTH		
GWDB	Wangerooge	Schooner (Segelschiff).
GWDH	Wilhelmshaven	Lootsendampfer.
GWDJ	Wespe	Panzer-Kanonenboot.
GWDK	Wolf	Kanonenboot.
GWDL	Württemberg	Panzer-Korvette.
GWDM		
GWRB	Zephir	Schlepper (Räder-Dampfschiff).
GWRC	Zieten	Aviso.
GWRD		

Die Schiffe

der

deutschen Handels-Marine.

Die Schiffe

der

deutschen Handels-Marine.

Die Dampfschiffe sind mit † bezeichnet; ihre Maschinenkraft ist, wo
etwas Anderes nicht bemerkt ist, in effektiven Pferdekräften ausgedrückt.

Unter-scheidungs-Signale.	Namen der Schiffe.	Heimathshafen	Kubik-meter Netto-Raumgehalt.	Register-Tons Netto-Raumgehalt.	Pferde-kräfte.
HBCD	Othello	Memel	091,1	349.96	
HBCG	Mary Jane	Memel	1028,8	363,11	
HBCL	Ariadne	Memel	909,3	321,16	
HBCM	Arethusa	Memel	914,7	322.69	
HBDC	Thusnelde	Memel	860,9	303.90	
HBDF	Satisfaction	Memel	1209,0	426,75	
HBDQ	Elizabeth	Memel	935,4	330.70	
HBDR	Emma et Johanna	Memel	980,8	346,13	
HBDT	Maria	Memel	959,7	338,79	
HBDV	†Terra	Stettin	204,3	72,11	55
HBDW	Calypso	Memel	940,1	331,68	
HBFD	Freundschaft	Memel	986,4	348,20	
HBFG	Der Adler	Memel	775,3	273,83	
HBFJ	Johann Benjamin	Memel	1195,6	422,01	
HBFN	Marianne Bertha	Memel	1029,3	363,43	
HBFP	Margarethe	Memel	1344,4	474,87	
HBFT	Pomona	Memel	1228,4	433,63	
HBGK	Fortuna	Memel	919,4	324,43	
HBGL	Amalthea	Memel	1009,0	356,16	
HBGM	Hercules	Memel	1320,3	466,06	
HBGN	Johanna	Danzig	955,0	337,11	
HBGP	Adelheid et Bertha	Memel	1221,4	431,77	
HBGQ	Rhea	Memel	1242,4	438,37	
HBGV	Achilles	Memel	1225,1	432,43	
HBJC	Aeolus	Memel	1310,3	462,64	
HBJD	Alexandrine	Memel	1204,7	425,23	
HBJG	A. Klockmann	Memel	1454,3	513,03	
HBJL	Behrend	Memel	1324,3	467,14	
HBJM	Wilhelm I.	Memel	1219,4	430,46	
HBJT	Juno	Memel	1157,3	408,67	
HBJW	Asia	Memel	898.4	317,21	
HBKD	Express	Memel	708,7	250,17	
HBKF	Loreley	Memel	1242,8	438,60	
HBKJ	Canada	Memel	1324,8	467,83	
HBKL	Astraea	Memel	1224,6	432,23	
HBKM	Witch	Memel	675,9	238,13	
HBKQ	Orion	Memel	1471,8	519,44	

HBKR — HDCJ

Unter-scheidungs-Signale.	Namen der Schiffe.	Heimathshafen	Kubik-meter Netto-Raumgehalt.	Register-Tons	Pferde-kräfte.
HBKR	Othello	Memel	1306,4	461,11	
HBKS	Demetra	Memel	1214,0	428,54	
HBKT	Storm Bird	Stralsund	994,5	351,08	
HBLJ	Atlantic	Memel	1450,9	512,11	.
HBLP	Ceres	Memel	1088,0	384.88	
HBLS	Criminal-Rath Brand	Memel	1282,4	452,60	
HBLW	†Adler	Memel	100,4	35.81	50
HBMK	Aboma	Memel	739,1	260,94	
HBMN	Star of Hope	Memel	810,7	286,16	
HBMP	Vesta	Memel	1386,4	489,88	
HBMS	Germania	Memel	506,0	175,68	
HBMV	Hestia	Memel	1558,1	550,01	
HBNC	Meteor	Memel	508,0	179,58	
HBNF	Meta	Rügenwalde	1302,4	459,73	
HBNJ	†Moewe	Memel	274,0	96,73	18
HBNK	Alexander	Memel	372,9	131,43	
HBNL	Heinrich von Schroeder.	Memel	1544,3	545,81	
HDNT	†Schwarzort	Memel	113,3	39,98	25
HBNV	Medusa	Memel	1035,6	365,44	
HBPC	Cherokee	Memel	801,0	283,64	
HDPD	†Einigkeit	Memel	104,3	36,70	50
HBPF	Hoffnung	Memel	929,4	828,68	
HBPG	†Agamemnon	Memel	115,7	40,54	70
HBPQ	Minna Helene	Memel	964,0	840,80	
HBPR	Copernicus	Swinemünde	210,5	74,31	
HBPS	Gazelle	Memel	1141,6	402,84	
HBPV	Jew Le	Memel	—	175,87	
HBPW	Louise Wilhelmine	Memel	386,5	136,43	
HBQD	Erwartung	Memel	637,0	224,88	
HBQF	Memel	Memel	1066,1	376,83	
HBQG	Delphin	Memel	88,7	31,81	
HBQJ	Zufriedenheit	Memel	51,8	18,29	
HBQK	†Agathe	Memel	1136,8	401,80	50
HBQL	Moss-Glen	Memel	ca.1555	ca. 549	
HBQM	†Anita	Memel	38,3	13,80	25
HBQN	Cito	Memel	1320,3	466,07	
HBQP	†Königin Luise	Memel	1884,7	665,84	320*
HBQR					
HBQS					
HBQT					
HBQV					
HBQW					
HDDG	Reinhold	Pillau	880,4	310,13	
HDHN	Pillau	Pillau	1331,6	470,13	
HDBP	Neptun	Pillau	1375,7	485,63	
HDHR	Fortuna	Pillau	1213,1	428,43	
HDBV	Koenigin Elisabeth	Pillau	623,0	210,88	
HDCJ	Farewell	Pillau	1519,4	536,84	

* Indicirte Pferdekräfte.

HDCK — HFGN

Unter-scheidungs-Signale.	Namen der Schiffe.	Heimathshafen	Kubik-meter Netto-Raumgehalt	Register-Tons	Pferde-kräfte.
HDCK	Kronprinz von Preussen.	Pillau	676,9	238,84	
HDCQ	Jupiter	Pillau	1252,6	442,16	
HDCH	†Samland*)	Königsberg i. Pr.	1181.6	417,10	300**
HDCT	Competitor	Pillau	1920,1	677,19	
HDCV	Alpina	Pillau	1558,6	548,49	
HDCW	Marie	Pillau	89,9	81,78	
HDFB	Clara	Pillau	97.1	34,86	
HDFG	Carl August	Pillau	2607,8	920,48	
HDFJ	†Komet	Königsberg i. Pr.	1287,3	454,34	300
HDFK	†Rapp	Pillau	40,9	14,46	00
HDFL	Albambra	Pillau	8559,9	1256,64	
HDFM	†Box	Pillau	39,9	13,74	90**
HDFN	†Albertus	Königsberg i. Pr.	2071,4	731,11	300
HDFP	†Scotia	Königsberg L Pr.	1316,7	464,80	225
HDFQ					
HDFR					
HDFS					
HDFT					
HFBC	Victoria	Rostock	1005,3	354,61	
HFBG	India	Danzig	1625,0	573,64	
HFBM	Caroline Susanne	Danzig	1351.4	477,04	
HFBP	Simon	Danzig	1487,4	507,40	
HFBR	Mathilde	Danzig	421,1	148,83	
HFBS	Concordia	Danzig	1237,7	436,91	
HFBV	Sphinx	Danzig	740,3	261,29	
HFCG	Kennet Kingsford	Danzig	448,3	159,23	
HFCJ	Vorwärts	Danzig	1400,1	494,43	
HFCK	Marianne	Danzig	1414,0	499,14	
HFCL	Danzig	Danzig	1372,3	484,47	
HFCN	Peter Rolt	Rostock	1370,0	483,81	
HFCP	Friedrich der Grosse	Danzig	1792,3	632,66	
HFCT	George	Danzig	1850,1	658,09	
HFCV	Praesident von Blu-menthal.	Rügenwalde	1486,3	524,61	
HFCW	Otto Linck	Danzig	1893,0	668,23	
HFDB	Libertas	Danzig	1180,0	418,63	
HFDG	Friedrich Wilhelm Jebens.	Danzig	1205,4	425,49	
HFDJ	Friedrich Gelpke	Danzig	1936.1	683,64	
HFDM	Soli Deo Gloria	Stettin	1207,1	426,10	
HFDT	Johann Wilhelm	Danzig	2206,1	778,86	
HFDW	Agnes Linck	Danzig	1904,9	672,39	
HFGD	British Merchant	Danzig	1340,7	473,09	
HFGJ	Maria	Danzig	1366,4	482,34	
HFGL	Königin Elisabeth Louise.	Danzig	1374,1	485,68	
HFGM	Arthur	Danzig	1484,7	506,44	
HFGN	Conrier	Danzig	518,4	188,08	

*) Früherer Name „Saladin". ** Indicirte Pferdekräfte. 2

HFGP — HFPJ

Unter-scheidungs-Signale.	Namen der Schiffe.	Heimathshafen	Kubik-meter Netto-Raumgehalt.	Register-Tons Raumgehalt.	Pferde-kräfte.
HFGP	Eintracht	Danzig	1008,9	877,52	
HFGQ	Paul Gerhard	Danzig	700,1	247,14	
HFGR	Breslau	Rügenwalde	897,9	316,59	
HFGS	Industrie	Rostock	942,5	832,91	
HFGW	Neptun	Danzig	622,1	219,11	
HFJB	†Ida	Danzig	758,2	267,62	120
HFJD	Berlin	Danzig	894,0	315,59	
HFJM	Ferdinand	Danzig	1080,0	383,51	
HFJP	Professor Baum	Danzig	1062,9	374,59	
HFJQ	Anna und Bertha	Danzig	958,9	888,43	
HFJT	Maria Adelaide	Danzig	1103,6	389,51	
HFJW	Queen Victoria	Danzig	1847,3	652,10	
HFKD	Der Wanderer	Danzig	1700,6	600,43	
HFKL	Titania	Danzig	610,9	215,44	
HFKN	Freiherr Otto v. Mauteuffel.	Danzig	1044,3	368,52	
HFKP	Theodor Behrend	Danzig	1911,4	674,71	
HFKW	Trabant	Danzig	1077,3	380,23	
HFLB	Hevelius	Danzig	1059,2	373,90	
HFLC	Jacob Arendt	Danzig	1236,1	436,54	
HFLW	Admiral Prinz Adal-bert.	Danzig	2424,4	855,57	
HFMC	Alsen	Danzig	1066,1	588,13	
HFMD	Wodan	Danzig	1357,3	479,29	
HFMJ	Margarethe Blanca	Danzig	1493,9	527,34	
HFMK	Düppel	Danzig	1384,9	488,94	
HFML	Borussia	Danzig	787,7	278,97	
HFMP	†Julianne Renate	Danzig	1307,1	461,62	80°
HFMQ	Gustav Friedrich Focking.	Danzig	1417,1	500,45	
HFMR	Prinz Friedrich Carl	Rügenwalde	1256,4	443,51	
HFMS	St. Johannes	Danzig	1916,8	676,33	
HFMV	Oberbürgermeister v. Winter.	Danzig	1563,4	551,94	
HFMW	St. Christopher	Danzig	1729,0	610,54	
HFNB	Theodosius Christian	Danzig	1372,1	484,15	
HFNJ	Charlotte & Anna	Danzig	1228,1	433,73	
HFNK	Germania	Danzig	1019,6	359,91	
HFNL	St. Petrus	Danzig	1874,0	661,31	
HFNP	Wilhelm	Rügenwalde	140,9	51,95	
HFNQ	Toni	Rügenwalde	1326,9	468,09	
HFNR	Fortuna	Danzig	1467,7	518,10	
HFNS	Laura Maria	Danzig	1375,9	485,43	
HFNT	St. Paulus	Danzig	1902,6	671,44	
HFNV	Belle Alliance	Danzig	1141,3	403,02	
HFPB	Bertha	Danzig	1109,6	391,49	
HFPC	Anna Dorothea	Danzig	1481,7	523,04	
HFPD	Albertine	Danzig	72,0	25,47	
HFPJ	Verein	Rostock	1327,1	468,43	

* Nominelle Pferdekräfte.

HFPL — HJBG

Unter-scheidungs-Signale.	Namen der Schiffe.	Heimathshafen	Kubik-meter Netto-Raumgehalt.	Register-Tons	Pferde-kräfte.
HFPL	†Drache	Danzig	119,5	42,17	159
HFPN	St. Mathaeus	Danzig	1486,6	507,12	
HFPQ	Gebrüder	Danzig	90,4	34,04	
HFPS	George Linck	Danzig	1924,1	679,24	
HFPW	Sommer	Danzig	91,3	32,44	
HFQB	Falke	Danzig	93,1	32,51	
HFQC	Marie Mathilde	Danzig	67,3	28,97	
HFQD	Augustine	Danzig	49,4	17,51	
HFQK	†Blonde	Danzig	1310,0	462,43	164
HFQL	Hebe	Danzig	882,3	311,57	
HFQM	Jupiter	Danzig	1882,1	664,42	
HFQR	William Bateman	Danzig	1428,0	504,37	
HFQS	Herrmann	Danzig	528,1	186,42	
HFQT	Johannes	Danzig	482,4	170,25	
HFQV	Carl Linck	Danzig	1879,4	663,39	
HFQW	†Artushof	Danzig	1472,5	519,56	228
HFRC	Hermann	Danzig	142,7	50,71	
HFRJ	Hoffnung	Danzig	1461,3	515,90	
HFRK	†Minister Achenbach	Danzig	2132,2	752,67	120*
HFRL	Wilhelm Linck	Danzig	1892,6	668,69	
HFRP	Anna Amalie	Danzig	70,1	24,74	
HFRQ	Betty	Danzig	757,0	267,31	
HFRS	†Jenny	Danzig	1541,0	544,39	90*
HFRT	†Fink	Danzig	51,5	18,39	25*
HFRV	Janelen	Danzig	229,1	80,71	
HFRW	Mary C. Bohm	Danzig	145,3	51,33	
HFSB	Elise Linck	Danzig	1454,1	513,36	
HFSC	†Arion	Danzig	27,4	9,63	26*
HFSD	†Mlawka	Danzig	1297,0	457,84	95*
HFSG	Walter	Danzig	98,0	34,39	
HFSJ	Black Diamond	Danzig	ca. 1658	ca. 588	
HFSK	†Bravo	Danzig	56,4	19,77	—
HFSL	†Danzig	Danzig	1566,1	552,97	90*
HFSM	Oswald	Danzig	1260,5	444,93	
HFSN	†Annie	Danzig	1631,4	675,87	99*
HFSP	†Potzig	Danzig	230,2	81,30	25*
HFSQ	Else	Danzig	ca. 813	ca. 287	
HFSR	Helene	Danzig	ca. 746	ca. 263	
HFST	†Brunette	Danzig	1619,7	571,77	99*
HFSV	†Fortuna	Danzig	400,0	144,39	40
HFSW	†Lotte	Danzig	975,2	344,25	100
HFTB	†Latka	Danzig	1995,3	704,33	110
HFTC					
HFTD					
HFTG					
HFTJ					
HFTK					
HJBF	Michael	Stettin	1075,0	379,16	
HJBG	Nummer Fünf	Memel	1039,4	366,30	

* Nominelle Pferdekräfte.

2*

HJBL — JBLC

Unter-scheidungs-Signale.	Namen der Schiffe.	Heimathshafen	Kubik-meter Netto-Raumgehalt.	Register-Tons	Pferde-kräfte.
HJBL	†Nordstern	Elbing	312,1	110,59	36
HJBM	†Ceres	Elbing	302,1	106,44	36
HJBN	Ciio	Elbing	464,8	163,97	
HJBP	Einigkeit	Elbing	1124,4	396,91	
HJBQ	†Ajax	Pillau	1862,8	657,89	110
HJBS	†Sirius	Königsberg i. Pr. . .	732,6	258,80	50
HJBV	Sirene	Stettin	1419,1	500,79	
HJCB	†Pinus	Elbing	279,9	98,81	80*
HJCD					
HJCF					
HJCG					
JBCD	Carl	Stettin	404,6	142,82	
JBCN	Die Ostsee	Stettin	481,8	170,61	
JBCP	Bravo	Stettin	464,1	163,84	
JBCR	Carl Friedrich . .	Stettin	365,6	129,06	
JBDC	Ottilie	Stettin	475,4	167,69	
JBDF	Patriot	Swinemünde . . .	663,1	234,29	
JBDG	Areopa	Swinemünde . . .	528,1	186,63	
JBDH	†Tilsit	Stettin	499,1	176,19	45
JBDK	Elwine & Friederieke	Stettin	404,4	142,74	
JBDN	†Memel Packet . . .	Stettin	373,9	131,94	40
JBDV	Allegro	Memel	891,9	314,79	
JBFD	Felix	Stettin	662,9	233,97	
JBFG	Minerva	Stettin	778,6	274,48	
JBFH	Hertha	Stettin	557,1	196,63	
JBFK	Bertha	Swinemünde . . .	583,4	205,94	
JBFL	Reform	Stettin	712,9	251,46	
JBFN	Louise	Ueckermünde . . .	877,9	309,39	
JBFP	Paul	Stettin	481,4	169,23	
JBFQ	Amaranth	Ueckermünde . . .	689,5	243,37	
JBFR	Aries	Swinemünde . . .	140,8	49,49	
JBFT	Emilie	Stettin	636,4	224,55	
JBFV	Dienstag	Ueckermünde . . .	829,6	292,71	
JBFW	Der Pommer . . .	Swinemünde . . .	660,3	233,60	
JBGH	Richard	Anklam	575,0	202,90	
JBGN	Gustav & Adelheid	Stettin	444,4	156,91	
JBGR	Anna	Ueckermünde . . .	762,4	269,13	
JBGV	Der zehnte Juni	Ueckermünde . . .	951,5	335,99	
JBHK	Leucothea	Stettin	533,1	188,23	
JBHN	Anna	Stettin	942,6	332,43	
JBHT	Wilhelm	Stettin	698,3	246,46	
JBKC	Oceanide	Stettin	578,9	204,33	
JBKD	Comet	Stettin	628,6	221,71	
JBKF	Paladin	Swinemünde . . .	847,7	299,22	
JBKG	Martha	Rügenwalde . . .	422,6	149,19	
JBKL	Thetis	Stettin	670,1	236,60	
JBKM	Helmuth	Ueckermünde . . .	655,7	231,46	
JBKN	Marie Heyn . . .	Stettin	916,1	323,60	
JBLC	Amicitia	Ueckermünde . . .	658,8	232,60	

* Indicirte Pferdekräfte.

JBLF — JBTW

Unter-scheidungs-Signale.	Namen der Schiffe.	Heimathshafen	Kubik-meter Netto-Raumgehalt.	Register-Tons	Pferde-kräfte.
JBLF	L'esperance	Ueckermünde . . .	599,3	211,43	
JBLG	Emilie	Swinemünde . . .	1185,9	416,59	
JBLN	Talismann	Stettin	763,8	209,34	
JBLP	Adelheid	Stettin	603,0	212,54	
JBLR	Ernestine	Anklam	456,3	161,09	
JBLV	Carl Friedrich . .	Demmin	1095,6	386,75	
JBMG	Albert	Stettin	625,8	220,91	
JBMP	Gustav	Ueckermünde . . .	633,7	223,69	
JBMQ	Die Peene	Wolgast	710,4	250,77	
JBMS	Nestor	Stettin	1209,0	447,94	
JBMT	Marie Emilie . . .	Demmin	1156,3	408,13	
JBMW	Familie	Ueckermünde . . .	580,4	204,88	
JBNG	Orion	Rügenwalde . . .	234,8	82,58	
JBNM	Amalia & Hedwig .	Stettin	932,7	329,34	
JBNP	†Miadroy	Stettin	217,3	76,73	50
JBNR	Minister von Schlei-nitz.	Ueckermünde . . .	567,3	200,33	
JBNV	Henriette Wilhelmine	Barth	475,9	167,79	
JBPC	Emma Louise . . .	Ziegenort	199,6	70,42	
JBPH	†Die Dievenow . .	Stettin	193,9	68,46	50
JBPK	†Prinzess Royal Victoria.	Stettin	282,9	99,85	65
JBPR	Prinz Regent . . .	Stettin	1344,7	474,69	
JBQC	Mentor	Stettin	690,1	248,09	
JBQF	†Alexandra	Stettin	1057,3	373,32	145
JBQG	†Emilie	Stettin	979,3	345,31	80
JBQH	Pauline	Stettin	956,4	337,33	
JBQK	Hulda	Ziegenort	152,4	53,60	
JBQR	Alma	Stettin	593,9	209,64	
JBQS	Hugo Georg . . .	Stettin	550,8	194,44	
JBQT	Donnerstag	Ueckermünde . . .	620,9	219,16	
JBQV	Duisburg	Geestemünde . . .	2863,7	1010,84	
JBQW	Lucia	Stettin	769,9	271,74	
JBRG	Johanna Emilie . .	Kolberg	607,8	214,48	
JBRH	Ludwig Hoyn . . .	Stettin	1657,9	584,93	
JBRS	†Der Preusse . . .	Stettin	625,1	220,83	60
JBRT	†Archimedes . . .	Stettin	681,9	240,39	60
JBRV	†Vineta	Stettin	556,3	196,46	60
JBSH	Ferdinand	Stolpmünde . . .	130,2	49,13	
JBSK	Der Nord	Stettin	1413,11	498,53	
JBSP	Ida	Kolberg	91,6	32,32	
JBSR	Iphigenia	Rügenwalde . . .	722,6	255,99	
JBTC	Pomerania	Stolpmünde . . .	995,9	351,24	
JBTD	Lapus	Swinemünde . . .	126,3	44,14	
JBTH	Hertha	Rügenwalde . . .	1128,4	398,83	
JBTL	Die zwei Geschwister	Rügenwalde . . .	118,9	41,73	
JBTN	Eduard	Bremen	1706,4	602,34	
JBTQ	†Neptun	Swinemünde . . .	154,6	54,64	192
JBTW	Friedrich	Kolberg	1003,8	354,34	

JBVG — JCKG

Unter-scheidungs-Signale.	Namen der Schiffe.	Heimathshafen	Kubik-meter Netto-Raumgehalt	Register-Tons	Pferde-kräfte.
JBVG	Laura	Kolberg	881,9	311,21	
JBVL	†St. Petersburg	Stettin	720,4	254,36	60
JBVM	Leo	Rügenwalde	125,9	44,41	
JBVQ	Ostsee	Kolberg	1022,6	360,96	
JBVR	Carl Friedrich	Kolberg	305,3	107,24	
JBVS	Emma	Stettin	565,3	199,33	
JBVT	Carl Johannes	Kolberg	338,6	119,34	
JBWC	Severus	Stettin	1264,6	446,41	
JBWD	Friedrich Wilhelm	Swinemünde	433,1	153,00	
JBWP	Elise	Swinemünde	126,5	44,76	
JBWR	Ernst Friedrich	Kolberg	708,6	260,21	
JBWS	†Arcona	Stettin	1059,9	374,13	80
JCBD	Perle	Kolberg	768,1	271,16	
JCBF	Oberon	Rügenwalde	745,3	263,16	
JCBH	Bellona	Rügenwalde	1288,3	454,63	
JCBK	August Friedrich	Anklam	668,1	235,97	
JCBM	Carl August	Stettin	681,9	240,71	
JCBN	August	Swinemünde	983,3	347,16	
JCBP	Leopoldine Fraude	Stettin	925,2	326,03	
JCBQ	Eintracht	Stettin	769,6	271,52	
JCBS	Friederike & Marie	Swinemünde	871,1	307,59	
JCBW	Navigator	Kolberg	432,4	152,64	
JCDF	Richard	Stettin	1311,0	462,77	
JCDK	†Orpheus	Stettin	655,6	231,43	50
JCDM	Hermann	Rügenwalde	109,9	38,23	
JCDT	Der Freischütz	Stettin	501,9	177,14	
JCDV	Alby	Stettin	531,3	187,63	
JCDW	William	Anklam	135,9	47,99	
JCFG	Mittwoch	Ueckermünde	793,5	280,11	
JCFH	Freitag	Ueckermünde	880,0	310,44	
JCFL	Bruno	Stettin	644,2	227,43	
JCFM	Berthold	Stettin	769,0	271,47	
JCFN	Norma	Stettin	1012,6	357,44	
JCFP	Willibald	Stettin	744,9	262,93	
JCFQ	†Die Erndte	Stettin	309,5	109,36	40
JCFS	Willkommen	Kolberg	1109,1	391,81	
JCFV	Charles	Stettin	867,4	306,30	
JCGB	Rudolph Ebel	Stettin	1107,1	390,90	
JCGH	Nordstern	Stettin	618,4	218,37	
JCGK	Louise Wichards	Stettin	992,6	350,16	
JCGL	Leda	Stettin	914,9	322,94	
JCGR	Concordia	Rügenwalde	1050,9	370,96	
JCGS	Ceres	Stettin	725,3	256,03	
JCGW	Prinz Adalbert	Stettin	840,1	296,67	
JCHB	Auguste Jeanette	Danzig	1037,3	366,17	
JCHQ	Fortuna	Stettin	82,3	29,05	
JCHT	Emilie	Stettin	131,1	46,31	
JCKD	Ernestine Wilhelmine	Ziegenort	88,5	31,34	
JCKG	Concordia	Stettin	94,0	33,13	

JCKN — JCTP

Unter-scheidungs-Signale.	Namen der Schiffe.	Heimathshafen.	Kubik-meter Netto-Raumgehalt.	Register-Tons	Pferde-kräfte.
JCKN	Anna	Stolpmünde	159,7	56,37	
JCKQ	Heinrich	Wollin	103,1	36,40	
JCKS	Maria	Osternothhafen	77,0	27,17	
JCKW	Minna	Stettin	84,5	29,97	
JCLB	Anna	Stralsund	97,6	34,33	
JCLD	Amanda	Anklam	78,6	27,93	
JCLR	Elise	Stralsund	71,4	25,22	
JCLS	Otto Robert	Ziegenort	178,3	63,01	
JCLV	Johanne Louise	Swinemünde	56,3	19,47	
JCMB	Marie	Stolpmünde	102,5	36,29	
JCMP	Auguste	Stettin	238,3	84,09	
JCMS	Hulda	Swinemünde	113,5	40,07	
JCMT	†Stolp	Stettin	383,9	135,13	40
JCNB	Waldemar	Stettin	777,3	274,33	
JCND	Maria	Anklam	133,3	47,02	
JCNK	Ceres	Rügenwalde	865,8	305,03	
JCNV	Helene	Stralsund	169,4	59,46	
JCNW	Auguste Teltge	Barth	1013,0	357,33	
JCPD	Juno	Stolpmünde	108,9	38,13	
JCPG	Maria	Rügenwalde	100,9	35,41	
JCPH	Cito	Rügenwalde	77,3	27,41	
JCPN	Königin Augusta	Stettin	1808,1	460,74	
JCPQ	C. F. Ivers	Stettin	858,4	303,01	
JCPR	Elise	Rügenwalde	108,4	38,10	
JCPT	†Wolliner Greif	Wollin	177,3	62,36	50
JCQB	Gerdina	Kolberg	75,4	26,69	
JCQD	Caroline	Rügenwalde	85,6	30,23	
JCQK	Gute Hoffnung	Kolberg	87,3	30,55	
JCQP	Maria	Neuwarp	65,1	22,08	
JCQT	Cito	Kammin in Pommern	68,9	24,23	
JCQV	Alfred	Wollin	171,9	60,08	
JCRD	Ottilie	Stettin	914,7	322,50	
JCRF	Ludwig	Stettin	1049,1	368,21	
JCRL	Fidelio	Stettin	1064,5	375,76	
JCRS	Liberty	Kolberg	83,3	29,42	
JCRV	Auguste	Stettin	126,3	44,34	
JCRW	Gustav	Kolberg	176,4	62,41	
JCSG	Graf von Wrangel	Kolberg	810,3	298,60	
JCSH	Nordsee	Rügenwalde	930,3	328,17	
JCSK	Atlantic	Rügenwalde	1318,5	465,61	
JCSM	Sonnabend	Ueckermünde	907,9	311,61	
JCSN	†Die Sonne	Swinemünde	150,4	53,04	120
JCSR	Hermine	Ueckermünde	689,9	243,33	
JCSV	Rhea	Stettin	1291,6	445,13	
JCTB	von der Heydt	Stettin	1309,3	462,04	
JCTD	Baltic	Rügenwalde	878,1	310,01	
JCTG	Anna	Stolpmünde	159,6	55,97	
JCTL	Anna	Anklam	163,1	57,37	
JCTP	Gustav	Stolpmünde	257,3	90,77	

24

JCTS — JDGT

Unter-scheidungs-Signale.	Namen der Schiffe.	Heimathshafen	Kubik-meter Netto-Raumgehalt.	Register-Tons	Pferde-kräfte.
JCTS	Brünnow	Rügenwaldermünde	1364,7	481,74	
JCVB	Albatros	Stettin	902,1	318,44	
JCVD	Louise	Anklam	601,3	244,31	
JCVF	Carl Johann	Stettin	850,2	300,67	
JCVG	Sonntag	Ueckermünde	938,7	331,34	
JCVK	Schwalbe	Rügenwalde	163,4	57,73	
JCVM	Friedrich Scalla	Stettin	1105,1	491,33	
JCVN	†Das Haff	Stettin	153,3	54,6	40
JCVT	Bürgermeister Kirstein.	Anklam	1007,4	355,63	
JCVW	Der dritte Juli	Kolberg	824,5	291,33	
JCWD	Anna	Stralsund	81,3	28,77	
JCWF	Ernst et Benno	Stettin	1042,4	367,77	
JCWG	Aurelius	Barth	799,9	282,33	
JCWM	Heinrich Albert	Neuwarp	81,4	28,74	
JCWP	Carl Fraas	Swinemünde	504,9	177,79	
JCWQ	Hedwig	Stettin	84,5	29,43	
JCWR	Ferdinand Bromm	Stettin	2027,4	715,44	
JCWS	Laura	Kolberg	391,4	140,34	
JCWT	Christoph	Stralsund	173,4	61,34	
JDBC	Paul	Stralsund	131,7	46,9	
JDBK	Carl Heinrich	Anklam	634,1	223,44	
JDBM	Marie	Stettin	1318,9	465,33	
JDBN	Auguste	Geestemünde	940,1	331,44	
JDBQ	†Hertha	Stettin	1182,4	417,39	80
JDBW	Emma Zühlke	Gollnow	457,4	161,03	
JDCB	Herrmann Becker	Stettin	1092,7	385,79	
JDCF	Sophia	Stettin	180,4	63,71	
JDCG	Maria	Rügenwaldermünde	83,3	29,34	
JDCL	Ottilie	Danzig	1607,4	567,69	
JDCN	Antares	Rügenwalde	1319,4	465,34	
JDCQ	Melisse	Rügenwaldermünde	124,9	43,77	
JDCR	Maria	Barth	1190,3	420,10	
JDCS	Bernhard	Stettin	1863,4	657,70	
JDCW	Ida	Altwarp	178,4	62,97	
JDFG	Martha	Ziegenort	149,9	52,9	
JDFH	Olga	Danzig	987,4	348,9	
JDFK	Leopold II.	Lübeck	1210,3	427,41	
JDFL	†Arthur	Stettin	347,3	122,64	20
JDFR	†Titania	Stettin	835,7	295,31	120
JDFV	Victoria	Anklam	1221,4	431,3	
JDFW	†Marietta	Stettin	798,3	281,75	64
JDGK	†Der Kaiser	Stettin	344,4	121,41	80
JDGM	†Alma	Swinemünde	129,3	45,41	148
JDGN	Wega	Rügenwalde	975,9	344,09	
JDGP	Martha	Kolberg	141,3	49,34	
JDGR	Minna	Swinemünde	1323,9	467,11	
JDGS	Catharina	Rügenwalde	93,9	32,63	
JDGT	Madura	Ueckermünde	1250,4	441,44	

JDGV — JDNW

Unter-scheidungs-Signale.	Namen der Schiffe.	Heimathshafen	Kubik-meter	Register-Tons	Pferde-kräfte.
			Netto-Raumgehalt.		
JDGV	Lucie Radmann . .	Ueckermünde . . .	1266,0	446,80	
JDHC	Bertha	Kolberg	191,0	67,70	
JDHG	Ida	Kolberg	205,5	72,45	
JDHN	†Commercial . . .	Stettin	845,0	121,2	35
JDHR	†Sosanne	Stettin	744,4	262,77	50
JDHS	†Moskau	Stettin	1421,1	501,43	85
JDKB	Louise	Hamburg	1946,4	687,65	
JDKF	Freiheit	Rügenwalde . . .	751,5	205,20	
JDKL	Genitore	Rügenwalde . . .	1201,2	424,62	
JDKM	Empress	Rügenwalde . . .	1301,5	459,44	
JDKQ	Argo	Ziegenort	179,1	63,22	
JDKS	Elise Metzler . . .	Stettin	1056,6	378,66	
JDKT	Vera	Rügenwalde . . .	1081,3	364,44	
JDKV	Johanna	Stettin	2049,2	721,2	
JDLB	Humber	Danzig	1281,2	484,62	
JDLC	Geertruida . . .	Swinemünde . . .	161,4	56,57	
JDLF	†Princess	Swinemünde . . .	26,6	9,10	40
JDLG	Albert	Wolgast	90,5	81,96	
JDLH	†KronprinzFriedrich	Stettin	344,0	121,03	96
	Wilhelm.				
JDLK	Wilhelmine	Altwarp	73,9	26,46	
JDLM	Anna Maria . . .	Altwarp	58,7	20,72	
JDLN	Ella	Stolpmünde . . .	180,2	63,60	
JDLR	†Reval	Stettin	1402,4	520,72	85
JDLS	†Agent	Swinemünde . . .	84,9	12,31	64
JDLT	†Orion	Bremen	481,6	152,34	60*
JDLV	Maria	Ueckermünde . . .	64,1	22,69	
JDLW	Friedrich	Stralsund	62,6	22,76	
JDMB	Johanna	Rügenwaldermünde	60,6	21,29	
JDMG	†Rügenwalde . .	Rügenwalde . . .	1079,4	361,10	300
JDMH	†Vesuv	Stettin	43,5	15,55	35
JDMK	Wilhelmine	Altwarp	69,1	24,15	
JDMN	Louise	Swinemünde . . .	79,3	28,01	
JDMP	†Kreosmann . . .	Stettin	1174,4	414,48	75
JDMQ	Alice Starrett . . .	Swinemünde . . .	1043,3	308,89	
JDMR	†Die Biene	Stettin	81,6	28,70	86
JDMS	Wilhelmine	Neuwarp	58,7	20,72	
JDMW	Alice	Flensburg	280,6	99,73	
JDNB	†Castor	Swinemünde	55,7	19,66	20
JDNC	†Pollox	Ellerbeck bei Kiel . .	56,4	19,91	20
JDNG	†Russia	Stettin	1564,6	552,33	90
JDNH	Fortana . . . : . .	Altwarp	60,2	21,36	
JDNL	†Heinrich	Stettin	148,4	52,41	65
JDNM	Johanna Maria . .	Stolpmünde . . .	176,6	62,33	
JDNQ	Julie	Wolgast	1104,7	380,84	
JDNR	Marie	Swinemünde . . .	82,7	29,03	
JDNS	Paul	Anklam	79,9	28,18	
JDNT	Adler	Rügenwalde . . .	92,3	32,03	
JDNW	Concordia.	Stettin	138,2	47,90	

* Indicirte Pferdekräfte.

JDPB — JDTM

Unter-scheidungs-Signale.	Namen der Schiffe.	Heimathshafen	Kubik-meter Netto-Raumgehalt.	Register-Tons	Pferde-kräfte.
JDPB	Carl & Erich . . .	Stettin	233,7	82,63	
JDPC	†Anclam Packet .	Anklam	151,3	53,46	20
JDPF	Emma	Anklam	206,4	72,84	
JDPG	Fritz	Swinemünde . . .	106,2	88,80	
JDPH	†Tentonia	Lübeck	679,3	239,97	150
JDPL	Auguste	Barth	211,7	74,78	
JDPM	Bertha	Anklam.	203,9	71,97	
JDPQ	Wilhelm	Stettin	327,4	115,56	
JDPR	Friederich	Stettin	103,1	36,39	
JDPS	Elise	Ziegenort	209,9	74,67	
JDPT	Auguste	Ziegenort	201,9	71,37	
JDPV	Georg	Stettin	201,9	71,39	
JDQB	Friedericke	Stettin	1287,6	454,53	
JDQF	Modesta	Kammin in Pommern .	91,1	82,17	
JDQG	Anna	Stettin	210,9	74,43	
JDQH	†Stockholm	Stettin	1627,3	574,40	80
JDQK	Wilhelmine	Usedom	108,7	88,34	
JDQM	Hedwig	Neuwarp	202,6	71,39	
JDQN	Alma	Swinemünde . . .	211,6	74,69	
JDQP	†Hochfeld	Stettin	1844,3	650,99	400
JDQR	†Riga	Stettin	799,1	282,06	60
JDQV	Marie	Swinemünde . . .	147,6	52,11	
JDQW	Ella	Swinemünde . . .	211,6	74,43	
JDRB	Union	Swinemünde . . .	1080,3	363,77	
JDRC	†Else	Stettin	81,6	11,53	30
JDRF	Ida	Ziegenort	207,7	73,50	
JDRG	Ernst	Ziegenort	207,3	73,34	
JDRN	†Libau	Stettin	1636,7	577,97	80
JDRP	†Renata	Stettin	1609,4	568,18	80
JDRT	†Lebbin	Stettin	143,6	50,65	—
JDRV	Invernlian	Stettin	1862,6	657,39	
JDSF	†Stettin	Stettin	1649,1	582,13	95
JDSG	†Olga	Stettin	1547,7	546,83	200
JDSL	†Kurland	Stettin	1139,4	402,20	60
JDSM	Albertine	Wollin	208,5	73,44	
JDSN	†Wipper	Rügenwalde . . .	1091,7	385,37	240
JDSP	†Martha	Stettin	54,3	19,36	40
JDSQ	†Lina	Stettin	1277,9	451,67	300
JDSR	†Schweden	Stettin	1120,6	395,54	75
JDST	Anna Johanna . .	Swinemünde. . . .	274,3	96,43	
JDSV	†Kätie	Stettin	6612,3	2334,30	1200
JDSW	Wilhelm	Usedom	130,2	49,11	
JDTB	†Ostsee	Stettin	1658,6	585,40	440
JDTC	†Swinemünde . .	Swinemünde . . .	23,3	8,63	29
JDTF	†Colberg	Kolberg	438,2	154,67	120
JDTG	†Clara	Kolberg	570,1	201,34	130
JDTK	†Melida	Stettin	1479,6	522,97	200
JDTL	†Italia	Stettin	1964,3	693,53	230
JDTM	†Berlin	Stettin	2091,3	738,10	320

JDTN — JHGP

Unter-scheidungs-Signale.	Namen der Schiffe.	Heimathshafen	Kubik-meter Netto-Raumgehalt.	Register-Tons	Pferde-kräfte.
JDTN	†Königsberg . . .	Stettin	2054,0	726,34	200
JDTP	Robert	Swinemünde	76,7	27,06	
JDTQ	Ida	Ueckermünde . . .	61,4	21,64	
JDTR	Louise	Altwarp	104,8	86,69	
JDTS	Robert	Ziegenort	208,5	73,61	
JDTV	†Adler	Rügenwalde . . .	731,6	258,35	150
JDTW	†Silesia	Stettin	1369,6	483,45	130
JDVC	†Stadt Stolp . . .	Stolp	599,0	211,43	—
JDVF					
JDVG					
JDVH					
JDVK					
JDVL					
JHBG	Anton	Wolgast	473,1	167,80	
JHBN	Therese	Wolgast	244,1	86,17	
JHBP	Gustav	Wolgast	589,1	190,31	
JHBR	Gustava	Wolgast	599,4	211,87	
JHBS	Victor	Greifswald . . .	501,1	176,69	
JHBT	Wolgast	Wolgast	554,1	195,40	
JHBW	Julie und Auguste.	Wolgast	561,9	198,33	
JHCD	Agnes	Greifswald	1158,7	409,62	
JHCF	Carl Gustav . . .	Wolgast	521,1	183,94	
JHCK	Clara und Hermann	Greifswald	701,6	247,44	
JHCL	Anna	Greifswald	669,3	236,47	
JHCM	Carl Richard . . .	Greifswald	524,9	185,39	
JHCN	Nestor	Greifswald	995,8	351,34	
JHCR	Anna	Wolgast	605,9	218,64	
JHDB	Auguste	Greifswald	773,0	272,87	
JHDC	Dolly	Greifswald	794,0	280,73	
JHDL	Marie	Stralsund	902,4	318,34	
JHDM	Minerva	Barth	1180,6	416,62	
JHDN	Hohenzollern . . .	Greifswald	1054,1	372,12	
JHDQ	Satisfaction	Wolgast	499,9	176,13	
JHDR	Vesta	Greifswald	728,3	257,66	
JHDV	Jolle	Greifswald	793,4	280,21	
JHFB	Schmücker † . . .	Greifswald	993,3	350,19	
JHFD	Emma	Greifswald	690,0	243,87	
JHFG	Johanna von Schu-bert.	Wolgast	471,5	166,37	
JHFK	Pauline	Wolgast	436,3	154,69	
JHFP	Der Friede	Greifswald	931,3	328,94	
JHFQ	Johann Friedrich .	Wolgast	694,1	245,89	
JHFR	Doctor von Graefe .	Wolgast	667,3	235,34	
JHFT	August	Wolgast	546,3	192,64	
JHFV	Hellas	Greifswald	628,0	219,91	
JHGB	Hermann und Maria	Greifswald	118,7	41,59	
JHGC	Cassandra	Greifswald	816,4	288,36	
JHGD	Merenr	Greifswald	483,1	170,63	
JHGP	Elise	Wolgast	454,0	160,38	

JHKB — JHQS

Unter-scheidungs-Signale.	Namen der Schiffe.	Heimathshafen	Kubik-meter Netto-Raumgehalt.	Register-Tons	Pferde-kräfte.
JHKB	Friedrich	Wolgast	94,7	33,63	
JHKD	Albert und Anna	Wolgast	486,6	171,66	
JHKF	Emil Devrient	Wolgast	691,9	244,34	
JHKL	Elisabeth	Greifswald	767,6	270,97	
JHKM	Freude	Greifswald	767,7	271,00	
JHKN	†Marie	Wolgast	906,6	841,26	120
JHKP	Anna und Marie	Wolgast	1251,1	441,63	
JHKR	Prinz Adalbert	Wolgast	687,9	242,63	
JHLD	Einigkeit	Greifswald	1245,1	439,33	
JHLF	Mathilde	Greifswald	1247,6	440,63	
JHLM	Graf von Arnim	Wolgast	758,6	206,60	
JHLN	Therese	Greifswald	902,3	318,91	
JHLQ	Victoria	Greifswald	800,0	282,66	
JHLV	Paul	Greifswald	80,4	28,26	
JHLW	Johanna und Lina	Wolgast	731,3	258,16	
JHMD	Max & Robert	Kolberg	181,3	63,66	
JHMF	Charlotte	Greifswald	1097,1	387,36	
JHMG	Hanna	Greifswald	830,6	293,36	
JHMN	Dritte Juli	Wolgast	615,7	217,34	
JHMP	Die Eiche	Greifswald	422,6	149,16	
JHMR	Camilla	Greifswald	1265,4	446,63	
JHMT	Eintracht	Greifswald	1130,7	399,14	
JHNF	Wilhelm	Barth	92,4	32,66	
JHNM	Lina	Greifswald	141,7	50,07	
JHNR	Willy	Neuwarp	181,3	64,66	•
JHNS	Heinsson	Greifswald	80,6	28,66	
JHNT	Auguste	Altwarp	174,6	61,74	
JHPB	Albert	Ziegenort	201,3	71,63	
JHPC	Einigkeit	Greifswald	178,0	62,63	
JHPD	†Fritz	Wolgast	202,1	71,36	16
JHPF	Emma	Wolgast	421,3	148,71	
JHPG	Providentia	Greifswald	605,3	284,91	
JHPL	August	Greifswald	78,6	27,70	
JHPM	Willy	Greifswald	154,1	54,39	
JHPN	Wilhelm Homeyer	Wolgast	1451,6	512,61	
JHPS	Bertha	Greifswald	87,7	30,96	
JHPT	Emilie	Wolgast	804,1	283,63	
JHPV	Elwine	Wolgast	88,1	81,34	
JHQC	Marie	Greifswald	94,0	83,16	
JHQD	Laura	Greifswald	89,3	31,61	
JHQF	Susanna	Stettin	97,4	84,37	
JHQG	†Elisabeth	Wolgast	119,6	42,91	16
JHQK	Caroline	Wolgast	98,3	34,79	
JHQL	Wilhelmine	Wolgast	104,3	36,61	
JHQM	†Pommern	Greifswald	158,9	56,16	50
JHQN	Emilie	Stralsund	565,7	109,61	
JHQP	Rudolph	Wolgast	99,1	84,96	
JHQR	†Arcona	Greifswald	326,6	115,99	50°
JHQS					

* Nominelle Pferdekräfte.

JHQT — JLMC

Unterscheidungs-Signale.	Namen der Schiffe.	Heimathshafen	Kubik-meter Netto-Raumgehalt.	Register-Tons	Pferdekräfte.
JHQT					
JHQV					
JHQW					
JLBM	Ernst	Barth	915,6	323,31	
JLBP	Albert Wilhelm	Barth	576,9	204,33	
JLBT	Anna	Stralsund	537,1	189,30	
JLCB	Peter	Stralsund	815,5	111,37	
JLCD	Heinrich	Barth	644,7	227,80	
JLCF	Wilhelmine	Stralsund	219,9	77,33	
JLCG	Ernst	Barth	459,1	162,06	
JLCM	Othello	Barth	665,3	234,86	
JLCN	Gloria	Stralsund	432,6	152,11	
JLDB	Therese	Barth	305,2	107,74	
JLDF	Immanuel	Barth	623,3	220,19	
JLDG	Bernhard	Barth	776,6	274,14	
JLDH	Albert	Barth	125,9	44,44	
JLDM	Wilhelm August	Barth	826,4	291,73	
JLDN	Richard	Barth	455,5	160,80	
JLDQ	Die Krone	Barth	957,6	338,03	
JLDR	Bertha	Barth	336,7	118,65	
JLDT	Marta	Barth	126,3	44,47	
JLDV	Helene	Stralsund	1016,6	358,80	
JLFC	Peter	Barth	853,6	301,39	
JLFH	Friedrich Wilhelm IV.	Barth	1046,9	369,34	
JLFK	Carl	Stralsund	260,6	91,38	
JLFN	Mobil	Stralsund	441,3	155,34	
JLFP	Achilles	Stralsund	451,1	159,53	
JLFQ	Hellas	Stralsund	1028,4	363,17	
JLFR	von Pommer-Esche	Stralsund	556,4	196,44	
JLFV	Ida Mathilde	Stettin	1088,4	384,31	
JLGB	Vorwärts	Stralsund	393,3	138,60	
JLGM	Gustav Friedrich	Stralsund	1003,4	354,39	
JLGN	Johann Friedrich	Barth	567,2	200,23	
JLGQ	Gottfried	Stralsund	480,3	169,44	
JLGS	Activ	Barth	898,6	317,14	
JLHB	Bertha	Barth	1137,6	401,63	
JLHG	Condor	Barth	907,2	320,84	
JLHN	Christine	Barth	105,6	37,31	
JLHV	Courier	Barth	1023,1	361,19	
JLKB	Therese	Barth	119,6	42,30	
JLKD	Therese	Stralsund	426,6	150,63	
JLKP	Vorwärts	Barth	429,3	151,72	
JLKR	Friederike	Stettin	93,3	83,10	
JLKS	Landrath von Hagemeister.	Stralsund	512,3	181,03	
JLKT	Sophie	Stralsund	103,3	36,43	
JLKV	Franz Böttcher	Stralsund	487,0	171,30	
JLKW	Preciosa	Barth	1025,7	362,67	
JLMC	Emma Maria	Barth	112,9	89,63	

JLMF — JMBQ					
Unter-scheidungs-Signale.	Namen der Schiffe.	Heimathshafen	Kubik-meter Netto-Raumgehalt	Register-Tons	Pferde-kräfte.
JLMF	Anna Sophia . . .	Barth	516,5	183,03	
JLMK	Carl	Bremen.	174,1	61,46	
JLMN	Malvina Wendt . .	Barth	1027,9	362,84	
JLMS	Pansevitz	Barth	972,6	343,40	
JLMV	Caecilie	Stralsund	534,3	188,43	
JLNO	Otto	Stralsund	288,3	101,74	
JLNV	Henriette Steinorth	Barth	908,1	320,56	
JLPG	Harmonie	Barth	602,4	212,78	
JLPH	Anna	Stralsund	122,1	43,09	
JLPQ	Diogenes	Barth	910,6	321,31	
JLQB	Trene	Barth	731,3	258,19	
JLQF	Emma	Barth	608,4	214,76	
JLQK	Johann	Stralsund	131,5	46,63	
JLRD	Alexander v. Humboldt.	Stralsund	149,3	52,68	
JLRF	Reinhold	Stralsund	182,9	64,86	
JLRH	Commandeur . . .	Stralsund	187,4	66,10	
JLRK	Arnold Ruge . . .	Barth	89,9	31,33	
JLRM	Julius	Barth	665,4	234,96	
JLRQ	Marie	Barth	89,4	31,58	
JLRW	Alwin et Fritz . .	Barth	211,1	74,52	
JLSD	Heinrich Rodbertus	Barth	981,9	346,17	
JLSH	Hermine	Stralsund	99,0	84,96	
JLST	Vorwärts	Anklam	84,7	29,90	
JLTB	Robert	Greifswald . . .	86,4	30,63	
JLTH	Australia	Stralsund	163,4	57,67	
JLTR	Louise	Stralsund	989,3	349,19	
JLTV	Albert	Barth	429,4	151,30	
JLVB	Germania	Stralsund	152,5	53,74	
JLVD	Friederike	Barth	82,3	29,03	
JLVF	Carl Albert	Altwarp	129,4	45,60	
JLVH	Ferdinand	Barth	65,4	23,04	
JLVK	Schwerk	Barth	128,9	45,40	
JLVM	Vorwärts	Barth	125,6	44,15	
JLVQ	Ernst Julius . . .	Ziegenort	176,4	62,36	
JLVR	Henriette	Barth	80,4	28,30	
JLWF	Maria	Stralsund	198,6	70,12	
JLWG	Louis	Stralsund	546,3	192,91	
JLWH	Sophie	Barth	596,7	210,48	
JLWK	Adir	Stettin	101,1	35,60	
JLWM	Bürgermeister Oom	Barth	427,3	150,84	
JLWP	Friedrich Wilhelm .	Stralsund	683,1	241,13	
JLWR	Carnot	Barth	136,6	48,23	
JMBD	Die zwei Brüder .	Barth	88,3	31,18	
JMBG	Alwine	Stralsund	168,4	59,44	
JMBK	Maria	Barth	88,3	31,11	
JMDL	Maria	Stralsund	86,4	30,50	
JMBP	Wilhelm	Wolgast	100,3	35,31	
JMBQ	Sirene	Barth	122,6	43,03	

JMBS — JMPL

Unter-scheidungs-Signale.	Namen der Schiffe.	Heimathshafen	Kubik-meter Netto-Raumgehalt	Register-Tons	Pferde-kräfte.
JMBS	Emanuel	Stralsund	169,2	69,71	
JMCB	Louise	Barth	101,7	35,90	
JMCF	Struensee	Barth	107,2	37,84	
JMCL	Louise	Barth	116,9	41,23	
JMCV	Flora	Stralsund	423,0	149,82	
JMDB	Emma Augusta	Barth	249,6	88,66	
JMDC	Alwine	Stralsund	103,7	86,61	
JMDG	Christian	Barth	484,7	171,13	
JMDH	Einigkeit	Barth	553,4	195,23	
JMDP	Undine	Barth	541,5	191,14	
JMFP	Brutus	Stralsund	120,6	42,91	
JMFQ	Alwina	Wolgast	67,2	23,71	
JMFS	August	Barth	92,9	82,70	
JMGB	Vorwärts	Barth	65,2	23,08	
JMGS	Auguste Mathilde	Stralsund	689,8	225,08	
JMGV	Friederike	Stralsund	514,0	181,41	
JMHC	Emma	Barth	79,0	27,88	
JMHG	Franz	Barth	522,7	184,11	
JMHL	Clara Diekelmann	Stralsund	425,4	150,18	
JMHN	Die Erwartung	Barth	519,4	183,13	
JMHR	Arthur	Barth	474,0	167,32	
JMHS	Caroline Marie	Stralsund	95,0	83,31	
JMHV	C. L. Weyer	Barth	1185,3	418,41	
JMHW	Hoche	Barth	128,9	45,31	
JMKB	Bertha	Barth	89,3	31,50	
JMKP	Julius	Barth	915,5	323,39	
JMKS	Adolph Friedrich	Stralsund	557,7	196,91	
JMKT	Adolph et Emma	Stralsund	454,6	160,43	
JMKW	Moritz	Stralsund	57,2	20,19	
JMLC	Ernst Wilhelm	Barth	977,6	345,10	
JMLD	Mine	Stralsund	86,7	81,31	
JMLF	Hermann	Stralsund	166,5	58,02	
JMLG	Wittow	Stralsund	59,7	21,07	
JMLH	Ata Bertha	Stralsund	66,9	24,31	
JMLN	Carl	Barth	857,9	302,84	
JMLR	Hermann	Barth	359,4	120,87	
JMLT	Alwine	Stralsund	741,7	261,81	
JMNB	Julius Heinrich	Barth	837,3	295,53	
JMND	Emilie	Barth	431,6	152,33	
JMNF	Bertha	Stralsund	702,1	247,33	
JMNH	Der Nordpol	Barth	1036,3	366,53	
JMNK	Minna	Barth	487,4	172,09	
JMNP	Professor Schulze	Stralsund	171,6	60,45	
JMNS	Mazaini	Barth	108,9	88,40	
JMNT	Annchen Lorenz	Barth	537,9	189,98	
JMNW	Tiger	Barth	1185,5	418,42	
JMPG	Superbe	Stralsund	979,3	345,75	
JMPK	Adolph	Stralsund	609,3	215,10	
JMPL	Vorwärts	Stralsund	84,3	29,83	

JMPN — JNBH

Unter-scheidungs-Signale.	Namen der Schiffe.	Heimathshafen	Kubik-meter Netto-Raumgehalt	Register-Tons	Pferde-kräfte.
JMPN	Bertha	Stralsund	432,4	152,68	
JMPQ	Hugo	Stralsund	315,9	111,27	
JMPT	Johanna	Stralsund	173,1	61,11	
JMPW	Peter Kraeft	Barth	948,7	333,16	
JMQB	Friedrich Wilhelm	Stralsund	669,1	236,19	
JMQC	Alwine	Stralsund	161,0	56,83	
JMQD	Einigkeit	Königstein a. d. Schlei	140,9	49,72	
JMQF	Friederike Weyer	Stralsund	1033,4	364,76	
JMQG	Clara	Stralsund	816,0	288,15	
JMQH	Carl	Stralsund	492,4	173,73	
JMQK	Loreley	Barth	718,4	258,63	
JMQL	Fortuna	Stralsund	648,4	228,80	
JMQN	Wilhelm	Stralsund	94,6	88,35	
JMQS	Johanna Emilie	Barth	568,1	200,79	
JMQV	Apotheker Diesing	Stralsund	1099,1	387,72	
JMRF	Henriette	Barth	121,2	42,69	
JMRH	Laura	Stralsund	119,1	42,64	
JMRP	Philipp Weyergang	Stralsund	550,1	194,25	
JMRS	Australia	Stralsund	1633,7	576,70	
JMRT	Bertha	Barth	126,3	44,14	
JMSB	Paul	Stralsund	1078,4	378,99	
JMSD	Emma	Stralsund	618,5	216,67	
JMSH	Mela	Barth	1212,9	428,14	
JMSK	Sirene	Barth	603,6	213,00	
JMSL	Johann Gustav	Barth	455,2	160,69	
JMSP	Diana	Stralsund	699,1	246,51	
JMSQ	R. W. Parry	Barth	553,0	195,31	
JMSW	Marie	Barth	156,1	55,13	
JMTD	Anna	Barth	125,7	44,33	
JMTK	Friedchen	Stralsund	1009,0	356,23	
JMTL	Martha	Stralsund	178,9	63,11	
JMTQ	Georgine	Stralsund	104,9	87,00	
JMTV	Carl	Stralsund	188,3	66,40	
JMVB	Unkel Braesig	Stralsund	841,0	296,60	
JMVD	Laura	Stralsund	104,6	96,97	
JMVS	Bertha Augusta	Barth	82,4	29,40	
JMVT	Wittow	Barth	581,1	205,13	
JMVW	Marie	Barth	636,9	189,53	
JMWB	Bertha	Barth	1290,7	455,91	
JMWC	Friederike	Stralsund	110,9	89,14	
JMWD	S. Supplcich	Stralsund	934,0	329,96	
JMWF	August Zäncker	Stettin	387,1	136,63	
JMWK	Hoffnung	Barth	904,1	340,33	
JMWR	Bernhardine	Stralsund	349,0	123,61	
JMWS	Lina	Barth	1226,4	432,96	
JNBC	Wilhelm	Barth	145,9	51,47	
JNBF	Marie	Stralsund	846,4	298,64	
JNBG	Consul Platen	Stralsund	913,3	322,89	
JNBH	Jowina	Stralsund	876,4	132,70	

JNBL — JNLP

Unter-scheidungs-Signale.	Namen der Schiffe.	Heimathshafen	Kubik-meter Netto-Raumgehalt.	Register-Tons	Pferde-kräfte.
JNBL	Professor Cantzler	Stralsund	718,0	253,16	
JNBP	Franz August	Barth	378,1	131,70	
JNBQ	Bertha Bahlrühs	Barth	1491,1	526,26	
JNBT	Eduard Pens	Stralsund	1011,6	357,11	
JNCP	Arcona	Stralsund	169,1	59,90	
JNCQ	C. A. Beng	Stralsund	441,6	155,96	
JNDC	Hedwig Siebe	Stralsund	1008,8	356,00	
JNDG	Caroline	Stralsund	445,3	157,19	
JNDK	C. von Platen	Barth	570,6	208,13	
JNDP	Fritz	Barth	647,3	228,61	
JNDS	Martha	Stralsund	169,3	59,73	
JNDV	Pauline David	Stralsund	2581,8	911,31	
JNFB	August	Greifswald	450,8	159,07	
JNFC	Richard Elchstedt	Stralsund	392,1	138,54	
JNFD	Carl Friedrich	Barth	1301,9	459,56	
JNFK	Hoffnung	Barth	895,7	316,00	
JNFM	Hermann	Barth	912,3	322,04	
JNFQ	Charles Kahl	Stralsund	971,3	342,94	
JNFW	Georg Holtz	Barth	831,7	293,39	
JNGB	Robert	Barth	93,3	32,94	
JNGD	Auguste Sophie	Stralsund	186,0	65,67	
JNGF	A. M. Lotinga	Barth	794,6	280,47	
JNGH	Hoffnung	Stralsund	117,7	41,13	
JNGS	Johann Hermann	Stralsund	96,9	34,20	
JNGT	Meerkönig	Barth	717,4	253,36	
JNGV	Graf Behr-Negendank.	Rostock	860,3	303,63	
JNHB	Johann Carl	Stralsund	176,0	62,13	
JNHC	Der Versuch	Stralsund	1063,9	375,86	
JNHF	Ariel	Barth	477,5	168,56	
JNHK	Wilhelm	Barth	175,1	61,81	
JNHM	Graf Otto zu Solms	Stralsund	666,3	235,21	
JNHP	T. C. Berg	Barth	1356,7	478,72	
JNHV	Maria	Stralsund	202,3	71,39	
JNKD	Caroline	Stralsund	307,0	129,62	
JNKF	Wilhelm Schütt	Stralsund	232,0	81,83	
JNKH	Emma	Stralsund	229,1	80,87	
JNKL	Gazelle	Stralsund	258,5	91,35	
JNKP	Emma Beug	Stralsund	881,9	311,60	
JNKR	Gustava	Stralsund	123,4	43,16	
JNKS	Oscar Wendt	Barth	1350,3	476,66	
JNKT	†Oscar	Stralsund	819,3	289,38	175
JNKV	Leda	Stettin	448,3	158,33	
JNKW	Anna Alida	Barth	161,3	57,01	
JNLD	Anna	Stralsund	88,1	31,05	
JNLF	Hermine	Stralsund	290,3	102,60	
JNLG	Johanna	Stettin	100,0	35,30	
JNLH	Charlotte	Stralsund	238,3	84,30	
JNLP	Auguste	Barth	186,0	65,66	

JNLQ — JNSD

Unter-scheidungs-Signale.	Namen der Schiffe.	Heimathshafen	Kubik-meter Netto-Raumgehalt.	Register-Tons	Pferde-kräfte.
JNLQ	Maria	Stralsund	147,4	52,03	
JNLR	Wilhelm Weyer	Stralsund	685,4	294,79	
JNLS	Atlantic	Stralsund	490,9	178,93	
JNLT	Marie	Stralsund	67,9	23,74	
JNLW	Wallis & Sohn	Barth		603,1	
JNMD	Franz Ludwig	Stralsund	111,7	89,43	
JNMC	Louise	Barth	1104,6	389,73	
JNMD	Die Gartenlaube	Stralsund		550,77	
JNMF	Marie Riebeck	Stralsund	1437,1	508,74	
JNMK	Emilie Kahl	Barth	821,1	290,66	
JNMP	Theodor	Barth	449,7	158,73	
JNMQ	Wilhelm Robert	Barth	110,3	38,90	
JNMR	Emma	Barth	90,6	34,63	
JNMS	Louise	Barth	161,9	56,65	
JNMT	Marie	Stralsund	288,0	83,97	
JNMV	Minna	Stralsund	260,6	91,76	
JNMW	Hermine	Stralsund	235,4	83,10	
JNPB	Minna Deutsch-mann.	Stralsund	465,4	164,39	
JNPF	A. C. Meyer	Barth	1473,3	520,10	
JNPG	Anna	Barth	74,7	26,38	
JNPH	Erlkönig	Stralsund	1294,4	456,69	
JNPL	Falke	Stralsund	892,3	315,67	
JNPM	Anna	Stralsund	61,6	21,74	
JNPQ	Johanna	Stralsund	149,4	52,76	
JNPT	Graf Klot-Trant-vetter.	Barth	720,9	256,33	
JNPV	Treue	Barth	1301,9	459,34	
JNQD	Emma Müller	Barth	1431,4	505,43	
JNQC	Eduard Waenerlund	Barth	1100,7	388,54	
JNQF	W. Röhl	Stralsund	1331,9	470,16	
JNQG	Mathilde	Stralsund	768,3	271,43	
JNQH	Hedwig	Barth	895,1	315,07	
JNQK	Germania	Stralsund	777,3	274,34	
JNQL	Albatross	Stralsund	891,7	314,34	
JNQM	Elise	Barth	830,8	295,60	
JNQT	Christoph Kasten	Stralsund	524,4	185,96	
JNQV	Hermine	Stralsund	192,3	67,36	
JNQW	Emma	Stralsund	121,6	42,96	
JNRB	Hermine	Stralsund	197,7	69,60	
JNRC	Wilhelmine	Barth	128,4	45,34	
JNRF	Lisette	Barth	98,6	34,91	
JNRG	Maria	Stralsund	51,3	18,17	
JNRM	Hermine	Stralsund	81,4	28,80	
JNRS	Gertrud	Barth	484,6	171,63	
JNRW	Louise	Barth	617,4	218,60	
JNSB	Die Hoffnung	Stralsund	96,7	34,13	
JNSC	Aequator	Stralsund	1550,7	547,34	
JNSD	Sophie	Stralsund	359,4	126,90	

* Tonnen zu 1000 Kilogramm.

JNSF — JPCS

Unter-scheidungs-Signale.	Namen der Schiffe.	Heimathshafen	Kubik-meter Netto-Raumgehalt.	Register-Tons	Pferde-kräfte.
JNSF	Hans & Minna	Barth	231,3	81,61	
JNSG	Stabswache	Stralsund	232,1	81,84	
JNSM	Minna	Barth	67,1	23,60	
JNSR	Carl August	Stralsund	828,6	292,58	
JNST	Glück auf	Stralsund	601,3	212,87	
JNSW	Jeannette	Stralsund	478,6	160,02	
JNTB	Stralsund	Stralsund	1645,1	580,12	
JNTG	Hedwig	Barth	408,3	144,20	
JNTH	Gebrüder	Stettin	147,0	51,87	
JNTK	Minna	Stralsund	131,3	46,41	
JNTL	Hermann et Lina	Stralsund	210,4	74,38	
JNTM	Carl Theodor	Stralsund	208,0	73,41	
JNTQ	Emma	Barth	187,3	66,14	
JNTR	Ernst	Stralsund	430,3	155,14	
JNTS	Heimath	Stralsund	303,0	106,96	
JNVF	Wilhelm	Stralsund	93,0	32,67	
JNVH	Germania	Stralsund	89,9	31,73	
JNVK	Hellmuth	Stralsund	253,3	89,38	
JNVL	Maria	Stralsund	78,8	27,86	
JNVQ	Meta	Stralsund	77,0	27,18	
JNVR	Betty Wendt	Barth	1347,4	475,63	
JNVW	Emilie	Stralsund	610,1	215,36	
JNWC	F. H. Drews	Stralsund	1766,3	623,51	
JNWF	Bertha	Barth	139,6	49,30	
JNWH	Wilhelmine	Stralsund	76,3	26,90	
JNWL	Johann Friedrich	Barth	210,6	74,34	
JNWM	Hoffnung	Barth	726,9	256,60	
JNWP	Johanna Kraeft	Stralsund	633,0	223,43	
JNWQ	Mercur	Barth	1363,7	481,28	
JNWV	Johanna	Stralsund	197,4	69,64	
JPBF	Hermann	Stralsund	1283,1	452,93	
JPBK	Triton	Stettin	644,1	227,36	
JPBL	Lina	Stralsund	138,7	49,06	
JPBM	Minna	Stralsund	201,5	71,14	
JPBN	Otto et Ella	Stralsund	211,4	74,67	
JPBQ	Johanna	Stralsund	212,3	74,93	
JPBS	Fortuna	Stralsund	133,3	47,02	
JPBT	Emilie	Stralsund	226,1	79,80	
JPBV	Johann Heinrich	Barth	195,7	69,08	
JPCB	Eugen	Stralsund	2068,2	730,04	
JPCD	Louise	Barth	79,1	27,92	
JPCG	Johanna	Barth	236,1	83,33	
JPCH	Maria	Barth	67,2	23,72	
JPCK	Adele	Barth	89,7	31,67	
JPCL	Hulda	Stralsund	508,7	179,53	
JPCM	Director Darrow	Stralsund	924,0	326,17	
JPCQ	Maria	Barth	89,3	31,48	
JPCR	Albert Reimann	Barth	636,1	224,33	
JPCS	Marie	Barth	81,3	28,71	

JPCT — JPHR

Unter-scheidungs-Signale.	Namen der Schiffe.	Heimathshafen	Kubik-meter Netto-Raumgehalt.	Register-Tons	Pferde-kräfte.
JPCT	Carl et Maria	Barth	79,4	28,11	
JPCV	J. M. Boack	Barth	508,4	179,44	
JPCW	Bertha	Barth	75,9	26,00	
JPDB	Johanna	Stralsund	64,0	22,60	
JPDC	Ida	Swinemünde	813,0	286,90	
JPDF	August	Stralsund	75,3	26,55	
JPDG	Ester	Stralsund	107,9	88,00	
JPDH	Johanna	Stralsund	128,9	45,40	
JPDK	Auguste	Barth	78,1	27,07	
JPDL	Bertha	Barth	70,3	24,75	
JPDM	Johann	Stralsund	127,4	45,01	
JPDN	Marie	Stralsund	127,4	45,91	
JPDQ	Niederhof	Stralsund	567,4	196,90	
JPDR	Rapid	Stralsund	125,6	44,94	
JPDS	Robert	Rostock	73,3	26,44	
JPDW	Anna Louise	Barth	201,3	71,06	
JPFB	Johanna	Barth	293,0	103,75	
JPFG	Carl	Stralsund	127,1	46,00	
JPFH	Helene	Stralsund	211,9	74,73	
JPFK	Henriette	Stralsund	113,3	39,95	
JPFL	Hermann	Stralsund	211,9	74,41	
JPFM	Vorwärts	Barth	195,0	69,13	
JPFR	Edward Waugh	Barth	483,4	170,71	
JPFS	Bertha	Barth	213,4	75,47	
JPFT	Thetis	Barth	314,0	111,14	
JPFV	Ida	Stralsund	507,0	178,96	
JPGC	Louise	Barth	89,9	81,74	
JPGF	Moritz	Stralsund	57,9	20,40	
JPGH	Wilhelm	Barth	185,7	47,91	
JPGK	Gustav	Barth	254,9	89,54	
JPGL	Peter	Barth	123,7	43,47	
JPGM	Fanö	Stralsund	829,9	292,94	
JPGN	Emilie	Stralsund	143,4	50,67	
JPGQ	Baron von Veltheim	Barth	438,4	154,79	
JPGR	Johann Heinrich	Stralsund	57,7	20,31	
JPGS	Wilhelmine	Barth	68,0	24,31	
JPGT	Fritz von der Lancken	Stralsund	915,4	323,39	
JPGV	Hoffnung	Stralsund	62,1	21,97	
JPGW	Lina	Stralsund	402,9	142,22	
JPHC	Otto	Barth	458,4	161,91	
JPHD	Caroline	Stralsund	211,9	74,93	
JPHF	Wilhelmine	Barth	87,6	30,99	
JPHK	Bertha Auguste	Stralsund	83,11	29,34	
JPHL	Der Wanderer	Barth	650,7	229,70	
JPHM	Wanderer	Stralsund	135,9	47,99	50
JPHN	Barth	Barth	81,0	28,50	
JPHQ	Sara	Barth	123,4	43,60	
JPHR	Ernst	Stralsund	169,9	59,97	

JPHS — JPNG

Unter-scheidungs-Signale.	Namen der Schiffe.	Heimathshafen	Kubik-meter Netto-Raumgehalt.	Register-Tons	Pferde-kräfte.
JPHS	Commerzienrath Rodbertus.	Barth	1605,o	566,so	
JPHT	Sophia	Barth	64,o	22,so	
JPKB	Heinrich & Anna	Barth	208,o	73,ss	
JPKC	Emma	Barth	222,o	78,ss	
JPKD	Altefaehr	Stralsund	105,s	37,ts	
JPKF	Caroline	Stralsund	167,o	59,st	
JPKG	Franz Gottfried	Stralsund	208,s	71,rt	
JPKH	Nellie	Stralsund	972,s	343,so	
JPKL	Johannis	Stralsund	125,s	44,st	
JPKM	Carl	Stralsund	111,s	30,ss	
JPKQ	Zwei Gebrüder	Barth	206,s	72,ss	
JPKR	Emilie	Barth	1475,o	521,os	
JPKS	†Reibefahrer	Stralsund	138,s	49,ss	67
JPKT	Friedrich Ludwig	Barth	210,s	77,ts	
JPKV	Hoffnung	Barth	171,s	60,ss	
JPKW	Emma	Stralsund	328,s	115,ss	
JPLB	Emma	Stralsund	203,s	71,st	
JPLC	Gustava	Stralsund	127,o	44,ss	
JPLD	Hecht	Stralsund	1013,s	357,st	
JPLG	Saturn	Stralsund	1360,s	483,ss	
JPLH	L. Hagen	Barth	1426,t	503,ts	
JPLM	Martha	Barth	254,s	80,st	
JPLN	Gräfin Krassow	Stralsund	336,s	118,ss	
JPLQ	Gustava Egner	Barth	357,t	126,st	
JPLR	Wilhelmine	Stralsund	155,t	54,ss	
JPLS	Maria	Stralsund	112,t	39,st	
JPLT	Wilhelmine	Barth	164,t	58,ts	
JPLV	Marie Berg	Barth	1518,s	536,os	
JPMB	Mentor	Stralsund	1328,t	469,os	
JPMC	Cardinal	Stralsund	1014,s	358,ts	
JPMD	Altair	Stralsund	107,s	69,ss	
JPMF	Johannes Köster	Stralsund	1043,o	368,ts	
JPMG	Betti	Stralsund	86,s	30,ss	
JPMH	Emma	Stralsund	77,s	27,ss	
JPMK	Amazone	Stralsund	ca.1008	ca.356	
JPML	Johanna	Stralsund	1725,t	609,ts	
JPMN	Planteur	Stralsund	907,s	320,ss	
JPMQ	Wilhelm	Stralsund	64,s	22,ss	
JPMR	Robert	Stralsund	76,o	26,ss	
JPMS	Concord	Stralsund	1064,s	375,ss	
JPMT	Helene	Stralsund	99,s	35,ss	
JPMV	Gustave	Stralsund	80,s	28,ss	
JPMW					
JPNB					
JPNC					
JPND					
JPNF					
JPNG					

JRBC — KBLN

Unter-scheidungs-Signale.	Namen der Schiffe.	Heimathshafen	Kubik-meter Netto-Raumgehalt.	Register-Tons	Pferde-kräfte.
JRBC	Wilhelmine	Barth	95,4	33,57	
JRBD	Lisbeth	Barth	175,3	61,44	
JRBF	Caroline	Barth	82,3	29,33	
JRBG	California	Barth	626,9	220,96	
JRBH	Marie	Barth	83,1	29,35	
JRBK	Anna	Barth	89,3	31,59	
JRBL	Wilhelm	Barth	—	373,65	
JRBM	Max & Martha	Barth	97,4	34,33	
JRBN	Auguste	Barth	116,3	41,87	
JRBP					
JRBQ					
JRBS					
JRBT					
KBCJ	Maria Catharina	Westeraccumersiel	68,7	24,34	
KBCR	Sechs Gebrüder	Emden	104,9	37,53	
KBCS	Juutjediun	West-Rhauderfehn	114,0	40,34	
KBCW	Lina	West-Rhauderfehn	79,9	28,34	
KBDG	Taika Catharina	Emden	107,3	37,53	
KBDN	Hoffnung	Emden	110,7	39,47	
KBDP	Sjonkellna	Tönning	117,4	41,43	
KBDS	Vader Kall	Emden	119,6	42,33	
KBDT	Gesina	Emden	103,0	36,36	
KBDV	Fido	Rhauermoor	60,4	21,15	
KBDW	Margaretha	Ost-Rhauderfehn	78,1	27,41	
KBFG	Catharina	Oldersum	282,3	82,60	
KBFM	Johanna	Karolinensiel	159,6	56,13	
KBFP	Friederike	Karolinensiel	265.4	93,80	
KBFQ	Gut Heil	Emden	237,3	83,38	
KBGC	Phönix	Jemgum	353,7	124,84	
KBGF	Antoni	Weener	147,3	52,30	
KBGJ	Jeannette	Leer	310,4	109,44	
KBGN	Nordstern	Emden	382,4	135,84	
KBGP	Margaretha	Warsingsfehn	170,9	60,39	
KBGQ	Grenette	Leer	194.5	68,74	
KBGR	Gerlina	Grossefehn	216,6	76,47	
KBGS	Bertha	Leer	253,7	89,84	
KBHF	Metta	Pahlhude	109,6	38,67	
KBHS	Otto	Karolinensiel	324.4	114,43	
KBHT	Hesperus	Neu-Harrlinger Siel	297,3	105,13	
KBHV	Anna	Karolinensiel	196,1	69,33	
KBHW	Anna Catharina	Karolinensiel	139,5	49,33	
KBJF	Maria Elisabeth	Oldersum	325,4	114,34	
KBJL	Wilhelmine	Papenburg	399,1	140,39	
KBJM	Annchen	Papenburg	473,3	167,34	
KBJN	Rudolph	Papenburg	401,3	141,73	
KBJP	Hermann	Papenburg	220,6	77,85	
KBLH	Johannes	Westeraccumersiel	169,1	59,83	
KBLJ	Gesina	Nessmersiel	202,7	71,64	
KBLN	Maria	Papenburg	497,4	175,65	

KBLP — KBTM

Unter-scheidungs-Signale.	Namen der Schiffe.	Heimathshafen	Kubik-meter Netto-Raumgehalt.	Register-Tons	Pferde-kräfte.
KBLP	Illikea	Papenburg	475,4	167,88	
KBLS	Cappelen	Papenburg	318.4	112,0	
KBLV	Caspar	Papenburg	307,7	108,61	
KBMC	Ida	Papenburg	456,7	161,31	
KBMF	Hinrika	Iheringsfehn	301,4	106,48	
KBMH	Bernard	Papenburg	461,4	162,89	
KBMJ	Trientje	Leer	202,1	103,18	
KBML	Enno	Grossefehn	256,3	90,44	
KBMN	Anna Catharina	Neuefehn	194,3	68,39	
KBMQ	Marie & Friederike	Karolinensiel	110,8	30,10	
KBMW	Maria	Papenburg	425,7	150,98	
KBND	Joseph	Papenburg	310,6	109,64	
KBNF	Amandus	Papenburg	324,3	114,68	
KBNJ	Heribertus	Papenburg	426,1	150,43	
KBNM	Maria	Papenburg	242,8	85,60	
KBNP	Alpha	Papenburg	317,8	112,0~	
KBNV	Janna	Ost-Grossefehn	280,3	98,94	
KBNW	Antolnette und Elise	Grossefehn	239,7	84,61	
KBPC	Iconia	Leer	642.4	226,80	
KBPD	Hinrika	Iheringsfehn	238,3	84,09	
KBPG	Hermann	Boekzeteler Fehn	225,0	79,73	
KBPH	Active	Boekzeteler Fehn	186,4	65,66	
KBPJ	Gretina	Rorichmoor	206,8	72,90	
KBPM	Gesina	Grossefehn	197,9	69,96	
KBPN	Etta	Emden	300,6	106,11	
KBPR	Meta	Dornumer Siel	209,8	73,99	
KBPT	Anna Gesina	Karolinensiel	88,4	31,87	
KBQG	Ludewig	Weener	188,8	66,34	
KBQJ	Gesine Caroline	Nordeu	178,9	63,11	
KBQL	Gebrüder ten Doorn-kaat.	Norden	207,8	73,84	
KBQV	Wopke	Emden	362,0	127,76	
KBRC	Joseph	Papenburg	511,3	180,49	
KBRN	Johanna	Papenburg	254,4	89,84	
KBRP	Johann	Grossefehn	261,8	92,43	
KBRQ	Bürgermeister Stüve	Papenburg	657.4	232,07	
KBRS	Catharina	Papenburg	244,8	86,41	
KBSG	Gretina	Iheringsfehn	208.3	73,84	
KBSL	Alagunda	Papenburg	194,8	68,90	
KBSM	Alpha	Oldersum	183,9	64,12	
KBSN	Agnetha	Grossefehn	162,0	57,19	
KBSP	Vertrauen	Karolinensiel	232,9	82,31	
KBTC	Gesina	Grossefehn	243.4	85,93	
KBTD	Gretchen	Papenburg	351,4	124,43	
KBTF	Hermes	Papenburg	451,9	159,81	
KBTH	Maria	Grossefehn	378,8	133,82	
KBTJ	Ariana	Wolgast	128,7	45,43	
KBTL	Gesina	Papenburg	138,3	48,89	
KBTM	Bernardina	Papenburg	554,8	195,07	

KBTR — KCJP

Unter-scheidungs-Signale.	Namen der Schiffe.	Heimathshafen	Kubik-meter Netto-Raumgehalt.	Register-Tons	Pferde-kräfte.
KBTR	Charlotte	Ost-Rhauderfehn	225,3	79,49	
KBTS	Biltine	Ost-Rhauderfehn	215,5	76,87	
KBVC	Wilhelmine	Westeraccumersiel	146,1	51,49	
KBVD	Wendeline Cristiane	Grossefehn	341,0	120,39	
KBVH	Anna	Papenburg	392,7	138,63	
KBVJ	Biene	Leer	245,1	86,43	
KBVL	Harmonie	Grossefehn	191,4	67,44	
KBVN	Reinhard	Weener	367,4	129,91	
KBVP	Einigkeit	Boekzeteler Fehn	149,1	52,63	
KBVR	Gesina	Petkum	295,4	104,77	
KBWC	Elwina	Warsingsfehn	219,9	77,63	
KBWH	Wilhelm & Joseph	Papenburg	533,3	188,63	
KBWP	Sophia	Norden	178,4	62,95	
KCBD	Vigilantia	Grossefehn	144,0	51,11	
KCBF	Hinrich	Grossefehn	227,8	80,22	
KCBH	Gesina	Warsingsfehn	208,3	73,10	
KCBJ	Sieverine	Grossefehn	224,8	79,16	
KCBM	Frauken	Iheringfehn	167,3	59,06	
KCBN	Marianne	Neuefehn	189,4	66,94	
KCBQ	Gesina	Boekzeteler Fehn	185,3	65,42	
KCBR	Anna Gesina	Warsingsfehn	209,3	74,29	
KCBT	Franz	Papenburg	244,4	86,39	
KCDW	Alwine	Papenburg	385,5	118,47	
KCDB	Hermann	Papenburg	417,0	147,30	
KCDF	Marie	Papenburg	659,1	232,44	
KCDL	Elisabeth	Dornumer Siel	153,3	54,12	
KCDM	Ente	Leer	181,4	64,10	
KCDP	Helene Christiane	Brake a. d. Weser	301,4	106,41	
KCDQ	Harmina	Neermoor	246,0	86,49	
KCDR	Metta Heilkelina	West-Rhauderfehn	221,4	78,15	
KCFH	Aline	Karolinensiel	266,9	94,22	
KCFJ	Flora	Iheringsfehn	192,3	68,09	
KCFM	Thetis	Emden	176,9	62,45	
KCFP	Wanderer	Hamburg	479,8	169,39	
KCFQ	Catharina	Grossefehn	222,0	78,77	
KCFW	Gebrüder	Norden	173,9	61,17	
KCGH	Maria	Neu-Harrlinger Siel	287,1	101,36	
KCGT	Elisabeth	Papenburg	384,3	135,66	
KCGV	Rose	Grossefehn	314,0	110,63	
KCGW	Annette	Boekzeteler Fehn	309,0	109,90	
KCHF	Engelina	Warsingsfehn	186,3	65,73	
KCHM	Hine	Papenburg	189,4	66,84	
KCHN	Maria	Geestemünde	169,1	59,30	
KCHQ	Perle	Ditzum	167,6	58,85	
KCHS	Antje	Leer	99,7	35,10	
KCHW	Lützburg	Norden	625,4	220,84	
KCJF	Aurora	Grossefehn	257,1	90,76	
KCJN	Arion	Papenburg	458,5	161,84	
KCJP	Aurora	Karolinensiel	173,1	61,11	

KCJQ — KCSH

Unter-scheidungs-Signale.	Namen der Schiffe.	Heimathshafen	Kubik-meter	Register-Tons Netto-Raumgehalt.	Pferde-kräfte.
KCJQ	Ceres	Karolinensiel	215,3	75,97	
KCJR	Margaretha	Neu-Harrlinger Siel	198,3	70,60	
KCJS	Allde & Henriette	Emden	286,6	101,34	
KCJV	Johann	Benseriel	540,0	190,04	
KCLB	Lucia	Insel Baltrum	143,6	50,66	
KCLD	Catharina	Jemgum	195,3	68,94	
KCLG	Theodore	Emden	437,9	154,57	
KCLH	Marie	Leer	268,6	94,20	
KCLJ	Heinrich	Papenburg	399,3	141,16	
KCLM	Hermann	Oldersum	244,4	86,34	
KCLN	Friederike	Weener	216,5	76,43	
KCLP	Friede	Papenburg	544,7	192,30	
KCLQ	Wopke	Neu-Harrlinger Siel	290,4	102,91	
KCLR	Gesine Brons	Emden		267,76°	
KCLT	Hermann Hinrich	Grossefehn	318,0	112,23	
KCMB	Catharina	West-Rhauderfehn	144,3	50,94	
KCMT	Agie	Greetsiel	141,7	50,41	
KCMW	Hoffnung	Papenburg	348,9	123,15	
KCNB	Stephenson	Papenburg	496,9	175,41	
KCNF	Jacobine	Papenburg	463,3	163,43	
KCNH	Rendeline	Hooksiel	166,4	59,53	
KCNJ	Ettine	Warsingsfehn	337,0	118,94	
KCNL	Wiemkea	West-Ithauderfehn	90,3	31,52	
KCNP	Greijelina	West-Rhauderfehn	153,3	54,09	
KCNQ	Minerva	Norden	142,1	50,16	
KCNR	Fenna	Oldersum	389,6	137,33	
KCNS	Agnethe	Boekzeteler Fehn	184,1	64,59	
KCNV	Jan & Andreas	Delve	139,8	49,33	
KCPB	Hiskelina	West-Ithanderfehn	220,8	77,83	
KCPD	Dorothea	Warsingsfehn	237,1	83,60	
KCPH	Johanna Margaretha	Neu-Harrlinger Siel	143,3	60,40	
KCPL	Neptun	Leer	190,3	67,36	
KCPQ	Neptun	Grossefehn	170,3	60,97	
KCPR	Almuth Catharina	Papenburg	298,9	105,31	
KCPS	Schenke	Papenburg	579,3	204,43	
KCQB	Margaretha	Neuusmersiel	170,0	60,01	
KCQF	Elise	Weener	533,1	188,19	
KCQG	Renska	Grossefehn	280,9	98,44	
KCQM	Freundschaft	Mitte-Grossefehn	180,6	63,99	
KCQN	Johanna	Warsingsfehn	227,4	80,71	
KCQP	Petina	Insel Baltrum	104,3	36,49	
KCRB	Remda	Oldersum	213,4	75,33	
KCRD	Gerhardina	Emden	599,5	211,77	
KCRF	Elise	Insel Baltrum	166,9	58,93	
KCRP	Frisia	Timmel	165,8	58,53	
KCRT	Gesine	Iheringsfehn	202,9	71,63	
KCSB	Catharina	Papenburg	546,7	192,99	
KCSF	Gerhard	Papenburg	396,3	139,43	
KCSH	Rahel Amalie	Leer	342,4	120,94	

* Lasten zu 4000 ☲.

KCSJ — KDGF

Unter-scheidungs-Signale.	Namen der Schiffe.	Heimathshafen	Kubik-meter Netto-Raumgehalt.	Register-Tons	Pferde-kräfte.
KCSJ	Eduard	Papenburg	418,0	147,34	
KCSR	Schlump zu Lulle	Papenburg	506,4	178,71	
KCTB	Emma	Emden	303,8	107,14	
KCTD	Trientje	Wewelsfleth	213,0	75,19	
KCTH	Maria	Papenburg	431,9	152,43	
KCTL	Allda Ikea	Greetsiel	143,4	50,61	
KCTN	Hoffnung	Papenburg	249,0	88,18	
KCTQ	Pauline	Olderaum	216,1	76,33	
KCTR	Kilo	Papenburg	518,5	183,66	
KCTW	Catharina	Bensersiel	121,3	48,03	
KCVB	Anna Wiemau	Papenburg	473,3	167,97	
KCVG	Annette	Westaraccumersiel	175,6	61,96	
KCVM	Ceres	Papenburg	382,3	134,96	
KCVS	Lucas	Papenburg	449,7	158,14	
KCVT	Caecilia	Papenburg	403,3	143,34	
KCWD	Concordia	Insel Spiekeroog	177,5	63,11	
KCWF	Helnrich	Neu-Harrlinger Siel	229,4	80,79	
KCWH	Tönkea	Iheringsfehn	259,1	91,80	
KCWL	Friede	Weener	483,6	170,71	
KCWM	Amicitia	Emden	582,6	205,44	
KCWP	Immanuel	Grossefehn	167,1	59,00	
KCWQ	Renskea	Rorichmoor	135,6	47,88	
KCWR	Martha	Wyk auf Föhr	164,0	57,80	
KCWT	Hermann	Papenburg	373,9	132,00	
KCWV	Thedea	Emden	304,3	107,30	
KDBH	Lina	Papenburg	673,6	237,74	
KDBJ	Reinjedina	West-Rhauderfehn	207,6	73,33	
KDBL	Hinderika Grietje Almlna	Emden	392,1	138,40	
KDBM	Fenna	Iheringsfehn	103,9	36,64	
KDBQ	Adelheid	Papenburg	472,9	166,13	
KDBR	Gesina	Neuefehn	101,6	35,84	
KDBV	Essea	Rendsburg	140,4	49,54	
KDBW	Maria	Papenburg	468,6	165,34	
KDCB	Anna Margaretha	Papenburg	295,9	104,48	
KDCF	Hinderika	Boekzeteler Fehn	187,7	66,38	
KDCQ	Antina	Leer	190,0	67,07	
KDCS	Anna & Johanne	Grossefehn	224,5	79,39	
KDCT	Drel Gebrüder	Grossefehn	328,6	116,04	
KDCV	Garreitdina	Leer	279,1	98,43	
KDCW	Bernhard	Papenburg	598,1	211,13	
KDFB	Johann	Iheringsfehn	183,8	64,83	
KDFC	Anline	Grossefehn	231,6	81,81	
KDFH	Deo gloria	Iheringsfehn	184,1	64,79	
KDFM	Johannes	Papenburg	352,4	124,40	
KDFR	Elise	Papenburg	527,3	186,14	
KDFT	Willem	Boekzeteler Fehn	283,7	100,14	
KDFV	Jakobus	Emden	249,0	87,90	
KDGF	Alfred	Papenburg	454,9	160,67	

KDGJ — KDQF

Unter-scheidungs-Signale.	Namen der Schiffe.	Heimathshafen	Kubik-meter Netto-Raumgehalt.	Register-Tons	Pferde-kräfte.
KDGJ	Annchen	Grossefehn	431,2	152,52	
KDGL	Friedrich	Papenborg	412,4	145,23	
KDGN	Reasche	Karolinensiel	228,6	80,64	
KDGW	Elise	Hamburg	416,4	147,73	
KDHC	Hilkea	Iheringsfehn	253,6	89,44	
KDHG	Helene	Papenburg	299,1	105,54	
KDHJ	Anna	Westeraccomersiel	261,0	92,13	
KDHL	Louis	Papenborg	622,9	219,08	
KDHM	Kenna	Emden	303,0	106,95	
KDHP	Helene	Weener	301,0	106,14	
KDHQ	Einigkeit	Oldersum	186,0	65,64	
KDHR	Insel	Papenburg	544,7	192,29	
KDJG	Fortuna	Grossefehn	187,2	66,86	
KDJL	Elsa	Brake a. d. Weser	305,9	107,39	
KDJM	Rixtine	Dornmer Siel	120,4	42,50	
KDJQ	Amor	Karolinensiel	158,1	55,81	
KDJS	Maria	Papenborg	310,4	109,71	
KDJW	Bertha	Emden	204,8	72,29	
KDLB	Rlna	Westeraccomersiel	138,9	49,04	
KDLC	Frau Hilkea	Iheringsfehn	94,5	38,23	
KDLF	Anna	Dornmer Siel	182,6	64,16	
KDLH	Johannes	Papenborg	258,4	91,23	
KDLM	Ernst & Georg	West-Rhauderfehn	319,6	112,89	
KDLN	Sophla	West-Rhauderfehn	184,4	65,10	
KDLP	Gesina	Boekzeteler Fehn	237,5	83,34	
KDLR	Tönna	Dornmer Siel	282,9	99,96	
KDLS	Pax	Emden	295,4	104,30	
KDLT	Aphrodite	Emden	336,0	118,77	
KDMC	Aurora	Emden	198,2	69,97	
KDMF	Wilhelm	Papenburg	391,0	138,61	
KDMG	Freundschaft	Leer	368,4	130,04	
KDMH	Heinrich	Leer	293,3	103,61	
KDML	Berendina	Karolinensiel	256,0	90,38	
KDMP	Elisabeth	Papenburg	442,0	156,04	
KDMR	Anna	Petkum	304,1	107,83	
KDMT	Focke und Dicke	Grossefehn	399,9	141,16	
KDMV	Industrie	Grossefehn	282,1	99,49	
KDMW	Johanna	Westeraccumersiel	234,3	82,71	
KDNC	Leonore	Papenburg	554,5	195,64	
KDNH	Annette	Neermoor	271,6	95,87	
KDNM	Arnold	Papenborg	566,4	100,84	
KDPB	Ida	Weener	529,3	186,81	
KDPG	Catharlna	Leer	344,0	121,44	
KDPH	Sophia Catharina	Oldersum	240,0	84,73	
KDPJ	Helene	Leer	899,3	140,93	
KDPL	Juno	Papenborg	541,9	191,29	
KDPQ	Cornella	Emden	300,4	106,07	
KDQC	Dirkje	Emden	164,5	58,04	
KDQF	Tetta Margaretha	Wyk auf Föhr	150,9	53,23	

Unter-scheidungs-Signale.	Namen der Schiffe.	Heimathshafen	Kubik-meter Netto-Raumgehalt.	Register-Tons	Pferde-kräfte.
	KDQG — KFBR				
KDQG	Harmkea	Warsingsfehn	169,1	59,e	
KDQP	Anna Rebecca	Papenburg	189,1	66,91	
KDQR	Lili	Papenborg	427,1	150,eo	
KDQT	Johaunes	Papenburg	484.o	171,12	
KDRB	Ilouwina	Hamborg	491,1	173,24	
KDRL	Anna	Emden	501,s	176,so	
KDRM	Tidofeld	Papenburg	209,1	74,o	
KDRP	Margaretha	Papenburg	681,1	240,44	
KDRT	Olympiue	Karoliuensiel	268,t	92,99	
KDRW	Gesine	Jemgum	318,3	110,10	
KDSC	Gesine	Halte	541,e	191,9	
KDSH	Catharina	Insel Baltrum	155,1	54,91	
KDSJ	Elise	Emden	479,4	169,21	
KDSL	Harmine	Warsingsfehn	187,1	66,01	
KDSM	Elisabeth	Oldersum	323,9	114,23	
KDSN	Anna	Emden	111,9	39,10	
KDSP	Elisabeth Wiemann	Emdeu	540,1	190,91	
KDSQ	Elsche Maria	Insel Baltrum	161,s	56,04	
KDST	Nicolaus	Papenburg	422,1	149,31	
KDTC	Johaun	Iheringsfehn	219.1	77,34	
KDTF	Valentin	Papeuburg	350,1	123,eo	
KDTG	Hoffnuog	West-Rhauderfehn	195,s	68,91	
KDTH	Gerhardine	Leer	208,4	78,41	
KDTL	Geredina	West-Rhauderfehn	203,4	71,80	
KDTP	Meta	Grossefehu	320,4	113,17	
KDTS	Foelken	West-Rhauderfehu	191,4	67,44	
KDVB	Louise	Papenburg	461,1	162,90	
KDVF	Neptuu	Wismar	311,s	110,91	
KDVH	Perle	Grossefehu	454.4	160,41	
KDVJ	Gretina	Lübbertsfehu	365,1	129,90	
KDVL	Sara	Weener	511,4	180,so	
KDVM	Anua	Karolinensiel	283,4	99,90	
KDVN	Drei Gebrüder	Warsingsfehn	211,s	74,91	
KDVQ	Sleverine	Leer	355,9	125,44	
KDVS	Juntje	West-Rhauderfehu	203,1	71,90	
KDVW	Catharina	Emden	176,s	62,so	
KDWC	Anua	Leer	473.1	167,31	
KDWF	Maria	Emden	260,s	92,01	
KDWH	Hoffnung	Insel Baltrum	212,s	75,so	
KDWJ	Norddeutsche See-warte.	Papenburg	549,s	193,90	
KDWM	Metta	Warsingsfehu	177,s	62,so	
KDWQ	Alpha	Emdeu	196,s	69,91	
KDWS	Falke	West-Rhauderfehn	250,t	88,44	
KDWV	Clara	Papenburg		90*	
KFBD	Gesine	Nordgeorgsfehn	103,1	36,44	
KFBG	Hinrich	Leer	231,3	81,co	
KFBM	Fido	Papenburg	541,9	191,so	
KFBR	Jefta	Insel Baltrum	211,t	74,co	

* Lasten zu 4000 ℔.

Unter-scheidungs-Signale.	Namen der Schiffe.	Heimathshafen	Kubik-meter Netto-Raumgehalt.	Register-Tons	Pferde-kräfte.
		KFBT — KFJW			
KFBT	Peter	Leer	859,1	126,60	
KFBV	Schwanette	Papenburg	312,6	110,41	
KFBW	Marie	Karolinensiel	204,2	72,89	
KFCB	Hermann Anton	Papenburg	519,1	183,26	
KFCD	Horizont	Papenburg	462,8	163,26	
KFCL	Otto Graf zu Stolberg	Papenburg	516,6	182,15	
KFCN	Albert	Papenburg	494,3	174,16	
KFCP	Papenburg	Weener	699,6	247,60	
KFCR	Harlingen	Danzig	412,4	145,63	
KFCT	Renecke	Papenburg	303,7	107,31	
KFCV	Almuth	Barssel	310,4	109,37	
KFDG	W. Brügmann & Sohn No. 2.	Papenburg	529,6	187,02	
KFDJ	Hinderika	Boekzeteler Fehn	239,1	84,60	
KFDL	Eyrene	Grossefehn	309,9	109,36	
KFDM	Gesina	Warsingsfehn	327,7	115,67	
KFDP	Alberta Susanna	Leer	191,5	67,10	
KFDQ	Gretina	Papenburg	225,4	79,11	
KFDS	Susanna & Henriette	Emden	197,3	69,60	
KFDT	Mary & Jenny	Emden	197,5	69,62	
KFDV	Anna & Emma	Emden	197,1	69,54	
KFGB	Henri & Marens	Emden	172,6	60,89	
KFGC	Catharina Christina	Emden	172,3	60,97	
KFGD	Marie	Rooksiel	218,9	77,37	
KFGL	Almuth	Boekzeteler Fehn	279,7	98,70	
KFGN	Philothea	Papenburg	562,4	198,30	
KFGP	Möwe	Ost-Rhauderfehn	83,6	29,60	
KFGS	Clementine	Papenburg	587,4	207,36	
KFHB	Catharina	Papenburg	332,6	117,16	
KFHD	Marie	Leer	129,2	45,61	
KFHG	Antje Dirks	Emden	265,6	93,72	
KFHJ	Maria Golne	Emden	199,7	70,69	
KFHL	MinisterCamphansen	Grossefehn	337,1	119,60	
KFHM	Ehe	Leer	294,9	108,70	
KFHQ	W. Brügmann & Sohn No. III.	Papenburg	667,3	235,63	
KFHR	Johann	Grossefehn	361,6	127,43	
KFHS	Alma	Boekzeteler Fehn	397,9	140,46	
KFHV	Stadt Emden	Emden	181,5	64,31	
KFHW	Stadt Leer	Emden	187,9	66,39	
KFJB	Stadt Norden	Emden	189,6	66,99	
KFJC	Hinderika	Emden	467,3	165,14	
KFJD	Harmonie	West-Rhanderfehn	235,1	83,30	
KFJN	Bruno	Leer	298,3	105,77	
KFJP	†Liban Packet	Stettin	282,6	99,16	35
KFJQ	Deo	West-Rhanderfehn	106,3	37,67	
KFJS	München	Papenburg	578,3	204,14	
KFJV	Antine	Südgeorgsfehn	80,7	28,43	
KFJW	Reina Talkes	West-Rhanderfehn	77,9	27,46	

KFLB — KFQS

Unterscheidungs-Signale.	Namen der Schiffe	Heimathshafen	Kubikmeter Netto-Raumgehalt	Register-Tons	Pferdekräfte.
KFLB	Greeta	Emden	163,6	57,73	
KFLC	Anna	Weener	157,8	55,73	
KFLD	Ettjea	Ditzum	262,3	92,26	
KFLM	Theda Catharina	Bensersiel	56,7	20,61	
KFLP	Christina	Timmel	301,t	106,29	
KFLQ	Harmina	Iheringsfehn	236,9	83,42	
KFLR	Catharina	Boekzeteler Fehn	250,9	88,43	
KFLS	Helene	Grossefehn	404,4	142,70	
KFLT	Harmine	Grossefehn	364,4	128,66	
KFLV	Aaltje	Olderum	77,4	27,38	
KFMB	Ostfriesland	Emden	195,1	68,67	
KFMC	Arion	Leer	400,0	141,18	
KFMD	Frau Siever	Ost-Rhauderfehn	92,1	32,34	
KFMG	Delphin	West-Rhauderfehn	170,9	60,23	
KFMJ	Antina	Warsingsfehn	259,0	91,43	
KFMN	Anna	Ost-Rhauderfehn	81,4	28,69	
KFMP	De Zwaan	Leer	448,7	158,59	
KFMQ	Anna	Emden	53,4	18,89	
KFMS	Gesine	Iheringsfehn	304,0	107,31	
KFMT	Westfalen	Emden	196,7	69,44	
KFNB	Catrina	West-Rhauderfehn	66,6	23,46	
KFNC	Anna	West-Rhauderfehn	43,4	15,33	
KFNG	Hoffnung	West-Rhauderfehn	52,3	18,44	
KFNJ	Catharina	Neu-Harrlinger Siel	50,3	17,63	
KFNP	Talena	Holtermoor	53,7	18,96	
KFNQ	Heinrich	Timmel	376,6	132,54	
KFNS	Hoffnung	Rhauderwieke	43,6	15,30	
KFNT	Elisabeth	Rhauderwieke	49,6	17,30	
KFPB	Alida	Ost-Rhauderfehn	76,1	26,67	
KFPG	Constantia	Emden	81,7	28,64	
KFPH	Eben Ezer	Emden	112,6	39,76	
KFPJ	Johana	Karolinensiel	101,3	35,73	
KFPL	Catharina Elisabeth	Norderney	61.7	21,74	
KFPM	Gesina	Emden	98,0	34,39	
KFPN	de twee Süsters	West-Rhauderfehn	53,7	18,98	
KFPR	Otto	Insel Baltrum	89,1	31,43	
KFPT	Nieper	Am Norddeich, Kreis Emden.	43,4	15,31	
KFPW	Johann	Karolinensiel	56,9	20,09	
KFQB	Maria	Rhaudermoor	78,7	27,77	
KFQC	Hoffnung	Rhaudermoor	79,7	28,13	
KFQG	de vrouw Fenna	Emden	78,3	27,71	
KFQH	Harmina	Holterfehn	53,8	18,92	
KFQJ	Franziska	Emden	52,3	18,43	
KFQM	Zwei Gebrüder	Iheringsfehn	40,3	14,19	
KFQN	Margaretha	Ost-Rhauderfehn	71,9	25,31	
KFQP	Frau Helene	Leer	89,3	31,53	
KFQR	Freundschaft	Karolinensiel	55,9	19,74	
KFQS	Vrouw Sjouke	Emden	105,4	37,30	

KFQT — KFWG

Unter-scheidungs-Signale.	Namen der Schiffe.	Heimathshafen	Kubik-meter Netto-Raumgehalt.	Register-Tons	Pferde-kräfte.
KFQT	Sophie	Neu-Harrlinger Siel	96,9	34,21	
KFQV	Albea	Ost-Rhauderfehn	71,9	25,13	
KFRB	†Kronprinz	Leer	111,9	39,16	25
KFRC	Drie Zuestern	Papenborg	313,2	110,36	
KFRD	Frau Gesina	West-Rhauderfehn	66,8	23,87	
KFRH	Zwei Gebrüder	Abserniel	83,6	29,81	
KFRJ	Anna Dorothea	Emden	291,6	102,79	
KFRL	Dorothea Susanna	Norden	84,5	29,72	
KFRM	Gesina	Baraiel	69,5	24,53	
KFRN	Becka	Norden	86,7	80,81	
KFRP	Zwei Gebrüder	Karolinensiel	78,0	27,83	
KFRQ	Iliakea	West-Rhauderfehn	64,9	22,91	
KFRS	Adler	Grossefehn	407,7	143,82	
KFRT	Anna	Südgeorgsfehn	75,5	26,44	
KFRW	Drei Gebrüder	West-Rhauderfehn	54,7	19,31	
KFSC	†Norderney	Emden	99,4	85,m	30°
KFSD	Emanuel	Grossefehn	75,6	26,63	
KFSG	Gesina	Oldersom	88,6	81,61	
KFSH	Johanna Iliorika	Warsingsfehn	71,7	25,31	
KFSJ	Hoffnung	Ost-Grossefehn	82,4	29,16	
KFSL	Concordia	West-Rhauderfehn	52,6	18,44	
KFSN	Taube	Grossefehn	433,7	158,99	
KFSQ	Antje	Grossefehn	401,6	141,74	
KFSR	Vorwärts	Karolinensiel	78,9	28,96	
KFSV	Harmkea	Rorichmoor	54,3	19,17	
KFSW	Anna Regina	Ost-Rhauderfehn	63,3	22,83	
KFTD	Gretjelina	Karolinensiel	97,4	34,43	
KFTG	Helene	Leer	285,4	100,83	
KFTH	Maria Clara	Weener	186,3	65,76	
KFTJ	Amor	Papenburg	644,6	227,84	
KFTL	Aurora	Ost-Rhauderfehn	302,2	106,94	
KFTM	Wobkea	Mitte-Grossefehn	95,3	33,84	
KFTN	Martha	Ost-Rhauderfehn	61,3	21,44	
KFTP	Frau Trientje	West-Rhauderfehn	70,9	24,71	
KFTR	Maria	Greetsiel	48,9	17,34	
KFTV	Magretha	Ost-Rhauderfehn	51,6	18,73	
KFVB	Gesina	Greetsiel	57,6	20,30	
KFVD	Leonore	Leer	359,6	126,74	
KFVG	Catharina	Insel Spiekeroog	61,6	21,71	
KFVJ	Jacob Syper	Papenburg	242,4	85,87	
KFVL	Gretina	Stickelkamper Fehn	58,4	20,63	
KFVM	Franziska	Karolinensiel	267,5	94,44	
KFVN	Foelke	Rhaudermoor	79,3	25,81	
KFVP	Gertrude	Ost-Rhauderfehn	54,4	19,31	
KFVQ	Anna	Insel Spiekeroog	221,5	76,19	
KFVT	Sophie	Timmel	848,4	122,90	
KFWC	Christina	West-Rhauderfehn	82,6	29,16	
KFWD	Frau Maria	Karolinensiel	106,5	87,39	
KFWG	Harmina	Holtermoor	61,5	21,63	

* Nominelle Pferdekräfte.

KFWH — KGFD

Unter-scheidungs-Signale.	Namen der Schiffe.	Heimathshafen	Kubik-meter Netto-Raumgehalt.	Register-Tons	Pferde-kräfte.
KFWH	Stadt Eseus	West-Rhauderfehn	58,4	20,83	
KFWJ	Catharina	Dornumer Siel	450,9	159,17	
KFWM	Johanna Geziena	Weener	201,3	71,43	
KFWN	Mina	Ost-Rhauderfehn	52,6	18,61	
KFWP	Reustina	Ost-Rhauderfehn	94,9	33,49	
KFWQ	Emanuel	Rhaudermoor	70,6	24,99	
KFWR	Johanna	Papenburg	271,5	95,84	
KFWS	Antje	West-Rhauderfehn	63,6	22,34	
KFWT	Aukelina	Holterfehn	59,1	20,84	
KFWV	Eltje	Emden	332,3	117,17	
KGBC	Catharina	West-Rhauderfehn	102,4	36,15	
KGBD	Frau Geske	West-Rhauderfehn	70,3	24,81	
KGBF	Agina	West-Rhauderfehn	48,6	17,15	
KGBJ	Freiheit	Grossefehn	467,1	164,99	
KGBM	Johanna Auguste	Westeraccumersiel	212,6	75,88	
KGBP	Maria	Grossefehn	404,8	142,79	
KGBQ	Hoffnung	Borkum	56,1	19,66	
KGBS	Aurora	Borkum	57,3	20,39	
KGBT	Eta	Emden	183,3	64,11	
KGBW	Sieverdina	West-Rhauderfehn	52,6	18,57	
KGCB	Johan	Papenburg	411,7	145,33	
KGCD	Frau Johanna	Emden	69,3	24,46	
KGCF	Hilkea	Iheringsfehn	48,6	16,99	
KGCH	Pollux	Emden	682,4	240,01	
KGCM	Arendina	Borkum	53,6	18,97	
KGCP	Nordstern	Am Norddeich, Kreis Emden.	51,3	18,19	
KGCQ	Peter	Leer	1084,3	382,93	
KGCR	Hosianna	Borkum	54,3	19,35	
KGCS	da Capo	Papenburg	832,0	298,70	
KGCT	Gesche Ellda	Iheringsfehn	59,1	21,68	
KGCV	Pax	West-Rhauderfehn	147,8	52,10	
KGCW	Lina	West-Rhauderfehn	56,0	19,77	
KGDB	Familie	Karolinensiel	226,4	79,93	
KGDC	Harmine	Iheringsfehn	327,1	115,47	
KGDF	Sara	Oldersum	365,4	128,90	
KGDH	Gesina	West-Rhauderfehn	65,6	22,33	
KGDJ	Maria	West-Rhauderfehn	47,8	16,77	
KGDL	Johann	Steinhausersiel	88,6	31,58	
KGDM	Ekelina	Iheringsfehn	54,3	19,16	
KGDN	Aurora	Bockzeteler Fehn	251,3	88,77	
KGDP	Anni	Papenburg	256,3	90,47	
KGDS	Catharina	Ost-Rhauderfehn	111,8	89,38	
KGDT	Antje	Ost-Rhauderfehn	105,6	87,38	
KGDV	Johanne Antine	Karolinensiel	188,4	66,48	
KGDW	Fenna Henderika	Warsingsfehn	273,4	96,49	
KGFB	Hempkedina	West-Rhauderfehn	51,3	18,16	
KGFC	Freya	Karolinensiel	329,6	116,35	
KGFD	Else	Leer	350,6	126,12	

KGFH — KGMC

Unter-scheidungs-Signale.	Namen der Schiffe.	Heimathshafen	Kubik-meter Netto-Raumgehalt.	Register-Tons	Pferde-kräfte.
KGFH	Hinrika	Boekzeteler Fehn	352,8	124,34	
KGFJ	Anna	Grossefehn	442,1	156,07	
KGFL	Anton	Papenburg	507,4	179,11	
KGFM	Hoffnung	Ost-Rhauderfehn	68,4	24,14	
KGFN	Eclipse	Papenburg	300,1	105,94	
KGFQ	Antine	West-Rhauderfehn	56,4	19,91	
KGFR	Zwei Gebrüder	Ost-Rhauderfehn	81,1	28,63	
KGFS	Kronprincessin Victoria	Norderney	69,1	24,43	
KGFT	Henriette	Boekzeteler Fehn	289,2	102,13	
KGFW	Gretine	Ithandermoor	100,2	35,37	
KGHB	Wopke	Borkum	63,0	22,24	
KGHC	Greetjelina	Nenefehn	125,1	44,80	
KGHD	Hinnerika	Rorichmoor	121,9	43,03	
KGHF	Greetjelina	West-Rhauderfehn	75,0	26,41	
KGHJ	Hedwig	Leer	671,6	287,01	
KGHL	Rose	Emden	877,6	309,70	
KGHP	Drei Gebrüder	Greetsiel	54,1	19,11	
KGHQ	Christian Wilhelm	Neu-Harrlinger Siel	65,9	23,26	
KGHR	Fekeline	Neermoor	338,0	119,31	
KGHT	Wübken	Collinghorstermoor	47,9	16,85	
KGHW	Anna Maria	Rhandermoor	51,0	18,01	
KGJB	Immanuel	West-Rhauderfehn	277,7	98,03	
KGJC	Martha	Borkum	105,3	37,24	
KGJD	Gesina	Papenburg	322,2	113,73	
KGJH	Foelkea	Ost-Rhauderfehn	78,9	27,03	
KGJL	Janna	Warsingsfehn	49,3	17,40	
KGJM	Gesine	Papenburg	316,1	111,40	
KGJN	Urania	Grossefehn	398,8	140,14	
KGJP	Albrecht	Grossefehn	426,7	150,63	
KGJQ	Cathrine	Leer	279,6	98,63	
KGJS	Graf Eulenburg	Jemgum	768,9	271,43	
KGJT	Margaretha	Borkum	56,8	19,34	
KGJV	Arnold	Rhandermoor	197,8	69,34	
KGJW	Einigkeit	Greetsiel	62,3	22,00	
KGLB	Diligentia	Emden	991,4	350,08	
KGLC	Fides	West-Rhauderfehn	310,9	109,74	
KGLD	Johanna	Papenburg	833,2	294,11	
KGLF	Fünf Gebrüder	West-Rhauderfehn	74,5	26,30	
KGLH	Freundschaft	Borkum	53,6	18,92	
KGLJ	Hiskelina	West-Rhauderfehn	204,3	72,13	
KGLM	Voelkea	Holterfehn	70,9	24,99	
KGLP	Hoffnung	West-Rhauderfehn	67,3	28,71	
KGLR	Catharina	Jemgum	368,1	129,93	
KGLS	†Stadt Norden	Norden	159,3	56,34	25*
KGLT	Paul	Barssel	381,3	134,37	
KGLV	†Stadt Leer	Leer	869,8	306,63	120
KGLW	Anna	West-Rhauderfehn	87,1	30,75	
KGMC	Aden	Grossefehn	332,4	185,60	

* Nominelle Pferdekräfte.

Unterscheidungs-Signale.	Namen der Schiffe.	Heimathshafen	Kubikmeter Netto-Raumgehalt	Register-Tons	Pferdekräfte.
KGMF	Hermann	Ost-Rhauderfehn .	319,1	112,44	
KGMJ	Hoffnung	Ost-Rhauderfehn .	75,1	26,81	
KGMN	Elise	West-Rhauderfehn .	75,7	26,71	
KGMP	Aetio	Papenburg . . .	566,1	199,04	
KGMQ	Hoffnung	Ost-Rhauderfehn .	55,4	19,63	
KGMR	†Delphin	Emden	25,4	8,97	14*
KGMS	Lina	Karolinensiel . . .	274,1	96,97	
KGMT	Deborah	Karolinensiel . . .	405,4	143,10	
KGMV	Gesina	West-Rhauderfehn .	79,5	28,60	
KGMW	Catharina	Ost-Rhauderfehn .	55,6	19,63	
KGND	Menna	Papenburg . . .	354,3	125,97	
KGNC	Gesken	Warsingsfehn . .	343,3	121,10	
KGNF	Harmonie	Emden	366,9	129,80	
KGNH	Arde	Warsingsfehn . .	59,1	20,80	
KGNJ	Beanport	Papenburg . . .	663,9	234,30	
KGNL	Geerdina	Emden	330,2	116,43	
KGNM	Greetjelina	Leer	132,6	46,81	
KGNP	Frau Lina	Ost-Rhauderfehn .	72,9	25,74	
KGNQ	Jantina	West-Rhauderfehn .	59,9	21,16	
KGNR	Almuth	Leer	344,6	121,63	
KGNS	Neptun	Papenburg . . .	286,6	100,83	
KGNT	Rudolph	Papenburg . . .	261,6	92,33	
KGNV	Jantje	Holterfehn . . .	51,4	18,13	
KGNW	Anna	Karolinensiel . . .	83,4	29,44	
KGPB	Hermann	West-Rhauderfehn .	63,6	22,43	
KGPC	Elise	Boekzeteler Fehn .	380,1	134,39	
KGPD	Johann	Grossefehn . . .	1000,9	356,16	
KGPF	Charlotte	Papenburg . . .	288,3	101,77	
KGPH	Helene	Greetsiel . . .	273,3	96,44	
KGPJ	Drei Gebrüder . .	Holterfehn . . .	66,7	23,54	
KGPL	Engeline	West-Rhauderfehn .	73,3	25,84	
KGPM	Gesina	Ost-Rhauderfehn .	78,6	27,74	
KGPN	Gerhardine . . .	West-Rhauderfehn .	54,0	19,06	
KGPQ	Vier Gebrüder . .	West-Rhauderfehn .	78,6	27,77	
KGPR	Trientje . . .	West-Rhauderfehn .	49,3	17,40	
KGPS	Bilda	Oldersum . . .	307,1	108,43	
KGPT	Allina	Jemgum . . .	350,1	123,63	
KGPV	Anna	West-Rhauderfehn .	59,3	20,94	
KGPW	Jacoba	Papenburg . . .	343,4	121,31	
KGQB	Etta M. Jacobs . .	Karolinensiel . . .	208,4	73,60	
KGQC	Vier Gebrüder . .	Ost-Rhauderfehn .	75,7	26,84	
KGQD	Foelken	West-Rhauderfehn .	69,4	24,50	
KGQF	Zieverdine . . .	West-Rhauderfehn .	70,4	24,97	
KGQH	Anna	Grossefehn . . .	207,1	73,33	
KGQJ	Anton	Grossefehn . . .	435,7	153,40	
KGQL	Marin	Papenburg . . .	—	324,41	
KGQM	Marie von Oblendorp	Weener . . .	461,9	163,00	
KGQN	Herendina . . .	Leer	162,3	57,33	
KGQP	Fokke	West-Rhauderfehn .	58,4	20,64	

* Nominelle Pferdekräfte.

KGQR — KGTV

Unter-scheidungs-Signale.	Namen der Schiffe.	Heimathshafen	Kubik-meter Netto-Raumgehalt.	Register-Tons	Pferde-kräfte.
KGQR	Hoffnung	West-Rhauderfehn	114,0	40,24	
KGQS	Margaretha	West-Rhauderfehn	73,3	25,94	
KGQT	Geslna	West-Rhauderfehn	48,3	17,03	
KGQV	Jacobus David	Emden	240,3	85,04	
KGQW	Bernhardine	Leer	183,0	64,49	
KGRB	Margaretha	West-Rhauderfehn	63,4	22,32	
KGRC	Libra	Boekzeteler Fehn	317,9	112,31	
KGRD	Concordia	Borkum	87,3	31,03	
KGRF	Antine	Ilhandermoor	65,0	22,84	
KGRH	Hilkea	Emden	370,3	130,12	
KGRJ	Gretchen	Emden	438,3	154,12	
KGRL	Geslna	Papenburg	184,3	65,13	
KGRM	Almuth Elisabeth	Iheringsfehn	429,0	151,43	
KGRN	Hero	Grossefehn	437,1	154,81	
KGRP	Dina	West-Rhauderfehn	68,1	24,04	
KGRQ	Alida Elise	Papenburg	188,2	66,41	
KGRS	Etina	Ost-Rhauderfehn	79,3	27,96	
KGRT	Bernhard Johann	Papenburg	364,6	130,15	
KGRV	Oldenburg	Emden	187,3	66,11	
KGRW	Geslna	West-Rhauderfehn	197,6	69,15	
KGSB	Ilorika	Iheringsfehn	49,9	17,81	
KGSC	Pollux	Grossefehn	114,1	146,54	
KGSD	Catharine	Emden	599,4	211,65	
KGSF	Anna	Papenburg	773,9	273,10	
KGSH	Fritz	Papenburg	268,3	94,99	
KGSJ	Cornelia	Emden	433,9	153,31	
KGSL	Bertha	Greetsiel	65,0	22,93	
KGSM	Magreta	Ost-Rhauderfehn	65,9	23,26	
KGSN					
KGSP					
KGSQ					
KGSR					
KGST					
KGSV					
KGSW					
KGTB					
KGTC					
KGTD					
KGTF					
KGTH					
KGTJ					
KGTL					
KGTM					
KGTN					
KGTP					
KGTQ					
KGTR					
KGTS					
KGTV					

KLBG — KLMT

Unter-scheidungs-Signale.	Namen der Schiffe	Heimathshafen	Kubik-meter Netto-Raumgehalt.	Register-Tons	Pferde-kräfte.
KLBG	Wanderer	Lübeck	458,3	161,70	
KLBH	Anna	Meldorf	189,0	66,71	
KLBJ	Amos	Lühe, Amts Jork	37,4	13,34	
KLBM	Fido	Dornbusch, Amts Freiburg	194,0	68,43	
KLBN	Adelheid	Weener	253,1	89,30	
KLBT	Maria	Estebrügge	108,4	38,37	
KLCD	Maria	Estebrügge	110,0	38,54	
KLCG	Nikolaus	Ritsch, Amts Freiburg	84,1	29,91	
KLCJ	Johannes	Estebrügge	91,5	32,13	
KLCN	Gesina	Lühe, Amts Jork	87,1	13,13	
KLCQ	Fortuna	Este-Fluss	85,6	30,33	
KLCS	Elisabeth	Lühe, Amts Jork	38,9	13,73	
KLCT	Gloria	Bützfleth	108,4	39,41	
KLCW	Hinrich	Cranz, Amts Jork	107,7	38,53	
KLDB	Ceres	Spitzerdorf, Kreis Pinneberg.	112,5	39,70	
KLDC	Johannes	Twielenfleth, Amts Jork	103,7	36,53	
KLDJ	Elise	West-Rhauderfehn	135,5	47,77	
KLDQ	Hoslanna	Spitzerdorf, Kreis Pinneberg.	112,5	39,73	
KLDR	Catrina	Neuenfelde, Amts Jork	112,4	39,61	
KLDT	Robert	Husum in Schleswig	229,3	80,54	
KLDW	Selene	Twielenfleth, Amts Jork	95,4	33,53	
KLFC	Uranus	Spitzerdorf, Kreis Pinneberg.	141,6	49,97	
KLFG	Johannes	Borstel, Amts Jork	66,4	23,44	
KLFH	Immanuel	Cranz, Amts Jork	83,4	29,43	
KLFK	Emanuel	Twielenfleth, Amts Jork	76,1	27,03	
KLFS	Eduard	Emden	313,3	110,54	
KLFT	Victoria	Krautsand	216,9	76,57	
KLFV	Anna Sophia	Hamburg	122,7	43,31	
KLGD	Pansewitz	Stade	581,1	205,18	
KLGH	Hertha	Hetlingen, Kreis Pinneberg.	211,9	74,91	
KLGJ	Nimrod	Neuland, Amts Freiburg	209,4	73,73	
KLGN	Matthias	Hamburg	155,1	64,14	
KLGQ	Anna Maria	Gauensiek	185,9	65,43	
KLHF	Aline	Borstel, Amts Jork	94,5	33,38	
KLHM	Palme	Geestemünde	492,6	173,30	
KLJD	Emanuel	Estebrügge	94,4	83,39	
KLJP	Johanna Maria	Neustadt in Holstein	114,1	40,56	
KLJR	Georg	Wischhafen	214,5	75,52	
KLJT	Emanuel	Schwarzenhütten, Amts Oster.	81,6	28,03	
KLMJ	Maria	Hamburg	148,5	52,42	
KLMT	Robert	Dornbusch, Amts Freiburg	199,6	70,43	

KLMV — KMCN

Unterscheidungs-Signale.	Namen der Schiffe.	Heimathshafen	Kubik-meter Netto-Raumgehalt.	Register-Tons	Pferde-kräfte.
KLMV	Ora	Cranz, Amts Jork	91,4	32,26	
KLND	Beata	Hamburg	190.3	67,18	
KLNF	Hoffnung	Dornbuseh, Amts Frei-burg.	167,9	59,21	
KLNG	Regina	Horstel, Amts Jork	59.4	21,04	
KLNQ	Antoinette	Bremen	2123,3	749,40	
KLNT	Achilles	Abbenfleth	123,1	43,43	
KLNW	Ernte	Cranz, Amts Jork	92.1	32,51	
KLPD	Sophie	Neutwisch, Amts Neu-haus a. d. Oste.	181.4	64,02	
KLPM	Catharina	Hamburg	444.1	156,0	
KLPN	Antelope	Hamburg	481.3	169,90	
KLPV	August	Cranz, Amts Jork	698,3	244,81	
KLPW	Catharina	Twielenfleth, Amts Jork	128,3	45,81	
KLQB	August	Reknm	132.4	46,91	
KLQG	Louise	Barth	508.4	179,41	
KLQJ	Anna	Cranz, Amts Jork	258.3	91,18	
KLQN	Alwine	Hamburg	608.4	214,63	
KLQT	Wremen	Wremer Tief	79,3	27,99	
KLQV	Laguna	Spiekerdorf, Kreis Pinneberg.	100.8	35,39	
KLRJ	Margaretha	Twielenfleth, Amts Jork	123.3	43,32	
KLRM	Rebecca	Elsfleth	782.8	276,37	
KLRN	Emil	Itzehoe	269,7	03,08	
KLSC	Ellen Riekmers	Elsfleth	870.3	307,21	
KLSR	Emanuel	Twielenfleth, Amts Jork	95,1	34,41	
KLTH	Johannes	Neuenfelde, Amts Jork	124,6	43,96	
KLTM	Johannes	Hamburg	500,3	179,93	
KLTP	Theodor	Krautsand	411,4	145,73	
KLTR	Germania	Geestemünde	2315,7	817,44	
KLVH	Orion	Brake a. d. Weser	617.1	217,94	
KLVR	J. G. Fiehte	Buxtehude	659,9	230,94	
KLWN	Maria	Lühe, Amts Jork	23.4	8,76	
KLWS	Gondel	Lühe, Amts Jork	65,9	23,77	
KLWV	Maria	Grünendeich, Amts Jork	34.3	12,11	
KMDN	Diana	Osten	102.9	36,32	
KMBQ	Aurora	Dornbusch, Amts Frei-burg.	102,3	36,23	
KMDS	†Mercur	Bremen	975,4	344,16	180
KMDT	†Neptun	Bremen	514.3	181,43	95
KMBW	Maria	Brunshausen, Amts Himmelpforten.	195,7	69,94	
KMCB	Johanna	Blumenthal, Amts Blu-menthal.	164.4	58,10	
KMCH	Margaretha	Harburg	426.7	150,43	
KMCJ	Pallos	Neuenschleuse, Amts Jork.	96.3	33,93	
KMCL	Regine	Cranz, Amts Jork	124.4	44,03	
KMCN	†Diana	Bremen	800,7	282,44	120

KMCP — KMGQ

Unterscheidungs-Signale.	Namen der Schiffe.	Heimathshafen	Kubikmeter Netto-Raumgehalt.	Register-Tons	Pferdekräfte.
KMCP	Amanda	Hamburg	141,3	49,61	
KMCS	Atalanta	Hoyer	68,5	24,29	
KMCV	†Jupiter	Bremen	877,5	809,73	120
KMCW	†Delbrück	Geestemünde	816,6	288,98	150
KMDB	Gloriosa	Twielenfleth, Amts Jork	148,6	52,41	
KMDC	Woerth	Geestemünde	114,0	40,24	
KMDG	Emanuel	Estebrügge	54,1	19,06	
KMDL	Bremerhaven	Geestemünde	2952,3	1042,13	
KMDN	Miranda	Cranz, Amts Jork	97,5	84,41	
KMDP	Metha	Cranz, Amts Jork	97,3	84,40	
KMDQ	Elisabeth	Grossenwörden, Amts Osten.	105,6	37,23	
KMDR	Derby	Geestemünde	3080,0	1087,43	
KMDS	Cadet	Estebrügge	149,0	52,61	
KMDT	Irene	Estebrügge	79,7	28,11	
KMDV	Johannes	Hamburg	90,7	32,71	
KMDW	Anna	Dornbusch, Amts Freiburg.	76,9	27,11	
KMFB	Germania	Wischhafen	84,5	29,53	
KMFC	Hesperos	Dornbusch, Amts Freiburg.	77,0	27,19	
KMFD	Catharina	Dornbusch, Amts Freiburg.	87,3	80,92	
KMFG	Selene	Dornbusch, Amts Freiburg.	76,6	27,11	
KMFH	Achilles	Dornbusch, Amts Freiburg.	92,9	82,79	
KMFJ	Genine	Twielenfleth, Amts Jork	77,0	27,18	
KMFL	Eridanus	Basbeck	107,3	37,38	
KMFN	Meta Maria	Steinhausersiel	79,0	27,89	
KMFR	Zwei Gebrüder	Granerort, Amts Freiburg	59,6	20,63	
KMFS	Friedrich	Oberndorf, Amts Neuhaus a. d. Oste.	285,9	100,89	
KMFT	†Arion	Bremen	572,3	202,16	120
KMFV	Catharine	Stade	62,3	21,96	
KMFW	Active	Oberndorf, Amts Neuhaus a. d. Oste.	97,3	84,85	
KMGB	Henriette Lisette	Oberndorf, Amts Neuhaus a. d. Oste.	99,9	85,23	
KMGC	Johanne	Basbeck	86,4	30,47	
KMGD	Hinrich	Warstade	87,0	30,97	
KMGF	Margaretha	Oberndorf, Amts Neuhaus a. d. Oste.	87,3	30,76	
KMGJ	Oorust	Hamburg	97,6	34,63	
KMGL	Amandus	Goversdorf	92,6	82,f6	
KMGN	MargarethaDorothea	Oberndorf, Amts Neuhaus a. d. Oste.	91,3	82,87	
KMGP	Irene	Krautsand	61,6	21,71	
KMGQ	Hoffnung	Neuhaus a. d. Oste	70,6	24,91	

KMGR — KMLS

Unter- scheidungs- Signale.	Namen der Schiffe.	Heimathshafen	Kubik- meter Netto-Raumgehalt.	Register- Tons	Pferde- kräfte.
KMGR	Maria	Neuhaus a. d. Oste	77,3	27,85	
KMGS	Erndte	Oberndorf, Amts Neu- haus a. d. Oste.	82,8	29,23	
KMGV	Zwei Gebrüder	Estebrügge	75,8	26,44	
KMGW	Hoffnung	Oberndorf, Amts Neu- haus a. d. Oste.	69,8	24,57	
KMHB	Catharina Maria	Geversdorf	70,3	27,39	
KMHC	Blume	Neuhaus a. d. Oste	73,4	25,38	
KMHD	Stade	Stade	67,8	23,93	
KMHF	Palme	Freiburg	83,6	29,83	
KMHJ	Die Schwinge	Assel	91,5	32,30	
KMHL	Franklin	Oberndorf, Amts Neu- haus a. d. Oste.	78,9	27,86	
KMHN	Charlotte	Belum	71,8	25,34	
KMHP	Margaretha	Stade	57,7	20,31	
KMHQ	Rebecca	Mühlenhafen	52,6	18,87	
KMHR	Gesine	Bassenfleth	98,6	32,84	
KMHS	Emanuel	Ostendorf, Amts Bre- mervörde.	67,2	23,74	
KMHT	Rebecca	Hechthausen, Amts Osten.	84,9	20,97	
KMHV	Die Drei Gebrüder	Warstade	83,8	29,39	
KMHW	Anna	Bützfleth	95,6	33,71	
KMJB	Rose	Neuhaus a. d. Oste	102,3	36,06	
KMJC	Fortuna	Neuhaus a. d. Oste	73,3	25,84	
KMJF	Petrus	Klint, Amts Osten	83,3	29,87	
KMJG	Catharina	Iselershelm	78,5	27,71	
KMJH	Dankbarkeit	Neuhaus a. d. Oste	102,7	36,33	
KMJL	Anna Catharina	Gräpel	72,6	25,62	
KMJN	Catharina Sophia	Cranz, Amts Jork	82,6	29,16	
KMJP	Amalia	Barnkrug	70,3	24,71	
KMJQ	Marine	Ganenslek	92,9	32,70	
KMJR	Anna Sophia	Basbeck	88,7	31,68	
KMJS	Auguste	Cuxhaven	82,1	28,99	
KMJV	Magaretha	Oberndorf, Amts Neu- haus a. d. Oste.	78,3	25,84	
KMJW	Doctor Lasker	Geestemünde	754,1	266,30	
KMLB	Ernte	Neuendamm, Amts Bremervörde.	88,3	31,24	
KMLC	Emanuel	Maasholm	67,6	23,87	
KMLD	Marta	Estebrügge	68,9	24,33	
KMLF	Johannes	Neuenfelde, Amts Jork	71,4	25,30	
KMLG	Emanuel	Grünendeich, Amts Jork	55,8	19,39	
KMLH	Deike Rickmers	Geestemünde	4886,4	1724,99	
KMLN	Miranda	Borstel, Amts Jork	62,9	22,30	
KMLP	Johannes	Wischhafen	67,4	23,93	
KMLQ	Die zwei Gebrüder	Lühe, Amts Jork	55,3	19,62	
KMLR	Emanuel	Moorende, Amts Jork	59,4	20,96	
KMLS	Hinrich	Cranz, Amts Jork	60,7	21,43	

KMLT — KMQV

Unter-scheidungs-Signale.	Namen der Schiffe.	Heimathshafen.	Kubik-meter Netto-Raumgehalt.	Register-Tons.	Pferde-kräfte.
KMLT	Sophia Catharina	Basbeck	112,4	39,69	
KMLW	Johannes	Dornbusch, Amts Freiburg.	79.1	27,53	
KMNB	Catharina	Wischhafen	69,9	24,47	
KMNC	Johanna	Warstade	80,9	28,64	
KMND	Johanne Elise	Grossenwörden, Amts Osten.	97,0	34,24	
KMNF	Maria	Borstel, Amts Jork	78,5	27,63	
KMNG	Marie Lucie	Blumenthal, Amts Blumenthal.	138,9	48,53	
KMNH	Minerva	Neuenschleuse, Amts Jork.	45,3	15,84	
KMNJ	Gloria	Neuenschleuse, Amts Jork.	53,7	18,95	
KMNP	Emanuel	Wisch, Amts Osten	70,5	24,79	
KMNQ	Hinrich	Crans, Amts Jork	64.3	22,87	
KMNR	Johann Hinrich	Borstel, Amts Jork	54,6	19,29	
KMNS	Ernte	Lühe, Amts Jork	62,4	21,93	
KMNT	Adelheit	Wischhafen	49,8	17,40	
KMNV	†Concordia	Stade	215,0	75,91	60
KMNW	Margretha	Lühe, Amts Jork	54,1	19,16	
KMPB	Möwe	Geestemünde	602,3	177,79	
KMPC	Petrus	Cranz, Amts Jork	80,1	28,49	
KMPD	†Stade	Stade	230.7	81,44	70
KMPF	Charlotte	Osten	100,4	35,69	
KMPG	Charis	Borstel, Amts Jork	64,1	22,62	
KMPH	Germania	Neuenfelde, Amts Jork	68,9	24,53	
KMPJ	Gesine	Borstel, Amts Jork	62,5	22,91	
KMPL	Betti	Rekum	150.6	53,12	
KMPN	Johanna	Köuuebeck	208.3	73,53	
KMPQ	Adeline	Borstel, Amts Jork	50.3	17,78	
KMPR	Johannes	Königreich, Amts Jork	64,3	22,87	
KMPS	Diana	Estebrügge	67.4	23,81	
KMPT	Emanuel	Estebrügge	55,6	19,63	
KMPV	Minerva	Borstel, Amts Jork	65,0	22,85	
KMPW	Diederlcus	Neuenfelde, Amts Jork	57,3	20,19	
KMQB	Elbe	Lühe, Amts Jork	74.1	26,16	
KMQC	Hoffnung	Twielenfleth, Amts Jork	55,9	19,73	
KMQD	Mercur	Estebrügge	56,0	19,75	
KMQF	Fortuna	Moorende, Amts Jork	65,6	23,17	
KMQG	Fortuna	Cranz, Amts Jork	78,6	27,78	
KMQH	Magreta	Ganensiek	88.4	31,26	
KMQJ	Immanuel	Borstel, Amts Jork	53.3	18,41	
KMQL	Catharina	Insel Langeoog	123,1	43,61	
KMQP	Aurora	Hovea. d. Este, Amts Jork	66.1	23,33	
KMQR	Minerva	Leswig a. d. Este	60,9	21,46	
KMQS	Maria	Borstel, Amts Jork	71.9	25,39	
KMQT	Juliana	Borstel, Amts Jork	52,3	18,41	
KMQV	Anna Sophia	Bützfleth	77.4	27,33	

KMQW — KMTS

Unter-scheidungs-Signale.	Namen der Schiffe.	Heimatbshafen	Kubik-meter Netto-Raumgehalt.	Register-Tons	Pferde-kräfte.
KMQW	Hosianna	Abbenfleth	65,»	23,87	
KMRB	Helene	Buxtehude	68,»	24,11	
KMRC	Delphin	Borstel, Amts Jork	55,4	19,88	
KMRD	Immanuel	Otterndorf	48,»	17,01	
KMRF	Emanuel	Neuenfelde, Amts Jork	60,»	21,97	
KMRG	Henriette	Lühe, Amts Jork	41,t	14,88	
KMRH	Johannes	Ritsch, Amts Freiburg	74,»	26,23	
KMRJ	Maria	Borstel, Amts Jork	46,»	16,29	
KMRL	Hinrich	Cranz, Amts Jork	82,»	29,04	
KMRN	Charis	Borstel, Amts Jork	58,0	20,88	
KMRP	Germania	Grünendeich, Amts Jork	68,»	24,07	
KMRQ	Erndte	Abbenfleth	85,»	80,23	
KMRS	Fortuna	Cranz, Amts Jork	57,8	20,89	
KMRV	Diana	Cranz, Amts Jork	59,»	20,69	
KMRW	Einigkeit	Grünendeich, Amts Jork	61,»	21,84	
KMSB	Fortuna	Viersielen	61.8	21,71	
KMSC	Emanuel	Ostendorf, Amts Bremervörde.	68,0	23,42	
KMSD	Zwei Gebrüder	Lanmühlen	75,0	26,14	
KMSF	Catharina Christina	Freiburg	69,0	24,67	
KMSG	Dorothea	Dornbusch, Amts Freiburg.	52,4	18,59	
KMSH	Johanna Metta	Osten	89,4	31,14	
KMSJ	Anna Sophia	Basbeck	69,9	24,84	
KMSL	Flora	Hove a. d. Este, Amts Jork.	63,0	22,07	
KMSN	Catharina	Estebrügge	63,0	22,23	
KMSP	Gloria Deo	Estebrügge	64,1	22,42	
KMSQ	Enmonia	Stade	67,»	23,97	
KMSR	Flora	Leswig s. d. Este	50,0	17,89	
KMST	Emanuel	Cranz, Amts Jork	65,8	23,11	
KMSV	Orphens	Bremen	2570,1	910,41	
KMSW	Germania	Steinkirchen, Amts Jork	61,1	21,74	
KMTB	Johannis	Cranz, Amts Jork	78,0	27,68	
KMTC	Diodor	Borstel, Amts Jork	61,8	21,81	
KMTD	Immanuel	Geversdorf	65,8	23,11	
KMTF	Johannes	Moorende, Amts Jork	67,0	23,87	
KMTG	Anna Dorothea	Rönnebeck	142,8	50,29	
KMTH	Aurora	Estebrügge	58,4	20,62	
KMTJ	Juno	Steinkirchen, Amts Jork	56,»	19,57	
KMTL	Emanuel	Cranz, Amts Jork	67,8	23,90	
KMTN	Germania	Höben, Amts Jork	59,4	20,97	
KMTP	Adeline	Neuenkirchen, Amts Jork.	49,4	17,44	
KMTQ	Anna	Rekum	145,»	51,50	
KMTR	Gloria	Ostendorf, Amts Bremervörde.	68,»	24,79	
KMTS	Emanuel	Ostendorf, Amts Bremervörde.	70,8	24,91	

KMTV — KNBT

Unter-scheidungs-Signale.	Namen der Schiffe.	Heimathshafen	Kubik-meter Netto-Raumgehalt.	Register-Tons	Pferde-kräfte.
KMTV	Miranda	Borstel, Amts Jork. .	62.1	22,61	
KMTW	Gloriadea	Osteudorf, Amts Bre-mervörde.	50,1	17,61	
KMVB	Hinrich	Geestemünde . . .	163,8	57,43	
KMVC	Charlotte Auguste .	Otterndorf	58,1	20,81	
KMVD	Fortuna	Osten	64,6	22,80	
KMVF	Metta	Dornbusch, Amts Frei-burg.	74.7	26,0	
KMVJ	Meta	Bremen	140,4	52,71	
KMVL	Catharina	Ostendorf, Amts Bre-mervörde.	49,1	17,41	
KMVQ	Hedwig	Geestemünde . . .	81,6	28,67	
KMVR	Fortuna	Abbenfleth	85,6	30,10	
KMVS	Carl	Neuhaus a. d. Oste	60,6	24,38	
KMVT	Genius	Steinkirchen, Amts Jork	62,6	22,10	
KMVW	Zwei Gebrüder . .	Rönnebeck	161,6	57,13	
KMWB	Die zwei Gebrüder .	Rönnebeck	136,1	48,14	
KMWC	Gesina	Blumenthal, Amts Blumenthal.	170,7	60,33	
KMWD	Heinrich	Rönnebeck	141,6	49,60	
KMWF	Elise	Rönnebeck	132,6	46,67	
KMWG	Adelheid	Rönnebeck	153,9	54,33	
KMWH	Maria	Abbenseth	74,3	26,30	
KMWJ	Johannes	Wischhafen	78,6	27,73	
KMWL	Apollo	Osten	64,6	22,87	
KMWN	Johanna	Klint, Amts Osten . .	67,3	23,73	
KMWP	Hansa	Borstel, Amts Jork .	63,3	22,30	
KMWQ	Johanna Catharina .	Oberndorf, Amts Neu-haus a. d. Oste.	113,4	40,64	
KMWR	Catharina	Gauensiek	49,4	17,41	
KMWS	Sophia Dorothea . .	Basbeck	87,7	30,90	
KMWT	Wilhelm	Warstade	78,3	27,65	
KMWV	Maria Elise	Basbeck	83,6	20,63	
KNBC	Petrus	Cranz, Amts Jork .	156,4	55,31	
KNBD	Maria	Estebrügge	57,6	20,64	
KNBF	Margaretha	Gauensiek	67,6	23,63	
KNBG	Wilhelmine	Lobbendorf	67,6	23,63	
KNBH	Johanna	West-Moorende, Amts Jork.	155,3	54,83	
KNBJ	Venus	Borstel, Amts Jork . .	59,6	21,11	
KNBL	Fortuna	Warstade	82,4	29,80	
KNBM	Hosianna	Horstel, Amts Jork . .	57,4	20,36	
KNBP	Vesta	Warstade	83,4	29,41	
KNBQ	Gesina	Blumenthal, Amts Blumenthal.	154,7	54,60	
KNBR	Anna Maria	Lübedeich, Amts Jork	50,6	21,11	
KNBS	Honorike Lucie . .	Brake a. d. Weser . .	149,6	52,70	
KNBT	Fortuna	Dornbusch, Amts Frei-burg.	86,6	30,64	

KNBW — KNFS

Unter-scheidungs-Signale.	Namen der Schiffe.	Heimathshafen	Kubik-meter / Register-Tons Netto-Raumgehalt		Pferde-kräfte.
KNBW	Hera	Bremen	2936,s	1086,so	
KNCB	Julius	Neuenfelde, Amts Jork	139,s	49,tr	
KNCD	Anna Margaretha	Neuhaus a. d. Oste	84,s	29,ss	
KNCF	Catharine	Farge	140,r	49,ss	
KNCH	Johannes	Neuenfelde, Amts Jork	95,s	38,ss	
KNCJ	Catharina	Schulau	95,s	83,se	
KNCL	Catharina	Gauensiek	62,t	21,ss	
KNCM	Catharina Marga-retha.	Buttlersiel	127,s	44,sr	
KNCP	Margaretha	Farge	143,s	50,ss	
KNCQ	Othello	Freiburg	90,s	81,ss	
KNCR	Hoffnung	Rönnebeck	139,s	49,ss	
KNCS	Vineta	Boratel, Amts Jork	60,s	28,ss	
KNCT	Elbe	Neuenfelde, Amts Jork	80,t	28,rt	
KNCV	Gesine	Rönnebeck	159,t	56,tr	
KNCW	Maria	Brobergen	63.t	22,rt	
KNDB	Sophie	Oberndorf, Amts Neu-haus a. d. Oste.	85,s	30,ts	
KNDC	Anna Catharina	Wisch, Amts Osten	72,s	25,rs	
KNDF	Marie	Basbeck	115,s	40,rt	
KNDG	Adelheid	Ostendorf, Amts Bre-mervörde.	56,s	19,ss	
KNDH	Catharina Marga-retha.	Gräpel	65,r	23,st	
KNDJ	Alice Rickmers	Geestemünde	3422,s	1208,ss	
KNDL	Dorothea	Otterndorf	56,s	19,ss	
KNDM	Heinrich Wilhelm	Otterndorf	54,s	19,rt	
KNDP	Anna Margaretha	Otterndorf	93,s	33,ss	
KNDQ	Immanuel	Grünendeich, Amts Jork	56.t	20,ss	
KNDR	Johannes	Grünendeich, Amts Jork	56,s	19,rt	
KNDT	Anna	Blumenthal, Amts Blumenthal.	194,s	68,se	
KNDV	Adele	Hamelwörden, Amts Freiburg.	72,s	25.sr	
KNFB	Lydia Peschau	Geestemünde	1042,s	367,ss	
KNFC	Maria	Dorumer Tief, Amts Dorum.	54,s	19,ss	
KNFD	Mathilde	Gauensiek	51,s	18,tt	
KNFG	Claudius	Harburg	107,s	37,ss	
KNFH	Elbe	Gräpel	61.s	21,ss	
KNFJ	Anna	Blumenthal, Amts Blumenthal.	174.r	61,sr	
KNFL	Hinrich	Neuenfelde, Amts Jork	88.0	31,sr	
KNFM	Anna Rebecka	Twielenfleth, Amts Jork	92,t	32,rs	
KNFQ	Margaretha Friede-rike.	Blumenthal, Amts Blumenthal.	205,s	72,sr	
KNFR	Dorothea	Geversdorf	65,s	22,ss	
KNFS	Immanuel	Oberndorf, Amts Neu-haus a. d. Oste.	60,s	21,ss	

KNFT — KNJG.

Unter-scheidungs-Signale.	Namen der Schiffe.	Heimathshafen	Kubik-meter Netto-Raumgehalt.	Register-Tons	Pferde-kräfte.
KNFT	Adelheid	Ostendorf, Amts Bremervörde.	51,1	18,84	
KNFV	Drei Gebrüder . .	Iselersheim	82,8	29,11	
KNFW	Emanuel	Ostendorf, Amts Bremervörde.	69,3	24,48	
KNGB	Emanuel	Cranz, Amts Jork . .	88,8	31,34	
KNGC	Gloria	Oberndorf, Amts Neu-haus a. d. Oste.	78,6	27,43	
KNGD	Johanne	Geestemünde . . .	88,7	30,41	
KNGF	Catharina	Osten	66,4	23,50	
KNGH	Heinrich Wilhelm .	Otterndorf	57,6	20,30	
KNGJ	†Guttenberg . . .	Stade	260,8	92,80	70
KNGL	Meta Sophia . . .	Oberndorf, Amts Neu-haus a. d. Oste.	99,1	35,08	
KNGM	Anna	Bassenfleth	151,8	53,51	
KNGP	Gloriosa	Oberndorf, Amts Neu-haus a. d. Oste.	92,6	32,70	
KNGQ	Amandus	Steinkirchen, Amts Jork	56,0	19,77	
KNGR	Albert	Cranz, Amts Jork . .	152,3	53,84	
KNGS	Maria	Neu-Rönnebeck . . .	208,0	73,47	
KNGT	Sirene	Cranz, Amts Jork . .	153,8	54,33	
KNGV	Elisabeth	Hamburg	126,6	44,34	
KNGW	Ordnung	Blumenthal, Amts Blumenthal.	176,1	62,16	
KNHB	Eleonore	Mühlenhafen . . .	54,8	19,17	
KNHC	Margaretha	Wischhafen	80,1	28,39	
KNHD	Gesine	Borstel, Amts Jork .	54,6	19,34	
KNHF	Adler	Blumenthal, Amts Blumenthal.	134,7	47,83	
KNHG	Anna Maria	Altendorf, Amts Osten	89,4	31,45	
KNHJ	Citadelle	Borstel, Amts Jork .	144,6	51,11	
KNHL	Tamerlane	Geestemünde . . .	2591,6	914,43	
KNHM	Paul Rickmers . .	Geestemünde . . .	3373,6	1190,94	
KNHP	Rebecca	Ganzesiek	57,0	20,13	
KNHQ	Christine	Blumenthal, Amts Blumenthal.	112,2	39,81	
KNHR	Genius	Freiburg	71,3	25,31	
KNHS	Henriette	Dorumer Tief, Amts Dorum.	39,6	13,71	
KNHT	Anna Maria	Warstade	71,1	25,16	
KNHV	Andreas	Warstade	85,3	30,22	
KNHW	Sechs Gebrüder . .	Blumenthal, Amts Blumenthal.	172,8	61,00	
KNJB	Germania	Otterndorf	57,0	20,13	
KNJC	Lina	Geestemünde . . .	2814,0	993,82	
KNJD	Maria	Dorumer Tief, Amts Dorum.	55,6	19,71	
KNJF	Catharina Elisabeth	Altendorf, Amts Osten	110,6	39,84	
KNJG	Johann Gustav . .	Rönnebeck	144,3	50,90	

KNJH — KNPH

Unter-scheidungs-Signale.	Namen der Schiffe.	Heimathshafen.	Kubik-meter Netto-Raumgehalt.	Register-Tons.	Pferde-kräfte.
KNJH	Immanuel	Neuenfelde, Amts Jork	64,3	22,70	
KNJL	Frau Mathilde . .	Wremer Tief . . .	69,0	20,53	
KNJM	Adelheid	Rönnebeck	126,8	44,76	
KNJP	Therese	Geversdorf	78,1	27,79	
KNJQ	Helene	Steinkirchen, Amts Jork	58,7	20,78	
KNJR	Anna	Dornbusch, Amts Frei-burg.	98,1	34,84	
KNJT	Wilhelm Anton . .	Geestemünde . . .	2830,1	999,23	
KNJV	Deo Gloria	Krautsand	68,1	22,31	
KNJW	Courier	Krautsand	73,8	25,84	
KNLB	Die Hoffnung . . .	Mehedorf, Amts Bremer-vörde.	67,0	23,6	
KNLC	Sophie	Geestemünde . . .	3560,0	1256,34	
KNLD	Rebecka	Oberndorf, Amts Neu-haus a. d. Oste.	67,9	23,91	
KNLF	Amelia	Geestemünde . . .	2659,0	938,53	
KNLG	Margaretha	Twielenfleth, Amts Jork	55,3	19,49	
KNLH	Amalia	Bützfleth	102,9	36,32	
KNLJ	Maria	Lühe, Amts Jork . .	75,1	26,84	
KNLM	Geestemünde . . .	Geestemünde . . .	3110,1	1097,97	
KNLQ	Metta Maria . . .	Schwarzenbütten, Amts Osten.	98,1	34,63	
KNLR	Maria	Oberndorf, Amts Neu-haus a. d. Oste.	91,1	32,31	
KNLS	Johannes	Cranz, Amts Jork . .	79,1	28,13	
KNLT	Preciosa	Warstade	98,3	34,10	
KNLV	Anna	Gauensiek	67,9	23,81	
KNLW	Gesine	Abbenfleth	82,3	29,04	
KNMB	Adeline	Rekum	141,0	49,71	
KNMD	Nordstern	Lühe, Amts Jork . .	76,5	27,00	
KNMF	Favorita	Geestemünde . . .	3429,1	1210,40	
KNMG	Albinus	Borstel, Amts Jork .	66,6	23,11	
KNMH	Aurora	Lanmühlen	76,4	26,91	
KNMJ	Seenymphe . . .	Borstel, Amts Jork .	111,1	39,43	
KNML	Emanuel	Wischhafen	65,4	23,09	
KNMP	Emanuel	Lanmühlen	58,3	20,80	
KNMQ	Minna	Twielenfleth, Amts Jork	50,0	17,64	
KNMR	Maria Helene . . .	Brobergen	78,3	27,80	
KNMS	Cuba	Geestemünde . . .	3196,3	1128,23	
KNMT	Florentine	Oberndorf, Amts Neu-haus a. d. Oste.	79,5	28,01	
KNMV	Deo Gloria	Steinkirchen, Amts Jork	59,9	21,14	
KNMW	Christine	Warstade	104,9	37,03	
KNPB	Anna Maria	Warstade	67,9	23,91	
KNPC	Lucinde	Basbeck	90,3	33,94	
KNPD	Achilles	Basbeck	83,5	29,54	
KNPF	Erndte	Grüpel	80,9	30,43	
KNPG	Adelheide	Grüpel	79,6	28,10	
KNPH	Bertha	Borstel, Amts Jork .	73,6	26,65	

KNPJ — KNRT

Unter-scheidungs-Signale.	Namen der Schiffe.	Heimathshafen	Kubik-meter Netto-Raumgehalt.	Register-Tons	Pferde-kräfte.
KNPJ	Adeline	Stade	101,8	35,43	
KNPL	Diana	Geestemünde	1048,9	370,24	
KNPM	Anna Friederike	Geestemünde	101,1	85,40	
KNPQ	Martha	Geestemünde	179,1	63,37	
KNPR	Meta	Geestemünde	3773,0	1331,87	
KNPS	Regina	Neuenschleuse, Amts Jork.	60,1	21,21	
KNPT	Adele	Oberndorf, Amts Neu-haus a. d. Oste.	76,9	27,13	
KNPV	Immanuel	Warstade	74,9	26,13	
KNPW	Anna	Bützfleth	58,8	18,91	
KNQB	Leda	Neuenfelde, Amts Jork	92,6	32,76	
KNQC	Immanuel	Wisch, Amts Jork	53,1	18,74	
KNQD	Catharina	Ostendorf, Amts Bre-mervörde.	71,1	25,09	
KNQF	Peter	Twielenfleth, Amts Jork.	160,6	56,47	
KNQG	Rebecka	Kleinwörden, Amts Osten.	80,4	28,30	
KNQH	Anna Helene	Geestemünde	108,9	37,11	
KNQJ	Betty	Barnkrug	45,6	15,91	
KNQL	Cathrina Maria	Hechthausen, Amts Osten.	88,1	29,54	
KNQM	Maria Anna	Geestemünde	3587,4	1266,30	
KNQP	Catharina	Geversdorf	82,3	29,46	
KNQR	Christine	Basbeck	96,3	33,79	
KNQS	Germania	Geversdorf	51,1	18,04	
KNQT	Madeleine Rickmers	Geestemünde	3616,0	1276,64	
KNQV	Heinrich & Tonio	Geestemünde	3090,4	1090,91	
KNQW	Katharina	Dorumer Tief, Amts Dorum.	59,5	21,04	
KNRB	Johannes	Neuenfelde, Amts Jork	50,3	17,77	
KNRC	Minna	Farge	144,3	50,34	
KNRD	Harmonie	Geestemünde	4120,0	1464,34	
KNRF	Catharina	Hechthausen, Amts Osten.	58,3	20,16	
KNRG	Preciosa	Osten	90,7	32,03	
KNRH	Lucie	Twielenfleth, Amts Jork.	256,3	90,43	
KNRJ	Hosianna	Grünendeich, Amts Jork.	58,6	20,44	
KNRL	Dorothea	Basbeck	108,8	37,49	
KNRM	Mathilde	Blumenthal, Amts Blumenthal.	194,4	68,67	
KNRP	Andromeda	Geestemünde	5300,9	1871,11	
KNRQ	Aurora	Oberndorf, Amts Neu-haus a. d. Oste.	118,0	41,64	
KNRS	Anna Sophia	Basbeck	76,8	27,11	
KNRT	Padilla	Borstel, Amts Jork	78,3	26,48	

KNRV — KNVP

Unter-scheidungs-Signale.	Namen der Schiffe.	Heimathshafen	Kubik-meter Netto-Raumgehalt.	Register-Tons	Pferde-kräfte.
KNRV	Margaretha....	Laumühlen....	80,1	28,21	
KNRW	Anna Louise...	Oberndorf, Amts Neu-haus a. d. Oste.	68,0	24,90	
KNSB	Adorna......	Geestemünde...	8904,2	1409,93	
KNSC	†Geestemünde...	Geestemünde...	26,1	9,10	30
KNSD	Johannes.....	Ostendorf, Amts Bre-merörde.	74,4	26,34	
KNSF	†Elbe......	Stade......	243,0	86,19	70
KNSG	Gesine......	Bassenfleth....	98,3	84,61	
KNSH	Die zwei Geschwister	Warntade.....	68,6	24,22	
KNSJ	Wilhelm.....	Geversdorf....	94,6	33,39	
KNSM	John Byers....	Geestemünde...	971,7	343,61	
KNSP	Anna Rebecca.	Stade.......	99,7	35,39	
KNSQ	Preciosa.....	Wischhafen....	97,3	34,34	
KNSR	Rebecka.....	Kleinwörden, Amts Osten.	77,9	27,43	
KNST	Richard Rickmers.	Geestemünde...	3810,6	1345,13	
KNSV	Catharina.....	Oberndorf, Amts Neu-haus a. d. Oste.	85,2	30,09	
KNSW	Hoffnung......	Cranz, Amts Jork..	59,4	20,30	
KNTB	Hinrike.....	Rönnebeck....	200,0	70,50	
KNTC	Meta.......	Rönnebeck....	232,8	82,14	
KNTD	Minerva.....	Borstel, Amts Jork.	58,1	20,51	
KNTF	Gloria......	Twielenfleth, Amts Jork	92,3	82,49	
KNTG	Christiane....	Geestemünde...	174,5	61,60	
KNTH	Johannes.....	Borstel, Amts Jork	50,3	17,74	
KNTJ	Mettlne......	Finkenwerder, Amts Harburg.	60,9	21,33	
KNTL	Metta......	Estebrügge....	24,2	8,35	
KNTM	Anna Caroline..	Blumenthal, Amts Blumenthal.	130,1	48,01	
KNTP	Baldoln.....	Neuenfelde, Amts Jork	98,3	34,16	
KNTQ	Anna Marie...	Baxbeck.....	89,4	35,14	
KNTR	Emanuel.....	Lühe, Amts Jork..	57,9	20,43	
KNTS	Erwin Rickmers..	Geestemünde...	3917,4	1382,53	
KNTV	Eben-Ezer....	Hechthausen, Amts Osten.	67,7	28,09	
KNTW	Catharina.....	Grüpel......	80,4	28,38	
KNVB	Diederich.....	Krautsand....	84,3	29,73	
KNVC	Catharina.....	Ottendorf, Amts Bremervörde.	89,2	31,43	
KNVD	Anna Sophia...	Ganensiek....	70,9	25,82	
KNVF	Adele.......	Krautsand....	82,3	29,93	
KNVG					
KNVH					
KNVJ					
KNVL					
KNVM					
KNVP					

KNVQ — LBJH

Unter-scheidungs-Signale.	Namen der Schiffe.	Heimathshafen	Kubik-meter Netto-Raumgehalt.	Register-Tons	Pferde-kräfte.
KNVQ					
KNVR					
KNVS					
KNVT					
KNVW					
KNWB					
KNWC					
KNWD					
KPBD	Marianne	Grünendeich, Amts Jork	223,2	78,70	
KPBN	Gesine	Hamburg	82,7	29,21	
KPBR	Lina	Harburg	252,9	89,71	
KPBS	Adonis	Oberndorf, Amts Neu-haus a. d. Oste.	55,1	19,43	
KPBT	Adeline	Harburg	76,2	26,90	
KPBV	Ann	Itzehoe	240,0	84,73	
KPCB	H. Peters	Harburg	1167,4	412,19	
KQBC	Christine Engeline	Haren, Amts Meppen .	146,8	51,44	
KQBD	Maria	Haren, Amts Meppen .	137,7	48,61	
KQBG	Virgo Maria . . .	Haren, Amts Meppen .	129,4	45,61	
KQBH	Maria Regina . . .	Haren, Amts Meppen .	172,3	61,90	
LBCF	Gustav & Marie . .	Kiel	1005,8	354,71	
LBCG	Jürgen	Altona	889,2	296,49	
LBCK	Caroline	Burg a. F.	311,1	109,52	
LBCQ	Helene	Heiligenhafen . . .	169,1	59,90	
LBCW	Catharina	Kiel	148,9	52,33	
LBDN	Christiane	Kiel	384,2	135,62	
LBDQ	Anna	Burg a. F.	268,1	94,43	
LBDT	Marie	Burg a. F.	294,3	103,85	
LBFH	Christine	Burgstaaken a. F. .	257,7	90,91	
LBFM	Emmeline	Heiligenhafen . . .	164,0	58,07	
LBFP	Bertha	Heiligenhafen . . .	261,1	92,10	
LBFR	Anton	Burg a. F.	171,2	60,42	
LBFS	Delphin	Burg a. F.	382,2	135,19	
LBGC	Ernestine	Lübeck	446,3	157,23	
LBGD	Metha	Arnis	113,6	40,91	
LBGK	Pauline	Heiligenhafen . . .	268,6	94,75	
LBGR	Diana	Burg a. F.	261,9	92,44	
LBGV	Carl Emil . . .	Kiel	98,9	34,67	
LBHC	Adler	Burg a. F.	588,1	207,90	
LBHD	Wilhelmine Maria .	Heiligenhafen . . .	48,6	17,13	
LBHJ	Christine	Heiligenhafen . . .	63,1	22,14	
LBHK	Emmeline	Neustadt in Holstein	68,0	24,02	
LBHP	Dorothea	Kiel	61,4	21,66	
LBHQ	Bertha	Hadersleben . . .	49,2	17,20	
LBHS	Abeline	Kiel	70,1	24,03	
LBHT	Pretiose	Wismar	49,3	17,40	
LBHW	Wilhelmine	Burg a. F.	52,4	18,31	
LBJF	†Fehmarn	Burg a. F.	131,3	46,33	85
LBJH	Theodora	Heiligenhafen . . .	96,2	34,07	

LBJK — LCDH

Unter-Scheidungs-signale.	Namen der Schiffe.	Heimathshafen	Kubik-meter Netto-Raumgehalt.	Register-Tons	Pferde-kräfte.
LBJK	Dora	Arnis	68,8	31,19	
LBJN	Malwine	Eckernförde	63,3	22,30	
LBJS	Amazone	Burgstaaken a. F.	83,1	29,34	
LBKD	Sylphe	Kiel	48,4	17,61	
LBKN	Margaretha	Burg a. F.	238,9	84,33	
LBMG	Hermann	Kiel	. . .	107,3"	
LBMH	†Vorwärts	Kiel	186,4	65,40	30
LBMV	Doris	Heiligenhafen	334,4	118,94	
LBNF	Heinrich	Burg a. F.	70,8	24,34	
LBNG	Friederike	Rostock	73,3	25,63	
LBNR	Neptun	Burg a. F.	373,1	131,77	
LBNT	Auguste	Wewelsfleth	67,2	23,73	
LBPF	Helene	Insel Fehmarn	313,8	110,67	
LBPG	Adolph	Labö	60,3	21,28	
LBPJ	Eben-Ezar	Burg a. F.	69,1	24,61	
LBPQ	†Holsatia	Kiel	597,1	210,14	80
LBPT	Holsatia	Heiligenhafen	535,0	188,94	
LBQM	Courier	Barth	719,1	254,06	
LBQT	†Schwentine	Neumühlen bei Kiel	28,8	10,06	10
LBQV	†Concurrent	Kiel	39,1	13,71	10**
LBQW	Karens Minde	Sonderburg	62,7	22,18	
LBRF	Marie Amalie	Wismar	47,8	16,77	
LBRK	Christine	Neustadt in Holstein	63,3	22,33	
LBRV	Petrea	Kiel	136,1	48,88	
LBSM	Catharina	Grossenbrode	48,4	17,96	
LBSP	Emma	Burg a. F.	368,8	130,04	
LBTC	Mercur	Neustadt in Holstein	504,9	178,34	
LBTD	Agnes	Lemkenhafen	777,9	274,60	
LBTN	Anna Sophie	Stettin	271,3	95,14	
LBTV	Carl	Lübeck	558,8	196,44	
LBVC	Flora	Neumühlen bei Kiel	165,3	58,33	
LBVF	Dorothea	Arnis	127,3	44,90	
LBVR	August	Kiel	254,0	89,67	
LBVS	Johann Carl	Heiligenhafen	409,3	144,13	
LBWF	Byka	Kiel	133,1	46,99	
LBWN	†Amalia	Rügenwalde	436,7	153,79	93
LBWR	†Thusnelda	Neumühlen bei Kiel	30,5	10,87	6
LBWS	Toni	Kiel	288,6	101,90	
LBWV	Anna Marie	Arnis	78,9	27,81	
LCBG	Anna	Hamburg	1267,9	447,66	
LCBH	†Meta	Kiel	332,9	117,81	25
LCBK	Fürst Bismarck	Hamburg	957,1	338,86	
LCBM	Franziska	Burg a. F.	300,8	106,18	
LCBP	†Heinrich Adolph	Kiel	93,1	32,61	15
LCBQ	†Courier	Kiel	74,4	26,28	10
LCBT	Mary	Hadersleben	63,3	22,43	
LCBW	Heinrich Lohmann	Blankenese	772,3	272,83	
LCDF	Emil	Neustadt in Holstein	73,1	25,79	
LCDH	Paul	Kiel	439,4	155,10	

* Lasten zu 5200 W.   ** Nominelle Pferdekräfte.   5

LCDJ — LCJS

Unter-scheidungs-Signale.	Namen der Schiffe.	Heimathshafen der Schiffe.	Kubik-meter Netto-Raumgehalt.	Register-Tons Netto-Raumgehalt.	Pferde-kräfte.
LCDJ	Wagrien	Heiligenhafen	508,6	179,43	
LCDM	Louise	Stettin	126,1	44,46	
LCDP	Idesbalde	Burgstaaken a. F.	596,4	210,33	
LCDS	†Sayn	Kiel	2601,9	918,57	125
LCDT	Helene	Kiel	423,8	149,43	
LCDV	†Oreouera	Kiel	2516,7	888,28	120
LCFB	Nicoline	Burg a. F.	234,6	82,76	
LCFD	Johanna	Burg a. F.	50,9	17,97	
LCFG	Martin	Arnis	152,9	53,98	
LCFJ	Victor	Neustadt in Holstein	461,1	162,76	
LCFM	†Klaus Groth	Kiel	85,3	30,08	12
LCFN	†Fried. Krupp	Kiel	2604,3	919,38	120
LCFP	Thora Maria	Neustadt in Holstein	76,6	27,06	
LCFS	Helene	Emden	1054,4	372,31	
LCFT	†Verein	Kiel	85,6	30,15	12
LCFV	Schwentine	Neumühlen bei Kiel	128,7	45,27	
LCFW	Hermann	Heiligenhafen	1259,1	444,46	
LCGB	Leopard	Kiel	85,6	30,18	
LCGH	Maria	Neumühlen bei Kiel	128,1	45,31	
LCGK	Olosega	Hamburg	ca. 168	ca. 59	
LCGM	Marie	Heiligenhafen	441,8	155,88	
LCGN	†Brutus	Kiel	1303,9	460,38	450*
LCGP	Elisabeth	Kiel	1267,4	447,40	
LCGQ	Margaretha	Heiligenhafen	80,1	28,27	
LCGT	Dora	Heiligenhafen	117,4	41,47	
LCGW	†Verein II.	Kiel	99,7	35,19	16**
LCHB	†Express	Kiel	97,0	34,23	45*
LCHG	†Antonie	Kiel	373,9	131,98	80*
LCHJ	†Burg	Lübeck	273,2	96,44	120
LCHN	Henriette	Burg a. F.	37,1	13,11	
LCHP	†Auguste	Kiel	1028,4	363,04	60**
LCHQ	†Andreas	Kiel	67,9	23,84	10**
LCHR	†Reserve	Hamburg	37,3	18,12	25**
LCHS	†Welle	Heiligenhafen	1112,1	392,54	60**
LCHT	†Auguste Victoria	Kiel	490,7	173,21	444*
LCHV	†Stormarn	Neumühlen bei Kiel	1170,4	413,23	70**
LCHW	†Wagrien	Neumühlen bei Kiel	1174,9	414,74	70**
LCJB	†Adler	Kiel	471,9	166,60	100**
LCJD	†Prinz Heinrich	Kiel	572,9	201,90	160**
LCJF	†Adele	Kiel	429,6	151,81	80*
LCJG	†Franz	Kiel	1862,1	657,31	390*
LCJH	†Hydromotor	Kiel	196,4	69,96	150**
LCJK	†Helene	Kiel	427,1	150,77	80*
LCJM	†Stephan	Kiel	341,3	120,62	70**
LCJN	†Helene	Kiel	90,5	31,94	15**
LCJP	†Kiel	Kiel	88,3	31,16	10**
LCJQ	†August	Kiel	1040,6	367,54	60**
LCJR	†Itzehoe	Kiel	108,2	38,23	80*
LCJS	Leichter No. 1	Kiel	86,6	30,64	

* Indicirte Pferdekräfte.   ** Nominelle Pferdekräfte.

LCJT — LDCV

Unter-scheidungs-Signale.	Namen der Schiffe.	Heimathshafen	Kubik-meter Netto-Raumgehalt.	Register-Tons	Pferde-kräfte.
LCJT	Leichter No. 2	Kiel	86,3	80,47	
LCJV	Leichter No. 3	Kiel	80,3	80,84	
LCJW	†Angela	Neumühlen bei Kiel	1197,9	422,96	280°
LCKB	Lovise Augusta	Kiel	178,8	62,90	
LCKD	†Alwine	Kiel	1134,4	400,29	240°
LCKG	†Germania	Neumühlen bei Kiel	50,5	17,31	40°
LCKH	†Anton	Kiel	1121,3	395,54	240°
LCKJ	†Jugo	Heiligenhafen	1002,5	671,70	90°°
LCKM	†Hercules	Kiel	74,3	26,33	15°°
LCKN	†Anna	Neumühlen bei Kiel	89,5	31,39	40°
LCKP	†Cosmopolit	Kiel	1899,1	670,99	320°
LCKQ	†Falke	Kiel	164,0	57,90	25°°
LCKR	†Duesternbrook	Neumühlen bei Kiel	1200,4	423,71	280°
LCKS	Johann Adolph	Heiligenhafen	877.3	309,93	
LCKT	†Wilhelm	Kiel	423,1	149,33	80°
LCKV	†Franziska	Kiel	1806,1	869,31	320°
LCKW	†Holtenau	Neumühlen bei Kiel	1195,4	422,96	280°
LCMB	†Mexico	Neumühlen bei Kiel	2924,8	1032,53	550°
LCMD	Kolibri	Neumühlen bei Kiel	526,4	185,99	
LCMF	Meise	Neumühlen bei Kiel	514,1	181,49	
LCMG	†Neutral	Kiel	1784,8	612,39	360°
LCMH	†Marie	Kiel	87,1	30,74	60°
LCMJ	†Paul	Kiel	1545,3	545,43	280°
LCMK					
LCMN					
LCMP					
LCMQ					
LCMR					
LCMS					
LCMT					
LCMV					
LCMW					
LCNB					
LCND					
LCNF					
LCNG					
LCNH					
LDBC	Meta	Hamburg	470,1	165,96	
LDBJ	Hermann	Hamburg	540,9	190,90	
LDBW	Cito	Dornbusch, Amts Frei-burg.	243,4	85,93	
LDCN	Die drei Gebrüder	Hamburg	66,1	28,53	
LDCQ	Erndte	Spitzerdorf, Kreis Pinneberg.	111,6	39,41	
LDCS	Roland	Rostock	87,3	30,90	
LDCT	Adonis	Spitzerdorf, Kreis Pinneberg.	121,6	42,49	
LDCV	Rose	Spitzerdorf, Kreis Pinneberg.	99,9	35,24	

* Indicirte Pferdekräfte. ** Nominelle Pferdekräfte. 5*

LDCW — LDNV

Unterscheidungs-Signale.	Namen der Schiffe.	Heimathshafen	Kubik-meter Netto-Raumgehalt.	Register-Tons	Pferde-kräfte
LDCW	Diana	Pahlhude	83,6	29,81	
LDFC	Beate	Wedel, Kreis Pinneberg	94,1	33,34	
LDFG	Mary	Blankenese	560,6	197,98	
LDFH	Alerte	Blankenese	590,2	208,83	
LDFM	Europa	Grünendeich, Amts Jork.	123,7	43,67	
LDFN	Hosianna	Uetersen	105,5	37,24	
LDFP	Heinrich	Blankenese	194,2	68,48	
LDFR	Doris	Mühlenberg, Kreis Pinneberg.	153,7	54,35	
LDFT	Anna & Gesine	Hamburg	374,6	132,23	
LDFV	Palme	Haseldorf	106,4	37,10	
LDFW	Maria	Elmshorn	334,3	118,01	
LDGF	Hoffnung	Blankenese	97,3	34,34	
LDGJ	Erndte	Seestermühe	94,6	33,41	
LDGK	Elche	Elmshorn	117,3	41,40	
LDGT	Diedrich	Krautsand	86,7	30,61	
LDGV	Magnet	Blankenese	442,6	156,31	
LDHJ	Hoffnung	Kollmar, Kreis Steinburg	116,3	41,48	
LDHN	Eunomia	Elmshorn	104,3	36,90	
LDHR	Georgine	Flensburg	448,4	158,73	
LDJC	Metta Sophia	Grossenwörden, Amts Osten.	77,7	27,42	
LDJF	Familie	Boekzeteler Fehn	272,1	96,08	
LDJS	Elegant	Blankenese	516,9	182,41	
LDJT	Elise	Itzehoe	274,1	96,97	
LDKB	Horizont	Itzehoe	70,6	24,91	
LDKC	Ta-Lée	Hamburg	ca.969	ca.342	
LDKQ	Maria	Tönning	183,4	64,70	
LDKH	Levante	Mühlenberg, Kreis Pinneberg.	582,9	205,73	
LDKV	Diamant	Blankenese	486,9	171,44	
LDMB	Martin	Estebrügge	117,9	41,41	
LDMF	Moria	Glückstadt	83,7	29,44	
LDMG	Der junge Hinrich	Wedel, Kreis Pinneberg	128,2	45,24	
LDMH	Rudolph	Elmshorn	121,6	42,90	
LDMK	Immanuel	Seestermühe	115,1	40,63	
LDMT	Mary	Hamburg	482,3	170,38	
LDNC	Johannes	Twielenfleth, Amts Jork	190,6	67,29	
LDNF	Courier	Blankenese		58*	
LDNH	Flora	Elmshorn	123,8	43,54	
LDNJ	Mariane	Hamburg	219,6	77,43	
LDNK	Joachim Christian	Altona	1295,6	457,18	
LDNP	Genius	Kleinwörden, Amts Osten.	85,1	30,31	
LDNQ	Bernhard Carl	Rostock	1221,6	431,13	
LDNS	Margaretha	Krautsand	73,3	25,63	
LDNV	Catharina	Hechthausen, Amts Osten.	113,3	40,04	

* Lasten zu 5200 ℔.

LDPC — LFDJ

Unter-scheidungs-Signale.	Namen der Schiffe.	Heimathshafen	Kubik-meter Netto-Raumgehalt	Register-Tons	Pferde-kräfte.
LDPC	Venus	Uetersen	70.9	24,71	
LDPF	Elisabeth	Hamburg	127,0	44,91	
LDPH	Amazone	Elmshorn	81,7	28,43	
LDPJ	Heinrich	Freiburg	354,3	125,07	
LDPM	Alert	Blankenese	454,3	160,37	
LDQG	Parthenope	Blankenese	522,7	184,43	
LDQM	Emanuel	Dorum, Amts Dorum	63,9	22,71	
LDQT	Ernte	Hamburg	94,4	33,24	
LDQV	Helene	Elmshorn	107,3	37,19	
LDQW	Gloris	Brunsbüttel	80,3	28,13	
LDRB	Donau	Glückstadt	92.1	32,51	
LDRC	Gretha	Haseldorf	61,6	21,54	
LDRG	Elbe	Basbeck	84,3	29,71	
LDRH	Lorenz	Blankenese	357,6	126,03	
LDRQ	Maria	Wollersum a. d. Eider	99,4	35,09	
LDRS	Dora	Uetersen	69,4	24,51	
LDSB	Helios	Blankenese	585,4	206,44	
LDSG	J. H. Jensen	Rostock	858,3	302,94	
LDST	Eunomia	Elmshorn	420,9	148,49	
LDTB	Dora	Ostendorf, Amts Bremervörde.	75,3	26,54	
LDTH	Paul	Hamburg	872,3	307,99	
LDTM	Avance	Blankenese	556,7	196,43	
LDTP	Elise	Wedel, Kreis Pinneberg	112,0	39,54	
LDTQ	Iduna	Blankenese	472,7	166,87	
LDVB	Alwine	Altona	77,9	27,79	
LDVC	Aurora	Ostedeich, Amts Osten	98,3	34,51	
LDVF	Solid	Blankenese	544,1	192,65	
LDVQ	Tiger	Blankenese	581,8	198,31	
LDVR	Zodiacus	Blankenese	75,3	26,85	
LDVS	Emanuel	Elmshorn	66,4	23,60	
LDVT	Paradies	Elmshorn	68,4	24,17	
LDWC	Elbe	Dornbusch, Amts Freiburg.	116,3	41,13	
LDWM	Hinrich	Basbeck	81,3	28,44	
LDWN	König Wilhelm I.	Blankenese	649,3	229,20	
LDWP	Maria	Blankenese	541,7	191,71	
LDWQ	Rogate	Elmshorn	125,4	44,28	
LFBG	Johannes	Haseldorf	131,4	46,24	
LFBH	Flora	Altona	519,3	183,21	
LFBK	Albatros	Hamburg	812,4	216,14	
LFBM	Amor	Neuenfelde, Amts Jork	75,3	26,75	
LFBR	Catrina	Hamburg	313,4	110,63	
LFCM	Margaretha	Elmshorn	134,3	47,45	
LFCP	Arche	Blankenese	177,4	62,60	
LFCQ	Alfred	Blankenese	643,4	227,34	
LFCR	Alwine	Blankenese	592,8	209,31	
LFCS	Elise	Glückstadt	279,7	98,71	
LFDJ	Helios	Stralsund	2416,8	853,13	

LFDK — LFMB

Unter-scheidungs-Signale.	Namen der Schiffe.		Heimathshafen	Kubik-meter Netto-Raumgehalt	Register-Tons	Pferde-kraft.
LFDK	Auguste		Rostock	848,8	299,93	
LFDN	Johannes		Oberndorf, Amts Neu- haus a. d. Oste.	96,5	34,00	
LFDQ	Johannes		Hamburg	97,6	34,83	
LFDS	Europa		Hamburg	597.8	211,08	
LFDT	Erndte		Haseldorf	127,8	45,16	
LFDV	Valparaiso		Altona	1375,8	485,60	
LFDW	Penguin		Blankenese	605,9	213,61	
LFGH	Erndte		Drochtersen	73,1	25,79	
LFGJ	Elise		Spitzerdorf, Kreis Pinneberg.	140.9	49,74	
LFGK	Nicolai		Blankenese	818,1	288,79	
LFGN	Emanuel		Haseldorf	139.3	49,16	
LFGP	Helene		Elmshorn	141,9	49,84	
LFGR	Eckhorst		Hamburg	174,1	61,46	
LFGS	Maria		Bremervörde	91,9	28,60	
LFGT	Neptun		Assel	82,1	28,96	
LFGW	Delphin		Blankenese	674,1	237,83	
LFHG	Elbe		Blankenese	682,8	240,65	
LFHM	Chang An		Altona	—	149,34	
LFHN	Blitz		Blankenese	542,6	191,43	
LFHP	Pelikan		Hamburg	930,3	328,39	
LFHQ	Brigitta		Blankenese	720,5	254,34	
LFHR	Presto		Teufelsbrücke	84,7	29,93	
LFHV	Metta Margretha		Bamburg	83,7	29,58	
LFJD	Germania		Schulau	77,4	27,33	
LFJG	Astrea		Blankenese	628,8	221,79	
LFJN	Frau Anna Magda- lena.		Elmshorn	63,9	22,45	
LFJP	Claudine		Blankenese	681,4	240,84	
LFJQ	Strassburg		Altona	1205,6	425,67	
LFJS	Blankenese		Blankenese	730.9	257,79	
LFJT	Immanuel		Haseldorf	148,5	52,62	
LFJV	Oriental		Blankenese	605,1	213,99	
LFJW	Holstein		Blankenese	795,4	280,7x	
LFKB	Möve		Elmshorn	700,6	247,3x	
LFKD	Activ		Blankenese	753,6	266,45 •	
LFKG	Caroline		Wedel, Kreis Pinneberg	66,k	23,36	
LFKH	Die junge Margaretha		Altona	63,9	22,36	
LFKJ	Albin		Blankenese	679,4	239,43	
LFKN	Golconda		Blankenese	816,3	288,16	
LFKP	Aurora		Spitzerdorf, Kreis Pinneberg.	142,4	50,31	
LFKQ	Argillis		Steinkirchen, Amts Jork	49,1	17,41	
LFKS	Margaretha Caecilie		Altona	85,4	30,16	
LFKV	Johannes		Beidenfleth, Kreis Steinburg.	61.6	21,13	
LFKW	Apoll		Blankenese	867,3	306,24	
LFMB	Flora		Blankenese	1097.3	387,25	

LFMD — LFQS

Unter- scheidungs- Signale	Namen der Schiffe.	Heimathshafen	Kubik- meter Netto-Raumgehalt.	Register- Tons	Pferde- kräfte.
LFMD	Iwar	Karolinensiel . . .	326,1	115,11	
LFMH	Bertha	Elmshorn	66,2	23,41	
LFMJ	Nanth	Blankenese . . .	915,1	323,83	
LFMK	Immanuel	Haseldorf	54,8	10,33	
LFMN	Anna Hauswedell .	Blankenese	1025,3	362,00	
LFMP	Maria	Elmshorn	48,1	17,30	
LFMQ	Diana	Uetersen	57,8	20,40	
LFMR	Ventilla	Blankenese . . .	860,9	303,90	
LFMS	Catharina	Uetersen	55,1	19,20	
LFMV	Helios	Scholau	51,8	18,01	
LFMW	Frau Anna	Scholau	52,3	18,48	
LFNB	Hoffnung	Elmshorn	74,1	26,16	
LFNC	Johannes	Blankenese . . .	73,1	26,07	
LFND	Gloria	Elmshorn	83,2	29,61	
LFNG	Maria	Blankenese . . .	912,3	322,81	
LFNH	Die Elbe	Uetersen	58,7	19,85	
LFNJ	Margaretha	Haseldorf	163,8	57,81	
LFNK	Anna	Elmshorn	886,1	312,79	
LFNM	Agathe	Mühlenberg, Kreis Pinneberg.	141,3	49,91	
LFNP	Fortuna	Uetersen	54,8	19,71	
LFNQ	Bonita	Blankenese . . .	960,8	341,00	
LFNR	Mobil	Blankenese . . .	998,9	352,83	
LFNT	Catharina	Elmshorn	156,8	55,20	
LFNV	Anna	Elmshorn	166,1	58,84	
LFNW	Galant	Blankenese . . .	1000,4	353,14	
LFPB	H. Bremer	Blankenese . . .	930,4	331,41	
LFPC	Mela Breckwoldt .	Blankenese . . .	986,4	348,21	
LFPD	Christina Maria .	Elmshorn	53,3	18,62	
LFPG	Rebecca	Uetersen	53,4	18,84	
LFPH	Gloria	Elmshorn	77,0	27,18	
LFPJ	Martha	Haseldorf	67,0	23,48	
LFPK	Cato	Blankenese . . .	458,8	160,52	
LFPM	Albinga	Uetersen	47,5	16,71	
LFPN	Martin	Glückstadt . . .	63,9	22,42	
LFPQ	Gazelle	Blankenese . . .	1025,1	361,04	
LFPR	Balthasar	Altona	779,8	275,28	
LFPS	Margretha	Haseldorf	146,1	51,57	
LFPT	Niagara	Altona	1059,3	601,80	
LFPV	Amazone	Scholau	97,0	34,24	
LFQB	Amoy	Blankenese . . .	889,8	313,90	
LFQC	Nicoline	Blankenese . . .	937,4	330,99	
LFQD	Perle	Haseldorf	55,4	19,55	
LFQJ	Presto	Elmshorn	107,7	38,60	
LFQM	Marx	Elmshorn	201,9	71,71	
LFQN	Okela	Altona	1950,1	688,44	
LFQP	Rebecca	Uetersen	54,8	19,24	
LFQR	Neptun	Blankenese . . .	1093,7	386,80	
LFQS	Anna Wichhorst .	Blankenese	1090,1	884,81	

LFQT — LHDJ

Unter-scheidungs-Signale.	Namen der Schiffe.	Heimathshafen	Kubik-meter Netto-Raumgehalt.	Register-Tons	Pferde-kräfte
LFQT	Island	Elmshorn	207,4	73,39	
LFQV	Brilhante	Blankenese	659,1	232,77	
LFQW	Uranus	Haseldorf	57,4	20,39	
LFRB	Dagmar	Altona	ca. 671	ca. 237	
LFRD	Paulus	Scholau	65,9	23,33	
LFRG	Anita Delfina	Altona	ca. 1761	ca. 622	
LFRH	Clara	Altona	ca. 820	ca. 289	
LFRJ	Wilhelm	Elmshorn	162,1	57,31	
LFRK	Anna	Blankenese	988,1	347,03	
LFRM	Woosung	Blankenese	ca. 1962	ca. 693	
LFRN	Louise	Altona	87,4	30,99	
LFRP	Deutschland	Blankenese	1080,3	381,41	
LFRQ	Helene	Blankenese	1219,1	480,34	
LFRS	Balcarry	Blankenese	1391,7	491,57	
LFRV	Asia	Blankenese	1077,1	380,91	
LFRW	Margaretha	Uetersen	44,1	15,79	
LFSB	Don Enrique	Altona	ca. 1518	ca. 536	
LFSC	Elisabeth	Altona	540,4	190,51	
LFSD	Aurelia	Uetersen	62,1	22,14	
LFSG	Alwine u. Mora	Altona	112,3	39,44	
LFSH	Concordia	Blankenese	1345,3	474,39	
LFSJ					
LFSK					
LFSM					
LFSN					
LFSP					
LFSQ					
LFSR					
LFST					
LFSV					
LHBD	Thetis	Blelenberg	95,3	33,40	
LHBG	Der kleine Heinrich	Glückstadt	698,4	240,51	
LHBM	Ernst	Rendsburg	237,6	83,89	
LHBQ	Alice	Rendsburg	122,1	43,18	
LHBS	Ernte	Pahlbude	84,0	29,45	
LHBV	Nicolaus Heinrich	Wewelsfleth	117,4	41,44	
LHCD	Nicolaus	Rendsburg	371,1	131,01	
LHCF	Johanna	Rendsburg	254,0	89,44	
LHCK	Helene	Arnis	142,4	50,57	
LHCM	Anna	Pahlbude	105,4	37,31	
LHCN	Themis	Pahlbude	120,3	42,41	
LHCP	Gloria	Delve	86,9	30,61	
LHCR	Nymphe	Pahlbude	124,0	44,40	
LHCS	Frau Anna	Rendsburg	70,0	24,73	
LHCT	Thea	Rendsburg	106,0	37,14	
LHCW	Christina	Delve	113,4	40,10	
LHDB	Dorothea	Delve	95,3	33,40	
LHDF	Johannes	Kronsand	109,3	38,44	
LHDJ	Die gute Hoffnung	Breibolz	86,0	80,44	

LHDM — LHMN

Unterscheidungs-Signale.	Namen der Schiffe.	Heimathshafen	Kubik-meter / Register-Tons Netto-Raumgehalt.		Pferdekräfte.
LHDM	Margretha	Friedrichstadt	145,2	51,51	
LHDN	Marie	Rendsborg	104,6	37,84	
LHDP	Ora et labora	Delve	145,4	51,52	
LHDR	Die Blume	Rendsborg	96,6	84,31	
LHDS	Frau Elsabe	Rendsborg	82,6	29,11	
LHDT	Die Elder	Breiholz	83,3	29,41	
LHDW	Margaretha	Breiholz	77,4	27,52	
LHFB	Catharina	Pahlhude	64,1	22,74	
LHFC	Maria	Pahlhude	96,3	34,64	
LHFG	Anna Sophia	Rendsborg	82,4	29,90	
LHFJ	Margaretha	Seester	128,4	43,91	
LHFK	Anna Margaretha	Heiligenhafen	71,0	25,36	
LHFM	Christine	Delve	95,1	33,77	
LHFP	Frau Anna	Wrohm	65,6	22,96	
LHFQ	Die Liebe	Pahlhude	88,0	31,01	
LHFR	Elder	Prinzenmoor a. d. Eider	73,3	25,54	
LHFS	Johanna	Altona	243,6	85,90	
LHFV	Beanté	Haneran	109,9	38,80	
LHFW	Veronica	Rendsborg	118,4	41,97	
LHGB	Die Hoffnung	Kiel	71,4	25,32	
LHGD	Collmar	Neuenfelde, Amts Jork	630,3	222,88	
LHGF	Magdalena	Delve	114,3	40,82	
LHGJ	Die Einigkeit	Kollmar, Kreis Steinburg	75,0	26,71	
LHGM	Thetis	Rendsborg	340,6	120,84	
LHGN	Ludwig	Rendsborg	480,6	152,00	
LHGW	Julius	Brunsbüttel	104,9	37,88	
LHJC	Arche	Elmshorn	143,4	50,63	
LHJD	Die zwei Gebrüder	Kollmar, Kreis Steinburg	92,7	82,71	
LHJG	Edel	Geveradorf	92,4	32,47	
LHJK	Ernte	Kollmar, Kreis Steinburg	99,7	85,16	
LHJM	Anna Emilie	Kollmar, Kreis Steinburg	83,6	29,83	
LHJR	Christina	Altona	72,5	25,80	
LHJT	Margaretha	Pahlhude	84,3	29,72	
LHJW	Kleinod	Delve	89,9	31,73	
LHKC	Pellwormer Packet	Wischhafen	87,3	28,71	
LHKJ	Bertha	Hamburg	593,3	209,08	
LHKN	Blume	Tielenhemme, Kreis Norderdithmarschen.	94,6	83,18	
LHKQ	Fortuna	Büsum	62,6	22,71	
LHKS	Comet	Borgwedel a. d. Schlei	87,1	30,83	
LHKV	Iris	Breiholz	80,7	28,68	
LHKW	Olympia	Rendsborg	94,6	33,10	
LHMB	Wiederkunft	Pahlhude	67,7	23,90	
LHMD	Marie	Rendsborg	135,7	47,80	
LHMF	Amanda	Rendsborg	197,7	89,79	
LHMJ	†Pilot	Rendsborg	45,4	16,63	40
LHMK	Die Hoffnung	Oberndorf, Amts Neuhaus a. d. Oste.	81,1	28,63	
LHMN	Bellona	Büsum	71,6	25,33	

LHMP — LHSD

Unter-scheidungs-Signale.	Namen der Schiffe.	Heimathshafen	Kubik-meter Netto-Raumgehalt	Register-Tons	Pferde-kräfte.
LHMP	Ora et labora . . .	Büsom	60,2	17,73	
LHMQ	Christina Helene . .	Friedrichstadt . . .	94,9	33,30	
LHMS	Anna Margaretha .	Rendsburg	69,1	24,34	
LHMV	Neptun	Wöhrdener Hafen .	82,0	29,16	
LHNB	Catharina	St. Margarethen . .	63,1	22,39	
LHNC	Anna Maria	Rendsburg	81,3	28,71	
LHND	Elsabe	Rendsburg	94,6	33,16	
LHNG	Magdalena	Neufeld, Kreis Süder-dithmarschen.	62,6	22,67	
LHNM	Erndte	Neufeld, Kreis Süder-dithmarschen.	31,3	11,02	
LHNP	Perle	Neufeld, Kreis Süder-dithmarschen.	55,3	19,82	
LHNR	Wilhelmine Maria .	Neufeld, Kreis Süder-dithmarschen.	36,6	12,93	
LHPB	Hosianna	Neufeld, Kreis Süder-dithmarschen.	55,0	19,63	
LHPD	Die Hoffnung . . .	Büsom	61,0	21,73	
LHPF	Margaretha Magda-lena.	Büsum	53,0	18,71	
LHPJ	Harry	Rendsburg .	211,3	74,60	
LHPK	Eunomia	Rendsburg . . .	155,6	54,89	
LHPN	Frau Margaretha .	Lübeck . . .	85,3	30,11	
LHPW	Margretha	Büsum	49,7	17,34	
LHQG	Zufriedenheit . .	Büsom	64,6	22,71	
LHQJ	Catharina	Rendsburg . . .	161,3	56,90	
LHQN	Catharina . .	Glückstadt . .	75,3	26,44	
LHQP	Anna	Prinzenmoor a. d. Eider	71,0	25,00	
LHQR	Anna Maria . .	Rendsburg	94,3	33,43	
LHQS	Die Gebrüder . . .	Vorwerk bei Rends-borg.	88,1	31,11	
LHQV	Marie .	Rendsburg .	86,1	30,29	
LHQW	Amanda . . .	Rendsburg . .	86,0	30,39	
LHRB	Dorothea .	Breiholz . .	97,3	34,31	
LHRF	Anna	Rendsburg	51,1	18,34	
LHRG	Irene .	Tielenhemme, Kreis Norderdithmarschen.	94,9	33,38	
LHRJ	Neptun . .	Rendsburg	113,3	39,99	
LHRM	Helene . . .	Wewelsfleth	76,6	27,06	
LHRN	Christine .	Pahlen	69,6	24,62	
LHRP	Sophia . . .	Nübbel a. d. Eider . .	189,3	66,63	
LHRS	†Dithmarsia II.	Kappeln a. d. Schlei.	250,7	88,34	60°
LHRT	Catharina .	Brunsbüttelerhafen .	51,6	18,28	
LHRV	Margaretha . .	Altona	75,3	26,60	
LHSB	Margaretha . .	Frederik VII. Koog, Kreis Süderdithmarschen	57.6	20,83	
LHSC	Anna	Delve	66,6	23,51	
LHSD	Catharina . .	Gnarrenbeek . . .	48,7	17,09	

* Nominelle Pferdekräfte.

LHSG — LHWF

Unter-scheidungs-Signale.	Namen der Schiffe.	Heimathshafen	Kubik-meter Netto-Raumgehalt.	Register-Tons	Pferde-kräfte.
LHSG	Gloria	Neufeld, Kreis Süderdithmarschen.	53,o	18,11	
LHSJ	Erndte	Rendsburg	77,v	27,so	
LHSK	Die Blome	Delve	69,v	24,os	
LHSM	Anna	Hamdorf, Kreis Rendsburg.	89,7	31,as	
LHSN	Theodora	Rendsburg	90,a	81,sr	
LHSP	Thomas	Rendsburg	211,s	74,as	
LHSR	Anna Catharina	Prinzenmoor a. d. Eider	85,s	30,sa	
LHST	Emma Catharina	Rendsburg	97,s	34,ss	
LHSV	Alwine	Rendsburg	99,1	34,ss	
LHTD	Preciosa	Burg, Kreis Süderdithmarschen.	50,7	17,sv	
LHTC	Therese	Büsum	69,s	24,ss	
LHTD	Der junge Wilhelm	Frederik VII. Koog, Kreis Süderdithmarschen	54,7	19,st	
LHTF	Hinrich	Wittenbergen a.d. Eider	207,s	73,17	
LHTJ	Die Liebe	Prinzenmoor a. d. Eider	90,4	31,so	
LHTK	Erndte	Rendsburg	178,s	63,1s	
LHTN	Adolph	Rendsburg	217.s	76,rr	
LHTP	Elise	Neufeld, Kreis Süderdithmarschen.	62.4	22,cs	
LHTQ	Erndte	Neufeld, Kreis Süderdithmarschen.	57,v	20,44	
LHTR	Heimath	Rendsburg	98,s	81,sr	
LHTS	Antieca	Kollmar, Kreis Steinburg	160,s	56,ss	
LHTV	Agatha	Rendsburg	195,7	69,07	
LHTW	Gesiena	Aaklam	187,v	66,ss	
LHVB	Dora	Rendsburg	99,0	34,ss	
LHVC	Catharina	Rendsburg	86,s	30,ss	
LHVD	Catharina	Brelholz	67.s	23,ss	
LHVF	Catharina	Rendsburg	77.s	27,sv	
LHVG	Arche	Büsum	59,s	20,vs	
LHVJ	Elche	Rendsburg	94,s	33,ss	
LHVK	Alagonda	Meggerholm	74,s	26,ss	
LHVM	Germania	Rendsburg	89,s	31,ss	
LHVN	Odin	Rendsburg	166,7	58,ss	
LHVP	Margarethe	Christiansholm, Kreis Rendsburg.	80.s	28,ss	
LHVQ	Catharina	Rendsburg	96,v	34,so	
LHVR	Thetis	Rendsburg	78,s	27,11	
LHVS	Cito	Rendsburg	89,s	31,ss	
LHVT	Anna Maria	Rendsburg	72,s	25,sv	
LHVW	Activ	Rendsburg	108,v	38,ss	
LHWD	Rose	Pahlhude	92.1	32,ss	
LHWC	Eva	Rendsburg	63.s	22,ss	
LHWD	Drei Geschwister	Hedewigenkoog, Kreis Norderdithmarschen.	58,s	20,s-	
LHWF	Fortuna	Rendsburg	74.s	26,1s	

LHWJ — LJKQ

Unter-scheidungs-Signale.	Namen der Schiffe.	Heimathshafen	Kubik-meter Netto-Raumgehalt.	Register-Tons	Pferde-kräfte.
LHWJ	Erute	Rendsburg	75,4	26,40	
LHWK	Catharina	Rendsburg	65,8	23,12	
LHWM	Wilhelm	Rendsburg	146,8	51,12	
LHWN	Dora	Pahlhude	126,3	44,13	
LHWP	Rosina	Breihols	65,1	22,40	
LHWQ	Frau Margaretha	Rendsborg	65,8	23,12	
LHWR	Lena	Tönning	57,4	20,19	
LHWS	Margaretha . . .	Brefholz	62,4	22,12	
LHWT	Minna	Pahlhude	99,3	35,04	
LHWV	Glaube	Kollmar, Kreis Steinburg.	83,4	29,49	
LJBH	Peter	Apenrade	. . .	123*	
LJBN	21ster März . . .	Hoyer	111,1	84,30	
LJBQ	Die Frau Engeline	Insel Amrum . . .	86,4	12,11	
LJBR	Friede	Steenodde auf Amrum	82,8	11,34	
LJCF	Therese	Wyk auf Föhr . . .	58,8	20,18	
LJCG	Justice	Wyk auf Föhr . . .	29,4	10,30	
LJCN	Die gute Erwartung.	Wyk auf Föhr . . .	152,6	53,13	
LJCQ	Emanuel	Wyk auf Föhr . . .	34,3	12,11	
LJCS	Emanuel	Flensburg	206,3	72,43	
LJCW	Christine Sophie . .	Aarösund	59,3	20,90	
LJDF	Elise	Wyk auf Föhr . .	82,4	11,39	
LJDH	Aurora	Wyk auf Föhr . .	87,6	80,93	
LJDR	Martha Catharina .	Wyk auf Föhr . . .	23,4	8,30	
LJDS	Die zwei Schwestern	Krautsand	54,0	19,30	
LJFG	August Friedrich . .	Apenrade	1086.8	383,43	
LJFH	Rebecca	Apenrade	. . .	212*	
LJFK	Christian	Flensburg	253,6	89,13	
LJFN	Anna	Munkmarsch . . .	20,3	7,81	
LJFS	Sophie Lucie . . .	Ekensund	681,1	222,30	
LJFT	Cigoth	Gravenstein	121,3	42,41	
LJFV	Havfruen	Holnis	68,7	24,16	
LJFW	Die Hoffnung . . .	Ekensund	64,4	22,11	
LJGD	Margaretha	Maasholm	24,4	8,40	
LJGF	Fortuna	Maasholm	88,9	11,87	
LJGH	Einigkeit	Maasholm	82,9	11,40	
LJGQ	Helene	Maasholm	23,4	8,11	
LJGR	Sara Johanna . . .	Apenrade	169,1	59,70	
LJHB	Frau Caroline . . .	Insel Amrum . . .	30,4	10,41	
LJHF	Union	Maasholm	51,3	18,11	
LJHT	Hortensia	Maasholm	26,3	9,30	
LJHW	Therese	Insel Amrum . . .	42,1	14,40	
LJKB	Ceres	Maasholm	24,9	8,73	
LJKD	Caroline Heymann .	Wyk auf Föhr . . .	841,7	120,43	
LJKF	Einigkeit	Maasholm	22,3	7,43	
LJKH	Christina Dorothea .	Maasholm	44,3	15,40	
LJKM	Helene	Nebel auf Amrum .	11,3	4,04	
LJKQ	Catharina	Ekensund	42,9	15,13	

* Lasten zu 6200 ℔.

LJKR — LJVW

Unter-scheidungs-Signale.	Namen der Schiffe.	Heimathshafen	Kubik-meter Netto-Raumgehalt.	Register-Tons	Pferde-kräfte.
LJKR	Sirene	Apenrade	29,1	10,57	
LJKS	Johanna	Maasholm	32,0	11,30	
LJKV	Die drei Geschwister	Maasholm	25,0	8,93	
LJMB	Henriette	Maasholm	40,5	14,89	
LJMC	Allianz	Hadersleben	665,6	234,95	
LJMD	Magdalena Dorothea	Maasholm	21,8	7,73	
LJMH	Anna Christina	Gjenner bei Apenrade	27,1	9,61	
LJMP	Göntje	Insel Amrum	10,6	8,71	
LJMQ	Diana	Insel Amrum	34,4	12,14	
LJMV	Christian	Insel Oland	47,4	16,30	
LJMW	Maria	Maasholm	36,4	12,63	
LJND	Luna	Wyk auf Föhr	77,6	27,39	
LJNG	Maria Dorothea	Maasholm	11,7	4,13	
LJNH	Aurora	Wyk auf Föhr	28,1	8,18	
LJNK	Cecilie Margarethe	Ekensund	67,6	23,84	
LJNM	Najaden	Ekensund	778,3	273,19	
LJNP	†Neumühlen	Kiel	51,0	18,31	12
LJNS	Emanuel	Insel Sylt	21,1	7,44	
LJNW	No. 11.	Wyk auf Föhr	14,7	5,19	
LJPB	Maria	Ekensund	52,1	18,43	
LJPD	Margaretha	Steinberghaff	14,4	5,09	
LJPH	Hotspur	Insel Amrum	27,0	9,41	
LJPK	Christina	Steinberghaff	18,6	4,30	
LJPN	Mathilde	Hamburg	922,0	325,47	
LJPR	Christine	Hamburg	523,5	184,80	
LJQH	Enrique	Hamburg	603,1	212,90	
LJQP	August	Apenrade	841,0	296,71	
LJQS	†Heinrich Adolph	Flensburg	88,3	31,17	15*
LJQW	†Seeadler	Flensburg	66,3	23,41	16*
LJRC	†Seemöve	Ellerbeck bei Kiel	62,7	22,14	8
LJRK	Caroline	Apenrade		140**	
LJRN	Catharina Maria	Insel Aarö	113,1	89,94	
LJRP	Caroline Maria	Haseldorf	88,0	31,06	
LJRT	Die Stadt Tondern	Wyk auf Föhr	53,4	18,83	
LJRV	Hector	Rüttebüll	25,0	9,02	
LJSD	Theodor	Wyk auf Föhr	162,9	57,51	
LJSF	Christine & Dore	Hoyer	61,6	21,78	
LJTB	Ilse Kirstine	Hadersleben	31,6	11,23	
LJTG	Anna Magdalena	Flensburg	92,7	32,79	
LJTH	Elisabeth	Flensburg	116,9	41,28	
LJTP	Johanne Christine	Hadersleben	109,3	38,54	
LJVD	Chloris	Sonderburg	947,3	334,51	
LJVH	†Secunda	Flensburg	1418,1	500,85	90
LJVK	Anna Dorothea	Apenrade		176**	
LJVP	Christine Marie	Keitum auf Sylt	14,7	5,19	
LJVQ	Maria Omina	Keitum auf Sylt	19,3	6,17	
LJVS	Jens & Maria	Keitum auf Sylt	29,1	10,37	
LJVT	Jette Christine	Insel Amrum	38,1	13,43	
LJVW	Cathrina	Insel Sylt	41,5	14,64	

* Nominelle Pferdekräfte. ** Lasten zu 5200 ℔.

LJWB — LKFT

Unter-scheidungs-Signale.	Namen der Schiffe.	Heimathshafen	Kubik-meter Netto-Raumgehalt.	Register-Tons	Pferde-kräfte.
LJWB	Sophie Dorothea	Keitum auf Sylt	23,6	8,23	
LJWC	Marie	Insel Sylt	14,4	5,02	
LJWF	Maria Catharina	Iloyer	120,9	42,31	
LJWG	Anna Catharina	Keitum auf Sylt	18,6	6,57	
LJWH	Die Freiheit	Keitum auf Sylt	16,9	5,91	
LJWK	Die Hoffnung	Sonderburg	67,3	23,70	
LJWM	Bergitta	Sonderburg	54,7	19,31	
LJWN	Friederike Amalie	Insel Sylt	37,4	13,20	
LJWR	Anna Marie	Insel Sylt	44,9	15,84	
LJWT	Flensburg	Flensburg	89,2	31,20	
LKBD	Ingeburg	Apenrade		197*	
LKBM	Anna Maria	Flensburg	36,1	12,74	
LKBN	Anna Maria	Flensburg	29,3	10,31	
LKBP	Caroline	Flensburg	26,7	9,43	
LKBS	Diedrich	Sonderburg	47,4	16,81	
LKBW	Maria Christina	Gjenner bei Apenrade	24,9	8,79	
LKCB	Maagen	Gjennerbucht bei Apenrade.	25,4	8,99	
LKCG	Anna Maria	Loit bei Apenrade	21,8	7,70	
LKCH	Christine	Gjenner bei Apenrade	24,3	8,53	
LKCM	Pröven	Gjennerbucht bei Apenrade.	27,8	9,81	
LKCN	Maria Lucia	Sonderburg	21,9	7,73	
LKCS	Emanuel	Gjennerbucht bei Apenrade.	27,9	8,91	
LKCT	Louise	Gjennerbucht bei Apenrade.	20,6	9,36	
LKCV	Anna Maria	Augustenburg	20,6	7,77	
LKCW	Bellevue	Ekensund	30,1	10,64	
LKDB	Hasbet	Flensburg	74,1	26,17	
LKDC	Johanne Margarethe	Heilsminde	39,9	13,97	
LKDG	Caravane	Gjenner bei Apenrade	24,3	8,59	
LKDJ	Den gode Lykke	Sandacker bei Ekensund.	28,2	9,96	
LKDM	Catharine Maria	Alnoor bei Gravenstein	36,6	12,91	
LKDN	Bodilla Maria	Apenrade	35,6	12,58	
LKDP	Die fünf Schwestern	Alnoor bei Gravenstein	42,1	14,86	
LKDQ	Anna Catharina	Hadersleben	49,6	17,53	
LKDW	Die zwei Gebrüder	Hadersleben	42,6	15,11	
LKFC	Landwirthschaft	Ekensund	14,1	4,97	
LKFD	Magdalena	Maasholm	19,7	6,98	
LKFG	Helene Cecilia	Sonderburg	36,6	12,92	
LKFH	Dauneville	Sonderburg	56,1	19,81	
LKFJ	Tre Venner	Aarösund	70,1	24,76	
LKFM	Emanuel	Hadersleben	42,3	14,93	
LKFN	Emanuel	Heilsminde	41,7	14,72	
LKFP	Elisabeth	Sonderburg	42,1	14,86	
LKFS	Metta Elisabeth	Norburg	24,4	8,61	
LKFT	Aurora	Sonderburg	70,4	24,88	

* Laaten zu 5200 ℔.

LKFV — LKNT

Unter-scheidungs-Signale.	Namen der Schiffe.	Heimathshafen	Kubik-meter Netto-Raumgehalt.	Register-Tons	Pferde-kräfte.
LKFV	Anna	Norburg	29,0	10,21	
LKFW	Ceellie Marie	Ekensund	32,1	11,12	
LKGB	Johanna	Apenrade	14,0	5,03	
LKGC	Maria Lucia	Wismar	28,3	9,90	
LKGD	Eben Ezer	Sonderburg	40,4	14,40	
LKGH	De fem Söskende	Hadersleben	45,1	16,12	
LKGM	Margrethe	Orbyhage	33,2	11,72	
LKGN	Californien	Aarösnnd	71,r	25,31	
LKGP	Anna Margaretha Sophia.	Orbyhage	32,5	11,47	
LKGT	Anna Maria	Flensburg	14,2	5,01	
LKGV	Anna Margaretha	Gjenner bei Apenrade	13,0	6,31	
LKGW	Christine Maria	Ekensund		6°	
LKHN	Catharina Maria	Flensburg	21,t	8,15	
LKHP	Tobias	Ekensund	16,9	5,91	
LKHQ	Sörideren	Ekensund	22,0	8,66	
LKHR	Annette	Sonderburg	24,2	8,50	
LKHS	Anna Catharina	Steinberghaß	11,0	3,40	
LKHT	†Tertia	Flensborg	2057,0	726,12	98
LKHV	Catharion	Uetersen	47,7	16,34	
LKHW	Anna Dorothea	Flensburg	48,7	17,50	
LKJB	Die Hoffnung	Hadersleben	85,8	30,29	
LKJC	Friedrich	Apenrade	835,0	294,94	
LKJF	San Francisco	Aarösnnd	43,5	15,89	
LKJG	Delphinen	Norburg	38,3	13,43	
LKJN	Maria	Gjenner bei Apenrade	22,1	7,94	
LKJR	Anna Margaretha	Sonderburg	41,5	14,64	
LKJT	Lykkens Pröve	Arnis	59,0	20,97	
LKJW	Haabet	Sonderburg	44,1	15,67	
LKMB	Providentia	Sonderburg	143,1	50,31	
LKMF	†Quarta	Flensburg	2334,9	824,22	110
LKMG	Minerva	Sonderburg	61,2	21,61	
LKMH	†Condor	Flensburg	160,2	60,39	58
LKMJ	De nye Brödre	Sonderburg	41,3	14,57	
LKMN	Africa	Sonderburg	32,7	11,54	
LKMP	Maria Catharina	Hörophaff	32,0	11,30	
LKMQ	Juno	Sonderburg	754,3	266,23	
LKMR	China	Sonderburg	499,2	176,52	
LKMW	Rennberg	Ekensund	87,9	31,03	
LKNB	†Grille	Flensburg	104,4	36,93	50
LKND	Maria Dorothea	Hadersleben	101,2	35,79	
LKNF	Hassine Marie	Hadersleben	105,3	37,17	
LKNG	Johanna	Flensburg	136,0	48,23	
LKNJ	Jacobine	Apenrade	1183,2	417,61	
LKNM	Lydia	Flensburg	611,8	215,84	
LKNP	†Skjold	Sonderburg	104,1	36,96	30
LKNR	Ernst	Neustadt in Holstein	88,9	31,38	
LKNS	†Falke	Flensburg	80,1	31,41	25
LKNT	Hans Heinrich	Hadersleben	88,3	31,13	

* Laston zu 5200 ℔.

LKNV — LKST

Unter-scheidungs-Signale.	Namen der Schiffe.	Heimathshafen	Kubik-meter Netto-Raumgehalt.	Register-Tons	Pferde-kräfte.
LKNV	Herrmann .	Apenrade .	1371,7	484,21	
LKNW	Benedicta .	Apenrade .	700,4	247,34	
LKPB	†Germania .	Muukmarsch .	109,0	88,50	15
LKPC	Biene .	Flensburg .	116,0	41,52	
LKPD	Römö .	Insel Röm .	738,1	260,50	
LKPG	†Sexta .	Flensburg .	455,4	160,50	80
LKPH	Gustav .	Apenrade .	1859,4	656,57	
LKPJ	Kathinka .	Renaberg .	288,1	101,75	
LKPM	Amilhujo .	Wyk auf Föhr .	414,9	146,63	
LKPQ	Oberon .	Souderburg .	1074,7	879,57	
LKPS	Centaur .	Apenrade .	1327,4	468,41	
LKPT	Margrethe .	Apenrade .	ca.1012	ca.358	
LKPV	Wodan .	Apenrade .	1245,8	439,77	
LKPW	Christine .	Apenrade .	1535,4	541,99	
LKQB	Talwau .	Sonderburg .	1057,7	373,58	
LKQC	Julie .	Apenrade .	322,6	113,18	
LKQF	Henriette .	Wyk auf Föhr .	269,9	95,57	
LKQH	Hieronymus .	Apenrade .	1204,3	425,11	
LKQN	Catharina .	Apenrade .	91,8	82,61	
LKQR	Hydra .	Apenrade .	363,4	128,48	
LKQS	†Septima .	Flensburg .	2651,6	986,10	540*
LKQV	Anna Catharine .	Ekensund .	64,4	22,77	
LKQW	Aurora .	Orbyhage .	79,3	27,49	
LKRB	Friedrich .	Apenrade .	1904,3	672,16	
LKRC	A. T. Stallknecht .	Apenrade .	1528,6	539,41	
LKRD	Marie Louise .	Apenrade .	ca.1250	ca.442	
LKRF	Anna Petrea .	Flensburg .	67,6	23,64	
LKRG	†Octava .	Flensburg .	2650,7	935,10	120**
LKRJ	Occident .	Apenrade .	720,3	254,34	
LKRM	Marie .	Apenrade .	1214,4	429,80	
LKRN	†Nona .	Flensburg .	1895,3	669,50	100**
LKRP	†Hertha .	Sonderburg .	238,1	84,50	50**
LKRQ	Elisebeth .	Wyk auf Föhr .	73,6	25,77	
LKRS	Mathilde .	Apenrade .	1007,3	355,34	
LKRT	Ida .	Maasholm .	48,4	17,50	
LKRV	Anna Sieben .	Apenrade .	1710,3	603,81	
LKRW	Christian .	Apenrade .	708,1	249,97	
LKSB	Schiffswerft .	Flensburg .	2457,3	867,43	
LKSC	Einigkeit .	Wyk auf Föhr .	87,4	30,50	
LKSD	†Wyk — Föhr .	Wyk auf Föhr .	143,3	50,34	36**
LKSF	†Freia .	Sonderburg .	155,3	54,79	40**
LKSH	Elise .	Apenrade .	1454,1	513,50	
LKSJ	Hindoo .	Apenrade .	1532,3	540,67	
LKSM	Orient .	Flensburg .	1305,7	460,11	
LKSN	Thalia .	Hamburg .	3003,7	1060,31	
LKSQ	†Decima .	Flensburg .	3261,4	1151,43	600
LKSR	†Signal .	Apenrade .	1165,4	411,30	76**
LKST	Catharina .	Neuhaus a. d. Oste	930,3	328,52	

* Indicirte Pferdekräfte. ** Nominelle Pferdekräfte.

LKSV — LQCH

Unter-scheidungs-Signale.	Namen der Schiffe.	Heimathshafen	Kubik-meter Netto-Raumgehalt.	Register-Tons	Pferde-kräfte.
LKSV	†Iduna . . .	Flensburg	911,6	321,80	60*
LKSW	Rosalie	Norborg	290,7	101,30	
LKTB	Christine . . .	Apenrade .	280,1	99,09	
LKTC	Rio-Negro. .	Ekensund . .	156,4	55,97	
LKTD	†Vorwärts . . .	Apenrade .	1732,4	611,15	320**
LKTF	Concordia . . .	Apenrade .	294,8	104,11	
LKTG	†Fiducia . . .	Flensburg	1145,2	404,79	50*
LKTH	†Protos . .	Flensburg .	3257,7	1140,96	140*
LKTJ	†Minerva	Flensburg	539,5	190,41	40*
LKTM	Maria . .	Hadersleben	96,1	33,93	
LKTP	Arab . .	Apenrade . .	1533,1	541,15	
LKTQ	†Diana . . .	Flensburg	538,6	190,15	40*
LKTR	F. C. Sieben	Apenrade	1817,0	641,40	
LKTS	†Peritia . . .	Flensburg	1146,2	404,70	50*
LKTV	Jonas und Jenny	Keitum auf Sylt	52,9	18,68	
LKTW	†Triumph . . .	Apenrade .	1910,7	674,0	320**
LKVB	†Fylla . . .	Sonderburg .	315,3	111,31	40*
LKVC	†Fortuna . .	Flensburg	1085,0	382,96	50*
LKVD	Emma	Apenrade	622,9	210,96	
LKVF	†Thyra . . .	Flensburg	2216,3	782,35	100*
LKVG	Johann	Flensburg	130,9	48,32	
LKVH	†Deuteros . . .	Flensburg	3545,4	1251,51	160*
LKVJ	Samsö . . .	Hadersleben	115,5	40,66	
LKVM	†Tritos	Flensburg	3797,4	1340,83	160*
LKVN	†Stern	Flensburg	1727,4	609,76	80*
LKVP	†Clara . . .	Apenrade . .	1911,0	674,93	320**
LKVQ	Maria	Hadersleben	52,3	18,43	
LKVR	†George Dittmann	Flensburg	1005,1	354,99	50*
LKVS	†Glücksburg . . .	Flensburg	3096,7	1093,16	150*
LKVT	†Doris . . .	Apenrade . .	2289,8	808,50	400**
LKVW					
LKWB					
LKWC					
LKWD					
LKWF					
LKWG					
LKWH					
LKWJ					
LQBC	Maria . .	Neuwarp .	40,8	14,39	
LQBH	Wilhelmine .	Arnis . .	112,0	39,63	
LQBJ	Pegasus . . .	Arnis . .	120,0	42,38	
LQBK	Elbe .	West-Moorende, Amts Jork	74,1	26,96	
LQBM	Anna Louise .	Kappeln a. d. Schlei .	78,6	27,13	
LQBR	Julie	Friedrichstadt .	204,1	72,03	
LQBT	Wilhelmine . .	Geverndorf . . .	80,4	28,30	
LQCB	Sophie . .	Tielen . . .	115,2	40,67	
LQCF	Heimath . .	Arnis	145,5	51,16	
LQCH	Najade . .	Friedrichstadt .	321,6	113,35	

* Nominelle Pferdekräfte. ** Indicirte Pferdekräfte. 6

LQCJ — LQMS

Unter-scheidungs-Signale.	Namen der Schiffe.	Heimathshafen	Kubik-meter Netto-Raumgehalt.	Register-Tons	Pferde-kräfte.
LQCJ	Adagio	Friedrichstadt . . .	194,1	69,83	
LQCK	Helene	Bentwisch, Amts Neu-bees e. d. Ovte.	75,9	26,70	
LQCS	Catharina	Rendsburg	110,1	38,90	
LQCW	Hoffnung	Krautsand	62,9	22,30	
LQDK	Eros	Vorwerk bei Rendsburg	253,9	89,64	
LQDP	Elsabe Margaretha	Friedrichstadt . . .	26,1	9,23	
LQDS	Eider	Friedrichstadt . . .	244,1	86,16	
LQDT	Heinrich Wilhelm	Husum in Schleswig	98,6	34,78	
LQFC	Anna Regina . . .	Arnis	107,2	37,87	
LQFD	Affinitas	Arnis	148,6	52,43	
LQFG	Hebe	Friedrichstadt . . .	81,6	28,84	
LQFJ	Anna	Friedrichstadt . . .	26,4	8,71	
LQFN	Anna	Friedrichstadt . . .	74,6	26,23	
LQFP	Die zwei Gebrüder	Rendsburg	59,9	21,14	
LQFS	Tellus	Kiel	126,9	44,78	
LQGB	Wiebke Catharina	Pahlhude	69,4	24,44	
LQGK	Frau Christina	Rendsburg	65,6	23,16	
LQGM	Adolph	Pahlhude	97,7	34,49	
LQGP	Reclam	Wyk auf Föhr . . .	211,1	74,61	
LQGS	Dorothea	Ekensund	60,3	21,30	
LQGT	Henriette	Kappeln a. d. Schlei .	68,2	24,08	
LQGV	Anna	Arnis	83,8	29,41	
LQHJ	Bernhard	Husum in Schleswig	76,6	26,99	
LQHM	Veritas	Kappeln a. d. Schlei	275,6	97,30	
LQHR	Erute	Insel Pellworm . .	87,1	30,18	
LQHT	Philadelphia	Arnis	47,2	16,66	
LQHV	†Prinzess Louise	Schleswig	83,9	29,54	20
LQHW	†Marie	Schleswig	63,9	22,54	15
LQJF	Ane Christine	Arnis	83,9	29,97	
LQJK	Activ	Borgwedel a. d. Schlei	101,9	35,97	
LQJN	Flora	Arnis	86,4	30,30	
LQJV	Die Hoffnung	Wyk auf Föhr . . .	48,9	17,26	
LQKC	Anna Catharina . .	Sandschleuse a. d. Eider.	91,3	32,73	
LQKF	Caecilia Maria	Arnis	190,4	67,31	
LQKH	Speculant	Kappeln a. d. Schlei .	282,9	99,48	
LQKJ	Providentia	Arnis	124,1	43,11	
LQKN	Alliance	Arnis	103,9	36,33	
LQKP	Emanuel	Heiligenhafen . . .	80,7	28,48	
LQKR	Helmath	Ekensund	91,6	32,30	
LQKV	Maria	Arnis	37,1	13,11	
LQMB	Hoffnung	Flensburg	169,2	59,14	
LQMD	Maria	Arnis	41,9	14,34	
LQMF	Emilie	Arnis	171,9	60,67	
LQMG	Anna	Arnis	47,2	16,68	
LQMN	Pegasus	Arnis	87,4	30,94	
LQMP	Preciosa	Insel Pellworm . .	37,9	13,31	
LQMS	Emanuel	Arnis	32,6	11,47	

Unter-scheidungs-Signale.	Namen der Schiffe.	Heimathshafen	Kubik-meter Netto-Raumgehalt.	Register-Tons	Pferde-kräfte.
	LQMT — LRCB				
LQMT	Adonis	Arnis	72,4	25,19	
LQMV	Caroline	Kalloe	37,3	13,11	
LQMW	Else	Arnis	73,9	26,04	
LQNG	Triton	Sonderburg . . .	42,1	14,79	
LQNM	Anna Christina . .	Kappeln a. d. Schlei.	32,0	11,30	
LQNW	Sophia	Arnis	86,7	30,61	
LQPC	Fortuna	Arnis	98,9	34,91	
LQPJ	Else	Düwig bei Norburg .	23,1	8,30	
LQPK	Sophie	Kappeln a. d. Schlei.	95,3	38,60	
LQPR	†Nordstrand . . .	Insel Nordstrand .	60,4	21,22	20
LQPV	Else	Kappeln a. d. Schlei.	41,6	14,60	
LQRF	Galathea	Arnis	61,3	21,39	
LQRK	Maria Dorothea . .	Arnis	45,3	15,99	
LQRP	Emma	Kappeln a. d. Schlei.	20,9	7,33	
LQRS	Frau Anna	Wyk auf Föhr . . .	45,4	15,85	
LQRW	Emanuel	Schleswig	78,7	27,71	
LQSH	Fido	Bargen	104,4	36,94	
LQSM	Albertine	Kappeln a. d. Schlei.	88,4	31,34	
LQSV	Dorothea	Cranz, Amts Jork	89,3	31,09	
LQSW	Clto	Moorack a. d. Elder.	68,4	24,11	
LQTB	Helene	Insel Nordstrand .	24,6	8,65	
LQTC	Catharina	Delve	117,3	41,46	
LQTH	†Pellworm	Kiel	. . .	18°	20
LQTN	Diamant	Arnis	279,1	98,82	
LQTP	Mentor	Möltenort	59,8	21,00	
LQVB	Louise Auguste . .	Arnis	125,0	44,19	
LQVC	Maria	Husum in Schleswig .	220,5	77,84	
LQVG	Ludwig	Rendsburg	169,1	59,91	
LQVH	Eva	Wittenbergen a. d. Elder.	263,4	92,99	
LQVM	Zwei Gebrüder . .	Rendsburg	110,3	88,90	
LQWC	Die Gebrüder . . .	Prinzenmoor a. d. Elder	58,8	20,64	
LQWD	Frau Catharina . .	Prinzenmoor a. d. Elder	68,3	22,51	
LQWJ	Wilhelm I.	Friedrichstadt . . .	98,4	34,14	
LQWP	Friede	Rendsburg	93,3	32,90	
LQWR	Anna	Friedrichsholm a. d. Elder.	76,3	26,89	
LQWT	Die Hoffnung . . .	Garding	57,4	20,40	
LQWV	Taube	Rendsburg	213,4	75,32	
LRBC	Otto	Friedrichstadt . . .	92,3	82,76	
LRBG	Catharina	Hamdorf, kreis Rendsborg.	91,1	82,13	
LRBH	Irene	Delve	75,5	26,83	
LRBJ	Die Hoffnung . . .	Hohner Fähre a.d.Elder	54,4	19,23	
LRBK	Johannes	Elmshorn	73,1	25,79	
LRBQ	Carl	Kappeln a. d. Schlei.	30,1	10,43	
LRBS	Johanna Friedericke	Kappeln a. d. Schlei.	63,4	22,38	
LRBT	Margaretha	Delve	70,3	24,81	
LRCB	Die Eiche	Kappeln a. d. Schlei.	85,8	33,11	

* Lasten zu 6200 ℔.   6 *

LRCD — LVCD

Unterscheidungs-Signale.	Namen der Schiffe.	Heimathshafen	Kubik-meter Netto-Raumgehalt.	Register-Tons	Pferde-kräfte.
LRCD	Vorwärts	Arnis	152,8	53,33	
LRCF	Margaretha Christine	Süderstapel	80,5	28,30	
LRCG	†Dithmarschen . .	Tönning	1563,3	551,81	250
LRCH	Fortuna	Munkmarsch . . .	64,3	22,44	
LRCJ	Fortuna	Arnis	17,3	6,97	
LRCP	Flora	Erfde	136,6	48,31	
LRCQ	Johanna	Friedrichstadt . . .	62,9	22,39	
LRCT	†Schleswig	Tönning	2125,3	750,53	210
LRCV	†Valparaiso	Schleswig	105,3	37,38	20
LRCW	Australia	Insel Pellworm . .	36,1	12,14	
LRDB	†Triton . . . . . :	Tönning	151,9	53,41	348°
LRDC	Die Wohlfahrt . .	Friedrichstadt . . .	58,9	20,41	
LRDF	Geduld	Stettin	134,1	47,16	
LRDG	Christine	Husum in Schleswig .	112,6	39,51	
LRDH	Louise	Insel Pellworm . .	90,5	32,05	
LRDJ	Anna Christina . .	Friedrichstadt . . .	62,1	22,30	
LRDK	Die vier Gebrüder .	Sandschleusen d. Eider	59,3	20,99	
LRDM	Ingeborg von Hale-büll.	Husum in Schleswig .	64,0	22,60	
LRDN	Maria	Husum in Schleswig .	58,1	20,39	
LRDP	†Pellworm	Insel Pellworm . .	104,3	36,76	60°
LRDQ	Amoy	Hamburg	139,6	49,06	
LRFB	Maria	Insel Pellworm . .	89,3	31,53	
LRFC	Sibirien	Arnis.	1039,3	367,99	
LRFD	†Concordia	Kappeln a. d. Schlei	111,3	39,33	16°°
LRFH	Anna Catharina . .	Arnis	44,3	15,64	
LRFJ					
LRFK					
LRFM					
LRFN					
LRFP					
LVBC	Hans	Rendsburg . . .	236,1	83,49	
LVBD	Margaretha	Breiholz	151,4	53,15	
LVBG	Catharina	Pahlhude	64,3	22,64	
LVBH	Arche	Büsum	91,4	32,31	
LVBJ	Caroline	Breiholz	68,1	24,10	
LVBK	Anna	Rendsburg . . .	87,6	30,93	
LVBM	Anna	Rendsburg . . .	75,7	26,73	
LVBN	Johanna	Breiholz	89,5	31,59	
LVBP	Maria	Rendsburg	249,6	88,11	
LVBQ	Fortuna	Delve	124,6	43,90	
LVBR	Anna Catharina . .	Delve	60,4	21,30	
LVBS	Anna	Friedrichsholm s. d. Eider.	75,6	26,67	
LVBT	Johannes	Rendsburg	169,1	59,69	
LVBW	Hermann	Itzehoe	35,5	12,43	
LVCB	Hebe	Itzehoe	624,3	—	
LVCD	Hosianna	Hamdorf, Kreis Rendsburg.	58,7	20,79	

* Indicirte Pferdekräfte. ** Nominelle Pferdekräfte.

LVCF — MBLT

Unter-scheidungs-Signale.	Namen der Schiffe.	Heimathshafen	Kubik-meter Netto-Raumgehalt.	Register-Tons	Pferde-kräfte.
LVCF					
LVCG					
LVCH					
LVCJ					
LVCK					
MBCF	Louise Allwardt . .	Rostock	719,3	258,90	
MBCG	Grossherzogin Anna	Rostock	889,6	314,23	
MBCH	Caroline Helbing .	Rostock	686,4	242,23	
MBCL	Schnelle	Rostock	826,1	291,44	
MBCP	Franz von Mathies	Rostock	636,9	224,73	
MBDG	Aristides	Rostock	728,4	257,18	
MBDH	Eduard	Rostock	609,9	215,38	
MBDJ	Helmuth Mentz . .	Rostock	522,7	184,51	
MBDK	Rosalie Ahrens . .	Rostock	776,7	274,16	
MBDQ	Mecklenburg . . .	Rostock	534,1	188,64	
MBDT	Amazone	Rostock	919,3	324,69	
MBFN	Bobsien-Kaegsdorf.	Rostock	982,6	346,92	
MBFT	Wilhelmine	Rostock	782,6	258,46	
MBFW	Wilhelmine Waltz von Eschen.	Rostock	1037,0	366,44	
MBGK	Martha	Rostock	772,9	272,93	
MBGL	Herzog Georg . .	Rostock	877,7	309,92	
MBGR	Erbgrossherzog Friedrich Franz.	Rostock	712,3	251,44	
MBGW	Mozart	Rostock	796,1	281,07	
MBHC	Bürgermeister Bauer	Rostock	930,1	328,23	
MBHF	Armin	Rostock	681,0	240,39	
MBHK	Nicolaus Heinrich .	Rostock	868,7	306,44	
MBHL	Rebecca	Rostock	1186,1	418,10	
MBHQ	Hedwig	Rostock	784,1	276,91	
MBHW	Martha & Clara . .	Rostock	742,3	262,80	
MBJG	Fritz Reuter . . .	Rostock	844,1	298,10	
MBJK	Ernst Brockelmann	Rostock	901,6	350,03	
MBJR	Agnes	Rostock	794,3	280,44	
MBJT	Georg & Louise .	Rostock	693,4	244,77	
MBJW	Greif	Rostock	895,9	316,90	
MBKC	Ernst & Christine .	Rostock	626,3	221,00	
MBKD	Auguste Sophie . .	Rostock	780,1	275,39	
MBKF	N. B. Cohn . . .	Rostock	656,9	231,43	
MBKJ	Sophia	Rostock	158,7	56,23	
MBKL	Sophie	Rostock	119,1	42,54	
MBKN	Elise & Henny . .	Rostock	169,3	59,73	
MBKQ	Woizlava	Rostock	776,4	274,09	
MBLC	Sirius	Rostock	1051,6	371,39	
MBLD	Max	Rostock	881,1	298,31	
MBLJ	Theodor Voss . .	Rostock	872,4	308,04	
MBLK	Prospero	Rostock	1096,1	386,92	
MBLQ	Wolfgang	Rostock	681,4	240,43	
MBLT	Emma & Robert .	Rostock	1265,9	446,90	

MBNC — MBWQ

Unter-scheidungs-Signale.	Namen der Schiffe.	Heimathshafen	Kubik-meter Netto-Raumgehalt.	Register-Tons	Pferde-kräfte.
MBNC	Antonie von Cleve	Rostock	1314.4	474,81	
MBND	Presto	Rostock	807.3	284,84	
MBNF	Posthalter J. C. Wahl.	Rostock	848,6	299,68	
MBNH	Heinrich Moll	Rostock	772.4	272,76	
MBNJ	Atlantic	Stralsund	1180.1	398,98	
MBNK	Victoria	Rostock	1156,6	404,95	
MBNQ	Emma	Rostock	717.3	253,31	
MBNW	Albatros	Rostock	878,0	310,83	
MBPF	Die Krone	Rostock	782,1	276,08	
MBPG	Agnes	Rostock	586.8	207,14	
MBPJ	Ariel	Rostock	735,4	259,03	
MBPR	Louise Hillmann	Rostock	648,4	228,06	
MBPV	Marie	Rostock	816,4	288,33	
MBQG	Louise Otto-Warbelow.	Rostock	698,3	246,60	
MBQK	Die Hoffnung	Rostock	475,9	167,39	
MBQT	Norma	Rostock	556,4	196,44	
MBQW	Christiane	Rostock	567,3	200,38	
MBRC	Wilhelm	Rostock	586,4	207,61	
MBRD	Herodot	Rostock	706,6	249,50	
MBRH	Paul	Rostock	619,4	218,71	
MBRK	Auguste	Rostock	433,8	152,91	
MBRN	Auguste	Rostock	523,3	184,80	
MBRP	Oberon	Rostock	686,6	242,44	
MBRS	Doris Mentz	Rostock	503.4	177,79	
MBSD	Wustrow	Rostock	853,3	301,31	
MBSH	Pandora	Rostock	572,3	201,79	
MBSL	Cassandra	Rostock	686,7	242,64	
MBSN	Friedrich & Louise	Rostock	829.6	292,84	
MBSP	Wendela	Rostock	617,8	218,61	
MBSR	Adolph Michels	Rostock	820,7	289,10	
MBTC	Henriette	Rostock	579,0	204,38	
MBTG	Johannes	Rostock	561,3	198,10	
MBTL	Tugend	Rostock	672,8	237,81	
MBTN	August & Eduard	Rostock	703,4	248,77	
MBTS	Niclot	Rostock	661,4	233,41	
MBTW	Martin	Rostock	622,4	219,74	
MBVH	Richard	Rostock	824,4	290,91	
MBVJ	Der Obotrit	Rostock	513,4	181,49	
MBVK	Warnow	Rostock	528,0	186,40	
MBVL	Fortschritt	Rostock	644,6	227,81	
MBVS	Iduna	Rostock	632,1	223,19	
MBVT	Johanna	Rostock	683,8	241,39	
MBWF	Franziska	Rostock	621,4	219,63	
MBWJ	Der Schwan	Rostock	619,4	218,72	
MBWK	Staatsrath von Brock	Rostock	679,3	239,36	
MBWP	Paul Jones	Rostock	859,4	303,87	
MBWQ	Archimedes	Rostock	702,9	248,13	

MBWS — MCJF

Unter-scheidungs-Signale.	Namen der Schiffe.	Heimathshafen	Kubik-meter Netto-Raumgehalt.	Register-Tons	Pferde-kräfte.
MBWS	Major Schumacher .	Rostock	821,9	290,13	
MBWT	Krey-Woggersin . .	Rostock	1064,7	375,43	
MCBD	Frau Marie	Rostock	782,9	258,60	
MCBG	Balance	Rostock	852,5	300,94	
MCBII	Galilei	Rostock	783,1	276,43	
MCBN	Nordstern	Rostock	624,9	220,24	
MCBP	Copernicus	Rostock	647,8	228,30	
MCBW	Louise Brockelmann	Rostock	680,1	240,08	
MCDL	Bürgermeister Peter-sen.	Rostock	807,6	285,09	
MCDN	Jupiter	Rostock	690,8	248,73	
MCDP	Sophia Maria . . .	Rostock	598,4	211,34	
MCDS	Theodor Reimers .	Rostock	675,7	238,33	
MCDW	Hermann Friedrich	Rostock	815,4	287,83	
MCFB	Anna & Meta . . .	Rostock	708,9	248,44	
MCFG	Argus	Rostock	891,7	314,77	
MCFH	Actif	Rostock	688,5	248,84	
MCFL	Emma Baner . . .	Rostock	689,8	243,13	
MCFN	Clara & Mathilde .	Rostock	614,7	216,88	
MCFP	Sirene	Rostock	626,9	221,30	
MCFQ	Deutschland . . .	Rostock	819,8	289,22	
MCFT	J. F. Pust	Rostock	1134,1	400,14	
MCFV	J. H. Epping . . .	Rostock	733,9	258,73	
MCGB	Maria	Rostock	663,6	284,22	
MCGF	Johann Friedrich .	Rostock	955,9	337,13	
MCGJ	C. F. Maass . . .	Rostock	757,5	267,42	
MCGL	Heinrich Gerdes .	Rostock	688,6	242,62	
MCGN	Fanny von Schack .	Rostock	665,5	284,91	
MCGQ	H. A. Walter . . .	Rostock	1114,8	393,84	
MCGR	Gloria	Rostock	865,4	234,83	
MCGS	J. F. Heydtmann .	Rostock	701,3	247,83	
MCGT	Constantin von Reinecke.	Rostock	915,7	323,31	
MCGV	Loreley	Rostock	948,7	384,48	
MCHB	Baumeister Wilken .	Rostock	699,4	247,82	
MCHD	Ludwig Burchard .	Rostock	739,2	260,84	
MCHF	Prinz von Preussen	Rostock	683,0	241,99	
MCHJ	von Buch-Wendorf	Rostock	704,6	248,73	
MCHL	Paul Friedrich Pogge.	Rostock	1054,6	372,34	
MCHN	Goethe	Rostock	676,9	238,62	
MCHP	Christian Heinrich .	Rostock	784,5	250,87	
MCHQ	Freundschaft . . .	Rostock	806,6	284,73	
MCHR	Franz & Ernst . .	Rostock	649,4	229,34	
MCHS	Venus	Rostock	808,8	317,80	
MCHT	Johann Daniel . .	Rostock	994,3	350,80	
MCJB	Vorwärts	Rostock	1064,8	375,80	
MCJD	Louise Bachmann .	Rostock	806,9	284,81	
MCJF	Nordsee	Rostock	525,6	185,84	

MCJK — MCRK

Unter-scheidungs-Signale.	Namen der Schiffe.	Heimathshafen	Kubik-meter Netto-Raumgehalt.	Register-Tons	Pferde-kräfte.
MCJK	Nordstern	Rostock	914,5	322,74	
MCJP	Germania	Rostock	908,9	352,01	
MCJS	Ribnitz	Rostock	764,0	269,10	
MCJV	Ernst & Elise	Rostock	1058,2	873,54	
MCJW	Amaranth	Rostock	561,4	198,47	
MCKB	Mathilde	Rostock	1340,2	473,40	
MCKG	Ludwig Capobus sen.	Rostock	686,5	242,10	
MCKH	August & Marie	Rostock	725,8	256,14	
MCKL	Ocean	Rostock	800,3	284,10	
MCKN	B. C. Peters	Rostock	781,7	275,90	
MCKT	Drei Geschwister	Rostock	682,1	283,73	
MCKV	Favorite	Rostock	964,7	340,54	
MCKW	Erwin	Rostock	1044,5	868,71	
MCLH	Thomas Small	Rostock	1186,9	401,33	
MCLJ	Graf Bismark	Rostock	702,7	248,86	
MCLQ	Hannibal	Harburg	1088,6	384,29	
MCLR	Hermann Behrent	Rostock	1010,9	356,54	
MCLT	Hellas	Rostock	1179,4	416,01	
MCLV	H. A. Helmrich	Rostock	661,3	233,31	
MCLW	Fanny Suppicich	Rostock	791,3	279,83	
MCNB	Atlantic	Rostock	869,4	307,05	
MCND	Ernest Kuyper	Rostock	821,9	290,12	
MCNH	Swantewit	Rostock	761,0	268,63	
MCNP	Metz	Altona	644,9	227,61	
MCNQ	Mathilde	Rostock	841,1	296,91	
MCNT	Marie Kuyper	Rostock	1025,3	361,93	
MCNV	von Schack-Rey	Rostock	1184,7	400,53	
MCNW	Albertine Meyer	Rostock	758,9	266,99	
MCPG	Hoffnung	Rostock	1055,3	372,53	
MCPK	Theodor Bernicke	Rostock	1070,6	377,93	
MCPL	Express	Rostock	780,7	275,29	
MCPR	C. Neumann-Gnede-behm.	Rostock	971,3	342,54	
MCPT	Helios	Rostock	1008,4	856,11	
MCPV	Paladin	Rostock	954,1	336,01	
MCPW	Diann	Rostock	890,4	314,20	
MCQB	Anna Howitz	Rostock	1110,1	391,46	
MCQF	Max	Stettin	110,6	38,73	
MCQG	Moewe	Rostock	961,6	389,03	
MCQH	Peter Suppicich	Rostock	1252,3	442,68	
MCQN	Rostock	Rostock	99,4	35,23	
MCQP	Meden	Rostock	877,5	809,73	
MCQR	M. D. Hucker	Rostock	1125,7	897,37	
MCQT	Herzogin Anna	Rostock	1349,4	476,54	
MCRB	Albert Neumann-Berlin.	Rostock	1460,0	515,50	
MCRD	Gerhard & Adolph	Rostock		142*	
MCRJ	Sophie Gorlitz	Hamburg	963,9	340,35	
MCRK	Constantin	Greifswald	1521,6	586,91	

* Lasten zu 6000 ℔.

MCRL — MDBG

Unter-scheidungs-Signale.	Namen der Schiffe.	Heimathshafen	Kubik-meter Netto-Raumgehalt.	Register-Tons	Pferde-kräfte.
MCRL	Frisch	Rostock	1166,1	411,44	
MCRQ	Elise Both . . .	Rostock	1130,1	390,90	
MCRS	Dora Ahrens . . .	Rostock	1216,0	429,31	
MCRV	Matthaeus Rickert .	Rostock	328,7	114,32	
MCRW	Georg Becker . . .	Rostock	840,91	296,90	
MCSB	Marie	Rostock	1606,4	567,19	
MCSD	Elisabeth Mentz . .	Rostock	1282,1	452,11	
MCSF	Go Ahead	Rostock	1108,8	391,10	
MCSG	Capella	Rostock	1420,8	501,44	
MCSJ	Heinrich Beckmann	Rostock	1082,9	382,00	
MCSN	Mecklenburg's Haus-wirthe.	Rostock	888.7	313,11	
MCSW	Elsa	Rostock	1365,9	482,10	
MCTB	Lucy & Paul . . .	Rostock	1067,1	376,44	
MCTF	†Helene Burchard .	Rostock	1394.9	492,39	50°
MCTJ	Carl Both	Rostock	1496,8	528,11	
MCTL	Gazelle	Rostock	640,9	226,10	
MCTN	J. Dorgwardt . . .	Rostock	600.4	212,91	
MCTP	Lorenz Hansen . .	Rostock	1125,0	397,14	
MCTQ	†Rostock	Rostock	361.3	127,16	68°
MCTR	Richard Porter . .	Rostock	356.6	125,67	
MCTS	Rudolphine Bur-chard.	Rostock	784.4	276,90	
MCTV	Georg Suppicich .	Rostock	1253,9	442,62	
MCTW	Carl Max	Rostock	832.0	293,11	
MCVD	Fritz	Rostock	1165,9	411,54	
MCVG	O. Koban	Rostock	1199,5	423,01	
MCVK	Isabella	Rostock	617.5	218,92	
MCVL	Beatrice Suppicich	Rostock	958.4	338,39	
MCVN	F. W. Fischer . .	Rostock	603,8	213,34	
MCVP	Martha Brockelmann	Rostock	1388.3	488,31	
MCVQ	†Deutscher Kaiser	Rostock	2674,1	944,16	110°
MCVR	Wilhelmine Pust .	Rostock	1248,8	440,93	
MCVS	†Daschy König . .	Rostock	2122,6	749,90	100°
MCVT	Juanita	Rostock	380,4	134,39	
MCVW	Anna von Klein . .	Rostock	995.3	351,49	
MCWD	Emma Malam . . .	Rostock	725.0	255,72	
MCWF	Undine	Rostock	657,3	231,90	
MCWG	Gustav Metzler . .	Rostock	998,4	352,40	
MCWH	Marianne	Rostock	1160.5	409,45	
MCWJ	Dr. Witte	Rostock	793.3	280,90	
MCWK	Margaretha Dethloff	Rostock	838.1	119,44	
MCWN	Charlotte Lange . .	Rostock	1151,4	406,44	
MCWQ	Samuel Berner . .	Rostock	1332,1	470,72	
MCWT	Fritz Schmidt . . .	Rostock	1124,1	397,91	
MCWV	Carl	Rostock	234.1	82,41	
MDBC	†Riga	Rostock	1281.4	452,01	80°
MDBF	Marie Spatz . . .	Rostock	831,7	293,49	
MDBG	Elisabeth Ahrens .	Rostock	1121,9	396,63	

* Nominelle Pferdekräfte.

MDBJ — MDHR

Unterscheidungs-Signale.	Namen der Schiffe.	Heimathshafen	Kubik-meter Netto-Raumgehalt.	Register-Tons	Pferde-kräfte.
MDBJ	Frida Lehment	Rostock	1133,3	400,63	
MDBK	†H. von Witt	Rostock	1778,0	627,63	285
MDBL	Emilie	Rostock	272,6	96,34	
MDBN	Elfriede Momm	Rostock	258,1	89,34	
MDBP	Polly Stott	Rostock	1224,1	432,11	
MDBQ	Elodie	Rostock	742,0	262,24	
MDBR	Franz Fischer	Rostock	458,4	161,46	
MDBT	Ernst Ludwig Holtz	Rostock	1330,1	469,67	
MDBV	Ceres	Rostock	1488,9	525,30	
MDBW	Semmy Cohn	Rostock	1291,1	484,37	
MDCF	Präsident Trotsche	Rostock	1428,7	504,30	
MDCG	Elise	Rostock	227,6	80,53	
MDCH	H. Printzenberg	Rostock	1567,3	653,30	
MDCL	Clara Peters	Rostock	263,0	92,34	
MDCN	W. Schulz	Rostock	132,7	46,34	
MDCP	†Vorwärts	Rostock	83,7	29,34	14°
MDCR	Cohnheim	Hamburg	1293,1	435,30	
MDCT	Annie Berner	Rostock	1127,6	898,76	
MDFB	Isabel	Rostock	947,3	334,30	
MDFC	Anna Precht	Rostock	1215,3	428,37	
MDFH	Emma Römer	Rostock	1202,4	424,43	
MDFJ	Van den Bergh	Rostock	1234,9	485,91	
MDFK	August Burchard	Rostock	1343,6	474,46	
MDFN	Loolse Meyer	Rostock	840,6	296,41	
MDFP	Ada Stott	Rostock	1431,0	505,11	
MDFQ	Maria & Käthe	Rostock	1186,4	416,71	
MDFS	Atlas	Rostock	799,1	282,90	
MDFT	Marie Stahl	Rostock	765,1	270,90	
MDFV	Fritz von Arenstorff	Rostock	450,0	158,64	
MDFW	Vier Brüder	Rostock	2193,1	774,43	
MDGB	Arnold von Dippen	Rostock	1262,3	445,91	
MDGC	Carl W. Homm	Rostock	1359,3	479,90	
MDGF	Emilie	Rostock	207,3	78,30	
MDGH	Paul Grampp	Rostock	373,4	131,81	
MDGL	Arthur Huntley	Rostock	663,3	234,19	
MDGP	Henry Reed	Rostock	1079,3	380,96	
MDGQ	Marie Thun	Rostock	485,1	171,34	
MDGR	Baltic	Rostock	785,4	277,30	
MDGS	Wilhelm Mauck	Rostock	1193,9	421,43	
MDGT	Ceylon	Rostock	1589,3	561,63	
MDGV	Elisabeth	Rostock	314,7	111,30	
MDGW	Osbert	Rostock	981,0	346,31	
MDHB	Unison	Rostock	1083,1	364,30	
MDHG	†Henriette Schlösser	Rostock	1774,3	626,30	80°
MDHJ	Cromarty	Rostock	779,9	275,30	
MDHK	Maria	Rostock	305,3	107,73	
MDHL	Mermaid	Rostock	1144,1	405,94	
MDHN	†Neptun	Rostock	89,6	81,70	28
MDHR	Max Fischer	Rostock	1752,4	618,43	

* Nominelle Pferdekräfte.

MDHS — MSDN

Unter-scheidungs-Signale.	Namen der Schiffe.	Heimathshafen	Kubik-meter Netto-Raumgehalt	Register-Tons	Pferde-kräfte.
MDHS	Mary Louisa . . .	Rostock	985,8	330,77	
MDHT	J. Schoentjes . . .	Rostock	1029,3	363,33	
MDHV	Falke	Rostock	423,8	149,89	
MDJB	Friedrich Maass .	Rostock	1183,1	417,83	
MDJC	Frieda Grampp .	Rostock	1418,7	499,04	
MDJF	Mathilde Hennings .	Rostock	1481,0	522,78	
MDJG	Agnes	Rostock	969,4	342,90	
MDJK	Helene	Rostock	—	274,53	
MDJL	Paraua	Rostock	1154,7	407,60	
MDJQ	Anna	Rostock	—	337,00	
MDJR	†Elise Petersen . .	Rostock	1651,9	583,13	300*
MDJS	Elisabeth . . .	Rostock	1123,7	306,87	
MDJT	Adelaide	Rostock	1235,4	436,09	
MDJV	†Hans Krohn . . .	Rostock	2790,6	985,07	550*
MDJW	†Phönix	Rostock	109,3	38,66	20**
MDKB	Mathilde Falck .	Rostock	75,1	26,63	
MDKC	Marie B. Korsch .	Rostock	1546,2	545,81	
MDKF	Bertha	Rostock	—	240,89	
MDKG					
MDKH					
MDKJ					
MDKL					
MDKN					
MDKP					
MDKQ					
MDKR					
MDKS					
MSBC	Mercur	Wismar	480,8	169,76	
MSBD	Paul Marty . . .	Wismar	290,8	102,63	
MSBH	Auguste, Grossher-zogin von Meck-lenburg.	Wismar	328,0	115,80	
MSBQ	Generallieutenant v. Witzleben.	Wismar	501.1	176,90	
MSBR	Doctor Kniep . . .	Wismar	547,3	193,31	
MSBT	Auguste	Wismar	531,3	187,16	
MSBW	Ibn & Sohn . . .	Rostock	791,1	279,39	
MSCD	Amalie	Wismar	563,4	198,44	
MSCK	Steinhagen-Neuhof	Wismar	867,3	306,33	
MSCQ	von der Lühe-Rohl-storf.	Wismar	997.9	352,23	
MSCT	Erwartung . . .	Rostock	396,4	140,01	
MSCW	Elise	Wismar	788,9	278,46	
MSDC	Georg & Adolf .	Wismar	843,1	297,83	
MSDH	Mathilde	Wismar	676.7	238,80	
MSDK	Anna	Wismar	651,4	229,93	
MSDL	Commerzienräthin Haupt.	Wismar	798.3	281,40	
MSDN	Die Möwe	Wismar	888,8	313,48	

* Indicirte Pferdekrafte.   ** Nominelle Pferdekräfte.

MSDW — NBGM

Unterscheidungs-Signale.	Namen der Schiffe.	Heimathshafen	Kubikmeter Netto-Raumgehalt.	Register-Tons	Pferde-kräfte.
MSDW	Hedwig	Wismar	816,4	288,19	
MSFB	Titan	Wismar	899,9	852,97	
MSFC	Anna & Caroline .	Wismar	513,9	181,9	
MSFD	Wodan	Wismar	722,9	254,97	
MSFG	Oberstlieutenant von Sülstorff.	Wismar	681,4	240,8	
MSFH	Justizrath von Paepke.	Wismar	919,4	824,9	
MSFL	Elise & Anna . . .	Wismar . . .	200,9	70,41	
MSFN	Triton	Wismar	1832,9	470,13	
MSFP	Kaap Hoorn . . .	Rostock	1192,1	420,90	
MSFQ	Maria Dorothea . .	Stettin	82,7	29,20	
MSFR	Gazelle	Stralsund	97,1	34,33	
MSFT	Wismar	Wismar . . .	808,4	285,29	
MSFV	Carl	Wismar . . .	209,1	73,01	
MSGC	Germania	Wismar	448,9	158,22	
MSGD	Paul Thormann . .	Wismar	1359,7	479,97	
MSGF	Anna Thormann . .	Wismar	1147,4	405,11	
MSGH	Gustav Wilhelm . .	Wismar	383,4	135,31	
MSGK	Georg	Borg s. F.	82,4	29,17	
MSGL	Hoffnung	Wismar	48,9	16,39	
MSGN	Louise Lübeke . .	Wismar	897,1	316,44	
MSGP	Carl & Marie . . .	Wismar . . .	97,1	34,39	
MSGT	Frühling	Wismar	1064,9	875,44	
MSGV	Lydia	Wismar	197,9	69,93	
MSGW	Carl & Emma . . .	Wismar	229,1	80,99	
MSHB					
MSHC					
MSHD					
MSHF					
MSHG					
MSHJ					
MSHK					
MSHL					
NBCF	Diedrich	West-Rhauderfehn .	68,7	20,79	
NBCH	Luna	Horumersiel . . .	193,1	68,17	
NBCK	Helene	Fedderwardersiel .	63,9	22,21	
NBCR	Sophie Catharine .	Rüstersiel	51,3	19,10	
NBCS	Steinhausen	Neuefehn	193,4	68,44	
NBDP	Horlanna	Varelerhafen . . .	144,7	51,08	
NBDW	Hermann	Insel Langeoog . .	113,4	40,97	
NBFD	Johanne Auguste .	Oldenburg a. d. Hunte	91,9	32,44	
NBFM	Anna Maria . . .	Oldenburg a. d. Hunte	91,9	32,31	
NBFP	Margarethe	Elsfleth	146,9	51,44	
NBFQ	Meta	Fedderwardersiel .	102,4	36,11	
NBFR	Hoffnung	Oldenburg a. d. Hunte	76,9	26,49	
NBFS	Christina	Horumersiel . . .	167,9	59,44	
NBFT	Frau Beta	Rekum	130,7	46,11	
NBGM	Conrier	Fedderwardersiel .	42,9	14,99	

NBHW — NCLF

Unter-scheidungs-Signale.	Namen der Schiffe.	Heimathshafen	Kubik-meter Netto-Raumgehalt.	Register-Tons	Pferde-kräfte.
NBHW	Maria	Fedderwardersiel	67,4	28,90	
NBJH	Marie	Barssel	54,3	19,24	
NBJM	Meta	Fedderwardersiel	64,3	22,64	
NBKC	Friedrich Georg	Waddensersiel	102,7	36,23	
NBKF	Anna Henrike	Eckwardersiel	64,3	22,73	
NBLD	Sophie	Barssel	93,9	33,14	
NBLG	Frau Catharina	Brake a. d. Weser	112,7	39,71	
NBLK	Catharina	Ellenserdammersiel	74,9	26,44	
NBLS	Zwei Gebrüder	Weserdeich, Amts Berne.	87,9	31,03	
NBMQ	Johanna	Ellenserdammersiel	58,4	20,51	
NBMR	Elise Catharine	Ellenserdammersiel	60,3	21,25	
NBMT	Catharina	Brake a. d. Weser	136,4	48,50	
NBPD	Die drei Gebrüder	Weserdeich, Amts Berne.	88,4	31,75	
NBPW	Maria	Barssel	61,7	21,72	
NBQD	Anna Christine	Brake a. d. Weser	151,1	58,34	
NBQL	Johann Georg	Weserdeich, Amts Berne.	79,1	27,93	
NBRG	Frau Margarethe	Hammelwarden	90,9	31,77	
NBRM	Gesine	Barssel	71,7	25,31	
NBSH	Hoffnung	Oldenburg a. d. Hunte	121,4	42,97	
NBSJ	Zwei Gebrüder	Oldenburg a. d. Hunte	91,7	32,71	
NBSK	Zwei Gebrüder	Oldenburg a. d. Hunte	87,9	30,91	
NBTH	Frau Ida	Hornmersiel	68,4	24,19	
NBVL	Nicolaus Heinrich	Elsfleth	112,4	39,90	
NBWH	Georg	Fedderwardersiel	42,7	15,91	
NBWL	Drei Gebrüder	Grossefehn	119,3	42,11	
NCBW	Christine	Oldenburg a. d. Hunte	93,4	32,96	
NCDH	Frau Beta	Brake a. d. Weser	165,7	68,36	
NCDK	Zwei Gebrüder	Oldenburg a. d. Hunte	120,6	42,68	
NCDQ	Wilhelmine	Oldenburg a. d. Hunte	94,1	38,91	
NCFR	Georg	Elsfleth	148,7	50,72	
NCGB	Gesine	Weener	234,5	82,70	
NCGM	Margarethe	Brake a. d. Weser	189,4	66,90	
NCGR	Frau Maria	Barssel	57,9	20,40	
NCGT	Olympia	Varelerhafen	111,4	39,93	
NCHB	Christine	Brake a. d. Weser	387,3	136,71	
NCHD	W. Brügmann & Sohn No. IV.	Papenburg	465,4	164,90	
NCHV	Frau Margarethe	Brake a. d. Weser	63,3	22,35	
NCJD	Drei Gebrüder	Elsfleth	393,9	138,71	
NCJV	Hercules	Brake a. d. Weser	603,9	218,14	
NCKQ	Pax	Bremen	417,3	147,31	
NCKR	Beta	Brake a. d. Weser	208,4	78,31	
NCKT	Henrike	Brake a. d. Weser	204,9	72,61	
NCKW	Maria	Oldenburg a. d. Hunte	108,9	38,13	
NCLD	Helene	Brake a. d. Weser	187,3	66,12	
NCLF	Frau Margarethe	Farge	173,9	61,79	

NCLG — NDHC

Unter-scheidungs-Signale	Namen der Schiffe	Heimathshafen	Kubik-meter Netto-Raumgehalt	Register-Tons	Pferde-kräfte
NCLG	Heinrich & Wilhelm	Ost-Rhaaderfehn	60,1	21,23	
NCLH	Agnete	Horumersiel	50,3	17,73	
NCLJ	Ernte	Brake a. d. Weser	194,4	88,52	
NCLQ	Henriette	Hooksiel	184,5	47,45	
NCMB	Carl	Oldenburg a. d. Hunte	122,3	48,11	
NCPG	Margaretha	Fedderwardersiel	77,1	27,43	
NCPH	Georg Wilhelm	Brake a. d. Weser	125,9	44,41	
NCPL	Gerhardine	Papenburg	93,1	38,91	
NCQG	Christine	Brake a. d. Weser	184,5	58,57	
NCQH	Margaretha	Oldersum	185,3	65,41	
NCQK	Iris	Brake n. d. Weser	820,1	118,38	
NCQR	Friedrich	Oldenburg a. d. Hunte	117,3	41,51	
NCRB	Margarethe	Oldenburg a. d. Hunte	154,4	64,45	
NCRK	Lienen	Blankenese	879,9	184,11	
NCRM	Elise	Barssel	00,6	21,38	
NCRV	Margaretha	Barssel	216,9	76,51	
NCRW	Anna	Stralsund	505,3	178,48	
NCSQ	Concordia	Elsfleth	538,3	190,01	
NCST	Christine	Brake a. d. Weser	110,1	38,51	
NCSV	Eduard	Hamburg	615,9	217,38	
NCTD	Anna	Brake a. d. Weser	154,5	64,61	
NCTS	Johanne	Brake a. d. Weser	182,4	64,11	
NCVB	Meta	Brake a. d. Weser	208,3	73,52	
NCVF	Elisabeth	Barssel	211,0	74,51	
NCVG	Flora	Barssel	213,9	75,51	
NCVH	Anna	Elsfleth	550,0	194,15	
NCVK	Johanna	Elsfleth	585,4	206,53	
NCVS	Anna Catharina	Tettensersiel	61,6	21,31	
NCWJ	Margaretha Johanna	Barssel	240,0	84,73	
NCWL	Maria Lucia	Barssel	245,1	86,41	
NCWV	Sirene	Brake a. d. Weser	982,4	346,54	
NDBC	Castor	Emden	633,9	228,71	
NDBM	Mimi	Grossefehn	522,3	184,38	
NDBQ	Helios	Hamburg	729,9	257,34	
NDBR	Martin	Hamburg	187,4	66,53	
NDBW	Lisette	Barssel	262,3	92,59	
NDCF	Japan	Neuenfelde, Amts Jork	594,1	209,31	
NDCS	Mirjam	Hooksiel	61,1	21,41	
NDCV	Catharine	Barth	494,4	174,44	
NDFB	Wanderer	Brake a. d. Weser	630,9	222,10	
NDFH	Delphin	Brake a. d. Weser	620,3	218,97	
NDFJ	Johann	Elsfleth	590,3	208,39	
NDFT	Meta	Brake a d. Weser	95,9	33,59	
NDFW	Clara	Brake a. d. Weser	231,3	81,71	
NDGC	Lucie	Elsfleth	685,1	241,56	
NDGH	Maria Gesina	Barssel	271,4	95,51	
NDGK	Neptun	Elsfleth	696,4	245,51	
NDGP	Wangerland	Geestemünde	610,9	215,61	
NDHC	Aradus	Elsfleth	707,4	249,73	

NDHF — NDQS

Namen der Schiffe.	Heimathshafen	Kubik-meter Netto-Raumgehalt.	Register-Tons	Pferde-kräfte.
. . . . .	Elsfleth	701,9	247,17	
. . . . .	Brake a. d. Weser . .	632,1	223,13	
ngmann & Sohn V.	Papenburg	422,8	149,18	
rie	Brake a. d. Weser . .	702,3	247,91	

NDQV — NFBT

Unter-scheidungs-Signale.	Namen der Schiffe.	Heimathshafen	Kubik-meter Netto-Raumgehalt.	Register-Tons	Pferde-kräfte.
NDQV	Gerhardine	Hamburg	857,s	302,70	
NDRF	Carl Gerhard . . .	Brake a. d. Weser .	937,s	331,64	
NDRG	Johanne	Brake a. d. Weser . .	124,1	43,61	
NDRH	Elisa	Barssel	212,4	74,94	
NDRL	Union	Barssel	66,0	23,88	
NDRM	Wilhelmine	Varelerhafen . . .	174,7	61,61	
NDRT	W. von Freeden . .	Elsfleth	. . .	220,4 *	
NDRW	Columbus	Brake a. d. Weser . .	729,s	257,43	
NDSH	Betty & Marie . . .	Horumersiel . . .	244,6	86,31	
NDSG	Adolph	Elsfleth	724,s	255,79	
NDSK	Bellona	Elsfleth	886,6	318,63	
NDSP	F. H. Lolling . . .	Elsfleth	991,s	350,11	
NDSQ	Vorwärts	Elsfleth	1027,0	362,43	
NDSR	Frank Wilson . . .	Elsfleth	955,6	337,83	
NDST	Emmi & Otto . . .	Blankenese	754,0	266,63	
NDSW	Flora	Elsfleth	696,s	245,63	
NDTB	Marianne	Leer	274,3	96,70	
NDTC	Atlande	Brake a. d. Weser . .	823,4	290,63	
NDTF	Helene	Elsfleth	1015,s	358,37	
NDTG	Emma	Elsfleth	988,6	348,79	
NDTH	Moltke	Brake a. d. Weser . .	758,1	267,63	
NDTJ	Cathrina	Brake a. d. Weser . .	549,0	194,01	
NDTK	von Roon	Brake a. d. Weser . .	763,7	269,39	
NDTM	Nordstern	Varelerhafen . . .	200,6	70,63	
NDTV	Hinrich	Barssel	394,6	139,11	
NDTW	Alida	Elsfleth	1094,1	386,34	
NDVF	Anna	Elsfleth	634,s	223,91	
NDVG	Adeline Margarethe	Brake a. d. Weser . .	194,6	68,34	
NDVH	Marie Becker . . .	Elsfleth	1464,0	516,10	
NDVM	Hinrike	Hamburg	742,1	262,11	
NDVP	Auguste Margarethe	Ellenserdammersiel	68,6	18,93	
NDVQ	Rappahannock . .	Brake a. d. Weser . .	241,6	85,36	
NDWB	Zwei Geschwister .	Hooksiel	21,s	7,79	
NDWC	Aeolus	Elsfleth	1181,4	417,79	
NDWF	J. H. Lübcken . . .	Elsfleth	962,4	339,63	
NDWM	Christine	Elsfleth	852,7	290,49	
NDWP	Hinrich	Hamburg	745,0	263,81	
NDWR	Charlotte	Elsfleth	1004,1	354,44	
NDWT	Johanne	Brake a. d. Weser . .	343,1	121,18	
NDWV	India	Brake a. d. Weser . .	805,s	284,63	
NFBC	Friedrich	Barssel	264,s	93,38	
NFBD	Maria	Barssel	272,1	96,68	
NFBH	Helene Hermine . .	Eckwardersiel . . .	56,4	19,91	
NFBK	Marie	Elsfleth	1219,6	430,50	
NFBL	Mercur	Elsfleth	803,1	283,49	
NFBP	Jürgen Friedrich .	Eckwardersiel . . .	59,0	21,11	
NFBQ	Zwei Gebrüder . .	Brake a. d. Weser . .	195,s	69,01	
NFBS	Catharine	Brake a. d. Weser . .	176,s	62,34	
NFBT	Friederike	Elsfleth	770,s	271,91	

* Lasten zu 4000 ₰.

NFBW — NFKG

Unter-scheidungs-Signale.	Namen der Schiffe.	Heimathshafen	Kubik-meter Netto-Raumgehalt.	Register-Tons	Pferde-kräfte.
NFBW	Ceres	Elsfleth	816,6	288,21	
NFCD	Johann	Elsfleth	1826,4	467,96	
NFCG	Anna Margaretha	Iheringsfehn	49,4	17,44	
NFCJ	Adler	Brake a. d. Weser	710,3	250,73	
NFCP	Gesine	Weserdeich, Amts Berne.	187,7	66,39	
NFCQ	Anna	Elsfleth	711,1	251,62	
NFCS	Alida	Brake a. d. Weser	139,3	49,17	
NFCT	Ida	Elsfleth	1051,5	371,18	
NFCW	Catharine	Elsfleth	1217,1	429,62	
NFDK	Gesina Lucia	Barssel	232,1	82,13	
NFDM	Mathilde	Elsfleth	958,3	336,46	
NFDP	Christine	Brake a. d. Weser	777,1	274,31	
NFDR	Auguste. Helene	Ellenserdammersiel	63,6	22,33	
NFDT	†Vegesack	Bremen	74,6	26,34	40°
NFDV	Magdalene	Eckwardersiel	57,9	20,44	
NFDW	Taube	Brake a. d. Weser	618,0	218,15	
NFGC	Wilhelm	Brake a. d. Weser	285,4	88,10	
NFGD	Fortuna	Eckwardersiel	61,6	21,73	
NFGJ	Harmonie	Elsfleth	290,3	102,63	
NFGP	Catharina	Barssel	76,0	26,82	
NFGR	Themis	Brake a. d. Weser	848,3	299,63	
NFHC	Fiducia	Hooksiel	34,4	12,14	
NFHG	Gerhard	Brake a. d. Weser	468,4	165,42	
NFHJ	Adeline	Elsfleth	1500,4	529,63	
NFHK	Friederike	Weserdeich, Amts Berne.	117,4	41,45	
NFHM	Nicolaus	Brake a. d. Weser	867,1	306,10	
NFHP	Annie	Elsfleth	1431,1	505,19	
NFHR	Hermann	Barssel	282,1	99,39	
NFHS	Deutschland	Elsfleth	1683,6	594,33	
NFHT	Lina	Elsfleth	1337,4	472,19	
NFHV	Bertha	Brake a. d. Weser	848,6	299,53	
NFHW	J. H. Ramien	Elsfleth	1786,6	680,77	
NFJB	Heinrich Wilhelm	Eckwardersiel	82,6	29,33	
NFJD	Catharine	Brake a. d. Weser	101,7	35,90	
NFJH	Catharina	Weserdeich, Amts Berne.	77,0	27,15	
NFJL	Iugo	Elsfleth	973,3	343,54	
NFJM	Porto Plata	Brake a. d. Weser	763,0	269,60	
NFJP	Ocean	Brake a. d. Weser	1317,6	464,39	
NFJQ	Pacific	Brake a. d. Weser	1304,6	460,63	
NFJR	Otto	Elsfleth	658,7	232,66	
NFJT	Hermes	Elsfleth	1369,3	479,63	
NFJV	Wilhelmine	Eckwardersiel	143,3	50,33	
NFKB	Gesine	Brake a. d. Weser	92,4	82,61	
NFKC	Vesta	Brake a. d. Weser	364,1	128,82	
NFKD	Gesine Johanne	Strohausersiel	143,9	50,76	
NFKG	Paula	Elsfleth	1460,5	515,14	

* Nominelle Pferdekräfte.

NFKH — NFQD

UnterscheidungsSignale.	Namen der Schiffe.	Heimathshafen	Kubikmeter Netto-Raumgehalt.	RegisterTons	Pferdekräfte.
NFKH	Fortuna	Elsfleth	1889,4	490,13	
NFKJ	Lina	Elsfleth	894,4	189,30	
NFKL	Adele	Elsfleth	394,9	139,41	
NFKM	Finenna	Barssel	82,4	29,13	
NFKP	Priscilla	Brake a. d. Weser	2084,4	980,19	
NFKQ	Lina	Brake a. d. Weser	580,4	207,47	
NFKS	Felix II.	Elsfleth	1048,2	370,03	
NFKT	Atlantic	Elsfleth	1793,3	683,03	
NFKV	Louise	Elsfleth	1850,4	653,33	
NFKW	Astraea	Brake a. d. Weser	845,1	298,21	
NFLC	Amazone	Brake a. d. Weser	895,0	815,33	
NFLJ	Speculant	Elsfleth	1778,4	627,77	
NFLM	Christine	Brake a. d. Weser	189,6	66,34	
NFLP	Hansa	Brake a. d. Weser	711,0	251,30	
NFLQ	Peter	Fedderwardersiel	203,1	71,40	
NFLR	Louise	Brake a. d. Weser	181,4	46,33	
NFLT	Gesine	Brake a. d. Weser	139,2	49,14	
NFLV	Johanne Margarethe	Brake a. d. Weser	114,6	40,43	
NFLW	Helene	Brake a. d. Weser	129,3	45,43	
NFMB	Anna	Brake a. d. Weser	69,2	24,39	
NFMD	Radamanthus	Brake a. d. Weser	245,4	86,77	
NFMG	Catharina	Brake a. d. Weser	118,4	41,43	
NFMJ	Helene	Brake a. d. Weser	83,4	29,33	
NFMK	Sagterland	Barssel	358,1	126,41	
NFML	Helene	Barssel	317,9	112,33	
NFMQ	Hebe	Brake a. d. Weser	655,9	231,43	
NFMS	Frau Catharina	Brake a. d. Weser	106,6	37,42	
NFMT	Catharina	Brake a. d. Weser	138,4	48,49	
NFMV	Alliance	Elsfleth	883,4	311,43	
NFMW	Brake	Brake a. d. Weser	118,3	41,74	
NFPB	Meta	Brake a. d. Weser	105,7	87,31	
NFPC	Romeo	Brake a. d. Weser	848,1	299,39	
NFPD	Sophia	Ellenserdammersiel	115,0	40,40	
NFPG	Eelke	Brake a. d. Weser	101,4	35,00	
NFPH	Gerhardine	Hooksiel	96,0	38,49	
NFPJ	Minna	Brake a. d. Weser	178,2	62,34	
NFPK	Sirius	Elsfleth	878,1	309,97	
NFPL	Vineta	Elsfleth	1885,3	665,41	
NFPM	Johanne	Eckwardersiel	64,0	22,39	
NFPQ	Anna	Steinkirchen, Amts Jork	85,9	12,41	
NFPR	Elise	Brake a. d. Weser	114,2	40,40	
NFPS	Anna	Brake a. d. Weser	74,4	26,33	
NFPT	Margarethe Catharine.	Absersiel	60,2	21,23	
NFPV	Anna	Absersiel	61,4	21,14	
NFPW	Solide	Elsfleth	1679,4	592,43	
NFQB	Johann Carl	Elsfleth	1415,7	499,74	
NFQC	José Ginebra	Brake a. d. Weser	1022,0	360,77	
NFQD	Dorothea	Eckwardersiel	61,0	21,34	

NFQH — NFTW

Unter-scheidungs-Signale.	Namen der Schiffe.	Heimathshafen	Kubik-meter Netto-Raumgehalt.	Register-Tons	Pferde-kräfte.
NFQH	Gebrüder	Barssel	287,6	101,43	
NFQJ	Adools	Brake a. d. Weser	1163,7	410,70	
NFQK	Anna	Brake a. d. Weser	114,6	40,43	
NFQL	Anna	Eckwardersiel	62,1	21,93	
NFQM	Meta	Elsfleth	812,6	286,54	
NFQP	Mensen Ernst	Varel	61,1	21,58	
NFQR	Musen	Elsfleth	1982,7	699,96	
NFQS	Emanuel	Elsfleth	1034,3	365,19	
NFQT	Ernte	Barssel	58,4	20,61	
NFQV	Pallas	Elsfleth	1705,3	601,50	
NFRB	Triton	Elsfleth	—	736,71	
NFRC	Oberon	Elsfleth	2069,8	730,44	
NFRD	Don Guillermo	Elsfleth	—	596,81*	
NFRH	Immanuel	Varel	126,9	44,70	
NFRJ	Margarethe	Waddensersiel	73,3	25,83	
NFRK	Angela	Barssel	384,6	118,13	
NFRL	Adeline	Brake a. d. Weser	159,3	56,34	
NFRP	Border Chief	Elsfleth	—	1010,97	
NFRQ	Marie	Elsfleth	875,4	309,03	
NFRS	Therese	Brake a. d. Weser	902,3	318,41	
NFRT	Pax	Elsfleth	—	689,53*	
NFRV	Anna Catharine	Brake a. d. Weser	72,7	25,67	
NFRW	Ora	Barssel	338,6	119,53	
NFSC	Johann	Brake a. d. Weser	182,3	64,34	
NFSD	Helene	Elsfleth	1991,9	702,90	
NFSG	Friedrich	Brake a. d. Weser	235,7	83,30	
NFSH	Johanne	Brake a. d. Weser	115,4	40,14	
NFSJ	Khorasan	Elsfleth	—	1038,69	
NFSK	Weser	Brake a. d. Weser	—	698,47	
NFSL	Ariadne	Elsfleth	1595,4	563,18	
NFSM	Lorelei	Elsfleth	2087,9	737,64	
NFSP	Heinrich Ramien	Elsfleth	1752,0	618,71	
NFSR	Zeus	Brake a. d. Weser	718,1	258,48	
NFST	Atalanta	Brake a. d. Weser	1160,9	409,86	
NFSV	Highflyer	Elsfleth	—	1011,70*	
NFSW	Freiheit	Brake a. d. Weser	1456,0	513,96	
NFTC	Heinrich	Oldenburg a. d. Hunte	237,3	88,34	
NFTD	Teutonia	Elsfleth	1789,3	631,70	
NFTG	Ernst	Brake a. d. Weser	1881,9	664,33	
NFTJ	†Oldenburg	Oldenburg a. d. Hunte	1312,6	463,45	225
NFTK	Gerd Heye	Elsfleth	1681,9	576,63	
NFTL	Industrie	Elsfleth	4517,1	1594,53	
NFTM	Pauline	Fedderwardersiel	60,4	21,39	
NFTP	Christine	Elsfleth	269,7	95,30	
NFTQ	Gesine	Elsfleth	262,6	92,48	
NFTR	Athene	Elsfleth	1782,6	629,34	
NFTS	†Otto	Elsfleth	233,4	82,30	65
NFTV	Catharina	Brake a. d. Weser	113,6	40,16	
NFTW	Arcona	Elsfleth	2584,4	912,30	

* Brutto-Raumgehalt.

7*

NFVB — PBGD

Unter-scheidungs-Signale.	Namen der Schiffe.	Heimathshafen	Kubik-meter Netto-Raumgehalt.	Register-Tons	Pferde-kräfte.
NFVB	†Lensahn	Brake a. d. Weser . .	37,0	13,61	12*
NFVC	Helene	Waddenserslel . .	94,3	33,46	
NFVD	Bessel	Elsfleth	—	458,23	
NFVG	Bertha	Oldenburg a. d. Hunte	129,4	45,68	
NFVH	Phönizia	Brake a. d. Weser . .	2164,9	764,28	
NFVJ	Zwei Gebrüder . .	Brake a. d. Weser . .	87,7	30,94	
NFVK	J. C. Warns . . .	Elsfleth	2253,9	795,93	
NFVL	Theodor	Barssel	329,6	116,29	
NFVM	Lili	Elsfleth	—	609,41	
NFVP	Delphin	Bardenfleth	244,6	86,41	
NFVQ	Henrike	Brake a. d. Weser . .	242,3	85,53	
NFVR	Caroline	Grossensiel	82,1	28,90	
NFVS	Freya	Brake a. d. Weser . .	1867,3	659,23	
NFVT	Inca	Elsfleth	2066,0	729,46	
NFVW	Mimi	Elsfleth	2234,4	788,74	
NFWD	Paulina	Brake a. d. Weser . .	3138,7	1107,57	
NFWC	Astrea	Brake a. d. Weser . .	815,2	287,29	
NFWD	Jacobine	Brake a. d. Weser . .	1599,3	564,81	
NFWG					
NFWH					
NFWJ					
NFWK					
NFWL					
NFWM					
NFWP					
NFWQ					
NFWR					
NFWS					
NFWT					
NFWV					
PBCF	Industrie	Lemkenhafen . . .	531,3	187,27	
PBCN	Christine	Lübeck	258,7	91,27	
PBCQ	Nautilus	Papenburg	760,7	268,43	
PBCW	†Henriette	Lübeck	902,3	318,34	80
PBDF	†Germania	Lübeck	580,1	204,75	30
PBDK	†Hansa	Lübeck	835,1	294,79	80
PBDL	†Helix	Lübeck	924,3	326,23	80
PBDR	Beethoven	Lübeck	683,4	241,24	
PBDS	Bürgermeister Roeck	Lübeck	513,9	181,41	
PBFC	Lübeck	Lübeck	546,5	108,49	
PBFH	Mozart	Lübeck	662,4	233,77	
PBFJ	Jolle	Heiligenhafen . . .	630,4	222,43	
PBFL	†Nautilus	Lübeck	1015,9	858,60	70
PBFM	†Alfred	Stettin	422,9	149,25	70
PBFN	†Livonia	Lübeck	631,7	223,61	44
PBFR	†Finland	Lübeck	597,3	210,98	40
PBFS	†Sirius	Lübeck	863,3	304,53	50
PBFW	†Lübeck	Lübeck	608,3	214,86	60
PBGD	†Nord	Lübeck	558,6	197,96	40

* Nominelle Pferdekräfte.

PBGII — QBHL

Unter-scheidungs-Signale.	Namen der Schiffe.	Heimathshafen.	Kubik-meter Netto-Raumgehalt.	Register-Tons	Pferde-kräfte.
PBGII	†Süd	Lübeck	563,3	198,41	40
PBGJ	†Alpba	Lübeck	601,0	243,03	60
PBGQ	†Ostsee	Lübeck	829,4	292,43	60
PBGS	†Strassburg	Lübeck	969,3	342,17	60
PBGT	†Newa	Lübeck	1316,1	464,37	80
PBGW	†Trave	Lübeck	1243,5	438,97	80
PBHD	†Tiger	Bremen	427,1	150,14	65
PBIIJ	†Phoenix	Lübeck	2795,4	986,14	130
PBIIN	Alexander . . .	Lübeck	573,1	202,20	
PBIIR	†Alert	Lübeck	92,4	32,41	25°
PBIIS	†Jona	Lübeck	92,0	32,18	25°
PBIIT	†Luba	Lübeck	63,1	22,19	15°
PBHV	†Thekla	Lübeck	46,7	16,19	15°
PBIIW	†Flora	Lübeck	664,8	234,67	60°
PBJD	†Livland	Lübeck	1090,3	387,07	85°
PBJF	†Livadia	Lübeck	381,3	134,54	30°
PBJG	†Kant	Lübeck	579,6	204,60	45°
PBJH	†Rhein	Lübeck	2252,3	795,73	100°
PBJK	†Wolga	Lübeck	2410,9	851,03	110°
PBJL	†Deutschland . . .	Lübeck	1532,3	540,44	420
PBJM					
PBJN					
PBJQ					
PBJR					
PBJS					
PBJT					
QBCD	Smidt	Bremen	4738,6	1672,77	
QBCG	Hermine	Lübeck	1682,4	593,96	
QBCII	Jupiter	Bremen	1926,3	679,97	
QBCK	Betty	Bremen	2723,5	961,33	
QBCN	†Baltimore	Bremen	4748,4	1676,19	1276**
QBCR	San Francisco . .	Bremen	712,3	251,11	
QBCS	Delphin	Weener	654,3	231,03	
QBCT	Anton Günther . .	Bremen	1249,1	440,91	
QBDW	Erna	Rostock	1648,4	582,03	
QBFII	Gessner	Bremen	2016,3	711,13	
QDFL	Brazileira	Brake a. d. Weser . .	860,0	305,10	
QBFP	Johannes	Bremen	2774,7	979,46	
QBFW	Norma	Bremen	1827,4	645,18	
QBGC	Caroline	Bremen	2481,1	875,83	
QBGP	Cardenas	Hamburg	1129,3	398,60	
QBGR	Admiral	Bremen	2107,9	744,10	
QBGT	Adolf	Bremen	2998,7	1058,34	
QBHD	Atalanta	Bremen	1601,3	565,33	
QBHF	Brema	Bremen	1019,0	359,71	
QBHG	Argonaut	Barth	2126,4	750,63	
QBHJ	Republik	Rostock	1666,7	588,33	
QBHK	Leocadia	Bremen	2241,9	791,33	
QBHL	Laurita	Elsfleth	666,3	235,71	

* Nominelle Pferdekräfte.   ** Indicirte Pferdekräfte.

QBHM — QBSR

Unter-scheidungs-Signale.	Namen der Schiffe.	Heimathshafen	Kubik-meter Netto-Raumgehalt.	Register-Tons	Pferde-kräfte.
QBHM	†Rhein	Bremen	4995,1	1763,01	1745
QBHT	Willy Rickmers	Bremerhaven	2272,0	802,67	
QBJC	China	Bremen	2517,6	888,67	
QBJH	Athena	Bremen	2884,9	1018,31	
QBJP	Stephanie	Brake a. d. Weser	856,1	302,41	
QBJT	†Main	Bremen	5006,9	1767,20	1745
QBJV	E. v. Beaulieu	Bremen	950,9	385,43	
QBKD	Felix Mendelssohn	Bremen	2614,9	923,01	
QBKF	Sebastian Bach	Bremen	2300,1	811,31	
QBKG	Marie Louise	Bremen	2693,9	915,41	
QBKH	†Donau	Bremen	5017,7	1771,31	1745
QBKJ	Europa	Bremen	2446,9	863,46	
QBKM	Juno	Rostock	871,9	307,71	
QBKN	Wilhelmine	Elsfleth	706,9	249,44	
QBKT	†Ohio	Bremen	4880,4	1722,70	1210*
QBKW	Galveston	Bremen	1753,0	618,44	
QBLC	Hongkong	Rügenwalde	1091,0	385,44	
QDLK	Louise	Barth	1239,1	437,43	
QDLH	Iris	Barth	1350,1	476,63	
QBLT	Auguste	Bremen	2125,3	750,30	
QBMK	Shakspere	Bremen	3350,1	1182,30	
QBMP	Elena	Bremen	2240,3	790,73	
QBMR	Kosmos	Bremerhaven	1103,0	389,36	
QBMW	Casilda	Elsfleth	1275,4	450,31	
QBND	Sirius	Bremen	2398,7	846,34	
QBNF	Wilhelmine	Rügenwalde	829,3	292,73	
QBNL	Dahomey	Karolinensiel	443,1	156,43	
QBNS	Carl	Bremen	3113,9	1009,10	
QBNT	Evan Dumas	Bremen	360,1	127,13	
QBNW	Bremen	Pillau	2687,9	948,73	
QBPG	Göthe	Bremen	1528,1	539,01	
QBPJ	Senator Iken	Bremen	3532,6	1246,30	
QBPK	St. Bernhard	Bremen	2268,3	800,11	
QBPM	Helene	Bremen	2268,6	800,73	
QBPN	Richard	Bremen	2045,1	722,37	
QBPT	Clara	Bremen	1187,9	419,27	
QBPV	Columbus	Bremen	1674,3	591,30	
QBRF	Schiller	Bremen	1672,0	590,23	
QBRG	Emilie	Bremen	2469,7	871,91	
QBRJ	Johann Kepler	Bremen	2058,4	726,41	
QBRS	Columbia	Bremen	2398,3	846,54	
QBRV	Agnes	Bremen	2381,6	840,19	
QBSD	Harzburg	Bremen	1820,4	642,20	
QBSF	Sulier	Geestemünde	718,3	253,43	
QBSG	Johanne Marie	Bremen	1888,4	666,51	
QBSL	Olbers	Bremen	2406,7	849,20	
QBSN	Marco Polo	Barth	1695,3	598,51	
QBSP	Astronom	Bremen	2490,4	879,11	
QBSR	Sebarnhorst	Rostock	1162,4	410,73	

* Indicirte Pferdekrafte.

QBTJ — QCHW

Unter-scheidungs-Signale.	Namen der Schiffe.	Heimathshafen	Kubik-meter Netto-Raumgehalt	Register-Tons	Pferde-kräfte.
QBTJ	Peru	Bremen	1223,9	432,04	
QBTL	Arion	Geestemünde	606,3	218,99	
QBTR	Japan	Papenburg	826,8	291,47	
QBTS	Johanne	Bremen	2148,6	768,45	
QBVD	Blitz	Hamburg	585,9	206,12	
QBVL	Gutenberg	Bremen	1852,9	654,84	
QBVP	†America	Bremen	5082,3	1794,12	1694
QBVT	Amaranth	Bremen	2548,4	897,83	
QBWH	Meteor	Bremen	1684,5	594,43	
QBWJ	Clara	Rostock	1030,4	368,13	
QBWK	Ocean	Bremen	1971,1	695,80	
QBWN	Christel	Bremen	2490,7	879,04	
QBWS	Agnes	Stralsund	704,2	248,34	
QBWV	Mercur	Barth	1874,0	661,83	
QCBL	Alamo	Bremen	1733,4	611,09	
QCBR	Freihandel	Bremen	2076,4	732,96	
QCBV	Wieland	Bremen	1704,3	601,82	
QCBW	Mozart	Bremen	2402,6	848,18	
QCDB	Laura & Gertrude	Bremen	2807,3	991,04	
QCDF	Falk	Barth	676,1	238,67	
QCDG	Coriolan	Bremen	2737,3	960,23	
QCDL	†Hermann	Bremen	4812,9	1698,92	1429
QCDN	Dr. Petermann	Bremen	2088,1	737,31	
QCDR	Dora	Bremen	1309,0	462,01	
QCDT	Ceder	Bremen	2085,3	718,33	
QCFG	H. Upmann	Bremen	1209,1	426,81	
QCFH	Dorette	Papenburg	226,6	80,40	
QCFJ	Friedrich Hartwig	Drake a. d. Weser	645,3	383,49	
QCFL	†Falke	Bremen	1614,9	570,86	213*
QCFN	Drei Gebrüder	Flensburg	212,3	75,01	
QCGB	Gesine	Grossefehn	310,6	109,63	
QCGH	D. H. Wätjen	Bremen	3442,3	1215,10	
QCGJ	Friedrich & Adolph	Rostock	720,0	257,31	
QCGK	†Weser	Bremen	5652,9	1995,47	1561
QCGL	Beethoven	Bremen	927,8	327,40	
QCGP	Texas	Bremen	1673,8	590,34	
QCGR	Charles Lüling	Bremen	3487,3	1231,10	
QCGT	Preciosa	Bremen	2069,3	730,40	
QCGW	Niagara	Bremen	2606,0	919,01	
QCHF	Maria Rickmers	Bremen	1554,4	548,40	
QCHJ	†Berlin	Bremen	4638,9	1637,49	1001**
QCHK	Eben Ezer	Geestemünde	237,0	83,66	
QCHL	†Leipzig	Bremen	4557,3	1606,73	1033
QCHM	Christel	Hamburg	1884,0	665,03	
QCHN	von Herg	Bremen	1884,3	665,17	
QCHS	Anna	Bremen	755,4	266,09	
QCHT	Diamant	Hamburg	839,0	296,19	
QCHV	Armin	Bremen	2385,3	842,00	
QCHW	†Frankfurt	Bremen	5605,3	1978,64	739

* Nominelle Pferdekräfte.   ** Indicirte Pferdekräfte.

QCJD — QCPL

Unterscheidungs-Signale.	Namen der Schiffe.	Heimathshafen	Kubik-meter Netto-Raumgehalt.	Register-Tons	Pferdekräfte.
QCJD	†Hannover	Bremen	5475,4	1932,10	1315*
QCJF	Delmar	Bremen	740,7	261,44	
QCJH	Malvina	Bremen	1356,4	478,91	
QCKB	Moltke	Bremen	2344,5	827,53	
QCKD	Wilhelmine	Rostock	764,1	269,75	
QCKH	†Köln	Bremen	4916,7	1735,10	784
QCKL	Canopus	Bremen	2456,4	867,11	
QCKP	Göschen	Bremen	3221,7	1137,26	
QCKR	Louis	Bremen	1721,8	607,33	
QCKS	†Reiher	Bremen	2041,5	720,54	155**
QCKT	†Sperber	Bremen	2046,4	722,46	155**
QCLB	Lima	Bremen	2355,1	831,43	
QCLD	†Kronprinz Friedrich Wilhelm.	Bremen	4410,7	1556,91	762
QCLF	Etha Rickmers	Bremen	2885,1	1018,44	
QCLG	†Graf Bismarck	Bremen	4988,4	1761,84	788
QCLH	Jenny	Bremen	1925,1	679,59	
QCLJ	Hilke	Bremen	159,1	56,16	
QCLK	Alma	Bremen	2658,9	938,71	
QCLM	Peter Rickmers	Bremerhaven	1891,6	667,74	
QCLN	Admiral Tegetthoff	Bremen	2528,9	892,71	
QCLP	Magdalene	Bremen	3540,6	1249,63	
QCLS	Anna	Bremen	2385,4	841,91	
QCLT	C. R. Bishop	Bremen	2491,7	879,37	
QCLW	†Albatross	Bremen	2312,4	816,03	239**
QCMB	Josefa	Bremen	2308,9	815,56	
QCMG	Hedwig	Bremen	2289,6	808,23	
QCMH	†Strassburg	Bremen	6318,0	2230,26	960
QCMK	†Strauss	Bremen	1693,1	597,67	239**
QCML	George	Bremen	2178,6	768,63	
QCMP	Eendragt	Bremen	134,5	47,44	
QCMR	Savannah	Bremen	3962,4	1398,16	
QCMV	Pauline	Bremen	1655,6	584,10	
QCNB	Henriette	Bremen	2681,0	947,43	
QCNF	†Braunschweig	Bremen	6091,3	2150,24	1372
QCNG	Gerhard	Bremen	2574,8	908,91	
QCNK	Lina Schwoon	Hamburg	2425,6	856,24	
QCNL	†Hohenzollern	Bremen	5381,1	1899,83	1802
QCNM	†Nürnberg	Bremen	6117,1	2159,34	1817
QCNW	Charlotte	Bremen	2323,9	820,34	
QCPB	†Neckar	Bremen	5296,1	1869,63	1879
QCPD	No. 13	Bremen	607,3	214,40	
QCPF	No. 15	Bremen	605,7	213,80	
QCPG	No. 17	Bremen	603,4	213,14	
QCPH	No. 19	Bremen	611,1	215,71	
QCPJ	No. 21	Bremen	600,3	215,15	
QCPK	No. 23	Bremen	607,1	214,41	
QCPL	†Cyclop	Bremen	211,5	74,68	41**

* Indicirte Pferdekräfte.   ** Nominelle Pferdekräfte.

QCPM — QCVH

Unter-scheidungs-Signale.	Namen der Schiffe.	Heimathshafen	Kubik-meter Netto-Raumgehalt.	Register-Tons	Pferde-kräfte.
QCPM	†Paul Friedrich August.	Bremen	159,1	56,14	48*
QCPN	†Roland	Bremen	325,7	114,28	72*
QCPR	†Simson	Bremen	185,8	65,49	189*
QCPS	†Pilot	Bremen	124,3	43,88	73*
QCPT	†Comet	Bremen	186,7	65,91	73*
QCPV	†Nordsee	Bremen	300,1	105,94	88*
QCPW	No. 18	Bremen	396,2	139,43	
QCRB	No. 20	Bremen	396,2	139,44	
QCRD	†Oder	Bremen	5359,5	1891,90	1865
QCRG	Germania	Bremen	2340,9	826,33	
QCRH	Joseph Haydn	Bremen	2292,8	809,38	
QCRJ	Therese	Bremen	3085,3	1089,04	
QCRM	Elisabeth	Bremen	3313,3	1160,40	
QCRP	†Hohenstaufen	Bremen	5397,3	1906,35	1254
QCRS	Britannia	Bremen	2388,3	841,20	
QCRV	†General Werder	Bremen	5155,3	1819,70	1461
QCRW	Theodor Körner	Bremen	3091,5	1091,42	
QCSD	†Ceres	Bremen	1444,5	509,91	140
QCSF	Johann Ludwig	Bremen	2121,4	748,93	
QCSG	Caroline	Bremen	120,5	42,53	
QCSH	No. 88	Bremen	641,4	226,43	
QCSK	†Tell	Bremen	182,6	64,44	326
QCSL	†Hercules	Bremen	81,9	28,91	148
QCSM	†Biene	Bremen	64,2	22,67	155
QCSN	†Asseenradeur	Bremen	187,3	66,88	326
QCSP	†Reform	Bremen	110,5	39,14	178
QCSR	†Solide	Bremen	100,4	85,44	206
QCST	†Strom	Bremen	28,1	10,14	70
QCSV	†Diana	Bremen	117,1	41,34	235
QCSW	Baltimore	Bremen	3063,4	1081,48	
QCTB	Wilhelmine	Bremen	2396,5	846,86	
QCTD	†Triton	Bremen	179,8	63,10	76*
QCTG	Agra	Bremen	2617,0	923,80	
QCTH	Maryland	Bremen	3151,5	1112,48	
QCTJ	Marie	Bremerhaven	2964,5	1046,50	
QCTK	Joe Rauers	Bremen	2519,3	889,32	
QCTL	†Saller	Bremen	5364,1	1898,70	1481
QCTM	Hermann	Bremen	2404,2	848,73	
QCTN	†Neptun	Bremen	68,3	24,11	48
QCTP	Victoria	Bremerhaven	2277,3	803,89	
QCTR	Capella	Bremen	2591,5	914,94	
QCTV	†Habsburg	Bremen	5411,6	1910,30	1869
QCTW	†Biene	Bremen	473,1	167,22	48
QCVB	Werra	Bremen	ca.2642	ca.932	
QCVD	Melusine	Bremen	2656,1	937,60	
QCVF	Spica	Bremen	2593,4	915,47	
QCVG	Fulda	Bremen	2504,4	884,23	
QCVH	George Washington	Bremen	3355,6	1184,60	

* Nominelle Pferdekräfte.

QCVJ — QDFL

Unter-scheidungs-Signale.	Namen der Schiffe.	Heimathshafen	Kubik-meter Netto-Raumgehalt.	Register-Tons	Pferde-kräfte
QCVJ	Asante	Bremen	857,a	302,74	
QCVK	India	Bremen	2657,a	937,97	
QCVL	Friedrich	Bremerhaven	4201,a	1163,es	
QCVM	Hampton Court	Bremen	2707,9	955,81	
QCVP	Stella	Bremen	3377,1	1192,13	
QCVR	Kathinka	Bremen	3336,a	1177,91	
QCVS	Schwan	Bremen	884,4	312,19	
QCVT	Gustav & Oscar	Bremen	3831,0	1352,33	
QCWD	Galatea	Bremen	3593,a	1268,40	
QCWF	Weser	Bremerhaven	2594,a	915,30	
QCWG	Frau Rebecca	Bremerhaven	106,7	37,44	
QCWH	Ida	Bremen	3675,a	1297,53	
QCWJ	Cleopatra	Bremerhaven	3493,a	1233,23	
QCWK	Undine	Bremen	2742,a	968,63	
QCWM	Regulus	Bremen	3158,a	1114,43	
QCWN	Johanna Gesine	Neu-Itönnebeck	132,7	46,44	
QCWP	†Pionier	Bremen	196,a	69,30	100
QCWR	Cornelius	Bremen	3131,6	1105,44	
QCWS	Hohenzollern	Bremerhaven	2590,7	914,30	
QCWT	Fürst Bismarck	Bremen	2743,1	968,31	
QCWV	Diamant	Bremen	3343,a	1180,07	
QDBF	Kaiser	Bremen	8514,a	1240,11	
QDBG	Elisabeth Rickmers	Bremerhaven	3528,4	1245,49	
QDBH	Wega	Bremen	3159,9	1115,13	
QDBJ	Pei-Ho	Bremen	1226,6	433,06	
QDBK	Kepler	Bremen	2146,6	757,84	
QDBL	Deutschland	Bremen	3545,1	1251,63	
QDBM	Charlotte	Bremen	3883,7	1370,41	
QDBN	Jessonda	Bremen	2500,1	882,33	
QDBR	Doris	Bremen	3286,a	1160,14	
QDBT	Elisabeth	Bremen	3509,1	1238,10	
QDBW	Visurgis	Bremen	3086,a	1089,54	
QDCB	Anna	Bremerhaven	3262,a	1151,44	
QDCH	Marie Siedenburg	Bremen	3236,a	1143,11	
QDCJ	Dorothea	Bremen	199,6	70,33	
QDCK	Hedwig	Bremen	3189,4	1125,90	
QDCL	Arcturus	Bremen	3162,3	1116,30	
QDCM	Anule	Bremen	ca. 976	ca. 345	
QDCP	Atlantic	Bremerhaven	3576,7	1262,86	
QDCR	†J. H. Niemann	Bremen	2101,a	741,73	450
QDCS	No. 10	Bremen	618,6	218,13	
QDCT	Barbarossa	Bremerhaven	3719,7	1313,66	
QDCW	Antares	Bremen	3163,9	1116,33	
QDFB	Palme	Bremen	3063,3	1081,33	
QDFC	Pauline	Bremerhaven	3113,a	1098,90	
QDFG	Rossini	Bremen	2842,a	1003,31	
QDFH	†Bremen	Bremen	1905,3	672,44	400
QDFJ	Matthias	Bremen	3183,a	1123,80	
QDFL	Comet	Bremen	8068,4	1083,63	

QDFM — QDKC

Unter-scheidungs-Signale.	Namen der Schiffe.	Heimathshafen	Kubik-meter Netto-Raumgehalt.	Register-Tons	Pferde-kräfte.
QDFM	Heinrich	Bremerhaven	4204,4	1484,13	
QDFN	Anna	Bremen	3284,7	1159,40	
QDFP	†Vorwärts	Bremen	164,3	58,07	190
QDFR	Elise	Bremen	2788,7	984,11	
QDFV	Friedländer	Bremen	4487,4	1584,04	
QDFW	Betty	Bremerhaven	2246,6	793,64	
QDGB	No. 16	Bremen	395,7	139,68	
QDGC	No. 24	Bremen	398,3	140,36	
QDGF	No. 22	Bremen	394,8	139,36	
QDGH	Roland	Bremen	3803,4	1342,60	
QDGJ	Auguste	Bremerhaven	3955,4	1396,49	
QDGK	Clara	Bremen	2995,1	1057,27	
QDGM	Western Chief	Bremen	2106,6	743,63	
QDGN	Julius	Bremen	2509,1	906,53	
QDGP	Hermann	Bremen	3731,3	1318,28	
QDGR	Señora Quintana	Bremen	911,7	332,43	
QDGS	Margarethe	Bremen	3477,9	1227,70	
QDGT	No. 14	Bremen	398,3	140,60	
QDGV	No. 42	Bremen	653,1	230,43	
QDGW	Schiller	Bremen	3475,3	1226,31	
QDHB	Wilhelm	Bremen	3726,4	1315,49	
QDHC	Johann Friedrich	Bremen	3501,1	1235,90	
QDHF	†Roland	Bremen	1144,6	403,61	200
QDHG	Donald Mackay	Bremerhaven	6270,6	2213,61	
QDHK	Helene	Bremen	3515,6	1241,64	
QDHL	Mini	Bremen	3592,3	1268,13	
QDHM	Don Quixote	Bremen	3308,4	1167,87	
QDHP	Rudolph	Bremen	3267,0	1153,23	
QDHR	Figaro	Bremen	2851,6	1006,67	
QDHS	Salisbury	Bremen	ca. 3099	ca. 1094	
QDHT	Blücher	Bremerhaven	3426,1	1209,43	
QDHW	Dora	Bremen	3567,3	1259,30	
QDJB	Elise	Bremerhaven	3818,6	1347,97	
QDJC	†Olbers	Bremen	1139,3	402,23	200
QDJF	Christine	Bremen	2961,3	1015,23	
QDJG	†Bessel	Bremen	1148,1	405,28	200
QDJH	Bertha	Bremerhaven	3301,2	1165,41	
QDJK	J. W. Wendt	Bremen	6480,1	2287,44	
QDJL	Fidello	Bremen	3499,4	1235,38	
QDJM	Präsident Simson	Bremerhaven	3501,3	1235,92	
QDJN	Frau Beta	Bremen	168,9	59,62	
QDJP	Robert	Bremen	4343,6	1533,29	
QDJR	Marie	Bremen	3450,4	1218,13	
QDJS	Friederike	Bremerhaven	3961,6	1398,44	
QDJT	Johanne	Bremen	3175,1	1120,41	
QDJV	Henry	Bremen	3586,3	1266,03	
QDJW	Johann	Bremen	264,1	93,22	
QDKB	Ellida	Bremen	3617,3	1276,86	
QDKC	Johanne Auguste	Bremen	2535,6	895,04	

QDKF — QDNP

Unter-scheidungs-Signale.	Namen der Schiffe.	Heimathshafen	Kubik-meter Netto-Raumgehalt.	Register-Tons	Pferde-krafte.
QDKF	Camelia	Bremen . . .	3685,9	1301,13	
QDKG	Ferdinand . . .	Bremen . . .	1942,8	685,80	
QDKJ	Adelaide . . .	Bremen . . .	3629,0	1281,03	
QDKL	†Forelle	Bremen . . .	510,8	180,00	700*
QDKM	Adele	Bremerhaven . .	3209,3	1132,84	
QDKN	Meta	Bremerhaven . .	4863,6	1716,8	
QDKP	†Elsass	Bremen	116,4	41,16	80*
QDKR	†Ellie	Bremen . . .	7059,9	2809,64	6115*
QDKS	Anni	Bremen . . .	3785,4	1336,31	
QDKT	Rajah	Bremen . . .	ca.3563	ca.1258	
QDKV	Singapore . . .	Bremen . . .	c.2619*	ca.925*	
QDKW	J. W. Gildemeister	Bremen . . .	c.2903*	ca.1025*	
QDLB	Fritz	Bremen . . .	4225,9	1491,78	
QDLC	†Planet	Bremen . . .	1497,3	528,84	220*
QDLF	No. 31	Bremen . . .	654,2	230,83	
QDLG	No. 35	Bremen . . .	658,7	232,33	
QDLH	No. 37	Bremen . . .	653,4	230,63	
QDLK	Georg	Bremen . . .	ca.3380	ca.1193	
QDLM	Susanne	Bremen . . .	4059,9	1433,16	
QDLN	Ella	Bremen . . .	5188,9	1831,69	
QDLR	Union	Bremen . . .	3263,6	1152,04	
QDLS	†Wuotan	Bremen . . .	3403,3	1201,36	700*
QDLV	†Europa	Bremen . . .	4099,4	1447,09	850*
QDLW	Black Hawk . . .	Bremen . . .	2999,3	1058,78	
QDMB	†Donar	Bremen . . .	3404,4	1201,73	700*
QDMC	Carl Friedrich . .	Bremen . . .	c.6254*	ca.2208*	
QDMF	†Urema	Bremen . . .	3800,4	1341,73	750*
QDMG	Mommsen	Bremen . . .	3553,0	1254,23	
QDMH	No. 43	Bremen . . .	604,6	213,31	
QDMJ	No. 44	Bremen . . .	604,0	213,31	
QDMK	Clara	Bremen . . .	4638,6	1637,40	
QDML	Emmy	Bremen . . .	450,3	158,96	
QDMN	No. 47	Bremen . . .	619,3	218,30	
QDMP	No. 48	Bremen . . .	619,3	218,64	
QDMR	†Stolzenfels . . .	Bremen . . .	4912,1	1733,96	1000*
QDMS	No. 45	Bremen . . .	604,0	213,31	
QDMT	No. 46	Bremen . . .	604,0	213,31	
QDMV	†Drachenfels . . .	Bremen . . .	4396,4	1552,07	950*
QDMW	†Wilhelm	Bremen . . .	1383,7	488,44	280*
QDNB	Middlesex . . .	Bremen . . .	3524,8	1175,34	
QDNC	†Nordstern . . .	Bremen . . .	907,9	320,60	140*
QDNF	†Ebrenfels . . .	Bremen . . .	4744,6	1674,93	1350*
QDNG	A	Bremen . . .	720,9	254,47	
QDNH	B	Bremen . . .	720,9	254,47	
QDNJ	†Sury Wongse . .	Bremen . . .	ca.1454	ca.513	200*
QDNK	†Rolandseck . . .	Bremen . . .	1577,3	556,73	300*
QDNL	†Werra	Bremen . . .	8318,6	2936,16	5576*
QDNM	Port Royal . . .	Bremen . . .	2801,3	988,84	
QDNP	†Walkyre	Bremen . . .	1394,3	492,10	300*

* Indicirte Pferdekrafte.   † Brutto-Raumgehalt.

QDNR — RBKC

Unter-scheidungs-Signale.	Namen der Schiffe.	Heimathshafen	Kubik-meter Netto-Raumgehalt.	Register-Tons	Pferde-kräfte.
QDNR	†Asia	Bremen	3389,1	1196,25	700*
QDNS	Amphitrite	Bremen	5139,7	1814,31	
QDNT					
QDNV					
QDNW					
QDPB					
QDPC					
QDPF					
QDPG					
QDPH					
QDPJ					
QDPK					
QDPL					
QDPM					
QDPN					
QDPR					
QDPS					
QDPT					
QDPV					
QDPW					
QDRB					
QDRC					
RBCF	Sophie	Heiligenhafen	691,1	814,25	
RBCG	Padel	Pillau	1247,5	440,50	
RBCJ	Washington	Stralsund	1280,7	452,09	
RBCM	†Planet	Neumühlen bei Kiel	896,3	316,97	80
RBCS	†Roland	Hamburg	1297,4	458,80	95**
RBDH	Palmerston	Hamburg		556***	
RBDK	†Minerva	Hamburg	1521,6	537,18	100**
RBDL	†Germania	Hamburg	1501,2	530,12	110**
RBDP	†Cuxhaven	Hamburg	724,3	255,86	150**
RBDT	Picolet	Hamburg	671,3	237,10	
RBDV	Hans	Flensburg	886,2	812,91	
RBFC	Canton	Bremen	1056,1	872.00	
RBFD	Pallas	Hamburg	1397,2	493,21	
RBFG	Sophie	Hamburg	690,4	243,11	
RBFH	Cap Horn	Hamburg	1084,9	882,90	
RBFK	Sao Luis	Hamburg	795,6	280,64	
RBFV	Esther & Sophie	Hamburg	817,7	288,40	
RBGK	Rosa y Isabel	Hamburg	1152,0	406,40	
RBGV	Ann & Lizzy	Hamburg	958,1	338,31	
RBHD	Pyrmont	Hamburg	1142,3	403,19	
RBHK	Florentine II.	Hamburg	212,3	74,91	
RBHM	†Astronom	Hamburg	1484,1	506,22	80**
RBHS	W. Brügmann & Sohn No. 1.	Papenburg	467,2	164,40	
RBJF	Jalapa	Hamburg	618,9	218,17	
RBJG	Schwan	Hamburg	782,0	276,66	
RBKC	Impérieuse	Hamburg	1002,4	858,34	

* Indicirte Pferdekräfte.   ** Nominelle Pferdekräfte·   *** Lasten zu 6000 ℔.

RBKF — RCJH

Unter-scheidungs-Signale.	Namen der Schiffe.	Heimathshafen	Kubik-meter Netto-Raumgehalt.	Register-Tons	Pferde-kräfte.
RBKF	Anna Margaretha	Hamburg	229,0	80,84	
RBKJ	Tartar	Bremen	726,3	256,38	
RBKQ	Phönix	Hamburg	758,0	267,57	
RBKS	Zanzibar	Hamburg	954,7	337,01	
RBKT	Amanda & Elisabeth	Hamburg	1031,7	364,19	
RBLC	Deutschland	Hamburg	2875,1	838,42	
RBLH	Bruno & Marie	Rostock	841,4	297,60	
RBLJ	Hamburg	Altona	989,6	349,25	
RBLK	Helene	Hamburg	370,0	130,60	
RBLQ	John & Gustav	Glückstadt	559,5	197,80	
RBMG	†Uhlenhorst	Hamburg	1677,1	592,67	80*
RBMJ	Seenymphe	Hamburg	830,3	293,10	
RBMK	Eugénie	Hamburg	1974,3	696,64	
RBML	New-Orleans	Hamburg	904,3	319,14	
RBMS	Papa	Hamburg	1110,3	391,84	
RBNJ	Herschel	Hamburg	2228,2	786,84	
RBPF	Fröhlich	Hamburg		160**	
RBPG	Clara	Hamburg	767,1	270,70	
RBPH	Gine	Mühlenberg, Kreis Pinneberg.	750,3	264,43	
RBPV	Neptun	Hamburg	3369,0	1189,25	
RBQG	Elze	Hamburg	1007,3	355,63	
RBQM	Elise	Blankenese	600,0	211,79	
RBQW	Laura	Altona	939,9	331,76	
RBSD	Heros	Hamburg	1200,0	423,60	
RBVK	Hermann	Barth	169,3	59,81	
RBVS	†Cimbria	Hamburg	6139,3	2167,19	500*
RBVT	†Hansa	Hamburg	1567,1	553,16	120*
RBWC	Wega	Blankenese	1117,0	394,63	
RBWH	Ida Maria	Hamburg	910,4	321,57	
RBWQ	Oscar Mooyer	Flensburg		170**	
RBWS	Nubia	Hamburg	890,5	314,34	
RBWV	Edmund & Louise	Hamburg	997,9	352,36	
RCBG	Professor	Hamburg	1450,5	512,61	
RCBN	Shakespeare	Hamburg	2485,9	877,63	
RCBT	Orion	Eckernförde	942,4	332,64	
RCDH	Mikado	Hamburg	935,8	330,84	
RCDJ	Nicoline	Hamburg	939,6	331,63	
RCDS	Maria Sophia	Stralsund	928,9	327,67	
RCDV	Ernst	Hamburg	959,8	338,61	
RCFH	Aline	Rostock	1654,3	583,95	
RCFP	Georg Blohm	Hamburg	1319,3	465,70	
RCFQ	Hammonia	Hamburg	1155,4	408,00	
RCFS	Undine	Hamburg	2153,7	760,57	
RCGB	Lagos	Hamburg	992,0	350,10	
RCGW	Henrique Teodoro	Hamburg	1156,8	408,77	
RCHL	†Capella	Hamburg	1663,6	587,34	120*
RCJG	Gutenberg	Hamburg	1918,3	677,57	
RCJH	Atalanta	Hamburg	3260,7	1151,63	

* Nominelle Pferdekräfte. ** Lasten zu 6000 ℔.

RCJK — RDGH

Unter-scheidungs-Signale.	Namen der Schiffe.	Heimathshafen.	Kubik-meter Netto-Raumgehalt.	Register-Tons	Pferde-kräfte.
RCJK	Irene	Hamburg	755,6	266,79	
RCJL	Adolph	Hamburg	1306,4	531,76	
RCKW	Figaro	Hamburg	912,4	322,13	
RCLD	Therese	Eckernförde	1107,2	390,63	
RCLV	Martha	Hamburg	1176,6	415,33	
RCMB	Ferdinand	Hamburg	1178,9	416,14	
RCNB	Boalto	Hamburg	1485,6	524,41	
RCNK	A. E. Vidal	Ueckermünde	912,4	332,57	
RCNL	†Westphalia	Hamburg	5816,7	2951,06	600°
RCNT	Andreas	Hamburg	1200,0	428,61	
RCPD	Ino	Altona	975,0	314,17	
RCPJ	Bertha	Hamburg	1254,7	412,92	
RCPK	Iphigenia	Hamburg	1314,4	464,93	
RCPT	Eduard	Brake a. d. Weser	1667,2	588,36	
RCQQ	Talkan	Hamburg	925,4	326,67	
RCQL	†China	Hamburg	ca. 1835,6	ca. 618	150°
RCQM	Guaymas	Hamburg	867,3	306,23	
RCQW	Alice	Hamburg	511,1	180,13	
RCSJ	Mercur	Barssel	320,4	116,42	
RCSW	Venezuela	Neuhaus a. d. Oste	880,9	310,93	
RCTF	A. H. Wille	Hamburg	2963,4	1046,23	
RCTH	Albatros	Hamburg	1113,3	393,06	
RCTJ	Berend	Hamburg	925,0	326,13	
RCTQ	Hansa	Stettin	732,4	258,69	
RCTV	Patria	Hamburg	1109,0	391,19	
RCVJ	Carmelita & Ida	Hamburg	1211,9	138,40	
RCVK	Hilda Maria	Hamburg	781,1	275,71	
RCVM	Daniel	Hamburg	1179,4	416,54	
RCWF	Varuna	Hamburg	1378,5	486,33	
RCWJ	Hansa	Hamburg	1412,0	198,63	
RCWP	†Silesia	Hamburg	6203,4	2189,-t	600°
RCWQ	Amelie	Hamburg	1402,t	495,16	
RCWS	Panama	Hamburg	1165,6	411,16	
RCWV	Carl Graf Attems	Hamburg	961,3	340,66	
RDBF	Peter Godeffroy	Hamburg	1309,6	462,23	
RDBV	Fortuna	Hamburg	2693,1	950,99	
RDCG	Angostura	Hamburg	1180,3	116,64	
RDCQ	Gustav Adolph	Hamburg	901,9	318,31	
RDCW	Allemannia	Hamburg	592,9	209,29	
RDFG	Dorothea	Hamburg	2877,3	1015,69	
RDFL	Magellan	Hamburg	1208,6	435,44	
RDFM	Fanny	Rostock	1211,3	428,79	
RDFN	Prinz Albert	Hamburg	1615,3	570,20	
RDFP	†Alert	Hamburg	1630,2	578,64	110*
RDFQ	†Schmidborn	Hamburg	735,9	259,19	75°
RDFS	Europa	Hamburg	2835,2	1000,03	
RDFT	Johann	Hamburg	567,6	201,86	
RDGC	Francis Wölber	Hamburg	217,4	76,73	
RDGH	†Vandalia	Hamburg	5510,6	1945,33	360*

* Nominelle Pferdekräfte.

RDGJ — RDNS

Unterscheidungs-Signale.	Namen der Schiffe.	Heimathshafen	Kubik-meter Netto-Raumgehalt.	Register-Tons	Pferde-kräfte.
RDGJ	G. H. Wappäus	Hamburg	1524,s	588,o	
RDGK	Amanda	Hamburg	637,s	224,s	
RDGM	Minna	Hamburg	1294,s	456,s	
RDGN	Hercules	Elsfleth	1590,s	561,s	
RDGT	†Africa	Lübeck	772,z	272,zs	40
RDHB	Edith Mary	Hamburg	788,r	259,oo	
RDHC	Euterpe	Hamburg	1765,s	623,rs	
RDHF	†Hamburg	Hamburg	1219,s	430,ss	80°
RDHJ	Evelina	Hamburg	1549,r	544,m	
RDHL	Louise & Georgine	Hamburg	969,s	342,m	
RDHM	Republik	Grossefehn	479,s	168,ss	
RDHP	Humboldt	Hamburg	2035,s	718,s	
RDHQ	†Rio	Hamburg	3610,s	1274,ss	160°
RDHW	Saturnus	Hamburg	1723,s	608,zs	
RDJH	Thormählen	Hamburg	. . .	891**	
RDJL	Comet	Hamburg	109,o	38,rz	
RDJM	Uranus	Rostock	2745,s	969,ro	
RDJP	Johannes	Hamburg	96,s	84,ro	
RDJQ	Dorothea	Hamburg	1755,s	619,sr	
RDJT	†Babia	Hamburg	4002,s	1413,ss	250°
RDJW	†Atalanta	Hamburg	2231,r	787,m	110°
RDKG	Snaheli	Hamburg	1094,s	365,sr	
RDKL	†Olympia	Hamburg	2216,o	782,ss	450
RDKM	Seelent	Heiligenhafen	402,s	142,sr	
RDKP	†Frisia	Hamburg	5963,s	2105,oc	600°
RDKQ	†Hamburg	Hamburg	1544,r	545,rs	110°
RDKS	Nilo	Brake a. d. Weser	876,s	309,ss	
RDLC	†Bellona	Hamburg	2236,r	789,ss	110°
RDLF	Henriette Behn	Hamburg	1769,s	624,rs	
RDLK	†Lissabon	Hamburg	2125,r	750,ro	110°
RDLQ	†Messina	Hamburg	2044,s	721,ss	110°
RDLS	†Sakkarah	Hamburg	3182,r	1128,m	140°
RDLW	Godeffroy	Rostock	1507,s	532,sr	
RDMB	†Wega	Hamburg	1988,s	702,ss	160°
RDMC	†Buenos Aires	Hamburg	4430,s	1563,ss	800°
RDMF	†Memphis	Hamburg	3138,s	1107,ss	150°
RDMG	Vesta	Hamburg	1980,s	699,rs	
RDMH	Iris	Hamburg	1435,s	506,ss	
RDMJ	Carl Ritter	Hamburg	1688,s	595,m	
RDML	Adolph	Hamburg	1645,r	580,rr	
RDMN	†Denderah	Hamburg	3117,s	1100,ss	150°
RDMP	Maria	Hamburg	84,r	29,m	
RDMQ	†Argentina	Hamburg	4005,r	1413,ss	250°
RDMS	Margaretha	Rendsburg	162,s	57,ss	
RDNB	Schwan	Hamburg	36,s	13,or	
RDNC	†Luxor	Hamburg	2835,s	1001,sr	130°
RDNG	†Cassandra	Hamburg	3108,s	1097,rz	140°
RDNL	†Ibis	Hamburg	3104,s	1095,ss	150°
RDNS	Patagonia	Hamburg	1390,s	490,s	

* Nominelle Pferdekräfte.   ** Tonnen zu 1000 Kilogramm.

RDNV — RDWK

Unter-scheidungs-Signale.	Namen der Schiffe.	Heimathshafen	Kubik-meter	Register-Tons Netto-Raumgehalt.	Pferde-kräfte.
RDNV	†Montevideo	Hamburg	4180,9	1475,87	250*
RDNW	Heinrich	Estebrügge	136,7	48,34	
RDPB	Ida	Hamburg	305,4	107,73	
RDPG	Marie	Apenrade	1317,9	464,31	
RDPH	†Gemma	Hamburg	1782,6	629,25	100*
RDPJ	Louisa	Hamburg	ca.694	ca.245	
RDPK	Karl	Barth	1082,9	342,27	
RDPN	Sophie Helene	Hamburg	1509,1	532,11	
RDPQ	†Vulcan	Hamburg	2304,1	818,34	120*
RDPS	Gustav	Hamburg	513,7	181,33	
RDPT	†Cyclop	Hamburg	2140,1	757,87	120*
RDPV	†Valparaiso	Hamburg	4372,7	1543,86	300*
RDPW	Erato	Hamburg	1816,1	841,09	
RDQC	†Lotharingia	Hamburg	2324,1	820,41	200*
RDQJ	Peter	Hamburg	881,9	311,31	
RDQK	Hansa	Hamburg	674,9	238,23	
RDQM	West Nord West	Hamburg	293,9	103,43	
RDQW	†Graf Moltke	Hamburg	62,3	21,33	30*
RDSB	Johann	Hamburg	101.4	35,83	
RDSF	†Etna	Hamburg	39,4	13,99	25*
RDSG	†Helgoland	Kiel	1224,3	432,14	200*
RDSJ	†Blankenese	Hamburg	656,9	231,80	200*
RDSM	Frances & Amanda	Hamburg	1049,1	370,33	
RDSN	†Enak	Hamburg	104,4	36,94	75*
RDSP	†Magnet	Hamburg	63,9	22,33	200**
RDSQ	†Goliath	Hamburg	104,4	36,90	70*
RDST	†Germania	Hamburg	31,9	11,71	35*
RDSV	†Vorwärts	Hamburg	67,1	23,09	35*
RDSW	†Martin Pöpelau	Hamburg	54,4	19,36	35*
RDTB	†Roland	Hamburg	54,3	19,17	45*
RDTC	†Hercules	Hamburg	53,5	18,90	45*
RDTG	†Vulcan	Hamburg	84,0	29,44	60*
RDTJ	†Pionier	Königsberg i. Pr.	857,3	802,63	65
RDTL	†Sequens	Swinemünde	148,3	50,44	112
RDTS	Tellus	Hamburg	1219,3	430,43	
RDTW	General von Werder	Hamburg	988,9	348,74	
RDVF	Nicolaus	Hamburg	93,9	33,10	
RDVJ	Ida	Hamburg	ca.67	ca.24	
RDVK	†Altona	Hamburg	52,3	18,84	30*
RDVL	Bertha	Hamburg	1681,3	593,44	
RDVN	Caroline Behn	Hamburg	1907,4	673,31	
RDVP	†Lessing	Hamburg	6608,9	2332,71	600*
RDVQ	Confloentia	Hamburg	1014,7	358,19	
RDVS	Alster	Hamburg	1686,7	577,78	
RDVW	Fangh Balangh	Hamburg	ca.787	ca.278	
RDWF	Hugo	Elsfleth	2690,9	949,73	
RDWH	Juno	Hamburg	1465,3	517,33	
RDWJ	†Suevia	Hamburg	6950,7	2453,63	450*
RDWK	Livingstone	Hamburg	1503,9	530,80	

* Nominelle Pferdekräfte. ** Indicirte Pferdekräfte. 8

RDWM — RFHN

Unter-scheidungs-Signale.	Namen der Schiffe	Heimathshafen	Kubik-meter Netto-Raumgehalt.	Register-Tons	Pferde-kräfte.
RDWM	Papa	Hamburg	2119,9	748,39	
RDWQ	Fritz Reuter	Hamburg	4178,3	1475,13	
RDWT	Polynesia	Hamburg	2790,4	985,16	
RFBC	†Uranus	Hamburg	1970,8	695,67	100*
RFBG	Friedrich Hasselmann	Hamburg	ca.3425	ca.1209	
RFBL	Venus	Hamburg	71,2	25,13	
RFBM	†Gellert	Hamburg	6621,9	2337,22	600*
RFBN	Klio	Hamburg	2323,3	820,19	
RFBP	Gloria	Hamburg	129,4	45,43	
RFBS	Charles Dickens	Hamburg	3765,9	1329,28	
RFBW	Pedraxa	Hamburg	1925,3	679,03	
RFCB	Wilhelmine	Hamburg	150,3	53,02	
RFCD	Montana	Hamburg	1362,8	481,87	
RFCG	Welle	Hamburg	52,9	18,02	
RFCH	Emanuel	Hamburg	102,3	36,28	
RFCJ	†Feronia	Hamburg	3159,4	1115,29	160*
RFCK	†Wieland	Hamburg	6602,9	2330,03	600*
RFCL	Adele	Hamburg	1964,0	693,39	
RFCM	†Stromboli	Hamburg	69,7	24,66	225
RFCN	Hermann	Elsfleth	2615,0	923,16	
RFCQ	Jupiter	Hamburg	2551,0	900,84	
RFCS	Argo	Hamburg	2788,3	984,39	
RFCT	Anna Bertha	Hamburg	1327,4	468,64	
RFCV	Esmeralda	Hamburg	2232,3	787,97	
RFCW	Mercur	Hamburg	289,4	102,33	
RFDC	Stella	Hamburg	1419,1	500,94	
RFDH	Ella	Hamburg	1314,7	464,69	
RFDJ	Orion	Hamburg	2714,3	958,03	
RFDL	Margaretha Galser	Hamburg	1096,3	386,94	
RFDM	†Vesur	Hamburg	67,7	23,90	225
RFDQ	Tongatabu	Hamburg	ca 406	ca.143	
RFDT	Thalassa	Hamburg	1832,6	646,39	
RFDW	Johanna Kremer	Hamburg	793,3	279,99	
RFGC	Lioa	Hamburg	95,4	33,73	
RFGD	Hermann	Hamburg	291,3	103,01	
RFGH	Elisabeth	Hamburg	316,3	111,63	
RFGK	Gesine	Hamburg	230,0	81,19	
RFGM	Kalliope	Hamburg	3088,1	1090,03	
RFGP	†Tancher	Hamburg	28,9	10,31	8*
RFGQ	†Hesperia	Hamburg	3218,3	1186,11	640
RFGV	Gloria	Hamburg	105,1	37,24	
RFHB	Melpomene	Hamburg	2917,3	1029,39	
RFHC	Oscar	Hamburg	2083,3	735,40	
RFHD	Va-rao	Hamburg	ca.207	ca 73	
RFHG	Friederich	Hamburg	1684,3	594,37	
RFHJ	Durango	Hamburg	820,3	289,78	
RFHL	Hydra	Hamburg	2226,4	785,93	
RFHM	Anna	Hamburg	1406,4	496,30	
RFHN	†Betty Sauber	Hamburg	2258,7	797,10	99*

* Nominelle Pferdekräfte.

RFHP — RFMV

Unter-scheidungs-Signale.	Namen der Schiffe.	Heimathshafen	Kubik-meter Netto-Raumgehalt	Register-Tons	Pferde-kräfte.
RFHP	Elisabeth	Hamburg	106,7	37,67	
RFHQ	Caura	Hamburg	1953,4	689,69	
RFHS	†Matador	Hamburg	35,6	12,43	25*
RFHV	Paladin	Hamburg	1549,2	546,67	
RFHW	†Palermo	Hamburg	2393,6	844,94	125*
RFJB	Franzlska	Hamburg	ca.209	ca.74	
RFJC	†Ramses	Hamburg	3303,6	1166,11	160*
RFJD	Regina	Hamburg	72,6	25,62	
RFJG	Gottlieb	Hamburg	596,6	210,44	
RFJH	†Kronprinz	Hamburg	71,0	25,03	90*
RFJK	Adolph	Hamburg	2456,6	867,17	
RFJM	Margaretha	Hamburg	205,2	72,44	
RFJQ	Constanze	Hamburg	2769,6	977,43	
RFJS	Emil Julius	Hamburg	1362,6	480,97	
RFJW	Tlalok	Hamburg	420,6	148,47	
RFKB	Atalante	Hamburg	ca.135	ca.48	
RFKD	Stella	Hamburg	548,6	193,80	
RFKG	†Santos	Hamburg	4561,2	1610,14	1170
RFKH	Sophie	Hamburg	1304,6	481,06	
RFKJ	†Teutonia	Hamburg	16,2	5,13	12*
RFKL	†Mobil	Hamburg	27,2	9,60	20*
RFKM	†Lagos	Hamburg	208,2	73,49	100
RFKQ	†Peter	Hamburg	24,6	8,60	18*
RFKS	Matauta	Hamburg	ca.302	ca.107	
RFKT	Dione	Hamburg	1819,6	642,36	
RFKV	Plejaden	Hamburg	1009,6	356,32	
RFKW	†Prinz Friedrich Carl	Hamburg	3621,2	1278,33	160*
RFLB	Paodor	Hamburg	1685,6	594,06	
RFLC	Angelus	Hamburg	1665,6	587,93	
RFLD	†M' Pougwe	Hamburg	322,7	113,91	20*
RFLG	Iudra	Hamburg	1969,6	695,27	
RFLH	Johann Hinrich	Hamburg	1163,1	410,19	
RFLJ	Cathrine	Hamburg	421,5	148,73	
RFLK	La Gironde	Hamburg	ca.210	ca.74	
RFLM	Achilles	Hamburg	108,0	38,13	
RFLN	†Bismarck	Hamburg	66,7	23,54	60*
RFLQ	Amalia	Hamburg	958,6	338,39	
RFLS	Paradox	Hamburg	1933,4	682,63	
RFLT	Fogoloa	Hamburg	ca.86	ca.30	
RFMB	Phönix	Hamburg	1936,4	683,46	
RFMC	Louisa & Augusta	Hamburg	3121,4	1101,96	
RFMG	Hesperus	Hamburg	2740,2	967,39	
RFMH	Mazatlan	Hamburg	1480,6	522,43	
RFMJ	Copernicus	Hamburg	3434,2	1212,31	
RFMN	Bylgia	Hamburg	943,7	333,12	
RFMQ	†Prinz Wilhelm	Hamburg	2878,6	1015,93	130*
RFMS	Paul	Hamburg	2107,1	743,80	
RFMT	Urania	Hamburg	3002,6	1091,54	
RFMV	†Prinz Heinrich	Hamburg	2835,7	1001,01	130*

* Nominelle Pferdekräfte.

RFMW — RFTP

Unter-scheidungs-Signale.	Namen der Schiffe.	Heimathshafen	Kubik-meter Netto-Raumgehalt.	Register-Tons	Pferde-kräfte.
RFMW	Hermann	Hamburg	155,3	54,81	
RFND	†Titus	Hamburg	1574,2	555,71	60*
RFNG	Kepler	Hamburg	3379,4	1192,93	
RFNH	Ernst	Hamburg	1039,6	367,08	
RFNJ	Nautilus	Hamburg	2053,6	724,71	
RFNK	†Hamburg	Hamburg	3638,3	1284,40	200*
RPNL	Parnass	Hamburg	1783,0	629,10	
RFNP	Catharine	Hamburg	148,3	52,33	
RFNQ	Sisal	Hamburg	849,3	299,61	
RFNT	†Paraguay	Hamburg	3667,a	1291,61	200*
RFNV	Levuka	Hamburg	1237,9	436,97	
RFPC	†Galser	Hamburg	507,4	179,32	50*
RFPH	†Borussia	Hamburg	3698,1	1305,71	180*
RFPJ	†Felicia	Hamburg	2446,3	863,61	110*
RFPK	†Bavaria	Hamburg	3520,1	1242,61	180*
RFPM	Montiara	Hamburg	ca. 212	ca.75	
RFPN	†Electra	Hamburg	3201,3	1161,63	160*
RFPQ	†Pinnas	Hamburg	2402,7	848,11	99*
RFPS	†Theben	Hamburg	3444,9	1216,64	180*
RFPT	†Lydia	Hamburg	3814,4	1169,36	160*
RFPV	Harmodius	Hamburg	ca.1390	ca.491	
RFQB	†Saxonia	Hamburg	3581,2	1264,38	180*
RFQC	Tarnow	Hamburg	450,3	158,93	
RFQG	Juliane	Hamburg	80,3	28,30	
RFQJ	Cadet	Hamburg	134,4	47,39	
RFQK	†Teutonia	Hamburg	3627,4	1280,44	180*
RFQL	Gesine	Hamburg	76,4	27,01	
RFQM	Orion	Hamburg	1020,3	360,13	
RFQS	Federica	Hamburg	ca.2054	ca.725	
RFQT	†Hammonia	Hamburg	150,6	53,13	40*
RFQV	Maria Magdalena	Hamburg	1651,7	583,04	
RFSB	Leonor	Hamburg	2268,3	800,63	
RFSG	Union	Hamburg	ca.1194	ca.422	
RFSH	†Viola	Hamburg	1657,4	585,00	90*
RFSM	Justine Helene	Hamburg	1007,3	355,84	
RFSN	†Portia	Hamburg	1659,4	585,79	90*
RFSP	†Ophelia	Hamburg	1732,1	611,43	90*
RFST	Valtupu-lo-Mele	Hamburg	ca.57	ca.20	
RFSV	Niuafo'ou	Hamburg	ca.173	ca.61	
RFSW	Agnes	Hamburg	ca.966	ca.341	
RFTB	†Otto Eichmann	Hamburg	2795,4	986,77	130*
RFTD	†Africa	Hamburg	3301,4	1165,36	165*
RFTG	†Europa	Hamburg	3866,3	1186,89	150*
RFTH	†Holsatia	Hamburg	3959,4	1397,73	180*
RFTJ	†Jessica	Hamburg	1659,71	585,60	90*
RFTK	†Malaga	Hamburg	3195,4	1128,11	150*
RFTL	Ceres	Hamburg	2955,9	1043,43	
RFTM	Doña Zoyla	Hamburg	526,4	185,61	
RFTP	Courir	Hamburg	127,4	45,11	

* Nominelle Pferdekräfte.

RFTW — RGCV

Unter-scheidungs-Signale.	Namen der Schiffe.	Heimathshafen	Kubik-meter Netto-Raumgehalt.	Register-Tons	Pferde-kräfte.
RFTW	Daphne	Hamburg	ca. 144	ca. 51	
RFVC	†Aline Woermann	Hamburg	2599,6	917,67	120°
RFVD	†Chile	Hamburg	34,5	12,18	5ª
RFVG	†Claudine	Hamburg	ca. 2802	ca. 980	150°
RFVJ	Canopus	Hamburg	1275,6	450,34	
RFVK	Johanna	Hamburg	2393,2	844,80	
RFVL	†Tonqnin	Hamburg	ca. 122	ca. 43	20°
RFVM	Eisbär	Hamburg	199,6	70,44	
RFVN	Kolga	Hamburg	1531,7	540,69	
RFVP	Olive	Hamburg	2412.7	851,44	
RFVS	Eliza	Hamburg	ca. 320	ca. 113	
RFVW	Poncho	Hamburg	2287,8	807,64	
RFWB	Agnes Edgell	Hamburg	833,4	294,19	
RFWC	Herbert	Hamburg	ca. 3872	ca. 1307	
RFWD	†Barcelona	Hamburg	3224.c	1138,09	150°
RFWG	†Uarda	Hamburg	3084,5	1088,94	140°
RFWH	†Athlet	Hamburg	82,8	29,34	75°
RFWJ	†Thoringia	Hamburg	4190,6	1179,39	200°
RFWK	†Julia	Hamburg	2172,3	766,90	120°
RFWL	Benga	Hamburg	26,0	9,64	
RFWM	†Livorno	Hamburg	3082,6	1087,34	140°
RFWN	†Tommy	Hamburg	18,4	6,83	18°
RFWP	†Helgoland	Hamburg	42,9	15,16	35°
RFWQ	Flora	Hamburg	2748,6	970,33	
RFWT	Black Watch	Hamburg	ca. 1391	ca. 491	
RFWV	†Marseille	Hamburg	3004.3	1060,33	160°
RGBC	Pluto	Hamburg	3208,9	1132,13	
RGBF	Prudencia	Hamburg	2449,0	864,80	
RGBK	†Wodan	Hamburg	4232.3	1494,03	215°
RGBL	Seenymphe	Hamburg	540,6	190,43	
RGBM	Moni	Hamburg	44.3	15,61	
RGBN	†Albingia	Hamburg	3867,5	1365,33	180°
RGBP	Annie	Hamburg	1201,0	423,96	
RGBQ	Dido	Hamburg	1968,4	694,03	
RGBS	Mexico	Hamburg	1393,6	491,93	
RGBV	†Capri	Hamburg	2518,0	888,44	110°
RGBW	†Menes	Hamburg	3504.3	1237,03	160°
RGCB	Frecia	Hamburg	ca. 1428	ca. 504	
RGCF	†Catania	Hamburg	5046,3	1781,30	200°
RGCH	†Freya	Hamburg	ca. 148	ca. 52	20°
RGCJ	Minna	Hamburg	2409,1	850,33	
RGCK	Iquique	Hamburg	ca. 2547	ca. 899	
RGCM	Nestor	Hamburg	3814,3	1346,16	
RGCN	†Amalfi	Hamburg	5469,3	1930,85	250°
RGCP	Nautilus	Hamburg	ca. 476	ca. 168	
RGCQ	Magecia	Hamburg	133,3	47,13	
RGCS	†Australia	Hamburg	4719.6	1666,03	250°
RGCT	†Allemania	Hamburg	3896.4	1375,64	195°
RGCV	Paquita	Hamburg	1303,3	460,64	

* Nominelle Pferdekräfte.

RGCW — RGJF

Unter-scheidungs-Signale.	Namen der Schiffe.	Heimathshafen	Kubik-meter Netto-Raumgehalt.	Register-Tons	Pferde-kräfte.
RGCW	†Baumwall	Hamburg	8573,1	1261,30	160°
RGDC	†Rosario	Hamburg	3899,3	1376,64	200°
RGDF	Havilah	Hamburg	1364,2	478,38	
RGDH	Paposo	Hamburg	ca.3079	ca.1027	
RGDJ	Moctezuma	Hamburg	1251,2	441,47	
RGDK	Alona	Hamburg	1072,6	378,89	
RGDL	†Libelle	Hamburg	2915,3	1029,33	150°
RGDM	†Carl Woermann	Hamburg	4127,0	1456,64	190°
RGDN	Feta lele	Hamburg	ca.62	ca.22	
RGDP	Maliache	Hamburg	808,0	285,14	
RGDQ	†Rhenania	Hamburg	3849,1	1354,91	180°
RGDS	†Cassius	Hamburg	5074,4	1791,38	290°
RGDT	Emilie Hessenmüller	Hamburg	903,3	818,43	
RGDV	†Picciola	Hamburg	2478,3	874,84	90°
RGDW	†Carlos	Hamburg	2100,3	762,66	110°
RGFB	†Oriental	Hamburg	ca.111	ca.39	15°
RGFC	†Waudrahm	Hamburg	3557,7	1255,97	160°
RGFD	Margretha	Hamburg	128,6	45,60	
RGFH	Maria	Hamburg	382,3	134,93	
RGFJ	†Lusitania	Hamburg	2231,7	787,77	450°°
RGFK	†Massalia	Hamburg	3577,7	1262,93	200°
RGFL	†Sorrento	Hamburg	4966,1	1753,64	220°
RGFM	Doña Luisa	Hamburg	642,3	226,60	
RGFN	Lohengrin	Hamburg	ca.1663	ca.587	
RGFP	†Vorsetzen	Hamburg	3660,9	1205,16	150°
RGFQ	†Bohemia	Hamburg	7139,3	2520,14	420°
RGFS	Rheinland	Hamburg	ca.2439	ca.861	
RGFT	†India	Hamburg	3314,9	1169,68	150°
RGFV	†Etna	Hamburg	5006,7	1767,64	1150°°
RGFW	†Petropolis	Hamburg	4235,0	1494,91	190°
RGHB	†Paola	Hamburg	2147,3	757,93	120°
RGHC	Bolivar	Hamburg	664,3	234,46	
RGHD	†Holstein	Hamburg	3123,3	1102,59	160°
RGHF	Hannover	Hamburg	1579,7	557,63	
RGHJ	†Corrientes	Hamburg	4122,7	1455,31	220°
RGHK	Lothar	Hamburg	67,3	23,73	
RGHL	Apollo	Hamburg	1974,6	697,63	
RGHM	†Emil Schulze	Hamburg	468,9	165,33	45°
RGHN	Amandus	Hamburg	151,9	53,63	
RGHP	Pavian	Hamburg	3292,7	1162,33	
RGHQ	†Grasbrook	Hamburg	4134,6	1459,33	190°
RGHS	†Professor Woermann	Hamburg	3205,7	1131,60	180°
RGHT	†Polynesia	Hamburg	4798,4	1693,43	270°
RGHV	†Mursala	Hamburg	5040,6	1779,13	220°
RGHW	Florence Danvers	Hamburg	ca.1394	ca.492	
RGJB	†Polaria	Hamburg	6142,7	2168,37	300°
RGJC	†Prinz Georg	Hamburg	6502,4	2295,30	300°
RGJD	†Prinz Leopold	Hamburg	3502,3	1236,37	180°
RGJF	†Malvinas	Hamburg	621,6	219,31	75°

* Nominelle Pferdekräfte.   ** Indicirte Pferdekräfte.

Amtliche Liste

der

Schiffe

der deutschen Kriegs- und Handels-Marine

mit ihren

Unterscheidungs-Signalen.

Amtliche Liste

der

Schiffe
der deutschen Kriegs- und Handels-Marine

mit ihren

Unterscheidungs-Signalen,

als

Anhang

zum internationalen Signalbuch.

Abgeschlossen im Dezember 1883.

Herausgegeben

im

Reichsamt des Innern.

Berlin.
Druck und Verlag von G. Reimer.
1884.

Vorwort.

Die nachstehende Schiffsliste bildet den Anhang zum internationalen Signalbuche, welches unter dem Titel „Signalbuch für die Kauffahrteischiffe aller Nationen" im Juni 1870 vom Reichskanzler-Amt herausgegeben ist.

Das Signalbuch gewährt den Schiffen die Möglichkeit, durch Signale sich zu erkennen zu geben und sonstige Mittheilungen unter einander, sowie mit Signalstationen, auch dann auszutauschen, wenn die signalisirenden Theile verschiedener Sprachen sich bedienen.

Zu diesem Zwecke enthält das Signalbuch eine grosse Anzahl sowohl vollständiger Sätze, als auch zur Verbindung mit einander geeigneter Satztheile, einzelner Wörter, Namen, Silben, Buchstaben und Zahlen, welche durch Gruppen von je 2, 3 oder 4 der 18 Signalbuchstaben B, C, D, F, G, H, J, K, L, M, N, P, Q, R, S, T, V und W bezeichnet sind. Solcher Gruppen, deren jede andere geordnete oder andere Buchstaben enthält als alle übrigen, giebt es 306 von je 2 Signalbuchstaben (BC, BD, BF, BG u. s. w. bis WV), 4896 von je 3 Signalbuchstaben (BCD, BCF, BCG, BCH u. s. w. bis WVT) und 73440 von je 4 Signalbuchstaben (BCDF, BCDG, BCDH, BCDJ u. s. w. bis WVTS).

Alle 306 Gruppen von 2 Signalbuchstaben, alle 4896 Gruppen von 3 Signalbuchstaben und von den Gruppen von 4 Signalbuchstaben die ersten 18960 (BCDF bis GPWV) dienen zur Bezeichnung der in das Signalbuch aufgenommenen Sätze, Satztheile, Wörter u. s. w.

Von den übrigen Gruppen von 4 Signalbuchstaben sind die 1440 Gruppen von GQHC bis GWVT zur Bezeichnung der Schiffe der Kriegs-Marinen und die letzten 53040 Gruppen von HBCD bis WVTS zur Bezeichnung der Schiffe der Handels-Marinen in der Art bestimmt, dass jedem Kriegs- und beziehungsweise Kauffahrtei-Schiffe eine dieser (1440 + 53040 =) 54480 Signale als Unterscheidungs-Signal zuzutheilen ist.

Jedem Staate stehen alle Unterscheidungs-Signale behufs Vertheilung auf die Schiffe seiner Flagge zur freien Verfügung. Schiffe von verschiedenen Flaggen führen daher vielfach dasselbe Unterscheidungs-Signal, Schiffe unter derselben Flagge niemals.

6

Die Vertheilung der Unterscheidungs-Signale auf die einzelnen Schiffe
wird durch die zuständigen Behörden der verschiedenen Staaten bewirkt.
Jedem deutschen Kauffahrteischiffe wird gleich bei der Eintragung in das
Schiffsregister ein solches Unterscheidungs-Signal zugetheilt und in seinem
Schiffs-Certifikate vermerkt. So lange das Schiff unter deutscher Flagge
führt, behält es dieses Unterscheidungs-Signal auch beim Wechsel seines
Heimathshafens oder seiner Registerbehörde unverändert bei.

Die nachstehende nach der systematischen Reihefolge der Unterscheidungs-Signale geordnete Liste ergiebt, welche Unterscheidungs-Signale den
einzelnen Schiffen der deutschen Kriegs- und Handels-Marine beigelegt
worden sind.

Für die Schiffe anderer Staaten, welche das Signalbuch ebenfalls angenommen haben, sind ähnliche Listen vorhanden.

Die Art und Weise, wie die Unterscheidungs-Signale zu signalisiren
sind, ergiebt sich aus dem in dem Signalbuche enthaltenen Abschnitte über
„Einrichtung und Gebrauch des Signalbuches“; hier wird nur darauf aufmerksam gemacht, dass, wenn ein Schiff sich einem andern Schiffe, einer
Signalstation u. s. w. zu erkennen geben will, es ausser seinem Unterscheidungs-Signale stets auch seine National-Flagge zu zeigen hat, da, wie
oben erwähnt, Schiffe verschiedener Flaggen vielfach dasselbe Unterscheidungs-Signal führen.

Ein Schiff, welches das Unterscheidungs-Signal eines andern Schiffes
wahrnimmt, kann dessen Namen, Heimathshafen, Ladungsfähigkeit und
Dampfkraft aus der betreffenden Liste sofort ersehen. Besitzt es die Liste
nicht, so wird es sich behufs späterer Feststellung oder Weitermeldung die
Nationalität und das Unterscheidungs-Signal zu merken haben.

Alljährlich werden neue Ausgaben dieser Schiffsliste und im Laufe
jedes Jahres drei bis vier Nachträge zu derselben erscheinen.
Berlin, im Dezember 1883.

Die Schiffe

der

deutschen Kriegs-Marine.

.

GQBC — GRSH

Die Schiffe
der
deutschen Kriegs-Marine.

Alle Schiffe, bei denen etwas Anderes nicht bemerkt ist, sind Schrauben-Dampfschiffe.

Unter-scheidungs-Signale.	Namen der Schiffe.	Art
GQBC	Arcona	Gedeckte Korvette.
GQBD	Ariadne	Glattdecks-Korvette.
GQBF	Arminius	Panzer-Fahrzeug.
GQBH	Augusta	Glattdecks-Korvette.
GQBK	Albatross	Kanonenboot.
GQBL	Aeolus	Schlepper.
GQBM		
GQHD	Boreas	Schlepper (Räder-Dampfschiff).
GQHF	Biene	Panzer-Kanonenboot.
GQHJ	Bismarck	Gedeckte Korvette.
GQHK	Blücher	Gedeckte Korvette.
GQHL	Bayern	Panzer-Korvette.
GQHM	Basilisk	Panzer-Kanonenboot.
GQHN	Baden	Panzer-Korvette.
GQHP	Blitz	Aviso.
GQHR		
GQMD	Cyclop	Kanonenboot.
GQMF	Camaeleon	Panzer-Kanonenboot.
GQMH	Crocodill	Panzer-Kanonenboot.
GQMJ	Carola	Glattdecks-Korvette.
GQMK		
GQSC	Drache	Kanonenboot.
GQSD	Deutschland	Panzer-Fregatte.
GQSF		
GRBC	Elisabeth	Gedeckte Korvette.
GRBD	Eider	Transport-Fahrzeug.
GRBH		
GRHB	Friedrich Carl	Panzer-Fregatte.
GRHD	Falke	Aviso (Räder-Dampfschiff).
GRHF	Freya	Glattdecks-Korvette.
GRHJ	Friedrich der Grosse . . .	Panzer-Fregatte.
GRHK	Friedrichsort	Transport-Fahrzeug.
GRHL	Flink	Torpedoboot.
GRHM		
GRMB	Gazelle	Gedeckte Korvette.
GRMD	Greif	Schlepper (Räder-Dampfschiff).
GRMF	Grille	Aviso.
GRMJ	Gneisenau	Gedeckte Korvette.
GRMK		
GRSC	Hansa	Panzer-Korvette.
GRSH	Hertha	Gedeckte Korvette.

GRSK — GVFJ

Unter-scheidungs-Signale.	Namen der Schiffe.	Art
GRSK	Hohenzollern	Aviso (Kaiserliche Jacht).
GRSL	Heppens	Tonnenleger (Segel-Schooner).
GRSM	Hyäne	Kanonenboot.
GRSN	Habicht	Kanonenboot (Albatross-Klasse).
GRSP	Hummel	Panzer-Kanonenboot.
GRSQ	Hay	Kanonenboot.
GRST		
GSBC	Jade	Schlepper (Räder-Dampfschiff).
GSBH	Iltis	Kanonenboot.
GSBJ	Jäger	Torpedoboot.
GSBK		
GSHB	König Wilhelm	Panzer-Fregatte.
GSHC	Kronprinz	Panzer-Fregatte.
GSHD	Kaiser	Panzer-Fregatte.
GSHJ	Kühn	Torpedoboot.
GSHK		
GSMC	Loreley	Aviso (Räder-Dampfschiff).
GSMD	Luise	Glattdecks-Korvette.
GSMF	Leipzig	Gedeckte Korvette.
GSMH		
GSRD	Mosquito	Brigg (Segelschiff).
GSRF	Motlau	Schlepper (Räder-Dampfschiff).
GSRH	Mücke	Panzer-Kanonenboot.
GSRJ	Moltke	Gedeckte Korvette.
GSRK	Möwe	Kanonenboot (Albatross-Klasse).
GSRL	Mars	Artillerieschiff (Gedeckte Korvette).
GSRM	Marie	Glattdecks-Korvette
GSRN		
GTBD	Niobe	Fregatte (Segelschiff).
GTBF	Nymphe	Glattdecks-Korvette.
GTBH	Nautilus	Kanonenboot (Albatross-Klasse).
GTBJ	Notus	Schlepper (Räder-Dampfschiff).
GTBK	Natter	Panzer-Kanonenboot.
GTBL	Norder	Schlepp- und Pumpendampfer.
GTBM		
GTHB	Otter	Kanonenboot.
GTHC	Olga	Glattdecks-Korvette.
GTHD		
GTMF	Pommerania	Aviso (Räder-Dampfschiff).
GTMH	Preussen	Panzer-Fregatte.
GTMJ	Prinz Adalbert	Gedeckte Korvette.
GTMK	Pfeil	Aviso.
GTML		
GTWB	Rhein	Transport-Fahrzeug.
GTWC	Rover	Brigg (Segelschiff).
GTWH	Rival	Schlepper (Räder-Dampfschiff).
GTWJ		
GVFJ	Swine	Schlepper.

GVFL — GWRD

Unter-scheidungs-Signale.	Namen der Schiffe.	Art
GVFL	Skorpion	Panzer-Kanonenboot.
GVFM	Sachsen	Panzer-Korvette.
GVFN	Stosch	Gedeckte Korvette.
GVFP	Stein	Gedeckte Korvette.
GVFQ	Sebillig	Segelfahrzeug.
GVFR	Salamander	Panzer-Kanonenboot.
GVFS	Sophie	Glattdecks-Korvette.
GVFT	Schütze	Torpedoboot.
GVFW	Scharf	Torpedoboot.
GVHB	Sicher	Torpedoboot.
GVHC		
GVLD	Tapfer	Torpedoboot.
GVLF		
GVQB	Undine	Brigg (Segelschiff).
GVQC	Ulan	Torpedoboot.
GVQD		
GVTB	Victoria	Glattdecks-Korvette.
GVTC	Vineta	Gedeckte Korvette.
GVTD	Viper	Panzer-Kanonenboot.
GVTF	Vorwärts	Torpedoboot.
GVTH		
GWDB	Wangerooge	Schooner (Segelschiff).
GWDH	Wilhelmshaven	Lootsendampfer.
GWDJ	Wespe	Panzer-Kanonenboot.
GWDK	Wolf	Kanonenboot.
GWDL	Württemberg	Panzer-Korvette.
GWDM		
GWRB	Zephir	Schlepper (Räder-Dampfschiff).
GWRC	Zieten	Aviso.
GWRD		

Die Schiffe

der

deutschen Handels-Marine.

HBCD — HBLP

Die Schiffe

der

deutschen Handels - Marine.

Die Dampfschiffe sind mit † bezeichnet; ihre Maschinenkraft ist, wo
etwas Anderes nicht bemerkt ist, in effektiven Pferdestärken ausgedrückt.

Unterscheidungs-Signale.	Namen der Schiffe.	Heimathshafen	Kubikmeter Netto-Raumgehalt.	Register-Tons	Pferdestärken.
HBCD	Othello	Memel	991,1	349,64	
HBCG	Mary Jane	Memel	1029,8	368,17	
HBCL	Ariadne	Memel	909,8	321,16	
HBCM	Arethusa	Memel	914,1	322,88	
HBDC	Thusnelde	Memel	860,9	303,90	
HBDF	Satisfaction	Memel	1209,0	426,79	
HBDQ	Elizabeth	Memel	935,4	330,20	
HBDR	Emma et Johanna	Memel	980,5	346,16	
HBDT	Maria	Memel	959,1	338,75	
HBDV	†Terra	Stettin	204,3	72,11	55
HBDW	Calypso	Memel	840,1	881,80	
HBFD	Freundschaft	Memel	986,4	848,20	
HBFN	Marianne Bertha	Memel	1029,8	363,48	
HBFP	Margarethe	Memel	1344,4	474,57	
HBFT	Pomona	Memel	1228,4	433,63	
HBGK	Fortuna	Memel	919,8	324,85	
HBGL	Amalthea	Memel	1009,0	356,15	
HBGM	Hercules	Memel	1320,1	466,60	
HBGN	Johanna	Danzig	955,0	887,11	
HBGP	Adelheid et Bertha	Memel	1221,6	431,77	
HBGQ	Rhea	Memel	1242,4	438,57	
HBGV	Achilles	Memel	1225,1	432,46	
HBJC	Aeolus	Memel	1310,3	462,54	
HBJD	Alexandrine	Memel	1204,7	425,28	
HBJL	Behrend	Memel	1324,3	467,44	
HBJM	Wilhelm I.	Memel	1219,6	430,43	
HBJT	Juno	Memel	1157,7	408,67	
HBJW	Asia	Memel	898,6	817,31	
HBKD	Express	Memel	708,1	250,17	
HBKF	Loreley	Memel	1310,8	462,71	
HBKJ	Canada	Memel	1324,3	467,46	
HBKL	Astraea	Memel	1224,8	432,33	
HBKQ	Orion	Memel	1471,8	519,44	
HBKR	Othello	Memel	1306,4	461,17	
HBKS	Demetra	Memel	1214,0	428,64	
HBLJ	Atlantic	Memel	1450,8	512,17	
HBLP	Ceres	Memel	1088,9	884,80	

HBLW — HDCT

Unterscheidungs-Signale.	Namen der Schiffe.	Heimathshafen	Kubikmeter Netto-Raumgehalt.	Register-Tons	Pferdestärken.
HBLW	†Adler	Memel	100,4	85,81	50
HBMK	Aboma	Memel	739,3	260,84	
HBMP	Vesta	Memel	1385,4	489,03	
HBMS	Germania	Memel	506,0	178,03	
HBMV	Hestia	Memel	1558,1	550,07	
HBNC	Meteor	Memel	508,0	179,33	
HBNF	Meta	Rügenwalde	1302,4	459,78	
HBNJ	†Moewe	Memel	274,0	96,78	18
HBNK	Alexander	Memel	872,9	181,43	
HBNL	Heinrich von Schroeder.	Memel	1544,3	545.11	
HBNT	†Schwarzort.	Memel	113,3	89,84	25
HBNV	Medusa	Memel	1035,0	365,43	
HBPC	Cherokee	Memel	801.3	298,84	
HBPD	†Einigkeit	Memel	104,3	36,79	50
HBPF	Hoffnung	Memel	929,4	329,09	
HBPG	†Agamemnon	Memel	115,7	40,44	70
HBPQ	Minna Helene	Memel	964,9	340,33	
HBPR	Copernicus	Swinemünde	210,4	74,41	
HBPS	Gazelle	Memel	1141,3	402,94	
HBPV	Jew Le	Memel	—	175,07	
HBPW	Louise Wilhelmine	Memel	386,0	136,43	
HBQF	Memel	Memel	1066,1	376,83	
HBQG	Delphio	Memel	88,7	31,31	
HBQJ	Zufriedenheit	Memel	51,4	18,89	
HBQK	†Agathe	Memel	1136,6	401,80	50
HBQL	Moss-Glen	Memel	1554,9	549,44	
HBQM	†Anita	Memel	38,4	13,43	25
HBQN	Clio	Memel	1320,3	466,07	
HBQP	†Königin Luise	Memel	1884,7	665,39	350*
HBQR	John Caspar	Memel	955,3	337,03	
HBQS	†Dange	Memel	22,3	8,01	38
HBQT	†Lithuania	Memel	1786,1	630,40	290*
HBQV					
HBQW					
HBRD					
HBRF					
HBRG					
HBRJ					
HDBG	Reinhold	Pillau	880,0	310,78	
HDBN	Pillau	Pillau	1331,9	470,11	
HDBP	Neptun	Pillau	1875,7	485,83	
HDBR	Fortuna	Pillau	1213,7	428,43	
HDCJ	Farewell	Pillau	1519,4	536,34	
HDCK	Kronprinz von Preussen.	Pillau	676,9	238,34	
HDCQ	Jupiter	Pillau	1252,4	442,16	
HDCR	†Samland	Königsberg i. Pr.	1181,4	417,33	300*
HDCT	Competitor	Pillau	1920,1	677,78	

* Indicirte Pferdestärken.

IIDCV — HFGR

Unter-scheidungs-Signale.	Namen der Schiffe.	Heimathshafen	Kubik-meter Netto-Raumgehalt.	Register-Tons	Pferde-stärken.
IIDCV	Alpina	Pillau	1553,4	548,89	
IIDCW	Marie	Pillau	89,9	31,73	
IIDFB	Clara	Pillau	97,1	34,21	
IIDFJ	†Komet	Königsberg i. Pr.	1287,3	454,31	75
IIDFK	†Rapp	Pillau	40,9	14,43	80°
IIDFL	Alhambra	Pillau	3559,9	1256,64	
IIDFM	†Box	Pillau	38,9	13,71	100°
IIDFN	†Albertos	Königsberg i. Pr.	2071,4	731,31	450°
IIDFP	†Scotia	Königsberg i. Pr.	1316,7	464,80	300°
IIDFQ	Francisco II	Königsberg i. Pr.	—	20	
IIDFR	†Planet	Königsberg i. Pr.	1467,4	517,93	340°
IIDFS	†Prussia	Königsberg i. Pr.	1471,9	519,63	260
IIDFT					
HDFV					
IIDFW					
IIDGB					
IIDGC					
IIFBG	India	Danzig	1625,0	573,64	
IIFBM	Caroline Susanne	Danzig	1351,4	477,64	
IIFBP	Simon	Danzig	1437,4	507,48	
IIFBR	Mathilde	Danzig	421,1	148,63	
IIFBS	Concordia	Danzig	1237,1	436,91	
IIFBV	Sphinx	Danzig	740,3	261,39	
IIFCG	Kennet Kingsford	Rostock	448,9	158,23	
IIFCJ	Vorwärts	Danzig	1400,7	494,43	
IIFCK	Marianne	Danzig	1414,6	499,14	
HFCL	Danzig	Danzig	1372,3	484,43	
IIFCN	Peter Holt	Rostock	1370,0	483,81	
IIFCP	Friedrich der Grosse	Danzig	1792,2	632,83	
HFCT	George	Danzig	1850,1	653,00	
HFCV	Praesident von Blumenthal.	Rügenwalde	1480,3	524,61	
IIFCW	Otto Linck	Danzig	1893,0	668,23	
IIFDB	Libertas	Danzig	1180,0	418,43	
IIFDG	Friedrich Wilhelm Jebens.	Danzig	1205,4	425,49	
IIFDJ	Friedrich Gelpke	Danzig	1936,7	683,46	
IIFDM	Soli Deo Gloria	Stettin	1207,1	426,10	
IIFDT	Johann Wilhelm	Danzig	2206,1	778,94	
IIFDW	Agnes Linck	Danzig	1904,6	672,89	
IIFGD	British Merchant	Danzig	1340,3	473,08	
IIFGJ	Maria	Danzig	1366,4	482,31	
IIFGL	Königin Elisabeth Louise.	Danzig	1374,1	485,06	
IIFGM	Arthur	Danzig	1434,1	506,44	
IIFGN	Courier	Danzig	518,6	183,06	
IIFGP	Eintracht	Danzig	1068,9	377,33	
IIFGQ	Paul Gerhard	Danzig	700,1	247,14	
IIFGR	Breslau	Rügenwalde	897,9	316,99	

* Indicirte Pferdestärken.

HFGS — HFQB

Unter-scheidungs-Signale.	Namen der Schiffe.	Heimathshafen	Kubik-meter Netto-Raumgehalt.	Register-Tons	Pferde-stärken.
HFGS	Industrie . . .	Rostock	942,4	332,51	
HFGW	Neptun . .	Danzig	622,7	219,61	
HFJB	†Ida . .	Danzig	758,3	267,63	120
HFJD	Berlin . .	Danzig	894,0	315,46	
HFJM	Ferdinand . .	Danzig	1086,0	383,86	
HFJQ	Anna und Bertha	Danzig	958,9	338,69	
HFJT	Maria Adelaide .	Danzig	1103,6	389,37	
HFJW	Queen Victoria	Danzig	1847,3	652,16	
HFKD	Der Wanderer	Danzig	1700,9	600,43	
HFKL	Titania . .	Danzig	610,9	215,64	
HFKN	Freiherr Otto v. Manteuffel.	Danzig	1044,3	368,63	
HFKP	Theodor Behrend	Danzig	1911,4	674,53	
HFKW	Trabant . .	Danzig	1077,3	380,95	
HFLB	Hevelius . . .	Danzig	1059,1	373,90	
HFLC	Jacob Arendt .	Danzig	1236,1	436,84	
HFMC	Alsen . . .	Danzig	1666,1	588,13	
HFMD	Wodan . . .	Danzig	1357,3	479,30	
HFMJ	Margarethe Blanco	Danzig	1493,6	527,34	
HFMK	Düppel . .	Danzig	1384,9	488,92	
HFML	Borussia . . .	Danzig	787,1	278,67	
HFMP	†Julianne Renate	Danzig	1307,1	461,43	80*
HFMQ	Gustav Friedrich Focking.	Danzig	1417,1	500,43	
HFMR	Prinz Friedrich Carl	Rügenwalde	1256,4	443,81	
HFMS	St. Johannes .	Danzig	1916,5	676,63	
HFMV	Oberbürgermeister v. Winter.	Danzig	1563,4	551,84	
HFMW	St. Christopher	Danzig	1729,4	610,34	
HFNB	Theodosius Christian	Danzig	1372,1	484,33	
HFNJ	Charlotte & Anna	Danzig	1228,1	433,73	
HFNK	Germania . . .	Danzig	1019,6	359,93	
HFNL	St. Petrus . .	Danzig	1874,6	661,84	
HFNP	Wilhelm . .	Rügenwalde	146,9	51,58	
HFNQ	Toni . .	Rügenwalde	1326,6	468,69	
HFNR	Fortuna . .	Danzig	1467,1	518,16	
HFNS	Laura Marie	Danzig	1375,6	485,63	
HFNT	St. Paulus .	Danzig	1902,6	671,41	
HFNV	Belle Alliance .	Danzig	1141,7	403,03	
HFPB	Bertha . .	Danzig	1109,8	391,49	
HFPC	Anna Dorothea	Danzig	1481,7	523,84	
HFPD	Albertine .	Danzig	72,9	25,63	
HFPJ	Verein . .	Rostock	1327,1	468,61	159
HFPL	†Drache . .	Danzig	119,3	42,17	
HFPN	St. Mathaeus	Danzig	1436,6	507,48	
HFPQ	Gebrüder . .	Danzig	96,4	34,84	
HFPS	George Linck	Danzig	1924,9	679,84	
HFPW	Sommer . .	Danzig	91,9	32,44	
HFQB	Falke . .	Danzig	93,1	32,97	

* Nominelle Pferdestärken.

HFQC — HJBN

Unter-scheidungs-Signale.	Namen der Schiffe.	Heimathshafen	Kubik-meter Netto-Raumgehalt.	Register-Tons	Pferde-stärken.
HFQC	Marie Mathilde . .	Danzig	67,9	23,91	
HFQD	Augustine	Danzig	49,6	17.51	
HFQK	†Blonde	Danzig	1310,0	462.61	104
HFQL	Hebe	Danzig	982,3	311,52	
HFQM	Jupiter	Danzig	1882,3	664,17	
HFQR	William Bateman .	Danzig	1428,9	504,57	
HFQS	Herrmann	Danzig	525,1	186.62	
HFQV	Carl Linck	Danzig	1879,0	663,10	
HFQW	†Artushof.	Danzig	1472,3	519,40	228
HFRC	Hermann	Danzig	142,1	50,31	
HFRJ	Hoffnung	Danzig	1461,2	515,90	
HFRK	†Minister Achenbach	Danzig	2132,1	752,61	120*
HFRL	Wilhelm Linck . .	Danzig	1892,6	668,68	
HFRP	Anna Amalie . . .	Danzig	70,1	24,71	
HFRQ	Betty	Danzig	757,6	207,31	
HFRS	†Jenny	Danzig	1541,9	644,29	90*
HFRT	†Fink	Danzig	51,6	18,31	25*
HFRV	Jansjon	Danzig	229,1	80,11	
HFRW	Mary C. Bohm . .	Danzig	145,3	51,38	
HFSB	Elise Linck	Danzig	1454,1	513,30	
HFSC	†Arion	Danzig	27,4	9,61	25*
HFSD	†Mlawka	Danzig	1297,0	457,54	95*
HFSG	Walter	Danzig	98,0	34,59	
HFSJ	Black Diamond . .	Danzig	ca 1653	ca. 583	
HFSK	†Bravo	Danzig	56,0	19,77	—
HFSL	†Danzig	Danzig	1566,5	552,97	90*
HFSN	†Annie	Danzig	1631,4	575,61	99*
HFSP	†Putzig	Danzig	230,3	81,30	25*
HFSQ	Else	Danzig	ca.813	ca. 287	
HFSR	Helene	Danzig	ca.746	ca. 263	
HFST	†Brunette	Danzig	1619,7	571,17	99*
HFSV	†Fortuna	Danzig	409.0	144,36	40
HFSW	†Lotte	Danzig	975,3	344,33	100
HFTB	†Latku	Danzig	1995,3	704,33	110
HFTC	†Sophie	Danzig	1348,3	475,95	300
HFTD	†Lining	Danzig	1324,1	467,41	75
HFTG	†Emma	Danzig	1398,0	493,49	80
HFTJ	†Danzig	Danzig	233,1	82,33	120
HFTK					
HFTL					
HFTM					
HFTN					
HFTP					
HFTQ					
HJBF	Michael	Stettin	1075.6	379,76	
HJBG	Nummer Fünf . . .	Memel	1039,6	366,86	
HJBL	†Nordstern	Elbing	312,7	110,38	36
HJBM	†Ceres	Elbing	302,1	106,64	36
HJBN	Cito	Elbing	464.3	163,97	

* Nominelle Pferdestärken.

2 *

HJBP — JBMP

Unterscheidungs-Signale.	Namen der Schiffe.	Heimathshafen	Kubikmeter Netto-Raumgehalt.	Register Tons	Pferdestärken.
HJBP	Einigkeit	Elbing	1124,i	396,9i	
HJBQ	†Ajax	Pillau	1802,e	657,so	110°
HJBS	†Sirius	Königsberg i. Pr.	732,s	258,es	50
HJBV	Sirene	Stettin	1419,i	500,93	
HJCH	†Pinus	Elbing	279,9	98,si	80°°
HJCD					
HJCF					
HJCG					
JBCD	Carl	Stettin	408,3	141,is	
JBCN	Die Ostsee	Stettin	481,s	170,oi	
JBCP	Bravo	Stettin	461,i	163,H	
JBCR	Carl Friedrich	Stettin	365,e	129,os	
JBDC	Otille	Stettin	475,e	167,s9	
JBDF	Patriot	Swinemünde	663,i	234,s9	
JBDG	Areona	Swinemünde	529,7	186,s3	
JBDH	†Tilsit	Stettin	499,i	176,ıs	45
JBDK	Elwine & Friedericke	Stettin	404,e	142,7e	
JBDN	†Memel Packet	Stettin	373,s	131,9e	40
JBFD	Felix	Stettin	662,s	233,97	
JBFG	Minerva	Stettin	778,s	274,es	
JBFH	Hertha	Stettin	557,i	196,es	
JBFK	Hertha	Swinemünde	583,s	205,93	
JBFL	Reform	Stettin	712,9	251,es	
JBFN	Louise	Ueckermünde	877,9	309,s9	
JBFP	Paul	Stettin	481,s	169,so	
JBFQ	Amaranth	Ueckermünde	689,3	213,s7	
JBFR	Aries	Swinemünde	140,9	49,e9	
JBFV	Dienstag	Ueckermünde	829,s	292,s3	
JBFW	Der Pommer	Swinemünde	660,3	233,os	
JBGN	Gustav & Adelheid	Stettin	444,e	156,s7	
JBGH	Anna	Ueckermünde	762,e	269,is	
JBHK	Leucothea	Stettin	533,3	188,3s	
JBHN	Anna	Stettin	942,o	332,s3	
JBHT	William	Stettin	699,3	246,es	
JBKC	Oceanide	Stettin	578,9	204,38	
JBKD	Comet	Stettin	626,s	221,97	
JBKF	Paladin	Swinemünde	847,7	299,e3	
JBKG	Martha	Rügenwalde	422,s	149,is	
JBKM	Heimath	Ueckermünde	655,7	231,es	
JBKN	Marie Heyn	Stettin	910,s	323,es	
JBLC	Amleila	Ueckermünde	658,9	232,so	
JBLF	L'esperance	Ueckermünde	599,3	211,es	
JBLG	Emilie	Swinemünde	1185.i	418,es	
JBLN	Talismann	Stettin	763,e	269,si	
JBLP	Adelheid	Stettin	601,o	212,se	
JBLR	Ernestine	Anklam	456,3	161,es	
JBLV	Carl Friedrich	Demmin	1095,s	386,7s	
JDMG	Albert	Stettin	625,e	220,9i	
JBMP	Gustav	Ueckermünde	633,7	223,s9	

* Nominelle Pferdestärken. ◼ Indicirte Pferdestärken.

21　　　　　　　　　　Handels-Marine.

JBMS — JBWS

Unter-scheidungs-Signale.	Namen der Schiffe.	Heimatshafen.	Kubik-meter Netto-Raumgehalt.	Register-Tons	Pferde-stärken.
JBMS	Nestor	Stettin	1269,0	447,96	
JBMT	Marie Emilie	Barth	1158,8	408,13	
JBMW	Familie	Ueckermünde	580,4	204,88	
JBNG	Orion	Rügenwalde	234,6	82,90	
JBNP	†Miadroy	Stettin	217,3	76,71	50
JBNR	Minister von Schlei-nitz.	Ueckermünde	567,3	200,36	
JBNV	Henriette Wilhelmine	Barth	475,9	167,10	
JBPC	Emma Louise	Ziegenort	199,8	70,63	
JBPH	†Die Dievenow	Stettin	193,9	68,46	50
JBPK	†Princess Royal Victoria.	Stettin	282,9	99,83	65
JBPR	Prinz Regent	Stettin	1344,7	474,69	
JBQC	Mentor	Stettin	690,1	243,60	
JBQF	†Alexandra	Stettin	1057,3	373,33	148
JBQH	Pauline	Stettin	955,8	337,33	
JBQK	Hulda	Ziegenort	152,4	53,80	
JBQS	Hugo Georg	Stettin	550,8	194,66	
JBQT	Donnerstag	Ueckermünde	620,9	219,18	
JBQV	Dulsburg	Geestemünde	2863,7	1010,83	
JBQW	Lucia	Stettin	769,9	271,71	
JBRG	Johanna Emilie	Kolberg	607,4	214,63	
JBRH	Ludwig Heyn	Stettin	1657,9	584,71	
JBRS	†Der Preusse	Stettin	625,1	220,63	60
JBRT	†Archimedes	Stettin	681,0	240,39	60
JBRV	†Vineta	Stettin	556,3	196,44	80
JBSH	Ferdinand	Ziegenort	139,3	49,13	
JBSK	Der Nord	Stettin	1413,1	496,63	
JBSP	Ida	Kolberg	91,6	32,53	
JBSR	Iphigenia	Rügenwalde	722,6	255,06	
JBTC	Pomerania	Stolpmünde	995,0	351,34	
JBTD	Lupus	Swinemünde	126,4	44,83	
JBTH	Hertha	Rügenwalde	1128,4	398,33	
JBTL	Die zwei Geschwister	Rügenwalde	118,3	41,75	
JBTN	Eduard	Bremen	1706,1	602,34	
JBTQ	†Neptun	Swinemünde	154,8	54,64	192
JBTW	Friedrich	Kolberg	1003,6	354,94	
JBVG	Laura	Kolberg	881,9	311,33	
JBVL	†St. Petersburg	Stettin	720,4	254,39	60
JBVM	Leo	Rügenwalde	125,9	44,43	
JBVQ	Ostsee	Kolberg	1022,6	360,90	
JBVR	Carl Friedrich	Kolberg	305,6	107,84	
JBVS	Emma	Stettin	565,1	199,35	
JBVT	Carl Johannes	Kolberg	338,6	119,34	
JBWC	Severus	Stettin	1264,6	446,61	
JBWD	Friedrich Wilhelm	Swinemünde	433,4	153,90	
JBWP	Ellac	Swinemünde	126,6	44,71	
JBWR	Ernst Friedrich	Kolberg	708,9	250,21	
JBWS	†Arcona	Stettin	1059,3	374,13	80

JCBD — JCNK

Unter-scheidungs-Signale.	Namen der Schiffe.	Heimathshafen.	Kubik-meter Netto-Raumgehalt	Register-Tons	Pferde-stärken
JCBD	Perle	Kolberg	768,1	271,14	
JCBF	Oberon	Rügenwalde	745,8	263,16	
JCBH	Bellona	Rügenwalde	1288,8	454,48	
JCBK	August Friedrich	Anklam	668,7	236,87	
JCBM	Carl August	Stettin	681,3	240,71	
JCBN	August	Swinemünde	983,8	347,16	
JCBQ	Eintracht	Stettin	769,8	271,64	
JCBS	Friederike & Marie	Swinemünde	871,1	307,30	
JCBW	Navigator	Kolberg	432,4	152,64	
JCDF	Richard	Stettin	1311,0	462,77	
JCDK	†Orpheus	Stettin	655,6	231,48	50
JCDM	Hermann	Rügenwalde	109,3	38,85	
JCDT	Der Freischütz	Stettin	501,8	177,14	
JCDV	Alby	Stettin	531,3	187,63	
JCDW	William	Anklam	135,9	47,79	
JCFG	Mittwoch	Ueckermünde	793,8	280,11	
JCFH	Freitag	Ueckermünde	880,9	310,64	
JCFM	Berthold	Stettin	769,9	271,43	
JCFN	Norma	Stettin	1012,6	357,44	
JCFP	Wilibald	Barth	744,9	262,33	
JCFQ	†Die Erndte	Stettin	309,3	109,96	40
JCFS	Willkommen	Kolberg	1109,1	391,61	
JCFV	Charles	Stettin	867,4	306,39	
JCGB	Rudolph Ebel	Stettin	1107,1	390,80	
JCGH	Nordstern	Stettin	618,4	218,37	
JCGK	Louise Wichards	Stettin	992,0	350,18	
JCGL	Leda	Stettin	914,3	322,84	
JCGR	Concordia	Rügenwalde	1050,9	370,76	
JCHD	Auguste Jenuette	Danzig	1037,3	366,17	
JCHQ	Fortuna	Stettin	82,8	29,08	
JCHT	Emilie	Stettin	131,3	46,31	
JCKD	Ernestine Wilhelmine	Ziegenort	88,3	31,34	
JCKG	Concordia	Stettin	94,0	33,19	
JCKN	Anna	Stolpmünde	159,7	56,67	
JCKQ	Heinrich	Wollin	103,1	36,40	
JCKS	Maria	Altwarp	77,0	27,17	
JCKW	Minna	Stettin	84,3	29,91	
JCLB	Anna	Stralsund	97,8	34,63	
JCLD	Amanda	Anklam	76,6	27,43	
JCLH	Elise	Stralsund	71,4	25,22	
JCLS	Otto Robert	Ziegenort	178,6	63,01	
JCLV	Johanne Louise	Swinemünde	56,3	19,87	
JCMD	Marie	Stolpmünde	102,8	36,29	
JCMP	Auguste	Stettin	238,3	84,08	
JCMS	Hulda	Swinemünde	113,8	40,67	
JCMT	†Stolp	Stettin	383,9	135,40	40
JCNB	Waldemar	Stettin	777,7	274,85	
JCND	Maria	Anklam	133,3	47,03	
JCNK	Ceres	Rügenwalde	865,8	305,63	

JCNV — JCWR

Unter-scheidungs-Signale.	Namen der Schiffe.	Heimathshafen	Kubik-meter Netto-Raumgehalt.	Register-Tons	Pferde-stärken.
JCNV	Helene	Stralsund	169,4	59,43	
JCNW	Auguste Teilge	Barth	1013,0	357,89	
JCPD	Juno	Arnis	108,3	38,43	
JCPG	Maria	Rügenwalde	100,2	35,41	
JCPH	Cito	Rügenwalde	77,1	27,48	
JCPN	Königin Augusta	Stettin	1303,5	460,31	
JCPQ	C. F. Ivers	Stettin	858,4	308,01	
JCPR	Elise	Rügenwalde	108,5	38,46	
JCPT	†Wollner Greif	Wollin	177,3	62,58	50
JCQB	Gerdine	Kolberg	75,6	26,68	
JCQD	Caroline	Rügenwalde	85,6	30,22	
JCQK	Gute Hoffnung	Kolberg	87,5	30,68	
JCQP	Maria	Neuwarp	65,1	22,70	
JCQT	Cito	Kammin in Pommern	68,9	24,82	
JCQV	Alfred	Wollin	171,v	60,60	
JCRD	Otilie	Stettin	914,7	322,69	
JCRF	Ludwig	Stettin	1043,1	368,31	
JCRL	Fidelio	Stettin	1064,3	375,76	
JCRS	Liberty	Kolberg	83,9	29,62	
JCRV	Auguste	Stettin	126,2	44,34	
JCRW	Gustav	Kolberg	170,5	62,41	
JCSG	Graf von Wrangel	Kolberg	846,2	298,00	
JCSH	Nordsee	Rügenwalde	930,5	328,47	
JCSK	Atlantic	Rügenwalde	1318,5	465,44	
JCSM	Sonnabend	Ueckermünde	967,9	341,67	
JCSN	†Die Soone	Swinemünde	150,4	53,09	120
JCSR	Hermine	Ueckermünde	689,9	243,43	
JCSV	Rhea	Stettin	1261,0	445,13	
JCTD	Baltic	Rügenwalde	878,4	310,01	
JCTG	Anna	Stolpmünde	158,4	55,97	
JCTL	Anna	Anklam	163,1	57,31	
JCTP	Gustav	Stolpmünde	257,3	90,77	
JCTS	Brünow	Rügenwaldermünde	1304,7	481,14	
JCVB	Albatros	Stettin	902,1	318,44	
JCVD	Louise	Wollin	691,3	244,61	
JCVF	Carl Johann	Stettin	850,3	300,17	
JCVG	Sonntag	Ueckermünde	938,7	331,36	
JCVK	Schwalbe	Rügenwalde	168,6	57,75	
JCVM	Friedrich Scalla	Stettin	1195,1	421,48	
JCVN	†Das Haff	Stettin	153,3	54,07	40
JCVT	Bürgermeister Kirstein.	Anklam	1007,4	355,63	
JCVW	Der dritte Juli	Kolberg	824,3	291,08	
JCWD	Anna	Stralsund	81,5	28,77	
JCWF	Ernst et Benno	Stettin	1042,4	367,97	
JCWG	Aurelius	Barth	799,9	282,23	
JCWM	Heinrich Albert	Neuwarp	81,4	28,74	
JCWP	Carl Fraux	Swinemünde	504,0	177,62	
JCWR	Ferdinand Bramm	Stettin	2027,4	715,64	

	JCWS — JDLK				
Unter-scheidungs-Signale.	Namen der Schiffe.	Heimathshafen	Kubik-meter Netto-Raumgehalt.	Register-Tons	Pferde-stärken.
JCWS	Laura	Kolberg	397,6	140,34	
JCWT	Christoph	Stralsund	173,5	61,24	
JDBC	Paul	Stralsund	131,7	46,49	
JDBK	Carl Heinrich	Anklam	634,1	223,44	
JDBM	Marie	Stettin	1318,9	465,13	
JDBN	Auguste	Geestemünde	940,1	331,66	
JDBW	Emma Zühlke	Gollnow	457,6	161,53	
JDCB	Herrmann Decker	Stettin	1092,7	385,78	
JDCF	Sophia	Stettin	180,6	63,75	
JDCG	Maria	Rügenwaldermünde	83,3	29,58	
JDCL	Ottilie	Danzig	1607,6	567,49	
JDCN	Antares	Rügenwaldo	1319,4	465,14	
JDCQ	Melisse	Rügenwaldermünde	124,6	43,77	
JDCR	Maria	Barth	1190,3	420,19	
JDCS	Bernhard	Stettin	1863,4	657,78	
JDCW	Ida	Altwarp	178,4	62,97	
JDFG	Martha	Ziegenort	149,4	52,80	
JDFH	Olga	Danzig	987,4	348,98	
JDFK	Leopold II.	Lübeck	1210,4	427,11	
JDFL	†Arthur	Stettin	347,6	122,84	20
JDFR	†Titania	Stettin	835,7	295,01	120
JDFV	Victoria	Anklam	1221,4	431,39	
JDFW	†Marietta	Stettin	798,9	281,78	64
JDGK	†Der Kaiser	Stettin	344,4	121,84	90
JDGM	†Alma	Swinemünde	129,2	45,61	118
JDGN	Wega	Rügenwalde	975,9	344,19	
JDGP	Martha	Kolberg	141,3	49,96	
JDGR	Minna	Rostock	1323,3	467,13	
JDGS	Catharina	Rügenwalde	93,6	32,93	
JDGT	Madura	Ueckermünde	1224,4	432,33	
JDGV	Lucie Rodmann	Stettin	1260,0	446,90	
JDHC	Bertha	Kolberg	191,6	67,70	
JDHG	Ida	Kolberg	205,9	72,63	
JDHN	†Commercial	Stettin	345,6	121,19	35
JDHR	†Susanne	Stettin	744,4	262,77	60
JDHS	†Moskau	Stettin	1421,1	501,43	85
JDKB	Louise	Hamburg	1946,4	687,40	
JDKF	Freibeit	Rügenwaldo	751,6	285,37	
JDKM	Empress	Rügenwalde	1301,4	459,44	
JDKS	Elise Metzler	Stralsund	1056,6	373,44	
JDKT	Vera	Rügenwalde	1031,9	364,41	
JDKV	Johanna	Stettin	2043,3	721,33	
JDLB	Humber	Danzig	1231,3	434,63	
JDLC	Geertruida	Swinemünde	161,4	56,97	
JDLF	†Princess	Königsberg i. Pr.	26,6	0,16	40
JDLG	Albert	Wolgast	90,5	31,90	
JDLH	†Kronprinz Friedrich Wilhelm.	Stettin	344,6	121,63	96
JDLK	Wilhelmine	Altwarp	73,9	26,00	

JDLM — JDRC

Unter-scheidungs-Signale.	Namen der Schiffe.	Heimathshafen.	Kubik-meter Netto-Raumgehalt.	Register-Tons	Pferde-stärken.
JDLM	Anna Maria	Altwarp	58,7	20,73	
JDLN	Ella	Stolpmünde	180,2	83,60	
JDLR	†Reval	Stettin	1402,4	520,93	85
JDLS	†Agent	Stettin	34,9	12,31	04
JDLT	†Orion	Bremen	431,6	152,34	60*
JDLV	Maria	Ueckermünde	64,1	23,63	
JDLW	Friedrich	Stralsund	62,6	22,94	
JDMB	Johanna	Rügenwaldermünde	60,6	21,33	
JDMG	†Rügenwalde	Rügenwalde	1079,6	381,10	300
JDMH	†Vesuv	Stettin	43,5	15,33	35
JDMK	Wilhelmine	Altwarp	60,1	24,40	
JDMN	Louise	Swinemünde	70,3	28,01	
JDMP	†Kressmann	Stettin	1174,4	414,64	75
JDMQ	Alice Starrett	Swinemünde	1043,3	308,38	
JDMR	†Die Blume	Stettin	81,6	28,80	36
JDMS	Wilhelmine	Neuwarp	58,7	20,77	
JDMW	Alice	Flensburg	280,6	99,12	
JDNB	†Castor	Swinemünde	55,7	19,66	20
JDNC	†Pollux	Kappeln a. d. Schlei	50,4	19,51	20
JDNG	†Russia	Stettin	1504,6	552,94	90
JDNH	Fortuna	Altwarp	60,7	21,36	
JDNL	†Helorich	Stettin	146,5	52,41	05
JDNM	Johanna Maria	Stolpmünde	176,6	62,83	
JDNQ	Julie	Wolgast	1104,7	389,96	
JDNR	Marie	Swinemünde	82,7	29,19	
JDNS	Paul	Anklam	79,6	28,14	
JDNT	Adler	Rügenwalde	92,3	32,33	
JDNW	Concordia	Stettin	133,3	47,00	
JDPC	†Anclam Paeket	Anklam	151,3	53,48	20
JDPF	Emma	Anklam	206,4	72,96	
JDPG	Fritz	Swinemünde	108,7	38,30	
JDPH	†Teutonia	Lübeck	679,3	239,87	150
JDPL	Auguste	Barth	197,1	69,34	
JDPQ	Wilhelm	Stettin	327,4	115,34	
JDPR	Friederich	Stettin	103,1	36,39	
JDPS	Elise	Ziegenort	209,9	74,07	
JDPT	Auguste	Ziegenort	201,9	71,31	
JDPV	Georg	Stettin	201,9	71,34	
JDQF	Modesta	Kammin in Pommern	91,1	32,17	
JDQG	Anna	Stettin	210,9	74,43	
JDQH	†Stockholm	Stettin	1627,3	574,40	80
JDQK	Wilhelmine	Usedom	106,7	38,34	
JDQN	Alma	Swinemünde	211,0	74,49	
JDQP	†Hochfeld	Stettin	1844,3	650,99	400
JDQR	†Ilga	Stettin	799,1	282,06	60
JDQV	Marie	Swinemünde	147,4	52,11	
JDQW	Ella	Swinemünde	211,0	74,49	
JDRB	Union	Swinemünde	1030,6	363,77	
JDRC	†Else	Stettin	31,8	11,73	30

* Indicirte Pferdestärken.

JDRF — JHBT

Unter-scheidungs-Signale.	Namen der Schiffe.	Heimathshafen	Kubik-meter Netto-Raumgehalt.	Register-Tons	Pferde-stärken.
JDRF	Ida	Ziegenort	207,7	73,m	
JDRG	Ernst	Ziegenort	207,3	73,24	
JDRN	†Libau	Stettin	1636,9	577,ca	80
JDRP	†Renata	Stettin	1009,4	568,18	80
JDRT	†Lebbin	Stettin	143,6	50,09	90
JDRV	Inverallan	Stettin	1862,0	657,59	
JDSF	†Stettin	Stettin	1049,1	582,12	95
JDSG	†Olga	Stettin	1547,7	546,24	200
JDSL	†Kurland	Stettin	1139,4	402,22	60
JDSM	Albertine	Wollin	208,3	73,66	
JDSN	†Wipper	Rügenwalde	1091,7	385,37	240
JDSP	†Martha	Stettin	54,9	19,94	40
JDSQ	†Lina	Stettin	1277,3	451,07	300
JDSR	†Schweden	Stettin	1120,6	395,54	75
JDSV	†Kätie	Stettin	5932,7	2094,13	1200
JDSW	Wilhelm	Usedom	139,2	49,13	
JDTB	†Ostsee	Stettin	1658,4	585,40	440
JDTF	†Colberg	Kolberg	438,3	154,67	120
JDTG	†Clara	Kolberg	570,1	201,38	130
JDTK	†Melida	Stettin	1479.6	522,07	200
JDTL	†Italia	Stettin	1897,5	666,17	280
JDTM	†Berlin	Stettin	2091,2	738,11	320
JDTN	†Königsberg	Stettin	2054,9	725,25	320
JDTP	Robert	Swinemünde	76,7	27,08	
JDTQ	Ida	Ueckermünde	61,4	21,64	
JDTR	Louise	Altwarp	104,4	36,59	
JDTS	Robert	Ziegenort	208,3	73,61	
JDTV	†Adler	Rügenwalde	731,4	258,24	150
JDTW	†Silesia	Stettin	1369,4	483,44	130
JDVC	†Stadt Stolp	Stolp	599,6	211,43	80
JDVF	†Breslau	Stettin	2626,6	928,97	336
JDVG	†Schill	Kolberg	648,5	229,01	120
JDVH	†Magdeburg	Stettin	1150,6	405,94	230
JDVK	†Caronia	Stettin	1131,3	399,33	230
JDVL	†Hispania	Stettin	1791,6	632,31	280
JDVM	†Deutschland	Stettin	832,1	293,73	—
JDVN					
JDVP					
JDVQ					
JDVR					
JDVS					
JDVT					
JDVW					
JHBG	Anton	Wolgast	473,1	167,09	
JHBN	Therese	Wolgast	214,4	80,17	
JHBP	Gustav	Wolgast	539,1	190,34	
JHBR	Gustava	Wolgast	590,4	211,37	
JHBS	Victor	Greifswald	501,1	176,49	
JHBT	Wolgast	Wolgast	551,1	195,64	

JHBW — JHMR

Unter-scheidungs-Signale.	Namen der Schiffe.	Heimathshafen	Kubik-meter Netto-Raumgehalt.	Register-Tons	Pferde-stärken.
JHBW	Julie und Auguste	Wolgast	561,8	198,33	
JHCD	Agnes	Greifswald	1158,7	409,03	
JHCK	Clara und Hermann	Greifswald	701,0	247,44	
JHCL	Anna	Greifswald	669,6	236,47	
JHCM	Carl Richard	Greifswald	524,9	185,39	
JHCN	Nestor	Greifswald	095,3	851,31	
JHCR	Anna	Wolgast	605,9	213,38	
JHDB	Auguste	Greifswald	773,0	272,47	
JHDC	Dolly	Greifswald	794,0	280,43	
JHDL	Marie	Stralsund	902,4	318,33	
JHDM	Minerva	Barth	1180,8	416,63	
JHDN	Hohenzollern	Greifswald	1054,4	872,23	
JHDQ	Satisfaction	Wolgast	498,9	176,18	
JHDR	Vesta	Greifswald	728,3	257,08	
JHDV	Julie	Greifswald	793,8	280,31	
JHFB	Schmückert	Greifswald	998,2	350,83	
JHFD	Emma	Greifswald	690,0	243,37	
JHFG	Johanna von Schubert.	Wolgast	471,9	166,57	
JHFK	Pauline	Wolgast	436,8	154,68	
JHFP	Der Friede	Greifswald	931,9	329,76	
JHFQ	Johann Friedrich	Wolgast	694,3	245,60	
JHFT	August	Wolgast	546,8	192,84	
JHFV	Hellas	Greifswald	623,0	219,91	
JHGB	Hermann and Maria	Greifswald	119,7	41,63	
JHGC	Cassandra	Greifswald	810,6	288,38	
JHGD	Mercur	Greifswald	483,4	170,43	
JHGP	Elise	Wolgast	454,0	160,38	
JHKB	Friedrich	Wolgast	94,7	33,43	
JHKD	Albert und Anna	Wolgast	486,3	171,64	
JHKF	Emil Devrient	Wolgast	691,0	244,34	
JHKL	Elisabeth	Greifswald	767,6	270,97	
JHKM	Freude	Greifswald	767,7	271,00	
JHKN	†Marie	Wolgast	966,8	341,34	80
JHKP	Anna und Marie	Wolgast	1251,1	441,63	
JHKR	Prinz Adalbert	Wolgast	687,9	242,60	
JHLB	Einigkeit	Greifswald	1245,1	439,53	
JHLF	Mathilde	Greifswald	1247,8	440,43	
JHLM	Graf von Arnim	Wolgast	753,6	266,09	
JHLN	Therese	Greifswald	902,3	818,81	
JHLQ	Victoria	Greifswald	800,0	282,40	
JHLV	Paul	Greifswald	80,4	28,33	
JHLW	Johanna und Lina	Wolgast	731,9	258,44	
JHMD	Max & Robert	Kolberg	181,3	63,96	
JHMF	Charlotte	Greifswald	1097,1	387,23	
JHMG	Hanna	Greifswald	830,6	293,33	
JHMN	Dritte Juli	Wolgast	615,7	217,34	
JHMP	Die Eiche	Barth	422,8	149,19	
JHMR	Camilla	Greifswald	1265,4	446,61	

JHMT — JLFC

Unter- scheidungs- Signale.	Namen der Schiffe.	Heimathshafen	Kubik- meter Netto-Raumgehalt.	Register- Tons	Pferde- stärken.
JHMT	Eintracht	Greifswald	1180,7	399,16	
JHNF	Wilhelm	Barth	119,5	42,19	
JHNM	Lina	Greifswald	141,7	50,86	
JHNR	Willy	Neuwarp	181,3	64,80	
JHNS	Heilmann	Greifswald	80,8	28,46	
JHNT	Auguste	Altwarp	174,9	61,74	
JHPB	Albert	Ziegenort	201,7	71,07	
JHPC	Einigkeit	Greifswald	178,0	62,88	
JHPD	†Fritz	Wolgast	202,1	71,22	16
JHPF	Emma	Wolgast	421,3	148,71	
JHPG	Providentia	Greifswald	605,8	234,91	
JHPL	August	Greifswald	78,4	27,70	
JHPM	Willy	Greifswald	154,1	64,39	
JHPN	Wilhelm Homeyer	Wolgast	1451,6	512,44	
JHPS	Bertha	Greifswald	87,7	80,96	
JHPT	Emilie	Memel	804,1	283,93	
JHPV	Elwine	Wolgast	88,3	81,34	
JHQC	Marie	Greifswald	94,0	88,16	
JHQD	Laura	Greifswald	89,3	81,41	
JHQF	Susanna	Stettin	97,4	34,37	
JHQG	†Elisabeth	Wolgast	119,6	42,01	16
JHQK	Caroline	Wolgast	98,3	84,74	
JHQL	Wilhelmine	Wolgast	104,3	86,49	
JHQM	†Pommern	Greifswald	158,5	56,10	50
JHQP	Rudolph	Wolgast	99,1	84,98	
JHQR	†Arcona	Greifswald	328,6	115,99	50*
JHQS	Eben-Ezer	Wolgast	572,7	202,22	
JHQT					
JHQV					
JHQW					
JLBM	Ernst	Barth	915,9	328,31	
JLBP	Albert Wilhelm	Barth	578,9	204,35	
JLBT	Anna	Stralsund	587,1	189,89	
JLCB	Peter	Stralsund	315,4	111,87	
JLCD	Heinrich	Barth	644,7	227,38	
JLCF	Wilhelmine	Stralsund	219,0	77,79	
JLCG	Ernst	Barth	459,1	162,06	
JLCM	Othello	Barth	665,8	234,43	
JLCN	Gloria	Stralsund	482,5	162,71	
JLDB	Therese	Barth	305,3	107,74	
JLDF	Immanuel	Barth	623,4	220,19	
JLDG	Bernhard	Barth	776,6	274,14	
JLDH	Albert	Barth	125,9	44,46	
JLDM	Wilhelm August	Barth	826,4	291,73	
JLDN	Richard	Barth	455,3	160,94	
JLDQ	Die Krone	Barth	957,8	338,02	
JLDR	Hertha	Barth	386,1	113,54	
JLDT	Marta	Barth	126,3	44,37	
JLFC	Peter	Barth	853,4	301,20	

* Nominelle Pferdestärken.

JLFH — JLTR

Unterscheidungs-Signale.	Namen der Schiffe.	Heimathshafen	Kubikmeter Netto-Raumgehalt.	Register-Tons	Pferdestärken.
JLFH	Friedrich Wilhelm IV.	Barth	1046,9	309,14	
JLFK	Carl	Stralsund	260,1	91,93	
JLFN	Mobil	Sunlsund	441,9	155,94	
JLFR	von Pommer-Esche	Stralsund	556,4	196,41	
JLFV	Ida Mathilde	Stettin	1088,4	384,21	
JLGB	Vorwärts	Stralsund	393,3	138,80	
JLGM	Gustav Friedrich	Stralsund	1008,4	354,29	
JLGN	Johann Friedrich	Barth	567,1	200,31	
JLGQ	Gottfried	Stralsund	480,6	109,38	
JLGS	Activ	Barth	898,4	317,14	
JLHB	Bertha	Barth	1187,9	401,43	
JLHG	Condor	Barth	907,3	820,34	
JLHN	Christine	Barth	105,4	87,31	
JLHV	Courier	Barth	1023,1	361,18	
JLKB	Therese	Barth	119,4	42,31	
JLKD	Therese	Stralsund	426,9	150,80	
JLKP	Vorwärts	Barth	429,5	151,73	
JLKR	Friederike	Stettin	93,3	33,10	
JLKS	Landrath von Hagemeister.	Stralsund	512,9	181,93	
JLKT	Sophie	Stralsund	103,3	30,43	
JLKV	Franz Böttcher	Stralsund	487,0	171,90	
JLKW	Preciosa	Barth	1025,7	362,67	
JLMC	Emma Maria	Barth	112,9	39,63	
JLMN	Malvine Wendt	Barth	1027,9	362,84	
JLMS	Pansevitz	Barth	972,4	848,10	
JLMV	Caecilie	Stralsund	684,9	168,83	
JLNG	Cito	Stralsund	288,3	101,74	
JLNV	Henriette Steinorth	Barth	908,1	820,84	
JLPG	Harmonie	Barth	602,4	212,71	
JLPH	Anna	Stralsund	122,1	43,09	
JLPQ	Diogenes	Barth	910,0	321,31	
JLQB	Irene	Barth	731,3	258,10	
JLQF	Emma	Barth	608,4	214,76	
JLQK	Johann	Stralsund	131,5	46,43	
JLRB	Alexander v. Humboldt.	Stralsund	149,3	52,68	
JLRF	Reinhold	Stralsund	182,0	64,34	
JLRH	Commandeur	Stralsund	187,4	66,16	
JLRK	Arnold Ruge	Barth	88,9	31,34	
JLRM	Julius	Barth	665,6	234,94	
JLRQ	Marie	Barth	89,4	31,84	
JLRW	Alwin et Fritz	Barth	211,1	74,31	
JLSB	Heinrich Rodbertus	Barth	961,9	340,57	
JLSH	Hermine	Stralsund	99,6	84,94	
JLST	Vorwärts	Anklam	84,7	29,90	
JLTB	Robert	Greifswald	86,4	30,49	
JLTH	Australia	Stralsund	168,4	57,67	
JLTR	Louise	Stralsund	989,3	349,19	

JLTV — JMLD

Unterscheidungs-Signale.	Namen der Schiffe.	Heimathshafen	Kubik-meter Netto-Raumgehalt.	Register-Tons	Pferde-stärken
JLTV	Albert	Barth	429,4	151,23	
JLVB	Germania	Stralsund	152,3	53,76	
JLVD	Friederike	Barth	82,3	29,63	
JLVF	Carl Albert	Altwarp	129,4	45,53	
JLVH	Ferdinand	Barth	65,3	23,04	
JLVK	Schwerck	Barth	128,9	45,50	
JLVM	Vorwärts	Barth	125,0	44,18	
JLVQ	Ernst Julius	Ziegenort	176,4	62,36	
JLVR	Henriette	Barth	80,4	28,30	
JLWF	Maria	Stralsund	198,4	70,13	
JLWG	Louis	Stralsund	546,3	192,91	
JLWH	Sophia	Barth	596,3	210,03	
JLWK	Activ	Stettin	101,1	35,59	
JLWM	Bürgermeister Oom	Barth	427,5	150,64	
JLWR	Carnot	Barth	136,6	48,20	
JMBD	Die zwei Brüder .	Barth	88,2	31,18	
JMBG	Alwine	Stralsund	168,4	59,44	
JMBK	Maria	Barth	88,8	31,13	
JMBL	Maria	Stralsund	86,4	30,50	
JMBP	Wilhelm	Wolgast	100,3	35,31	
JMBQ	Sirene	Barth	122,0	43,05	
JMBS	Emanuel	Stralsund	169,2	59,73	
JMCB	Louise	Barth	101,1	85,90	
JMCL	Louise	Barth	116,9	41,20	
JMCV	Flora	Stralsund	423,0	149,23	
JMDB	Emma Auguste . .	Barth	249,3	88,09	
JMDC	Alwine	Stralsund	103,3	36,61	
JMDG	Christian	Barth	484,1	171,10	
JMDH	Einigkeit	Barth	553,4	195,23	
JMFP	Brutus	Stralsund	120,4	42,47	
JMFQ	Alwine	Wolgast	67,3	23,73	
JMFS	August	Barth	92,9	32,73	
JMGB	Vorwärts	Barth	65,3	23,02	
JMGS	Auguste Mathilde .	Stralsund	639,4	225,93	
JMGV	Friederike	Stralsund	514,0	181,44	
JMHC	Emma	Barth	79,0	27,80	
JMHG	Franz	Barth	522,1	184,51	
JMHL	Clara Diekelmann .	Stralsund	425,4	150,15	
JMHR	Arthur	Barth	474,4	167,33	
JMHS	Caroline Marie . .	Stralsund	95,4	33,54	
JMHV	C. L. Weyer . . .	Barth	1185,3	418,41	
JMHW	Hocke	Barth	128,9	45,51	
JMKB	Bertha	Barth	89,3	31,40	
JMKP	Julius	Barth	915,6	323,28	
JMKS	Adolph Friedrich .	Stralsund	557,6	106,91	
JMKT	Adolph et Emma .	Stralsund	454,1	160,04	
JMKW	Moritz	Stralsund	57,1	20,19	
JMLC	Ernst Wilhelm . .	Barth	977,4	345,10	
JMLD	Mino	Stralsund	88,1	31,31	

JMLF — JMVB

UnterscheidungsSignale.	Namen der Schiffe.	Heimathshafen	Kubikmeter Netto-Raumgehalt.	Register-Tons	Pferdestärken.
JMLF	Hermann	Stralsund	166,6	58,92	
JMLG	Wittow	Stralsund	59,7	21,67	
JMLH	Ata Bertha	Stralsund	68,9	24,31	
JMLN	Carl	Barth	857,9	302,84	
JMLR	Hermann	Barth	350,4	126,47	
JMLT	Alwine	Stralsund	741,7	201,81	
JMNB	Julius Heinrich . .	Barth	837,2	295,53	
JMNH	Der Nordpol . . .	Barth	1038,3	366,32	
JMNK	Minna	Barth	487,6	172,00	
JMNP	Professor Schulze .	Stralsund	171,6	60,58	
JMNS	Mezzini	Barth	108,8	38,40	
JMNT	Aenchen Lorenz .	Barth	537,9	189,69	
JMNW	Tiger	Barth	1185,8	418,47	
JMPG	Superbe	Stralsund	979,3	345,76	
JMPK	Adolph	Stralsund	609,3	215,10	
JMPL	Vorwärts	Stralsund	84,3	29,83	
JMPN	Bertha	Stralsund	432,3	152,40	
JMPQ	Hugo	Stralsund	315,3	111,27	
JMPT	Johanna	Stralsund	173,1	61,11	
JMPW	Peter Kraeft . . .	Barth	943,7	333,13	
JMQB	Friedrich Wilhelm .	Stralsund	669,1	236,19	
JMQC	Alwine	Stralsund	161,0	56,93	
JMQD	Einigkeit	Arnis	140,9	49,71	
JMQF	Friederike Weyer .	Stralsund	1033,4	364,76	
JMQG	Clara	Stralsund	816,3	288,15	
JMQH	Carl	Stralsund	492,4	173,82	
JMQK	Loreley	Barth	718,3	253,63	
JMQL	Fortuna	Stralsund	648,4	228,69	
JMQN	Wilhelm	Stralsund	94,2	33,35	
JMQS	Johanna Emilie . .	Barth	568,6	200,73	
JMQV	Apotheker Diesing .	Stralsund	1099,1	387,99	
JMRF	Henriette	Barth	121,3	42,47	
JMRP	Philipp Weyergang	Stralsund	550,3	194,33	
JMRS	Australia	Stralsund	1633,7	576,70	
JMRT	Bertha	Barth	126,3	44,34	
JMSB	Paul	Stralsund	1073,4	378,97	
JMSD	Emma	Stralsund	613,6	216,67	
JMSH	Meta	Barth	1212,9	428,14	
JMSK	Sirene	Barth	603,6	213,00	
JMSL	Johann Gustav . .	Barth	455,3	160,69	
JMSP	Diana	Stralsund	699,3	246,81	
JMSQ	R. W. Parry . . .	Barth	553,0	195,31	
JMSW	Marie	Barth	156,3	55,16	
JMTD	Anne	Barth	119,3	42,06	
JMTK	Friedchen	Stralsund	1009,6	356,23	
JMTL	Martha	Stralsund	178,3	63,11	
JMTQ	Georgine	Stralsund	104,9	37,03	
JMTV	Carl	Stralsund	188,3	66,44	
JMVB	Unkel Bräsig . . .	Stralsund	841,0	296,43	

JMVD — JNKD

Unter-scheidungs-Signale.	Namen der Schiffe.	Heimathshafen.	Kubik-meter Netto-Raumgehalt.	Register-Tons.	Pferde-stärken.
JMVD	Laura	Stralsund	104,5	36,30	
JMVS	Bertha Augusta	Barth	82,4	29,30	
JMVT	Wittow	Barth	581,1	205,13	
JMVW	Marie	Barth	536,9	189,62	
JMWB	Bertha	Barth	1290,7	455,61	
JMWC	Friederike	Stralsund	110,9	89,14	
JMWD	S. Soppeich	Stralsund	934,8	329,94	
JMWF	August Zäncker	Stettin	387,1	136,30	
JMWK	Hoffnung	Barth	964,2	340,32	
JMWR	Bernhardine	Stralsund	340,9	128,51	
JMWS	Lina	Barth	1226,8	432,04	
JNBC	Wilhelm	Barth	145,6	51,47	
JNDF	Marie	Stralsund	840,6	298,44	
JNBG	Consul Platen	Stralsund	913,9	322,30	
JNBH	Jowina	Stralsund	376,5	132,98	
JNBL	Professor Cantzler	Stralsund	718,0	253,44	
JNBP	Franz August	Barth	373,1	131,10	
JNBQ	Bertha Dahlrühs	Barth	1491,1	526,08	
JNBT	Edoard Pens	Stralsund	1011,4	357,11	
JNCP	Arcona	Stralsund	169,7	59,90	
JNCQ	C. A. Beug	Stralsund	441,4	155,94	
JNDC	Hedwig Siebe	Stralsund	1008,9	356,00	
JNDG	Caroline	Stralsund	445,3	157,19	
JNDK	C. von Platen	Barth	576,6	203,83	
JNDP	Fritz	Barth	647,8	228,67	
JNDS	Martha	Stralsund	169,2	59,73	
JNDV	Pauline David	Stralsund	2581,6	911,31	
JNFC	Richard Eichstedt	Stralsund	392,4	138,54	
JNFD	Carl Friedrich	Barth	1301,9	459,10	
JNFK	Hoffnung	Barth	895,3	310,00	
JNFM	Hermann	Barth	912,3	322,04	
JNFQ	Charles Kahl	Stralsund	971,5	342,94	
JNFW	Georg Holtz	Barth	831,7	293,39	
JNGB	Robert	Barth	93,2	32,91	
JNGD	Auguste Sophie	Stralsund	186,0	65,67	
JNGF	A. M. Lotinga	Barth	704,6	280,49	
JNGH	Hoffnung	Stralsund	117,7	41,23	
JNGS	Johann Hermann	Stralsund	96,9	34,70	
JNGT	Meerkönig	Barth	717,4	253,24	
JNGV	Graf Behr-Negen-dank	Rostock	860,3	303,63	
JNHB	Johann Carl	Stralsund	176,0	62,13	
JNHC	Der Versuch	Stralsund	1063,9	375,34	
JNHF	Ariel	Barth	477,3	108,56	
JNHK	Wilhelm	Barth	175,1	61,61	
JNHM	Graf Otto zu Solms	Stralsund	660,3	235,91	
JNHP	T. C. Berg	Barth	1356,7	478,92	
JNHV	Maria	Stralsund	202,4	71,69	
JNKD	Caroline	Stralsund	867,9	129,93	

JNKF — JNQT

Unter-scheidungs-Signale.	Namen der Schiffe.	Heimathshafen	Kubik-meter	Register-Tons	Pferde-stärken.
			Netto-Raumgehalt.		
JNKF	Wilhelm Schütt . .	Stralsund	232,o	81,os	
JNKH	Emma	Stralsund	229,t	80,or	
JNKL	Gazelle	Stralsund	258,s	91,so	
JNKP	Emma Beng . . .	Stralsund	881,s	311,so	
JNKR	Gustave	Stralsund	123,4	43,ss	
JNKS	Oscar Wendt . . .	Barth	1350,s	476,ss	
JNKT	†Oscar	Stralsund	819,s	289,ss	175
JNKV	Leda	Stettin	448,s	158,ss	
JNKW	Anna Alide	Barth	161,s	57,ot	
JNLD	Anna	Stralsund	88,t	31,os	
JNLF	Hermine	Stralsund	290,s	102,ts	
JNLG	Johanna	Stettin	100,o	85,so	
JNLH	Charlotte	Stralsund	238,s	84,os	
JNLP	Auguste	Barth	186,s	65,ss	
JNLQ	Maria	Stralsund	147,t	52,so	
JNLR	Wilhelm Weyer . .	Stralsund	835,t	294,ss	
JNLS	Atlantic	Stralsund	490,s	173,ss	
JNLT	Marie	Stralsund	67,s	23,ss	
JNLW	Wallis & Sohn . .	Barth		603,s*	
JNMB	Franz Ludwig . . .	Stralsund	111,r	39,ss	
JNMC	Louise	Barth	1104,s	389,ss	
JNMD	Die Gartenlaube . .	Stralsund		559,ss*	
JNMF	Marie Riebeck . . .	Stralsund	1427,t	503,rs	
JNMK	Emilie Kahl	Barth	821,r	290,ss	
JNMP	Theodor	Barth	449,r	158,ts	
JNMQ	Wilhelm Robert . .	Barth	110,s	38,so	
JNMR	Emma	Barth	96,s	34,ss	
JNMS	Louise	Barth	101,o	56,ss	
JNMT	Marie	Stralsund	238,o	83,sr	
JNMV	Minna	Stralsund	260,o	91,rs	
JNMW	Hermine	Stralsund	235,4	83,ts	
JNPB	Minna Deutsch-mann.	Stralsund	465,s	164,ss	
JNPF	A. C. Meyer . . .	Barth	1479,s	520,to	
JNPG	Anna	Barth	74,r	26,ss	
JNPH	Erlkönig	Stralsund	1294,s	450,ss	
JNPL	Falke	Stralsund	892,s	315,or	
JNPM	Anna	Stralsund	61,s	21,rs	
JNPQ	Johanna	Stralsund	149,s	52,ro	
JNPT	Graf Klot-Trant-vetter.	Barth	726,s	256,ss	
JNPV	Trene	Barth	1301,s	459,ss	
JNQB	Emma Müller . . .	Barth	1481,s	505,ss	
JNQC	Edward Waenerland	Barth	1100,r	388,ss	
JNQF	W. Röhl	Stralsund	1331,s	470,ts	
JNQG	Mathilde	Stralsund	768,s	271,ss	
JNQH	Hedwig	Barth	895,t	315,sr	
JNQL	Albatross	Stralsund	891,s	314,ss	
JNQT	Christoph Kasten .	Stralsund	524,s	185,ss	

* Tonnen zu 1000 Kilogramm.

JNQV — JPCD					
Unter-scheidungs-Signale.	Namen der Schiffe.	Heimathshafen	Kubik-meter Netto-Raumgehalt.	Register-Tons	Pferde-stärken.
JNQV	Hermine	Stralsund	192,4	67,96	
JNQW	Emma	Stralsund	121,7	42,96	
JNRB	Hermine	Stralsund	197,7	69,80	
JNRC	Wilhelmine	Barth	128,8	45,35	
JNRF	Lisette	Barth	98,4	34,81	
JNRG	Maria	Stralsund	51,4	18,17	
JNRM	Hermine	Stralsund	81,0	28,60	
JNRS	Gertrud	Barth	484,8	171,80	
JNRW	Louise	Barth	617,1	218,00	
JNSB	Die Hoffnung	Stralsund	96,7	34,13	
JNSC	Aequator	Stralsund	1550,3	547,24	
JNSD	Sophie	Stralsund	359,3	126,80	
JNSF	Hans & Minna	Barth	231,3	81,61	
JNSG	Stabswache	Stralsund	232,1	81,94	
JNSM	Minna	Barth	67,1	23,60	
JNSR	Carl August	Stralsund	828,9	292,45	
JNTB	Stralsund	Stralsund	1645,4	580,73	
JNTG	Hedwig	Barth	408,8	144,20	
JNTH	Gebrüder	Stettin	130,4	45,50	
JNTK	Minna	Stralsund	131,8	46,41	
JNTL	Hermann et Lina	Stralsund	210,4	74,25	
JNTM	Carl Theodor	Stralsund	208,0	73,41	
JNTQ	Emma	Barth	187,3	66,14	
JNTR	Ernst	Stralsund	439,3	155,16	
JNTS	Heimath	Stralsund	303,0	106,94	
JNVF	Wilhelm	Stralsund	93,0	32,93	
JNVH	Germania	Stralsund	89,9	31,73	
JNVK	Hellmuth	Stralsund	253,3	89,85	
JNVL	Maria	Stralsund	78,9	27,86	
JNVQ	Meta	Stralsund	77,0	27,18	
JNVR	Betty Wendt	Barth	1347,4	475,63	
JNVW	Emilie	Stralsund	610,1	215,36	
JNWC	F. H. Drews	Stralsund	1766,3	623,81	
JNWF	Bertha	Barth	139,4	49,20	
JNWH	Wilhelmine	Stralsund	76,3	26,99	
JNWL	Johann Friedrich	Barth	210,4	74,34	
JNWM	Hoffnung	Barth	726,9	256,60	
JNWQ	Mercur	Barth	1363,7	481,35	
JNWV	Johanna	Stralsund	197,4	69,65	
JPBF	Hermann	Stralsund	1283,4	452,98	
JPBK	Triton	Stettin	644,1	227,34	
JPBM	Minna	Stralsund	201,4	71,14	
JPBN	Otto et Ella	Stralsund	211,4	74,63	
JPBQ	Johanna	Stralsund	212,3	74,96	
JPBS	Fortuna	Stralsund	133,3	47,86	
JPBT	Emilie	Stralsund	226,1	79,84	
JPGV	Johann Heinrich	Barth	195,7	69,10	
JPCB	Eugen	Stralsund	2068,3	730,00	
JPCD	Louise	Barth	79,1	27,92	

JPCG — JPHF

Unter-scheidungs-Signale.	Namen der Schiffe.	Heimathshafen	Kubik-meter Netto-Raumgehalt.	Register-Tons	Pferde-stärken.
JPCG	Johanna	Barth	236,1	83,3	
JPCH	Maria	Barth	67,3	23,72	
JPCK	Adele	Barth	89,2	31,67	
JPCL	Hulda	Stralsund	508,3	179,58	
JPCM	Director Barrow	Stralsund	924,0	328,17	
JPCQ	Marla	Barth	89,2	81,49	
JPCR	Albert Reimann	Barth	636,1	224,33	
JPCS	Marie	Barth	81,4	28,71	
JPCT	Carl et Maria	Barth	79,6	28,13	
JPCV	J. M. Danck	Barth	508,4	179,54	
JPCW	Bertha	Barth	75,9	26,4	
JPDB	Johanna	Stralsund	64,8	22,40	
JPDC	Ida	Swinemünde	813,6	288,99	
JPDF	August	Stralsund	75,3	26,45	
JPDG	Ester	Stralsund	107,9	38,03	
JPDH	Johanna	Stralsund	128,9	45,30	
JPDK	Auguste	Barth	78,1	27,57	
JPDL	Bertha	Barth	70,1	24,75	
JPDM	Johann	Stralsund	127,3	45,01	
JPDN	Marie	Stralsund	127,3	45,01	
JPDQ	Niederhof	Stralsund	557,1	106,72	
JPDR	Rapid	Stralsund	125,6	44,34	
JPDS	Robert	Rostock	73,7	25,51	
JPDW	Anna Louise	Barth	201,3	71,06	
JPFB	Johanna	Barth	293,9	103,75	
JPFH	Helene	Stralsund	211,9	74,93	
JPFK	Henriette	Stralsund	113,3	39,96	
JPFL	Hermann	Stralsund	211,3	74,51	
JPFM	Vorwärts	Barth	195,6	69,13	
JPFR	Edward Waugh	Barth	483,6	170,71	
JPFS	Bertha	Barth	213,6	75,47	
JPFT	Thetis	Barth	314,3	111,16	
JPFV	Ida	Stralsund	507,10	178,36	
JPGC	Louise	Barth	89,3	31,74	
JPGF	Moritz	Stralsund	57,8	20,46	
JPGH	Wilhelm	Barth	135,7	47,91	
JPGK	Gustav	Barth	254,5	89,94	
JPGL	Peter	Barth	123,7	43,61	
JPGM	Fanö	Stralsund	829,9	292,98	
JPGN	Emilie	Stralsund	143,5	50,67	
JPGQ	Baron von Veltheim	Barth	438,5	154,79	
JPGR	Johann Heinrich	Stralsund	57,7	20,31	
JPGS	Wilhelmine	Barth	68,0	24,01	
JPGT	Fritz von der Lancken.	Stralsund	915,5	323,28	
JPGV	Hoffnung	Stralsund	62,1	21,93	
JPGW	Lina	Stralsund	402,9	142,30	
JPHC	Otto	Barth	458,6	161,81	
JPHF	Wilhelmine	Barth	87,6	30,93	

3*

JPHK — JPNB

Unter-scheidungs-Signale.	Namen der Schiffe.	Heimathshafen	Kubik-meter Netto-Raumgehalt.	Register-Tons	Pferde-stärken.
JPHK	Bertha Auguste	Stralsund	83,1	29,24	
JPHL	Der Wanderer	Barth	650,7	259,70	
JPHM	Wanderer	Stralsund	135,9	47,99	
JPHN	†Barth	Barth	81,0	28,39	50
JPHQ	Sara	Barth	123,4	43,60	
JPHR	Ernst	Stralsund	169,9	59,97	
JPHS	Commerzienrath Rodbertus.	Barth	1605,6	566,56	
JPHT	Sophia	Barth	64,6	22,50	
JPKD	Heinrich & Anna	Barth	208,3	73,33	
JPKC	Emma	Barth	222,9	78,66	
JPKD	Altefaehr	Stralsund	105,3	37,13	
JPKF	Caroline	Stralsund	167,9	59,77	
JPKG	Franz Gottfried	Stralsund	203,3	71,77	
JPKH	Nellie	Stralsund	972,3	343,30	
JPKL	Johannis	Stralsund	125,4	44,37	
JPKM	Carl	Stralsund	111,3	39,26	
JPKQ	Zwei Gebrüder	Barth	206,4	72,43	
JPKR	Emilie	Barth	1475,9	521,07	
JPKS	†Reibefahrer	Stralsund	138,5	49,08	67
JPKV	Hoffnung	Stralsund	171,4	60,50	
JPKW	Emma	Stralsund	328,3	115,89	
JPLB	Emma	Stralsund	203,6	71,87	
JPLC	Gustava	Stralsund	127,6	44,43	
JPLD	Hecht	Stralsund	1013,3	357,87	
JPLG	Satorn	Stralsund	1369,5	483,35	
JPLH	L. Hagen	Barth	1426,1	503,42	
JPLM	Martha	Barth	254,4	89,87	
JPLN	Gräfin Krassow	Stralsund	336,9	118,92	
JPLQ	Gustava Egner	Barth	357,1	126,27	
JPLR	Wilhelmine	Stralsund	155,7	54,96	
JPLS	Maria	Stralsund	112,1	39,51	
JPLV	Marie Berg	Barth	1518,3	536,03	
JPMB	Mentor	Stralsund	1328,7	469,03	
JPMC	Cardinal	Stralsund	1014,6	358,16	
JPMD	Altair	Stralsund	197,3	69,63	
JPMF	Johannes Köster	Stralsund	1043,6	368,16	
JPMG	Betti	Stralsund	86,3	30,43	
JPMH	Emma	Stralsund	77,4	27,30	
JPMK	Amazone	Stralsund	ca.1008	ca.356	
JPML	Johanna	Stralsund	1725,7	609,14	
JPMN	Plantenr	Stralsund	907,3	320,44	
JPMQ	Wilhelm	Stralsund	64,1	22,66	
JPMR	Robert	Stralsund	76,0	26,81	
JPMS	Concord	Stralsund	1064,4	375,95	
JPMT	Helene	Stralsund	99,9	35,34	
JPMV	Gustave	Stralsund	80,9	29,34	
JPMW	Friedrich Wilhelm	Stralsund	122,1	43,13	
JPNB	J. C. Peuss	Stralsund	127,4	45,11	

JPNC — KBJL

Unterscheidungs-Signale.	Namen der Schiffe.	Heimathshafen	Kubikmeter Netto-Raumgehalt.	Register-Tons	Pferdestärken.
JPNC	Theodora Catharina	Stralsund	886,7	313,00	
JPND	Wilhelmine	Stralsund	103,4	36,51	
JPNF					
JPNG					
JPNH					
JPNK					
JPNL					
JPNM					
JPNQ					
JRBC	Wilhelmine	Barth	95,4	83,53	
JRBD	Lisbeth	Barth	175,2	61,51	
JRBF	Caroline	Barth	82,5	29,23	
JRBH	Marie	Barth	83,1	29,23	
JRBK	Anna	Barth	89,2	81,19	
JRBL	Wilhelm	Barth	—	373,53	
JRBM	Max & Martha	Barth	97,1	34,34	
JRBN	Auguste	Barth	116,9	41,02	
JRBP	Richard	Barth	87,7	30,34	
JRBQ	Frieda	Barth	90,2	81,54	
JRBS					
JRBT					
JRBV					
JRBW					
KBCJ	Maria Catharina	Westeraccumersiel	68,7	24,34	
KBCR	Sechs Gebrüder	Emden	104,9	37,02	
KDCS	Jantjedina	West-Rhauderfehn	114,5	40,14	
KDCW	Lina	West-Rhauderfehn	79,5	28,31	
KBDG	Talka Catharina	Emden	107,5	87,53	
KBDN	Hoffnung	Emden	110,7	89,67	
KBDP	Sjoukelina	Tönning	117,4	41,43	
KBDS	Vader Katt	Emden	119,5	42,23	
KDDV	Fido	Rhaudermoor	60,6	21,50	
KBFG	Catharina	Oldersum	232,3	82,00	
KBFM	Johanna	Karolinensiel	150,0	56,13	
KDFP	Friederike	Karolinensiel	265,4	98,69	
KDFQ	Gut Heil	Emden	237,6	83,94	
KBGC	Phönix	Jemgum	353,7	124,54	
KBGF	Antoni	Weener	147,3	52,00	
KBGN	Nordstern	Emden	842,6	135,66	
KBGP	Margaretha	Warsingsfehn	170,6	60,23	
KBGR	Gerlina	Nenefehn	216,6	76,47	
KBGS	Bertha	Leer	258,7	89,64	
KBHF	Metta	Pahlhude	109,4	38,69	
KBHS	Otto	Karolinensiel	824,1	114,33	
KBHT	Hesperus	Neu-Harrlinger Siel	297,6	105,13	
KBHV	Anna	Neu-Harrlinger Siel	196,1	69,22	
KBHW	Anna Catharina	Karolinensiel	139,4	49,33	
KBJF	Maria Elisabeth	Oldersum	325,4	114,44	
KBJL	Wilhelmine	Papenburg	399,1	140,49	

KBJM — KBVD

Unter-scheidungs-Signale.	Namen der Schiffe.	Heimathshafen.	Kubik-meter Netto-Raumgehalt.	Register-Tons.	Pferde-stärken.
KBJM	Annchen	Papenborg	473,3	167,04	
KBLH	Johannes	Westeraccomersiel	169,1	59,69	
KBLN	Maria	Papenborg	497,4	175,95	
KBLP	Lillkea	Papenburg	475,6	167,50	
KBLS	Cappelen	Papenborg	318,6	112,47	
KBLV	Caspar	Papenborg	307,7	108,61	
KBMC	Ida	Papenburg	456,7	161,31	
KBMF	Hinrika	Iheringsfehn	301,4	106,48	
KBMH	Bernard	Papenborg	461,4	162,86	
KBMJ	Trientje	Leer	292,3	103,16	
KBML	Enno	Grossefehn	256,3	90,44	
KBMN	Anna Catharina	Nenefehn	104,3	68,89	
KBMQ	Marie & Friederike	Karolinensiel	110,6	39,10	
KBMW	Maria	Papenborg	425,7	150,29	
KBND	Joseph	Papenborg	310,6	109,64	
KBNF	Amandus	Papenborg	324,3	114,49	
KBNJ	Heribertus	Papenborg	426,1	150,43	
KBNM	Marta	Papenborg	242,6	85,80	
KBNP	Alpha	Papenborg	317,3	112,04	
KBNW	Antoinette und Elise	Grossefehn	239,7	84,41	
KBPC	Iconia	Leer	642,4	226,80	
KBPD	Hinrika	Iberingsfehn	238,3	84,30	
KBPG	Hermann	Iheringsfehn	225,4	79,73	
KBPH	Active	Boekzeteler Fehn	180,0	65,46	
KBPJ	Gretina	Roriehmoor	206,4	72,90	
KBPM	Gesina	Grossefehn	197,9	69,64	
KBPN	Etta	Emden	300,4	106,11	
KBPR	Meta	Dornumer Siel	209,1	73,73	
KBQJ	Gesine Caroline	Norden	178,5	68,15	
KBQV	Wopke	Emden	362,0	127,76	
KBRC	Joseph	Papenburg	511,0	180,49	
KBRN	Johanna	Papenburg	254,6	89,84	
KBRP	Johann	Grossefehn	261,9	92,45	
KBRQ	Bürgermeister Stüve	Papenborg	657,1	232,03	
KBRS	Catharina	Papenburg	244,5	80,61	
KBSG	Gretina	Iheringsfehn	208,3	73,84	
KBSM	Alpha	Oldersum	183,9	64,91	
KBSP	Vertrauen	Karolinensiel	232,9	82,31	
KBTC	Gesina	Grossefehn	243,4	85,93	
KBTD	Gretchen	Papenborg	351,4	124,13	
KBTF	Hermes	Papenborg	451,9	159,31	
KBTH	Maria	Grossefehn	378,4	133,63	
KBTJ	Ariana	Wolgast	128,7	45,48	
KBTL	Gesina	Papenborg	138,4	48,89	
KBTM	Bernardina	Papenborg	554,3	195,67	
KBTR	Charlotte	Ost-Rhauderfehn	225,2	79,50	
KBTS	Biltine	Ost-Rhauderfehn	215,4	76,07	
KBVC	Wilhelmine	Westeraccomersiel	145,4	51,10	
KBVD	Wendeline Cristiane	Grossefehn	341,0	120,31	

KBVH — KCLR

Unter-scheidungs-signale.	Namen der Schiffe.	Heimathshafen	Kubik-meter Netto-Raumgehalt.	Register-Tons	Pferde-stärken.
KBVH	Anna	Papenburg	302,7	138,82	
KBVJ	Biene	Leer	245,1	80,53	
KBVL	Harmonie	Grossefehn	191,4	67,33	
KBVN	Reinhard	Weener	367,4	129,70	
KBVP	Einigkeit	Boekzeteler Fehn	140,1	52,83	
KBVR	Gesina	Petkum	295,4	104,27	
KBWC	Elsina	Warsingsfehn	219,5	77,83	
KBWH	Wilhelm & Joseph	Papenburg	533,3	189,33	
KBWP	Sophia	Norden	178,1	62,50	
KCBD	Vigilantia	Grossefehn	144,5	51,11	
KCBF	Ullrich	Grossefehn	227,3	80,23	
KCBH	Gesina	Warsingsfehn	208,7	73,80	
KCBJ	Sieverine	Grossefehn	224,3	79,10	
KCBM	Frankea	Iheringsfehn	167,9	59,05	
KCBN	Marianne	Neuefehn	189,4	66,54	
KCBQ	Gesina	Boekzeteler Fehn	185,3	65,12	
KCBR	Anna Gesina	Warsingsfehn	209,9	74,09	
KCBT	Franz	Papenburg	241,1	86,94	
KCBW	Alwine	Papenburg	335,2	118,47	
KCDB	Hermann	Papenburg	417,4	147,30	
KCDL	Elisabeth	Dornumer Siel	153,3	54,12	
KCDM	Ente	Leer	181,6	64,10	
KCDP	Helene Christinne	Brake a. d. Weser	301,6	106,51	
KCDR	Metta Heilkelina	West-Rhauderfehn	221,4	79,14	
KCFH	Aline	Karolinensiel	266,9	94,23	
KCFJ	Flora	Iheringsfehn	192,5	68,05	
KCFM	Thetis	Emden	170,9	62,43	
KCFQ	Catharina	Grossefehn	222,6	78,37	
KCFW	Gebrüder	Norden	173,3	61,17	
KCGT	Elisabeth	Papenburg	384,3	135,66	
KCGW	Annette	Boekzeteler Fehn	309,6	109,68	
KCHN	Maria	Geestemünde	169,4	59,49	
KCHQ	Perle	Ditzum	167,0	58,93	
KCHS	Antje	Leer	99,3	35,19	
KCHW	Lützburg	Norden	625,8	220,64	
KCJF	Aurora	Grossefehn	257,1	90,76	
KCJN	Arion	Papenburg	458,3	161,83	
KCJQ	Ceres	Karolinensiel	215,7	75,97	
KCJR	Margaretha	Neu-Harrlinger Siel	198,3	70,00	
KCJS	Alide & Henriette	Emden	286,5	101,24	
KCJV	Johann	Benserstel	540,9	190,90	
KCLB	Lucia	Insel Baltrum	143,3	50,66	
KCLD	Catharina	Jemgum	195,3	68,91	
KCLJ	Heinrich	Papenburg	309,9	111,16	
KCLM	Hermann	Oldersum	214,1	66,50	
KCLN	Friederike	Weener	210,3	76,12	
KCLP	Friede	Papenburg	544,2	192,28	
KCLQ	Wopke	Neu-Harrlinger Siel	290,4	102,51	
KCLR	Gesine Brons	Emden		267,73*	

* Lasten zu 4000 ℔.

KCLT — KCWM

Unter-scheidungs-Signale.	Namen der Schiffe.	Heimathshafen	Kubik-meter Netto-Raumgehalt.	Register-Tons	Pferde-stärken.
KCLT	Hermann Hinrich	Grossefehn	318,0	112,83	
KCMT	Agie	Greetsiel	141,7	50,91	
KCMW	Hoffnung	Papenburg	348,9	123,15	
KCNB	Stephenson . . .	Papenburg	496,9	175,41	
KCNF	Jacohine	Papenburg	463,2	163,52	
KCNJ	Ettino	Warsingsfehn . .	337,0	118,96	
KCNL	Wlemkea	West-Rhauderfehn .	90,2	31,42	
KCNP	Gretjelina	West-Rhauderfehn .	153,3	54,09	
KCNQ	Minerva	Norden	142,1	50,16	
KCNR	Fonna	Oldersum	389,4	137,83	
KCNS	Agnethe	Boekzeteler Fehn .	184,1	64,99	
KCNV	Jan & Andreas . .	Dolve	139,3	49,34	
KCPB	Hiskolina	West-Rhauderfehn .	220,6	77,65	
KCPD	Dorothea	Warsingsfehn . . .	237,4	83,68	
KCPH	Johanna Margaretha	Neu-Harrlinger Siel	143,9	50,40	
KCPR	Almuth Catharina .	Papenburg	298,9	105,61	
KCPS	Schonke	Papenburg	579,3	204,43	
KCQB	Margaretha	Nessmersiel . . .	170,0	60,91	
KCQF	Elise	Weener	533,3	188,10	
KCQG	Renska	Grossefehn	280,6	98,44	
KCQM	Freundschaft . . .	Mitte-Grossefehn .	180,0	63,43	
KCQN	Johanna	Warsingsfehn . . .	227,4	80,37	
KCQP	Petina	Insel Baltrum . . .	104,4	36,49	
KCRB	Remda	Oldersum	213,4	75,33	
KCRD	Gerhardina	Oldersum	590,9	211,77	
KCRF	Elise	Insel Baltrum . . .	166,3	58,92	
KCRP	Frisia	Timmel	165,6	58,33	
KCRT	Gesine	Iheringsfehn . . .	202,9	71,62	
KCSF	Gerhard	Papenburg	396,3	139,83	
KCSH	Rahel Amalie . . .	Leer	342,4	120,98	
KCSJ	Eduard	Papenburg	418,4	147,84	
KCSR	Schlump zu Lulle .	Papenburg	506,4	178,76	
KCTB	Emma	Emden	303,3	107,14	
KCTD	Triontje	Wewolsflcth . . .	213,0	75,19	
KCTH	Maria	Papenburg	431,9	152,44	
KCTL	Allda Ikea	Greetsiel	143,4	50,63	
KCTN	Hoffnung	Papenburg	249,6	88,13	
KCTQ	Pauline	Weener	216,7	76,33	
KCTW	Catharina	Bensersiel	121,9	48,03	
KCVB	Anna Wieman . . .	Papenburg	473,2	167,07	
KCVG	Annette	Westeraccumersiel .	175,6	61,95	
KCVM	Ceres	Papenburg	382,3	134,93	
KCVS	Lucas	Papenburg	449,7	158,91	
KCVT	Caecilia	Papenburg	403,7	142,31	
KCWD	Concordia	Insel Spiekeroog .	177,4	62,71	
KCWF	Heinrich	Neu-Harrlinger Siel	229,4	80,99	
KCWH	Tönkea	Iheringsfehn . . .	259,3	91,40	
KCWL	Friede	Weener	483,4	170,71	
KCWM	Amielta	Emden	582,3	205,35	

KCWQ — KDMF

Unterscheidungs-Signale.	Namen der Schiffe.	Heimathshafen	Kubik-meter Netto-Raumgehalt.	Register-Tons	Pferde-stärken.
KCWQ	Renskea	Rorichmoor	135,4	47,84	
KCWR	Martha	Wyk auf Föhr	164,0	57,89	
KCWT	Hermann	Papenborg	373,2	132,00	
KCWV	Thedea	Emden	304,3	107,39	
KDBH	Lina	Papenburg	673,4	237,78	
KDBJ	Reintjedina	West-Rhanderfehn	207,6	73,32	
KDBM	Fenna	Iberingsfehn	103,2	36,64	
KDBQ	Adelheid	Papenburg	472,1	166,78	
KDBR	Gesina	Nenefehn	101,6	35,84	
KDBW	Marta	Papenborg	468,6	165,24	
KDCB	Anna Margaretha	Papenburg	295,9	104,43	
KDCF	Hinderika	Boekzeteler Fehn	187,7	68,26	
KDCQ	Antina	Leer	190,0	67,07	
KDCT	Drei Gebrüder	Grossefehn	328,4	116,00	
KDCV	Garreltdina	Leer	270,4	98,42	
KDCW	Bernhard	Papenborg	598,1	211,11	
KDFC	Antine	Grossefehn	231,3	81,81	
KDFH	Deo gloria	Iberingsfehn	184,1	64,90	
KDFM	Johannes	Papenburg	352,4	124,40	
KDFT	Willem	Boekzeteler Fehn	283,7	100,14	
KDFV	Jakobus	Emden	249,0	87,90	
KDGF	Alfred	Papenborg	454,9	160,57	
KDGJ	Annchen	Grossefehn	431,2	152,22	
KDGL	Friedrich	Papenburg	412,4	145,48	
KDGN	Rensche	Karolinensiel	228,5	80,66	
KDGW	Elise	Hamburg	418,5	147,73	
KDHG	Helene	Papenburg	299,1	105,36	
KDHJ	Anna	Westeraccumersiel	261,0	92,13	
KDHL	Louis	Papenburg	622,9	210,00	
KDHM	Kenna	Emden	303,0	106,96	
KDHP	Helene	Weener	301,0	106,24	
KDHQ	Einigkeit	Oldersum	186,0	65,65	
KDHR	Insel	Papenborg	544,7	192,00	
KDJG	Fortuna	Grossefehn	187,2	66,00	
KDJL	Elsa	Brake a. d. Weser	305,9	107,96	
KDJM	Rixine	Dornumer Siel	120,4	42,50	
KDJQ	Amor	Karolinensiel	158,1	55,81	
KDJW	Bertha	Emden	204,8	72,20	
KDLB	Rina	Westeraccumersiel	138,9	49,04	
KDLC	Frau Hilkea	Iberingsfehn	94,5	33,38	
KDLF	Anna	Dornumer Siel	182,6	64,43	
KDLM	Ernst & Georg	West-Rhanderfehn	319,5	112,82	
KDLN	Sophia	West-Rhanderfehn	184,4	65,10	
KDLP	Gesina	Boekzeteler Fehn	237,8	83,91	
KDLR	Tönna	Dornumer Siel	282,8	90,88	
KDLS	Pax	Emden	295,4	104,29	
KDLT	Aphrodite	Emden	336,9	118,72	
KDMC	Anrora	Emden	198,2	69,91	
KDMF	Wilhelm	Papenburg	391,4	138,31	

KDMH — KDWH

Unter-scheidungs-Signale	Namen der Schiffe.	Heimathshafen.	Kubikmeter Netto-Raumgehalt.	Register-Tons	Pferde-stärken.
KDMH	Heinrich	Leer	293,8	103,61	
KDMP	Elisabeth	Papenburg	442,6	156,01	
KDMR	Anna	Petkum	304,1	107,32	
KDMV	Industrie	Grossefehn	282,1	99,59	
KDMW	Johanna	Westeraccumersiel	234,3	82,91	
KDNC	Leonore	Papenburg	554,8	195,84	
KDNH	Annette	Neermoor	271,6	95,67	
KDPG	Catharina	Leer	344,6	121,61	
KDPH	Sophia Catharina	Oldersom	240,6	84,73	
KDPJ	Helene	Leer	399,3	140,32	
KDPL	Juno	Papenburg	541,9	191,29	
KDPQ	Cornelia	Emden	300,8	106,04	
KDQC	Dirkje	Emden	164,3	58,06	
KDQF	Tetta Margaretha	Wyk auf Föhr	150,9	53,23	
KDQG	Harmken	Warsingsfehn	169,1	59,81	
KDQP	Anna Rebecca	Papenburg	189,1	66,91	
KDQR	Lili	Papenburg	427,7	150,99	
KDQT	Johannes	Papenburg	484,8	171,16	
KDRB	Houwina	Hamburg	491,1	173,84	
KDRL	Anna	Emden	501,3	176,93	
KDRM	Tidofeld	Papenburg	209,1	74,62	
KDRP	Margaretha	Papenburg	681,1	240,64	
KDRT	Olympius	Karolinensiel	263,4	92,91	
KDRW	Geshe	Jemgum	313,3	110,30	
KDSH	Catharina	Insel Baltrum	155,7	64,97	
KDSJ	Elise	Emden	479,4	169,22	
KDSL	Harmine	Warsingsfehn	187,1	66,05	
KDSM	Elisabeth	Oldersum	323,6	114,39	
KDSN	Anna	Emden	111,6	39,18	
KDSP	Elisabeth Wiemann	Emden	540,7	190,91	
KDSQ	Elsche Maria	Insel Baltrum	161,3	56,94	
KDST	Nicolaus	Papenburg	422,3	149,26	
KDTC	Johann	Iheringsfehn	219,1	77,34	
KDTG	Hoffnung	West-Rhauderfehn	195,2	68,91	
KDTH	Gerhardine	Leer	208,4	73,47	
KDTL	Geredina	West-Rhauderfehn	203,4	71,79	
KDTP	Meta	Grossefehn	320,6	113,17	
KDTS	Foelken	West-Rhauderfehn	191,6	67,64	
KDVB	Louise	Papenburg	461,7	162,99	
KDVF	Neptun	Wismar	311,9	110,07	
KDVH	Perle	Grossefehn	454,6	160,47	
KDVJ	Gretina	Lübbertsfehn	365,7	129,09	
KDVN	Drei Gebrüder	Warsingsfehn	211,4	74,37	
KDVQ	Sieverine	Leer	355,9	125,64	
KDVS	Jantje	West-Rhauderfehn	203,3	71,90	
KDVW	Catharina	Emden	176,3	62,23	
KDWF	Maria	Emden	260,4	92,04	
KDWH	Hoffnung	Insel Baltrum	212,4	75,03	

KDWJ — KFHW

Unter-scheidungs-Signale.	Namen der Schiffe.	Heimathshafen	Kubik-meter Netto-Raumgehalt.	Register-Tons	Pferde-stärken.
KDWJ	Norddeutsche See-warte.	Papenburg	549,1	103,90	
KDWM	Metta	Warsingsfehn . . .	177,2	62,60	
KDWQ	Alpha	Emden	196,2	69,41	
KDWS	Falke	West-Rhauderfehn .	250,8	88,54	
KDWV	Clara	Papenburg		90°	
KFBD	Gesine	Nordgeorgsfehn . .	103,3	36,46	
KFBG	Hinrich	Leer	231,2	81,62	
KFBM	Fido	Papenburg	541,9	191,30	
KFBR	Jette	Insel Baltrum . . .	211,1	74,53	
KFBT	Peter	Leer	358,1	120,40	
KFBV	Schwanette	Papenburg	312,6	110,41	
KFDW	Marie	Karolinensiel . . .	204,2	72,09	
KFCD	Horizont	Papenburg	462,3	163,24	
KFCL	Otto Graf zu Stolberg	Papenburg	516,0	182,13	
KFCN	Albert	Papenburg	494,3	174,10	
KFCP	Papenburg	Weener	609,8	247,62	
KFCR	Harlingen	Danzig	412,6	145,63	
KFCT	Rensebe	Papenburg	803,7	107,21	
KFCV	Almuth	Barssel	310,4	109,51	
KFDG	W. Brögmann & Sohn No. 2.	Papenburg	529,6	187,62	
KFDJ	Hinderika	Bockzeteler Fehn .	239,1	84,80	
KFDL	Eyrene	Grossefehn	809,6	109,38	
KFDM	Gesine	Warsingsfehn . . .	327,7	115,67	
KFDP	Alberta Susanna .	Leer	191,6	67,70	
KFDQ	Gretina	Papenburg	225,9	79,11	
KFDS	Susanna & Henriette	Emden	181,2	63,97	
KFDT	Mary & Jenny . .	Emden	178,4	62,04	
KFDV	Anna & Emma . .	Emden	180,7	68,78	
KFGB	Henri & Marcus . .	Emden	172,3	60,90	
KFGC	Catharina Christina	Emden	172,3	60,82	
KFGD	Marie	Hooksiel	218,9	77,71	
KFGL	Almuth	Bockzeteler Fehn .	279,1	98,71	
KFGN	Philothea	Papenburg	562,4	198,33	
KFGP	Möwe . . . . : .	Ost-Rhauderfehn .	83,6	29,59	
KFGS	Clementine	Papenburg	587,4	207,36	
KFHB	Catharina	Papenburg	332,6	117,60	
KFHD	Marie	Leer	129,2	45,61	
KFHG	Antje Dirks	Emden	265,3	93,73	
KFHJ	Maria Goine . . .	Emden	199,7	70,49	
KFHL	Minister Camphausen	Grossefehn	337,1	119,09	
KFHM	Ehe	Leer	294,0	103,73	
KFHQ	W. Brögmann & Sohn No. III.	Papenburg	667,2	235,33	
KFHR	Johann	Grossefehn	361,0	127,13	
KFHS	Alma	Bockzeteler Fehn .	397,7	140,44	
KFHV	Stadt Emden . . .	Emden	181,9	64,21	
KFHW	Stadt Leer	Emden	187,9	66,53	

* Lasten zu 4000 ℔.

KFJB — KFQG

Unter-scheidungs-Signale.	Namen der Schiffe.	Heimathshafen	Kubik-meter Netto-Raumgehalt.	Register-Tons	Pferde-stärken
KFJB	Stadt Norden . . .	Emden	189,4	66,49	
KFJC	Hinderika	Emden	467,4	165,14	
KFJD	Harmonie	West-Rhanderfehn .	235,7	83,39	
KFJN	Bruno	Leer	298,3	105,27	
KFJP	†Libau Packet . .	Stettin	451,6	159,62	35
KFJQ	Deo	West-Rhanderfehn .	100,7	37,71	
KFJS	München	Papenburg	578,3	204,14	
KFJV	Antina	Südgeorgsfehn . .	80,7	28,49	
KFLB	Grecia	Emden	168,6	57,75	
KFLC	Anna	Weener	157,6	55,10	
KFLD	Ettjea	Ditzum	262,3	92,44	
KFLM	Theda Catharina .	Bonwersiel	50,7	20,81	
KFLP	Christina	Timmel	301,1	106,33	
KFLQ	Harmina	Iheringsfehn . . .	236,9	83,63	
KFLR	Catharina	Boekzeteler Fehn .	250,6	88,33	
KFLS	Helene . .`. . .	Grossefehn	404,1	142,76	
KFLT	Harmine	Grossefehn	364,4	128,63	
KFLV	Aaltje	Oldersum	77,1	27,33	
KFMB	Ostfriesland . . .	Emden	195,1	68,47	
KFMC	Arion	Leer	400,6	141,10	
KFMD	Frau Siever. . . .	Ost-Rhanderfehn .	92,1	32,39	
KFMG	Delphin	West-Rhanderfehn .	170,9	60,39	
KFMJ	Antina	Warningsfehn . . .	259,0	91,43	
KFMN	Anna	Ost-Rhanderfehn .	81,6	28,40	
KFMP	De Zwaan	Leer	448,7	158,3-	
KFMQ	Anna	Emden	53,34	18,99	
KFMS	Gesine	Iheringsfehn . . .	304,6	107,31	
KFMT	Westfalen	Emden	196,1	60,44	
KFNB	Catrina	West-Rhanderfehn .	60,3	23,40	
KFNC	Anna	West-Rhanderfehn .	43,4	15,33	
KFNG	Hoffnung	West-Rhanderfehn .	52,3	18,44	
KFNJ	Catharina	Rüstersiel	50,3	17,93	
KFNQ	Heinrich	Timmel	376,6	132,94	
KFNS	Hoffnung	Rhanderwicke . . .	43,6	15,39	
KFNT	Elisabeth	Rhanderwicke . . .	49,3	17,40	
KFPG	Constantia	Emden	81,7	28,41	
KFPH	Eben Ezer	Emden	112,6	39,76	
KFPJ	Johann	Karolinensiel . . .	101,3	35,75	
KFPL	Catharina Elisabeth	Norderney	61,7	21,78	
KFPM	Gesine	Emden	98,0	34,89	
KFPN	de twee Süsters . .	West-Rhanderfehn .	53,7	18,93	
KFPR	Otto	Insel Baltrum . .	80,1	31,43	
KFPT	Nieper	Am Norddeich, Kreis Emden.	43,4	15,33	
KFPW	Johann	Karolinensiel . . .	56,9	20,09	
KFQB	Maria	Rhandermoor . . .	78,7	27,77	
KFQC	Hoffnung	Rhandermoor . . .	79,7	28,13	
KFQG	de vrouw Fenna . .	Emden	78,6	27,71	

KFQII — KFVM

Unter-scheidungs-Signale.	Namen der Schiffe.	Heimathshafen der Schiffe.	Kubik-meter Netto-Raumgehalt.	Register-Tons	Pferde-stärken.
KFQII	Harmina	Westkanal, Amt Fre-nerthe.	53,3	18,43	
KFQJ	Franziska	Emden	52,1	18,43	
KFQM	Zwei Gebrüder	Iheringsfehn	40,3	14,19	
KFQN	Margaretha	Ost-Rhauderfehn	71,1	25,38	
KFQP	Frau Helene	Leer	89,3	31,13	
KFQR	Freundschaft	Karolinensiel	55,9	19,74	
KFQS	Vrouw Sjonke	Emden	105,4	37,30	
KFQT	Sophie	Neu-Harrlinger Siel	96,9	34,21	
KFQV	Althea	Ost-Rhauderfehn	71,3	25,13	
KFRB	†Kronprinz	Leer	111,0	39,18	25
KFRC	Drie Znesters	Papenburg	313,2	110,30	
KFRD	Frau Gesina	West-Rhauderfehu	66,9	23,87	
KFRH	Zwei Gebrüder	Abserlel	83,6	20,31	
KFRJ	Anna Dorothea	Stickelkamper Fehn	291,0	102,73	
KFRL	Dorothea Susanna	Norden	84,8	29,83	
KFRM	Gesina	Barssel	60,6	24,43	
KFRN	Becka	Norden	86,7	30,61	
KFRP	Zwei Gebrüder	Karolinensiel	78,9	27,85	
KFRQ	Illskea	West-Rhauderfehn	64,9	22,91	
KFRS	Adler	Grossefehn	407,7	143,92	
KFRT	Anna	Südgeorgsfehn	75,8	20,84	
KFRW	Drei Gebrüder	Rhaudermoor	54,7	19,31	
KFSC	†Norderney	Emden	90,4	35,03	30*
KFSD	Emannel	Grossefehn	75,6	26,63	
KFSG	Gesina	Oldersum	88,0	31,07	
KFSH	Johanne Illorika	Warsingsfehn	71,7	25,31	
KFSJ	Hoffnung	Ost-Grossefehn	82,4	29,16	
KFSL	Concordia	West-Rhauderfehn	52,4	18,64	
KFSN	Taube	Grossefehn	433,7	153,08	
KFSQ	Antje	Grossefehn	401,3	141,74	
KFSR	Vorwärts	Karolinensiel	73,9	20,67	
KFSV	Harmkea	Horichmoor	54,3	19,17	
KFSW	Anna Regina	Ost-Rhauderfehn	63,6	22,38	
KFTD	Gretjelina	Karolinensiel	97,3	34,13	
KFTG	Helene	Leer	285.6	100,93	
KFTH	Maria Clara	Weener	186,3	65,76	
KFTJ	Amor	Papenburg	644,6	227,34	
KFTL	Aurora	Ost-Rhauderfehn	302,3	106,68	
KFTM	Wobken	Mitte-Grossefehn	95,3	33,60	
KFTN	Martha	Ost-Rhauderfehn	61,3	21,64	
KFTR	Maria	Greetsiel	48,9	17,38	
KFTV	Magretha	Ost-Rhauderfehn	51,6	18,22	
KFVB	Gesina	Greetsiel	57,3	20,30	
KFVD	Leonore	Leer	359,0	126,74	
KFVG	Catharina	Insel Spiekeroog	61,6	21,71	
KFVJ	Jacob Synes	Papenburg	242,4	85,30	
KFVL	Gretina	Stickelkamper Fehn	58,5	20,63	
KFVM	Franziska	Karolinensiel	267,6	94,46	

* Nominelle Pferdestärken.

KFVN — KGDV

Unter- scheidungs- Signale.	Namen der Schiffe.	Heimathshafen	Kubik- meter Netto-Raumgehalt.	Register- Tons	Pferde- stärken.
KFVN	Foelke	Rhandermoor	73,2	25,87	
KFVP	Gertrude	Ost-Rhanderfehn	54,4	19,21	
KFVQ	Anna	Hooksiel	221,8	78,19	
KFVT	Sophie	Timmel	346,4	122,99	
KFWC	Christina	West-Rhanderfehn	82,0	29,16	
KFWD	Frau Maria	Karolinensiel	108,3	87,39	
KFWG	Harmina	Holtermoor	61,1	21,22	
KFWH	Stadt Esens	West-Rhanderfehn	58,4	20,67	
KFWJ	Catharina	Dornumer Siel	450,9	159,11	
KFWM	Johanne Geziena	Weener	201,2	71,03	
KFWN	Mina	Ost-Rhanderfehn	52,0	18,51	
KFWP	Renstina	Ost-Rhanderfehn	94,2	33,40	
KFWQ	Emanuel	Rhaudermoor	70,3	24,99	
KFWR	Johanna	Papenburg	271,3	95,24	
KFWS	Antje	West-Rhanderfehn	63,0	22,24	
KFWT	Ankelina	Holterfehn	59,3	20,94	
KGBC	Catharina	West-Rhanderfehn	102,4	36,15	
KGBD	Frau Geske	West-Rhanderfehn	70,3	24,81	
KGBF	Agina	West-Rhanderfehn	48,0	17,15	
KGBJ	Freiheit	Grossefehn	467,1	164,09	
KGBM	Johanna Auguste	Westeraccumersiel	212,0	75,08	
KGBP	Maria	Grossefehn	404,6	142,74	
KGBQ	Hoffnung	Borkum	56,1	19,80	
KGBS	Aurora	Borkum	57,6	20,29	
KGBT	Eta	Emden	183,3	64,11	
KGBW	Sieverdina	West-Rhanderfehn	52,0	18,51	
KGCB	Johan	Papenburg	411,7	145,22	
KGCD	Frau Johanna	Emden	69,3	24,44	
KGCH	Pollux	Emden	682,4	240,06	
KGCM	Arendina	Borkum	53,9	18,99	
KGCP	Nordstern	Am Norddeich, Kreis Emden.	51,8	18,19	
KGCQ	Peter	Leer	1084.8	382,93	
KGCR	Hosianna	Borkum	64,6	19,33	
KGCS	da Capo	Papenburg	832,0	293,70	
KGCT	Gesche Elida	Iheringsfehn	59,3	21,08	
KGCW	Lina	West-Rhanderfehn	56,0	19,77	
KGDB	Familie	Karolinensiel	226.6	79,92	
KGDC	Harmine	Iheringsfehn	327,1	115,47	
KGDF	Sara	Oldersum	366,4	128,99	
KGDH	Gesina	West-Rhauderfehn	65,0	22,83	
KGDJ	Maria	West-Rhauderfehn	47,2	16,77	
KGDL	Johann	Steinhausersiel	88,6	31,96	
KGDM	Ekelina	Iheringsfehn	54,3	19,16	
KGDN	Aurora	Hoekzeteler Fehn	251,3	88,78	
KGDP	Anni	Papenburg	256.3	90,47	
KGDS	Catharina	Ost-Rhanderfehn	111,8	39,36	
KGDT	Antje	Ost-Rhanderfehn	105,8	37,68	
KGDV	Johanne Antine	Karolinensiel	168,4	60,50	

KGDW — KGLR

Unter-scheidungs-Signale.	Namen der Schiffe.	Heimathshafen der Schiffe.	Kubik-meter Netto-Raumgehalt.	Register-Tons	Pferde-stärken.
KGDW	Fenna Henderika .	Warsingsfehn . . .	278,4	96,49	
KGFB	Hempkedina . . .	West-Rhauderfehn .	51,1	18,14	
KGFC	Freya	Karolinensiel . . .	829,4	116,23	
KGFD	Elise	Leer	359,4	126,73	
KGFII	Hinrika	Boekzeteler Fehn .	852,9	124,34	
KGFJ	Anna	Grossefehn . . .	442,1	156,67	
KGFL	Anton	Papenburg	507,4	179,11	
KGFM	Hoffnung	Ost-Rhauderfehn .	68,4	24,14	
KGFN	Eclipse	Papenburg . . .	300,1	105,84	
KGFQ	Antina	West-Rhauderfehn .	56,4	19,91	
KGFR	Zwei Gebrüder . .	Ost-Rhanderfehn .	81,1	29,63	
KGFS	Kronprinzessin Victoria.	Norderney	69,3	24,43	
KGFT	Henriette	Boekzeteler Fehn .	289,3	102,19	
KGFW	Gretine	Rhandermoor . . .	100,1	86,51	
KGHB	Wopke	Borkum	63,4	22,34	
KGHC	Greetjelina	Neuefehn	125,3	44,30	
KGHD	Hinnerika	Rorichmoor	121,0	43,03	
KGHF	Greetjelina	West-Rhauderfehn .	75,0	26,47	
KGHJ	Hedwig	Leer	671,4	287,61	
KGHL	Rose	Emden	877,4	309,70	
KGHP	Drei Gebrüder . .	Greetsiel	54,1	19,11	
KGHQ	Christian Wilhelm.	Neu-Harrlinger Siel	65,5	28,20	
KGHR	Fekeline	Neermoor	338,0	119,22	
KGHT	Wübkea	Collingborstermoor .	47,9	16,51	
KGJB	Immanuel.	West-Rhauderfehn .	277,7	98,03	
KGJC	Martha	Borkum	105,4	87,34	
KGJD	Gesina	Papenburg	322,3	118,73	
KGJH	Foelkea	Ost-Rhauderfehn .	78,9	27,13	
KGJL	Janna	Warsingsfehn . . .	49,3	17,40	
KGJM	Gesine	Papenburg	316,1	111,49	
KGJN	Urania	Grossefehn	808,6	140,76	
KGJP	Albrecht	Grossefehn	426,1	150,03	
KGJQ	Cathrine	Leer	279,4	98,69	
KGJR	Magreta	Ost-Rhauderfehn .	65,9	28,30	
KGJS	Graf Eulenburg . .	Jemgum	768,9	271,43	
KGJT	Margaretha	Borkum	56,4	19,34	
KGJV	Arnold	Rhandermoor . . .	197,4	69,64	
KGJW	Einigkeit	Greetsiel	62,3	22,70	
KGLB	Dilligentia	Emden	991,4	850,03	
KGLC	Fides	West-Rhauderfehn .	310,9	109,74	
KGLD	Johanna	Papenburg	833,7	294,11	
KGLF	Fünf Gebrüder . .	West-Rhauderfehn .	74,3	26,30	
KGLH	Freundschaft . . .	Am Norddeich, Kreis Emden.	53,6	18,72	
KGLJ	Hiskelina	West-Rhauderfehn .	204,3	72,12	
KGLM	Voelkea	Holterfehn	70,4	24,30	
KGLP	Hoffnung	West-Rhauderfehn .	67,2	23,11	
KGLR	Catharina	Jemgum	868,1	129,23	

KGLS — KGQM

Unter-scheidungs-Signale.	Namen der Schiffe.	Heimathshafen	Kubik-meter Netto-Raumgehalt.	Register-Tons	Pferde-stärken.
KGLS	†Stadt Norden	Norden	159,3	56,31	25*
KGLT	Paul	Barssel	381,2	134,37	
KGLV	†Stadt Leer	Leer	1017,7	350,09	120
KGLW	Anna	West-Rhauderfehn	87,1	30,73	
KGMC	Aden	Grossefehn	382,4	135,06	
KGMF	Hermann	Ost-Rhauderfehn	319,6	112,64	
KGMJ	Hoffnung	Ost-Rhauderfehn	75,1	26,31	
KGMN	Elise	West-Rhauderfehn	75,7	26,73	
KGMP	Aetio	Papenburg	566,1	199,81	
KGMQ	Hoffnung	Ost-Rhanderfehn	55,6	19,62	
KGMR	†Delphin	Emden	25,4	8,91	14*
KGMS	Lina	Karolinensiel	274,7	96,97	
KGMT	Deborah	Karolinensiel	405,0	143,14	
KGMV	Geslna	West-Rhauderfehn	70,9	24,29	
KGMW	Catharina	Ost-Rhauderfehn	55,6	19,63	
KGNF	Harmonie	Emden	368,9	129,51	
KGNH	Arde	West-Rhauderfehn	59,1	20,84	
KGNJ	Desuport	Papenburg	663,9	234,31	
KGNL	Geerdina	Emden	380,2	116,51	
KGNM	Greetjelina	Leer	182,6	46,51	
KGNP	Frau Lina	Ost-Rhauderfehn	72,9	25,71	
KGNQ	Jantina	West-Rhauderfehn	59,9	21,10	
KGNR	Almuth	Leer	344,0	121,61	
KGNS	Neptun	Papenburg	286,0	100,91	
KGNT	Rudolph	Papenburg	261,6	92,31	
KGNV	Jantje	Holterfehn	51,4	18,13	
KGNW	Anna	Karolinensiel	88,4	20,41	
KGPB	Hermann	West-Rhauderfehn	63,4	22,41	
KGPC	Elise	Dockzeteler Fehn	380,7	131,31	
KGPD	Johann	Grossefehn	1000,0	356,10	
KGPF	Charlotte	Papenburg	288,3	101,77	
KGPH	Helene	Greetsiel	273,3	96,41	
KGPJ	Drei Gebrüder	Holterfehn	66,7	23,54	
KGPL	Engeline	West-Rhauderfehn	73,2	25,64	
KGPM	Gesina	Ost-Rhauderfehn	78,6	27,71	
KGPN	Gerhardine	West-Rhauderfehn	54,0	19,64	
KGPQ	Vier Gebrüder	West-Rhauderfehn	78,8	27,87	
KGPR	Trientje	West-Rhauderfehn	49,3	17,49	
KGPS	Bilda	Oldersum	307,1	108,40	
KGPT	Allina	Jemgum	350,3	123,41	
KGPV	Anna	West-Rhauderfehn	59,3	20,94	
KGQB	Etta M. Jacobs	Karolinensiel	208,6	73,60	
KGQC	Vier Gebrüder	Ost-Rhauderfehn	75,1	26,54	
KGQD	Foelkea	West-Rhauderfehn	69,4	24,53	
KGQF	Zieverdine	West-Rhauderfehn	70,6	24,87	
KGQH	Anna	Grossefehn	207,7	73,32	
KGQJ	Anton	Grossefehn	435,7	153,83	
KGQL	Maria	Papenburg	—	324,3	
KGQM	Marie von Oldendorp	Weener	461,9	163,05	

* Nominelle Pferdestärken.

KGQP — KGVC

UnterscheidungsSignale.	Namen der Schiffe.	Heimathshafen.	Kubikmeter Netto-Raumgehalt.	Register-Tons	Pferdestärken.
KGQP	Fokke	West-Rhauderfehn	58,1	20,66	
KGQR	Hoffnung	West-Rhauderfehn	114,0	40,34	
KGQS	Margaretha	West-Rhauderfehn	73,5	25,94	
KGQT	Geslna	West-Rhauderfehn	48,1	17,03	
KGQV	Jacobus David	Emden	210,9	85,04	
KGQW	Bernhardine	Leer	181,0	64,53	
KGRB	Margaretha	West-Rhauderfehn	63,8	22,52	
KGRD	Concordia	Borkum	87,9	31,03	
KGRF	Antine	Rhaudermoor	65,0	22,04	
KGRH	Hilkea	Emden	370,9	130,77	
KGRL	Gesina	Papenburg	181,5	65,13	
KGRM	Almuth Elisabeth	Iberingsfehn	429,0	151,49	
KGRN	Hero	Grossefehn	137,7	151,51	
KGRP	Dina	West-Rhauderfehn	68,1	24,04	
KGRQ	Allda Elise	Papenburg	188,1	66,14	
KGRS	Ettina	Ost-Rhauderfehn	79,3	27,96	
KGRT	Bernhard Johann	Papenburg	368,8	130,18	
KGRV	Oldenborg	Emden	195,1	68,57	
KGSB	Hinrika	Iberingsfehn	49,9	17,41	
KGSC	Pollux	Grossefehn	114,7	116,35	
KGSD	Catharine	Emden	599,4	211,55	
KGSF	Anna	Papenburg	773,9	273,14	
KGSH	Fritz	Papenburg	268,8	91,49	
KGSJ	Cornelia	Emden	434,9	153,13	
KGSL	Bertha	Greetsiel	65,0	22,93	
KGSN	Ettine	Ost-Rhauderfehn	165,0	58,35	
KGSP	Tomma	Neu-Harlinger Siel	205,1	72,63	
KGSQ	J. G. Haak	Karolinensiel	271,7	96,13	
KGSR	Aretas	Papenburg	—	391,20	
KGST	Leefkea	West-Rhauderfehn	62,5	22,17	
KGSV	Sieben Gebrüder	West-Rhauderfehn	58,8	20,16	
KGSW	Hermann	Oldersum	427,7	150,50	
KGTB	Drei Gebrüder	Holtermoor	87,1	30,13	
KGTC	Hoffnung	West-Rhauderfehn	73,5	25,91	
KGTD	Antje	Emden	407,6	143,69	
KGTF	Gesine	Warmingsfehn	338,6	119,33	
KGTH	Maria	Ost-Rhauderfehn	82,5	29,05	
KGTJ	Maria Stella	Haren, Amt Meppen	205,3	72,33	
KGTL	Leda	Leer	572,5	202,30	
KGTM	Industrie	Papenburg	194,1	68,53	
KGTN	Frankea	West-Rhauderfehn	81,0	28,59	
KGTP	Ida	Papenburg	956,0	337,13	
KGTQ	Helena Johanna	Borkum	105,4	37,11	
KGTR	Bernhardine	Leer	463,2	163,51	
KGTS	Tönjes	Grossefehn	350,4	123,69	
KGTV					
KGTW					
KGVB					
KGVC					

KGVD — KLHM

Unter-scheidungs-Signale.	Namen der Schiffe.	Heimathshafen	Kubik-meter Netto-Raumgehalt.	Register-Tons	Pferde-stärken.
KGVD					
KGVF					
KGVH					
KGVJ					
KGVL					
KGVM					
KGVN					
KGVP					
KGVQ					
KGVR					
KGVS					
KGVT					
KGVW					
KLBG	Wanderer	Lübeck	458,9	161,79	
KLBH	Anna	Meldorf	189,6	66,71	
KLBJ	Amos	Lühe, Amts Jork	37,6	13,84	
KLBM	Fido	Dornbusch, Amts Frei-burg.	194,0	68,48	
KLBN	Adelheid	Weener	253,1	89,26	
KLBT	Maria	Estebrügge	108,4	38,37	
KLCD	Maria	Estebrügge	110,6	38,41	
KLCG	Nikolaus	Ritsch, Amts Freiburg	84,9	29,97	
KLCJ	Johannes	Estebrügge	91,5	32,29	
KLCN	Gesina	Lühe, Amts Jork	37,1	13,12	
KLCQ	Fortuna	Este-Fluss	85,8	30,29	
KLCS	Elisabeth	Lühe, Amts Jork	38,6	13,72	
KLCT	Gloria	Bützfleth	108,4	38,41	
KLCW	Hinrich	Cranz, Amts Jork	107,1	38,29	
KLDB	Ceres	Spitzerdorf, Kreis Pinneberg.	112,5	39,70	
KLDC	Johannes	Twielenfleth, Amts Jork	103,7	36,62	
KLDJ	Elise	West-Rhauderfehn	135,3	47,72	
KLDQ	Hosianna	Spitzerdorf, Kreis Pinneberg.	112,6	39,71	
KLDR	Catrina	Neuenfelde, Amts Jork	112,4	39,61	
KLDT	Robert	Husum in Schleswig	229,1	80,94	
KLDW	Selene	Twielenfleth, Amts Jork	95,4	33,66	
KLFG	Johannes	Horstel, Amts Jork	66,4	23,44	
KLFH	Immanuel	Cranz, Amts Jork	83,4	29,44	
KLFR	Emanuel	Twielenfleth, Amts Jork	76,1	27,06	
KLFS	Eduard	Emden	313,3	110,56	
KLFT	Victorin	Krautsand	216,5	76,47	
KLFV	Anna Sophia	Hamburg	122,1	43,31	
KLGH	Hertha	Hetlingen, Kreis Pinneberg.	211,9	74,61	
KLGJ	Nimrod	Neuland, Amts Freiburg	209,4	73,92	
KLGN	Matthias	Hamburg	155,7	54,96	
KLHF	Aline	Horstel, Amts Jork	94,3	33,26	
KLHM	Palme	Geestemünde	492,6	173,90	

KLJD — KMCJ

Unter-scheidungs-Signale.	Namen der Schiffe.	Heimathshafen	Kubik-meter Netto-Raumgehalt.	Register-Tons	Pferde-stärken.
KLJD	Emanuel	Estebrügge	94,4	33,29	
KLJP	Johanna Maria . .	Neustadt in Holstein .	114,1	40,36	
KLJR	Georg	Wischhafen	214,6	75,73	
KLJT	Emanuel	Schwarzenhütten, Amts Osten.	81,6	28,40	
KLMJ	Maria	Hamburg	148,5	52,42	
KLND	Beata	Wedel, Kreis Pinneberg	190,5	67,18	
KLNF	Hoffnung	Dornbusch, Amts Freiburg.	167,9	59,37	
KLNG	Regina	Borstel, Amts Jork .	59,6	21,04	
KLNQ	Antoinette	Bremen	2123,5	749,60	
KLNT	Achilles	Abbenfleth	123,1	43,43	
KLNW	Ernte	Cranz, Amts Jork . .	92,1	32,51	
KLPD	Sophie	Bentwisch, Amts Neuhaus a. d. Oste.	159,3	50,29	
KLPM	Catharina	Hamburg	444,7	156,94	
KLPN	Antelope	Hamburg	481,3	169,94	
KLPV	August	Cranz, Amts Jork . .	693,6	244,41	
KLPW	Catharina	Twielenfleth, Amts Jork	128,3	45,31	
KLQB	August	Rekum	132,6	40,41	
KLQG	Louise	Uarth	508,4	179,47	
KLQJ	Anna	Cranz, Amts Jork . .	258,3	91,18	
KLQN	Alwine	Hamburg	608.1	214,63	
KLQT	Wremen	Ost-Rhauderfehn . .	79,3	27,39	
KLQV	Laguna	Spitzerdorf, Kreis Pinneberg.	100,9	35,34	
KLRJ	Margaretha	Twielenfleth, Amts Jork	123,5	48,62	
KLRM	Rebecca	Elsfleth	782,9	276,37	
KLSR	Emanuel	Twielenfleth, Amts Jork	98,7	34,64	
KLTH	Johannes	Nenenfelde, Amts Jork	124,6	43,69	
KLTP	Theodor	Krautsand	411,4	145,72	
KLTR	Germania	Bremerhaven . . .	2315,7	817,44	
KLVH	Orion	Brake a. d. Weser . .	617,1	217,54	
KLVR	J. G. Fichte	Buxtehode	653,9	230,93	
KLWN	Maria	Lühe, Amts Jork . .	23,4	8,34	
KLWS	Gondel	Lühe, Amts Jork . .	65,9	23,37	
KLWV	Maria	Grünendeich, Amts Jork	34.3	12,11	
KMBN	Diana	Osten	94,7	33,43	
KMBQ	Aurora	Dornbusch, Amts Freiburg.	102,7	36,23	
KMBS	†Mercur	Bremen	975,8	344,44	180
KMBT	†Neptun	Bremen	514,3	181,53	95
KMBW	Maria	Bronshausen, Amts Himmelpforten.	195,7	69,09	
KMCB	Johanna	Blumenthal, Amts Blumenthal.	164,6	58,16	
KMCH	Margaretha	Harburg	420,1	150,63	
KMCJ	Pallas	Geversdorfer Laak, Amts Neuhaus r.d. Oste.	90,3	83,92	

KMCL — KMGR

Unterscheidungs-Signale.	Namen der Schiffe.	Heimathshafen	Kubik-meter Netto-Raumgehalt.	Register-Tonnen.	Pferdestärken.
KMCL	Regine	Cranz, Amts Jork	124,4	44,63	
KMCN	†Diaua	Bremen	800,7	292,43	120
KMCP	Amanda	Hamburg	141,2	49,-7	
KMCS	Atalanta	Hoyer	68,4	24,29	
KMCV	†Jupiter	Bremen	877,1	309,13	120
KMCW	†Delbrück	Geestemünde	816,8	288,71	150
KMDB	Gloriosa	Twielenfleth, Amts Jork	148,2	52,11	
KMDC	Woerth	Geestemünde	114,0	40,41	
KMDG	Emanuel	Estebrügge	54,11	19,0-	
KMDL	Bremorhaven	Geestemünde	2052,3	1042,15	
KMDN	Mirandu	Cranz, Amts Jork	97,3	34,41	
KMDP	Metba	Cranz, Amts Jork	97,3	34,40	
KMDQ	Elisabeth	Grossenwörden, Amts Osten.	105,6	37,28	
KMDR	Derby	Geestemünde	3080,6	1087,13	
KMDS	Cadet	Estebrügge	149,9	52,91	
KMDT	Irene	Estebrügge	79,1	28,14	
KMDV	Johannes	Hamburg	90,7	32,63	
KMDW	Anna	Dornbuseb, Amts Freiberg.	76,9	27,11	
KMFB	Germania	Wischhafen	84,5	29,43	
KMFC	Hesperus	Dornbusch, Amts Freiborg.	77,6	27,14	
KMFD	Calbarinn	Rüsterslei.	87,3	30,41	
KMFG	Selene	Dornbosch, Amts Freiborg.	78,3	27,11	
KMFH	Achilles	Dornbuseb, Amts Freiborg.	92,9	32,79	
KMFJ	Gesine	Twielenfleth, Amts Jork	77,6	27,14	
KMFN	Meta Maria	Steinhausersiel	79,6	27,90	
KMFR	Zwei Gebrüder	Cranerort, Amts Freiborg	50,6	20,43	
KMFS	Friedrieb	Oberndorf, Amts Neu-haus a. d. Oste.	285,3	100,49	
KMFT	†Arion	Bremen	572,3	202,16	120
KMFV	Catharina	Stade	62,2	21,94	
KMFW	Active	Oberndorf, Amts Neu-haus a. d. Oste.	97,3	34,23	
KMGB	Henriette Lisette	Oberndorf, Amts Neu-haus a. d. Oste.	99,9	35,24	
KMGC	Johanne	Basbeck	86,4	30,51	
KMGD	Hinrich	Warstade	87,4	30,91	
KMGF	Margaretha	Oberndorf, Amts Neu-haus a. d. Oste.	87,3	30,7-	
KMGJ	Onrust	Hamburg	97,4	34,51	
KMGL	Amandus	Geversdorf	92,-	32,16	
KMGN	MargarethaDorothea	Oberndorf, Amts Neu-haus a. d. Oste.	91,3	32,37	
KMGP	Irene	Krautsand	61,4	21,71	
KMGR	Maria	Neuhaus a. d. Oste	77,3	27,23	

KMGS — KMNB

Unter-scheidungs-Signale.	Namen der Schiffe.	Heimathshafen.	Kubik-meter Netto-Raumgehalt.	Register-Tons	Pferde-stärken.
KMGS	Erndte .	Kleinwörden, Amts Osten.	82,8	20,22	
KMGV	Zwei Gebrüder	Estebrügge . . .	75,5	26,66	
KMGW	Hoffnung . .	Oberndorf, Amts Neu-haus a. d. Oste.	69,6	24,67	
KMHB	Catharina Maria .	Geversdorf . . .	70.3	27,29	
KMHC	Blume .	Neuhaus a. d. Oste.	73,6	25,93	
KMHD	Stade .	Stade . . .	67,-	23,92	
KMHF	Palma . . .	Freiburg . .	83,6	29,52	
KMHJ	Die Schwinge .	Assel . . .	91.4	32,30	
KMHL	Franklin . .	Oberndorf, Amts Neu-haus a. d. Oste.	78,9	27,9c	
KMHP	Margaretha . . .	Stade . . .	57.7	20,37	
KMHQ	Rebecca	Mühlenhafen .	52,6	18,57	
KMHR	Gesine . . .	Bassenfleth . . .	93,0	32,54	
KMHS	Emanuel . .	Ostendorf, Amts Bre-mervörde.	67.3	23,74	
KMHT	Rebeca . .	Hechthausen, Amts Osten.	54,9	20,91	
KMHV	Die Drei Gebrüder	Warstade	83.5	29,89	
KMHW	Anna	Hutzfleth . . .	95,6	33,74	
KMJB	Rose	Neuhaus a. d. Oste	102,2	36,60	
KMJC	Fortuna	Neuhaus a. d. Oste	73,2	25,54	
KMJF	Petrus	Klint, Amts Osten .	83,7	29,31	
KMJG	Catharina . . .	Iselersheim .	78,8	27,71	
KMJL	Anna Catharina .	Gräpel . . .	72,6	25,62	
KMJN	Catharina Sophia .	Cranz, Amts Jork .	82,6	29,16	
KMJP	Amalia	Borukrug . . .	70.3	24,54	
KMJQ	Marie	Gnuensiek . .	92,9	32,50	
KMJR	Anna Sophie . .	Basbeck	88,7	31,73	
KMJS	Auguste . .	Cuxhafen . . .	82,7	28,59	
KMJV	Magaretha .	Oberndorf, Amts Neu-haus a. d. Oste.	73,2	25,54	
KMJW	Doctor Lasker .	Geestemünde . . .	754,1	266,30	
KMLB	Ernte	Neuendamm. Amts Bremervörde.	89.5	31,24	
KMLC	Emanuel . . .	Rendsburg . . .	67,6	23,67	
KMLD	Marta	Estebrügge . . .	68,9	24.33	
KMLG	Emanuel . . .	Grünendeich, Amts Jork	55.5	19,53	
KMLH	Deike Rickmers	Geestemünde . . .	4880,4	1724,55	
KMLN	Miranda . . .	Borstel, Amts Jork	62.9	22,24	
KMLP	Johannes	Wischhafen . .	67,1	23,79	
KMLQ	Die zwei Gebrüder .	Lühe, Amts Jork . .	55.3	19,52	
KMLR	Emanuel	Mourende, Amts Jork .	59.4	20,99	
KMLS	Hinrich	Cranz, Amts Jork . .	60,7	21,43	
KMLT	Sophia Catharina .	Basbeck	112,4	39,69	
KMLW	Johannes . . .	Dornbusch, Amts Frei-burg.	79.4	27,93	
KMND	Catharina	Wischhafen . . .	69,3	24,47	

KMNC — KMRF

Unter-scheidungs-Signale.	Namen der Schiffe.	Heimathshafen	Kubikmeter Netto-Raumgehalt.	Register-Tons	Pferde-stärken.
KMNC	Johanna	Warstade	80,9	28,56	
KMND	Johanne Elise	Grossenwörden, Amts Osten.	97,0	34,24	
KMNF	Maria	Borstel, Amts Jork	78,3	27,63	
KMNG	Marie Lucie	Blumenthal, Amts Blumenthal.	136,9	48,20	
KMNH	Minerva	Neuenschleuse, Amts Jork.	45,2	15,93	
KMNJ	Gloria	Neuenschleuse, Amts Jork.	53,7	18,98	
KMNP	Emanuel	Klint, Amts Osten	70,4	24,79	
KMNQ	Hinrich	Cranz, Amts Jork	64,3	22,61	
KMNR	Johann Hinrich	Borstel, Amts Jork	54,6	19,35	
KMNS	Erute	Lühe, Amts Jork	62,1	21,71	
KMNT	Adelbert	Wischhafen	49,3	17,40	
KMNV	†Concordia	Stade	215,0	75,91	60
KMNW	Margretha	Lühe, Amts Jork	54,1	19,10	
KMPB	Möwe	Geestemünde	502,3	177,34	
KMPC	Petrus	Cranz, Amts Jork	80,1	28,00	
KMPD	†Stade	Stade	230,7	81,41	70
KMPF	Charlotte	Osten	100,6	35,64	
KMPG	Charis	Borstel, Amts Jork	64,1	22,63	
KMPJ	Gesine	Borstel, Amts Jork	62,3	22,01	
KMPL	Betti	Rekum	150,3	53,17	
KMPN	Johanna	Rönneberk	208,3	73,13	
KMPQ	Adeline	Borstel, Amts Jork	50,3	17,36	
KMPR	Johannes	Königreich, Amts Jork	64,3	22,61	
KMPS	Diana	Estebrügge	67,4	23,71	
KMPT	Emanuel	Estebrügge	55,6	19,63	
KMPV	Minerva	Borstel, Amts Jork	65,0	22,89	
KMPW	Diederieus	Neuenfelde, Amts Jork	57,3	20,10	
KMQB	Elbe	Lühe, Amts Jork	74,1	26,16	
KMQC	Hoffnung	Twielenfleth, Amts Jork	55,9	19,73	
KMQD	Mercur	Estebrügge	56,0	19,75	
KMQF	Fortuna	Moorende, Amts Jork	65,6	23,11	
KMQG	Fortuna	Cranz, Amts Jork	78,0	27,43	
KMQH	Magreta	Gauenslek	88,5	31,20	
KMQJ	Immanuel	Borstel, Amts Jork	53,3	18,61	
KMQL	Catharina	Insel Langeoog	123,7	43,67	
KMQP	Aurora	Hove s. d. Este, Amts Jork	66,1	23,30	
KMQR	Minerva	Leswig a. d. Este	60,4	21,46	
KMQS	Maria	Borstel, Amts Jork	71,9	25,30	
KMQT	Julinna	Borstel, Amts Jork	52,2	18,43	
KMQV	Anna Sophia	Bützfleth	77,4	27,30	
KMQW	Hosianna	Abbenfleth	65,9	23,71	
KMRB	Helene	Buxtehude	68,3	24,11	
KMRC	Delphin	Borstel, Amts Jork	55,4	19,43	
KMRD	Immanuel	Otterndorf	48,2	17,01	
KMRF	Emanuel	Neuenfelde, Amts Jork	60,7	21,30	

KMRG — KMVD

Unter-scheidungs-Signale.	Namen der Schiffe.	Heimathshafen	Kubik-meter Netto-Raumgehalt.	Register-Tons	Pferde-stärken.
KMRG	Heuriette	Lübe, Amts Jork	41,4	14,50	
KMRH	Johannes	Ritsch, Amts Freiburg	74,3	26,23	
KMRJ	Maria	Borstel, Amts Jork	46,3	16,29	
KMRL	Illurieh	Cranz, Amts Jork	82,3	29,06	
KMRN	Charls	Borstel, Amts Jork	58,0	20,44	
KMRP	Germania	Urthuendeich, Amts Jork	68,9	24,07	
KMRQ	Erndte	Abbenfleth	85,9	30,23	
KMRS	Fortuna	Cranz, Amts Jork	57,5	20,39	
KMRV	Diana	Cranz, Amts Jork	59,3	20,79	
KMRW	Eluigkeit	Grüuendeich, Amts Jork	61,3	21,41	
KMSB	Fortuna	Viersielen	61,5	21,72	
KMSD	Zwei Gebrüder	Laumühlen	75,8	20,44	
KMSF	Catharina Christina	Freiburg	69,6	24,01	
KMSG	Dorothea	Dorubunch, Amts Freiburg.	52,4	18,50	
KMSH	Johanna Metta	Osten	82,3	31,37	
KMSJ	Anna Sophia	Basbeck	69,9	24,4	
KMSL	Flora	Hove a. d. Este, Amts Jork.	68,6	22,47	
KMSN	Catharina	Estebrügge	63,6	22,33	
KMSP	Gloria Deo	Estebrügge	64,1	22,63	
KMSQ	Eumonia	Stade	67,9	23,91	
KMSU	Flora	Leswig a. d. Este	50,7	17,95	
KMST	Emanuel	Cranz, Amts Jork	65,6	23,14	
KMSV	Orpheus	Bremen	2579,1	910,41	
KMSW	Germania	Steinkirchen, Amts Jork	61,6	21,74	
KMTB	Johannis	Cranz, Amts Jork	78,9	27,28	
KMTC	Diodor	Borstel, Amts Jork	61,7	21,71	
KMTD	Immanuel	Geversdorf	65,5	23,12	
KMTF	Johannes	Moorende, Amts Jork	67,6	23,87	
KMTG	Anna Dorothea	Rönnebeck	142,5	50,30	
KMTH	Aurora	Oberndorf, Amts Neuhaus a. d. Oste.	58,4	20,62	
KMTJ	Juno	Steinkirchen, Amts Jork	56,3	19,31	
KMTL	Emanuel	Cranz, Amts Jork	67,8	23,93	
KMTN	Germania	Höhen, Amts Jork	59,4	20,97	
KMTP	Adeline	Neuenkirchen, Amts Jork.	49,4	17,44	
KMTQ	Anna	Rekum	145,9	51,30	
KMTR	Gloria	Ostendorf, Amts Bremervörde.	68,8	24,39	
KMTS	Emanuel	Ostendorf, Amts Bremervörde.	70,3	24,81	
KMTV	Miranda	Borstel, Amts Jork	62,4	22,04	
KMTW	Gloriadea	Ostendorf, Amts Bremervörde.	50,1	17,41	
KMVB	Hinrieb	Geestemünde	163,0	57,33	
KMVC	Charlotte Auguste	Otterndorf	58,1	20,31	
KMVD	Fortuna	Osten	64,0	22,19	

KMVF — KNCL

Unter-scheidungs-Signale.	Namen der Schiffe.	Heimathshafen	Kubik-meter Netto-Raumgehalt.	Register-Tons	Pferde-stärken.
KMVF	Metta	Dornbusch, Amts Freiborg.	74,7	26,91	
KMVJ	Meta	Bremen	149,4	52,14	
KMVL	Catharina	Ostendorf, Amts Bremervörde.	49,1	17,34	
KMVQ	Hedwig	Geestemünde	81,6	28,91	
KMVR	Fortuna	Abbenfleth	85,3	30,15	
KMVS	Carl	Neuhaus a. d. Oste	69,6	24,36	
KMVT	Genius	Bützfleth	62,6	22,16	
KMVW	Zwei Gebrüder	Rönnebeck	161,5	57,12	
KMWB	Die zwei Gebrüder	Rönnebeck	138,1	48,13	
KMWC	Gesina	Blumenthal, Amts Blumenthal.	170,1	60,23	
KMWD	Helurich	Rönnebeck	141,3	40,91	
KMWF	Elise	Rönnebeck	132,6	40,91	
KMWG	Adelheid	Rönnebeck	153,3	54,23	
KMWH	Maria	Abbenseth	74,6	26,39	
KMWJ	Johannes	Wischhafen	78,6	27,13	
KMWL	Apollo	Oberndorf, Amts Neuhaus a. d. Oste.	64,6	22,91	
KMWN	Johanna	Klint, Amts Osten	67,2	23,73	
KMWP	Hansa	Borstel, Amts Jork	63,3	22,33	
KMWQ	Johanna Catharina	Oberndorf, Amts Neuhaus a. d. Oste.	113,4	40,94	
KMWR	Catharina	Gauensiek	49,4	17,14	
KMWS	Sophia Dorothea	Basbeck	87,7	30,94	
KMWT	Wilhelm	Warstade	78,9	27,43	
KMWV	Maria Elise	Basbeck	83,9	29,43	
KNBC	Petrus	Cranz, Amts Jork	156,4	55,31	
KNBD	Maria	Estebrügge	57,9	20,44	
KNBF	Margaretha	Gauensiek	67,0	23,63	
KNBG	Wilhelmine	Lobbendorf	67,4	23,43	
KNBH	Johanna	West-Moorende, Amts Jork.	155,3	54,73	
KNBJ	Venus	Borstel, Amts Jork	59,6	21,14	
KNBL	Fortuna	Warstade	82,4	29,09	
KNBM	Hosianna	Borstel, Amts Jork	57,4	20,36	
KNBP	Vesta	Warstade	83,4	29,44	
KNBQ	Gesina	Blumenthal, Amts Blumenthal.	154,1	54,60	
KNBR	Anna Maria	Lühedeich, Amts Jork	59,6	21,11	
KNBS	Hinnerike Lucie	Brake a. d. Weser	140,3	52,70	
KNBT	Fortuna	Dornbusch, Amts Freiborg.	86,6	30,64	
KNBW	Hera	Bremen	2030,5	1036,55	
KNCB	Julius	Nenenfelde, Amts Jork	130,3	49,11	
KNCF	Catharine	Farge	140,7	49,41	
KNCJ	Catharina	Sebuln	95,4	33,64	
KNCL	Cntharina	Gauensiek	62,1	21,93	

KNCM — KNGF

Unter-scheidungs-Signale.	Namen der Schiffe.	Heimathshafen	Kubik-meter	Register-Tons	Pferde-stärken.
			Netto-Raumgehalt.		
KNCM	Catharina Marga-retha.	Buttlersiel	127,4	44,91	
KNCP	Margaretha	Farge	143,8	50,89	
KNCQ	Othello	Freiburg	90,3	31,03	
KNCR	Hoffnung	Rönnebeck	139,9	49,34	
KNCS	Vineta	Dorstel, Amts Jork . .	80,4	28,53	
KNCT	Elbe	Neuenfelde, Amts Jork	80,1	28,77	
KNCV	Gesine	Rönnebeck	150,1	56,17	
KNCW	Maria	Brobergen	63,1	22,37	
KNDB	Sophie	Oberndorf, Amts Neu-haus a. d. Oste.	85,1	30,13	
KNDC	Anna Catharina .	Wisch, Amts Osten .	72,4	25,70	
KNDF	Marie	Dasbeck	108,1	38,37	
KNDH	Catharina Marga-retha.	Gräpel	65,7	23,61	
KNDJ	Allee Rickmers . .	Geestemünde . . .	3422,4	1208,23	
KNDL	Dorothea	Otterndorf	56,3	19,94	
KNDM	Heinrich Wilhelm .	Otterndorf	54,8	19,77	
KNDP	Anna Margaretha .	Otterndorf	93,8	33,64	
KNDQ	Immanuel	Grünendeich b,Amts Jork	56,7	20,63	
KNDR	Johannes	Grünendeich,Amts Jork	56,0	19,77	
KNDT	Anna	Blumenthal, Amts Blumenthal.	194,8	68,90	
KNDV	Adele	Hamelwörden, Amts Freiburg.	72,3	25,33	
KNFB	Lydia Pearling . .	Geestemünde . . .	1042,3	367,73	
KNFC	Maria	Dorumer Tief, Amts Dorum.	54,3	19,31	
KNFD	Mathilde	Gauensiek	51,3	18,11	
KNFG	Claudine	Horburg	107,6	37,94	
KNFH	Elbe	Gräpel	61,3	21,44	
KNFJ	Anna	Blumenthal, Amts Blumenthal.	174,7	61,67	
KNFL	Hinrich	Neuenfelde, Amts Jork	88,0	31,07	
KNFM	Anna Rebecka . .	Twielenfleth, Amts Jork	92,7	32,72	
KNFQ	Margaretha Friede-rike.	Blumenthal, Amts Blumenthal.	205,0	72,37	
KNFR	Dorothea	Neuhaus a. d. Oste .	65,0	22,94	
KNFS	Immanuel	Oberndorf, Amts Neu-haus a. d. Oste.	60,4	21,14	
KNFT	Adelheid	Ostendorf, Amts Bremervörde.	51,4	18,04	
KNFV	Drei Gebrüder . .	Iselersheim	82,3	29,11	
KNFW	Emanuel	Ostendorf, Amts Bremervörde.	69,3	24,56	
KNGB	Emanuel	Cranz, Amts Jork . .	88,3	31,24	
KNGC	Gloria	Oberndorf, Amts Neu-haus a. d. Oste.	78,4	27,73	
KNGF	Catharina	Osten	66,8	23,50	

KNGH — KNJW

Unter-scheidungs-Signale.	Namen der Schiffe.	Heimathshafen	Kubik-meter Netto-Raumgehalt.	Register-Tons	Pferde-stärken.
KNGH	Heinrich Wilhelm .	Otterndorf	57,8	20,30	
KNGJ	†Guttenberg . . .	Stade	260,0	92,80	70
KNGL	Meta Sophia . . .	Oberndorf, Amts Neu-haus a. d. Oste.	99,4	85,60	
KNGM	Anna	Bassenfleth	151,8	53,31	
KNGP	Gloriosa	Otterndorf, Amts Neu-haus a. d. Oste.	92,6	32,70	
KNGQ	Amandus	Steinkirchen, Amts Jork	56,6	19,77	
KNGR	Albert	Cranz, Amts Jork .	152,9	53,34	
KNGS	Maria	Neu-Rönnebeck . .	208,0	73,43	
KNGT	Sirene	Cranz, Amts Jork . .	153,0	54,10	
KNGV	Elisabeth	Hamburg	125,6	44,34	
KNGW	Ordnung	Blumenthal, Amts Blumenthal.	176,1	62,16	
KNHB	Eleonore	Mühlenhafen . . .	54,8	19,17	
KNHC	Margaretha	Wischhafen . . .	80,1	28,29	
KNHD	Gesine	Borstel, Amts Jork .	54,8	19,34	
KNHF	Adler	Blumenthal, Amts Blumenthal.	134,7	47,43	
KNHG	Anna Maria . . .	Altendorf, Amts Osten	89,1	31,43	
KNHJ	Citadelle	Borstel, Amts Jork .	144,9	51,11	
KNHL	Tamerlane	Geestemünde . . .	2591,6	914,43	
KNHM	Paul Rickmers . .	Geestemünde . . .	3373,4	1190,90	
KNHP	Rebecca	Gauensiek	57,0	20,13	
KNHQ	Christine	Blumenthal, Amts Blumenthal.	112,3	39,41	
KNHR	Genius	Freiburg	71,7	25,31	
KNHS	Henriette	Doramer Tief, Amts Dorum.	88,3	13,77	
KNHT	Anna Maria	Warstade	71,1	25,10	
KNHV	Andreas	Warstade	85,6	30,23	
KNHW	Sechs Gebrüder . .	Blumenthal, Amts Blumenthal.	172,6	61,60	
KNJB	Germania	Otterndorf	57,8	20,13	
KNJC	Lina	Geestemünde . . .	2814,6	993,23	
KNJD	Maria	Doramer Tief, Amts Dorum.	55,4	18,11	
KNJF	Cathrina Elisabeth	Altendorf, Amts Osten	110,6	39,44	
KNJG	Johann Gustav . .	Rönnebeck	144,3	50,90	
KNJH	Immanuel	Neuenfelde, Amts Jork	64,3	22,10	
KNJL	Frau Mathilde . .	Wremer Tief . . .	59,0	20,93	
KNJM	Adelheid	Rönnebeck	126,9	44,76	
KNJP	Therese	Gevorsdorf	78,7	27,70	
KNJQ	Helene	Steinkirchen, Amts Jork	58,7	20,73	
KNJR	Anna	Dornbusch, Amts Frei-burg.	98,7	34,44	
KNJT	Wilhelm Anton . .	Geestemünde . . .	2830,1	990,23	
KNJV	Deo Gloria	Krautsand	63,1	22,97	
KNJW	Courier	Krautsand	73,2	25,4	

KNLB — KNPV

Unter-scheidungs-Signale.	Namen der Schiffe.	Heimathshafen	Kubik-meter Netto-Raumgehalt.	Register-Tons	Pferde-stärken.
KNLB	Die Hoffnung . . .	Ostendorf, Amts Bremer-vörde.	67,0	23,85	
KNLC	Sophie	Geestemünde . . .	3560,8	1256,94	
KNLD	Rebecka	Oberndorf, Amts Neu-haos a. d. Oste.	67,9	28,91	
KNLF	Amelia	Geestemünde . . .	2659,0	938,62	
KNLG	Margaretha	Twielenfleth, Amts Jork	55,3	19,49	
KNLH	Amalia	Hützfleth	102,0	36,52	
KNLJ	Maria	Lühe, Amts Jork . .	75,1	26,51	
KNLM	Geestemünde . . .	Geestemünde . . .	3110,1	1097,87	
KNLQ	Metta Maria . . .	Schwarzenhütten, Amts Osten.	98,1	34,63	
KNLR	Maria	Oberndorf, Amts Neu-haos a. d. Oste.	91,7	32,31	
KNLS	Johannes	Cranz, Amts Jork . .	79,7	28,13	
KNLT	Preciosa	Warstade	98,3	34,70	
KNLV	Anna	Ganensiek	67,9	23,91	
KNLW	Gesine	Abbenfleth	82,3	29,08	
KNMB	Adeline	Rekum	141,0	49,77	
KNMD	Nordstern	Lühe, Amts Jork . .	76,5	27,00	
KNMF	Favorita	Geestemünde . . .	3429,7	1210,43	
KNMG	Albinos	Keitum auf Sylt . .	66,4	23,81	
KNMH	Aurora	Laumühlen	76,4	26,91	
KNMJ	Seenymphe	Borstel, Amts Jork .	111.1	39,43	
KNML	Emanuel	Wischhafen	65,4	23,07	
KNMP	Emanuel	Laumühlen	58,3	20,59	
KNMQ	Minna	Twielenfleth, Amts Jork	50,0	17,65	
KNMR	Maria Helene . . .	Brobergen	78,3	27,80	
KNMS	Cuba	Geestemünde . . .	8190,1	1128,29	
KNMT	Florentine	Oberndorf, Amts Neu-haos a. d. Oste.	79,3	28,00	
KNMV	Deo Gloria	Steinkirchen, Amts Jork	59,9	21,14	
KNMW	Christine	Warstade	104,9	37,02	
KNPB	Anna Maria	Warstade	67,3	23,97	
KNPC	Lucinde	Basbeck	96,3	33,94	
KNPD	Achilles	Basbeck	83,5	29,49	
KNPF	Erndte	Grüpel	80,3	30,45	
KNPG	Adelheide	Grüpel	79,6	28,10	
KNPH	Hertha	Borstel, Amts Jork .	73,9	26,03	
KNPJ	Adeline	Stade	101,6	35,83	
KNPL	Diana	Geestemünde . . .	1048,8	370,31	
KNPM	Anna Friederike . .	Geestemünde . . .	101,1	35,90	
KNPQ	Martha	Geestemünde . . .	179,8	63,51	
KNPR	Meta	Geestemünde . . .	3773,0	1331,97	
KNPS	Regina	Neuenschleuse, Amts Jork.	60,1	21,11	
KNPT	Adele	Oberndorf, Amts Neu-haos a. d. Oste.	76,9	27,15	
KNPV	Immanuel	Warstade	74,0	26,12	

Unter- scheidungs- Signale.	Namen der Schiffe.	Heimathshafen	Kubik- meter Netto-Raumgehalt.	Register- Tons	Pferde- stärken.
		KNPW — KNSJ			
KNPW	Anna	Bützfleth	58,4	18,91	
KNQB	Leda	Neuenfelde, Amis Jork	92,8	32,78	
KNQC	Immanuel	Wisch, Amis Jork . .	58,1	18,78	
KNQD	Catharina	Ostendorf, Amis Bre-mervörde.	71,1	25,07	
KNQF	Peter	Twielenfleth, Amis Jork.	160,9	56,47	
KNQG	Rebecka	Kleinwörden, Amis Osten.	80,1	28,31	
KNQH	Anna Helene . . .	Geestemünde . . .	108,9	87,71	
KNQJ	Betty	Barnkrug	45,1	15,91	
KNQL	Cathrina Maria . .	Hechthausen, Amis Osten.	88,7	29,36	
KNQM	Maria Anna	Geestemünde . . .	3587,4	1266,38	
KNQP	Catharina	Geversdorf	82,3	29,05	
KNQR	Christine	Basbeck	96,3	83,59	
KNQS	Germania	Geversdorf	51,1	18,07	
KNQT	Madeleine Rickmers	Geestemünde . . .	3616,6	1276,66	
KNQV	Heinrich & Tonio .	Geestemünde . . .	8090,4	1091,91	
KNQW	Katharina	Dorumer Tief, Amis Dorum.	59,6	21,66	
KNRB	Johannes	Neuenfelde, Amis Jork	50,3	17,77	
KNRC	Minna	Farge	144,3	50,36	
KNRD	Harmonia	Geestemünde . . .	4120,6	1451,36	
KNRF	Catharina	Hechthausen, Amis Osten.	58,9	20,26	
KNRG	Preciosa	Osten	90,7	32,43	
KNRH	Lucie	Twielenfleth, Amis Jork.	256,3	90,12	
KNRJ	Hosianna	Ritsch, Amis Freiburg	58,4	20,64	
KNRL	Dorothea	Geversdorf	106,3	37,29	
KNRM	Mathilde	Blumenthal, Amis Blumenthal.	194,4	68,71	
KNRP	Andromeda	Geestemünde . . .	5300,8	1871,19	
KNRQ	Aurora	Oberndorf, Amis Neu-haus a. d. Oste.	118,0	41,66	
KNRS	Anna Sophia . . .	Basbeck	76,6	27,11	
KNRT	Padilla	Borstel, Amis Jork .	73,8	20,66	
KNRV	Margaretha	Lauenbülen	80,1	28,37	
KNRW	Anna Louise . . .	Oberndorf, Amis Neu-haus a. d. Oste.	68,9	21,90	
KNSB	Adorna	Geestemünde . . .	3994,3	1409,93	
KNSC	†Geestemünde . . .	Geestemünde . . .	25,9	9,10	36
KNSD	Johannes	Ostendorf, Amis Bre-mervörde.	74,4	26,36	
KNSF	†Elbe	Stade	243,0	86,10	70
KNSG	Gesine	Bassenfleth	98,3	34,46	
KNSH	Die zwei Geschwister	Warstade	68,6	24,23	
KNSJ	Wilhelm	Geversdorf	94,4	33,29	

KNSM — KNWF

Unter-scheidungs-Signale.	Namen der Schiffe.	Heimathshafen	Kubik-meter Netto-Raumgehalt.	Register-Tons	Pferde-stärken.
KNSM	John Byers . . .	Geestemünde . . .	971,2	343,81	
KNSP	Anna Rebecca . .	Stade	99,7	35,39	
KNSQ	Preciosa	Wischhafen	97,9	34,34	
KNSR	Rebecka	Kleinwörden, Amts Osten.	77,8	27,43	
KNST	Richard Rickmers .	Geestemünde . . .	3810,6	1345,13	
KNSV	Catharina	Oberndorf, Amts Neu-haus a. d. Oste.	85,2	30,69	
KNSW	Hoffnung . . .	Cranz, Amts Jork . .	59,4	20,76	
KNTB	Hinrike	Rönnebeck	200,6	70,60	
KNTC	Meta	Rönnebeck . . .	232,9	82,14	
KNTD	Minerva	Borstel, Amts Jork .	58,1	20,11	
KNTF	Gloria	Twielenfleth, Amts Jork	92,3	32,49	
KNTG	Christiane	Geestemünde . . .	174,5	61,60	
KNTH	Johannes	Borstel, Amts Jork .	50,3	17,13	
KNTJ	Mettine	Finkenwerder, Amts Harburg.	60,2	21,23	
KNTL	Metta	Estebrügge	24,3	8,54	
KNTM	Anna Caroline . .	Blumenthal, Amts Blumenthal.	130,1	46,57	
KNTP	Balduin	Neuenfelde, Amts Jork	98,3	34,76	
KNTQ	Anna Marie	Basbeck	99,4	35,14	
KNTR	Emanuel	Lübe, Amts Jork . .	57,9	20,53	
KNTS	Erwin Rickmers . .	Geestemünde . . .	3917,4	1392,43	
KNTV	Eben-Ezer	Heebthausen, Amts Osten.	67,7	23,90	
KNTW	Catharina	Gräpel	80,4	28,39	
KNVB	Diederich	Krautsand	84,3	29,73	
KNVC	Catharina	Ottendorf, Amts Bremervörde.	89,2	31,49	
KNVD	Anna Sophia . . .	Ganensick	70,9	25,72	
KNVF	Adele	Krautsand	82,3	29,63	
KNVG	Diedrich	Geestemünde . . .	108,9	38,41	
KNVH	Fortuna	Ostendorf, Amts Bremervörde.	65,1	22,98	
KNVJ	Hugo	Geestemünde . . .	4291,2	1514,79	
KNVL	Otto	Geestemünde . . .	3414,1	1205,17	
KNVM	Hertha	Cranz, Amts Jork . .	81,9	28,98	
KNVP	John Georg . . .	Geversdorf	106,3	37,13	
KNVQ	Fortuna	Oberndorf, Amts Neu-haus a. d. Oste.	109,4	38,61	
KNVR	Orion	Neuenfelde, Amts Jork	50,0	19,77	
KNVS	Deo gloria	Borstel, Amts Jork . .	65,2	23,43	
KNVT					
KNVW					
KNWB					
KNWC					
KNWD					
KNWF					

Unter-scheidungs-Signale.	Namen der Schiffe.	Heimathshafen	Kubik-meter Netto-Raumgehalt.	Register-Tons	Pferde-stärken.
KNWG					
KNWH					
KNWJ					
KNWL					
KNWM					
KNWP					
KNWQ					
KNWR					
KNWS					
KPBD	Marianne	Grünendeich, Amts York	223,₂	78,₇₅	
KPDN	Gesine	Hamburg	82,₇	29,₂₁	
KPBS	Adonis	Oberndorf, Amts Neu-haus a. d. Oste.	55,₁	19,₄₅	
KPBT	Adeline	Harburg	76,₃	26,₉₀	
KPBV	Ann	Itzehoe	240,₆	84,₇₇	
KPCB	H. Peters	Harburg	1167,₄	412,₁₀	
KQBC	Christine Engeline	Haren, Amts Meppen .	146,₃	51,₆₄	
KQBD	Maria	Haren, Amts Meppen	137,₁	48,₆₄	
KQBF	Alida	Emden	126,₆	44,₆₄	
KQBG	Virgo Maria . . .	Haren, Amts Meppen .	129,₄	45,₆₇	
KQBH	Maria Regina . . .	Haren, Amts Meppen .	172,₄	61,₉₀	
KRBC	Carl	Geestemünde . . .	3692,₁	1309,₃₁	
KRBD					
KRBF					
KRBG					
KRBH					
LBCG	Jürgen	Altona	839,₉	296,₄₀	
LBCK	Caroline	Burg a. F.	311,₁	109,₇₁	
LBCQ	Helene	Heiligenhafen . . .	169,₁	59,₈₀	
LBCW	Catharina	Kiel	148,₄	52,₅₄	
LBDN	Christiane	Kiel	384,₃	135,₆₂	
LBDQ	Anna	Burg a. F.	268,₁	94,₆₃	
LBDT	Marie	Burg a. F.	294,₃	103,₈₀	
LBFC	Johanna	Moorsch a. d. Eider	37,₃	13,₃₃	
LBFH	Christloe	Borgstaaken a. F. . .	257,₁	90,₉₁	
LBFM	Emmeline	Heiligenhafen . . .	164,₃	58,₀₇	
LBFP	Bertha	Heiligenhafen . . .	261,₁	92,₁₀	
LBFR	Anton	Flensburg	168,₄	59,₃₁	
LBFS	Delphin	Burg a. F.	382,₄	135,₁₃	
LBGC	Ernestine	Lübeck	445,₃	157,₃₈	
LBGK	Pauline	Heiligenhafen . . .	268,₃	94,₇₃	
LBGR	Diana	Burg a. F.	261,₉	92,₄₁	
LBGV	Carl Emil	Kiel	98,₂	34,₆₁	
LBHC	Adler	Burg a. F.	588,₁	207,₀₀	
LBHD	Wilhelmine Maria .	Heiligenhafen . . .	48,₆	17,₁₃	
LBHJ	Christine	Heiligenhafen . . .	63,₁	22,₁₄	
LBHK	Emmeline	Neustadt in Holstein	68,₉	24,₀₂	
LBHP	Dorothea	Kiel	61,₄	21,₆₄	
LBHQ	Bertha	Hadersleben . . .	49,₃	17,₃₄	

LBHS — LCDJ

Unter-scheidungs-Signale	Namen der Schiffe	Heimathshafen	Kubik-meter Netto-Raumgehalt	Register-Tons	Pferde-stärken.
LBHS	Abeline	Kiel	70,1	24,93	
LBHT	Prellose	Wismar	49,8	17,40	
LBHW	Wilhelmine	Borg a. F.	52,4	18,81	
LBJF	†Fehmarn	Burg a. F.	131,9	46,12	85
LBJH	Theodora	Heiligenhafen	96,6	34,67	
LBJK	Dora	Ekensund	88,9	31,19	
LBJN	Malwine	Flensburg	63,9	22,37	
LBJS	Amazone	Burgstaaken a. F.	83,1	29,34	
LBKD	Sylphe	Kiel	48,6	17,01	
LBKN	Margaretha	Burg a. F.	238,9	84,33	
LBMH	†Vorwärts	Kiel	186,4	65,80	30
LBNF	Heinrich	Borg a. F.	70,8	24,90	
LBNG	Friederike	Rostock	78,3	26,83	
LBNT	Auguste	Itzehoe	67,9	23,71	
LBPF	Helene	Insel Fehmarn	313,3	110,67	
LBPG	Adolph	Labö	60,9	21,30	
LBPJ	Eben-Ezar	Borg a. F.	69,7	24,41	
LBPQ	†Holsatia	Kiel	597,1	210,19	80
LBPT	Holsatia	Heiligenhafen	535,6	189,84	
LBQM	Conrier	Barth	719,7	254,06	
LBQT	†Schwentine	Neumühlen bei Kiel	28,8	10,08	10
LBQV	†Concurrent	Kiel	39,3	13,87	10*
LBQW	Karens Minde	Sonderburg	62,7	22,19	
LBRF	Marie Amalie	Wismar	47,3	16,77	
LBRK	Christine	Neustadt in Holstein	63,9	22,73	
LBRV	Petrea	Kiel	136,7	48,20	
LBSM	Catharina	Grossenbrode	48,4	17,04	
LBSP	Emma	Burg a. F.	368,3	130,04	
LBTC	Mercur	Neustadt in Holstein	504,9	178,34	
LBTD	Agnes	Lemkenhafen	777,9	274,60	
LBTN	Anna Sophie	Stettin	271,3	95,71	
LBTV	Carl	Lübeck	556,6	190,44	
LBVC	Flora	Neumühlen bei Kiel	165,3	58,33	
LBVF	Dorothea	Arnis	127,3	44,90	
LBVS	Johann Carl	Heiligenhafen	409,3	144,65	
LBWF	Byka	Kiel	133,1	40,80	
LBWN	†Amalia	Rügenwalde	435,7	153,79	63
LBWR	†Thusnelda	Neumühlen bei Kiel	30,6	10,61	6
LBWV	Anna Maria	Arnis	78,6	27,61	
LCBG	Anna	Hamburg	1267,6	447,38	
LCBH	†Mota	Kiel	332,9	117,31	25
LCBK	Fürst Bismarck	Hamburg	957,7	338,64	
LCBM	Franziska	Burg a. F.	300,6	100,14	
LCBP	†Heinrich Adolph	Kiel	93,1	32,61	15
LCBQ	†Conrier	Kiel	74,4	20,36	10
LCBT	Mary	Hadersleben	63,9	22,63	
LCBW	Heinrich Lohmann	Blankenese	772,9	272,43	
LCDF	Emil	Neustadt in Holstein	73,1	25,79	
LCDJ	Wagrien	Heiligenhafen	508,6	179,83	

* Nominelle Pferdestärken.

Unterscheidungs-Signale.	Namen der Schiffe.	Heimathshafen	Kubikmeter Netto-Raumgehalt	Register-Tons	Pferdestärken
		LCDM — LCJW			
LCDM	Louise	Stettin	126,1	44,40	
LCDP	Idesbalde	Burgstaaken a. F.	596,4	210,91	
LCDS	†Suyn	Kiel	2601,6	918,97	125
LCDT	Helene	Kiel	423,6	149,63	
LCDV	†Orcouers	Kiel	2516,1	888,89	120
LCFB	Nicoline	Burg a. F.	284,6	82,75	
LCFD	Johanna	Burg a. F.	50,9	17,77	
LCFG	Martin	Arnis	152,8	53,98	
LCFJ	Victor	Neustadt in Holstein	461,6	162,76	
LCFM	†Klaus Groth	Kiel	85,3	80,66	18
LCFN	†Fried. Krupp	Kiel	2604,9	919,89	120
LCFP	Thora Maria	Neustadt in Holstein	76,9	27,89	
LCFS	Helene	Emden	1054,4	372,91	
LCFT	†Verein	Kiel	85,4	30,18	12
LCFV	Schwentine	Neumühlen bei Kiel	128,3	45,97	
LCFW	Hermann	Heiligenhafen	1259,1	444,44	
LCGH	Maria	Neumühlen bei Kiel	128,1	45,91	
LCGK	Olossega	Hamburg	ca. 163	ca. 59	
LCGM	Marie	Heiligenhafen	441,9	155,94	
LCGN	†Brutus	Kiel	1303,9	460,93	450*
LCGP	Elisabeth	Kiel	1267,4	447,40	
LCGQ	Margaretha	Heiligenhafen	80,1	28,37	
LCGT	Dora	Heiligenhafen	117,6	41,47	
LCGW	†Verein II	Kiel	99,1	35,19	16**
LCHB	†Express	Kiel	97,6	34,43	45*
LCHG	†Antonie	Kiel	380,1	134,22	80*
LCHJ	†Burg	Lübeck	451,9	159,63	30**
LCHP	†Auguste	Kiel	1028,6	303,64	60**
LCHQ	†Andreas	Kiel	67,6	23,66	10**
LCHR	†Reserve	Hamburg	37,3	13,13	25**
LCHS	†Welle	Heiligenhafen	1112,1	392,44	60**
LCHT	†Auguste Victoria	Kiel	490,7	173,39	444*
LCHV	†Stormarn	Neumühlen bei Kiel	1170,6	413,23	70**
LCHW	†Wagrien	Neumühlen bei Kiel	1174,9	414,74	70**
LCJB	†Adler	Kiel	471,9	166,44	100**
LCJD	†Prinz Heinrich	Kiel	572,3	201,99	166*
LCJF	†Adele	Kiel	429,6	151,61	86*
LCJG	†Franz	Kiel	1862,1	657,91	820*
LCJH	†Hydromotor	Kiel	196,6	69,60	150*
LCJK	†Helene	Kiel	427,1	150,77	80*
LCJM	†Stephan	Kiel	341,7	120,62	70**
LCJN	†Helene	Kiel	90,3	31,34	15**
LCJP	†Kiel	Kiel	88,3	31,16	10**
LCJQ	†August	Kiel	1040,6	367,31	60**
LCJR	†Itzehoe	Kiel	108,7	38,34	80*
LCJS	Leichter No. 1	Kiel	86,9	30,41	
LCJT	Leichter No. 2	Kiel	86,3	30,47	
LCJV	Leichter No. 3	Kiel	86,6	30,64	
LCJW	†Angeln	Neumühlen bei Kiel	1197,9	422,64	280*

* Indicirte Pferdestärken.   ** Nominelle Pferdestärken.

LCKB — LCPH

Unter-scheidungs-Signale.	Namen der Schiffe.	Heimathshafen	Kubik-meter Netto-Raumgehalt.	Register-Tons	Pferde-stärken.
LCKB	Lovise Auguste . .	Kiel	178,2	62 ∞	
LCKD	†Alwine	Kiel	1134,8	400,2	24·°
LCKG	†Germania	Neumühlen bei Kiel	50,3	17,9	40°
LCKH	†Anton	Kiel	1121,3	395,∞	240°
LCKJ	†Ingo	Heiligenhafen . . .	1902,∞	671,∞	90°*
LCKM	†Hercules	Kiel	74,3	26,∞	15**
LCKN	†Anna	Neumühlen bei Kiel	80,3	31,∞	40°
LCKP	†Cosmopolit . . .	Kiel	1899,7	870,∞	320°
LCKQ	†Falke	Kiel	104,0	57,∞	25**
LCKR	†Duesternbrook . .	Neumühlen bei Kiel .	1200,1	423,74	280°
LCKS	Johann Adolph . .	Heiligenhafen . . .	877,3	809,∞	
LCKT	†Wilhelm	Kiel	423,1	149,33	80°
LCKV	†Franziska	Kiel	1806,1	669,31	320°
LCKW	†Holtenau	Neumühlen bei Kiel .	1195,8	422,63	280°
LCMB	†Mexico	Neumühlen bei Kiel .	2924,1	1032,33	550°
LCMD	Kolibri	Neumühlen bei Kiel .	526,1	185,∞	
LCMF	Meise	Neumühlen bei Kiel .	514,1	181,∞	
LCMG	†Neutral	Kiel	1784,∞	612,∞	360°
LCMH	†Marie	Kiel	87,1	30,34	60°
LCMJ	†Paul	Kiel	1545,7	545,8	280°
LCMK	†Wellingdorf . . .	Kiel	2169,3	705,∞	360°
LCMN	†Pauline	Kiel	1572,1	551,∞	280°
LCMP	Lolly	Kiel	28,∞	9,∞	
LCMQ	†Reinbeck	Neumühlen bei Kiel .	3103,2	1095,u	530°
LCMR	†Bahrenfeld . . .	Neumühlen bei Kiel .	3098,8	1093,51	530°
LCMS	†Laboe	Neumühlen bei Kiel .	1830,8	643,∞	280°
LCMT	†Elsa	Kiel	1631,1	575,∞	280°
LCMV	†Carl	Kiel	420,∞	151,71	105*
LCMW	†Rival	Kiel	1178,3	410,∞	210°
LCNB	†Independent . . .	Kiel	2842,7	1003,∞	550°
LCND	†Johann	Kiel	1210,3	427,71	210°
LCNF	†Emma	Kiel	1892,∞	669,16	340°
LCNG	†Frida . .	Wellingdorf bei Kiel	122,1	43,∞	64°
LCNH	†Ellerbeck	Kiel	41,3	14,∞	7
LCNJ	†Ferdinand	Kiel	1210,3	427,71	240°
LCNK					
LCNM					
LCNP					
LCNQ					
LCNR					
LCNS					
LCNT					
LCNV					
LCNW					
LCPB					
LCPD					
LCPF					
LCPG					
LCPH					

LDBC — LDNK

Unter-scheidungs-Signale.	Namen der Schiffe.	Heimathshafen	Kubik-meter Netto-Raumgehalt	Register-Tons	Pferde-stärken.
LDBC	Meta	Hamburg	470,2	165,90	
LDBJ	Hermann	Hamburg	540,9	190,93	
LDBW	Otto	Glückstadt	243,4	85,93	
LDCN	Die drei Gebrüder	Hamburg	66,1	23,33	
LDCQ	Erndte	Spitzerdorf, Kreis Pinneberg.	111,6	30,61	
LDCS	Roland	Rostock	87,5	30,99	
LDCT	Adonis	Spitzerdorf, Kreis Pinneberg.	121,3	42,49	
LDCV	Rose	Spitzerdorf, Kreis Pinneberg.	90,8	35,31	
LDCW	Diana	Pahlhude	83,6	29,51	
LDFC	Deste	Wedel, Kreis Pinneberg	94,4	33,34	
LDFG	Mary	Blankenese . . .	560,6	197,4	
LDFH	Alerte	Stettin	590,3	208,33	
LDFM	Europa	Grünendeich, Amts Jork.	123,7	43,67	
LDFN	Hosianna	Uetersen	105,5	37,34	
LDFP	Heinrich	Blankenese . . .	104,3	68,35	
LDFR	Doris	Mühlenberg, Kreis Pinneberg.	153,7	54,33	
LDFV	Palur	Haseldorf	100,4	37,34	
LDFW	Maria	Elmshorn	334,3	118,03	
LDGF	Hoffnung	Wischhafen . . .	97,3	34,34	
LDGJ	Erndte	Seestermühe . . .	94,6	33,41	
LDGT	Diedrich	Krautsand . . .	86,7	30,61	
LDGV	Magnet	Blankenese . . .	442,3	156,31	
LDHJ	Hoffnung	Kollmar, Kreis Steinburg	116,3	41,33	
LDHN	Eunomia	Elmshorn	104,3	36,49	
LDJC	Metta Sophia . . .	Grossenwörden, Amts Osten.	77,7	27,42	
LDJF	Familie	Bockseteler Fehn .	272,1	90,63	
LDJS	Elegant	Hamburg	516,9	182,67	
LDJT	Elise	Itzehoe	274,5	96,97	
LDKB	Horizont	Itzehoe	70,6	24,91	
LDKC	Ta-Lée	Hamburg	ca.969	ca.342	
LDKQ	Maria	Tönning	183,5	64,10	
LDKR	Levante	Mühlenberg, Kreis Pinneberg.	582,5	205,73	
LDKV	Diamant	Blankenese . . .	486,0	171,34	
LDMB	Martin	Estebrügge . . .	117,0	41,61	
LDMF	Moria	Seesteraudeich .	83,7	29,34	
LDMH	Rudolph	Elmshorn	121,6	42,99	
LDMK	Immanuel	Seestermühe . . .	115,4	40,63	
LDMT	Mary	Hamburg	482,3	170,33	
LDNF	Courier	Blankenese . . .		58*	
LDNH	Flora	Elmshorn	123,3	43,34	
LDNJ	Mariane	Hamburg	219,4	77,43	
LDNK	Joachim Christian .	Altona	1295,6	457,13	

* Lasten zu 5200 ℔

LDNQ — LFDQ

Unter-scheidungs-Signale.	Namen der Schiffe.	Heimathshafen	Kubik-meter Netto-Raumgehalt.	Register-Tons	Pferde-stärken.
LDNQ	Bernhard Carl	Rostock	1221,6	431,23	
LDNS	Margaretha	Krautsand	73,3	25,03	
LDNV	Catharina	Heehthansen, Amts Osten.	113,5	40,06	
LDPC	Venus	Uetersen	70,0	24,71	
LDPF	Elisabeth	Hamburg	127,0	44,44	
LDPH	Amazone	Estebrügge	81,1	28,63	
LDPJ	Heinrich	Freiburg	354,3	125,07	
LDPM	Alert	Blankenese	454,8	160,31	
LDQM	Emanuel	Dorum, Amts Dorum	63,4	22,31	
LDQT	Ernte	Hamburg	94,6	33,31	
LDQV	Helene	Elmshorn	107,3	37,04	
LDQW	Gloria	Brunsbüttel	80,5	28,33	
LDRC	Gretha	Haseldorf	61,0	21,31	
LDRG	Elbe	Warstade	84,3	29,72	
LDRH	Lorenz	Blankenese	357,0	126,63	
LDRQ	Maria	Wollersum a. d. Eider	99,4	35,09	
LDRS	Dora	Uetersen	69,4	24,61	
LDSB	Helios	Blankenese	585,4	206,03	
LDSG	J. H. Jessen	Rostock	858,2	302,91	
LDST	Eunomia	Elmshorn	420,9	148,39	
LDTB	Dora	Ostendorf, Amts Bremervörde.	75,3	20,33	
LDTH	Paul	Hamburg	872,5	307,99	
LDTP	Elise	Wedel, Kreis Pinneberg	112,0	39,51	
LDTQ	Iduna	Blankenese	472,7	166,71	
LDVC	Aurora	Warstade	98,0	34,51	
LDVR	Zodiaens	Blankenese	75,3	26,63	
LDVS	Emanuel	Elmshorn	66,6	23,50	
LDVT	Paradies	Elmshorn	68,6	24,22	
LDWC	Elbe	Dornbusch, Amts Freiburg.	116,5	41,12	
LDWM	Hinrich	Basbeck	81,2	28,64	
LDWN	König Wilhelm I.	Blankenese	649,8	229,70	
LDWP	Maria	Blankenese	541,7	191,22	
LDWQ	Rogate	Elmshorn	125,4	44,23	
LFBG	Johannes	Haseldorf	131,4	46,34	
LFBH	Flora	Altona	519,3	183,31	
LFBK	Albatros	Hamburg	612,6	216,15	
LFBM	Amor	Neuenfelde, Amts Jork	75,9	26,79	
LFBR	Catrina	Hamburg	313,4	110,63	
LFCM	Margaretha	Elmshorn	134,3	47,63	
LFCP	Arche	Blankenese	177,6	62,69	
LFCQ	Alfred	Blankenese	643,7	227,23	
LFDJ	Helios	Stralsund	2416,0	853,13	
LFDK	Auguste	Rostock	848,5	299,52	
LFDN	Johannes	Oberndorf, Amts Neuhaus a. d. Oste.	96,3	34,05	
LFDQ	Johannes	Hamburg	97,8	34,32	

LFDS — LFMQ

Unter- scheidungs- Signale.	Namen der Schiffe.	Heimathshafen	Kubik- meter Netto-Raumgehalt.	Register- Tons	Pferde- stärken.
LFDS	Europa	Hamburg	597.3	211,05	
LFDT	Erndte	Haseldorf	127,0	45,14	
LFDV	Valparaiso	Altona	1375,0	485,89	
LFDW	Pengaln	Blankenese	605.3	213,61	
LFGH	Erndte	Drochtersen	73,1	25,-2	
LFGJ	Elise	Spitzerdorf, Kreis Pinneberg.	140,9	49,70	
LFGK	Nicolai	Blankenese	818,1	288,70	
LFGN	Emanuel	Haseldorf	139,2	49,14	
LFGP	Helene	Elmshorn	141,3	49,54	
LFGR	Eckhorst	Hamburg	174,1	61,66	
LFGS	Maria	Bremervörde	81,3	28,64	
LFGT	Neptun	Assel	82,1	28,94	
LFGW	Delphin	Blankenese	674,4	237,93	
LFHM	Chang Au	Altona	424,0	149,71	
LFHN	Blitz	Blankenese	542,4	191,43	
LFHP	Pelikan	Hamburg	930,3	328,39	
LFHQ	Brigitta	Blankenese	720,3	254,34	
LFHR	Presto	Teufelsbrücke	84,7	29,92	
LFHV	Metta Margretha	Barnkrog	83,7	29,33	
LFJD	Germania	Schulau	77.4	27,33	
LFJG	Astrea	Blankenese	628.3	221,70	
LFJN	Frau Anna Magda- lena.	Elmshorn	63,6	22,44	
LFJP	Claudine	Blankenese	681,4	240,64	
LFJQ	Strassburg	Altona	1205,6	425,37	
LFJV	Oriental	Blankenese	605,3	213,89	
LFJW	Holstein	Blankenese	795,4	280,7-	
LFKB	Möve	Elmshorn	700,9	247,3-	
LFKD	Aetly	Blankenese	753,3	266,05	
LFKG	Caroline	Oberndorf, Amts Neu- haus a. d. Oste.	66,3	23,3-	
LFKH	Die Junge Margaretha	Altona	63,9	22,34	
LFKJ	Albis	Hamburg	670,4	239,-3	
LFKN	Goleonda	Blankenese	816,3	288,18	
LFKP	Aurora	Spitzerdorf, Kreis Pinneberg.	142.4	50,71	
LFKQ	Argillis	Steinkirchen, Amts Jork	49,3	17,31	
LFKS	Margaretha Caecilie	Altona	85,4	30,14	
LFKV	Johannes	Itzehoe	61,6	21,73	
LFKW	Apoll	Blankenese	867,3	306,34	
LFMB	Flora	Blankenese	1097,3	387,33	
LFMD	Iwar	Karolinensiel	326,1	115,10	
LFMH	Bertha	Elmshorn	66,3	23,41	
LFMJ	Nautik	Blankenese	915,1	323,03	
LFMK	Immanuel	Haseldorf	54,9	19,33	
LFMN	Anna Han-wedell	Blankenese	1025,3	362,70	
LFMP	Maria	Elmshorn	48,9	17,26	
LFMQ	Diana	Uetersen	57,9	20,40	

LFMR — LFRK

Unter-scheidungs-Signale.	Namen der Schiffe.	Heimathshafen	Kubik-meter Netto-Raumgehalt.	Register-Tons	Pferde-stärken.
LFMR	Ventilia	Blankenese	860,9	303,96	
LFMS	Catharina	Uetersen	55,3	19,49	
LFMV	Helios	Schulau	51,0	18,01	
LFMW	Frau Anna	Uetersen	52,3	18,46	
LFNB	Hoffnung	Neufeld, Kreis Süder-dithmarschen.	74,1	26,16	
LFNC	Johannes	Blankenese	73,1	26,02	
LFND	Gloria	Elmshorn	83,9	29,61	
LFNG	Maria	Blankenese	912,3	322,64	
LFNH	Die Elbe	Uetersen	53,1	18,95	
LFNJ	Margaretha	Haseldorf	163,4	57,43	
LFNK	Anna	Elmshorn	886,1	312,70	
LFNM	Agathe	Mühlenberg, Kreis Pinneberg.	141,3	49,94	
LFNP	Fortuna	Uetersen	54,6	19,21	
LFNQ	Doulta	Blankenese	960,0	341,00	
LFNR	Mobil	Blankenese	996,1	352,43	
LFNT	Catharina	Elmshorn	156,6	55,24	
LFNV	Anna	Elmshorn	166,1	58,61	
LFNW	Galnut	Blankenese	1000,1	353,14	
LFPB	H. Bremer	Blankenese	930,4	331,61	
LFPC	Mein Breckwoldt	Blankenese	986,3	348,91	
LFPD	Christina Maria	Elmshorn	53,3	18,69	
LFPG	Rebecca	Uetersen	53,1	18,64	
LFPH	Gloria	Elmshorn	77,0	27,16	
LFPJ	Martha	Haseldorf	67,0	23,63	
LFPK	Cato	Blankenese	453,9	160,23	
LFPM	Albinga	Uetersen	47,8	16,11	
LFPN	Martin	Glückstadt	63,5	22,11	
LFPQ	Gazelle	Blankenese	1025,1	861,44	
LFPR	Balthasar	Altona	779,4	275,29	
LFPS	Margaretha	Haseldorf	146,1	51,57	
LFPT	Niagara	Altona	1959,2	691,69	
LFPY	Amazone	Schulau	97,6	34,31	
LFQB	Amor	Blankenese	889,3	313,9—	
LFQC	Nicoline	Blankenese	937,4	330,99	
LFQD	Perle	Haseldorf	55,4	19,53	
LFQJ	Presto	Elmshorn	107,7	38,02	
LFQM	Marx	Elmshorn	201,9	71,21	
LFQN	Okeia	Altona	1050,1	088,68	
LFQP	Rebecca	Uetersen	54,6	19,23	
LFQR	Neptun	Blankenese	1093,7	386,09	
LFQS	Anna Wichhorst	Blankenese	1096,1	384,11	
LFQV	Brillante	Blankenese	650,1	232,67	
LFQW	Uranus	Haseldorf	57,3	20,30	
LFRB	Dagmar	Altona	ca. 671	ca. 237	
LFRD	Paulus	Schulau	65,4	23,21	
LFRJ	Wilhelm	Elmshorn	162,1	57,22	
LFRK	Anna	Blankenese	983,1	347,00	

70

LFRM — LHFC

Unter-scheidungs-Signale.	Namen der Schiffe.	Heimathshafen	Kubik-meter Netto-Raumgehalt	Register-Tons	Pferde-stärken.
LFRM	Woosung	Blankenese	ca. 1962	ca. 693	
LFRN	Louise	Altona	87,3	30,50	
LFRP	Deutschland	Blankenese	1080,6	351,43	
LFRQ	Helene	Blankenese	1219,1	430,34	
LFRS	Dalearry	Blankenese	1391,7	491,37	
LFRV	Asia	Blankenese	1077,0	380,23	
LFRW	Margaretha	Uetersen	44,1	15,70	
LFSC	Elisabeth	Altona	540,9	190,91	
LFSD	Aurelia	Uetersen	62,7	22,14	
LFSG	Alwine u. Mora	Altona	112,3	39,60	
LFSH	Concordia	Blankenese	1315,3	474,30	
LFSJ	Planet	Blankenese	101,7	85,50	
LFSK	Diana	Schulau	56,1	19,30	
LFSM	Helene	Blankenese	1205,9	425,80	
LFSN	Ella	Altona	208,0	73,71	
LFSP	Hertha	Altona	193,3	68,70	
LFSQ					
LFSR					
LFST					
LFSV					
LFSW					
LFTB					
LFTC					
LFTD					
LFTG					
LHBD	Thetis	Bieleuberg	95,3	33,60	
LHBM	Ernst	Rendsburg	237,4	93,64	
LHBQ	Alice	Rendsburg	122,3	43,16	
LHBS	Ernte	Pahlhude	84,0	29,63	
LHBV	Nicolaus Heinrich	Wewelsfleth	113,0	39,39	
LHCD	Nicolaus	Rendsburg	371,1	131,01	
LHCF	Johanna	Rendsburg	254,0	89,60	
LHCM	Anna	Pahlhude	105,4	37,34	
LHCN	Themis	Pahlhude	120,3	42,67	
LHCR	Nymphe	Pahlhude	124,9	44,69	
LHCS	Frau Anna	Rendsburg	70,6	24,72	
LHCT	Thea	Rendsburg	106,3	37,74	
LHCW	Christina	Delve	113,6	40,16	
LHDB	Dorothea	Delve	95,3	33,60	
LHDF	Johannes	Krautsand	109,3	38,34	
LHDJ	Die gute Hoffnung	Breiholz	86,9	30,60	
LHDM	Margretha	Friedrichstadt	145,9	51,61	
LHDP	Ora et labora	Delve	145,4	51,30	
LHDR	Die Blume	Rendsburg	96,9	34,31	
LHDS	Frau Elsabe	Rendsburg	82,6	29,11	
LHDT	Die Eider	Breiholz	83,3	29,41	
LHDW	Margaretha	Breiholz	77,1	27,32	
LHFB	Catharina	Pahlhude	64,7	22,94	
LHFC	Maria	Pahlhude	98,3	34,60	

LHFG — LHNM

Unter-scheidungs-Signale.	Namen der Schiffe.	Heimathshafen	Kubik-meter Netto-Raumgehalt.	Register-Tons	Pferde-stärken.
LHFG	Anna Sophia	Rendsburg	82,4	29,09	
LHFJ	Margaretha	Seester	123,4	43,31	
LHFK	Anna Margaretha	Heiligenhafen	71,9	25,3	
LHFM	Christine	Delve	95,1	83,11	
LHFP	Frau Anna	Wrohm	65,0	22,9	
LHFQ	Die Liebe	Delve	88,0	31,08	
LHFR	Eider	Rendsburg	73,3	26,54	
LHFS	Johanna	Altona	243,6	85,9	
LHFV	Beauté	Hanerau	109,9	38,90	
LHFW	Veronica	Rendsburg	118,6	41,81	
LHGB	Die Hoffnung	Kiel	71,4	25,20	
LHGD	Collmar	Hamburg	630,8	222,34	
LHGF	Magdalena	Delve	114,4	40,32	
LHGJ	Die Einigkeit	Kollmar, Kreis Steinburg	75,4	26,71	
LHGM	Thetis	Rendsburg	853.7	124,43	
LHGN	Ludwig	Rendsburg	430,8	152,08	
LHGW	Julius	Brunsbüttel	104,0	37,63	
LHJC	Arche	Elmshorn	143,4	50,02	
LHJD	Die zwei Gebrüder	Kollmar, Kreis Steinburg	92,1	32,72	
LHJG	Edel	Geversdorf	92,8	32,41	
LHJK	Ernte	Kollmar, Kreis Steinburg	99,1	35,19	
LHJM	Anna Emilie	Kollmar, Kreis Steinburg	83,9	29,02	
LHJR	Christina	Altona	72,8	25,89	
LHJT	Margaretha	Pahlhude	84,3	20,72	
LHJW	Kleivood	Delve	89,0	31,73	
LHKC	Pellwormer Packet	Wischhafen	67,3	23,11	
LHKJ	Bertha	Hamburg	593,3	209,40	
LHKN	Blume	Tielenhemme, Kreis Norderdithmarschen.	94,0	33,14	
LHKQ	Fortuna	Büsum	62,0	22,71	
LHKS	Comet	Borgwedel a. d. Schlei	87,4	30,83	
LHKV	Iris	Breiholz	80,7	28,49	
LHKW	Olympia	Rendsburg	94,0	88,14	
LHMB	Wiederkunft	Pahlhude	67,7	23,50	
LHMD	Marie	Rendsburg	135,7	47,90	
LHMF	Amanda	Rendsburg	197,3	69,10	
LHMJ	†Pilot	Rendsburg	45,4	16,03	40
LHMN	Bellona	Büsum	71,4	25,23	
LHMP	Ora et labora	Büsum	50,3	17,71	
LHMQ	Christina Helene	Friedrichstadt	94,3	33,34	
LHMS	Anna Margaretha	Rendsburg	60,6	24,34	
LHMV	Neptun	Wöhrdener Hafen	82,4	29,16	
LHNB	Catharina	St. Margarethen	63,1	22,34	
LHNC	Anna Maria	Rendsburg	81,8	28,71	
LHND	Elsabe	Rendsburg	94,0	83,14	
LHNG	Magdalena	Neufeld, Kreis Süderdithmarschen.	62,8	22,09	
LHNM	Erndte	Neufeld, Kreis Süderdithmarschen.	81,3	11,13	

LHNP — LHTF

Unter-scheidungs-Signale.	Namen der Schiffe.	Heimathshafen	Kubik-meter Netto-Raumgehalt	Register-Tons	Pferde-stärken.
LHNP	Perle	Neufeld, kreis Süder-dithmarschen.	55,3	19,12	
LHPB	Hosianna	Neufeld, kreis Süder-dithmarschen.	55,0	19,12	
LHPD	Die Hoffnung	Büsum	61,6	21,13	
LHPF	Margaretha Magdalena.	Büsum	53,0	18,10	
LHPJ	Harry	Rendsburg	211,1	74,46	
LHPK	Eunomia	Rendsburg	155,6	54,83	
LHPN	Frau Margaretha	Lübeck	85,3	30,11	
LHQJ	Catharina	Rendsburg	161,4	56,90	
LHQN	Catharina	Glückstadt	75,3	26,63	
LHQP	Anna	Prinzenmoor a. d. Eider	71,0	25,06	
LHQR	Anna Maria	Rendsburg	94,1	33,13	
LHQS	Die Gebrüder	Vorwerk bei Rends-burg.	88,1	31,11	
LHQV	Marie	Rendsburg	86,1	30,20	
LHQW	Amanda	Rendsburg	85,9	30,30	
LHRB	Dorathea	Breiholz	97,3	34,31	
LHRF	Anna	Rendsburg	51,3	18,04	
LHRG	Treue	Tielenhemme, kreis Norderdithmarschen.	94,0	33,30	
LHRJ	Neptun	Rendsburg	113,3	39,99	
LHRM	Helene	Wewelsfleth	78,6	27,03	
LHRN	Christine	Pahlen	69,9	24,03	
LHRP	Sophia	Nübbel a. d. Eider	189,3	66,4	
LHRS	†Dithmarsia II.	Kappeln a. d. Schlei.	250,7	88,30	60*
LHRT	Catharina	Brunsbüttelerhafen	51,9	18,79	
LHRV	Margaretha	Altona	75,3	26,30	
LHSB	Margaretha	Osten	57,6	20,33	
LHSC	Anna	Delve	66,8	23,31	
LHSD	Catharina	Gauenslek	18,7	17,00	
LHSG	Gloria	Neufeld, Kreis Süder-dithmarschen.	53,0	18,71	
LHSJ	Erndte	Rendsburg	77,8	27,30	
LHSK	Die Blume	Delve	69,3	21,64	
LHSM	Anna	Hamdorf, Kreis Rends-burg.	89,7	31,64	
LHSN	Theodora	Rendsburg	90,3	31,83	
LHSP	Thomas	Rendsburg	211,6	74,30	
LHSR	Anna Catharina	Prinzenmoor a. d. Eider	85,6	30,32	
LHST	Emma Catharina	Rendsburg	97,3	34,43	
LHSV	Alwine	Rendsburg	99,3	31,88	
LHTB	Preclosa	Barg, Kreis Süderdith marschen.	50,7	17,40	
LHTC	Therese	Büsum	60,3	21,46	
LHTD	Der junge Wilhelm	Frederik VII. Koog, Kreis Süderdithmarschen	54,7	19,31	
LHTF	Hurich	Wittenbergen a.d.Eider	207,3	73,11	

* Nominelle Pferdestärken.

LHTJ — LJCN

Unter-scheidungs-Signale.	Namen der Schiffe.	Heimathshafen	Kubik-meter Netto-Raumgehalt.	Register-Tons	Pferde-stärken.
LHTJ	Die Liebe	Prinzenmoor a. d. Eider	90.4	31,90	
LHTK	Erndte	Rendsburg	178.4	63,12	
LHTN	Adolph	Rendsburg	210.4	74,31	
LHTP	Elise	Neufeld, Kreis Süder-dithmarschen.	62.4	22,03	
LHTQ	Erndte	Neufeld, Kreis Süder-dithmarschen.	67,9	20,44	
LHTR	Heimath	Rendsburg	98.4	31,87	
LHTS	Antinea	Kollmar, Kreis Steinburg	160,5	56,66	
LHTV	Agatha	Rendsburg	195,7	69,07	
LHTW	Gezieon	Anklam	187.9	66,33	
LHVB	Dora	Rendsburg	99,0	34,03	
LHVC	Catharina	Rendsburg	86,3	30,16	
LHVD	Catharina	Breiholz	67.6	23,86	
LHVF	Catharina	Rendsburg	77,6	27,29	
LHVG	Arche	Büsum	59,3	20,93	
LHVJ	Liebe	Rendsburg	91,3	33,34	
LHVK	Alagonda	Meggerholm	74,6	20,34	
LHVM	Germania	Rendsburg	89,3	31,90	
LHVN	Odin	Rendsburg	166,7	58,44	
LHVP	Margaretha	Christianskolm, Kreis Rendsburg.	80.6	28,43	
LHVQ	Catharina	Rendsburg	96,9	34,20	
LHVS	Cito	Rendsburg	89,4	31,64	
LHVT	Anna Maria	Rendsburg	72,3	25,65	
LHVW	Activ	Rendsburg	108,9	39,43	
LHWB	Rose	Pahlhude	92,1	32,51	
LHWC	Eva	Rendsburg	63,6	22,46	
LHWD	Drei Geschwister	Hedewigenkoog, Kreis Norderdithmarschen.	58,3	20,55	
LHWF	Fortuna	Rendsburg	74,0	26,03	
LHWJ	Ernte	Rendsburg	75,4	26,64	
LHWK	Catharina	Rendsburg	65,8	23,22	
LHWM	Wilhelm	Rendsburg	145,3	51,30	
LHWN	Dora	Pahlhude	126,2	44,35	
LHWP	Rosina	Breiholz	65.1	22,48	
LHWQ	Frau Margaretha	Rendsburg	65.-	23,22	
LHWR	Lena	Tönning	57,1	20,16	
LHWS	Margaretha	Breiholz	62,1	22,03	
LHWT	Minna	Pahlhude	99,3	35,03	
LHWV	Glaube	Kollmar, Kreis Steinburg.	85,6	29,19	
LJBN	21-ter Marz	Hoyer	111,4	39,20	
LJBQ	Die Frau Engeline	Insel Amrum	36,9	12,11	
LJBR	Friede	Steenodde auf Amrum	32,4	11,55	
LJCF	Therese	Wyk auf Föhr	58,-	20,76	
LJCG	Justice	Wyk auf Föhr	29.4	10,33	
LJCN	Die gute Erwar-tung.	Wyk auf Föhr	152.3	53,83	

LJCQ — LJPK

Unter-scheidungs-Signale.	Namen der Schiffe.	Heimathshafen	Kubik-meter Netto-Raumgehalt.	Register-Tons	Pferde-stärken.
LJCQ	Emanuel	Wyk auf Föhr	34.2	12,11	
LJCS	Emanuel	Husum in Schleswig	200.3	72,83	
LJCW	Christine Sophie	Aarösund	59,2	20,90	
LJDF	Elise	Wyk auf Föhr	32,0	11,28	
LJDH	Aurora	Wyk auf Föhr	87.6	30,93	
LJDR	Martha Catharina	Wyk auf Föhr	23,4	8,30	
LJDS	Die zwei Schwestern	Krautsand	54,9	19,23	
LJFH	Rebecca	Apenrade	1170.9	413,23	
LJFN	Anna	Munkmarsch	20,1	7,31	
LJFT	Cigoth	Flensburg	121.3	42,71	
LJFV	Havfruen	Holnis	68,7	24,23	
LJFW	Die Hoffnung	Ekensund	64,3	22,71	
LJGD	Margaretha	Maasholm	24.6	8,62	
LJGF	Fortuna	Maasholm	38.9	11,31	
LJGH	Einigkeit	Maasholm	32.3	11,46	
LJGQ	Helene	Maasholm	23.6	8,11	
LJGR	Sara Johanna	Apenrade	169,1	59,76	
LJHD	Frau Caroline	Insel Amrum	30,6	10,61	
LJHF	Union	Maasholm	51.3	18,14	
LJHT	Hortensia	Maasholm	20,3	9,29	
LJHW	Therese	Insel Amrum	42,1	14,64	
LJKB	Ceres	Maasholm	24.6	8,79	
LJKD	Caroline Heymann	Wyk auf Föhr	341.1	120,62	
LJKF	Einigkeit	Rabelsund	22.3	7,43	
LJKH	Christine Dorothea	Maasholm	44.3	15,40	
LJKM	Helene	Nebel auf Amrum	11.3	4,06	
LJKQ	Catharina	Ekensund	42.6	15,13	
LJKR	Sirene	Apenrade	29,1	10,21	
LJKS	Johanna	Maasholm	32,6	11,90	
LJKV	Die drei Geschwister	Maasholm	25,6	8,63	
LJMB	Henriette	Maasholm	40,3	14,29	
LJMC	Allianz	Hadersleben	665,6	234,83	
LJMD	Magdalena Dorothea	Maasholm	21.9	7,73	
LJMH	Anna Christina	Gjenner bei Apenrade	27,1	9,57	
LJMP	Göntje	Insel Amrum	10,6	3,74	
LJMQ	Diana	Insel Amrum	34.4	12,14	
LJMV	Christian	Insel Oland	47.8	16,80	
LJMW	Maria	Maasholm	36,4	12,83	
LJND	Lona	Wyk auf Föhr	77.6	27,39	
LJNH	Aurora	Wyk auf Föhr	23.1	8,13	
LJNK	Cecilie Margarethe	Ekensund	67.8	23,63	
LJNM	Najaden	Ekensund	773.5	273,19	
LJNP	†Neumühlen	Kiel	51.3	18,92	12
LJNS	Emanuel	Insel Röm	21.1	7,11	
LJNW	No. II.	Wyk auf Föhr	14.1	5,13	
LJPB	Maria	Ekensund	52,3	18,43	
LJPD	Margaretha	Steinberghaff	14.4	5,09	
LJPH	Hotspur	Insel Amrum	27,4	9,91	
LJPK	Christina	Steinberghaff	13.6	4,90	

LJPN — LKDB

Unter-scheidungs-Signale.	Namen der Schiffe.	Heimathshafen	Kubik-meter Netto-Raumgehalt.	Register-Tons	Pferde-stärken.
LJPN	Mathilde	Hamburg	922,0	325,47	
LJQU	Enrique	Hamburg	603,1	212,90	
LJQS	†Heinrich Adolph	Flensburg	88,3	31,17	15*
LJQW	†Seeadler	Flensburg	60,3	29,11	16*
LJRC	†Seemöve	Ellerbeck bei Kiel	62,7	22,11	8
LJRK	Carollue	Apenrade	. . . .	140**	
LJRN	Catharina Maria	Iusel Aarö	113,1	39,94	
LJRP	Caroline Maria	Haseldorf	88,0	31,06	
LJRT	Die Stadt Tondern	Wyk auf Föhr	53,4	18,93	
LJRV	Hector	Ruttebüll	25,6	9,03	
LJSF	Christine & Dora	Hoyer	61,4	21,73	
LJTB	Line Kirstine	Hadersleben	31,8	11,23	
LJTG	Anna Magdalena	Flensburg	92,1	32,73	
LJTP	Johanne Christine	Hadersleben	100,2	88,54	
LJVD	Chloris	Sonderburg	947,2	384,71	
LJVH	†Secunda	Flensburg	1418,1	500,54	90
LJVK	Anna Dorothea	Apenrade	. . . .	176**	
LJVP	Christine Marie	Keitum auf Sylt	14,7	5,19	
LJVQ	Maria Omina	Keitum auf Sylt	19,3	6,71	
LJVS	Jens & Marin	Keitum auf Sylt	29,1	10,27	
LJVT	Jette Christine	Insel Amrum	38,1	18,43	
LJWB	Sophie Dorathea	Keitum auf Sylt	28,6	8,33	
LJWC	Marie	Insel Sylt	14,4	5,06	
LJWF	Maria Catharina	Hoyer	120,0	42,03	
LJWG	Anna Catharina	Keitum auf Sylt	18,6	6,31	
LJWH	Die Freiheit	Keitum auf Sylt	16,0	5,91	
LJWK	Die Hoffnung	Sonderburg	67,3	23,74	
LJWM	Bergitta	Sonderburg	54,7	19,31	
LJWN	Friederike Amalie	Insel Sylt	37,4	13,70	
LJWR	Anna Maria	Insel Sylt	44,9	15,86	
LJWT	Fleusburg	Flensburg	89,2	81,50	
LKDD	Ingeburg	Apenrade	. . .	197**	
LKBM	Anna Maria	Flensburg	36,1	12,71	
LKBS	Diedrich	Sonderburg	47,6	16,9:	
LKBW	Maria Christina	Gjenner bei Apenrade	24,9	8,10	
LKCB	Maagen	Gjennerbocht bei Apenrade	25,1	8,97	
LKCG	Anna Maria	Loit bei Apenrade	21,6	7,70	
LKCH	Christina	Gjenner bei Apenrade	24,2	8,34	
LKCM	Pröven	Gjennerbocht bei Apenrade	27,3	9,81	
LKCN	Maria Lucia	Sonderburg	21,9	7,13	
LKCS	Emanuel	Gjennerbocht bei Apenrade	27,8	0,81	
LKCT	Loulse	Gjennerbnebt bei Apenrade	20,3	9,28	
LKCV	Anna Maria	Augustenborg	20,6	7,97	
LKCW	Bellevue	Ekensund	30,1	10,83	
LKDD	Haabet	Flensburg	71,1	26,17	

* Nominelle Pferdestärken.   ** Lasten zu 5200 ℔.

LKDC — LKMF

Unter-scheidungs-Signale.	Namen der Schiffe.	Heimathshafen	Kubikmeter Netto-Raumgehalt.	Register-Tons	Pferde-stärken.
LKDC	Johanne Margarethe	Heilsminde	30,2	13,77	
LKDG	Caravane	Gjenner bei Apenrade	24,3	8,80	
LKDJ	Den gode Lykke .	Sandacker bei Ekrn-sund.	28,2	9,92	
LKDM	Catharine Maria . .	Alnoor bei Gravenstein	36,6	12,91	
LKDN	Botilla Maria . . .	Apenrade	35,0	12,83	
LKDP	Die fünf Schwestern	Alnoor bei Gravenstein	42,1	14,96	
LKDQ	Anna Catharina .	Hadersleben . . .	49,0	17,30	
LKDW	Die zwei Gebrüder	Hadersleben . . .	42,8	15,11	
LKFC	Landwirthschaft . .	Ekensund	14,1	4,99	
LKFD	Magdalena . . .	Maasholm	19,1	0,90	
LKFG	Helene Cecilia . .	Sonderburg . . .	36,6	12,92	
LKFH	Dauneville	Sonderburg . . .	50,1	19,01	
LKFJ	Tre Venner . . .	Aarösund	70,1	24,73	
LKFM	Emanuel . . .	Hadersleben . . .	42,8	14,80	
LKFN	Emanuel . . .	Heilsminde . . .	41,7	14,70	
LKFP	Elisabeth	Sonderburg . . .	42,1	14,88	
LKFS	Metta Elisabeth . .	Norburg	24,0	8,40	
LKFT	Aurora	Sonderburg . . .	70,1	24,53	
LKFV	Anna	Augustenburg . .	29,6	10,54	
LKFW	Cecilie Marie . .	Ekensund . . .	32,1	11,33	
LKGB	Johanna . .	Apenrade . .	14,3	5,05	
LKGC	Maria Lucia . . .	Wismar . . .	28,3	9,99	
LKGD	Eben Ezer . . .	Sonderburg . . .	40,8	14,60	
LKGH	Laurette . . .	Aarösund . .	45,7	16,13	
LKGM	Margrethe . .	Orbyhage . .	33,3	11,73	
LKGN	Californien . . .	Hadersleben . .	71,7	25,30	
LKGP	Anna Margaretha Sophia.	Orbyhage . . .	32,6	11,47	
LKGT	Anna Maria . . .	Flensburg . .	14,2	5,01	
LKGV	Anna Margaretha	Gjenner bei Apenrade	18,4	6,37	
LKGW	Christine Marie . .	Ekensund . . .	30,9	10,91	
LKHN	Catharina Maria .	Flensburg . .	23,1	8,13	
LKHP	Tobias . . .	Ekensund . . .	16,9	5,97	
LKHQ	Sörideren .	Ekensund . .	22,4	8,03	
LKHR	Annette . . .	Sonderburg .	24,2	8,54	
LKHS	Anna Catharina . .	Steinberghaff . .	11,6	3,94	
LKHT	†Terria	Flensburg	2057.0	726,12	98
LKHV	Catharina . . .	Uetersen . . .	47,7	16,74	
LKHW	Anna Dorothea .	Flensburg . .	48,7	17,56	
LKJB	Die Hoffnung .	Hadersleben . .	85,4	30,29	
LKJC	Friedrich . .	Apenrade . .	855,6	294,95	
LKJF	San Francisco .	Aarösund . .	43,3	15,29	
LKJG	Delphinen . .	Norburg . . .	38,3	13,53	
LKJR	Anna Margaretha .	Sonderburg . .	41,3	14,60	
LKJT	Lykkens Prove .	Arnis . . .	59,1	20,97	
LKJW	Haabet . . .	Sonderburg . .	44,1	15,31	
LKME	Providentia . .	Sonderburg . .	143,1	50,31	
LKMF	†Quarta . . .	Flensburg	2334.9	824,22	110

LKMG — LKSC

Unter-scheidungs-Signale.	Namen der Schiffe.	Heimathshafen	Kubik-meter Netto-Raumgehalt.	Register-Tons	Pferde-stärken.
LKMG	Minerva	Sonderburg	61,2	21,61	
LKMII	†Condor	Flensburg	100,3	50,54	58
LKMJ	De syv Brödre	Sonderburg	41,3	14,57	
LKMN	Africa	Sonderburg	32,7	11,54	
LKMP	Maria Catharina	Horuphaff	32,0	11,30	
LKMQ	Jano	Sonderburg	754,2	266,23	
LKMR	China	Sonderburg	499,3	176,23	
LKNB	†Grille	Flensburg	104,4	36,95	50
LKNF	Hansine Marie	Hadersleben	105,3	37,11	
LKNG	Johanna	Flensburg	130,9	48,23	
LKNJ	Jacobine	Apenrade	1183,3	417,61	
LKNP	†Skjold	Sonderburg	104,1	36,96	30
LKNR	Ernst	Neustadt in Holstein	88,2	31,39	
LKNS	†Falke	Flensburg	80,1	31,43	25
LKNT	Hans Heinrich	Hadersleben	88,2	31,13	
LKNV	Hermann	Apenrade	1371,7	484,31	
LKNW	Benedicta	Apenrade	700,4	247,24	
LKPB	†Germania	Munkmarsch	109,9	38,40	15
LKPG	†Sexta	Flensburg	455,5	100,40	30
LKPH	Gustav	Apenrade	1850,4	656,31	
LKPM	Amilhujo	Wyk auf Föhr	414,5	146,43	
LKPQ	Oberon	Sonderburg	1074,1	379,31	
LKPS	Centaur	Apenrade	1327.4	468,31	
LKPT	Margrethe	Apenrade	ca.1012	ca.358	
LKPW	Christine	Apenrade	1535,4	541,99	
LKQB	Talwan	Sonderburg	1057,1	373,39	
LKQC	Julie	Apenrade	322,6	113,83	
LKQF	Henriette	Wyk auf Föhr	269,3	95,71	
LKQH	Hieronymus	Apenrade	1204,3	425,19	
LKQN	Catharina	Apenrade	91,5	32,41	
LKQR	Hydra	Apenrade	363,1	128,40	
LKQS	†Septima	Flensburg	2651,3	936,10	510
LKQV	Anna Catharine	Ekensund	64,3	22,77	
LKQW	Aurora	Orbyhage	79,3	27,99	
LKRB	Friedrich	Apenrade	1904,3	672,16	
LKRC	A. T. Stallknecht	Apenrade	1528,4	539,62	
LKRD	Marie Louise	Apenrade	ca.1250	ca.442	
LKRF	Anna Petrea	Flensburg	67,0	23,64	
LKRG	†Octava	Flensburg	2650,7	935,30	120**
LKRJ	Oceident	Apenrade	720,3	254,34	
LKRM	Marie	Apenrade	1214,4	428,64	
LKRN	†Nona	Flensburg	1895,3	669,00	100**
LKRP	†Hertha	Sonderburg	238,1	84,04	50**
LKRQ	Elisabeth	Insel Amrum	73,0	25,77	
LKRS	Mathilde	Apenrade	1007,3	355,81	
LKRV	Anna Sieben	Apenrade	1710,3	603,61	
LKRW	Christian	Apenrade	708,1	249,31	
LKSB	Schiffswerft	Flensburg	2457,3	867,43	
LKSC	Einigkeit	Wyk auf Föhr	87,1	30,93	

* Indicirte Pferdestärken. ** Nominelle Pferdestärken.

LKSD — LKWS

Unter-scheidungs-Signale.	Namen der Schiffe.	Heimathshafen.	Kubik-meter Netto-Raumgehalt.	Registrier-Tons	Pferde-stärken.
LKSD	†Wyk — Föhr	Wyk auf Föhr	143,2	50,34	30°
LKSF	†Freia	Sonderburg	155,2	54,70	40°
LKSH	Elise	Apenrade	1454,1	513,30	
LKSJ	Hindoo	Apenrade	1532,1	540,07	
LKSM	Orient	Flensburg	1305,1	460,91	
LKSN	Thalia	Hamburg	3003,7	1060,31	
LKSQ	†Deeima	Flensburg	3261,3	1151,43	000
LKSR	†Signal	Apenrade	1105,6	411,30	70°
LKSV	†Iduna	Flensburg	911,6	321,04	60°
LKSW	Rosalie	Norburg	286,7	101,09	
LKTB	Christine	Apenrade	280,7	90,69	
LKTD	†Vorwärts	Apenrade	1732,4	611,33	320°°
LKTF	Concordia	Apenrade	294,4	104,17	
LKTG	†Fiducia	Flensburg	1145,3	404,30	50°
LKTH	†Protos	Flensburg	3257,7	1149,36	140°
LKTJ	†Minerva	Flensburg	539,4	190,43	40°
LKTM	Maria	Hadersleben	96,1	33,70	
LKTP	Arab	Apenrade	1533,1	541,10	
LKTR	F. C. Sieben	Apenrade	1917,4	641,44	
LKTS	†Peritia	Flensburg	1146,6	404,70	50°
LKTV	Jonas und Jenny	Keitum auf Sylt	52,9	18,6	
LKTW	†Triumph	Apenrade	1910,1	674,49	320°°
LKVB	†Fylla	Sonderburg	315,4	111,31	40°
LKVC	†Fortuna	Flensburg	1086,4	382,99	50°
LKVD	Emma	Apenrade	622,9	219,90	
LKVF	†Thyra	Flensburg	2216,3	782,34	100°
LKVG	Johann	Flensburg	136,9	48,33	
LKVH	†Deuteros	Flensburg	3545,4	1251,01	100°
LKVJ	Samsö	Hadersleben	115,4	40,30	
LKVM	†Tritos	Flensburg	3797,6	1340,66	160°
LKVN	†Stern	Flensburg	1727,4	600,16	80°
LKVP	†Clara	Apenrade	1911,6	674,43	320°°
LKVQ	Maria	Hadersleben	52,2	18,43	
LKVR	†George Dittmann	Flensburg	1005,1	354,49	50°
LKVS	†Glücksburg	Flensburg	3006,7	1060,16	150°
LKVT	†Doris	Apenrade	2289,6	808,30	400°°
LKVW	†Merco	Flensburg	2231,4	787,49	100°
LKWB	†Fero	Flensburg	2226,3	786,04	100°
LKWD	†Valuta	Flensburg	2223,4	784,44	100°
LKWF	†Marie	Apenrade	1904,6	701,10	90°
LKWG	†Duburg	Flensburg	3108,6	1097,16	150°
LKWH	†Hulda	Flensburg	702,4	248,09	120
LKWJ	†Kanonenboot	Flensburg	92,4	32,10	8°
LKWM	†Velox	Flensburg	2134,4	753,43	360°°
LKWN	†Saturn	Flensburg	760,3	268,46	120
LKWP	†Sylt	Keitum auf Sylt	168,6	59,33	60°°
LKWQ	†Diana	Flensburg	778,3	274,74	50°
LKWR	†Nordsee	Wyk auf Föhr	120,4	42,43	60°
LKWS	†Tetartos	Flensburg	5391,3	1903,13	300°

* Nominelle Pferdestärken.   ** Indicirte Pferdestärken.

LKWT — LQFJ

Unter-scheidungs-Signale.	Namen der Schiffe.	Heimathshafen	Kubik-meter Netto-Raumgehalt.	Register-Tons	Pferde-stärken.
LKWT	Cäcilie	Ekensund	62,7	22,13	
LKWV	†Melita	Flensburg	1101,6	388,49	60″
LMBC	Concordia	Apenrade	1848,2	652,49	
LMBD	†Prima	Flensburg	1738,1	613,37	90″
LMBF	†Activa	Flensburg	1101,1	388,70	60″
LMBG	†Gerda	Flensburg	1104,7	389,97	60°
LMBH	†Union	Flensburg	743,1	262,31	140**
LMBJ	†Fides	Flensburg	742,8	262,13	140**
LMBK	†Rapid	Flensburg	540,9	190,63	50°
LMBN	†Pemptos	Flensburg	4997,9	1764,26	300°
LMBP					
LMBQ					
LMBR					
LMBS					
LMBT					
LMBV					
LMBW					
LMCB					
LMCD					
LMCF					
LMCG					
LMCH					
LMCJ					
LMCK					
LMCN					
LMCP					
LMCQ					
LMCR					
LQBC	Maria	Neuwarp	40,6	14,29	
LQBJ	Pegasus	Arnis	120,0	42,36	
LQBK	Elbe	West-Moorende, Amts Jork.	74,1	26,35	
LQBM	Anna Louise . . .	Kappeln a. d. Schlei .	78,6	27,73	
LQBT	Wilhelmine	Geversdorf	80,4	28,39	
LQCF	Heimath	Rendsburg	145,8	51,49	
LQCH	Najade	Friedrichstadt . . .	321,6	113,32	
LQCJ	Adagio	Husum in Schleswig .	104,5	68,65	
LQCK	Helene	Osterndorf, Amts Neu-haus a. d. Oste.	75,9	26,79	
LQCS	Catharina	Rendsburg	110,1	38,76	
LQCW	Hoffnung	Krautsand	62,9	22,30	
LQDK	Eros	Vorwerk bei Rendsburg	253,9	89,84	
LQDP	Elsabe Margaretha	Friedrichstadt . . .	26,1	9,23	
LQDS	Elder	Friedrichstadt . . .	244,1	80,16	
LQDT	Heinrich Wilhelm .	Husum in Schleswig	98,5	34,78	
LQFC	Anna Regina . . .	Arnis	107,3	37,47	
LQFD	Affinitas	Aruls	148,6	52,43	
LQFG	Hebe	Friedrichstadt . . .	81,6	28,63	
LQFJ	Anna	Friedrichstadt . . .	25,1	8,71	

* Nominelle Pferdestärken. ** Indicirte Pferdestärken.

LQFN — LQRW

Unterscheidungs-Signale.	Namen der Schiffe.	Heimathshafen	Kubikmeter Netto-Raumgehalt.	Register-Tons	Pferdestärken.
LQFN	Anna	Friedrichstadt	74,6	26,0	
LQFP	Die zwei Gebrüder	Tielen	59,9	21,14	
LQFS	Telina	Kiel	126,5	44,78	
LQGB	Wiebke Catharina	Pahlhude	69,3	24,34	
LQGK	Frau Christina	Rendsburg	65,6	23,16	
LQGM	Adolph	Pahlhude	97,7	34,44	
LQGS	Dorothea	Ekensund	60,3	21,26	
LQGT	Henriette	Kappeln a. d. Schlei	68,3	24,0•	
LQGV	Anna	Arnis	83,3	29,41	
LQHJ	Bernhard	Husum in Schleswig	76,5	26,99	
LQHR	Ernte	Insel Pellworm	87,1	30,73	
LQHT	Philadelphia	Arnis	47,2	16,66	
LQHV	†Prinzess Louise	Schleswig	83,•	29,3•	20
LQHW	†Marie	Schleswig	63,3	22,34	15
LQJF	Ane Christine	Arnis	83,6	29,33	
LQJK	Activ	Borgwedel a.d.Schlei	101,•	35,97	
LQJN	Flora	Arnis	80,4	30,50	
LQJV	Die Hoffnung	Wyk auf Föhr	45,0	17,26	
LQKC	Anna Catharina	Sandschleuse a. d. Eider.	91,3	32,23	
LQKF	Caecilia Maria	Arnis	190,4	67,81	
LQKH	Speculant	Kappeln a. d. Schlei	282,9	99,54	
LQKJ	Providentia	Arnis	121,0	43,91	
LQKN	Alliance	Arnis	103,9	36,53	
LQKP	Emanuel	Heiligenhafen	80,7	28,4•	
LQKR	Heimath	Ekensund	91,6	32,30	
LQKV	Maria	Arnis	37,1	13,11	
LQMB	Hoffnung	Flensburg	169,3	59,71	
LQMD	Maria	Arnis	41,•	14,76	
LQMF	Emilie	Arnis	171,9	60,83	
LQMG	Anna	Arnis	47,2	16,66	
LQMN	Pegasus	Arnis	87,8	30,••	
LQMP	Preciosa	Insel Pellworm	37,•	13,01	
LQMS	Emanuel	Arnis	32,9	11,61	
LQMT	Adonis	Arnis	72,5	25,10	
LQMW	Elise	Arnis	73,9	26,0•	
LQNG	Triton	Sonderburg	42,3	14,93	
LQNM	Anna Christina	Kappeln a. d. Schlei	32,6	11,30	
LQNW	Sophia	Arnis	80,7	30,63	
LQPC	Fortuna	Arnis	98,9	34,91	
LQPJ	Elise	Düwig bei Norburg	23,5	8,30	
LQPK	Sophie	Kappeln a. d. Schlei	95,2	33,60	
LQPR	†Nordstrand	Insel Nordstrand	60,7	21,22	20
LQPV	Elise	Kappeln a. d. Schlei	41,4	14,4•	
LQRF	Galathea	Arnis	61,3	21,50	
LQRK	Maria Dorothea	Arnis	45,3	15,99	
LQRP	Emma	Kappeln a. d. Schlei	20,9	7,3•	
LQRS	Frau Anna	Wyk auf Föhr	45,6	15,••	
LQRW	Emanuel	Schleswig	76,7	27,11	

LQSH — LRFC

Unterscheidungs-Signale.	Namen der Schiffe.	Heimathshafen	Kubikmeter Netto-Raumgehalt.	Register-Tons	Pferdestärken.
LQSH	Fido	Hargen	104,4	30,4	
LQSM	Albertine	Kappeln a. d. Schlei	68,4	31,21	
LQTH	Helene	Insel Nordstrand	24,8	8,6	
LQTC	Catharina	Delve	117,3	41,4	
LQTP	Mentor	Möltenort	59,3	21,00	
LQVG	Ludwig	Rendsborg	169,1	59,01	
LQVH	Eva	Wittenbergen a. d. Eider.	203,4	92,9	
LQVM	Zwei Gebrüder	Rendsborg	110,2	38,9	
LQWC	Die Gebrüder	Prinzenmoor a. d. Eider	58,8	20,66	
LQWD	Frau Catharina	Prinzenmoor a. d. Eider	63,3	22,31	
LQWJ	Wilhelm I.	Friedrichstadt	98,4	34,11	
LQWP	Friede	Rendsborg	93,3	32,9	
LQWR	Anna	Friedrichsbolm a. d. Eider.	70,3	26,9	
LQWT	Die Hoffnung	Garding	57,4	20,60	
LQWV	Taube	Rendsborg	213,4	75,22	
LRBC	Otto	Friedrichstadt	62,4	33,16	
LRBG	Catharina	Hamdorf, Kreis Rendsburg	91,1	32,13	
LRBH	Irene	Delve	75,3	26,63	
LRBJ	Die Hoffnung	Hohner Fähre a.d. Eider	54,4	19,3	
LRBK	Johannes	Elmshorn	73,1	25,79	
LRBQ	Carl	Kappeln a. d. Schlei	30,1	10,63	
LRBS	Johanna Friedericke	Kappeln a. d. Schlei	63,1	22,3	
LRBT	Margaretha	Delve	70,3	24,4	
LRCB	Die Eiche	Kappeln a. d. Schlei	95,8	33,11	
LRCD	Vorwärts	Arnis	152,3	53,83	
LRCF	Margaretha Christine	Süderstapel	80,3	28,33	
LRCG	†Dithmarschen	Tönning	1563,3	551,41	250
LRCH	Fortuna	Munkmarsch	64,3	22,66	
LRCJ	Fortuna	Arnis	17,3	6,07	
LRCP	Flora	Erfde	136,4	48,2	
LRCQ	Johanna	Friedrichstadt	82,4	22,30	
LRCT	†Schleswig	Tönning	2125,3	750,77	210
LRCV	†Valparaiso	Schleswig	105,4	37,30	20
LRCW	Australia	Insel Pellworm	36,1	12,71	
LRDB	†Triton	Tönning	151,4	53,84	348*
LRDC	Die Wohlfahrt	Friedrichstadt	58,0	20,47	
LRDF	Oedald	Stettin	134,1	47,36	
LRDG	Christine	Husum in Schleswig	112,0	39,34	
LRDH	Louise	Insel Pellworm	90,4	32,04	
LRDJ	Anna Christina	Friedrichstadt	62,3	22,30	
LRDK	Die vier Gebrüder	Sandschleuse a.d. Eider	50,3	20,49	
LRDM	Ingeborg von Halebüll	Husum in Schleswig	64,0	22,30	
LRDP	†Pellworm	Insel Pellworm	104,3	36,71	60*
LRFB	Maria	Insel Pellworm	89,3	31,33	
LRFC	Sibirien	Arnis	1039,4	307,00	

* Indicirte Pferdestärken.   6

Unter-scheidungs-Signale.	Namen der Schiffe.	Heimathshafen	Kubik-meter Netto-Raumgehalt.	Register-Tons	Pferde-stärken.
LRFD	†Concordia	Kappeln a. d. Schlei	111,2	39,23	16*
LRFH	Anna Catharina . .	Arnis . . .	44,3	15,64	
LRFJ	†Gottorp	Schleswig .	707,-	240,53	120**
LRFK	†Stadt Schleswig 1	Schleswig .	1093.1	385,47	60*
LRFM	†Christian	Tönning . . .	1820.5	644,56	340**
LRFN					
LRFP					
LRFQ					
LRFS					
LRFT					
LRFV					
LRFW					
LVBC	Hans	Rendsburg	230.5	83,49	
LVBD	Margaretha	Breiholz	151,4	53,53	
LVBG	Catharina	Pahlhude	64,3	22,66	
LVBH	Arche	Büsum	91,4	32,27	
LVBJ	Caroline	Breiholz . . .	68,3	24,18	
LVBK	Anna	Rendsburg . . .	87.6	30,97	
LVBM	Anna	Rendsburg . . .	75.1	26,73	
LVBN	Johanna	Breiholz . . .	89.5	31,39	
LVBP	Maria.	Rendsburg . . .	240,4	88,11	
LVBQ	Fortuna	Delve	124,6	43,94	
LVBR	Anna Catharina . .	Delve	60,4	21,33	
LVBS	Anna	Friedrichsholm a. d. Eider.	75,0	26,47	
LVBT	Johannes	Rendsburg . . .	169,1	59,69	
LVBW	Hermann	Itzehoe	35,5	12,53	
LVCB	Hebe	Itzehoe.	660,0	230,18	
LVCD	Hosianna	Hamdorf, Kreis Rendsborg.	58.9	20,79	
LVCF	Emanuel	Frederik VII. Koog. Kreis Süderdithmarschen.	49,3	17,49	
LVCG	†Brunsbüttel . . .	Brunsbüttel	176,0	62,13	45*
LVCH	Eendragt	Lunden	163,1	57,37	
LVCJ					
LVCK					
LVCM					
LVCN					
LVCP					
LVCQ					
MBCF	Louise Allwardt . .	Rostock	710,3	253,90	
MBCH	Caroline Helbing .	Rostock	686,3	242,33	
MBCL	Schnelle	Rostock	826,3	291,44	
MBCP	Franz von Mathies	Rostock	630,4	224,42	
MBDG	Aristides	Rostock	728,4	257,13	
MBDH	Eduard	Rostock	609,4	215,30	
MBDK	Rosalie Ahrens . .	Rostock	776,1	274,15	
MBDT	Amazone	Rostock	919,1	324,49	
MBFN	Bobsien-Kaegsdorf.	Rostock	982,5	346,61	

* Nominelle Pferdestärken. ** Indicirte Pferdestärken.

MBFT — MBQK

Unter-scheidungs-Signale.	Namen der Schiffe.	Heimathshafen	Kubik-meter Netto-Raumgehalt.	Register-Tons	Pferde-stärken.
MBFT	Wilhelmine	Rostock	732,6	258,40	
MBFW	Wilhelmine Waitz von Eschen.	Rostock	1037,0	366,66	
MBGK	Martha	Rostock	772,9	272,83	
MBGL	Herzog Georg	Rostock	877,1	300,71	
MBGR	Erbgrossherzog Friedrich Franz.	Rostock	712,3	251,11	
MBGW	Mozart	Rostock	796,1	281,07	
MBHC	Bürgermeister Bauer	Rostock	930,1	328,71	
MBHF	Armin	Rostock	681,0	240,30	
MBHK	Nicolaus Heinrich	Rostock	868,1	306,63	
MBHL	Rebecca	Rostock	1186,1	418,70	
MBHQ	Hedwig	Rostock	784,4	276,92	
MBHW	Martha & Clara	Rostock	742,2	262,60	
MBJG	Fritz Reuter	Rostock	844,3	298,10	
MBJK	Ernst Brockelmann	Rostock	991,8	350,03	
MBJR	Agnes	Rostock	794,3	280,43	
MBJT	Georg & Louise	Rostock	693,1	244,77	
MBJW	Greif	Rostock	895,8	316,30	
MBKC	Ernst & Christine	Rostock	626,7	221,60	
MBKD	Auguste Sophie	Rostock	780,4	275,39	
MBKF	M. B. Cohn	Rostock	656,6	231,93	
MBKJ	Sophia	Rostock	158,7	56,03	
MBKL	Sophie	Rostock	119,1	42,63	
MBKN	Elise & Henny	Rostock	169,3	59,13	
MBKQ	Woizlava	Rostock	776,4	274,46	
MBLC	Sirius	Rostock	1051,9	371,30	
MBLD	Max	Rostock	831,1	293,3	
MBLJ	Theodor Voss	Rostock	872,6	308,64	
MBLK	Prospero	Rostock	1096,1	386,91	
MBLQ	Wolfgang	Rostock	681,4	240,63	
MBLT	Emma & Robert	Rostock	1265,9	446,86	
MBNC	Antonie von Cleve	Rostock	1344,4	474,37	
MBND	Presto	Rostock	807,3	284,84	
MBNF	Posthalter J. C. Wahl.	Rostock	848,6	299,30	
MBNH	Heinrich Moll	Rostock	772,6	272,73	
MBNJ	Atlantic	Stralsund	1130,1	398,63	
MBNK	Victoria	Rostock	1150,4	406,26	
MBNQ	Emma	Rostock	717,3	253,31	
MBNW	Albatros	Rostock	878,4	310,37	
MBPF	Die Krone	Rostock	782,4	276,64	
MBPG	Agnes	Rostock	586,9	207,14	
MBPJ	Ariel	Rostock	735,3	259,63	
MBPR	Louise Hillmann	Rostock	618,6	228,86	
MBPV	Marie	Rostock	816,8	288,30	
MBQG	Louise Otto-Warbe-low.	Rostock	698,3	246,30	
MBQK	Die Hoffnung	Rostock	475,9	167,99	

MBQT — MCFT

Unter-scheidungs-Signale.	Namen der Schiffe.	Heimathshafen	Kubik-meter Netto-Raumgehalt.	Register-Tons	Pferde-stärken.
MBQT	Norma	Rostock	556,3	196,44	
MBRC	Wilhelm	Rostock	586,4	207,87	
MBRD	Herodot	Rostock	706,6	219,50	
MBRK	Auguste	Rostock	433,2	152,91	
MBRN	Auguste	Rostock	523,8	184,99	
MBRP	Oberon	Rostock	686,6	242,44	
MBRS	Doris Mentz	Rostock	503,4	177,78	
MBSD	Wustrow	Rostock	853,3	301,81	
MBSL	Cassandra	Rostock	686,1	242,61	
MBSN	Friedrich & Louise	Rostock	829,6	292,48	
MBSP	Wendola	Rostock	617,4	218,01	
MBSR	Adolph Michels	Rostock	820,1	289,10	
MBTC	Henriette	Rostock	579,0	204,39	
MBTG	Johannes	Rostock	561,2	198,10	
MBTL	Tugend	Rostock	672,4	237,81	
MBTN	August & Eduard	Rostock	705,6	249,37	
MBTS	Nielot	Rostock	661,4	233,41	
MBTW	Martin	Rostock	622,3	219,74	
MBVH	Richard	Rostock	824,1	290,91	
MBVJ	Der Obotrit	Lübeck	533,1	188,29	
MBVK	Warnow	Rostock	528,6	186,29	
MBVL	Fortschritt	Rostock	644,5	227,81	
MBVS	Iduna	Rostock	632,1	223,10	
MBVT	Johanna	Rostock	683,4	241,28	
MBWF	Franziska	Rostock	621,4	219,43	
MBWJ	Der Schwan	Lübeck	619,6	218,72	
MBWK	Staatsrath von Brock	Rostock	679,3	239,16	
MBWP	Paul Jones	Rostock	859,4	303,37	
MBWQ	Archimedes	Rostock	702,9	248,12	
MBWS	Major Schumacher	Rostock	821,9	290,10	
MBWT	Krey-Waggerzin	Rostock	1064,7	375,73	
MCBD	Frau Marie	Rostock	732,0	258,40	
MCBG	Balance	Rostock	852,3	300,84	
MCBH	Galilei	Rostock	783,1	276,43	
MCBN	Nordstern	Rostock	624,0	220,34	
MCBP	Copernicus	Rostock	647,3	228,50	
MCBW	Louise Brockelmann	Rostock	680,1	240,50	
MCDL	Bürgermeister Peter-sen.	Rostock	807,4	285,04	
MCDN	Jupiter	Rostock	690,5	243,73	
MCDP	Sophia Maria	Rostock	598,4	211,24	
MCDS	Theodor Reimers	Rostock	675,1	238,83	
MCDW	Hermann Friedrich	Rostock	845,4	297,43	
MCFB	Anna & Meta	Rostock	703,4	248,44	
MCFG	Argus	Rostock	891,5	314,71	
MCFH	Actif	Rostock	688,5	243,04	
MCFL	Emma Bauer	Rostock	689,4	243,43	
MCFQ	Deutschland	Rostock	819,3	289,63	
MCFT	J. F. Pust	Rostock	1134,3	400,86	

MCFV — MCNQ

Unter-scheidungs-Signale.	Namen der Schiffe.	Heimathshafen	Kubik-meter Netto-Raumgehalt.	Register-Tons	Pferde-stärken.
MCFV	J H. Epping	Rostock	733,0	258,18	
MCGB	Maria	Rostock	663,3	234,23	
MCGF	Johann Friedrich	Rostock	955,0	337,43	
MCGJ	C. F. Maass	Rostock	757,4	267,43	
MCGL	Heinrich Gerdes	Rostock	686,5	242,30	
MCGN	Fanny von Schack	Rostock	665,8	234,91	
MCGQ	H. A. Walter	Rostock	1114,0	393,58	
MCGR	Gloria	Rostock	665,3	234,83	
MCGS	J. F. Heydtmann	Rostock	701,2	247,52	
MCGT	Constantin von Reinecke.	Rostock	915,1	323,24	
MCGV	Loreley	Rostock	948,1	334,65	
MCHB	Baumeister Wilken	Rostock	699,4	247,03	
MCHD	Ludwig Burchard	Rostock	789,2	260,01	
MCHF	Prinz von Preussen	Rostock	683,0	241,09	
MCHJ	von Buch-Wendorf	Rostock	704,4	248,73	
MCHL	Paul Friedrich Pogge.	Rostock	1054,8	372,34	
MCHN	Goethe	Rostock	670,0	238,63	
MCHP	Christian Heinrich	Rostock	734,8	259,31	
MCHQ	Freundschaft	Rostock	800,5	284,13	
MCHR	Franz & Ernst	Rostock	649,4	229,34	
MCHS	Venus	Rostock	898,3	317,09	
MCHT	Johann Daniel	Rostock	994,3	350,90	
MCJB	Vorwärts	Rostock	1064,8	375,40	
MCJD	Louise Bachmann	Rostock	800,8	284,71	
MCJF	Nordsee	Rostock	525,6	185,54	
MCJK	Nordstern	Rostock	914,3	322,74	
MCJP	Germania	Rostock	998,0	352,01	
MCJS	Ribnitz	Rostock	764,0	260,70	
MCJV	Ernst & Elise	Rostock	1058,4	373,54	
MCJW	Amaranth	Rostock	561,4	198,01	
MCKB	Mathilde	Rostock	1340,2	473,09	
MCKG	Ludwig Capobus sen.	Rostock	686,0	242,10	
MCKH	August & Marie	Rostock	725,6	256,01	
MCKL	Ocean	Rostock	806,5	284,70	
MCKN	B. C. Peters	Rostock	781,3	275,93	
MCKT	Drei Geschwister	Rostock	662,4	233,73	
MCKW	Erwin	Rostock	1044,3	368,10	
MCLH	Thomas Small	Rostock	1136,9	401,34	
MCLJ	Graf Bismark	Rostock	702,7	248,06	
MCLR	Hermann Behrent	Rostock	1010,9	356,01	
MCLT	Hellas	Rostock	1179,8	416,41	
MCLV	H. A. Heinrich	Rostock	661,2	233,42	
MCNB	Atlantic	Rostock	869,0	307,06	
MCND	Ernest Kuyper	Rostock	821,0	290,12	
MCNH	Swantewit	Rostock	761,0	268,63	
MCNP	Metz	Stralsund	644,9	227,61	
MCNQ	Mathilde	Rostock	841,1	296,91	

MCNT — MCTW

Unter-scheidungs-Signale.	Namen der Schiffe.	Heimathshafen	Kubik-meter Netto-Raumgehalt.	Register-Tons	Pferde-stärken.
MCNT	Marie Kuyper	Rostock	1025,3	361,92	
MCNV	von Schack-Rey	Rostock	1134,7	400,33	
MCNW	Albertine Meyer	Rostock	753,8	266,89	
MCPG	Hoffnung	Rostock	1055,3	372,92	
MCPK	Theodor Bernicke	Rostock	1070,6	377,97	
MCPL	Express	Rostock	780,4	275,39	
MCPR	C. Neumann-Gaede-behn.	Rostock	971,3	342,46	
MCPT	Hellos	Rostock	1008,9	356,11	
MCPV	Palladia	Rostock	954,1	336,11	
MCPW	Diana	Rostock	890,4	314,31	
MCQB	Anna Howitz	Rostock	1110,1	391,54	
MCQD	Georg	Anklam	99,8	35,72	
MCQF	Max	Stettin	110,0	38,72	
MCQG	Moewe	Rostock	901,6	320,13	
MCQH	Peter Suppicich	Rostock	1252,3	442,63	
MCQN	Rostock	Rostock	90,8	85,22	
MCQP	Medea	Rostock	877,5	309,73	
MCQR	M. D. Rucker	Rostock	1125,1	397,31	
MCQT	Herzogin Anna	Rostock	1349,4	476,31	
MCRB	Albert Neumann-Berlin.	Rostock	1460,6	515,14	
MCRD	Gerhard & Adolph	Rostock	. . .	142*	
MCRJ	Sophie Görbitz	Hamburg	963,9	340,93	
MCRK	Constantin	Barth	1521,0	580,93	
MCRL	Frisch	Rostock	1166,1	411,64	
MCRQ	Else Both	Rostock	1130,3	399,00	
MCRS	Dora Ahrens	Rostock	1216,0	429,28	
MCRV	Matthaeus Rickert	Rostock	323,1	114,28	
MCRW	Georg Becker	Rostock	840,8	296,40	
MCSB	Marie	Rostock	1600,6	567,13	
MCSD	Elisabeth Mentz	Rostock	1282,3	452,91	
MCSF	Go Ahead	Rostock	1108,2	391,10	
MCSG	Capella	Rostock	1420,3	501,44	
MCSJ	Heinrich Deckmann	Rostock	1082,4	382,22	
MCSN	Mecklenburg's Haus-wirthe.	Rostock	888,7	313,11	
MCSW	Elsa	Rostock	1365,0	482,13	
MCTB	Lucy & Paul	Rostock	1007,3	376,64	
MCTJ	Carl Both	Rostock	1496,0	528,11	
MCTL	Gazelle	Rostock	640,3	226,10	
MCTN	J. Borgwardt	Rostock	600,6	212,01	
MCTP	Lorenz Hansen	Rostock	1125,0	397,14	
MCTQ	†Rostock	Rostock	361,3	127,49	63**
MCTR	Richard Porter	Rostock	356,0	125,67	
MCTS	Rudolphine Bur-chard.	Rostock	784,4	276,90	
MCTV	Georg Suppicich	Rostock	1253,9	442,63	
MCTW	Carl Max	Rostock	832,9	298,11	

* Lasten zu 6000 ℔.   ** Nominelle Pferdestärken.

MCVD — MDFT

Unter-scheidungs-Signale.	Namen der Schiffe.	Heimathshafen	Kubik-meter Netto-Raumgehalt.	Register-Tons	Pferde-stärken.
MCVD	Fritz	Rostock	1165,3	411,56	
MCVG	O. Kohan . .	Rostock	1199,3	423,47	
MCVK	Isabella . . .	Rostock	617,3	218,67	
MCVL	Beatrice Suppicich	Rostock	958,3	338,29	
MCVN	F. W. Fischer . .	Rostock	603,3	213,04	
MCVP	Martha Brockelmann	Rostock	1363,3	488,34	
MCVQ	†Deutscher Kaiser	Rostock	2674,7	944,16	110
MCVR	Wilhelmine Pust .	Rostock	1248,8	440,43	
MCVT	Juanita	Rostock	380,4	134,36	
MCVW	Anna von Klein . .	Rostock	995,7	351,10	
MCWF	Undine	Rostock	657,2	231,79	
MCWG	Gustav Metzler . .	Rostock	998,4	352,43	
MCWH	Marianne . . .	Rostock	1160,3	409,63	
MCWJ	Dr. Witte	Rostock	793,3	280,06	
MCWK	Margaretha Dethloff	Rostock	338,9	119,64	
MCWN	Charlotte Lange . .	Rostock	1151,1	400,44	
MCWT	Fritz Schmidt . . .	Rostock	1124,7	397,31	
MCWV	Carl	Rostock	234,1	82,64	
MDBC	†Riga	Rostock	1281,4	452,33	80*
MDBF	Marie Spatz . . .	Rostock	831,7	293,39	
MDBG	Elisabeth Ahrens .	Rostock	1121,9	396,63	
MDBJ	Frida Lehment . .	Rostock	1133,3	400,03	
MDBK	†H. von Witt . . .	Rostock	1779,0	627,03	285
MDBL	Emilie	Rostock	272,6	96,34	
MDBN	Elfriede Mumm . .	Rostock	253,1	89,34	
MDBP	Polly Stott . . .	Rostock	1224,1	432,11	
MDBQ	Elodie	Rostock	742,9	262,34	
MDBR	Franz Fischer . .	Rostock	458,6	161,93	
MDBT	Ernst Ludwig Holtz	Rostock	1330,3	469,47	
MDBV	Ceres	Rostock	1488,9	525,39	
MDBW	Semmy Cohn . . .	Rostock	1231,4	434,67	
MDCF	Präsident Trotsche	Rostock	1428,7	504,33	
MDCG	Elise	Rostock	227,6	80,35	
MDCH	H. Printzenberg . .	Rostock	1507,3	553,38	
MDCL	Clara Peters . . .	Rostock	263,0	92,41	
MDCN	W. Schulz	Rostock	132,1	46,54	
MDCP	†Vorwärts	Rostock	83,7	29,35	14*
MDCR	Cohnheim	Hamburg	1233,1	435,70	
MDCT	Annie Berner . . .	Rostock	1127,5	398,10	
MDFB	Isabel	Rostock	947,3	334,36	
MDFC	Anna Precht . . .	Rostock	1215,3	428,97	
MDFH	Emma Römer . . .	Rostock	1202,4	424,13	
MDFJ	Van den Bergh . .	Rostock	1234,9	435,91	
MDFK	August Burchard .	Rostock	1343,1	474,33	
MDFN	Louise Meyer . . .	Rostock	840,5	296,41	
MDFP	Ada Stott	Rostock	1431,0	505,13	
MDFQ	Maria & Käthe . .	Rostock	1186,3	418,77	
MDFS	Atlas	Rostock	799,4	282,09	
MDFT	Marie Stahl	Rostock	765,1	270,94	

* Nominelle Pferdestärken.

MDFV — MDLB

Unter-scheidungs-Signale	Namen der Schiffe	Heimathshafen	Kubik-meter Netto-Raumgehalt.	Register-Tons	Pferde-stärken.
MDFV	Fritz von Arenstorff	Rostock	450,0	159,63	
MDFW	Vier Brüder	Rostock	2103,0	774,47	
MDGB	Arnold von Dippen	Rostock	1262,0	445,51	
MDGC	Carl W. Doman	Rostock	1359,5	479,96	
MDGF	Emilie	Rostock	207,6	73,55	
MDGH	Paul Grampp	Rostock	373,4	131,81	
MDGL	Arthur Huntley	Rostock	663,3	234,10	
MDGP	Henry Reed	Rostock	1079,2	380,96	
MDGQ	Marie Thun	Rostock	485,1	171,34	
MDGR	Baltic	Rostock	785,4	277,25	
MDGS	Wilhelm Maack	Rostock	1193,0	421,43	
MDGT	Ceylon	Rostock	1589,0	561,03	
MDGV	Elisabeth	Rostock	314,1	111,07	
MDHG	†Henriette Schlüsser	Rostock	1774,2	626,29	80°
MDHK	Maria	Rostock	305,3	107,73	
MDHL	Merwald	Rostock	1144,3	403,94	
MDHN	†Neptun	Rostock	89,6	31,70	25
MDHR	Max Fischer	Rostock	1752,0	618,43	
MDHS	Mary Louisa	Rostock	935,6	330,91	
MDHT	J. Schoentjes	Rostock	1029,3	363,33	
MDHV	Falke	Rostock	423,4	149,49	
MDJB	Friedrich Maass	Rostock	1183,1	417,63	
MDJC	Frieda Grampp	Rostock	1413,7	499,04	
MDJF	Mathilde Hennings	Rostock	1481,0	522,75	
MDJG	Agnes	Rostock	969,4	342,90	
MDJK	Helene	Rostock	—	274,33	
MDJL	Parana	Rostock	1154,7	407,60	
MDJQ	Anna	Rostock	—	337	
MDJR	†Elise Petersen	Rostock	1651,9	583,13	300°°
MDJS	Elisabeth	Rostock	1123,7	896,61	
MDJT	Adelaide	Rostock	1235,1	436,69	
MDJV	†Hans Krohn	Rostock	2790,6	985,01	550°°
MDJW	†Phönix	Rostock	109,3	38,66	20°
MDKB	Mathilde Falck	Rostock	75,1	26,82	
MDKC	Marie D. Korsch	Rostock	1546,3	545,91	
MDKF	Bertha	Rostock	—	240,90	
MDKG	Ida	Rostock	—	389,91	
MDKH	†Theodor Burchard	Rostock	1647,2	581,45	150
MDKJ	†Mathilde Joost	Rostock	1647,6	581,30	150
MDKL	Auguste Lau	Rostock	189,8	67,60	
MDKN	Carl Burchard	Rostock	1538,7	543,16	
MDKP	Hartmanns	Rostock	367,7	129,64	
MDKQ	†Eugéne Krohn	Rostock	1515,0	535,07	400°°
MDKR	†Lydia Millington	Rostock	1647,6	581,36	300°°
MDKS	Adele Lübker	Rostock	1511,1	533,44	
MDKT	Rud. Josephy	Rostock	1351,6	477,13	
MDKV					
MDKW					
MDLB					

* Nominelle Pferdestärken.   ** Indicirte Pferdestärken.

MDLC — MSGP

Unter-scheidungs-Signale.	Namen der Schiffe.	Heimathshafen	Kubik-meter	Register-Tons	Pferde-stärken.
			Netto-Raumgehalt.		
MDLC					
MDLF					
MDLG					
MDLH					
MDLJ					
MDLK					
MDLN					
MDLP					
MDLQ					
MSBC	Mercur	Wismar	480,9	160,76	
MSBQ	Generallieutenant v. Witzleben.	Wismar	501,1	176,90	
MSBR	Doctor Kniep	Wismar	547,1	193,31	
MSBT	Auguste	Wismar	531,3	187,54	
MSBW	Iho & Sohn	Rostock	791,1	279,23	
MSCD	Amalie	Wismar	563,4	199,66	
MSCK	Steinhagen-Neuhof	Wismar	867,6	306,23	
MSCQ	von der Lühe - Kohl-storf.	Wismar	997,9	352,23	
MSCT	Erwartung	Rostock	398,6	140,91	
MSCW	Elise	Wismar	788,9	279,44	
MSDC	Georg & Adolf	Wismar	843,2	297,66	
MSDH	Mathilde	Wismar	670,1	238,89	
MSDK	Anna	Wismar	651,1	229,91	
MSDL	Commerzienräthin Haupt.	Wismar	798,3	281,60	
MSDN	Die Möwe	Wismar	888,6	313,6-	
MSDW	Hedwig	Wismar	816,4	288,10	
MSFB	Titan	Wismar	999,9	352,97	
MSFC	Anna & Caroline	Wismar	513,6	181,23	
MSFG	Oberstlieutenant von Sülstorff.	Wismar	681,4	240,63	
MSFH	Justizrath von Paepke.	Wismar	919,3	324,60	
MSFL	Elise & Anna	Wismar	200,0	70,56	
MSFN	Triton	Wismar	1332,9	470,12	
MSFP	Kaap Hoorn	Rostock	1192,6	420,90	
MSFQ	Maria Dorothea	Stettin	82,7	29,30	
MSFR	Gazelle	Stralsund	97,3	34,25	
MSFT	Wismar	Wismar	808,5	285,50	
MSFV	Carl	Wismar	209,1	73,51	
MSGC	Germania	Wismar	448,6	158,53	
MSGD	Paul Thormann	Wismar	1350,1	479,97	
MSGF	Anna Thormann	Wismar	1147,4	405,11	
MSGH	Gustav Wilhelm	Wismar	383,3	135,31	
MSGK	Georg	Borg a. F.	82,6	29,17	
MSGL	Hoffnung	Wismar	48,0	16,71	
MSGN	Louise Lübcke	Wismar	897,1	316,63	
MSGP	Carl & Marie	Wismar	97,1	34,23	

MSGT — NBSK

Unter-scheidungs-Signale.	Namen der Schiffe.	Heimathshafen	Kubik-meter Netto-Raumgehalt.	Register-Tons	Pferde-stärken.
MSGT	Frühling	Wismar	1064,2	375,40	
MSGV	Lydia	Wismar	197,2	69,71	
MSGW	Carl & Emma	Wismar	229,1	80,55	
MSHB	Verbena	Wismar	878,5	310,02	
MSHC	†Wismar	Wismar	1647,4	581,44	80*
MSHD					
MSHF					
MSHG					
MSHJ					
MSHK					
MSHL					
MSHN					
MSHP					
NBCF	Diedrich	West-Rhauderfehn	58,7	20,72	
NBCH	Luna	Hornmersiel	193,1	68,17	
NBCK	Helene	Fedderwardersiel	63,6	22,24	
NBCR	Sophie Catharine	Rüstersiel	51,3	18,10	
NBDP	Hosianna	Varelerhafen	144,7	51,00	
NBDW	Hermann	Insel Langeoog	113,4	40,07	
NBFD	Johanne Auguste	Oldenburg a. d. Hunte	91,9	32,43	
NBFM	Anna Maria	Oldenburg a. d. Hunte	91,6	32,34	
NBFP	Margarethe	Elsfleth	146,6	51,84	
NBFQ	Meta	Fedderwardersiel	102,4	36,14	
NBFR	Hoffnung	Oldenburg a. d. Hunte	76,0	26,83	
NBFS	Christine	Horumersiel	167,3	59,46	
NBFT	Frau Beta	Rekum	130,7	46,13	
NBGM	Courier	Fedderwardersiel	42,3	14,90	
NBHW	Maria	Fedderwardersiel	67,4	23,46	
NBJH	Marie	Barssel	54,3	19,34	
NBJM	Meta	Fedderwardersiel	64,2	22,64	
NBKC	Friedrich Georg	Waddensersiel	102,7	30,22	
NBKF	Anna Hinrike	Eckwardersiel	64,4	22,65	
NBLD	Sophie	Barssel	93,6	33,14	
NBLG	Frau Catharina	Brake a. d. Weser	112,7	39,74	
NBLS	Zwei Gebrüder	Weserdeich, Amts Berne.	87,9	31,03	
NBMR	Elise Catharine	Ellenserdammersiel	60,2	21,23	
NBMT	Catharina	Brake a. d. Weser	136,8	48,19	
NBPD	Die drei Gebrüder	Weserdeich, Amts Berne.	88,4	31,37	
NBPW	Maria	Barssel	61,7	21,74	
NBQD	Anna Christine	Brake a. d. Weser	151,1	53,34	
NBQL	Johann Georg	Weserdeich, Amts Berne.	79,1	27,93	
NBRG	Frau Margarethe	Hammelwarden	90,6	31,77	
NBRM	Gesine	Barssel	71,7	25,31	
NBSH	Hoffnung	Oldenburg a. d. Hunte	121,6	42,93	
NBSJ	Zwei Gebrüder	Oldenburg a. d. Hunte	91,7	32,37	
NBSK	Zwei Gebrüder	Oldenburg a. d. Hunte	87,6	30,71	

* Nominelle Pferdestärken.

NBVL — NCVH

Unter-scheidung-Signale.	Namen der Schiffe.	Heimathshafen	Kubik-meter Netto-Raumgehalt.	Register-Tons	Pferde-stärken.
NBVL	Nicolaus Heinrich .	Elsfleth	112,4	80,49	
NBWH	Georg	Fedderwardersiel	42,1	15,07	
NBWL	Drei Gebrüder . .	Grossefehn	119,3	42,11	
NCBW	Christine . . .	Oldenburg a. d. Hunte	93,4	32,98	
NCDH	Frau Beta	Brake a. d. Weser .	165,7	58,30	
NCDK	Zwei Gebrüder . .	Oldenburg a. d. Hunte	120,6	42,83	
NCDQ	Wilhelmine	Oldenburg a. d. Hunte	94,1	33,31	
NCFR	Georg	Elsfleth	148,1	50,73	
NCGB	Gesine	Weener	234,5	82,76	
NCGM	Margarethe	Brake a. d. Weser .	180,4	66,54	
NCGR	Frau Maria . .	Barssel . .	57,9	20,30	
NCGT	Olympia	Varelerhafen . .	111,4	30,22	
NCHB	Christine	Brake a. d. Weser .	387,3	136,72	
NCHD	W. Brügmann & Sohn No. IV.	Papenburg . . .	465,4	164,29	
NCHV	Frau Margarethe .	Brake a. d. Weser .	68,3	22,33	
NCJD	Drei Gebrüder . .	Elsfleth	393,9	138,72	
NCJV	Hercules	Brake a. d. Weser .	603,9	213,14	
NCKQ	Pax	Bremen	417,3	147,77	
NCKR	Beta	Brake a. d. Weser .	208,4	73,37	
NCKT	Henrike	Brake a. d. Weser .	204,6	72,01	
NCKW	Maria	Oldenburg a. d. Hunte	108,9	38,13	
NCLD	Helene	Brake a. d. Weser .	187,3	66,12	
NCLF	Frau Margarethe .	Farge	173,9	61,39	
NCLG	Heinrich & Wilhelm	Ost-Rhauderfehn .	60,2	21,23	
NCLH	Agnete	Horumersiel . .	50,3	17,73	
NCLJ	Ernte	Brake a. d. Weser .	191,5	68,64	
NCLQ	Henriette	Hooksiel	134,5	47,14	
NCMB	Carl	Oldenburg a. d. Hunte	122,3	43,17	
NCPG	Margaretha . . .	Fedderwardersiel .	77,7	27,43	
NCPH	Georg Wilhelm . .	Brake a. d. Weser . .	125,9	44,11	
NCPL	Gerhardine . . .	Papenburg . . .	98,5	33,01	
NCQG	Christine	Brake a. d. Weser . .	164,3	58,07	
NCQH	Margaretha . . .	Oldersum	185,3	65,41	
NCQK	Iris	Brake a. d. Weser .	320,9	113,28	
NCQR	Friedrich	Oldenburg a. d. Hunte	117,3	41,37	
NCRD	Margarethe . . .	Oldenburg a. d. Hunte	154,1	54,50	
NCRK	Lienen	Blankenese . . .	379,9	134,11	
NCRM	Elise	Barssel	60,6	21,39	
NCRV	Margaretha . . .	Barssel	216,9	76,57	
NCRW	Anna	Stralsund	505,3	178,43	
NCSQ	Concordia	Elsfleth	538,3	190,00	
NCST	Christine	Brake a. d. Weser .	110,4	38,77	
NCTD	Anna	Brake a. d. Weser .	154,1	54,54	
NCTS	Johanne	Brake a. d. Weser .	182,3	64,41	
NCVB	Meta	Brake a. d. Weser .	208,3	78,33	
NCVF	Elisabeth	Barssel	211,0	74,47	
NCVG	Flora	Barssel	213,4	75,47	
NCVH	Anna	Elsfleth	550,0	194,13	

NCVK — NDMK

Unter-scheidungs-Signale	Namen der Schiffe	Heimathshafen	Kubik-meter Netto-Raumgehalt	Register-Tons	Pferde-stärken
NCVK	Johanna	Elsfleth	595,4	208,93	
NCVS	Anna Catharina	Tettensersiel	61,8	21,74	
NCWJ	Margaretha Johanna	Barssel	240,0	84,70	
NCWL	Maria Lucia	Barssel	245,1	86,81	
NCWV	Sirene	Brake a. d. Weser	982,8	346,84	
NDIIC	Castor	Emden	633,9	223,71	
NDBR	Martin	Hamburg	187,6	66,22	
NDBW	Lisette	Barssel	202,8	92,50	
NDCS	Mirjam	Hooksiel	61,3	21,84	
NDCV	Catharine	Barth	494,8	174,40	
NDFB	Wanderer	Brake a. d. Weser	630,8	222,70	
NDFG	Annchen	Papenburg	609,3	215,60	
NDFH	Delphin	Brake a. d. Weser	620,3	218,71	
NDFJ	Johann	Elsfleth	590,0	208,80	
NDFT	Meta	Brake a. d. Weser	95,9	83,40	
NDFW	Clara	Brake a. d. Weser	231,8	81,73	
NDGH	Maria Gesina	Barssel	271,0	95,97	
NDGK	Neptun	Elsfleth	696,1	245,71	
NDGP	Wangerland	Geestemünde	610,0	215,60	
NDHC	Aradus	Elsfleth	707,4	249,70	
NDHF	Gesine	Elsfleth	701,9	247,17	
NDHJ	Palme	Brake a. d. Weser	632,1	223,19	
NDJC	W. Drügmann & Sohn No. V.	Papenburg	422,3	149,16	
NDJF	Industrie	Brake a. d. Weser	702,8	247,91	
NDJH	B. H. Steenken	Brake a. d. Weser	664,9	234,71	
NDJK	Gebrüder	Barssel	358,3	124,76	
NDJL	Sophia	Hooksiel	48,6	17,15	
NDJM	Catharine	Hooksiel	189,8	67,20	
NDJT	Juno	Elsfleth	713,3	251,77	
NDKJ	Magnet	Hamburg	802,7	283,23	
NDKP	Henny	Elsfleth	682,1	240,77	
NDKQ	Falke	Elsfleth	475,1	167,01	
NDKR	Bertha	Brake a. d. Weser	635,6	224,80	
NDKS	Ino	Brake a. d. Weser	608,4	214,77	
NDKT	Genius	Elsfleth	747,2	263,76	
NDLB	Metis	Karolinensiel	414,3	140,22	
NDLF	Der junge Prinz	Varelerhafen	297,4	104,99	
NDLH	Helene Maria	Brake a. d. Weser	274,4	96,97	
NDLJ	Genius	Elsfleth	694,4	245,18	
NDLP	Hulke	Geestemünde	723,9	255,34	
NDLQ	Friedrich	Brake a. d. Weser	651,7	230,03	
NDLT	Lisette	Barssel	201,9	71,34	
NDLV	Lina	Karolinensiel	124,7	44,01	
NDMB	Hero	Brake a. d. Weser	748,4	264,16	
NDMF	Gemma	Elsfleth	866,4	305,84	
NDMG	Bein	Brake a. d. Weser	717,6	253,31	
NDMJ	Diana	Elsfleth	800,4	282,44	
NDMK	Franz	Brake a. d. Weser	648,6	228,68	

NDML — NDWC

Unter- scheidungs- Signale.	Namen der Schiffe.	Heimathshafen	Kubik- meter Netto-Raumgehalt.	Register- Tons	Pferde- stärken.
NDML	Catharine	Elsfleth	797,3	281,11	
NDMQ	Leander	Brake a. d. Weser	781,2	258,n	
NDMT	Orpheus	Elsfleth	738,1	200,53	
NDMV	Biene	Elsfleth	710,7	252,60	
NDPC	Lienen	Grossefehn	719,3	253,56	
NDPJ	Anna Margaretha	Barssel	264,3	93,39	
NDPR	Johanne Catharine	Brake a. d. Weser	177,4	62,52	
NDPS	Jantje	Emden	200,9	74,10	
NDPW	Gerhard Erdwin	Brake a. d. Weser	617,3	217,00	
NDQB	Etzhorn	Elsfleth	752,8	205,14	
NDQC	Minerva	Elsfleth	902,7	318,63	
NDQF	Amor	Brake a. d. Weser	693,7	244,44	
NDQH	Jason	Elsfleth	1026,4	362,52	
NDQJ	Albatros	Bremen	872,4	307,30	
NDQL	Humboldt	Elsfleth	933,1	329,53	
NDQP	Emil	Elsfleth	902,0	318,40	
NDQR	Felix	Elsfleth	739,3	260,07	
NDQS	Meta	Papenburg	696,3	245,70	
NDQV	Gerhardine	Hamburg	857,3	302,70	
NDRF	Carl Gerhard	Brake a. d. Weser	937,4	331,04	
NDRG	Johanne	Brake a. d. Weser	124,0	43,41	
NDRL	Union	Barssel	66,6	23,54	
NDRM	Wilhelmine	Varelerhafen	174,7	61,61	
NDRT	W. von Freeden	Elsfleth	. . . .	220,4*	
NDRW	Columbus	Brake a. d. Weser	729,3	257,63	
NDSB	Betty & Marie	Horumersiel	244,5	86,31	
NDSG	Adolph	Elsfleth	724,6	255,77	
NDSK	Bellona	Elsfleth	889,8	313,63	
NDSP	F. H. Lolling	Elsfleth	991,4	350,11	
NDSQ	Vorwärts	Elsfleth	1027,0	362,53	
NDSR	Frank Wilson	Elsfleth	955,6	337,33	
NDST	Emmi & Otto	Blankenese	754,9	266,64	
NDTB	Marianne	Leer	274,3	96,70	
NDTC	Atlantic	Brake a. d. Weser	828,3	290,63	
NDTF	Helene	Elsfleth	1015,2	358,21	
NDTG	Emma	Elsfleth	988,8	348,64	
NDTH	Moltke	Brake a. d. Weser	758,1	267,62	
NDTK	von Roon	Brake a. d. Weser	763,7	269,30	
NDTM	Nordstern	Varelerhafen	200,4	70,62	
NDTV	Hinrich	Barssel	394,4	139,13	
NDTW	Alida	Elsfleth	1004,1	380,31	
NDVF	Anna	Elsfleth	634,5	223,50	
NDVG	Adeline Margarethe	Brake a. d. Weser	194,9	68,40	
NDVH	Marie Becker	Elsfleth	1464,6	516,70	
NDVM	Hurike	Hamburg	742,7	262,10	
NDVP	Auguste Margarethe	Ellenserdammersiel	53,4	18,90	
NDVQ	Rappahannock	Brake a. d. Weser	241,4	85,53	
NDWB	Zwei Geschwister	Hooksiel	21,8	7,70	
NDWC	Aeolus	Elsfleth	1181,4	417,63	

* Lasten zu 4000 ℔.

NDWF — NFJD

Unterscheidungs-Signale.	Namen der Schiffe.	Heimathshafen	Kubik-meter	Register-Tons	Pferde-stärken.
			Netto-Raumgehalt.		
NDWF	J. H. Löbeken . . .	Elsfleth	962,3	339,63	
NDWM	Christine	Elsfleth	652,7	230,40	
NDWP	Hinrich	Hamburg	745,9	263,31	
NDWR	Charlotte	Elsfleth	1004,1	354,14	
NDWT	Johanne	Brake a. d. Weser	343,1	121,12	
NDWV	India	Brake a. d. Weser	805,8	284,33	
NFBC	Friedrich	Barssel	264,3	93,38	
NFBD	Maria	Barssel	272,1	96,63	
NFBH	Helene Hermine .	Eckwardersiel . . .	56,4	19,91	
NFBK	Marie	Elsfleth	1210,0	430,29	
NFBL	Merenr	Elsfleth	803,1	283,19	
NFBP	Jürgen Friedrich .	Eckwardersiel . . .	59,4	21,11	
NFBQ	Zwei Gebrüder . .	Brake a. d. Weser	195,3	69,61	
NFBS	Catharine	Brake a. d. Weser	176,4	62,31	
NFBT	Friederike	Elsfleth . . ● . .	770,3	271,91	
NFBW	Ceres	Elsfleth	816,6	288,23	
NFCD	Johann	Elsfleth	1325,1	467,40	
NFCG	Anna Margaretha .	Iheringsfehn . . .	40,1	17,44	
NFCJ	Adler	Brake a. d. Weser	710,3	250,73	
NFCP	Gesine	Weserdeleh, Amts Berne.	187.7	66,36	
NFCQ	Anna	Elsfleth	711,1	251,02	
NFCS	Allda	Brake a. d. Weser	139,3	49,17	
NFCT	Ida	Elsfleth	1051,6	371,14	
NFCW	Catharine	Elsfleth	1217,3	429,64	
NFDK	Gesina Lucia . . .	Barssel	232,3	82,13	
NFDM	Mathilde	Elsfleth	953,3	336,44	
NFDP	Christine	Brake a. d. Weser	777,1	274,31	
NFDR	Auguste Helene . .	Ellenserdammersiel	63,6	22,33	
NFDT	†Vegesack	Bremen	74,6	26,34	40*
NFDV	Magdalene	Eckwardersiel . . .	57,9	20,44	
NFDW	Taube	Brake a. d. Weser	618,0	218,13	
NFGC	Wilhelm	Brake a. d. Weser	235,4	83,10	
NFGD	Fortuna	Eckwardersiel . . .	61,4	21,13	
NFGJ	Harmonie	Elsfleth	290,5	102,63	
NFGR	Themis	Brake a. d. Weser	848,-	299,63	
NFHG	Gerhard	Brake a. d. Weser	468,6	165,43	
NFHJ	Adeline	Elsfleth	1500,1	529,83	
NFHK	Friederike	Weserdeleh, Amts Berne.	117,4	41,13	
NFHM	Nicolaus	Brake a. d. Weser	867,1	306,17	
NFHP	Annie	Elsfleth	1431,1	505,19	
NFHR	Hermann	Barssel	282,1	99,50	
NFHS	Deutschland . . .	Elsfleth	1683,6	594,33	
NFHT	Lina	Elsfleth	1337,6	472,16	
NFHV	Bertha	Brake a. d. Weser	848,6	299,52	
NFHW	J. H. Ramien . . .	Elsfleth	1786,9	630,77	
NFJB	Heinrich Wilhelm .	Eckwardersiel . . .	82,6	29,23	
NFJD	Catharine	Brake a. d. Weser	101,1	35,80	

* Nominelle Pferdestärken.

NFJH — NFPQ

Unter-scheidungs-Signale.	Namen der Schiffe.	Heimathshafen	Kubik-meter Netto-Raumgehalt.	Register-Tons	Pferde-stärken.
NFJH	Catharina	Weserdeich, Amts Berne.	77,8	27,18	
NFJL	Ingo	Elsfleth	973,9	343,84	
NFJP	Ocean	Brake a. d. Weser	1317,6	464,90	
NFJQ	Pacific	Brake a. d. Weser	1804,0	400,03	
NFJR	Otto	Elsfleth	658,8	282,36	
NFJT	Hermes	Elsfleth	1859,3	479,92	
NFJV	Wilhelmine	Eckwardersiel	143,2	50,84	
NFKB	Gesine	Brake a. d. Weser	92,6	82,61	
NFKC	Vesta	Brake a. d. Weser	364,6	128,53	
NFKD	Gesine Johanne	Strohausersiel	143,9	50,76	
NFKG	Paula	Elsfleth	1460,3	515,68	
NFKH	Fortuna	Elsfleth	1389,6	490,03	
NFKL	Adele	Elsfleth	394,9	139,41	
NFKM	Finenna	Barssel	82,3	29,13	
NFKP	Priscilla	Brake a. d. Weser	2634,9	930,13	
NFKQ	Lisa	Brake a. d. Weser	586,6	207,07	
NFKS	Felix II.	Elsfleth	1048,2	370,00	
NFKT	Atlantic	Elsfleth	1793,1	633,00	
NFKV	Louise	Elsfleth	1850,4	653,33	
NFKW	Astraea	Brake a. d. Weser	845,1	298,31	
NFLC	Amazone	Brake a. d. Weser	895,0	315,52	
NFLJ	Speculant	Elsfleth	1778,4	627,77	
NFLM	Christine	Brake a. d. Weser	189,8	66,54	
NFLP	Hansa	Brake a. d. Weser	711,9	251,39	
NFLQ	Peter	Fedderwardersiel	203,1	71,60	
NFLR	Louise	Brake a. d. Weser	131,2	46,34	
NFLT	Gesine	Brake a. d. Weser	139,2	49,14	
NFLV	Johanne Margarethe	Brake a. d. Weser	114,6	40,43	
NFLW	Helene	Brake a. d. Weser	129,1	45,88	
NFMD	Radamanthus	Brake a. d. Weser	245,6	86,77	
NFMG	Catharina	Brake a. d. Weser	118,1	41,53	
NFMK	Sagterland	Barssel	358,1	126,41	
NFML	Helene	Barssel	317,9	112,37	
NFMQ	Hebe	Brake a. d. Weser	655,9	231,83	
NFMS	Frau Catharina	Brake a. d. Weser	106,0	37,42	
NFMT	Catharina	Brake a. d. Weser	138,4	48,59	
NFMV	Alliance	Elsfleth	883,4	811,03	
NFMW	Drake	Brake a. d. Weser	118,3	41,76	
NFPB	Meta	Brake a. d. Weser	105,7	37,31	
NFPC	Romeo	Brake a. d. Weser	848,6	299,34	
NFPD	Sophia	Ellenserdammersiel	115,6	40,66	
NFPG	Eelke	Brake a. d. Weser	101,3	35,50	
NFPH	Gerhardine	Hooksiel	90,4	88,99	
NFPJ	Minna	Brake a. d. Weser	178,3	62,91	
NFPK	Sirius	Elsfleth	879,1	309,97	
NFPL	Vineta	Elsfleth	1885,3	665,47	
NFPM	Johanne	Eckwardersiel	64,0	22,39	
NFPQ	Anna	Steinkirchen, Amts Jork	35,9	12,57	

NFPR — NFTL

Unter-scheidungs-Signale.	Namen der Schiffe.	Heimathshafen	Kubik-meter Netto-Raumgehalt.	Register-Tons Netto-Raumgehalt.	Pferde-stärken.
NFPR	Elise	Brake a. d. Weser	114,7	40,49	
NFPS	Anna	Brake a. d. Weser	74,4	26,33	
NFPT	Margarethe Catharine	Abbersiel	60,3	21,23	
NFQB	Johann Carl	Elsfleth	1415,7	490,74	
NFQC	José Ginebra	Brake a. d. Weser	1022,0	360,17	
NFQD	Dorothea	Eckwardersiel	61,6	21,81	
NFQH	Gebrüder	Barssel	287,4	101,43	
NFQJ	Adonis	Brake a. d. Weser	1163,7	410,79	
NFQK	Anna	Brake a. d. Weser	114,6	40,43	
NFQL	Anna	Eckwardersiel	62,1	21,91	
NFQM	Meta	Elsfleth	812,6	286,41	
NFQP	Meenen Ernst	Varel	61,4	21,36	
NFQR	Musen	Elsfleth	1082,7	609,90	
NFQS	Emanuel	Elsfleth	1034,5	365,19	
NFQT	Ernte	Barssel	58,4	20,61	
NFQV	Pallas	Elsfleth	1705,3	601,93	
NFRB	Triton	Elsfleth	—	736,11	
NFRC	Oberon	Elsfleth	2069,0	730,44	
NFRD	Don Guillermo	Elsfleth	—	598,31*	
NFRH	Immanuel	Varel	126,0	44,79	
NFRJ	Margarethe	Waddensersiel	73,3	25,84	
NFRK	Angela	Barssel	334,6	118,13	
NFRL	Adeline	Brake a. d. Weser	159,3	56,24	
NFRP	Border Chief	Elsfleth	—	1010,69	
NFRQ	Marie	Elsfleth	875,4	309,09	
NFRS	Therese	Brake a. d. Weser	902,3	318,11	
NFRT	Pax	Elsfleth	. .	680,37*	
NFRV	Anna Catharine	Brake a. d. Weser	72,1	25,67	
NFRW	Ora	Barssel	336,0	119,32	
NFSC	Johann	Brake a. d. Weser	182,3	64,34	
NFSD	Helene	Elsfleth	1991,3	702,90	
NFSG	Friedrich	Brake a. d. Weser	235,4	83,20	
NFSH	Johanne	Brake a. d. Weser	115,4	40,74	
NFSJ	Khorasan	Elsfleth	—	1038,69	
NFSK	Weser	Brake a. d. Weser	1997,8	705,11	
NFSL	Ariadne	Elsfleth	1595,4	563,14	
NFSM	Lorelei	Elsfleth	2087,9	737,04	
NFSP	Heinrich Ramien	Elsfleth	1752,9	618,71	
NFSR	Zeus	Brake a. d. Weser	718,4	253,94	
NFST	Atalanta	Brake a. d. Weser	1100,9	400,94	
NFSV	Highflyer	Elsfleth	—	1011,35*	
NFSW	Freiheit	Brake a. d. Weser	1456,0	513,94	
NFTC	Heinrich	Oldenburg a. d. Hunte	237,6	83,41	
NFTD	Teutonia	Elsfleth	1789,1	631,70	
NFTG	Ernst	Brake a. d. Weser	1881,6	664,32	
NFTJ	†Oldenburg	Oldenburg a. d. Hunte	1312,6	463,43	225
NFTK	Gerd Heye	Elsfleth	1631,0	576,03	
NFTL	Industrie	Elsfleth	4517,1	1594,33	

* Brutto-Raumgehalt.

NFTM — NGBS

Unter-scheidungs-Signale.	Namen der Schiffe.	Heimathshafen	Kubik-meter Netto-Raumgehalt.	Register-Tons	Pferde-stärken.
NFTM	Pauline	Fedderwardersiel	60,6	21,20	
NFTP	Christine	Elsfleth	269,7	95,20	
NFTQ	Gesine	Elsfleth	262,6	92,4	
NFTR	Athene	Elsfleth	1782,6	620,34	
NFTS	†Otto	Elsfleth	233,1	82,3	85
NFTV	Catharina	Brake a. d. Weser	113,7	40,16	
NFTW	Arcona	Elsfleth	2584,6	912,29	
NFVB	†Lensahn	Brake a. d. Weser	87,0	18,07	12°
NFVC	Helene	Waddenscrsiel	94,7	38,16	
NFVD	Bessel	Elsfleth	—	458,33	
NFVG	Bertha	Oldenburg a. d. Hunte	129,4	45,6	
NFVH	Phönizia	Brake a. d. Weser	2164,9	764,20	
NFVJ	Zwei Gebrüder	Brake a. d. Weser	87,7	30,9	
NFVK	J. C. Warns	Elsfleth	2253,6	795,32	
NFVL	Theodor	Barssel	320,1	116,20	
NFVM	Lili	Elsfleth	—	009,47	
NFVP	Delphin	Bardenfleth	244,1	86,11	
NFVQ	Henrike	Brake a. d. Weser	242,3	85,33	
NFVR	Caroline	Grossensiel	82,1	28,7	
NFVS	Freya	Brake a. d. Weser	1887,6	659,22	
NFVT	Inea	Elsfleth	2068,3	729,46	
NFVW	Mimi	Elsfleth	2234,1	788,11	
NFWB	Paulina	Brake a. d. Weser	3138,1	1107,97	
NFWC	Astrea	Brake a. d. Weser	815,3	287,1	
NFWD	Jacobine	Brake a. d. Weser	1599,4	564,41	
NFWG	Agustina	Elsfleth	2629,3	928,16	
NFWH	†Corona	Elsfleth	3953,1	1305,43	550
NFWJ	Margaretha	Elsfleth	2110,1	747,82	
NFWK	Heinrich	Barssel	77,1	27,43	
NFWL	C. Paulsen	Elsfleth	1924,1	680,99	
NFWM	Wilhelmine	Brake a. d. Weser	735,1	250,10	
NFWP	Werner	Elsfleth	2527,7	892,91	
NFWQ	Burchardus	Barssel	92,9	32,10	
NFWR	Steinhausen	Varelerhafen	193,4	68,34	
NFWS	Bertha	Brake a. d. Weser	2512,1	880,16	
NFWT	Katinka	Elsfleth	2311,4	815,94	
NFWV	Amaranth	Brake a. d. Weser	2645,1	933,73	
NGBC	†Portugal	Oldenburg a. d. Hunte	1526,3	538,12	300
NGBD	Bonito	Brake a. d. Weser	631,0	222,16	
NGBF	Willy	Brake a. d. Weser	3680,3	1283,10	
NGBH	Baldur	Brake a. d. Weser	1984,1	693,26	
NGBJ	Catharina	Ellenserdammersiel	117,1	41,33	
NGBK	Theodor	Elsfleth	1184,1	418,43	
NGBL					
NGBM					
NGBP					
NGBQ					
NGBR					
NGBS					

* Nominelle Pferdestärken.

NGBT — QBCK

Unterscheidungs-Signale.	Namen der Schiffe.	Heimathshafen.	Kubikmeter Netto-Raumgehalt.	Register-Tons Netto-Raumgehalt.	Pferdestärken.
NGBT					
NGBV					
NGBW					
NGCB					
NGCD					
PBCF	Industrie	Lemkenhafen	531,3	187,62	
PBCN	Christine	Lübeck	258,7	91,37	
PBCQ	Nautilus	Papenburg	760,7	268,33	
PBCW	†Henriette	Lübeck	902,3	318,3-	80
PBDF	†Germania	Lübeck	580,1	204,78	30
PBDK	†Hansa	Lübeck	885,1	294,7?	80
PBDL	†Helix	Lübeck	924,3	326,3	80
PBDR	Beethoven	Lübeck	683,4	241,21	
PBDS	Bürgermeister Roeck	Lübeck	513,9	181,41	
PBFC	Lübeck	Lübeck	546,-	193,03	
PBFH	Mozart	Lübeck	662,4	233,42	
PBFL	†Nautilus	Lübeck	1015,9	358,42	70
PBFM	†Alfred	Stettin	422,-	149,23	70
PBFN	†Livonia	Lübeck	631,1	223,01	44
PBFR	†Finland	Lübeck	597,4	210,34	40
PBFS	†Sirius	Lübeck	863,3	304,43	50
PBFW	†Lübeck	Lübeck	608,3	214,-0	60
PBGD	†Nord	Lübeck	558,-	197,26	40
PBGH	†Süd	Lübeck	563,2	198,-2	40
PBGJ	†Alpha	Lübeck	691,0	243,02	60
PBGQ	†Ostsee	Lübeck	829,4	292,43	60
PBGS	†Strassburg	Lübeck	969,2	342,6	60
PBGT	†Newa	Lübeck	1310,4	464,57	80
PBGW	†Trave	Lübeck	1243,3	438,97	80
PBHD	†Tiger	Bremen	427,1	150,38	65
PBHR	†Alert	Lübeck	92,0	32,48	25*
PBHS	†Juno	Lübeck	92,6	32,48	25*
PBHT	†Lulu	Lübeck	63,7	22,49	15*
PBHV	†Thekla	Lübeck	46,1	16,49	15*
PBHW	†Flora	Lübeck	664,4	234,67	60*
PBJD	†Livland	Lübeck	1096,4	387,07	85*
PBJF	†Livadia	Lübeck	381,2	134,64	30*
PBJG	†Kant	Lübeck	579,4	204,60	45*
PBJH	†Rhein	Lübeck	2252,4	795,02	100*
PBJK	†Wolga	Lübeck	2410,9	851,03	110*
PBJL	†Deutschland	Lübeck	1532,2	540,04	424
PBJM	†Europa	Lübeck	1425,0	502,07	75*
PBJN					
PBJQ					
PBJR					
PBJS					
PBJT					
QBCD	Smidt	Bremen	4738,6	1672,72	
QBCK	Betty	Bremen	2723,5	961,32	

* Nominelle Pferdestärken.

QBCN — QBPT

Unterscheidungs-Signale.	Namen der Schiffe.	Heimathshafen.	Kubik-meter Netto-Raumgehalt.	Register-Tons.	Pferde-marken.
QBCN	†Baltimore	Bremen	4748,4	1676,10	1276*
QBCR	San Francisco	Bremen	712,3	251,10	
QBCS	Delphin	Weener	651,5	231,03	
QBCT	Anton Günther	Bremen	1249,1	440,33	
QBDW	Erna	Rostock	1648,8	582,03	
QBFH	Gessner	Bremen	2016,7	711,17	
QBFL	Brazileira	Hamburg	866,0	305,30	
QBFP	Johannes	Bremen	2774,7	979,10	
QBFW	Norma	Bremen	1827,6	645,13	
QBGC	Caroline	Bremen	2481,0	875,83	
QBGP	Cardenas	Hamburg	1129,3	398,60	
QBGR	Admiral	Bremen	2107,9	744,10	
QBGT	Adolf	Bremen	2998,7	1058,54	
QBHF	Breina	Bremen	1019,9	359,71	
QBHJ	Republik	Rostock	1666,7	588,35	
QBHK	Leocadia	Bremen	2241,9	791,39	
QBHL	Laurita	Elsfleth	666,5	235,31	
QBHM	†Rhein	Bremen	4995,6	1763,41	1745
QBHT	Willy Rickmers	Bremerhaven	2272,0	802,62	
QBJC	China	Bremen	2517,3	888,67	
QBJH	Athena	Bremen	2881,5	1018,71	
QBJP	Stephanie	Brake a. d. Weser	856,5	302,45	
QBJT	†Main	Bremen	5005,3	1767,73	1745
QBKD	Felix Mendelssohn	Bremen	2614,9	923,93	
QBKF	Sebastian Bach	Bremen	2304,1	811,61	
QBKG	Marie Louise	Bremen	2593,5	915,65	
QBKH	†Donau	Bremen	5017,7	1771,24	1745
QBKJ	Europa	Bremen	2146,7	885,82	
QBKM	Juno	Rostock	871,9	307,56	
QBKN	Wilhelmine	Elsfleth	706,9	249,54	
QBKT	†Ohio	Bremen	4880,4	1722,75	1210*
QBKW	Galveston	Bremen	1753,4	618,81	
QBLC	Hongkong	Rügenwalde	1091,8	385,41	
QBLK	Louise	Barth	1239,7	437,41	
QBLR	Iris	Barth	1350,9	476,65	
QBLT	Auguste	Bremen	2125,4	750,26	
QBMK	Shakspere	Bremen	3350,4	1182,39	
QBMP	Elena	Bremen	2240,8	790,62	
QBND	Sirius	Bremen	2398,2	846,33	
QBNF	Wilhelmine	Rügenwalde	829,3	292,73	
QBNS	Carl	Bremen	3113,7	1099,18	
QBNT	Evan Dumas	Bremen	361,4	127,12	
QBNW	Bremen	Pillau	2687,9	948,63	
QBPG	Göthe	Barth	1528,4	539,63	
QBPJ	Senator Iken	Bremen	3532,0	1246,50	
QBPK	St. Bernhard	Bremen	2208,3	840,11	
QBPM	Helene	Bremen	2268,6	800,92	
QBPN	Richard	Bremen	2045,4	722,02	
QBPT	Clara	Bremen	1187,9	419,33	

* Indicirte Pferdestärken.

QBPV — QCHJ

Unter-scheidungs-Signale.	Namen der Schiffe.	Heimathshafen.	Kubik-meter Netto-Raumgehalt.	Register-Tons	Pferde-marken.
QBPV	Columbus	Bremen	1674,3	591,60	
QBRF	Schiller	Rostock	1672,0	590,73	
QBRG	Emilie	Bremen	2469,7	871,61	
QBRJ	Johann Kepler	Bremen	2058,4	726,61	
QBRS	Columbia	Bremen	2398,3	846,46	
QBRV	Agnes	Bremen	2381,3	840,78	
QBSD	Harzburg	Bremen	1820,6	642,40	
QBSF	Salier	Geestemünde	718,2	253,83	
QBSG	Johanne Marie	Bremen	1888,4	666,61	
QBSL	Olbers	Bremen	2406,2	849,39	
QBSN	Marco Polo	Barth	1695,3	598,31	
QBSP	Astronom	Bremen	2490,4	879,11	
QBSR	Scharnhorst	Rostock	1162,4	410,23	
QBTL	Arion	Geestemünde	606,3	213,99	
QBTR	Japan	Papenburg	826,8	291,87	
QBTS	Johanne	Bremen	2148,6	758,45	
QBVD	Blitz	Hamburg	583,9	206,13	
QBVL	Gutenberg	Bremen	1852,8	654,46	
QBVP	†America	Bremen	5082,3	1794,13	1694
QBVT	Amaranth	Bremen	2543,4	897,93	
QBWH	Meteor	Bremen	1684,5	594,43	
QBWJ	Clara	Rostock	1030,4	363,73	
QBWK	Ocean	Bremen	1971,1	695,90	
QBWN	Christel	Bremen	2490,3	879,64	
QBWS	Agnes	Stralsund	704,3	248,63	
QBWV	Mercur	Barth	1874,6	661,33	
QCBR	Freihandel	Bremen	2076,4	732,96	
QCBV	Wieland	Rostock	1704,3	601,63	
QCBW	Mozart	Bremen	2402,6	848,12	
QCDB	Laura & Gertrude	Bremen	2807,3	991,69	
QCDF	Falk	Barth	676,1	238,61	
QCDL	†Hermann	Bremen	4812,6	1698,91	1429
QCDN	Dr. Petermann	Bremen	2088,4	737,31	
QCDR	Dora	Bremen	1309,6	462,07	
QCDT	Ceder	Bremen	2035,3	718,43	
QCFG	H. Upmann	Bremen	1209,4	426,81	
QCFH	Dorette	Papenburg	226,6	80,06	
QCFJ	Friedrich Hartwig	Brake a. d. Weser	945,3	333,49	
QCFL	†Falke	Bremen	1614,9	570,06	218*
QCFN	Drei Gebrüder	Flensburg	212,3	75,01	
QCGB	Gesine	Grossefehn	310,4	109,64	
QCGH	D. H. Watjen	Bremen	3442,3	1215,10	
QCGK	†Weser	Bremen	5652,6	1995,61	1250**
QCGP	Texas	Bremerhaven	1673,4	590,73	
QCGR	Charles Lüling	Bremen	3487,3	1231,10	
QCGT	Preciosa	Bremen	2069,3	730,43	
QCGW	Niagara	Bremen	2606,6	919,91	
QCHF	Maria Rickmers	Bremen	1554,6	548,84	
QCHJ	†Berlin	Bremen	4638,3	1637,49	1004**

* Nominelle Pferdestärken. ** Indicirte Pferdestärken.

QCHL — QCPG

Unter-scheidungs-Signale.	Namen der Schiffe.	Heimathshafen	Kubik-meter Netto-Raumgehalt.	Register-Tons	Pferde-stärken.
QCHL	†Leipzig	Bremen	4568,1	1612,54	1033
QCHM	Christel	Hamburg	1484,0	605,03	
QCHN	von Berg	Bremen	1884,3	665,17	
QCHS	Anina	Bremen	753,4	266,60	
QCHT	Diamant	Hamburg	839,0	296,19	
QCHV	Armin	Bremen	2385,3	842,60	
QCHW	†Frankfurt	Bremen	5605,3	1978,64	739
QCJD	†Hannover	Bremen	5475,6	1932,69	1315*
QCJF	Detmar	Bremen	740,7	261,16	
QCJH	Malvina	Brake a. d Weser	1356,6	178,96	
QCKB	Moltke	Hamburg	2341,3	827,53	
QCKD	Wilhelmine	Rostock	761,1	269,73	
QCKH	†Köln	Bremen	4916,7	1735,39	781
QCKL	Canopus	Bremen	2456,1	867,11	
QCKP	Göschen	Bremen	3221,7	1137,23	
QCKR	Louis	Rostock	1721,0	607,33	
QCKS	†Reiher	Bremen	2041,3	720,64	155**
QCKT	†Sperber	Bremen	2046,6	722,03	155**
QCLB	Lima	Bremen	2355,1	831,12	
QCLD	†Kronprinz Friedrich Wilhelm.	Bremen	4410,7	1556,97	762
QCLF	Elba Rickmers	Bremen	2885,2	1018,44	
QCLG	†Graf Bismarck	Bremen	4988,6	1761,04	788
QCLH	Jenny	Bremen	1925,1	679,46	
QCLJ	Hilke	Bremen	159,1	56,10	
QCLK	Alma	Bremen	2658,0	938,27	
QCLM	Peter Rickmers	Bremerhaven	1891,6	667,11	
QCLN	Admiral Tegetthoff	Bremen	2526,9	892,11	
QCLP	Magdalene	Bremen	3540,0	1219,63	
QCLS	Anna	Bremen	2385,0	841,91	
QCLT	C. R. Bishop	Bremen	2491,1	879,37	
QCLW	†Albatross	Bremen	2312,6	816,35	239**
QCMB	Josefa	Bremen	2304,3	815,03	
QCMG	Hedwig	Bremen	2289,4	808,22	
QCMH	†Strassburg	Bremen	6318,0	2230,23	900
QCMK	†Strauss	Bremen	1693,1	597,49	299**
QCML	George	Bremen	2178,0	768,83	
QCMR	Savannah	Bremen	3962,3	1398,76	
QCNB	Henriette	Bremen	2684,0	947,44	
QCNF	†Braunschweig	Bremen	6091,3	2150,24	1372
QCNG	Gerhard	Bremen	2574,9	908,91	
QCNK	Lisa Schwoon	Hamburg	2425,4	856,24	
QCNL	†Hohenzollern	Bremen	5381,1	1899,03	1302
QCNM	†Nürnberg	Bremen	6117,1	2159,34	1317
QCNW	Charlotte	Bremen	2323,7	820,31	
QCPB	†Neckar	Bremen	5296,1	1869,63	1070
QCPD	No. 13	Bremen	607,9	211,38	
QCPF	No. 15	Bremen	605,1	213,92	
QCPG	No. 17	Bremen	603,4	213,14	

* Indicirte Pferdestärken.   ** Nominelle Pferdestärken.

QCPH — QCVD

Unter-scheidungs-Signale.	Namen der Schiffe.	Heimathshafen der Schiffe.	Kubik-meter Netto-Raumgehalt.	Register-Tons	Pferde-stärke.
QCPH	No. 19	Bremen	611,1	215,71	
QCPJ	No. 21	Bremen	609,4	215,15	
QCPK	No. 23	Bremen	607,4	211,01	
QCPL	†Cyclop	Bremen	211,3	74,85	41*
QCPM	†Paul Friedrich August.	Bremen	159,1	56,15	48*
QCPN	†Roland	Bremen	323,7	114,17	72*
QCPR	†Simson	Bremen	185,8	65,19	139*
QCPS	†Pilot	Bremen	121,3	43,84	73*
QCPT	†Comet	Bremen	186,7	65,91	73*
QCPV	†Nordsee	Bremen	300,1	105,94	83*
QCPW	No. 18	Bremen	396,3	139,53	
QCRB	No. 20	Bremen	390,3	139,4	
QCRD	†Oder	Bremen	5359,3	1891,80	1865
QCRG	Germania	Bremen	2310,9	826,33	
QCRH	Joseph Haydn . .	Bremen	2292,3	809,33	
QCRJ	Therese	Bremen	3085,3	1089,08	
QCRM	Elisabeth	Bremen	3318,3	1169,20	
QCRP	†Hohenstaufen . .	Bremen	5397,3	1905,23	1254
QCRS	Britannia	Bremen	2383,3	841,29	
QCRV	†General Werder .	Bremen	5155,3	1819,39	1461
QCRW	Theodor Körner .	Bremen	3091,9	1091,63	
QCSD	†Ceres	Bremen	1414,3	509,91	140
QCSF	Johann Ludwig . .	Bremen	2121,6	748,93	
QCSH	No. 33	Bremen	611,4	226,31	
QCSK	†Tell	Bremen	182,6	64,83	326
QCSL	†Hercules	Bremen	81,9	28,91	143
QCSM	†Biene	Bremen	64,3	22,67	155
QCSN	†Assecuradeur . .	Bremen	187,3	66,09	325
QCSP	†Reform	Bremen	110,9	39,11	178
QCSR	†Solide	Bremen	100,1	35,11	206
QCST	†Strom	Bremen	28,7	10,11	70
QCSV	†Diana	Bremen	117,1	41,31	235
QCSW	Baltimore	Bremen	3083,4	1081,13	
QCTB	Wilhelmine	Hamburg	2306,3	815,06	
QCTD	†Triton	Bremen	179,6	63,40	76*
QCTG	Agra	Bremen	2617,0	923,80	
QCTH	Maryland	Bremen	3151,3	1112,18	
QCTJ	Marie	Bremerhaven	2961,8	1046,30	
QCTK	Joe Bauers	Bremen	2519,3	889,33	
QCTL	†Salier	Bremen	5361,8	1893,70	1481
QCTM	Hermann	Hamburg	2401,3	848,72	
QCTN	†Neptun	Bremen	68,1	24,11	18
QCTP	Victoria	Bremerhaven	2277,3	803,89	
QCTR	Capella	Bremen	2591,7	911,84	
QCTV	†Habsburg	Bremen	5411,4	1910,30	1369
QCTW	†Biene	Bremen	473,3	167,23	48
QCVB	Werra	Bremen	ca.2642	ca.932	
QCVD	Melusine	Bremen	2656,1	937,60	

* Nominelle Pferdestärken.

QCVF — QDFN

Unterscheidungs-Signale.	Namen der Schiffe.	Heimathshafen	Kubikmeter Netto-Raumgehalt.	Register-Tons	Pferdestärken.
QCVF	Spica	Bremen	2593,4	915,67	
QCVG	Fulda	Bremen	2504,9	884,22	
QCVH	George Washington	Bremen	3855,9	1184,60	
QCVJ	Asaute	Elsfleth	857,2	802,14	
QCVK	India	Bremen	2657,0	937,92	
QCVL	Friedrich	Bremerhaven	4201,2	1483,62	
QCVM	Hampton Court	Bremen	2707,0	955,38	
QCVP	Stella	Bremen	3377,1	1192,12	
QCVS	Schwan	Bremen	884,4	312,19	
QCVT	Gustav & Oscar	Bremen	3831,0	1352,23	
QCWF	Weser	Bremerhaven	2594,6	915,90	
QCWG	Frau Rebecca	Bremerhaven	106,7	37,64	
QCWH	Ida	Bremen	3675,6	1297,33	
QCWJ	Cleopatra	Bremerhaven	3493,6	1233,23	
QCWK	Undine	Bremen	2742,4	968,08	
QCWM	Regulus	Bremen	3158,3	1114,73	
QCWN	Johanna Gesina	Neu-Rönnebeck	132,7	46,84	
QCWP	†Pionier	Bremen	190,3	69,30	100
QCWR	Cornelius	Bremen	3131,6	1105,46	
QCWS	Hohenzollern	Bremerhaven	2590,7	914,52	
QCWT	Fürst Bismarck	Bremen	2743,1	968,31	
QCWV	Diamant	Bremen	3343,0	1180,07	
QDDF	Kaiser	Bremen	3514,3	1240,81	
QDDG	Elisabeth Rickmers	Bremerhaven	3528,4	1245,83	
QDDH	Wega	Bremen	3159,3	1115,23	
QDBJ	Pei-Ho	Bremen	1226,6	433,90	
QDBK	Kepler	Bremen	2146,0	757,41	
QDBL	Deutschland	Bremen	3545,4	1251,42	
QDDN	Jessonda	Bremen	2500,5	882,43	
QDBR	Doris	Bremen	3286,5	1160,14	
QDBT	Elisabeth	Bremen	3500,4	1238,70	
QDBW	Visurgis	Bremen	3086,3	1089,54	
QDCH	Marie Siedenburg	Bremen	3238,3	1143,11	
QDCJ	Dorothea	Bremen	199,0	70,23	
QDCK	Hedwig	Bremen	3189,6	1125,90	
QDCL	Arcturus	Bremen	3162,3	1116,90	
QDCM	Annie	Bremen	ca. 976	ca. 345	
QDCP	Atlantic	Bremerhaven	3576,7	1262,39	
QDCR	†J. H. Niemann	Bremen	2101,3	711,72	450
QDCS	No. 10	Bremen	618,0	218,46	
QDCT	Barbarossa	Bremerhaven	3719,6	1313,66	
QDCW	Antares	Bremen	3163,0	1116,33	
QDFB	Palme	Bremen	3063,0	1081,23	
QDFC	Pauline	Bremerhaven	3113,0	1098,90	
QDFG	Rosshul	Bremen	2842,4	1003,81	
QDFJ	Matthias	Bremen	3183,0	1123,60	
QDFL	Comet	Bremen	3068,6	1083,22	
QDFM	Heinrich	Bremerhaven	4204,4	1484,15	
QDFN	Anna	Bremen	3284,7	1159,09	

QDFP — QDKM

Unter-scheidungs-Signale	Namen der Schiffe	Heimathshafen	Kubik-meter Netto-Raumgehalt	Register-Tons	Pferde-stärke
QDFP	† Vorwärts	Bremen	164,6	59,67	190
QDFR	Elise	Bremen	2788,7	964,41	
QDFV	Friedländer	Bremen	4467,4	1584,63	
QDFW	Betty	Bremerhaven	2246,6	793,04	
QDGD	No. 16	Bremen	395,7	139,50	
QDGC	No. 24	Bremen	398,9	140,34	
QDGF	No. 22	Bremen	394,4	139,34	
QDGH	Roland	Bremen	3803,1	1342,40	
QDGJ	Auguste	Bremerhaven	3955,9	1396,19	
QDGK	Clara	Bremen	2995,0	1057,27	
QDGM	Western Chief	Bremen	2100,6	743,63	
QDGN	Julius	Bremen	2569,1	906,89	
QDGP	Hermann	Bremen	3734,5	1318,58	
QDGR	Señora Quintana	Bremen	941,7	332,63	
QDGS	Margarethe	Bremen	3477,9	1227,74	
QDGT	No. 14	Bremen	398,5	140,40	
QDGV	No. 42	Bremen	653,1	230,63	
QDGW	Schiller	Bremen	3475,4	1226,70	
QDHB	Wilhelm	Bremen	3726,6	1315,49	
QDHC	Johann Friedrich	Bremen	3501,1	1235,54	
QDHG	Donald Mackay	Bremerhaven	6270,9	2213,61	
QDHK	Helene	Bremen	3515,0	1241,60	
QDHL	Mimi	Bremen	3592,5	1268,13	
QDHM	Don Quixote	Bremen	3308,4	1167,97	
QDHP	Rudolph	Bremen	3267,0	1153,33	
QDHR	Figaro	Bremen	2851,5	1006,52	
QDHS	Salisbury	Bremen	ca 3099	ca 1094	
QDHT	Blücher	Bremerhaven	3426,1	1209,41	
QDHW	Dora	Bremen	3567,3	1259,33	
QDJB	Else	Bremerhaven	3418,4	1317,97	
QDJF	Christine	Bremen	2961,3	1045,33	
QDJG	† Bessel	Bremen	1148,1	405,31	200
QDJH	Bertha	Bremerhaven	3301,9	1165,31	
QDJK	J. W. Wendt	Bremen	6480,0	2287,48	
QDJL	Fidelio	Bremen	3499,6	1235,34	
QDJN	Frau Beta	Neu-Rönnebeck	168,9	59,65	
QDJP	Robert	Bremen	4343,6	1538,70	
QDJR	Marie	Bremen	3450,6	1218,12	
QDJS	Friederike	Bremerhaven	3961,6	1398,44	
QDJT	Johanne	Bremen	3175,9	1120,91	
QDJV	Henry	Bremen	3586,5	1266,03	
QDJW	Johann	Bremen	264,1	93,23	
QDKB	Ellida	Bremen	3617,3	1276,84	
QDKC	Johanne Auguste	Bremen	2585,4	895,05	
QDKF	Camelia	Bremen	3685,9	1301,13	
QDKG	Ferdinand	Bremen	1912,4	685,0	
QDKJ	Adelaide	Bremen	3629,0	1281,60	
QDKL	† Forelle	Bremen	510,3	180,60	700*
QDKM	Adele	Bremerhaven	3200,3	1132,54	

* Indicirte Pferdestärken.

QDKN — QDPC

Unterscheidungs-Signale	Namen der Schiffe	Heimathshafen	Kubikmeter Netto-Raumgehalt	Register-Tons	Pferde-stärken
QDKN	Meta	Bremerhaven	1863,6	1716,83	
QDKR	†Elbe	Bremen	7959,4	2809,83	6115*
QDKS	Anni	Bremen	3785,6	1336,31	
QDKT	Rajah	Bremen	ca.3503	ca.1268	
QDKV	Singapore	Bremen	c.2619+	ca.925+	
QDKW	J. W. Gildemeister	Bremen	2860,6	1006,64	
QDLB	Fritz	Bremen	4225,9	1491,73	
QDLC	†Planet	Bremen	1197,3	528,84	220*
QDLF	No. 34	Bremen	651,4	230,83	
QDLG	No. 35	Bremen	658,7	232,32	
QDLH	No. 37	Bremen	653,4	230,63	
QDLK	Georg	Bremen	ca.3380	ca.1193	
QDLM	Susanne	Bremen	4059,5	1433,44	
QDLR	Union	Bremen	3263,4	1152,04	
QDLS	†Wuotan	Bremen	3403,4	1201,36	700*
QDLV	†Europa	Bremen	4069,4	1417,09	850*
QDLW	Black Hawk	Bremen	2969,3	1052,74	
QDMB	†Donar	Bremen	3404,4	1201,42	700*
QDMC	Carl Friedrich	Bremen	c.6254+	ca.2206+	
QDMF	†Brema	Bremen	3801,3	1341,62	750*
QDMG	Mommsen	Bremen	3553,6	1254,77	
QDMH	No. 43	Bremen	604,6	213,21	
QDMJ	No. 44	Bremen	604,6	213,21	
QDMK	Clara	Bremen	4638,8	1637,40	
QDML	Emmy	Bremen	450,3	158,96	
QDMN	No. 47	Bremen	619,2	218,56	
QDMP	No. 48	Bremen	619,2	218,56	
QDMR	†Stolzenfels	Bremen	4912,4	1733,96	1000*
QDMS	No. 45	Bremen	604,6	213,21	
QDMT	No. 46	Bremen	604,6	213,21	
QDMV	†Drachenfels	Bremen	4396,8	1552,71	950*
QDMW	†Wilhelm	Bremen	1383,7	488,41	280*
QDNB	Middlesex	Bremen	3321,6	1173,84	
QDNC	†Nordstern	Bremen	907,3	320,16	140*
QDNF	†Ehrenfels	Bremen	4501,3	1588,91	1350*
QDNG	A	Bremen	720,5	254,47	
QDNH	B	Bremen	720,5	254,47	
QDNJ	†Sury Wongse	Bremen	ca.1454	ca 513	300*
QDNK	†Rolandseck	Bremen	1577,5	556,75	800*
QDNL	†Werra	Bremen	8318,6	2936,16	6000*
QDNM	Port Royal	Bremen	2801,3	988,84	
QDNP	†Walkyre	Bremen	1394,3	492,14	300*
QDNR	†Asia	Bremen	3276,5	1156,61	700*
QDNS	Amphitrite	Bremen	5139,7	1814,31	
QDNT	August	Bremen	4229,3	1490,62	
QDNV	Tilly	Bremen	714,4	251,07	
QDNW	No. 36	Bremen	643,9	227,39	
QDPB	†Möwe	Bremen	2074,3	732,39	200
QDPC	Margaretha	Bremerhaven	3647,4	1287,43	

* Indicirte Pferdestärken.   † Brutto-Raumgehalt.

QDPF — QDTH

Unter-scheidungs-Signale.	Namen der Schiffe.	Heimathshafen	Kubik-meter Netto-Raumgehalt.	Register-Tons Netto-Raumgehalt.	Pferde-stärken.
QDPF	Hudson	Bremen	ca.4143	ca 1464	
QDPG	†Rheinstein	Bremen	2459,4	868,11	257
QDPH	J. Weissenborn	Bremen	5732,3	2023,31	
QDPJ	†Liebenstein	Bremen	2459,2	805,08	225
QDPK	†Kiauss	Bremen	918,4	321,0	220
QDPL	†Fulda	Bremen	8319,8	2936,88	6314
QDPM	†Kepler	Bremen	918,1	324,0	220
QDPN	Hansa	Bremen	101,9	35,91	200
QDPR	†Lahneck	Bremen	1608,4	567,73	300
QDPS	†Soneck	Bremen	1719,4	606,93	440
QDPT	Don Juan	Bremen	2815,3	993,41	
QDPV	Doña Dolores	Bremen	948,2	334,32	
QDPW	Arbutus	Bremen	883,2	311,71	
QDRB	†Victoria	Bremen	230,7	81,44	240
QDRC	†Schwalbe	Bremen	2003,6	726,44	447
QDRF	Renown	Bremen	3600,8	1271,0	
QDRG	†Stableck	Bremen	1719,4	606,93	450
QDRH	†Eberstein	Bremen	2130,4	754,14	450
QDRJ	Meta	Bremen	115,7	40,81	
QDRK	Else	Bremen	3895,3	1375,04	
QDRL	†Apollo	Bremen	1464,4	516,93	240
QDRM	Meta Seeger	Bremen	3080,9	1087,33	
QDRN	No. 49	Bremen	599,3	211,33	
QDRP	C	Bremen	720,9	254,41	
QDRS	D	Bremen	720,9	254,41	
QDRT	Columbus	Bremen	4905,0	1731,41	
QDRV	No. 50	Bremen	599,3	211,33	
QDRW	†Hassia	Bremen	3981,1	1405,33	750
QDSB	†Georg	Bremen	1580,8	558,03	240
QDSC	†Hero	Bremen	1265,0	443,54	240
QDSF	No. 55	Bremen	610,7	216,71	
QDSG	Leopold von Vangerow.	Bremerhaven	2902,7	1056,42	
QDSH	No. 52	Bremen	661,4	233,43	
QDSJ	No. 58	Bremen	658,2	232,31	
QDSK	Haze	Bremen	2372,7	837,53	
QDSL	†Nierstein	Bremen	2070,3	730,84	10
QDSM	No. 51	Bremen	604,9	213,33	
QDSN	No. 54	Bremen	659,3	232,60	
QDSP	†Pallas	Bremen	1461,7	516,30	240
QDSR	No. 56	Bremen	615,6	217,30	
QDST					
QDSV					
QDSW					
QDTB					
QDTC					
QDTF					
QDTG					
QDTH					

* Indicirte Pferdestärken.

QDTJ — RBPF

Unter-scheidungs-Signale.	Namen der Schiffe.	Heimathshafen	Kubik-meter Netto-Raumgehalt.	Register-Tons	Pferde-stärken.
QDTJ					
QDTK					
QDTL					
QDTM					
QDTN					
QDTP					
QDTR					
QDTS					
QDTV					
QDTW					
QDVB					
QDVC					
QDVF					
QDVG					
RBCF	Sophie	Heiligenhafen	891,1	314,26	
RBCG	Pudel	Pillau	1217,9	440,30	
RBCS	†Roland	Hamburg	1297,1	458,80	95*
RBDH	Palmerston	Hamburg		556***	
RBDK	†Minerva	Hamburg	1521,6	537,13	100*
RBDL	†Germania	Hamburg	1501,7	530,13	110*
RBDP	†Cuxhaven	Hamburg	724,3	255,64	150*
RBDT	Picolet	Rostock	671,9	237,18	
RBDV	Hans	Flensburg	880,6	312,91	
RBFC	Canton	Bremen	1056,1	372,89	
RBFD	Pallas	Hamburg	1397,2	493,11	
RBFG	Sophie	Hamburg	680,1	243,31	
RBFK	San Luis	Hamburg	795,4	280,84	
RBGK	Rosa y Isabel	Hamburg	1152,0	400,68	
RBGN	Franciska	Flensburg	1041,9	367,89	
RBGV	Ann & Lizzy	Hamburg	958,1	338,31	
RBHD	Pyrmont	Hamburg	1142,3	403,19	
RBHK	Florentine H.	Hamburg	212,3	74,91	
RBHM	†Astronom	Hamburg	1434,1	506,23	80*
RBHS	W. Drügmann & Sohn No. 1.	Papenburg	467,0	164,64	
RBJF	Jalapa	Hamburg	618,9	218,47	
RBKC	Impérieuse	Hamburg	1002,4	353,86	
RBKJ	Tartar	Hamburg	726,3	256,35	
RBKQ	Phönix	Hamburg	758,0	267,57	
RBKT	Amanda & Elisabeth	Hamburg	1031,3	364,19	
RBLC	Deutschland	Hamburg	2375,1	838,17	
RBLH	Bruno & Marie	Rostock	841,1	297,00	
RBLQ	John & Gustav	Glückstadt	559,3	197,50	
RBMG	†Uhlenhorst	Hamburg	1681,6	593,88	428***
RBMJ	Seenymphe	Hamburg	650,3	223,10	
RBMK	Eugénie	Hamburg	1971,1	695,84	
RBML	New-Orleans	Hamburg	904,1	319,14	
RBNJ	Herschel	Hamburg	2228,2	786,56	
RBPF	Fröhlich	Hamburg		160***	

* Nominelle Pferdestärken. ** Indicirte Pferdestärken. *** Lasten zu 6000 ℔.

RBPG — RCWP

Unter-scheidungs-Signale.	Namen der Schiffe.	Heimathshafen.	Kubik-meter Netto-Raumgehalt.	Register-Tons.	Pferde-stärken.
RBPG	Clara	Hamburg	767,1	270,79	
RBPH	Gine	Mühlenberg, Kreis Pinneberg.	750,3	264,84	
RBQG	Elze	Hamburg	1007,3	355,63	
RBQW	Laura	Altona	939,9	331,79	
RBSD	Heros	Hamburg	1200,6	423,60	
RBVK	Hermann	Barth	169,1	59,91	
RBVT	†Hansa	Hamburg	1567,3	553,16	120°
RBWC	Wega	Blankenese	1117,9	394,62	
RBWH	Ida Maria	Hamburg	910,1	321,57	
RBWQ	Oscar Mooyer	Flensburg	. . .	170°°	
RBWS	Nubia	Hamburg	890,3	314,84	
RBWV	Edmund & Louise	Hamburg	997,9	352,38	
RCBG	Professor	Hamburg	1450,3	512,73	
RCBN	Shakespeare	Hamburg	2405,3	677,19	
RCDT	Orion	Eckernförde	912,4	332,66	
RCDH	Mikado	Hamburg	935,8	330,84	
RCDJ	Nicoline	Hamburg	939,6	331,30	
RCDS	Maria Sophia	Stralsund	928,7	327,82	
RCDV	Ernst	Hamburg	959,8	338,63	
RCFH	Aline	Rostock	1651,3	583,50	
RCFP	Georg Blohm	Hamburg	1319,3	465,70	
RCFQ	Hammonia	Hamburg	1155,5	408,68	
RCFS	Undine	Hamburg	2153,7	760,57	
RCGB	Lagos	Hamburg	992,6	350,19	
RCHL	†Capella	Hamburg	1683,6	587,34	120°
RCJG	Gutenberg	Hamburg	1918,9	677,07	
RCJK	Irene	Hamburg	765,6	268,79	
RCJL	Adolph	Hamburg	1506,4	531,76	
RCKW	Figaro	Hamburg	912,6	322,15	
RCLD	Therese	Eckernförde	1107,3	390,63	
RCLV	Martha	Hamburg	1176,6	415,33	
RCMB	Ferdinand	Hamburg	1178,9	416,14	
RCNB	Bonito	Hamburg	1485,6	524,41	
RCNK	A. E. Vidal	Ueckermünde	942,1	332,67	
RCNL	†Westphalia	Hamburg	5858,7	2051,64	600°
RCNT	Andreas	Hamburg	1200,0	423,61	
RCPD	Ino	Altona	975,9	344,17	
RCPK	Iphigenia	Hamburg	1311,3	463,93	
RCQG	Tuikon	Hamburg	925,4	326,67	
RCQL	†China	Hamburg	ca.1835	ca.648	150°
RCQM	Guaymas	Apenrade	867,3	306,63	
RCSJ	Mercur	Barssel	329,4	116,43	
RCTF	A H Wille	Hamburg	2963,8	1046,13	
RCTV	Patria	Hamburg	1109,9	391,69	
RCVK	Hilda Maria	Hamburg	781,3	275,72	
RCVM	Daniel	Hamburg	1179,4	416,34	
RCWJ	Hausa	Hamburg	1112,6	498,60	
RCWP	†Silesia	Hamburg	6283,3	2189,41	600°

* Nominelle Pferdestärken.   ** Lasten zu 6000 ℔.

RCWQ — RDML

Unter-scheidungs-Signale.	Namen der Schiffe	Heimathshafen	Kubik-meter Netto-Raumgehalt.	Register-Tons	Pferde-stärken.
RCWQ	Amelie	Hamburg	1402,7	495,16	
RCWS	Panama	Hamburg	1165,6	411,46	
RDHF	Peter Godeffroy	Hamburg	1309,3	462,23	
RDHV	Fortuna	Hamburg	2693,7	950,89	
RDCG	Angostura	Hamburg	1180,3	410,64	
RDCQ	Gustav Adolph	Hamburg	901,9	318,77	
RDCW	Allemannia	Hamburg	592,9	209,30	
RDFG	Dorothea	Hamburg	2877,3	1015,69	
RDFL	Magellan	Hamburg	1233,6	435,16	
RDFM	Fanny	Rostock	1214,7	428,79	
RDFN	Prinz Albert	Hamburg	1615,3	570,20	
RDFP	†Alert	Hamburg	1039,3	676,61	110*
RDFQ	†Schmidborn	Hamburg	735,4	259,19	75*
RDGC	Francis Wölber	Hamburg	217,4	70,73	
RDGK	Amanda	Hamburg	637,3	224,98	
RDGN	Hercules	Elsfleth	1590,2	561,34	
RDGT	†Africa	Lübeck	772,7	272,16	40
RDHB	Edith Mary	Hamborg	733,7	259,60	
RDHC	Euterpe	Hamburg	1765,3	623,13	
RDHF	†Hamburg	Hamburg	1219,4	430,16	80*
RDHJ	Evelina	Hamburg	1513,7	541,03	
RDHL	Louise & Georgine	Hamburg	969,9	342,37	
RDHM	Republik	Grossefehn	479,9	169,60	
RDHP	Humboldt	Hamburg	2035,9	716,67	
RDHQ	†Rio	Hamburg	3592,3	1268,23	640**
RDHW	Saturnus	Hamburg	1721,2	608,28	
RDJL	Comet	Hamburg	109,0	38,67	
RDJM	Uranus	Rostock	2745,6	969,09	
RDJP	Johannes	Hamburg	96,6	34,10	
RDJQ	Dorothea	Hamburg	1755,6	619,81	
RDJT	†Bahia	Hamburg	4002,9	1413,00	250*
RDJW	†Atalanta	Hamburg	2231,7	787,60	110*
RDKG	Sunbeli	Hamburg	1031,9	365,31	
RDKL	†Olympia	Hamburg	2216,6	782,44	450**
RDKM	Seelent	Heiligenhafen	102,9	142,22	
RDKP	†Frisia	Hamburg	5965,3	2105,06	600*
RDKQ	†Hamburg	Hamburg	1541,1	545,3	110*
RDLC	†Bellona	Hamburg	2236,7	789,65	110*
RDLF	Henriette Behn	Hamburg	1769,4	624,73	
RDLK	†Lissabon	Hamburg	2125,1	750,16	110*
RDLQ	†Messina	Hamburg	2041,5	721,63	110*
RDLS	†Sakkarah	Hamburg	3182,1	1123,24	140*
RDLW	Godeffroy	Rostock	1507,3	532,02	
RDMB	†Wega	Hamburg	1989,6	702,33	160*
RDMC	†Buenos Aires	Hamburg	4430,6	1568,49	300*
RDMF	†Memphis	Hamburg	3136,4	1107,13	150*
RDMH	Iris	Hamburg	1435,9	506,36	
RDMJ	Carl Ritter	Hamburg	1688,3	595,99	
RDML	Adolph	Hamburg	1615,1	580,11	

* Nominelle Pferdestärken.   ** Indicirte Pferdestärken.

RDMX — RDVW

Unter-scheidungs-Signale.	Namen der Schiffe.	Heimathshafen	Kubik-meter Netto-Raumgehalt.	Register-Tons	Pferde-stärken
RDMN	†Deuderah	Hamburg	3117.4	1103.44	150*
RDMP	Maria	Hamburg	84.1	29.69	
RDMQ	†Argentina	Hamburg	4005.4	1413.51	250*
RDMS	Margaretha	Rendsburg	162.4	57.54	
RDNC	†Luxor	Hamburg	2835.9	1001.07	130*
RDNG	†Cassandra	Hamburg	3108.9	1097.11	140*
RDNL	†Ibis	Hamburg	3104.0	1085.91	150*
RDNS	Patagonia	Hamburg	1380.5	490.56	
RDNV	†Montevideo	Hamburg	4180.9	1475.51	250*
RDNW	Heinrich	Estebrügge	136.1	48.26	
RDPB	Ida	Hamburg	305.4	107.43	
RDPG	Marie	Apenrade	1317.6	464.91	
RDPH	†Gemma	Hamburg	1782.6	629.35	100*
RDPJ	Louise	Hamburg	ca 694	ca.245	
RDPK	Karl	Barth	1082.8	382.73	
RDPN	Sophie Helene	Hamburg	1509.1	592.51	
RDPQ	†Vulcan	Hamburg	2304.1	813.31	120*
RDPS	Gustav	Hamburg	513.7	181.59	
RDPT	†Cyclop	Hamburg	2146.1	757.52	120*
RDPV	†Valparaiso	Hamburg	4438.4	1565.05	110**
RDPW	Erato	Hamburg	1816.1	641.50	
RDQJ	Peter	Hamburg	884.9	311.31	
RDQK	Hansa	Hamburg	674.9	238.23	
RDQM	West Nord West	Hamburg	293.6	103.62	
RDQW	†Graf Moltke	Hamburg	62.3	21.56	30*
RDSB	Johann	Hamburg	101.4	35.53	
RDSF	†Etna	Hamburg	39.6	13.99	25*
RDSG	†Helgoland	Kiel	1224.3	432.18	200*
RDSJ	†Blankenese	Hamburg	650.9	231.67	200*
RDSN	†Esak	Hamburg	104.6	36.91	75*
RDSP	†Magnet	Hamburg	63.8	22.52	200**
RDSQ	†Goliath	Hamburg	104.6	36.57	70*
RDST	†Germania	Hamburg	31.5	11.27	35*
RDSV	†Vorwärts	Hamburg	67.1	23.69	35*
RDTB	†Roland	Hamburg	51.3	19.67	45*
RDTC	†Hercules	Hamburg	53.5	18.96	45*
RDTG	†Vulcan	Hamburg	84.6	29.61	60*
RDTJ	†Pionier	Königsberg i. Pr.	857.3	302.63	65
RDTL	†Sequens	Swinemünde	143.5	50.66	112
RDTS	Tellus	Hamburg	1219.5	430.45	
RDTW	General von Werder	Hamburg	988.6	348.56	
RDVF	Nicolaus	Hamburg	93.5	33.10	
RDVJ	Ida	Hamburg	ca.67	ca.24	
RDVK	†Altona	Hamburg	52.5	18.51	30*
RDVL	Hertha	Hamburg	1684.2	593.46	
RDVN	Caroline Behn	Hamburg	1907.4	673.51	
RDVP	†Lessing	Hamburg	6711.6	2369.20	300**
RDVQ	Confluentia	Hamburg	1011.7	358.45	
RDVW	Faugh Balnagh	Hamburg	ca 787	ca.278	

* Nominelle Pferdestärken.   ** Indicirte Pferdestärken.

RDWF — RFHL.

Unter- scheidungs- Signale.	Namen der Schiffe	Heimathshafen	Kubik- meter Netto-Raumgehalt.	Register- Tons.	Pferde- stärken.
RDWF	Hugo	Elsfleth	2690,6	949,75	
RDWH	Juno	Hamburg	1465,3	517,33	
RDWJ	†Suevia	Hamburg	6950,5	2453,63	150*
RDWK	Livingstone	Hamburg	1503,9	530,58	
RDWM	Papa	Hamburg	2119,8	748,90	
RDWQ	Fritz Reuter	Hamburg	1178,6	1475,13	
RDWT	Polynesia	Hamburg	2790,6	985,13	
RFBC	†Uranus	Hamburg	1970,5	695,67	100*
RFBG	Friedrich Hasselmann	Hamburg	ca.3425	ca.1209	
RFBL	Venus	Hamburg	71,3	25,13	
RFBM	†Gellert	Hamburg	6658,7	2350,83	600*
RFBN	Kilo	Hamburg	2323,3	820,10	
RFBP	Gloria	Hamburg	129,6	15,33	
RFDS	Charles Dickens	Hamburg	3765,9	1329,33	
RFBW	Pedraza	Hamburg	1925,3	679,64	
RFCD	Montana	Hamburg	1362,4	481,07	
RFCG	Welle	Hamburg	52,9	18,67	
RFCH	Emanuel	Hamburg	102,8	36,24	
RFCJ	†Feronia	Hamburg	3159,4	1115,59	160*
RFCK	†Wieland	Hamburg	6640,6	2358,83	300**
RFCL	Adele	Hamburg	1964,6	693,30	
RFCM	†Stromboli	Hamburg	69,7	24,60	225**
RFCN	Hermann	Elsfleth	2615,0	923,10	
RFCQ	Jupiter	Hamburg	2551,0	900,30	
RFCS	Argo	Hamburg	2768,3	984,73	
RFCT	Anna Bertha	Hamburg	1327,6	468,64	
RFCV	Esmeralda	Hamburg	2232,3	787,97	
RFCW	Mercur	Hamburg	289,6	102,23	
RFDC	Stella	Hamburg	1419,1	500,91	
RFDH	Ella	Hamburg	1311,7	464,09	
RFDJ	Orion	Hamburg	2714,3	958,93	
RFDL	Margaretha Gaiser	Hamburg	1086,3	380,90	
RFDM	†Vesuv	Hamburg	67,3	23,60	225**
RFDQ	Tongatabu	Hamburg	ca.400	ca.143	
RFDT	Thalassa	Hamburg	1832,6	646,98	
RFDW	Johanna Kramer	Hamburg	793,3	279,99	
RFGC	Lion	Hamburg	95,6	33,73	
RFGD	Hermann	Hamburg	291,8	103,01	
RFGH	Elisabeth	Hamburg	316,3	111,84	
RFGK	Gesine	Hamburg	230,0	81,38	
RFGM	Kalliope	Hamburg	3088,7	1090,02	
RFGP	†Taucher	Hamburg	28,9	10,21	8*
RFGQ	Hesperia	Hamburg	3218,3	1136,61	640**
RFGV	Gloria	Hamburg	106,3	37,34	
RFHB	Melpomene	Hamburg	2917,8	1029,55	
RFHC	Oscar	Hamburg	2083,3	735,60	
RFHG	Friederich	Hamburg	1684,5	594,63	
RFHJ	Durango	Hamburg	820,9	289,78	
RFHL	Hydra	Hamburg	2226,5	785,93	

* Nominelle Pferdestärken. ** Indicirte Pferdestärken.

RFHM — RFNH

Unterscheidungs-Signale.	Namen der Schiffe.	Heimathshafen	Kubik-meter Netto-Raumgehalt.	Register-Tons	Pferde-stärken.
RFHM	Anna	Hamburg	1406,5	496,10	
RFHN	†Betty Sauber	Hamburg	2258,1	797,10	99°
RFHP	Elisabeth	Hamburg	100,7	37,81	
RFHQ	Caura	Hamburg	1953,8	689,69	
RFHV	Paladio	Hamburg	1549,3	546,61	
RFHW	†Palermo	Hamburg	2393,6	844,94	125°
RFJB	Franziska	Hamburg	ca. 209	ca. 74	
RFJC	†Ramses	Hamburg	3303,4	1166,11	160°
RFJD	Regina	Hamburg	72,6	25,63	
RFJG	Gottlieb	Hamburg	506,5	210,68	
RFJH	†Kronprinz	Hamburg	71,9	25,84	90°
RFJK	Adolph	Hamburg	2456,8	867,17	
RFJM	Margaretha	Hamburg	205,3	72,11	
RFJQ	Constanze	Hamburg	2769,3	977,43	
RFJS	Emil Julius	Hamburg	1362,5	480,97	
RFJW	Tialok	Hamburg	420,8	148,11	
RFKB	Atalaote	Hamburg	ca. 135	ca. 48	
RFKD	Stella	Hamburg	548,4	193,69	
RFKG	†Santos	Hamburg	4561,3	1610,11	1170°°
RFKH	Sophie	Hamburg	1364,3	481,64	
RFKL	†Mobil	Hamburg	27,3	9,61	20°
RFKQ	†Peter	Hamburg	24,4	8,60	18°
RFKS	Matauto	Hamburg	ca. 302	ca. 107	
RFKT	Dione	Hamburg	1819,0	642,10	
RFKV	Plejaden	Hamburg	1009,4	356,13	
RFKW	†Prinz FriedrichCarl	Hamburg	3621,3	1278,13	160°
RFLB	Pandor	Hamburg	1685,3	594,70	
RFLD	†M' Poogwe	Hamburg	322,7	113,51	20°
RFLG	Indra	Hamburg	1969,6	695,31	
RFLH	Johann Hinrich	Hamburg	1163,7	410,19	
RFLJ	Cathrine	Hamburg	421,3	148,57	
RFLM	Achilles	Hamburg	108,0	38,11	
RFLN	†Bismarck	Hamburg	66,7	23,54	60°
RFLS	Paradox	Hamburg	1933,3	682,43	
RFLT	Fogoloa	Hamburg	ca. 86	ca. 30	
RFNB	Phönix	Hamburg	1936,3	683,44	
RFMC	Louisa & Augusta	Hamburg	3121,4	1101,94	
RFMG	Hesperus	Hamburg	2740,3	967,82	
RFMH	Mazatlan	Hamburg	1480,6	522,43	
RFMJ	Copernicus	Hamburg	3434,3	1212,11	
RFMN	Bylgia	Hamburg	943,7	333,12	
RFMQ	†Prinz Wilhelm	Hamburg	2878,0	1015,93	652''
RFMS	Paul	Hamburg	2107,1	743,49	
RFMT	Urania	Hamburg	3002,1	1091,34	
RFMV	†Prinz Heinrich	Hamburg	2885,7	1091,01	652°°
RFMW	Hermann	Hamburg	155,3	54,53	
RFND	†Titus	Hamburg	1574,3	555,71	80°
RFNG	Kepler	Hamburg	3379,6	1192,93	
RFNH	Ernst	Hamburg	1080,4	367,63	

* Nominelle Pferdestärken. ** Indicirte Pferdestärken.

RFNJ — RFVP

Unter-scheidungs-Signale	Namen der Schiffe.	Heimathshafen	Kubik-meter Netto-Raumgehalt.	Register-Tons.	Pferde-stärken.
RFNJ	Nautilus	Hamburg	2053,0	724,71	
RFNK	†Hamburg	Hamburg	3608,3	1284,40	200°
RFNL	Parnass	Hamburg	1788,0	629,40	
RFNP	Catharina	Kiel	148,4	52,43	
RFNQ	Sisal	Hamburg	849,3	299,81	
RFNT	†Paranagua	Hamburg	3457,3	1291,21	200°
RFNV	Levuka	Hamburg	1237,9	436,97	
RFPC	†Gulser	Hamburg	507,4	179,21	50°
RFPH	†Borussia	Hamburg	3608,9	1305,71	180°
RFPJ	†Felicia	Hamburg	2446,5	863,40	110°
RFPK	†Bavaria	Hamburg	3520,3	1242,41	180°
RFPM	Montiara	Hamburg	ca. 212	ca. 75	
RFPN	†Electra	Hamburg	3201,3	1161,43	160°
RFPQ	†Piunas	Hamburg	2402,7	848,11	99°
RFPS	†Theben	Hamburg	3144,9	1216,04	160°
RFPT	†Lydia	Hamburg	3814,4	1169,98	160°
RFPV	Harmodius	Hamburg	ca. 1390	ca. 491	
RFQB	†Saxonia	Hamburg	3581,5	1264,98	180°
RFQC	Tarnow	Hamburg	450,3	158,93	
RFQG	Juliana	Hamburg	80,3	28,33	
RFQJ	Cadet	Hamburg	131,4	47,50	
RFQK	†Teutonia	Hamburg	8627,4	1280,40	180°
RFQL	Gesine	Hamburg	76,5	27,01	
RFQM	Orion	Hamburg	1020,3	360,12	
RFQS	Federica	Hamburg	ca. 2054	ca. 725	
RFQT	†Iliammouia	Hamburg	150,3	53,12	40°
RFQV	Maria Magdalena	Hamburg	1651,7	583,64	
RFSB	Leonor	Hamburg	2268,7	800,64	
RFSH	†Viola	Hamburg	1657,4	585,04	90°
RFSM	Justine Helene	Hamburg	1007,3	355,31	
RFSN	†Porth	Hamburg	1659,4	585,79	90°
RFSP	†Ophelia	Hamburg	1782,1	611,43	90°
RFST	Vaitupu-le-Mele	Hamburg	ca. 57	ca. 20	
RFSV	Niuafo'ou	Hamburg	ca. 173	ca. 61	
RFSW	Agnes	Hamburg	ca. 966	ca. 341	
RFTD	†Africa	Hamburg	3301,4	1165,38	165°
RFTG	†Europa	Hamburg	3866,3	1188,83	150°
RFTH	†Holsatia	Hamburg	3959,4	1397,13	180°
RFTJ	†Jessica	Hamburg	1659,7	585,89	90°
RFTK	†Malaga	Hamburg	3105,8	1128,11	150°
RFTL	Ceres	Hamburg	2955,9	1043,43	
RFTP	Courir	Hamburg	127,4	45,11	
RFTW	Daphne	Hamburg	ca. 144	ca. 51	
RFVC	†Aline Woermann	Hamburg	2604,4	919,40	560°°
RFVD	†Chile	Hamburg	84,5	12,18	5°
RFVJ	Canopus	Hamburg	1275,3	450,86	
RFVK	Johanna	Hamburg	2308,3	844,80	
RFVL	†Tonquiu	Hamburg	ca. 122	ca.43	20°
RFVP	Olivo	Hamburg	2412,7	851,40	

* Nominelle Pferdestärken. ** Indicirte Pferdestärken.   8

RFVS — RGDW

UnterscheidungsSignale.	Namen der Schiffe.	Heimathshafen	Kubikmeter Netto-Raumgehalt.	RegisterTons	Pferdestärken.
RFVS	Eliza	Hamburg	ca.320	ca.113	
RFVW	Poncho	Hamburg	2267,o	807,5	
RFWB	Agnes Edgell	Hamburg	833,i	294,u	
RFWC	Herbert	Hamburg	ca.3873	ca.1361	
RFWD	†Barcelona	Hamburg	3224,o	1138,oo	150°
RFWG	†Uarda	Hamburg	3084,3	1088,4	140°
RFWH	†Athlet	Hamburg	82,o	29,21	75°
RFWJ	†Thoringia	Hamburg	4190,o	1479,30	280°
RFWK	†Julin	Hamburg	2172,5	786,30	120°
RFWL	Denga	Hamburg	28,o	9,54	
RFWM	†Livorno	Hamburg	3082,o	1087,91	110°
RFWP	†Helgoland	Hamburg	42,5	15,16	35°
RFWQ	Flora	Hamburg	2748,8	970,31	
RFWT	Black Watch	Hamburg	ca.1391	ca.491	
RFWV	†Marseille	Hamburg	3004,3	1064,51	160°
RGBC	Pluto	Hamburg	3208,9	1132,71	
RGBF	Prudencia	Hamburg	2419,o	861,50	
RGBJ	Teifun	Kiel	16,4	5,39	
RGBK	†Wodan	Hamburg	4232,3	1491.os	215°
RGBL	Seenymphe	Hamburg	510,6	190,63	
RGBM	Maui	Hamburg	44,2	15,61	
RGBN	†Albingia	Hamburg	3867,8	1365,31	180°
RGBP	Annle	Hamburg	1201,o	423,60	
RGBS	Mexico	Hamburg	1393,6	491,03	
RGBV	†Capri	Hamburg	2518,o	888,84	110°
RGBW	†Meuse	Hamburg	3504,3	1237,63	160°
RGCB	Frecia	Hamburg	ca.1428	ca.504	
RGCF	†Catania	Hamburg	5083,1	1794,u	200°
RGCJ	Minus	Hamburg	2409,4	850,31	
RGCK	Iquique	Hamburg	ca.2547	ca.899	
RGCM	Nestor	Hamburg	3814,3	1346,43	
RGCN	†Amalfi	Hamburg	5169,3	1830,83	230°
RGCQ	Magecia	Hamburg	133,6	47,11	
RGCS	†Australia	Hamburg	4719,6	1666,03	250°
RGCT	†Allemannia	Hamburg	3896,3	1375,61	195°
RGCV	Paquita	Hamburg	1303,3	460,61	
RGCW	†Baumwall	Hamburg	3573,1	1261,50	160°
RGDC	†Rosario	Hamburg	3899,6	1370,63	200°
RGDF	Havilah	Hamburg	1351,9	478,5	
RGDH	Paposo	Hamburg	ca.3079	ca.1087	
RGDJ	Moctezuma	Hamburg	1251,3	441,o	
RGDK	Alona	Hamburg	1072,3	378,30	
RGDM	†Carl Woermann	Hamburg	4156,1	1467,11	830°
RGDP	Malinche	Hamburg	808,9	285,34	
RGDQ	†Rhenania	Hamburg	3849,6	1358,91	180°
RGDS	†Cassius	Hamburg	5074,4	1791,30	230°
RGDT	Emilie Hesseumöller	Hamburg	903,3	318,53	
RGDV	†Picciola	Hamburg	2478,3	874,51	90°
RGDW	†Carlos	Hamburg	2160,3	762,30	110°

* Nominelle Pferdestärken.   ** Indicirte Pferdestärken.

RGFB — RGKL

Unterscheidungs-Signale.	Namen der Schiffe.	Heimathshafen.	Kubik-meter Netto-Raumgehalt.	Register-Tons	Pferdestärken.
RGFB	†Oriental	Hamburg	ca.111	ca.99	15*
RGFC	†Waudrahm	Hamburg	3557,7	1255,97	160*
RGFD	Margretha	Hamburg	128,6	45,10	
RGFH	Maria	Hamburg	382,3	134,97	
RGFJ	†Lusitania	Hamburg	2231,7	787,77	450**
RGFK	†Massalia	Hamburg	3577,7	1262,93	200*
RGFL	†Sorrento.	Hamburg	4966,1	1753,06	1076**
RGFM	Doña Luisa	Hamburg	642,3	226,69	
RGFN	Lohengrin	Hamburg	ca.1663	ca.587	
RGFP	†Vorsetzen	Hamburg	3669,0	1295,16	150*
RGFQ	†Bohemia	Hamburg	7139,3	2520,11	120*
RGFT	†India	Hamburg	3314,0	1169,86	650**
RGFV	†Etna	Hamburg	5006,9	1767,44	1150**
RGFW	†Petropolis	Hamburg	4235,9	1494,93	900**
RGHB	†Paola	Hamburg	2147,3	757,98	120*
RGHC	Bolivar	Hamburg	664,3	234,46	
RGHD	†Holstein	Hamburg	3123,3	1102,89	650**
RGHF	Hannover	Hamburg	1579,7	557,63	
RGHJ	†Corrientes	Hamburg	4122,7	1455,31	220*
RGHL	Apollo	Hamburg	1974,9	697,03	
RGHM	†Emil Schulze . .	Hamburg	468,9	165,63	45*
RGHN	Amandus	Hamburg	151,9	53,63	
RGHP	Pavian	Hamburg	3292,7	1162,33	
RGHQ	†Grasbrook	Hamburg	4134,6	1459,63	700**
RGHS	†Professor Woermann	Hamburg	3205,3	1131,60	160*
RGHT	†Polynesia	Hamburg	1798,4	1093,-3	270*
RGHV	†Marsala	Hamburg	5010,6	1779,13	1140**
RGHW	Florence Danvers .	Hamburg	ca.1394	ca.492	
RGJB	†Polaria	Hamburg	6142,7	2168,37	1200**
RGJC	†Prinz Georg . .	Hamburg	6502,4	2295,36	1117**
RGJD	†Prinz Leopold . .	Hamburg	3502,3	1236,37	876**
RGJF	†Malvinas	Hamburg	621,6	219,31	75*
RGJH	Flora.	Hamburg	ca.116	ca.11	
RGJL	Fedalma	Hamburg	ca.1354	ca.478	
RGJM	†Henriette	Hamburg	82,4	29,07	100**
RGJN	Loelia	Hamburg	ca.112	ca.50	
RGJP	Parsifal.	Hamburg	2974,6	1050,01	
RGJQ	Amanda Dorothea .	Hamburg	ca.1129	ca.399	
RGJS	Palestine	Hamburg	1770,7	625,07	
RGJT	†Vesta	Hamburg	1867,7	659,39	460**
RGJV	†King-Tofa	Hamburg	598,4	211,11	190**
RGJW	†Neko	Hamburg	3503,8	1286,16	750**
RGKB	†Rugia	Hamburg	7027,4	2480,60	2600**
RGKC	†Nerissa	Hamburg	1886,8	666,06	460**
RGKD	Banco Mobiliario .	Hamburg	3005,1	1060,81	
RGKF	Anna	Hamburg	112,8	39,31	
RGKH	†Prinz Albrecht . .	Hamburg	ca.3335	ca.1177	892**
RGKJ	†Mathilde	Hamburg	2170,8	872,19	140*
RGKL	Bertha	Hamburg	3505,0	1260,03	

* Nominelle Pferdestärken.   ** Indicirte Pferdestärken.

RGKM — RGNV

Unter-scheidungs-Signale.	Namen der Schiffe.	Heimathshafen	Kubik-meter Netto-Raumgehalt.	Register-Tons	Pferde-stärken.
RGKM	Elsa	Hamburg	ca.1343	ca.474	
RGKN	†Prinz Alexander	Hamburg	6158,8	2279,31	1200°
RGKP	†Hansa	Hamburg	989,7	312,51	160°
RGKQ	†Ceará	Hamburg	4107,0	1470,4	1000°
RGKS	Guillermina	Hamburg	682,1	240,43	
RGKT	Sonora	Hamburg	1581,6	558,69	
RGKW	Gotha	Hamburg	ca.2295	ca.810	
RGLB	Europa	Hamburg	ca.1771	ca.625	
RGLC	†Roma	Hamburg	4140,1	1461,43	1200°
RGLD	†Olga	Hamburg	2473,8	873,2	5°°
RGLF	†Rhaetia	Hamburg	7411,6	2626,41	2300°
RGLH	†Hammonia	Hamburg	7811,1	2757,30	9°°°
RGLJ	†Middleton	Hamburg	865,1	305,30	70°°
RGLK	Hellkon	Hamburg	ca.4071	ca.1437	
RGLM	Estelle	Hamburg	ca.552	ca.195	
RGLN	Haabai	Hamburg	ca.383	ca.135	
RGLP	Adele	Hamburg	ca.142	ca.50	
RGLQ	Felix	Hamburg	ca.139	ca.49	
RGLS	†Proeida	Hamburg	4723,4	1667,37	25°°°
RGLT	†Tristan	Hamburg	494,1	174,43	140°
RGLV	†Isolde	Hamburg	494,1	174,43	140°
RGLW	†Alice	Hamburg	2630,3	928,48	56°°
RGMB	Adamant	Hamburg	2356,9	831,69	
RGMC	Guaymas	Hamburg	1367,8	482,16	
RGMD	Margaretha	Hamburg	63,0	22,23	
RGMF	†Iphigenia	Hamburg	2999,1	1058,94	2°°°
RGMH	†California	Hamburg	6127,0	2162,44	35°°°
RGMJ	Mercator	Hamburg	ca.3955	ca.1396	
RGMK	†Genua	Hamburg	3191,3	1127,69	150°°
RGML	Puck	Hamburg	1489,3	525,93	
RGMN	†Pernambuco	Hamburg	4316,3	1523,79	190°°
RGMP	†Kebrwieder	Hamburg	5820,4	2054,40	150°°
RGMQ	†Dicky	Hamburg	472,1	166,43	130°
RGMS	Acapulco	Hamburg	ca.1521	ca.537	
RGMT	†Rudolph	Hamburg	469,3	165,43	130°
RGMV	†Setos	Hamburg	3496,6	1234,39	85°°
RGNC	†Polybymnia	Hamburg	2984,4	1053,39	820°
RGND	Solid	Hamburg	964,4	340,46	
RGNF	Willy	Hamburg	2137,6	860,36	
RGNH	Tetu Au	Hamburg	ca.57	ca.20	
RGNJ	†Zanzibar	Hamburg	1967,9	694,34	100°
RGNK	†Fan	Hamburg	262,9	92,43	87°
RGNL	†Elle Woermann	Hamburg	3473,7	1226,21	160°°
RGNM	Fakuofo	Hamburg	ca.68	ca.24	
RGNP	†Emma Sauber	Hamburg	2867,4	1012,39	130°°
RGNQ	Hans	Hamburg	347,6	122,39	
RGNS	Upolu	Hamburg	ca.184	ca.65	
RGNT	†Hermia	Hamburg	2358,9	832,64	680°
RGNV	Pirat	Hamburg	2914,6	1028,93	

* Indicirte Pferdestärken.   ** Nominelle Pferdestärken.

RGNW — RWJL					
Unterscheidungs-Signale.	Namen	Heimuthshafen	Kubik-meter	Register-Tons	Pferde-stärken.
	der Schiffe.		Netto-Raumgehalt.		
RGNW	†Oscar	Hamburg	237,1	83,70	150*
RGPB	Rajpoot	Hamburg	ca.3524	ca 1244	
RGPC					
RGPD					
RGPF					
RGPH					
RGPJ					
RGPK					
RGPL					
RGPM					
RGPN					
RGPQ					
RGPS					
RGPT					
RGPV					
RGPW					
RGQB					
RGQC					
RGQD					
RGQF					
RGQH					
RGQJ					
RGQK					
RGQL					
RGQM					
RGQN					
RGQP					
RGQS					
RGQT					
RGQV					
RGQW					
RWJG	†Patriot	Cuxhaven	247,0	87,10	55**
RWJH	Amandus	Cuxhaven	58,1	18,14	
RWJL					

* Indicirte Pferdestärken   ** Nominelle Pferdestärken.

www.ingramcontent.com/pod-product-compliance
Lightning Source LLC
Chambersburg PA
CBHW020853210326
41598CB00018B/1652